Johannes Bähr, Ralf Banken, Thomas Flemming

DIE MAN

Eine deutsche
Industriegeschichte

C.H. Beck

Mit 77 Abbildungen, 50 Tabellen
und 28 Grafiken

Erste Auflage. 2008
Zweite Auflage. 2008
Dritte, aktualisierte Auflage. 2009
Vierte Auflage. 2019

Satz: Janß GmbH, Pfungstadt
Druck und Bindung: Pustet, Regensburg
Gedruckt auf säurefreiem, alterungsbeständigem Papier
(hergestellt aus chlorfrei gebleichtem Zellstoff)
Printed in Germany
ISBN 978 3 406 73875 3

www.chbeck.de

Inhalt

Dritter Teil

GHH und M.A.N. in der Weimarer Republik, im Nationalsozialismus und in der Nachkriegszeit (1920–1960)

von Johannes Bähr

Vierter Teil

Der Weg zur heutigen MAN Gruppe (1960–2008)

von Thomas Flemming

Anhang

Einleitung

Die MAN ist als Hersteller von Nutzfahrzeugen und Dieselmotoren weltweit bekannt. Wer ihre Lastwagen und Omnibusse auf den Straßen sieht, wird kaum vermuten, dass die MAN auch eines der ältesten deutschen Unternehmen ist, dessen Geschichte bis weit vor das Zeitalter der Motorisierung zurückreicht. Zusammen mit ihren Vorgängerfirmen ist die MAN eines der wenigen Unternehmen, das die Entwicklung der deutschen Industrie seit den Anfängen mit geprägt hat.

Die Wurzeln des Konzerns reichen zurück bis zur Inbetriebnahme der St. Antony Hütte in Osterfeld, einem heutigen Stadtbezirk von Oberhausen, am 18. Oktober 1758. Von diesen Anfängen in der Zeit Friedrichs des Großen führte der Weg über die Gutehoffnungshütte, wie die Dachgesellschaft des Konzerns bis 1986 hieß, zur heutigen MAN Gruppe. Dass ein Unternehmen auf eine 250-jährige Geschichte zurückblicken kann, ist auch im internationalen Vergleich ungewöhnlich. Vergegenwärtigt man sich, dass nur erfolgreiche Unternehmen alt werden können und die durchschnittliche Lebensdauer eines Unternehmens heute bei zwanzig Jahren liegt, dann ist ein 250-jähriges Jubiläum Ausweis für eine nachgerade unwahrscheinliche Erfolgsgeschichte.[1] Die MAN hat sich über alle Höhen und Tiefen der deutschen Industriegeschichte hinweg am Markt behauptet. In dieser Zeitspanne haben die Staatsform und die Wirtschaftsordnung mehrfach gewechselt, haben Revolutionen und Weltkriege stattgefunden und immer wieder hat sich der Stand der Technik vollständig verändert, von der Einführung der Dampfmaschine bis zur Ausbreitung des Internets. Allein die Tatsache, dass die MAN über all diese Veränderungen hinweg bestehen blieb, wäre Grund genug, sich mit ihrer Geschichte ausführlich zu beschäftigen. Die MAN und ihre Vorgängerunternehmen haben es aber nicht nur verstanden, sich immer wieder auf neue Gegebenheiten einzustellen. Sie haben auch selbst an wichtigen Veränderungen mitgewirkt. Von den Anfängen der Ruhrindustrie und des Dampfmaschinenbaus in Deutschland über den Aufstieg des Druckmaschinenbaus, die Entstehung des Dieselmotors und die Motorisierung des Schwerlastverkehrs bis zu den jüngsten Innovationen im Lkw- und Schiffsmotorenbau.

Die Geschichte der MAN ist eine Geschichte des Wandels. Das Unternehmen und seine Vorgänger haben sich durch Fusionen, Übernahmen und Verschiebungen des Produktionsprofils immer wieder grundlegend verändert. Allein die Kernunternehmen MAN – bis 1986 als M.A.N. geschrieben – und

Gutehoffnungshütte haben viermal ihren Namen geändert. Neben den Wurzeln im Ruhrgebiet, aus denen das Oberhausener Montanunternehmen Gutehoffnungshütte hervorgegangen ist, gibt es eine zweite, von Maschinenfabriken in Augsburg und in Nürnberg begründete Traditionslinie, auf die auch der Name der heutigen MAN Gruppe zurückgeht. Nach dem Ersten Weltkrieg wurde die M.A.N. von der Gutehoffnungshütte übernommen, die sich dann bei der Bildung des Vertragskonzerns im Jahr 1986 nach der früheren, auf sie fusionierten Tochtergesellschaft umbenannte. Geändert haben sich auch das Produktionsprofil und die regionale Struktur der Unternehmensgruppe. Aus einem Montankonzern wurde ein Lkw- und Motorenhersteller, die Unternehmenszentrale wanderte schließlich von Oberhausen nach München ab. Es mag auch mit diesen Veränderungen und dem damit einhergehenden Wandel von Namen und Produktionsschwerpunkten zusammenhängen, dass die Geschichte der MAN Gruppe nicht so bekannt ist wie die anderer traditionsreicher Konzerne. Dabei war der Beitrag, den die Gutehoffnungshütte und die M.A.N. zur Entwicklung der deutschen Industrie geleistet haben, keineswegs geringer als etwa der von Krupp oder Siemens.

Im Vorfeld des 250-jährigen Jubiläums hat sich die MAN entschlossen, erstmals die gesamte Geschichte des Unternehmens von Historikern untersuchen und darstellen zu lassen. Die Autoren haben dieses Projekt innerhalb von weniger als zwei Jahren durchgeführt. Möglich war dies in einem derart knappen Zeitrahmen nur, weil sich die Arbeiten auf vorbildlich geführte Archivbestände der MAN und der Gutehoffnungshütte stützen konnten. Die Gutehoffnungshütte hat bereits 1937 ein eigenes Historisches Archiv errichtet. Bei der M.A.N. entstanden 1943 Werkarchive in Augsburg, Nürnberg und Gustavsburg. In beiden Fällen hat die Aktenüberlieferung einen Umfang, der für Historiker eine Herausforderung darstellt. Das Historische Archiv der MAN in Augsburg, in dem die früheren Werkarchive aufgegangen sind, verwahrt heute rund 1,5 Mio. Dokumente zur Geschichte des Unternehmens. Die historischen Akten der Gutehoffnungshütte befinden sich heute im Rheinisch-Westfälischen Wirtschaftsarchiv in Köln. Sie umfassen rund 45 000 Akten, Geschäftsbücher, Zeichnungen, Druck- und Werbeschriften. Hinzu kommen über 12 000 Bilder und Fotos.[2]

Die Gutehoffnungshütte und die M.A.N. haben die Geschichte ihrer Unternehmen auch wiederholt in Festschriften dokumentieren lassen, die von Konzernmitarbeitern verfasst wurden. Bereits anlässlich des 100-jährigen Jubiläums der Gutehoffnungshütte im Jahr 1910 – damals galt die Unterzeichnung des Gesellschaftsvertrages der Hüttengewerkschaft und Handlung Jacobi, Haniel und Huyssen als Gründungsdatum des Unternehmens – erschien eine derartige Chronik. Zum 125-jährigen Jubiläum der Gutehoffnungshütte (1935) und zum 100-jährigen Jubiläum der M.A.N. (1940) verfasste Fritz Büchner jeweils umfangreiche Chroniken.[3] Obwohl die Archive der Gutehoffnungshütte und der MAN von den Historikern in den letzten Jahrzehnten so intensiv genutzt wurden wie nur wenige deutsche Unternehmensarchive, fehlte bislang eine wissenschaftlichen Maßstäben verpflichtete Unternehmensgeschichte dieses Konzerns.[4]

Das vorliegende Buch ist zugleich die erste umfassende Darstellung, die sowohl die Geschichte der MAN als auch die der Gutehoffnungshütte behandelt. Es ist, der historischen Entwicklung dieser Unternehmensgruppe entsprechend, gewissermaßen als Doppelgeschichte angelegt. Die beiden bis 1920 völlig unverbundenen Wurzeln der heutigen MAN Gruppe in Oberhausen und in Augsburg/Nürnberg werden in den ersten Teilen des Bandes getrennt dargestellt. In den folgenden Jahrzehnten, in denen die M.A.N. eine Tochtergesellschaft der Gutehoffnungshütte war, werden die Handlungsstränge zunehmend miteinander verwoben, bis die Trennlinien schließlich als Folge der Fusion von 1986 gänzlich verschwinden. Im Interesse einer kohärenten Darstellung wie auch aus arbeitsökonomischen Gründen haben sich die Autoren entschieden, auf weitere Unternehmen des Gutehoffnungshütte-Konzerns nur am Rande einzugehen. Dies gilt insbesondere auch für das Außenhandelsunternehmen Ferrostaal und die Deutsche Werft. Die Geschichte beider Unternehmen würde jeweils eigene, umfangreiche Darstellungen erfordern.

Im Mittelpunkt dieses Buchs steht die Frage, welche Faktoren die derart lange Geschichte der Gutehoffnungshütte und der MAN ermöglicht haben. Eine wichtige Rolle spielten dabei zweifellos die technischen Leistungen, ohne die eine derartige Entwicklung nicht denkbar gewesen wäre. Die Weichen wurden aber letztlich durch unternehmerische Entscheidungen gestellt, die deshalb auch einen besonderen Schwerpunkt der Darstellung bilden. Entscheidungssituationen sind gewissermaßen die Schlüssel zum Verständnis der Geschichte eines Unternehmens. Dies gilt besonders für Unternehmen wie die MAN und die Gutehoffnungshütte, die sich im Laufe ihrer Geschichte mehrfach wandelten. Beide Unternehmen hatten sich immer wieder auf neue Anforderungen einzustellen, sei es durch das Aufkommen neuer Technologien, durch die Entstehung neuer Marktbedingungen oder durch Veränderungen des politischen Umfelds. Dieses Buch zeigt, wie die beiden Unternehmen in solchen Situationen reagierten und warum sie sich jeweils gerade für diese und keine anderen Lösungen entschieden.

Besonders ausführlich werden deshalb die zentralen Weichenstellungen in der Geschichte der Gutehoffnungshütte und der M.A.N. behandelt. Warum schlossen sich die Eisenhütten St. Antony, Gute Hoffnung und Neu Essen 1808 zu einem Unternehmen zusammen? Wie kam es, dass die Maschinenfabriken Augsburg und Nürnberg fusionierten und die M.A.N. nach dem Ersten Weltkrieg dem Konzern der Gutehoffnungshütte eingegliedert wurde? Wodurch erfolgte nach dem Zweiten Weltkrieg der Wandel von einem Montankonzern zu einem Konzern des Fahrzeug- und Maschinenbaus? Zu den wichtigsten Entscheidungen in der Geschichte der Unternehmensgruppe gehören aber auch technologische Weichenstellungen. Der Bau des ersten Dieselmotors in der Maschinenfabrik Augsburg und die weitere Entwicklung der Dieseltechnik bei der M.A.N. waren von so herausragender Bedeutung, dass sie hier ebenfalls ausführlich behandelt werden.

Einen weiteren Schwerpunkt bildet das Verhalten des Konzerns im Dritten Reich. Die Rolle der Gutehoffnungshütte und der M.A.N. in der NS-Zeit wird hier erstmals systematisch untersucht, von der Einstellung der Unternehmensleitungen gegenüber dem Regime über die Entwicklung der Unternehmen und ihrer Rüstungsgeschäfte bis zum Einsatz von Zwangsarbeitern während des Krieges. In der mittlerweile umfangreichen Literatur zur Geschichte der Unternehmen im Dritten Reich fehlte bislang eine entsprechende Studie für die Gutehoffnungshütte und die M.A.N. Lediglich zu einzelnen Aspekten – insbesondere zur Rolle des damaligen Konzernchefs Paul Reusch – liegen bereits einige Veröffentlichungen vor.[5]

Einen besonderen Akzent setzt dieses Buch schließlich auch im letzten Teil, in dem auf die Bildung des Vertragskonzerns im Jahr 1986 und darüber hinaus auf die Entwicklung der MAN bis in die jüngste Zeit hinein eingegangen wird. Für kaum ein anderes deutsches Großunternehmen ist der Wandel der achtziger und neunziger Jahre bisher in dieser Form beschrieben worden. Wichtige Hinweise und Erkenntnisse konnten hier auch durch Zeitzeugeninterviews gewonnen werden.

Aufgrund der Schwerpunkte dieses Buchs konnten einige andere Aspekte der MAN-Geschichte nur knapp abgehandelt werden, die eine ausführlichere Darstellung lohnen würden. Dazu gehören die betriebliche Sozialpolitik – in der die Gutehoffnungshütte und die M.A.N. zu den Pionieren unter den deutschen Großunternehmen gehörten – wie auch die innerbetrieblichen Beziehungen. Die sozialen Leistungen beider Unternehmen sind bereits in mehreren Veröffentlichungen dargestellt worden, auf die hier verwiesen werden kann.[6] Auch war es im vorgegebenen Rahmen schlechterdings unmöglich, auf sämtliche Produktionsbereiche einzugehen, in denen sich die MAN und ihre Vorgängerunternehmen betätigt haben.

Die Autoren haben bei ihrer Arbeit vielseitige Unterstützung erfahren, ohne die es nicht möglich gewesen wäre, das Buch in dieser Form zu schreiben. Besonderer Dank gebührt den Archivarinnen der MAN, Gerlinde Simon und Gabriele Mierzwa, für ihre kompetente Unterstützung und ihren rastlosen Einsatz. Der Dank richtet sich zugleich an Karl-Heinz Kellner vom Historischen Archiv der MAN Nutzfahrzeuge sowie an die Mitarbeiter des Rheinisch-Westfälischen Wirtschaftsarchivs in Köln und des Rheinischen Industriemuseums in Oberhausen und des Haniel-Archivs in Duisburg-Ruhrort. Julian Becker sind die Autoren für seine ausgezeichnete Hilfskrafttätigkeit zu großem Dank verpflichtet. Dr. Karsten Werth gebührt Dank für seine Unterstützung bei den Recherchen und der Textarbeit. Bei der MAN AG haben Wieland Schmitz und Hartmut Sander das Projekt mit Engagement und Interesse begleitet. Simone Gundi und Sebastian Ullrich danken die Autoren für die gründliche Lektoratsarbeit. Horst Köhler (MAN Diesel) hat Teile des Manuskripts sorgfältig durchgesehen. Wichtige Hinweise gaben Sven Feyer, Christian Marx und Benjamin Obermüller, die derzeit an Dissertationsthemen aus der Geschichte der MAN und der Gutehoffnungshütte arbeiten. Katharina Herbert hat mit einer Archivrecherche zu den Arbeiten an diesem Buch beigetragen und war sehr hilfreich bei der Erstellung der Register. Last not least danken die Autoren dem früheren Vorstands- und Aufsichtsratsvorsitzenden der MAN AG Dr. Klaus Götte, dem früheren Vorstandsvorsitzenden Dr. Rudolf Rupprecht sowie den Zeitzeugen Paul Steidle (Vorstandsmitglied der MAN Roland Druckmaschinen AG), Lothar Pohlmann (Gesamtbetriebsratsvorsitzender der MAN), Franz Breitenstein (früherer Generalbevollmächtigter der MAN AG) und Manfred Plath (früherer Leiter Kommunikation) für die langen, höchst instruktiven Interviews, die sie mit ihnen führen durften.

Erster Teil

Die Gutehoffnungshütte: Vom Eisenwerk zum Konzern (1758–1920)

von Ralf Banken

1 Gründung und Entwicklung in vorindustrieller Zeit: Die Eisenhütten St. Antony, Gutehoffnung und Neu-Essen 1758–1808

«In der Gegend von Sterkrade fangen die großen, wüsten Heiden an, welche bis eine Stunde vor Wesel fortlaufen und nicht den mindesten Menschenfleiß zu ihrer Verbesserung anzeigen.»[1] Als 1794 der Reisende Christian Friedrich Meyer seinen beschwerlichen Weg von Borbeck bei Essen nach Wesel beschrieb, bestand die heutige Gegend von Oberhausen tatsächlich immer noch aus großteils dünn besiedelter Heide, wurde doch nur am Ufer der Emscher in geringem Umfang Ackerbau betrieben. Allerdings hatte sich der Wandel durch die Gründung mehrerer Eisenhütten bereits seit 1750 angekündigt. Auf der Basis des dortigen Raseneisenerzes – ein Stein mit bis zu 50 Prozent Eisengehalt, der sich mit Spaten und Spitzhacke im Tagebau gewinnen ließ – konkurrierten Ende des 18. Jahrhunderts drei Werke untereinander, die trotz ihrer unmittelbaren Nähe in drei verschiedenen Territorien lagen: St. Antony im kurkölnischen Vest Recklinghausen, Gute Hoffnung im preußischen Herzogtum Kleve und Neu-Essen im reichsunmittelbaren Stift Essen. Die Geburtsstunde der Eisenindustrie an der Ruhr schlug in einer Zeit, als das überkommene Heilige Römische Reich Deutscher Nation mit seinem Flickenteppich aus selbstherrlichen Kleinstaaten seinem Ende entgegen ging. Noch aber hemmten Zollschranken das Wirtschaftsleben – allein die Emscher floss zwischen Dortmund und Ruhrort durch fünf verschiedene Territorien!

Neben der günstigen Erzversorgung bildete jedoch die wachsende Nachfrage nach Eisen die Ursache für die Entstehung der drei Eisenhütten. So entstanden schon weit vor 1800 überall im Alten Reich neue Eisenhütten, deutete sich das Zeitalter des Eisens in Deutschland bereits lange vor dem 19. Jahrhundert an. Mit dem Beginn des 18. Jahrhunderts hatte die Wirtschaft in Deutschland die Verwüstungen aus dem Dreißigjährigen Krieg überwunden. Trotz zahlreicher ökonomischer Krisen und mehrerer Kriege wuchs die weiterhin traditionell geprägte Wirtschaft langsam an. Jedoch waren nicht allein die Bedürfnisse der wachsenden Bevölkerung im Reich für das Aufkommen des Eisenhüttengewerbes verantwortlich, sondern auch die ausländische Nachfrage nach Eisen und Eisenwaren. Die rheinischen und westfälischen Eisenwerke lieferten einen Großteil ihrer Produktion in die Niederlande und auch ein Großteil des auf Hammerwerken weiterverarbeiteten Eisens der westdeutschen Regionen ging nach Holland.

Aufgrund der anhaltenden Nachfrage entstanden auch abseits der traditionellen Gewerberegionen neue Eisenwerke, wie am Niederrhein, wo 1729 die St. Michaelis-Hütte in der Nähe von Bocholt errichtet wurde.[2] Auch dort verhüttete man vorwiegend Raseneisenstein, das sich gut zur Herstellung von Gusswaren, d. h. Öfen und Poteriewaren, sowie Kanonenkugeln eignete.[3] Wahrscheinlich durch das erfolgreiche Beispiel der Michaelis-Hütte inspiriert, zeigte der Münsteraner Domherr, Franz Ferdinand von Wenge, Anfang der 1740er Jahre Interesse an den Rasenerzvorkommen im heutigen Oberhausener Raum.[4] Wenge, der um 1707 auf dem elterlichen Rittergut Portendieck im Hochstift Essen zur Welt kam, war Geistlicher und Mitglied im Domkapitel von Münster. Er besaß darüber hinaus Einkünfte aus verschiedenen geistlichen Ämtern und ererbten Grundbesitz, u. a. vom Haus Portendieck bei Essen.[5]

Der genaue Grund für Wenges Interesse an den Erzvorkommen ist unbekannt, doch ließ er sich bereits 1740 für Bleivorkommen in Essen-Steele von der Fürstäbtissin von Essen belehnen. Ein Jahr später, am 25. Februar 1741, wandte sich Wenge an die Bonner Hofkammer des Erzbischofs von Köln. Er bat um eine Genehmigung zum Erzbergbau in der Gegend von Osterfeld im kurkölnischen Vest Recklinghausen, da dort «auf einigen gemeinen Broichen und Büschen sich ein verstreuter und steiniger ohrgrund befinde, woraus dem äußerlichen ansehen nach wohl einiges eisen zu erzwingen seyn mögte.»[6] Trotz der sofort ausgestellten Berechtigung für das Schürfen des Ohrgrunds, d. h. der dortigen Rasensteinerze, erneuerte Wenge 1743 seine Bitte und erhielt daraufhin eine Urkunde, in der ihm der Kölner Kurfürst die Konzession für ein Eisenbergwerk und auch ein «Puch- und Schmeltzwerck» gewährte. Wie schon zwei Jahre zuvor, sollte der Münsteraner Domherr das Bergwerk zu «Lehen» erhalten, sobald er die Eisenerzvorkommen nachgewiesen hatte.[7]

Dennoch unterblieben in den Folgejahren weitere Bemühungen Wenges. Erst 1752 stellte er abermals einen Antrag auf die Erneuerung der Konzession und bat um die Genehmigung zum Bau und Betrieb einer Eisenhütte, für die er zudem «für sich und seine Erben» 30 abgabenfreie Jahre beantragte.[8] Mit Hilfe des «Lieutenants und Marche Secretarius» I. M. Kerp, der für Wenge bei den Beamten der Hofkammer vorsprach und mit Hilfe von einigen Talern und mehreren westfälischen Schinken dessen Vorhaben beförderte, erhielt der Münsteraner Domkapitular am 20. Juli 1753 endlich zwei Verleihungsurkunden für das Bergwerk «Zur Gottes Gnaden» und die Anlage einer Eisenhütte.

Allerdings hatte Wenge den Bau des Werkes bereits im Sommer 1752 veranlasst und hierfür den Hüttenverständigen Joan Anthony von Graes aus Diepenbrock bei Bocholt herangezogen. Graes wählte ein Gelände am Elpenbach unweit der klevischen Grenze zwischen Osterfeld und Sterkrade, wo sich ein ausreichendes Wassergefälle für die Anlage eines Wasserrades befand. Die Errichtung der Hütte verzögerte sich dann, weniger aufgrund der Trennung von

Abb. 1 Franz Ferdinand von Wenge

Graes 1753 als vielmehr durch die Opposition des nahe gelegenen Klosters Sterkrade, das die Verunreinigung des Baches durch das Waschen des Eisenerzes befürchtete.[9] Der Bach diente als Trinkwasser für Mensch und Vieh, zum Backen, Brauen und Waschen sowie als Lieferant von Forellen.[10]

Während Wenge noch im Oktober 1752 mit der Gemeinde Osterfeld ein Übereinkommen erzielen konnte, eskalierte die Auseinandersetzung mit den Ziesterzienserinnen, die im Herbst 1753 vor Gericht zogen und dort ein Verbot weiterer Bauarbeiten am Hüttenteich und den Wasserdämmen erwirkten. Mit Hilfe Kerps konnte Wenge über die Bonner Hofkammer dieses Urteil aufheben lassen, dennoch verhinderte das Kloster unter Leitung der Äbtissin Maria Sophia von Wrede noch mehrere Jahre die Errichtung der Hütte. Dies gelang, da der Hüttenteich teilweise auf Grund und Boden des Klosters lag, vor allem aber, weil das Kloster die Unterstützung der preußischen Behörden hatte, die noch hofften, dass der Münsteraner Domherr die neue Eisenhütte auf klevischem Gebiet bauen würde.

Wenge hielt jedoch am Standort bei Osterfeld fest, der neben dem Wassergefälle noch andere Vorteile besaß. Zwar waren die Erzvorkommen im Klevi-

Verleihungsurkunde des Erzbischofs von Köln vom 13. Juli 1753 für den Freiherrn von der Wenge mit der Erlaubnis zur Anlegung eines Eisenschmelz-, Hütten- und Hammerwerks im Vest Recklinghausen.[11]

Wir Clemens August von Gottes gnaden, Erzbischoff zu Cöllen, des Heyligen Römischen Reiches durch Italien ErtzCanzler und Churfürst, ... Thuen kund, und hiermit zu wissen: Demnach uns der Freyherr Frantz von Wenge DombCapitular in Unserem Hoch-Stift und Stadt Münster unterthänigst gebetten, Wir gnädigst geruhen mögten, ihm zu erlauben, daß er in Unserem Vest Recklinghausen auf einen von ihm zu aquirirenden eigenen grund eine eisenschmeltz hütte, und Hammerwerk sambt den darzu erforderlichen wasserlauf anlegen und Treiben könte, und dan Wir in Erwegung des dardurch sich vermehrenden Erzstiftischen allgemeinen sowohl, als Unseres Cameral Nutzens in all solch seinem gesuch gnädigst verwilligt haben, verwilligen auch hiermit also und dergestalten, dass er Frh. von Wenge die gebettene Schmeltz hütte und Hammerwerk auf seine eigene Kosten alda erbauen und Treiben, auch sich, Unser Bergordnung in allen puncten allerdings gemäs, Verhalten, hergegen soll er, nebst dem Uns auf denen vom ihm Treibenden bergwerken, nach Ablauf deren Bergordnungsmäßig ihm gnädigst verstatteter drey gantzer frey Jahren gebührenden Zehenden, für diese ihm mildest concedirte erbau- und Treibung hütten- und Hammerwerks, und darzu nöthigen wasserlauf alljährlichs von der Zeit an, dass das Hütten- und Hammerwerk in seinen brauchbaren stand seyn wird, Zwanzig Species Rthlr. zu Unserer Oberkellnerey Horneburg richtig und ohnfehlbar entrichten ... Wie nun derselbe solch alles fest zu halten festiglich zugesagt, und angelobt hatt, daß Wir solchem nach gnädigst befohlen haben, darüber gegenwärtige Unsere Concession /:Vermög wessen ihm Frhr. v. Wenge alle billige Handhabung hiemit gnädigst versprochen wird: / unter vorgedrucktem Unserer Hofkammer Canzlei Insiegel mitzutheilen, geben in unserer Residentz Stadt Bonn den 13. ten July 1753

M. Behren *gez. Johann Henr. Pfandtler*

schen größer, doch gab es dort kaum Wälder für die Beschaffung der viel knapperen Holzkohle, während sie im Vest Recklinghausen reichlicher vorhanden waren. Zudem war der Landerwerb in der heideartigen Gegend billiger, und es standen auch genügend ungelernte Arbeitskräfte zur Verfügung. Vor allem aber war die Verkehrslage günstiger als in den traditionellen Eisenhüttenzentren in den deutschen Mittelgebirgen. Obwohl befestigte Straßen fehlten und die Sandwege bei schlechtem Wetter häufig nur schwer passierbar waren, bot die Nähe zum Rhein gute Absatzchancen. Da man die Waren innerhalb eines Tages nach Ruhrort, Alsum oder Walsum verbringen konnte, besaß die projektierte Hütte vor allem für den niederländischen Markt erhebliche Vorteile bei den Transportkosten gegenüber den konkurrierenden Hütten im Sieger- und Sauerland, Hunsrück oder an der Saar.

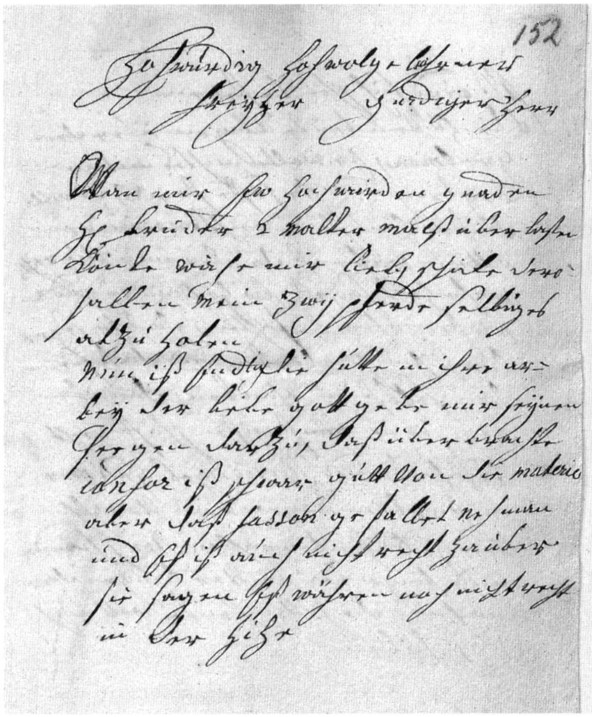

Abb. 2 Schreiben des Försters Randebrock vom 18. 10. 1758 über die Betriebsaufnahme auf der St. Antony Hütte

In der Auseinandersetzung mit dem Kloster konnte sich Wenge erst Anfang 1757 endgültig durchsetzen und den Bau der Hütte weitertreiben, wofür er wiederum einen Leiter aus Bocholt holte.[12] Errichtet wurden 1757 und 1758 neben dem traditionell mit Holzkohle arbeitenden Hochofen von 22 Fuß mit Wasserantrieb für die Blasebälge ein Kohlenschuppen für Holzkohle, der Wasserteich mit Dämmen, ein Formhaus und zwei Wohnhäuser. Im Herbst 1758 wurde Holzkohle angefahren, und das aus anderen Eisenregionen angeworbene Hüttenpersonal traf auf der Hütte ein. In Betrieb ging die St. Antony Hütte – so deren quellenmäßig 1764 erstmals belegte Bezeichnung – dann Mitte Oktober, wie ein Schreiben vom 18. Oktober 1758 belegt. An diesem Tag schrieb der als örtlicher Leiter des Werkes eingestellte kurkölnische Förster Randebrock dem Domherrn Franz Ferdinand von Wenge: «Nun iß endlich die Hütte in ihre arbey der liebe Gott gebe mir seynen seegen darzu, daß überbrachte Canfor iß zwarn gutt von die materie aber das fasson gefallet nehman und es is auch recht zauber sie sagen es währen noch nicht recht in der Hize.»[13] Aufgrund dieses «Gründungsdokumentes» der St. Antony Hütte lässt sich die Gründung des ältesten GHH-Vorgängerunternehmens und damit der Ausgangspunkt der nunmehr 250-jährigen Geschichte der MAN-Unternehmensgruppe genau auf den 18. Oktober 1758 datieren.

Tatsächlich arbeitete der Hochofen in der ersten Betriebskampagne noch nicht zufrieden stellend. Sie dauerte lediglich 6 Wochen gegenüber 25 bis 40 im Normalfall. Der Hüttenmeister Lichlen aus dem saarländischen Fischbach und die Hüttenarbeiter kannten die Eigenschaften des Erzes nicht und mussten erst die beste Zusammensetzung von Erzen, Holzkohle und Zuschlägen (Kalk etc.) erproben. Produziert wurden auf der Hütte zunächst nur Gusswaren, die direkt aus dem Roheisen beim Hochofenabstich gegossen wurden. Allerdings fiel die Qualität der Eisengewichte, Töpfe, Ambosse, Ofenplatten und Gitter nur mäßig aus, so dass sie sich nur schleppend absetzen ließen.

Erst im Frühjahr 1762 ließ Wenge nach längeren Vorbereitungen eine zweite Kampagne des Hochofens anfahren, die etwa 18 Wochen andauerte. Da der Absatz der Gusswaren unbefriedigend blieb, begann Wenge 1764 auf Rat des Hüttenmeisters Lichlen mit dem Bau eines Eisenhammers. Versuche hatten ergeben, dass sich aus dem Roheisen der Hütte und Stabeisen aus anderen Gegenden ein Schmiedeeisen guter Qualität herstellen ließ. Trotz der Beimischung fremden Eisens blieben die Resultate aufgrund des hohen Phosphorgehalts des Roheisens unbefriedigend und wurde das Schmiedeeisen allein in der näheren Umgebung abgesetzt.

Als ein größeres Problem als die technischen Schwierigkeiten erwies sich jedoch nach der ersten Kampagne die eigentliche Betriebsführung der Eisenhütte. Wenge, der das Unternehmen in Eigenregie führte, hatte wegen seiner ständigen Abwesenheit den Förster Randebrock mit der Leitung des Werkes vor Ort beauftragt. Aber auch Randebrock war als Förster nicht ständig auf der Antony Hütte und besaß wohl nicht die Befähigung zur Leitung eines Eisenwerkes. Jedenfalls kam es aufgrund Randebrocks schlechter Buchführung und seinen ständigen Geldforderungen, die Wenge stets erfüllte, Mitte der sechziger Jahre zum Streit über seine nebenamtliche Betriebsleitung.

Auch unter dem Nachfolger Randebrocks, Assemuth, blieb die Produktion sehr unregelmäßig. Erst Ende 1768 erfolgte eine erneute Hochofenkampagne bis Anfang 1769, die aber wiederum keinen geschäftlichen Erfolg erbrachte, da die Gusswaren nur von minderwertiger Qualität waren und viel Ausschuss enthielten. Ursächlich hierfür war zweifellos auch der lange Stillstand des Werkes zwischen den wenigen und kurzen Hochofenkampagnen, in denen die begehrten Facharbeiter das Werk verließen, da ein Großteil ihres Lohnes an die Produktion gebunden war. Der Wechsel erschwerte den Aufbau, beruhten die Kenntnisse der Hütten doch allein auf der Erfahrung aus den vorherigen Kampagnen.

Da nicht nur die Gusswaren schwer abzusetzen waren, sondern auch das gehämmerte Stabeisen, und Assmuth die Werksleitung aufgab, entschloss sich Wenge 1769, das gesamte Werk zu verpachten. Zuvor aber ließ der Freiherr 1771 noch den Hochofen versuchsweise mit Steinkohlen betreiben. Dies musste aber aufgrund deren hohen Schwefelanteils der Kohlen misslingen, da die Kohle zu Koks hätte abgeschwefelt werden müssen. Dieses frühe Experiment mit der Verhüttung von Steinkohlen macht jedoch das große Interesse des Freiherrn von Wenge an industriellen Projekten und insbesondere an der Weiterentwicklung seines Eisenwerkes deutlich, ein Interesse wie es sich damals auch bei vielen seiner aufgeklärten Zeitgenossen in Adel und Bürgertum zeigte. Es war von großer Bedeutung für den langfristigen Erfolg der St. Antony Hütte, dass Wenge in der Anfangszeit des Projektes alle behördlichen Schwierigkeiten und andere Widerstände aus dem Weg räumte und immer wieder neues Geld investierte, ohne das das Werk kaum überlebensfähig gewesen wäre. Jedoch fehlte dem Münsteraner Domherrn nicht nur die Bereitschaft, selbst die Leitung der Geschäfte zu übernehmen oder die Leiter stärker zu kontrollieren, er besaß hierfür auch nicht die notwendigen kaufmännischen Kenntnisse. Er stellte ungeeignete Personen ein und vertraute diesen zu lange.[14] Freilich war es auch in der zweiten Hälfte des 18. Jahrhunderts schwierig, passende Betriebsleiter zu finden, fehlte es doch an industriellen Unternehmern sowie an erfahrenen Hüttenfaktoren.[15]

Dieser Mangel bildete für Wenge auch bei der Verpachtung der Hütte ein Problem. An Michaelis 1771 (29.9.) verpachtete der Freiherr das Werk für sechs Jahre gegen einen jährlichen Zins von 1000 Talern an die beiden Bocholter Schwarz und Hund, die schon bald Klage über den schlechten Zustand der Hütte führten und von Wenge die Übernahme der Umbaukosten verlangten.[16] Nachdem die beiden Pächter mehrfach keinen Pachtzins geleistet hatten, versuchte Wenge gerichtlich seine Forderungen durchzusetzen, was aber an den Vermögensverhältnissen von Schwarz und Hund scheiterte. Nach Ablauf der Pachtzeit 1778 klagte Wenge abermals auf Zahlung der rückständigen Pacht in Höhe von 8250 holländischen Gulden und Räumung der Hütte, doch nutzten Schwarz und Hund einen vierzehntätigen Aufschub, um sämtliche Waren und andere Mobilien wegzuschaffen und selbst über die Grenze ins Fürstbistum Münster zu verschwinden.[17]

Trotz dieser schlechten Erfahrungen verpachtete Wenge 1779 die heruntergewirtschaftete Hütte erneut. Pächter wurde Eberhard Pfandhöfer, ein Hüttenmeister aus dem Siegerland, der zwei Jahre zuvor als Pächter der Sundwiger Hütte im Märkischen Konkurs gemacht hatte. Pfandhöfer, der zugleich einen Hammer im sauerländischen Rödinghausen betrieb, blieb aus Kapitalmangel bereits im ersten Jahr den Pachtzins für die St. Antony Hütte und auch die Abgaben an den Landesherren schuldig. 1780 konnte er dann die kapitalkräftigen Hüttenfachleute Gerhard Doeinck, Friedrich Reigers und Joseph Diepenbrock aus Bocholt als Mitpächter gewinnen.[18] Mit diesem Konsortium schloss Wenge einen Pachtvertrag über sechs Jahre von 1781 an ab, wobei der Hammer zuvor stillgelegt wurde.

Schon während Pfandhöfers kurzer alleiniger Pacht und weiter auch, als die kapitalkräftigen Teilhaber Doeinck, Reigers und Diepenbrock einstiegen, wurde die St. Antony Hütte repariert und erweitert. So errichtete man den Hochofen völlig neu und setzte ein neues, oberschlächtiges Wasserrad ein. Die erste Kampagne unter den neuen Pächtern begann im Juli 1781 und dauerte bis in die zweite Dezemberhälfte. Nach dem Bericht des preußischen Bergrats und Fabrikenkommissars Friedrich Alexander Eversmann, der während dieser Kampagne Pfandhöfer auf St. Antony besuchte, wurden dort Rasensteinerze aus dem Vest und dem Herzogtum Kleve verhüttet. In 24 Stunden konnten 3000 Pfund Roheisen erzeugt werden, durchschnittlich brachte man jedoch nur etwa 2500 Pfund aus. Antony produzierte neben den normalen Gusswaren vor allem Kanonenkugeln, begann aber auch mit Sandguss nach neuester englischer Art. Auch nach Pfandhöfers Weggang blieb die St. Antony Hütte nun regelmäßig in Betrieb. Längere Kampagnen folgten 1782, 1783, 1786, 1789, 1790 sowie 1792. Die Produktion ließ sich aufgrund der Kriegskonjunktur der 1780er Jahre gut absetzen. Dagegen war die Rohstoffversorgung der St. Antony Hütte durch die Gründung eines Konkurrenzunternehmens schwieriger geworden.[19]

Anders als seine Kompagnons kam Pfandhöfer seinen finanziellen Pachtverpflichtungen nicht vollständig nach und war zudem häufig von der Hütte abwesend. Er machte sich die Kleinstaaterei zunutze und baute ohne Wissen seiner Teilhaber im wenige Kilometer entfernten Sterkrade, jenseits der Grenze im Klevischen, die Eisenhütte Gute Hoffnung auf. Als er am 31. März 1782 die Gutehoffnungshütte in Betrieb nahm, schied er aus dem Pachtvertrag mit Wenge aus, den nunmehr die anderen Pächter alleine weiterführten. Die Errichtung der Hütte Gute Hoffnung im Jahr 1781 ist vor allem auf das Verhandlungsgeschick Pfandhöfers zurückzuführen, der sich mit dem Kloster Sterkrade einigen konnte, das gegen den Bau einer Eisenhütte ja zuvor lange erfolgreich opponiert hatte. Pfandhöfer dagegen erhielt am 3. Mai 1781 nicht nur die behördliche Erlaubnis zur Anlage einer Hütte bei Sterkrade mit Zollfreiheit für die Rohstoffeinfuhr, sondern schaffte es, dass das Kloster sich mit einem Viertel an Anlage und Betrieb des Eisenwerkes beteiligte.[20] Dadurch konnte er sowohl den Widerstand des Klosters überwinden als auch einen finanzstarken Partner gewinnen. Zwar brachte Pfandhöfer technisches Know-how, Wissen über die betrieblichen Abläufe in einer Eisenhütte und zahlreiche geschäftliche Verbindungen mit, doch war seine Kapitalbasis äußerst schmal. Aus diesem Grund nahm er zusätzlich zur Abtei auch den Amsterdamer Kaufmann Joan Godfried Meeler für 3000 Gulden ebenfalls mit einer 25 %igen Beteiligung als Teilhaber auf. Meeler erhielt dafür auch das Recht, den Alleinverkauf der Gusswaren zu übernehmen, und ein Kündigungsrecht der Teilhaberschaft nach zwei Jahren, wovon er 1783 Gebrauch machte. Neben diesen beiden Teilhabern lieh Pfandhöfer sich größere Geldsummen bei der Witwe Amalie Krupp, um Meeler aus-

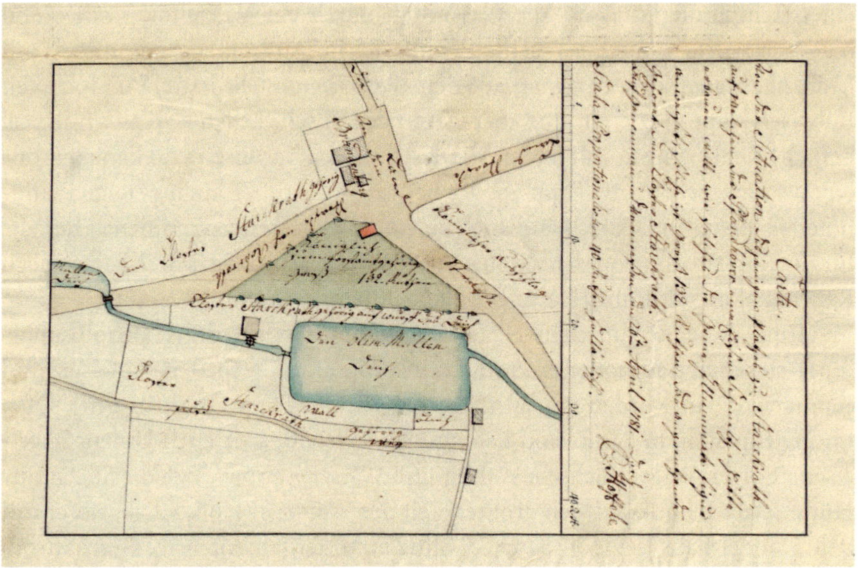

Abb. 3 Älteste Darstellung der Hütte Gute Hoffnung (1781)

zuzahlen. Bei ihr war Pfandhöfer im September 1784 mit knapp 4000 Gulden verschuldet.[21] Im April 1785 übereignete er dann Amalie Krupp als Sicherheit einen Viertelanteil an der Hütte, die die Beteiligung an ihren Sohn Peter Friedrich Wilhelm weitergab. Dieser schied schon 1789 wieder aus und veräußerte seine Anteile an Pfandhöfer, da die Hütte trotz ordentlicher Auftragslage nicht genug abwarf und ständige Zuschüsse erforderte.[22] Wahrscheinlich stieg auch das Kloster Sterkrade zu diesem Zeitpunkt aus der Gesellschaft aus, schrieb doch Pfandhöfer am 30. September 1789, dass seine bisherigen Kompagnons der Hütte Gute Hoffnung es für gut befunden hätten, «unsere Compagnie jedoch auf eine freundschaftliche und wohlbedachte Art aufzuheben».[23] Um seine Teilhaber auszahlen zu können, verschuldete sich Pfandhöfer weiter bei den Krupps, bei denen sich seine Schuld bis 1792 auf knapp 12 000 Reichstaler erhöhte.

Wie der preußische Bergrat Eversmann berichtet, war die Gutehoffnungshütte für die damalige Zeit eine umfangreiche und großzügige Anlage, auf der um 1794 80 Arbeiter beschäftigt waren. Sie bestand 1790 aus einem Hochofen, zwei gegeneinander stehenden Öfen, einem Formhaus, einer Schleiferei, dem Magazin und einem Wohnhaus sowie einem Kohlenschuppen und einem geräumigen Erzlagerplatz. Pfandhöfer war auch gegenüber den neuen technischen Entwicklungen aus England aufgeschlossen und errichtete in den 1790er Jahren auf Empfehlung von Eversmann als einer der Ersten in Westdeutschland einen Temperofen, in dem die Gusswaren durch ein Nachglühen zäher und haltbarer wurden. Auch versuchte Pfandhöfer im Auftrag und zusammen mit Eversmann aus Koks, den man auf dem Werk hergestellt hatte, im Hochofen Roheisen zu produzieren, «die aber wegen des zu schwachen Gebläses mißriethen, die Koaks gingen kalt in den Herd, schreckten das Eisen und kamen größtenteils unversehrt zum Timp wieder heraus.»[24] Darüber hinaus stellte Pfandhöfer als Erster in Deutschland auch getemperte, gusseiserne Schienen her, die für die Kohlenbahn von den Zechen Friedlicher Nachbar und St. Mathias nach Rauendahl an der Ruhr (Hattingen) gebaut wurden.[25]

Trotz dieser technischen Neuerung dominierte auf der Gutehoffnungshütte ein eher traditionelles Produktionsprogramm. Neben Ballasteisen und Kanonenkugeln wurden vor allem Poteriewaren (Töpfe, Bratpfannen), Öfen und Ofenplatten in Sand- und Lehmguss hergestellt, aber auch Urnen, Bügeleisen, Mörser, Wagenbüchsen, Walzen und Wasserpumpen. Wie die St. Antony Hütte setzte Pfandhöfer den größten Teil der Waren in Holland ab, wo er mit dem Handelshaus J. F. Hoffmann & Söhne in Rotterdam intensive Geschäftsbeziehungen pflegte. Die große Nachfrage des niederländischen Marktes in den 1780er Jahren bildete dann auch den Auslöser für die Gründung einer dritten Eisenhütte im Raum Oberhausen-Essen, des Eisenwerks Neu-Essen.

Die Errichtung des im Hochstift Essen gelegenen Eisenwerks Neu-Essen im Jahre 1790 war auch eine Folge der territorialen Zersplitterung der Region zwischen Ruhr und Lippe. Die preußischen Behörden hatten den Bau der Gutehoffnungshütte unterstützt und auch schon bei der Gründung von St. Antony versucht, diese Hütte in das preußische Herzogtum Kleve zu ziehen.[26] Nachdem die Gutehoffnungshütte 1782 ihren Betrieb aufgenommen hatte und die Compagnie der Gebr. Doeinck keine Rasensteinerze mehr aus dem preußischen Kleve beziehen konnte, beantragten die Pächter der Antony Hütte erfolgreich das Recht auf die Erzgewinnung im Gebiet des benachbarten Hochstifts Essen.[27] Als man 1789 weitere Erzvorkommen auf der Lipperheide und in der Herrschaft Carnap fand, begann die Hofkammer der Äbtissin die Errichtung eines Eisenwerkes auf Essener Territorium in Betracht zu ziehen.[28] Allerdings schien den Beamten das Risiko zu groß, die Hütte in fürstlicher Eigenregie zu betreiben, da die Erzvorräte begrenzt waren und die Wälder im eigenen Herrschaftsgebiet nicht dauerhaft Holzkohlen liefern konnten. Da man zudem die Konkurrenz der beiden benachbarten Eisenwerke fürchtete, entschloss sich die Hofkammer, den Bau und Betrieb einer Hütte «an Private in Entreprise zu geben, indem noch Unkosten und Risiko bevorständen, welche ein Privatentrepreneur eher als ein Landesherr mit Vorteil überwinden würde».[29] Tatsächlich fand sich schnell ein Konsortium, bestehend aus dem arenbergischen Hütteninspektor Johann Theodor Werner sowie mehreren Beamten der Äbtissin, die bereit waren, ein Hüttenwerk auf eigene Kosten anzulegen.[30]

Nachdem die Proben durch den Hütteninspektor Johann Heinrich Jacobi auf der Sayner Hütte am Mittelrhein günstig ausgefallen waren,[31] engagierte man dessen Sohn Gottlob Jacobi für den Bau und die Leitung der neuen Eisenhütte, noch bevor die Fürstäbtissin am 23. Januar 1791 die Genehmigung zur Erzgewinnung und zum Hüttenbau erteilte.[32] Gelegen an der Emscher bei der Westerholtschen Mühle in der Gemeinde Lippern-Lirich produzierte die Hütte Neu-Essen wie die anderen beiden Werke allein Gusswaren aus dem Hochofen, obgleich man zu Anfang zusätzlich die Anlage eines Hammerwerkes in Betracht gezogen hatte.[33]

Mit dem erfolgreichen Voranschreiten des Projektes wuchs plötzlich auch wieder das Interesse der Fürstäbtissin Maria Cunegunda an einer Beteiligung an der Hütte. Sie erwarb bereits Ende 1790 ein Viertel und brachte bis 1794 sogar sämtliche Anteile in ihren Besitz, u. a. aufgrund des Geldmangels der bisherigen Anteilseigner. Der Kauf der Anteile mit Geldern ihres Privatvermögens erfolgte auch, weil sich Jacobi als der Richtige für die Leitung des Werkes erwies. Er brachte nicht nur ein umfangreiches Wissen im Hüttenfach und die Bereitschaft zu technologischen Neuerungen mit, sondern besaß auch strategische, organisatorische und kaufmännische Fähigkeiten, die es ihm erlaubten, die günstige Kriegskonjunktur – ab 1792 erschütterten die von der Französischen Revolution ausgelösten Koalitionskriege ganz Europa – gewinnträchtig zu nutzen.[34]

Die Gründung Neu-Essens als dritte Hütte verschlechterte schlagartig die Rohstoffversorgung der beiden benachbarten Hütten. Die merkantilistische Wirtschaftspolitik der drei Kleinterritorien hatte dazu geführt, dass die St. Antony Hütte aufgrund der klevischen Exportverbote an Erzmangel litt, die Gutehoffnungshütte dagegen keine Holzkohle aus dem kurkölnischen Vest Recklinghausen erhielt und schließlich die Rohstoffbasis des Werkes Neu-Essen nur etwa für 20 Jahre reichte. Da alle drei Werke trotz der starken Nachfrage nach Kanonenkugeln ihre Produktionskapazitäten nicht ausnutzen konnten, lag die Vereinigung der drei Hütten nahe. So schrieb schon der Bergrat Eversmann in seiner Abhandlung «Übersicht der Eisen- und Stahl-Erzeugung auf Wasserwerken in den Ländern zwischen Lahn und Lippe» von 1804: «Es würde diesen drei beieinander liegenden Hütten sehr zuträglich sein, wenn wenigstens eine von ihnen einginge oder in ein Hammerwerk umgestellt würde; der Vorrat an Holz in dieser Gegend ist nicht zureichend, um einen vorteilhaften Betrieb aller drei Hütten zugleich zu gestatten.»[35]

Tatsächlich eröffnete der Tod des Freiherrn von Wenge 1788 dann die Möglichkeit zur Vereinigung zweier Werke, da die Erben Wenges nicht am weiteren Besitz der St. Antony Hütte interessiert waren.[36] Trotz des Ablaufs des Pachtvertrages Ende 1790 durften die Pächter Doeinck & Compagnie jedoch bis zum beabsichtigten Verkauf noch auf der Hütte weiterarbeiten. Die Ver-

Abb. 4 Die Territorialverhältnisse bis 1789

steigerung der Hütte wurde für den 27. Oktober 1791 festgelegt. Bereits 1790 äußerte Pfandhöfer sein Interesse gegenüber Eversmann, da er so nicht nur einen Konkurrenten vereinnahmen, sondern auch einen Zugriff auf die vestische Holzkohle erlangen konnte. 1791 verhandelte er mit F. A. Drüge, Gerichtsschreiber in Essen und Beauftragter der Erben, über den Kauf der Antony Hütte. Ebenfalls am Erwerb interessiert war die Äbtissin Maria Cunegunda, für die Jacobi als Vertreter auftrat. Die Verhandlungen zogen sich bis Juli 1793 hin, als Drüge mit Jacobi handelseinig wurde und man einen Kaufvertrag aufsetzte. Am 26. Juli 1793 kam es aber unter Zeugen zum Kaufabschluss mit Pfandhöfer, der mit 6000 Talern Jacobi knapp überbot. Obgleich Pfandhöfer am anderen Tag die Anzahlung von 1000 Taler und 350 Taler Anerkennungsgabe für Drüge überreichte, die er von Krupp vorgestreckt bekommen hatte, negierte Drüge den Kontrakt mit Pfandhöfer – wahrscheinlich wegen dessen angespannter finanzieller Situation – und schloss am 28. Juli einen neuen Kaufvertrag mit Jacobi über ebenfalls 6000 Taler ab. Als Pfandhöfer trotzdem versuchte, die Hütte in Besitz zu nehmen, wurde er von Jacobi und seinen Leuten mit Gewehren und Böllern davongejagt.

Pfandhöfer versuchte, sein Recht gerichtlich durchzusetzen. Vor einem preußischen Gericht in Kleve konnte er bereits im September des gleichen Jahres mit Hilfe der oben erwähnten Zeugen erfolgreich den Abschluss des Kaufvertrages mit Drüge nachweisen, doch verzögerte dieser das Verfahren, da das preußische Gericht für Bewohner des Essener Stiftes nicht zuständig war. Erst im Sommer 1794 lenkte Drüge ein und gab den Kaufvertrag zu, woraufhin sich Pfandhöfer mit den Erben einigte. Nun aber versuchten die Vertreter der Essener Äbtissin diese Einigung und die Übergabe der Hütte zu verhindern. Erst als das vestische Gericht in Dorsten am 14. November 1795 den Kaufvertrag Drüge-Pfandhöfer anerkannte, war der Weg für Pfandhöfer frei, das Werk zu übernehmen. Da er aber jetzt den Kaufpreis nicht mehr aufbringen konnte, schloss er mit dem Vertreter der Fürstäbtissin am 21. Dezember 1795 einen Vergleich: Die St. Antony Hütte ging in den Besitz der Äbtissin über, aber Pfandhöfer pachtete sie für 600 Taler jährlich bis zum Januar 1801.[37]

Absatz und Produktion waren in diesen Jahren allein aufgrund der Munitionslieferungen für die Koalitionskriege gegen das revolutionäre Frankreich mehr als befriedigend. Die Auftragslage für Pfandhöfers Gutehoffnungshütte war so stark, dass er 1792 Aufträge an die Antony Hütte abgeben musste. Als Pfandhöfer die Antony Hütte am 1. Januar 1796 übernahm, hielt die günstige Kriegskonjunktur an, doch hatte sich seine finanzielle Situation weiter verschlechtert. Ursächlich für die Zahlungsprobleme war vor allem, dass Pfandhöfer sich immer weniger um den Betrieb kümmerte und die Lieferungen nicht oder zu spät ausführte. So klagte 1793 Helene Amalie Krupp, dass sie wegen Pfandhöfer keine Haubitzen, Granaten und Kugeln an die preußische Artillerie nach Wesel hätte liefern können und er überdies seine Schulden nicht bezahle, die sich bis dahin allein bei den Krupps auf 13 000 Taler erhöht hatten.[38] Er sei dem Trunk so stark ergeben, «dass er seine Sache nicht gehörig nachsucht».[39]

Nicht nur die Witwe Krupp, sondern auch das Rotterdamer Handelshaus Hoffmann, das einen großen Teil der Sterkrader Produktion abnahm, wurde wegen ausbleibender und verzögerter Munitionslieferungen vorsichtiger. Es beauftragte 1792 das Handelshaus der Haniels in Ruhrort, das die Geschäfte zwischen Rotterdam und der Gutehoffnungshütte abgewickelt hatte, die Produktion an Ort und Stelle auf der Hütte nachzuprüfen und Pfandhöfers Inkasso zu betreuen. In diesem Zusammenhang entsandte die Witwe Haniel ihre beiden Söhne Franz und Gerhard zur Kontrolle nach Sterkrade, die zu diesem Zeitpunkt erstmals direkt mit der Eisenindustrie und den drei Hütten im Raum Oberhausen in Berührung kamen.[40]

Pfandhöfer begann währenddessen seinen Ausstieg vorzubereiten und erwarb zusammen mit einem holländischen Geschäftsmann 1793 einen Anteil an einer Glashütte in Dordrecht, wohin er auch Geld verschob.[41] Obgleich die Witwe Krupp von seiner Beteiligung in Holland erfuhr, war sie immer noch bereit, Pfandhöfer weiter zu stützen, wahrscheinlich weil die Eisennachfrage weiter anhielt und die Kampagnen 1794 und 1795 gut ausfielen.[42] Allerdings musste er im Februar 1796 sein gesamtes Hab und Gut der Witwe Krupp verpfänden und sich zur Abtragung seiner Schuld in Höhe von nunmehr 18 000 Reichstalern einschließlich Zinszahlung verpflichten.

Trotz dieses abermaligen Entgegenkommens scheiterte Pfandhöfer, da sich andere Geschäftspartner abwandten. So ließ die preußisch-königliche Forstkasse im August 1796 wegen einer unbezahlten Holzrechnung sein Mobiliar und Vieh pfänden. Zudem lehnte das Rotterdamer Handelshaus Hoffmann & Sohn im September später einen Wechsel Pfandhöfers ab.[43] Als im Oktober abermals sein Mobiliar für eine Forderung von Doeinck und Reigers mit Arrest belegt wurde, legte Pfandhöfer die Gutehoffnungshütte still und betrieb nur noch die Antony Hütte. 1796 und 1797 führte er Kampagne von jeweils acht Wochen durch, für längere fehlten ihm die Geldmittel.[44] Da sich gleichzeitig auch die Konjunktur eintrübte, flüchtete er im Herbst 1797 in die Niederlande.[45]

Pfandhöfers Scheitern war nicht untypisch für die frühindustriellen Unternehmen, hatte jedoch auch persönliche Ursachen. Ohne Zweifel brachte er die organisatorischen Fähigkeiten und technischen Kenntnisse für die Leitung einer größeren Eisenhütte mit, besaß er doch die mehrjährige Erfahrung als Hüttenfaktor auf der Sundwiger Hütte. Er brachte nicht allein die bis dahin nur unzulänglich bewirtschaftete Antony Hütte ab 1779 wieder auf Vordermann, sondern baute die Gutehoffnungshütte auf und hielt sie lange Jahre erfolgreich in Betrieb. Zudem verbesserte er die technischen Abläufe und führte mehrere

Neuerungen (Windofen, Tempern, Produktion gusseiserner Schienen, Schleifwerk) ein. Anders als Jacobi besaß er aber wenig kaufmännisches Gespür. Durch sein großes Überzeugungsvermögen gelang es Pfandhöfer jedoch immer wieder, seine Geldgeber und hier insbesondere die Krupps zu weiteren Finanzspritzen zu bewegen. Trotz seiner geringen Kapitaldecke wollte er das Eisenwerk stets alleine führen, weshalb er die Gebr. Doeinck verließ und andere Teilhaber auszahlte. Er verzettelte sich durch den Betrieb zusätzlicher Werke (Rödinghausen, Glashütte) bzw. überschätzte seine finanziellen Möglichkeiten wie beim Ankauf der St. Antony Hütte 1793. Sein Alkoholkonsum und die gerichtlichen Auseinandersetzungen um den Kaufvertrag mit Drüge bildeten nur noch die Auslöser des Konkurses.[46]

Beurteilung Eberhard Pfandhöfers durch den preußischen Bergrat Eversmann 1804:[47]

«Eine Biographie dieses Mannes würde interessant und zugleich belehrend seyn, indem Pfandhöfers Leben ein merkwürdiges Beyspiel gibt, wie ein Mann, mit gesundem Menschenverstande ausgerüstet, mit Beharrlichkeit und Zuversicht auf sein Glück wirken kann, und zugleich, wie wohltätig es ist, wenn ein Unternehmer ein Handwerk versteht, auf das er im schlimmsten Fall zurückgreifen kann, um bis zu neuen Kräften und bis zum Eintritt der Gelegenheit seinen Unterhalt nicht ganz zu verlieren. Ein solches Handwerk verstand Pfandhöfer; es war zwar nur Leinweberey, allein er wurde mehreremale in seinem Leben von seinem wechselnden Glück so herabgeschleudert, dass er auf dem Weberstuhl wieder sein Brod suchen musste. Er kam immer wieder empor; zu Starkrad fand er seine glückliche Zeit, aber er wusste nicht für den Winter zu sammeln und musste diese seine kleine Schöpfung, die er mitten in einer elenden Sandgegend gebildet hatte, von seinen Schuldner [sic!] gedrängt verlassen …»

Nach der Flucht Pfandhöfers übernahm Jacobi sofort wieder die St. Antony Hütte in Besitz. Für die Eisenhütte Gute Hoffnung wurde am 5. Juni 1798 ein Spezialkonkurs eröffnet, bei dem die Hütte mit allem Zubehör und Berechtigungen versteigert werden sollte. Die ersten beiden Versteigerungstermine verliefen ohne Ergebnis und erst bei dem dritten im März 1799 ersteigerte die Witwe Krupp die Hütte und das Wohnhaus für 12 000 Taler, sah sie sich doch «wegen meine[r] große[n] Forderungen die ich an ihm [Pfandhöfer] hatte gezwungen, dieses Hüttenwerk anzukaufen».[48] Die Witwe Krupp wollte aber aufgrund der Kriegskonjunktur auch in das boomende Eisenhüttengewerbe einsteigen, obwohl die Holzzufuhr des Werkes weiterhin nicht gesichert erschien. Zudem war die seit 1796 stillliegende Hütte stark renovierungsbedürftig.[49] Wie eine Kalkulation der Krupps um 1800 zeigt, veranschlagte man bei einer wöchentlichen Gussproduktion von 21 000 Pfund und einer zwanzigwöchigen Kampagne in Eigenregie einen Gesamtgewinn von gut 630 Reichstalern pro Woche,[50] weshalb man auch ein Angebot Jacobis 1800 für die Übernahme der

Hüttenpacht ablehnte. Die Eisenproduktion schien der Witwe, die zu diesem Zeitpunkt schon seit 43 Jahren den Kolonialwarenhandel ihres Mannes nicht nur erfolgreich geführt, sondern auch erheblich ausdehnt hatte, zu lukrativ, als dass sie das Werk wieder aus der Hand geben wollte.[51]

Auf jeden Fall begann die Witwe Krupp bereits vor der Ersteigerung der Hütte im März 1799 die Absatzchancen von Gusswaren in den Niederlanden zu erkunden. Im Sommer des gleichen Jahres wurde versucht, den Hochofen wieder anzufahren. Dies gelang aber erst im Juni 1800 und auch nur wenige Tage mit schwachem Betrieb. Gründe hierfür waren die unzureichenden technischen Bedingungen, die mangelnde Vertrautheit der neu angeworbenen Hüttenleute mit den Verhältnissen vor Ort sowie der Wassermangel bzw. die Stauung des Wassers durch Jacobi am Oberlauf des Elpenbaches. Trotzdem unternahm Krupps Hüttenfaktor Linnhoff 1801 erstmals eine Geschäftsreise nach Holland, um Aufträge einzuholen. Die Krupps setzten zwischen 1800 und 1808 beinahe die Hälfte ihrer Erzeugnisse in den Niederlanden ab.[52]

Die zweite Hochofenkampagne von 24 Wochen folgte im August 1801. Sie konnte die starke Nachfrage trotz erheblich gesteigerter Produktion nicht befriedigen, die Erzeugung blieb noch immer unter der geplanten Tagesproduktion von 3000 Pfund. Obgleich es in der dritten Kampagne gelang, die Tagesleistung kontinuierlich zu steigern, legte die Witwe Krupp die Hütte 1804 völlig still, um einen neuen Hochofen und ein eisernes Zylindergebläse zu errichten.[53] Trotz der Investitionen sank wegen des schlechten Hochofengestells im folgenden Jahr jedoch die Produktion der Gutehoffnungshütte, bevor sie dann 1806/07 erstmals deutlich anstieg.

Tab. 1: Produktion und Kampagnendauer der Gutehoffnungshütte 1801–1807[54]

	Dauer der Hochofenkampagne	Produktion in Pfund
1801/02	16. 8. – 25. 1.	353 411
1802/03	5. 10. – 22. 4.	420 195
1803/04	25. 10. – 27. 2.	402 110
1804/05	–	–
1805/06	1. 9. – 16. 2.	253 241
1806/07	16. 8. – 6. 3.	536 586

Doch auch damit blieb man hinter der Herstellung der St. Antony Hütte zurück,[55] die 1802 602 593 Pfund Roheisen erzeugte und zudem bei hochwertigem Maschinenguss bessere Qualitäten produzierte. So hatte man bei Aufträgen des Dampfmaschinenproduzenten Franz Dinnendahl 1806/07 Schwierigkeiten beim Vergießen von Maschinenteilen und musste – wie Dinnendahl schrieb – «den Zylinder wegen der damals im Gießen großer Stücke noch unvollkommenen

Abb. 5 Gottlob Jacobi

Eisenhütte zu Sterkrade fünfmal von neuem und dennoch in drei Stücken gießen lassen, ehe derselbe brauchbar war …»[56] Diese Schwierigkeiten und den technischen Vorsprung der St. Antony Hütte bestätigte auch Friedrich Krupp, Enkel der Witwe Helene Amalie Krupp und Begründer der späteren Gußstahlfabrik in Essen, der seit 1805 auf der Hütte mitarbeitete. Er schrieb dem Hüttenmeister Schwickart:

> «Es muß aber dann mit unserer Lehmformerey ganz anders gehen wie vorhin, denn wir dürfen darin der Antony Hütte nicht zurückstehen, wie jetzt so sehr der Fall ist, denn H. Jacobi hat jetzt zwey Dampfmaschinen für Herrn Dinnendahl nach Wesel geliefert, ein jeder und auch ich selbst gestehen muß, dass alles dasjenige was ich dem Dinnendahl in Lehmguß geliefert habe nur Frack-Waare gegen dasjenige ist, was H Jacobi ihm geliefert hat, ebenso wohl in der Schönheit als in ihrer Schwere denn der alte Müscho sowohl als H. Jacobi bemüheten sich aufs äußerte um uns auszustechen, und es gelingt ihnen auch, wenn ich dem Dinnendahl nicht eben so gute Röhren etc. liefern kann, als Jacobi …»[57]

Jacobi hatte die Antony Hütte seit der Übernahme von 1797 modernisiert und als Hauptwerk der Äbtissin ausgebaut.[58] So ersetzte er die alten Blasebälge aus Leder durch ein hölzernes Badersches Zylindergebläse, um mit dem gleichen Aufschlagswasser die Leistung zu verdoppeln, und errichtete zwei Jahre später als

Erster in Westdeutschland einen Kupolofen für Gusswaren zweiter Schmelze. Die mit Koks betriebenen Kupolöfen ermöglichten es, die Zusammensetzung des Eisens genauer zu bestimmen und hierdurch die Qualität der Gusswaren zu verbessern. Weiterhin errichtete Jacobi eine Schleifmühle sowie einen Polierhammer auf der Hütte Neu-Essen.[59] Die dortige Eisenerzeugung legte er 1803 jedoch still und konzentrierte die gesamte Roheisenproduktion auf die Antony Hütte, die für die Anfuhr von Holzkohlen und Eisenerz günstiger lag.

Wahrscheinlich 1801 begann Jacobi auch mit dem Guss von Maschinenteilen für den Dampfmaschinenbau von Franz Dinnendahl, u. a. für die Zeche Wohlgemuth im Gebiet der Abtei Werden. Wie die autobiographischen Aufzeichnungen von Dinnendahl deutlich machen, hatten auch Jacobi und seine Hüttenleute dabei zu lernen:

> «Eben so unvollkommen waren diejenigen Stücke der Maschine, welche die Eisenhütte liefern musste, als Cylinder, Dampfröhren, Schachtpumpen, Kolben und dglch: Auch dieses Hinderniß wurde überwunden, indem ich es durch Mittheilung meiner Ideen und durch das eigene Raffinieren des Herrn Jacobi, Eigenthümer der Eisenhütte zu Starckrade, in der Gegend von Dinslacken bei Wesel, dahin brachte, dass diese Eisenhütte alle nöthige Stücke zu einer Maschine, Anfangs freilich unvollkommen, aber jetzt in der möglichsten Vollkommenheit liefert.»[60]

Neben dem Maschinenguss, der in den folgenden Jahren gerade in Zeiten schwacher Konjunktur eine wichtige Einnahmequelle für St. Antony bildete, produzierte die Hütte weiterhin auch die traditionellen Erzeugnisse (Poterie, Munition etc.). Absatzgebiete waren West- und Norddeutschland, die Niederlande, aber auch Dänemark und Russland. Allerdings wurde der Absatz nach Holland nach der faktischen Einverleibung der Niederlande in den französischen Machtbereich durch ein Einfuhrverbot behindert.

Außer den technischen Fähigkeiten brachte Jacobi auch die nötigen kaufmännischen und organisatorischen Fähigkeiten für die Leitung einer Eisenhütte mit; Eversmann nannte ihn einen Mann «von einer vollkommenen hüttenmännischen Kenntniß und großer Tätigkeit.[61] Ihm gelang es zudem, einen festen Stamm von guten Hüttenleuten und Technikern heranzuziehen. Dabei war Jacobi, der anders als zahlreiche seiner Vorgänger auf der Hütte wohnte und so den Betrieb ständig führte,[62] gegenüber Konkurrenten wenig zimperlich. So staute er im Juni 1806 durch eine Erhöhung der Dämme des eigenen Hüttenteiches tagelang das Wasser, um der Witwe Krupp den Betrieb der Guthoffnungshütte zu verleiden und sie als Konkurrenz auszuschalten.[63] Da er aufgrund des eigenen Kastengebläses weniger Wasser für den Betrieb des eigenen Werkes benötigte, ließ er nur wenig Wasser abfließen und behinderte so den Betrieb der Gutehoffnungshütte am Unterlauf des Elpenbaches. Krupp klagte gegen diese spezielle Art des Konkurrenzkampfes, doch blieb das Verhältnis zwischen beiden Protagonisten auch danach angespannt,[64] weil die Gutehoffnungshütte gute Fachleute von St. Antony abwarb und Jacobi Arbeiter der Gutehoffnung bei einem Besuch auf seinem Werk mit Gewalt arrestierte.

Die Bedeutung Jacobis für den Erfolg der Eisenwerke hatte auch die Fürstäbtissin Maria Cunegunda erkannt. Am 16. November 1799 übertrug sie ihm einen Viertelanteil an ihrer Hüttengewerkschaft, wobei Jacobi den Kaufpreis von 5000 Talern aus dem ihm jährlich zufallenden Gewinnanteil zahlen durfte.[65] Der seit Anfang des Jahres 1800 bestehenden «Compagnie» zwischen der Äbtissin und Jacobi war allerdings kein langes Leben beschieden. 1803 machte der Reichsdeputationshauptschluss, die durch Napoleons Siege erzwungene Neuordnung Deutschlands, der Kleinstaaterei ein Ende und die Äbtissin verlor die Herrschaft über das Hochstift Essen. Es fiel an Preußen, während das Vest Recklinghausen dem Herzog von Arenberg zugesprochen wurde. Zwar wurden Maria Cunegunda die beiden Eisenhütten 1803 als Privatvermögen zugesprochen, doch zog die Fürstäbtissin nach Augsburg und hatte kein Interesse mehr an ihren gewerblichen Unternehmungen. Zunächst fand sich kein Interessent für die Anteile an den beiden Werken. Obwohl die Hüttengewerkschaft pro Jahr etwa 4–5000 Taler Reingewinn erzielte, nahmen sowohl die arenbergischen als auch die preußischen Behörden Abstand vom Kauf, da ihnen der Kaufpreis zu hoch war bzw. sie die langfristige Rohstoffversorgung der Werke als nicht gesichert ansahen.[66]

Da sich keine privaten Bieter einfanden,[67] ging Jacobi selbst auf die Suche nach neuen Partnern und fand sie in der eigenen Verwandtschaft, nämlich in Gerhard und Franz Haniel, deren Schwester er geheiratet hatte. Die beiden Brüder betrieben beide seit 1800 ihr eigenes Handelsgeschäft und Franz Haniel zeigte großes Interesse an den beiden Eisenhütten.[68] Die Haniels hatten als Spediteure des Rotterdamer Handelshauses Hoffmann bereits zwischen 1792 und 1796 die Gewinnmöglichkeiten der Hütten und des Eisenhandels kennen gelernt.[69] Wie Franz Haniel in seinen Erinnerungen schrieb, musste er seinen Bruder Gerhard vom Kauf überzeugen, bedeutete dieser doch eine erhebliche finanzielle Belastung für beide:

> «Ich stellte eine Berechnung über die Kosten der Eisenertze bis zur Hütte, der Holzkohlen, des Kalksteins der verschiedenen Formertiefen, Gehälter, Zinsen pp auf, welche mir pro Jahr vorteilhaft erschienen, dass ich mich zum Ankauf entschloß und dieses Bruder Gerhard für gemeinschaftliche Rechnung mittheilte, welcher aber nicht besonders dafür war, im Verfolg indessen beistimmte; die Unterhandlungen zum Ankauf wurde mit der Fürstin von Essen so ihr Domiziel in Augsburg hatte angeknüpft, Inventarium pp aufgenommen und endlich der Ankauf abgeschlossen; unser Verkehr in Ruhrort lit durch Entbehrung dieser Fonds indessen sehr, Speculation in Getreide, Wein, Colonial Waaren pp wurde be-

Abb. 6 Franz Haniel

schränkt, da zum Betrieb der angekauften Werke auch Geld erforderlich war und Zinsen und Dividende viele Jahren nicht gegeben sondern zur Ausdehnung und Creditierung angelegt werden mussten; indessen hatte ich die Überzeugung dass wir dabei prosperirten und wir von unserer Ruhrorter Geschäfte vollkommen und mehr als Haushaltung und sonstige Ausgaben bedurften, bestreiten konnte.»[70]

Der Kauf von drei Vierteln der Anteile an den beiden Eisenhütten erfolgte im Mai 1805 für insgesamt 23 800 Reichstaler, die die Haniels in Raten bis 1809 begleichen mussten.[71] Zudem erwarben sie die Korn- und Ölmühle zu Oberhausen für 8000 Taler. Bei den Zahlungen für die Hütte Neu-Essen gerieten die Haniels teilweise in Verzug, die Raten für St. Antony wurden dagegen stets vollständig beglichen.[72] Mit Jacobi, der weiterhin die Leitung der Werke sowie der Oberhausener Mühle übernahm, bildete man eine neue Gesellschaft, in der jeder ein Drittel der Anteile besaß.[73] Trotz der angespannten finanziellen Lage konnte man auch in den Folgejahren gute Ergebnisse erzielen. Günstig wirkte sich aus, dass das Rotterdamer Handelshaus Hoffmann & Sohn trotz der französischen Importverbote weiterhin mit Sondergenehmigung Munition und Ballasteisen für französische Schiffe bezog.[74] Auch die Aufträge für Dinnendahl, u. a. zwei Dampfmaschinen für die preußische Festung in Wesel, halfen über die schlechte Konjunktur seit 1806 hinweg.

Die nachlassende Nachfrage durch das Einfuhrverbot in die Niederlande und das Ausbleiben von Munitionsaufträgen dürften der Grund gewesen sein, dass die Witwe Krupp nun das Interesse am Betrieb der Gutehoffnungshütte verlor. Obgleich sie das Werk im Mai 1807 ihrem Enkel Friedrich Krupp zum Eigentum übertragen hatte und dieser im Frühjahr 1808 sowohl eine neue Kampagne als auch den Bau eines Kupolofens und das Gießen von Maschinenteilen für Dinnendahl plante, machte sie diesen Schritt ein Jahr später rückgängig, um die Hütte zu verkaufen.[75] Der plötzliche Meinungsumschwung der Essener Unternehmerin ging sicherlich auch darauf zurück, dass der bisherige Hüttenfaktor Linnhof aufgrund von Differenzen mit Friedrich Krupp das Werk verlassen hatte und man trotz größerer Investitionen technisch und wirtschaftlich hinter der Antony Hütte Jacobis zurückblieb.[76] Zudem hatte die Witwe nach Auffassung von Franz Haniel schon in den guten Jahren «keine Seide bei dem Betrieb» gesponnen. [77]

Die Haniels und Jacobi meldeten sofort Interesse am Kauf der Gutehoffnungshütte an, konnten sie auf diese Weise doch nicht nur einen Konkurrenten ausschalten und die dauernden Streitigkeiten über die Wasserrechte mit dem Nachbarwerk beenden, sondern sich endlich eine gesicherte Rohstoffbasis schaffen, da man so die Erzvorkommen im preußischen Kleve in die Hand bekam.[78] Allerdings hemmten die früheren Auseinandersetzungen Jacobis mit den Krupps die Verhandlungen, die Franz Haniel persönlich führte. Bei zwei Besuchen in Essen im Sommer 1808 wurde er mit der Witwe nicht handelseinig, da die Haniels und Jacobi lediglich 30 000 Reichstaler anlegen wollten.[79]

Franz Haniel vertraute sich daher nach dem zweiten Besuch seinem Essener Schwager Heinrich Huyssen an, der den Krupps nahe stand,[80] und übertrug diesem die Fortsetzung der Verhandlungen. Hierfür wollte Huyssen beteiligt werden, «weil er durch mich [Franz Haniel] erfahren, dass unsere frühere Ankäufe von der Fürstin von Essen gut und solide seien und durch den Kauf der Guten Hoffnungs Hütte noch mehr befestigt würden …»[81] Dies wollte Franz Haniel seinem Schwager aber nicht ohne die Zustimmung seiner bisherigen Teilhaber versprechen und ritt deswegen von Essen direkt zur Antony Hütte, um Jacobis Meinung einzuholen. Dieser lehnte eine Beteiligung von Huyssen ab, ließ sich jedoch von Franz Haniel überreden, dem Essener doch eine Beteiligung von 1/8 oder 1/10 an allen drei Werken brieflich in Aussicht zu stellen.

Huyssen dagegen hatte sofort nach dem Weggang Franz Haniels dem Essener Advokaten Tuttmann die Aufgabe übertragen, den Kauf der Gutehoffnungshütte zu betreiben, was schnell gelang, allerdings zu einem deutlich höheren Preis als von den Haniels und Jacobi geplant. Statt 30 000 Reichstaler wurden als Kaufpreis nun 37 800 Reichstaler vereinbart. Noch ärgerlicher aber war für die Haniels und Jacobi, dass nach dem Kaufvertrag nicht sie, sondern

Huyssen der Käufer des Werkes war und sie gleichzeitig eine Bürgschaft für ihn eingingen.[82] Dies erfuhren sie allerdings erst am Tag des Kaufabschlusses. Sie unterschrieben schließlich nur, weil Huyssen und sein Anwalt versprachen, umgehend einen zweiten Vertrag über den Weiterverkauf der Hütte an die drei Altbesitzer von Neu-Essen und St. Antony auszufertigen.

Nach der Unterschrift von Jacobi und den Brüdern Haniel aber nutzte Huyssen die Rechtslage aus, um die drei Hüttenbesitzer zu erpressen und eine gleichberechtigte Beteiligung an der Hüttengewerkschaft sowie den drei Werken zu erhalten, wie Franz Haniel entrüstet festhielt: «Nachdem dieses geschehen vernahmen wir nachher, jauchzte der Advocat und Huyssen und prahlten jetzt hätten sie das Schwerd in Händen und müssten wir uns alles gefallen lassen, zum ewigen Andenken schreibe ich dieses im Juli 1859 hier nieder.»[83] Huyssen drohte sogar, mit der Witwe Krupp «in Kompagnie zu gehen» und die Hütte zu betreiben. Erst nach längeren Verhandlungen mit Huyssen und Auseinandersetzungen zwischen Jacobi und den Haniels lenkte man ein, um keinen Familienstreit heraufzubeschwören: «Ich musste hierdurch sehr viel leiden; um den Familien Streit zu mildern, willigten wir drei alte Associés ein und überließen Huyssen ein Vierthel der Werke und einigten uns über den Preis unserer drei privat Werke.»

Nach der Einigung stellte sich jedoch heraus, dass Huyssen überhaupt keine finanziellen Mittel für den Kauf der Hütte besaß. Die für die Anzahlung nötigen 3000 Kronentaler hatte er sich vom Grafen von Westerholt geliehen und hierfür eine Bürgschaft seines Vaters eingeholt, der dabei fast alle seine Liegenschaften verschreiben musste. Den Rest mussten die drei Teilhaber – zähneknirschend – übernehmen.[84]

Diese massiven Differenzen belasteten den Start der neuen Hüttengewerkschaft, doch waren durch die Vereinigung der drei Eisenwerke im Oberhausen-Essener Raum nun endlich die gesamten Rohstoffressourcen der Region in einer Hand und damit die Versorgung der Hütten gesichert. Zudem stand mit dem nahen Rhein schon vor dem Aufkommen der Eisenbahn ein leistungsfähiger Verkehrsweg zur Verfügung. Schließlich erlaubte der gemeinsame Betrieb aller drei Hütten auch eine Arbeitsteilung und Konzentration der drei Betriebsstätten auf bestimmte Produktionsbereiche.

Noch wichtiger war, dass die Werke mit Jacobi von einem absoluten Hüttenfachmann geleitet wurden, unter dem sich ein fähiger Stamm an Facharbeitern herausgebildet hatte. Zudem verfügte man über eine gesicherte Kapitalbasis und hatte durch die Handelshäuser der beiden Hanielbrüder faktisch eine Absatzorganisation und kaufmännischen Sachverstand hinzugewonnen. Bei all den vorherigen Betreibern hatte es an einer dieser wichtigen Bedingungen für ein industrielles Unternehmertum gemangelt. Entweder fehlte es an Kapital (Pfandhöfer, Schwarz & Hundt, Gebr. Doeinck) oder kaufmännischem Geschick (Wenge, Pfandhöfer) bzw. unternehmerischem Einsatz (Wenge) und technischen Fähigkeiten (Witwe Krupp). Da alle drei Werke durch Modernisierung und technische Neuerungen leistungsfähiger als die meisten anderen deutschen Eisenhütten waren und Jacobi sich zudem durch den Guss von Maschinenteilen ein neues Marktsegment früh erschlossen hatte, startete die neue Hüttengewerkschaft Jacobi, Haniel & Huyssen im Jahr 1808 mit einer guten und soliden Basis ins neue industrielle Zeitalter.

2. Schrittmacher der Industrialisierung 1808–1872

Das Hineindrängen Heinrich Huyssens in das neue Eisenunternehmen – ohne die Einbringung eines größeren Eigenkapitals – belastete das Verhältnis der vier Partner untereinander von Beginn an schwer. Noch gegen Ende seines Lebens, um 1860, erinnerte sich Franz Haniel in seinen autobiographischen Aufzeichnungen, wie sehr die Freundschaft mit Huyssen abgekühlt war, «… dieser lag oft in Sterkrade und weil Jacobi glaubte, ich hätte Huyssen nichts mitteilen dürfen und derselbe sei hierdurch ohne Betrag in unserm Geschäft gekommen, so wurde die Freundschaft zwischen Jacobi und mir lau und ich kam selten nach der Guten Hoffnungshütte».[1] Als Huyssen und sein Anwalt Tuttmann Zirkulare drucken ließen, in denen sie der Öffentlichkeit seinen Kauf der Gutehoffnungshütte und die Vereinigung zur Firma Jacobi, Haniel & Huyssen (JHH) mitteilten, grollte Franz Haniel, damit entstehe der Eindruck, als ob «Huyssen die Gute Hoffnung Hütte bezahlt und eingelegt hatte. welches doch der entgegengesetzte Fall war …»[2] Zum großen Verdruss der anderen Teilhaber entstanden durch Huyssens nicht eingezahlte Kapitaleinlage weitere Probleme. Ursprünglich war vorgesehen, Huyssens Anteil an den ausgeschütteten Gewinnen zur Abtragung des Kapitalanteils zu verwenden, doch gab es hier ebenfalls Schwierigkeiten mit dem neuen Anteilseigner. Franz Haniel hielt dazu später fest: «damit dieses nicht bekannt wurde, musste der Buchhalter Noot solches alle auf Cladden notiren, wobei eine Summe zu kurz kam, die Noot berechnet und Huyssen nicht anerkennen wolte. Weil Noot der Schwager von Jacobi dagegen Huyssen mein und meines Bruders Schwager war, so haben wir drei alte Compagnons um keinen Scandal und größere Feindschaft zu veranlaßen, den Verlust getragen …»[3]

Der Gesellschaftsvertrag vom 10. April 1810 ist ein Zeugnis des mangelnden Vertrauens zwischen den vier Teilhabern. Der Vertrag präzisierte das Verhältnis zwischen den Eigentümern der 1808 errichteten Firma, was in dieser Ausführlichkeit für frühindustrielle Unternehmen nicht unbedingt üblich war.[4] Zunächst wurde das Kapital der Gesellschaft auf 93 800 Taler klevisch bzw. 78 167 Taler preußisch Courant festgesetzt, die sich zu gleichen Teilen auf alle vier Teilhaber verteilten.

Abb. 7 Heinrich Huyssen

Die Unternehmensorganisation

Der Vertrag regelte auch die Organisation der Unternehmensführung und die Rechte der Anteilseigner.[5] Obgleich alle vier Eigner sich vertraglich verpflichteten, nur gemeinsam zu handeln, erhielt Gottlob Jacobi die Direktion über alle drei Eisenwerke und die gesamte Produktion. Dafür erhielt er ein jährliches Gehalt von 600 Reichstalern nebst einer Wohnung mit Gemüsegarten sowie freie Brennstoff-, Arzt- und Apothekerkosten. Dieser Passus unterstreicht die Bedeutung Jacobis für das Unternehmen, der laut Vertrag auch unter keinen Umständen aus der Gesellschaft austreten durfte, «weder durch Veräußerung eines Antheils, noch sonstigen, weil er allein die zum Betriebe nötige Kenntniß hat …»[6] Ein Verstoß gegen diese Bestimmungen und gegen das Verbot, sich persönlich heimlich oder öffentlich an einer anderen Hüttengewerkschaft zu beteiligen, hätte den Verlust seines Anteils am Grundkapital der Gesellschaft bedeutet. Letzteres galt allerdings auch für die anderen Anteilseigner.

Zur Entlastung Jacobis wurde zudem vereinbart, für die Betriebsführung einen Faktor sowie einen Gehilfen und mehrere Handlungsdiener einzustellen.

Der Faktor sollte die Buchführung übernehmen, wobei neben Jacobi auch den anderen drei Anteilseignern eine Aufsicht über die Buchführung zustand. Dem Gesellschaftsvertrag zufolge hatte sich stets einer der anderen Anteilseigner am Anfang eines jeden Monats auf dem Handlungskontor einzufinden. Hier in Sterkrade wohnte Jacobi mit seiner Familie, hier befand sich nun der Hauptsitz des Unternehmens. Dort hatte der jeweilige Anteilseigner den monatlichen Abschluss der Bücher vorzunehmen und der Prüfung des Kassenbestandes beizuwohnen. Etwaige Verluste musste der prüfende Anteilseigner zusammen mit Jacobi gemeinschaftlich ausgleichen. Allen Teilhabern stand darüber hinaus offen, so oft wie gewünscht nach Sterkrade zu kommen und in der Betriebsführung mitzuarbeiten, wobei Jacobi verpflichtet war, seine Kompagnons in den Hüttenbetrieb einzuweisen.

Allerdings konnte keiner der anderen drei Anteilseigner allein Jacobis Entscheidungen abändern, dies war nur durch die Mehrheit der Stimmen bei einer Zusammenkunft aller Teilhaber möglich. Bei wichtigen Angelegenheiten, etwa bei abzuschließenden Verträgen, hatte Jacobi die abwesenden Anteilseigner schriftlich zu informieren, worauf diese dann Stellung zu nehmen hatten. Nichtbeantwortung bedeutete automatisch Zustimmung zur Meinung der anderen Gesellschafter, wobei jeweils die Mehrheit der Stimmen entschied. Nur in eiligen Fällen durfte ein Anteilseigner für die abwesenden drei anderen Teilhaber entscheiden. Bei Stimmengleichheit wollten die Anteilseigner drei Schiedsrichter benennen und deren Entscheidung unter Ausschluss gerichtlicher Maßnahmen akzeptieren.

Über die aktuellen Bedürfnisse hinaus enthielt der Vertrag von 1810 jedoch auch Bestimmungen, die in die Zukunft reichten. Zum einen legte er fest, dass der jeweilige Anteil der vier Eigner nur jeweils an einen Erben weitergegeben werden durfte, d. h. nur jeweils ein Erbe ins Geschäft eintreten konnte. Jedem der drei anderen Teilhaber bzw. deren Erben stand zudem ein Vorkaufsrecht zu.[7]

Wie im Vertrag vereinbart, übernahm Jacobi als Direktor die Leitung aller drei Werke. Neben der Gesamtleitung hatte er auch die technische Betriebsleitung der Sterkrader Hütte inne, während die beiden anderen Werke von Hütten- und Platzmeistern geführt wurden. Jacobi steuerte die neue Gesellschaft seit ihrer Gründung sehr zentral. Als letzten Schritt der Zentralisierung beseitigte man 1819 die bis dahin noch separate Kasse für Neu-Essen und konzentrierte die Buch- und Kassenführung im Hüttenkomptoir auf der Gutehoffnungshütte,[8] bei der ein Hüttenfaktor sowie ein Buchhalter Jacobi unterstützten.[9] Zudem wurden auch der Rohstoffeinkauf sowie der Absatz durch den Bau und Betrieb eines Magazins in Sterkrade zusammengefasst.[10]

Vor der endgültigen Zentralisierung der Unternehmensleitung war bereits 1808 eine Arbeitsteilung des Produktionsprogramms zwischen den drei Hütten festgelegt worden. Auf Neu-Essen, dessen Hochöfen bereits seit 1803 stilllagen

Abb. 8 Gerhard Haniel

und wo seitdem Poterien und Munition aus dem Kupolofen hergestellt wurde, wurden 1812 ein Schmiede- und Reckhammer sowie zwei Frischfeuer in Betrieb genommen: Erstmals erzeugte das Unternehmen nun Stabeisen. 1816 folgte die Herstellung von Eisenbrammen, dafür wurden 1821 die dortigen Kupolöfen und die Gießerei stillgelegt. Das für die Frischeisenproduktion notwendige Roheisen stammte überwiegend vom Mittelrhein und der Lahn und wurde mit Schrott und Alteisen aus der näheren Umgebung versetzt, da die Qualität für die Herstellung hochwertigen Stabeisens nicht ausreichte.[11] Die Abnehmer für das so produzierte Schmiedeeisen fanden sich in der Umgebung und in der eigenen Maschinenwerkstätte.[12]

Auf der Antony Hütte wiederum legte Jacobi 1812 zusätzlich zu Hoch- und Kupolofen einen Koksmeiler und einen Ziegelofen an.[13] Für das Zurückpumpen des Aufschlagwassers der Wasserräder wurde dann 1813 eine kleine atmosphärische Newcomen-Dampfmaschine aufgestellt, die Jacobi zusammen mit Johann Dinnendahl selbst auf der Gutehoffnungshütte in Sterkrade gebaut hatte.[14] Hergestellt wurden auf St. Antony per Sand- und Lehmguss vor allem Poteriewaren, Platten, Gewichte sowie Öfen, Maschinenteile, Röhren oder Roheisen für Sterkrade, das schnell zum Hauptwerk der Hüttengewerkschaft aufstieg. Deshalb legte JHH 1821 die St. Antony Hütte still und wandelte das Werk in eine Papierfabrik um, die von der Gesellschaft Jacobi, Teschenmacher & Comp. betrieben wurde.[15]

Der frühe Einstieg in den Maschinenbau

Auch die Gutehoffnungshütte stellte Gusswaren aus dem Hoch- und Kupolofen her. Zwar wurden hier weiterhin traditionelle Poterien, Öfen oder Munition gegossen und vor allem in Rheinland und Westfalen sowie in Nordwestdeutschland abgesetzt,[16] doch gewann die Produktion von Maschinenteilen und hier insbesondere für Dampfmaschinen eine immer größere Bedeutung.[17] Jacobi erhielt ab 1808 von den beiden Maschinenbauern Franz und Johann Dinnendahl zahlreiche Aufträge für den Guss von Zylindern, Maschinenrädern oder Rohr- und Luftpumpen,[18] so z. B. für die Ruhrzechen Sälzer & Neuack, Sonnenschein, Gewalt oder Wohlgemuth.[19] Allerdings beschwerte sich Franz Dinnendahl immer wieder über die Nichteinhaltung der Liefertermine und über mangelnde Präzision und Qualität der Gussteile.[20] Jacobi wiederum beklagte die schleppende Zahlungsbereitschaft von Dinnendahl.[21]

Durch die Zusammenarbeit mit den Dinnendahls gewann die Hüttengewerkschaft erhebliches Know-how im technisch anspruchsvollen Maschinenguss. Dieser Produktionszweig war äußerst lukrativ. Mit den höheren Erlösen kompensierten Jacobi, Haniel & Huyssen den Ausfall des so wichtigen niederländischen Marktes, der ab 1815 wegen neuer Zollschranken wegbrach.[22] Insgesamt fertigte JHH Maschinenteile für mindestens 14 Dampfmaschinen von Franz und Johann Dinnendahl.[23] Schließlich entstand 1813 in Zusammenarbeit mit Johann Dinnendahl die erste vollständig auf der Gutehoffnungshütte erbaute doppeltwirkende Dampfmaschine für die St. Antony Hütte.[24]

Wegen der stets säumigen Zahlungen und großen Rückstände kündigte Gottlob Jacobi 1819 die Zusammenarbeit der Hüttengewerkschaft mit Franz Dinnendahl auf.[25] Auch von dessen Bruder Johann erhielt JHH nach 1819 keine Maschinengussaufträge mehr, da Johann dem Beispiel seiner Bruders folgte und 1820 eine eigene Gießerei errichtete. Auf die technische Hilfe der Dinnendahls konnte die Hüttengewerkschaft inzwischen verzichten, weil Jacobis Hüttenfaktor Wilhelm Lueg im Frühjahr 1820 selbstständig eine doppeltwirkende Dampfmaschine für das Hochofengebläse der Sterkrader Hoffnungshütte gebaut hatte. Sie wollte sich zukünftig nicht mehr auf den Guss von Maschinenteilen beschränken, sondern die Produktion von Dampf- und anderen Maschinen vollständig in eigener Hand durchführen. Um von dem gerade neu entstehenden Markt für Investitionsgüter profitieren zu können, wurde 1820 eine Maschinenwerkstätte in Sterkrade errichtet. Ein Inserat des gleichen Jahres kündigte die Aufnahme dieses neuen Produktionszweiges an:

Die Bergwerks-, Hütten-, Hammer- und Fabriken-Besitzer werden hierdurch benachrichtigt, dass auf der Guten-Hoffnungs-Eisenhütte eine Werkstatt errichtet ist, worin Dampf- und Gebläsemaschine jeder Dimension, nicht allein für Berg-, Hütten- und Hammerwerke, sondern auch für Spinnereien, Woll-, Oel- und Mahlmühlen, sowie für andere Gewerke verfertigt werden. Die Dierektion dieses Geschäfts übernimmt, mit Genehmigung der Königlich preußischen hohen Ober-Berg-Behörden, der Königliche Maschinen-Inspektor, Herr Merker, welcher von nun an hier domiciliert ist.

Allen, die uns ihr Vertrauen schenken und Bestellungen aufgeben wollen, versprechen wir eine gute contraktmäßige Bedienung und verlangen erst dann, wenn die Mascine drei Wochen in gang ist, die erste Hälfte des übereingekommenen Kaufschillings, drei Monate später die Hälfte des Rückstandes, und den Rest, nachdem die Maschine fünf Monate im Gange sein wird.

Gutehoffnungs-Eisenhütte bei Dorsten oder Mülheim an der Ruhr, den 22. Juli 1820.

Die Interessenten der Maschinenfabrik daselbst[26]

Für die Leitung der neuen Werkstätte wurde der königliche Maschineninspektor Merker gewonnen, der beim preußischen Dampfmaschinenpionier August Friedrich Holtzhausen gelernt und zuvor für die preußischen Bergbehörden die Aufstellung von Dampfmaschinen im Ruhrbergbau beaufsichtigt hatte.[27] Das Know-how Merkers und die langjährige Erfahrung im Maschinenguss oder beim Ausbohren von Zylindern bei JHH ermöglichten nun die Produktion hochwertiger Dampfmaschinen nach englischem Vorbild.[28] Allerdings stand die Güte der Maschinen – wie Merker selbst 1823 zugab – gegenüber den neuesten Modellen in England «noch sehr zurück».[29] Neben dem technischen Know-how erlaubte jedoch auch die gute Kapitalbasis der Hüttengewerkschaft, den Kunden günstige Bezugsbedingungen anzubieten – eine entscheidende Erfolgskomponente. Anders als z. B. bei den Dinnendahls mussten die Abnehmer den Bau der Sterkrader Dampfmaschinen nicht teilfinanzieren, sondern zahlten den Kaufpreis erst nach Inbetriebnahme bzw. längerem tadellosem Einsatz. Dies beurteilte auch Johann Heinrich Dinnendahl 1862 in seinen Erinnerungen als entscheidenden Vorteil gegenüber dem Maschinenbaubetrieb seines Vaters Franz:

«Die Sterkrader Hütte hatte bis dahin wohl nur ausschließlich für meinen Vater die benötigten Maschinentheile gegossen, und war nun theils durch Unterhaltung mit meinem Vater, theils durch dessen Zeichnungen und Modellen dahin gelangt, selbstständig auch in dieser Branche der Eisen-Industrie auftreten zu können. Sie konnte dies umso besser und leichter, als sie, außer den nöthigen Hilfsmittel, auch mit Geldmittel reichlich ausgestattet war, welche letztern meinem Vater, wie schon gesagt, überall hemmend den Weg vertraten …»[30]

Allerdings entfielen nach der Trennung von den Dinnendahls zunächst einmal deren umfangreiche Aufträge. Erst allmählich stieg in der Folgezeit die Zahl neuer Bestellungen. So lieferte die Abteilung 1822 die erste 14-zöllige, doppeltwirkende Dampfmaschine an die «Wollspinnerey Wilhelm Feugen» in Werden für 2750 Taler aus; im gleichen Jahr entstand die erste Fördermaschine, die 1824 für 4300 Taler an die Essener Zeche Sälzer & Neuack geliefert wurde.[31] Zudem konstruierte die Maschinenbauabteilung in den ersten Jahren Zylindergebläse, z. B. für Johann Caspar Rumpe & Co in Altena, oder einen Dampfkoch- und Waschapparat für die Reiter- und Infanteriekaserne in Düsseldorf.[32]

Der Bau der Dampfmaschinen erhöhte die Auslastung der Eisenwerke. So produzierte Neu-Essen einen beachtlichen Teil seines Stabeisens für die Maschinenwerkstätte. Außerdem goss die Gutehoffnungshütte neben dem traditionellen Produktionsprogramm die Maschinenteile für die benachbarte Maschinenwerkstätte. Diese Aufträge erlaubten weitere Investitionen in die Eisenherstellung. Neben den bereits erwähnten beiden Dampfmaschinen baute die Hüttengewerkschaft z. B. 1812 einen Koksmeiler auf der Zeche Röttgersbank und errichtete auf der Gutehoffnungshütte einen Windofen bzw. erneuerte die dortigen Flamm- und Kupolöfen.[33]

Diese Innovationen und Geschäftserweiterungen wurden durch die gute Geschäftslage der Gesellschaft ermöglicht, wie die wachsenden Absatz- und Produktionsdaten deutlich machen:

Grafik 1 Die Entwicklung von Gusseisenabsatz und Stabeisenproduktion 1809–1830[34]

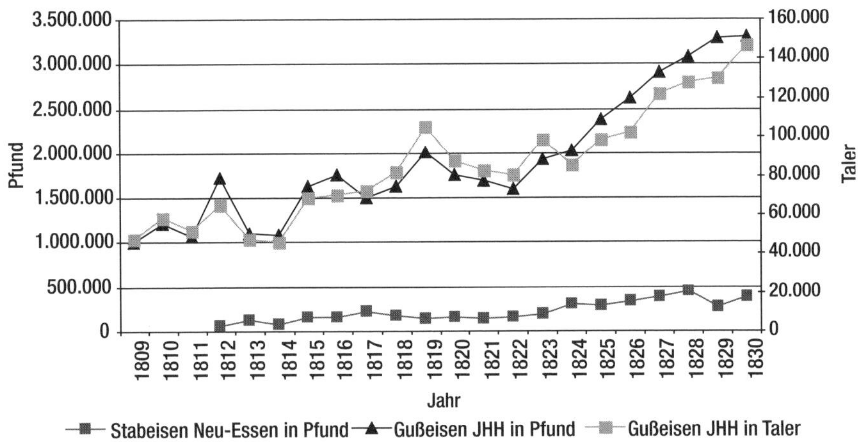

Deutlich ist anhand der Graphik der starke Anstieg der Gusseisenproduktion bis 1819 gegenüber der Zeit vor 1809 zu erkennen. Allerdings sank der Absatz danach bis etwa 1822, um dann wieder schnell anzuwachsen.[35] Die Stabeisenproduktion wies eine ähnliche Entwicklung auf, so dass zu vermuten ist, dass das Ausbleiben der Dinnendahl-Aufträge erst langsam kompensiert werden konnte.

Obwohl die Anteilseigner bis 1818 zusätzlich noch die Ratenzahlung für die Gutehoffnungshütte an die Witwe Krupp aus den laufenden Erträgen bestritten und zahlreiches Land von der Abtei Sterkrade in der Umgebung der Hütten erwarben, war die Finanzierung der zahlreichen Neuerungen nie gefährdet.[36] Die vier Gesellschafter ließen den Gewinn bis 1817 stets im Unternehmen stehen, ausgezahlt wurden jeweils nur 1000 Taler pro Anteilseigner. Dabei waren auch die Gewinne beachtlich. Ab 1818 wurde erstmals eine sog. «Dividende» ausgezahlt, die bis 1827 zwischen 8000 und 16 000 Taler betrug und damit einer Verzinsung des Gesellschaftskapitals von 10,2 bis 20,5 % entsprach.[37] Die Liquidität des Unternehmens war dabei stets gegeben, schließlich besaß das Unternehmen bei den beiden Bankhäusern Gebr. Kersten (Elberfeld) bzw. Abraham Schaaffhausen (Köln) bis 1829 ein Guthaben von bis zu 10 000 Talern. So ließ sich auch die Last hoher Außenstände von Kunden verkraften.[38]

Auf Basis dieser günstigen Entwicklung trieb Jacobi die technische Entwicklung des Unternehmens auf allen Ebenen voran.[39] So experimentierte er 1809 mit der Gussstahlherstellung und verbesserte die Holzmeilerei.[40] Auf Franz Haniels eigene Rechnung errichtete er 1821 den ersten burgundischen, d. h. geschlossenen Koksofen an der Ruhr, mit dem ein erheblich besserer Koks hergestellt werden konnte. Jacobi war aber auch der betriebswirtschaftliche Kopf des Unternehmens, das in kurzer Zeit auch überregional einen sehr guten Ruf erworben hatte, was auch der Besuch des preußischen Kronprinzen auf dem Werk 1817 zeigt.[41] Bezeichnenderweise hieß es denn in einem Zeitungsartikel 1821:

> «Es ist eine Lust, die schoene Einrichtung und Ordnung, die in allen Theilen herrscht, die mancherlei Artikel, die hier gemacht werden, und das Zierliche und die schoene Form mancher Gußwaare zu sehen. Jeder Technologe und Huettenmann wird hier vielen Genuß finden. Das moeglichst einförmig gehende Zylindergeblaese, das durch eine Dampfmaschine der besten Art betrieben wird, haelt die Huette im bestaendigen Gang. … Diejenigen Gußwaren, die gewoehnlich werden, oder doch Fabrikartikel sind, bestehen in Poetten von allen Formen und Groeßen; kleinen und großen Wasser-Schinken- und Braukesseln; Konfueren, Moersern, Gewichtssteinen; Ambosen, Streicheisen, kleinen und großen Glocken, Rädern für kleine Wagen und für Maschinen aller Art, Ofenroesten, Zapfen fuer Muehlenachsen, Pferderaupen und Troegen, alle moeglichen Arten von Stuben- und Kochoefen, großen Kochmaschinen oder Verhueßen, Walzen und Pressen, kurz alles, was an Gußwaaren verlangt werden kann, selbst die feinsten Medaillen. Auch ist hier nicht minder eine Schmiederei eingerichtet, und die erwaehnte Dampfmaschine treibt zugleich eine Drehbank, es werden daher auch Schrauben und hydraulische Pressen, Dampf- oder Feuermaschinen, wie sie hier verlangt werden, hier gemacht. … Herr Jacobi, der das Ganze leitet, hat sich in der That sehr verdient gemacht, er ist ein ebenso thaetiger, als einsichtsvoller Fabrikant und geschickter Huettenmann …»[42]

Abb. 9 Wilhelm Lueg

Der erste Manager

Der plötzliche Tod des erst 51-jährigen Jacobi im Januar 1823 bedeutete daher einen großen Einschnitt für das Unternehmen, das dadurch die bis dahin prägende Kraft verlor. Die Gesellschaft hatte aber nicht nur den technischen und unternehmerischen Hauptakteur, sondern auch einen Anteilseigner zu ersetzen und das seit 1808 austarierte Machtgleichgewicht zwischen den vier Eigentümern neu auszupendeln. Jacobis Position als Betriebsleiter übernahm sein erst 31-jähriger Hüttenfaktor Wilhelm Lueg. Dieser war 1792 als jüngster Sohn eines Bauern in Wellinghofen in der Nähe von Dortmund geboren und nach seiner Ausbildung im Soester Seminar 1812 von Jacobi als Hauslehrer für seine Kinder angestellt worden.[43] In Sterkrade begann sich Lueg schnell für die Eisenerzeugung und den Maschinenguss zu interessieren.[44] Bereits 1815 schickte Jacobi ihn auf eine Reise in die Aachener und Lütticher Region, um Luegs technisches Verständnis zu verbessern.[45] Zwei Jahre später engagierte Jacobi Lueg als Hüttenfaktor. Lueg leitete 1819 den Bau der Gebläsemaschine und heiratete im gleichen Jahr Sophie Haniel, die Tochter Wilhelm Haniels, dem Bruder von Franz und Gerhard.[46]

Nach dem Tod Gottlob Jacobis stellte Lueg die anderen drei Anteilseigner vor die Wahl, ihn entweder zum neuen Direktor der Hüttengewerkschaft zu bestellen oder seinen Abschied aus der Firma hinzunehmen.[47] Obwohl zumindest Franz Haniel dieses als Erpressungsversuch wertete, stimmten die Gesellschafter zu und schlossen mit Wilhelm Lueg am 1. April 1823 einen Anstellungsvertrag auf Lebenszeit ab. Er erhielt ein Gehalt von 1130 Talern und eine freie Wohnung sowie zusätzlich eine Gratifikation, wenn der jährliche Absatz der Maschinenwerkstätte 5000 Taler Umsatz betragen würde.[48] Im Gegenzug verpflichtete sich Wilhelm Lueg, sich nicht an ähnlichen Geschäften zu beteiligen und sich als Leiter mit Prokura ausschließlich um den Betrieb aller Werke sowie die kaufmännische Abwicklung der Geschäfte im Hüttenkomptoir zu kümmern.[49] Den Kurs des Unternehmens bestimmten weiterhin die Anteilseigner durch Mehrheitsbeschlüsse, die Lueg als «erster Betriebs Beamter» umsetzen sollte.

Allerdings war Lueg weit mehr als nur ein ausführender Direktor, er war ein Manager, einer der ersten in der deutschen Frühindustrialisierung.[50] Für die Besprechungen der «Interessenten» vor den Kampagnen bzw. zu Anfang des Jahres hatte er «auf das dauernde und allgemeine Beste des Hüttenbetriebs berechnete Vorschläge» zu machen. Darüber hinaus hatte Lueg eine beratende Stimme bei Verhandlungen über das Geschäft, die sogar «den Ausschlag gibt, wenn die Stimmen der Interessenten für und wider gleich sind». Die Befugnisse Luegs als geschäftsführender Direktor waren andererseits dadurch eingeschränkt, dass nach §14 des Vertrages immer ein Vertreter der vier Gesellschafter auf der Hütte anwesend sein und die Komptoirgeschäfte zusammen mit Lueg leiten sollte. In der Folgezeit übernahmen daher die vier Anteilseigner gegen eine Entschädigung von 90 Talern sowie freier Kost und Logis jeweils dreimal pro Jahr einen Monat lang den Dienst in Sterkrade.[51] Im April, August und Dezember war Franz Haniel, in den Monaten März, Juli und November Gerhard Haniel, im Mai, September und Januar Heinrich Huyssen und schließlich im Februar, Juni und Oktober Wilhelm Lueg als Vertreter der Familie Jacobi auf der Hütte als zweiter Direktor zusätzlich im operativen Geschäft tätig.[52] Dadurch war zum einen eine direkte Kontrolle Luegs gewährleistet, zum anderen wurde das Interesse und Verständnis der Anteilseigner am gemeinsamen Geschäft gestärkt.

So stellte der Arbeitsvertrag von Lueg faktisch eine Erweiterung des Gesellschaftsvertrages von 1810 dar. Er organisierte die Unternehmensleitung und damit das prekäre Verhältnis zwischen den Gesellschaftern neu, so dass weiterhin das Machtgleichgewicht zwischen den vier Anteilseignern gewahrt war. Die bedeutende Position Luegs verdeutlicht auch sein Gehalt von 1130 Talern – Jacobi hatte nur 600 Talern bezogen –; in den folgenden Jahren wurde dieser Betrag mehrfach erhöht und Gratifikationen (1825, 1831, 1836) ausgeschüttet.[53]

Bereits zum Jahreswechsel 1824/1825 drang Lueg in einem Schreiben an die Gesellschafter auf eine Erweiterung seiner Kompetenzen:

> «Ich habe seit 2 Jahren auf kleinen Reisen und bei mehreren anderen Gelegenheit verschiedene größere und kleinere Geschäfte gemacht, die ich nach den Worten meines Contraktes ohne vorherige Genehmigung nicht machen durfte. Es gibt aber oft nur Augenblicke, wo gute Geschäfte gemacht werden können, und würde mancher günstige Moment verstreichen, wenn jedes etwas bedeutende Geschäft erst in der monatlichen Konferenz beraten werden sollte. Wenn Sie dies aber durchaus verlangen, so werden ihnen die nachteiligen Folgen davon bald sichtbar werden. Daß Sie mir in meinem Contrakt nicht unbedingte Vollmacht zu handeln gaben, finde ich ganz in der Ordnung, damit sie immer Herren ihres Geschäftes bleiben. Ich glaubte aber, Sie würden bald finden, daß es am besten sei, wenn Sie mich ruhig handeln ließen, mich dabei beobachten und nur dann mir Vorwürfe in den Conferenzen machten, wenn ich einmal unvorsichtig oder unüberlegt gehandelt hätte.»[54]

Lueg bemängelte hinausgeschobene Entscheidungen und forderte «freie Hand», um schnelle Geschäftsabschlüsse tätigen zu können. Zudem sollten die Anteilseigner ihn nur in den JHH-Konferenzen und nicht gegenüber den Untergebenen kritisieren und ihm seine Motivation nicht nehmen. Man solle aus ihm keinen «ganz gewöhnlichen Beamten» machen, weshalb er selbstbewusst forderte: «Ich wiederhole es nochmals, beobachten Sie oder lassen Sie mich beobachten, soviel Sie wollen, nur beschränken Sie meinen guten Willen nicht zu sehr und lassen es meinen Untergebenen nicht merken, dass sie mit meinem Tun unzufrieden sind, sondern dies sagen Sie mir selbst.»[55]

Aufgrund des günstigen Starts seiner Amtsführung war das Selbstvertrauen Luegs durchaus berechtigt, kompensierten doch die Aufträge der Maschinenwerkstätte, die einen Umsatz von etwa 15 000 Taler erzielten, die gesunkenen Preise bei den traditionellen Gusswaren. Daher drängte Lueg bereits in einem Bericht vom Dezember 1824 auf eine Erweiterung des Maschinenbaus, da er dessen wachsende Bedeutung erkannte: «Diese Aufstellung mache ich, um Sie geneigt zu finden, gern in die fernere Erweiterung dieses Geschäftszweiges zu willigen – nach meiner Überzeugung ist der lebhafte Betrieb der Maschinenwerkstätte das einzige Mittel, die immer wachsende Concurrenz im Zaum zu halten.»[56] Von 1825 bis 1830 baute die Abteilung weitere 13 Dampfmaschinen, darunter eine Förder- und eine Wasserhaltungsmaschine für zwei Zechen im entstehenden Ruhrgebiet.[57] Noch aber überwogen Dampfmaschinen für Mühlen – darunter eine Ölmühle für Franz Haniel – und für Textilfabriken. Mit Ausnahme einer doppeltwirkenden Hochdruckmaschine produzierte die Maschinenwerkstätte doppeltwirkende Niederdruckmaschine, die zwischen vier und sieben PS leisteten und 1500 bis 7400 Taler kosteten.[58] Auch wurden in Sterkrade gusseiserne Schienen für Kohlenbahnen und bis 1830 andere Maschinen und Maschinenteile an zehn Zechen abgesetzt.

Die Aufnahme des Dampfschiffsbaus

Gegen Ende der 1820er Jahre expandierte die Hüttengewerkschaft Jacobi, Haniel & Huyssen in den Schiffsbau. Zwölf Jahre zuvor hatten Franz Haniel und Gottlob Jacobi den Engländer James Watt junior auf dessen Rheintour mit dem Dampfschiff Caledonia 1817 kennen gelernt. Als dessen Balancier der Dampfmaschine am Niederrhein brach, goss Jacobi einen neuen, der nach einiger Nachbearbeitung Watt die Weiterreise ermöglichte.[59]

Zehn Jahre später, nachdem sich in Köln die Preußisch-Rheinische Dampfschifffahrt-Gesellschaft gegründet und mehrere Dampfboote zu sehr hohen Preisen in den Niederlanden erworben hatte, begann sich JHH und hier insbesondere Franz Haniel für den Bau von Dampfschiffen zu interessieren.[60] Die Kölner Gesellschaft hatte bereits erfolglos die Bergbehörden Preußens ersucht, wegen der überhöhten Schiffspreise Reparaturen und den Bau von Schiffen auf der staatlichen Eisengießerei in Sayn bei Neuwied am Rhein durchführen lassen zu dürfen.[61] Nun wandte sie sich an JHH, war doch die Sterkrader Hüttengewerkschaft der einzig ernsthafte Kandidat für den Betrieb einer Rheinwerft und den Bau von Schiffsdampfmaschinen.

Nach einem Treffen Franz Haniels mit Heinrich Mertens, dem Verwaltungsratspräsidenten der Kölner Gesellschaft, und dem Bankier Abraham Schaaffhausen übertrug die Preußisch-Rheinische Dampfschifffahrtsgesellschaft der Hüttengewerkschaft 1827/1828 zunächst einmal die Winterreparaturen der beiden 1827 in Dienst gestellten Dampfboote «Friedrich Wilhelm» und «Concordia».[62] Obgleich Jacobi bereits 1823 Grundstücke im gerade neu errichteten Ruhrorter Hafen erworben hatte, musste die Reparatur zunächst im Düsseldorfer Hafen stattfinden, da die Hafeneinfahrt in Ruhrort noch zu eng für die breiten Radkästen der beiden Dampfschiffe war.[63] Aufgrund der erfolgreichen Reparaturarbeiten übertrug die Kölner Schifffahrtsgesellschaft JHH anschließend die Produktion sämtlicher Dampfschiffe, wobei das Sterkrader Unternehmen sich verpflichtete, nur für diese Gesellschaft zu produzieren.[64] Diese beinahe symbiotische Beziehung beider Unternehmen beschrieb Mertens 1830 in einem Brief an den Direktor im preußischen Innen- und Handelsministerium, Oberfinanzrat Christian Beuth: «Die Preußisch Rheinische Gesellschaft zu Köln und die von Jacobi, Haniel & Huyssen zu Sterkrath, die uns die Schiffe und die Maschinen bauen und unterhalten, sind von nun an synonym.»[65]

Da die Sterkrader Hüttengewerkschaft keine Erfahrung mit dem Schiffsbau besaß, unternahm Wilhelm Lueg wieder eine Reise nach England, um sich über die neueste Technik zu informieren.[66] Anders als 1825, als er sich gemeinsam mit Franz und Gerhard Haniel allgemein über den englischen Maschinenbau und neue Eisenproduktionsverfahren orientiert hatte, interessierte sich Lueg diesmal vor allem für Dampfschiffe, Hafenanlagen, Hebekräne und die aufkommende Eisenbahn.[67] So besuchte er etwa die Maschinenfabrik Harvey & Co in Hayl, wo er mit den Ingenieuren Woolf und Wyrrieck die Konstruktion für ein Dampfboot prüfte und die englischen Fachleute die JHH-Pläne vollkommen billigten.

Auch an im Schiffbau erfahrenen Facharbeitern mangelte es in Sterkrade. Deshalb warb die Hüttengewerkschaft englische und holländische Facharbeiter von der Rotterdamer Fijenoord-Werft ab, wo die ersten Schiffe für die Kölner Schifffahrtsgesellschaft gebaut worden waren.[68] Zudem gewann JHH auch mehrere Ingenieure wie den Deutschen Wilhelm Strack, der zusammen mit dem jungen Engländer Nicolas Harvey den Aufbau und die Leitung der Werft übernahm.[69] Durch die Anstellung Harveys, der Lueg 1829 nach England begleitete und als Neffe des Besitzers den guten Kontakt zur Maschinenfabrik Hayle herstellte, hatte die Hüttengewerkschaft Zugang zur neuesten englischen Technik. Die Pläne für die Werft, das Schiff und dessen Dampfmaschine, die wahrscheinlich Harvey ausgearbeitet hatte, entsprachen dem in England gebräuchlichen Stand der Technik,[70] wie Lueg in seinem Reisebericht vom Herbst 1829 festhielt: «Die kleineren Fluß Dampfschiffe und auch einige neuere Seeschiffe haben statt zwei nur eine Maschine, welche sehr gut geht, überhaupt habe ich vieles gesehen, was für unseren Bauplan des neuen Dampfbootes für die Kölner Gesellschaft spricht.»[71]

Im Frühjahr 1829 begann die Sterkrader Gesellschaft mit dem Aufbau ihrer Werft auf der Ruhrorter Hafeninsel. Die Werft umfasste eine Schiffshelling, einen Holzschuppen, eine Schreinerei und eine Schmiede, wo bald die Schiffskörper und die Schiffsausrüstung entstanden.[72] Zudem errichtete JHH am Nordkai des Hafens eine Kesselwerkstätte, wo jedoch nicht nur die Kessel für die Schiffsdampfmaschinen, sondern auch für Landmaschinen aus der Sterkrader Produktion, z. B. für Grubenanlagen, hergestellt wurden.[73]

Dagegen verblieb die Produktion der Schiffsdampfmaschinen und anderer Schiffsteile (Platten, Rohre, Rahmen etc.) bei der Maschinenwerkstatt in Sterkrade.[74] Dies zeigt auch den letztlich entscheidenden Beweggrund von JHH, sich ohne Erfahrungen in den neuen Geschäftszweig hineinzuwagen: Die Unternehmensleitung wollte die Kapazitäten der Eisengießerei und der Maschinenbauanstalt auf der Gutehoffnungshütte auslasten.

Noch im August 1829 begann die Produktion des ersten Schiffes, und bereits im Mai 1830 lief die «Stadt Mainz» vom Stapel.[75] Das Schiff besaß einen vollständigen Holzrumpf und eine Mitteldruckmaschine mit einem Zylinder, die in Deutschland erstmals in ein Schiff eingebaut wurde. Zudem hatten Harvey und Strack einen neuartigen Kessel eingebaut,[76] dabei allerdings die Probleme mit der neuen Technik unterschätzt. Der Kessel produzierte nicht genug Dampf, und das Schiff besaß aufgrund des Einzylinders nur einen unregelmä-

Abb. 10 Die «Stadt Coblenz» vor Koblenz

ßigen Gang und beschleunigte deshalb ruckartig. Zu allem Überfluss bog die schwere Maschinerie den hölzernen Bootskörper schon bei der ersten Probefahrt durch, weshalb die Kölner Schifffahrtsgesellschaft die Stadt Mainz trotz einiger Umbauten nicht abnahm. Erst nachdem der Kessel unter der Leitung des 1825 in das Unternehmen eingetretenen JHH-Ingenieurs Kesten ausgetauscht und die Mitteldruck- durch zwei Niederdruckmaschinen ersetzt worden war, übernahm sie das Boot 1832 für 60 000 Taler. So umgebaut, bewährte sich das Schiff in den folgenden Jahren im täglichen Einsatz.[77]

Die technischen Schwierigkeiten und der drohende geschäftliche Misserfolg führten im Unternehmen 1830 umgehend zu Diskussionen über das weitere Engagement im Schiffsbau. Heinrich Huyssen und August Jacobi als Vertreter der Erben Gottlob Jacobis plädierten für einen Verkauf der Werft. Doch Franz und Gerhard Haniel setzten durch, am neuen Geschäftszweig festzuhalten, da sie einen «guten Gewinn berechneten».[78] Beide kalkulierten die zukünftige Entwicklung richtig, denn die Kölner Schifffahrtgesellschaft orderte mangels Alternativen – die von der niederländischen Fijenoord-Werft gelieferten Boote waren erheblich teurer und ebenfalls mit Mängeln behaftet – trotz des anfänglichen Misserfolges ein zweites Schiff, die «Stadt Coblenz», das im Juli 1831 fertig gestellt wurde.[79]

Dieses zweite Schiff wurde trotz kleinerer Mängel ein voller Erfolg und fuhr sogar schneller als die Boote der Konkurrenz. Mit der Stadt «Coblenz» hatte sich die solide Arbeitsweise Kestens, die auf einen funktionierenden Standard und gute Qualität setzte, bewährt. 1832 verließen die beiden leitenden Ingenieure Harvey und Strack mit vielen der englischen und holländischen Arbeiter die Werft und das Unternehmen.[80] Für Harvey sprangen neben Merker und Friedrich Kesten der ehemalige Inhaber einer Holzschiffswerft in Ruhrort, Kriens, sowie zwei junge anzulernende Ingenieure ein.[81] Neben den aus dem

Bau des ersten Dampfschiffs gewonnenen Erfahrungen bildete aber die Zusammenarbeit mit Wilhelm Roentgen, dem Leiter der Fijenoord-Werft und der Nederlandsche Stoomboot Maatschappij, einen entscheidenden Erfolgsfaktor für die Entwicklung der JHH-Werft. Von Roentgen erhielten die Ingenieure von JHH zahlreiche Anregungen für Verbesserungen für ihre Konstruktionen.[82]

Der Umstieg auf das Eisenschiff

In den folgenden Jahren stieg die Werft langsam vom Holz- auf das Eisenschiff um.[83] Ab 1833 wurde bei Reparaturen das vielfache Durchbiegen der Holzschiffe mittels eisernen Verstrebungen und Bodenbleche behoben. Danach ging die Werft zum Bau eisenverstärkter Schiffe und später zur Konstruktion von Holz-Eisen-Schiffen über, bei denen die Spantenkonstruktion vollständig aus Eisen war, die Schiffsaußenhaut aber weiterhin aus Holz. Schließlich folgte der Bau eines reinen Eisenschiffs, das sich ebenfalls an englischen Vorbildern orientierte.[84] 1838 lief mit der «Graf von Paris» das erste deutsche Eisenrumpfschiff vom Stapel. Es war den Belastungen der tonnenschweren Dampfmaschinen gewachsen und erzielte auch höhere Geschwindigkeiten. Außerdem besaß das Eisenschiff eine größere Tragfähigkeit für Nutzlasten und versprach eine längere Nutzungsdauer.[85]

Die Entwicklung der Schiffsantriebe verlief weniger linear. Trotz der guten Erfahrungen mit den Niederdruckmaschinen mit Balanciers baute Kesten ab 1834 beim Umbau der «Stadt Frankfurt» eine von Roentgen konstruierte Verbunddampfmaschine, eine Kombination von Hoch- und Niederdruck, in das Schiff ein.[86] Obgleich die JHH-Ingenieure die Technik – von kleineren Mängeln abgesehen – durchaus beherrschten und die Dampfmaschinen auch leistungsfähig waren – die 1835 gebaute Kronprinz benötigte beim Binger Loch als einziges Dampfschiff jener Zeit bergauf kein Pferdevorspann –, gab man diese fortschrittliche Technik 1840 zunächst wieder auf. Stattdessen setzte Ruhrort wieder auf das Niederdrucksystem, weil die Schiffe der Konkurrenz mit dieser mittlerweile verbesserten Technik schneller waren und weniger Kohle verbrauchten.[87] JHH passte sich damit den Kundenwünschen bzw. dem international verbreiteten Technikstandard an und gab die eigene, in die Zukunft weisende Technik zugunsten eines gesicherten Absatzes und guter Gewinne auf.[88]

Mit dem Umstieg auf die Niederdrucktechnik, der Einführung des Eisenschiffs und dem Kesselbau beherrschte JHH bereits gegen Ende der dreißiger Jahre sämtliche Basistechnologien für den Binnenschiffsbau, die bis Ende der 1850er Jahre vorherrschend blieben.[89] Auf dieser Grundlage erweiterte die Werft ab 1840 ihre Produktionspalette. Sie baute ab 1841 eiserne Kähne ohne Maschinenantrieb für die Schleppschifffahrt und ab 1844 das erste Rhein-See-

Abb. 11 Dampfschleppschiff Ruhrort II auf dem Rhein vor Ruhrort um 1850

Schiff, das die Kölnische Dampfschleppschifffahrts-Gesellschaft bestellte.[90] Die Konstruktion der Brigg mit beweglichem Kiel und Dampfantrieb übernahm der hierfür eigens angestellte Ingenieur Alexander von Seydell, der bereits für Harkort zwei kleinere Schiffe dieser Art konstruiert hatte.[91] 1845 lief dann «Die Hoffnung» vom Stapel und absolvierte mehrere technisch erfolgreiche Fahrten nach Ostdeutschland. Diese rentierten sich jedoch für die Kölner Gesellschaft nicht, und da die Hüttengewerkschaft einen Verlust von 2000 Talern beim Bau dieses Schiffes hinnehmen musste, blieb es bei der Produktion dieses einzigen Rhein-See-Schiffs.[92]

Dagegen expandierte ab Mitte der vierziger Jahre der Bau von Dampfschleppern.[93] Bis dahin hatte die Werft ausschließlich kombinierte Personenfrachtschiffe gebaut, nun verlagerte sie die Produktion auf den Bau von Industrieschiffen, da die Schleppschifffahrt von Lastkähnen auf dem Rhein immer mehr Verbreitung fand.[94] In der Regel betrieben Schleppschifffahrtsgesellschaften dieses Geschäft, während Einzelreeder wie Mathias Stinnes die Ausnahme bildeten. Allerdings erwarb auch Franz Haniel einen «Remorqueur», wie man die Schleppdampfer zunächst nannte. In seinen Memoiren erinnerte er für das Jahr 1843 an «die Anschaffung des 1ten eisernen Dampfschleppschiffs die Ruhr – so wie zwei eiserne Schiffe genant die Industrie und Zollverein … welchen im nächsten Jahr der Bau des Dampfschiff so meinen Nahmen Franz Haniel führt und mehre eiserne Schiffe folgten, wodurch unser Schiffbau Werf Beschäftigung behielt …»[95]

Dieser Auftrag bildete den Startschuss für den Schlepperbau in Ruhrort. Die Hüttengewerkschaft verkaufte diesen Schiffstyp an das Kohlenhandelsunternehmen Gerhard Haniel sowie an mehrere Schleppschifffahrtgesellschaften, so dass der Schlepperbau bald zum Hauptgeschäft der Ruhrorter Werft avancierte.[96] Bis 1854 wurden 14 Schlepper, deren Technik sich bis in die 1870er Jahre kaum änderte, an verschiedene Abnehmer geliefert.[97] Die wachsende Nachfrage und Produktion ließ die Werft in den 1840er Jahren weiter wachsen. Durch den

Bau einer weiteren, überdachten Helling konnte die Kapazität von zwei auf fünf Schiffsbauplätze gesteigert werden,[98] so dass 1842 bereits 194 Beschäftigte auf der Werft tätig waren – 1830 waren es noch 50 gewesen.[99] Allerdings blieben die Werft und die Kesselschmiede stark von Handarbeit und Einzelfertigung geprägte Industriebetriebe. Erst für die 1860er Jahre ist der Einsatz von Dampfkraft für den Antrieb von Werkzeugmaschinen und Schmiedefeuergebläsen sowie zum Dampfnieten in den beiden Ruhrorter Betrieben nachweisbar.[100]

Die Mischung traditioneller und frühindustrieller Produktionsmethoden lässt sich auf die Einzelfertigung und auf die Arbeitsteilung mit Sterkrade zurückführen: Für den Bau der Schiffe und Kessel genügte die Ausstattung, wie die Konkurrenzfähigkeit der Schiffe von der Ruhrorter Werft zeigt.[101] Die Unternehmensleitung ließ sich hier von Pragmatismus und ökonomischem Kalkül leiten. Auch bezüglich der Produkte strebten die Verantwortlichen für die JHH-Werft weniger danach, den neuesten technischen Fortschritt und Pionierleistungen zu verwirklichen. Stattdessen orientierten sie sich am internationalen, d. h. englischen Standard, einer ausreichenden Rentabilität und der Marktnachfrage, was allerdings eigene Verbesserungen nicht ausschloss.[102]

Mit dieser Strategie behauptete sich der Ruhrorter Betrieb als einzige niederrheinische Werft gegen die aus- und spätere inländische Konkurrenz.[103] Die Werft lieferte Schiffe an die meisten der auf dem Rhein und seinen Nebenflüssen fahrenden Schifffahrtsgesellschaften: Die Reihe der Kunden reichte von der niederländischen Dampfschifffahrtsgesellschaft über die bayrisch-pfälzische Dampfschleppschifffahrtsgesellschaft in Ludwigshafen bis zur Gesellschaft für die Einführung der Dampfschifffahrt auf dem Main zu Würzburg.[104]

Bis zur Schließung der Werft 1899 aufgrund der preisgünstigeren holländischen Konkurrenz entstanden 32 Personengüter- und Personendampfschiffe, 24 Radschleppdampfer, 5 Schraubendampfer, 92 eiserne Schleppkähne, 5 Güterdampfschiffe, 4 Rhein-Seeschiffe, 2 Tauerdampfschiffe und 32 kleinere Schiffe, die nicht nur den Rhein und seine Nebenflüsse (Mosel, Main etc.) befuhren, sondern auch auf Donau, Weser, Elbe und anderen Flüssen unterwegs waren.[105] Da bis 1870 keine andere Werft am Niederrhein existierte, stammte ein erheblicher Teil der auf dem Rhein verkehrenden Schiffe von der Ruhrorter Werft: 1857 betrug der Anteil der JHH-Werft bei Personenfrachtern knapp 33 % und bei Schleppern 26 %.[106] Darüber hinaus produzierte man auf der Werft Kräne, ein Taucherschiff, Fähren oder mehrere Dampfschiffe für die Ruhrorter «Trajektanstalt», mit denen zwischen 1850 und 1912 Eisenbahnwaggons über den Rhein geschifft wurden.[107]

Möglich war der Erfolg des Schiffsbaugeschäftes einerseits durch die Orientierung an der niederländischen und englischen Technik – auch in Form der Beratung durch Wilhelm Roentgen –, andererseits aber durch die Einstel-

Abb. 12 Ruhrorter Trajektanstalt um 1860

lung entsprechender Fachleute und Ingenieure. Da Lueg als Verantwortlicher für das Gesamtunternehmen darauf achtete, dass das beim Bau der jeweiligen Schiffe und Schiffsmaschinen generierte Wissen nicht auf einzelne Verantwortliche begrenzt blieb, verkraftete das Unternehmen den Weggang mehrerer Ingenieure (Harvey, Strack, Engstfeld, Seydell, Kriens).[108] Eine Gegenstrategie zu dieser Fluktuation bildete ab den 1840er Jahren verstärkt die Anstellung von Familienmitgliedern mit einer technischen Hochschulausbildung (Noot) oder die Heirat mit den angestellten Ingenieuren (Harvey, Kesten).[109]Zwar schützten die neu geknüpften Familienbande nicht vor dem Austritt der Ingenieure – so verließ der Hauptingenieur Kesten wegen eines Streits mit Lueg über seine Patente 1846 die Firma –, doch bildete sich auf diese Art ein ausreichender Stamm fähiger Ingenieure heraus.[110] Beispielsweise übernahm Ferdinand Noot als Neffe der Gebrüder Haniel und Gottlob Jacobis 1850 nach längeren Jahren der Mitarbeit die Leitung der Ruhrorter Werft.[111]

Auch in der Sterkrader Maschinenwerkstätte und den Eisenhütten setzte JHH verstärkt auf Verwandte, speziell in der zweiten Generation der Ingenieure. Nach Merkers Tod 1833 übernahm zunächst Friedrich Kesten die Leitung der Mechanischen Werkstätten.[112] Zudem arbeiteten die Söhne der ersten Generation, August Jacobi und dessen Sohn Hugo sowie Carl und Heinrich Lueg und Max, Franz und Louis Haniel, als Techniker und Ingenieure mit.[113]

Dampfmaschinen für das entstehende Ruhrrevier

Obgleich die Maschinenfabrik in Sterkrade nach 1830 weiterhin Betriebsdampfmaschinen für Maschinenfabriken, Textilbetriebe, Mühlen oder sonstige Fabriken fertigte, konzentrierte sich die Produktion neben den Schiffsmaschinen ab 1830 immer stärker auf den Bau von Dampfmaschinen für den aufkommenden Steinkohlenbergbau an der Ruhr:

Tab. 2: Der Verkauf von Dampfmaschinen 1822–1860[114]

	Bergbau u. Salinen	Hüttenwerke	Textilindustrie	Mühlen	Schiffsbau	Sonstige Zwecke	Gesamt
1822 – 30	3	0	7	4	0	0	14
1831 – 40	21	1	6	3	9	7	47
1841 – 50	19	5	2	1	16	11	54
1851 – 60	33	7	3	1	14	8	66
1822 – 60	76	13	18	9	39	26	181
	42,0 %	7,2 %	9,9 %	5,0 %	21,5 %	14,4 %	100 %

Der Berg- und Schiffsbau bildete sich bereits ab den 1830er Jahren als Schwerpunkt heraus und blieb bis in die sechziger Jahre eindeutig das Hauptgeschäft der Abteilung Maschinenbau.[115] Die Produktion von Dampfmaschinen für die Eisenindustrie entwickelte sich dagegen erst ab 1850 zu einem florierenden Geschäftszweig.[116] Das Absatzgebiet beschränkte sich bis 1820 auf die unmittelbare Umgebung an Rhein und Ruhr sowie auf den bergischen und märkischen Raum. Erst in den 1830er Jahren kamen Aufträge aus Bielefeld, Münster, Aachen, Amsterdam oder Frankfurt am Main; 1837 wurden erstmals Maschinen nach Schlesien verkauft. Das Hauptabsatzgebiet blieb jedoch auf das Rheinland und Westfalen und hier insbesondere das aufstrebende Ruhrgebiet konzentriert.[117]

Technisch beschränkte JHH sich vor allem auf den Bau von Nieder- oder Hochdruckdampfmaschinen nach Wattscher Bauart: bis 1860 baute man zumeist stehende Einzylindermaschinen mit Balancier.[118] Innovative Bauweisen wurden zwar ausprobiert, jedoch wegen unbefriedigender Ergebnisse wieder verworfen. So lieferte die Maschinenwerkstätte bereits 1835 eine liegende Einzylindermaschine an die Zeche Vereinigte Pörtingsiepen bei Essen aus, fertigte jedoch erst ab 1851 erneut Maschinen dieses Bautyps.[119] Ab den 1860er Jahren dominierte der Bau liegender Zwillingsmaschinen, die besser und zuverlässiger

Abb. 13 Stehende Dampfmaschine Nr. 43 mit Balancier von 1835

als die liegenden Einzylindermaschinen gesteuert werden konnten.[120] Die erste Zwillingsdampfmaschine war bereits 1852 für die Förderung auf der Zeche Concordia in Oberhausen gebaut worden.

Die eher vorsichtige Adaption neuer Techniken und das Prinzip der Qualitätsproduktion, aber auch die Lieferung ganzer Maschinensysteme im Komplettpaket und die Übernahme von Reparatur- sowie Wartungsarbeiten begründeten den guten Ruf der Gutehoffnungshütte im Maschinenbau.[121] So hieß es 1841 in einem Schreiben des Bergamtes Wettin an das westfälische Oberbergamt: «daß das Hauptaugenmerk auf eine solide, dauerhafte Construction gerichtet sein muß, und daß es daher ratsam erscheint, die Anfertigung der Maschine einer solchen Fabrik zu übertragen, welche bereits durch gute, haltbare Ausführungen von dergleichen größeren Dampfmaschinen einen Ruf erhalten hat, auch wenn sie nicht die niedrigste Forderung stellt, darüber ist das unterzeichnete Bergamt vollkommen einig, und daher dessen Wunsch, daß die Maschine bei der sehr gelobten Maschinenfabrik von Jacobi, Haniel & Huyssen Gutehoffnungshütte bei Starkrad bestellt werden möge …»[122] Trotz der höheren Preise belieferte die Sterkrader Maschinenwerkstatt zusammen mit den anderen westdeutschen Pionieren des Dampfmaschinenbaus bis 1870 den gesamten deutschen Bergbau.[123] So stammten von den 155 Dampffördermaschinen, die 1852 im preußischen Bergbau in Betrieb waren, 20 Stück bzw. 12,9 % von JHH. An der Ruhr lag der JHH-Anteil 1854 bei den Wasserhaltungsmaschinen des Kohlenbergbaus sogar bei 28,1 %.[124]

Die JHH-Maschinenfabrik baute jedoch nicht nur Dampfmaschinen, sondern lieferte auch Lokomobile, Bohr- oder Koksausdrückmaschinen sowie Dampfkessel an Bergwerke[125] und produzierte Förderwagen (ab 1841), Förderkörbe (ab 1842), Fahrkünste (ab 1855), Schachtgestänge (ab 1851), Bohrstangen (ab 1830) sowie Seilscheiben und Seiltrommeln (ab 1831), vorwiegend für den Ruhrbergbau.[126] Ende der vierziger Jahre – und damit noch vor der Inbetriebnahme der Hammerschmiede 1852, in der schwere Teile wie Schiffswellen hergestellt wurden – plante und errichtete die Maschinenbauabteilung auch komplette Bergbauanlagen.[127] Als erste Bergwerke projektierte und stattete man die Zechen Concordia und Zollverein ab 1847 bzw. 1850 aus.[128] Insgesamt wurden allein in den 1850er Jahren acht Bergwerke bzw. Schächte von JHH aufgebaut.[129] Schließlich lieferte JHH Franz Haniels linksrheinischer Zeche Rheinpreußen erstmalig Schachtringe bzw. Senkzylinder, ohne die die dortigen geologischen Schwierigkeiten beim Schacht- und Grubenausbau nicht hätten überwunden werden können.[130]

Erfolgloser Lokomotivbau

Frühzeitig – und als eine der ersten deutschen Maschinenbauanstalten – wandte sich JHH 1839 auf Anregung von Kesten auch dem Lokomotivbau zu, war doch im gleichen Jahr mit der Saxonia erstmals eine in Deutschland gebaute Lok in den regulären Einsatz gestartet.[131] Unter Kestens Leitung baute der englische Ingenieur Thomas Ponton nach dem System von Stephenson 1839 die Lokomotive «Ruhr» – ohne dass ein Kundenauftrag vorlag. Die Lok wurde im Oktober 1840 der Rheinischen Eisenbahn für 13 000 Taler angeboten:

> «Aufgemuntert durch unsere höheren Behörden, besonders unseres Oberpräsidenten von Bodelschwingh haben wir durch die Lokomotive zeigen wollen, daß wir das Ausland auch für diese Gegenstände unnötig machen. An Gewinn dachten wir dabei nicht, denn da die Materialien in England billiger sind als hier und man dort die Lokomotiven dutzendweise baut, so liegt es auf der Hand, daß dort wohlfeiler gebaut werden kann. Zudem haben wir durchaus nicht sparen wollen, sondern alles aufgeboten, um eine Lokomotive zu bauen, die den englischen in keiner Weise nachsteht … Wir bitten Sie, uns die Lokomotive abzunehmen, damit wir als Inländer nicht abgeschreckt werden, uns mit dem Auslande zu messen …»[132]

Doch die Direktion der Rheinischen Eisenbahn hatte mit der Lokomotive der Aachener Firma Dobbs & Pönsgen schlechte Erfahrungen gemacht und lehnte

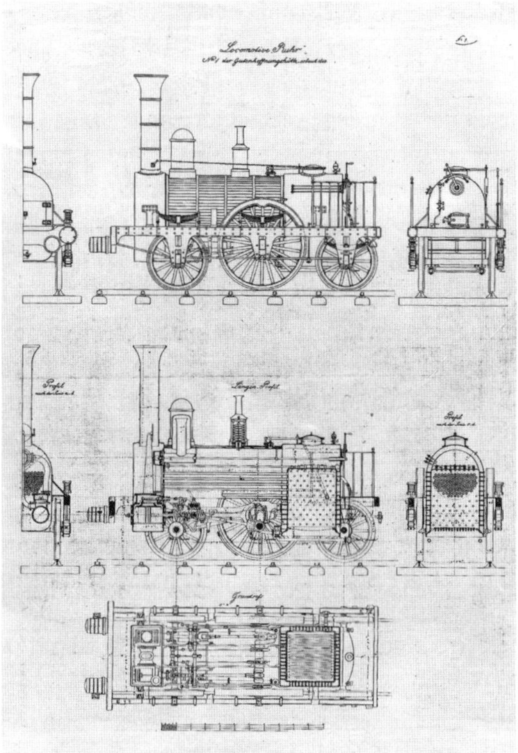

Abb. 14 Lokomotive «Die Ruhr»

den Kauf deutscher Loks grundsätzlich ab. Auch andere Eisenbahngesellschaften hielt der schlechte Ruf der deutschen Lokomotiven vom Kauf der ersten JHH-Lok ab.[133] Erst 1841 konnte das Unternehmen die «Ruhr» nach vielen Bemühungen an die Taunuseisenbahn veräußern, allerdings nur für 11 000 Taler.[134] Auch der Verkauf der zweiten und dritten Lok, die nach amerikanischem Vorbild vom eigens angeworbenen Ingenieur Schlu gebaut wurde, geriet zum geschäftlichen Misserfolg. Sie konnten 1841 erst nach langwierigen Verkaufsverhandlungen für jeweils 10 000 Taler an die Düsseldorf-Elberfelder Eisenbahn abgesetzt werden.[135] 1843 und 1844 bot JHH mehrmals erfolglos die Lieferung von Lokomotiven an und errichtete dafür eine neue Werkstätte.[136] Dort wurden in den folgenden zwei Jahren noch zwei Loks hergestellt, deren Absatz jedoch trotz technischer Verbesserungen schwierig blieb, so dass die Sterkrader Unternehmensleitung vom geforderten Preis von 14 000 Taler abrücken und die Lokomotiven wiederum mit Abschlag von 3000 Talern veräußern musste.[137] Als Friedrich Kesten das Unternehmen im April 1846 verließ, gab JHH diesen Geschäftszweig auf.[138] Allerdings lieferte Sterkrade weiterhin Bleche, Radsätze und andere Teile an Lokomotiv- und Waggonbaubetriebe, z. B.

an Kessler in Karlsruhe, Maffei in München, Egestorff in Hannover-Linden und die Höchster Wagenfabrik in Hessen.[139]

Auch die geschäftlichen Rückschläge verdeutlichen die Unternehmensstrategie der Hüttengewerkschaft vor 1870. In dieser Zeit war JHH stets bemüht, sich neue Geschäftsbereiche zu erschließen, und dabei bereit, in den Anfangsjahren finanzielle Durststrecken hinzunehmen, ohne die langfristige Rentabilität aus den Augen zu verlieren. Wie auch beim Schiffsbau (Harvey, Engsdorf, Seydell) warb man auswärtige Ingenieure an (Schlu) oder sandte die Techniker und Ingenieure auf Auslandsreise.[140] So bildete Kestens Reise nach Holland 1838 den Auslöser für die Aufnahme der Lokomotivfertigung. Wie allerdings die Beispiele für den Dampfmaschinen-, Schiff- und Lokomotivbau zeigen, boten beide Maßnahmen keine Garantie für technischen und betriebswirtschaftlichen Erfolg: Dieser ergab sich letztlich aus der Umsetzung des ausländischen Know-hows durch die Ingenieure und Facharbeiter vor Ort, d. h. durch die konkrete Arbeit an den neuen Maschinen (learning by doing). Die Bedeutung dieser Arbeitserfahrung war Lueg und den Anteilseignern trotz ihrer Orientierung an der neuesten englischen Technik, die stets das Maß der Dinge bildete, durchaus klar.

Allerdings wusste das Unternehmen um die Bedeutung guter Ingenieure, die entsprechend gut entlohnt wurden und deren Gehälter bei langjährigem Verbleib im Betrieb deutlich anstiegen.[141] Im Gegenzug wurde erwartet, dass die Ingenieure sich in das Unternehmen einpassten. Nicht nur Kesten, sondern auch Strack, Engstdorff, Seydell oder Kriens schieden nach einigen Jahren aus, weil sie sich den Interessen des Unternehmens, der Hierarchie im Betrieb oder den Anweisungen der Vorgesetzten nicht unterordnen wollten. War ein Ingenieur wie z. B. Engstfeld nicht bereit, sein Fachwissen uneingeschränkt auch anderen Beschäftigten mitzuteilen, trennte sich das Unternehmen lieber von ihm.[142] Stattdessen stellte JHH vermehrt Verwandte ein oder ermöglichte den Nachkommen eine wissenschaftliche Ausbildung, was allerdings – wie im Fall Kesten – nicht immer eine Erfolgsgarantie bot.[143] Auch die nichtverwandten Ingenieure, die man aufgrund des guten Rufes der Sterkrader Maschinenbauanstalt ohne Probleme rekrutieren konnte, verfügten zunehmend über eine wissenschaftliche Ausbildung.[144] Von 47 Ingenieuren, die bis Beginn der 1870er Jahre nachweislich bei der Hüttengewerkschaft tätig waren, hatten 25 eine wissenschaftliche Ausbildung, während nur noch 22 ihr Wissen empirisch in der Praxis erworben hatten.[145]

Obwohl sich der Maschinen- und Schiffsbau von JHH immer an der neuesten englischen Technik orientierte, hatten doch die ökonomischen Interessen der Firma gegenüber technischen Pionierprojekten stets Vorrang. Neue Techniken wurden nur eingeführt bzw. beibehalten, wenn sie vom Markt angenommen wurden. Zudem wurden kostspielige Eigenentwicklungen vermieden.

Dennoch – oder vielleicht gerade deswegen – stieg Jacobi, Haniel & Huyssen zu einem der führenden deutschen Maschinenbauunternehmen und zu einem der größten Maschinenausstatter der deutschen Industrialisierung auf. Auf Basis der bestehenden Produktionsbereiche wusste das Unternehmen bis 1870 die sich bietenden Chancen zu nutzen und expandierte frühzeitig in neue Märkte.

Expansion in den Brückenbau

In den 1850er Jahren begann JHH z. B. mit dem Bau von Wasserwerken, wenngleich dieser Geschäftsbereich erst im letzten Drittel des 19. Jahrhunderts an Bedeutung gewann. Als sich während der 1840er Jahre mit der jungen Eisenbahn auch die eisernen Balkenbrücken durchsetzten, nahm auch JHH den Brückenbau auf.[146] Bereits 1842 gab das Unternehmen ein Angebot für eine Kettenbrücke bei Mülheim an der Ruhr ab,[147] doch blieb es bis Anfang der 1850er Jahre bei der Zulieferung von Brückenteilen wie z. B. von Brückenträgern für die Köln-Mindener bzw. die Pfälzischen Ludwigs-Bahn oder von Gurtplatten für die Dirschauer Weichselbrücke.[148] Die Fertigung dieser Teile übernahm das Werk Sterkrade. Erst als die staatlichen Bauverwaltungen Ende der vierziger Jahre den gesamten Bau kleinerer Eisenbrücken an die Maschinenwerkstätten abgaben, stiegen JHH wie auch J. C. Harkort oder die Maschinenfabrik Klett in Süddeutschland ab 1850 endgültig in den Brückenbau ein.[149]

Das Datum der ersten vollständig von Sterkrade gelieferten Brücke ist nicht exakt zu datieren, da JHH gleichzeitig mehrere Eisenbahnbrücken für die Direktion der Westfälischen Eisenbahn in Soest fertigte und auslieferte. Überwiegend wurden Balkenbrücken gefertigt, deren Hauptglieder nicht mehr nur gegossen, sondern teilweise aus schmiedeeisernen Blechen und Winkeln gefertigt wurden. Aus Schmiedeeisen gefertigte Balkenbrücken lösten bis 1860 die gusseisernen Brücken ab, wobei die Brückenwände zunehmend aufgelöst und die Stegbleche durch sich kreuzende, eng nebeneinander liegende Flacheisenstäbe ersetzt wurden.[150] Diese engmaschigen Gitterträger erlaubten bei erheblicher Gewichtsersparnis eine höhere Stabilität. Die erste von JHH gefertigte Blechbalkenbrücke war 1855 die zweigleisige Brücke der Köln-Mindener Bahn über den Hammer Obergraben mit einer Stützweite von 5,65 Metern.[151] Auf Basis dieser neuen Bautechnik gelang es schnell, Brücken mit größeren Stützbreiten zu produzieren. So fertigte JHH noch in den fünfziger Jahren eine Lippebrücke für die Eisenbahnlinie Oberhausen-Wesel mit Stromöffnungen von rund 29 Metern und 1864 eine Straßenbrücke über die Ruhr bei Ruhrort mit Öffnungen von 33 Metern.[152]

Damit waren jedoch die Entwicklungsmöglichkeiten dieser Brückenkonstruktion weitgehend erschöpft. Bald wurden die eng- durch weitmaschige

Abb. 15 Bau der Moselbrücke bei Güls auf der Strecke Koblenz–Trier 1876/79

Gitterträger ersetzt und schließlich zum Fachwerk weiterentwickelt.[153] Auf Basis des gekrümmten bzw. parallelgurtigen Fachwerks fertigte JHH Brücken – oft auch gemeinsam mit anderen Brückenbauanstalten – mit immer größeren Stütz- und Stromweiten, z. B. 1863/1868 eine Brücke über den Lek in der Nähe des holländischen Kuilenburg und 1872/1873 die Weichselbrücke der Eisenbahnlinie Insterburg-Thorn bei Thorn, die mit fünf zweiteiligen Halbparabelträgern von 97 m Stützweite in den Stromöffnungen versehen wurde.[154]

Die 1864 gefertigte Weserbrücke am Schloss Corvey bei Höxter markierte einen weiteren technischen Leistungsschritt der JHH. Mit vier Öffnungen und Stützweiten von je 58 Metern war dieses Bauwerk die erste deutsche Brücke mit Schwedlerträgern.[155] 1863 wurde für diesen Auftrag der Westfälischen Eisenbahn eine eigene Brückenbauabteilung unter Leitung des Ingenieurs Wilhelm Lindgens eingerichtet.[156] Hatte man zuvor die Brückenteile in zwei Hallen der Mechanischen Werkstätte gefertigt – die Brücke selbst wurde immer erst vor Ort zusammengesetzt –, so entstand nun neben einem Konstruktionsbüro für den Großauftrag der Weserbrücke eine dreischiffige Halle allein für den Brückenbau, in der zu Anfang 162 Beschäftigte arbeiteten.[157]

JHH besaß als eines von wenigen deutschen Unternehmen mit der Mechanischen Werkstätte sowohl das Know-how als auch die Produktionskapazitäten für dieses neue Geschäftsfeld. Der Brückenbau lastete zudem die vorhandenen

Kapazitäten des Eisenwerkes aus. So betrug das verbaute Gewicht der erwähnten Weserbrücke 831 t und die gesamte Brückenbauanstalt verbrauchte 1874 bereits 3000–5000 t Eisen.[158] Marktnachfrage und Kapazitätsauslastungen führten – wieder einmal – zur Diversifizierung im Unternehmen. Dieses Zusammenspiel beschrieb Lueg im Dezember 1841 in einem Brief an den Bürgermeister von Holten: «Um das Fabrikat unseres Eisenfrisch- und Walzwerks Oberhausen zu verwerthen, haben wir uns Mühe gegeben, gute eiserne Schiffe, besonders Dampfschiffe zu bauen. Dies ist uns gelungen, unsere auf dem Rhein gelieferten Dampfschiffe haben sich gegen alle ausländischen ausgezeichnet, wodurch wir mehrere Bestellung für den Rhein, Donau und die Mosel erhalten haben. Infolge dieser Bestellungen wird auch die hiesige Maschinenfabrik und Kesselschmiede lebhaft betrieben.»[159]

Tatsächlich war der Verbrauch der Eisen verarbeitenden Produktionsbereiche von JHH erheblich. So setzten um 1872/1873 neben dem Brückenbau (4600 t) die Maschinenfabrik mit 3200 t und die Kesselschmiede mit 800 t sowie die 1852 errichtete Hammer- und Kettenschmiede mit 900 t erhebliche Eisenmengen ein.[160] Allerdings zeigten sich zwischen den einzelnen Produktionsbereichen des Unternehmens nicht nur Vorwärts-, sondern auch Rückwärtskopplungseffekte. So waren beispielsweise das Wachstum der Maschinenbauanstalt und die Aufnahme des Schiffsbaus eindeutig der Auslöser für die Errichtung der Walztechnik 1830, die wiederum die Aufnahme des Steinkohlenfrischens 1836 nach sich zog.

Errichtet wurde das erste Walzwerk in der Oberhausener Korn-, Öl- und Mahlmühle, die JHH bereits 1805 vom Grafen Westerholt in Erbpacht genommen hatte.[161] Da dort bereits seit 1826 eine selbstgebaute Dampfmaschine für den Mahlbetrieb tätig war, wurde die Mühle 1829 zu einem Blechwalzwerk umgebaut und ein Jahr später in Betrieb genommen.[162] Es bestand aus «zwei Platten-Walzen mit Eisenschneid-Scheren und großen Feueröfen» sowie einem Nebengebäude, in dem Ofenpfeifen gefertigt wurden.[163] Die Walzen wurden noch durch Wasserräder angetrieben und die installierte Dampfmaschine diente lediglich als Ersatz bei Wassermangel in dürren Sommern und kalten Wintern.[164]

Das rasante Wachstum der Eisenproduktion seit 1836

Der wachsende Bedarf an Blechen führte jedoch in den folgenden Jahren dazu, dass die Schmiedeeisenproduktion auf dem Neu-Essener Werk nicht mehr ausreichte und zudem die traditionelle Holzfrischmethode gegenüber dem aufkommenden Puddeleisen nicht mehr konkurrenzfähig war. Letzteres wurde nicht nur immer häufiger zu günstigen Preisen aus Großbritannien bezogen, sondern seit der Einrichtung eines ersten deutschen Puddelwerkes durch die Gebr. Remy auf dem Rasselstein bei Neuwied im Jahre 1824 auf immer mehr Werken in Rheinland und Westfalen produziert. Bei dieser neuen Methode zur Herstellung von Frischeisen wurden nun Steinkohlen eingesetzt, die, anders als Holzkohlen, uneingeschränkt und zu günstigen Preisen verfügbar waren, insbesondere an der Ruhr. Zudem lag der Output der Puddelöfen erheblich über demjenigen der traditionellen Frischfeuer. Dennoch verzichtete JHH trotz der nahen Kohlengruben bis Mitte der dreißiger Jahre auf den Bau eines Puddelwerkes, was jedoch nicht auf Ignoranz oder Misstrauen gegenüber dem neuen Verfahren, sondern vor allem auf die im Unternehmen jener Jahre vorherrschende Orientierung auf die Gussproduktion und den Ausbau der Weiterverarbeitung zurückzuführen ist. Gottlob Jacobi hatte sich bereits 1817 in einem Brief an Eberhard Hoesch über das Puddelverfahren gut informiert gezeigt:

> «… Es scheint, als wenn Du nicht wüßtest, daß in England schon seyd ein Jahrzehnd alles Roheysen bei rohen Steinkohlen in Windessen gefrischt und unter Walzen zu allen beliebigen Dimensionen gezogen wird. Diese Arbeit nennt sich der Puddlingsprozeß und das Arbeiten selbst Pudlen. Der König von Preußen schickte 1814 zwei Hüttenverständige nach England, um diese Arbeit zu lernen. 1816 kamen dieselbe wieder, und es wurde sogleich auf Hegermühle mehreren Meilen von Berlin ein Pudlingsofen gebauet und die Walzen angelegt. Man arbeitet dort täglich. Allein man soll noch zu viel Roheisen verbrauchen und zu viel Steinkohlen verthun. Das Frischeisen soll aber vortrefflich werden. Man hat mir erlaubt, der Arbeit dasselbst nach Belieben beizuwohnen. Allein meine Geschäfte erlauben es mir noch nicht, lange abwesend zu seyn. Außerdem gienge ich auch lieber nach England als nach Berlin; am ersten Orte kann man mehr sehen …»[165]

Auch Gerhard und Franz Haniel sowie Wilhelm Lueg besichtigten 1825 englische Puddel- und Walzwerke.[166] Wilhelm Lueg hielt nach einer Englandreise 1829 fest: «Eine besondere Art zuverlässiges und gutes Stabeisen zu machen, sah ich auch in Cornwall, und hoffe davon hier bald Anwendung zu machen.»[167] Lueg interessierte sich 1829 jedoch insbesondere für den Schiffsbau, Werften, Hafenanlagen und Dampfmaschinen, deren Besichtigung – und spätere Beschreibung – einen erheblich größeren Raum einnahmen, da JHH den Ausbau der Weiterverarbeitung vorzog. Deshalb entstand in diesem Jahr neben der Schiffswerft ein zweites Gebäude mit Dampfmaschinen für die Maschinenwerkstätte.[168]

Erst als sich der wachsende Bedarf an Stabeisen und Blechen nicht mehr in Neu-Essen mit den traditionellen Frischfeuern und Eisenhämmern bewältigen ließ – die Neu-Essener Produktion hatte sich von 1815 bis zum größten Output 1832 mit 4550 Ztr. sogar verdreifacht –, entschied sich JHH 1836 für den Bau eines kapitalintensiven Puddel- und Stabwalzwerk neben dem bestehenden

Abb. 16 Hütte Gutehoffnung 1834

Blechwalzwerk zu Oberhausen.[169] Dieses vorsichtige Vorgehen – 12 Jahre nach Einführung der Technik in Deutschland – gründete allein auf dem unternehmenseigenen Bedarf und folgte nur den betriebswirtschaftlichen Notwendigkeiten.

Das neue Puddel- und Stabeisenwalzwerk wurde 1834 beschlossen. Mit dessen Bau für 80 000 Taler begann Lueg unter Mithilfe auswärtiger Experten 1835, und ein Jahr später ging es in Betrieb. Es bestand aus vier steinkohlenbetriebenen Puddelöfen und zwei Schweißöfen sowie einem Dampfhammer und drei Walzstraßen, die von einem unterschlägigen Wasserrad bzw. einer kombinierten Hoch- und Niederdruckdampfmaschine angetrieben wurden.[170] Bereits zwei Jahre später erfolgte dann eine erste Erweiterung des Werkes durch weitere Puddelöfen sowie eine zweite Dampfmaschine und einen neuen Dampfkessel, wobei Letzterer zur Brennstoffersparnis durch die Abgase der Puddel- und Schweißöfen betrieben wurden.[171] Ziel der neuen Anlagen von 1836 und 1838 – auch das Blechwalzwerk wurde dabei weiter ausgebaut – war nicht nur eine bessere Versorgung mit Schmiedeeisen und eine Ausdehnung der Mengen, sondern auch die Ausweitung des Produktionsprogramms. So konnte JHH nun die Erzeugung von gewalztem Profileisen aufnehmen und ebenfalls weitere Blechsorten (Schwarz- und Weißblech) sowie stärkere Blechdicken produzieren.[172]

Anders als Mitte der dreißiger Jahre erhofft, genügten die neuen Betriebsteile jedoch noch nicht, um die Schienenfabrikation aufzunehmen. Zwar goss man auf der Gutehoffnungshütte schon seit langem Grubenschienen und bot solche sogar 1833 dem Eisenbahnkomitee Nürnberg-Fürth an, doch war JHH nicht in der Lage, Schienen aus Schmiedeeisen zu walzen, die für die erheblichen Belastungen des Zugverkehrs besser als Gussschienen geeignet waren.[173] Anfang 1840 setzten im Unternehmen deshalb Überlegungen für die Errichtung eines Schienenwalzwerks ein, wofür vor allem die große Nachfrage der neuen Eisenbahngesellschaften Deutschlands ausschlaggebend war. Allerdings standen einer einfachen Aufnahme der Schienenfertigung mehrere Hindernisse entgegen. Zum einen drängten Ende der dreißiger Jahre die englischen Schienenhersteller mit niedrigen Preisen und qualitativ guten Produkten auf den deutschen Markt, da der Schienenabsatz auf der britischen Insel stockte.[174] Obgleich insbesondere die westdeutschen Eisenhütten – und hier auch die Gutehoffnungshütte – bereits seit Anfang der 1830er Jahre immer wieder Zollerhöhungen forderten, erhob der Zollverein weiterhin nur geringe Zölle auf Eisenwaren, da die Eisen verbrauchenden Gewerbe vehement für die Einfuhr günstiger englischer Produkte kämpften.[175]

Dass jedoch auf Schienen keine höheren Zölle eingeführt wurden, lag stärker daran, dass die wenigen deutschen Schienenproduzenten gar nicht die plötzliche, schier ungeheure Nachfrage befriedigen konnten, da – zum zweiten – eine Schienenfertigung ein hohes technisches Produktions-Know-how und erhebliche Investitionen in die Kapazitäten benötigte. So hatte z. B. JHH 1836 irrtümlich angenommen, dass man durch die Inbetriebnahme des Stabeisenwalzwerks nun in der Lage sei, Schienen zu walzen, doch konnten die vorhandenen Puddelöfen nicht genug Schmiedeeisen produzieren, und die Walzwerke waren weder kapazitätsmäßig noch technisch für die Schienenproduktion gerüstet.[176]

Die Aufnahme der Schienenfabrikation

Aus diesem Grund errichtete JHH 1841/1842 nach dem Muster der Anlage von Eberhard Hoesch in Düren neben den anderen Walzwerken an der Emscher ein reines Schienenwalzwerk ein und bemühte sich im Februar 1842 um den Auftrag der bayerischen Eisenbahndirektion über 30 000 Ztr, allerdings erfolglos.[177] Mehr Erfolg hatte JHH zusammen mit Hoesch einige Monate später, als man mit der Großherzoglichen Badischen Oberdirektion des Wasser- und Straßenbaues in Karlsruhe einen Vertrag über die Lieferung von insgesamt 40 000 Ztr Eisenbahnschienen unterzeichnete, von denen JHH 20 000 Ztr liefern sollte. Es stellte sich schon bald nach der Inbetriebnahme des neuen Schienenwalzwerks im November 1842 heraus, dass man dessen Leistungsfähigkeit erheblich über-

Abb. 17 Puddel- und Walzwerk Oberhausen um 1860

schätzt hatte, weshalb JHH im Mai 1843 der Badischen Oberdirektion mitteilen musste, dass von den 20 000 Ztr man nur 4000 Ztr in der Lage zu liefern sei. Diese erklärte sich damit einverstanden, dass die restlichen 16 000 Ztr durch die Vermittlung der Gebr. Goldschmidt in Frankfurt am Main von dem Eisenwerk John Guest & Co in Dowlais (England) bezogen wurden.[178]

Diese Erfahrung veranlasste die Unternehmensführung noch 1843 zu einem gründlichen Umbau und zu einer Vergrößerung des Schienenwalzwerks, da man sich nun bewusst war, dass nur ein technisch gut ausgestatteter Großbetrieb erfolgreich aus der Nachfrage der Eisenbahn Nutzen ziehen könne. Als das Schienenwalzwerk dann 1844 mit voller Kapazität betrieben wurde – es bestand aus mehreren Walzstraßen und einer Dampfmaschinen von 85 PS für deren Antrieb –, war die Fertigstellung noch rechtzeitig, um an mehreren großen Schienenaufträgen zu partizipieren.[179] So lieferte JHH noch im gleichen Jahr Schienen an die Düsseldorf-Elberfelder sowie die Köln-Mindener und im folgenden Jahr an die Bergisch-Märkische Eisenbahn.[180]

Da die große Nachfrage 1845 weiter anhielt und sich aufgrund der 1844 neu eingeführten Eisenzölle nun stärker auf die deutschen Werke konzentrierte, entstanden schnell Engpässe im Oberhausener Puddelwerk. So hieß es noch im gleichen Jahr: «Überall werden Schienen begehrt, wir könnten mit 30–40 Puddelöfen arbeiten.»[181] Da man 1842/1844 auf den Ausbau der Puddelkapazitäten verzichtet hatte, weil die vorhandenen zehn Öfen nicht ausgelastet waren, wurde dies nun nachgeholt. Die JHH steigerte bis 1846 die Zahl der Puddelöfen kontinuierlich auf 46[182] und nahm 1849 eine weitere Stabeisenstraße im Walzwerk Oberhausen in Betrieb.[183]

Auf Basis des neuen Schienenwerks und der umfangreichen Erweiterungen in den Folgejahren (Schweißöfen, Eisenluppenmühlen, Luppenwalzwerke, Dampfhämmer)[184] konnte JHH nun Großaufträge annehmen. So war das Unternehmen Anfang 1845 in der Lage, im Rahmen eines deutschen Konsortiums mit 56 000 Ztr den größten Teil eines Schienenauftrages der Pfälzischen Ludwigs-Eisenbahn zu übernehmen.[185] Tatsächlich belieferte man nun Eisenbahngesellschaften in ganz Deutschland, von Ostpreußen und Brandenburg über Sachsen und Thüringen bis Bayern und Baden.[186] Die wachsende Bedeutung des Werks zeigt sich auch daran, dass Lueg sogar der Schienengemeinschaft mehrerer deutscher Werke vorsaß und für diese Aufträge persönlich in Bayern akquirierte.[187]

In der Folgezeit konzentrierte JHH sich im Oberhausener Puddel- und Walzwerk daher immer stärker auf die Schienenfabrikation, die die Kapazitäten voll auslasteten. Das Unternehmen musste andere Aufträge ablehnen, da man stärkstes Interesse daran hatte, «ununterbrochen an den Schienen fortzuarbeiten». Im April 1846 gab die Unternehmensleitung sogar bekannt, dass neue Schienenaufträge nicht vor 1847 ausgeführt werden konnten, und einen Monat später verlängerte JHH diesen Zeitraum auf Ende 1847.[188] Im Boomjahr 1848 stellte die Schienenproduktion sogar 69 % der gesamten Stabeisenerzeugung dar.[189] Insgesamt stieg die Produktion durch die Einführung des Puddel- und des Walzverfahrens sowie die Aufnahme der Schienenfertigung enorm:

Grafik 2 Die Walzwerkerzeugung der Gutehoffnungshütte 1830–1850[190]

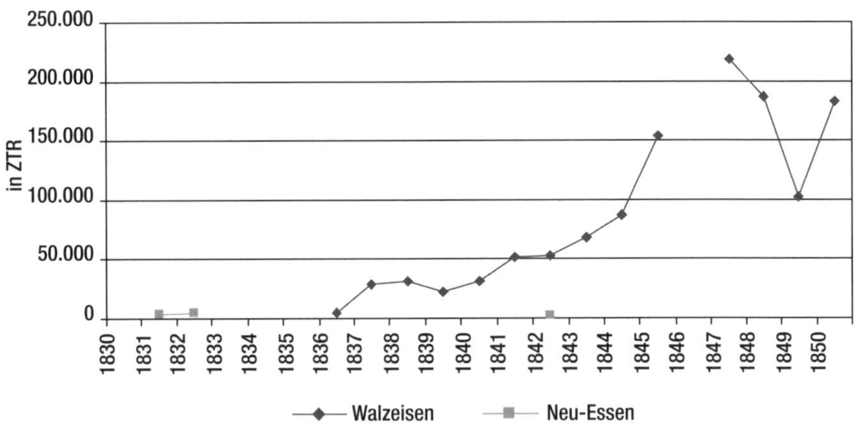

Während vor der Aufnahme des Puddelverfahrens die Erzeugung des Neu-Essener Hammers 1831 trotz einer erheblichen Steigerung der Produktion seit 1812 nur 3821 Ztr betragen hatte, stieg die Erzeugung von Puddeleisen in den Jahren bis 1841 von 5071 auf 51 834 Ztr, d. h. auf das Zehnfache. Aufgrund der Schienenfertigung stieg die Produktion dann bis 1848 abermals um über 350 % auf 183 279 Ztr, um 1849 aufgrund der Revolution kurzzeitig einzubrechen.

Dieses Wachstum bei der Erzeugung von Schmiede- resp. Walzeisen entsprach dabei völlig der volkswirtschaftlichen Entwicklung in den 1830er und 1840er Jahren, das sich stark auf die aufkommende Eisenbahn, die Eisenindustrie und den Steinkohlenbergbau stützte. Es bildete damit ein fast genaues Muster des deutschen Industrialisierungsverlaufes. Nachdem die Eisenproduktion im Vergleich zum Schiffs- und Maschinenbau zunächst ohne grundlegende Modernisierung geblieben war, wurde diese ab 1830 nachgeholt. Dieser Prozess erfolgte jedoch nicht geplant, sondern schrittweise aufgrund der Marktnachfrage und der Rahmenbedingungen wie der Einführung der Eisenzölle 1844. Wenngleich die Unternehmensführung und Betriebstechniker von JHH durchaus gut über die neuen Eisentechniken informiert waren, unterschätzten sie trotzdem die Schwierigkeiten bei der Einführung und überblickten keineswegs die weitere Entwicklung, so dass sich das Puddel- und Walzwerk ab 1835 in ständigem Um- und Ausbau befand. Andererseits erleichterte diese schrittweise Vorgehensweise die Finanzierung des Werkes, was ebenfalls der vorsichtigen Vorgehensweise des Unternehmens entsprach. Dennoch nahm JHH die vorhandenen Chancen in vollem Umfang wahr, wie die beherzte Entscheidung für den weiteren Ausbau des gerade errichteten, aber zu kleinen Schienenwalzwerks 1843/1844 zeigt, mit dem man sich zu einem der größten deutschen Schienenwerke aufschwang.

Wie beim Schiffs- und Maschinenbau setzte das Unternehmen dabei auf bewährte Technik, die man auf Reisen nach Großbritannien in Augenschein nahm, und auf externe Experten. So baute JHH z. B. das erste Schienenwalzwerk nach dem Modell von Hoeschs Werk in Düren und engagierte zahlreiche englische, belgische und rheinische Puddel- und Walzmeister.[191] Vor allem die langjährige gute Verbindung des Unternehmens zu Hoesch und die Verwandtschaft der Haniels mit den Cockerills ermöglichten die Anwerbung auswärtiger Fachleute. 1841 bat Lueg z. B. die Société des Charbonnages et Hauts Fourneaux de l'Espérance in Seraing um einen geübten Puddelmeister, «der 4 Wochen die hiesigen Arbeiter unterrichten könne und außerdem einen Coaksofen zu bedienen verstehe».[192] 1845 wiederum sollten zwei Haniels auf ihrer Reise durch Großbritannien «2–4 gute Schweißmeister von ersten Schienenwalzwerken» für JHH anwerben.[193]

Schon vor der Aufnahme und enormen Ausdehnung des Puddelns hatte das Unternehmen für die Produktion des traditionellen Holzkohlenroheisens auf dem Neu-Essener Werk auswärtiges Roheisens bezogen, da aus dem aus Rasensteinerzen ausgebrachten Roheisen der St. Antony- und Gutehoffnungshütte kein Stabeisen ordentlicher Qualität erzeugt werden konnte.[194] Ebenfalls zur Steigerung der Qualität des Roheisens bezog JHH bereits von 1815 an zusätzlich fremde Erze, zunächst aus dem Lahn-Dill-Revier und dem Nassauischen.[195] Trotz der Qualitätsverbesserungen des Roheisens blieb das Rasensteinerz aber weiterhin die Basis der Roheisendarstellung.[196] Um den steigenden Roheisenbedarf der weiterverarbeitenden Betriebsteile befriedigen zu können, nahm das Unternehmen 1827 den Hochofen auf St. Antony wieder in Betrieb und legte die dortige Papierproduktion still, auch weil diese sich nicht rentierte.[197] Da die Roheisenerzeugung trotz des Baus eines zweiten Hochofens auf der Gutehoffnungshütte 1830, der Einführung des Heißluftblasens 1835 und des Dauerbetriebs der Roheisenerzeugung statt einzelner Kampagnen dennoch für den wachsenden Bedarf nicht mehr ausreichte, wurde ab 1838 immer mehr fremdes Roheisen verarbeitet, vor allem für die Erzeugung von gepuddeltem Schmiedeeisen.[198] Dieses war vor allem englisches Koksroheisen, das zu erheblich günstigeren Preisen als deutsches Holzkohlenroheisen bezogen werden konnte, zur Qualitätsverbesserung jedoch mit hochwertigem deutschen Holzkohlenroheisen gemischt wurde, das JHH von den Eisenhütten am Mittelrhein, im Siegerland und im Lahn-Dill-Revier bezog.[199]

Die für den Maschinenguss besseren Qualitäten erzeugte JHH dagegen weiterhin in den beiden eigenen Holzkohlenhochöfen mit einer Mischung von Rasenstein- und rheinischen Qualitätserzen, für die JHH ab 1838 eigene Gruben im Lahn-Dill-Revier und im Herzogtum Nassau erwarb.[200] Aufgrund der steigenden Holzpreise bildete allerdings nicht die Versorgung mit Erzen, sondern mit Holzkohlen ein immer größeres Problem, über das sich das Unternehmen immer wieder bei den Behörden ausließ.[201] Mehrmals (1829, 1843) unternahm man deshalb Versuche, mit Koks Roheisen herzustellen. Diese fielen selbst noch in den vierziger Jahren unbefriedigend aus, so dass JHH in der Folgezeit weiter mit Holzkohlen sowie einem kleinen Anteil Koks Roheisen erzeugte.[202]

Das Festhalten am Holzkohlenroheisen lag neben den technischen Schwierigkeiten auch an der Schwierigkeit, Koks in guter Qualität bzw. Kokskohlen in ausreichendem Umfange zu beschaffen, da die Zahl der Fettkohlen fördernden Ruhrzechen erst in den vierziger Jahren zunahm. Da weiterhin ausländisches Roheisen preisgünstig zu bekommen war, rechnete es sich für das Sterkrader Unternehmen nicht, neben den teuren Investitionen im Schiffs- und Maschinenbau sowie in die Puddel- und Walzwerke gleichzeitig den Aufbau eines kapitalintensiven Hochofenwerks zu schultern. 1842 errichtete man auf der St. Antony Hütte sogar einen Kokshochofen, der wegen des günstigen englischen Roheisens jedoch nur kurz in Betrieb war.[203]

Die Konzentration von JHH auf die Schmiedeeisenerzeugung und Weiterverarbeitung (Gießerei, Schiffs- und Maschinenbau) bei gleichzeitig traditioneller Roheisenproduktion entspricht letztlich der vorsichtigen Unternehmensstrategie einer schrittweisen Modernisierung, die ein typisches Technikadaptionsmuster in der deutschen Industrialisierung war.

Im Vergleich zu anderen Unternehmen untypisch war an JHH dagegen der frühe Charakter eines diversifizierten Eisen-, Maschinen- und Schiffsbaubauunternehmens, in dem ein Großteil der Produkte stets im eigenen Unternehmen weiterverarbeitet werden konnte, was die betriebliche Wertschöpfung und die Gewinnmöglichkeiten vergrößerten. Aus diesem Grunde nahm das Unternehmen bei den Diskussionen über die Einführung der Eisenzölle mehr und mehr die Rolle eines Vermittlers ein. In der Diskussion um die ausländische Einfuhr forderten die anderen Roheisenproduzenten und Besitzer traditioneller Eisenhütten energisch einen hohen Zoll auf das englische Roheisen, während die Puddelwerke ohne eigene Roheisenbasis und die Eisen verbrauchenden Gewerbe einen solchen genauso vehement ablehnten. Lueg wiederum, der als Vertreter von JHH in den vierziger Jahren sich intensiv an der Abstimmung innerhalb der Eisenindustrie und der Diskussion mit der Regierung beteiligte, plädierte für einen höheren Zoll auf Stabeisen und einen mäßigen auf Roheisen.[204] Interessanterweise wurde dann 1844 tatsächliches ein ähnliches System eingeführt, bei dem der Stabeisenzoll auf 60 bis 90 Taler erhöht und ein Roheisenzoll von zwanzig Mark neu eingeführt wurde. Dies war ausreichend, um das englische Roheisen vom deutschen Markt vollständig fernzuhalten und die britischen Stabeisenexporte im erheblichen Maße einzudämmen.[205] Allerdings wurde aufgrund eines Handelsvertrages belgisches Roheisen nur mit 50 % des Zolles belegt, so dass die westdeutschen Eisenwerke und auch die Gutehoffnungshütte seit 1844 belgisches Roheisen importierten und verpuddelten.[206]

Der erste Kokshochofen

Erst ab Anfang der fünfziger Jahre, als aufgrund des Miteigentümergesetzes zahlreiche neue Zechen im Ruhrrevier entstanden, die Kokskohlen förderten, und neue Eisenunternehmen entstanden, die mit Ruhrkoks Roheisen günstig produzierten, entschloss sich JHH dann zum Aufbau eigener Kapazitäten – mit für die damalige Zeit enormen Ausmaßen.[207] Zuvor hatte das Unternehmen bereits Koksroheisen von mehreren der neuen Hochofenwerke (Borbecker Hütte Détillieux & Co, Hüttenwerk Eintracht, Hochdahl, u. a.) bezogen – der erste Kokshochofens im Ruhrgebiet wurde 1849 auf der Friedrich-Wilhelms-Hütte betrieben – und wusste um die Eigenschaften des Materials.[208] Dennoch war der Entschluss zum Aufbau einer großen Hochofenanlage zwischen Heinrich Huyssen und Franz Haniel heftig umstritten. Haniel, der sich schon länger für

Abb. 18 Hochofenwerk Oberhausen um 1860

die Produktion von Koksroheisen einsetzte und ein Zurückbleiben der Firma gegenüber den neuen Konkurrenten befürchtete, konnte sich 1853 «nach vielen Bemühungen und Beharrlichkeiten» durchsetzen, nachdem er sogar mit der Auflösung der Firma gedroht hatte: «wobei ich ebenfalls mit Kampf den Bau der Hochöfen mit Steinkohlen resp. Coaks so ich seit vielen Jahren gewünscht, so wie den Steinkohlen Bergbau in Oberhausen für unsere obige Anlage und Firma erzwingen mußte und durchführte.»[209]

Ausschlaggebend war für die Entscheidung zum Bau des Werkes jedoch letztlich, dass der Roheisenpreis aufgrund der stark wachsenden Nachfrage ab 1851 schnell stieg und die Versorgung der Puddelwerke schwieriger wurde; im Februar 1854 mussten sogar Öfen aufgrund des Mangels an Roheisen stillgelegt werden.[210] Die neuen Hochöfen wurden nicht bei den beiden alten Hüttenwerken Gutehoffnung oder St. Antony angelegt, sondern in der Nähe der Walzwerke, direkt an der Köln-Mindener Eisenbahn (Oberhausen-Lippern), um einen kostengünstigen Antransport der Erze und anderen Rohmaterialien zu gewährleisten.[211] Das neue Werk wurde in Stufen nach dem neuesten Stand der Technik erreichtet: Im August 1853 begann JHH mit dem Bau des ersten Hochofens, der zwei Jahre später in Betrieb ging, und bis 1863 erhöhte sich die Zahl der Hochöfen auf der Anlage sukzessive auf sechs.[212] Zwischen 1868 und 1872 erhielt das Hochofenwerk dann noch weitere vier Hochöfen, weshalb die Roheisenproduktion durch die Inbetriebnahme der Hochöfen von 5000 t 1855 stufenweise auf 93 801 t 1871 um das 18-fache stieg.

Bereits in den 1850er Jahren aber überstieg die Roheisenproduktion der neuen Anlage den Bedarf des Puddel- und Walzwerks Oberhausen, obgleich dieses ebenfalls erheblich erweitert wurde.[213] So wurden z. B. 1870 von 90 000 t Roheisen allein 39 000 t, d. h. 43 % an andere Werke weiterverkauft.[214] Allerdings musste gleichzeitig weiter hochwertiges Roheisen angekauft werden, um eine bessere Qualität des Puddeleisens zu erhalten.[215]

Der wachsende Erzbedarf für die stark steigende Roheisenerzeugung wurde bis 1872 weiter durch die eigenen Erzgruben gedeckt. Aufgrund des bereits 1840 formulierten Zieles, keine größeren Erzmengen auf dem Markt zuzukaufen, erwarb JHH nicht nur weitere Gruben und Berechtigungen am Mittelrhein, im Siegerland und an der Lahn, sondern begann auch mit dem Abbau von Rasensteinerzen an der Lippe und in den Niederlanden.[216] Günstig für die Erzversorgung wirkte sich Ende der vierziger Jahre auch der Fund von unterirdischen Erzvorkommen zwischen den Kohlenflözen an der Ruhr aus, dem sog. Kohleneisenstein, der erstmals 1853 auf der Gutehoffnungshütte in Sterkrade verhüttet wurde.[217] Da JHH aufgrund der Genehmigungsurkunde der Fürstäbtissin für die frühere Betreibergesellschaft Neu-Essen von 1791 das alleinige Recht besaß, im Gebiet des Hochstiftes Essen nach Eisenerz suchen zu dürfen, konnte das Unternehmen sich die Förderung dieser Eisenerze gegen die Opposition der Kohlenbergbaugesellschaften für dieses Gebiet allein sichern.[218] So wurden ab 1856/1857 an zwei Stellen Erze für JHH abgebaut; 1865 betrug die Förderung auf den Zechen Neu-Essen II und IV immerhin 50 000 t. Doch bereits gegen Ende der sechziger Jahre begannen sich die Kohleneisenvorkommen zu erschöpfen.[219] Da auch die Rasenerzförderung in Hüttennähe 1864 eingestellt wurde, erwarb JHH Rasenerzfelder im Hannoverschen und am Rhein, weshalb noch 1872 der Erzverbrauch von 214 000 t zu 93 % aus eigener Förderung gedeckt werden konnte.[220]

Trotz des Ausbaus des Hochofenwerkes Oberhausen blieben die beiden Hochöfen auf dem Sterkrader Werk weiterhin in Betrieb. Während auf der St. Antony Hütte von 1843 bis zu ihrer Stilllegung 1877 nur noch Munition und Röhren aus Kupolöfen gegossen wurden und Neu-Essen 1858 in eine Fabrik feuerfester Steine umgewandelt wurde, konzentrierte JHH sich auf der Gutehoffnungshütte in Sterkrade auf den Guss von Maschinenteilen aus hochwertigem Holzkohlenroheisen.[221] Erst nachdem man dort den letzten Holzkohlenhochofen ausgeblasen hatte, endete 1875 im Unternehmen die Eisenerzeugung und -verarbeitung mit traditionellen Holzkohlenmethoden.[222]

Allerdings spielte diese Produktion bereits seit spätestens Ende der dreißiger Jahre mengenmäßig keine Rolle mehr, da mit dem Ausbau der Puddel- und Walzkapazitäten sich der Produktionsschwerpunkt in der Eisenerzeugung vom Gießereibetrieb mit angeschlossener Roheisenproduktion stärker zur Herstellung von Profileisen verschoben hatte. Mit dem Einstieg in die Schienenproduktion verstärkte sich dieser Trend, und durch Inbetriebnahme des Hochofenwerkes Oberhausen wurde JHH sogar zum Eisenunternehmen mit angeschlossenem Maschinen-, Brücken- und Schiffsbau.[223] Deutlich wird dies am Verhältnis zwischen der Produktion von Blechen einerseits, deren Herstellung für den Schiffs- und Kesselbau 1829 der Auslöser für die Errichtung eines Walzwerkes war, sowie Stabeisen und Schienen andererseits. Diese Relation, die in den 1830er Jahren gerade einmal eins zu 2,5 betragen hatte, entwickelte sich bis 1855 auf eins zu fünf und weiter bis 1863 auf eins zu sieben.[224] Der schnelle Aufbau der Werkkapazitäten zwischen 1844 und 1863 war letztlich vor allem auf die Schienenproduktion zurückzuführen.[225]

Grafik 3 Produktion und Umsatz der JHH-Werke 1830–1871[226]

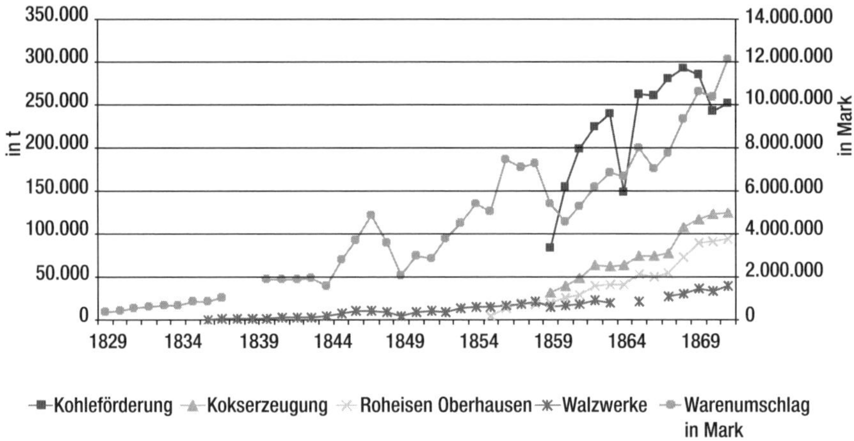

Die Aufnahme der Roheisenproduktion im Oberhausener Hochofenwerk ließ jedoch auch den Kohlen- und Koksbedarf von JHH innerhalb kürzester Zeit enorm in die Höhe schnellen. Hatte der Kohlenverbrauch 1852 insgesamt nur 42 000 t betragen, so benötigte man 1857 allein für die drei bis dahin in Betrieb gesetzten neuen Kokshochöfen 800 000 bis 1 000 000 t.[227] Aufgrund dieses Bedarfes setzte noch vor dem Bau der Hochofenanlage eine Diskussion über ein eigenes Kohlenbergwerk ein. Einen weiteren Auslöser bildeten die langjährigen Schwierigkeiten, auf dem freien Markt Kohlen in ausreichendem Maß und zu günstigen Preisen zu erhalten,[228] sowie die Gründung der Bergwerksgesellschaft Concordia 1850, d. h. die Aufnahme des Kohlenabbaus auf dem Gebiet des späteren Oberhausen. Obgleich mehrere Mitgliedern der Familie Haniel und deren Verwandten an dieser neu gegründeten Aktiengesellschaft Anteile besaßen, verzichtete JHH auf eine Beteiligung.[229] Franz Haniel hielt sie für unzweckmäßig, «da ich aus Erfahrung weiß, wie man den anderen durchschleppen muß und dies einen dagegen quälen, jeder kann sich nach Belieben für seine privat Rechnung dabei betheiligen, … und unsere Werke hängen zum Teil von dem Willen anderer ab.»[230]

Die erste Hüttenzeche

Stattdessen schlug er, der schon lange auf die Aufnahme des Steinkohlenbergbaus gedrängt hatte, in einem Brief vom 2. April 1853 vor, das Kohlenfeld Königsberg direkt in der Nähe der JHH-Werke zu erwerben: «Jene Muthungen unter dem Namen Königsberg vereinigt, können uns fast nicht gelegener liegen, kommen diese in andere Hände, so ist eine solche, allem Anschein nach für uns vorzügliche Unternehmung nicht mehr denkbar.»[231] Die drei anderen Repräsentanten stimmten zu, so dass der Kauf bereits Anfang Mai zustande kam und die Planungen für die Schachtanlagen sofort einsetzten.[232]

Allerdings opponierte Huyssen ein Jahr später (29. Juni 1854) gegen die zu hohen Baukosten des geplanten Steinkohlenbergwerks und des sich bereits im Bau befindlichen Hochofenwerks: «Um nun ihrigen Voraussetzung zu begegnen, wiederhole ich meine frühere Erklärung, dass ich weder verpflichtet noch geneigt, auch beim besten Willen nicht im Stande sein werde, aus eigenen Mitteln zu diesem eminenten Kosten beizutragen. Außerdem scheint mir diese kostspielige Anlage bei der großen Konkurrenz sehr gewagt, wollen sie vorher genau prüfen, ob sie die Vollendung derselben, oder in Verlegenheit zu geraten, bewerkstelligen können.»[233]

Den Einwand Huyssens beantwortete Franz Haniel am 21. August 1854 und verwies harsch auf dessen früheres Einverständnis zum Betrieb des Bergwerkes als auch der Hochofenanlage. Er forderte ihn zur Zahlung seines Finanzierungsanteiles auf und bot alternativ an, ihn auszukaufen und seine Geschäftsanteile zu übernehmen: «Sagen Sie uns daher wie viel sie für Ihre Beteiligung an der Firma mit allen anklebenden Rechten und Verbindlichkeiten verlangen und berücksichtigen Sie Ihre Einlage Capital bei Gründung des 2ten Geschäfts. Das Geld können Sie sofort baar bekommen, oder sie können auf einen Theil gegen die vollkommenste hypothekarische Sicherheit gegen Zinsen, wie sie solches wünschen, stehen lassen.»[234]

Obgleich die beiden alten Kontrahenten sich weiter noch brieflich angriffen, hatte dieser Streit weiter keine Folgen. Trotz der erheblichen Kosten von von 600 000 Talern bis Ende 1856 wurden der erste Schacht am 1. März 1854 und der zweite Schacht am 1. September 1855 niedergebracht. Ab Februar 1857 förderte das in «Oberhausen» umbenannte neue Bergwerk als eine der ersten Hüttenzechen im Ruhrrevier erstmals Kohlen.[235] Darüber hinaus erwarb JHH in der Folgezeit noch weitere Steinkohlenfelder (Neue Hoffnung 1858, Neumühl 1858, Herzog von Arenberg und Vereinigte Langenberg 1865 u. a.), allesamt jedoch in der Nähe der unternehmenseigenen Eisenwerke im Raum Oberhausen.[236] Bis 1872 hatte das Unternehmen so einen Felderbesitz von insgesamt 33,7 Mio. m² erworben, doch kam dort bis 1872 kein weiteres Bergwerk

Abb. 19 Zeche Osterfeld 1904

mehr in Betrieb.[237] Einzig im Rahmen des Abbaus von Kohleneisensteinerzen gelangte JHH durch die Beteiligung an den Gewerkschaften Ludwig und Vereinigte Kapellenbank bei Essen noch in den Besitz zusätzlicher Förderkapazitäten.[238]

Da auf den beiden Essener Bergwerken jedoch keine Fettkohle gefördert wurde, sondern nur Anthrazitkohle, die für die Kokshochöfen und andere Hüttenzwecke nicht zu verwenden war und deshalb frei verkauft wurde, blieb das Unternehmen allein auf die Kohle des Bergwerkes Oberhausen angewiesen.[239] Dessen Produktion stieg relativ kontinuierlich von 84 000 t 1859 auf 293 000 t 1868 und abhängig davon auch die firmeneigene Koksproduktion. Da man mit diesen Mengen aber den Verbrauch der Eisenwerke nicht vollständig decken konnte, musste JHH Anfang der siebziger Jahre noch 50 % des Kohlenbedarfs auf dem Markt hinzukaufen, vor allem von der benachbarten Zeche Concordia oder von der Essener Grube Zollverein.[240]

Der Aufbau der neuen Hochöfen und der Einstieg in den Kohlenbergbau führten zu einem erheblichen Anstieg der innerbetrieblichen Massentransporte. Bereits seit 1847 war das Unternehmen an die damals gerade in Betrieb gekommene Köln-Mindener Eisenbahn angeschlossen worden, da man ein Anschlussgleis vom Bahnhof Oberhausen zum Puddel- und Walzwerk bzw. zum Werk Sterkrade errichtet hatte, faktisch die erste Werksbahn des Ruhrgebietes.[241] Wenngleich der Betrieb zunächst noch mit Pferden durchgeführt wurde, sparte die Sterkrader Firma so bereits erhebliche Kosten ein. Erst 1855 nahm JHH zusätzlich eine in Sterkrade gebaute Dampflok in Betrieb, hielt jedoch noch lange am Fuhrwerksverkehr fest. 1870 waren allein 60 Pferde fremder Transportunternehmer neben einer unbekannten Zahl von unternehmenseigenen Pferden im Fuhrwerksverkehr für das Sterkrader Unternehmen im Einsatz. Für den Transport der Kohlen von der Zeche Oberhausen zur gleichnamigen Hochofenanlage wurde dann 1859 eine werksinterne Verbindungsbahn errichtet, so dass die Kohle direkt in Förderwagen zur Hütte gelangte. Erst 1870 errichteten JHH dann eine zweigleisige Verbindungsstrecke zwischen den Oberhausener Werken, den Werksanlagen in Sterkrade und der in Planung befindlichen neuen Zeche in Osterfeld. Ein Jahr später nahm das Unternehmen weitere Verbindungsbahnen in Betrieb.

Die wachsende Belegschaft

Ein deutlich größeres Problem als der innerbetriebliche Transport und die Verkehrslage des Oberhausener Standorts war allerdings die Rekrutierung der in immer größerer Zahl benötigten Arbeiter, für die das Unternehmen Wohnraum und sonstige lebensnotwendige Infrastruktur in der Nähe der Werke benötigte. So war die Beschäftigung in allen Oberhausener JHH-Werken inklusive der Ruhrorter Werft von 162 1810 über 1607 1846 auf über 7600 1872/1873 gestiegen. Obgleich das Unternehmen für frühindustrielle Verhältnisse bereits um 1840 schon großbetriebliche Ausmaße aufwies, stieg die Beschäftigung durch die Aufnahme der Schienenproduktion in den 1840er sowie der Koksroheisenerzeugung bzw. des Steinkohlenbergbaus in den 1850er Jahren geradezu explosionsartig an.

Die stark wachsende Beschäftigung, die man bis in die sechziger Jahre sowohl aus der niederrheinisch-westfälischen Umgebung als auch aus entfernten westdeutschen Regionen (Eifel, Westerwald, Nassau) rekrutierte, schuf große Schwierigkeiten.[243] Eines der Probleme war, dass die ursprünglichen Werke zunächst weit entfernt von größeren Städten in öder Heide errichtet wurden und in der Nähe nur wenige kleine Dörfer lagen, so dass es an jeglicher Infrastruktur fehlte. So schrieb der Schriftsteller Levin Schücking 1856 in einem Reisebericht: «Die Eisenbahn aber führt uns weiter nach Oberhausen, mitten in eine Landschaft, welche eine Staffage von nordamerikanischem Gepräge hat: wir befinden uns in ödster Sandgegend, die kaum dürftigen Fichtenaufschlag nährt, in einer wahren Urheide; und mitten in ihr erblicken wir die Schöpfungen des moderns-

Tab. 3: Die Entwicklung der JHH-Beschäftigung 1810–1872[242]

Jahr	Zahl der Beschäftigen
1810	162
1818	176
1828	279
1832	340
1835	710
1846	1607
1853	1878
1864	4500
1872	7651

ten Kulturlebens, eben aus dem Boden gestiegene Stationsgebäude, Häuser, Hotels, Fabriketablissements, und ehe viel Zeit verfließt, wird mit amerikanischer Schnelligkeit eine Stadt aus diesen Sandhügeln aufwachsen ...»[244]

Anfänge betrieblicher Sozialpolitik

Aufgrund der fehlenden kommunalen Infrastruktur bemühte sich Lueg z. B. bereits 1826 um die Ansiedlung einer Apotheke in Sterkrade, die aber erst elf Jahre später erfolgte, oder intervenierte – erfolgreich – bei den staatlichen Behörden für die Errichtung von Wochenmärkten, z. B. 1855 in der Gemeinde Lippern.[245] Auch das Bemühen um die Ansiedlung eines Arztes in Sterkrade, dem man 1841 als Vertragsarzt für das Werk jährlich einen festen Betrag für seine Tätigkeit zahlte, oder die Errichtung der ersten Werkssparkasse des Ruhrgebietes 1842 macht deutlich, dass JHH in einem erheblichen Ausmaß kommunale Funktionen kompensieren musste.[246] Aufgrund der großen infrastrukturellen Defizite ging das soziale Engagement des Unternehmens zeitlich weit über die Gründung des neuen Ortes Oberhausen, der 1862 aus den Bauernschaften Lirich und Lippern sowie Teilen anderer Gemeinden gebildet wurde, und dessen Stadtwerdung 1874 hinaus, z. B. durch die Errichtung einer Konsumanstalt (Consum-Verein Gute Hoffnung) für den Einkauf verbilligter Lebensmittel 1867 in Sterkrade.[247]

1846 nahm das Unternehmen nach längeren Überlegungen als erster Betrieb im Ruhrgebiet den Bau der Werkssiedlung Eisenheim auf. Gebaut wurden dabei gegen den Willen der Gemeinde Osterfeld insgesamt 58 Wohnungen mit drei bis vier Räumen, die jeweils auch kleine Ställe und große Gärten zur Eigenversorgung der Bewohner besaßen.[248] Die Miete lag in etwa 20 % unter dem ortsüblichen Durchschnitt.[249] Weitere 294 Wohnungen errichtete das Unternehmen dann 1859 in der Siedlung Eisenheim II, dem heutigen Knappenviertel,

Abb. 20 Arbeitersiedlung Eisenheim

für die Arbeiter der wenige Jahre zuvor in Förderung gegangenen Zeche Oberhausen. Obgleich die Aufnahme des Werkswohnungsbaus ohne Zweifel einen Meilenstein für die betriebliche Sozialpolitik an der Ruhr darstellt, zeigt doch die geringe Zahl von 373 Werkswohnungen für eine Belegschaft von über 7650 Personen im Jahre 1873, dass nur ein kleiner Teil der Beschäftigten in den Genuss einer solchen Wohnung kam, vor allem Meister und Beamte.[250] Die Wohnungen dienten nämlich vor allem dazu, die besonders wichtigen Facharbeiter ohne die Zahlung höherer Löhne an das Unternehmen zu binden, insbesondere durch die Gewährung günstiger Mieten. Bezeichnenderweise wohnten erheblich mehr Arbeiter in den Wohnkasernen bzw. sog. Menagen, d. h. Ledigenheime, die ab 1831 von JHH errichtet wurden.[251] Arbeiterwohnungen errichtete das Unternehmen erstmals 1865.[252] Interessanterweise ruhte der Werkswohnungsbau des Unternehmens nach diesem frühen Beginn bis Ende der 1890er Jahre faktisch, steigerte das Unternehmen doch die Zahl der Wohnungen in diesen Jahren nur von 373 1873 auf 585, während die Arbeiterzahl sich aber von 7651 auf über 13 000 erhöhte.[253] Zusätzlich begann JHH ab den 1850er Jahren auch mit der Überlassung von Land und Darlehen für den Hausbau bzw. Bau und Kauf von Eigenheimen an ihre Arbeiter.[254]

Eine größere Bedeutung für die gesamte Belegschaft erhielt vor 1872 dagegen die Errichtung der betrieblichen Kranken- und Unterstützungskassen. Schon von Beginn an hatte JHH immer wieder einzelnen Arbeitern individuelle Unterstützungen gewährt. So finden sich im Kassabuch für die Jahre 1809 bis 1815 für den Mai 1809 beispielsweise Ausgaben in Höhe von 20,54 Talern für

«Verpflegung der Kranken» oder aber Geldhilfen für Hinterbliebene.[255] In der Zeit der Teuerung 1818 errichtete man eine Brod- und Suppenanstalt, eine Maßnahme, die man in den Krisen der 1840er Jahren wieder aufgriff. In den Teuerungsjahren 1845 bis 1847 betrieb JHH dabei nicht nur eine Kochanstalt, d. h. Kantine, sondern gab auch Korn und Brot zu ermäßigten Preisen an ihre Arbeiter aus, die man aus der Unternehmenskasse bezuschusste, wie der Liricher Beigeordnete und JHH-Angestellte Blumberg am 31. Juli 1846 an den Borbecker Bürgermeister meldete:

> «verkauften diesselben auf ihrer Kornmühle zu Oberhausen bereits seit dem Herbst vergangenen Jahres und auch jetzt noch an ihre sämtlichen Arbeiter zu Oberhausen und Sterkrade, worunter sich sehr viele Familienväter befinden, das nötige Brotkorn als Roggen und Weizen und Buchweizen an Mehl ... Nach der darüber aufgestellten Berechnungen haben diesselben auf diese Weise bis jetzt bereits 91 029 Malter Roggen, 327 Malter Weizen und 337½ Malter Buchweisen seit Anfang dieses Jahres an ihre Arbeiter mit einem Verlust von 2049 Taler 22½ Silbergroschen abgesetzt, der daraus entstand, daß sie das verabreichte Mehl durchschnittlich 1½ Taler pro Malter unter dem Einkaufspreis ... gaben.»[256]

Lueg, der die betriebliche Arbeiterpolitik vielfach initiierte, war jedoch bereits früh klar, dass weder diese Individualhilfen noch die anderen Maßnahmen die strukturellen Probleme der Arbeiterfamilien lösen konnten, die vor allem durch Krankheit und dem Tod des Familienernährers bedroht waren.[257] Zwar hatte das Unternehmen den wichtigen Meistern und begehrten Fachspezialisten in den Arbeitsverträgen schon immer zugestanden, ihnen im Falle einer Arbeitsunfähigkeit weiter eine Unterstützung zu zahlen oder einen Gnadenlohn gewährt, doch stellten derartige Einzellösungen aufgrund der stark steigenden Beschäftigung in den JHH-Werken keine handhabbaren Lösungen mehr dar, zumal immer häufiger andere Unternehmen die Facharbeiter aus Sterkrade, Oberhausen und Ruhrort abwarben.[258]

Statt individueller Vereinbarungen im Arbeitsvertrag oder freiwilliger Unterstützungszahlungen der Firmenleitung setzte Lueg vielmehr auf die Einrichtung von Kranken- und Unterstützungskassen, die gerade im Eisenhüttenwesen an ältere Traditionen anschlossen. Belegt ist die Existenz einer «Unterstützungs-Casse der hiesigen Arbeiter» im Sterkrader Werk 1832, wobei nicht bekannt ist, ob die Errichtung dieser Kasse auf die Initiative der Arbeiter oder des Unternehmens zurückzuführen ist. Auf jeden Fall übernahm JHH die Verwaltung der Kasse und zahlte 100 Taler als Startkapital ein.[259] 1837 wurde dann eine weitere «Unterstützungs-Casse für kranke Arbeiter bei Jacobi Haniel & Huyssen in Ruhrort» und 1840 eine weitere für die Arbeiter im Oberhausener Walzwerk errichtet.[260] 1848 wurden diese Kassen zur Unterstützungskasse für alle Arbeiter, Meister und Beamten im Raum Oberhausen und Sterkrade vereinigt, der 1867 auch die Ruhrorter Kasse beitrat.[261] Geleitet wurde die Kasse von einem Gremium, in dem neben den vier Hauptrepräsentanten von JHH auch die beiden ersten Betriebsbeamten des Oberhausener bzw. Sterkrader Werkes sowie ein Buchhalter und sechs frei gewählte Arbeitervertreter saßen.[262]

Finanziert wurden die Kassen zunächst allein durch die Beiträge der Mitglieder, sieht man den 100 Talern Startkapital der JHH ab. Nach den Statuten der Ruhrorter Kasse von 1837, die wohl auch für Sterkrade und Oberhausen galten, hatten alle Handwerker unter 60 Jahren wöchentlich einen Silbergroschen als Beitrag zu zahlen, wenn sie über acht Silbergroschen täglich verdienten. Lag der Tageslohn darunter, waren nur ½ Silbergroschen abzugeben.[263] Dafür erhielten die Arbeiter im Krankheitsfall wöchentlich eine Unterstützungszahlung von einem Taler resp. 15 Silbergroschen für diejenigen, die den halben Beitrag leisteten. Nicht bezahlt wurden dagegen Arztkosten und Medizin. Außerdem verfielen die eingezahlten Einlagen, wenn ein Arbeiter das Unternehmen verließ. Trotz einiger kleinerer Anpassungen blieben diese Bedingungen in den 1840er Jahren im Grundsätzlichen unverändert, allerdings verzichtete JHH in der Zeit der Teuerung 1845 bis 1847 auf die Einzahlung der Beiträge, obgleich weiterhin Kranken- und Sterbegeld ausgezahlt wurde. 1848 begann dann die regelmäßige, aber weiterhin freiwillige Unterstützung durch das Unternehmen, das in diesem und in den folgenden Jahren etwa 250 bis 300 Taler jährlich zuschoss.[264]

Trotz des verstärkten Engagements des Unternehmens wehrte sich Lueg 1854 in einem Brief an den Bürgermeister von Holten heftig gegen jegliche staatliche Interventionen ins Kassenwesen: «Da wir bisher unaufgefordert in allen Verhältnissen so vorsorglich für unsere Arbeiter … gesorgt und gewirkt haben, so hoffen wir nicht, durch belästigende Kontrollen und Vorschriften entmutigt zu werden.»[265] Seine Reaktion richtete sich dabei gegen die Pläne der Kommunalbehörde, die Unterstützungsfonds verpflichtend für alle Fabriken in der Gemeinde Sterkrade einzurichten, in die die Arbeitgeber die Hälfte des Gesamtbeitrages ihrer Arbeiter einzahlen sollten. Ursache für Luegs heftige Reaktion war nicht nur die Ablehnung staatlicher Einmischung und die Befürchtungen bürokratischer Prozedere, sondern auch die finanzielle Belastung des Unternehmens, speziell in schlechten Konjunkturzeiten. Dennoch erließ die Bürgermeisterei Holten 1856 das Ortsstatut für die Gemeinde Sterkrade und verpflichtete auch JHH zur fünfzigprozentigen Einzahlung in die Krankenkassen.[266]

Abseits staatlicher Verpflichtungen weitete JHH in den fünfziger Jahren die betrieblichen Sozialleistungen weiter aus. In besonderen Fällen zahlte das Unternehmen Schulgeld für Niedriglöhner oder Prämien fürs Sparen bei der Werkssparkasse bzw. vergab vierprozentige Darlehen für den Erwerb von Grundeigentum. Daneben wurden weiterhin Unterstützungszahlungen in Notfällen geleistet und 1849 seitens der Unterstützungskasse die Witwen- sowie 1851 die Invalidenunterstützung eingeführt.[267] 1867 gewährte die Kasse dann Krankengeld, kostenlose Arzneien, freie Kur, lebenslängliche Invalidenrente bei Unfällen ohne eigenes Verschulden, Begräbniszuschüsse sowie eine sechs Jahre dauernde Witwenunterstützung und eine Waisenhilfe bis zum vierzehnten Lebensjahr durch die Zahlung von Erziehungsgeld.[268] Schließlich wurde 1866 nach einer Spende von 10 000 Talern durch Heinrich Huyssen noch die Beamtenpensionskasse gegründet, der bis 1873 durchschnittlich 52 Mitglieder angehörten.[269]

Flexible Löhne

Trotz des eindeutigen Nutzens der betrieblichen Sozialpolitik für das Unternehmen, insbesondere für den Aufbau einer hochqualifizierten Stammarbeiterschaft, besaß letztlich die Lohnpolitik eine ungleich größere Bedeutung für JHH, bildeten die Löhne doch einen erheblich größeren Kostenfaktor für die Firma. Gleiches gilt im Übrigen für die Arbeiter, die trotz der Vorteile der betrieblichen Zusatzleistungen aufgrund ihrer Lebensverhältnisse vor allem an einer möglichst hohen Entlohnung interessiert waren. Allgemeine Aussagen über die Lohnpolitik sind jedoch schwierig; einzig einzelne Tendenzen sind bekannt. Unabhängig von den hohen Entgelten für Lueg bzw. die hochqualifizierten Ingenieure und ausländischen Facharbeiter wurden die Arbeiter, aber auch die Meister nach der geleisteten Zeit im Tageslohn oder aufgrund ihrer Leistungen im Akkordlohn bezahlt. Allerdings kamen häufig auch Mischformen vor. Selten waren dagegen feste Gehälter. Eine Ausnahme stellten auch die ab 1841 gezahlte Jahresgratifikation für besonders verdiente Mitarbeiter, vor allem leitende Angestellte und Meister dar, die sich im Rahmen von 20 bis 75 Taler bewegten.[270]

Die Löhne aller Arbeitergruppen unterlagen dabei starken Schwankungen, die sich letztlich aus der Auftragslage, aber auch aufgrund der Jahreszeit erklären.[271] Vor allem die Arbeiterlöhne in den Fertigungsbetrieben wie den Mechanischen Werkstätten oder der Ruhrorter Werft schwankten im Jahresverlauf und aufgrund ihrer Projektarbeit erheblich. Viele der Arbeitsverhältnisse unterlagen keiner Kündigungsfrist seitens des Arbeitgebers, und insbesondere einfache Arbeiter und Tagelöhner wurden vom Unternehmen in schwachen Geschäftsjahren schnell abgelegt. Nur bei Meistern und gesuchten Facharbeitern existierten längere Kündigungsfristen, allerdings aus Eigeninteresse des Unternehmens, um deren Abwanderung zu verhindern.[272] Neben der Entlassung senkte das Unternehmen in Zeiten schlechter Auftragslage auch die Löhne. So sanken diese 1859 bis 1862 um etwa 25 % und erreichten erst Ende der sechziger Jahre wieder das alte Niveau.[273]

Insgesamt lagen die Jahreslöhne der Tagelöhner in den dreißiger Jahren bei den Schreinern auf der Ruhrorter Werft zwischen 100 und 130 Taler und stiegen bis Anfang der 1860er Jahre auf 165 Taler. Auch die Löhne der Facharbeiter wie Kesselschmiede stiegen in diesem Zeitraum nur langsam von etwa 100 bis 150 Taler 1841/1842 auf 130 bis 210 Taler 1859/1864. Sand- oder Poterieformer auf den traditionellen Werken Gutehoffnung und St. Antony erhielten 1843 etwa 180 bis 200 Taler. Einen deutlicheren Anstieg verzeichneten dagegen Puddler, Walzer und Schmiede, die auf den neugegründeten Nachbarwerken von JHH heißbegehrt waren und dort z. T. den doppelten Lohn wie in Oberhausen erzielen oder dort sofort eine Meisterstelle erhalten konnten. [274] Über diese Abwerbungen beschwerte sich Wilhelm Lueg bereits 1848 gegenüber dem Holtener Bürgermeister, daß viele «Arbeiter von Arbeitgebern» – dies waren das Phönixwerk in Ruhrort und die Friedrich-Wilhelms-Hütte in Mülheim – «entführt» worden seien, «die in ähnlichen Fabricken erfahrene Leute haben mußten, die doppelten Lohn erhielten.» Die Nachfrage der neuen Werke verengte den Arbeitsmarkt für diese Fachkräfte und führte zu einer gegenseitigen Abwerbung. 1854 wandte sich Lueg deshalb direkt an die Direktion des Phönix, der deutlich bessere Löhne zahlte, und schrieb, dass seine Beamten klagen würden, dass Phönix «sehr viele Leute von uns engagirt, ohne daß dieselben hier vorher entlassen waren». Wegen dieser ca. 100 Arbeiter konstatierte Lueg sogar, dass eine regelrechte «Wanderungslust nach Ruhrort zur Gesellschaft Phönix Platz greifen» würde.[275] Eine von ihm vorgeschlagene Vereinbarung über eine gegenseitige Nichtabwerbung kam aber nicht zustande, jedenfalls warb JHH selbst ein Jahr später Puddler aus dem Ruhrorter Werk der Phönix nach Oberhausen ab.

Unabhängig vom «Kampf um die Puddler» und andere gesuchte Fachspezialisten war die Unternehmensführung neben dem Aufbau einer qualifizierten Stammarbeiterschaft vor allem darauf aus, die Gesamtlohnkosten möglichst flexibel zu halten. Aus diesem Grund wurden dort, wo es möglich war, durch die Einführung von Akkordlöhnen die Anreize so gesetzt, dass die Arbeiter freiwillig länger arbeiteten. Für die Beschäftigten waren diese Zusatzverdienste so attraktiv, dass sie häufig über die normalen Arbeitszeiten von 12 bis 13 Stunden – einzig im Kohlenbergbau war die Schichtdauer vor Ort auf acht Stunden gesetzlich beschränkt – Mehrschichten auf sich nahmen.[276]

Dies zeigt gleichfalls ein Blick auf die Praxis der Entlohnung in den Mechanischen Werkstätten Ende der 1860er Jahre, wo man seitens des Unternehmens häufig das «Subcontracting» als Mittel zur Flexibilisierung der Arbeitskosten einsetzte.[277] Hierbei vergaben die Meister die Aufträge als Gruppenakkord an eine Gruppe von zwei bis zwanzig Beschäftigten, wobei aber die den Akkorden zugrunde liegenden Tageslöhne weiterhin von der Unternehmensleitung festgelegt wurden. Obgleich die Kostenkalkulation der einzelnen Maschinen durch das Subcontracting sehr erschwert wurde, erlaubte diese Form der Organisa-

Abb. 21 Werkhalle Maschinenbau (Kesselbau) um 1898

tion im Notfall die sofortige Senkung der Arbeitskosten und förderte die Arbeitsbereitschaft der Beschäftigten, so dass die Produktion stets sehr flexibel der Auftragslage angepasst werden konnte.[278]

Diese dezentrale, aber auch flexible Organisation der Produktion in der Mechanischen Werkstätte entsprach letztlich den dort wenig planbaren, stark unregelmäßigen Produktionszyklen, die sich zudem wegen des Prinzips der Einzelstückfertigung schlecht durch das Management planen ließ.[279] Geleitet wurde die Mechanische Werkstätte von 1846 bis 1864 von Carl Beindorf und danach von Hugo Jacobi, dem Sohn von August und Enkel von Gottlob Jacobi. Letzterem unterstanden ein Ingenieur, der für die Anfertigung der Zeichnungen verantwortlich war, ein Schreiber, ein Lagerverwalter sowie ein Werkstattvorsteher und vier Meister, die jeweils einer der vier autonomen Werkstätten vorstanden.[280] Jacobi hielt täglich mit den vier Werkstattmeistern Konferenzen ab, auf denen alle Fragen der Produktion diskutiert wurden. Die konkrete Verteilung der Arbeit und die Festlegung der Lohnform (Zeit oder Akkord) sowie die Bestimmung und Überprüfung der Akkordlöhne lag allerdings allein in Händen der Meister.

Die Entwicklung der Unternehmensverwaltung

Interessanterweise kennzeichnet diese wenig formalisierte Organisationsstruktur ohne schriftlich fixierte Regelungen der Unternehmensabläufe nicht nur den JHH-Maschinenbau, sondern galt für das Gesamtunternehmen bis weit in die sechziger Jahre. Wie Hugo Jacobi die Mechanischen Werkstätten und ihre 250 Arbeiter um 1870 nur mit acht leitenden Angestellten führte, so wuchs auch die für sämtliche Betriebsteile zuständige Hauptverwaltung in Sterkrade nur langsam. So waren noch 1863 allein 13 Personen im sog. «Zentral-Comptoir» in Sterkrade tätig, deren Zahl sich bis 1872 nur auf 23 Angestellte und zwei Lehrlinge steigerte.[281] Neben der Hauptverwaltung existierten zudem auf den einzelnen Werken noch Büros, von denen neben der oben beschriebenen Mechanischen Werkstätte (5 Angestellte und vier Werkstattmeister) nur die Beschäftigtenzahl für das Komptoir auf dem Walzwerk Oberhausen bekannt ist, wo 1863 fünf und 1873 sieben Angestellte und ein Lehrling sowie ein Wiegemeister und ein Materialienverwalter tätig waren.[282] Bedenkt man außerdem, dass der 1866 gegründete Beamten-Pensions-Verein nur 66 Mitglieder besaß, so ist die Gesamtzahl der Angestellten bei JHH auf ca. 100 Personen zu schätzen, die ein Gesamtunternehmen mit ungefähr 6000 Arbeiter verwalteten, was letztlich nur mit einer dezentralen Betriebsorganisation möglich war.

Die sehr dezentrale Organisation der JHH bis 1873 gründete auch auf der Mitarbeit von Familienmitgliedern im Unternehmen, entfielen doch größere

Grafik 4 Die Leitung des Gesamtunternehmens und der einzelnen Betriebsteile 1823–1870[283]

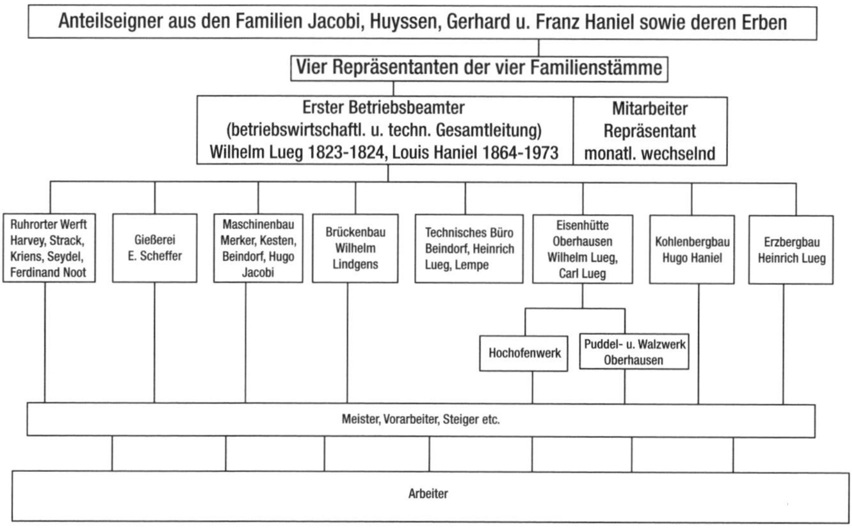

Kontrollen bei leitenden Angestellten und der Unternehmensführung aufgrund der Interessengleichheit mit den Eigentümerfamilien. Unabhängig von den Repräsentanten der Familienstämme, die monatsweise in der Leitung von JHH mitarbeiteten, führten viele Angehörige der drei Eigentümerfamilien oder deren Verwandten einzelne Abteilungen.

So arbeitete z. B. August Jacobi[284] als Sohn Gottlob Jacobis bereits in den dreißiger Jahren bis zu seinem frühen Tod 1842 in der mechanischen Werkstätte mit. Diese wiederum wurde nach Kestens Weggang – Kesten war in zweiter Ehe mit einer Nichte von Heinrich Huyssen verheiratet – zunächst von Carl Beindorff und ab 1864 dann von Hugo Jacobi, dem Sohn von August Jacobi, geleitet.[285] Im gleichen Jahr übernahm Carl Lueg,[286] der Sohn von Wilhelm Lueg, die Leitung sämtlicher Eisenwerke in Oberhausen, während sein Bruder Heinrich nach seinem Eintritt ins Unternehmen 1864 das Konstruktionsbüro für Bergwerksmaschinen führte und gleichzeitig den Betrieb der Erzgruben an der Lahn und dem Siegerland überwachte.[287] Auch von den beiden Hanielbrüdern Gerhard und Franz waren mehrere Kinder im Unternehmen tätig. Louis Haniel, der sechste Sohn von Franz, wurde Direktor und leitete das Gesamtunternehmen nach dem Tod Wilhelm Luegs 1864 bis 1873.[288] Sein älterer Bruder Hugo Haniel[289] wiederum war zwar nicht im Unternehmen angestellt, übernahm jedoch 1858 die Leitung der Zeche Oberhausen, die aufgrund der preußischen Bergbaugesetzgebung bis 1865 in der eigenständigen Unternehmensform einer bergrechtlichen Gewerkschaft organisiert war.[290]

Luegs Geschäftsführung

Trotz der Mitarbeit zahlreicher Familienangehöriger blieb – neben den monatlich mitarbeitenden Repräsentanten der Eigentümerfamilien – jedoch Wilhelm Lueg bis zu seinem Tod 1864 unzweifelhaft die bestimmende Person des Unternehmens, die den Ausbau des Maschinenbaus und der Eisenwerke maßgeblich initiierte und gestaltete, was bereits zahlreiche seiner Zeitgenossen immer wieder anmerkten.[291] In den 1840er Jahren urteilte etwa der Pfarrer von Osterfeld, Johann Terlunen: «Die Hütten hatten alle durch die G. Jacobisch Direktion eine solche Höhe erreicht, daß viele glaubten, der Culminationspunkt sei erstiegen, wovon die Folge eines anderen belehrt. Der Lueg als Director entwickelte jetzt seinen Mut und seine Fähigkeit.»[292]

Schließlich führte Lueg das Unternehmen ein Viertel des Jahres allein, d. h. ohne einen der Repräsentanten der vier Eigentümerstämme, da er nämlich selbst als Vertreter der Jacobischen Familie fungierte. Die Kontrolle des operativen Tagesgeschäfts und der technischen Angelegenheiten lag sowieso vollständig in seinen Händen, wie die überlieferte Korrespondenz mit Geschäftspartnern oder staatlichen Behörden zeigt.[293] Dies ging sogar soweit, dass er noch in den 1850er Jahren bei großen Aufträgen im Schiffs- und Maschinenbau sich selbst die entscheidende Endkalkulation vorbehielt, wie dies aus seinem Brief an Franz Haniel vom 28. Dezember 1856 deutlich wird, in dem es um den Preis einer Dampfmaschine ging: «An der Hagenbecker Maschine verdienen viele sicher keinen Sgr. Herr Beindorf kümmert sich um die Kostenpreise im Detail nicht, er schlägt darauf, bemüht sich aber um spezielle Untersuchung nicht. … H. Beindorf will alles annehmen, berechnet aber unsere Arbeitskräfte und die Kosten gar nicht, ohne meine Vorsicht müßten wir mehrere Konventionsstrafen bezahlen, beim Schiffsbau zahlten wir schon 20 000 Taler für verspätete Lieferung.»[294] Anders als für seine Abteilungsleiter stand für Lueg dabei das Gesamtinteresse der Firma im Vordergrund, weshalb er in diesem Schreiben weitere Aufträge wegen der völlig überlasteten Produktionskapazitäten gegenüber Franz Haniel rechtfertigte: «Ich halte es für meine Pflicht, da mein Name in dem Interesse und der Ehre hiesigen Etablissements genau verwebt ist, genaue Kostenermittlungen anzustellen und täusche auch nicht. Diejenigen welche glauben, wir könnten die großen Anlagen hier aus dem Gewinn machen, täuschen sich sehr. Ich fürchte, daß manche Werke wenn die bevorstehende Krise hereinbricht durch große Zinsenlast ins Gedränge kommen und glaube, daß es ein Gebot der Klugheit ist, die jetzige Zeit wo es geht, zu benutzen, und die Ausdehnungen […] verschreiten zu lassen.»[295] Eindeutig achtete Lueg stets auf eine langfristige Rentabilität und lies sich nicht von der Aussicht auf einen schnellen Gewinn verleiten, sondern behielt aufgrund seines in der Praxis erworbenen technischen und betriebswirtschaftlichen Wissens stets die technischen Möglich- und Notwendigkeiten im Auge.[296]

Die große Bedeutung Luegs fürs Unternehmen zeigte sich zudem daran, daß mehrmals sein Gehalt gesteigert wurde. So erhöhte sich sein Salär von 1130 Taler 1823 auf 1800 1825 bzw. 3000 Taler 1847, jeweils ohne Gratifikation.[297] Allerdings musste Lueg 1847 seine Gehaltswünsche gegen den heftigen Widerstand von Franz Haniel durchsetzen.[298] Aufgrund des wachsenden Erfolges repräsentierte er das Unternehmen zudem immer häufiger auch nach außen und dies nicht nur in geschäftlichen Angelegenheiten. So vertrat er in den vierziger Jahren die Interessen von JHH in der Diskussion um die Einführung von Eisenzöllen, z. B. bei Beratungen in Berlin. Auch in den seitdem aufkommenden Interessenverbänden, an deren Gründung JHH zumeist maßgeblich beteiligt war, übernahm er Funktionen und repräsentierte die Sterkrader Firma. Darüber hinaus war er auch langjähriger Leiter der Schienenverkaufsgemeinschaft, an der JHH maßgeblich beteiligt war.[299]

Zusätzlich zu seiner Rolle als erster Manager des Unternehmens besaß Lueg eine wichtige Funktion für das Unternehmen, nämlich die des Ausgleiches zwischen den beiden Kontrahenten unter den Unternehmensgründern

Franz Haniel und Heinrich Huyssen. Wie schon mehrfach angemerkt, war das Verhältnis dieser beiden durch das Hineindrängen Huyssens in die Firma und seinen geringen Kapitaleinsatz beim Ankauf der Gutehoffnungshütte 1808 bereits von Firmengründung an schwer beschädigt. Ab den vierziger Jahren – möglicherweise durch den Tod der beiden anderen Mitgründern Gerhard Haniel und Gottlob Jacobi – schaukelten sich die Streitigkeiten immer weiter auf. Größere Differenzen gab es z. B. 1830/1831 durch die Forderung Huyssens, den Schiffsbau wegen der Startschwierigkeiten aufzugeben. Weiter votierte er 1853/1854 aufgrund der erheblichen Finanzierungskosten dafür, den Bau der Hochofenanlage kleiner zu dimensionieren und nicht gleichzeitig in ein Steinkohlenbergwerk zu investieren.[300]

Der anhaltende Einfluss der Anteilseigner

Anders als der häufiger bremsende Huyssen wollte Franz Haniel aufgrund seiner erheblich größeren Risikobereitschaft stets einen schnellen und großdimensionierten Ausbau sowie die Aufnahme neuer Geschäftsbereiche, wenn er von den grundsätzlichen Zukunftschancen dieser Produktionszweige überzeugt war. Die Finanzierung der Projekte bildete für ihn kein Problem, da er auf die Gewinne von JHH aufgrund seiner zahlreichen anderen Privatgeschäfte im Kohlenbergbau und -handel nicht angewiesen war. Er plädierte vielmehr stets dafür, die Unternehmenserlöse in der Firma zu belassen und für den weiteren Ausbau zu verwenden. Huyssen besaß zwar ebenfalls ein größeres Vermögen, z. B. mehrere Beteiligungen an Kohlenbergwerken, doch war dies mit demjenigen von Franz Haniel nicht zu vergleichen.[301]

Neben diesem unterschiedlichen Vermögensstand, einer jeweils anderen Unternehmensmentalität sowie den ständigen Auseinandersetzungen dürfte auch die unterschiedliche Motivation für den Dauerstreit der beiden Kontrahenten verantwortlich gewesen sein. Franz Haniel trieb nicht nur ein enormes Geltungsbedürfnis an, wie die ständigen Rechtfertigungen seiner imponierenden Lebensleistungen in seiner Autobiographie zeigen. Zudem arbeitete er für die Zukunft seiner zahlreichen Kinder und sah seine Arbeit in einer langfristigen Familienkontinuität. Huyssen als Junggeselle – in jener Zeit eine Seltenheit unter Großunternehmern – gab dagegen eher einer Sicherung des Erreichten den Vorzug.

Auf jeden Fall führte der Streit dazu, dass Franz Haniel trotz seines sehr hohen Alters seine Anteile bis zu seinem Tod nicht abgab. Eine Übergabe seiner Beteiligung hätte nämlich die Aufteilung seines Anteils auf seine zahlreichen Kinder zur Folge gehabt. Da durch den Tod von Gerhard Haniel sowie Gottlob und August Jacobi, deren Anteile ebenfalls schon auf jeweils mehrere Kinder und Enkel übergegangen waren, hätte eine Anteilsübertragung von Franz Haniel auf seine sechs noch lebenden Kinder dazu geführt, dass Huyssen aufgrund seiner über einunddreißigprozentigen Beteiligung der bei weitem größte JHH-Anteilseigner geworden wäre. Dies aber suchte Franz Haniel unbedingt zu verhindern. So verblieben bis zum Tod Franz Haniels 1868 bzw. Heinrich Huyssens 1870 jeweils 5/16 des Unternehmens in den Händen dieser beiden älteren Rivalen. Ebenfalls 5/16 besaßen die Erben von Gerhard Haniel, die stets als Einheit abstimmten. Das verbleibende 1/16 besaß Friedrich Jacobi, der als Einziger aus dem Stamm von Gottlob Jacobi seine Anteile nicht an die anderen Anteilseigner veräußert hatte.[302]

Ebenfalls aus Gründen des Machtgleichgewichts zwischen den Anteilseignern entzündete sich am Verkauf der Anteile von Nicolas Harvey ein Streit. Harvey war durch die Heirat mit Clementine Jacobi in den Besitz von 1/20 Anteil gekommen, die er 1847 verkaufen wollte. Da das Unternehmen nicht den von Harvey geforderten Preis von 40 000 Talern bezahlen wollte, übernahm Franz Haniel die Anteile, was allerdings den Protest der anderen Gesellschafter hervorrief, die sich dabei auf das vertragliche Vorkaufsrecht beriefen.[303] Wahrscheinlich fürchteten in diesem Falle Huyssen und die anderen Anteilseigner, dass Franz Haniel einen größeren Anteil am Unternehmen erwarb und daraus einen noch größeren Einfluss auf die Unternehmensleitung hätte ableiten können.

Insgesamt stärkte das Machtgleichgewicht zwischen Huyssen und Franz Haniel die Position Luegs und erhöhte auch seinen Spielraum, weil seine Ansicht bei Stimmengleichheit unter den Anteilseignern den Ausschlag gab.[304] Zudem führte diese Rivalität zwischen Huyssen und Franz Haniel dazu, dass faktisch die Unternehmensform und Organisationsstruktur bis zum Tod der beiden Kontrahenten nahezu unverändert blieben.[305] So lehnte es beispielsweise Franz Haniel Mitte der 1850er Jahre ab, das Unternehmen in eine Aktiengesellschaft umzuwandeln, was er damit begründete, dass er nicht den «Aktienschwindel» unterstützen würde.[306] Er fürchtete aber auch, die Kontrolle über das Unternehmen zu verlieren.[307] Auch mehrere gesellschaftsrechtliche Neuregelungen wurden von der Rivalität zwischen Franz Haniel und Huyssen beeinflusst. So konnte Franz Haniel es 1845 erst einmal nicht durchsetzen, dass sein Sohn Hugo ihn trotz seines hohen Alters von 65 Jahren als Repräsentant vertreten durfte und dafür Prokura für JHH erhielt, weshalb er mit der «Separation» des Unternehmens drohte.[308] Dies wiederholte er in den 1850er Jahren mehrfach,[309] immer mit mächtigem Groll gegen Huyssen oder gegen andere Anteilseigner: «Sehr viele Verdrieslichkeiten, bei meinen bald sechzigjährigen uneigennützigsten unsäglichen Bemühungen für unsere Firma habe ich verlebt, aber Undank ist der Welt lohnt».[310]

Dass es trotz der wiederholten Streitigkeiten zwischen Franz Haniel und

Huyssen nicht zum völligem Bruch kam und das Unternehmen handlungsfähig blieb, lag nicht nur daran, dass eine praktische Aufteilung sehr schwierig gewesen wäre und man so die enormen Kostenvorteile der integrierten Produktion von der Erz- und Kohlengewinnung über die Roh- und Schmiedeeisenproduktion bis zur Eisenverarbeitung in den Maschinenwerkstätten bzw. der Werft aufgegeben hätte. Die Handlungsfähigkeit von JHH wurde vor allem durch den institutionellen Rahmen des Gesellschaftsvertrages von 1810 gewährleistet, der aufgrund des Todes von Gottlob Jacobi und Gerhard Haniel 1840 an die neuen Eigentumsverhältnisse anpasst wurde.[311]

Nach dem neuen Gesellschaftsvertrag vom 7. November 1840, der für 30 Jahre abgeschlossen wurde und eine mögliche Auflösung der Gesellschaft 1870 vorsah, wurde Lueg – wie in seinem Anstellungsvertrag von 1823 bereits festgelegt – abermals die entscheidende Stimme für den Fall von Stimmengleichheit der Anteilseigner zugestanden und ihm Prokura erteilt.[312] Von größerer Bedeutung war allerdings, dass die Anteile nach dem neuen Vertrag nicht nur an einen einzigen Erben, sondern an mehrere weitervererbt werden konnten. Allerdings hatten die einzelnen Anteilseigner nur über einen von ihnen gewählten Repräsentanten einen Einfluss auf die Unternehmensentscheidungen. Dem Stammesrepräsentanten mussten die Miterben nicht nur uneingeschränkte Vollmacht geben; zudem war ihnen jegliche Einmischung in das Unternehmen untersagt. Selbst ein Blick in die Bücher blieb ihnen verwehrt. Laut Vertrag von 1840 waren die vier Repräsentanten und Wilhelm Lueg als Träger der Verwaltung den Besitzern der Stammanteile für ihre Geschäftsführung sogar nicht einmal verantwortlich. Schließlich wurde im neuen Vertrag von 1840 noch ein Vorkaufsrecht für Anteile vereinbart, das zunächst innerhalb den Anteilseignern im eigenen und erst anschließend denen der drei Stämme zustand. Dies war denn auch der Grund, warum Franz Haniel die Anteile von Harvey nicht behalten konnte und die weiteren Verkäufe der Erben von Gottlob und August Jacob 1849 bis 1853 ebenfalls nicht an Außenstehende, sondern an die anderen Anteilseigner der Firma erfolgten, d. h. sämtliche Anteile bis 1873 in Händen der Gründerfamilien blieben.[313]

Wie schon der Gesellschaftsvertrag von 1810 mit seinen durch das Misstrauen unter den Unternehmensgründern veranlassten detaillierten Ausführungen über die Entscheidungsprozesse im Unternehmen erwies sich auch derjenige von 1840 als konflikthemmend. Durch die Verrechtlichung kanalisierte er die Konflikte, unterband Gerichtsverfahren, die per Vertrag ausgeschlossen waren, und zwang insbesondere Franz Haniel und Heinrich Huyssen dazu, sich der jeweiligen Mehrheit der Anteilseigner zu fügen. Trotz des Charakters eines Familienunternehmens – allerdings einer immer weiter verzweigten Großfamilie – vollzog sich so auf Basis der Gesellschaftsverträge eine allmähliche Institutionalisierung, die nicht nur die Herausbildung des Unternehmens als funktional, wenngleich noch nicht rechtlich eigenständige Institution vorantrieb, sondern auch Wilhelm Luegs Position als das Unternehmen leitender Manager stärkte.

Trotz Luegs zentraler Bedeutung war jedoch die Mitarbeit der vier Repräsentanten in der Unternehmensleitung gleichfalls von großer Bedeutung für die Entwicklung von JHH. Zum einen arbeitete stets einer von ihnen bis 1873 auf dem Hauptkomptoir in Sterkrade mit.[314] Allerdings beschränkte sich das Engagement nicht allein auf die dortige Mitarbeit oder die Aufsicht der Ruhrorter Werft, bei der sich Franz und Gerhard Haniel im Jahresturnus abwechselten.[315] Mindestens genau so wichtig waren ihre Aktivitäten für JHH außerhalb der Firma. Dies gilt insbesondere für Franz Haniel, der z. B. durch Handelsreisen für den Vertrieb von Gusswaren 1812,[316] seine Erztransporte vom Mittelrhein[317] oder seine weit reichenden Verbindungen zu anderen Wirtschaftsbürgern und zur Politik immer wieder lukrative Verbindungen und konkrete Geschäftschancen eröffnete bzw. Lobbyarbeit betrieb.[318] Ein Beispiel für seine erfolgreiche Einflussnahme auf unternehmensexterne Prozesse ist die Trassenführung der Köln-Mindener Eisenbahn in der Nähe der Hüttenwerke, die ebenfalls auf seine Interventionen zurückging.[319] Auch war Franz Haniel stets bereit, JHH von seinen industriellen Erfahrungen profitieren zu lassen, z. B. im Kohlenbergbau oder beim Kokereiwesen, wo er früh auf eigene Rechnung in neue Technologie (Tiefbauschächte, Koksofentechnik) investierte.[320]

Zudem war Franz Haniel gerade in der kritischen Aufbauphase der neuen Geschäftsbereiche als Kunde für JHH von eminenter Bedeutung, bestellte er doch eine der ersten Dampfmaschinen bzw. den ersten Dampfschlepper. Letzteres erfolgte sogar in einer Zeit geschäftlicher Flaute, so dass die Kapazitäten der Werft ausgelastet blieben.[321] Noch wichtiger als all diese Aspekte war allerdings, dass er stets bereit war, das Sterkrader Unternehmen finanziell mit großen Beträgen zu stützen und auszubauen. Sein Festhalten am einmal eingeschlagenen Kurs verhinderte zusammen mit seinem Bruder Gerhard z. B. die Aufgabe des Werftbetriebs nach dem finanziellen Misserfolg beim ersten Schiff.[322] Damit eng verbunden war seine Bedeutung als Initiator neuer zukunftsweisender Projekte – zumeist orientiert am englischen Beispiel –, deren Verwirklichung er von anderen Anteilseignern häufig vehement einforderte,[323] z. B. bei der Aufnahme des Steinkohlenbergbaus. Vor allem diese Rolle als Antreiber und Initiator machte ihn letztlich neben Gottlob Jacobi und Wilhelm Lueg zur wichtigsten Person für die Unternehmensentwicklung zwischen 1808 und 1873.[324]

Die große Bedeutung Franz Haniels wurde in der bisherigen Forschung immer gebührend herausgestellt. Dagegen ist die Leistung der anderen – sieht man einmal von Wilhelm Lueg und Gottlob Jacobi ab – aufgrund der Quellensituation für die Zeit bis 1872 kaum wahrgenommen worden. Grund hierfür ist, dass über die anderen Anteilseigner zum einen nur wenig überliefert ist, zum anderen aber Franz Haniels Autobiographie wenig und z. T. nichts Gutes über sie enthält. Haniel maß auch alle anderen stets an den eigenen, sehr strengen Kriterien, die aber letztlich vor allem der Rechtfertigung seines eigenen Lebens dienten. So schrieb er schon am 25. März 1847, dass er seit circa 25 Jahren «übereinkunftsgemäß 3 Monate im Jahr ununterbrochen persönlich auf der gutehoffnungshütte unsere gemeinschaftlichen Geschäfte nach Kräften vertreten» hatte. «Da ich für meine Privatrechnung sehr ausgedehnte Geschäfte besitze, so war diese Anwesenheit meinerseits keine Kleinigkeit und ich habe mit Anstrengung und Fleiß zum grossen Nutzen des Geschäftes gearbeitet, wobei mir keine menschliche Seele große Anerkennung absprechen kann. Ich wünsche, dass alle Gesellschafter sich die gemeinschaftlichen Geschäfte so angelegen sein lassen, und glaube, noch von keinem übertroffen zu sein.»[325]

Haniels Beurteilungen seiner Mitstreiter darf jedoch nicht unkritisch übernommen werden. So wäre es falsch, aufgrund seiner Schilderungen Huyssens Leistung für das Unternehmen völlig zu negieren, arbeitete Huyssen doch bis zu seinem Tode 1870 in der Leitung von JHH mit.[326] Zudem fielen zahlreiche Entscheidungen häufig einvernehmlich, wie z. B. über die Zusammenfassungen der verschiedenen Betriebskassen in der gemeinsamen Konferenz vom 4. September 1848 oder der erste Beschluss über die Aufnahme des Kohlenbergbaus.[327]

Zudem standen die anderen Anteilseigner in Streitfragen häufig mit Huyssen zusammen gegen Franz Haniel. Dies war z. B. lange der Fall bei der Frage, ob das Unternehmen den Steinkohlenbergbau aufnehmen sollte, oder bei der Gehaltserhöhung von Wilhelm Lueg 1847, die Franz Haniel einzig aus Verärgerung über eine vorherige Mehrheitsentscheidung der anderen ablehnte. Die Vorsicht Huyssens war auch nicht immer unberechtigt, war doch die Hochofenanlage 1853/1854 tatsächlich stark überdimensioniert: So wurden große Teile des Roheisens lange Jahre nicht im Unternehmen verbraucht, sondern auf dem freien Markt verkauft.[328] Zwar gab das rasante Wachstum der deutschen Eisenindustrie in den fünfziger und sechziger Jahren Franz Haniel und der Entscheidung eines großzügigen Ausbaus langfristig Recht, doch war dies 1853 noch nicht zu erkennen. Auch wenn der Beitrag Huyssens und der anderen Repräsentanten nicht genau zu bestimmen ist, bildete die Zusammenarbeit verschiedener Unternehmercharaktere vom vorsichtigen Huyssen zum äußerst wagemutigen Franz Haniel sowie das zwischen diesen Hauptkontrahenten zu beobachtende Machtgleichgewicht einer der Gründe für die erfolgreiche Entwicklung der Firma. Auf jeden Fall hätte das Unternehmen ohne diese Konstellation wohl kaum so frühzeitig eine derart ausgeprägte Institutionalisierung durchlaufen.

Die Finanzierung der Expansion

Interessant ist, dass die Unternehmensfinanzierung als einer der Hauptstreitpunkte zwischen Huyssen und Franz Haniel trotz des enormen Ausbaus kein besonders großes Problem im Zeitraum von 1829 bis 1872 darstellte. Ein Grund hierfür war, dass die Anteilseigner trotz der stark gestiegenen Umsätze nur einen geringen Teil des Gewinns, dessen genaue Höhe unbekannt ist, dem Unternehmen entnahmen:

Grafik 5 Die Ausschüttungen an die Anteilseigner 1818–1872 in Mark[329]

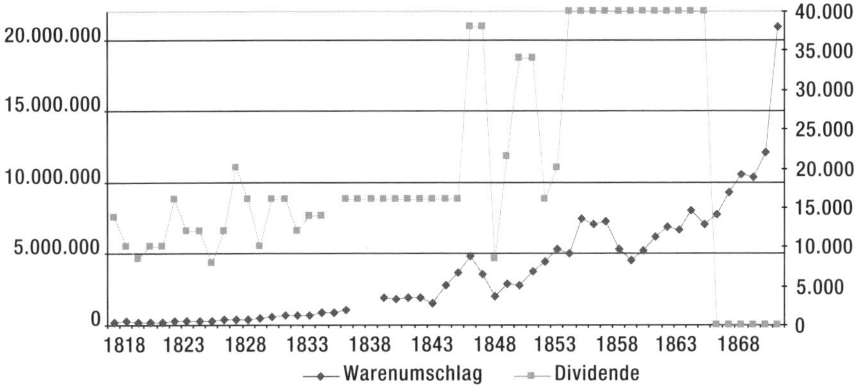

So hob man die sog. «Dividende» für die Anteilseigner von 1820 bis 1860 nur um 470 % an, obgleich die Umsätze um mehr als 2000 % gestiegen waren. Selbst das Gesellschaftskapital, das 1855 von ursprünglichen 78 167 auf 1 000 00 Taler angehoben wurde, wies eine größere Steigerung auf.[330] Zudem senkte man in schlechten Geschäftsjahren die Ausschüttungen mehrmals bis auf eine Mindestzahlung ab (1849: 8500 Taler) oder verzichtete in Zeiten großer Investitionen überhaupt auf eine Dividende. In den Jahren 1867 bis 1872, als das Unternehmen neben der Erweiterung des Hochofenwerks Oberhausen den Kauf mehrerer Steinkohlenfelder und den Bau eines Bessemerstahlwerkes zu tragen hatte, erfolgte überhaupt keine Dividendenzahlung. Zu dieser bewussten Politik hieß es beispielsweise in einem Schreiben der Firma Gerhard Haniel an JHH über die Finanzierung der Hochofenanlage und der Zeche Oberhausen: «Von dieser Seite erkenne ich die Unternehmungen als völlig zeitgemäß und nothwendig, so unangenehm es auch ist, daß die Aussichten auf gute Dividenden in die Ferne geschoben werden.»[331] Zudem vereinbarten die Anteilseigner 1855 dann, dass das Kapital der Gesellschaft pauschal nur mit 4 %, d. h. 40 000 Talern, verzinst werden sollte. Schließlich verzichteten die Anteilseigner häufiger auf die Auszahlung der Dividenden und beließen es dem Unternehmen als Darlehen, das mit 5 % verzinst wurde.[332]

Neben der Einbehaltung der Gewinne wurden die Großprojekte auch durch frisches Geld finanziert, das die Anteilseigner nach gemeinsamem Beschluss einzahlten. Dies war z. B. ebenfalls beim Bau des Hochofenwerks und der Zeche Oberhausen 1853/1854 der Fall, als die Anteilseigner insgesamt mehrere hunderttausend Taler zusätzliches Geld für deren Aufbau aufbrachten.[333]

Schließlich nahm das Unternehmen ab den dreißiger Jahren ebenfalls Privatdarlehen auf und nutzte zudem Bankkredite für die Unternehmensfinanzierung. So wurde aus den Kontokorrentguthaben bei den beiden Hauptbanken Schaaffhausen und Heydt (ehemals Gebr. Kersten) ab 1829, dem Baubeginn des Walzwerkes, bis 1839 ein Minus von 93 000 Talern. Dieses sank trotz des Ausbaus der Schienenproduktion aufgrund der guten Geschäftslage in den vierziger Jahren auf 67 000 Taler 1844 und 23 000 Taler 1848. Ein Jahr später verzeichnete das Unternehmen dann sogar wieder ein Guthaben von 7500 Talern. In den fünfziger Jahren griff JHH für die umfangreichen Investitionen dann jedoch wieder auf Bankkredite und Privatdarlehen zurück.

Ausrüster der deutschen Industrialisierung

Wie die Entwicklung der JHH-Finanzen deutlich zeigt, verlief die Geschichte von JHH zwischen 1808 und 1872 ohne größere Krisen. Dies ist umso erstaunlicher, da die Handelsgesellschaft Jacobi, Haniel & Huyssen in diesem Zeitraum nicht nur den Wandel vom vormodernen Gewerbebetrieb zum modernen Industrieunternehmen vollzog, sondern zu einem Großbetrieb heranwuchs, zu einem der größten deutschen Unternehmen. JHH durchlief darüber hinaus nicht nur die für diese Zeit häufiger zu beobachtende Entwicklung vom Verbund traditioneller Eisenhütten zu einem integrierten Eisenproduzenten (Roh- und Guss- sowie Puddel- und Walzeisen), sondern besaß zudem früh eine eigene Kohlenbasis und engagierte sich stark in der Eisenverarbeitung und im Maschinenbau. So entstand durch die Expansion eine stark diversifizierte Unternehmung, die in diesem Punkt zahlreichen anderen Konkurrenten bis in die sechziger Jahre als exzeptionelles Vorbild diente, weshalb die Zeitgenossen das Sterkrader Unternehmen als deutsches «Seraing» bezeichneten.[334] Tatsächlich besaß JHH für die deutsche Industrialisierung eine bedeutende Rolle, lieferte sie doch u. a. einen erheblichen Teil der Schienen fürs deutsche Eisenbahnnetz und stattete zahlreiche andere Branchen – insbesondere den Ruhrbergbau – mit Dampf- und anderen Maschinen aus.

Der Erfolg beruhte neben den hervorragenden Unternehmenspersönlichkeiten (Gottlob Jacobi, Wilhelm Lueg, Franz Haniel) dabei vor allem auf der

Nutzung der vorhandenen Marktchancen sowie der Rekrutierung ausländischer Techniker und Facharbeiter, wobei man sich auch an englischen und belgischen Unternehmen als Vorbilder orientierte. Von Bedeutung waren weiterhin die starke Finanzkraft und die frühe Institutionalisierung des Unternehmens, die mehr als verwandtschaftliche Verflechtungen und Familiensinn die Streitigkeiten unter den Anteilseignern neutralisierte. Das aufgrund der Gesellschaftsverträge vorhandene Machtgleichgewicht, insbesondere zwischen dem expansionswilligen Franz Haniel und dem häufig bremsenden Heinrich Huyssen, gab Lueg als angestelltem Manager den nötigen Spielraum in der Leitung des Unternehmens, führte jedoch auch dazu, dass die überholte Form als Handelsgesellschaft bis Anfang der 1870er Jahre keinerlei Änderung erfuhr.

3 Ausbau zum gemischten Großunternehmen 1872–1908

Nach dem Tod der letzten Unternehmensgründer wurde für das Sterkrader Großunternehmen der Weg frei für eine zeitgemäße Unternehmensform. Anders als in den fünfziger Jahren, als Franz Haniel die bereits eingeleitete Umwandlung in eine AG noch verhindert hatte, wurde die offene Handelsgesellschaft Jacobi, Haniel & Huyssen nach längerer Diskussion am 1. Januar 1873 in eine Aktiengesellschaft mit dem Namen «Gutehoffnungshütte, Aktienverein für Bergbau und Hüttenbetrieb» (GHH) und einem Grundkapital von 10 Mio. Taler umgewandelt.[1]

Die Umwandlung in eine Aktiengesellschaft

Für die Umwandlung sprachen mehrere Gründe.[2] Zum einen musste man für die OHG bei bedeutenden Rechtsangelegenheiten das Einverständnis aller Anteilseigner einholen. Dies war aufgrund der Zersplitterung in 47 Anteilsinhaber nach dem Tod von Huyssen und Franz Haniel logistisch umständlich. Auch konnten einzelne Anteilseigner durch die Verweigerung ihrer Zustimmung die Umsetzung von einfachen Maßnahmen wie etwa die Überschreibung von Bergwerken auf JHH verzögern.[3] Zudem verkomplizierte sich die Gewinnberechnung durch die Teilung der Anteile bis hin zu 5/1152 erheblich. Ein noch größeres Problem war jedoch, dass bei einem Verkauf einzelner Anteile stets der angemessene Wert der Anteile neu ausgehandelt werden musste. Schließlich war es den verschiedenen Stämmen immer schwerer möglich, die Interessen der einzelnen Anteilseigner durch nur einen Repräsentanten vertreten zu lassen. Alle diese Schwierigkeiten konnten auch durch die Verwandtschaft der Anteilseigner nicht mehr ausgeglichen werden, bestanden doch zwischen den Einzelnen immer geringere familiäre Bande.[4]

Das Grundkapital der Aktiengesellschaft wurde in 10 000 Aktien à 1000 Taler zerlegt und nach dem bisherigen Verhältnis auf die Eigner je nach Wunsch als Inhaber- oder Namensaktien verteilt, so dass sie ohne Probleme weiterveräußert oder vererbt werden konnten.[5] Allerdings blieb der Charakter als Familienunternehmen erhalten, da die Aktien nicht an der Börse gehandelt wurden, sondern bis zum Ersten Weltkrieg in der Hand der Eigentümerfamilien waren. Die 5/16 Anteile von Heinrich Huyssen zersplitterten sich nun auf 37 Erben, die

Anteile von 0,4 bis 2,6 % (5/1152–1/192) besaßen.[6] Die Anteile von Franz und Gerhard Haniel verteilten sich ebenfalls auf mehrere Kinder. Daher waren nun Alphons Haniel mit 10,4 %, Hugo und sein Sohn Franz Haniel junior[7] zusammen mit 15,3 % sowie Friedrich Jacobi mit 6,25 % die größten Aktionäre. Insgesamt übten die Nachkommen von Franz und Gerhard Haniel weiterhin den größten Einfluss auf die Unternehmenspolitik aus, da sie 62 Prozent der Aktien kontrollierten.[8]

Im ersten Aufsichtsrat der neuen Aktiengesellschaft saßen daher Hugo Haniel (Aufsichtsratsvorsitz) und seine Söhne Franz und Max Bertold sowie sein Bruder Louis[9] (Stamm Franz Haniel) und sein Cousin Alphons (Stamm Gerhard Haniel), zudem Friedrich Kesten,[10] Gustav Wiesner und Heinrich Wiesner (Stamm Huyssen) bzw. ein Hofrat Schultz.[11] Der neue Vorstand bestand aus Hugo Jacobi,[12] der die Maschinenbaubetriebe leitete, Gottfried Ziegler,[13] der für die kaufmännische Verwaltung zuständig war, und Carl Lueg,[14] der nicht nur weiter die Leitung der Eisenwerke in Oberhausen innehatte, sondern auch den Vorsitz im Vorstand übernahm. Durch die Gründung der Aktiengesellschaft, die nun anders als die vorherige Handelsgesellschaft JHH als juristische Person fungierte, erhielt der Vorstand die alleinige Verantwortung für die Leitung des Unternehmens, während der Aufsichtsrat nach den Statuten der GHH diesen kontrollierte.[15] Allerdings blieb das Verhältnis des Vorstandes zu dem Aufsichtsratsvorsitzenden Hugo Haniel sehr eng.[16] Er war, wie seine umfangreiche Korrespondenz mit dem Vorstand zeigt, sehr stark in die Alltagsgeschäfte des Unternehmens eingebunden. Auch die anderen Mitglieder des Aufsichtsrats nahmen mit Vorschlägen und Hinweisen Einfluss auf die Geschäftsführung.

Die GHH in der Gründerkrise

Von großer Bedeutung für die Entwicklung des Unternehmens war, dass Hugo Haniel den Kurs des Vorstandes weitgehend stützte, als das Unternehmen nach der «Gründerkrise» 1873 in eine schwere Finanzkrise geriet.[17] Ursache waren die hohen Verbindlichkeiten, die das Unternehmen für den Ausbau der Eisenproduktion und Kohlenförderung seit Mitte der 1860er Jahre eingegangen war.[18] Neben der Aufstockung des Hochofenwerks um vier weitere Hochöfen 1868 bis 1872, dem Erwerb zahlreicher Kohlenfelder und deren Aufschluss (Osterfeld 1873) hatte man 1865 mit dem Bau eines neuen Walzwerks und eines Bessemerstahlwerks zur Herstellung von Flussstahl begonnen, das 1872 in Betrieb ging.[19]

Wegen dieser umfangreichen Investitionen waren die Finanzen des Unternehmens bereits vor 1873 stark belastet, und der Vorstand hatte abermals Darlehen von Anteilseignern erhalten.[20] Zudem waren Bankkredite aufgenommen und im Zeitraum 1868 bis 1872 auf eine Dividendenzahlung verzichtet wor-

Abb. 22 Carl Lueg

den.[21] 1870 wurde das Unternehmen nur durch einen Kredit aus der Familie der Haniels vor einer Zahlungsunfähigkeit bewahrt.[22]

Die Inbetriebnahme der neuen Anlagen fiel durch die Gründerkrise ab 1873 mit einer stark sinkenden Nachfrage nach und niedrigeren Preisen für Kohle, Roheisen und Eisenprodukte zusammen. Infolgedessen waren die Produktionskapazitäten nicht ausgelastet und die Selbstkosten stiegen an, obwohl der Preis für eine Tonne Schienenstahl von 303 Mark 1873/74 auf 147 Mark 1877/78 fiel.[23] Für das Unternehmen wäre es wegen der fallenden Preise sogar günstiger gewesen, Steinkohle auf dem freien Markt zu erwerben, statt die eigenen Kohlen zu verbrauchen. Auch bei Erzen und Roheisen waren die Marktpreise billiger als die Selbstkosten der GHH.[24] Die Gewinne der neuen Aktiengesellschaft sanken aufgrund dieses enormen Konjunkturumschwunges rapide und brachten die GHH in arge Liquiditätsschwierigkeiten. Während sie 1873 noch einen Reingewinn von 1,8 Mio. Mark erzielt hatte und eine Dividende von 5 Prozent ausschüttete, betrug der Reingewinn ein Jahr später nur noch 450 000 Mark, und die Dividende lag bei 1 Prozent.

Grafik 6 Umsatz und Gewinne 1873–1890[25]

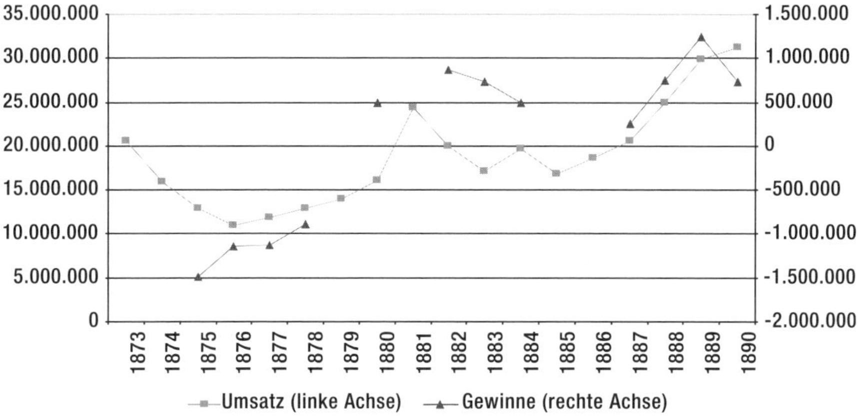

Ab 1876 zog die Nachfrage zwar langsam wieder an, dennoch blieben die Preise weiter unter Druck. Die GHH, die ihren Firmensitz 1875 von Sterkrade nach Oberhausen verlegte, schrieb daher von 1875 bis 1878 Verluste von jährlich 0,9 bis 1,5 Mio. Mark und verzichtete auf jedwede Ausschüttung.[26] Die Situation wurde dadurch verschärft, dass das Unternehmen, das für seinen Expansionskurs bereits vor der Gründung der Aktiengesellschaft erhebliche Kredite bei den Anteilseignern (1,7 Mio. Mark) aufgenommen hatte, aus Liquiditätsgründen weitere Darlehen aufnehmen musste.[27] Zudem wurde von 1873 bis 1875 eine Unternehmensanleihe von 12 Mio. Mark zu 5 % herausgegeben, die fast ausschließlich von den Aktionären der GHH gezeichnet wurde und der Finanzierung einer verstärkten Kohlenförderung sowie dem Ausbau des unternehmenseigenen Eisenbahnnetzes dienten.[28] Da diese Anlagen jedoch erst mittelfristig zum Unternehmensergebnis beitrugen, führten die zusätzlichen Gelder zunächst nicht zu einer Besserung der angespannten Finanzlage. Vielmehr erhöhten sie den Zinsendienst und stellten eine weitere Belastung für die GHH dar.

Da die konjunkturelle Lage nur wenig Entspannung bei den Erlösen brachte, entschloss sich die Unternehmensleitung 1877 zur Neuordnung der Unternehmensfinanzen.[29] Bereits in den Jahren 1871 und 1872 hatte es lange Diskussion zwischen den Repräsentanten über die genaue Höhe des Aktienkapitals gegeben. Während Hugo Haniel dafür plädierte, eine vorsichtige Bewertung der Anlagen vorzunehmen, setzten sich Friedrich Jacobi, Friedrich Kesten und Alphons Haniel mit einer höheren Bewertung durch. Sie bezifferten das Aktienkapital in einer Aufstellung aus dem Spätsommer 1872 auf 12 Mio. Taler und beeinflussten damit die spätere, nur wenig niedrigere Bewertung von 10 Mio. Talern. Diese war unzweifelhaft aber durch die Sonderkonjunktur jener

Jahre verursacht und entsprach nach 1873 nicht mehr der veränderten Wirtschaftslage. Aus diesem Grund wurden 1877/1878 das Aktienkapital, das aufgrund der veränderten Marktlage nicht mehr angemessen verzinst werden konnte, von 30 Mio. auf 6 Mio. Mark und die Buchwerte der einzelnen Anlagen um 17,3 Mio. Mark heruntergesetzt.[30] Den Rest von 6,7 Mio. Mark nutzte das Unternehmen zur Abschreibung des Gesamtverlustes der Jahre 1875–1878 in Höhe von 4,7 Mio. Mark.[31]

Da der Schuldenstand der GHH aufgrund der Zehn-Millionen-Anleihe immer noch zu hoch für ein Unternehmen mit einem Jahresumsatz von fast 21 Mio. Mark war und die Bedienung der Zinsen aufgrund der ungenügenden Erlöse weiter schwerfiel, nahm die Unternehmensleitung eine Umschuldung vor. Daher wurden die Aktien in Stammaktien umgewandelt[32] und die Obligationen in Vorzugsaktien.[33] Die Inhaber der Vorzugsaktien erhielten mit Ausnahme einiger Jahre stets mindestens 5 % Dividende, während die Besitzer der Stammaktien bis 1887/1888 häufig überhaupt keine Ausschüttung und erst ab 1888 eine jährliche vierprozentige Verzinsung erhielten. Diese Lösung bedeutete einen Verzicht der Aktionäre auf eine stetige und ausreichende Verzinsung in schlechten Jahren, ermöglichte aber, sich vom «unerträglichen Druck der widerwärtigen Bankier-Kredite» (Hugo Haniel) zu verabschieden.[34]

Streit um den Unternehmenskurs

Nach der grundsätzlichen Lösung der Finanzprobleme brach 1878 unter den Hauptaktionären ein Streit über den Unternehmenskurs aus. Vor allem Eduard James Haniel[35] und Alphons Haniel kritisierten die zu niedrige Dividendenausschüttungen bzw. die zu hohe Verschuldung der GHH.[36] Sie wandten sich vor allem gegen den Aufsitzratsvorsitzenden Hugo Haniel, der den Vorstand weiter bei seinen langfristigen Investitionsplänen stützte. Lueg und seine Vorstandskollegen wiederum versuchten durch eine umfassende Modernisierung der Anlagen die Produktionskosten zu senken. So wollten sie dem Preisverfall auf den Märkten begegnen, um langfristig wettbewerbsfähig zu bleiben, wobei sie aber zunehmend die Zwänge der innerbetrieblichen Produktionsverflechtungen zu beachten hatten.[37]

Aufgrund der massiven Kritik der Mitaktionäre trat der siebzigjährige Hugo Haniel 1880 als Vorsitzender des Aufsichtsrats zurück, und Eduard James Haniel trat an seine Stelle. Entgegen seiner vorherigen Haltung unterstützte dieser fortan ebenfalls den Vorstand und den Ausbau der Werke.[38] So war er 1885 der Auffassung, dass die Investitionen nützlich sein würden, um die GHH vor der «Versumpfung» zu schützen, wenngleich man damit den Aktionären «neue und für einige vielleicht unmögliche Opfer» zumutete. Eduard James

Haniel legte jedoch Wert darauf, dass eine Amortisation der Investitionen in wenigen Jahren erreicht sein müsste.[39]

Wenngleich dem Streit mit Hugo Haniel sicherlich auch ein Generationskonflikt zugrunde lag, ist der Meinungsumschwung von Eduard James Haniel nicht nur darauf zurückzuführen, dass er mit dem Aufsichtsratsvorsitz sein persönliches Ziel verfolgte. Vielmehr weist seine geänderte Meinung auch auf eine Verschiebung des Machtgleichgewichtes zugunsten des Vorstandes hin. Anders als zu Zeiten von Heinrich Huyssen und Franz Haniel war der Aufsichtsrat nicht mehr in der Lage, direkt in das operative Unternehmensgeschäft einzugreifen. Stattdessen wandelte er sich zu einem Kontrollorgan, das nicht nur die eigentliche Unternehmensführung dem Vorstand überlassen musste, sondern gleichzeitig auch noch auf dessen Beurteilung der Unternehmenssituation angewiesen war, da es selbst keine direkten Informationen aus dem Unternehmen und den relevanten Märkten mehr selbst gewann.[40]

Bezeichnenderweise ging der Machtverschiebung zwischen Aufsichtsrat und Vorstand 1878 eine Organisationsreform voran, bei der die drei Vorstandsmitglieder durch die Einrichtung von Werksleitungen (Spezialdirektionen) für die ebenfalls nun institutionell konstituierten fünf Abteilungen von der operativen Leitung der einzelnen Werke, die sie bis dahin nebenbei wahrgenommen hatten, entlastet wurden.[41] Wenngleich die Leiter der Werke noch das Recht besaßen, den Aufsichtsratsmitgliedern direkt zu berichten, übernahm der Vorstand doch nach 1878 die uneingeschränkte Zentralsteuerung des Unternehmens, koordinierte und überwachte trotz der allmonatlichen Sitzungen mit den Leitern der Abteilungen unzweifelhaft die einzelnen Betriebsteile.[42] Neben dieser Neuorganisation der Unternehmens- und Werkleitungen macht auch das Wachstum der Hauptverwaltung die zunehmende Bedeutung der obersten Unternehmensleitung sichtbar. Dies zeigt sich konkret nicht nur an der personalen Ausdehnung der Hauptverwaltung von 24 Mitarbeitern 1875 auf 60 1891, sondern auch an der funktionalen Ausdifferenzierung durch immer neue Verwaltungsabteilungen, die bis 1914 nach und nach entstanden.[43] Aufgrund der Finanzkrise der 1870er richtete man z. B. eine Lohnrevision ein, um die Lohnkosten und die Meister besser kontrollieren zu können, was jedoch nur langsam gelang,[44] später folgten auch die Roheisen- bzw. Bergbauabteilung, die Materialienverwaltung oder das Kalkulationsbüro.[45]

Die Machtverschiebung von Vorstand und Aufsichtsrat sowie die endgültige Institutionalisierung des Unternehmens war allerdings ein schleichender Prozess, der mit dem Übergang des Aufsichtsratsvorsitzes von Hugo auf Eduard James Haniel nicht abgeschlossen war. So stand auch Eduard James Haniel mit dem Vorstand in engem Kontakt.[46] Doch scheiterten z. B. alle seine Versuche, diesen dazu zu bewegen, die ausländischen Märkte, deren Länder er zahlreich bereiste, geschäftlich zu bearbeiten oder eine risikoreichere Absatzpolitik

Grafik 7 Die Organisation der GHH 1878–1904

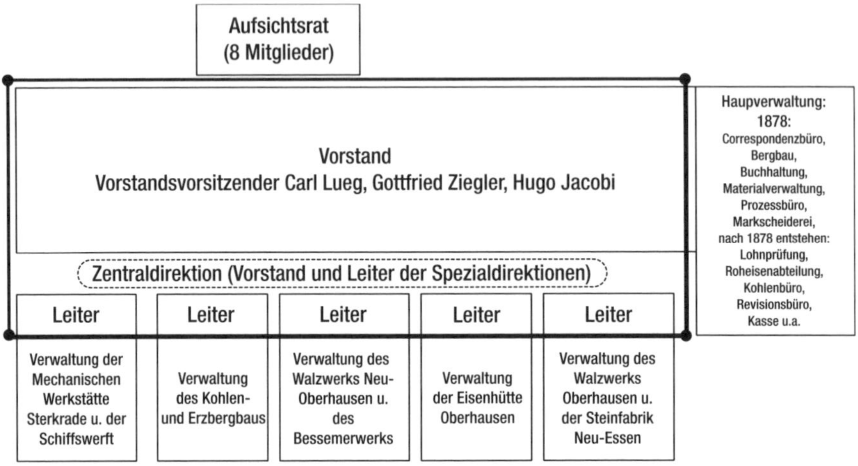

vorzunehmen.[47] In einem anderen Fall setzte der Vorstand gegen die Warnungen von Eduard James den Bau weiterer Koksöfen 1882/1883 im Aufsichtsrat durch.[48] Beide Beispiele verdeutlichen sowohl die gestärkte Stellung des Vorstandes als auch den Abschluss der langen Institutionalisierung der Oberhausener Unternehmung.

Auch die anderen Aufsichtsratsmitglieder konnten ihre Vorschläge oder Bedenken häufig nicht gegen den Vorstand durchsetzen. Z. B. plädierte Kesten dafür, Aufträge nicht unter den Selbstkosten anzunehmen; trotzdem tätigte der Vorstand derartige Abschlüsse, um eine Fixkostendeckung zu erreichen.[49] Allerdings behielt sich der Aufsichtsrat weiterhin ein Mitspracherecht bei – mittelgroßen – Ausgaben vor und entschied über die Verwendung der Gewinne.[50] So lehnte er z. B. 1903 die Vorstandspläne für eine schnelle Erhöhung des Aktienkapitals um 21. Mio. zugunsten einer kleineren Lösung von sechs Mio. Mark bis 1907 ab.[51]

Jedoch war der Aufsichtsrat in Finanzfragen häufig nicht einig. So konnte sich die Aktionärsgruppe um Eduard James Haniel auch während der 1880er Jahre mit ihrer Forderung nach höheren Ausschüttungen nicht durchsetzen, weil die Gegenfraktion um Hugo und Franz Haniel stets für Investitionen und eine kontinuierliche Unternehmensexpansion plädierte.[52] Die unterschiedlichen Meinungen über die Verwendung der Gewinne verschwanden erst dann, als aufgrund der verbesserten konjunkturellen Aussichten ab Ende der 1880er Jahre die Gewinne ausreichten, um die notwendigen Investitionen zu bestreiten und gleichzeitig eine moderate Mindestverzinsung des Aktienkapitals zu gewährleisten.[53]

Ab diesem Zeitpunkt stimmten Vorstand und Aufsichtsrat trotz kleinerer Differenzen über den genauen Kurs in den grundsätzlichen Zielen für die Entwicklung des Unternehmens überein und befürworteten die Expansion unter Beibehaltung der Selbstständigkeit und Kontrolle der bisherigen Eigentümerfamilien.[54] Der Vorstand, der manchmal auch zwischen den unterschiedlichen Interessen im Familienverband vermittelte, wurde jedoch zunehmend selbstständiger und konnte in der Folgezeit immer häufiger seine Auffassung selbstbewusst durchsetzen.[55] Bezeichnenderweise wechselte der Aufsichtsratsvorsitz mehrmals bis 1904, während der Vorstand bis zur Pensionierung von Lueg Ende 1903 unverändert blieb.[56] Seine Nachfolge übernahm zunächst Jacobi, bevor der Vorsitz nach dessen Ausscheiden 1904 an Gottfried Ziegler überging.[57]

Wie oben ausgeführt, wurden bis Ende der 1880er Jahre die eher geringen Betriebsergebnisse nur in begrenztem Umfang ausgeschüttet und zumeist für Abschreibungen und zur Tilgung der Bankschulden verwendet. Auch in den neunziger Jahren hielten Vorstand und Aufsichtsrat an der vorsichtigen Ausschüttungspolitik fest.[58] Die vor allem ab 1895 erheblich gestiegenen Gewinne wurden vornehmlich für Abschreibungen und Neuinvestitionen genutzt. Zudem gelang es, die Bankschulden, die 1890 noch bei 1,8 Mio. Mark gelegen hatten, bis 1896 vollständig zu tilgen.

Die Verbesserung der finanziellen Situation ab Mitte der 1890er Jahre erlaubte sogar die Ausgabe von 1,97 Mio. Vorzugsaktien zum Kurs von 110 %. Damit wurde dem Unternehmen erstmals wieder «frisches Geld» zugeführt.[60] Gleichzeitig wandelte man zwischen 1897 und 1901 die Stammaktien ebenfalls mit dem Kurs von 110 % in Vorzugsaktien um und begann aufgrund der hohen Gewinne größere Rücklagen für außerordentliche Abschreibungen zu schaf-

Grafik 8 Umsatz und Gewinne 1890–1905[59]

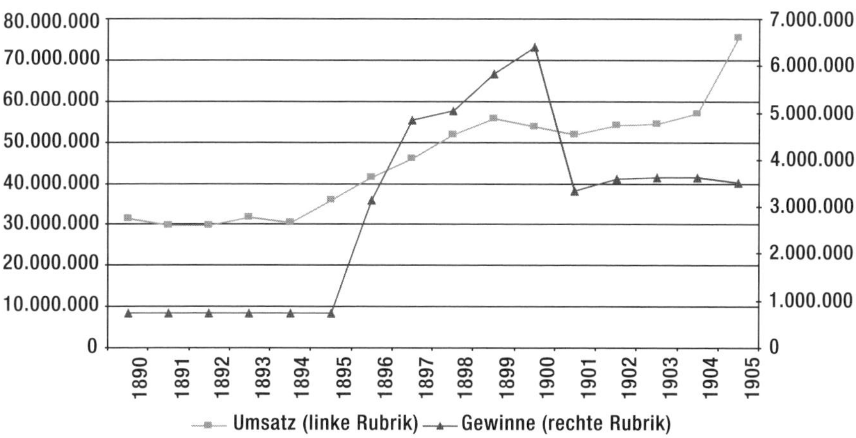

fen. Diese wuchsen bis 1901 auf 23,5 Mio. Mark an und übertrafen deutlich sogar das Aktienkapital von 18 Mio. Mark. Aufgrund der weiter sprudelnden Gewinne konnte die Oberhausener AG ab 1899 höhere Dividenden zahlen, die sich von 1900 bis 1909 stetig bei 20 % befanden. Die günstige Ertragssituation erlaubte 1904 und 1909 die Erhöhung des Aktienkapitals um jeweils 6 Mio. Mark, die vorwiegend von den bisherigen Aktionären gezeichnet wurden. Zudem gab die GHH zwei Anleihen in Höhe von 10 Mio. und 16 Mio. Mark aus. Diese Mittel und die Kapitalerhöhungen nutzte das Unternehmen für den Ausbau neuer Schachtanlagen (Vondern, Sterkrade, Hugo), legte einen firmeneigenen Rheinhafen in Walsum an und baute die Eisenhütte II. Trotzdem hielten Vorstand und Aufsichtsrat an ihrer vorsichtigen Finanzpolitik fest und entsprachen damit durchaus den Interessen des Großteils der Aktionäre: Da sich das Unternehmen nun wieder vorwiegend aus den eigenen Gewinnen finanzierte, verblieben die Aktien bis zum Ersten Weltkrieg im Besitz der vier Gründerfamilien.[61] Um nicht die Kontrolle über die GHH zu verlieren, verzichteten die Aktionäre weiterhin auf die Aufnahme «fremden» Geldes auf dem Kapitalmarkt und nahmen stattdessen ein langsameres Unternehmenswachstum in Kauf.[62]

Ausbau der Erz- und Kohlenbasis

Die niedrigen Investitionen in die Eisenwerke während der siebziger und achtziger Jahre gründeten jedoch nicht nur in den Finanzproblemen des Unternehmens, sondern hatten auch im Ausbau des unternehmenseigenen Bergbaus ihre Ursache. Obwohl Kohlen auf dem freien Markt unter den eigenen Selbstkosten zu haben waren, hielt die Unternehmensleitung trotz zwischenzeitlicher Verkaufsüberlegungen an den eigenen Bergwerken fest und baute die Förderung sogar weiter aus.[63] Mit dem Ausbau des Steinkohlenbergwerks Osterfeld ab 1873 wurden bis Mitte der 1880er Jahre große Teile der Investitionsfonds gebunden.[64] Erst danach wurden größere Summen auch für die Erneuerung und Erweiterung der Eisenproduktion frei.[65]

Durch die Zeche Osterfeld konnte die GHH ihre Kohleförderung erheblich steigern und den eigenen Verbrauch – auch durch den Bau einer Kokerei auf der neuen Zeche – zunehmend selbst decken.[66] Als in den 1890er Jahren durch die sich wieder belebende Konjunktur die Kohlennachfrage und demzufolge auch der Preis wieder stieg, profitierte das Unternehmen von den günstigen Kohlen aus den eigenen Gruben und brachte zudem weitere Schächte nieder: 1895 die Zeche Hugo, 1897 Sterkrade und 1898 Vondern.[67] Zudem nahm sie auf mehreren Zechenkokereien ab 1896 die Gewinnung der Nebenprodukte Ammoniak und Teer auf.[68]

Mit den drei neuen Zechen, die ab 1903 in Förderung kamen, konnte die GHH nicht nur den eigenen wachsenden Kohlenverbrauch vollständig decken, sondern produzierte immer größere Mengen für den Verkauf auf dem freien Markt. 1904 veräußerte sie fast genauso viel Kohle, wie in den eigenen Werken verbraucht wurde. Insgesamt steigerte das Unternehmen seine Kohlenförderung von 241 000 t 1872 auf 3,84 Mio. t, dem Höchststand vor dem Ersten Weltkrieg.[69] Der Kohlenbergbau trug deshalb immer stärker zu den Gewinnen des Unternehmens bei.[70]

Wie im Kohlenbergbau baute die GHH trotz der Finanzschwierigkeiten auch ihren Erzfelderbesitz nach 1873 weiter aus. Da sich die Vorkommen an Kohleneisenstein schnell erschöpften – der Abbau dieser Erze wurde 1885/1886 erstmals und 1902/1903 endgültig aufgegeben – und auch die Rasensteinerzförderung in Deutschland 1878 eingestellt wurde, stagnierte die Eigenförderung trotz des Erwerbs zahlreicher neuer Erzgruben am Rhein und bei Hannover bis in die 1880er Jahre.[71] Gleichzeitig stieg die Produktion erheblich an, so dass der Anteil der eigenen Erzförderung an der Deckung des gesamten Erzverbrauchs von 93 % 1872 auf 25 % im Jahr 1891 sank und die GHH immer mehr Erze auf dem freien Markt einkaufen musste.[72] Ein weiterer Grund hierfür war, dass sich der Abbau auf den rheinischen Gruben aufgrund der hohen Kosten und schlechten Transportverhältnisse nicht mehr rechnete und bis 1902 vollständig aufgegeben werden musste.[73]

Die sinkende Eigendeckung beim Erz konnte auch der Erwerb zahlreicher Erzfelder im 1871 annektierten Deutsch-Lothringen und im benachbarten Luxemburg nicht kompensieren. Gemeinsam mit dem Phönix erwarb die GHH dort von 1872 bis 1875 rund 3500 ha, doch verzichtete die Unternehmensleitung zunächst auf einen Abbau der phosphorhaltigen Minetteerze, da die Transportkosten von Lothringen an die Ruhr noch zu hoch waren.[74] Erst nach der Einführung eines Sondertarifs für Minette 1893 und dem Bau eines neuen Thomasstahlwerks 1894 begann die GHH mit dem Aufschluss der Felder und errichtete mit dem Phönix die Gruben Steinberg bei Rümelingen, Karl Lueg bei Fentsch und Sterkrade-Anschluss, die alle bis 1896 in Betrieb gingen.[75] Nach einer weiteren Ermäßigung der Eisenbahnfrachten 1899 wurden dann die Minetteerze, die sich perfekt für das 1882 neu eingeführte Thomasverfahren eigneten, ausschließlich in eigenen Gruben aufgebracht.[76] Die rasch steigende Minetteförderung deckte jedoch weder mengen- noch qualitätsmäßig den gesamten Unternehmensverbrauch. Obwohl sich die Gesamterzproduktion der GHH von 202 000 t auf 606 000 t steigerte, bezog das Unternehmen weiterhin etwa 50 % des Erzbedarfes im Ausland, vornehmlich Erze aus Schweden und Spanien, die erst die Produktion qualitativ hochwertigen Roheisens erlaubten.[77]

Anders als im Kohlen- und Erzbergbau investierte die GHH in den 1870er

Jahren kaum größere Summen in das Hochofenwerk Oberhausen. Das stellte aber kein größeres Problem dar, da das Werk von 1868 bis 1872 um vier Hochöfen erweitert worden war und die Produktionskapazitäten zunächst für die Versorgung der eigenen Stahl- und Walzwerke ausreichten. Angekauft wurde nur fremdes Qualitätsroheisen.[78] Der letzte Holzkohlenhochofen auf dem Sterkrader Werk wurde dann 1875 stillgelegt, die Kupolofengießerei auf dem Stammwerk St. Antony folgte zwei Jahre später.[79]

Die Rationalisierung der Stahlproduktion

Auch in den 1880er und 1890er Jahren unterblieben größere Investitionen in die Eisenhütte Oberhausen. Erst 1907 begann mit dem Bau der Eisenhütte Oberhausen II, die 1908 mit zwei Hochöfen in Betrieb ging, eine deutliche Erweiterung der Roheisenkapazitäten.[80] Zusätzlich dazu waren die bestehenden Hochöfen ab Mitte der achtziger Jahre aufgrund der verbesserten Finanzlage nach dem Abschluss des Zechenausbaus durch die Errichtung neuer Gebläsemaschinen, Winderhitzer oder Gasmotoren leistungsstärker gemacht worden.[81] Sie wurden auch vergrößert: So stieg das Ofenvolumen von 293 cbm im Jahr 1876 auf 434 cbm im Jahr 1888 und weiter auf 610 cbm im Jahr 1908 an.[82] Entsprechend dazu vergrößerte sich die Tagesleistung pro Hochofen von 50 t über 100–150 t auf 400 t. Insgesamt besaß die GHH damit eine Jahreserzeugung von 800 000 t Roheisen, von denen 5/6 dem Eigenverbrauch und der Rest dem Verkauf auf den Exportmärkten diente.[83]

Grafik 9 Die Eisenproduktion der GHH 1873–1918[84]

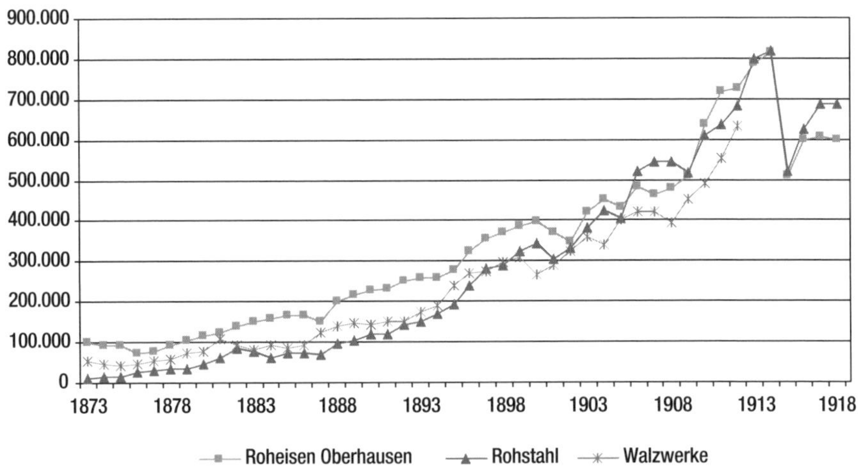

Abb. 23 Thomasstahlwerk mit Konvertern 1882

Insgesamt stieg die Roheisenproduktion im gleichen Maße wie die Puddeleisen- und Rohstahlerzeugung, die sich zwischen 1873 und 1908 technisch in erheblich stärkerem Maße veränderte. Trotz der Erweiterung der GHH-Puddelwerke um 34 Öfen 1868 bis 1872 sank die Bedeutung dieses Produktionsverfahrens durch die Inbetriebnahme der Flussstahlverfahren ab 1872.[85] So endete 1876 die Produktion von Puddelschienen, die auf dem Markt gegen die Bessemerschiene nicht mehr konkurrenzfähig waren. Allerdings betrieb die GHH das Puddelverfahren noch bis 1902, wenngleich ab Anfang der 1890er Jahre nur noch in geringem Umfang.[86] Die Produktionssteigerungen in den 1870er Jahren gingen auf die Einführung des Bessemerstahlwerks mit vier Konverterbirnen im April 1872 zurück, dessen Leistung ab 1878 erheblich gesteigert wurde.[87] Dem neuen Verfahren, bei dem Roheisen in einem Konverter durch die Einführung von Sauerstoff gefrischt, d. h. entkohlt wurde, war jedoch keine lange Lebenszeit bestimmt. Mit der Inbetriebnahme des Thomasstahlwerkes 1882, in dem nun auch phosphorhaltiges Roheisen in vier Konvertern gefrischt wurde, sank die Produktion von Bessemerstahl rapide ab und endete 1893 endgültig.[88]

Aufgrund des Phosphorgehalts der GHH-Erze bot das Thomasverfahren große Kostenvorteile gegenüber dem Bessemerstahl. Der Thomasstahl besaß jedoch eine andere Qualität und war vor allem weicher.[89] Für die Produktion weiterer Stahlqualitäten, die vor allem im Maschinenbau benötigt wurden, hatte das Unternehmen 1879 ein Siemens-Martin-Stahlwerk errichtet, in dem in Siemensschen Regenerativöfen gezielt die nötigen Stahleigenschaften gefrischt werden konnten.[90] Die steigende GHH-Produktion bis 1900 beruhte jedoch mengenmäßig auf dem Thomasverfahren, vor allem seit der Errichtung eines neuen größeren Thomasstahlwerks 1895.[91] Die Erzeugung von Siemens-Martin-Stahl stieg erst ab 1895/1896 stärker, erreichte aber nach dem Neubau eines neuen Werks (1901) bis 1908/1909 immerhin einen Anteil von 30 % an der Gesamtstahlerzeugung des Unternehmens, die – wie beim Roheisen – im Wesentlichen der Versorgung der eigenen Walzwerke diente.[92]

Nach der 1872 erfolgten Produktionsaufnahme im Walzwerk Neu-Oberhausen unterblieben auch im Walzwerksbereich in den 1870er Jahren Großinvestitionen.[93] Erst mit der Aufnahme der Thomasstahlproduktion in den achtziger Jahren wurde der Ausbau der Walzwerke vorangetrieben. 1882 errichtete das Unternehmen eine Drahtwalzstraße, 1887 folgte die Inbetriebnahme eines Block- sowie eines Knüppelwalzwerks.[94] Von 1898 bis 1904 wurden dann die Kapazitäten durch mehrere neue Walzstraßen ausgebaut und gipfelten 1905 vorläufig im Bau eines neuen Stab- und Eisenwalzwerkes.[95] Damit verbunden war die Ausweitung des Produktionsprogramms, das sich neben Stabeisen, Eisenbahnmaterial und Blechen nun auch auf Halbzeug oder Eisenträger erweiterte.[96]

Mit dem Ausbau der verschiedenen Produktionsstufen von der Roheisenerzeugung über die Stahl- hin zur Walzwerkproduktion verstärkten sich die Schwierigkeiten, die Kapazitäten der einzelnen Werke aufeinander abzustimmen.[97] Eine Unterauslastung einzelner Betriebsteile verursachte erhebliche Kosten, da die großen Fixkosten auf eine geringere Produktionsmenge umgelegt werden mussten. Durch die zahlreichen technischen Neuerungen oder Erweiterungen bildeten sich dabei neue Engpässe auf einer der anderen Produktionsstufen, die die Ausnutzung von Kostensenkungen bei Massenproduktion behinderten. Die Behebung von Einzelproblemen führte immer wieder zu einem permanenten Wachstumsdruck. So behob z. B. das Thomasstahlwerk 1882 den Stahlmangel, führte aber gleichzeitig zu fehlenden Walzwerkskapazitäten, die deshalb erweitert werden mussten.[98]

Zudem erforderten diese innerbetrieblichen Verflechtungen wegen der erheblich höheren Fixkosten eine optimale Auslastung aller Betriebsteile, weshalb – wie oben gezeigt – vielfach Aufträge unter den Selbstkosten angenommen wurden.[99] So hieß es bezeichnenderweise im Geschäftsbericht der GHH 1875/1876:

> «Jede Betriebseinschränkung erhöht wegen der beträchtlichen constant bleibenden Ausgaben die Selbstkosten und schwächt somit unsere Conkurrenzfähigkeit, außerdem greifen aber auch die Betriebe unserer Kohlen- und Erz-Tiefbau-Zechen mit denjenigen unserer Eisenwerke so innig ineinander, dass der ge-

schmälerte Betrieb der letzteren die empfindlichste Rückwirkung auf den Betrieb der ersteren ausübt. Aus diesem Grunde waren wir gezwungen, im Ausland, namentlich in Russland, zuletzt auch in Spanien Aufträge zu erstreben, die zwar neben sehr langsamer Zahlungsweise nicht ohne Verluste erlangt werden können, trotzdem aber für uns behufs der notwendigen Beschäftigung unserer Werk unentbehrlich sind.»[100]

Die zunehmend ineinander verzahnten Produktionsabläufe hatten auch die Anpassung der Kohlen- und Erzförderungen sowie die Optimierung der Transporte zur Folge. Daher wurde nicht nur der Eisenbahnwerksverkehr in Eigenhand weiter ausgedehnt, sondern 1902 auch ein eigener Werkshafen in Walsum am Rhein errichtet und die eigene Energie- und Wasserversorgung ausgebaut.[101]

Trotz dieser Schwierigkeiten gelang es dem Unternehmen jedoch schon in den 1870er Jahren, die Selbstkosten bei der Erzeugung von Bessemerstahl um mehr als 57 % und bei Schienen um 13 % zu senken. Zwischen 1889 und 1895 drückte man weiter den Preis von Eisenträgern um ein Drittel, und der Verkaufspreis für Stabeisen verbilligte sich zwischen 1899 und 1913 um 17 %.[102] Ausschlaggebend für diese Kostensenkungen war neben den technischen Verbesserungen und neuen Anlagen in hohem Maße auch die Wärmeökonomie.[103] So wurde seit 1888 aus dem Hochofen stammendes, flüssiges Roheisen direkt in die Konverter des Thomasstahlwerks Neu-Oberhausen eingesetzt und gefrischt. Durch die Neuorganisation der Walzstraßen konnten zudem die so erzeugten Stahlblöcke noch in der Gießhitze verwalzt werden.[104] Zum Ausgleich der schwankenden Anlieferungen, aber auch um eine gleichmäßigere Roheisenqualität zu erreichen, wurde 1892 noch eine der ersten Anlagen in Deutschland mit zwei Roheisenmischern aufgestellt. Insgesamt sank der Kohlenverbrauch – bei steigenden Kohlenpreisen – zwischen 1901 und 1913 von 0,744 auf 0,452 t pro Tonne Rohstahl.[105]

Letztlich ermöglichten es neben der Kapitalzufuhr 1878 vor allem die Kosteneinsparungen durch die Produktivitätssteigerungen bzw. die Wärmeökonomie, dass die GHH die Krise der 1870er und schwierigen 1880er Jahre überlebte. Dagegen war die Wirkung der ab 1879/1880 geltenden prohibitiven Eisenzölle des neu gegründeten Deutschen Reiches, deren Einführung die Unternehmensleitung immer wieder gefordert hatte, von geringerer Bedeutung, wenngleich die Zölle den Druck der ausländischen Konkurrenten auf dem deutschen Markt minderten.[106]

Auch die ab Anfang der 1880er Jahre verstärkt aufkommenden Kartelle in der Eisenindustrie halfen den Eisenunternehmen, die Preise und Erträge auf niedrigem Niveau zu stabilisieren. Die GHH, deren Vorgänger JHH schon seit den dreißiger Jahren häufig Preise mit Konkurrenten abgesprochen hatte, war dabei besonders kartellfreundlich und zumeist Mitglied in den Kartellen der

Branche.[107] So nahm das Unternehmen bis 1905 z. B. an den Kartellen und Syndikaten für Eisenbahnschwellen, Schienen, Blech oder Stabeisen teil.[108] Vielfach waren Lueg und andere GHH-Vertreter in diesen Organisationen – wie auch im Verbandswesen der Eisenindustrie – an führender Stelle tätig. Allerdings konnten die Kartelle den Preisverfall bis 1900 nur teilweise stabilisieren, da es stets Außenseiter gab, die die Kartellpreise unterboten und die Konkurrenz sich unter den Kartellmitgliedern fortsetzte. Der Wettbewerb verlagerte sich nun in die Unternehmen. Diese versuchten, zu immer günstigeren Kosten zu produzieren und die Produktionskapazitäten zu vergrößern, um in kommenden Kartellverhandlungen höhere Produktionsquoten fordern zu können. Der scharfe Wettbewerb zwischen den deutschen Betrieben führte auch dazu, dass die britische Eisenindustrie ihren Vorbildstatus verlor und die GHH sich stattdessen bereits in den 1870er Jahren immer häufiger mit den anderen Ruhrunternehmen verglich.[109]

Insgesamt lässt sich konstatieren, dass sich die Unternehmensleitung zwischen 1873 und 1908 vor allem darum bemühte, in der Eisenerzeugung konkurrenzfähig zu bleiben. Die im Vergleich zu anderen Großunternehmen beschränkten finanziellen Möglichkeiten – bedingt durch den Verzicht auf die Inanspruchnahme externen Kapitals – erlaubten nur niedrige Investitionen und einen geringen Ausbau der Kapazitäten.[110] Deshalb und wegen des Aufkommens neuer Konkurrenten verlor das Unternehmen in den 1870er und 1880er Jahren weiter an Marktanteilen; eine Entwicklung, die aber schon in den 1860er Jahren deutlich zu erkennen war.[111] Vor allem das Festhalten am Kohlenbergbau und dessen Ausbau bis Mitte der 1880er Jahre verschärften zunächst die Finanz- und Ausbauprobleme, boten jedoch nach der Überwindung der finanziellen Engpässen ab spätestens 1890 langfristig beste Entwicklungschancen, da man nun günstigere Kohlen als die Konkurrenten beziehen konnte. Vorstand und Aufsichtsrat nutzten diese Möglichkeiten bis 1908 konsequent und konnten so die GHH weiter als eines der größten deutschen Eisenunternehmen etablieren.

Der Maschinen- und Brückenbau

Die Konzentration auf den Ausbau der Eisen- und Kohlenbergwerke führte auch dazu, dass man – anders als vor 1873 – kaum in neue Geschäftsfelder vorstieß, ja sogar 1899 die Schiffswerft in Ruhrort wegen der niederländischen Konkurrenz stilllegte.[112] Im Maschinen- und Brückenbau hatte sich die schwere Finanzlage der 1870er Jahre ebenfalls bemerkbar gemacht, obgleich die zu investierenden Summen deutlich geringer als in der Eisenindustrie oder dem Bergbau waren.[113] Auch hier begann man erst in den 1880er Jahren die Anlagen der Mechanischen Werkstätte zu erneuern und zu erweitern.[114] Als größere Produktionszweige wurden 1878 eine Kettenschmiede, 1890 eine Stahlformgießerei, 1900 eine neue Eisengießerei und ein Presswerk sowie 1907/1908 eine Turbomaschinenwerkstatt in Betrieb genommen.[115]

Das Produktionsprogramm blieb vielfältig, konzentrierte sich jedoch auf die Ausstattung von Bergbau und Schwerindustrie.[116] Neben Fördermaschinen, Gasmotoren, Dampfturbinen und Turbokompressoren gehörten dazu auch Kolbengebläse, Dampfkessel oder Stahl- und Walzwerkseinrichtungen, aber auch Schiffs- und Ankerketten, schwere Schmiedestücke, Gasbehälter, Konverter oder Seilscheiben und Seiltrommeln.[117] Im Maschinenbau wurde weiterhin auf Qualitätsproduktion gesetzt, insbesondere bei Fördermaschinen, deren Leistungen man immer weiter steigerte, stand das Unternehmen an der Spitze dieser Branche in Deutschland.[118]

Auch die Brückenbauabteilung in Sterkrade wurde erheblich ausgedehnt, um die immer größeren Aufträge erfüllen zu können.[119] In den 1870er Jahre fertigte die GHH u. a. Brücken über den Rhein bei Koblenz oder Altbreisach, über die Elbe, den Main, die Ruhr und über den Bug.[120] Die Weite der Stromöffnungen erhöhte sich bei diesen Brücken auf bis zu 107 m, und die Brücken wurden zumeist noch als mehrteiliges Ständerfachwerk mit parallelartigen Trägern oder gekrümmten Gurtungen ausgeführt. Die GHH errichtete 1873 erstmals auch eine Bogenbrücke über den Rhein zwischen Duisburg-Hochfeld und Rheinhausen.[121] In den 1880er und 1890 Jahren baute das Unternehmen zahlreiche weitere Brücken, die erst ab 1891 aus Flusseisen bestanden, da das Bessemereisen sich als zu wenig dehnungsfähig erwiesen hatte.[122] Mit dem Bau der Rheinbrücke bei Bonn 1886/1898, die aus drei Öffnungen à zweimal 93 und einmal 187 m Stützweite bestand, errichtete die Brückenbauanstalt in Sterkrade sogar die damals am weitesten gespannte Bogenbrücke der Welt.[123] Bis zum Ersten Weltkrieg folgten zahlreiche Brücken, ab Ende der 1870er Jahre immer häufiger auch im Ausland. So errichtete die GHH zwischen 1879 und 1882 149 Eisenbauten mit Stützweiten zwischen 7 und 77 m und einem Gesamtgewicht von 5000 t für die Gotthardtbahn und lieferte bereits vor der Jahrhundertwende Brücken bis nach Skandinavien, Russland, Südamerika, Südafrika oder Japan.[124] In Deutschland brachte der ab den 1880er Jahren aufkommende Kanalbau zahlreiche Aufträge für die GHH, die sich aber einer aufkommenden Konkurrenz gegenübersah. So fertigte die Brückenbauanstalt mit der Hochbrücke bei Rendsburg die längste Brücke Europas.[125]

Das Wachstum der Abteilung beruhte jedoch nicht nur auf dem Brückenbau. Neben der Fertigung von schweren Steven, Antriebswellen und Ankern für den Schiffsbau fertigte man in Sterkrade auch Schwimmdocks und andere Hafenanlagen (Schleusentore, Lastkräne)[126] sowie Hochbauten aus Eisen für die Schwerindustrie (Gießhallen, Werkshallen), den Bergbau (Schachtanlagen, Streckenbogen, Grubenstempel) und andere Industriezweige. Die Hochbauten wurden dabei vor 1914 in alle Welt geliefert.[127] Darüber hinaus errichtete das Unternehmen zahlreiche Eisenhallen (Anhalter und Frankfurter Hauptbahnhof) oder Strommasten, Leuchttürme und Tunnelröhren für den Hamburger Elbtunnel.[128]

Nicht zuletzt wegen dieser zahlreichen Großaufträge blieb der Brückenbau bis 1908 der größte Eisenverbraucher unter den Sterkrader GHH-Betrieben. So verbaute die Brückenbauanstalt in den Jahren 1908/1909 z. B. 19 900 t gegenüber nur 4600 t in den Jahren 1872/1873. Das war nahezu eine Vervierfachung des Materialeinsatzes. Daneben besaß nur der Maschinenbau mit 17 600 t einen derart hohen Verbrauch, während die anderen Sterkrader Abteilungen deutlich zurückfielen (Kesselschmiede 5100 t, Hammer- und Kettenschmiede 11 200 t). Der Gesamteisenverbrauch aller dortigen Betriebe in Höhe von 53 800 t bildete jedoch nur noch ca. ein Zehntel der Gesamtstahlproduktion der GHH und besaß daher keine überragende Bedeutung mehr für den Absatz der Oberhausener Eisenwerke, wenngleich diese Mengen ein konjunkturell sicheres Absatzquantum darstellten.[129]

Die Intensivierung der Arbeiterpolitik

Die anhaltende Expansion sowohl der Bergbaubetriebe als auch der Eisenwerke und der Mechanischen Werkstätten hatte seit Gründung des Kaiserreichs eine erhebliche Steigerung der Belegschaft zur Folge. Die Zahl der Beschäftigten stieg von 7651 im Jahr 1873 auf 22 274 im Jahr 1908, wobei sich die bis dahin eher kontinuierliche Belegschaftsentwicklung seit dem Ende der 1890er Jahre erheblich beschleunigte.

Deutlich ist erkennbar, dass diese Zunahme der Beschäftigung ab 1899 mit einer Intensivierung der Arbeiterpolitik,[130] insbesondere mit der betrieblichen Sozialpolitik einherging. Schon zuvor betrieb die GHH im Vergleich zu anderen Eisenunternehmen an der Ruhr eine ausgedehnte Arbeiterpolitik. Aber erst seit der gesetzlichen Einführung der Krankenversicherung 1885 stiegen die Gesamtausgaben des Unternehmens für «Wohlfahrtseinrichtungen» erheblich an. So wuchs der Aufwand für die gesetzlichen Leistungen von 96 000 Mark 1883/1884 auf 1,2 Mio. Mark 1903/1904 und 2,4 Mio. 1908/1908, während die freiwilligen Leistungen des Unternehmens sich im gleichen Jahr nur auf 123 000 Mark beliefen und erst bis 1908/1909 auf 380 000 Mark stiegen.[131] Angemerkt werden muss jedoch, dass die Leistungen der GHH-Krankenkasse sich deutlich über den gesetzlichen Mindeststandards bewegten, so waren z. B. auch die Angehörigen der Beschäftigten mitversichert und die Arbeiter erhielten statt 13 bis zu 26 Wochen Krankenunterstützung.[132]

Im Bereich der freiwilligen Leistungen wurde neben den bereits vor 1873

Abb. 24 Kleinkinderschule 1914

eingeführten Einrichtungen und Leistungen (Konsumanstalten, Speiseräume, Jubiläum, Werkssparkasse) besonders früh die Kinderbetreuung aufgenommen.[133] Bereits 1878 wurde eine Kleinkinderschule, d. h. ein Kindergarten, mit finanzieller Unterstützung des Unternehmens in Oberhausen eingerichtet, in dem 60 bis 90 Kinder der GHH-Beschäftigten zwischen drei und sechs Jahren von Lehrerinnen und Kindergärtnerinnen betreut wurden. Diese Einrichtung bildete ein im In- und Ausland viel beachtetes und besuchtes Vorbild und wurde 1910 von der GHH, die seitdem weitere Kleinkinderschulen in verschiedenen Siedlungen errichtet hatte, in Eigenregie übernommen. Weitere Maßnahmen im Bereich der Kinderförderung waren die Handarbeitsschulen für jugendliche Töchter der Beschäftigten (ab 1880), die Förderung eines Lyceums in Sterkrade (ab 1894), Kinderweihnachtsfeiern (ab 1905) oder Kinderferien (ab 1910).[134] Ab 1909 begann man mit der Einführung einer Wöchnerinnenfürsorge auch erstmals die Ehefrauen der Mitarbeiter gezielt zu unterstützen.[135]

Die Intensivierung der betrieblichen Sozialpolitik ab Ende der 1890er Jahre gilt auch für den Bereich des GHH-Werkswohnungsbaus. Die Zahl der Werkswohnungen war trotz der stark angewachsenen Belegschaft von 1874 bis 1895 nur von 373 auf 533 gestiegen.[136] In den folgenden Jahren steigerte die Unternehmensleitung dann die Zahl der betriebseigenen Wohnungen auf 707 (1901) und 2220 (1909). Außerdem wurden noch fünf Ledigenheime mit insgesamt 1048 Betten betrieben.[137] Erst durch diese Maßnahmen stieg ab 1900 der Anteil der Wohnungen an der Belegschaft auf 9,1 % (1908) und war deutlich höher als im Zeitraum 1873–1900 (4,4–6,5 %). Damit stand die GHH an der Ruhr erheblich besser da als die meisten Ruhrunternehmen.[138]

Ausschlaggebend für die verstärkten Bemühungen im Wohnungs- und Siedlungsbau ab Ende der 1890er Jahre und die 1906 aufgenommene Eigenheimförderung[139] war zum einen der seit Mitte der neunziger Jahre aufgetretene Arbeitermangel auf dem regionalen Arbeitsmarkt, der zu Lohnzusatzleistungen wie preisgünstigen Mietwohnungen zwang.[140] Zum anderen mussten für die häufig aus den preußischen Ostprovinzen stammenden Arbeiter – so betrug der Anteil der Bergarbeiter aus Ostdeutschland oder dem Ausland 1912 54,4 % gegenüber nur 15,4 % 1893[141]– auf den neu gegründeten Zechen Wohnungen geschaffen werden, da in der näheren Umgebung kein ausreichender Wohnraum vorhanden war.[142] Aus diesem Grund war der Mietvertrag stets an den Arbeitsvertrag gebunden.[143]

Der Werkswohnungsbau wie auch die gesamte betriebliche Sozialpolitik zielte jedoch nicht nur auf die Rekrutierung von Arbeitern und den Aufbau einer qualifizierten Stammbelegschaft ab, sondern diente auch ihrer Disziplinierung, insbesondere ab 1900, als die neuen Beschäftigten der GHH-Zechen – anders als die Arbeiter in den Eisenwerken – begannen, sich gewerkschaftlich zu organisieren und auch zu streiken. Zuvor hatte es nur 1889 auf der Zeche Osterfeld einen Ausstand gegeben. In den Jahren 1904 und 1905 sowie 1912 streikten jedoch weite Teile der GHH-Bergarbeiter, vor allem, weil die Zechenleitungen die Arbeitsbedingungen zu verschärfen versuchten.[144] Die Lohnentwicklung der GHH-Arbeiter hing dabei ohne Tarifvertrag allein von der Festsetzung durch die Unternehmensleitungen ab, wobei die Löhne trotz eines langsamen Anstiegs bis zum Ersten Weltkrieg stark schwankten und sich an der Konjunktur bzw. der Arbeitsmarktlage orientierten. So stieg der durchschnittliche Jahresverdienst, der in den 1870er Jahren stark gefallen war, vom Tiefstand 1879 mit 726 Mark langsam und schwankend bis 1180 Mark 1899 und 1543 Mark 1908, wobei die GHH in ihren Eisenwerken leicht überdurchschnittliche, jedoch bei weitem nicht die besten Löhne im Vergleich zu anderen Ruhrwerken zahlte.[145]

Die GHH im Kaiserreich

Betrachtet man den gesamten Zeitraum von 1873 bis 1908, dann fällt nicht nur die große personelle Kontinuität in der Unternehmensleitung, sondern auch in der Unternehmenspolitik auf, trotz der Umwandlung des Unternehmens in eine Aktiengesellschaft. Der Vorstand konzentrierte sich unter dem Vorsitzenden Lueg vor allem auf den kontinuierlichen Ausbau der Eisen- und Kohlenbergwerke und versuchte die GHH zu einem vertikal strukturierten Konzern mit aufeinander abgestimmten Produktionsstufen zu entwickeln.[146] Das im Vergleich zur Zeit vor 1873 wachsende Gewicht der schwerindustriellen Produktionsbereiche macht der Verzicht auf die Aufschließung neuer Geschäftsfelder sowie das enorme Wachstum des Kohlenbergbaus ab Ende der 1890er Jahre deutlich. Kohlen wurden seitdem auch für den Verkauf auf dem freien Markt bzw. über den Eigenbedarf hinaus gefördert und trugen in der Folgezeit erheblich zur Gewinnentwicklung des Unternehmens bei.

Dagegen nahm die Bedeutung des Maschinen- und Brückenbaus trotz seiner positiven Entwicklung für das Unternehmen ab. Die Vorstellung eines vertikal strukturierten Montankonzerns bildete allerdings eher ein vages Ziel der Unternehmensleitung, dem sie nur Schritt für Schritt näher kam. Der genaue Unternehmenskurs war aufgrund des fragmentarischen Wissens der Verantwortlichen über die Zukunft immer wieder umstritten, unterlag er doch den unvorhersehbaren technischen, konjunkturellen und anderen Marktbedingungen.[147]

Vor allem die Finanzkrise der 1870er Jahre wirkte dabei konstitutiv für die Entwicklung der GHH zum vertikalen Großunternehmen. Sie stärkte nicht nur den Vorstand und ließ die Stabsabteilungen wachsen, sondern schloss auch die Abnabelung der Unternehmensführung von den Eigentümern und damit die Institutionalisierung des Unternehmens ab. Der Vorstand versuchte die finanziellen Schwierigkeiten der 1870er und 1880er Jahre zunächst durch Umschuldungen sowie Kostensenkungen zu lösen, u. a. mit Investitionen in neue Technik. Ab den 1890er Jahren konzentrierte man sich neben der stetigen Erneuerung und Ausweitung der Produktionskapazitäten dagegen auf die Neuorganisation der Produktionsprozesse, um möglichst kontinuierliche Produktionsabläufe und günstige Kostenstrukturen zu erhalten.[148]

Die erfolgreiche Überwindung der Gründerkrise bestärkte Vorstand und Aktionäre auch in ihrem Bestreben, die GHH als «alten Familien-Verein» in Eigentum des Familienverbands zu halten und statt auf die Banken und Börse lieber auf den privaten Kapitalmarkt der Aktionäre, vor allem der Familie Haniel zurückzugreifen.[149] Dies bedingte immer die – durchaus zeitwillig umstrittene – Bereitschaft der Aktionäre, auf Barausschüttungen zu verzichten und ein geringeres Wachstum der GHH gegenüber zahlreichen ihren Konkurrenten bzw. den Verlust von Marktanteilen hinzunehmen. Die bei der GHH vorherrschende Binnenfinanzierung führte dabei weiter zur vorsichtigen Adaption neuer Verfahren und Techniken und entsprach damit auch dem Vorgehen des Vorgängerunternehmens vor 1873. Trotz der finanziellen Beschränkungen gelang es jedoch Vorstand und Aufsichtsrat, die GHH erfolgreich durch die Krisen in den ersten Jahren des Kaiserreichs zu steuern und auch nach der Jahrhundertwende als eines der größten Montanunternehmen auf dem Markt fest zu etablieren.

4 Anfänge des Konzerns 1908–1920

Nach der Pensionierung von Carl Lueg und Hugo Jacobi 1903 und 1904 verblieb vom jahrelangen Vorstand nur noch Gottfried Ziegler bis 1909 in der Unternehmensleitung. Neu im Vorstand war Peter Scheidtweiler, der allerdings 1909 aus Krankheitsgründen wieder ausschied.

Neuer Vorstand

Zieglers Aufgaben als Vorstandsvorsitzender übernahm 1909 Paul Reusch, der nach seinem Eintritt ins Unternehmen 1905 zunächst für die Leitung der Sterkrader Betriebe verantwortlich war.[1] Neben Reusch berief der Aufsichtsrat auch den Bergrat a. D. Heinrich Mehner 1904 in den Vorstand, wo dieser für die Kohlenbergwerke zuständig war.[2] Bis zum Ersten Weltkrieg folgten weitere Berufungen, so dass der verjüngte Vorstand vor Kriegsausbruch aus fünf Mitgliedern bestand.[3] Der Aufsichtsrat wurde seit 1895 von Franz Haniel junior geleitet, mit dem der gerade erst vierzigjährige Reusch als Vorstandsvorsitzender intensiv zusammenarbeitete.[4]

Reusch, der nach einem Studium am Polytechnikum Stuttgart und mehreren Unternehmensstationen 1901 zum Direktor der Friedrich-Wilhelms-Hütte in Mülheim ernannt worden war, etablierte sich in kürzester Zeit als der starke Mann im Vorstand.[5] Trotzdem hatte auch er für die Unternehmensführung die grundsätzlichen Vorgaben der Aktionärsfamilien zu akzeptieren und daher die GHH als Familienunternehmen zu erhalten. So wurde das anhaltende Wachstum weiter vorsichtig durch Eigenfinanzierung, d. h. durch eine Kapitalerhöhung 1917 und die Herausgabe mehrerer Anleihen finanziert, die jeweils nur von Aktionären übernommen wurden.[6]

Konkret verfolgte der stets sehr energische Reusch mehrere Ziele. Zum einen sollte der «wirtschaftliche Aufbau» des Unternehmens neu organisiert werden. Zweitens plante er, die schon oben beschriebene Arbeiterpolitik zu intensivieren. Schließlich waren auch die Betriebseinrichtungen weiter zu erneuern. Tatsächlich wurde der Ausbau der Werke und Verwaltung auch unter Reuschs Ägide bis zum Ersten Weltkrieg weiter vorangetrieben.[7] So wurden in der Eisenerzeugung weitere zwei der älteren Hochöfen 1913/1914 modernisiert, das Thomasstahlwerk 1909 umgebaut und erweitert sowie ein neues

Abb. 25 Gemälde Schmiedepresse des Malers Otto Bollhagen vor dem Ersten Weltkrieg

Martinstahlwerk 1912 in Betrieb genommen.[8] Im Kohlenbergbau errichtete man 1913 auf der Kokerei Osterfeld eine eigene Benzolfabrik und begann 1911 mit dem Niederbringen des neuen Schachtes Jacobi, der 1913 in Förderung ging.[9] Auch die Sterkrader Betriebsstätten wurden erweitert, z. B. 1909 durch eine große Halle mit Kranbahn.[10] Weitere Großinvestitionen erfolgten in die Nebenbetriebe und die Verkehrsinfrastruktur, u. a. durch den Bau eines zweiten Hafenbeckens in Walsum, neue Kraftwerke und den Ausbau des Gas- und Stromnetzes.[11]

Erwerb neuer Erzfelder

Das größte Augenmerk legte die neue Unternehmensführung unter Reusch allerdings auf den Erwerb neuer Erzfelder, um sich einen höheren Anteil von Erzen aus eigenen Gruben zu sichern.[12] Obgleich man noch vor 1914 in der lothringischen Minetteregion die Errichtung eines eigenen Hochofen- und Stahlwerkes bei Monhofen in der Nähe von Diedenhofen plante und hierfür bereits Grundstücke erworben hatte, verzichtete die GHH auf einen Erwerb weiterer Erzfelder und -gruben in diesem Revier und forcierte allein den Aufschluss der dortigen Vorkommen.[13] Die Produktion wurde deswegen von 408 000 t 1908/1909 auf 566 000 t 1913/1914 gesteigert.[14]

Statt auf Lothringen richtete das Oberhausener Unternehmen sein Interesse ab 1906 auf ausländische Erzvorkommen.[15] Nach zahlreichen Sondierungen erwarb die GHH zusammen mit dem Erzhändler Wilhelm Müller & Co aus Den Haag 1911 die Mehrheit am Grubenunternehmen «Société de Fer de Barbery» sowie an benachbarten Erzkonzessionen, die zusammen 1350 Hektar umfassten. Diese lagen im Department Calvados, rund 25 km entfernt von Caen, so dass die Erze günstig auf dem Wasserweg nach Walsum zu transportieren waren. Aufgrund zahlreicher Schwierigkeiten mit den französischen Behörden gründete die GHH die «Société d'Extraction de Minerais», um als deutsches Unternehmen nicht nach außen als Eigentümer zu erscheinen, und übertrug ihr die verschiedenen Grubenunternehmen in der Normandie. Aufgrund der noch 1911 begonnenen Aufschlussarbeiten auf der Grube Barbery startete die Förderung der dortigen Erze bereits 1913; bis zum Sommer 1914 wurden bereits 50 000 t Erz nach Oberhausen versandt.[16]

Neben den Vorkommen in der Normandie interessierte sich die GHH auch für Erzkonzessionen in Südamerika. Nachdem sich der Erwerb von Erzfeldern in Brasilien zerschlagen hatte, erwarb die GHH – abermals zusammen mit dem niederländischen Erzhändler Müller – mehrere Grubenfelder bei Vallenar im Norden Chiles. Zur Förderung der im Tagebau zu gewinnenden Erze, deren Umfang auf 100 Mio. t geschätzt wurden, kam es jedoch erst nach dem Ersten Weltkrieg, da eine benachbarte Minengesellschaft gegen den Kauf der Vorkommen klagte. Schließlich bemühte sich die Unternehmensleitung der GHH auch noch um marokkanische Konzessionen, deren Untersuchung und Erwerb der Kriegsausbruch verhinderte, und erwarb in Deutschland die Gewerkschaft Oranien-Nassau im Kreis Olpe, die Eisenspat für die Herstellung von Spiegeleisen, ein manganhaltiges Qualitätsroheisen, lieferte.[17]

Der Ausbau der Weiterverarbeitung durch Unternehmensakquisitionen

Während der Erwerb der Erzvorkommen durchaus in der Tradition der bisherigen Firmenpolitik stand, betrat Reusch mit dem Kauf mehrerer Eisen verarbeitender Unternehmen Neuland, da die Expansion von JHH und GHH in ihrer hundertjährigen Geschichte stets nur über ein internes Wachstum erfolgt war. Ursache des Strategiewechsels bildete dabei die zunehmende Kartellisierung der deutschen Eisenindustrie.[18] Bei der Errichtung des Stahlwerksverbandes 1904 bekam die beitretende GHH eine Quote von 4,38 % für schwere Walzwerksprodukte Typ A (Halbzeug, Eisenbahnobermaterial, Formeisen) sowie 5,84 % für leichtes Walzeisen Typ B (Stabeisen, Walzdraht, Bleche, Röhren, Guss- und Schmiedestücke). Damit besaß sie bei A-Produkten das neuntgrößte und bei B-Produkten das viergrößte Kontingent.[19] Um nun eine höhere Wert-

Abb. 26 Trio-Grobblechstraße 1901

schöpfung im Unternehmen zu erzielen, bestanden für die Kartellmitglieder Anreize, das kontingentierte Halbzeug selber weiterzuverarbeiten, da der Selbstverbrauch nicht auf das eigene Kontingent angerechnet wurde. So konnte man trotz der vorgegebenen Kontingente des Stahlwerksverbandes die Produktion von Stahl- und Halbzeug steigern und die Anlagen besser auslasten. Zudem erhöhte man die unternehmenseigene Wertschöpfung und verbesserte durch die höhere Produktion auch die Verhandlungsposition für die Erneuerung des Stahlwerksverbandes, die periodisch 1912 wieder anstand.

Exakt diese Gründe veranlassten Reusch zum Erwerb des sich selber anbietenden Drahtwerks Boecker & Comp. in Gelsenkirchen-Schalke, das durch den Anschluss an einen Stahlproduzenten eine sichere und preisstabile Versorgung mit Vorprodukten anstrebte.[20] Die GHH wollte gegenüber anderen Werken, die sich bereits zahlreiche Drahtwerke angegliedert hatten, nicht zurückfallen und forcierte die Verfeinerung der eigenen Drahtprodukte. Die alternative Vergrößerung der eigenen Drahtfertigung wiederum hätte zu lange gedauert und wäre mit erheblich höheren Kosten verbunden gewesen, da die Rekrutierung der nötigen Facharbeiter schwierig war und man sich die Marktposition mit niedrigen Einstiegspreisen hätte erkämpfen müssen.

Aufgrund der Stahlwerksverbandsbestimmungen vereinbarte Reusch deshalb mit dem Gelsenkirchener Familienunternehmen zunächst einen Gemeinschaftsvertrag über die vollständige Belieferung von Boecker durch die GHH und übernahm faktisch auch die Kontrolle über die Geschäftsführung des Drahtproduzenten. Als 1912 dann die Verlängerung der B-Produkt-Kontingentierung im Stahlwerksverband anstand, bestand die GHH darauf, dass die von Boecker hergestellten Walzdrahtmengen nicht auf die bisherige GHH-Drahtquoten angerechnet wurden. Sie erreichte durch die Drohung eines Austritts aus dem Stahlwerkverband, dass die in Gelsenkirchen gefertigten Mengen ihr als zusätzliches Kontingent zugestanden wurden. Nach diesem Erfolg wurde dann das Drahtwerk 1912 käuflich erworben und als Abteilung Gelsenkirchen vollständig in die GHH eingegliedert.

Aus den gleichen Gründen wie das Drahtwerk Boecker wandte sich auch die Altenhundemer Walz- und Hammerwerk GmbH 1911 an die GHH, um sich einen Stahlbezug zu günstigeren Preisen als über den Stahlwerksverband zu sichern.[21] Der GHH erhielt durch die Zusammenarbeit mit diesem Hersteller von Qualitätsfeinblechen wiederum ein sicheres Absatzquantum von 19 000 t Halbzeug. Allerdings vereinbarten beide Unternehmen zunächst nur eine Interessengemeinschaft, bei der die GHH das Siegerländer Walzwerk zunächst pachtweise übernahm, bis sie es 1918 auch käuflich erwarb und als Werksabteilung der Gutehoffnungshütte weiterführte.

Einen ähnlichen Verlauf nahm der Erwerb der Osnabrücker Kupfer- und Drahtwerks AG, die 1914 wegen der Zulieferung von Walzdraht ebenfalls an die GHH herantrat.[22] Allerdings war auch hier von beiden Seiten zunächst keine Übernahme vorgesehen. Beide Firmen vereinbarten in einem Interessenvertrag lediglich, dass die GHH ab Ende 1914 dem Osnabrücker Werk bis 1919 jährlich bis zu 18 000 t Rohwalzdraht zur Weiterverarbeitung liefern würde.

Trotz der Verlängerung dieses Lieferungsvertrages 1919 trat das Osnabrücker Unternehmen im gleichen Jahr an die GHH heran und bot dieser im Rahmen einer Kapitalerhöhung eine Beteiligung an. Ziel der Osnabrücker Unternehmensleitung war, durch die GHH-Beteiligung den weiteren Ausbau des Osnabrücker Werkes zu finanzieren und sich gleichzeitig die Rohstoffversorgung in der Nachkriegszeit zu sichern. Nachdem die GHH durch den Kauf von Aktien im Nominalwert von drei Mio. Mark die gesamte Kapitalerhöhung übernommen hatte, erwarb sie bis 1920 zusätzliche Anteile und sicherte sich vereinbarungsgemäß mit 55 % des gesamten Aktienkapitals die Mehrheit an der Osnabrücker Aktiengesellschaft. Die GHH steigerte ihren Anteil nach 1920 sogar weiter bis auf über 80 %, doch wurden die sonstigen Aktionäre der Osnabrücker Kupfer und Drahtwerk AG – anders als die Teilhaber bei Boecker und Altenhundem – nicht völlig ausgekauft.

Insgesamt sicherte sich die GHH durch die Angliederung dieser drei Unternehmen bis 1914 den festen Absatz von ca. 96 000 t Halbzeug und Drahtprodukten, immerhin knapp 12 % der GHH-Rohstahlerzeugung.[23] Möglich wurde die Übernahme der drei Unternehmen jedoch nur, weil sich durch feste Lieferbeziehungen auch für die Eisenverbraucher große Vorteile ergaben. Neben der höheren unternehmensinternen Wertschöpfung für die GHH ermöglichten die Interessengemeinschaften erhebliche Kosteneinsparungen für die abnehmenden Weiterverarbeiter. Genau aus diesem Grund wandten Boecker, Altenhundem und auch Osnabrück sich initiativ an die GHH, die bei jeder dieser drei günstigen Gelegenheiten zugriff.

Zwar bildeten die drei Unternehmensaufkäufe den Beginn der Konzernbildung, doch lag dem – anders als in der Literatur mehrfach behauptet – bis 1914 noch keine langfristige Strategie Reuschs zugrunde.[24] Dies zeigt sich auch daran, dass der Erwerb von Altenhundem und Osnabrück von der GHH zunächst nicht vorgesehen war und erst mehrere Jahre nach dem Abschluss der Interessengemeinschaften sowie unter völlig veränderten Bedingungen in der Nachkriegszeit vollzogen wurde. Reusch besaß vor dem Ersten Weltkrieg noch keine Strategie eines diversifizierten Konzerns mit rechtlich selbstständigen Mehrheitsbeteiligungen und einer dezentralen Unternehmensorganisation. Vielmehr strebte er allein den Ausbau der Weiterverarbeitung an. Erst ab dem Ende des Ersten Weltkriegs entwickelte er – auch aufgrund der Erfahrungen mit diesen frühen Unternehmenserwerbungen und mit dem Ziel einer stärkeren Weiterverarbeitung in der GHH – die Strategie eines Konzerns. Dies zeigt sich auch an der unterschiedlichen Behandlung der drei Weiterverarbeiter nach deren Erwerb: Gelsenkirchen und Altenhundem wurden als Werksabteilungen eingegliedert, während Osnabrück als eigenständige AG weiterbestand und ein Beispiel für die anderen Unternehmenszukäufe der Nachkriegszeit abgab.

Eintritt ins Kohlenkartell

Wie im Eisensektor, so führte die zunehmende Kartellisierung auch im Kohlenbergbau schrittweise zu einem Wechsel der Unternehmensstrategie. Einen Auslöser bildete dabei der Beitritt der GHH mit ihrer gesamten Kohlenförderung zum Rheinisch-Westfälischen Kohlensyndikat (RWKS).[25] Dieser Beitritt – und der anderer kohlefördernder Eisenunternehmen – erfolgte erst 1904, nachdem das RWKS den Eigenverbrauch der Hüttenzechen anerkannt hatte und diesen nicht auf die Kohlenförderquoten der gemischten Unternehmen anrechnete.[26] Der GHH wurde dabei mit 1,46 Mio. t nicht nur der viertgrößte Selbstverbrauch, sondern nach harten Verhandlungen des GHH-Vorstandsmitglieds Scheidtweiler zudem eine hohe Förderquote von 230 000 t zugestanden.[27] Da das RWKS die kontingentierten Mengen ihrer Mitglieder über das sog. «Kohlenkontor» als zentrales Verkaufsbüro veräußerte, verlor die GHH den unmittelbaren Kontakt mit möglichen Kohlenkunden.[28] Gleiches galt auch für die immer noch eng mit der GHH verbundene Kohlenhandelsfirma Franz Haniel & Co, die ihre Handelsverbindungen und Reedereikapazitäten 1904 ebenfalls in das Kohlenkontor einbrachte.

Da man seitens der GHH 1910 mit der Möglichkeit rechnete, dass die Verlängerung des RWKS 1915 scheitern könnte, entschloss sich der Vorstand, rechtzeitig Vorsorge zu treffen und für diesen Fall zuvor eine eigene Absatzorganisation aufzubauen. Da die bisherige Förderung bereits vertraglich an das RWKS abgegeben wurde, nahm die GHH die Förderung syndikatsfreier Kohle auf, um ein Handelsgut für die neue Kohlenhandelsfirma zu besitzen. Hierfür gründete sie die Gewerkschaft Jacobi und übertrug dieser ein Konzessionsfeld, wo 1911 der Schacht Jacobi niedergebracht wurde.[29] Für den Absatz dieser Fördermengen wurde 1913 die Oberhausener Kohlen- und Eisenhandels GmbH errichtet, deren Kapital von 100 000 Mark die Gewerkschaft Jacobi zu 90 % hielt. 10 % der Anteile besaß die Kohlenhandelsfirma OHG Piepmeyer & Oppenhorst (Frankfurt am Main/Duisburg), die beteiligt wurde, um sich deren Erfahrungen im Kohlenhandel zu sichern.

Zusätzlich beteiligte sich die GHH mit 51 % an der Vereinigten Frankfurter Reedereien GmbH, an der Piepmeyer & Oppenhorst ebenfalls Anteile hielten.[30] Auf diese Weise gewann das Oberhausener Unternehmen auf einen Schlag die nötige Schiffsflotte für den Kohlentransport auf dem Rhein und seinen Nebenflüssen, insgesamt 36 Kähne mit 42 000 t Tragfähigkeit und elf Dampfer mit 83 000 PS Schleppkraft. Zur Erleichterung des Kohlenabsatzes wurden Umschlageinrichtungen im Walsumer Hafen sowie im Rheinhafen Kehl errichtet, von wo aus der Oberrhein mit Kohlen der Gewerkschaft Jacobi bedient werden sollte. Abschließend wurden dann zwischen der Gewerkschaft Jacobi sowie den beiden Handelsfirmen und der Vereinigten Reederei Lieferverträge abgeschlossen.

Diese neu geschaffenen Strukturen nutzte die GHH in Verhandlungen mit dem RWKS und dem Kohlenkontor, um nicht nur einen Anteil an der Kohlenförderung, sondern auch am Kohlenabsatz und Transport innerhalb des Kohlensyndikats zu erhalten. Nach der Einigung Ende 1913 verpflichtete sich die GHH, die zusätzliche Förderung der Gewerkschaft Jacobi von bis zu 750 000 t dem RWKS zur Verfügung zu stellen, und erreichte dadurch die Beteiligung der Vereinigten Frankfurter Reedereien am Kohlenfrachtgeschäft des RWKS. Als die GHH 1916 auch noch eine Kohlenhandelsbeteiligung der Oberhausener Kohlen- und Eisenhandels GmbH am Kohlenkontor durchsetzen konnte, hatte sie ihr Ziel einer eigenen Handelsorganisation mit angeschlossener Reederei sowie deren Beteiligung am RWKS nach nur wenigen Jahren erreicht. Deshalb löste sie die Gewerkschaft Jacobi auf und übernahm deren Beteiligung an der

Oberhausener Kohlen- und Eisenhandels GmbH inklusive der zehnprozentigen Beteiligung von Piepmeyer & Oppenhorst.

Allerdings genügte dies Reusch noch nicht. So erwarb die GHH noch vor dem Ersten Weltkrieg die Firma Friedrich Wilhelm Liebrecht und übernahm deren Kohlenbeteiligung in Höhe von 108 306 t.[31] Zudem übergab er 1916 dem Aufsichtsratsvorsitzenden Franz Haniel junior eine Denkschrift, in der er eine Vereinigung des Kohlenhandels- und Reedereigeschäftes der GHH mit demjenigen der OHG Franz Haniel & Cie vorschlug.[32] Diese besaß zu dieser Zeit eine Schiffsflotte von 12 000 PS Schleppkraft sowie 52 000 Tonnen Kahnraum und war mit großen Kohlenhandels- und Transportquoten am Kohlenkontor beteiligt. Nach Verhandlungen mit dem Familienstamm Franz Haniel gründete man 1917 dann die Franz Haniel & Cie GmbH, an der die GHH 42 % und die Familie Haniel über die von ihr kontrollierten Gewerkschaften Rheinpreußen, Zollverein und Neumühl 58 % besaßen.[33] Die neue Gesellschaft pachtete die Betriebseinrichtungen und Beteiligungen sowohl von der OHG Franz Haniel & Cie sowie den GHH-Kohlenhandelsunternehmen (Frankfurter Reedereien, Oberhausener Kohlen- und Eisenhandels GmbH, Piepmeyer & Oppenhorst) für fünf Jahre. Für diese Anlagen, Güter und ihre Beteiligungen erhielt die neue Handelsgesellschaft ein Kaufrecht, das nach Ablauf der ersten Pacht 1922 auch wahrgenommen wurde.[34] Leiter der neuen Franz Haniel & Cie GmbH, deren Kapital noch 1917 von einer auf zehn Millionen Mark erhöht wurde, wurde Johann W. Welker, der zuvor Teilhaber bei Piepmeyer & Oppenhorst war.[35]

Durch diese Fusion erhielt die GHH nun unmittelbaren Zugriff auf einen Handels- und Schifffahrtsbetrieb größter Bedeutung, der die größte Flotte auf dem Rhein und umfangreiche Umschlageinrichtungen betrieb.[36] Wenngleich die GHH die Kontrolle über die Franz Haniel GmbH mit der Familie der Haniels teilte, besaß sie so nun die zweitgrößte Kohlenhandelsbeteiligung am Kohlenkontor mit insgesamt 1,965 Mio. t und stand hinsichtlich der Transportbeteiligungen sogar an erster Stelle. Diese Kontingente konnte die GHH durch den Erwerb der Firma T. Schürmann Söhne aus Duisburg-Ruhrort und die Übernahme der Kohlenquote dieses Unternehmens am Kohlenkontor in Höhe von 134 4000 t bzw. deren Transportbeteiligung von 420 000 t 1918 noch erweitern.[37]

Mitten in den Auf- und Ausbau dieser Handelsorganisation und Reederei platzte jedoch der Ausbruch des Ersten Weltkrieges im August 1914, der für die GHH völlig veränderte Rahmenbedingungen schuf.[38] Aufgrund der Mobilmachung wurde ein großer Teil der Arbeiterschaft zum Kriegsdienst gezogen, da weder Kohle noch Eisen zunächst als kriegswichtige Güter bewirtschaftet wurden.[39] Folge des Kriegsausbruchs war auch ein massiver Einbruch in Nachfrage und Produktion, ohne dass dieser zunächst durch eine Rüstungsproduktion bei der GHH kompensiert wurde. So sank die Kohleförderung von 1914 auf 1915 um 23,5 %, die Roheisenerzeugung um 37,6 % und die Rohstahlherstellung um 36,2 %, während sich die Beschäftigung von 1913 auf 1914 von 30 000 auf knapp 20 000 ebenfalls um gut ein Drittel verminderte.[40]

Erster Weltkrieg und Rüstungsproduktion

Die Umstellung auf die Kriegsproduktion erfolgte bei der GHH erst langsam. Erst im Dezember 1914 nahmen die Eisenwerke der GHH die Produktion von Rüstungsgütern auf. Sie stellte Granatstahl her, der in den Betriebsstätten des Maschinenbaus in Sterkrade ab Januar 1915 zu Stahlgeschossen gepresst wurde. Ab 1916 wurde jedoch die Geschossproduktion (Granaten, Schrapnells, Wurfminen) bei der GHH deutlich gesteigert:

Grafik 10 Die Produktion gepresster Geschosse der GHH 1915–1918 in 1000 Stück[41]

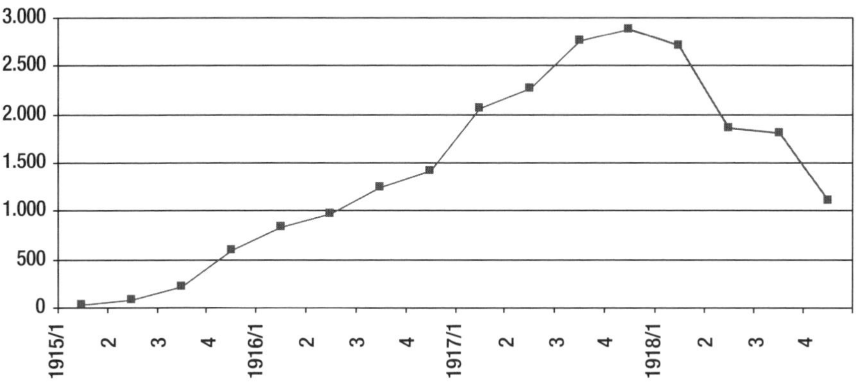

Wegen der Fertigung von Granatstahl arbeitete von den vorhandenen Stab- und Trägerstraßen seit Herbst 1915 nur noch eine für den zivilen Bedarf, während die anderen fünf Granatblöckchen produzierten. Aufgrund der großen Aufträge im Rahmen des Hindenburgprogramms wurden in den immer stärker ausgelasteten Walzwerken Sonntagsschichten gefahren und der Betrieb später auf Tag- und Nachtschichten umgestellt.[42] Zusätzlich nahm der GHH-Maschinenbau 1916 auch die Produktion von Minenwerfern und Mantelrohren für Geschütze auf, obgleich hierfür völlig neue Betriebseinrichtungen, vor allem Pressen, nötig waren.[43]

Die wachsende Produktion dieser Rüstungsgüter erforderte ab 1916 eine Erweiterung der Produktionskapazitäten. Da gleichzeitig die Nachfrage nach zivilen Gütern aus dem In- und Ausland völlig eingebrochen war, beschloss die Unternehmensleitung erst Ende 1916, im Walzwerk Neu-Oberhausen eine

Abb. 27 Auszuliefernde Geschütze im Werk Sterkrade im Ersten Weltkrieg

dritte Blockstraße zu installieren, die jedoch bis Kriegsende nicht mehr in Betrieb kam.[44] Durch den Neubau des Maschinenbau-Werks II mit 21 neuen Hallen verdoppelte man 1916 bis 1918 die räumlichen Kapazitäten der Sterkrader Abteilung und nahm 1917 ein drittes Presswerk in Betrieb.[45]

Aufgrund der großen Nachfrage des Heeres vergrößerte die GHH auch ihre Produktionskapazitäten in der Drahterzeugung. Durch die Steigerung der Stacheldrahtmaschinen von 14 auf 31 Stück steigerte man z. B. die Stacheldrahterzeugung in Gelsenkirchen um das Fünffache und lieferte ein Zehntel des gesamten Bedarfs an die deutsche Armee. Neben der Herstellung des Granatstahls war die Drahtproduktion in Gelsenkirchen und Osnabrück durch ihren großen Bedarf an Stahlhalbzeug fast allein für die starke Auslastung der Stahl- und Walzkapazitäten in Oberhausen verantwortlich, die 1916/1917 die Friedensleistung überstieg.[46]

Anders als die anderen Betriebszweige brauchte die Brückenbauabteilung ihre Produktion für den Kriegsbedarf nicht umzustellen, weshalb sie bereits 1914 vollständig ausgelastet war. Neben der Errichtung neuer Brücken für militärisch wichtige Bahnverbindungen übernahm sie vor allem die schnelle Wiederherstellung zerstörter Brücken in den besetzten Gebieten Belgiens, Frankreichs oder Russlands, z. B. bei Lüttich, Ansremme oder Kowno.[47] Daneben lieferte sie Gelenkbrücken ans Heer und errichtete zahlreiche Hallen für Luftschiffe und Flugzeuge sowie 12 Schwimmdocks für die Marine.[48]

Die Umstellung der Produktion auf den Kriegsbedarf erfolgte dabei in allen Abteilungen unter schwierigen Bedingungen. So verschlechterte sich mit Kriegsausbruch schlagartig die Rohstoffversorgung des Unternehmens. Der Ausfall der Erzimporte konnte dabei noch größtenteils durch eine verstärkte Minetteförderung und den anhaltenden Bezug von Schwedenerzen ausgeglichen werden.[49] Den großen Mangel bei den Stahllegierungszusätzen (Mangan etc.) bildete ein größeres Problem, das die GHH aber durch den Betrieb stillgelegter Gruben in Rheinland-Westfalen und Hessen ebenfalls weitgehend ausgleichen konnte.[50]

Von größerer Bedeutung für die Eisenproduktion erwies sich in der gesamten Kriegszeit dagegen der Kohlenmangel, der durch die Einberufung der Bergarbeiter ausgelöst wurde.[51] Tatsächlich konnte das Unternehmen den Ausfall von 25 % der Friedensleistung trotz einer Teilmechanisierung der Förderung sowie dem Einsatz von Kriegsgefangenen und belgischen Zwangsarbeitern bis zum Kriegsende nicht ausgleichen.[52] Nicht nur im harten Kriegswinter 1916/1917 fehlte es an Kokskohlen, so dass 1916 zahlreiche Hochöfen außer Betrieb gesetzt wurden. Verschärfend kam für die GHH hinzu, dass aufgrund des Kohlenmangels keine Kokereien ohne Gewinnung von Nebenprodukten betrieben werden durften, die für die Sprengstoffproduktion kriegswichtig waren. Aus diesem Grund errichtete die Unternehmensleitung 1916 eine Benzolfabrik auf der Zeche Vondern und 1918 eine vollständig neue Kokerei mit Nebenanlagen auf Zeche Jacobi bzw. vergrößerte die Kokereianlagen auf der Zeche Sterkrade 1917.[53]

Die stockende Koks- und Roheisenproduktion wiederum hatte neben dem Produktionsrückgang aufgrund der innerbetrieblichen Wärmeökonomie große Auswirkungen, waren doch die einzelnen Werke über ihren Kraftbedarf stark miteinander verkoppelt. So führte die Stilllegung von Koks- und Hochöfen zu einem Mangel an Koks- bzw. Hochofengichtgasen, die für die Krafterzeugung der anderen Werke fehlten. Als Ersatz mussten Dampfkessel mit Kohlen betrieben werden, was den Kohlenmangel weiter steigerte.[54] Zusätzlich zu diesen Schwierigkeiten führten die Beschaffung von Ersatzteilen, der Einsatz minderwertiger Betriebsstoffe (Öle, Fette), die Bürokratie der staatlichen Bewirtschaftungsstellen, aber auch der Mangel an Strom und Eisenwaggons zu Produktionsstörungen und erklären, warum die Roheisenerzeugung im Ersten Weltkrieg bei weitem nicht die Höhe vor 1914 erreichte.[55] Nur durch den steigenden Einsatz von Schrott in den Siemens-Martin-Werken war es dem Unternehmen möglich, die Rohstahlerzeugung von 522 000 t 1915 auf 689 000 t 1918 zu steigern und damit stets mehr Stahl als Roheisen zu erzeugen.[56] In den Sterkrader Betrieben schließlich hemmten gegen Kriegsende auch ausbleibende Lieferungen von Zulieferern die Herstellung der Rüstungsgüter.[57]

Arbeitermangel

Das größte Hemmnis für eine Steigerung der Produktion in allen Werken bildete jedoch der Arbeitermangel, verlor die GHH doch nach Kriegsbeginn ein Drittel ihrer Arbeiter. Als Ersatz begann das Unternehmen ab Anfang 1915 Frauen und junge Mädchen zu beschäftigen, von denen ein großer Teil in der Geschossfertigung in Sterkrade eingesetzt wurde.[58]

Tab. 4: Die Zusammensetzung der Belegschaft in verschiedenen GHH-Werken 1917/1918[59]

	Gesamtbeschäftigung	Dt. Arbeiter	Dt. Arbeiterinnen	Belgier	Griechen	Strafgefangene	Kriegsgefangene
Kohlenzechen	14 828	10 639	631	871	19	64	2 604
Eisenhütte Oberhausen	2 609	1 146	214	227	89		933
Walzwerk Oberhausen	1 960	950	180	445	25		360
Sterkrader Betriebe	12 461	7 611	2 825				2 025

Allerdings setzte die körperliche Belastung wie etwa im Kohlenbergbau der Beschäftigung von Frauen Grenzen, weshalb die GHH ab Anfang 1915 auch Kriegsgefangene vor allem in den Kohlenbergwerken einzusetzen begann.[60] Daneben wurde auf belgische Arbeiter, die die deutsche Militärverwaltung in Belgien zwangsrekrutiert hatte, zurückgegriffen. Untergebracht wurden diese Arbeitergruppen zunächst in den Ledigenheimen und später in bewachten Baracken auf den Werksgeländen.[61]

Weder durch diese Zwangsarbeit noch den Einsatz von Strafgefangenen oder die Rückkehr deutscher Facharbeiter aus dem Krieg aufgrund des Hindenburgprogramms vermochte die GHH jedoch das Arbeiterproblem grundsätzlich zu lösen, sank doch durch die Beschäftigung der vielfach unkundigen Arbeiter die Produktivität in den Betrieben stark ab.[62] Hierzu trug auch die zunehmend schlechtere Verpflegungslage bei. So waren die Lieferungen der staatlichen Stellen zu knapp bemessen, um die ausländischen Arbeitskräfte ausreichend zu ernähren, weshalb die GHH zusätzlich Nahrungsmittel auf dem «freien» Markt organisierte.[63]

Die Verteuerung und Verknappung von Lebensmitteln traf auch die deutsche Belegschaft der GHH. Nachdem das Unternehmen bereits direkt nach Kriegsausbruch ihren Kriegsteilnehmern und deren Familien Unterstützungen wie mehrmonatige Gehaltszahlungen oder die Fortdauer der Werkskassenzugehörigkeit bewilligt hatte,[64] verlagerte sich der Fokus der betrieblichen Fürsorgepolitik ab 1916 vor allem auf das Ernährungsproblem. Die GHH verteilte Lebensmittel an ihre Beschäftigten und deren Familien, vergab Gartenland zum Anbau von Gemüse und richtete zahlreiche Volksküchen ein, wo Arbeiter und ihre Familien ein subventioniertes Mittagessen erhielten.[65] Zudem wurden ein Säuglingsheim sowie zwei Kinderhorte in Sterkrade und Stemmersberg gegründet, um die arbeitenden Arbeiterfrauen von der Kinderbetreuung zu entlasten.[66] Trotz dieser Unterstützungen verschlechterte sich jedoch die Lage der Arbeiterfamilien gegen Kriegsende immer mehr, weshalb auf den Zechen Ludwig und Jacobi 1917 und 1918 mehrere Streiks vor allem jüngerer Arbeiter für mehr Lohn und bessere Nahrung ausbrachen.[67]

Neben den Arbeiter- und Ernährungsproblemen beschäftigte sich die Unternehmensleitung in der Endphase des Krieges vor allem mit der Ausrichtung des Unternehmens und der Auslastung der neu geschaffenen Kapazitäten im zukünftigen Frieden.[68] So konstatierte Reusch in einer Denkschrift vom 17. März 1918: «Die Gutehoffnungshütte gehört ganz besonders zu denjenigen Werken, welche sich vermöge ihrer Ausdehnung im Kriege nach Friedensschluss mit dem Gedanken einer anderweitigen Verwendung ihrer Rüstungswerkstätten werden beschäftigen müssen.»[69] Nur wenige Tage später wies Reusch, der über die Kriegslage aufgrund seiner Zusammenarbeit mit den staatlichen Behörden gut informiert war,[70] in der Aufsichtsratssitzung vom 25. März 1918 darauf hin, dass aufgrund der Feindschaft mit den Kriegsgegnern zahlreiche Exporte in britische Einflussgebiete unmöglich würden und der GHH sowohl eine Verschiebung als auch ein Rückgang des Absatzes bevorstünde.[71] Als Ausweg befürwortete der GHH-Vorstand den noch stärkeren Ausbau der Weiterverarbeitung. So hielt man in der Denkschrift vom 22. April 1918 über den Erwerb des Altenhundemer Walzwerk fest: «Das Streben der großen Werke geht schon seit Jahren dahin, immer mehr in die Verfeinerung überzugehen. Auch wir haben uns dieser Notwendigkeit nicht verschlossen. Ein Erfahrungssatz lehrt, dass, wenn roh- und Halbzeugfabrikate vielfach nur noch ohne Gewinn oder zu Verlustpreisen abgestoßen werden können, an der Verfeinerung immer noch ein, wenn auch bescheidener, Gewinn zu machen war.»[72] Mit der beschleunigten Umsetzung dieser bereits vor Kriegsausbruch verfolgten Strategie begannen Reusch und die GHH noch vor dem Waffenstillstand am 11. November 1918.

Zweiter Teil

Die M.A.N.: Vorgeschichte, Entstehung und Aufstieg (1840–1920)

von Johannes Bähr

Vorbemerkung

Der Name MAN – bis 1986 als M.A.N. geschrieben – verweist auf die historischen Wurzeln der Unternehmensgruppe an ihren bayerischen Traditionsstandorten Augsburg und Nürnberg. In beiden Städten reicht die Geschichte des Konzerns bis zum Beginn der Industrialisierung in den 1840er Jahren zurück. Damals entstanden in Augsburg wie in Nürnberg Maschinenfabriken, die sich mehr als fünfzig Jahre lang unabhängig voneinander entwickelten, bis sie 1898 zur Vereinigten Maschinenfabrik Augsburg und Maschinenbaugesellschaft Nürnberg AG (ab 1908: Maschinenfabrik Augsburg-Nürnberg) fusionierten. Die Geschichte der MAN Gruppe beginnt zwar nicht erst mit diesen Unternehmen, sondern mit den wesentlich älteren Vorgängerfirmen der Gutehoffnungshütte. Doch gingen von den Maschinenfabriken in Augsburg und in Nürnberg Traditionslinien aus, die sich in der eigenständigen Geschichte der M.A.N. innerhalb des GHH-Konzerns fortsetzten und seit dem Wandel von der GHH zur MAN AG das Profil der gesamten Unternehmensgruppe weitaus stärker prägen als das Erbe der GHH.

1 Die Anfänge in Augsburg: Die Sander'sche und die C. Reichenbach'sche Maschinenfabrik

Der Tabakfabrikant Ludwig Sander gründet eine Maschinenfabrik für die Augsburger Textilindustrie

Das älteste Vorgängerunternehmen der Maschinenfabrik Augsburg-Nürnberg war die Sander'sche Maschinenfabrik, die am 13. November 1840 in Augsburg entstand. An diesem Tag erteilte die Königliche Regierung von Schwaben und Neuburg dem Fabrikanten Ludwig Sander eine Konzession «zur Errichtung und zum Betriebe einer Maschinen-Fabrik in Augsburg».[1] Für die Augsburger Bürger war der Vorgang damals kein herausragendes Ereignis, sondern nur eine von mehreren Unternehmensgründungen dieser Zeit. Als die Konzession für Sander erteilt wurde, stand die Stadt noch ganz im Bann eines Großereignisses, das wenige Wochen zuvor stattgefunden hatte: die Eröffnung einer Eisenbahnlinie von Augsburg nach München am 4. Oktober 1840. Die Eisenbahn galt allgemein als Symbol einer neuen Zeit, die von technischem Fortschritt und neuen, industriellen Produktionsmethoden gekennzeichnet war. Sie wurde zum Leitsektor der Industrialisierung in Deutschland. Die Eisenbahnstrecke Augsburg-München war die zweite in Bayern, nach der 1835 eröffneten Bayerischen Ludwigsbahn zwischen Nürnberg und Fürth.

Schon beim Bau der Eisenbahnlinie nach München war in Augsburg eine Aufschwungsstimmung aufgekommen. Die ehemalige Reichsstadt hatte nach ihrer Angliederung an das Königreich Bayern im Jahr 1806 einige Rückschläge hinnehmen müssen. Die beginnende Industrialisierung und der Bau der Eisenbahn boten Augsburg wieder eine interessante Zukunftsperspektive. Kapital und Unternehmergeist waren reichlich vorhanden, vor allem aufgrund der ortsansässigen Bankhäuser und des bedeutenden Textilgewerbes.[2] Die industrielle Entwicklung der Stadt, die 1840 knapp 37 000 Einwohner hatte – und damit weniger als am Ende des 16. Jahrhunderts – ging in dieser Zeit vom Textilgewerbe aus. Es entstanden neue Textilfabriken, allen voran die 1837 gegründete Mechanische Baumwollspinnerei und Weberei Augsburg (SWA). Die vom Bankier Ferdinand Benedikt von Schaezler zusammen mit einigen Augsburger Industriellen auf Aktienbasis errichtete SWA beschäftigte schon 1842 mehr als 1000 Arbeiter und war lange Zeit das größte Unternehmen Bayerns.[3] Augsburg entwickelte sich auch zu einem wichtigen Standort des Tabakgewerbes und war

Sitz des renommierten Cotta-Verlags, in dem die damals führende deutschsprachige Zeitung erschien, die *Allgemeine Zeitung*.[4]

Der Gründer des 1840 entstandenen M.A.N.-Vorgängerunternehmens, Ludwig Sander, war kein Ingenieur, sondern ein vermögender Unternehmer und gründete die Maschinenfabrik aus einem kaufmännischen Kalkül heraus. Sander drängte mit seinem Unternehmen in eine Marktlücke, die durch die Errichtung der SWA entstanden war. Die SWA benötigte in großer Zahl Textilmaschinen, die sie aber von der elsässischen Firma Koechlin beziehen musste, da es in Augsburg noch keine Maschinenfabrik gab. Weil die Gewerbe der Stadt in reichlichem Maße Wasserkraft nutzen konnten, hatte man es versäumt, einen eigenen Maschinenbau zu errichten. Aus ähnlichen Überlegungen heraus gründete Sander 1851 die Baumwollspinnerei am Stadtbach. Dieses Unternehmen belieferte die SWA mit Garn, das bis dahin ebenfalls nur von auswärts bezogen werden konnte.[5] Unter den gegebenen Bedingungen war der Betrieb beider Unternehmen für Sander ein fast risikoloses Geschäft, weil sie als einzige örtliche Lieferanten für den Großbetrieb SWA praktisch eine Absatzgarantie hatten. Bei Sanders Firmengründungen spielte wohl zudem die Absicht mit, seinen Söhnen später einmal ein eigenes Unternehmen bieten zu können.[6] Die Zustimmung der Augsburger Wirtschaft war Sander bei der Gründung seiner Fabriken sicher, da schon bei Errichtung der SWA der Ruf nach einer Maschinenfabrik vor Ort laut geworden war, die schneller und von Zollschranken unbehindert liefern konnte.[7]

Ludwig Sander (geb. 3. 7. 1790 in Bad Kreuznach, gest. 26. 10. 1877 in Augsburg) gehörte damals zu den einflussreichsten Persönlichkeiten der Augsburger Wirtschaft. Er hatte sich 1812 in der Stadt niedergelassen, um die Leitung der Lotzbeck'schen Tabakfabrik zu übernehmen, einer Tochtergesellschaft des gleichnamigen Unternehmens im badischen Lahr, das seinem Onkel Carl Freiherr von Lotzbeck gehörte.[8] 1815 heiratete Sander seine Cousine Henriette Freiin von Lotzbeck, womit er seine Stellung innerhalb des Familienunternehmens festigte. Die Geschäfte der Augsburger Tabakfabrik liefen gut. Das Unternehmen wurde eines der größten seiner Art in Bayern, hatte bis zu 100 Mitarbeiter und warf hohe Gewinne ab. 1820 wurde Sander Mitinhaber des Stammhauses in Lahr, leitete aber weiterhin die Augsburger Fabrik, die nun in eine Zweigniederlassung umgewandelt worden war.

Nach dem Urteil des Historikers Peter Fassl, der sich eingehend mit der Augsburger Wirtschaft dieser Zeit beschäftigt hat, war Sander «seit den 30er Jahren bei allen größeren industriellen Unternehmungen in Augsburg beteiligt». Fassl zählt die Familie Sander und die mit ihr verschwägerte Familie des Kattunfabrikanten Forster «zu den beiden führenden Industriellenfamilien [Augsburgs] in der ersten Hälfte des 19. Jahrhunderts».[9] Sander gehörte seit 1818 dem Stadtkollegium an und trat später auch dem von Bürgermeister Car-

Abb. 28 Ludwig Sander

ron du Val gebildeten Komitee für den Bau der Bahnstrecke Augsburg-München bei. Vorübergehend galt er sogar als Kandidat für das Amt des bayerischen Handelsministers.[10] In seinem Haus verkehrten hohe Regierungsbeamte, Bankiers und Industrielle. Mit den Fürsten Fugger war Sander ebenso bekannt wie mit dem Nationalökonomen Friedrich List, der damals einige Jahre in Augsburg lebte.[11]

Sanders Idee, in Augsburg Maschinen für die SWA herzustellen, war sicher in den Jahren 1838/39 entstanden, als die SWA aufgebaut wurde. Vermutlich war er auch nicht der einzige Unternehmer in Augsburg, der diese nahe liegende Idee hatte, doch bedurfte es zum Betrieb einer Maschinenfabrik auch technischer Kenntnisse, die in Augsburg eben nicht vorhanden waren. Erst nachdem Sander den Maschinenbau-Ingenieur Gaspard Dollfus kennen gelernt und für sein Projekt angeworben hatte, waren auch die Voraussetzungen zur Gründung der Maschinenfabrik gegeben. Sander fand seinen Maschinenbau-Spezialisten in der gleichen Firma, von der die SWA ihre Maschinen bezog: der Maschinenfabrik Koechlin.

Gaspard Dollfus (geb. 11. 1. 1812 in Mulhouse, gest. 16. 4. 1889 auf Schloss Montcherand sur Orbe/Schweiz) war ebenso wie Sander aus beruflichen Gründen nach Augsburg zugewandert.[12] Er stammte aus Mülhausen im Elsass, einem Zentrum der Textilindustrie. Zu seiner Verwandtschaft zählten dort einige bedeutende Unternehmer, darunter auch der Maschinenfabrikant André Koechlin. In der angesehenen Maschinenfabrik Koechlin war Dollfus zum Ingenieur ausgebildet worden. 1838 hatte Koechlin den Auftrag erhalten, die SWA auszurüsten. Er schickte daraufhin Dollfus mehrfach nach Augsburg, um den Aufbau der Maschinen in der SWA zu leiten.[13] In Augsburg lernte Dollfus Ludwig Sander kennen, der ihn dann von Koechlin abwarb. Schon bald nach seinem Eintritt in die Sander'sche Maschinenfabrik heiratete Dollfus in Augsburg Adèle Le Bret, die Tochter des Cotta'schen Generalbevollmächtigten und Mitredakteurs der *Allgemeinen Zeitung*, Professor Carl Albrecht Le Bret.

Ludwig Sander ging die Gründung der Maschinenfabrik an, indem er am 7. Mai 1840 von der Unternehmerfamilie Schüle für 30 000 fl. das 30 Tagwerk große, von zwei Lechkanälen durchzogene Gelände der früheren Scheckenbleiche vor dem Steffinger Tor erwarb.[14] Für den vermögenden Tabakfabrikanten war es offenbar kein Problem, diese Summe aufzubringen, denn im gleichen Jahr stellte er auch das Startkapital für die Maschinenfabrik in Höhe von 20 000 fl. bereit und beteiligte sich zudem noch mit einem Betrag von 40 000 fl. an der Augsburger Kammgarnspinnerei. Nun war Dollfus am Zug. Sander hatte mit ihm vereinbart, dass er die Maschinenfabrik für einen Zeitraum von zunächst drei Jahren pachten und leiten sollte. Dollfus musste dafür aber erst einmal eine Konzession beantragen. Da noch keine Gewerbefreiheit bestand, konnte ein Unternehmen nicht durch bloßen Gesellschafterbeschluss und eine Eintragung ins Handelsregister gegründet werden. Es bedurfte zunächst einer von den Behörden ausgestellten Gewerbekonzession. Zuständig war in diesem Fall die Königliche Regierung zu Schwaben und Neuburg, eine Art Regierungspräsidium für das Bayerische Schwaben.

Bei der Konzessionserteilung tat sich ein Hindernis auf, mit dem Sander und Dollfus nicht gerechnet hatten. Die Königliche Regierung von Schwaben und Neuburg verweigerte Dollfus die Konzession mit der Begründung, dass er französischer Staatsbürger sei. Obwohl das Elsass damals schon seit mehr als 150 Jahren zu Frankreich gehörte, hatte Sander mit diesem Einwand offenbar nicht gerechnet, zumal Dollfus eben deutschsprachig war und in Augsburg wohnte. Er entschied sich daraufhin, selbst die Konzession für die Maschinenfabrik zu beantragen und Dollfus – wenn auch nur pro forma – als technischen Leiter anzustellen. Gegen Sanders Gesuch konnte die Behörde keine Einwände vorbringen und erteilte ihm am 13. November 1840 die Konzession. Da Sander auch das Startkapital von 20 000 fl. eingebracht hatte, konnte das M.A.N.-Vorgängerunternehmen nun den Betrieb aufnehmen.[15]

Die Ablehnung des von Dollfus gestellten Antrags wollte Sander gleichwohl nicht hinnehmen. Er hatte nicht vor, die Maschinenfabrik auf Dauer selbst zu leiten und musste wohl auch befürchten, dass ein begehrter Fachmann wie

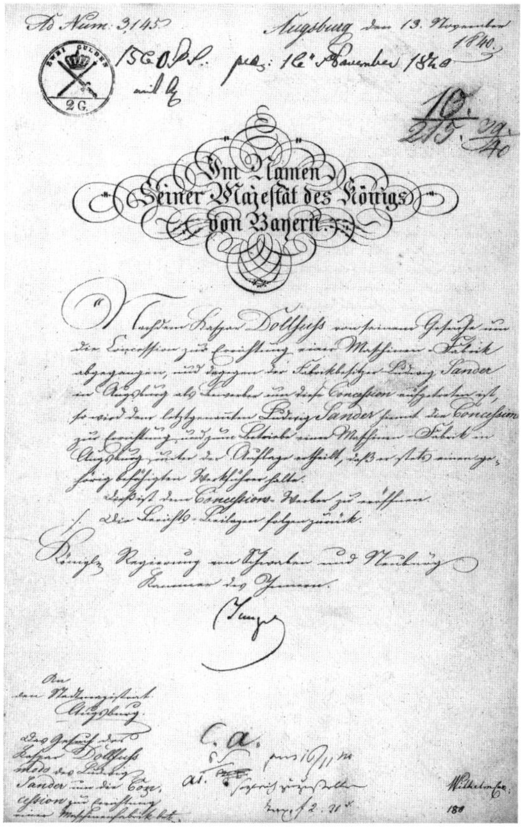
Ad Num: 3145

Augsburg den 13. November 1840.

Im Namen Seiner Majestät des Königs von Bayern.

Abb. 29 Konzessionsurkunde für Ludwig Sander vom 13. 11. 1840

Dollfus sich nicht mit einer nachrangigen Position in dem kleinen, noch im Aufbau befindlichen Unternehmen begnügen würde. Vielleicht empfand Sander die Ablehnung des von ihm unterstützten Antrags von Dollfus auch als einen Affront, den er schon wegen seiner gesellschaftlichen Stellung in der Stadt nicht unbeantwortet lassen konnte. Jedenfalls brachte Sander die Angelegenheit vor den Augsburger Magistrat und drohte dort mit der Stilllegung der Fabrik, falls Dollfus keine Konzession erhielte. Man einigte sich darauf, dass Sander zugunsten von Dollfus verzichtete, und am 29. Dezember 1840 wurde Dollfus endlich die Konzession erteilt.[16] Dass Sander sich in dieser Frage letztlich doch durchsetzen konnte, sagt viel aus über den Einfluss, den er in Augsburg hatte.

Die Sander'sche Maschinenfabrik nahm im Herbst 1840 mit bescheidenen Mitteln die Produktion auf. Ihre Ausrüstung bestand zunächst aus vier hölzernen Drehbänken, einer Bohrmaschine, vier Ventilatoren und einem Kupolofen.[17] Es ist nahe liegend anzunehmen, dass die Fabrik hauptsächlich als Zulieferer für die SWA arbeitete. Wie eine Annonce vom März 1841 belegt, verstand sich das Unternehmen jedoch als Generalist, der seinen Kunden den Bau von «Maschinen jeder Art» anbot. Genannt wurden u. a. Dampfmaschinen «in allen Dimensionen», Wasserräder, Turbinen, Getriebe, Walz- und Hammerwerke, Dampfkessel, Gasapparate, Heizapparate, Druckmaschinen sowie «sämtliche Maschinen für Spinnerei und Weberei».[18] Zur Kundschaft gehörten Firmen aus ganz Süddeutschland. Größter Kunde war aber natürlich die SWA. Neben ihr war auch die Augsburger Kammgarnspinnerei Merz ein wichtiger Abnehmer.[19] So dürfte die Sander'sche Maschinenfabrik zwar dem Angebot nach Generalist gewesen sein, in der Praxis aber hauptsächlich Textilmaschinen hergestellt haben.

Aus den Auftragsbüchern, den einzigen erhaltenen Originalunterlagen der Sander'schen Maschinenfabrik, geht auch hervor, dass es in den ersten Jahren ernsthafte Probleme bei der Produktion gegeben haben muss. Im Juni 1842 reklamierte die SWA einige Gussstücke, die offenbar unbrauchbar waren, und kündigte den Abbruch der Geschäftsverbindung an, was für die junge Maschinenfabrik wohl das sichere Ende bedeutet hätte.[20] Zu diesem Zeitpunkt war Sanders Unternehmen nicht viel mehr als eine größere Werkstatt. Sie beschäftigte im Jahr 1843 44 Arbeiter.[21]

Bei der Gründung des Unternehmens hatte Dollfus einen auf zunächst drei Jahre befristeten Vertrag erhalten. Als der Vertrag zum Jahresende 1843 auslief, lehnte Sander eine Verlängerung ab. In einem Schreiben vom 7. 2. 1844 musste Dollfus den Kunden mitteilen, dass sein Kommanditgesellschaftsvertrag mit Sander ausgelaufen und ein neuer Vertrag nicht zustande gekommen sei, weshalb er von dem «vor drei Jahren errichteten Maschinen-Fabrikgeschäfte zurücktrete».[22] Aus welchen Gründen Dollfus ausschied, lässt sich nicht eindeutig feststellen. In der von Carl Oswald verfassten Biografie über Dollfus wird von «stürmischen Auseinandersetzungen» mit Sander berichtet. Dollfus sei «trotz seiner hohen Intelligenz ein eigenwilliger und schwieriger Partner» gewesen. Dass Sander den Pachtvertrag nicht verlängerte, hätte ihn tief verletzt.[23] Nach seinem Ausscheiden aus der Sander'schen Maschinenfabrik verließ Dollfus Augsburg und beschäftigte sich auf Anregung des technischen Direktors der SWA, Ludwig August Riedinger, mit der Gasbeleuchtungstechnik.[24] Schon im Februar 1844 konnte er mit der Stadt Stuttgart einen Vertrag über die Errichtung eines Gaswerks abschließen. In Nürnberg, Wiesbaden und Basel baute er weitere Gaswerke und wandte sich dann dem Brückenbau zu. In den 1850er Jahren errichtete Dollfus für die Schweizer Bahnen zahlreiche Eisenbahnbrücken, u. a. den viel bewunderten Eisenbahnviadukt über die Sitter bei St. Gallen. Er verfügte nun über genügend Vermögen, um ein Schloss im Schweizer Kanton Waadt zu erwerben. Der französische Staat ernannte ihn zum Ritter der Ehrenlegion. Als Dollfus 1889 starb, wurde er in Nachrufen als genialer Ingenieur gewürdigt, dessen Brückenbauten «seinen Namen wahrhaft unsterblich gemacht haben».[25]

Der Beginn des Druckmaschinenbaus: Die Fabrik unter der Leitung von Carl August Reichenbach und Carl Buz

Ludwig Sander leitete nach der Trennung von Dollfus zunächst selbst die Geschäfte des Unternehmens. Nach wenigen Monaten hatte er zwei fähige Spezialisten gefunden, die er mit der Leitung der Fabrik betrauen konnte: den Mechaniker Carl August Reichenbach und den Unternehmer Carl Buz. Nachdem Sander die Maschinenfabrik zum 1. September 1844 an Reichenbach verpachtet und nochmals Kapital in das Unternehmen eingebracht hatte, wandte er sich neuen Aufgaben zu. Gemeinsam mit mehreren Partnern errichtete er zwei Jahre später eine Baumwollspinnerei und Weberei auf Aktienbasis. 1855 verkaufte Sander die Maschinenfabrik an Buz und Reichenbach.[26] Er wurde damals 65 Jahre alt und wollte möglicherweise mit dem Erlös seine Kinder finanziell absichern. Nach Ludwig Sanders Tod gründeten seine Töchter zum Andenken an ihren Vater 1880 die Sander'sche Stiftung, die seitdem bedürftige Augsburger Bürger durch die Überlassung günstiger Wohnungen unterstützt.[27]

Carl August Reichenbach und Carl Buz bildeten ein talentiertes Duo. Es war ihr Verdienst, dass die Maschinenfabrik Augsburg damals ein besonderes Profil entwickelte, durch das sie sich von den anderen Firmen ihrer Branche unterschied. So gesehen haben Buz und Reichenbach die Entwicklung des Unternehmens langfristig stärker geprägt als die Firmengründer Sander und Dollfus. Carl August Reichenbach (geb. 18. 6. 1801 in Eisleben, gest. 19. 8. 1883 in Augsburg) war ein Neffe Friedrich Koenigs, des Erfinders der Schnellpresse und Mitbegründers der Firma Koenig & Bauer, der ersten Druckmaschinenfabrik der Welt.[28] Nach einer Drechsler- und Mechanikerlehre hatte er zunächst in der Fabrik seines Onkels in Oberzell bei Würzburg gearbeitet. Im Herbst 1824 kam Reichenbach nach Augsburg, um eine Schnellpresse zu bedienen, die Koenig an die Cotta'sche Druckerei geliefert hatte. Schon bald erhielt er aber einen neuen Auftrag seines Onkels. Da der Umsatz von Koenig & Bauer zurückgegangen war, wurde Reichenbach in die Niederlande, nach Belgien und Frankreich geschickt, um die Märkte in diesen Ländern auszuloten. 1828 holte ihn die Cotta'sche Druckerei nach Augsburg zurück und stellte ihn als Maschinenmeister an. Reichenbach wurde in Augsburg heimisch. Er heiratete Sophie Sprinzing, deren Vater Expediteur bei der Cotta'schen Druckerei war. Über die Verwandtschaft seiner Frau ergaben sich weitere Verbindungen. 1835 erwarb Reichenbach zusammen mit seinem Schwager Gottlieb Ulrich Geiger eine Zeitungsdruckerei und wurde Miteigentümer des *Augsburger Tagblatts*, behielt aber bis zum Einstieg in die Sander'sche Maschinenfabrik weiterhin seine leitende Position bei Cotta.[29]

Carl Buz (2. 4. 1803 in Wiesenbrunn/Unterfranken, gest. 18. 10. 1870 in Augsburg) stammte ebenso wie Reichenbach, Sander und Dollfus nicht aus Augsburg.[30] Er war in München aufgewachsen, als dritter Sohn eines königlich bayerischen Administrationsrates. Sein Vater, der im bayerischen Kriegsministerium arbeitete und dort bis zum Ministerialreferenten aufstieg, ließ seine Söhne schon frühzeitig für die Offizierslaufbahn ausbilden. Als junger Offizier bewies Buz seine technische Begabung. Er entschied sich für das Ingenieurskorps (Geniekorps) der bayerischen Armee: Nachdem er mit seiner Einheit zu Brückenbauarbeiten nach Augsburg versetzt worden war, ließ er sich im November 1835 beurlauben, um die Bauleitung für die Teilstrecke Nannhofen–Augsburg der Eisenbahnlinie München–Augsburg zu übernehmen. Drei Jahre später schied Buz aus der Armee aus und wurde «Zivilingenieur» in Augsburg. 1841 ließ er sich von seiner Frau Adolphine scheiden, um Auguste Geiger, die Schwägerin Reichenbachs, zu heiraten. Deren erster Mann Gottlieb Ulrich Geiger, war gestorben und hatte ihr seine Mitinhaberschaft an der gemeinsam mit Carl August Reichenbach erworbenen Buchdruckerei vererbt. Durch die Heirat stieg Buz nun in das Unternehmen ein. Aus der geschäftlichen wie verwandtschaftlichen Verbindung zwischen Buz und Reichenbach erwuchs eine erfolgreiche Zusammenarbeit. Vier Jahre nach dem Beginn ihrer Partnerschaft bei der Geiger'schen Druckerei trauten es sich die beiden Schwager zu, gemeinsam die Sander'sche Maschinenfabrik zu pachten und zu leiten. Die Konzession wurde von Reichenbach beantragt, der als Maschinenmeister bei Cotta und Neffe Friedrich Koenigs über eine erstklassige Reputation verfügte.

Nachdem die königliche Regierung von Schwaben und Neuburg am 18. September 1844 die Konzession erteilt hatte, gingen Reichenbach und Buz daran, die von Sander gegründete Maschinenfabrik neu aufzustellen.[31] Das Unternehmen erhielt nun die Bezeichnung «C. Reichenbach'sche Maschinen-Fabrik». Dass man sich für den Namen Reichenbachs entschied, hing nicht nur damit zusammen, dass dieser die Konzession erhalten hatte. Eine wichtige Rolle spielte wohl auch, dass seine Verwandtschaft mit dem bekannten Unternehmer und Erfinder Friedrich Koenig werbewirksam genutzt werden konnte.

Mit dem Eintritt Reichenbachs in die von Sander gegründete Maschinenfabrik stand praktisch fest, dass das Unternehmen eine neue Ausrichtung erhalten würde. Der Neffe Friedrich Koenigs hatte sicherlich nie vor, eine Textilmaschinenfabrik zu leiten, die als Zulieferbetrieb für die SWA aufgestellt war. Reichenbach und Buz führten das Unternehmen aus dem Schatten der großen Nachbarin SWA heraus. Durch Reichenbachs Kenntnisse konnte jetzt der Druckmaschinenbau (Schnellpressenbau) aufgenommen werden. Die junge

Maschinenfabrik erhielt so ein eigenständiges Profil und konnte mit ihren Schnellpressen schon bald überregional beachtete Erfolge erzielen. Der Schwenk vom Textilmaschinenbau zum Druckmaschinenbau war für die weitere Entwicklung des Unternehmens und des Industriestandorts Augsburg langfristig von größter Bedeutung.

Die Strategie von Buz und Reichenbach führte freilich nicht zu einer einseitigen Spezialisierung auf den Druckmaschinenbau. Vielmehr entwickelten sie die Maschinenfabrik zu einem Unternehmen, das sowohl bei Dampfmaschinen als auch bei Druckmaschinen eine hohe Expertise vorweisen konnte. Während Reichenbach die Schnellpressen zu einem Aushängeschild der Firma machte, konzentrierte sich Buz auf den Dampfmaschinenbau. Diese «doppelte» Spezialisierung hatte den Vorteil, dass die Reichenbach'sche Maschinenfabrik auch nicht so sehr von der Nachfrage in einem einzelnen Marktsegment abhängig war wie die meisten anderen Maschinenbauunternehmen einschließlich des späteren Fusionspartners in Nürnberg, der Klett'schen Maschinenfabrik. Die Profilierung des Produktionsprogramms dürfte entscheidend zur raschen Zunahme der Beschäftigtenzahl und des Umsatzes in dieser Zeit beigetragen haben. Die Zahl der Arbeiter stieg zwischen 1844 und 1860 auf mehr als das Siebenfache an, von 44 auf 340.[32]

Schon wenige Wochen nach ihrem Einstieg in die Maschinenfabrik empfahlen sich Reichenbach und Buz den Kunden in einem Rundschreiben, das zwar die Ausführung von Maschinen aller Art anbot, aber auch den Bau von «Hand und Schnellpressen für Buchdrucker von jeder Gattung» erwähnte und darauf hinwies, «dass der Mitbesitzer unserer Fabrik, Carl August Reichenbach, ein Neffe Koenigs, des weltberühmten Gründers der Schnellpressen, mehrere Jahre in dessen Etablissement beschäftigt gewesen ist» und «vollkommene Gewährschaft für vorzügliche Brauchbarkeit der Schnellpresse bietet».[33] Friedrich Koenig hatte 1812 in London die erste Schnellpresse gebaut und ein Jahr später die ersten durch Dampf betriebenen Doppelschnellpressen hergestellt, auf denen dann die *Times* gedruckt wurde. Die Schnellpressen erzielten damals eine erstaunliche Druckleistung, obwohl sie noch das Einlegen der Druckbogen von Hand erforderten. Die ersten in Augsburg hergestellten Schnellpressen arbeiteten mit einem Kurbelantrieb. Reichenbach führte wichtige konstruktive Verbesserungen ein, indem er einen Wagen zwischen Kurbelgetriebe und Karren der Schnellpresse setzte («Eisenbahnbewegung»).[34] Im deutschsprachigen Raum stellten außer der Reichenbach'schen Maschinenfabrik nur zwei andere Firmen Druckmaschinen her: Koenig & Bauer und die von einem Stiefbruder Reichenbachs gegründete Fabrik Helbig & Müller in Wien.

Bald gingen bei der Reichenbach'schen Maschinenfabrik die ersten Aufträge für Schnellpressen ein. Am 8. Mai 1845, ein halbes Jahr nach Erteilung der Konzession an Reichenbach, konnte an die Druckerei von Nikolaus Hartmann in Augsburg eine Schnellpresse «neuester Konstruktion» geliefert werden. Dieser Tag gilt als das Geburtsdatum des MAN-Druckmaschinenbaus.[35] Weitere Schnellpressen wurden in den nächsten Monaten für Druckereien in München, Magdeburg, Düsseldorf, Regensburg und Würzburg hergestellt. Mit einem Auftrag aus Straßburg stieg die Reichenbach'sche Maschinenfabrik noch im selben Jahr in das Exportgeschäft ein.[36] In ganz Europa bestand eine wachsende Nachfrage nach Druckmaschinen, weil der Zeitungs- und Buchmarkt in dieser Epoche des «Vormärz» boomte. Presse und Literatur waren ein wichtiges Instrument der damaligen Freiheitsbewegungen. Für einen weiteren Schub sorgte das Revolutionsjahr 1848.

1851 präsentierte Reichenbach auf der ersten Weltausstellung in London eine Schnellpresse, die im Katalog der Weltausstellung als «a printing-machine of a new and simple construction» beschrieben wurde.[37] Das Augsburger Unternehmen setzte Maßstäbe in der Entwicklung der Druckmaschinentechnik. Schon 1850 wurde hier die erste Doppel-Schnellpresse gebaut, und im nächsten Jahrzehnt folgten die Vierfach-Schnellpresse (1866) und die Zweifarbenmaschine (1868).[38]

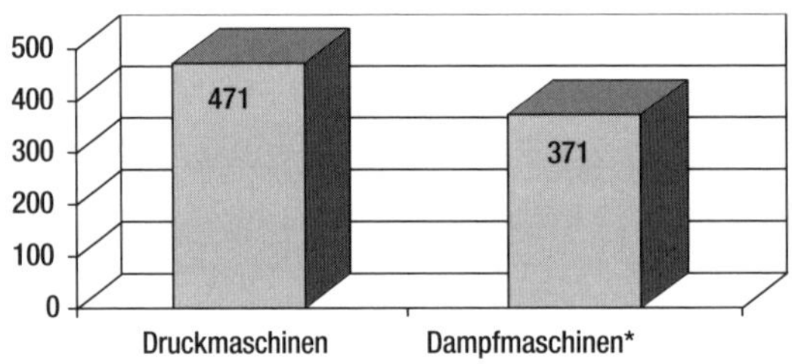

Grafik 11 Lieferungen der Maschinenfabrik Augsburg 1844–1860 in 1000 fl.[39]

Auch im Dampfmaschinenbau, ihrem anderen Standbein, erzielte die Reichenbach'sche Maschinenfabrik beachtliche Erfolge. 1845 lieferte das Unternehmen «3–4pferdige» Dampfmaschinen an zwei Augsburger Fabriken, die Zündholzfabrik Karl Eggert (später Süddeutsche Zündholz AG) und die Kattunfabrik Schoeppler & Hartmann. Fünf Jahre später stellte man bereits eine 25–30-pferdige Dampfmaschine mit Dampfkessel und Transmission für die Augsburger Kammgarnspinnerei her. Eine besondere Leistung war die Konstruktion der 1856 an die Feinspinnerei in Augsburg gelieferten 70–100-pferdigen Zwillings-Dampfmaschine. Bis Ende 1857 wurden 26 Dampfmaschinen mit einer Leistung zwischen 0,5 PS und 100 PS gebaut.[40] Nebenbei entwickelte sich die Fabrik zu einem bekannten Hersteller von Wasserturbinen. Schon 1847 hatte der Angestellte Friedrich Betzendörfer hier eine Wasserturbine gebaut. Zu den Kunden der Reichenbach'schen Maschinenfabrik zählten Fabriken aus ganz Süddeutschland. Hatte Augsburg vor kurzem noch Maschinen und Know-how aus

Abb. 30 Carl Buz und Carl August Reichenbach vor der Maschinenfabrik

anderen Regionen beziehen müssen, war die Stadt jetzt selbst ein wichtiger Standort des Maschinenbaus geworden.

Einen weiteren Markt wollte Buz der Reichenbach'schen Maschinenfabrik im Brückenbau erschließen. Da er bereits früher, als Bauleiter der Eisenbahnteilstrecke Augsburg–Nannhofen, beim Bau der ersten Eisenbahnbrücke über den Lech mitgewirkt hatte, verfügte er auf diesem Gebiet über gute Kenntnisse und Kontakte. Ab 1858 erhielt die Reichenbach'sche Maschinenfabrik Aufträge der Bayerischen Staatsbahn für den Bau von Eisenbahnbrücken. Sie errichtete u. a. die Eisenbahnbrücke über die Wörnitz bei Donauwörth (1860) und die Lechbrücke bei Hochzoll mit 52 m Stützweite (1862).[41]

Die Umwandlung in die Aktiengesellschaft Maschinenfabrik Augsburg

Die Reichenbach'sche Maschinenfabrik entwickelte sich so erfolgreich, dass ihre beiden Leiter Carl August Reichenbach und Carl Buz in der Lage waren, das Unternehmen zu erwerben. Am 31. Dezember 1855 kauften sie die Fabrik dem Firmengründer Ludwig Sander zu einem Preis von 70 000 fl. ab.[42] Angesichts des rasch wachsenden Umsatzes reichte die Kapitaldecke der Reichenbach'schen Maschinenfabrik aber schon bald nicht mehr aus. Da Buz und Reichenbach die erforderliche Kapitalerhöhung nicht aus eigenen Mitteln aufbringen konnten, beschlossen sie, das Unternehmen in eine Aktiengesellschaft umzuwandeln und das benötigte Kapital durch die Ausgabe von Anteilscheinen zu beschaffen. Am 10. November 1857 wurde eine Aktiengesellschaft gegründet, die dann wenig später, am 1. Dezember 1857, die Reichenbach'sche Maschinenfabrik übernahm. Es spricht für die Einsicht von Buz und Reichenbach, dass sie ihren erst zwei Jahre vorher erworbenen Status als Eigentümerunternehmer im Interesse der Firma aufgaben. Bei der Aktiengesellschaft besaßen sie nur noch eine Minorität des Kapitals. Ab 1857 war die Fabrik also kein Familienunternehmen mehr. Reichenbach und Buz machten bei der Umwandlung ein gutes Geschäft. Sie hatten die Maschinenfabrik zwei Jahre zuvor für 70 000 fl. gekauft und konnten sie nun für 300 000 fl. an die neue Aktiengesellschaft verkaufen.[43] Den erzielten Gewinn investierten sie in Beteiligungen an der Aktiengesellschaft. Mit der gesellschaftsrechtlichen Umwandlung des Unternehmens war auch eine Namensänderung verbunden: Aus der Reichenbach'schen Maschinenfabrik wurde 1857 die Maschinenfabrik Augsburg.

Mit der Gründung einer Aktiengesellschaft befanden sich Buz und Reichenbach damals auf der Höhe ihrer Zeit. Der Eisenbahnbau hatte dazu geführt, dass in Deutschland Aktiengesellschaften aus dem Boden schossen. In vielen Fällen wurden die Anteilscheine an den Börsen als reine Spekulationsobjekte gehandelt, was insofern bedenklich war, als es noch keine Kontrollvorschriften für Aktiengesellschaften gab. Buz und Reichenbach ließen die Aktien ihrer Maschinenfabrik dagegen ausschließlich von Augsburger Unternehmern und anderen vermögenden Bürgern der Stadt zeichnen. Dass ihnen dies offenbar mühelos gelang, zeigt auch, welch großes Vertrauen die Reichenbach'sche Maschinenfabrik und ihre Leiter innerhalb der Augsburger Wirtschaft genossen.

Die Maschinenfabrik Augsburg hatte ein Gründungskapital von 1 200 000 fl., wovon zunächst 600 000 fl. einbezahlt wurden. Die überlieferte «Subscriptions-Liste der Herren, welche sich bei der Aktiengesellschaft zur Uebernahme der C. Reichenbach'schen Maschinen-Fabrik beteiligen», enthält 25 Namen. Die größten Beteiligungen erwarben die beiden Direktoren des Unternehmens, Carl Buz (122 000 fl.) und Carl August Reichenbach (100 000 fl.), die zusammen eine qualifizierte Minderheit von 37 % des einbezahlten Aktienkapitals besaßen. Größere Aktienpakete hielten auch der Industrielle Ludwig August Riedinger, dessen Augsburger Unternehmen 1927 mit der M.A.N. fusionierte, und Albert Hertel, ein mit Buz befreundeter Großhändler und Magistratsrat. Zu den kleineren Aktionären des Unternehmens gehörten neben anderen Heinrich Buz, der älteste Sohn und spätere Nachfolger von Carl Buz, und Friedrich Betzendörfer, der Leiter der Abteilung Wasserturbinenbau.[44] Den Aufsichtsrat («Ausschuß») der Maschinenfabrik Augsburg leitete ihr Aktionär Albert Hertel. Außer ihm gehörten dem Gremium Riedinger, Buz und vier weitere Mitglieder an.[45]

Im Oktober 1857, nur wenige Wochen vor der Umwandlung des Unternehmens in eine Aktiengesellschaft, hatte Heinrich Buz Sophie Reichenbach, eine Tochter Carl August Reichenbachs, geheiratet. Die erneute verwandtschaftliche Verbindung zwischen beiden Familien – Sophie Reichenbach war eine Stiefkusine ihres Mannes – sollte vielleicht auch demonstrieren, dass Carl Buz und Carl August Reichenbach die Maschinenfabrik weiterhin als «ihr» gemeinsames Unternehmen ansahen, das sie eines Tages an die nächste Generation weiterzugeben gedachten. Die Hochzeit wurde nach Art eines Familienunternehmens gefeiert: Die Arbeiter der Maschinenfabrik erhielten aus diesem Anlass einen Extra-Tageslohn.[46]

Mit der Gründung der Aktiengesellschaft veränderten sich allerdings die Machtverhältnisse zwischen Buz und Reichenbach. Bis dahin war Reichenbach nicht nur Direktor, sondern auch Konzessionär und Namensgeber der Maschinenfabrik gewesen. Die Satzung der Aktiengesellschaft sah jetzt nur noch einen Direktor vor, und diese Position erhielt Buz. Er gehörte auch dem Aufsichtsrat an und hielt zudem ein größeres Aktienpaket als sein Schwager. Reichenbachs Einfluss beschränkte sich fortan auf den Druckmaschinenbau, den er selbstständig leitete. Möglicherweise erhielt Buz damals den Vorrang, weil er wegen seiner Herkunft aus dem Bürgertum bei den Aktionären besser ankam als Reichenbach, der aus dem Handwerk aufgestiegen war.[47] Es konnte nicht ausbleiben, dass sich die Beziehung zwischen Buz und Reichenbach durch diese Veränderungen abkühlte, da Reichenbach sich mit dem Statusverlust nicht abfinden konnte. Nachdem es ihm zudem nicht gelungen war, seinen Sohn in dem Unternehmen unterzubringen, schied er 1861 aus der Maschinenfabrik Augsburg aus und widmete sich fortan ganz der Geiger'schen

Tab. 5: Beschäftigtenzahl und Umsatz der Reichenbach'schen Maschinenfabrik/ Maschinenfabrik Augsburg 1843–1863[49]

Jahr	Beschäftigte	Umsatz in Mio. M
1843	44	k. A.
1848	100	0,12
1849	91	0,16
1850	118	0,15
1851	140	0,20
1852	175	0,26
1853	160	0,40
1854	170	0,38
1855	180	0,43
1856	210	0,36
1857	269	0,49
1858	370	0,56
1859	263	k. A.
1860	340	0,70
1861	312	0,66
1862	350	1.04
1863	340	0,87

Druckerei und seiner Tätigkeit als Verleger des *Augsburger Tagblatts*. Carl Buz zog sich 1864 ebenfalls aus dem Unternehmen zurück und übergab die Geschäftsleitung an seinen Sohn Heinrich. Für Buz' Ausscheiden wurden damals gesundheitliche Gründe genannt. Doch entwickelte er in zwei anderen, kleineren Unternehmen noch eine rege Tätigkeit, so dass der Rücktritt wohl eher dem Zweck diente, dem Sohn möglichst reibungslos die Leitung des Unternehmens zu sichern.[48]

An den technischen Leistungen der Maschinenfabrik hatten die beiden außerordentlich fähigen Ingenieure Friedrich Betzendörfer und Gustav Bissinger großen Anteil. Betzendörfer (1818–1875), ein gelernter Mühlenbauer, war schon unter Gaspard Dollfus als Arbeiter in das Unternehmen eingetreten. Als Buz und Reichenbach 1844 die Sander'sche Fabrik pachteten, übernahmen sie ihn als Angestellten – den ersten in der Geschichte des Unternehmens. Später leitete er den Wasserturbinenbau, der es zu großem Renommee brachte. 1851 vertrat Betzendörfer zusammen mit Reichenbach das Unternehmen auf der ersten Weltausstellung in London. Acht Jahre später gelang es ihm, Turbinen auch nach Russland zu verkaufen.[50] Gustav Bissinger (1828–1890) hatte in den Jahren 1848/50 zunächst als Mechaniker in der Reichenbach'schen Maschinenfabrik gearbeitet. Er besaß sowohl eine praktische als auch eine technische Ausbildung. Als Reichenbach 1861 aus dem Unternehmen ausschied, übernahm Bissinger die Leitung des Druckmaschinenbaus (Schnellpressenbaus), die er dann fast dreißig Jahre lang, bis zu seinem Tod, innehatte.[51] In dieser Zeit entwickelte und konstruierte Bissinger bahnbrechende Neuerungen, die dem Augsburger Druckmaschinenbau zu internationalem Ruf verhalfen.

In der Ära von Carl Buz und Carl August Reichenbach hat sich die Augsburger Vorgängerin der M.A.N. von einem Betrieb mit weniger als 50 Beschäftigten zu einem Unternehmen mit rund 400 Beschäftigten entwickelt. Gleichzeitig hatte sich die Qualifikation der Belegschaft grundlegend verändert. In der Reichenbach'schen Maschinenfabrik war ein Stamm von gut ausgebildeten Technikern und Facharbeitern herangewachsen, wie es ihn vorher in Augsburg nicht gegeben hatte. Bei diesem Qualifikationsprozess spielte der Standort eine entscheidende Rolle. Die Arbeiter der Maschinenfabrik stammten zu etwa 60 % aus Augsburg, Schwaben und Oberbayern.[52] Ein großer Teil von ihnen hatte vorher im Handwerk oder in der Textilindustrie gearbeitet. In den meisten Jahren waren mehr als 50 % der neu eintretenden Beschäftigten gelernte Arbeiter. Ohne ihre Kenntnisse hätte sich das Unternehmen wohl kaum so erfolgreich entwickelt. Zuwanderer aus anderen Teilen Bayerns, anderen deutschen Staaten oder dem Ausland waren nur unter den Angestellten und den Direktoren (Dollfus, Buz, Reichenbach) stark vertreten.[53] Dass mit der Zunahme der Belegschaft ein entsprechendes Potenzial aus Facharbeitern, Technikern und hoch qualifizierten Spezialisten heranwuchs, war eine der nachhaltigsten Leistungen des Unternehmens in dieser Zeit. Sie bildete die Voraussetzung für den steilen Aufstieg der Maschinenfabrik Augsburg in den folgenden Jahrzehnten.

Schrittweise bildete sich damals auch eine Angestelltenschaft heraus, aus der einige besonders fähige Spezialisten wie Betzendörfer und Bissinger in Leitungsfunktionen des Unternehmens aufstiegen. Anders als die Arbeiter waren die Angestellten überwiegend zugewandert. Zum Teil hatten sie aber auch die polytechnische Schule in Augsburg absolviert. 1848 waren in der Reichenbach'schen Maschinenfabrik außer den beiden Direktoren noch vier weitere Angestellte beschäftigt, zehn Jahre später arbeiteten in dem Unternehmen bereits 20 Angestellte.[54] Mit Bissinger übernahm 1861 erstmals ein Angestellter eine Schlüsselposition innerhalb des Unternehmens, die Leitung des Druckmaschinenbaus.[55]

Der Standort Augsburg und der hohe Anteil handwerklich ausgebildeter Arbeiter trugen dazu bei, dass die Reichenbach'sche Maschinenfabrik frühzeitig mit betrieblichen Sozialeinrichtungen für ihre Arbeiter sorgte. So breiteten sich z. B. Fabrikkrankenkassen im Bezirk Schwaben-Neuburg generell früher aus als in Mittelfranken und auch die Reichenbach'sche Maschinenfabrik war auf diesem Gebiet der Klett'schen Maschinenfabrik in Nürnberg, dem späteren Fusionspartner, weit voraus. In Augsburg entstanden die ersten Betriebskrankenkassen in den 1820er Jahren, nachdem die Stadt bereits 1811 eine Pflichtkrankenkasse für Dienstboten, Gesellen und Fabrikarbeiter eingeführt hatte. Vor der Reichenbach'schen Maschinenfabrik hatten in Augsburg nachweislich schon fünf andere Unternehmen, vor allem Kattun- und Buchdruckereien, darunter auch die Cotta'sche Buchdruckerei, eine Fabrikkrankenkasse. In einzelnen dieser Firmen bestanden auch schon ein Pensionsverein, eine Witwenkasse oder eine Unfallversicherung.[56] Hinter diesem Standard benachbarter Unternehmen konnte die Reichenbach'sche Maschinenfabrik nicht zurückbleiben, wenn sie gut ausgebildete Arbeiter und Handwerker anziehen wollte. Bereits im Jahr 1846 gründete sie daher eine Pflichtkrankenkasse für nicht ortsansässige Arbeiter, die im Unterschied zu den ortsansässigen Arbeitern nicht unter die Bestimmungen der örtlichen Armenpflege fielen. Die Leistungen der Krankenunterstützungskasse wurden allerdings ausschließlich durch Beiträge der Versicherten aufgebracht.[57] 1853 gründete das Unternehmen eine «Pensionskasse», die im Fall von Invalidität oder Arbeitsunfähigkeit Zahlungen im Alter leistete. Gleichzeitig wurde eine «Fabriksparkasse» errichtet, der alle Arbeiter und Angestellten beitreten mussten.[58] Die Reichenbach'sche Maschinenfabrik zahlte auch höhere Löhne als die Augsburger Textilindustrie, und die zählten damals zu den höchsten in Deutschland.[59]

2 Der Aufstieg der Maschinenfabrik Augsburg unter Heinrich von Buz

Heinrich von Buz – der «Bismarck der deutschen Maschinenindustrie»

Unter Heinrich von Buz (geb. 17. 9. 1833 in Eichstätt, gest. 18. 1. 1918 in Augsburg) wurde die Maschinenfabrik Augsburg zu einem der erfolgreichsten Unternehmen des deutschen Maschinenbaus. Buz, der insgesamt 49 Jahre lang die Maschinenfabrik und ihr Nachfolgeunternehmen M.A.N. leitete, hat dem Augsburger Werk in einer entscheidenden Phase – der Zeit zwischen 1880 und 1900 – neue Perspektiven eröffnet. Wegen seiner großen Verdienste wurde er 1907 in den persönlichen Adelsstand erhoben. Noch mehr ehrte ihn wohl, dass ihn die Zeitgenossen den «Bismarck der deutschen Maschinenindustrie» nannten.[1] Buz verstand es, die Chancen zu nutzen, die sich durch das starke Wachstum der Industrie und bahnbrechende technische Innovationen eröffneten. Zu seinen besonderen Leistungen gehören die Fusion der Maschinenfabrik Augsburg und der Maschinenbau-Actien-Gesellschaft Nürnberg zur M.A.N., aber auch die Zusammenarbeit mit Rudolf Diesel bei der Entstehung des Dieselmotors. Der Aufstieg der Maschinenfabrik Augsburg in der langen Ära Heinrich von Buz fiel in eine Zeit großer Veränderungen. Als Buz 1864 Direktor wurde, hatte die Fabrik rund 400 Arbeiter, bei seinem Ausscheiden im Jahr 1913 hinterließ er ein Großunternehmen mit über 15 000 Beschäftigten. Das Unternehmen hieß jetzt M.A.N. und hatte allein in seinem Augsburger Werk mehr als 5000 Arbeiter und Angestellte.[2] Am Beginn der Ära Heinrich von Buz gab es noch keinen deutschen Nationalstaat, und die Erzeugnisse der deutschen Industrie genossen den Ruf, «billig und schlecht» zu sein.[3] Am Ende dieses Zeitraums war das Deutsche Reich die zweitgrößte Industrienation der Welt mit entsprechend leistungsfähigen Unternehmen.

Mit der Maschinenfabrik Augsburg war Heinrich von Buz als der älteste, aus erster Ehe stammende Sohn von Carl Buz schon von Jugend an vertraut.[4] Als sein Vater zusammen mit Carl August Reichenbach die Leitung der Fabrik übernahm, war er elf Jahre alt. Ein Jahr später begann Heinrich von Buz bereits mit einer Ausbildung an der Kreisgewerbeschule. Später studierte er am Polytechnikum in Karlsruhe bei Ferdinand Redtenbacher, einem der bedeutendsten Pioniere der theoretischen Maschinenlehre in Deutschland.[5] Anschließend arbeitete Buz in Frankreich und England. 1857 trat er dann als Ingenieur und technischer Korrespondent in die Maschinenfabrik Augsburg ein, wo er zum

Abb. 31 Heinrich von Buz

Nachfolger seines Vaters aufgebaut wurde. Die Familie Buz begründete damit eine Managerdynastie, die bis zum Ausscheiden von Heinrich von Buz' Sohn Richard im Jahr 1932 an der Spitze der Maschinenfabrik Augsburg bzw. der M.A.N. stand.

Als Heinrich von Buz 1864 im Alter von 31 Jahren die alleinige Leitung der Maschinenfabrik Augsburg übernahm, war er bestens auf diese Tätigkeit vorbereitet. Der Aufsichtsratsvorsitzende Albert Hertel erklärte damals vor der Aktionärsversammlung: «Die Wahl des neuen Direktors war für uns keine schwierige, da Herr C. Buz sich seinen Nachfolger heranbildete und wir aus den bisherigen Leistungen des Herrn Heinrich von Buz entnehmen können, dass er die volle Befähigung besitzt …»[6] Der neue Direktor musste seine Fähigkeiten schon bald unter Beweis stellen, da es im Dampfmaschinenbau wegen der Krise der Textilindustrie zu Umsatzrückgängen kam. Im Vorfeld der Kriege von 1864, 1866 und 1870/71 war die Auftragslage im gesamten deutschen Maschinenbau durch starke Schwankungen gekennzeichnet. Für das Augsburger Unternehmen machte sich nun der Nachteil seines süddeutschen Standorts besonders bemerkbar. Die Entfernung zur Eisen- und Stahlindustrie des Ruhrgebiets, dem damals wichtigsten Zulieferer und Kunden des deutschen Maschinenbaus, war größer als bei den meisten Konkurrenten. Entsprechend höher lagen die Transportkosten. Andererseits erwies es sich jetzt als Vorteil, dass die Maschinenfabrik Augsburg nicht allein von einem Segment des Maschinenmarktes abhing. So konnte der Einbruch im Dampfmaschinenbau durch das Wachstum des Druckmaschinenbaus ausgeglichen werden. Bemühungen, die Umsatzschwankungen durch Aufträge für den Bau von Eisenbahnbrücken auszugleichen, hatten dagegen keinen Erfolg. Das Augsburger Unternehmen konnte auf diesem Gebiet längerfristig nicht mit spezialisierten Firmen konkurrieren.[7]

Heinrich von Buz stabilisierte zunächst die Finanzlage der Maschinenfabrik, indem er z. B. für die Geschäftsjahre 1865–1866 keine Dividende ausschütten ließ. Dann ging er daran, eine neue Strategie zu entwickeln. Er wollte den Standortnachteil, der sich aus der relativ großen Entfernung vom Ruhrgebiet ergab, durch eine höhere Qualität der Produkte wettmachen. Nachdem der «Gründerboom» im Anschluss an die Reichseinigung von 1871 der deutschen Industrie vorübergehend eine Sonderkonjunktur beschert hatte, zeigte der darauf folgende «Gründerkrach», wie richtig Buz mit seiner Geschäftsstrategie lag. Das Unternehmen kam über die Krise besser hinweg als die meisten Konkurrenten. In seiner Rede vor der Generalversammlung vom September 1876 wies der Aufsichtsratsvorsitzende Hertel darauf hin, dass nur wenige Maschinenfabriken einen ähnlich günstigen Geschäftsabschluss vorlegen konnten und die Aktionäre dies «neben der Solidität und dem guten Ruf unseres Etablissements der ausgezeichneten Geschäfts-Leitung unseres Herrn Directors» verdanken würden.[8] Trotz der Fähigkeiten von Buz entwickelten sich auch in diesen Jahren nicht alle Geschäfte nach Plan. So scheiterten z. B. die Bemühungen, die Maschinenfabrik Augsburg im Waffengeschäft zu etablieren. Nachdem das Unternehmen während des deutsch-französischen Krieges große Aufträge des Militärs erhalten hatte, investierte man in einen weiteren Ausbau des Rüstungsgeschäfts. Möglicherweise war damit auch die Erwartung verbunden, durch Staatsaufträge von den konjunkturellen Schwankungen unabhängiger zu werden. 1875 erhielt die Maschinenfabrik Augsburg einen Auftrag zur Herstellung von etwa 30 000 Rückladegewehren nach dem von Johann Ludwig Werder in der Cramer-Klettschen Maschinenfabrik in Nürnberg entworfenen Konstruktionsprinzip. Auf weitere große Heeresaufträge wartete man dann vergeblich.[9] Das Unternehmen konnte diese Enttäuschung aber leicht verkraften, weil es mit zwei bahnbrechenden Innovationen große Erfolge erzielte: der im eigenen Haus entwickelten Rotationsdruckmaschine und der Kältemaschine Carl von Lindes.

Aufschwung durch Innovationen: die Rotationsdruckmaschine und die Kältemaschine Lindes

Die Rotationsdruckmaschine wurde von Gustav Bissinger, dem damaligen Leiter des Schnellpressenbaus der Maschinenfabrik Augsburg, entwickelt und konstruiert. Bissinger hatte sich an Vorbildern aus Großbritannien und den USA orientiert. Dort waren schon einige Jahre vorher Maschinen eingeführt worden, mit denen auf langen Rollen, so genanntem «endlosem» Papier, gedruckt werden konnte. In Großbritannien hatte 1868 John Walter, ein Enkel des Gründers der *Times*, eine derartige Rotationsdruckmaschine auf den Markt gebracht. Vier Jahre später fuhr Bissinger nach London, um sich die «Walter-Presse» genau anzusehen. Es gelang ihm anschließend, Walters Konstruktion zu verbessern, vor allem bei den Zylinderantrieben und -lagern, bei der Farbgebung und bei der Papierbefeuchtung. Im Mai 1873 konnte die Maschinenfabrik Augsburg die erste deutsche Rotationsdruckmaschine präsentieren. Sie wurde auf der Weltausstellung in Wien durch Carl August Reichenbach vorgeführt. Die in der internationalen Fachpresse als «Augsburg Web Press» bewunderte Maschine konnte bis zu 12 000 Bogen Papier in der Stunde beidseitig von der Rolle drucken. Die Papierbahn wurde nach dem Druck geschnitten und ungefalzt als Bogen ausgelegt.[10] Die Rotationsdruckmaschine hatte für den rasch wachsenden Buch- und Zeitschriftenmarkt dieser Zeit größte Bedeutung. Sie ermöglichte es, dass hohe Auflagen mit einem anspruchsvolleren Layout für ein Massenpublikum hergestellt werden konnten. Auf einer der ersten in Augsburg gefertigten Rotationsdruckmaschinen wurde ein Band des Meyer'schen Konversationslexikons mit einer Auflage von 100 000 Exemplaren gedruckt.[11]

Wenige Jahre nach Einführung der ersten Rotationsdruckmaschine Deutschlands gelangen Bissinger weitere spektakuläre Innovationen. 1879 baute er eine Rotationsmaschine für Illustrationsdruck. Es war die erste Maschine in Europa, die es ermöglichte, illustrierte Zeitschriften im Rotationsdruckverfahren herzustellen. Auf ihr wurde z. B. bei Hallberger in Stuttgart die berühmte Zeitschrift *Gartenlaube* gedruckt. 1882 brachte die Maschinenfabrik Augsburg erstmals eine Maschine auf den Markt, die zweifarbiges Drucken ermöglichte. Im Jahr 1900 wurde dieser Innovationszyklus schließlich durch die Erfindung einer Sechsfarben-Rotationsmaschine gekrönt, die auf der Weltausstellung in Paris präsentiert werden konnte.[12]

Noch größere Erfolge als im Druckmaschinenbau erzielte die Maschinenfabrik Augsburg mit der Kältemaschine, die Carl von Linde erfunden hatte. Diese Maschine ging nicht auf eigene Entwicklungen des Unternehmens zurück. Linde und sein Förderer Sedlmayr hatten bereits ein Patent beantragt, bevor sie an Heinrich von Buz herantraten und die Maschinenfabrik Augsburg

Abb. 32 Erste deutsche Rotationsdruckmaschine (1873)

mit dem Bau der Maschine beauftragten. Dass Buz einen externen Erfinder vertraglich an das Unternehmen band, um dessen Konstruktion auszuführen und die abgenommene Maschine dann in Lizenz herzustellen, war ein neues Modell. Erfinder waren damals nicht mehr in der Lage, ihre Maschinen wie noch in den Anfangszeiten der Industrialisierung in eigenen Werkstätten herzustellen. Dafür bedurfte es Werkstoffe von höchster Qualität, aufwändiger Ausrüstungen und eines ganzen Teams von Spezialisten. So waren Erfinder jetzt zunehmend auf die großen Maschinenfabriken angewiesen, um ihre Konstruktionen umsetzen zu können. Am Vertrag zwischen Buz und Linde wird auch noch eine andere auffällige Veränderung deutlich, die für die technologische Entwicklung in dieser Zeit kennzeichnend war. Allgemein nahmen jetzt «wissensgestützte» Innovationen zu. Auch im Maschinenbau hatte eine «Verwissenschaftlichung» stattgefunden. Wichtige Impulse gingen nun von den neu geschaffenen Lehrstühlen für Maschinenlehre aus, und die großen Unternehmen des deutschen Maschinenbaus waren bemüht, möglichst enge Verbindungen zu den Technischen Hochschulen zu knüpfen. Die Maschinenfabrik Augsburg hatte dabei gegenüber manchen Konkurrenten einen Vorteil, nachdem König Ludwig II. 1868 in München eine Polytechnische Schule gegründet hatte, die Vorgängerin der heutigen Technischen Universität. Die Nähe zu einer der bedeutendsten Technischen Hochschulen wertete den Standort schlagartig auf und war für die Maschinenfabrik Augsburg wie auch später für die M.A.N. von unschätzbarem Wert. In der engen Verbindung, die zwischen Heinrich von Buz und Carl von Linde entstand, wurde dies erstmals deutlich. Linde war seit 1868 Professor für theoretische Maschinenlehre an der Polytechnischen Schule in München. In Heinrich von Buz, der am Polytechnikum in Karlsruhe bei Ferdinand Redtenbacher studiert hatte und der erste wissenschaftlich ausgebildete Direktor der Maschinenfabrik Augsburg war, fand Linde einen Geschäftspartner, mit dem er sich auf Anhieb verstand.

Carl von Linde hatte sich schon bald nach seiner Berufung an die Polytechnische Schule in München auf die Thermodynamik spezialisiert.[13] Den Anstoß zur Entwicklung einer neuen Kältemaschine erhielt er durch den Wiener Brauereidirektor August Deiglmayr, der ihn im Sommer 1871 besuchte. Die Brauereien hatten an der Entwicklung von Kältemaschinen größtes Interesse, weil sie ihr Lagerbier nur bei niedrigen Temperaturen brauen konnten und ihr Geschäft im Sommer unter den begrenzten Möglichkeiten der Kühlung durch Natureis oder Kellerlagerung litt. In Bayern hatte lange Zeit sogar ein Sommerbrauverbot bestanden.[14] Deiglmayr war Direktor der Dreher-Brauerei, der damals größten Brauerei Kontinentaleuropas, und wollte Linde beauftragen, eine Eismaschine für die Tochtergesellschaft seines Unternehmens in Triest zu bauen. Nachdem der junge Professor ihm überzeugend dargelegt hatte, dass dafür lange und aufwändige Entwicklungsarbeiten erforderlich waren, wandte sich Deiglmayr an seinen Onkel Gabriel Sedlmayr, den Chef der Münchner Spaten-Brauerei. Sedlmayr erklärte sich bereit, die Entwicklung einer Kältemaschine durch Linde zu finanzieren und ihm in seiner Brauerei geeignete Räume zur Verfügung zu stellen. Linde sagte dafür zu, Sedlmayr an den Patenten zu beteiligen. Im Januar 1873 konnten Linde und Sedlmayr Patente auf eine Versuchsmaschine anmelden.[15]

Weder von Linde noch Sedlmayrs Spaten-Brauerei waren in der Lage, die Bauteile der neuen Maschine herzustellen. Sie erteilten daher noch im Januar 1873 der Maschinenfabrik Augsburg einen entsprechenden Auftrag. Dass sie sich für dieses Unternehmen entschieden, war weniger durch die Nähe des Standorts als durch die persönliche Bekanntschaft zwischen Linde und Buz wie auch durch den guten Ruf der Maschinenfabrik Augsburg bedingt.[16] Buz erkannte die Chancen, die sich seinem Unternehmen durch den Bau der neuen Kältemaschine eröffneten, und stellte bewährte Mitarbeiter für dieses Projekt ab. Später übernahm er Lindes Assistenten Friedrich Schipper, der von 1878–1880 für den Kältemaschinenbau in Augsburg zuständig war, bis dann Buz' Schwiegersohn Lucian Vogel, ein Schüler Carl von Lindes, mit dieser Aufgabe betraut wurde. Buz persönlich reiste zusammen mit Linde nach England, um bei den dortigen Brauereien für die Kältemaschine zu werben. Vor allem aber erwies sich der Direktor der Maschinenfabrik Augsburg für Linde als ein verlässlicher Partner, der trotz mancher Rückschläge beim Bau der Kältemaschine stets an den Erfolg dieser Erfindung glaubte. So entstand zwischen Linde und

Buz «eine dauerhafte, über 50 Jahre währende Geschäftsfreundschaft», wie Hans-Liudger Dienel in seiner Geschichte des Linde-Konzerns schreibt.[17]

Schon am 7. Oktober 1873 konnte die Maschinenfabrik Augsburg die erste Versuchsmaschine fertig stellen. Erprobt wurden die Eismaschinen nicht in Augsburg, sondern bei der Spaten-Brauerei in München. Bei der Inbetriebnahme der Versuchsmaschine in der Spaten-Brauerei traten enorme Probleme auf. Die Dichtung erwies sich als untauglich. Linde musste daraufhin seine Konstruktion ändern. Er hatte sich bei Beginn der Arbeiten für das Kaltdampfverfahren entschieden und dann die Konstruktionen der Stopfbuchse und des Kompressors verbessert. Bei Kältemaschinen stellte sich bis dahin das Problem, dass die Dichtungen hohem Druck nicht standhielten. Linde hatte zunächst eine Quecksilberdichtung vorgesehen, die sich aber als untauglich erwies. Erst nach jahrelangen Versuchen gelang ihm mit der Verwendung von Glyzerin als Sperrflüssigkeit und dem Bau eines Ammoniakkompressors der Durchbruch. Diese Erfindung ermöglichte es, eine ebenso sichere wie leistungsfähige Kältemaschine herzustellen. Am 25. März 1876 meldete Linde ein bayerisches Patent auf seine Maschine an und schloss noch am gleichen Tag gemeinsam mit Gabriel Sedlmayr und dem Fabrikanten Georg Krauss einen Lizenzvertrag mit der Maschinenfabrik Augsburg ab.[18]

Die Maschinenfabrik Augsburg konnte im Januar 1877 die erste Linde-Kältemaschine verkaufen, eine Maschine des Typs Nr. 4, die von der Brauerei Dreher bestellt worden war.[19] Bis das Kältemaschinengeschäft einen größeren Umfang annahm, sollte noch einige Zeit vergehen. Im Laufe des Jahres 1877 lieferte die Maschinenfabrik Augsburg nur sechs Maschinen aus, bis Mitte 1881 wurden insgesamt 20 Maschinen verkauft. Wegen des hohen Preises erzielte das Unternehmen allerdings schon mit dem Verkauf weniger Eismaschinen beträchtliche Umsätze. Im Geschäftsjahr 1877/78 entfielen rund 19 % der Gesamtverkaufssumme auf Eismaschinen.[20] Nach einem Einbruch im folgenden Jahr stieg dieser Anteil bis 1880/81 wieder auf 15 % an. Ab 1882 nahm dann die Zahl der verkauften Maschinen deutlich zu.[21] Im Kältemaschinengeschäft war jetzt der Durchbruch gelungen. Der milde Winter von 1883/84 überzeugte schließlich auch die skeptischsten Brauereibesitzer von den Vorteilen der Kältemaschine. Das Natureis verschwand aus den Bierkellern und die Eismaschinenproduktion in Augsburg konnte in den folgenden Jahren kaum noch mit der Nachfrage Schritt halten. 1886 richtete Buz eine eigene Eismaschinenabteilung in seinem Unternehmen ein. Der Anteil des Kältemaschinengeschäfts am Umsatz der Maschinenfabrik Augsburg stieg schließlich auf 50 % und mehr an.[22] Durch die Zusammenarbeit mit Linde war es Buz also gelungen, die Maschinenfabrik Augsburg nach einer schwierigen Phase wieder auf eine Erfolgsspur zu bringen.

Carl von Linde war nicht nur ein hervorragender Theoretiker, sondern besaß auch einen ausgeprägten Geschäftssinn. Er vermied es deshalb, sich ausschließlich an die Maschinenfabrik Augsburg zu binden und gab ihr nur eine Lizenz für Aufträge aus Deutschland. Aufträge aus anderen Ländern wurden von der Schweizer Firma Sulzer ausgeführt. Linde entschloss sich dann, ein eigenes Unternehmen für Planung, Konstruktion und Vertrieb der Eismaschinen zu gründen, die Gesellschaft für Linde's Eismaschinen (heute: Linde AG) mit Sitz in Wiesbaden.[23] Der Zusammenarbeit mit Heinrich von Buz und der Maschinenfabrik Augsburg tat dies aber keinen Abbruch. Buz gehörte seit 1877 einem Konsortium an, dem Linde Teile seiner Rechte verkaufte. Als 1879 die Gesellschaft für Linde's Eismaschinen gegründet wurde, übernahm er 15 % des Aktienkapitals und den Vorsitz im Aufsichtsrat.[24] Der Maschinenfabrik Augsburg, der Firma Sulzer und den mit ihnen kooperierenden Maschinenbaufirmen bleib weiterhin der Bau der Linde-Maschinen, nur den Vertrieb behielt sich Lindes Unternehmen vor. Es war für alle Beteiligten ein gutes Geschäft. Die Nachfrage nach Linde-Kältemaschinen nahm so stark zu, dass es in Augsburg trotz der Aufteilung des Geschäfts zum Auftragsstau kam. Nach Dienels Berechnungen hat die Maschinenfabrik Augsburg bis 1900 rund 40 % aller weltweit verkauften Linde-Eismaschinen hergestellt.[25] Ab 1890 verlor das Kältemaschinengeschäft der Maschinenfabrik Augsburg seine bisherige Dynamik. Bei den Brauereien in Deutschland war ein gewisser Sättigungsgrad erreicht und spezialisierte Hersteller wie die Augsburger Firma L. A. Riedinger drängten mit neuen Verfahren in den Markt.

Heinrich von Buz hatte bald eine andere Erfindung im Blick, die seinem Unternehmen zu einem weiteren Schub verhelfen sollte: den Wärmekraftmotor Rudolf Diesels, der sich als Schüler und Mitarbeiter Lindes ebenfalls an die Maschinenfabrik Augsburg gewandt hatte. Nachdem das Geschäft mit dem Dieselmotor angelaufen war und das Augsburger Unternehmen sich mit der Maschinenbau-Actien-Gesellschaft Nürnberg zusammengeschlossen hatte, ließ das Interesse am Kältemaschinenbau deutlich nach. 1912 entfielen noch 3 % des Umsatzes der M.A.N. auf Kältemaschinen.[26] Nach der Eingliederung des Unternehmens in den GHH-Konzern Anfang der zwanziger Jahre hatte der Kältemaschinenbau der M.A.N. keine Zukunft mehr. Zur GHH-Gruppe gehörten damals auch noch zwei andere Hersteller von Kältemaschinen: die Maschinenfabrik Esslingen und die später von der M.A.N. übernommene L. A. Riedinger Maschinen- und Bronzewarenfabrik A.G. in Augsburg. Da die GHH verständlicherweise kein Interesse daran hatte, dass sich ihre Tochtergesellschaften auf dem Kältemaschinenmarkt gegenseitig Konkurrenz machten, musste die M.A.N. ihre Eismaschinenabteilung 1924 an L. A. Riedinger abgeben. 1927 wurde die Kältemaschinenfertigung des Konzerns bei der Maschinenfabrik Esslingen zusammengefasst.[27] Heute ist auch das von Carl von Linde gegründete Unternehmen, die Linde AG, nicht mehr auf dem Gebiet der Kältetechnik tätig.[28]

Während des «Linde-Booms» nahm bei der Maschinenfabrik Augsburg auch der Umsatz von Dampfmaschinen, Schnellpressen und weiteren Erzeugnissen stark zu. Die deutsche Industrie wuchs in dieser Zeit schnell, und mit ihrem Ausbau erhöhte sich die Nachfrage nach Maschinen. Der Umsatz der Maschinenfabrik Augsburg stieg zwischen 1881 und 1889 auf mehr als das Dreifache an (in laufenden Preisen) und war 1884 erstmals höher als der Umsatz der damals wenig erfolgreichen Maschinenbau-Actien-Gesellschaft Nürnberg.[29]

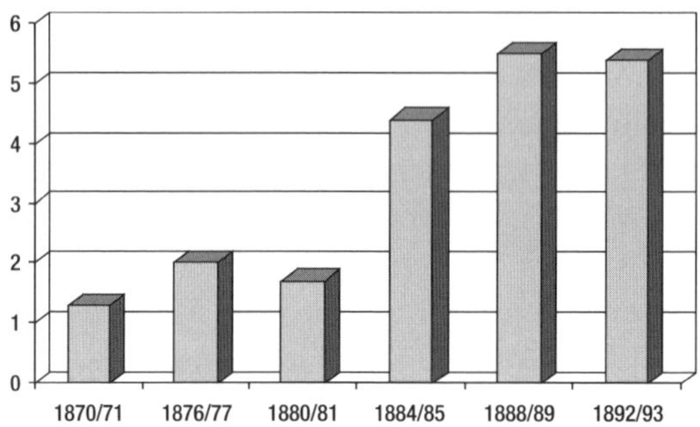

Grafik 12 Umsatz der Maschinenfabrik Augsburg 1870/71–1892/93 in Mio. M[30]

Durch das rasante Wachstum sah sich das Augsburger Unternehmen bald vor einige Probleme gestellt: Es fehlte an Kapital, um die Betriebsanlagen im erforderlichen Umfang auszubauen und zu modernisieren. Eine Schwachstelle bildete besonders die Eisengießerei, die den steigenden Anforderungen nicht mehr gewachsen war. Weil sich die Aktien der Maschinenfabrik in den Händen einiger weniger Augsburger Unternehmer befanden und nicht an der Börse gehandelt wurden, versuchte Buz zunächst, eine Kapitalerhöhung zu vermeiden, und nahm Hypothekendarlehen auf. Als der Umsatz weiterhin stark anstieg, musste dann aber das Kapital erhöht werden. 1885 und 1888 erfolgten Einzahlungen von jeweils 300 000 fl., so dass das Grundkapital des Unternehmens von 1,2 Mio. fl. voll einbezahlt war. Aber auch jetzt reichte die Kapitaldecke nicht aus, um z. B. die damals eingegangene Beteiligung an der Augsburger Lokalbahn zu finanzieren. 1889 beschloss eine außerordentliche Generalversammlung – so die damalige Bezeichnung der Aktionärsversammlung – eine Verdoppelung des Grundkapitals auf 2,4 Mio. fl. Da der «Linde-Boom» Anfang der neunziger Jahre abflaute, blieb das Aktienkapital einige Zeit konstant. Mit der Einführung des Dieselmotors folgte dann eine weitere Kapitalerhöhung um 1,2 Mio. fl.[31]

Die betriebliche Sozialpolitik

Durch das Wachstum in den 1880er Jahren wurde die von Buz geleitete Maschinenfabrik zum größten Unternehmen Augsburgs und zum zweitgrößten Industrieunternehmen Bayerns nach der Maschinenbau-Actien-Gesellschaft Nürnberg. Entsprechend nahm auch die Zahl der Arbeiter zu. 1884 hatte die Maschinenfabrik erstmals mehr als 1000 Beschäftigte. Die alte Kaufmannsstadt Augsburg wurde nun auch eine Arbeiterstadt. Nach wie vor stammten rund 60 % der Arbeiter aus Augsburg, Schwaben oder Oberbayern und mehr als 90 % aus Süddeutschland. Die Arbeiterschaft der Maschinenfabrik Augsburg zeichnete sich auch weiterhin durch eine hohe Qualifikation aus. 1896 bestand sie zu 64 % aus gelernten Arbeitern und zu 15 % aus angelernten Arbeitern. Der Anteil der ungelernten Arbeiter lag hier niedriger als beim späteren Fusionspartner in Nürnberg. Dementsprechend waren die Löhne in Augsburg im Durchschnitt höher als in Nürnberg. Allerdings waren in Augsburg auch die Arbeitszeiten etwas länger als in Nürnberg. Die wöchentliche Arbeitszeit lag noch im Jahr 1902 bei 60 Stunden.[32]

Grafik 13 Zahl der Arbeiter der Maschinenfabrik Augsburg 1850–1900[33]

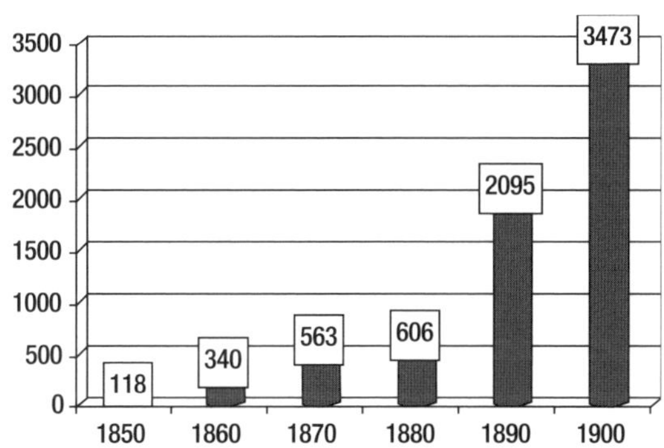

Heinrich von Buz verstand sich in der Tradition seiner Vorgänger als ein fürsorgender Unternehmer. Die sozialen Leistungen der Maschinenfabrik wurden in seiner Zeit weiter ausgebaut, um die Arbeiterschaft an das Werk zu binden und die Fluktuation zu verringern. Seit den 1870er Jahren diente der Ausbau der sozialen Leistungen aber noch einem weiteren Ziel: Die Direktion wollte auf diese Weise Arbeitskämpfen vorbeugen und verhindern, dass sich «ihre» Arbeiter den Gewerkschaften anschlossen. Heinrich von Buz, der «Bismarck der deutschen Maschinenindustrie», verfolgte damit auf der betrieblichen Ebene durchaus ein ähnliches Ziel wie Bismarck mit seiner Sozialgesetzgebung auf nationaler Ebene.

1875 begann die Maschinenfabrik Augsburg mit dem Bau von Werkswohnungen.[34] Einige Jahre später wurde die Krankenunterstützungskasse zu einer Arbeiter-Hilfskasse ausgebaut, die bei längeren Krankheiten Unterstützung leistete. Um die Jahrhundertwende zahlten etwa 41 % aller Arbeiter des Augsburger Werks in diese Kasse ein. Seit 1882 gab es eine eigene Pensionskasse für Angestellte.[35]

Der Ausbau der betrieblichen «Wohlfahrtseinrichtungen» blieb auf die Arbeiter der Maschinenfabrik nicht ohne Wirkung. Da die Sozialleistungen besser und die Löhne höher waren als in anderen Unternehmen der Region, fühlten sie sich ihrem Arbeitgeber verbunden. Die aufkommende Arbeiterbewegung hatte es schwer, bei der Belegschaft Gehör für ihre Forderungen zu finden. Zwar wurde in Augsburg schon 1868 eine Gewerkschaft gegründet, aber die SPD und die sozialdemokratischen Gewerkschaften konnten hier in den folgenden Jahrzehnten längst nicht so viele Mitglieder gewinnen wie in Nürnberg. Arbeitskämpfe fanden bei der Maschinenfabrik Augsburg praktisch nicht statt, mit Ausnahme des «Formerstreiks» vom April 1869, der sich aber nicht gegen die Direktion, sondern gegen einen einzelnen Angestellten richtete.[36] Als Bismarck 1878 die SPD verbot, kündigte die Maschinenfabrik zusammen mit elf anderen Augsburger Unternehmen an, alle Arbeiter zu entlassen, die sich an der «sozialdemokratischen Agitation» beteiligten.[37] Dass sich die Arbeiter gewerkschaftlich organisierten, wusste Buz mit einem paternalistischen Führungsstil zu verhindern. Als die Gewinne der Maschinenfabrik Mitte der 1890er Jahre kräftig anstiegen, beteiligte er die Belegschaft daran mit Gratifikationen. Andererseits ließ er nicht zu, dass die Arbeiter eine innerbetriebliche Vertretung bildeten wie bei der Nürnberger Maschinenbau-Actien-Gesellschaft.[38]

3 Die Maschinenfabrik Augsburg und die Entstehung des Dieselmotors

Die Entscheidung für den Bau des Dieselmotors

Im März 1892 ging bei der Maschinenfabrik Augsburg das Schreiben eines Ingenieurs aus Berlin ein, der die Direktion ersuchte, den Bau eines neuen, von ihm konzipierten Motors zu übernehmen. Beigefügt war eine längere Abhandlung über die Konstruktion eines «rationellen Wärmemotors».[1] Darin legte der Autor und Antragsteller Rudolf Diesel ein neues Verfahren zur Verbesserung des Wirkungsgrads von Verbrennungskraftmaschinen dar. Diesel hatte dafür wenige Wochen vor der Anfrage bei der Maschinenfabrik Augsburg ein Patent beantragt. Seine Erfindung beruhte auf der genialen Idee, im Zylinder des Motors Luft zu verdichten und den Kraftstoff erst anschließend zuzuführen, um ihn durch die Verdichtungshitze zur Selbstentzündung zu bringen. Mit diesem Verfahren sollte ein höherer Wirkungsgrad und damit ein geringerer Kraftstoffverbrauch erreicht werden als bei allen bisherigen Motoren.[2]

Der Direktor der Maschinenfabrik Augsburg, Heinrich von Buz, gab Diesels Anfrage an einen Oberingenieur zur Begutachtung weiter. Da das Unternehmen keinen Motorenbau hatte, musste sich der Leiter des Dampfmaschinenkonstruktionsbüros, Josef Krumper, mit den eingereichten Unterlagen auseinandersetzen. Krumper hielt Diesels Überlegungen für gewichtig, weil – wie er später schrieb – «seit Jahren Bestrebungen zu besserer Brennstoffausnutzung in der Luft lagen».[3] Allerdings ergab sich aus Diesels Ausführungen auch, dass das Verfahren einen Druck von 150 atm erforderte. Ursprünglich hatte der Erfinder sogar einen Höchstdruck von 250 atm berechnet. Krumper wird sofort erkannt haben, dass sich Diesels Angaben nicht ausführen ließen, da kein Unternehmen der Welt damals in der Lage war, einen Motor mit diesem Druck zu bauen. Bei der M.A.N. wurden erst 66 Jahre später Dieselmotoren mit annähernd so hohem Verbrennungsdruck hergestellt.[4] Wenig überzeugend war in Diesels Beschreibung auch der Gedanke, Kohlenstaub als Brennstoff zu verwenden, was zu Verunreinigungen durch Ascherückstände im Zylinder führen musste. Es ist nicht bekannt, was Krumper in seiner Stellungnahme zu Diesels Anfrage schrieb. Er wird aber eindrücklich auf die technischen Probleme hingewiesen haben, die sich bei dem von Diesel beschriebenen Verfahren stellten. Für die Maschinenfabrik Augsburg bedeuteten sie ein unkalkulierbares Risiko, zumal das Unternehmen ja keine Experten für den Motorbau hatte, die es darauf ansetzen konnte. Heinrich von Buz schrieb deshalb am 2. April 1892 dem Erfinder eine Absage: «Wir haben die Sache reiflich nach allen Richtungen überlegt und erachten die Schwierigkeiten der Ausführung derart groß, daß wir uns an die Sache nicht wagen können.»[5] In einem persönlichen Begleitschreiben an Diesel vom gleichen Tag versicherte Buz, dass er «die Sache sehr gründlich begutachtet gewünscht hatte».[6]

Die Absage aus Augsburg war für Rudolf Diesel ein weiterer Rückschlag, nachdem schon sein akademischer Lehrer und langjähriger Arbeitgeber Carl von Linde nicht bereit gewesen war, den Motor zu bauen.[7] Diesel gab Josef Krumper die Schuld. In seiner Schrift über die Entstehung des Dieselmotors bedachte er den Oberingenieur noch mehr als zwanzig Jahre später mit wenig freundlichen Worten.[8] Doch reagierte Diesel auf den Absagebrief auch konstruktiv und ging sofort daran, neue Berechnungen anzustellen. Er schickte innerhalb von sieben Tagen drei weitere Schreiben an Buz nach Augsburg, wandte sich an zwei andere renommierte Unternehmen, die Gasmotoren-Fabrik Deutz und die Mannesmannröhren-Werke, und stellte Überlegungen zur Bildung eines Konsortiums aus mehreren Firmen an.[9]

Am 20. April antwortete Heinrich von Buz und erklärte sich bereit, auf unverbindlicher Grundlage und in kleinen Schritten den Bau eines Versuchsmotors durchführen zu lassen.[10] Die Zusage aus Augsburg, mit der Diesel schon nicht mehr gerechnet hatte, veränderte schlagartig seine Perspektiven. Obwohl Buz sich vorsichtig ausgedrückt und ihm keinen Vertrag in Aussicht gestellt hatte, konnte sich Diesel erstmals berechtigte Hoffnungen machen, dass seine Erfindung umgesetzt würde. Von den anderen Unternehmen, die er angeschrieben hatte, erhielt er keine positive Antwort.

Brief von Heinrich von Buz an Rudolf Diesel vom 20. April 1892[11]

> «Ihre 3 Schreiben vom 6., 9., 13. d. M. an Unterzeichneten können wir erst heute beantworten, weil derselbe längere Zeit verreist war.
>
> Nach Ihren neuen Darlegungen wollen wir uns bereit erklären unter Umständen die Ausführung einer Versuchs-Maschine zu übernehmen, welche aber von solcher Construction sein müsste, daß alle Ausführungs-Schwierigkeiten möglichst vermieden werden. Es soll zuerst nur der erste Schritt gemacht werden, um zu erfahren, ob das System überhaupt praktisch ausführbar ist, ohne vorläufig auf eine bedeutende Erhöhung des Nutz-Erfolges gegenüber anderen Motoren zu sehen. Sind alsdann die ersten Schwierigkeiten, welche sich immerhin noch ergaben, überwunden. Dann kann stufenweise, aber nur in kleinen Absätzen vorwärts gegangen werden.
>
> Wir stellen ihnen nun anheim uns zunächst Constructions-Zeichnung einer solchen Maschine vorzulegen und würden Sie alsdann eventuell zu weiterer persönlicher Verhandlung einladen.»

Wie aus Briefen Diesels an Buz und Linde hervorgeht, war der Erfinder über die Zusage aus Augsburg nicht so begeistert, wie man annehmen sollte. Er empfand es offenbar als Kränkung, dass ihm Buz keinen Vertrag und damit auch keine Zahlungen in Aussicht gestellt hatte. Deshalb verfolgte Diesel zunächst weiterhin den Plan, mit Unterstützung Lindes ein Firmenkonsortium zustande zu bringen, das ihn finanzieren würde. Nachdem er damit keinen Erfolg hatte, beschloss Diesel, sein Manuskript über «Theorie und Konstruktion eines rationellen Wärmemotors» im Wissenschaftsverlag Julius Springer zu veröffentlichen. Er war sich sicher, dass ihm die Anerkennung der Fachwelt einen Vertrag einbringen würde. Am 21. Dezember 1892 erhielt Diesel die ersten Exemplare. Der Autor verschickte die Schrift dann an zahlreiche Professoren und Unternehmer.[12] Wenig später erteilte ihm das Kaiserliche Patentamt am 23. Februar 1893 das Deutsche Reichspatent (DRP) Nr. 67207 auf «Arbeitsverfahren und Ausführungsart für Verbrennungskraftmaschinen».[13] Offenbar hatte Diesel die Veröffentlichung seines Buchs so geplant, dass es rechtzeitig zur Erteilung des Patents vorliegen würde. Denn erst dann war er ja in der Lage, Lizenzen zu vergeben.

Bereits am 23. Dezember 1892 hatte Diesel vom Kaiserlichen Patentamt die Mitteilung erhalten, dass ihm das Patent erteilt würde. Er benachrichtigte umgehend Buz, und schon am 27. Dezember schickte ihm dieser einen Vertragsentwurf zu.[14] Buz hatte mit dem Vertrag für Diesel also bis zur Klärung der Patentfrage gewartet und dann dem Erfinder so schnell wie möglich einen Vertrag angeboten. Er hätte sich aber bestimmt nicht dazu entschlossen, wenn er nicht von Diesels Erfindung überzeugt gewesen wäre. Einige Monate vorher, im Oktober 1892, hatten in der Maschinenfabrik Augsburg die Arbeiten am Versuchsmotor begonnen. Aufgrund der dabei gewonnenen Erkenntnisse war sich Buz jetzt wohl sicher, dass der Motor in Zukunft die Dampfmaschinen ersetzen würde, wie es Diesel in einem Brief vom 9. April an ihn prophezeit hatte.[15] Diesel schrieb später, sein Ende 1892 erschienenes Buch sei «von großem Einfluß» auf die Entscheidung der Maschinenfabrik Augsburg gewesen, einen Versuchsmotor zu bauen».[16] Dass Buz ihm schon im April 1892 eine erste Zusage gegeben und im Dezember bereits einen Vertragsentwurf geschickt hatte, erwähnte er nicht.

Das Echo auf Diesels Buch war gespalten. Der Erfinder musste Kritik einstecken, erhielt aber von den angesehenen Professoren Carl von Linde, Moritz Schröter und Gustav Zeuner positive Begutachtungen. Nun interessierten sich auch die Firmen Körting und Fried. Krupp für den Motor. Körting sprang allerdings rasch wieder ab. Das Krupp-Direktorium war sich unsicher, wie es Diesels Erfindung einschätzen sollte. Am 4. Februar 1893 schrieb der Vorstand an Friedrich Alfred Krupp, man halte einen Vertrag mit Diesel für einen «Sprung ins Dunkle».[17] Wenige Tage später reisten zwei Krupp-Direktoren nach Augsburg, um von Buz Informationen einzuholen. Buz setzte sich dabei für Diesel ein, was für die Firma Krupp ausschlaggebend gewesen sein dürfte.[18] Auch in Essen wollte man jetzt einen Versuchsmotor bauen. Da Buz einem anderen Unternehmen wohl kaum den Vortritt lassen wollte, musste sein eigener Vertrag mit Diesel zu diesem Zeitpunkt schon unterschriftsreif gewesen sein.

Am 21. Februar 1893 – zwei Tage vor Erteilung des Patents – schloss Rudolf Diesel den Vertrag mit der Maschinenfabrik Augsburg ab. Darin überließ der Erfinder dem Unternehmen «das Recht der Ausführung und des Verkaufes von stationären Motoren», die nach seinem Patent gebaut wurden. Für Bayern, Württemberg und Baden erhielt die Maschinenfabrik Augsburg das alleinige Verkaufsrecht. Im Gegenzug verpflichtete sich das Unternehmen, spätestens sechs Monate nach Auswertung der Pläne Diesels mit dem Bau eines Versuchsmotors zu beginnen, die Versuche selbst – und das hieß auch auf eigene Rechnung – durchzuführen und dem Erfinder für jeden verkauften Dieselmotor eine Lizenzgebühr in Höhe von 25 % des Kaufpreises zu zahlen.[19] Vier Tage nach dem Vertrag mit der Maschinenfabrik Augsburg einigte sich Diesel mit der Firma Fried. Krupp. Erst im April konnte er aber auch einen Vertrag mit dem Essener Unternehmen abschließen.[20]

Erklärungsbedürftig ist an diesem Hergang vor allem, warum Heinrich von Buz, der erfahrene Direktor der Maschinenfabrik Augsburg, im April 1892 seine Meinung über Diesels Erfindung innerhalb weniger Wochen änderte. Diesel selbst hat sich dazu nicht geäußert. In seiner späteren Abhandlung über die Entstehung des Dieselmotors werden die Schriftwechsel vom April 1892 nicht erwähnt. In der von Eugen Diesel, einem Sohn des Erfinders, verfassten Diesel-Biografie wird zwar Buz' Absage vom 2. April 1892 zitiert, die Zusage vom 20. April aber übergangen.[21]

Dass Buz bereits am 20. April 1892 Diesel eine, wenn auch vorsichtige, Zusage gemacht hatte, wurde erst 55 Jahre später von der M.A.N. mitgeteilt, in einer Broschüre zum 50-jährigen Jubiläum des Dieselmotors.[22] Intensiver haben sich mit dieser Frage dann Kurt Schnauffer und Friedrich Sass beschäftigt. Schnauffer hat die Ergebnisse seiner Recherchen anlässlich des 100. Geburtstags von Rudolf Diesel im März 1958 veröffentlicht.[23] Er war in Diesels Nachlass im Deutschen Museum nicht nur auf Buz' Zusage vom 20. April 1892 gestoßen, sondern auch auf die Briefe, die Diesel in den Wochen davor nach Augsburg geschickt hatte, um Buz umzustimmen.[24] Anhand dieser Schreiben konnte Schnauffer Buz' Verhalten erklären. Diesel hatte damals neue Berechnungen nachgereicht und auch prophezeit, dass sein Motor in Zukunft die Dampfmaschinen ersetzen würde. Zu einem Brief Diesels vom 13. April schrieb Schnauffer: «Dieser Brief war technisch so aufschlussreich, daß Buz Zutrauen zu Diesels Vorschlägen faßte.»[25] Durch die 1987 veröffentlichte Studie von Donald E. Thomas über Diesel wurde Schnauffers Darstellung inzwischen in einigen

Punkten korrigiert. Thomas rehabilitiert den von Rudolf Diesel so negativ dargestellten Leiter des Dampfmaschinenkonstruktionsbüros der Maschinenfabrik Augsburg, Josef Krumper. Er stützt sich dabei auf Krumpers unveröffentlichte Erinnerungen. Darin schrieb der Oberingenieur, er hätte Diesels Erfindung keineswegs abgelehnt, sondern Buz geraten, «auf die Pläne Diesels einzugehen.»[26] Krumpers Rechtfertigung wird durch einen Brief von Buz an Krumper vom 1. Dezember 1913 gestützt, den Thomas im Historischen Archiv der MAN entdeckt hat. In diesem Schreiben bestätigte Buz ausdrücklich, dass Krumper zum Bau des Dieselmotors geraten hatte.[27] Wahrscheinlich wird Krumper kein begeisterter Befürworter des Dieselmotors gewesen sein, aber er hat sich offenbar nicht quergestellt. Das ist keineswegs selbstverständlich wenn man bedenkt, dass er jahrzehntelang mit großem Erfolg bei der Maschinenfabrik Augsburg Dampfmaschinen gebaut hatte, die der Dieselmotor nach Ansicht des Erfinders nun überflüssig machen würde. Damit stellt sich die Frage, warum Buz zunächst auf Krumpers Gutachten hin dem Erfinder eine Absage geschrieben hatte, wenn Krumper für Diesels Ideen durchaus aufgeschlossen war. Dafür kann es eigentlich nur einen einzigen plausiblen Grund gegeben haben: Diesels unrealistische Angaben über die Höchstdrücke von 150 atm und seine Absicht, Kohlenstaub als Brennstoff einzusetzen.[28] Tatsächlich hat der Erfinder nach der Absage vom 2. April in einem Brief an Buz vom 9. April eine ganz andere Berechnung mitgeteilt. Nun ging er von einem Verdichtungshöchstdruck von 44 atm aus, was im Rahmen des Realisierbaren lag. Schon drei Tage vorher hatte er an Buz geschrieben, dass die Versuche «vorläufig» auch mit gasförmigen und flüssigen Brennmaterialien durchgeführt werden könnten.»[29] Nun stand einer Zusage nichts mehr im Weg. Dass Buz dennoch erst am 20. April 1892 antwortete, hatte einen einfachen Grund, den er Diesel bei seiner Zusage auch mitteilte: der Direktor der Maschinenfabrik Augsburg war «längere Zeit verreist».[30]

So ergibt sich aus den überlieferten Briefen von Buz an Diesel und Krumper ein recht genaues Bild von den Entscheidungsprozessen, die zum Bau des ersten Dieselmotors in der Maschinenfabrik Augsburg geführt haben. Das Unternehmen setzte sich früher und entschlossener für Diesels Erfindung ein, als es Diesel selbst später darstellte. Dass sich Diesel in Augsburg zunächst eine Absage eingehandelt hat, war nicht durch das mangelnde Verständnis des Dampfmaschinenkonstruktionsbüros für seine Theorie bedingt. Vielmehr hatte sich der Erfinder durch unrealistische Angaben in seiner Beschreibung selbst den Weg verbaut. Buz hätte unter diesen Bedingungen gar keine andere Entscheidung treffen können. Nach der Absage aus Augsburg ging Diesel von sich aus daran, neue Werte zu berechnen. Er erkannte seinen Fehler sehr schnell und bügelte ihn in weiteren Briefen an Heinrich von Buz aus, der daraufhin den Bau eines Versuchsmotors zusagte. Vor diesem Hintergrund erklärt sich auch, warum Diesel kein Interesse hatte, den tatsächlichen Hergang publik zu machen. Wie seine gesamte Biografie zeigt, war dieser geniale Erfinder auf geradezu tragische Weise nicht in der Lage, einen Irrtum zuzugeben.

Es bleibt letztlich rätselhaft, warum ein hervorragender Theoretiker wie Rudolf Diesel in seiner Anfrage bei der Maschinenfabrik Augsburg vom 7. März 1892 so unrealistische Angaben vorgelegt hat. Die Persönlichkeit des Erfinders und sein theoretischer Ansatz geben aber zumindest einige Hinweise auf mögliche Erklärungen.

Rudolf Diesel und die Erfindung seines «rationellen Wärmemotors»

Rudolf Diesel (geb. 18. 3. 1858 in Paris, gest. 29. 9. 1913 auf der Überfahrt von Antwerpen nach Harwich) war bis zu seinem 12. Lebensjahr in Paris aufgewachsen. Seine aus Deutschland stammenden Eltern zogen wegen des deutsch-französischen Krieges nach London und gaben ihren Sohn Rudolf in die Obhut des mit ihnen verwandten Ehepaars Barnickel in Augsburg. Diesels Pflegevater Christoph Barnickel war Mathematikprofessor an der dortigen Gewerbeschule. In Augsburg absolvierte Rudolf Diesel mit Bestnoten die Gewerbeschule und die Industrieschule. Möglicherweise entwickelte er schon damals eine besondere Beziehung zu der nahe gelegenen Maschinenfabrik von Heinrich von Buz. 1875 ging Diesel nach München und studierte dort an der Polytechnischen Hochschule Maschinenbau. Durch seinen akademischen Lehrer Carl von Linde wurde er mit dessen Spezialgebiet, der Thermodynamik, vertraut. Ein Schlüsselerlebnis hatte Diesel, als Linde 1878 in seiner Vorlesung über Thermodynamik auf die geringe Wärmeausnutzung der Dampfmaschinen einging und den Carnot'schen Kreisprozess erklärte. In seiner Schrift über die Entstehung des Dieselmotors schilderte Diesel später diese Begebenheit und fügte hinzu: «Der Wunsch nach Verwirklichung des Carnot'schen Idealprozesses beherrschte fortan mein Dasein.»[31] Nachdem Diesel an der Technischen Hochschule einen exzellenten Abschluss gemacht hatte, vermittelte ihm Linde erst ein Praktikum bei der Firma Sulzer in Winterthur und schickte ihn dann als Vertreter der neu gegründeten Gesellschaft für Linde's Eismaschinen nach Paris. 1890 wechselte Diesel in das Berliner Büro der Linde-Gesellschaft.

Auch in Paris beschäftigte sich Diesel neben seiner beruflichen Tätigkeit intensiv mit der Umsetzung des Carnot'schen Kreisprozesses. Nach dieser Lehre des französischen Physikers Sadi Carnot führt ein Kreisprozess zur günstigsten Ausnutzung der Wärme in einer Wärmekraftmaschine. Kann sich der Kolben im Zylinder so bewegen, dass sich Abkühlung und Erwärmung aufheben, entsteht kein Wärmeverlust. Alle zugeführte Wärme wird dann in Arbeit überführt.[32] Diesel arbeitete zunächst an verschiedenen Kälteverfahren und baute einen kleinen Ammoniakmotor, bis er schließlich auf den Gedanken kam, dass auch bei Verbrennungskraftmaschinen eine höhere Verdichtung zu einer besseren Wärmeausnutzung und zur Einsparung von Kraftstoff führen musste. Nachdem er dieses Prinzip in seinem Manuskript über Theorie und Konstruktion eines rationellen Wärmemotors beschrieben hatte, beantragte Diesel – der inzwischen nach Berlin umgezogen war – ein Patent.

Rudolf Diesel war ausschließlich durch theoretische Überlegungen zu seiner Erfindung gelangt, was in der Antriebstechnik selten der Fall ist und sich nur dadurch erklären lässt, dass sein eigentliches Interesse eben den thermodynamischen Zusammenhängen galt.[33] Die praktische Ausrichtung seines Lehrers Carl von Linde, der seine Eismaschine auf Vorschlag des Großbrauers Deiglmayr und in enger Abstimmung mit dem Brauereibesitzer Sedlmayr gebaut hatte, lag Diesel fern. Ihm ging es in erster Linie um die Verwirklichung des Carnot'schen Kreisprozesses. Seine Berechnungen zum Bau eines «rationellen Wärmemotors» richtete Diesel nicht nach praktischen Erfordernissen aus, sondern an dem Ziel, dem Carnot'schen Ideal möglichst nahe zu kommen. Der Diesel-Motor war seine erste große Erfindung, und so kam er mit seiner Anfrage in Augsburg auch zum ersten Mal in die Situation, andere als rein theoretische Überlegungen berücksichtigen zu müssen. Erst die Absage aus Augsburg machte ihm schlagartig klar, dass seine Erfindung nur eine Chance hatte, wenn er statt theoretischer Idealwerte technisch realisierbare Werte angeben konnte. Aus dieser Einsicht heraus schrieb er wenige Tage später an Heinrich von Buz, «daß in einer Abweichung vom Idealprozeß die Möglichkeit läge, Motoren zu konstruieren, die auch mit den heutigen Mitteln zu bauen seien».[34]

Solche Formulierungen machen deutlich, wie sehr Diesel von theoretischen Modellen ausging und wie fremd ihm die praktische Denkweise des Motorenbaus war. Doch ist auch festzuhalten, dass das Prinzip des Dieselmotors andernfalls vielleicht nie erfunden worden wäre. Allein Diesels wärmetheoretischer Ansatz führte zu der genialen Idee, durch die Kompression von Luft im Zylinder einen höheren Wirkungsgrad zu erreichen. Von den vielen Spezialisten des Verbrennungskraftmaschinenbaus, die sich damals um eine Verbesserung des Wirkungsgrades bemühten, ist keinem ein derartiger Erfolg gelungen. Dafür bedurfte es einer völlig neuen Denkweise. So war es eben kein Zufall, dass der Motor mit dem auch heute noch höchsten Wirkungsgrad nicht in den Konstruktionsbüros der führenden Motorenfabriken erfunden wurde, sondern von einem Thermodynamiker, über den seine Gegner spotteten, er sei ja «kein Motoren-‹Fachmann›, sondern ein Eismaschineningenieur».[35]

Der Bau des ersten Versuchsmotors

Nachdem im Oktober 1892 in Augsburg die Arbeiten am Versuchsmotor begonnen hatten, wurde im Juli und August 1893 die erste Versuchsreihe durchgeführt. Obwohl der erste Versuchsmotor nie selbstständig lief, zeigten schon die anfänglichen Messergebnisse nach Diesels Ansicht, dass sein Konstruktionsprinzip «selbst mit dieser unvollkommenen Maschine» umgesetzt werden könnte.[36] Durch die Versuche kam man zu der Erkenntnis, dass sich Diesels Verfahren schon mit einem Druck von rund 30 atm durchführen ließ. Als Kraftstoff verwandte man Benzin.

Im Juni 1893, also noch vor Beginn der ersten Versuchsreihe, hatte Diesel aufgrund neuer Berechnungen erkennen müssen, dass sich der Carnot'sche Kreisprozess nicht in einem Motor umsetzen ließ.[37] Er entschied sich jetzt für ein anderes Verfahren. Statt auf eine Verbrennung bei konstanter Temperatur setzte Diesel jetzt auf eine Verbrennung bei konstantem Druck. Nun war aber der Carnot-Prozess der Hauptinhalt seines Patents. Indem er davon abwich, war seine Erfindung nicht mehr durch das Patent Nr. 67207 abgedeckt.[38] In einem Brief an Krupp vom 16. Oktober 1893 hat Diesel die vorgenommenen Veränderungen begründet. Ein ähnliches Schreiben hat er wahrscheinlich auch der Maschinenfabrik Augsburg geschickt. Von beiden Unternehmen kam keine Reaktion, was nur dadurch zu erklären ist, dass man hier die Tragweite des Umschwungs nicht verstanden hatte.[39]

Die Versuchsphase benötigte mehrere Jahre. Immer wieder traten neue Probleme auf, so dass insgesamt sechs Versuchsreihen durchgeführt werden mussten.[40] Nicht selten war der Erfinder der Verzweiflung nahe. Nachdem die im Jahr 1894 durchgeführten Gasversuche keine Fortschritte erbracht hatten, wollte sich die Firma Fried. Krupp zurückziehen, aber Buz gelang es, Krupp davon abzuhalten. Von allen Schwierigkeiten unbeirrt, hielt er an dem Diesel-Projekt fest. Die Durchführung der Versuchsreihen leitete Oberingenieur Lucian Vogel. Der Schwiegersohn von Buz und Studienfreund Diesels hatte entscheidenden Anteil daran, dass immer wieder Lösungen für die aufgetretenen Probleme gefunden wurden. Im Bericht eines amerikanischen Sachverständigen über den Augsburger Dieselmotorenbau wird Vogel als ausgesprochen fleißig und akribisch beschrieben.[41] Die Ausführung der einzelnen Bauteile erfolgte zunächst durch den Monteur Hans Linder, dann durch seinen Kollegen Friedrich Schmucker. Nach dem erwähnten Bericht war Schmucker ein «netter Mensch und guter Arbeiter», der «jeden Bolzen, jeden Zapfen und jedes Lager seiner Maschine» kannte.[42]

Nach dreieinhalb Jahren konnten die Versuchsreihen erfolgreich abgeschlossen werden. Professor Moritz Schröter von der Technischen Hochschule München führte am 17. Februar 1897 in Augsburg den offiziellen Abnahme-

Abb. 33 Erster Dieselmotor (Versuchsmotor 1897)

versuch durch. Er konnte einen Wirkungsgrad von 26,2 % messen. Ein derart hoher Wert war bisher von keinem Motor erreicht worden. Wenige Monate später, am 16. Juni 1897, konnte Rudolf Diesel diesen Durchbruch auf der Hauptversammlung des Vereins Deutscher Ingenieure in Kassel vor der versammelten Fachwelt verkünden.[43] Anschließend teilte Schröter dem begeisterten Publikum die Messergebnisse mit und erklärte, «daß wir es hier mit einer marktfähigen, in allen Einzelheiten vollkommen durchgearbeiteten Maschine zu thun haben …»[44]

Der schwierige Start des Motors

Die Maschinenfabrik Augsburg nahm nun die Produktion von Dieselmotoren auf. Die ersten verkauften Motoren konnten im Laufe des Jahres 1898 bei der Zündholzfabrik Kempten und bei der Papierhülsenfabrik Rugendas in Augsburg aufgestellt werden. Der Kemptener Motor wurde am 15. März 1898 in Betrieb genommen, der bei Rugendas rund sieben Monate später.[45] Es war sicherlich kein Zufall, dass die Kemptener Zündholzfabrik zur Vereinigten Zünd-

Abb. 34 Rudolf Diesel, Heinrich von Buz und Moritz Schröter (v. l. n. r) bei der VDI-Hauptversammlung in Kassel am 16. 6. 1897

holzfabriken AG gehörte, die von Carl August Buz, einem Halbbruder des Augsburger Direktors Heinrich von Buz, geleitet wurde.[46] Für die Maschinenfabrik Augsburg war es wichtig, möglichst schnell Kunden zu gewinnen, die sie als Referenz angeben konnte. Dann würden auch andere Unternehmen dem neuen, teuren Produkt vertrauen. Nachdem der Dieselmotor in Kempten in Betrieb genommen worden war, traten bald massive Probleme auf. Es zeigte sich, dass der Motor keineswegs so ausgereift war, wie es Schröter in der ersten Euphorie nach dem Abnahmeversuch verkündet hatte. Heinrich von Buz schickte seinen Dieselmotoren-Ingenieur Josef Vogt nach Kempten, der vor Ort Verbesserungen an dem Motor vornahm. Doch trafen in Augsburg immer wieder neue Hiobsbotschaften aus Kempten ein.[47] Einige Probleme gab es auch mit dem zweiten Dieselmotor, der bei der Rugendas-Fabrik aufgestellt worden war, und einem weiteren, an die Augsburger Firma L. A. Riedinger gelieferten Motor. Inzwischen hatten auch andere deutsche Lizenzunternehmen mit dem Bau von Dieselmotoren begonnen. Während die Motoren der Maschinenfabrik Augsburg zwar nicht störungsfrei liefen, aber immerhin in Betrieb blieben, erwiesen sich die Motoren der anderen Unternehmen als unbrauchbar.[48]

Heinrich von Buz war klar, dass der Dieselmotor ohne grundlegende konstruktive Verbesserungen keine Chance haben würde. Er zweifelte auch jetzt nicht am Erfolg der Erfindung und stellte Mittel für weitere Arbeiten bereit. Wie der amerikanische Sachverständige Colonel Meier im Oktober 1897 in einem ausführlichen Bericht über den Dieselmotorenbau der Maschinenfabrik Augsburg schrieb, hatte der Direktor die «feste Überzeugung, daß der Dieselmotor schließlich dazu bestimmt sei, die Dampfmaschine ganz zu ersetzen».[49] Das Augsburger Dieselkonstruktionsbüro musste jetzt neu besetzt werden. Oberingenieur Lucian Vogel hatte sich mit seinem Schwiegervater Heinrich von Buz überworfen und verließ im April 1897 das Unternehmen.[50] Neuer Leiter der Abteilung wurde Josef Krumper, der sich bei den Versuchen freilich im Hintergrund hielt.[51] Sie wurden vor allem durch die Ingenieure Josef Vogt und Imanuel Lauster[52] durchgeführt. Rudolf Diesel begleitete die Arbeiten nur noch aus der Ferne und übertrug die Leitung der Versuchsstation an Mitarbeiter.[53] Ludwig Noé, der damals als junger Konstrukteur in Diesels Münchner Büro arbeitete, berichtete später: «Diesel sagte mir eines Tages, daß fast alle Einzelteile seines Motors, für die es kaum ein Vorbild gab, nach neuen Gesichtspunkten konstruiert werden mußten. Mit dieser Aufgabe müßten sich junge, intelligente Ingenieure befassen; er selbst sei diesen Aufgaben nicht mehr gewachsen.»[54]

Diesel konzentrierte sich jetzt auf die Verwertung seiner Patentrechte. Er vergab Lizenzen an Firmen aus vielen Ländern und wurde dadurch in kurzer Zeit zum Millionär. 1897 entstand in Frankreich die Société Française des Moteurs R. Diesel à Combustion Intérieure. Im gleichen Jahr gründete in den USA Adolphus Busch, der Eigentümer der Brauerei Anhaeuser Busch, die Diesel Motor Company of America. Um seine Erfindung durch ein eigenes Unternehmen verwerten zu lassen, gründete Diesel im September 1898 zusammen mit mehreren Unternehmen die Allgemeine Gesellschaft für Dieselmotoren. Heinrich von Buz übernahm den Vorsitz des Aufsichtsrats. Die Maschinenfabrik Augsburg beteiligte sich ebenso wie Buz am Kapital des neuen Unternehmens. Diesel übertrug der «Allgemeinen» sämtliche Rechte aus seiner Erfindung und verpflichtete sich, ihr alle weiteren Verbesserungen an seinem Motor kostenlos zu überlassen.[55]

Bereits Anfang 1898 hatte Diesel bei der Gründung eines anderen Unternehmens mitgewirkt, das in unmittelbarer Nachbarschaft zur Maschinenfabrik Augsburg entstanden war: die Dieselmotoren-Fabrik AG.[56] Anders als die Allgemeine Dieselmotoren-Gesellschaft sollte die Dieselmotoren-Fabrik den Bau von Motoren aufnehmen. Die Aktien des Unternehmens wurden an der Börse gehandelt, doch hielt Diesel eine größere Kapitalbeteiligung. Die Gründung der Dieselmotoren-Fabrik war ihm von zwei Augsburger Bankhäusern nahe gelegt worden, nachdem seine Erfindung 1897 bekannt geworden war und in der

Fachwelt eine wahre Euphorie ausgelöst hatte. Die Aktien des Unternehmens wurden an der Börse sofort ein begehrtes Spekulationsobjekt, da hier viele mit einem glänzenden Geschäft rechneten.[57] Doch das Gegenteil war der Fall. Die ersten ausgelieferten Motoren erwiesen sich als unbrauchbar und kamen ausnahmslos zurück. Bald stellte sich heraus, dass die Dieselmotoren-Fabrik den noch nicht marktreifen Motor mit fragwürdigsten Methoden baute. Diesels Sohn Eugen wusste später zu berichten, dass in dem Unternehmen «auf die fürchterlichste Weise gepfuscht worden sei».[58] Der Erfinder war verzweifelt. Zu seinem Mitarbeiter Noé soll er damals gesagt haben: «Es ist furchtbar! Keiner der Motoren geht! Alles um mich bricht zusammen!»[59] Nachdem sich die Motoren als unbrauchbar erwiesen hatten, stürzte der Aktienkurs der Dieselmotoren-Fabrik ebenso rasant ab, wie er vorher angestiegen war. Das Unternehmen hatte praktisch keine Einnahmen, musste aber allein für die Lizenzen zum Bau des Motors rund 100 000 Mark zahlen. Schon um die Jahrhundertwende stellte die Dieselmotoren-Fabrik den Betrieb ein. Durch dieses Desaster war der Ruf des Dieselmotors beschädigt, und die Nachfrage brach weg.

Seit der Motor auf den Markt gekommen war, hatte sich Diesel auch mit Patentstreitigkeiten auseinanderzusetzen, da seine Erfindung nicht mit dem Hauptanspruch des Patents DRP Nr. 67207 übereinstimmte[60]. Schon im Juli 1897 wurde eine Nichtigkeitsklage eingereicht. Der Kläger Emil Capitaine gab Diesels Verfahren als seine eigene Erfindung aus, was jedoch leicht zu widerlegen war. Diesel sah sich auch heftigen Angriffen aus der Fachwelt ausgesetzt. Eine Anfechtung des Patents durch die Gasmotorenfabrik Deutz konnte nur durch die Vergabe einer Lizenz verhindert werden.[61] Im Herbst 1897 war der Erfinder den Turbulenzen um seinen Motor nicht mehr gewachsen. Es kam zu einem psychischen und körperlichen Zusammenbruch. Diesel musste einige Zeit in der Heilanstalt Neuwittelsbach bei München verbringen.

Die Ingenieure der Dieselversuchsstation in der Maschinenfabrik Augsburg waren die Ersten, die sich intensiv mit den Schwierigkeiten an den frühen Dieselmotoren befassten. Während die meisten anderen Lizenzwerke wie etwa die Maschinenbauanstalt Breslau den Dieselmotorenbau aufgaben, konzentrierte man sich in der Maschinenfabrik Augsburg auf Änderungen und konstruktive Verbesserungen. Imanuel Lauster konnte schon beim Bau des im Herbst 1898 ausgelieferten Rugendas-Motors manche Probleme vermeiden, die beim Kemptener Motor aufgetreten waren.[62] Dabei gab es selbst innerhalb des Augsburger Werks nicht nur Zustimmung zu den Diesel-Versuchen. Lauster erinnerte sich später, dass «massgebende Persönlichkeiten» hier die Ansicht vertreten hatten, «dass die Aufnahme des Baues von Dieselmotoren ein Fehlgriff sei und dass wahrscheinlich der Dieselmotor noch der Ruin der M.A.N. werde.»[63]

Der Durchbruch

Kurt Schnauffer und Friedrich Sass kamen in ihren Untersuchungen über die Entstehung des Dieselmotors zu dem Ergebnis, dass die entscheidende Wende der Verbesserungsarbeiten in Augsburg mit der Einführung des Plattenzerstäubers gelungen war. Der Plattenzerstäuber ermöglichte es, Luft und Kraftstoff auf dem Weg zur Düse besser zu vermischen. Diese Neuerung wurde erstmals am 16. September 1899 in einem Zeichnungsnummernbuch des Augsburger Werks eingetragen, bei Arbeiten an dem in der Firma L. A. Riedinger aufgestellten Dieselmotor.[64] Für andere Probleme, besonders bei der Kühlung der Motoren, hatten sich schon vorher Lösungen abgezeichnet. Wer den Plattenzerstäuber erfunden hat, lässt sich nicht mehr feststellen, weil für diese Neuerung kein Patent beantragt worden ist. Sass und Schnauffer vermuten, dass Lauster den größten Anteil daran hatte, weil er sich damals mit dem «Riedinger-Motor» beschäftigte.[65]

Diese Verbesserung war für den Dieselmotorenbau des Augsburger Werks möglicherweise die Rettung in letzter Stunde. Paul Meyer, der im Oktober 1899 für die Allgemeine Dieselmotorengesellschaft die Leitung der Versuchsstation übernahm, berichtete später: «Damals kam der Dieselmotor dem absoluten Nullpunkt so nahe, dass ich in der Versuchsstation keine Beschäftigung mehr fand, denn es wurden von keiner Seite mehr Mittel für die Fortführung der Arbeiten in dieser bewilligt.»[66] Ende 1899 löste Heinrich von Buz die Versuchsstation auf.[67] Er setzte jetzt ausschließlich auf Verbesserungen an den bereits ausgelieferten und in Betrieb befindlichen Dieselmotoren, wie dies beim «Riedinger-Motor» gelungen war. Im September 1900 konnte das Augsburger Werk ein Patent für eine weitere wichtige Verbesserung des Dieselmotors anmelden: die zweistufige Verdichtung.[68] Zu diesem Zeitpunkt war der Durchbruch aber schon geschafft. Im Sommer 1900 wurde der Dieselmotor auf der Weltausstellung in Paris mit dem Grand Prix ausgezeichnet. Als die internationale Presse den Motor nun mit Lobeshymnen überschüttete, sprach niemand mehr von der «Dieselkrise».

Auch in anderen Ländern hatten inzwischen fähige Ingenieure damit begonnen, den Dieselmotor zu verbessern. Deshalb hätte sich diese Technik wahrscheinlich auch dann durchgesetzt, wenn es in Augsburg nicht gelungen wäre, einen ausgereiften Motor zu bauen. Wichtiger war der entscheidende Beitrag der Maschinenfabrik Augsburg zur Entstehung des Versuchsmotors von 1897, ohne den es später keine Dieselmotoren gegeben hätte. Nach der Jahrhundertwende sind den Augsburger Ingenieuren weitere Neuerungen gelungen, die zur Ausbreitung des Dieselmotors beitrugen. Durch die Entwicklung der Type DM – der ersten kreuzkopflosen Dieselmotoren – konnte 1901 der Preis um rund die

Hälfte gesenkt werden. Im gleichen Jahr ließ Josef Vogt, der nun den Dieselmotorenbau in Augsburg leitete, ein einfacheres Anlassverfahren entwickeln.[69]

Tab. 6: Unternehmen mit Diesel-Lizenz Ende 1898[70]

Land	*Unternehmen*
Deutschland	Maschinenfabrik Augsburg
	Fried. Krupp, Essen
	Gasmotorenfabrik Deutz
	Maschinenbau-Actien-Gesellschaft Nürnberg
	Maschinen- und Broncewarenfabrik L. A. Riedinger, Augsburg
	Dieselmotorenfabrik AG, Augsburg
	Dieselmotoren-Verkaufsgesellschaft, Breslau
	Breslauer AG für Eisenbahnwagenbau
	Maschinenbau-Anstalt «Breslau» GmbH
	Maschinenbauanstalt H. Pauksch, Landsberg/Warthe
Belgien	Carels Frères, Gand
Dänemark	Burmeister & Wain, Kopenhagen
Frankreich	Société Française des Moteurs R. Diesel, Bar le Duc
	Comp. Française des Moteurs à Gaz et des Constructions Mécaniques, Paris
	Farcot Frères, Constructeurs à Saint Quen
Großbritannien	Mirrles, Watson & Yaryan Co. Ltd., Glasgow
Russland	Emanuel Nobel, St. Petersburg
	Ludwig Nobel, St. Petersburg
	Russische Diesel-Motoren-Co. GmbH (Nürnberg)
Schweden	Actiebolaget Diesels Motorer (Wallenberg & Lamm), Stockholm
Schweiz	Gebr. Sulzer, Winterthur
USA	Diesel-Motor-Company of America, New York

Während der Dieselmotor jetzt weltweite Anerkennung erfuhr, kamen auf seinen Erfinder immer weitere Probleme zu. Auch die Beziehung zu Heinrich von Buz und seinem Unternehmen war nicht mehr ungetrübt. Die Vorgänge um die Dieselmotoren-Fabrik hatten das Verhältnis belastet.[71] Diesel wurde durch seine geschäftlichen Misserfolge und die Angriffe auf sein Patent zermürbt. Er hatte nicht die Konstitution, das Wechselbad aus Triumphen und Niederlagen durchzustehen, das er seit der Entstehung seines Motors erlebte. Im Herbst 1910 ging auch die Allgemeine Gesellschaft für Dieselmotoren in Liquidation und trat ihre Rechte an die M.A.N. und an Krupp ab.[72] Als drei Jahre später neue Angriffe von mehreren Professoren gegen ihn einsetzten, wusste der Erfinder wohl keinen Ausweg mehr. In der Nacht vom 29. zum 30. September 1913 ging er bei einer Überfahrt von Antwerpen nach Harwich über Bord. Die genauen Umstände seines Todes konnten bis heute nicht geklärt werden, aber alle Indizien sprechen dafür, dass Diesel Selbstmord begangen hat.[73]

Wenige Monate vor seinem Tod hat Diesel in einem Brief an Heinrich von Buz dessen Anteil an der Entstehung des Dieselmotors gewürdigt. Als Buz zum 1. Juli 1913 in den Ruhestand ging, sprach er ihm seine «unendliche Dankbarkeit» für die erfahrene Unterstützung aus: «Sie haben nicht nur als Erster die Bedeutung meiner Erfindung erkannt, sondern auch während der Schöpfungszeit der Maschine, unbeirrt durch fast unüberwindbar erscheinende Schwierigkeiten, daran festgehalten, meine Maschine durch alle Anfechtungen hindurch in die Praxis einzuführen und sie auf ihre heutige Bedeutung zu bringen».[74]

Rückblickend ist die Leistung der Mitarbeiter des Augsburger Dieselkonstruktionsbüros kaum geringer einzuschätzen als die ihres Direktors Heinrich von Buz. Ohne Lucian Vogel und die Monteure Hans Linder und Friedrich Schmucker wäre Diesels Erfindung möglicherweise nie verwirklicht worden. Ohne Josef Vogt, Imanuel Lauster und ihre Mitarbeiter hätte sich der Motor nicht so rasch durchgesetzt. Lucian Vogel arbeitete nach seiner Tätigkeit in Augsburg bei der Maschinenbau-Actien-Gesellschaft Nürnberg und führte zuletzt als Privatmann Aufträge seines Schwiegervaters Buz aus. Imanuel Lauster machte eine steile Karriere: Er hat maßgeblich an der Entwicklung der U-Boot-Dieselmotoren mitgewirkt, wurde 1913 in den Vorstand berufen und war von 1932–1934 Vorstandsvorsitzender der M.A.N. Joseph Vogt hatte, anders als Lauster, schon längere Zeit im Dampfmaschinenbau des Unternehmens gearbeitet, bevor er zur Dieselversuchsstation kam. Aber gerade er hatte dann große Verdienste bei der Überwindung der «Kinderkrankheiten» des Dieselmotors.[75] Vogt starb 1904 im Alter von 42 Jahren an Tuberkulose.

Für die Maschinenfabrik Augsburg und ihr Nachfolgeunternehmen M.A.N. wurde der Dieselmotor eine beispiellose Erfolgsgeschichte. Schon im Geschäftsjahr 1903/04 hatte der Dieselmotorenbau den höchsten Umsatz von allen Abteilungen des Augsburger Werks, vor dem Druckmaschinenbau, dem Kältemaschinenbau und dem Allgemeinen Maschinenbau.[76] Die Erwartung von Rudolf Diesel und Heinrich von Buz, dass der Dieselmotor die Dampfmaschinen ersetzen würde, erfüllte sich in Augsburg sehr schnell. Schon 1908 wurde der Dampfmaschinenbau hier aufgegeben. Durch die Entwicklung des Dieselmotors hat das Unternehmen aber nicht nur ein erfolgreiches Produkt erhalten, sondern auch eine hohe Expertise in einer zukunftsweisenden Technik. Die Maschinenfabrik Augsburg, die zuvor keinerlei Erfahrung im Motorenbau hatte, verfügte nun über international angesehene Experten auf diesem Gebiet. Das hatte sie nicht nur Diesels Erfindung zu verdanken, sondern eben auch den jahrelangen Versuchen beim Bau des Motors. Für die beteiligten Ingenieure war dies ein ständiger Lernprozess, der sie schließlich nach 1897 befähigte, den Motor ohne die Mitwirkung seines Erfinders zur Marktreife zu bringen. Diese Kenntnisse ermöglichten schon bald weitere Innovationen der M.A.N. im Dieselmotorenbau.

Tab. 7: Diesel-Innovationen der M.A.N. 1897–1937[77]

Jahr	*Innovation*
1897	Erster Dieselmotor
1904	Erstes Großdieselmotoren-Kraftwerk (Kiew)
1923	Erster Fahrzeug-Dieselmotor mit direkter Kraftstoffeinspritzung
1924	Erster Diesel-Lastkraftwagen mit Direkteinspritzung
1927/31	Erste Diesel-Triebwagen
1937	Erster Lastwagen-Dieselmotor mit Kugelbrennraum

4 Die Anfänge in Nürnberg: Die Eisengießerei und Maschinenfabrik Klett & Comp.

Johann Friedrich Klett errichtet in Nürnberg eine Maschinenfabrik für den Eisenbahnbedarf

Ähnlich wie in Augsburg begann die Geschichte der MAN in Nürnberg mit den Anfängen der dortigen Industrie in den 1840er Jahren. Das Nürnberger Vorgängerunternehmen der MAN wurde 1841 unter dem Namen Eisengießerei und Maschinenfabrik Klett & Comp. gegründet. Nürnberg war damals eine Stadt im Aufbruch. 1835 war hier die erste Eisenbahnlinie Deutschlands eröffnet worden, die Ludwigsbahn zwischen Nürnberg und Fürth. Bald wurden weitere Bahnstrecken gebaut, von Nürnberg nach Hof, Lindau und Augsburg. Mit dem Anschluss der früheren Reichsstadt an den Donau-Main-Kanal (Ludwigskanal) kam eine weitere neue Verkehrsanbindung hinzu.[1]

Für den Bau der Ludwigsbahn war in Bayern zwar das Kapital vorhanden gewesen, nicht aber die Technik. Dampflokomotiven konnten damals nur in England, dem Mutterland der Industrialisierung, hergestellt werden. Von dort kam die erste Lokomotive der Ludwigsbahn, die berühmte «Adler». Von der am 7. Dezember 1835 eröffneten Bahn gingen wichtige Impulse für die Nürnberger Wirtschaft aus, die zur Industrialisierung hinführten. Die Waggons und Anlagen der Ludwigsbahn wurden von Handwerkern aus der Stadt hergestellt, die dafür wiederum Maschinen, Gusseisen und Schmiedearbeiten benötigten.

Auch Johann Friedrich Klett (geb. 9. 2. 1778 in Zella St. Blasii, gest. 21. 4. 1847 in Nürnberg), der Gründer des Nürnberger MAN-Vorgängerunternehmens, wollte die Chancen nutzen, die sich durch die neue Eisenbahn boten. Klett hatte sich schon in mehreren Branchen unternehmerisch betätigt.[2] Nachdem er im Alter von 20 Jahren aus Thüringen nach Nürnberg gezogen war, hatte er dort in zwei Handelsgeschäften gearbeitet und in das Patriziat der Stadt eingeheiratet. Seine Frau Magdalena, geb. Lotzbeck, war eine entfernte Verwandte des Augsburger Firmengründers Ludwig Sander.[3] Nach der Heirat hatte Klett zunächst einen Spielwarenvertrieb eröffnet. Später hatte er zusammen mit Johann Anton Merz und Otto von Stransky eine Kammgarnspinnerei gegründet, aus der er sich zurückzog, als das Unternehmen 1836 nach Augsburg verlegt wurde.[4] Politisch stand Klett der linksliberalen bürgerlichen Freiheitsbewegung, den Freisinnigen, nahe. Conrad Matschoß schreibt über ihn in sei-

Abb. 35 Johann Friedrich Klett

ner 1913 veröffentlichten Geschichte der Maschinenfabrik Nürnberg: «Wo er die Möglichkeit sah, seine kaufmännischen Geschäfte auszudehnen, da griff er zu. Eine zeitlang vertrieb er Spiegel im großen, handelte mit Hopfen und beteiligte sich auch am Geldgeschäft, am Handel mit Staatspapieren.»[5] Nach Eröffnung der Ludwigsbahn orientierte sich der mittlerweile 60-jährige Klett noch einmal um und stieg in das Eisenbahngeschäft ein. Dieser Wechsel bot sich an, weil der Unternehmer beste Verbindungen zur Ludwigsbahn hatte. Klett gehörte dem Direktorium der Bahngesellschaft an. Georg Zacharias Platner, der Mitbegründer und Leiter der Ludwigsbahn, war ein Vetter seiner Frau.[6]

1837 richtete Klett eine Werkstatt mit einigen Drehbänken und Bohrmaschinen ein, die Aufträge für die Ludwigsbahn ausführte.[7] Er konnte dafür das Grundstück der früheren Kammgarnspinnerei in der Kesslerstraße vor dem Wöhrder Tor nutzen, das beim Wegzug dieses Unternehmens nach Augsburg in seinen Besitz übergegangen war.[8] Wahrscheinlich wollte Klett schon bei Errichtung der Werkstatt eine Maschinenfabrik und eine Eisengießerei für den Eisenbahnbedarf aufbauen, doch fehlten ihm und seinen Handwerksmeistern dafür die technischen Kenntnisse. Da traf es sich gut, dass er im Frühjahr 1841 drei britische Techniker kennen lernte, die nach Nürnberg gekommen waren. Mit ihnen ging er die Gründung einer Fabrik an. Zwei der Engländer, der

Maschinenbauer James Earnshaw und der Mühlenbauer John Hooker, blieben bei Klett. Sie holten als weiteren Partner ihren Landsmann Wharton Rye nach Nürnberg, einen Eisengießer, der bis dahin bei Escher, Wyss & Cie. in Zürich gearbeitet hatte. Klett wollte zunächst nur das Kapital für das neue Unternehmen bereitstellen und die Leitung den drei englischen Experten überlassen. Ähnlich wie bei Gaspard Dollfus in Augsburg musste aber auch bei Earnshaw, Hooker und Rye damit gerechnet werden, dass sie als Ausländer keine Konzession erhalten würden. Deshalb beantragte Klett selbst am 7. Juli 1841 die Konzession für eine Eisengießerei und eine Maschinenfabrik.[9]

Es sollte mehrere Monate dauern, bis über den Antrag entschieden wurde. Kletts Nachbarn in Wöhrd, Freiherr von Haller und Freiherr von Tucher, erhoben Einspruch gegen die Errichtung einer Fabrik neben ihren Grundstücken. Tucher erklärte, eine derartige Fabrik sei «für eine reinliche Familie ein Gegenstand des Abscheus».[10] Schließlich konnte sich Klett mit dem Argument durchsetzen, dass sein Projekt im dringenden Interesse der Nürnberger Wirtschaft läge. Am 22. November 1841 teilte der Magistrat die Bewilligung des Antrags mit, und die Regierung von Mittelfranken stellte am 4. Januar 1842 die Konzession aus.[11] Zu diesem Zeitpunkt war aus der Klett'schen Werkstatt mit ursprünglich zwölf Beschäftigten bereits ein Betrieb mit 50 Arbeitern geworden.[12]

Als Konzessionär musste Johann Friedrich Klett die Leitung der neuen Fabrik übernehmen, was er ursprünglich nicht vorgehabt hatte. Earnshaw, Hooker und Rye wurden als Gesellschafter in das Unternehmen aufgenommen, das den Namen «Eisengießerei und Maschinenfabrik Klett & Comp.» erhielt. Klett brachte ein Kapital von 33 100 fl. als Einlage ein, die drei britischen Gesellschafter zusammen weitere 3300 fl.[13] Im Februar 1842 wurde die Gründung der Fabrik durch eine «Anzeige und Empfehlung» in der Presse publik gemacht. Darin teilte Klett mit, «drei erfahrene Techniker, geborene Engländer, welche diesem Etablissement vorstehen», würden «alle in dieses Fach einschlagenden Arbeiten nach neuesten Prinzipien und auf das solideste herstellen».[14]

Die Parallelen zwischen den Anfängen der MAN-Vorgängerunternehmen in Augsburg und in Nürnberg sind offensichtlich. Beide Fabriken wurden von vermögenden Kaufleuten gegründet, die sich von der wachsenden Nachfrage nach Maschinen in diesen Städten ein gutes Geschäft erwarteten. Aufgebaut werden konnten die Betriebe in Augsburg wie in Nürnberg nur durch ausländische Experten, weil das erforderliche Know-how in Deutschland noch nicht vorhanden war. Zwischen beiden Gründungen gab es allerdings auch gewichtige Unterschiede. So ging in Augsburg der Anstoß von der Textilindustrie aus, in Nürnberg dagegen von der Eisenbahn. Während das Augsburger Unternehmen eine reine Maschinenfabrik war, wurde in Nürnberg vor allem Eisenbahnmaterial gefertigt. Und anders als die Augsburger Fabrik wurde das Nürnberger Unternehmen von seinem Eigentümer geleitet.

Die Eisengießerei und Maschinenfabrik Klett & Comp. hatte einen guten Start. Die Nachfrage nach ihren Dampfmaschinen war groß, da es vor Ort nur einen weiteren Maschinenbauer gab, die 1825 entstandene Fabrik von Johann Wilhelm Spaeth. Schon zwei Jahre nach der Gründung geriet Klett & Comp. aber in eine ernsthafte Krise. Die Gewinne brachen ein, weil die britischen Gesellschafter Aufträge zu unrentablen Konditionen angenommen hatten. In einigen Fällen lagen die erzielten Erlöse sogar unter dem Selbstkostenpreis. Klett musste befürchten, dass ihn seine englischen Partner, die gute Techniker, aber schlechte Kaufleute waren, in den Ruin treiben würden. Immerhin hatte er inzwischen rund 200 000 fl. aus seinem privaten Vermögen in die Fabrik investiert. Es kam zu scharfen Auseinandersetzungen zwischen Klett und den Engländern. Vorübergehend war Klett entschlossen, das Unternehmen zu verkaufen, doch fand er keinen Käufer. Die vier Gesellschafter einigten sich schließlich darauf, die Fertigung einzuschränken, um den Betrieb wirtschaftlich führen zu können. Schon bald gelang die Kehrtwende, weil die Eisenbahnaufträge sprunghaft zunahmen. In Bayern wurden die Eisenbahnen nun vom Staat gebaut und betrieben. Die neue Königliche Eisenbahnbau-Kommission errichtete 1844 in Nürnberg eine Eisenbahnwagen-Bauwerkstätte, die Gussstücke von Klett & Comp. bezog. Die Klett'sche Fabrik wurde auf diesem Gebiet zum Hauptlieferanten der königlichen Waggonbauanstalt. Ferner fertigte man Gusseisen für Wohnhäuser, Maschinen und selbst für Grabdenkmäler.[15]

Den Aufschwung der Geschäfte überschattete, dass Johann Friedrich Klett zunehmend kränker wurde und die Fabrik nur noch mit Hilfe des Prokuristen Carl Fuchs und des befreundeten Verlegers Theodor Cramer leiten konnte. Am 21. April 1847 erlag Klett im Alter von 69 Jahren einem Schlaganfall.

Theodor von Cramer-Klett, Ludwig Werder und die Aufnahme des Waggonbaus

Schon bei der Trauerfeier für Klett kündigte der junge Verleger Cramer an, dass er die Tochter und alleinige Erbin des Verstorbenen, Emilie Klett, heiraten werde. Diese Nachfolgeregelung war wohl schon länger zwischen Klett und Cramer vereinbart worden und beruhte auf dem nüchternen Kalkül, dass die Zukunft der Fabrik gesichert werden musste. Doch waren sich die Brautleute nicht gerade fremd. Berichtet wird, dass beide eine alte Freundschaft, ja eine «Jugendneigung», verband.[16] Emilie Klett wird als eine kluge und scharfsinnige Frau geschildert, die früh an Lungenblutungen litt und viel Zeit in Sanatorien verbringen musste. Für die Leitung der Klett'schen Fabrik kam sie schon aus gesundheitlichen Gründen nicht in Betracht. Es war damals aber auch kaum vorstellbar, dass eine Frau an die Spitze eines Unternehmens trat.

Nach der Hochzeit nahm das Ehepaar den Namen Cramer-Klett an. Theodor Cramer-Klett ließ von Anfang an keinen Zweifel daran, dass er als neuer Eigentümer der Klett'schen Fabrik das Unternehmen auch leiten würde. Der Magistrat von Nürnberg sprach dem Verleger und Buchhändler zunächst die Befähigung ab, die Fabrik zu führen und wollte ihn zwingen, einen Werkmeister als Geschäftsleiter einzusetzen. Cramer-Klett war dazu nicht bereit und drohte mit der Schließung des Betriebs. Unter dem Eindruck der revolutionären Ereignisse vom Frühjahr 1848 lenkte der Magistrat dann ein. Am 10. Mai 1848 erhielt Klett die Konzession.[17]

Theodor Cramer-Klett (seit 1876 Freiherr von Cramer-Klett; geb. 21. 9. 1817 in Nürnberg, gest. 5. 4. 1884 in München) stammte aus einer Tuchhändler-Familie, die schon lange in Nürnberg ansässig war. Sein Vater hatte ein Handelshaus betrieben, das in Konkurs ging, und daraufhin in Wien erfolgreich eine Seifenfabrik aufgebaut. Theodor Cramer absolvierte eine Kaufmannslehre in der Firma seines Vaters, wurde an der Handelsakademie in Wien unterrichtet und arbeitete dann im Bankhaus Lämel in Prag. Ab 1838 studierte er in München Chemie und Philosophie, um anschließend in eine Bank in Genf einzutreten. In München und Genf lernte er die geistigen Strömungen seiner Zeit kennen. Er kam mit dem Philosophen Ludwig Feuerbach, dem Nationalökonomen Friedrich List und dem Kreis um den Frühsozialisten Louis Blancs in Kontakt. Derart inspiriert, erwarb Cramer 1843 in seiner Heimatstadt Nürnberg die Bäumler'sche Verlagsbuchhandlung und übernahm ein Jahr später die traditionsreiche Zeitung *Nürnberger Kurier*. Nebenbei unterstützte er den befreundeten Unternehmer Johann Friedrich Klett in der Leitung der Eisengießerei und Maschinenfabrik Klett & Comp. Dabei bewies er großes Talent und wuchs in die Rolle des Nachfolgers hinein.[18]

Nachdem er durch die Heirat mit Emilie Klett Mehrheitseigentümer der Eisengießerei und Maschinenfabrik Klett & Comp. geworden war, ging Theodor Cramer-Klett daran, das Unternehmen zu reorganisieren. Er drängte die britischen Gesellschafter hinaus, die die Fabrik wenige Jahre vorher an den Rand des Zusammenbruchs gebracht hatten. Earnshaw und Hooker erhielten ihre Anteile am Stammkapital ausbezahlt und verließen das Unternehmen. Rye schied ebenfalls als Gesellschafter aus, leitete aber noch einige Zeit die Eisengießerei. Cramer-Klett war nun alleiniger Eigentümer der Eisengießerei und Maschinenfabrik Klett & Comp.[19]

Als neuen technischen Leiter der Fabrik konnte Cramer-Klett den Vorstand der Königlichen Waggonbauanstalt Ludwig Werder gewinnen, was sich als Glücksgriff erwies. Werder (geb. 17. 5. 1808 in Narwa bei St. Petersburg, gest. 4. 8. 1885 in Nürnberg) war in Russland als Sohn eines Schweizer Landwirts geboren.[20] Nach dem frühen Tod seiner Eltern war er bei Verwandten in der Schweiz aufgewachsen und hatte dort das Schlosserhandwerk erlernt. Werder war anschließend nach München gezogen, wo er in verschiedenen Anstellungen gearbeitet und nebenbei eine Maschine zur Drahtstiftherstellung erfunden hatte. Ende 1844 tat er als Maschinenmeister in die neu gegründete Königliche Waggonbauanstalt in Nürnberg ein, wo er schon bald darauf – wahrscheinlich im Herbst 1846 – zum Leiter ernannt wurde. Neben dieser Tätigkeit betrieb er eine eigene Drahtstiftfabrikation, die später eine Abteilung der Klett'schen Fabrik bildete und 1873 dann ein selbstständiges Unternehmen wurde (Drahtstiftenfabrik Klett & Co.).[21] Ludwig Werder war ein genialer Konstrukteur. Als er am 1. November 1848 zu Klett wechselte, dürfte er für das Unternehmen aber vor allem wegen seiner Kenntnisse im Waggonbau und seiner guten Verbindungen zur Eisenbahnbau-Kommission ein wertvoller Zugewinn gewesen sein. Die Königliche Waggonbauanstalt wurde ein Jahr später geschlossen. Dank Werders Know-how war die Klett'sche Fabrik in der Lage, nun einen eigenen Waggonbau aufzunehmen und damit die Nachfolge der Waggonbauanstalt anzutreten.

Mit den Anfängen des Waggonbaus der Klett'schen Fabrik im Jahr 1850 begann die Geschichte des MAN-Fahrzeugbaus. Theodor von Cramer-Klett und Ludwig Werder begründeten damit eine Ausrichtung, die für das Nürnberger Werk von größter Bedeutung wurde. Bis in die Zeit nach dem Zweiten Weltkrieg hinein war Nürnberg *der* Standort für den Fahrzeugbau der M.A.N. Letztlich wurden dort die Voraussetzungen dafür geschaffen, dass das Unternehmen später seinen Schwerpunkt so erfolgreich vom Maschinenbau in den Fahrzeugbau verlagern konnte.

1850 ging bei der Klett'schen Fabrik der erste Großauftrag der Bayerischen Staatsbahnen ein, die 150 Güterwagen bestellten. Im nächsten Jahr orderten die Staatsbahnen bereits 200 Güterwagen. 1852 nahm man bei Klett den Bau von Personenwagen für die Eisenbahn auf. Drei Jahre später konnte das erste Exportgeschäft abgeschlossen werden, mit einem Auftrag der Österreichischen Staatsbahnen über die Lieferung von 830 Güterwagen.[22] Cramer-Klett und Werder hatten bald erkannt, dass der Waggonbau eine Serienproduktion und damit tief greifende Veränderungen in den Fertigungsmethoden der Fabrik erforderte. 1857 führten sie in diesem Fertigungsbereich das «Prinzip der detaillierten Massenproduction» ein.[23] Es gehörte zur Strategie Cramer-Kletts, seine Fabrik durch die Serienproduktion im Waggonbau von einer handwerklich geprägten Werkstatt zu einem großen Industrieunternehmen zu entwickeln. Dass Klett & Comp. dieser Schritt erfolgreich gelang, begründete den Aufstieg der Firma zum führenden Unternehmen Bayerns. Mit dem Wandel ging ein rascher Zuwachs der Beschäftigtenzahl einher – 1857 hatte die Klett'sche Fabrik bereits 2224 Arbeiter –, und es veränderten sich die Anforderungen, die an die Arbeiter gestellt wurden.[24] Handwerkliche Fähigkeiten traten in den Hintergrund, während die Zahl der angelernten Arbeiter im Waggonbau rasch anstieg. Immer weniger griff das Unternehmen nun auf Handwerker aus der Stadt zurück, die ursprünglich als Sattler, Schlosser oder Wagner einen großen Teil der Arbeiten an den Eisenbahnwagen ausgeführt hatten, ähnlich wie dies schon bei der Königlichen Waggonbauanstalt der Fall gewesen war. Cramer-Klett musste sich deshalb von den Nürnberger Innungen vorwerfen lassen, er wolle die Handwerker um ihren Verdienst bringen.[25]

Hallen und Brücken: Die Eisenkonstruktionen Ludwig Werders

Nachdem der Waggonbau erfolgreich angelaufen war, begann Werder einen weiteren neuen Fertigungszweig aufzuziehen, den Eisenhochbau. In der Nürnberger Fabrik wurde dafür neben der Eisengießerei eine Schmiedewerkstatt errichtet, die damals die «größte und schönste Werkstätte in Deutschland» gewesen sein soll. Überdacht wurde sie von einer freitragenden Gitterträgerkonstruktion aus Gusseisen und Holz, an der Werder die Sicherheit seiner Systeme erprobte.[26] Durch die Konstruktionskunst ihres technischen Leiters und die Leistungsfähigkeit ihrer Werkstätten wurde die Klett'sche Fabrik in kurzer Zeit auf diesem Gebiet führend. 1852 baute sie in München zusammen mit der Firma Maffei die Schrannenhalle, eine Getreidehalle am Viktualienmarkt. Die Halle wurde in nur 28 Tagen montiert. 1853 folgte der Bau eines Wintergartens in der Münchner Residenz. Beide gehörten zu den neuen Eisen-Glas-Konstruktionen dieser Zeit, die als Symbol des Fortschritts bewundert wurden.[27]

Noch im gleichen Jahr erhielt Klett & Comp. den Auftrag zum Bau des Glaspalastes für die Erste Allgemeine Deutsche Industrie- und Gewerbeausstellung in München. Die Ausstellung war für das Königreich Bayern und für die junge deutsche Industrie auch eine Prestigefrage. Entsprechend ehrenvoll war es, diesen Auftrag zu erhalten. Der Bau des Glaspalastes war eine technische Herausforderung und musste unter größtem Zeitdruck errichtet werden. Im Vorfeld hatte es kontroverse Diskussionen über den Standort und die Ausführung des Gebäudes gegeben, bis sich die Baukommission entschließen konnte, den Glaspalast auf einem Gelände des Botanischen Gartens errichten zu lassen und den anspruchsvollen Entwurf August von Voits, des damaligen Leiters der bayerischen Baubehörde, umzusetzen. Voit hatte sich am Vorbild des viel bewunderten Crystal Palace in London orientiert, der zur ersten Weltausstellung im Jahr 1851 gebaut worden war. Erst am 11. September 1853 konnte der Lieferungsvertrag abgeschlossen werden, in dem sich das Nürnberger Unternehmen verpflichtete, das gesamte Gebäude bis 8. Juni 1854 zu einem festen Preis zu erstellen.[28] Ludwig Werder gelang es, den Glaspalast, der immerhin eine Grundfläche von 240 × 84 m hatte, innerhalb dieser kurzen Frist zu bauen. Die Gesamtmontage wurde trotz der großen statischen Anforderungen in nur 100 Tagen durchgeführt.[29] Am Hof war man von dieser Leistung so beeindruckt, dass König Maximilian II. dem Firmeninhaber Cramer-Klett den bayerischen Kronenorden und damit auch den persönlichen Adelstitel verlieh.[30]

Der Glaspalast war mehr als 75 Jahre lang einer der wichtigsten Ausstellungs- und Veranstaltungsorte Münchens. Berühmt wurden vor allem die Ausstellungen der Sezessionisten, die hier stattfanden. Am 6. Juni 1931 zerstörte ein Brand das Gebäude. Die bayerische Regierung plante einen Wiederaufbau im Stil der Moderne, wurde dann aber von Hitler gestoppt, der stattdessen das «Haus der Deutschen Kunst» als «neuen Glaspalast» errichten ließ.[31]

Tab. 8: Wichtigste Bauten des Nürnberger M.A.N.-Vorgängerunternehmens in München und Umgebung 1850–1900

1852	Schrannenhalle am Viktualienmarkt
1853	Wintergarten der Residenz
1854	Glaspalast
1857	Isartalbrücke bei Großhesselohe
1879–1883	Hallen des Hauptbahnhofs
1894–1896	Hallenkuppel des Justizpalastes

Ein weiteres Arbeitsgebiet des Klett'schen Eisenhochbaus wurde nach 1850 der Brückenbau. Ludwig Werder gelangen auch hier viel beachtete Pionierleistungen, durch die sich das Nürnberger Unternehmen zum führenden Hersteller von Eisenbahnbrücken in Süddeutschland entwickelte. Der Bedarf war groß, weil für die Eisenbahnlinien, die jetzt überall entstanden, leistungsfähige Brücken aus Eisen benötigt wurden. Die Brückenbauer sahen sich dadurch vor völlig neue Anforderungen gestellt.

Werder konnte auch auf diesem Gebiet seine guten Verbindungen zur Königlichen Eisenbahnbau-Kommission nutzen. Nach den Plänen des Leiters dieser Kommission, Friedrich August von Pauli, baute Klett & Comp. in den Jahren 1852/53 bei Günzburg die erste eiserne Eisenbahnbrücke Bayerns.[32] Einige Jahre später beauftragte Pauli das Unternehmen mit einem ehrgeizigen, ungleich schwierigeren Projekt: dem Bau einer Eisenbahnbrücke über die Isar bei Großhesselohe. Die neue Eisenbahnlinie von München nach Rosenheim und Salzburg (Maximiliansbahn) sollte südlich von München das Isartal auf einer Hochbrücke überqueren. Mehr als fünf Jahre wurden für den Bau dieser Brücke benötigt, bei dem insgesamt über 1500 Arbeiter und Handwerker eingesetzt waren. Nachdem die Bauarbeiten mehrfach unter Hochwasser gelitten hatten, setzte Pauli eine Konstruktion durch, die ohne Pfeiler im Flussbett der Isar auskam. Die Überspannung entwarf er nach einem neuen System, das dann als «Pauliträger» bekannt wurde. Dabei handelte es sich um Fachwerk-Linsenträ-

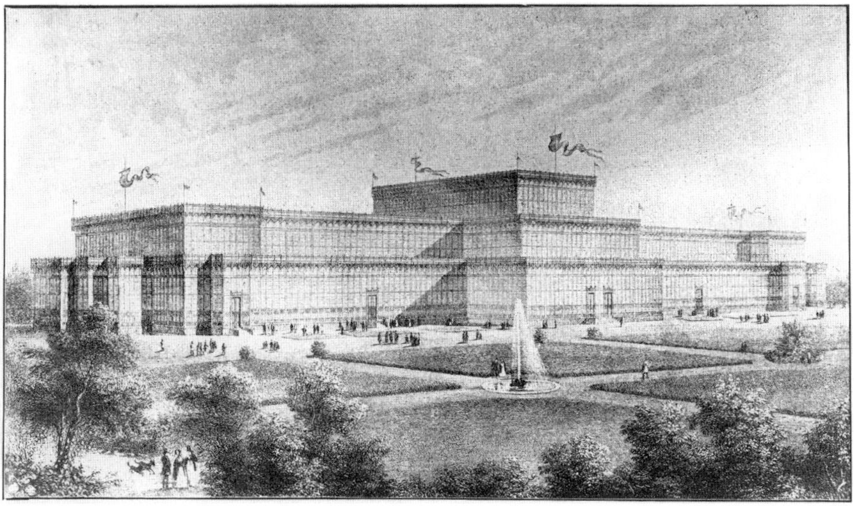

Abb. 36 Der Glaspalast in München

ger («Fischbauchträger»), die leichter und wegen des geringeren Eisenbedarfs auch kostengünstiger waren als die bis dahin üblichen Trägerkonstruktionen. Mit dem Bau wurde Klett & Comp. durch einen Vertrag mit Pauli vom 11. Februar 1857 beauftragt. Cramer-Klett ging dabei auch ein gewisses Risiko ein, denn die Tragfähigkeit der neuen Konstruktion Pauli's musste sich ja erst noch erweisen. Innerhalb von acht Monaten konnte die 258 m lange und 40 m hohe Eisenbahnbrücke fertig gestellt werden. Als die Großhesseloher Brücke am 31. Oktober 1857 eingeweiht wurde, war sie die höchste Eisenbahnbrücke der Welt.[33]

Die Anfänge des Brückenbaus in Gustavsburg unter Heinrich Gerber

Im Januar 1860 erhielt Klett & Comp. von der Hessischen Ludwigsbahn den Auftrag für ein weiteres spektakuläres Brückenbauprojekt: die Errichtung einer Eisenbahnbrücke über den Rhein bei Mainz. Die Stadt Mainz gehörte seit 1816 zum Großherzogtum Hessen-Darmstadt. Ihre Anbindung an das rechtsrheinische Eisenbahnnetz war nicht nur für Mainz von zentraler Bedeutung, sondern für das gesamte Großherzogtum. Seit 1858 bestand eine Eisenbahnlinie, die das linksrheinische Zentrum Mainz mit der rechtsrheinischen Residenzstadt Darmstadt und dem bayerischen Aschaffenburg verband, die Hessische Ludwigsbahn. Die Gleise der Ludwigsbahn endeten aber am jeweiligen Ufer des Rheins. Die Waggons mussten den Fluss auf einer Fähre überqueren.[34] Um die-

Abb. 37 Das Werk Gustavsburg um 1890

sen Zustand zu beenden, sollte Klett & Comp. eine mehr als 1 km lange Eisenbahnbrücke über den Rhein bauen.

Cramer-Klett und Werder entschieden sich, die Werkstätten und das Konstruktionsbüro für dieses Projekt nicht in Nürnberg aufzubauen, sondern vor Ort, am rechten Rheinufer. Dadurch konnten die Frachtkosten gesenkt werden, denn das Eisen für den Bau der Brücke wurde weitgehend aus dem Rheinland bezogen. Den Ausschlag gab letztlich die Weigerung der bayerischen Behörden, eine Frachtkostenermäßigung für Transporte über Nürnberg zu gewähren.[35] Als Standort für die Brückenbauwerkstätten wurde ein Gelände neben dem damaligen Endbahnhof der Hessischen Ludwigsbahn am rechten Rheinufer, der Station Gustavsburg, ausgesucht. Zu dieser Zeit war Gustavsburg, so benannt nach den Schanzen, die der schwedische König Gustav Adolf dort im Dreißigjährigen Krieg hatte ausheben lassen, nicht mehr als eine Bahn- und Fährstation an der Mainspitze. Die einzigen bewohnten Gebäude waren die Gasthäuser an den Fähren über den Rhein und den Main.[36]

Mit der Leitung der Werkstätten in Gustavsburg betraute Werder den hochbegabten Oberingenieur Heinrich Gerber, den er zwei Jahre zuvor der bayerischen Eisenbahnverwaltung abgeworben hatte.[37] Gerber hatte für seine Behörde die Berechnung der Pauli-Träger beim Bau der Großhesseloher Brücke durchgeführt. Cramer-Klett und Werder waren von seinen Fähigkeiten so beeindruckt, dass sie ihm eine Position in ihrem Unternehmen anboten. Gerber verließ daraufhin 1858 – im Alter von 26 Jahren – den bayerischen Staatsdienst.

In Gustavsburg ließ Gerber zunächst eine Werkshalle und einige Montageschuppen errichten. Da die Werkstätten nur vorübergehend, bis zur Fertigstellung der Rheinbrücke, bestehen sollten, wurden sie in provisorischer Form gebaut. Die Maschinen wurden über eine alte Lokomotive angetrieben, die Gerber in einem Schuppen ausfindig gemacht hatte. Das Gelände des Montageplatzes und der Werkstätten lag zwischen dem Hafen und der Mainz-Aschaffenburger Bahn. Hier konnten das Eisen aus dem Rheinland per Schiff und die Maschinen aus Nürnberg mit der Bahn angeliefert werden. Trotz der provisorischen Ausstattung gingen die Bauarbeiten rasch voran. Schon am 20. Dezember 1862, weniger als drei Jahre nach Erteilung des Auftrags, konnte die Eisenbahnbrücke zwischen Gustavsburg und Mainz mit großen Feierlichkeiten eröffnet werden. Die 1028 m lange Brücke verband jetzt die rechtsrheinischen Landesteile Hessen-Darmstadts mit den linksrheinischen, wenn auch zunächst nur eingleisig. Das zweite, nördliche Gleis wurde erst in den Jahren 1870/71 gebaut.[38]

Nachdem die Arbeiten an der Rheinbrücke abgeschlossen waren, wurde das Klett'sche Konstruktionsbüro für den Brückenbau nach Nürnberg verlegt. Auch Heinrich Gerber, der Leiter des Büros, arbeitete jetzt wieder in Nürnberg. Entgegen den ursprünglichen Planungen blieb aber der Montageplatz in Gustavsburg bestehen. Die Klett'sche Fabrik hatte inzwischen weitere Brückenbauaufträge hereinbekommen und für den Brückenbau eine eigene, von Gerber geleitete Abteilung errichtet. Da es im Nürnberger Stammwerk für den neuen Fertigungszweig nicht mehr genügend Raum gab, wurden die neuen Aufträge in Gustavsburg ausgeführt. Der Brückenbau ging in Gustavsburg also mehr oder weniger ungeplant weiter. Heinrich Gerber baute die Gustavsburger Werkstätten zu einer gut ausgerüsteten Spezialfabrik aus, in der ab 1866 auch Klappbrücken, Drehbrücken und andere bewegliche Brücken hergestellt wurden. Zwei Jahre später verlegte Gerber das Konstruktionsbüro für den Brückenbau nach Gustavsburg zurück. Mit der Erfindung des «Gerberträgers», einem Fachwerkträger mit freischwebenden Stützpunkten, gelang ihm in dieser Zeit eine bedeutende Neuerung, durch die er zu einem Pionier des modernen Brückenbaus wurde. Mit dem Gerberträger ließen sich feste Brücken von großer Spannweite errichten. Die erste Brücke mit diesen Trägern war die 1867 fertig gestellte Regnitzbrücke in Bamberg.[39] International berühmt wurde dieses System, als die Eisenbahnbrücke über den Firth of Forth in Schottland mit Gerberträgern gebaut wurde (1890).

Neben Waggons, Brücken und Maschinen nahm die Klett'sche Fabrik nach dem Krieg von 1866 die Produktion von Waffen auf. Die bayerische Armee und die anderen Truppen des Deutschen Bundes hatten diesen Krieg gegen Preußen

Tab. 9: Beschäftigte und Umsatz der Eisengießerei und Maschinenfabrik Klett & Comp. 1848–1869/70[40]

Jahr	Beschäftigte	Umsatz in Mio. M
1848	153	
1849	157	
1850	385	1,0
1851	389	1,2
1852	500	1,8
1853	928	
1854	1480	
1855	1184	
1856	1807	
1857	2224	
1858	2000	4,1
1859	1637	4,2
1860	1166	4,3
1861	1577	4,8
1862	1778	6,6
1863	1518	4,5
1864	1443	
1865	1529	3,3
1866	1697	3,6
1866/67	1865	5,2
1867/68	2500	6,0
1868/69	2372	7,1
1869/70	2462	8,0

verloren, weil das preußische Heer mit einer neuen, überlegenen Waffe ausgestattet war – dem Hinterladergewehr. Nach der Niederlage wurde die Ausrüstung der bayerischen Armee modernisiert. Ludwig Werder leistete hierzu einen wichtigen Beitrag, indem er einen für Metallpatronen konstruierten Hinterlader erfand. Das «Werder-Gewehr» (Infanteriegewehr M/69) galt als eines der besten seiner Zeit. König Ludwig II. genehmigte 1869 die Bewaffnung der bayerischen Infanterie mit dem Werder-Gewehr und ähnlich konstruierten Pistolen. Die Verschlussstücke dieser Waffen wurden bei Klett in Nürnberg und in vier weiteren Maschinenfabriken, darunter auch der Maschinenfabrik Augsburg, gefertigt.[41] Während des deutsch-französischen Krieges von 1870/71 erhielt das Nürnberger Unternehmen dann umfangreiche Heeresaufträge.

Die Eisenbahngeschäfte Cramer-Kletts und das Wachstum des Unternehmens

Während Ludwig Werder und Heinrich Gerber durch neue technische Konstruktionen zum Wachstum des Unternehmens beitrugen, erschloss Theodor von Cramer-Klett neue Finanzierungsmöglichkeiten und Absatzmärkte. Er arbeitete dabei eng mit der in Darmstadt ansässigen Bank für Handel und Industrie (Darmstädter Bank) zusammen, der ersten großen Aktienbank in Deutschland. 1856 bildete Cramer-Klett ein Konsortium zur Finanzierung der Bayerischen Ostbahn, einer privaten Bahngesellschaft, die Niederbayern und die Oberpfalz an die bereits bestehenden Hauptstrecken innerhalb des Königreichs anschloss. Der bayerische Staat überließ damals aus Finanznot privaten Investoren den Bau der wichtigsten Linien im Osten des Landes.[42] Cramer-Klett konnte mit dem Engagement bei der Ostbahn seinem Unternehmen einen neuen Großkunden sichern, wovon nicht nur der Waggonbau, sondern auch der Brückenbau und andere Fertigungsbereiche profitierten. Nachdem die wichtigsten Bahnverbindungen innerhalb Bayerns fertig gestellt worden waren, dehnte Cramer-Klett seine Aktivitäten auf das benachbarte Österreich-Ungarn und weitere Staaten aus. Er engagierte sich unter anderem beim Bau von Eisenbahnen im nordwestböhmischen Braunkohlenrevier (Dux-Bodenbacher-Bahn), in Ungarn (Barcs-Fünfkirchener-Bahn) und in Rumänien (Arad-Temesvar-Bahn). Wie schon bei der Ostbahn übernahm Cramer-Klett auch bei diesen Eisenbahngesellschaften Kapitalbeteiligungen.[43]

Die Eisenbahninteressen Cramer-Kletts brachten dem Nürnberger Unternehmen zwar viele Aufträge aus dem In- und Ausland ein, verfestigten aber auch die Abhängigkeit von diesem Geschäft. Die Klett'sche Fabrik blieb auf den Waggonbau ausgerichtet, auf den fast drei Viertel des Umsatzes entfielen. Der Brückenbau genoss durch Werders Leistungen zwar großes Renommee, machte aber nur knapp 10 % des Umsatzes aus. Unter Cramer-Kletts Strategie hatte besonders der Maschinenbau zu leiden, der sich in Nürnberg nicht so entwickelte, wie es möglich gewesen wäre. Im Unterschied zur Maschinenfabrik Augsburg, die zwei fast gleichwertige Standbeine hatte – den Dampfmaschinenbau und den Druckmaschinenbau –, hing die Umsatzentwicklung des Klett'schen Fabrik weitgehend vom Eisenbahngeschäft ab. Im Eisenbahnboom der 1850er Jahre konnte das Unternehmen hohe Umsatzsteigerungen erzielen. Klett & Comp. wurde damals das größte Industrieunternehmen Bayerns. Die Zahl der Beschäftigten stieg von 153 im Jahr 1848 auf 1480 im Jahr 1856 an. Nachdem der Bau der großen Strecken in Bayern abgeschlossen war, ging die Beschäftigtenzahl aber deutlich zurück. In den 1860er Jahren brachen auch die Umsätze vorübergehend ein. Cramer-Klett setzte nun verstärkt auf den Export. Tatsächlich entfiel im Waggonbau – anders als im Brückenbau – ein wachsender Teil des

Umsatzes auf Lieferungen ins Ausland. In Preußen, wo sich die wichtigsten Zentren der deutschen Industrie befanden, konnte das bayerische Unternehmen dagegen nur einen geringen Teil seiner Produktion absetzen. In den Jahren 1870–1874 gingen von insgesamt 12 594 ausgelieferten Waggons 19,7 % nach Bayern, nur 7,3 % nach Preußen, 25,6 % in andere deutsche Staaten und 47,4 % ins Ausland. Auch russische und türkische Eisenbahngesellschaften kauften nun Waggons aus Nürnberg.[44]

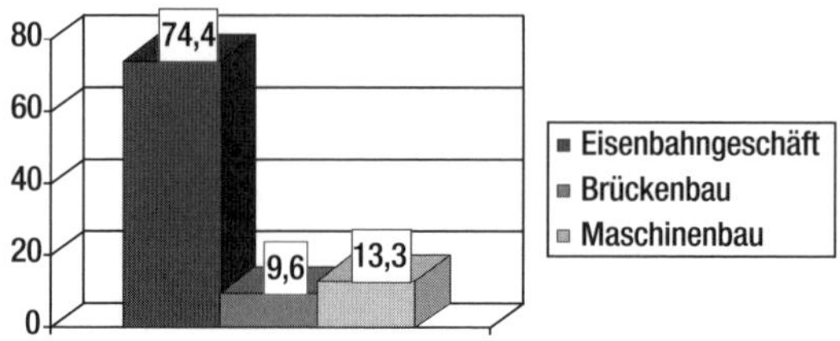

Grafik 14 Anteile von Produktionsbereichen am Umsatz von Klett & Comp. 1858–1872/73 in %[45]

Die Klett'sche Fabrik bildete seit den 1860er Jahren das Herzstück der Nürnberger Industrie. Als größtes Unternehmen der Region wurde sie auch zu einem Zentrum der neuen, sozialdemokratischen Arbeiterbewegung. Die Fluktuation war hier durch die Massenfertigung im Waggonbau höher als in Augsburg und die Bindung an den Betrieb damit geringer. Auch war das Cramer-Klett'sche Unternehmen bei der betrieblichen Fürsorge nicht so fortschrittlich wie die Augsburger Konkurrenz. Zwar entstanden schon 1844 eine Krankenversorgungskasse und 1855 eine Unterstützungskasse für Arbeitsunfälle, doch hielt Cramer-Klett die Versicherung der Arbeiter grundsätzlich für eine Aufgabe des Staats. Erst während des Aufschwungs am Ende der 1860er Jahre nahmen die sozialen Leistungen zu. Die Unterstützungskasse wurde jetzt vom Unternehmen bezuschusst, und auch für Unfallopfer wurden Mittel bereitgestellt.[46]

5 Die Maschinenbau-Actien-Gesellschaft Nürnberg: Krise und Erneuerung des Cramer-Klett'schen Unternehmens

Die Umwandlung in eine Aktiengesellschaft

1865 ging Theodor von Cramer-Klett daran, sein Unternehmen zu reorganisieren. Die Eisengießerei und Maschinenfabrik Klett & Comp. wurde in Maschinenbau-Gesellschaft Nürnberg Klett & Comp. umbenannt. Zugleich trat Cramer-Klett die kaufmännische Leitung an Jean Kempf ab, der bis dahin Direktor der Hessischen Ludwigsbahn gewesen war. Kempf und der technische Leiter Ludwig Werder traten als Teilhaber in die Maschinenbau-Gesellschaft Nürnberg Klett & Comp. ein.[1] Acht Jahre später folgte ein noch weiter gehender Schritt. Das Unternehmen wurde am 16. April 1873 in eine Aktiengesellschaft mit einem Stammkapital von 2,7 Mio. M umgewandelt und erhielt nun den Namen Maschinenbau-Actien-Gesellschaft Nürnberg. Die Gründung von Aktiengesellschaften lag im Trend der Zeit. Im gleichen Jahr wie das Nürnberger Unternehmen wurde auch die Handelsgesellschaft Jacobi, Haniel & Huyssen in die Aktiengesellschaft Gutehoffnungshütte umgewandelt. Der Wegfall der Konzessionspflicht für Aktiengesellschaften und der Boom nach der Reichseinigung führten damals zur Gründung zahlreicher neuer Aktiengesellschaften, von denen viele schon nach wenigen Jahren in Liquidation gingen. Ebenso wie die GHH blieb die Maschinenfabrik Cramer-Kletts auch als Aktiengesellschaft ein Familienunternehmen. Die Eigentumsverhältnisse änderten sich bei der Umwandlung der Rechtsform nur geringfügig, da die Aktien nicht an der Börse gehandelt wurden. 3600 der insgesamt 4500 Anteilscheine (= 80 %) blieben im Besitz Cramer-Kletts, die beiden bisherigen Gesellschafter Werder und Kempf erhielten jeweils 200 Aktien als Kapitalbeteiligung. Die restlichen 500 Aktien verschenkte Cramer-Klett an insgesamt über 300 Personen, hauptsächlich Angestellte, Werkmeister und ältere Arbeiter seines Unternehmens.[2]

Als Aktiengesellschaft hatte das Nürnberger Unternehmen einen leichteren Zugang zum Kapitalmarkt. Doch war dies nicht das Motiv für die Umwandlung, denn Cramer-Klett besaß inzwischen ein immenses Vermögen und hatte sich an verschiedenen anderen Unternehmen beteiligt. Deshalb konnte er es sich auch leisten, die Aktien nicht an die Börse zu bringen, sondern in seinem persönlichen Besitz zu belassen und kleinere Pakete an Mitarbeiter abzugeben. Der Eigentümer wollte mit der Bildung einer Aktiengesellschaft seinen Rückzug aus dem operativen Geschäft einleiten und zugleich die Zukunft des Unternehmens sichern. Dafür spricht, dass nun ein dreiköpfiger Vorstand berufen wurde und Cramer-Klett seine beiden engsten Mitarbeiter durch die Abgabe von Kapitalbeteiligungen an das Unternehmen band. Der Eigentümer der Nürnberger Maschinenbaugesellschaft war zu diesem Zeitpunkt fünfundfünfzig Jahre alt und kinderlos. Nach dem Tod seiner Frau Emilie hatte Cramer-Klett im Oktober 1866 Elisabeth Curtze, eine Schwägerin von Jean Kempf, geheiratet. Auch diese Ehe schien zunächst kinderlos zu bleiben, erst 1874 wurde doch noch ein Sohn geboren. Als Cramer-Klett seine Firma in eine Aktiengesellschaft umwandelte, musste er davon ausgehen, dass er ohne Nachfahren bleiben würde – der Alptraum jedes Eigentümerunternehmers. In dieser Situation war es nur nahe liegend, dass er seine wichtigsten Mitarbeiter Werder und Kempf einband. Auch wollte sich Cramer-Klett nun anderen Geschäften und anderen Interessen zuwenden. Deshalb erhielt das Unternehmen mit der Umwandlung einen Vorstand aus den Direktoren Friedrich Hensolt, Johann Wolfgang Hilpert und Fritz Reuschlein, der für das laufende Geschäft zuständig war. Die Klett'sche Fabrik wurde nun also nicht mehr vom Eigentümer, sondern von Angestellten geleitet.[3] Dazu passte, dass der Name Klett aus der Firmenbezeichnung verschwand.

Mit der Umwandlung der Klett'schen Maschinenfabrik in die Maschinenbau-Actien-Gesellschaft Nürnberg wurde die Brückenbauabteilung ausgegliedert und in eine neue Tochtergesellschaft, die am 26. April 1873 gegründete Süddeutsche Brückenbau AG, überführt. Das von Heinrich Gerber geleitete Unternehmen hatte ein Grundkapital von 600 000 M. Die Süddeutsche Brückenbau AG betrieb das Werk in Gustavsburg, hatte ihren Sitz aber in München.[4]

Theodor von Cramer-Klett zog sich nach der Reorganisation von 1873 nicht nur aus der Leitung der Nürnberger Maschinenbau-Actien-Gesellschaft zurück, sondern entfremdete sich dem Unternehmen auch zunehmend. Er verließ Nürnberg, erwarb das Schloss Hohenaschau im Chiemgau und ein Stadtpalais in München. Auf eigene Kosten ließ er eine Bahnlinie von Prien nach Aschau bauen, die er dem bayerischen Staat schenkte. In Hohenaschau, weit weg von der Maschinenfabrik in Nürnberg-Wöhrd, pflegte Cramer-Klett einen feudalen Lebensstil. Schon 1866 war er zum lebenslänglichen Reichsrat der bayerischen Krone ernannt worden, nun kamen noch die Verleihung der erblichen Freiherrnwürde (1876) und die Beförderung zum erblichen Reichsrat (1878) hinzu. Ein Porträt Franz von Lenbachs aus dieser Zeit zeigt ihn im Habitus eines «Industriefürsten».

Cramer-Kletts wirtschaftliche Aktivitäten konzentrierten sich jetzt auf den Finanzsektor und auf Immobiliengeschäfte. Er war schon länger an mehreren Banken beteiligt und gehörte auch zu den Mitbegründern der 1871 entstandenen Süddeutschen Bodenkreditbank. 1880 gründete Cramer-Klett zusammen

Abb. 38 Theodor Freiherr von Cramer-Klett (Gemälde von Franz von Lenbach, 1884)

mit Carl von Thieme die Münchener Rückversicherung.[5] Als der vielseitige Unternehmer im April 1884 starb, galt er als reichster Mann Bayerns. Cramer-Klett, der einmal als Besitzer einer Verlagsbuchhandlung angefangen hatte, hinterließ ein ganzes Konglomerat von Firmen und Kapitalbeteiligungen. Neben der Maschinenbau-Actien-Gesellschaft Nürnberg, der Süddeutschen Brückenbau AG und der Drahtstiftenfabrik Klett & Co. gehörten dazu Beteiligungen an sechs Banken, neun Eisenbahngesellschaften und sechs weiteren Unternehmen, darunter dem Eisenwerk J. Tafel & Co. in Nürnberg und der Münchener Rückversicherungs-Gesellschaft AG.

Die lange Krise des Unternehmens

Die Geschäfte der Maschinenbau-Actien-Gesellschaft Nürnberg hatten sich nach Cramer-Kletts Wegzug aus Nürnberg nicht so erfolgreich entwickelt wie der Beteiligungsbesitz ihres Eigentümers. Der auf den Krieg und die Reichseinigung folgende Boom führte zu einer Umsatzsteigerung von rund 50 %, nach dem «Gründerkrach» von 1873 geriet das Unternehmen jedoch in eine lange, schwere Krise. Die Beschäftigtenzahl ging innerhalb von acht Jahren um mehr als 70 % zurück. Erst im Geschäftsjahr 1896/97 wurde wieder der Beschäftigtenstand von 1872/73 erreicht.[6] Die Krise erfasste fast alle Bereiche des Unternehmens. Der Waggonbau litt darunter, dass die Aufträge der Eisenbahngesellschaften zurückgingen und neue Aktiengesellschaften für die Herstellung von Eisenbahnmaterial gegründet worden waren, die den älteren Firmen mit Dumpingpreisen Konkurrenz machten. Im Eisenhochbau drängten die Hüttenwerke als neue Konkurrenten auf den Markt, was auch hier zu einem Preisverfall führte.[7] Trotz beeindruckender technischer Leistungen wie dem Bau der zwischen 1879 und 1882 errichteten Halle des Münchner Hauptbahnhofs geriet die Maschinenbau-Actien-Gesellschaft Nürnberg in Bedrängnis. Der Vorstand bat die Bayerische Staatsregierung um Aufträge. Mit der Herstellung von Munitionswagen und Proviantwagen für das Militär konnte der Waggonbau zumindest teilweise beschäftigt werden. In diesem Zusammenhang wurden damals auch neue Spezialfertigungen aufgenommen wie der Bau von Bierwagen (1871), Schlafwagen (1872) und Gefangenenwagen (1876). 1882 begann das Cramer-Klett'sche Unternehmen mit der Herstellung von Straßenbahnwagen.[8]

Besonders kritisch war die Lage bei der Tochtergesellschaft Süddeutsche Brückenbau AG. Hier gingen die Lieferungen zwischen 1876 und 1878 um rund 56 % zurück. Die Zahl der Arbeiter sank im gleichen Zeitraum von 216 auf 102.[9] Wurden im Jahr 1878 immerhin noch 52 größere Brücken gebaut, so waren es ein Jahr später nur noch 17 kleinere Brücken.[10] An dieser Entwicklung hatte auch die Geschäftspolitik Heinrich Gerbers einen gewissen Anteil. Der geniale Brückenbauer stellte seine Prinzipien über die Erfordernisse des Markts. So nahm die Süddeutsche Brückenbau AG nur Projekte an, deren Entwürfe sie selbst ausarbeiten konnte. Darauf ließen sich aber nur die Bahnverwaltungen in Bayern und Hessen-Darmstadt ein. In anderen Staaten wollten die Bahngesellschaften ihre eigenen Pläne ausgeführt sehen.[11] Auch wiederholte Überschwemmungen des Werksgeländes trugen zu dem Debakel in Gustavsburg bei. Gerber und die Direktion der Muttergesellschaft in Nürnberg entschlossen sich nach den Überschwemmungen, die Brückenbauwerkstätten mainaufwärts zu verlegen, nach Stockstadt bei Aschaffenburg, nahe der Grenze zwischen den beiden Absatzgebieten Bayern und Hessen-Darmstadt. 1883 wurde dort ein Gelände erworben. Als das Genehmigungsverfahren für den Bau des neuen Werks abgeschlossen war, konnte das Projekt aber nicht mehr finanziert werden. Gerber resignierte daraufhin. Am 26. September 1884 empfahl er dem Aufsichtsrat, das Gustavsburger Werk zu schließen und die Süddeutsche Brückenbau AG aufzulösen.[12]

Tab. 10: Beschäftigte und Umsatz der Maschinenbau-Actien-Gesellschaft Nürnberg* 1870/71–1896/67[13]

Geschäftsjahr	Beschäftigte	Umsatz in Mio. M
1870/71	2782	11,904
1872/73	3612	17,215
1874/75	2321	9,514
1876/77	1591	4,797
1878/79	1097	3,056
1880/81	1174	3,513
1882/83	1628	6,566
1884/85	1452	4,189
1886/87	1096	3,448
1888/89	1963	8,404
1890/91	2324	9,283
1892/93	2208	7,244
1894/95	2517	7,803
1896/97	3630	15,116

* mit Süddeutscher Brückenbau AG/Werk Gustavsburg

Für die Geschäftsjahre 1874/75 bis 1879/80 konnte die Maschinenbau-Actien-Gesellschaft Nürnberg keine Dividende ausschütten. Der Umsatz sank im Geschäftsjahr 1878/79 auf 18 % des Stands von 1872/73. Cramer-Klett richtete im Dezember 1878 einen dramatischen Appell an den Vorstand: Wenn es nicht gelänge, den Umsatz zu verdoppeln und die Kosten zu halbieren, sei das Aktienkapital verloren.[14] Tatsächlich musste das Aktienkapital dann durch einen Beschluss der Generalversammlung vom 4. September 1880 von 2,7 Mio. M auf 1,8 Mio. M zusammengelegt werden, was für Cramer-Klett, der den weitaus größten Teil der Aktien besaß, einen empfindlichen Verlust bedeutete.[15]

Cramer-Klett hatte zu der Krise des Unternehmens aber auch wesentlich beigetragen, obwohl er nicht mehr für das laufende Geschäft zuständig war. Bei seinem Wegzug aus Nürnberg hatte er den Vorstand auf eine Strategie verpflichtet, die das Unternehmen praktisch knebelte und es hinter die Konkurrenz zurückfallen ließ. Nach Cramer-Kletts Maxime, die im Geschäftsbericht als «Gesetz» des Unternehmens verkündet wurde, galt es «eine dauernde Erhöhung des Aktienkapitals zu verhüten und unabweislich gebotene Erweiterungen der Fabrikanlage in der kürzesten Zeit zu amortisieren».[16] Der Vorstand war also vom Eigentümer und Aufsichtsratsvorsitzenden dazu angehalten, auf kurzfristige Rentabilität zu achten und keine langfristig angelegten Investitionsentscheidungen zu treffen. Diese Geschäftsstrategie bildete für das Unternehmen ein schweres Handicap. Die Nürnberger Maschinenbaugesellschaft erstarrte in ihren bestehenden Strukturen. Es wurden keine neuen Produkte entwickelt, während die Konkurrenz in Innovationen investierte, mit denen sie im nächsten konjunkturellen Aufschwung durchstarten konnte. Besonders die Maschinenfabrik Augsburg verfolgte eine andere Strategie: Heinrich von Buz investierte damals in den Bau von Kältemaschinen nach dem neuen System Carl von Lindes. Er wusste, dass sich diese Ausgaben nicht kurzfristig amortisieren würden, und wurde zehn Jahre später für seine Entscheidung reich belohnt. Von dieser Strategie profitierten auch die Aktionäre des Augsburger Unternehmens, denn es konnten höhere Dividenden ausgeschüttet werden als bei der Nürnberger Konkurrenz.[17]

Für die Maschinenbau-Actien-Gesellschaft Nürnberg erwies es sich nun als Nachteil, dass sie im Unterschied zur Maschinenfabrik Augsburg ein Familienunternehmen geblieben war. Denn ihr Eigentümer lehnte es ab, das Aktienkapital zu erhöhen. Dafür hätte Cramer-Klett Mittel aus seinem privaten Vermögen in das Unternehmen stecken müssen, was ihm als reichster Unternehmer Bayerns natürlich leicht möglich gewesen wäre. Aber Cramer-Klett wollte dies eben nicht und so blieb die Maschinenbau-Actien-Gesellschaft Nürnberg unterfinanziert.

Als Cramer-Klett 1884 starb, war sein gleichnamiger Sohn Theodor von Cramer-Klett erst zehn Jahre alt. Dem Unternehmen fehlte nun ein handlungsfähiger Eigentümer. Die vom älteren Cramer-Klett eingesetzten Vorstandsmitglieder waren nicht gewillt, nach seinem Tod die Geschäftspolitik zu ändern. Eine Erhöhung des Aktienkapitals hätten sie wohl auch gar nicht durchsetzen können, solange der Firmenerbe minderjährig war. Als die Umsätze des Nürnberger Unternehmens dann durch den Konjunkturaufschwung am Ende der achtziger Jahre kräftig anstiegen, fehlte es an Betriebsmitteln. Während die Maschinenfabrik Augsburg ihr Aktienkapital in der folgenden Zeit mehrfach erhöhte, musste sich ihr späteres Schwesterwerk in Nürnberg mit Anleihen und Krediten behelfen. Bis 1898 häufte die Maschinenbau-Actien-Gesellschaft Nürnberg Kontokorrentschulden in Höhe von rund 7 Mio. M an, bei einem Aktienkapital von 1,8 Mio. M.[18]

Wie es um das Nürnberger Unternehmen bestellt war, beschrieb im April 1898 der damalige Vorstandsvorsitzende Anton von Rieppel in einem Brief an Heinrich von Buz: «Neueinrichtungen und Anschaffungen waren während nahe 15 Jahren fast vollständig ausgeschlossen. In gleicher Weise wurde es versäumt, für Absatz zu sorgen. Als ich im Frühjahr 1885 die Leitung des Gustavsburger Werkes übernahm, war dieses völlig reif zum Abbruch und ich musste mir sagen, daß gründliche Abhilfe nach jeder Richtung hin nötig ist, um den Betrieb aufrecht erhalten zu können. An Genehmigung größerer Mittel war jedoch nicht zu denken, so lange Herr von Cramer-Klett minderjährig war.»[19]

Die Krise der Maschinenbau-Actien-Gesellschaft Nürnberg führte auch dazu, dass hier keine Arbeitskämpfe stattfanden, obwohl das «rote Nürnberg»

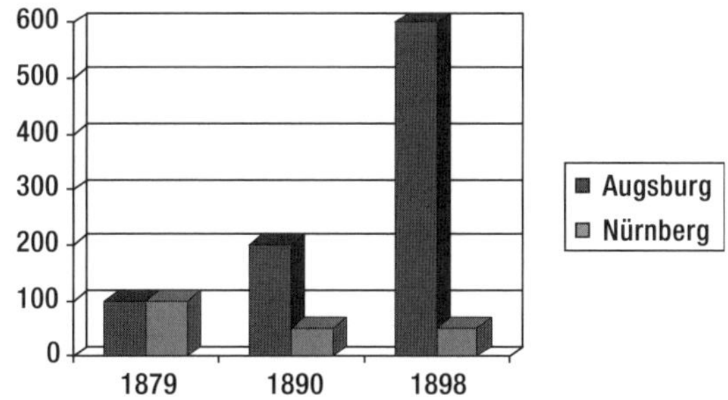

Grafik 15 Aktienkapital der Maschinenfabrik Augsburg und der Maschinenbau-Actien-Gesellschaft Nürnberg 1879–1898 (1873 = 100)[20]

in dieser Zeit eine Hochburg der Sozialdemokratischen Partei und der sozialistischen Gewerkschaften wurde. Im Oktober 1871 hatte Cramer-Klett einen drohenden Streik abwenden können, indem er die tägliche Arbeitszeit auf zehn Stunden verkürzte. Nach den Massenentlassungen der folgenden Jahre stellten die Arbeiter keine Forderungen mehr. Zu groß war die Angst, bei der nächsten Kündigungswelle den Arbeitsplatz zu verlieren.[21] Die betrieblichen Sozialleistungen lagen nach wie vor hinter denen der Maschinenfabrik Augsburg zurück. Dies war nicht nur durch die begrenzten finanziellen Möglichkeiten des Unternehmens bedingt. Cramer-Klett lehnte z. B. die Errichtung einer selbst verwalteten Unterstützungs- und Pensionskasse auch aus Prinzip ab. Erst nach seinem Tod konnte 1892 eine derartige Einrichtung hier eingeführt werden.[22] Anton von Rieppel beklagte 1898 in einem Brief an Theodor von Cramer-Klett jr., dass bei der Nürnberger Maschinenbau-Actien-Gesellschaft fast zwei Jahrzehnte lang nichts für die Arbeiter geschehen sei und ihre «Wohlfahrtseinrichtungen» hinter denen anderer, vergleichbarer Firmen zurückliegen würden.[23] Vorbildlich war das Cramer-Klett'sche Unternehmen allerdings im betrieblichen Wohnungsbau. Mit der Errichtung von Werkswohnungen wurde hier früher begonnen als bei der Maschinenfabrik Augsburg und fast allen anderen bayerischen Unternehmen, was auch durch die kritische Situation auf dem Nürnberger Wohnungsmarkt bedingt war. Schon 1858 hatte die Klett'sche Fabrik erstmals Häuser für ihre Arbeiter erworben. 1874 gab es für die Belegschaft 152 Werkswohnungen, während sich der betriebliche Wohnungsbau in Augsburg erst in den Anfängen befand.[24]

Die Erneuerung unter Anton von Rieppel

Dass sich die Entwicklung der Maschinenbau-Actien-Gesellschaft Nürnberg nach fast zwanzig Jahren Krise und Stagnation wieder zum Besseren wendete, war das Verdienst ihres 1889 berufenen Vorstands Anton von Rieppel (geb.

17. 4. 1852 in Hopfau bei Kemnath/Oberpfalz, gest. 31. 1. 1926 in Nürnberg).[25] Rieppel war als viertes von sechs Kindern eines Gutsbesitzers in der Oberpfalz aufgewachsen und hatte am Münchner Polytechnikum studiert. Schon vor dem Examen hatte er eine Anstellung bei der Bayerischen Akademie der Wissenschaften erhalten. Er spezialisierte sich auf den Brückenbau und wechselte 1874 in das Münchner Konstruktionsbüro der Süddeutschen Brückenbau AG. Zwei Jahre später wurde er Betriebsleiter in Gustavsburg. Dort musste er erleben, wie die Aufträge wegbrachen, das Werk verfiel und sein Chef Heinrich Gerber schließlich empfahl, den Standort aufzugeben.

Die Lage der Süddeutschen Brückenbau AG war inzwischen so kritisch geworden, dass das Unternehmen nicht mehr zu halten war. Am 15. November 1884 beschloss der Aufsichtsrat die Auflösung der Süddeutschen Brückenbau AG. Das Gustavsburger Werk wurde wieder in die Maschinenbau-Actien-Gesellschaft Nürnberg integriert.[26] Auch Rieppel sollte jetzt wieder nach Nürnberg gehen und dort im Waggonbau weiter beschäftigt werden. Anders als sein Förderer Gerber dachte er aber nicht daran, sich mit der Auflösung des Gustavsburger Werks abzufinden. Er schlug dem Vorstand in Nürnberg vor, dass Werk zu pachten und auf eigenes Risiko zu betreiben – ein angesichts der hohen Verluste geradezu leichtfertiges Angebot. Der Vorstand war davon aber so beeindruckt, dass er Rieppel beauftragte, den Brückenbau an der Mainspitze weiterzuführen.[27] So erhielt Rieppel die Gesamtleitung über das Werk Gustavsburg, das ihm damals abbruchreif erschien.[28] Der neue Leiter von Gustavsburg war eine unkonventionelle Persönlichkeit. Bei Baustellenbesuchen trug er lieber einen Schlapphut als den bei Ingenieuren damals üblichen Zylinder.[29] Er sah in dem maroden Zustand der Werkstätten eine Herausforderung und setzte seinen Ehrgeiz daran, den Betrieb mit einem neuen Konzept wieder wettbewerbsfähig zu machen. Anders als der Vorstand in Nürnberg, der an den Prinzipien aus der Zeit Cramer-Kletts festhielt, setzte Rieppel auf Investitionen. Er begann «aus den Betriebsergebnissen, ohne diese auszuweisen, Verbesserungen durchzuführen».[30] Neue Kunden gewann Rieppel, indem er, anders als Gerber, nicht darauf bestand, Entwürfe selbst auszuarbeiten.[31] Dadurch kamen die Gustavsburger Brückenbauer auch nördlich des Mains ins Geschäft. Und schließlich hatte Rieppel das Glück, dass ein kräftiger konjunktureller Aufschwung einsetzte und sich die Nachfrage im Brückenbau durch das Aufkommen der neuen Stahlbrücken belebte.

Nach zehn Jahren war es gelungen, aus dem abbruchreifen Werk an der Mainspitze wieder eine der führenden Brückenbauanstalten Deutschlands zu machen. Die Zahl der Arbeiter war von 154 (1884) auf 436 (1894) angestiegen.[32] Rieppel holte Aufträge aus dem ganzen Reich und aus dem Ausland herein. In den 1890er Jahren baute Gustavsburg unter anderem eine Elbbrücke bei Wittenberg, die Hochbrücke über den Nord-Ostsee-Kanal bei Grünthal und die

Abb. 39 Anton von Rieppel

berühmte Müngstener Brücke. Hinzu kamen zahlreiche Brücken im Ausland wie z. B. in Ungarn, in der Türkei und in Südamerika.

Durch die Sanierung Gustavsburgs empfahl sich Rieppel für größere Aufgaben. Der Aufsichtsrat berief den erfolgreichen Werkleiter Ende 1889 in den Vorstand der Maschinenbau-Actien-Gesellschaft. Dort konnte er nicht sofort einen Wechsel der Unternehmensstrategie durchsetzen. Erst nachdem Rieppel im November 1892 alleiniges Vorstandsmitglied geworden war, konnte er die Erneuerung des Unternehmens dann mit demselben Elan angehen, den er schon in Gustavsburg gezeigt hatte. Rieppel erkannte, dass es umfangreicher, langfristig angelegter Investitionen bedurfte, um die Maschinenbau-Actien-Gesellschaft Nürnberg wieder wettbewerbsfähig zu machen. Er erweiterte den Maschinenbau und suchte nach neuen Fertigungsbereichen, um so auch die übermäßige Abhängigkeit des Unternehmens vom Waggonbau zu korrigieren. Sein wichtigstes Projekt war der Bau eines neuen Stammwerks am Stadtrand von Nürnberg. Diese Investition bildete die Voraussetzung dafür, dass das Unternehmen weiter wachsen und neue Fertigungen aufnehmen konnte. Das alte

Abb. 40 Bau der Müngstener Brücke

Werk in Wöhrd ließ sich nicht mehr erweitern. Die Produktion hatte dort schon lange unter Raummangel gelitten. Rieppel entschied sich für einen Standort in Gibitzenhof, wo sich bereits die Schuckert-Werke niedergelassen hatten. Der Aufsichtsrat stimmte am 25. April 1896 dem Bau einer großzügigen Fabrik an diesem Standort zu. Fünf Jahre später konnte das neue Werk eingeweiht werden.[33]

Wenige Monate nachdem Rieppel alleiniger Vorstand geworden war, gelang es ihm, einen bedeutenden Großauftrag zu erhalten: den Bau der Müngstener Brücke für die neue Eisenbahnlinie zwischen Remscheid und Solingen, eines der damals wichtigsten Bauvorhaben in Preußen. Das Unternehmen konnte hier mit einer spektakulären technischen Leistung an seine früheren Erfolge anknüpfen.[34]. Die Maschinenbau-Actien-Gesellschaft beteiligte sich mit dem Entwurf einer Bogenbrücke an der Ausschreibung, der unter der Leitung Anton von Rieppels ausgearbeitet worden war. Rieppel hatte sich bei den statischen Berechnungen mit dem zuständigen Abnahmebeamten der Eisenbahndirektion Elberfeld, Max Carstanjen, abgestimmt, der wenig später, während des Baus der Brücke, in das Werk Gustavsburg wechselte.[35] Das eingereichte Angebot des Nürnberger Unternehmens umfasste «4107,3 t Constructionstheile aus basischem Thomasflußeisen, Guß, Stahl und Blei zu den sämtlichen Überbauten von 480 m Länge mit Pfeilern, Auflagern und Ankern». Einschließlich der Mauerwerksarbeiten ergab sich ein Preis von rund 2 Mio. M. Bei der Ausschreibung setzte sich die Maschinenbau-Actien-Gesellschaft Nürnberg mit ihrem Entwurf gegen drei Mitbewerber, darunter auch die GHH, durch, und erhielt im Januar 1893 den Zuschlag.

Die Müngstener Brücke wurde als erste Stahlbrücke im Freivorbau – ohne Abstützung nach unten – errichtet. Für den Bau bedurfte es längerer Vorbereitungen. Immerhin galt es, den Einsatz von insgesamt 5000 Tonnen Eisenteile und 34 000 Tonnen Material für Hilfskonstruktionen und Bauausrüstungen logistisch zu bewältigen. Dafür wurden Gleise verlegt und eine provisorische Transportbrücke über die Wupper gebaut. Die Brückenteile wurden im Werk Gustavsburg vorgefertigt.

Das imposante Bauwerk, das nach Rieppels Plänen mit 170 m Stützweite und 108 m Höhe über dem Tal der Wupper entstand, konnte nach dreijähriger Bauzeit fertig gestellt werden. In einer festlichen Zeremonie wurde die Brücke am 15. Juli 1897 eingeweiht und nach Kaiser Wilhelm I. benannt. Sie war damals das größte Eisenbauwerk in Deutschland und ist auch heute die höchste stählerne Eisenbahnbrücke Deutschlands. Kaiser Wilhelm II., der Enkel des Namensgebers, besichtigte die Brücke zwar erst zwei Jahre später, doch erhielt Rieppel schon im Juli 1897 den preußischen Kronenorden II. Klasse verliehen.[36]

Nachdem Rieppel die starke Abhängigkeit seines Unternehmens vom Waggonbau durch die Erweiterung des Maschinenbaus korrigiert hatte, verfolgte er in Nürnberg ein neues Ziel: den Einstieg in den Bau von Motorfahrzeugen. Hier konnte er seinem Unternehmen eine zukunftsweisende Perspektive eröffnen, wenn es gelang, die hohe Expertise im Waggonbau mit einem leistungsfähigen Motorenbau zu verbinden. Rieppel erkannte diese Chance und wollte sie nutzen, da er eben nicht nur ein ausgezeichneter Ingenieur, sondern auch ein strategisch denkender Unternehmer war. Im September 1896 traf er mit dem Eisenbahnfachmann Adolf Klose eine Vereinbarung über den Bau von «automobilen Personenwagen». Am 22./24. Juli 1897 folgte ein Lizenzabkommen mit der Maschinenfabrik Augsburg und der Firma Fried. Krupp über den Bau von Dieselmotoren.[37] Rieppel arbeitete damals mit einer schier unbändigen Energie. So betrieb er den Einstieg in den Fahrzeugbau, während die Müngstener Brücke nach seinen Plänen errichtet wurde und das neue Stammwerk in Nürnberg-Gibitzenhof entstand. In der Geschichte der M.A.N. war er im Übrigen der einzige Vorstandsvorsitzende, der auch einen internationalen Ruf als Konstrukteur genoss.

Trotz seiner Erfolge wusste Rieppel, dass die Maschinenbau-Actien-Gesellschaft Nürnberg kaum in der Lage war, das von ihm eingeleitete Modernisierungsprogramm zu finanzieren. Schon der Aufbau des neuen Werks am Stadtrand von Nürnberg war für das verschuldete Unternehmen eine schwere Belastung. Rieppel wollte aber auch die Qualität der Produktion weiter steigern und neue, in die Zukunft weisende Fertigungen des Motoren- und Kraftfahrzeugbaus errichten. Ohne eine deutliche Erhöhung des Aktienkapitals, das seit 1880 unverändert bei 1,8 Mio. M lag, war dies nicht möglich. Eine Kapitalerhöhung musste der junge Eigentümer Theodor von Cramer-Klett aus seinem privaten Vermögen bestreiten, wenn er weiterhin alleiniger Besitzer der Maschinenbau-Actien-Gesellschaft Nürnberg bleiben wollte. Falls er dazu nicht bereit war, konnte das benötigte Kapital nur durch eine Änderung der Besitzverhältnisse aufgebracht werden. Cramer-Klett würde dann sein Familienunternehmen verkaufen oder Kapitalbeteiligungen abgeben müssen. 1895, während Rieppel die Müngstener Brücke baute, wurde der Eigentümer der Maschinenbau-Actien-Gesellschaft Nürnberg volljährig. Für das Unternehmen mit seinen über 3000 Arbeitern und Angestellten hing nun alles davon ab, wie sich Cramer-Klett entscheiden würde.

6 Fusion unter Partnern: Aus den Maschinenfabriken in Augsburg und Nürnberg wird M.A.N.

Das Fusionsangebot Anton von Rieppels

Im Frühjahr 1898 stand fest, dass Theodor von Cramer-Klett, der junge Eigentümer der Maschinenbau-Actien-Gesellschaft Nürnberg, sein Unternehmen abgeben wollte. Der junge Baron beauftragte den Vorstand Anton von Rieppel, die Aktien an ein Bankenkonsortium oder in einer anderen, ihm «gut dünkenden Form» zu verkaufen.[1] Rieppel hatte also die Möglichkeit, den Käufer auszusuchen, und wandte sich umgehend an Heinrich von Buz, den Leiter der Maschinenfabrik Augsburg. Aus seinem Osterurlaub in Südtirol schrieb Rieppel am 3. April 1898 einen Brief an Buz, in dem er mitteilte, dass Cramer-Klett «absolut keine Neigung für die Industrie» habe und er beauftragt sei, das Nürnberger Unternehmen zu verkaufen. Rieppel schlug Buz in diesem Schreiben eine Fusion ihrer beiden Unternehmen vor. Dabei legte er auf die Feststellung Wert, dass die Anfrage «in völlig privater, nicht autorisierter Weise» erfolge, und bat um höchste Diskretion.[2] Zwei Tage später antwortete Heinrich von Buz: «Die Fusion wäre mir sehr sympathisch und würde ich gerne Ihre näheren Vorschläge bez. Absichten vernehmen – insbesondere bezüglich der gegenseitigen Wertbemessung».[3] So wurde im Frühjahr 1898 eine der erfolgreichsten Fusionen der deutschen Wirtschaftsgeschichte eingeleitet, die Gründung der M.A.N.[4]

Rieppel war es mit Sicherheit nicht schwer gefallen, sich für die Maschinenfabrik Augsburg zu entscheiden. Sie dürfte seine erste Wahl gewesen sein. Einige Gründe dafür nannte er in seinem Brief an Buz vom 3. April 1898. Rieppel schrieb hier, es täte ihm «sehr leid, wenn der Besitz gänzlich in außerbayerische und in reine Finanzhände überginge, wobei es an Reflektanten nicht fehlt».[5] Offenbar hatte es sich bei den Ruhrkonzernen und den Banken schon herumgesprochen, dass Cramer-Klett verkaufen wollte. Rieppel zog aber eine bayerische Lösung vor und die konnte er am besten durch einen Zusammenschluss mit der Maschinenfabrik Augsburg erreichen. Gemeinsam würden die Maschinenfabriken in Augsburg und in Nürnberg, wie es Rieppel in seiner Anfrage an Buz formulierte, eine «industrielle Macht in Süddeutschland bedeuten».[6]

Brief Anton von Rieppels an Heinrich von Buz vom 3. April 1898 mit dem Angebot einer Fusion (Auszug)[7]

Sehr geehrter Herr Kommerzienrat!

Im Vertrauen auf Ihre mir stets zu Theil gewordene freundliche Gesinnung gestatte ich mir, Ihnen heute in einer streng vertraulichen Angelegenheit zu schreiben. Herr Baron von Cramer-Klett, alleiniger Besitzer der Aktien der Maschinenbau A. G. Nürnberg, hat absolut keine Neigung für die Industrie, weshalb er sich von derselben loslösen will. Zu diesem Zweck erhielt ich den Auftrag, die Aktien, beziehungsweise die beiden Fabriketablissements an ein Bankkonsortium oder in einer mir sonst gut dünkenden Form zu verkaufen. Es thäte mir, nachdem ich meine besten Kräfte an eine gute Reorganisation des Geschäftes gewendet habe, sehr leid, wenn der Besitz gänzlich in außerbayerische und in reine Finanzhände überginge, wobei es an Reflektanten nicht fehlt. Lediglich dieser Gedanke veranlaßt mich, in völlig privater, nicht autorisierter Weise bei Ihnen anzufragen, ob Sie nicht eine Fusion der beiden Gesellschaften: der Maschinenfabrik Augsburg und der Maschinenbau-A.-G. Nürnberg in den Kreis näherer Erwägungen zu ziehen geneigt wären. Viel brauche ich Ihnen über unsere Firma nicht zu sagen, vielleicht darf ich nur anfügen, daß wir derzeiten zirca 25 bis 26 Millionen Mark unerledigter Aufträge vorliegen haben, wobei die Hauptbeiträge auf den Staat und große Firmen entfallen. In einer Vereinigung würden die beiden Firmen, die ja in ihren Sparten so gut eingeführt sind und die in den wenigen gleichzeitig betriebenen Branchen ganz leicht eine zweckmäßige und entsprechende Arbeitstheilung könnten eintreten lassen, eine industrielle Macht in Süddeutschland bedeuten. Bitte nehmen Sie meine Mittheilung aber lediglich als einen Gedanken von mir. Sollten Sie demselben keine Neigung entgegenbringen können, so bitte ich, mir dies mit wenig Worten offen zu sagen. Ich darf jedenfalls annehmen, dass Sie mir deshalb für die Zukunft doch Ihre freundschaftliche Zuneigung bewahren werden.

Es gab für Rieppel noch einen weiteren Grund, eine Fusion mit der Maschinenfabrik Augsburg anzustreben. Diesen teilte er in seinem Brief an Buz vom 3. April 1898 nicht mit, aber man kann vermuten, dass es sich dabei möglicherweise um das entscheidende Motiv handelte. Buz hatte Rieppel ein Jahr vorher, im April 1897, zu einem Vortrag Rudolf Diesels in Augsburg eingeladen. Rieppel war so beeindruckt gewesen, dass er schon drei Monate später mit der Maschinenfabrik Augsburg und der Firma Fried. Krupp ein Lizenzabkommen für die Herstellung von Dieselmotoren abgeschlossen hatte.[8] Der Dieselmotorenbau wurde zu einem zentralen Bestandteil in Rieppels damaliger Strategie, das Nürnberger Unternehmen durch die Entwicklung von Kraftfahrzeugen neu aufzustellen. Zwar war der Motor damals noch gar nicht fabrikationsreif, doch glaubte Rieppel ebenso wie Buz an die Zukunft dieser neuen Technik. Im Nürnberger Werk wollte er Diesels «Wärmemotor» zu einem Antrieb für Personenwagen, Triebwagen und Lokomotiven weiterentwickeln. Schon am 15. Juni 1897, also noch vor dem Lizenzabkommen und ein dreiviertel Jahr vor dem Fusionsangebot an Heinrich von Buz, hatte er den bisherigen Leiter des Dieselmotorenbaus in der Maschinenfabrik Augsburg, Lucian Vogel, unter Vertrag genommen, der zwei Monate vorher nach einem Zerwürfnis mit seinem Schwiegervater Buz in Augsburg gekündigt hatte.[9] Vogel leitete nun die neu geschaffene Abteilung für Dieselmotorenbau in Nürnberg. Rieppel erteilte ihm den Auftrag, so schnell wie möglich einen «Eisenbahn-Motor», einen «Kutschenmotor» und einen «Locomotiv-Motor» zu entwickeln.[10]

Als Rieppel im Juli 1897 das Lizenzabkommen mit Buz schloss, dachte er wahrscheinlich noch nicht an eine baldige Fusion.[11] Doch hatte er sich damit auf eine Technik festgelegt, in der das Augsburger Unternehmen führend war und über die entscheidende Erstlizenz verfügte. Als Rieppel dann im April 1898 im Auftrag Cramer-Kletts das Nürnberger Unternehmen verkaufen sollte, kam deshalb nur eine Verbindung mit der Maschinenfabrik Augsburg in Betracht, wenn er das eigene, ehrgeizige Dieselmotoren-Programm weiterentwickeln wollte. Ein Zusammenschluss mit einem anderen Unternehmen hätte leicht dazu führen können, dass Augsburg als Erstlizenznehmer Diesels nicht mehr bereit war, die Nürnberger Konkurrenz an der neuen Diesel-Technik teilhaben zu lassen. So ist Rieppels Fusionsangebot an Heinrich von Buz ein gutes Beispiel dafür, wie sehr unternehmerische Entscheidungsspielräume durch die technologische Ausrichtung vorgegeben sein können.

Nachdem Heinrich von Buz sein Interesse an Rieppels Fusionsangebot bekundet hatte, trafen sich beide am 10. Mai 1898 in Augsburg, um über die Details zu sprechen. Man war sich einig, eine Fusion unter Gleichen anzustreben, bei der aber das Nürnberger Unternehmen auf die Maschinenfabrik Augsburg verschmolzen werden sollte. Buz und Rieppel beschlossen, gemeinsam den Vorstand des fusionierten Unternehmens zu bilden. Augsburg sollte der Sitz der neuen Zentrale sein. Hinsichtlich des zukünftigen Firmennamens wurde vereinbart, die Bezeichnung «Maschinenfabrik Augsburg» durch einen Zusatz zu erweitern, der auf die Vereinigung hinwies.[12] Insgesamt erhielt das Augsburger Werk damit einen Vorrang innerhalb des fusionierten Unternehmens, was sich schon aus seiner günstigeren Ausgangsposition ergab. Die Maschinenfabrik Augsburg stand finanziell besser da und war wirtschaftlich erfolgreicher als das Nürnberger Unternehmen. Und während Buz die Verhandlungen gelassen angehen konnte, stand Rieppel unter einem erheblichen Erfolgsdruck. Bei einem Scheitern der Fusionsverhandlungen hätte er den Baron von Cramer-Klett kaum davon abhalten können, die Maschinenbau-Actien-Gesellschaft Nürnberg an ein Bankenkonsortium oder einen beliebigen Investor zu veräußern. Buz nutzte seine günstigere Verhandlungsposition indessen nicht rücksichtslos aus. Er gab Rieppel auch Zusagen, die er nicht hätte machen müssen. Dazu gehörte, dass das Nürnberger Werk eine selbstständige Leitung behielt und seine Geschäfte in eigener Regie weiterführen konnte.[13]

Die Fusion zur Vereinigten Maschinenfabrik Augsburg und Maschinenbaugesellschaft Nürnberg A.G.

Nachdem Buz und Rieppel alle Fragen bei ihrem Treffen am 10. Mai 1898 einvernehmlich geklärt hatten, informierten sie ihre Aufsichtsräte. Rieppel machte in einem Brief vom 11. Mai 1898 noch den Vorschlag, die Zentrale des fusionierten Unternehmens in München als einem «neutralen» Ort anzusiedeln, stieß damit aber bei Buz auf keine Resonanz.[14] In den folgenden Monaten wurde über den Kaufpreis der Maschinenbau-Actien-Gesellschaft Nürnberg und die Bewertung beider Unternehmen verhandelt. Man war sich einig, dass die Maschinenfabrik Augsburg den Erwerb des Nürnberger Unternehmens mit eigenen Aktien bezahlen würde. Mitte September 1898 trat dann der Aufsichtsrat der Maschinenbau-Actien-Gesellschaft Nürnberg zusammen und stimmte einem Fusionsabkommen zu, das Rieppel zuvor in Absprache mit Buz verfasst hatte. Damit war die Entscheidung für einen Zusammenschluss beider Unternehmen gefallen.

Angesichts des hohen Wachstums und der glänzenden Ertragslage des Augsburger Unternehmens – für das Geschäftsjahr 1897/98 erhielten die Aktionäre eine Dividende von 24½ % – war es nahe liegend, den Kauf durch eine Kapitalerhöhung zu finanzieren. Das Aktienkapital der Maschinenfabrik Augsburg wurde gleich zweimal aufgestockt, um insgesamt 2,4 Mio. fl. auf 6 Mio. fl. Dabei wurden zunächst junge Aktien im Nominalwert von 1,2 Mio. fl. an die bisherigen Aktionäre ausgegeben. Die Erhöhung um weitere 1,2 Mio. fl. diente dann dem Kauf des Nürnberger Unternehmens, das zu diesem Zeitpunkt ein Aktienkapital von 1,8 Mio. M hatte.[15] Cramer-Klett tauschte also die Maschinenbau-Actien-Gesellschaft Nürnberg gegen eine 20 %-ige Beteiligung an dem neuen, fusionierten Unternehmen ein, was der unterschiedlichen Kapitalstärke der beiden Fusionspartner entsprach, aber nicht der Relation zwischen den Umsätzen und Beschäftigtenzahlen. Erst 1911 wurde das Aktienkapital der M.A.N. von der alten Guldenwährung (fl.) auf Mark umgestellt.[16]

Unterschiedliche Auffassungen gab es noch über den Namen des fusionierten Unternehmens. Rieppel hatte schon im Mai 1898 die Bezeichnung «Maschinenfabriken Augsburg-Nürnberg Aktien-Gesellschaft» vorgeschlagen. Der Aufsichtsrat der Maschinenfabrik Augsburg lehnte diesen Vorschlag jedoch ab und bestand darauf, an den bisherigen Bezeichnungen festzuhalten. Buz fand schließlich einen Namen, dem alle zustimmen konnten: «Vereinigte Maschinenfabrik Augsburg und Maschinenbaugesellschaft Nürnberg A.G.»[17]

Im Herbst 1898, ein halbes Jahr nach der Anfrage Rieppels bei Buz, konnte die Fusion eingeleitet werden. Die Aufsichtsratsvorsitzenden beider Unternehmen, Hertel und Cramer-Klett, unterschrieben den Vertrag am 24. bzw.

31. Oktober.[18] Die Generalversammlung der Maschinenbau-Actien-Gesellschaft Nürnberg beschloss am 26. November einstimmig die Fusion mit der Maschinenfabrik Augsburg. Schon zwei Tage vorher hatte die Aktionärsversammlung in Augsburg einer Erhöhung des Grundkapitals von 4,8 Mio. fl. auf 6 Mio. fl. durch die Ausgabe junger Aktien zu einem Mindestkurs von 400 % zugestimmt. Am 25. Dezember 1898 gab das Königliche Landgericht Augsburg die Eintragung der Fusion in das dortige Gesellschaftsregister bekannt.[19]

Die Öffentlichkeit wurde über den Zusammenschluss der beiden größten Unternehmen Bayerns erst im November 1898 informiert, als die Entscheidungen längst gefallen waren. Wie die *Münchener Zeitung* damals feststellte, hatte sich die Fusion «fast in der Stille» vollzogen.[20] Tatsächlich war sie im Wesentlichen von Heinrich von Buz und Anton von Rieppel hinter geschlossenen Türen ausgehandelt worden. Zwischen beiden hatte sich im Laufe der Verhandlungen ein Vertrauensverhältnis entwickelt, das es erleichterte, auch bei schwierigen Fragen schnell eine einvernehmliche Lösung zu finden.[21] Die Fusion von 1898 beruhte auf einem Gentleman-Agreement zwischen zwei Honoratioren, die sich gegenseitig respektierten und vertrauten.

Dieses partnerschaftliche Verständnis schlug sich im Aufbau wie auch im Namen des fusionierten Unternehmens nieder, der Vereinigten Maschinenfabrik Augsburg und Maschinenbaugesellschaft Nürnberg A. G. Das Nürnberger Werk behielt ein hohes Maß an Eigenständigkeit gegenüber Augsburg. Bei der Fusion hatten beide Seiten vereinbart, «dass für keines der Werke eine Veränderung in der Geschäftsführung nach aussen eintritt».[22] So hatte die Vereinigte Maschinenfabrik Augsburg und Maschinenbaugesellschaft Nürnberg eine dezentrale Struktur, mit jeweils einer Leitung in Augsburg und in Nürnberg. Gustavsburg, das dritte Werk, blieb Nürnberg zugeordnet. Der Vorstand setzte sich zunächst aus den langjährigen Leitern der Werke in Augsburg und in Nürnberg, Heinrich von Buz und Anton von Rieppel, zusammen. Es gab keine eigenständige Zentrale, die von den Werken getrennt gewesen wäre. Die «Oberleitung» in Augsburg war nicht viel mehr als eine Koordinierungsstelle zwischen den beiden großen Werken, deren Einfluss in erster Linie auf der persönlichen Autorität von Heinrich von Buz beruhte. Als Buz 1913 aus dem Vorstand ausschied und Anton von Rieppel alleiniger Generaldirektor der M.A.N. wurde, wurde die Zentrale an das Nürnberger Werk angehängt, wo sie bis zu Rieppels Rücktritt Ende 1920 blieb.

Aus der Vereinigten Maschinenfabrik Augsburg und Maschinenbaugesellschaft Nürnberg A.G. wird die M.A.N.

Der dezentrale Aufbau des Unternehmens erforderte ein hohes Maß an Kooperation und Abstimmung zwischen den Werken. Dabei ging es zwischen den Leitungen in Augsburg und Nürnberg keineswegs immer harmonisch zu. Beide Werke hatten eigene Interessen, zwischen denen es durchaus zu Kollisionen kommen konnte. Doch galt es, sich in solchen Fällen zu einigen, weil sonst das ganze Unternehmen blockiert gewesen wäre. Die kooperative Form der Fusion führte allerdings auch dazu, dass in einigen Bereichen Doppelstrukturen bestehen blieben. Das galt für die Verwaltungen der Werke und für Fertigungen wie den Dampfmaschinenbau, wo sich Augsburg und Nürnberg weiterhin Konkurrenz machten. Es kam in keinem der drei Werke zur Schließung einzelner Bereiche. Als Folge des Zusammenschlusses dürften daher auch keine Arbeitsplätze abgebaut worden sein. Die Beschäftigtenzahl ging zwar nach der Jahrhundertwende zurück, doch war dies wohl eher durch die Auftragslage bedingt. Schon 1905 lag die Zahl der Arbeiter in allen drei Werken höher als vor der Fusion.[23]

Für das Unternehmen erwies es sich bald als nachteilig, dass nach der Fusion keine Trennung des Produktionsprogramms stattgefunden hatte. Die Frage der Produktionsbereinigung stellte das Vertrauensverhältnis zwischen Buz und Rieppel auf eine harte Probe. Während Buz es vermeiden wollte, Fertigungen des Augsburger Werks nach Nürnberg abzugeben, bestand Rieppel aus Wettbewerbsgründen auf einer verbindlichen Produktionsteilung. Im Februar 1900 wurde vereinbart, zukünftig alle liegenden Maschinen in Augsburg herzustellen und alle stehenden Maschinen in Nürnberg.[24] Bei den Dieselmotoren einigte sich der Vorstand wenige Wochen später auf den Vorschlag Rieppels, in Nürnberg Zweitakt-Motoren und in Augsburg Viertakt-Motoren herzustellen.[25]Als Rieppel 1913 alleiniger Generaldirektor wurde, wollte er die historisch gewachsene Verteilung der Produktion auf die einzelnen Werke nach systematischen Kriterien neu ordnen. Zugleich wollte er die Kompetenzen der Zentrale stärken und eine von den Werkbetrieben unabhängigere Hauptdirektion errichten.[26] Wegen des Ersten Weltkrieges konnte Rieppel dieses Programm nur in Ansätzen verwirklichen. Eine systematische Neuordnung kam erst nach der Übernahme durch die GHH im Jahr 1921 zustande.

Auch der vom Aufsichtsrat der Maschinenfabrik Augsburg durchgesetzte Namen des fusionierten Unternehmens hatte keinen Bestand. Statt der langen offiziellen Bezeichnung setzte sich im Sprachgebrauch zunehmend die Kurzform Maschinenfabrik Augsburg-Nürnberg durch, besonders nachdem in den Jahren 1903/04 ein neues Firmenzeichen mit den Buchstaben M.A.N. eingeführt worden war. Am 7. Dezember 1908 beschloss die Generalversammlung die Umbennung des Unternehmens in Maschinenfabrik Augsburg-Nürnberg AG.[27]

Grafik 16 Stammbaum der M.A.N. 1840–1908

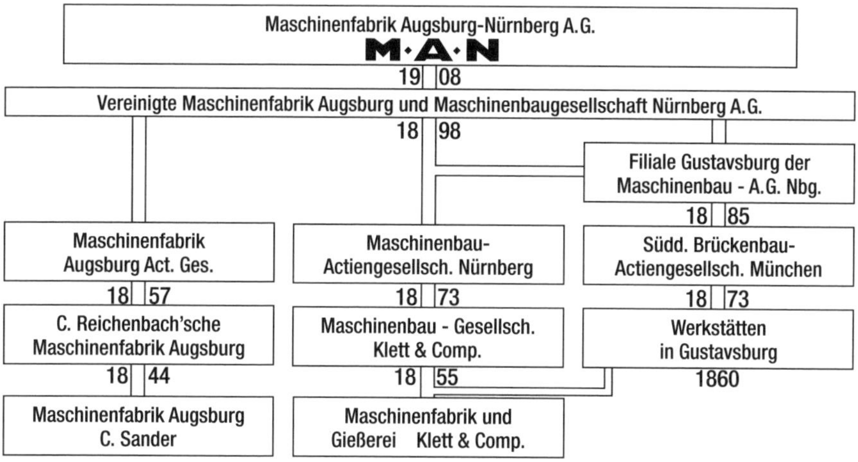

7 Innovationen, Wachstum und Arbeitskämpfe: Die Expansionsphase vor dem Ersten Weltkrieg

Der Innovationsschub um die Jahrhundertwende

Zu Beginn des 20. Jahrhunderts konnte die deutsche Öffentlichkeit eine neue imposante Leistung Anton von Rieppels und des Gustavsburger Werks bestaunen: die Träger der Wuppertaler Schwebebahn. Die Stadtverordneten von Barmen und Elberfeld – den Vorgängerinnen der späteren Stadt Wuppertal – hatten sich in den Jahren 1889/90 zum Bau einer Hochbahn über dem Fluss Wupper entschlossen, weil das Gelände für andere schienengebundene Verkehrsmittel nicht geeignet war. Nachdem das Projekt in den ersten Jahren durch ein Hochwasser der Wupper einen empfindlichen Rückschlag erlitten hatte, entschieden sich die beiden Städte Ende 1894 für einen Entwurf des Kölner Industriellen Eugen Langen, der den Bau einer Schwebebahn vorsah. Langen – der Erfinder des Gasmotors – hatte ein Jahr zuvor eine «Hochbahn mit freischwebend hängenden Personenwagen» entwickelt und auf einer Versuchsstrecke bei seiner Motorenfabrik Deutz erprobt.[1] Für die Schwebebahn musste aber auch ein völlig neues Trägersystems entwickelt werden. Dieser Auftrag ging an die Nürnberger Maschinenbau-Actien-Gesellschaft unter Anton von Rieppel. Dabei dürfte eine Rolle gespielt haben, dass Rieppel dem Aufsichtsrat der Elektrizitäts-AG vorm. Schuckert & Co. in Nürnberg angehörte, die von den Städten Barmen und Elberfeld mit dem Bau der Schwebebahn beauftragt worden war.[2]

Für die Schwebahn entwickelte Rieppel eine neue Längsträgerkonstruktion, für die er am 8. Mai 1896 ein Patent erhielt. Der «Rieppel-Träger», wie er bald allgemein genannt wurde, gehörte zu den ersten Vollwandträgern im Stahlbau und zeichnete sich durch einen vergleichsweise geringen Materialaufwand aus. In den Konstruktionsbüros der Maschinenbau-Actien-Gesellschaft Nürnberg wurde dann der gesamte Entwurf zum Bahnkörper ausgearbeitet, der neben dem Tragwerk auch Weichen, Haltestellen, Bahnhöfe und gemauerte Unterbauten umfasste. In der vorgegebenen Bauzeit von nur zwei Jahren konnte die Maschinenbau-Actien-Gesellschaft Nürnberg das Tragwerk für die 13,3 km lange Schwebebahnstrecke von Vohwinkel nach Barmen-Rittershausen nicht alleine bauen, zumal ihr Eisen- und Stahlhochbau im Werk Gustavsburg zu dieser Zeit auch den Großauftrag Müngstener Brücke zu bewältigen hatte.

Abb. 41 Wuppertaler Schwebebahn

Das Unternehmen beauftragte deshalb die GHH (Werk Sterkrade) sowie die Firmen Harkort und Union, zusammen mit dem Werk Gustavsburg die Eisenkonstruktionen für die Wuppertaler Schwebebahn auszuführen. Jeder der vier Hersteller baute das Tragwerk für eine Teilstrecke von 3,3 km Länge. Das erste Teilstück der Bahn konnte am 1. März 1901 eröffnet werden. Bereits im Oktober 1900 hatte Kaiser Wilhelm II. mit seiner Gattin eine Probefahrt unternommen und sich anschließend sehr lobend geäußert.[3]

Fast gleichzeitig mit der Wuppertaler Schwebahn wurde in Dresden-Loschwitz die erste Bergschwebebahn der Welt gebaut. Auch hier war die Vereinigte Maschinenfabrik Augsburg und Maschinenbaugesellschaft Nürnberg führend beteiligt. Sie hatte die Bauaufsicht und stellte die Eisenkonstruktion wie auch die Gondeln her. Nachdem die Seilbahn 1902 eröffnet worden war, wurde sie rasch zu einer Attraktion. Es gab aber auch besorgte Stimmen und Ängste, so dass Ingenieure sich veranlasst sahen, ausdrücklich auf die Sicherheit des neuen Verkehrsmittels hinzuweisen: «Die Fahrt ist völlig gefahrlos und die Gefahr des Entgleisens ausgeschlossen.»[4]

Rieppel konnte mit dem Tragwerk für die Wuppertaler Schwebebahn an seine herausragenden Leistungen bei der ebenfalls über die Wupper führenden Müngstener Brücke anknüpfen. Mit den beiden technischen Wahrzeichen des Bergischen Landes und der einige Jahre vorher errichteten Hochbrücke über den Nord-Ostsee-Kanal wurde die M.A.N. nun auch nördlich des Mains berühmt. Neben Rieppel hatte das Werk Gustavsburg daran entscheidenden Anteil, in dem die Bauteile der Müngstener Brücke und auch die Rieppel-Träger der Wuppertaler Schwebebahn vorgefertigt worden waren. Das Gustavsburger Werk hatte sich zu einem Aushängeschild des Unternehmens entwickelt, neben dem Dieselmotorenbau und dem Druckmaschinenbau. Im Stahlhochbau entstand nun eine eigene «Gustavsburger Schule».[5] Ebenso wie der Stahlhochbau der GHH im Werk Sterkrade profitierte Gustavsburg natürlich auch davon, dass die Epoche vor dem Ersten Weltkrieg eine große Zeit des Eisen- und Stahlhochbaus war. Das Wachstum der Industrie und der Städte erforderte den Bau neuer, leistungsfähigerer Brücken, aber auch größerer Bahnhofs-, Fabrik- und Festhallen. Gustavsburg baute damals u. a. die Festhalle in Frankfurt am Main (1907/08) – den damals größten freitragenden Kuppelbau –, die Bahnhofshallen in Karlsruhe und Basel, die Kettenhängebrücke Köln-Deutz (1914/15)[6] und Luftschiffhallen für die ersten Zeppeline.

Dass der beim Bau der Müngstener Brücke beteiligte Regierungsrat Max Carstanjen 1895 in das Gustavsburger Werk gewechselt hatte, erwies sich für die M.A.N. als ein großer Gewinn. Carstanjen erfand bahnbrechende Neuerungen im Stahlwasserbau.[7] Durch ihn erbrachte das Werk Gustavsburg nun Pionierleistungen im Großwehrbau und in der Antriebstechnik für Schleusentore. Nachdem Carstanjen die Leitung des Werks übernommen hatte, machte er Gustavsburg zu einer der ersten Adressen im Gasbehälterbau. 1913 erfand der Leiter des Gasbehälterbaus in Gustavsburg, Konrad Jagschitz, den Scheibengasbehälter. Bei dieser neuen Konstruktion befand sich das Gas unter einer beweglichen Scheibe mit einer Flüssigkeitsdichtung. Dadurch konnte auf die bisher üblichen Bassins mit bis zu 65 000 Tonnen Wasser verzichtet werden, die so schwer waren, dass sie gerade in Bergbauregionen nur bis zu einer gewissen Größe gebaut werden konnten. Seit der Jahrhundertwende hatte man daher nach anderen Lösungen gesucht. Mit der neuen Technik aus Gustavsburg konnte das Speichervolumen der Gasbehälter erheblich vergrößert werden.[8] Den ersten verkauften Scheibengasbehälter baute die M.A.N. Gustavsburg 1915 für die Stadtwerke Augsburg. «Gasometer» aus Gustavsburg prägten später das Bild vieler Städte mit.[9]

In Augsburg konnte der Druckmaschinenbau zu Beginn des 20. Jahrhunderts zwei wichtige Neuerungen präsentieren. 1901 wurde hier die erste Vierrollen-Rotationsdruckmaschine hergestellt. Noch im gleichen Jahr konnte die erste in Deutschland gebaute Sechsrollen-Rotationsdruckmaschine nach Buenos Aires geliefert werden. Diese Neuerungen ermöglichten es den Zeitungsverlagen, immer höhere Auflagen zu drucken. Ab 1913 wurde eine der großen französischen Zeitungen, *La Petite Parisienne,* auf einer in Augsburg gebauten Sechsrollen-Rotationsmaschine mit acht Falzapparaten gedruckt, die damals die leistungsfähigste Druckmaschine des europäischen Kontinents war.[10]

Im Mittelpunkt der technischen Entwicklungen bei der M.A.N. stand damals der Dieselmotorenbau. In Augsburg wie in Nürnberg wurde mit Hochdruck an neuen Anwendungen der Dieseltechnik gearbeitet. Beide Werke bauten dabei unterschiedliche Motorentypen: In Augsburg setzte man auf Viertakt-Dieselmotoren, während in Nürnberg Zweitakt-Dieselmotoren gefertigt wurden. 1904 baute die Vereinigte Maschinenfabrik Augsburg und Maschinenbaugesellschaft Nürnberg die Motoren für das erste große Dieselkraftwerk der Welt. Errichtet wurde es bei der Straßenbahnverwaltung in Kiew. Einige der von der M.A.N. eingebauten Dieselmotoren waren dort bis 1955 in Betrieb.[11]

Rudolf Diesel selbst hatte im Schiffsantrieb von Anfang an eines der wichtigsten Anwendungsgebiete für seinen Motor gesehen. Tatsächlich leitete erst die Entwicklung des Schiffsdieselmotors dann die Motorisierung der Hochseeschifffahrt ein. Die Dampfschiffe wurden nun von schnelleren Schiffen mit Dieselantrieb abgelöst, wodurch sich die Transportmöglichkeiten zwischen den Kontinenten erheblich verbesserten. Wegen des hohen Kraftstoffbedarfs von Motorschiffen mit Dampfmaschinenantrieb machten sich die Vorteile der Dieseltechnik hier besonders bemerkbar. 1903 baute in Frankreich Frédéric-Charles Dyckhoff den ersten Motor für ein Schiff mit Dieselantrieb, die «Petit Pierre». Dabei handelte es sich um einen Kanal-Lastkahn. Dyckhoff hatte sechs Jahre vorher gemeinsam mit Rudolf Diesel die Société Française des Moteurs R. Diesel gegründet.

Das Augsburger M.A.N.-Werk hatte im Dezember 1902 mit der Entwicklung eines Schiffsdieselmotors begonnen und fertigte im folgenden Jahr einen leichten Vierzylinder-Viertaktschiffsdieselmotor. Ihren ersten Schiffsmotor lieferte die M.A.N. im Oktober 1904 an die Kaiserliche Werft in Kiel. Drei Jahre später verkaufte sie an die französische Marine Viertakt-Dieselmotoren mit 300 PS für den Einbau in U-Boote. Noch vor dem Ersten Weltkrieg breitete sich der Dieselmotor in der Handelsschifffahrt aus. 1911 gab es bereits drei seegehende Schiffe mit Dieselmotorenbertrieb.[12] Marktführer bei Schiffsdieselmotoren wurde damals Burmeister & Wain, das dänische Vorgängerunternehmen der MAN B & W Diesel. Das 1864 in Kopenhagen gegründete Unternehmen verband den Motorenbau mit seinem bedeutenden Schiffbau. Die von B & W gebaute «Selandia» fuhr 1912 auf ihrer Jungfernfahrt problemlos nach Bangkok. Zwei Jahre zuvor hatte Roald Amundsen bei seiner Südpolexpedition bereits ein Forschungsschiff mit Dieselmotoren – gebaut von AB Diesel Motorer in Stockholm – benutzt.[13] M.A.N. konnte zwar Schiffsmotoren bauen, benötigte aber einen Partner im Schiffbau, um auf diesem Gebiet mithalten zu können. Hier war das Nürnberger Werk dem Augsburger Motorenbau voraus. Da das Reichsmarineamt Zweitakt-Motoren bevorzugte, wie sie in Nürnberg gebaut wurden, konnte das Werk 1910 eine Kooperation mit der Hamburger Werft Blohm & Voss eingehen. Gemeinsam entwickelten beide Unternehmen Zweitakt-Dieselmotoren für Handelsschiffe.

Während beim Schiffsdiesel innerhalb weniger Jahre der Durchbruch gelang, konnte die M.A.N. damals trotz großer Anstrengungen noch keine Dieselmotoren für Straßen- und Schienenfahrzeuge zu entwickeln. Der Fahrzeugdiesel erforderte eine andere, leichtere Konstruktion als der Dieselmotor für stationäre Krafterzeugung oder für den Schiffsbetrieb. Das Werk Nürnberg hatte mit seinen Versuchen auf diesem Gebiet wenig Erfolg. Zwar gelang es 1908 mit dem Bau des «Vogel-Motors» durch Emil Vogel, eines Neffen Lucian Vogels, eine neue Kraftstoffeinspritzpumpe zu entwickeln. Doch konnte der Vogel-Motor nicht betriebssicher gemacht werden, und 1912 gab die M.A.N. dieses Bauprinzip dann auf. Vorerst musste man sich in Nürnberg mit der Entwicklung von Dampftriebwagen begnügen, von denen die ersten 1906 an die bayerischen Staatsbahnen geliefert werden konnten.[14]

Die M.A.N. zeichnete sich wie fast alle Maschinenbauunternehmen dieser Zeit durch ein breites Fertigungsprogramm aus. Dazu gehörte z. B. auch der Bau von Theaterbühnen im Werk Nürnberg. Der Ruf des Unternehmens beruhte aber darauf, dass es in drei Bereichen zur internationalen Spitze gehörte: dem Dieselmotorenbau, dem Druckmaschinenbau und dem Stahlhochbau.

In keiner anderen Zeit kam es bei der M.A.N. zu einer derart hohen Innovationsdichte wie in den Jahren 1890–1910. Das Unternehmen profitierte dabei vom Aufstieg der Großindustrie und von der Entstehung neuer technischer Systeme, aber auch von dem mittlerweile hohen Stand des Ingenieurswesens und der technischen Ausbildung in Deutschland. Durch ihre beeindruckenden technischen Leistungen zog die M.A.N. wiederum weitere talentierte Konstrukteure an. Der Glauben an die Dynamik des Fortschritts war die Klammer, die die technischen Angestellten in den so unterschiedlichen Fertigungsbereichen des Unternehmens verband.

Die M.A.N. auf dem Weltmarkt

Durch ihre technischen Leistungen war die M.A.N. auch auf dem Weltmarkt sehr erfolgreich. Das galt besonders für den Druckmaschinenbau und den Stahlhochbau, aber auch für einige andere Fertigungsbereiche wie den Waggonbau. Im Dieselmotorenbau war der Export dadurch erschwert, dass Diesel Lizenzen an Unternehmen in vielen Ländern vergeben hatte. Schon 1901 wur-

Tab. 11: Technische Leistungen der M.A.N. 1893–1915

1893–1897	Erster Dieselmotor der Welt
1897	Erste deutsche Stahlbrücke im Freivorbau (Müngstener Brücke)
1898–1900	Tragwerk der Wuppertaler Schwebebahn («Rieppel-Träger»)
1900	Erste deutsche Sechsfarben-Rotationsmaschine
1901	Erstes Walzenwehr der Welt
1903	Erster Viertakt-Schiffsdieselmotor
1904	Erstes Großdieselmotoren-Kraftwerk der Welt in Kiew
1915	Erster wasserloser Scheibengasbehälter («Gasometer») der Welt

den nicht nur in Deutschland, sondern auch in sechs anderen Ländern, darunter Frankreich, die USA und Russland, Dieselmotoren hergestellt.[15]

Im Geschäftsjahr 1903/04 entfielen 28,5 % des gesamten Umsatzes der Vereinigten Maschinenfabrik Augsburg und Maschinenbaugesellschaft Nürnberg AG auf das Exportgeschäft (1912/13: 29,8 %). Etwa die Hälfte des Exports ging nach Übersee.[16] Als das Unternehmen in dieser Zeit ein Netz von Vertretungen im In- und Ausland aufbaute, wurden 21 Vertretungsbezirke in Deutschland, 26 im europäischen Ausland und 12 in Übersee gebildet. Seit 1909 hatte die M.A.N. Büros in Paris, London und Kairo. 1911 folgte die erste Direktinvestition, eine Mehrheitsbeteiligung an der Eisengießerei und Maschinenfabrik vorm. Felser & Co. AG in Riga. Die Stadt gehörte damals zum Zarenreich, hatte aber eine starke deutschsprachige Minderheit, zu der auch die Vorstände von Felser & Co. gehörten. Felser & Co. stellte hauptsächlich Dieselmotoren, Dampfmaschinen und Pressen her. Das Unternehmen hatte damals nach Angaben Rieppels nur einen bescheidenen Umsatz und suchte die Verbindung mit der M.A.N., weil es sich davon technische wie finanzielle Unterstützung erwartete. Für die M.A.N. war Felser & Co. wiederum als Stützpunkt auf dem russischen Markt interessant.[17] Schon wenige Jahre später ging dieses Engagement als Folge des Ersten Weltkrieges verloren.

Die auffälligsten Zeugnisse der globalen Präsenz des Unternehmens in dieser Zeit waren die Brückenbauten und Hallenkonstruktionen aus Gustavsburg. Die M.A.N. baute Brücken auf dem Balkan, im Orient, in Afrika, Südamerika und Ostasien, aber auch eine Bahnhofshalle in Bangkok und Bühnen für Theater in São Paulo und Mexiko Stadt. Unter den Brücken ist die während der Jahre 1910–1912 errichtete Schiffsbrücke über das Goldene Horn in Istanbul, dem damaligen Konstantinopel, besonders zu erwähnen (Karaköy-Galata-Brücke). In China errichtete die M.A.N. Brücken für die Schantung-Eisenbahn, die von der deutschen Kolonie Tsingtao ausging und von der Deutschen Bank gegründet worden war, sowie für die Tientsin-Eisenbahn des chinesischen Staats. Zu diesen Bauten gehörte eine 1250 m lange Brücke über den Fluss Huang Ho.[18] Allein der im Herbst 1899 begonnene Bau der Schantung-Eisenbahn erforderte nicht weniger als 856 eiserne Brücken und 9800 t Eisen. Die Vereinigte Maschinenfabrik Augsburg und Maschinenbaugesellschaft Nürnberg richtete dafür in Tsingtao eine Bauabteilung ein.[19]

Der innere Ausbau des Unternehmens

Mit der Fusion von 1898 war die M.A.N. eines der größten Unternehmen des deutschen Maschinenbaus geworden. 1907 stand sie der Beschäftigtenzahl nach an zweiter Stelle innerhalb der Branche, übertroffen nur noch von der Firma Ludwig Loewe in Berlin. Die M.A.N. war zugleich das größte Industrieunternehmen Bayerns, lag allerdings unter den deutschen Großunternehmen nur auf Platz 32.[20] Das starke Wachstum des Unternehmens schlug sich in zwei Kapitalerhöhungen nieder, mit denen das Eigenkapital der Umsatzentwicklung angepasst wurde. Im Dezember 1911 wurde das Aktienkapital von 12,3 Mio. M auf 18 Mio. M erhöht, im Februar 1914 dann von 18 Mio. M auf 27 Mio. M.[21]

Im Sommer 1913 zog sich der mittlerweile 80-jährige Heinrich von Buz aus dem Vorstand zurück. Er hatte «sein» Unternehmen fast 49 Jahre lang geleitet. Anton von Rieppel, der fortan alleiniger Leiter der M.A.N. war, strebte nun eine Stärkung der Zentrale und eine Produktionsbereinigung zwischen den Werken in Augsburg und Nürnberg an. In Augsburg wollte er den Maschinenbau, in Nürnberg den Fahrzeugbau der M.A.N. konzentrieren.[22]

Zu Rieppels Reorganisationsprogramm gehörte auch der 1910 begonnene Bau eines neuen Werks in Duisburg, das als Zulieferbetrieb für die Ruhrindustrie gedacht war. Als ein in Süddeutschland ansässiges Unternehmen der weiterverarbeitenden Industrie hatte die M.A.N. erhebliche Frachtkostennachteile gegenüber Konkurrenten in Nord- und Westdeutschland. Kohle, Eisen und Stahl bezogen die Werke der M.A.N. hauptsächlich aus dem rheinisch-westfälischen Industriegebiet, das mit seiner Groß- und Schwerindustrie zugleich den wichtigsten Absatzmarkt des Unternehmens bildete. Nachdem die Ruhrkonzerne das Roheisensyndikat (1896) und den Stahlwerksverband (1904) gebildet hatten, befürchtete Rieppel, dass die M.A.N. weitere Nachteile erleiden würde, wenn es ihr nicht gelänge, im Westen präsent zu sein. Er wollte deshalb ein Werk im Ruhrgebiet errichten oder die M.A.N. an einen Ruhrkonzern anlehnen. Heinrich von Buz war von diesem Konzept nicht überzeugt, doch konnte sich Rieppel durchsetzen. Das Werk in Duisburg war als Zulieferbetrieb für die Ruhrindustrie konzipiert und sollte durch seinen Standort eine beträchtliche Frachtkostenersparnis einbringen. Im November 1911 bewilligte der Aufsichtsrat 1 Mio. M. für dieses Projekt. Im Dezember 1912 arbeitete das neue Werk in Duisburg-Wanheim bereits mit 275 Beschäftigten. Der Aufbau war aber noch nicht abgeschlossen, als der Erste Weltkrieg begann. Die Hallen für den Maschinenbau und den Kranbau konnten erst im Frühjahr 1917 in Betrieb genommen werden. Die Verlagerung des Schwermaschinenbaus und des Kranbaus aus Nürnberg in das neue Werk begann erst nach Kriegsende und wurde schon bald wegen der damaligen Streiks und Unruhen in Duisburg gestoppt.[23]

Anton von Rieppel hatte sich nach der Fusion von 1898 zunehmend aus dem Nürnberger Konstruktionsbüro zurückgezogen und dafür seine unternehmerische Tätigkeit ausgebaut. Als Aufsichtsrat der Elektrizitäts-AG vorm. Schuckert & Co. führte er 1902 die Fusionsverhandlungen dieses Unternehmens mit der AEG. Nach deren Scheitern wirkte Rieppel ein Jahr später an der Gründung der Siemens-Schuckert-Werke mit, einem Zusammenschluss zwischen der Elektrizitäts-AG vorm. Schuckert und den starkstromtechnischen Bereichen von Siemens & Halske.[24] Rieppel war auch Mitbegründer und erster Vorsitzender des 1904 in Nürnberg entstandenen Verbands der Bayerischen Metallindustriellen. 1906 erhielt er den persönlichen Adelstitel verliehen – ein Jahr früher als Heinrich von Buz, was dafür spricht, dass er diese Ehrung auch seiner Position als Vorsitzender des Industriellenverbands verdankte. Zehn Jahre nach der Nobilitierung wurde Rieppel zum lebenslänglichen Reichsrat ernannt. Bis zum Ende der Monarchie gehörte er nun dem Reichsrat an, einem bayerischen Adelsparlament, das als Zweite Kammer neben der Volksvertretung in München bestand.[25]

Tab. 12: Beschäftigte der M.A.N. nach Werken 1899/1900–1912/13[26]

	Arbeiter Werk Augsburg	Arbeiter Werk Nürnberg	Arbeiter Werk Gustavsburg	Arbeiter M.A.N. insgesamt	Beschäftigte M.A.N. insgesamt
1899/1900	2 977	3 473	1 277	7 727	9 200
1900/1901	2 636	3 737	1 210	7 583	8 883
1901/1902	2 469	3 007	1 106	6 582	8 861
1902/1903	2 463	2 613	1 082	6 158	9 386
1903/1904	2 744	2 507	1 214	6 465	11 053
1904/1905	2 869	3 414	1 205	7 486	9 381
1905/1906	3 057	4 178	1 440	8 675	10 385
1906/1907	3 299	4 499	1 605	9 403	11 380
1907/1908	3 196	4 828	1 794	9 818	11 232
1908/1909	3 197	4 140	1 572	8 909	10 586
1909/1910	3 154	3 875	1 451	8 480	10 176
1910/1911	3 454	4 585	1 574	9 613	13 453
1911/1912	4 214	5 076	1 686	10 976	14 480
1912/1913	4 798	5 486	2 011	12 295	15 792
1913/1914	3 926	4 993	3 104	12 023	13 601

Tab. 13: Umsatz der M.A.N. nach Werken 1899/1900–1912/1913 in Tausend M[27]

	Werk Augsburg	Werke Nürnberg und Gustavsburg	M.A.N. insgesamt
1899/1900	9 353	21 315	30 669
1900/1901	9 862	25 298	35 159
1901/1902	7 915	20 674	28 589
1902/1903	7 464	21 633	29 097
1903/1904	10 167	23 719	33 886
1904/1905	9 946	29 442	39 388
1905/1906	11 781	27 763	39 544
1906/1907	13 496	35 860	49 356
1907/1908	12 736	44 346	57 082
1908/1909	13 227	38 192	51 419
1909/1910	12 525	39 457	51 982
1910/1911	13 742	42 428	56 170
1911/1912	15 089	48 907	63 997
1912/1913	21 204	78 099	99 903
1913/1914	18 148	63 992	82 408

Arbeitskämpfe und betriebliche Sozialleistungen

1900 kam es im Werk Nürnberg zu einem drei Monate langen Arbeitskampf. 65 Former streikten vergeblich für Mindestlöhne und eine Verkürzung der Arbeitszeit. Ihre Augsburger Kollegen schlossen sich dem Ausstand nicht an, obwohl sie dazu aufgefordert wurden. Fünf Jahre nach dem Formerstreik fand der erste große Streik in der bayerischen Metallindustrie statt. Die Gewerkschaften forderten Mindestlöhne und eine Verkürzung der Arbeitszeit auf 57 Stunden, vor allem aber die Einführung von Tarifverträgen, was auch die bayerische Regierung befürwortete. Da die Arbeitgeber jedoch Tarifverträge entschieden ablehnten, kam es zu einem langen Arbeitskampf. Der Streik begann in München bei der Lokomotivfabrik Maffei. Bald schlossen sich Arbeiter der beiden größten Nürnberger Betriebe, M.A.N. und Siemens-Schuckert, an. Die Unternehmer sahen in dem Streik eine Kampfansage der Gewerkschaften. Heinrich von Buz sprach in diesem Zusammenhang sogar von «Terrorismus».[28] Nachdem alle Vermittlungsversuche gescheitert waren, beschloss der Bayerische Metallindustriellenverband die Gesamtaussperrung. Anton von Rieppel stand bei diesem Konflikt als Vorsitzender des Industriellenverbandes in der ersten Reihe. Um den auch in Bayern immer stärker werdenden Gewerkschaften das Wasser abzugraben, hatte er 1892 der Errichtung eines Arbeiterausschusses im Stammwerk der damaligen Maschinenbau-Aktiengesellschaft Nürnberg zugestimmt. Die Direktion hatte dadurch einen innerbetrieblichen Verhandlungspartner, mit dem sie sich über Arbeitszeit- und Lohnregelungen verständigen konnte. In dem Konflikt vom Frühjahr 1905 versuchte der Arbeiterausschuss zunächst vergeblich, einen Streik zu verhindern. Die Mehrheit der Belegschaft entschied sich für den Arbeitskampf, obwohl das Werk am 12. Mai eine Arbeitszeitverkürzung auf 58 Stunden angekündigt hatte.[29] Auch hatte der Vorsitzende des örtlichen Metallarbeiterverbandes die Arbeiter ausdrücklich darauf hingewiesen, dass – wie Werksdirektor Lippart an Rieppel schrieb – «der Gegner mit dem sie es zu tun hätten, ein hartnäckiger sei». Lippart konnte am 20. Mai beobachten, wie die Arbeiter morgens zum Teil «militärisch geordnet» aus der Fabrik abzogen.[30] Nach Angaben der Nürnberger Behörden traten 1668 Arbeiter des Werks in den Streik. Die anschließende Gesamtaussperrung in der bayerischen Metallindustrie traf dann auch die 1070 Arbeiter, die sich nicht am Streik beteiligt hatten.[31] Der Arbeitskampf konnte erst nach einer Intervention der bayerischen Staatsregierung beigelegt werden. In Nürnberg blieb es bei einer Arbeitszeit von 58 Stunden.[32] In Augsburg war nicht gestreikt worden. Hier waren die Gewerkschaften auch nicht so stark wie in Nürnberg, und die Direktion lehnte aus Rücksicht auf die nichtorganisierten Arbeiter zunächst die Gesamtaussperrung in der bayerischen Metallindustrie ab. Um die Geschlossenheit der Arbeitgeberseite zu demonstrieren, beteiligte sich das Augsburger Werk schließlich doch und sperrte vom 21. Juni bis 11. Juli 1905 2868 Arbeiter aus. Den Arbeitern wurden dann Reverse vorgelegt, in denen sie unterschreiben sollten, dass sie weder der Gewerkschaft angehören noch Streiks unterstützen würden. Die Arbeiter, die unterschrieben, wurden zum Teil weiterbeschäftigt und erhielten eine Lohnfortzahlung.[33] Dass sie mehrere Tausend arbeitswillige Arbeiter aussperrte und die nichtorganisierten Arbeiter besser behandelte als ihre gewerkschaftlich organisierten Kollegen, hat der M.A.N. in der Öffentlichkeit heftige Kritik eingebracht.[34] Die Direktion blieb aber bei dieser Linie und betrieb nach dem Arbeitskampf die Gründung eines wirtschaftsfriedlichen, arbeitgeberfreundlichen Werkvereins. Der Arbeiterverein von Werk Augsburg e. V. sollte ein Gegengewicht zu den Gewerkschaften bilden. Schon 1908 gehörten rund 80 % der Augsburger M.A.N.-Arbeiter diesem Verein an. Augsburg wurde dadurch zu einer Hochburg der wirtschaftsfriedlichen, auf Kooperation mit der Unternehmensleitung bedachten Werkvereine.[35] Dass die sozialistische Arbeiterbewegung in Augsburg nicht so erfolgreich war wie in Nürnberg, hing mit den politischen und konfessionellen Milieus in beiden Städten, aber auch mit Unterschieden zwischen den beiden großen M.A.N.-Werken zusammen. Nach wie vor lag in Augsburg der Anteil der Facharbeiter höher, und die betrieblichen Sozialleistungen waren hier immer noch besser als in Nürnberg. Nach der Fusion wurde allerdings die soziale Fürsorge in der gesamten M.A.N. schrittweise dem Augsburger Niveau angeglichen, denn das bestehende Gefälle ließ sich innerhalb eines Unternehmens nicht aufrechterhalten.

Abb. 42 Arbeiter der Vereinigten Maschinenfabrik Augsburg und Maschinenbaugesellschaft Nürnberg beim Streik von 1905

Vorbildlich waren beide Werke auf dem Gebiet der Lehrlingsausbildung und -fortbildung. In Nürnberg bestand seit 1890 eine Lehrlingsfortbildungsschule. In Augsburg wurde 1892 eine Lehrwerkstätte eingerichtet. Nach der Fusion führte die M.A.N. die Pionierleistung ihrer Vorgängerunternehmen auf diesem Gebiet fort. Die Erfahrungen mit der Berufsschule des Nürnberger Werks waren so gut, dass sich Heinrich von Buz 1911 entschloss, eine ähnliche Einrichtung in Augsburg zu schaffen. Die Lehrlinge wurden hier in Recht, Buchführung und Gewerbekunde, Physik und Rechnen unterrichtet, aber auch im Zeichnen und Modellieren.[36]

8 Rüstungsproduktion und Anfänge des Lastwagenbaus: Die M.A.N. im Ersten Weltkrieg

Wachstum und Beschäftigtenentwicklung im Krieg

Schon während der Mobilmachung im Juli 1914 wurden mehrere Tausend M.A.N.-Arbeiter zum Militär eingezogen. Nachdem Anfang August mit den Kriegserklärungen Deutschlands an Russland und Frankreich der Erste Weltkrieg begonnen hatte, befanden sich rund 41 % aller Beschäftigten des Unternehmens beim Heer oder bei der Marine.[1] Die M.A.N. musste nun alle Fertigungen reduzieren, die als nicht kriegswichtig galten. So wurden im Druckmaschinenbau jetzt keine neuen Aufträge mehr angenommen. In vielen Produktionsbereichen gingen die Umsätze zurück, weil das Exportgeschäft zusammenbrach.

Grafik 17 Anteil der Rüstungsaufträge am Umsatz der M.A.N. 1914/15–1917/18 in %[2]

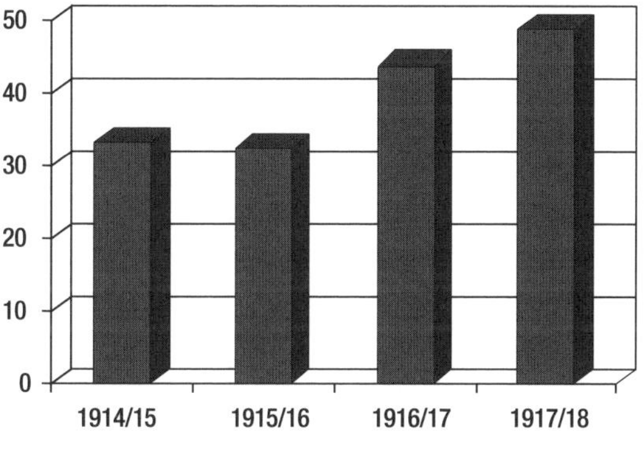

Während des ersten Kriegsjahres wurde die Fertigung weitgehend auf Rüstungsaufträge umgestellt. Die M.A.N. wurde zum bedeutendsten Rüstungsunternehmen Süddeutschlands. In Augsburg wurden nach späteren Angaben «sämtliche Betriebseinrichtungen für mittelbare und unmittelbare Kriegslieferungen verwendet».[3] Einen Schwerpunkt bildete die Herstellung von Zündern und Geschossen, die bei der M.A.N. in großen Serien gefertigt wurden. Insgesamt produzierte das Unternehmen während des Ersten Weltkrieges rund 934 000 Granaten, 254 000 Minen und fast 2,5 Mio. Zünder.[4] Der Anteil des Rüstungsgeschäfts am Umsatz der M.A.N. stieg während des Ersten Weltkrieges ständig an und lag im Geschäftsjahr 1917/18 schließlich bei 48,7 %. In den Werken Augsburg und Nürnberg entfielen nun sogar mehr als 50 % des Umsatzes auf Rüstungsaufträge, in Gustavsburg dagegen nur ein vergleichsweise geringer Anteil.[5] Nebenbei nahm die M.A.N. die Herstellung von Prothesen («Kunstglieder») für Kriegsbeschädigte auf. In Nürnberg wurde eine Übungswerkstätte für Kriegsinvalide errichtet.[6]

Durch die umfangreiche Rüstungsproduktion war es der M.A.N. möglich, Tausende neuer Arbeitskräfte zugewiesen zu bekommen und so den bei Kriegsbeginn eingetretenen Beschäftigtenrückgang auszugleichen. Die Zahl der Arbeiter und Angestellten stieg im Laufe des Krieges dann aber weit über das Niveau der Vorkriegszeit an und erreichte immer neue Höchststände. Der Vorstand unter Anton von Rieppel hatte die Rüstungsproduktion keineswegs nur zur Sicherung des Produktionsniveaus und des Beschäftigtenstandes ausgebaut. Offenbar sah man in den Aufträgen des Heeres und der Marine auch einen Hebel, der es ermöglichte, das Unternehmen über seinen bisherigen Rahmen hinaus wachsen zu lassen. Der Umsatz der M.A.N. vervierfachte sich während des Krieges von 58 Mio. M (1913/14) auf 232 Mio. RM (1917/18), was auch mit der beginnenden Inflation zusammenhing. Aussagekräftiger sind deshalb die Beschäftigtenzahlen. Sie zeigen, dass die M.A.N. durch das Rüstungsgeschäft im Ersten Weltkrieg weit über die bisherige Größenordnung hinaus wuchs.

Tab. 14: Arbeiter und Angestellte der M.A.N. 1914–1920[7]

		Juni 1914	Oktober 1915	Oktober 1916	Oktober 1917	Oktober 1918	Juni 1920
Arbeiter	Männer*		9 139	10 080	14 990	16 387	14 909
	Frauen		1 272	3 146	6 316	5 160	194
	Kriegsgefangene	–	–	602	888	783	–
	insgesamt	11 689	10 411	13 828	22 194	22 330	15 103
Angestellte	Männer			1 105	1 345	1 514	2 343
	Frauen			342	546	624	392
	insgesamt	1 912	1 308	1 447	1 891	2 138	2 735
Beschäftigte	Gesamtzahl	13 601	11 719	15 275	24 085	24 468	17 838

* ohne Kriegsgefangene

Obwohl im Laufe des Krieges insgesamt über 18 000 Arbeiter und Angestellte des Unternehmens einberufen wurden, von denen rund 600 auf den Schlachtfeldern starben, hatte die M.A.N. im letzten Kriegsjahr fast doppelt so viele Beschäftigte wie vor Kriegsbeginn.[8] Ein derartiger Zuwachs konnte nur durch die Umsetzung von Beschäftigten aus anderen Branchen und durch einen massiven Anstieg der Frauenarbeit zustande kommen. Beides war wegen des kriegsbedingten Arbeitskräftemangels in der deutschen Wirtschaft und der starken Reglementierung des Arbeitsmarkts nur durch einen immer weiteren Ausbau der Rüstungsproduktion möglich.

Erstmals wurden bei der M.A.N. nun Tausende von Arbeiterinnen eingestellt. Vor 1914 waren Frauen hier ausschließlich als kaufmännische Angestellte oder ungelernte Hilfskräfte (Putzfrauen, Kantinenhilfen) beschäftigt gewesen. Das Nürnberger Werk nahm im Januar 1915 die ersten 118 Arbeiterinnen unter Vertrag. Im November 1917 waren hier bereits rund 2200 Arbeiterinnen beschäftigt und im gesamten Unternehmen rund 6300. Einschließlich der weiblichen Angestellten lag der Anteil der Frauen an den Beschäftigten der M.A.N. jetzt bei 26 %.[9] Die Arbeiterinnen wurden vor allem in der Zünder- und Granatenherstellung, aber auch in der Gießerei, der Kernmacherei und der Modellschreinerei eingesetzt. Nach einem Bericht aus Nürnberg waren die meisten von ihnen über 30 Jahre alt.[10] Die Erfahrungen mit der Frauenarbeit waren durchweg positiv. Werner Foth schrieb dazu später in seiner Sozialchronik der M.A.N.: «Der Krieg hat das Vorurteil von der Minderwertigkeit der weiblichen Arbeit in der Industrie widerlegt.»[11] Dennoch wurden fast alle Arbeiterinnen nach Kriegsende entlassen. Sie mussten nun den zurückkehrenden Stammarbeitern Platz machen.[12]

Weitere Arbeitskräfte verschaffte sich die M.A.N. während des Ersten Weltkrieges durch den Einsatz von Kriegsgefangenen. Seit 1915 arbeiteten französische, russische, belgische und britische Kriegsgefangene vor allem in den Werken Nürnberg und Gustavsburg. Im Oktober 1917 waren in den vier Werken der M.A.N. 888 Kriegsgefangene eingesetzt, was einem Anteil von rund 4 % der Belegschaft entsprach.[13]

U-Bootmotoren und Flugzeugmotoren

Anders als in früheren Kriegen hatte die M.A.N. im Ersten Weltkrieg ein Produkt, mit dem sie eine besondere Stellung innerhalb der Rüstungsindustrie einnahm: den U-Boot-Dieselmotor. Rudolf Diesel hatte der französischen Marine schon 1902 dargelegt, dass sich sein Motor hervorragend als Antrieb für U-Boote eignen würde. Französische Experten waren daraufhin nach Augsburg gefahren, und das Pariser Marineministerium gab bald darauf bei französischen Lizenznehmern Diesels den Bau von U-Bootmotoren in Auftrag. 1906 erhielt dann auch die M.A.N. einen Auftrag der französischen Marine, was bei den Spannungen zwischen beiden Ländern nicht selbstverständlich war. Ein

Jahr später lieferte die M.A.N. vier Dieselmotoren für die französischen U-Boote Circé und Calypso.[14] Das Reichsmarineamt hatte im April 1903 einen Dieselmotor in Augsburg bestellt, der aber nur als Versuchsmotor genutzt wurde.[15] Die deutsche Marine konnte sich zunächst nicht für die Viertakt-U-Bootmotoren der M.A.N. entscheiden und setzte auf Motoren anderer Hersteller.[16] Am Vorabend des Ersten Weltkrieges kam die Marine dann auch mit der M.A.N. ins Geschäft. Damals fragte die Kaiserliche Werft in Danzig an, ob die M.A.N. im Mobilmachungsfall 6 U-Boot-Dieselmotoren mit jeweils 1000 PS liefern könnte. Im Juli 1914 erhielt das Unternehmen einen entsprechenden Auftrag.[17]

Schon bald nach Kriegsbeginn musste die Germania-Werft auf U-Boot-Dieselmotoren der M.A.N. zurückgreifen, weil die von Krupp gelieferten Aggregate nicht die Anforderungen erfüllten.[18] Jetzt war man auch bei der Kriegsmarine von den Vorteilen der Viertakt-Motoren überzeugt und bestellte sämtliche großen U-Bootmotoren bei der M.A.N. Selbst die auf der Germania-Werft des Krupp-Konzerns gebauten U-Boote wurden mit Motoren aus Augsburg bestückt.[19] Bis Kriegsende stellte die M.A.N. insgesamt 394 U-Boot-Dieselmotoren her.[20] Diese Fertigung war der wichtigste Beitrag der M.A.N. zur deutschen Kriegsrüstung im Ersten Weltkrieg. Ohne die Motoren aus Augsburg wäre der U-Boot-Krieg kaum in dieser Form möglich gewesen.

Schon im Herbst 1914 hatte die M.A.N. erwogen, im Augsburger Werk auch Motoren für Flugzeuge zu bauen. Gedacht war an Benzinmotoren, wie sie die Münchner Firma Rapp herstellte. Lauster sprach sich dagegen aus, weil ihm die Ausrüstung des Augsburger Werks dafür ungeeignet erschien. In einem Bericht an Rieppel schrieb Lauster, «dass es sich hier um einen ganz anderen Maschinenbau handelt, als man ihn in der ‹M.A.N.› gewöhnt ist».[21] Auf Drängen der Heeresverwaltung nahm die M.A.N. im Mai 1916 dann doch die Entwicklung von Motoren für den Flugzeugbau auf, der für die Kriegsrüstung von wachsender Bedeutung war. Das Heer wollte den Rückstand gegenüber den Alliierten aufholen, indem es den Flugzeugmotorenbau auf weitere Unternehmen ausdehnte. Aus den von Lauster vorgebrachten Gründen war die M.A.N. in diesem Bereich jedoch keineswegs so erfolgreich wie im U-Bootmotorenbau. Das Unternehmen erlangte hier keine eigene technische Kompetenz, da es Otto-Motoren des Marktführers Daimler unter der Typenbezeichnung F 1417 («Mana III») nachzubauen hatte. Mitte 1917 wurde der erste von der M.A.N. gebaute Flugzeugmotor mit einer Leistung von 132 kW (180 PS) abgenommen. Die Weiterentwicklung F 1719 («Mana V»), ein Leichtmetall-Motor mit 441 kW (600 PS), konnte bis Kriegsende nur als Versuchsmuster gebaut werden.[22]

Nach Kriegsbeginn hatte die M.A.N. zunächst auch einen Einstieg in den Flugzeugbau geplant. Albatros-Flugzeuge sollten im Nürnberger Werk in

Lizenz gebaut werden.[23] Mit dem Einstieg in den Flugzeugmotorenbau beteiligte sich die M.A.N. im März 1916 an der Gründung der Bayerischen Flugzeugwerke, einem Vorgängerunternehmen von BMW. Sie übernahm hier 30 % des Aktienkapitals von insgesamt 1 Mio. M und hatte dafür zusammen mit der Albatros-Gruppe und der Darmstädter Bank ein Konsortium gebildet.[24] Zuvor hatten die bayerischen Behörden eine Beteiligung der M.A.N. zur Bedingung für die Vergabe größerer Aufträge an die Flugzeugwerke gemacht.[25] Die Beziehungen zu dem Unternehmen entwickelten sich schon bald anders, als es die M.A.N. geplant hatte. Sie hatte angenommen, dass sich die Bayerischen Flugzeugwerke darauf beschränken würden, die von der M.A.N. konstruierten und hergestellten Flugzeugmotoren abzunehmen. Als die Flugzeugwerke eine eigene Konstruktions- und Versuchsabteilung errichteten, sah sich die M.A.N. getäuscht. Dennoch blieb die Kapitalbeteiligung weiter bestehen. Wegen der hohen Gewinne der Bayerischen Flugzeugwerke während des Krieges erwies sich das Engagement als ein gutes Geschäft. Erst 1922 gab M.A.N. die Beteiligung an diesem Unternehmen ab.[26]

M.A.N.-Saurer: Der Beginn des Lkw-Baus in Nürnberg

Für die weitere Entwicklung der M.A.N. wurde eine Entscheidung von größter Bedeutung, die der Vorstand schon bald nach Kriegsbeginn getroffen hatte. Auf Drängen der Heeresverwaltung beschloss er, den Lastwagenbau aufzunehmen.[27] Mit der Gründung der M.A.N.-Saurer Lastwagenwerke KG in Nürnberg begann am 12. Juli 1915 die Geschichte der M.A.N.-Nutzfahrzeuge. Obwohl ihr Lastwagenbau im Ersten Weltkrieg entstand und der Anstoß dazu vom Heer ausgegangen war, betrieb die M.A.N. den Aufbau der Lkw-Produktion von Anfang an für den «zivilen» Markt. Der Vorstandsvorsitzende Anton von Rieppel hatte schon vor dem Krieg den Einstieg in die Lkw-Herstellung geplant, getreu seinem Motto, die M.A.N. müsse «auf Räder gestellt werden».[28] Im Januar 1915 notierte Rieppel: «Den Lastautobau habe ich vor Jahren angeregt, aber keine Gegenliebe gefunden».[29] Offenbar hatte es im Aufsichtsrat oder im Vorstand Gegner dieses Projekts gegeben. Als die Heeresverwaltung nach Kriegsbeginn an die M.A.N. herantrat, weil das Militär unbedingt weitere Lkw-Hersteller in Deutschland benötigte, konnte Rieppel seine Pläne endlich umsetzen. Das Militär gab so gesehen also nur den «letzten Anstoß».[30] Über kurz oder lang wäre die M.A.N. wahrscheinlich auch unter anderen Rahmenbedingungen ein Lastwagenhersteller geworden.

Für die Aufnahme des Lkw-Baus hatte Rieppel jetzt die breite Unterstützung des Vorstands. Dafür gab es gute Gründe. Der Vorstand plante im Frühjahr 1915 schon für die Zeit nach dem Krieg, denn allgemein rechnete man damit, dass der Krieg nicht mehr lange dauern würde. Die M.A.N. würde dann ihre umfangreiche Rüstungsproduktion umstellen müssen und im Exportgeschäft eingeengt sein. Es galt deshalb, rechtzeitig neue, zivile Fertigungen für den Inlandsmarkt aufzuziehen. Zugleich konnte damit dem Werk Nürnberg, wo der Fahrzeugbau der M.A.N. angesiedelt war, eine neue Perspektive eröffnet werden. Das Nürnberger Werk hatte den Schiffsmotorenbau nach Augsburg abgegeben und sollte nach Fertigstellung des neuen M.A.N.-Werks in Duisburg auch den Schwermaschinenbau und Kranbau verlieren. Der Lkw-Bau konnte diese Lücke füllen. Als in der Vorstandssitzung vom 30. März 1915 über die «Aufnahme neuer Fabrikate» beraten wurde, war man sich deshalb rasch einig: «Der Lastwagenbau ist wegen seiner Hochwertigkeit und Verwandtschaft mit dem Wagenbau einerseits und dem Motorenbau andererseits als am besten geeignet erkannt worden. Die Aufnahme drängt auch wegen der Notwendigkeit, für die Zeit nach dem Kriege eine Ersatzfabrikation zur Belieferung des Inlandes zu gewinnen, welche durch den teilweisen Wegfall des Exports auf lange Zeit entstehen werden.»[31]

Zwei Jahre später schrieb Rieppel in einem Memorandum vom 24. August 1917, dass die M.A.N. in den Lastwagenbau eingestiegen sei, «weil wir Wert darauf legten, für die Zeit nach dem Kriege Beschäftigung für die Nürnberger Werkstätten zu erhalten.»[32] Aus dem gleichen Grund wollte der Vorstand jetzt in Nürnberg auch den Lokomotivbau aufnehmen. Rieppel hatte schon 1916 Verhandlungen mit dem Münchner Lokomotivhersteller Maffei aufgenommen.[33] Ebenso wie der Lastwagenbau schien der Lokomotivbau eine interessante Nachkriegsperspektive zu eröffnen. Beim Flugzeugmotorenbau handelte es sich dagegen um eine Rüstungsfertigung, die an den Krieg gebunden war. Und auch beim Flugzeugbau, in dem sich die M.A.N. mit der Beteiligung an den Bayerischen Flugzeugwerken engagiert hatte, war in absehbarer Zeit nicht mit einer größeren zivilen Nachfrage zu rechnen.

Die M.A.N. musste den Lastwagenbau 1915 aus dem Stand aufnehmen. Die Erwartungen der Heeresverwaltung und des Vorstands – der nicht mit einem längeren Krieg rechnete – ließen keine lange Vorbereitungszeit zu. Unter diesen Bedingungen kam nur eine Lizenzfertigung oder ein Joint Venture in Betracht, da die M.A.N. ja über kein eigenes Know-how im Lkw-Bau verfügte. In Deutschland gab es damals bereits mehr als ein Dutzend Lastwagenhersteller, darunter auch die Firma Büssing, deren Lkw-Produktion mehr als fünfzig Jahre später an die M.A.N. übergehen sollte. Der Unternehmer Heinrich Büssing hatte 1903 in Braunschweig eine Fabrik für Motorlastwagen gegründet, sieben Jahre nachdem bei der Daimler-Motoren-Gesellschaft der erste Lastwagen in Deutschland gebaut worden war.[34]

Die M.A.N. entschied sich 1915 für eine Zusammenarbeit mit dem Schweizer Lkw-Hersteller Automobilwerke Adolph Saurer. Weder Saurer noch die

Firmen Daimler und Horch waren bereit gewesen, Lizenzen an die M.A.N. zu vergeben. Saurer hatte aber Interesse an der Gründung einer gemeinsamen Tochtergesellschaft signalisiert. Das in Arbon am Bodensee ansässige Familienunternehmen stellte seit 1905 Lastwagen her. Es hatte Zweigwerke in Lindau, auf der gegenüberliegenden Seite des Bodensees, und im Pariser Vorort Soresnes.[35] Nach Kriegsbeginn drohte Saurer zwischen die Fronten zu geraten. Das Lastwagengeschäft wurde nun in Deutschland wie in Frankreich vom Militär dominiert. Die Militärbehörden wollten aber keine Aufträge an einen Hersteller aus einem neutralen Land vergeben. Deshalb versuchten Adolph Saurer und sein Sohn Hippolyt, über ein Joint Venture in Deutschland am Markt zu bleiben. Die Saurers erklärten, sie «müssten in Frankreich als französische, in Deutschland als deutsche Firma auftreten können».[36]

Nach längeren Verhandlungen konnten M.A.N. und Saurer am 12. Juli 1915 eine gemeinsame Tochtergesellschaft für den Lastwagenbau, die M.A.N.-Saurer Lastwagen KG mit Sitz in Nürnberg, gründen. Gesellschafter waren die wenige Wochen zuvor entstandene M.A.N. Kraftwagenwerke GmbH und die Bayerische Disconto- und Wechsel-Bank AG. Die M.A.N. übernahm 80 % des Grundkapitals von insgesamt 2,5 Mio. M.[37] Aus Rücksicht auf seine französische Niederlassung wollte Saurer nicht als Gesellschafter des Nürnberger Lastwagenwerks, das ja für das deutsche Heer produzieren würde, in das Handelsregister eingetragen werden. Für die Saurer-Werke trat deshalb Adolph Saurers Schwager Otto Hauser als Gesellschafter ein, der bei der Bayerischen Disconto- und Wechsel-Bank tätig war.[38]

Die M.A.N.-Saurer Lastwagen GmbH fertigte zunächst im deutschen Saurer-Werk in Lindau. Ab November 1915 stellte sie auch in Nürnberg Lastwagen her. Mit einem Meister und 40 Arbeitern wurde hier die Fertigung aufgenommen. Im ersten Geschäftsjahr (1915/16) baute M.A.N.-Saurer 118 Lastwagen in Lindau und fünf in Nürnberg. Nachdem der Aufbau der neuen Produktionsanlagen in Nürnberg abgeschlossen war, wurde die gesamte Fertigung dorthin verlegt und das Lindauer Werk Ende 1916 geschlossen.[39] M.A.N.-Saurer baute Lastwagen, die mit einem Ottomotor ausgestattet waren. Die erste Serie hatte einen Motor mit 37 PS und eine Tragfähigkeit von 4–5 Tonnen. Motoren und Fahrgestelle wurden von Saurer aus Arbon geliefert. Im Geschäftsjahr 1915/16 stellte M.A.N.-Saurer bereits 123 Fahrzeuge her. Wichtigster Abnehmer war das Kraftwagen-Depot der Heeresverwaltung in München. Es gab aber auch private Kunden, darunter das Hofbräuhaus Coburg.[40] Da die Heeresverwaltung auf den Bau eines stärker belastbaren Lkw drängte, musste M.A.N.-Saurer einen 4-Tonnen-Kettenwagen entwickeln, der ganz neue Konstruktionen erforderte und erst im Frühjahr 1917 herausgebracht werden konnte.[41] Da der Erste Weltkrieg viel länger dauerte, als es der M.A.N.-Vorstand zunächst erwartet hatte, wurde aus dem Lkw entgegen der ursprünglichen Planungen vor allem

Abb. 43 M.A.N.-Saurer Lastwagen (1915)

ein militärisches Nutzfahrzeug. Bis Mitte 1918 stellte M.A.N.-Saurer insgesamt 656 Lastwagen her.[42]

Die M.A.N.-Saurer-Lastwagen hatten sich schon bald einen ausgezeichneten Ruf erworben. Das Unternehmen erhielt zahlreiche Feldpostbriefe von Soldaten, die sich begeistert über die Qualität der Lastwagen äußerten. Ein Fahrer schrieb: «Es ist unglaublich, was Ihre Wagen hier im Hochgebirge leisten.» In einem anderen Brief hieß es: «Keiner unserer Fahrer würde ein anderes Fabrikat dem Ihren vorziehen.» Berichtet wurde auch, dass ein im Hochgebirge abgestürzter Lkw anschließend ohne Reparatur tadellos weitergefahren sei. M.A.N.-Saurer veröffentlichte solche lobenden Zuschriften in einer Broschüre mit dem Titel «Unsere Kriegswagen».[43] So begann 1916 bei M.A.N. die Werbung für Nutzfahrzeuge, die nach den Vorstellungen des Unternehmens eigentlich gar kein «Kriegswagen» hätten werden sollen.

Die unerwartet lange Dauer des Krieges führte in der Zusammenarbeit zwischen M.A.N. und Saurer zu Problemen, mit denen beide Seiten zunächst nicht gerechnet hatten. Die Lieferungen über die Grenze hinweg wurden durch Währungsschwankungen und Handelsbeschränkungen erschwert. Das deutsche Militär verbot dem Nürnberger Werk, das Schweizer Unternehmen über Änderungen in der Konstruktion zu informieren. Die Schweizer Partner trauten sich wiederum kaum noch nach Nürnberg, weil sie die Geschäfte ihres

Werks in Soresnes mit dem französischen Militär nicht gefährden wollten. Wegen der zunehmenden Schwierigkeiten für alle Beteiligten schlug Otto Gertung, das für den Lkw-Bau zuständige Vorstandsmitglied der M.A.N., im August 1917 vor, den Vertrag mit Saurer in ein Lizenzverhältnis umzuwandeln.[44] Der M.A.N. wurde dies offenbar auch von der Heersverwaltung nahe gelegt.[45] Hippolyt und Adolph Saurer waren jetzt bereit, eine Lizenz an die M.A.N. zu vergeben. Obwohl sich das Kriegsende abzeichnete, bot diese Lösung beiden Unternehmen Vorteile, da man damit rechnete, dass «nach dem Friedensschlusse noch längere Zeit der Verkehr nicht völlig frei gegeben sein wird».[46] Beide Seiten vereinbarten, dass sich die Saurer-Werke zum 1. Juli 1918 aus der gemeinsamen Tochtergesellschaft in Nürnberg zurückzogen. Am 18. November 1918, wenige Tage nach Kriegsende, teilte das Unternehmen die Umbenennung in M.A.N.-Lastwagenwerke mit.[47]

Dritter Teil

GHH und M.A.N. in der Weimarer Republik, im Nationalsozialismus und in der Nachkriegszeit (1920–1960)

von Johannes Bähr

1 Vom Bergbau bis zum Fahrzeugbau: Die Konzernbildung der GHH unter Paul Reusch

Reuschs Konzept des vertikalen Ausbaus

Nach dem Ende des Ersten Weltkrieges hatten sich die Marktbedingungen für die deutsche Montanindustrie grundlegend verändert. Wichtige Exportmärkte und das gesamte Auslandsvermögen waren verloren gegangen; das Saarland, Lothringen und das östliche Oberschlesien wurden von Deutschland abgetrennt. Innerhalb des Landes sorgten bürgerkriegsähnliche Auseinandersetzungen und die zunehmende Geldentwertung für ein hohes Maß an Unsicherheit. Gleichzeitig mussten die Rüstungsproduktion umgestellt und Millionen ausgemusterter Soldaten in den Arbeitsmarkt integriert werden. Die deutsche Montanindustrie reagierte auf diese Veränderungen mit einer Welle von Zusammenschlüssen und Übernahmen. Die führenden Konzerne gliederten sich je nach ihrer Strategie Konkurrenten, Zulieferer und Abnehmer an, um die Kosten zu senken und sich Rohstoffe bzw. Absatzmärkte zu sichern. Begünstigt wurde der Konzentrationsschub durch die zunehmende Inflation. Vielfach wurden Unternehmen mit Krediten gekauft, die dann mit entwertetem Geld leicht zurückgezahlt werden konnten.

Die GHH hatte in dieser Zeit mit Paul Reusch einen Vorstandsvorsitzenden, der das Unternehmen mit einem geradlinigen Konzept neu ausrichtete. Der «Kommerzienrat» stand bei Kriegsende schon fast zehn Jahre lang an der Spitze der GHH und hatte mittlerweile auch beträchtlichen Einfluss in den Verbänden der Ruhrindustrie.[1] Schon vor dem Ersten Weltkrieg hatte er auf eine Konzernbildung hingearbeitet und einen vertikalen Ausbau der GHH betrieben. Das Unternehmen sollte durch eine Expansion in die weiterverarbeitende Industrie auf eine breitere und krisenfestere Grundlage gestellt werden. Reusch knüpfte mit diesem Konzept an die historische Entwicklung der GHH an und betonte auch gerne, dass sich das Unternehmen schon «vor mehr als hundert Jahren» vertikal aufgestellt hätte.[2] Dieser Prozess hatte aber bis zum Ersten Weltkrieg ausschließlich durch Diversifizierung der Produktion oder durch Einverleibung anderer Unternehmen stattgefunden. Erst 1918 ging Reusch dazu über, die GHH zu einem vertikalen Konzern auszubauen. Die GHH erwarb nun eine Reihe von Unternehmen, die als Tochtergesellschaften weitergeführt wurden. Davon erwartete sich Reusch vor allem eine Sicherung des Absatzes der

Hüttenbetriebe und Zechen in Oberhausen, was ihm angesichts der schwierigen Lage der Montanindustrie am Ende des Ersten Weltkrieges mehr denn je geboten erschien. In einer Denkschrift der GHH vom April 1918 wurde Reuschs Konzept knapp und prägnant beschrieben: «In je größerem Umfang ein großes Werk sich der Verfeinerung zugewendet hat, desto sicherer muß die Verwertung der Rohstoffe erscheinen, wenn die Marktlage rückläufig ist.»[3]

Paul Reusch stand mit solchen Überlegungen nicht allein. Auch bei Mannesmann, Thyssen und Krupp setzte man auf einen vertikalen Konzernausbau, allerdings nicht so konsequent wie bei der GHH.[4] Der Star unter den damaligen Konzernarchitekten war Hugo Stinnes.[5] Auch er baute seinen Konzern vertikal auf. Anders als der «Inflationskönig» Stinnes strebte Reusch jedoch nie einen möglichst großen Zusammenschluss an, sondern war der Überzeugung, dass jedes Unternehmen seine «natürlichen Grenzen» habe.[6] Reusch ging es darum, die GHH krisensicherer zu machen und im Konzentrationsprozess der Branche nicht zurückzufallen. Den Wandel zu einem Konzern der verarbeitenden Industrie, wie ihn die GHH nach dem Zweiten Weltkrieg vollzog, hatte Reusch damals nicht im Blick. Das hätte auch die Vorstellungskraft eines Ruhrindustriellen dieser Zeit überfordert. Gleichwohl erwies sich der von ihm betriebene Konzernausbau später als eine wichtige Voraussetzung für den erfolgreichen Wandel der GHH-Gruppe.[7]

Den Aufbau eines Konzerns begann Reusch im Juni 1918, wenige Monate vor Kriegsende, mit der Gründung der Deutschen Werft in Hamburg-Finkenwerder. Die GHH engagierte sich hier zusammen mit der AEG und der HAPAG, die bereits zwei Jahre zuvor die Hamburger Werft gegründet hatten und für die neue, größere Werft einen kapitalkräftigen Partner suchten.[8] Nachdem Stinnes abgesagt hatte, stieg Reusch in das Projekt ein. Dem GHH-Chef passte diese Investition gut in sein Konzept des vertikalen Ausbaus, da der Schiffbau ein wichtiger Absatzmarkt der Eisen- und Stahlindustrie war. Reusch wollte sich an der Gründung der neuen Werft aber nur beteiligen, wenn die GHH die Mehrheit des Aktienkapitals erhielt. Diese Forderung setzte er mit großer Hartnäckigkeit durch. AEG und HAPAG mussten sich schließlich mit Minderheitsbeteiligungen begnügen. Am 6. Juni 1918 wurde die Deutsche Werft AG mit einem Stammkapital von 10 Mio. M gegründet. Die GHH übernahm 51 % des Aktienkapitals, die AEG 30 % und die HAPAG 5 %.[9] Das neue Unternehmen war die erste Tochtergesellschaft der GHH, die damit zu einem faktischen Konzern wurde.[10]

Wenige Monate nach Gründung der Deutschen Werft erfolgte im Dezember 1918 die Angliederung des Düsseldorfer Schwesterunternehmens Haniel & Lueg, das auf die Herstellung von Maschinen für den Bergbau, die Hüttenindustrie und den Schiffbau spezialisiert war. Die Maschinenfabrik von Haniel & Lueg wurde zehn Jahre später in eine Werksabteilung der GHH umgewandelt (Abteilung Düsseldorf).[11]

Die Expansion nach Süddeutschland

Wie sich im Laufe des Jahres 1919 zeigte, zielte die Expansionsstrategie der GHH hauptsächlich auf die verarbeitende Industrie Süddeutschlands. Dass Paul Reusch aus Württemberg stammte, sich stets als Schwabe bekannte und einige Jahre zuvor in seiner Heimat ein großes Landgut gekauft hatte, den Katharinenhof bei Backnang, spielte dabei allenfalls eine untergeordnete Rolle. Ausschlaggebend waren wirtschaftliche Überlegungen. Die süddeutsche Verarbeitungsindustrie hatte bis 1918 Kohle aus dem Saarland und aus Böhmen bezogen. Durch die neuen Grenzen fielen diese Lieferungen jetzt weg. Auch der Zugang zu den Erzvorkommen in Lothringen schien erst einmal versperrt. Daher war die süddeutsche Verarbeitungsindustrie nun noch stärker als vor dem Ersten Weltkrieg an Verbindungen zu den Ruhrkonzernen interessiert.

Reusch entschied sich, die Süd-Expansion der GHH durch Übernahmen zu betreiben. Wie sich schon bei der Deutschen Werft gezeigt hatte, strebte er grundsätzlich Mehrheitsbeteiligungen an. Dadurch konnte er der GHH nicht nur die Kontrolle über die eingegliederten Unternehmen, sondern auch vorteilhafte Bedingungen für den Handel innerhalb des Konzerns sichern. Nach den Syndikatsbestimmungen galten Lieferungen an Tochtergesellschaften als preisbegünstigter Selbstverbrauch. Die GHH konnte es sich damals auch leisten, nur Mehrheitsbeteiligungen zu erwerben. Reusch stand eine gut gefüllte «Kriegskasse» zur Verfügung, aus der er die Übernahmen finanzierte. Die GHH hatte vom Reichsfiskus 27 Mio. M als Entschädigung für den Verlust ihrer Erzgruben in Lothringen erhalten. Weitere 80 Mio. M schuldete das Reich dem Unternehmen noch für Lieferungen im Rahmen des letzten Rüstungsprogramms. Zudem erhöhte die GHH ihr Aktienkapital im Geschäftsjahr 1919/20 von 40 auf 80 Mio. M.[12]

Bereits im Juli 1919 verhandelte Paul Reusch mit den Inhabern der Eisenwerk Nürnberg AG vorm. J. Tafel & Co. Das Unternehmen stellte Stabeisen her, aber auch Schienennägel und Schwellenschrauben für den Eisenbahnbau. Bis Kriegsende hatte das Eisenwerk seine Kohlen aus Böhmen bezogen. Da diese nun ausblieben, klagte das Unternehmen über «drückenden Kohlenmangel».[13] Der Vorstand suchte den Anschluss an einen Montankonzern und ging bereitwillig auf Reuschs Angebot ein, die Mehrheit des Aktienkapitals für die GHH zu erwerben. Das Eisenwerk Nürnberg wurde zum ersten Stützpunkt der GHH in Süddeutschland. Sein Direktor Lambert Jessen konnte das Unternehmen jetzt ausbauen und modernisieren. Er dankte es Reusch durch gute Dienste bei der weiteren Expansion des Konzerns und wurde dessen Vertrauensmann in Süddeutschland.[14] Durch die Übernahme des Eisenwerks Nürnberg hatte die GHH nun auch eine indirekte Verbindung zur M.A.N. Das Eisenwerk war 1875

Abb. 44 Paul Reusch

unter Mitwirkung des älteren Theodor von Cramer-Klett gegründet worden, und die M.A.N. war der wichtigste Kunde des Unternehmens. Ihr Aufsichtsratsvorsitzender, der jüngere Theodor von Cramer-Klett, besaß die von seinem Vater erworbene Beteiligung am Eisenwerk Nürnberg und leitete auch hier den Aufsichtsrat.[15]

Anfang 1920 fragte die traditionsreiche Maschinenfabrik Esslingen in Oberhausen an, ob man bereit wäre, eine Interessengemeinschaft einzugehen. Auch sie litt unter Rohstoffmangel, weil sie frühere Bezugsquellen verloren hatte. Der Vorstand schlug Reusch eine Zusammenarbeit zu beiderseitigem Nutzen vor.[16] Reusch bestand aber auch hier auf einer Mehrheitsbeteiligung und erklärte bei den Verhandlungen, «dass die Uebernahme von Aktien der M.E. durch die G.H.H. nur in Frage kommen könne, wenn die G.H.H. die absolute Mehrheit, also 51 % des Aktienkapitals erhalte». Als die Esslinger Direktoren ihm eine niedrigere Beteiligungsquote abhandeln wollte, ließ sich der Konzernchef nicht darauf ein. Nur durch die Übernahme der Kapitalmehrheit könnten «‹klare› Verhältnisse und die nötige Sicherung gegen alle Eventualitäten» erreicht werden.[17] Der Vorstand der Maschinenfabrik Esslingen hatte angesichts der Lage des Unternehmens wohl keine Wahl. Man einigte sich darauf, dass die GHH eine 50 %ige Beteiligung erhielt. Am 2. Juli 1920 wurde die Eingliederung der Maschinenfabrik Esslingen in den GHH-Konzern durch eine Vereinbarung besiegelt.[18] In den folgenden Jahren baute Reusch die Beteiligung der GHH bei dem Esslinger Unternehmen durch Aktienkäufe auf dem Markt aus. Im Mai 1923 befanden sich bereits 75,4 % des Aktienkapitals im Besitz der GHH und deren holländischer Tochtergesellschaft N.V. Rollo.[19]

Die Maschinenfabrik Esslingen hatte genau das Profil, das in Reuschs vertikalen Konzernausbau passte. Sie verfügte über einen renommierten Maschinenbau und hatte nach dem Ersten Weltkrieg auch die Fertigung von Dieselmotoren aufgenommen.[20] Das Aushängeschild war der Lokomotivbau, in dem das 1846 gegründete Unternehmen einmal zu den drei führenden Herstellern in Deutschland gehört hatte. Die Betriebe in Esslingen, Bad Cannstatt und Mettingen hatten im Frühjahr 1921 insgesamt rund 5300 Beschäftigte.[21]

Ein weiterer Schritt in die Verarbeitungsindustrie gelang der GHH mit der ebenfalls im Jahr 1920 erfolgten Übernahme des Osnabrücker Kupfer- und Drahtwerks. Das Unternehmen hatte schon 1914 mit der GHH einen Vertrag geschlossen, der ihm die Belieferung mit Rohwalzdraht sicherte. Eine Mehrheitsbeteiligung der GHH kam aber erst unter den veränderten Bedingungen nach Kriegsende zustande.[22]

Nur zwei Monate nach der Vereinbarung mit der Maschinenfabrik Esslingen rückte die M.A.N. in Reuschs Visier. Da es sich bei der Übernahme der M.A.N. in den Jahren 1920/21 um den wichtigsten und umstrittensten Schritt beim damaligen Konzernausbau der GHH handelte, wird dieser Vorgang unten ausführlicher in einem eigenen Kapitel beschrieben.[23]

Noch bevor die Übernahme der M.A.N. abgeschlossen war, konnte Reusch im Februar 1921 bei der Fritz Neumeyer AG in Nürnberg ein weiteres Engagement eingehen. Das Familienunternehmen Neumeyer hatte ein Jahr zuvor gemeinsam mit der in Hannover ansässigen Hackethal Draht- und Kabelwerke AG die Kabelwerke Nürnberg AG gegründet.[24] Im Oktober 1920 trat der Unternehmer Fritz Neumeyer an Lambert Jessen vom Eisenwerk Nürnberg heran, weil er eine Verbindung mit einem Hüttenkonzern eingehen wollte. Schon im Februar 1921 konnte ein Vertrag zwischen der GHH und der Fritz Neumeyer AG abgeschlossen werden.[25] Entgegen seiner Prinzipien begnügte sich Reusch zunächst mit einer Minderheitsbeteiligung von 37,5 %, weil damit zu rechnen war, dass ein anderer Großaktionär der Fritz Neumeyer AG seine Beteiligung abgeben würde. Ab August 1921 hatte die GHH dann auch bei der Fritz Neumeyer AG die Kapitalmehrheit.[26] Anschließend vereinbarten Reusch und Neumeyer mit den Hackethal-Werken einen Umbau des Unternehmens. Das Kabelwerk Nürnberg und zwei Werke der Fritz Neumeyer AG wurden in einer neuen Tochtergesellschaft der Hackethal-Werke zusammengefasst, der Kabel- und Metallwerke Neumeyer AG (KMN). Im Gegenzug erhielt die Fritz Neumeyer AG – und damit auch der GHH-Konzern – bei den Hackethal-Werken eine Kapitalbeteiligung von 26 %.[27] 1936 konnten die Hackethal-Werke samt ihrer Tochtergesellschaft KMN in den GHH-Konzern eingegliedert werden.

Fast parallel zum Einstieg bei der Fritz Neumeyer AG gründete Reusch am 21. Mai 1921 gemeinsam mit dem württembergischen Staat die Schwäbische Hüttenwerke GmbH. Durch diese Beteiligung erhielt die GHH Zugang zu den Erzgruben bei Wasseralfingen, die bislang in staatlicher Regie betrieben worden waren.[28] Dadurch konnte das Unternehmen den Verlust seiner früheren Erzgruben im lothringischen Minette-Revier teilweise kompensieren.[29] Die württembergischen Doggererze hatten bei weitem nicht die Qualität der aus Schweden und Frankreich importierten Erze. Es war für die GHH aber vorteilhaft, über eine eigene Erzbasis im Inland zu verfügen, auf die man als Reserve zurückgreifen konnte. Die württembergische Regierung wollte mit der Gründung der Schwäbischen Hüttenwerke die Zukunft der eisenverarbeitenden Betriebe sichern, die mit den staatlichen Erzgruben verbunden waren. Sie bot deshalb der GHH die Erzrechte unter der Bedingung an, dass der Konzern sich auch an den Hüttenbetrieben beteiligte.[30] In diesem Fall war Reusch bereit, sich mit einer 50 %igen Beteiligung zu begnügen. Für ihn hatte die Gründung der Schwäbischen Hüttenwerke auch eine persönliche Komponente. Sein Vater Karl Hermann Reusch hatte mehrere Jahre lang das Hüttenwerk Wasseralfingen geleitet und war später Beamter des Königlich Württembergischen Obergamtes gewesen.[31]

In den folgenden Jahren wurden noch weitere süddeutsche Unternehmen in den GHH-Konzern eingegliedert. Im Januar 1923 übernahm die GHH bei der Zahnräderfabrik Augsburg vorm. J. Renk 50,07 % des Aktienkapitals.[32] 1924 folgte die ebenfalls in Augsburg ansässige L. A. Riedinger Maschinen- und Bronzewarenfabrik AG, die drei Jahre später mit der M.A.N. fusionierte.[33] Gemeinsam mit dem Bayerischen Lloyd gründete die GHH ebenfalls im Jahr 1924 die Deggendorfer Werft und Eisenbau GmbH. Die an der Donau gelegene Werft baute Lastkähne, Flussfähren und kleinere Schiffe für die Binnenschifffahrt.[34]

Form und Aufbau des GHH-Konzerns

Parallel zur Ausweitung nach Süddeutschland suchte Reusch nach Möglichkeiten, die Absatzorganisation der GHH zu verbessern und den Export wieder zu beleben. Für das Inlandsgeschäft wurde im Juli 1921 gemeinsam mit der Berliner Handelsfirma Steffens & Nölle AG die Steffens & Nölle Essen GmbH gegründet, die später unter dem Namen Eisenhandel Gutehoffnungshütte firmierte. In Nürnberg entstand die Fränkische Eisenhandelsgesellschaft als gemeinsame Gründung der GHH und des Eisenwerks Nürnberg.[35] Für das Exportgeschäft bot sich damals der Weg über die Niederlande an. Viele deutsche Unternehmen kauften sich nach dem Ersten Weltkrieg bei holländischen Firmen ein, weil das Land neben der Nähe zu Großbritannien und damit zum Weltmarkt auch den Vorteil einer wertbeständigen Währung bot. Im Februar 1920 erwarb die GHH die Transportgesellschaft N.V. Goederentransport Maatschappij Rollo im holländischen Dordrecht und verlegte sie nach Den Haag.[36] Im Juni 1921 folgte eine Beteiligung bei der ebenfalls in Den Haag ansässigen N.V. Allgemeene Ijzer- em Staal-Maatschappij Ferrostaal. Die Gesellschaft war ein Jahr zuvor aus einem deutsch-niederländischen Konsortium hervorgegangen, das die Metallgesellschaft zusammen mit der Firma Wm. H. Müller & Co. in Den Haag und mehreren Banken gegründet hatte, um nach dem Krieg Feldbahnen und andere Militärgüter aus Deutschland im Ausland abzusetzen. Ab 1927 hatte die GHH bei Ferrostaal die Kapitalmehrheit. 1930 wurde die N.V. Ferrostaal mit der Eisenhandel Gutehoffnungshütte GmbH zur Ferrostaal AG zusammengeschlossen.[37]

Innerhalb weniger Jahre, zwischen 1918 und 1922, hatte Reusch die GHH völlig neu aufgestellt. Aus einem Montanunternehmen des Ruhrgebiets war ein gemischter Konzern geworden, der von der Nordsee bis zur Donau reichte und auch im Ausland mit Tochtergesellschaften vertreten war. Kein anderer Ruhrkonzern hat damals eine derart breite Expansion in den Maschinen- und Fahrzeugbau betrieben und keiner war in Süddeutschland nun so stark vertreten wie die GHH. Die meisten Mitglieder der Familie Haniel trugen den Ausbau ihres größten Unternehmens zu einem vertikalen, überregionalen Konzern bereitwillig mit. Der GHH-Aufsichtsratsvorsitzende August Haniel hatte allerdings Bedenken, dass das neue Konzerngebilde nicht stabil genug war, um später einmal auch ohne einen Mann vom Format Paul Reuschs bestehen zu können.[38] Offener Widerspruch kam nur von einer kleinen Gruppe jüngerer Familienmitglieder um Werner Carp, der dem Aufsichtsrat der Franz Haniel & Cie. angehörte. Carp lehnte Reuschs Strategie ab und trat dafür ein, das Kerngeschäft der GHH im Ruhrgebiet auszubauen.[39]

Paul Reusch vermied es, den neuen Konzern zentralistisch zu organisieren. «Getrennt marschieren und vereint schlagen» war sein Motto.[40] Den übernommenen Firmen wurde eine gewisse unternehmerische Eigenständigkeit belassen. In der Regel blieben die bisherigen Vorstandsmitglieder und Aufsichtsratsvorsitzenden nach der Übernahme auf ihren Posten. Der GHH-Konzern zeichnete sich insgesamt durch eine dezentralere Struktur aus, als dies etwa bei Krupp oder Thyssen der Fall war. Das bedeutete freilich nicht, dass die Durchgriffsmöglichkeiten der Zentrale begrenzter gewesen wären. Für klare Machtverhältnisse hatte Reusch schon durch die Übernahme der Kapitalmehrheit gesorgt. Der «Kommerzienrat» brachte es auch fertig, den Vorstän-

Grafik 18 Der Aufbau des GHH-Konzerns 1925

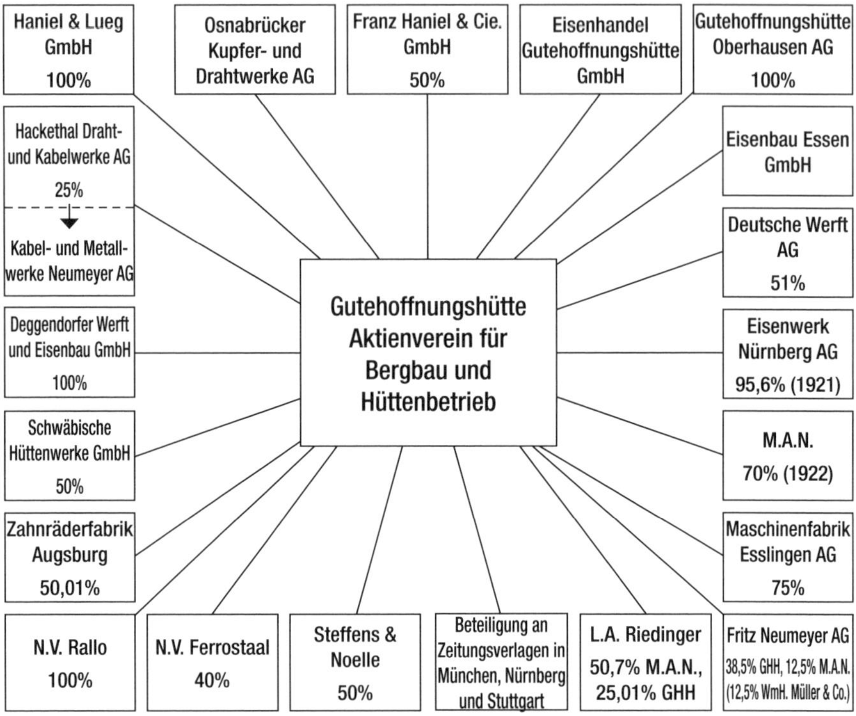

den der Tochtergesellschaften selbst Details wie die Grußformeln in Geschäftsbriefen und die Beschaffung von Firmenwagen vorzuschreiben.[41] Bei den großen Konzerngesellschaften fanden mehrfach im Jahr «Besprechungen mit Herrn Reusch» statt, in denen die Vorstände vom Konzernchef instruiert wurden.[42]

Dass Reusch es vermied, die süddeutschen Konzernunternehmen nach der Übernahme umzukrempeln, gehörte auch zu seinem strategischen Kalkül. Er wusste als Schwabe sehr genau, welche Empfindlichkeiten damals in Bayern wie in Württemberg gegenüber einer «Inbesitznahme» durch Konzerne aus dem Ruhrgebiet oder Berlin bestanden. In einer Denkschrift zum Eisenwerk Nürnberg vom 26. Mai 1919 schrieb Reusch: «In Bayern insbesondere wird es darauf ankommen, dem dort ausgeprägten Partikularismus Rechnung zu tragen.»[43] Im Vertrag mit der Maschinenfabrik Esslingen sagte er ausdrücklich zu, den süddeutschen «Charakter» des Unternehmens zu bewahren.[44] Man mag es für merkwürdig halten, dass der Schwabe Reusch einem württembergischen Unternehmen eine derartige Zusicherung geben musste. Aber die Expansion der

GHH nach Süddeutschland hätte Reusch ohne Berücksichtigung dieses «kulturellen» Faktors wahrscheinlich nicht so erfolgreich betreiben können.

Vor diesem Hintergrund sind auch die damaligen Beteiligungen der GHH an Zeitungsverlagen in München, Nürnberg und Stuttgart zu sehen. Es hat wohl selten einen derartigen Fall gegeben, in dem mit großen Industrieunternehmen einer Region auch gleich ein Teil der dortigen Medienlandschaft übernommen wurde. Die GHH wollte ihre Verbindungen zu den drei süddeutschen Zeitungsverlagen lange Zeit nicht publik werden lassen und schaltete deshalb Zwischengesellschaften ein. Das Flaggschiff des GHH-Medienbesitzes war der Verlag Knorr & Hirth in München, dem die *Münchener Neuesten Nachrichten* gehörten, die damals auflagenstärkste Tageszeitung der bayerischen Landeshauptstadt. Hier war die Haniel-Gruppe schon 1920 eingestiegen. 1928 kam Knorr & Hirth zur Süddeutschen Verlagsgesellschaft, bei der die GHH ab 1930 die Kapitalmehrheit hatte. Weitere Beteiligungen wurden 1923 beim traditionsreichen *Fränkischen Kurier* in Nürnberg und beim *Schwäbischen Merkur* in Stuttgart erworben.[45]

2 Die Übernahme der M.A.N. durch die GHH

Anlehnung ohne Unterwerfung: die M.A.N. sucht einen starken Partner

Bei der M.A.N. hatte es schon vor dem Ersten Weltkrieg Bestrebungen gegeben, näher an die Ruhrindustrie heranzurücken. Das Unternehmen war auf die Belieferung mit Kohle, Eisen und Stahl aus dem Ruhrgebiet angewiesen, das auch den wichtigsten Absatzmarkt der M.A.N. bildete. Da die Werke in Augsburg und in Nürnberg von der Ruhr weiter entfernt waren als die meisten Konkurrenten, litten sie unter einem Frachtkostennachteil. Dieser Faktor hatte durch den starken Ausbau der Ruhrindustrie in den Jahrzehnten vor dem Ersten Weltkrieg immer mehr an Bedeutung gewonnen.[1]

Nach dem Krieg musste die M.A.N. zunächst ihre umfangreiche Rüstungsproduktion umstellen. Dafür sollten neben dem Lastwagenbau weitere neue Fertigungen aufgenommen werden. Große Erwartungen setzte der Vorstand in den Lokomotivbau. Schon im April 1918 war beschlossen worden, nach Kriegsende im Werk Nürnberg mit dem Bau von Lokomotiven zu beginnen.[2] Bislang hatte sich die M.A.N. auf diesem Gebiet nicht betätigt, weil es eine entsprechende Übereinkunft mit Maffei gab.[3] Nach Kriegsende nahm der Vorstand nun Verhandlungen mit der Lokomotivfabrik Krauss in München auf. Die M.A.N. wollte den Lokomotivbau von Krauss übernehmen, um ihn anschließend in ihr Nürnberger Werk zu verlegen. Nach längeren Verhandlungen musste der Plan fallen gelassen werden.[4]

Teure Zukäufe konnte sich das Unternehmen inzwischen nicht mehr leisten. Die M.A.N. war in eine finanzielle Schieflage geraten. Der Wegfall der Heeresaufträge nach Kriegsende hatte nicht ausgeglichen werden können, das neue Werk in Duisburg hatte sich als Verlustbringer erwiesen und die Rohstoffpreise waren angestiegen. Nach einem streng vertraulichen Papier für den Vorstand vom 7. Juli 1920 hatte das Unternehmen rund 100 Mio. M Bankschulden und weitere 50 Mio. M Warenschulden. Allein die Bankschulden lagen damit höher als das Eigenkapital.[5] Um den Finanzbedarf decken zu können, beschloss eine außerordentliche Generalversammlung am 5. August 1920, das Aktienkapital von 54 Mio. M auf 100 Mio. M. zu erhöhen.[6]

In dieser Situation war es nahe liegend, dass der Vorstandsvorsitzende Anton von Rieppel die M.A.N. an einen rohstoff- und finanzstarken Montankonzern anlehnen wollte. Als möglicher Partner wurde im Vorstand schon im Juli

1919 die GHH genannt, die damals das Eisenwerk Nürnberg übernahm. Rieppel lehnte jedoch eine Anlehnung an die GHH entschieden ab. Er argumentierte damit, dass beide Unternehmen im Brückenbau Konkurrenten waren, der eigentliche Grund für seine Ablehnung war aber wohl, dass er Reusch nicht leiden konnte. In der Vorstandssitzung vom 22. Juli 1919 erklärte Rieppel: «Die Frage des Zusammengehens mit Gutehoffnungshütte kann zunächst zurückgestellt werden.»[7]

Als sich dann die Bildung einer Interessengemeinschaft zwischen der Stinnes-Gruppe und dem Siemens-Konzern abzeichnete, glaubte Rieppel, den idealen Partner für die M.A.N. gefunden zu haben. Ihm war besonders an der Verbindung mit Siemens gelegen, da er seit langem enge Beziehungen zu den Siemens-Schuckert-Werken hatte. Stinnes wollte zusammen mit dem Siemens-Konzern ein Konglomerat aus Unternehmen der Grundstoff- und der Verarbeitungsindustrie errichten. Die Interessengemeinschaft war so angelegt, dass die beteiligten Unternehmen weiterhin selbstständig bleiben und sich nur der Koordinierung durch die Dachgesellschaft unterwerfen sollten. Ende 1920 kam dieser lose Zusammenschluss unter dem Namen Siemens-Rhein-Elbe-Schuckert-Union zustande, die angestrebten Ziele wurden jedoch nicht erreicht. Nach Stinnes frühzeitigem Tod im Jahr 1924 verlor die Interessengemeinschaft an Bedeutung.[8]

Da der Aufsichtsratsvorsitzende der M.A.N., Theodor von Cramer-Klett, Rieppels Absichten unterstützte, schien es im Sommer 1920 so gut wie sicher, dass die M.A.N. eine Verbindung mit der Interessengemeinschaft Stinnes-Siemens eingehen würde. Die Unternehmensleitung hatte zwar nicht nur mit der Stinnes-Gruppe Gespräche geführt, sondern auch mit den Rheinischen Stahlwerken. Doch beauftragte der Aufsichtsrat am 9. Juli 1920 den Vorstand, mit der Interessengemeinschaft von Stinnes in offizielle Verhandlungen einzutreten.[9] Nun war der Vorstand in dieser Frage aber mehrheitlich anderer Meinung als sein Vorsitzender Rieppel. Schon in der Sitzung vom 7./8. Juni 1920 hatten die Vorstandsmitglieder Buz, Endres, Gertung und Lauster Bedenken gegen einen Eintritt in die Interessengemeinschaft angemeldet, weil sie befürchteten, dass Stinnes zuviel Einfluss auf die M.A.N. nehmen würde. Der Vorstand war sich einig, dass die Selbstständigkeit der M.A.N. trotz der kritischen Lage des Unternehmens «nicht in zu weitgehendem Masse verloren gehen darf».[10] Die mit Stinnes geführten Gespräche und Schriftwechsel schienen die Befürchtungen der Vorstandsmehrheit zu bestätigen. Deshalb stellte der Vorstand in seiner Sitzung vom 7./8. Juli 1920 in Abwesenheit Rieppels einstimmig fest, «dass die gegenwärtige Lage eine Unterwerfung unter die I. G. nicht erforderlich macht».[11] Die Vorstandsmitglieder favorisierten nun eine Anlehnung an Rheinstahl. Dieser Konzern war bei weitem nicht so dominant wie die Stinnes-Gruppe. Vor allem aber lockte Rheinstahl mit dem Angebot, der M.A.N. ihr unrentables Werk in Duisburg, das größte Sorgenkind des Unternehmens, abzukaufen.[12]

An der Börse hatte sich schon im Juni 1920 herumgesprochen, dass M.A.N. mit Stinnes und Rheinstahl verhandelte. Der Kurs der M.A.N.-Aktie stieg deutlich an, und die Anteilscheine des Unternehmens wurden paketweise aufgekauft. Am 15. September 1920 schrieben die *Münchener Neuesten Nachrichten*: «Die wilden Kurstreibereien, denen die Aktien der Maschinenfabrik Augsburg-Nürnberg andauernd unterliegen, haben in den letzten Tagen einen Umfang erreicht, der das einst so patriarchalische Augsburger Papier zu einem Spekulationsobjekt ersten Ranges gemacht hat.»[13]

Die Entscheidung: Reusch statt Stinnes

Die GHH war bis September 1920 in keiner Weise an den Vorgängen bei der M.A.N. beteiligt gewesen. Offenbar ging man in Oberhausen davon aus, dass sich das Unternehmen längst für Stinnes entschieden hatte. Im September 1920 änderte sich dies schlagartig. Der Anstoß dazu ging von einer eher zufälligen Begebenheit aus, nämlich einem Gespräch, das zwei Direktoren im Zug zwischen Nürnberg und München führten. Lambert Jessen vom Eisenwerk Nürnberg reiste Ende August 1920 zusammen mit dem Nürnberger M.A.N.-Vorstand Ludwig Endres zu einer Besprechung bei der Munitionsverwertungs-Gesellschaft nach München. Während der Fahrt teilte Endres Internas aus dem Vorstand der M.A.N. mit. Jessen erfuhr, dass sich der Vorstandsvorsitzende Rieppel «mit aller Gewalt in die Arme von Stinnes werfen» wolle und den Aufsichtsrat dabei auf seiner Seite hatte, «während die Vorstandsmitglieder mit Ausnahme von Herrn v. Rieppel nicht für die Anschlussbestrebungen zu haben seien».[14] Endres wird damit gerechnet haben, dass Jessen diese Informationen an Reusch weitergeben würde, was auch umgehend geschah.[15]

Reusch erkannte sofort, dass es nun eine reelle Chance gab, die GHH ins Spiel zu bringen, und wusste auch, wo er den Hebel ansetzen konnte: beim Aufsichtsratsvorsitzenden Cramer-Klett, der zugleich den Aufsichtsrat des Eisenwerks Nürnberg leitete. Cramer-Klett kannte Reusch aus diesem Gremium und hatte es wohl als eine noble Geste des Konzernchefs empfunden, dass er nach der Übernahme des Eisenwerks durch die GHH den Aufsichtsratsvorsitz behalten konnte. Jessen fühlte also im Auftrag Reuschs bei Cramer-Klett vor.[16] Und wieder spielte der Zufall mit. Der Vorstandsvorsitzende Anton von Rieppel hatte zwei Wochen vorher einen Nervenzusammenbruch erlitten und war nicht in der Lage, die Geschäfte zu führen.[17] Wäre er zu diesem Zeitpunkt gesund gewesen, dann hätte er seinen ganzen Einfluss geltend gemacht, um eine Verständigung zwischen Cramer-Klett und Reusch zu verhindern. So aber konnte

Reusch den Aufsichtsratsvorsitzenden der M.A.N., der ihm wohlgesonnen war, auf seine Seite ziehen.

Cramer-Klett hatte sein Nürnberger Familienunternehmen mehr als zwanzig Jahre vorher an die Maschinenfabrik Augsburg verkauft. Nach wie vor hatte er kein besonderes Interesse an der Wirtschaft. Seine Leidenschaft galt inzwischen der katholischen Kirche, und auf dem Katholikentag, dessen Präsident er 1925 wurde, fühlte er sich entschieden wohler als in einer Aktionärsversammlung. Cramer-Klett hatte Rieppels Entscheidung für die Interessengemeinschaft von Stinnes zwar unterstützt, doch befürchtete er auch, dass die M.A.N. in einem derartigen Moloch keinerlei Einfluss haben und ihren Charakter als süddeutsches Unternehmen verlieren würde. Ein traditionsreiches Familienunternehmen wie die GHH war ihm da sympathischer. In dem Gespräch mit Jessen ließ Cramer-Klett durchblicken, dass er sich auch eine Verbindung mit der GHH vorstellen könne.[18] Daraufhin wandte sich Reusch mit einem Schreiben vom 21. September 1920 direkt an Cramer-Klett. Er schlug eine Beteiligung der GHH an der M.A.N. vor und sicherte zu, dass die M.A.N. in diesem Fall ein «süddeutsches und insbesondere bayerisches Unternehmen» bleiben würde. Reusch ging sogar noch weiter und stellte sich als den einzigen Garanten für die Eigenständigkeit der M.A.N. dar: «Die volle Selbstständigkeit bleibt aber der M.A.N. nur dann erhalten, wenn der von mir vorgeschlagene Weg beschritten wird.»[19] Damit konnte er Cramer-Klett überzeugen. Der Aufsichtsratsvorsitzende nahm ohne Wissen des Vorstands und des erkrankten Generaldirektors Rieppel Verhandlungen über eine Beteiligung der GHH auf. Am 24. Oktober 1920 trafen sich Cramer-Klett und Reusch in Frankfurt und kamen überein, dass die GHH zunächst M.A.N.-Aktien im Nominalwert von 18 Mio. M (= 18 % des Aktienkapitals) zu einem Kurs von 400 % erhielt. Bei der nächsten Kapitalerhöhung sollte die GHH so viele junge Aktien übernehmen, dass sie dann ein Drittel des Aktienkapitals besitzen würde.[20] Damit stand fest, dass die M.A.N. eine Verbindung mit der GHH eingehen würde, denn Cramer-Klett war nicht nur Aufsichtsratsvorsitzender, sondern seit Gründung der M.A.N. auch Großaktionär des Unternehmens.

Der Vorstand wurde zwei Tage nach dem Treffen in Frankfurt über die Absprachen informiert. Cramer-Klett teilte mit, dass die «GHH durch seine Vermittlung einen Posten M.A.N.-Aktien erworben habe», und kündigte seinen Rücktritt an, falls die Vereinbarungen mit Reusch abgelehnt würden.[21] Die überrumpelten Vorstandsmitglieder brauchten einige Tage Zeit, um auf die neue Situation zu reagieren. Die Absprache zwischen Cramer-Klett und Reusch entsprach nicht gerade ihren Vorstellungen. Der Vorstand hatte ja gegen einen Eintritt in die Interessengemeinschaft von Stinnes opponiert, weil er befürchtete, dass das Unternehmen dann unter fremden Einfluss geraten würde. Nun musste er zur Kenntnis nehmen, dass die GHH eine Kapitalbeteiligung erhielt, die ihr beträchtlichen Einfluss auf die M.A.N. sichern würde. Es gab keine Vorbehalte gegen die GHH. Als solide und erfolgreich geführtes Familienunternehmen war sie auch aus der Sicht der Vorstände ein guter Partner. Aber lieber hätte man mit den Rheinischen Stahlwerken abgeschlossen, die zwei Tage vorher – während Cramer-Klett in Frankfurt verhandelte – noch ein großzügiges Angebot vorgelegt hatten und nicht auf einer Kapitalbeteiligung bestanden. Der Vorstand hatte freilich keine Wahl mehr. Ihm blieb nur, sich in einem Schreiben an Cramer-Klett über die «Zwangslage» zu beklagen und auf Nachbesserungen zu drängen.[22] Cramer-Klett schickte Reusch daraufhin neue Vorschläge. Es gelang, eine günstigere Bewertung der M.A.N. zu erreichen und sicherzustellen, dass der Verkauf des Duisburger Werks an Rheinstahl trotz der Anlehnung an die GHH erfolgen konnte. Am 7. November 1920 wurden die vereinbarten Regelungen bei einem Treffen auf Reuschs schwäbischem Landsitz Katharinenhof durch eine Abmachung besiegelt.[23]

Die M.A.N. informierte in einem Rundschreiben vom 16. November 1920 über ihre Verbindung mit der GHH. Darin hieß es, das «vornehme Geschäftsgebaren der G.H.H.» und deren Charakter als Familienunternehmen hätten den Ausschlag für die Anlehnung an diesen Konzern gegeben.[24] Der Vorstandsvorsitzende Rieppel war anderer Ansicht. Er fühlte sich von Cramer-Klett hintergangen, der ihm nach jahrzehntelanger Tätigkeit und herausragenden Verdiensten um das Unternehmen ohne Aussprache die Unterstützung entzogen hatte – und das noch zu einem Zeitpunkt, an dem er sich wegen einer schweren Erkrankung nicht hatte wehren können. Rieppel zog daraus die Konsequenz und reichte Ende 1920 seinen Rücktritt ein. Verbittert zog er sich auf sein Landgut Finnerhof bei Gmund am Tegernsee zurück, wo er 1926 starb.

Die Eingliederung der M.A.N. in den GHH-Konzern

Reusch sah in den Abmachungen von Katharinenhof nur einen ersten Schritt. Auch bei der M.A.N. wollte er sich bestimmt nicht mit einer Minderheitsbeteiligung begnügen. Eine Majorität war aber im Herbst 1920 nicht zu erreichen gewesen. Also wartete Reusch ab, und wieder spielten ihm andere in die Hände. Schon wenige Tage nach dem Treffen von Katharinenhof stieg die Nachfrage nach M.A.N.-Aktien erneut an. Wer hinter diesen Käufen steckte, war nicht ersichtlich. Doch mussten Reusch und Jessen damit rechnen, dass die Stinnes-Gruppe das Unternehmen nicht kampflos der GHH überlassen würde.[25] In der M.A.N.-Generalversammlung in Augsburg am 15. Dezember 1920 trat denn auch ein Mitarbeiter der Hugo Stinnes GmbH auf und stiftete gezielt Verwirrung. Reusch hatte sich schon im Vorfeld der Generalversammlung die Unterstützung der Deutschen Bank und einer Aktionärsgruppe um den Schweizer

Industriellen Carl Winkler gesichert. Dieses Bündnis konnte in der Versammlung praktisch nicht überstimmt werden. Wenige Tage später sagten Winkler und sein Partner Eberbach Reusch zu, Aktien im Wert von nom. 15 Mio. M an den GHH-Konzern zu verkaufen. Damit erhöhte sich die Beteiligung der GHH und ihrer Tochterunternehmen an der M.A.N. von 18 % auf 33 %.[26] Gleichzeitig ließ Reusch weitere M.A.N.-Aktien verdeckt an der Börse aufkaufen, bis Jessen bereits am 17. Januar 1921 nach Oberhausen melden konnte, dass der Konzern jetzt über 36 227 Stück M.A.N.-Aktien verfügte.[27]

Im Frühjahr 1921 stieg der Kurs der MAN-Aktie wieder an, da es außer der GHH offenbar noch weitere Interessenten gab, die größere Pakete kauften. Reusch war sich inzwischen sicher, dass Stinnes mit diesen Geschäften nichts zu tun hatte.[28] Tatsächlich hatte sich der «Inflationskönig» mittlerweile gegen einen Konflikt mit Reusch entschieden, weil er sich von guten Beziehungen zu GHH und M.A.N. größere Vorteile versprach.[29] Im Juli 1921 traf sich Albert Vögler, der zweitwichtigste Mann des Stinnes-Konzerns, in Augsburg mit Reusch und dem M.A.N.-Vorstand. Vögler fragte an, «ob nicht ein Weg für ein Zusammengehen zwischen dem G.H.H.-Concern und Rhein Elbe Union möglich sei».[30] Nachdem sich Stinnes mit der Eingliederung der M.A.N. in den GHH-Konzern abgefunden hatte, gab es keinen Interessenten für das Unternehmen mehr, der Reusch hätte gefährlich werden können. Dennoch wurde Lambert Jessen von Reusch weiterhin angewiesen, Aktien der M.A.N. aufzukaufen.»[31] Der Konzernchef wollte sich – ähnlich wie schon bei der Maschinenfabrik Esslingen – über Aktienkäufe am Markt die Mehrheit beschaffen. Am 15. Juni 1921 verfügten die GHH und ihre Tochterunternehmen bereits über 41,2 % des Aktienkapitals der M.A.N.[32]

Eine Woche vorher hatte Reusch von Albert Vögler erfahren, dass Stinnes von einem Vermittler M.A.N.-Aktien im Wert von nom. 12 Mio. M aus dem Besitz der Gruppe Winkler-Eberbach angeboten worden seien. Damit hatte Reusch nicht gerechnet, denn Winkler gehörte immerhin dem Aufsichtsrat der M.A.N. an, und Eberbach arbeitete im Auftrag des Unternehmens in der Schweiz. Beide hatten noch im Dezember 1920 ein großes Aktienpaket an Reusch verkauft. Später stellte sich heraus, dass Eberbach dieses Geschäft wohl in der Erwartung eingegangen war, dafür von Reusch mit einem Vorstandsposten bei der M.A.N. belohnt zu werden. Nachdem sein Kalkül nicht aufgegangen war, hatte Eberbach weitere M.A.N.-Aktien gekauft und Stinnes angeboten.[33] Sein Pech war es, dass der Stinnes-Konzern inzwischen mit der GHH kooperieren wollte. Stinnes' rechte Hand Albert Vögler berichtete deshalb sofort Reusch von dem Vorgang und erbot sich sogar, die Aktien für Reusch zu kaufen.[34]

Reusch nahm die Nachricht von Vögler zum Anlass, sich nun schnellstens die Majorität bei der M.A.N. zu sichern. Jessen erhielt Weisung, «in verstärktem Masse» Aktien zu kaufen. Am 13. Juli 1920 besaßen die GHH, das Eisenwerk

Nürnberg und andere Konzerngesellschaften M.A.N.-Aktien im Nominalwert von insgesamt 49 943 000 M. Bei einem Aktienkapital von nom. 100 Mio. M bedeutete dies eine sichere Stimmenmehrheit in der Generalversammlung. Reusch gab daher Order, keine M.A.N.-Aktien mehr zu kaufen. Die M.A.N. war nun eine Tochtergesellschaft der GHH.[35]

Reusch vermied es zunächst, die Eingliederung der M.A.N. in seinen Konzern publik zu machen. Der Vorgang war etwas prekär, weil die GHH nach dem Abkommen von Katharinenhof ja nicht mehr als ein Drittel des Aktienkapitals der M.A.N. erhalten sollte. Reusch hatte sich über diese Vereinbarung hinweggesetzt, auch wenn er, um formal korrekt zu bleiben, die Aktienankäufe nicht von der GHH, sondern von den Tochterunternehmen Eisenwerk Nürnberg und Fränkische Eisenhandelsgesellschaft hatte durchführen lassen. In der Öffentlichkeit wurden die neuen Machtverhältnisse bei der M.A.N. erst im Zusammenhang mit der Generalversammlung vom Dezember 1921 bekannt. Gleichzeitig teilte Cramer-Klett seinen Rücktritt vom Amt des Aufsichtsratsvorsitzenden mit und legte wenige Tage später in der Presse nach. Die *Münchener Zeitung* veröffentlichte am 23. Dezember 1921 unter dem Titel «Die industrielle Mainlinie» eine Zuschrift des zurückgetretenen Aufsichtsratsvorsitzenden. Darin behauptete Cramer-Klett, dass durch die Verbindung der M.A.N. mit der GHH «der große Unterschied in der Lebensauffassung und Weltanschauung zwischen der süddeutschen und norddeutschen Industrie klar zutage getreten» sei. Er beklagte, dass jenseits des Mains «in diesen Kreisen Gewalt und Macht alles gilt», und mahnte eine Verpflichtung auf christliche Werte und den Dienst an der Allgemeinheit an.[36] Der Artikel gab Cramer-Kletts Verbitterung über Reusch wieder. Er fühlte sich von ihm hintergangen, weil Reusch entgegen der Zusicherung, die Eigenständigkeit der M.A.N. zu wahren, die Kapitalmehrheit übernommen hatte. Die von Cramer-Klett eröffnete «Nord-Süd-Diskussion» wurde in der Münchner wie in der Berliner Presse nur kurz geführt. Es war zu offensichtlich, dass der Schwabe Paul Reusch kaum die richtige Adresse für solche Angriffe sein konnte. Und schließlich hatte sich Cramer-Klett selbst keineswegs so verhalten, wie er es nun von anderen forderte. Die Art, wie er den verdienten Vorstandsvorsitzenden Anton von Rieppel während dessen Erkrankung zur Seite geschoben hatte, war nicht gerade besonders feinfühlig gewesen.

Cramer-Kletts Kritik an Reusch ließ in der Öffentlichkeit ein falsches Bild von den Gründen seines Rücktritts entstehen. Tatsächlich war er nicht zurückgetreten, weil die GHH die Kapitalmehrheit bei der M.A.N. erworben hatte. Die im Nachlass Paul Reuschs überlieferten Briefe Lambert Jessens an den Konzernchef zeigen, dass Cramer-Klett wegen des «Falls Eberbach» zurücktrat.[37] Cramer-Kletts Kritik traf Reusch wohl mehr, als er zugeben wollte. Jedenfalls stellte er diesen Vorwürfen eine eigene Deutung der M.A.N.-Übernahme entgegen, die später in das von Erich Maschke im Auftrag der Familie Reusch verfasste Buch über die Konzernbildung der GHH einging. Von einem «Kampf zwischen Stinnes und Reusch» ist hier die Rede und dass Reusch sich erst als Konsequenz aus dem Konflikt mit Winkler/Eberbach zur Übernahme der Mehrheit entschlossen hätte.[38] In Wirklichkeit hat es nie einen Kampf zwischen Reusch und Stinnes gegeben, und die Gruppe Winkler/Eberbach konnte Reusch nie gefährlich werden. Auch ließ Reusch schon zu einem Zeitpunkt M.A.N.-Aktien aufkaufen, als er Winkler und Eberbach noch auf seiner Seite wähnte. Der «Löwe von Oberhausen» verfolgte vielmehr nach den Abmachungen mit Cramer-Klett konsequent das Ziel, die Majorität bei der M.A.N. zu erlangen, wie ihm dies schon bei der Deutschen Werft, dem Eisenwerk Nürnberg und der Maschinenfabrik Esslingen gelungen war. Bei den Verhandlungen in Esslingen hatte Reusch im Mai 1920 ganz offen erklärt, dass «die G.H.H. Beteiligungen grundsätzlich nur bei Überlassung der absoluten Majorität übernehme».[39]

Doch war es gerade dieses «Missverständnis» zwischen Cramer-Klett und Reusch, das die Übernahme der M.A.N. durch die GHH ermöglichte und damit eine sehr erfolgreiche Verbindung begründete. Die Interessengemeinschaft von Stinnes, die als der große strategische Wurf dieser Zeit galt, löste sich hingegen wenige Jahre später auf. So gesehen hat der wirtschaftlich unerfahrene Baron von Cramer-Klett in seinem Vertrauen auf das Traditions- und Familienunternehmen GHH die richtige Entscheidung getroffen, auch wenn diese Verbindung dann eine andere Form annahm, als er es gewollt hatte.

3 Die Gutehoffnungshütte, Paul Reusch und die Krisen der Weimarer Republik

Gutehoffnungshütte Aktienverein und Gutehoffnungshütte Oberhausen AG

Durch die Übernahmen in den Jahren 1919–1921 hatte sich die Beschäftigtenzahl des GHH-Konzerns mehr als verdoppelt, von 31 905 (1918/19) auf 74 740 (1920/21).[1] Innerhalb der deutschen Montanindustrie war die GHH nach der Rhein-Elbe-Union (Stinnes-Konzern), Krupp, Thyssen und Phoenix die fünftgrößte Gruppe. Von der Konkurrenz unterschied sie sich vor allem durch den außerordentlich hohen Anteil der verarbeitenden Industrie. Ein weiteres Merkmal der Konzernstruktur war das große Gewicht der neuen Tochtergesellschaften gegenüber dem Oberhausener Stammunternehmen. Der Anteil der Oberhausener Betriebe an der Beschäftigtenzahl des Konzerns lag nur noch zwischen 48 % (1924/25) und 57 % (1929/30). Ihrer regionalen Gliederung nach war die GHH-Gruppe im Rheinland und in Süddeutschland stark vertreten, in Mittel- und Ostdeutschland dagegen überhaupt nicht.

Die Holdinggesellschaft des Konzerns, die Gutehoffnungshütte Aktienverein für Bergbau und Hüttenbetrieb (GHH AV), hatte seit Januar 1923 ihren Sitz in Nürnberg, im Gebäude des Eisenwerks Nürnberg vorm. J. Tafel. Unter den großen Unternehmen der Ruhrindustrie war diese Konstruktion ein einzigartiger Fall. Paul Reusch führte die Verlagerung durch, nachdem das Ruhrgebiet Anfang 1923 von französischen und belgischen Truppen besetzt worden war. Die Konzernholding blieb aber auch nach dem Ende der Ruhrbesetzung in Nürnberg. Möglicherweise sollte damit demonstriert werden, dass die GHH sich im Unterschied zu Krupp oder Hoesch eben nicht mehr nur als ein Ruhrkonzern verstand. Die Oberhausener Werksbetriebe und die anderen GHH-Abteilungen im Ruhrgebiet waren während der Besatzungszeit aus der GHH AV herausgelöst und in die am 9. November 1923 gegründete Gutehoffnungshütte Oberhausen AG (GHH Oberhausen AG) überführt worden. Dieses Unternehmen befand sich vollständig im Besitz der Holding GHH AV. Während die GHH AV jetzt eine reine Verwaltungsgesellschaft war, die über ihre Kapitalbeteiligungen die produzierenden Konzernunternehmen kontrollierte, bestand die GHH Oberhausen AG aus den Werksbetrieben des Konzerns im Ruhrgebiet. Zu ihr gehörten acht Zechen, die Eisenhütte Oberhausen (E.O.), die Stahl- und Walzwerke Neu-Oberhausen (N.O.), das Werk Sterkrade (Maschinen-,

Anlagen- und Stahlbau) mit der Rheinwerft Walsum sowie die Abteilungen Gelsenkirchen und Schwerte.

Die Trennung zwischen GHH AV und GHH Oberhausen AG war nur juristisch und bilanzmäßig von Bedeutung. Im alltäglichen Geschäftsablauf war sie kaum wahrnehmbar. Die GHH AV hatte zwar ihren Firmensitz in Nürnberg, ihre Verwaltung befand sich aber in Oberhausen, bei der Tochtergesellschaft GHH Oberhausen AG.

Tab. 15: Beschäftigte der Oberhausener Werksbetriebe/GHH Oberhausen AG nach Produktionsbereichen 1914–1929[2]

	30. 6. 1914	30. 6. 1922	30. 6. 1929
Kohlenbergbau	14 988	16 169	14 095
Eisenhütte	2 068	2 030	2 005
Walzwerke	4 830	6 876	5 213
Abt. Sterkrade (Weiterverarbeitung)	3 583	6 580	4 379
Abt. Gelsenkirchen	1 161	967	1 413
Andere	3 558	7 689	5 788
Insgesamt	30 188	40 314	32 895

Nach wie vor war die GHH ein Familienunternehmen. Die Holdinggesellschaft GHH AV befand sich weiterhin im Besitz der Familie Haniel, die auch 1939 noch 65 % des Aktienkapitals hielt.[3] Aus dem operativen Geschäft hielten sich die Haniels – wie schon vor dem Ersten Weltkrieg – heraus. Sie beschränkten sich darauf, ihren Einfluss über den Aufsichtsrat geltend zu machen, den die Familie vollständig dominierte. Zwischen dem Vorstandsvorsitzenden Paul Reusch und dem Aufsichtsratsvorsitzenden Karl Haniel, der dieses Amt von 1921 bis zu seinem Tod im Jahr 1944 innehatte, bestand ein enges Vertrauensverhältnis.[4] Die Abstimmung zwischen beiden verlief in der Regel reibungslos. Karl Haniel stellte sich auch dann hinter Reusch, wenn der Vorstandsvorsitzende aus dem Kreis der Eigentümerfamilie angegriffen wurde.[5] Mit Begehrlichkeiten der Aktionäre musste Reusch nicht rechnen, da die Haniels sich als Eigentümer der GHH nie von kurzfristigen Gewinnerwartungen leiten ließen. So konnte Reusch eine Strategie verfolgen, die auf eine langfristige Absicherung des Unternehmens ausgerichtet war.

Innerhalb der Konzernführung war Paul Reusch die unbestrittene Autorität. Der «Kommerzienrat» gab die Strategie der GHH vor und verstand es, die so unterschiedlichen Unternehmen des Konzerns auf eine gemeinsame Linie zu bringen. Den GHH-Vorstand ließ Reusch zwischen 1918 und 1920 durch die Berufung von sieben stellvertretenden Mitgliedern erweitern. Sie bildeten eine Führungsreserve für den expandierenden Konzern. Unter den neuen Vorstandsmitgliedern nahm Hermann Kellermann, der Leiter des Bergbaus der

Abb. 45 Hauptlagerhaus der GHH in Oberhausen, 1929 (gebaut nach Plänen von Peter Behrens)

GHH, schon bald eine besondere Rolle ein. Er wurde Reuschs engster Vertrauter im Vorstand und stieg zum zweitwichtigsten Mann in der Konzernführung auf. 1942 wurde er, freilich ungeplant, Reuschs Nachfolger als Vorstandsvorsitzender der GHH AV. Neben Kellermann gehörte der 1924 in den Vorstand berufene Georg Lübsen zum engeren Kreis um Reusch. Zwischen beiden kam es später zu Spannungen, doch blieb Lübsen bis 1947 Vorstandsmitglied der GHH AV wie auch der GHH Oberhausen AG.[6]

Die GHH zwischen Inflation und Weltwirtschaftskrise

Für Paul Reusch war die Revolution von 1918/19 eine traumatische Erfahrung. Mit dem Kaiserreich brach die Welt zusammen, der er Zeit seines Lebens verhaftet blieb. In dem neuen Staat, der Weimarer Republik, hat Reusch nie mehr gesehen als einen großen Scherbenhaufen. Der Konzernchef hatte im Kaiserreich dem nationalistischen Alldeutschen Verband angehört, war aber politisch nicht besonders aufgefallen. Nach dem «Schock» von 1918/19 trat er noch radikaler als die meisten anderen Ruhrindustriellen für die Wiederherstellung der alten Ordnung ein. Schon bei den Streiks und Unruhen der ersten Nachkriegsmonate fiel Reusch durch scharfe Töne auf. Als im Februar 1919 aufständische Arbeiter in Sterkrade einrückten, forderte er, Militär einzusetzen, und warf der Reichsregierung vor, dass sie mit den «Spartakisten» verhandelte.[7] Reusch stellte sich nicht nur gegen solche radikalen Proteste, er war auch gegenüber den Gewerkschaften zu keinen Kompromissen bereit. Das neue kollektive Arbeitsrecht der Weimarer Republik lehnte Reusch ebenso ab wie die Einführung des Achtstundentags und das Betriebsrätegesetz von 1920. Für ihn stand fest, dass der Unternehmer «Herr im Haus» bleiben sollte, wie in der Zeit vor dem Ersten Weltkrieg. Diese politische Rückwärtsgewandtheit stand in einem eigentümlichen Kontrast zu der vorausschauenden Unternehmensstrategie des Konzernchefs.

1923 brachte die Besetzung des Ruhrgebiets die GHH in Bedrängnis bis hin zu einem weitgehenden Stillstand der Produktion. Damals rückten französische und belgische Truppen in das Ruhrgebiet ein, weil Deutschland nach Ansicht der Siegermächte seinen Reparationsverpflichtungen nicht genügend nachgekommen war. Im Rahmen ihrer Politik der «produktiven Pfänder» ließ die französische Regierung unter Poincaré mit Waffengewalt Kohlen, Stahl, Maschinen und Bahnmaterial als Reparationsgüter abtransportieren. Im Gegenzug ordnete die Reichsregierung den passiven Widerstand im Ruhrgebiet an. Als französisches Militär am 11. Januar 1923 Oberhausen besetzte, wurde der Sitz der GHH innerhalb von zwei Tagen nach Nürnberg verlegt. Die Voraussetzungen dazu waren schon im April 1921 durch einen Vorratsbeschluss der Generalversammlung geschaffen worden, nachdem französische Truppen wenige Wochen vorher Düsseldorf und Duisburg besetzt hatten.[8] Ihre Beteiligungen im Ausland gab die GHH im Juli 1923 an die holländische Tochtergesellschaft N.V. Rollo ab, da Reusch glaubte, dass sie als niederländisches Eigentum besser geschützt seien.[9] In Oberhausen wurden nach der Besetzung zunächst die Lieferungen der GHH in andere Gebiete des Reichs unterbunden, später dann auch die Transporte zwischen den einzelnen Werksbetrieben. Im Mai 1923 verhaftete die Besatzungsmacht das GHH-Vorstandsmitglied Hermann Kellermann wegen angeblicher Hinterziehung der Kohlensteuer. Er wurde zu einer fünfjährigen Gefängnisstrafe verurteilt und blieb fast sechs Monate in Haft. Am 1. Juli 1923 rückten französische und belgische Truppen in die Oberhausener Werke ein und zwangen die Arbeiter zum Verlassen der Betriebe.[10]

Das Reich zahlte den von der Besatzungsmacht ausgesperrten Arbeitern die Löhne fort, was die ohnehin schon galoppierende Inflation weiter anheizte. Ein Kilo Kartoffeln kostete am 3. September 1923 schon 92 000 M, drei Wochen später dann 1,24 Mio. M.[11] Durch das Absinken der Reallöhne und die kritische Versorgungslage verarmte ein großer Teil der Bevölkerung des Ruhrgebiets. In Oberhausen stieg die Zahl der Fürsorgeempfänger innerhalb weniger Monate von 11 200 (1. 8. 1923) auf 75 145 (1. 12. 1923) an. Die soziale Not entlud sich in Unruhen und Plünderungen.[12] Da die Reichsbank mit dem Druck von Banknoten nicht mehr nachkam, gaben damals in Deutschland viele Unternehmen und Gemeinden eigene Geldscheine, so genanntes Notgeld, aus. In der letzten Phase der Inflation wurde in großen Mengen ungedecktes Notgeld in Umlauf gebracht. Die GHH gab Mitte August 1923 ungedecktes Notgeld in Höhe von 750 Trillionen M aus, bis Reusch anordnete, nur noch gedecktes Notgeld zu emittieren.[13]

Am 25. September 1923 beendete eine neue Reichsregierung unter Gustav Stresemann den passiven Widerstand an der Ruhr. Nur so war es möglich, wenige Wochen später eine Stabilisierung der deutschen Währung durchzuführen. Reusch schloss sich der rechtsnationalen Opposition gegen die Politik Stresemanns an, den er als «Kanzler der Kapitulation» bezeichnete. Aus Protest gegen den Abbruch des passiven Widerstands im Ruhrgebiet trat er aus Stresemanns Partei, der Deutschen Volkspartei (DVP), aus.[14] Damals war nicht mehr zu übersehen, dass der Vorstandsvorsitzende der GHH radikalere Positionen vertrat als die meisten anderen Konzernchefs an der Ruhr. Gustav Krupp von Bohlen und Halbach blieb im Gegensatz zu Reusch weiterhin Mitglied der DVP, obwohl er während der Ruhrbesetzung monatelang inhaftiert worden war.[15]

Nachdem es durch die Währungsstabilisierung vom November 1923 gelungen war, die Inflation zu beenden, geriet die deutsche Eisen- und Stahlindustrie in eine «Stabilisierungskrise». Ihre Kapazitäten waren nicht mehr ausgelastet.[16] Trotzdem stieg die Eisen- und Stahlproduktion in Deutschland zwischen 1924 und 1927 um fast zwei Drittel an. Sie übertraf nun den Vorkriegsstand, obwohl nach dem Ersten Weltkrieg mehrere Reviere abgetrennt worden waren. Diesen Zuwachs konnte der deutsche Markt nicht aufnehmen, und er ließ sich wegen des Kostendrucks auf dem Weltmarkt und der bestehenden Handelshemmnisse auch über den Export nicht absetzen.[17]

Die Rohstahlproduktion der GHH lag schon im Geschäftsjahr 1924/25 höher als vor dem Ersten Weltkrieg und nahm in den folgenden Jahren nochmals um 25 % zu. Ab dem Geschäftsjahr 1926/27 übertrafen auch die Roheisenproduktion und die Kohlenförderung der GHH den Vorkriegsstand.[20] Dabei errichtete die GHH in dieser Zeit – anders als Krupp und Mannesmann – kein neues Hütten- oder Hochofenwerk, weil nach dem Konzernausbau Anfang der zwanziger Jahre dafür die Mittel fehlten. Dementsprechend stieg das Anlagevermögen der GHH Oberhausen AG nicht so stark an wie das der Konkurrenten Mannesmann, Hoesch und Klöckner.[21] Zu grundlegenden Modernisierungen kam es vor allem in den Bergbaubetrieben, wo sich die Mechanisierung durchsetzte. Auch entstanden in Oberhausen neue Anlagen für die Teerdestillation und ein Zementwerk.[22] Schon 1921 war die Werft im nahe gelegenen Rheinhafen Walsum eröffnet worden.[23]

Tab. 16: Beschäftigte des GHH-Konzerns und Beschäftigte, Gewinn und Produktion der GHH Oberhausen AG 1924/25–1932/33[18]

	GHH-Konzern	GHH Oberhausen AG					
Geschäftsjahr	Beschäftigte*	Beschäftigte**	Gewinne/ Verluste nach Steuerbilanz in RM	Dividende in % des Grundkapitals	Kohlenförderung in t	Roheisenerzeugung in t	Rohstahlerzeugung in t
1913/14	30 188#	30 188#			3 843 711	814 497	818 497
1924/25	67 768	32 636	511 289	–	3 809 245	798 146	938 569
1925/26	50 194	28 504	– 8 230 177	5	3 693 684	650 262	755 723
1926/27	58 801	30 101	11 608 747	6	4 229 315	930 490	1 076 750
1927/28	62 462	31 476	– 5 272 077	7	4 213 521	1 001 524	1 174 361
1928/29	61 029	30 733	2 390 152	7	4 142 625	923 805	1 066 340
1929/30	55 456	31 380	k.A.	10	3 162 934	852 744	1 003 031
1930/31	43 956	26 584	k.A.	–	2 331 311	521 477	608 885
1931/32	31 092	18 945	–16 762 218	–	2 157 287	312 471	418 061
1932/33	31 406	16 211	–12 912 160	–	2 574 783	258 167	338 538

* am Ende des Geschäftsjahres
** im Monatsmittel # GHH AV

Tab. 17: Umsatz der GHH Oberhausen AG 1924/25–1932[19]

Jahr	Umsatz* in RM	Anteil Export	Anteil Konzernwerke
1924/25	166 459 480	29,0 %	7,7 %
1925/26	161 474 339	31,6 %	6,3 %
1926	190 540 006	33,4 %	8,2 %
1927	206 831 950	28,2 %	11,2 %
1928	219 088 518	30,8 %	9,2 %
1929	213 158 038	37,0 %	9,7 %
1930	141 988 750	41,0 %	9,7 %
1931	110 290 628	45,6 %	8,1 %
1932	76 092 628	29,8 %	10,7 %

* Verrechnete Lieferungen

Nach Reuschs unternehmerischem Konzept hätten die Absatzprobleme der GHH im Montanbereich durch die verarbeitenden Konzerngesellschaften aufgefangen werden müssen. Den Ausbau der GHH zu einem vertikal gegliederten Konzern hatte er stets mit dem Vorteil der Risikostreuung begründet: «Während einer Hochkonjunktur leidet die Verfeinerungsindustrie nicht unter Knappheit des Materials, und während einer Tiefkonjunktur ist dem Rohstoff der Absatz gesichert, so daß wir uns der augenblicklichen Wirtschaftslage niemals anzupassen brauchen.»[24] In einer Absatzkrise von der Dimension, wie sie ab 1924 bestand, konnte dieses Kalkül nicht aufgehen, da der Anteil der anderen Konzernunternehmen am Absatz der GHH nur selten bei mehr als 10 % lag.[25] Nicht nur die GHH-Montanbetriebe hatten jetzt große unausgelastete Kapazitäten, sondern auch die verarbeitenden Konzerngesellschaften. Die vertikale Struktur der Unternehmensgruppe brachte unter diesen Bedingungen nicht die Vorteile, mit denen Reusch gerechnet hatte. Statt einer Risikostreuung kam es eher zu einer Risikohäufung. Das wichtigste verarbeitende Unternehmen des GHH-Konzerns, die M.A.N., fuhr Verluste ein und bei der Deutschen Werft musste nach hohen Verlusten in den Jahren 1924 und 1925 sogar das Kapital zusammengelegt werden.[26] Schon während der Inflationszeit hatte die GHH ihren neuen Tochtergesellschaften immer wieder mit Krediten aushelfen müssen.[27] Die Bezuschussung der Tochterunternehmen setzte sich in den folgenden Jahren fort. Statt sichere Absatzmöglichkeiten zu bieten, brachten die weiterverarbeitenden Konzerngesellschaften der GHH finanzielle Belastungen ein. Die Steuerbilanzen der GHH Oberhausen AG, bei der damals auch die Verbindlichkeiten der Dachgesellschaft GHH AV bilanziert wurden, wiesen für die Geschäftsjahre 1925/26 und 1927/28 jeweils hohe Verluste aus.[28] Die Gewinne, die die GHH Oberhausen AG in ihren veröffentlichten Bilanzen für diese Jahre angab, entsprachen nicht der tatsächlichen Ertragslage des Unternehmens. Trotz des großen Kapitalbedarfs der Konzerngesellschaften konnte die GHH ihr Aktienkapital nicht weiter erhöhen. So blieb als Ausweg nur die damals häufig gewählte Finanzierungsform der Auslandsanleihe. Im Oktober 1925 nahm die GHH in den USA eine 7 %ige Anleihe über 10 Mio. Dollar auf.[29]

In der technischen Entwicklung knüpfte die GHH an ihre Erfolge in der Zeit vor dem Ersten Weltkrieg an. Das galt besonders für den Brückenbau des Werks Sterkrade. 1926 errichtete Sterkrade in Rotterdam die größte Hubbrücke der Welt. 1927/29 folgte die Köln-Mülheimer Straßenbrücke über den Rhein. Mit einer Mittelöffnung von 313 m war sie damals die am weitesten gespannte Brücke auf dem europäischen Festland.[30] Viel bewunderte Brücken baute Sterkrade auch in Skandinavien, auf dem Balkan (Eisenbahnbrücke über die Donau zwischen Belgrad und Pancevo, 1928/31, Straßenbrücke über die Save bei Belgrad, 1930/34) und in Lateinamerika (Brücke über den Rio Dulce in Argentinien, 1924/25).[31] Die Eingliederung der M.A.N. in den GHH-Konzern wirkte sich auch auf technischem Gebiet aus. So wurde in der neuen Werft Walsum bei Oberhausen 1922 der erste vollelektrifizierte Dieselschlepper für die Rheinschifffahrt gebaut, die «Franz Haniel XXVIII».[32] Das Schiff wurde von zwei Dieselmotoren der M.A.N. angetrieben. Zwischen 1927 und 1929 baute das M.A.N.-Werk Gustavsburg in Oberhausen einen 117 m hohen «Hochofengasbehälter». Der Gasometer wurde zum Wahrzeichen der Stadt und blieb bis 1988 in Betrieb. Heute wird der «Eiffelturm Oberhausens» für Ausstellungen und Veranstaltungen genutzt.[33] Neue Wege ging die GHH bei der Verwertung von Hochofengas. Nach dem Ersten Weltkrieg gründete das Unternehmen eine eigene Überwachungsstelle für Wärmewirtschaft. Um Energie zu sparen, wurden zunächst die Wärmestellen in den Hüttenbetrieben mit Hochofengas beheizt. Später wurde ein neues Verwertungskonzept entwickelt. Die GHH nutzte ab 1926 die Hochofenschlacke systematisch zur Herstellung von Zement und Pflastersteinen, das Hochofengas zur Erzeugung von Strom und das Kokereigas zur Produktion von Ölen und Teer. Für dieses Recycling entstand 1926 ein eigenes Unternehmen, die AG für Kohleverwertung. In den folgenden Jahren wurde die AG für Kohleverwertung dann in die Ruhrchemie AG und die Ruhrgas AG aufgegliedert.[34]

Die schwierige Marktlage der deutschen Montanindustrie führte dazu, dass sich 1926 vier der größten Unternehmen, der Branchenführer Rhein-Elbe-Union und die Konzerne Phoenix, Rheinstahl und Thyssen, zur Vereinigten Stahlwerke AG zusammenschlossen. Der neue «Stahlverein» war der größte Montankonzern Europas.[35] Paul Reusch lehnte eine Beteiligung der GHH an diesem Zusammenschluss ab. Auch die Konzerne Hoesch, Klöckner, Krupp und Mannesmann traten nicht in die Vereinigten Stahlwerke ein. Doch Reusch bezog so deutlich wie kein anderer Ruhrindustrieller eine Gegenposition zum Stahlverein.[36] Als horizontaler Zusammenschluss von Konzernen einer Branche waren die Vereinigten Stahlwerke schon ihrem Aufbau nach ein Gegenmodell zur vertikal gegliederten GHH-Gruppe. Reusch hielt den «Stahltrust» auch wegen seiner Größe für ineffizienter als die GHH. Die Eigentümerfamilie Haniel war in dieser Frage gespalten. Der GHH-Aufsichtsratsvorsitzende Karl Haniel (Stamm Gerhard Haniel) unterstützte Reusch, während Werner Carp (Stamm Franz Haniel) sich vergeblich für einen Eintritt in die Vereinigten Stahlwerke stark machte. Zusammen mit seinem Mitstreiter Theodor Böninger galt Carp als Vertreter der «Jungen Wilden» innerhalb der Haniel-Familie.[37] Er war als Aufsichtsratsvorsitzender von Phoenix – wo die Haniels eine größere Kapitalbeteiligung besaßen – an der Gründung der Vereinigten Stahlwerke beteiligt und gehörte dann deren Aufsichtsrat an. Eine Angliederung an die Vereinigten Stahlwerke hätte zu einer Zerschlagung des GHH-Konzerns geführt und dem Stahlverein auch liquide Mittel eingebracht, da in diesem Fall die Maschinenbauunternehmen der GHH-Gruppe verkauft worden wären.[38]

Im April 1930 suchte Carp den offenen Machtkampf mit Reusch. Er bot den Aktionären der GHH an, ihre Pakete zu günstigen Bedingungen in Aktien der Vereinigten Stahlwerke zu tauschen.[39] In einer Unterredung mit Reusch teilte er seine Absicht mit, die GHH den Vereinigten Stahlwerken anzugliedern. Auf Nachfrage Reuschs hin erklärte Carp, dass hinter seinem Vorstoß die Unternehmen Phoenix und Gelsenkirchener Bergwerks AG (GBAG) stünden. Dominierender Großaktionär der GBAG war damals Friedrich Flick.[40] Reusch wusste, dass Flick hinter Carps Vorstoß stand und auch die Presse ging allgemein davon aus, auch wenn die GBAG und Albert Vögler, der Vorstandsvorsitzende der Vereinigten Stahlwerke, dies abstritten. Carp hatte vorher schon Flick und Thyssen geholfen, die Phoenix AG unter ihre Kontrolle zu bringen. Flick wiederum benötigte frisches Kapital, wie es ihm ein Verkauf der M.A.N. eingebracht hätte. Es gab bereits Überlegungen, die M.A.N. an die Demag abzugeben.[41]

Reusch war durch den befreundeten Braunkohlenindustriellen Paul Silverberg, der im Aufsichtsrat der GBAG saß, frühzeitig über Carps Pläne informiert worden.[42] Während nun im Revier bereits Hermann Kellermann als sein Nachfolger gehandelt wurde,[43] ging Reusch mit Unterstützung des Aufsichtsratsvorsitzenden Karl Haniel in die Offensive. Der Aufsichtsrat der GHH beschloss, für das Geschäftsjahr 1929/30 eine Dividende von 10 % auszuschütten. Eine derart hohe Dividende gab die Ertragslage des Unternehmens natürlich nicht her, aber Haniel und Reusch war die Selbstständigkeit der GHH diesen Preis wert. Carps Vorstoß war nun chancenlos, denn für die Aktionäre musste eine 10 %ige Dividende wesentlich verlockender sein als die Aussicht, Aktien der Vereinigten Stahlwerke zu bekommen, deren Kurs sich in der mittlerweile bestehenden Weltwirtschaftskrise im freien Fall befand. Zudem bediente sich Reusch einer Bestimmung in der Satzung der GHH, wonach Aktien bei einem Verkauf zunächst dem Unternehmen angeboten werden mussten. Am 16. Juni 1930 gab Carp auf und teilte Reusch mit, dass er seinen Plan nicht mehr weiter verfolgen werde.[44]

Paul Reuschs Verbandsmacht und seine antidemokratische Politik als Repräsentant der deutschen Schwerindustrie

Paul Reusch hatte sich seit 1924 mehrere Schlüsselstellungen in den Verbänden der Ruhrindustrie gesichert. Sein Drang, das Ordnungssystem des Kaiserreichs wiederherzustellen, dürfte dabei ebenso mitgespielt haben wie das Interesse, sich nach Bildung der Rohstahlgemeinschaft (1924) und der Vereinigten Stahlwerke (1926) gegenüber den größeren Konzernen genügend Gehör zu verschaffen und eine einseitige Begünstigung des «Stahltrusts» durch die Politik zu verhindern. Nachdem Reusch im Juli 1924 zum Vorsitzenden des einflussreichen Langnamvereins gewählt worden war und das Amt eines Sprechers der Nordwestlichen Gruppe des Verbandes der deutschen Eisen- und Stahlindustriellen übernommen hatte, besaß er eine Verbandsmacht wie noch kein Vorstandsvorsitzender der GHH vor ihm.[45]

Einige Jahre später ging Reusch daran, einen exklusiven Club der mächtigsten Ruhrindustriellen zu gründen, der sich im Januar 1928 unter dem ominösen Namen «Ruhrlade» konstituierte. Die Mitglieder der Ruhrlade trafen sich in unregelmäßigen Abständen auf einem ihrer Schlösser oder Landsitze. Die Exklusivität der Runde garantierte Verschwiegenheit und entsprechend offene Gespräche. Neben den drei Gründern Paul Reusch, Fritz Thyssen (Aufsichtsratsvorsitzender der Vereinigten Stahlwerke) und Gustav Krupp von Bohlen und Halbach gehörten diesem Kreis noch neun weitere Generaldirektoren, Vorstände und Aufsichtsratsvorsitzende an, darunter auch Karl Haniel.[46] Die Ruhrlade war bald mehr als nur ein Club. Sie agierte auch als Interessenorganisation gegenüber Behörden und Politik sowie als Sammelstelle für Spenden und Zuschüsse. Eine geheime Gegenregierung der Schwerindustrie war sie jedoch – entgegen mancher damaliger wie späterer Mutmaßungen – nicht.[47]

Als Vorsitzender des Langnamvereins, des Arbeitgeberverbandes Nordwest und der Ruhrlade hatte Paul Reusch, zumindest nach außen hin, nun die Rolle eines Sprechers der rheinisch-westfälischen Schwerindustriellen inne. Mit wenigen Ausnahmen standen diese Industriellen dem Staat von Weimar kritisch bis unversöhnlich gegenüber. Sie machten die Sozialgesetzgebung und die Gewerkschaften für die schwierige Lage ihrer Branche verantwortlich. Arbeitszeitverkürzungen und übermäßige Lohnerhöhungen hätten die deutsche Wirtschaft in eine Krise gestürzt, die nach Ansicht der meisten Schwerindustriellen nur durch eine Änderung des Tarifvertragsprinzips und eine Beseitigung der damals bestehenden staatlichen Zwangsschlichtung überwunden werden konnte.[48] Reusch vertrat diese Position noch radikaler als die meisten anderen Ruhrindustriellen. In einem programmatischen Artikel forderte er im Dezember 1926: «Laßt die Wirtschaft doch endlich einmal in Ruhe!»[49] Reusch ging es um weit mehr als

Abb. 46 Gasometer am Walzwerk Oberhausen, im Bau (1928)

den üblichen Lobbyismus einer Interessengruppe. Sein Eintreten für die «Freiheit der Wirtschaft» war auch als Kampfansage an das demokratische System der Weimarer Republik gemeint. Er griff den Interventionsstaat von Weimar frontal an, der es eben nicht mehr der Wirtschaft überließ, die Arbeitsverhältnisse nach Gutdünken zu regeln. Bei der Übergabe einer Denkschrift des Reichsverbandes der Deutschen Industrie an den neuen Reichspräsidenten Paul von Hindenburg am 29. Dezember 1925 legte Reusch dem früheren kaiserlichen Generalfeldmarschall nahe, verstärkt mit dem Notstands-Artikel 48 unter Ausschaltung des Parlaments zu regieren.[50]

Seine politischen Kontakte pflegte Reusch über die 1922 errichtete Verwaltungsstelle Berlin der GHH. Ihr Leiter Martin Blank knüpfte ein dichtes Netz von Verbindungen zu Politikern, Behörden, Medien und Wirtschaftsverbänden in der Hauptstadt. Er holte Informationen aus allen Richtungen ein und wertete sie für seinen Konzernchef aus. Blank, der später als FDP-Abgeordneter dem Deutschen Bundestag angehörte, bewies dabei großes Geschick. Reusch hatte es vor allem ihm zu verdanken, dass er damals als der bestinformierte Industrielle Deutschlands galt.[51] Als Sprachrohr für die radikalen Forderungen Reuschs fungierte der Geschäftsführer des Langnamvereins, Max Schlenker.

Zu einer dramatischen Zuspitzung kam es im Ruhreisenstreit vom Herbst 1928, der größten Aussperrung in der Geschichte der Weimarer Republik.[52] Ein staatlicher Schlichter hatte damals seinen Schiedsspruch in einem Lohntarifkonflikt der nordwestdeutschen Eisen- und Stahlindustrie vom Reichsarbeitsminister für verbindlich erklären lassen. Der von Reusch geleitete Arbeitgeberverband Arbeit Nordwest (die nordwestdeutsche Gruppe des Vereins Deutscher Eisen- und Stahlindustrieller) sperrte anschließend trotzdem rund 213 000 Metallarbeiter aus. Reusch hatte den Aussperrungsbeschluss gegen Bedenken Krupps und Vöglers durchgesetzt. Dass sich Arbeit Nordwest offen über die Autorität des Staates hinwegsetzte, war ein beispielloser Vorgang. Angesichts der Not der ausgesperrten Arbeiter und des volkswirtschaftlichen Schadens wurde der Arbeitgeberverband von allen Seiten heftig angegriffen. Selbst der Industrie nahe stehende Parteien gingen auf Distanz. Die satirische Wochenzeitschrift *Simplicissimus* titelte mit einer Reusch-Karikatur, unterlegt durch die Parole «Alle Räder stehen still – wenn Mein starker Arm es will».[53] Der Druck der Öffentlichkeit und der Politik zwang Reusch schließlich nach mehr als vier Wochen Aussperrung zum Einlenken.[54]

Reusch gehörte inzwischen zu den prominenten Vertretern der antidemokratischen Sammlungsbewegungen gegen das «System» der Weimarer Republik. Er war einer der Mitbegründer des Bundes zur Erneuerung des Reichs (Luther-Bund), der eine autoritäre Staatsform anstrebte und Konzepte zum Umbau der Verfassung ausarbeitete.[55] Eine enge Freundschaft verband Reusch mit dem Schriftsteller und Philosophen Oswald Spengler, der durch sein Buch «Untergang der Abendlandes» zu einer Kultfigur der nationalen Rechten wurde. Beide waren sich bei den Kampagnen gegen die Politik Gustav Stresemanns näher gekommen.[56] Befreundet war Reusch auch mit Reichsbankpräsident Hjalmar Schacht, der sich dann in der Harzburger Front den Nationalsozialisten andiente. Gleichzeitig stand Reusch aber dem eher gemäßigten Großindustriellen Paul Silverberg nahe, und mit seinem liberalen schwäbischen Landsmann Robert Bosch verband ihn eine jahrzehntelange Freundschaft. Bosch und Reusch hatten nicht nur schwäbische Tugenden gemeinsam. Sie waren sich auch darin einig, dass es – wie Bosch 1919 an Reusch schrieb – «das beste wäre, wenn ein bedeutender Mann aufstünde, der unser Volk aus den gegenwärtigen Stürmen und Wirren herausführen würde».[57] Ebenso wie Reusch war Bosch der Ansicht, dass der Staat nicht in die Wirtschaft einzugreifen hatte. Während Bosch dies aber im liberalen Sinn verstand und für eine generelle Begrenzung staatlicher Macht eintrat, wollte Reusch einen starken, autoritären Staat, der die Wirtschaft abschirmte.[58] Zwiespältig war auch das Bild, das sich die Öffentlichkeit von Reusch machen konnte. Der «Löwe von Oberhausen» galt als unerbittlicher Kontrahent der Gewerkschaften und Befürworter autoritärer Lösungen. Zugleich machte er aber auch durch großzügige Schenkungen und Stiftungen von sich reden. Besonders viel verdankt ihm das Deutsche Museum, mit dessen Gründer Oskar von Miller Reusch befreundet war und dessen Vorstandsrat er von 1921–1926 leitete.[59]

Die GHH in der Weltwirtschaftskrise

Als mit dem Börsencrash an der Wallstreet im Oktober 1929 die große Weltwirtschaftskrise begann, konnte man auch bei der GHH das Ausmaß dieser Depression zunächst nicht erkennen. Einige Zeit schien es so, als könne der Konzern wegen seiner vertikalen Ausrichtung vergleichsweise glimpflich durch die Krise kommen. Bei den weiterverarbeitenden Unternehmen brach der Umsatz erst später ein als bei den Montanbetrieben. Besonders hart wurde aber die Deutsche Werft getroffen, da der Schiffbau praktisch zusammenbrach. Der Umsatz des Unternehmens ging zwischen 1931 und 1932 um 75 % zurück. Bei der M.A.N. lag der Umsatz im Geschäftsjahr 1931/32 um 46 % unter dem Vorjahrsstand.[60]

Reuschs Strategie, die GHH durch den vertikalen Konzernaufbau gegen Krisen abzusichern, erwies sich gegen die Schläge der Jahre 1931 und 1932 als wirkungslos. Bei der GHH Oberhausen AG nahm die Rohstahlproduktion zwischen den Geschäftsjahren 1928/29 und 1932/33 um insgesamt 68 % ab, die Roheisenproduktion um 51 % und die Kohlenförderung um 49 %.[61] Die Stahlproduktion ging damals bei der GHH stärker zurück als bei den Vereinigten Stahlwerken und ungleich stärker als bei Krupp.[62] Nun rächte sich, dass die GHH in ihre Montanbetriebe nicht so viel investiert hatte wie z. B. Krupp, weil die Gelder in die neuen, weiterverarbeitenden Tochtergesellschaften geflossen waren.[63] Zudem entfiel auf die verarbeitenden Konzerngesellschaften nach wie vor höchstens ein Fünftel des Umsatzes der GHH. Vor allem aber litt die GHH jetzt darunter, dass sie besonders stark von der Nachfrage des Bergbaus und der Werftindustrie abhängig war. Die GHH wurde aber nicht nur durch die Krise des Bergbaus besonders belastet, sondern eben auch durch den Niedergang der Deutschen Werft, die als weiterverarbeitendes Unternehmen des Konzerns eigentlich den Absatz der Oberhausener Werksbetriebe sichern sollte. Dementsprechend ging die Beschäftigtenzahl während der Weltwirtschaftskrise im GHH-Konzern insgesamt noch stärker zurück als bei der GHH Oberhausen AG.

Tab. 18: Rohstahlproduktion der Vereinigten Stahlwerke, des Krupp-Konzerns und der GHH 1928/29–1932/33 in 1000 t[64]

	1928/29	1932/33	Rückgang 1928/29 – 1932/33
Vereinigte Stahlwerke	6419	2699	– 58 %
Krupp-Konzern	1597	844	– 47 %
GHH	1066	339	– 68 %

Im gesamten Konzern fielen zwischen Mitte 1929 und Mitte 1932 rund 30 000 Arbeitsplätze weg, das war ein Rückgang um 49 %. Bei der GHH Oberhausen AG sank die Beschäftigtenzahl im gleichen Zeitraum um 47 %. Die Entlassungen betrafen die Arbeiter stärker als die Angestellten. Kamen 1929 im GHH-Konzern noch durchschnittlich 6,7 Arbeiter auf einen Angestellten, so waren es im Februar 1931 nur noch 5,8.[65]

Grafik 19 Rückgang der Beschäftigtenzahl und der Produktion bei der GHH Oberhausen AG 1928/29–1932/33 in v. H. des Standes von 1928/29

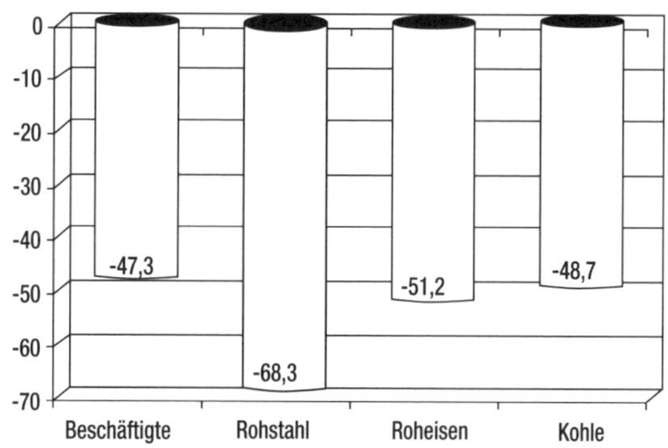

Im Frühjahr 1931 begann in Oberhausen das Zechensterben. Die GHH reagierte auf den Absatzeinbruch bei den Bergbauabteilungen, indem sie zum 1. April 1931 die Zechen Oberhausen und Hugo schloss. Die Zeche Oberhausen – sie war fast achtzig Jahre vorher als erste des Unternehmens entstanden – wurde später als Schaubergwerk eingerichtet und bildete dann das erste Bergbaumuseum dieser Art. Im Januar 1932 musste auch die Zeche Vondern die Förderung einstellen, und ein Jahr später folgte die Zeche Sterkrade. Von sieben Zechen der GHH Oberhausen AG überstanden nur drei (Jacobi, Ludwig, Osterfeld) die Weltwirtschaftskrise.[66] Auch von den sieben Hochöfen der Eisenhütte Oberhausen waren Ende 1932 nur noch zwei in Betrieb.[67] Anders als die Zechen wurden die Hochöfen aber nicht geschlossen, sondern nur stillgelegt.

Die Entlassungen in den Zechen und Hüttenbetrieben der GHH waren nicht nur für die Betroffenen eine Katastrophe, sondern auch für die gesamte Stadtregion Oberhausen. Die erst 1929 durch die Eingemeindung von Sterkrade und Osterfeld gebildete Stadt Groß-Oberhausen hing stark von den Montanbetrieben der GHH ab. Elend und Protest spiegeln sich in den Wahlergebnissen wieder. Die NSDAP wurde 1932 in der Arbeiterstadt Oberhausen die zweitstärkste Partei nach dem Zentrum. Auf NSDAP und KPD entfielen insgesamt 48 % der Stimmen.[68]

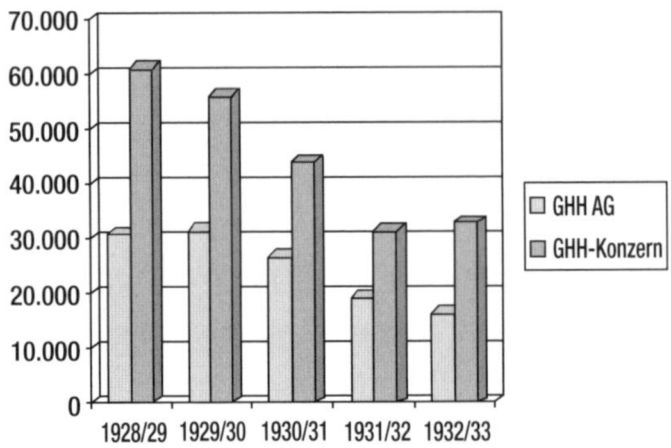

Grafik 20 Beschäftigte der GHH Oberhausen AG und des GHH-Konzerns 1928/29–1932/33[69]

Paul Reusch und das Ende der Weimarer Republik

Nach dem Scheitern der letzten parlamentarischen Regierung der Weimarer Republik im März 1930 wurde Heinrich Brüning zum Reichskanzler ernannt. Er leitete die von der Industrie schon lange geforderte Wende in der Lohnpolitik ein. Auch war Brüning vom Reichspräsidenten ermächtigt worden, den Artikel 48 der Reichsverfassung anzuwenden und Gesetze ohne Zustimmung des Parlaments per Notverordnung zu erlassen, was Reusch schon 1925 dem Reichspräsidenten empfohlen hatte. Trotzdem waren die Schwerindustriellen um Reusch nicht lange bereit, Brüning zu stützen. Dass der Kanzler sein Kabinett von der SPD tolerieren ließ, war für sie nicht akzeptabel. Am 30. Juli 1931 verfassten die Ruhrindustriellen unter Federführung Reuschs ein Schreiben an den Reichskanzler, in dem sie ankündigten, ihn fallen zu lassen, falls er sich nicht vollständig von der SPD trennen würde. Als Brüning nicht einknickte, gingen die Wirtschaftsverbände mit einer gemeinsamen, im Sinne Reuschs verfassten Erklärung vom 29. September 1931 zum Angriff über.[70]

Durch eine der letzten Handlungen der Regierung Brüning sah sich Reusch nachträglich noch in seiner Kritik bestätigt. Friedrich Flick konnte im Mai 1932 die GBAG zu einem Preis an das Reich verkaufen, der um ein Mehrfaches über dem Börsenwert des Unternehmens lag. Da die GBAG faktisch die Vereinigten Stahlwerke kontrollierte, ging mit diesem Geschäft der bei weitem größte Ruhrkonzern in den Besitz des Reichs über, während der überschuldete Flick durch die großzügigen Zahlungen des Reichsfinanzministers vor dem Konkurs bewahrt blieb («Gelsenberg-Affäre»). Reusch kritisierte diese Transaktion in einem viel beachteten Artikel als «einen Schritt auf dem Weg zum Staatskapitalismus» und forderte, «daß die freie Wirtschaft bis aufs letzte verteidigt werden muß».[71] Das richtete sich nicht nur gegen Flick und die mittlerweile abgetretene Regierung Brüning, sondern eben auch gegen die Sonderstellung der Vereinigten Stahlwerke, die mit mehr Unterstützung des Staats rechnen konnten als die GHH.

Reusch hatte 1930 den Vorsitz des Langnamvereins und der nordwestdeutschen Gruppe des Eisen- und Stahlindustriellenverbands abgegeben. Als Konsequenz aus der Niederlage im Ruhreisenstreit und den dramatischen Veränderungen im politischen Gefüge der Weimarer Republik wollte er jetzt unmittelbaren Einfluss auf die Politik nehmen. Dafür bediente er sich auch der GHH-eigenen Zeitungen. Die verhängnisvolle Reichstagswahl vom 14. September 1930 hatte zu einem Erdrutsch in der Parteienlandschaft geführt. Die NSDAP war jetzt die mit Abstand stärkste Rechtspartei. Reusch blieb davon nicht unbeeindruckt. Früher hatte er die Partei Hitlers wegen ihres kruden, antikapitalistisch eingefärbten Wirtschaftsprogramms («Brechung der Zinsknechtschaft») verachtet. Als er im Frühjahr 1921 um eine Spende für die NSDAP angegangen worden war, hatte Reusch geantwortet: «Wir haben keine Veranlassung, unsere eigenen Totengräber zu unterstützen.»[72] Auch nach dem Wahlsieg der NSDAP von 1930 war Reusch kein Anhänger dieser Partei, aber er hatte nun Sympathien für sie.[73] Als Nationalsozialisten und Deutschnationale im Oktober 1931 bei einer Kundgebung in Bad Harzburg unter aktiver Mitwirkung von Hjalmar Schacht ein Bündnis eingingen, waren gleich vier politische Lobbyisten aus Reuschs Umfeld anwesend, darunter auch der Leiter des Berliner GHH-Büros Martin Blank.[74]

1932 fanden eine Reichspräsidentenwahl und zwei Reichstagswahlen sowie Landtagswahlen in Preußen und Bayern statt. Die Industrie wollte ihren ganzen Einfluss geltend machen, doch war das Unternehmerlager politisch zersplittert. Die Gruppe um Reusch stand der rechtskonservativen Deutschnationalen Volkspartei (DNVP) nahe, deren Vorsitzender, der Pressezar Alfred Hugenberg, aber ein Intimfeind Reuschs war. Solange Hugenberg den Vorsitz hatte, wollte sich der Konzernchef nicht in der DNVP engagieren. Reusch und einige ihm nahe stehende Unternehmer wie der Krupp-Schwager Tilo von Wilmowsky erwogen nun die Gründung einer neuen Rechtspartei, die das Spektrum zwischen der Zentrumspartei und den Nationalsozialisten abdecken sollte.[75]

Vor der Reichspräsidentenwahl vom März 1932 trieb Reusch die Sorge um, dass sich die rechten Parteien untereinander eine Schlammschlacht liefern und noch weiter auseinanderdriften würden. Als aussichtsreichste Kandidaten galten der rechtskonservative Hindenburg und der rechtsradikale Hitler. Die GHH-eigenen Tageszeitungen *Münchener Neueste Nachrichten*, *Fränkischer Kurier* und *Schwäbischer Merkur* traten für eine Wiederwahl Hindenburgs ein und bedachten die beiden anderen Kandidaten der Rechten, Hitler und Reuschs Favorit Duesterberg (DNVP), mit weniger freundlichen Artikeln.[76] Am 25. Februar 1932 wies Reusch den Hauptschriftleiter des *Schwäbischen Merkurs*, Georg Dörge, an, sich «den übrigen Kandidaten der Rechtsparteien rein objektiv gegenüberzustellen und jede Gehässigkeit und Anrempelung zu vermeiden».[77] Hindenburg erhielt im ersten Wahlgang keine Mehrheit. Es kam zu einer Stichwahl zwischen Hindenburg, Hitler und Thälmann (KPD). Reusch behagte es überhaupt nicht, dass Hitler auch im zweiten Wahlgang gegen Hindenburg kandidierte.[78] Er wollte persönlich auf Hitler einwirken, um eine weitere Eskalation des Wahlkampfs zwischen den rechten Parteien zu verhindern. Am 19. März 1932 traf er sich mit ihm in der Münchner NSDAP-Zentrale, dem «Braunen Haus». Was in der zweistündigen Unterredung besprochen wurde, lässt sich nur aus Briefen Reuschs und seinen Weisungen an die Redaktionen der GHH-eigenen Tageszeitungen rekonstruieren.[79] Demnach hat Reusch Hitler nahe gelegt, sich mehr auf parteiunabhängige Experten zu stützen als auf die alten Kämpfer der NSDAP.[80] Vor allem aber traf er mit ihm eine Vereinbarung, dass die GHH-eigenen Zeitungen auf «persönliche Angriffe» gegen Nationalsozialisten verzichteten. Dafür hat er von Hitler wohl zugesagt bekommen, dass sich das NSDAP-Organ *Völkischer Beobachter* mit Angriffen auf die anderen Rechtsparteien und die Zeitungen der GHH-Verlage zurückhalten würden.[81] Reusch selbst interpretierte seine Vereinbarung mit Hitler als «Burgfrieden» und schwor die Redaktionen auch in diesem Sinne ein.[82] Hitler konnte die Unterredung als Erfolg verbuchen. Die auflagenstärkste Münchner Zeitung würde sich im Wahlkampf nicht mehr gegen ihn stellen. Reusch hat aber in der Unterredung vom 19. März kein wirklich neues Zugeständnis gemacht. Er sagte Hitler nur das zu, was er dem *Schwäbischen Merkur* und wohl auch den anderen Zeitungen des Haniel-Konzerns schon einige Wochen vorher verordnet hatte.

Ein «Bündnis» mit Hitler war der «Burgfrieden» nicht, wohl aber ein Arrangement. Reusch glaubte, durch eine Verständigung mit den Nationalsozialisten mäßigend auf sie einwirken zu können. Dies hatte die fatale Folge, dass die Tageszeitungen des GHH-Konzerns ihre Leser nicht mehr vor Hitler warnen durften. Die Nationalsozialisten verbreiteten in München schnell das Gerücht, «die Münchener Neuesten Nachrichten seien umgefallen», und verunsicherten damit viele Leser der Zeitung.[83] Ähnliche Meldungen gab die Regierung Brüning in Berlin heraus, um ihren Gegner Reusch zu diskreditieren. Die Redakteure der *Münchener Neuesten Nachrichten* waren «über die politische Naivität des Industriellen entsetzt» und opponierten gegen die Weisung Reuschs.[84] Hitler wiederum hat sich erst gar nicht bemüht, seinen Teil der Zusagen einzuhalten. Der *Völkische Beobachter* drosch unvermindert auf Hindenburg, die DNVP und die Bayerische Volkspartei ein.[85] Reusch hatte seinen Einfluss überschätzt und Hitlers Skrupellosigkeit unterschätzt. Henry A. Turner schreibt dazu in seinem Standardwerk über die Großunternehmer und den Aufstieg Hitlers: «Mit nur einer Lüge hat er Deutschlands politisch bestinformierten und einflussreichsten Industriellen hinters Licht geführt: Reusch hat den Fehler gemacht, das Spiel spielen zu wollen, in dem Hitler unschlagbar war: Machtpolitik.»[86]

Reusch beteiligte sich nach seiner Besprechung mit Hitler an der Finanzierung einer Arbeitsstelle, die Hjalmar Schacht gegründet hatte, um Hitler wirtschaftspolitisch zu beraten.[87] Schon wenige Monate später begann sich seine Einstellung zu den Nationalsozialisten zu ändern. Die NSDAP hatte vor der Reichstagswahl vom Juli 1932 ein «Wirtschaftliches Sofortprogramm» vorgestellt, mit dem der «linke» Parteiflügel bei der Arbeiterschaft auf Stimmenfang gehen wollte. Reusch war desillusioniert. Am 29. September 1932 schrieb er an Schacht, «daß mich die Nationalsozialisten, denen ich durchaus sympathisch gegenüberstand, in den letzten Wochen sehr enttäuscht haben».[88] Reusch und die meisten anderen Großindustriellen setzten nun uneingeschränkt auf den neuen Reichskanzler Franz von Papen, der sich die Forderungen der Wirtschaft zu eigen machte und so regierte, wie Reusch es erwartete: mit Notverordnungen des Reichspräsidenten unter Ausschaltung des Parlaments. Mit der verfassungswidrigen Reichsexekution gegen Preußen verwirklichte er zudem ein wichtiges Ziel des von Reusch mitbegründeten Bundes zur Erneuerung des Reichs.[89]

Dass sich die meisten Großindustriellen jetzt gegenüber der NSDAP distanzierter verhielten, wurde auch im Zusammenhang mit der Reichstagswahl vom November 1932 deutlich. Schacht wollte damals mit einer Petition der Wirtschaft an den Reichspräsidenten die Ernennung Hitlers zum Kanzler erreichen. Mit Ausnahme Fritz Thyssens unterschrieb aber kein einziger bekannter Industrieller diese Eingabe.[90] Inzwischen konnte die Industrie freilich ihren Wunschkandidaten Papen nicht im Amt halten, sein wirtschaftsfreundliches «Kabinett der Barone» kam weder bei den Parteien noch bei den Wählern an. Bei einer Vertrauensabstimmung im Reichstag stellten sich nur 32 von 513 Abgeordneten hinter ihn. Sein Nachfolger wurde der «soziale General» Kurt von Schleicher, der zwar vom Reichsverband der Deutschen Industrie unterstützt wurde, nicht aber von Reusch, der in Schleicher einen verkappten Sozialisten sah.

Der GHH-Vorstandsvorsitzende wandte sich nach der Entlassung Papens frustriert von der Politik ab und konzentrierte sich, wie sein Terminkalender zeigt, ganz auf die Leitung des Konzerns.[91] Der Langnamverein nahm Ende 1932 wieder mit Papen Kontakt auf. Am 7. Januar 1933 traf sich Papen mit fünf führenden Ruhrindustriellen, darunter auch Reusch, in Dortmund. Dabei vermittelte er den Eindruck, dass Hitler bereit sei, als Juniorpartner in eine von Papen geführte Regierung einzutreten. Mit einer derartigen Lösung zeigten sich Reusch und die Führung des Langnamvereins einverstanden.[92] Doch Papen hatte sie getäuscht. Hitler war natürlich nicht bereit, als Minister unter Papen zu dienen, und hatte sich mit dem früheren Kanzler auf die Regierung verständigt, die dann am 30. Januar 1933 gebildet wurde: ein Kabinett Hitler-Papen.

An der Übergabe der Macht an die Nationalsozialisten war Reusch nicht beteiligt.[93] Er hat der NSDAP bei den vielen Wahlkämpfen von 1932 auch keine Spenden zukommen lassen.[94] Doch hat Reusch eben mit den Nationalsozialisten sympathisiert und sich ihnen nicht entgegengestellt, als noch Zeit dafür gewesen wäre, ihren Aufstieg zu bremsen. Mit seinen maßlosen Attacken gegen die Weimarer Demokratie hat er dazu beigetragen, den Nationalsozialisten den Weg an die Macht zu ebnen. Eine Art politisches Glaubensbekenntnis Reuschs waren die von ihm redigierten Richtlinien, die er im Frühsommer 1932 den *Münchener Neuesten Nachrichten* verordnete. Darin wurden die Redakteure verpflichtet, den Marxismus zu bekämpfen und für den Schutz des Privateigentums einzutreten. In diesen Richtlinien schrieb Reusch: «Das demokratisch-parlamentarische System von Weimar ist die letzte Wurzel vieler Übel. Es ist für Deutschland als ungeeignet abzulehnen.»[95] Reusch wollte aber nicht die Nationalsozialisten an die Macht bringen, sondern strebte ein autoritäres Präsidialregime an. Dafür gab es jedoch nur wenig Unterstützung. Reuschs Vorstellungen gingen am Willen der Wähler vorbei, und selbst die ihm nahe stehenden Politiker zogen es vor, sich der größten Rechtspartei, den Nationalsozialisten, unterzuordnen.

Als Hitler zum Reichskanzler ernannt wurde, befand sich Reusch zu geschäftlichen Besprechungen in Nürnberg. In Euphorie verfiel er nicht. Wenige Tage später, am 3. Februar 1933, schrieb er dem Hauptschriftleiter des *Fränkischen Kuriers*, Rudolf Kötter: «Ich bitte nach wie vor, sich der neuen Regierung gegenüber abwartend und nüchtern zu verhalten. Begeisterung ist vorläufig noch nicht am Platze.»[96]

4 Weichenstellungen für die Zukunft: Die M.A.N. und die schwierigen Lehrjahre des Nutzfahrzeugbaus

Krise und Innovationen: die M.A.N. in den zwanziger Jahren

Die M.A.N. hatte durch die Eingliederung in den GHH-Konzern einen sicheren Rückhalt gewonnen. Das Unternehmen konnte sich nun auf Zuschüsse der Muttergesellschaft verlassen. Kohle, Eisen, Stahl und Walzwerkserzeugnisse konnte es zu Selbstversorgerpreisen aus Oberhausen beziehen.[1] Zudem war es gelungen, das defizitäre Duisburger Werk für 15 Mio. M an Rheinstahl zu verkaufen. Das wirtschaftliche Umfeld wurde für die M.A.N. nach der Fusion aber nicht günstiger. Die Inflation machte verlässliche Preiskalkulationen unmöglich und führte dazu, dass sich die Banken mit Krediten zurückhielten. Die Investitionen der M.A.N. blieben damals unter dem Niveau der Vorkriegszeit.[2] 1922 legte ein drei Monate langer Arbeitskampf die Produktion still. Nachdem in der süddeutschen Metallindustrie rund 150 000 Arbeiter für den Erhalt der 48-Stunden-Woche in den Streik getreten waren, hatte der Metallindustriellenverband die Aussperrung beschlossen.[3] Einen Sonderfall bildete das Werk Gustavsburg, das in einem rechtsrheinischen Brückenkopf der bis 1929 von Frankreich besetzten Zone lag. Die Geldentwertung verlief hier noch rasanter als an den anderen Standorten des Unternehmens. Aber auch in Augsburg und in Nürnberg nahm die soziale Not zu. Am 16. November 1923, auf dem Höhepunkt der Hyperinflation, schrieb der Augsburger Werksleiter Lauster seinem Nürnberger Kollegen Endres: «Die enorme, blitzartige Steigerung der Lebensmittelpreise bringt eine Lage, die unsere Arbeiter und Angestellten nahezu zur Verzweiflung führt. Die Leute kommen heute schon wieder mit der Mitteilung, dass sie nicht mehr wissen, wovon sie morgen und übermorgen leben sollen.»[4]

Nach der Währungsstabilisierung wurde in der Goldmarkbilanz eine neue Bewertung des Unternehmens vorgenommen. Wegen der hohen Verluste in der Nachkriegszeit musste das Aktienkapital von 100 Mio. M auf 20 Mio. Goldmark bzw. RM umgestellt werden. Schon bald häuften sich neue Schulden an, weil der Absatz hinter den Erwartungen zurückblieb. Im November 1925 berichtete das *Berliner Tageblatt*, dass bei der M.A.N. die Bankschulden, Warenschulden und Anzahlungen zweieinhalb Mal so hoch lägen wie das Eigenkapital. Während sich das Augsburger Werk mit seinen Dieselmotoren und Druckmaschinen gut behauptete, litt das Werk Nürnberg unter dem Ausbleiben von Aufträgen der

Reichsbahn und der Schwerindustrie. Der im Ersten Weltkrieg aufgenommene Lastwagenbau konnte diesen Rückgang nicht ausgleichen.[5] Wieder musste die Muttergesellschaft GHH mit Krediten und der Stundung von Warenlieferungen einspringen.[6]

Paul Reusch drängte nun bei der M.A.N. auf Einsparungen und organisatorische Verbesserungen. Diese Aufgabe sollte vor allem der Ingenieur Otto Meyer übernehmen, der 1925 zum neuen technischen Leiter des Nürnberger Werks ernannt wurde. Meyer (geb. 29. 8. 1892 in Regensburg, gest. 25. 6. 1969 in Augsburg) hatte nach einem Maschinenbaustudium an der Technischen Hochschule München von 1907–1916 bei der Landmaschinenfabrik Gebr. Sack in Heidenau bei Dresden gearbeitet. Während des Ersten Weltkrieges war er in den Flugzeugbau gewechselt und hatte die Bayerischen Rumpler-Werke in Augsburg gegründet, eine Tochtergesellschaft der Rumpler-Werke AG in Berlin-Johannisthal, die das damals recht bekannte Flugzeug «Rumplertaube» herstellten. Von 1921 bis 1925 war Otto Meyer dann als technischer Direktor bei der GHH-Tochtergesellschaft Fritz Neumeyer AG tätig gewesen.[7] Dort war Reusch auf ihn aufmerksam geworden. Meyer hatte bei den Rumpler-Werken und der Fritz Neumeyer AG große organisatorische Fähigkeiten bewiesen. Ein Mann dieses Zuschnitts wurde bei der M.A.N. jetzt dringend benötigt. Mit Unterstützung Reuschs und des Aufsichtsratsvorsitzenden Oskar von Petri (Siemens-Schuckert-Werke) ging Meyer daran, die Produktion effizienter und rentabler zu gestalten.

Tab. 19: Beschäftigte der M.A.N. 1918–1932[8]

Jahr*	Beschäftigte
1918	23 685
1919	17 835
1920	18 083
1921	16 610
1922	18 789
1923	15 037
1924	13 835
1925	15 528
1926	11 000
1927	13 300
1928	15 300
1929	15 030
1930	14 050
1931	11 400
1932	7 400

* 1918–1925 Stand jeweils 1. 12.;
1926–1932 Stand jeweils 1. 7.

Tab. 20: Umsatz der M.A.N. 1924/25–1932/33 nach Werken in 1000 RM[9]

Jahr	Augsburg	Nürnberg	Gustavsburg	M.A.N. insgesamt
1913/14	18 417	49 072	21 243	88 732
1924/25	30 064	32 579	17 193	79 836
1925/26	35 371	39 549	13 705	88 725
1926/27	26 766	42 947	18 282	87 995
1927/28	44 068	53 351	26 933	124 352
1928/29	47 332	54 014	35 109	126 455
1929/30	52 437	53 680	23 096	126 213
1930/31	46 054	48 099	22 012	116 165
1931/32	30 237	21 505	10 846	62 589
1932/33	18 980	15 893	13 294	48 167

Meyer und Reusch hielten an dem breiten, historisch gewachsenen Fertigungsprogramm der M.A.N. grundsätzlich fest. Das Spektrum reichte damals von Dieselmotoren, Kältemaschinen und Druckmaschinen (Augsburg) über Stahlkonstruktionen und Gasbehälter (Gustavsburg) bis zu Kränen, Waggons und Lastwagen (Nürnberg). Durch die Fusion mit der Firma L. A. Riedinger kamen 1927 weitere Fertigungen hinzu. Nur der Kältemaschinenbau, den es bei Riedinger wie im Augsburger M.A.N.-Werk seit langem gegeben hatte, wurde an die Maschinenfabrik Esslingen abgegeben. Mit Nachdruck setzte Meyer Einsparungen und Rationalisierungsmaßnahmen in einzelnen Produktionsbereichen durch. Im Geschäftsbericht der M.A.N. für 1925/26 wurde ausdrücklich auf «Sparmassnahmen der verschiedensten Art und Verbesserungen des Fabrikationsganges» hingewiesen. Durch dieses Programm und einen konjunkturellen Einbruch ging die Beschäftigtenzahl im ersten Halbjahr 1926 um rund 30 % zurück.[10]

Das zentrale Problem der M.A.N. war in diesen Jahren die schwache Nachfrage. Nach der Inflation herrschte in der deutschen Wirtschaft ein ausgeprägter Kapitalmangel, und auch wichtige öffentliche Auftraggeber wie die Reichsbahn hielten sich zurück. Darunter litten nicht nur Fertigungsbereiche wie der Schwermaschinenbau und der Waggonbau. Es gelang der M.A.N. auch nicht, mit technischen Neuerungen wirtschaftliche Erfolge zu erzielen.

Ein gutes Beispiel dafür ist der Druckmaschinenbau. Hier war der M.A.N. Anfang der zwanziger Jahre ein Technologiesprung gelungen. Das Augsburger Werk hatte die Fertigung von Offsetmaschinen aufgenommen, nachdem bereits vor dem Krieg die ersten Tiefdruckmaschinen gebaut worden waren. Das Know-how brachte damals Caspar Hermann nach Augsburg, einer der beiden Erfinder des Offsetdrucks, der 1912 bei der Vogtländischen Maschinenfabrik (VOMAG) in Plauen die erste Rollenoffsetmaschine der Welt konstruiert hatte.

Mit seiner Hilfe entstanden 1920 die Bogen-Offsetmaschine «Augusta», und ein Jahr später die erste Offset-Rotationsmaschine der M.A.N.[11] Die weltweite erste Bogenrotationsmaschine für den Offsetdruck war schon 1911 bei der Faber & Schleicher AG in Offenbach gebaut worden – die «Roland». Die Werke der Offsetpionierunternehmen in Offenbach und Plauen gehören heute zur MAN Roland Druckmaschinen AG.[12] Der Offsetdruck ermöglichte es, schneller, präziser und preiswerter zu drucken. Es gab keinen Zweifel daran, dass dieses Verfahren eine große Zukunft haben würde. Trotzdem konnten sich die Offsetmaschinen wegen der schwierigen Marktlage der Druckereien und Verlage nicht durchsetzen. Wirtschaftliche Erfolge erzielte die M.A.N. mit der Offsettechnik erst nach dem Zweiten Weltkrieg. Doch bildeten die bahnbrechenden Neuerungen der frühen zwanziger Jahre dafür die Grundlage.

Ähnlich verhielt es sich mit den «Lichtsetzmaschinen». Die M.A.N. beschloss 1928, in die neue, viel versprechende Technik des Fotodrucks einzusteigen. Gemeinsam mit dem Erfinder der ersten betriebsfähigen Lichtsetzmaschine, Edmund Uher, wurde dafür ein eigenes Unternehmen gegründet, die Luminotyp AG. Die zwischen 1928 und 1936 bei Luminotyp entwickelten Versuchs-Lichtmaschinen konnten bis zu 8000 Buchstaben in der Minute drucken. Doch waren die Ingenieure auch mit dieser Technik ihrer Zeit voraus. Für die Lichtsetzmaschinen gab es noch keinen Markt. Nachdem insgesamt nur zwei Maschinen verkauft worden waren, mussten die Arbeiten schließlich während des Krieges eingestellt werden. Erst Jahrzehnte später sollte sich die Fotodruck-Technik durchsetzen.[13]

Ein sicheres Geschäft war dagegen auch in diesem schwierigen wirtschaftlichen Umfeld der Bau von Brücken, Hallen und Gasbehältern. In Istanbul baute ein von der M.A.N. geleitetes Konsortium die Atatürk-Brücke über das Goldene Horn. Hallenkonstruktionen lieferte das Gustavsburger Werk unter anderem für den Mainzer Hauptbahnhof und den Bahnhof Zoologischer Garten in Berlin. Nach dem Ersten Weltkrieg breiteten sich die neuen, in Gustavsburg entwickelten Scheibengasbehälter aus. Außer dem bekannten «Gasometer» in Oberhausen baute die M.A.N. noch in vielen anderen Städten Scheibengasbehälter. Sie war auch an der Errichtung des größten Scheibengasbehälters der Welt in Chicago beteiligt. Nachgefragt war auch Bühnentechnik aus Gustavsburg. Das M.A.N.-Werk baute die neue Doppelstockbühne im Münchner Nationaltheater, Bühnen für zahlreiche Stadttheater, aber auch für die Festspielhäuser in Bayreuth und Oberammergau und für mehrere Theater im Ausland.[14]

In Augsburg blieb der Dieselmotorenbau weiterhin die umsatzstärkste Abteilung. Hier konnten in den meisten Jahren auch höhere Umsatzsteigerungen erzielt werden als im Druckmaschinen-, Kältemaschinen- oder Allgemeinen Maschinenbau. Der Anteil des Dieselmotorenbaus am Umsatz des Augsburger

Werks stieg von 36 % im Geschäftsjahr 1920/21 auf 59 % im Geschäftsjahr 1928/29.[15] Den größten Anteil daran hatten Aufträge aus der Industrie. Der Schiffsdieselbau litt darunter, dass die Marineaufträge nach Kriegsende weggefallen waren. Die noch vorhandenen U-Bootmotoren hatte die M.A.N. als Reparationsleistung an die Siegermächte abliefern müssen.[16] Schiffsmotoren wurden nun vor allem für die Handelsschifffahrt gefertigt. Ab Mitte der zwanziger Jahre erhielt die M.A.N. wieder größere Aufträge der Kriegsmarine. Der Leiter dieser Abteilung, Gustav Pielstick, galt bald als der führende Konstrukteur von Dieselmotoren für Schlachtschiffe.[17]

In Augsburg baute die M.A.N. auch immer leistungsfähigere Dieselmotoren für Lokomotiven und Triebwagen. Im Nürnberger Werk wurden wiederum Triebwagen, Straßenbahnwagen und Eisenbahnwaggons hergestellt.[18] Lediglich den Bau von Diesellokomotiven musste die M.A.N. anderen Unternehmen überlassen, nachdem der geplante Einstieg in den Lokomotivbau Anfang der zwanziger Jahre gescheitert war. Für die erste betriebstüchtige Diesellokomotive mit größerer Leistung lieferte die M.A.N. den Motor, gebaut wurde sie aber in der Maschinenfabrik Esslingen. Auftraggeber war die sowjetische Regierung, vertreten durch den Lokomotivbau-Ingenieur und Unterstaatssekretär Jurij Lomonosov. Er hatte schon vor dem Krieg als der beste russische Fachmann auf diesem Gebiet gegolten. 1920 war Lomonosov mit persönlicher Unterstützung Lenins zum Unterstaatssekretär für das Transportwesen ernannt worden. Zwei Jahre später gab er den Bau von drei großen Diesellokomotiven für die sowjetischen Staatsbahnen in Auftrag. Lomonosov entschied sich für einen M.A.N.-Motor mit 1200 PS, wie er während des Ersten Weltkrieges in U-Boote eingesetzt worden war. Der Bau begann im Sommer 1923 bei der Lokomotivfabrik Hohenzollern in Düsseldorf, musste aber wegen der Ruhrbesetzung in die Maschinenfabrik Esslingen verlegt werden. Dort wurde im Juni 1924 die erste Diesellok fertig gestellt. Die 124 t schwere Lokomotive fuhr dann problemlos auf langen Eisenbahnstrecken in der Sowjetunion.[19]

Die ersten Diesel-Lastwagen der M.A.N.

Große Erwartungen setzte die M.A.N. in den Lastwagenbau, der 1915 aufgenommen worden war, um nach dem Krieg Beschäftigung und Wachstum zu sichern. Durch die Kooperation mit der Firma Saurer hatte das Unternehmen hier erfolgreich Fuß fassen können. Schon Anfang der zwanziger Jahre zeigte sich allerdings, dass die Saurer-Konstruktionen den Anforderungen nicht mehr genügten.

Bald nach Kriegsende hatte die M.A.N. die Arbeiten an der Entwicklung eines Fahrzeug-Dieselmotors wieder aufgenommen, um einen Diesellastkraftwagen bauen zu können. Ursprünglich war sich der Vorstand gar nicht sicher gewesen, ob Dieselmotoren überhaupt als Antrieb für Lastwagen geeignet wären. Anton von Rieppel hatte ein Expertengutachten zu dieser Frage eingeholt, das dem Vorstand bestätigte, «der Dieselmotor als schnellaufender Lastwagenmotor sei nicht nur möglich, sondern auch mit Nutzen verwendbar»[20].

Während die Arbeiten an der Entwicklung eines Lkw-Dieselmotors liefen, wurden die Lastwagen in Nürnberg weiterhin mit Ottomotoren und Konstruktionen von Saurer gebaut. Die Lastwagenwerke GmbH Nürnberg wurde zum 1. Juli 1921 eine Werksabteilung der M.A.N.[21] Über bescheidene Stückzahlen kam sie aber auch jetzt nicht hinaus. Die höchste Jahresproduktion wurde 1921 mit 370 Nutzfahrzeugen erreicht.[22] Ergänzend nahm die M.A.N. daher noch die Fertigung von Motorpflügen auf. Der M.A.N.-Motorpflug erhielt 1921 eine Auszeichnung der deutschen Landwirtschaftsgesellschaft. Drei Jahre später wurde die Produktion eingestellt, um die Kräfte auf den Lkw-Bau zu konzentrieren.[23] Größeres Aufsehen als die Lkws erregten die Reisebusse der M.A.N., die 1922 erstmals mit offenem Aussichtswagen fuhren. Busreisen kamen jetzt in Mode. Sie waren preisgünstiger als Bahnreisen und führten auch zu Orten, die keinen Bahnanschluss hatten. Davon profitierten die Kurorte und der Tourismus in den Mittelgebirgen. Aber auch Stadtrundfahrten in Berlin wurden mit Bussen der M.A.N. durchgeführt. Dabei waren die Fahrgestelle noch denen der Lkws sehr ähnlich. Erst mit den ab 1924 gebauten Niederflurbussen ging die M.A.N. zu Fahrgestellen über, die eigens für Busse konstruiert worden waren.[24]

Bei der Entwicklung eines Dieselmotors für Lastwagen orientierte sich die M.A.N. an den Arbeiten, die das Nürnberger Werk vor dem Ersten Weltkrieg durchgeführt hatte. Die Entwicklung eines Fahrzeugdiesels erforderte eine völlig andere Konstruktion, als sie beim Industrie- oder Schiffsdiesel üblich war. Er musste mit einem viel geringeren Gewicht und einer handlicheren Größe gebaut werden können als alle bisherigen Dieselmotoren. Emil Vogel hatte im Nürnberger Werk erstmals einen kompressorlosen Versuchsdieselmotor gebaut. Der Wegfall des Kompressors brachte eine deutliche Verringerung des Gewichts und der Abmessungen.

Nachdem die M.A.N. den Nürnberger Dieselmotorenbau nach Augsburg verlegt hatte, wurden die Nürnberger Versuche dort ausgewertet. Schon 1915 kamen die Ingenieure in Augsburg zu dem Schluss, dass der Kraftstoff nicht mit Druckluft in den Brennraum eingeblasen, sondern von einer Pumpe direkt der Düse zugeführt werden sollte. Im Mai 1915 waren bereits Zeichnungen für eine derartige Pumpe fertig gestellt worden.[25] Dies war der Beginn der Arbeiten am Direkteinspritzverfahren, die aber während des Krieges nicht weitergeführt werden konnten. Nach dem Krieg begannen in Augsburg unter der Leitung von Wilhelm Riehm Versuche, einen Dieselmotor mit direkter Einspritzung zu bauen. Im Juli 1919 erhielt die M.A.N. ein Patent auf dieses Verfahren.[26] Riehm führte die Arbeiten zunächst mit einem umgebauten Flugzeugmotor aus dem Krieg durch. Da es sich bei der Direkteinspritzung um ein anspruchsvolles Verfahren handelte, wurden für die Versuche dann mehrere Jahre benötigt.

Außer der M.A.N. arbeiteten auch die Firmen Benz & Cie. und Daimler Motoren-Gesellschaft mit Hochdruck an der Entwicklung eines Fahrzeugdieselmotors. Bei Benz gelang es dem Konstrukteur Prosper L'Orange, das Vorkammerverfahren zu entwickeln. Am 10. September 1922 führte L'Orange in Gaggenau eine Versuchsfahrt mit einem ersten Diesel-Lkw durch. Wenig später gelang dies auch bei Daimler. Dort war ein Fahrzeugdiesel gebaut worden, der ähnlich wie die bisherigen Dieselmotoren mit eingeblasener Druckluft arbeitete. Im Oktober 1923 präsentierten die Unternehmen Benz und Daimler ihre neuen Diesel-Nutzfahrzeuge auf der Automobilausstellung in Berlin.[27] In Augsburg hatte man nach den Erfolgen von Benz und Daimler Sorge, den Anschluss zu verlieren. Oberingenieur Johann Mahler berichtete von der Berliner Automobilausstellung, es bestünde «für uns immer noch die Aussicht, als erste Firma einen kompressorlosen Automobil-Dieselmotor herauszubringen und sich eventl. durch entsprechende Reklame den ersten Platz zu sichern.»[28] Die M.A.N. hatte schon im März 1922 auf die intensiven Arbeiten der Konkurrenz reagiert und auch im Nürnberger Werk mit Versuchen im Viertaktverfahren begonnen. Der Durchbruch gelang dann aber in Augsburg mit umgerüsteten Otto-Lastwagenmotoren.[29]

Am 15. Dezember 1923 konnte in Augsburg der erste voll betriebsfähige Fahrzeug-Dieselmotor mit direkter Kraftstoffeinspritzung in Betrieb genommen werden, ein Vierzylindermotor mit 10 PS bei 700 U/min. Bis zur ersten Versuchsfahrt sollten noch einige Monate vergehen. Am 13. März 1924 war es dann soweit: das erste Dieselkraftfahrzeug der M.A.N., ein 4-t-Lastwagen mit Kettenantrieb, fuhr in 5½ Stunden die 155 km lange Strecke von Augsburg nach Nürnberg.[30] Der Wagen blieb in Nürnberg, da für die weitere Erprobung nicht mehr der Dieselmotorenbau, sondern der Lastwagenbau der M.A.N. zuständig war. Nach mehreren Fahrten in die Fränkische Schweiz und einigen Verbesserungen am Triebwerk konnte die Versuchsphase erfolgreich abgeschlossen werden. Vorstandsmitglied Imauel Lauster erklärte jetzt, der neue Motor müsse so rasch wie möglich auf den Markt kommen, «wenn wir an der Spitze bleiben wollen».[31] Die Experten der Werke Augsburg und Nürnberg waren skeptischer als Lauster. Bei einem Treffen am 17. April 1924 bezweifelten sie, dass «das Dieselprinzip überhaupt schon bald eine grosse Verbreitung finden wird, so dass wir unseren [sic] Motoren vollständig darauf einstellen können».[32] Während der Dieselmotorenfachmann Lauster vor allem die technologische Wettbewerbsposition des Unternehmens im Blick hatte und deshalb auf das Tempo drückte, war das Lastwagenwerk aus Marktüberlegungen heraus vorsichtiger. Würden die Diesel-Fahrzeugmotoren sich auch in Serienfertigung bewähren?

Abb. 47 M.A.N. Diesel Vorführwagen (1924)

Würde die Umstellung der Produktion nicht zu empfindlichen Störungen im Betriebsablauf führen? Würde man die rund 700 Otto-Motoren, die in Nürnberg in Herstellung waren, noch absetzen können, wenn der neue, verbrauchsgünstigere Motor am Markt war? Schließlich einigte man sich auf einen Kompromiss. Die Konstruktion des neuen, in Serie gebauten Fahrzeugdiesels sollte sich eng an den Vergasermotor anlehnen. So konnte die Lkw-Produktion ohne allzu großen Aufwand wieder auf herkömmliche Motoren umgestellt werden, falls sich der neue Motor nicht bewähren würde.[33]

Der Fahrzeugdiesel wurde in Nürnberg versuchsweise einige Wochen in einem Motorpflug erprobt. Dann wurde die Fertigung des Vierzylinder-Fahrzeugmotors in kleinen Serien aufgenommen. Im Dezember 1924 präsentierte die M.A.N. ihren Diesel-Lkw auf der Automobilausstellung in Berlin. Nach Nürnberg wurde berichtet, dass außer der M.A.N. nur noch Benz & Cie. mit einem Dieselfahrzeugmotor auf der Ausstellung vertreten war. Schon am zweiten Ausstellungstag sei der Vorführwagen der Konkurrenz nicht mehr zu sehen gewesen. Der M.A.N.-Diesellastwagen wäre dagegen täglich 4–5 Std. zufriedenstellend gefahren. Gleichwohl gab es noch Schwachpunkte, die es zu verbessern galt: die Gangschaltung, der starke Geruch, ein rauchiger Auspuff und Probleme mit dem Anlassen bei Kälte.[34]

Im Frühjahr 1925 befand sich der Diesel-Lkw der M.A.N. immer noch im Vorführstadium. Mit der Berufung Otto Meyers zum technischen Leiter des Nürnberger Werks kam nun aber Schwung in den Lastwagenbau. Meyer ließ eine Serienfertigung für einen 5-t-Diesel-Lkw mit 55 PS errichten. Der erste verkaufte Diesel-Lastwagen der M.A.N. wurde am 11. November 1925 an die Aktienbrauerei «Zum Hasen» in Augsburg ausgeliefert.[35] Den zweiten erhielt die Brauerei August Bremme in Wuppertal – er war dort bis 1954 in Betrieb und fuhr in dieser Zeit über 600 000 km. Der dritte Wagen schließlich soll bereits in den Export gegangen sein, an einen Kunden in Havanna.[36] Brauereien waren für die Lkw-Hersteller ein wichtiger Testmarkt, weil sie Kunden auch über größere Entfernungen hinweg per Lastwagen belieferten. Die Erfahrungen der Augsburger Hasenbrauerei mit den Diesellastwagen waren so positiv, dass M.A.N. davon in der Fachpresse berichten konnte.[37] Der Lkw erwies sich nach Mitteilung der Hasenbrauerei als «außerordentlich betriebssicher» und hatte «nur 1/3 des Verbrauchs des Benzinmotors».[38] Als nachteilig wurde in einem Zeitzeugenbericht nur vermerkt, dass das transportierte Bier anfangs ein wenig nach Dieselöl geschmeckt haben soll.[39]

Der Diesel-Lkw mit Direkteinspritzung erwies sich als eine Technik, die nach den Worten Otto Meyers «für die weitere Entwicklung des deutschen Fahrzeugdiesel – man kann sagen des Fahrzeugdieselmotors der Welt – grundlegend geworden ist».[40] Die M.A.N. musste im Lastwagenbau jetzt nicht mehr aufholen, sondern war selbst Technologieführer geworden. Hatte man vorher nur nach Konstruktionen von Saurer bauen können, so musste jetzt Saurer bei der M.A.N. eine Lizenz auf den Fahrzeug-Dieselmotor nehmen, um im Lastwagenbau Schritt halten zu können.[41] Die Direkteinspritzung wurde zusammen mit dem bei Benz & Cie. entwickelten Vorkammerverfahren die führende Technik für Diesellastkraftwagen. Nach Angaben von Otto Meyer war M.A.N. zudem «vielleicht die erste Firma, die den Gesichtspunkt herausstellte: nicht die PS-Zahl ist für den Schwerlastwagen entscheidend, sondern das Drehmoment».[42]

Der Dieselmotor setzte sich im Lkw-Markt trotz des günstigeren Kraftstoffverbrauchs erst nach einiger Zeit durch. Die frühen Diesellastwagen galten im Vergleich mit anderen Lkws als zu laut, und ihre Auspuffgase hatten einen starken Geruch.[43] Die ersten in Serie gebauten Diesel-Lkw der M.A.N. – ein 3,5-t- und ein 5-t-Fahrzeug, jeweils mit 55 PS-Motor – genügten nach Angaben des Nürnberger Werks «bald nicht mehr den gesteigerten Ansprüchen des Verkehrs». Auch kam es «zu dauernder schädlicher Überlastung des Triebwerkes».[44] 1927 wurde daher noch ein Lkw mit einem 150 PS-Otto-Motor und 10 t Nutzlast herausgebracht.[45] Ende 1928 hatten erst 12 % der ausgelieferten M.A.N.-Last-wagen einen Dieselmotor.[46] Die Konstrukteure des Nürnberger Lastwagenbaus sahen aber im Dieselantrieb die Zukunft und gingen jetzt daran, einen Diesellastwagen mit Sechszylinder-Motor und 100 PS zu entwickeln. Dieser Typ (S 1 H 6) kam 1932 auf den Markt und konnte als «stärkster Diesel-Lastwagen der Welt» präsentiert werden.[47] Nach der Weltwirtschaftskrise setzte sich der Diesellastwagen unaufhaltsam durch, weil er betriebssicherer war und deutlich weniger Kraftstoff verbrauchte als die Lkws mit Benzinmotoren. 1933 hatten bei der M.A.N. schon 95 % der ausgelieferten Lastwagen einen Dieselmotor.[48] Bei den Omnibussen verdrängte der Dieselmotor etwa ab 1930 den Otto-Motor.[49]

Hoffen auf die Zukunft: die M.A.N. und ihr Lastwagenbau in der Weltwirtschaftskrise

Trotz der technischen Erfolge konnte die M.A.N. im Lastwagenbau nur bescheidene Umsätze erzielen. Mit 805 hergestellten Nutzfahrzeugen wurde 1927 ein vorläufiger Höchststand der Produktion erreicht.[50] Von einer rentablen Produktion war man bei den niedrigen Stückzahlen weit entfernt. Innerhalb des Nürnberger Werks spielte der Lkw-Bau jetzt allerdings eine wichtige Rolle. Im Geschäftsjahr 1927/28 entfielen in Nürnberg 32 % des Umsatzes auf diese Abteilung.[51] Werksleiter Endres schrieb im Juni 1928 an den Vorstandsvorsitzenden Richard Buz über die Situation im Lkw-Bau: «Es ist uns trotz aller Bemühungen und Anstrengungen bisher nicht möglich gewesen, aus den Verlusten herauszukommen.» Endres rechnete vor, dass selbst bei einer monatlichen Produktion von 100 Lkw noch ein Verlust von 500 000 RM im Jahr entstehen würde. Zu diesem Zeitpunkt lag die durchschnittliche Monatsproduktion in Nürnberg aber nur bei 65 Lastwagen.[52] Neben der Entwicklung eines PS-starken Diesellastkraftwagens ging man in Nürnberg nun daran, die Absatzorganisation zu verbessern. Die Lastwagen sollten nicht mehr wie bisher über Agenten verkauft werden, sondern durch Verkaufsbüros in allen Teilen Deutschlands. Dadurch konnte der Rabatt an die Agenten eingespart werden.[53]

Allgemein blieb das Nutzfahrzeuggeschäft in Deutschland damals weit hinter den Erwartungen und Möglichkeiten zurück. Ähnliches galt für die Nachfrage nach Personenkraftwagen. Bei der Motorisierung hatte Deutschland durch den Krieg und die Inflation einen erheblichen Rückstand gegenüber den USA, aber auch gegenüber Großbritannien und Frankreich. Die Kraftfahrzeugindustrie hoffte, dass sich dies nach Überwindung der Inflation ändern würde, doch fehlte es den Unternehmen jetzt an Kapital und den privaten Haushalten an Kaufkraft. Weitere Hemmnisse waren die relativ hohe Kraftfahrzeugsteuer und die Konzessionspflicht für den Kraftverkehr.[54] Zudem hatte Deutschland eines der besten Eisenbahnsysteme Europas, und die Reichsbahn erwies sich für den Lastwagenbau als ein mächtiger Gegner, der die Gesetzgebung zu beeinflussen verstand. Gesetzliche Beschränkungen der Höchstgeschwindigkeit und der Höchstgewichte zwangen die Hersteller dazu, ein bestimmtes Baugewicht nicht zu überschreiten. Gleichzeitig forderten die Kunden von ihnen aber eine hohe Wirtschaftlichkeit, die unter diesen Bedingungen kaum zu erreichen war. Nach Ansicht von M.A.N.-Vorstand Otto Meyer wurde «durch die gesetzgeberischen Vorschriften die Entwicklung des Lastwagenbaus teilweise geradezu gehemmt».[55]

Grafik 21 Nutzfahrzeug-Produktion der M.A.N. 1920–1932[56]

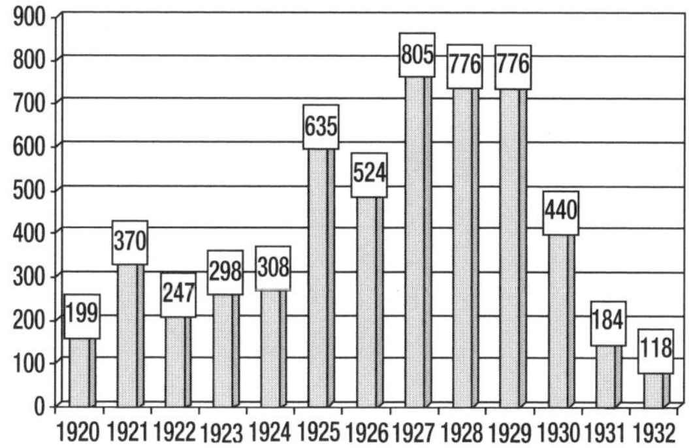

Der Lkw-Bau hatte der M.A.N. im Geschäftsjahr 1927/28 einen Verlust von 2,3 Mio. RM eingebracht. Im folgenden Jahr stieg der Verlust auf 2,8 Mio. RM, und nach Beginn der Weltwirtschaftskrise gab es dann keine Hoffnung mehr, dass sich dies in absehbarer Zeit ändern könnte.[57] Die ohnehin geringe Produktion ging 1930 um fast die Hälfte zurück.[58] Nun war die Zukunft des Lastwagenbaus bei der M.A.N. ernsthaft in Frage gestellt. Bisher hatte die Werksleitung trotz der hohen Verluste eine Schließung dieser Abteilung mit dem Argument abwehren können, dass davon ein Drittel der Produktion des Nürnberger Werks abhing und die anderen Abteilungen keinen Ausgleich bieten konnten. Auch der Turbinenbau und der Kranbau arbeiteten mit Verlust.[59] Als im März 1931 mit neuen Auflagen des Staats gerechnet werden musste – dem Lkw-Verkehr wurden damals Festpreise vorgeschrieben, die an die Reichsbahntarife gebunden waren –, begann die Werksleitung zu resignieren: «Wird also durch Gesetzgebung oder durch Verwaltungsmaßnahmen der Reichsbahn eine weitere Drosselung des Lastwagenverkehrs Platz greifen, so wird eine Stillegung der betreffenden Produktionsstätten unvermeidlich.»[60] Die Verkaufsbüros wurden nun drastisch reduziert.

Anfang 1932 drohte durch die Auswirkungen der Weltwirtschaftskrise das endgültige Aus. Der Vorstand hatte eine «Unkosten-Kommission» eingesetzt, die alle drei Werke der M.A.N. durchleuchtete. Für das Werk Nürnberg berichtete die Kommission in der Vorstandssitzung vom 8. Februar 1932, «dass der für den Lastwagenbau ausgewiesene Verlust das entscheidende Merkmal ist».[61] Die Vorstandsmitglieder Lauster, Meyer und Wellhausen sollten jetzt über den Lkw-Bau entscheiden. Viel zu entscheiden gab es eigentlich nicht mehr, denn schon im Sommer 1931 hatte das Lastwagengeschäft «völlig still» gelegen.[62] Als 1932 nach einem Vorlauf von mehreren Jahren der «stärkste Diesel-Lastwagen der Welt» mit 150 PS von der M.A.N. herausgebracht wurde, hatte dies mehr einen Vorführeffekt. Im gesamten Jahr 1932 stellte das Nürnberger Werk lediglich 118 Lastwagen her. Der Lkw-Bau hatte jedoch große Vorratslager, deren Auflösung zu weiteren Verlusten geführt hätte.[63]

Gerettet wurde der Lkw-Bau der M.A.N. damals von Otto Meyer. Er erreichte, dass der Vorstand am 15. Dezember 1932 dem Bau von 50 Lastkraftwagen mit einer Nutzlast von 3 t zustimmte.[64] Zu diesem Zeitpunkt begann sich in einigen Branchen bereits eine konjunkturelle Erholung abzuzeichnen. Meyer setzte alles auf eine Karte, ließ die Fahrgestell-Bandmontage der Lastwagenproduktion in Nürnberg modernisieren und brachte bald einen neuen 5-t-Lkw als Standardmodell heraus. So war der Lkw-Bau der M.A.N. wieder am Markt, als die Konjunktur in Deutschland anzog. Wie in einer Chronik des MAN-Nutzfahrzeugbaus berichtet wird, hatte Meyer 1932 in einer dramatischen Sitzung Konzernchef Paul Reusch davon abgebracht, den Lastwagenbau in Nürnberg zu schließen. Er hatte seinen ganzen Einfluss geltend gemacht, um eine Schonfrist von einem Jahr zu erwirken. Reusch hatte schließlich eingewilligt. Angeblich hat er Meyer dabei versprochen, in einem Jahr ein Essen im Nürnberger Grand-Hotel auszugeben, falls der Lkw-Bau bis dahin tatsächlich die Wende schaffen würde. Das Essen soll termingerecht stattgefunden haben.[65]

Die Weltwirtschaftskrise traf alle Fertigungsbereiche der M.A.N., doch gab es deutliche Unterschiede. Der Druckmaschinenbau und der Dieselmotorenbau in Augsburg erwiesen sich bis 1931 als relativ stabil. Hier konnte durch Exporte und durch Rüstungsaufträge – die M.A.N. baute damals die Motoren für mehrere Panzerschiffe der Marine – ein gewisser Ausgleich erzielt werden. Exportgeschäfte konnten vor allem mit der Sowjetunion abgewickelt werden, die von der Weltwirtschaftskrise kaum betroffen war. Der Vorstandsvorsitzende Richard Buz reiste im Februar 1931 mit einer Delegation deutscher Industrieller nach Moskau.[66]

Im Nürnberger Werk war die Lage weitaus kritischer als in Augsburg. Neben dem Lastwagenbau machte hier auch der Waggonbau hohe Verluste. Die Aufträge der Reichsbahn lagen 1931 nur noch bei einem Drittel des Stands von 1929.[67] Nürnberg war der Beschäftigtenzahl nach bis 1924 – wie schon vor dem Ersten Weltkrieg – das größte Werk der M.A.N. gewesen und dann hinter das Augsburger Werk zurückgefallen. Während der Weltwirtschaftskrise nahm der Abstand weiter zu. Dabei lag die Arbeitslosigkeit in Augsburg keineswegs niedriger als in Nürnberg, doch war dies wohl durch den hohen Anteil der Textilindustrie bedingt.[68] Die M.A.N. betrieb während der Weltwirtschaftskrise in allen Werken eine drastische Senkung ihrer Kosten, durch Entlassungen, Lohn- und Gehaltsenkungen sowie einen Abbau der betrieblichen Sozialleistungen.[69] Unter diesen Bedingungen wäre es nahe liegend gewesen, ganze

Produktionszweige aufzugeben. Dazu war die M.A.N. offenbar selbst auf dem Höhepunkt der Weltwirtschaftskrise nicht bereit. Allerdings wurde das Unternehmen 1932 auch durch den Tod des Vorstandsvorsitzenden Richard Buz und zweier weiterer Mitglieder des Vorstands gelähmt.[70]

Tab. 21: Arbeiter der M.A.N. nach Werken 1920/21–1932/33[71]

Geschäftsjahr	Augsburg	Nürnberg	Gustavsburg	M.A.N. insg.
1923/24	4 525	5 114	1 974	11 613
1928/29	5 177	3 867	2 543	11 587
1929/30	4 661	3 941	2 295	10 897
1930/31	4 136	3 363	1 572	9 071
1931/32	3 333	1 797	1 217	6 347
1932/33	2 431	1 633	1 128	5 192

5 Zusammenarbeit und Konflikte mit dem nationalsozialistischen Regime (1933–1939)

Die Beteiligung an der Aufrüstung

Knapp fünf Monate nach der Machtübergabe an Hitler fand in Oberhausen die 14. Konzernsitzung der GHH-Gruppe statt. Die Zahlen, die den anwesenden Direktoren präsentiert wurden, waren erschreckend. Der gesamte Konzern hatte nur noch 26 000 Arbeiter – das war weniger als die Hälfte des Stands von 1925. Doch konnte auch von einem Lichtblick berichtet werden, der sich längst vor dem Antritt der neuen Regierung in der Konzernstatistik abgezeichnet hatte. Schon ab Sommer 1932 war hier ein «Wendepunkt» zu erkennen.[1] Tatsächlich hatte die Weltwirtschaftskrise in Deutschland etwa zu diesem Zeitpunkt ihren Höhepunkt überschritten. In der Eisen- und Stahlindustrie machte sich die konjunkturelle Belebung früher bemerkbar als in anderen Branchen. Bis sich der Aufschwung verfestigte und auch in der Beschäftigtenstatistik niederschlug, sollte es aber noch einige Zeit dauern. Im Geschäftsjahr 1933/34 stieg bei der GHH Oberhausen AG der Warenumschlag um 40 % an, die Rohstahlproduktion um fast 70 %, die Beschäftigtenzahl dagegen nur um 9 %.[2]

Bei der M.A.N. und den anderen weiterverarbeitenden Unternehmen der GHH-Gruppe schlug sich der Aufschwung später in den Auftragsbüchern nieder als bei den Oberhausener Hüttenbetrieben. Anfang September 1933 lag der Auftragsbestand der M.A.N. erst bei knapp 40 % der Kapazität. Im Geschäftsjahr 1933/34 konnte dann auch die M.A.N. einen starken Aufwärtstrend verzeichnen. Ende 1934 lief schließlich der Schiffbau der Deutschen Werft in Hamburg wieder an. Mitte 1935 lag die Beschäftigtenzahl im gesamten Konzern um fast 60 % höher als zwei Jahre zuvor.[3] Dieser Zuwachs hing zum größten Teil nicht unmittelbar mit der nationalsozialistischen Politik zusammen, sondern ergab sich aus dem Aufschwung nach der Weltwirtschaftskrise. Für die Kriegsrüstung bedurfte es eines gewissen Vorlaufs, zumal sie gegen den Versailler Vertrag verstieß und zunächst geheim gehalten wurde. Erst ab 1935/36 entfiel beim GHH-Konzern ein beträchtlicher Teil des Geschäfts auf Rüstungsaufträge. Doch profitierten GHH und M.A.N. auch vorher schon von der Politik Hitlers. Das Autobahnprogramm brachte dem Brückenbau in Sterkrade und in Gustavsburg zahlreiche Aufträge ein. Durch die Beseitigung der Kraftfahrzeugsteuer für Neuwagen im April 1933 kam das Lastwagengeschäft der M.A.N. wieder in Schwung. Gleichzeitig waren GHH und M.A.N. nach Kräften bemüht, sich eine günstige Ausgangsposition im Rüstungsgeschäft zu sichern. Die Aussicht auf umfangreiche Aufträge des Heeres, der Marine und der Luftwaffe ließ die Nachteile in den Hintergrund treten, die sich aus der nationalsozialistischen Politik für das Exportgeschäft des Konzerns ergeben mussten. Die zunehmende Reglementierung des Außenhandels, wie sie ab 1934 vom neuen Reichswirtschaftsminister Hjalmar Schacht betrieben wurde, entsprach gewiss nicht den Interessen der GHH. Reusch trat stets für den freien Außenhandel ein und hatte Schacht schon Anfang 1933 in der Frage der «Einfuhrmonopole» heftig widersprochen.[4] Die M.A.N. sah sich wohl durch die zunehmende Devisenkontingentierung veranlasst, im Mai 1934 eine Tochtergesellschaft in New York zu gründen, die American MAN Corporation.[5]

GHH und M.A.N. waren interessiert, eine wichtige Rolle im Rüstungsgeschäft zu spielen, obwohl die Vorstände beider Unternehmen der nationalsozialistischen Partei durchaus distanziert gegenüberstanden. Wie noch näher auszuführen sein wird, gehörte bis Kriegsbeginn nur ein einziges Mitglied beider Gremien der NSDAP an, und wiederholt gab es heftige Konflikte mit der Partei, weil sich der Konzern nicht so verhielt, wie es die Nationalsozialisten erwarteten. Gleichwohl drängten die GHH und die M.A.N. in den Jahren 1933/34 recht erfolgreich in das Rüstungsgeschäft.

Die M.A.N. konnte dabei an ihre Rüstungsgeschäfte in der Zeit der Weimarer Republik anknüpfen, durch die sie beste Verbindungen zum Marinekommandoamt und zum Heereswaffenamt hatte. Das Heereswaffenamt war in der Weltwirtschaftskrise einer der wenigen sicheren Kunden der M.A.N. gewesen. Die Vorstandsmitglieder waren noch im November 1932 angehalten worden, sich wegen «der Wichtigkeit des Heereswaffenamts als Kunden für die MAN» auch persönlich bei dieser Behörde um Aufträge zu bemühen.[6] Bei der Marine hatte die M.A.N. ihren im Ersten Weltkrieg erworbenen Ruf während der Weimarer Republik weiter gefestigt. Als einziges Unternehmen war sie 1928 in der Lage gewesen, leichtgewichtige Hochleistungsdieselmotoren für die Marine herzustellen. Später wurden die Panzerschiffe «Deutschland», «Admiral Scheer» und «Admiral Spee» mit M.A.N.-Motoren ausgerüstet. Diese Aufträge hatte die M.A.N. vor allem ihrem Oberingenieur Gustav E. Pielstick zu verdanken. Pielstick war schon am U-Bootmotorenbau der M.A.N. während des Ersten Weltkrieges beteiligt gewesen und galt inzwischen als einer der fähigsten Marinemotoren-Konstrukteure seiner Zeit.[7] Aus einer Liste des Marinekommandoamts vom September 1933 geht hervor, dass die M.A.N. zusammen mit Krupp-Gruson und den Mitteldeutschen Stahlwerken des Flick-Konzerns zu den Unternehmen gehörte, auf die sich die Rüstungsplanungen konzentrierten. Zu den geheimen Projekten der Marine zählte nach dieser Liste das

«Einrichten der Maschinenfabrik Augsburg-Nürnberg A. G., Werk Augsburg, für die serienmäßige Herstellung kriegswichtiger Motorentypen».[8]

Während das Augsburger Werk Geschäfte mit der Marine machte, hatte sich das Werk Nürnberg entschlossen, den Bau von Panzern aufzunehmen. Schon im Juli 1933 gab die Heeresverwaltung hier Panzer in Auftrag, was eine klare Verletzung des Versailler Vertrages darstellte und deshalb getarnt werden musste.[9] Bis 1937 machte der Panzerbau im Nürnberger Werk allerdings nicht mehr als 5 % des Umsatzes aus.[10] Im Sommer 1934 nahm die M.A.N. die Bearbeitung von Stahlgranaten auf. Bald darauf folgten die Produktion von Zündern und im Frühjahr 1935 der Bau von Geschützen.[11] Auch bei der Luftrüstung wollte die M.A.N. nicht abseits stehen. Schon am 15. August 1933 wurde in einer Besprechung des Vorstands mit Paul Reusch vereinbart, dass sich das Unternehmen beschleunigt um eine Lizenz für den Bau von Flugzeugmotoren bemühen sollte. Reusch schlug vor, in Augsburg Dieselmotoren für Flugzeuge und in Nürnberg Benzinmotoren für Flugzeuge zu bauen.[12]

Die M.A.N. setzte darauf, in Italien eine Lizenz für Flugzeugmotoren zu bekommen. Otto Meyer, der technische Leiter des Nürnberger Werks, verhandelte mit mehreren italienischen Unternehmen, wobei es nicht nur um den Bau von Flugzeugmotoren, sondern auch um die Aufnahme einer Flugzeugproduktion ging, die in der Waggonbauabteilung des Nürnberger Werks errichtet werden sollte. Reusch erklärte sich damit einverstanden.[13] Aus den überlieferten Akten geht nicht hervor, warum dann weder der Bau eines Flugzeugwerks noch die Aufnahme einer Flugzeugmotorenproduktion zustande gekommen ist. Möglicherweise scheiterten die Pläne an Problemen mit den angestrebten Lizenzen aus Italien. Vielleicht kollidierte das Projekt aber auch mit den Interessen der Marine oder denen des mittlerweile verstaatlichten Flugzeugbaukonzerns Junkers-Werke.[14]

Auch die GHH stellte sich schon frühzeitig in den Dienst der Aufrüstung. Das Werk Sterkrade baute im Rahmen der Luftrüstung Flugzeughallen und erhielt Aufträge für den Bau von Bunkern. In Düsseldorf entwickelte die GHH spezielle Kurbelwellen für schnell laufende Marine-Motoren. Bei der Tochtergesellschaft Kabel- und Metallwerke Neumeyer entstanden ab 1935 neue Fertigungen für Aufträge des Reichsluftfahrtministeriums.[15] In enger Zusammenarbeit mit den Behörden des Dritten Reichs wurde gleichzeitig die inländische Erzbasis des Konzerns erweitert. Für die Aufrüstung war die Aufschließung weiterer Erzvorkommen in Deutschland von herausragender Bedeutung, da im Kriegsfall mit einem Ausbleiben der Lieferungen aus Schweden und Frankreich gerechnet werden musste. Die GHH investierte zwischen 1934 und 1941 allein in den Doggererzbergbau der Schwäbischen Hüttenwerke und in Bohrungen entlang der Schwäbischen Alb rund 8 Mio. RM. Die in den zwanziger Jahren erworbenen Erzfelder wurden aufgeschlossen. Anfang 1937 sollte hier mit dem

Bau einer Großanlage begonnen werden. Die GHH wollte auch ein neues Verfahren zur Verhüttung «armer» inländischer Erze entwickeln.[16] Dieser Beitrag zur Autarkiepolitik des NS-Regimes hatte für die GHH einen so hohen Stellenwert, dass der älteste Sohn Paul Reuschs, Bergassessor Hermann Reusch, mit der Aufschließung der süddeutschen Doggererzfelder betraut wurde. Hermann Reusch war seit 1935 stellvertretendes Vorstandsmitglied der GHH und wurde 1937 zum ordentlichen Vorstandsmitglied ernannt.[17]

Wie sehr die GHH bei der Aufrüstung mitwirkte, zeigt besonders die Beteiligung des Unternehmens an der im Juli 1933 gegründeten Metallurgischen Forschungsgesellschaft (Mefo). Hjalmar Schacht schuf mit dieser Firma ein neues Instrument zur Finanzierung der geheimen Aufrüstung. Rüstungsaufträge konnten nun mit Wechseln der Mefo bezahlt werden, die von der Reichsbank diskontiert wurden. Damit die Geschäfte der Mefo nicht über den Reichshaushalt liefen, war die Gesellschaft von privaten Unternehmen unter höchster Geheimhaltung gegründet worden. Die juristische Federführung lag beim Siemens-Konzern. Neben Siemens gehörten Krupp, Rheinstahl/Vereinigte Stahlwerke, die Deutschen Industriewerke und die GHH Oberhausen AG zu den Gesellschaftern der Mefo. Das Grundkapital in Höhe von 1 Mio. RM wurde von den fünf Gesellschaftern zu gleichen Teilen übernommen und zu 25 % einbezahlt.[18] Was Reusch bewogen hat, die GHH an der Mefo zu beteiligen, ist nicht bekannt. Ein Grund könnten seine engen Beziehungen zu Schacht gewesen sein. Vor allem zeigte Reusch mit dieser Beteiligung aber, dass die GHH eine wichtige Rolle im Rüstungsgeschäft spielen wollte. Er konnte damit rechnen, dass sich der Staat einem Gesellschafter der Mefo gegenüber erkenntlich zeigen würde.

Das gespannte Verhältnis zur NSDAP

Trotz der Beteiligung an der Aufrüstung des Dritten Reichs blieb die Mehrheit des GHH-Vorstands bis 1942 gegenüber der nationalsozialistischen Partei auf Distanz. Bis 1941 war Georg Lübsen das einzige Vorstandsmitglied, das der NSDAP angehörte. Lübsen trat zum 1. Mai 1933 in die Partei ein, hat sich dort aber nicht weiter betätigt.[19] Es gibt auch keine Hinweise, dass er als Verbindungsmann zur Politik des Dritten Reichs gedient hätte. 1941 kam mit Ferrostaal-Chef Franz Kirchfeld ein weiteres Parteimitglied in den Vorstand der GHH. Anders als Lübsen hat Kirchfeld viel auf seine NSDAP-Mitgliedschaft gehalten und zielstrebig politische Verbindungen geknüpft.[20] Nach dem Rücktritt Paul Reuschs im Februar 1942 gehörten dann zwei von vier Vorstandsmitgliedern des GHH Aktienvereins der Partei an. Nur noch Hermann Kellermann und Ernst Hilbert waren ohne Parteibuch. Der Vorstand der GHH Oberhausen AG war mit dem des GHH Aktienvereins weitgehend identisch, aber nicht ganz. 1942 wurde Ernst Garnjost in dieses Gremium berufen, der ein Jahr zuvor in die NSDAP eingetreten war.[21] Im Vorstand GHH Oberhausen AG gehörte dadurch in den letzten Kriegsjahren die Mehrheit der Mitglieder der NSDAP an.

Bei der M.A.N. war bis Kriegsbeginn kein Vorstandsmitglied in der NSDAP. Als Erster aus diesem Gremium trat 1940 Karl Plochmann in die Partei ein, 1942 folgten Hans Wellhausen und Richard Reinhardt. Im gleichen Jahr wurde mit Johannes Rathje noch ein weiteres NSDAP-Mitglied in den Vorstand berufen. Rathje war schon 1933 in die Partei eingetreten.[22] In den letzten Kriegsjahren gehörten somit vier von fünf Mitgliedern des M.A.N.-Vorstands der NSDAP an. Bei drei von ihnen ergibt sich schon aus dem späten Zeitpunkt ihres Parteieintritts, dass sie wohl kaum aus Begeisterung für den Nationalsozialismus die Mitgliedschaft beantragt hatten, sondern wegen der kriegswirtschaftlichen Interessen des Unternehmens.

In der politischen Zusammensetzung der Leitungsebene unterschieden sich die GHH und die M.A.N. bis Kriegsbeginn von den meisten Großunternehmen im Dritten Reich. Auch Firmen, die dem Regime nicht besonders nahe standen, legten häufig großen Wert darauf, einen Nationalsozialisten mit guten politischen Beziehungen im Vorstand zu haben, der ihre Interessen bei den Behörden und der Partei wirkungsvoll vertreten konnte. Dass sich die GHH und die M.A.N. erst im Krieg – und auch dann nur halbherzig – auf solche Kompromisse einließen, ergab sich vor allem aus der Haltung Paul Reuschs. Bis zu seinem erzwungenen Rücktritt im Februar 1942 konnte nur Reusch über die Linie des Konzerns und die Besetzung der Vorstände entscheiden. Er baute das Rüstungsgeschäft zielstrebig aus und pflegte enge Verbindungen zu den zuständigen Behörden, wollte sich aber von der Partei keine Vorgaben machen lassen. Er hielt den GHH-Vorstand auf Distanz zur Partei, und allein schon seine persönliche Autorität innerhalb des Konzerns dürfte manche Vorstände von Tochtergesellschaften dazu bewogen haben, sich dem anzuschließen. Die GHH ist ein Beispiel dafür, dass ein Unternehmen im Dritten Reich auch ohne enge Verbindungen zur Partei längere Zeit glänzende Geschäfte machen konnte. Allerdings war dies nur möglich, weil der Konzern ein bedeutendes Rüstungsgeschäft hatte. Bei Angriffen aus der Partei konnten die Vorstände jederzeit auf die Rüstungsaufträge verweisen.

Reusch hatte sich im Frühjahr 1932 mit den Nationalsozialisten verständigen wollen und war von ihnen enttäuscht worden. Er schätzte an der Partei ihre nationalistischen Parolen, lehnte aber ihre wirtschafts- und sozialpolitischen Vorstellungen ab. Sie waren nicht mit der «Freiheit der Wirtschaft» vereinbar, die Reusch anstrebte. Als Hitler an die Macht kam, war der Konzernchef nicht besonders begeistert. Er lehnte das neue Regime aber auch nicht ab, sondern wollte sich arrangieren und die GHH mit den Machthabern ins Geschäft bringen. Distanzierter verhielt er sich wohl erst nach einigen bitteren Erfahrungen. Reusch akzeptierte nie den totalen Machtanspruch der nationalsozialistischen Diktatur. Er behielt sich die Entscheidung vor, welchen Vorgaben des Regimes er folgte und welchen nicht. An der Aufrüstung beteiligte sich Reusch nach besten Kräften, er lehnte es aber gleichzeitig entschieden ab, sich von der Partei in den Konzern hineinreden zu lassen. Auch war Reusch kein Antisemit. Die nationalsozialistische Rassenpolitik lag ihm fern. Widerstand hat Paul Reusch im Dritten Reich aber in keiner Form geleistet. Anders als in der Weimarer Republik gingen von ihm auch keine Angriffe gegen die Politik oder einzelne Institutionen des Staats aus. Er ordnete sich eben nur nicht in dem Maße den Vorgaben der Politik unter, wie es die Nationalsozialisten erwarteten.

Otto Meyer, der 1935 die Gesamtleitung der M.A.N. erhielt und sich dann gerne als «Obermeister der M.A.N.» bezeichnete, hatte zu Reusch ein enges Vertrauensverhältnis. Anders als der Konzernchef hatte Meyer aber vor 1933 nie Sympathien für den Nationalsozialismus entwickelt. Auch im Dritten Reich war er davor gefeit, denn seine Frau, die Pianistin Stella Reichenberger, war Jüdin.[23] Als Hitler an die Macht kam, erkannte Meyer schnell, wie gefährdet seine Frau und seine Kinder waren. Er brachte seine Familie im Oktober 1933 in die Schweiz, nach Lausanne, und lebte bis Herbst 1946 von ihr getrennt. Während des Krieges wurden die Frau und die Kinder Meyers vom nationalsozialistischen Regime ausgebürgert, während er selbst es als seine Pflicht ansah, in Deutschland zu bleiben, die M.A.N. zu leiten und im Interesse des Unternehmens eng mit den Behörden des Dritten Reichs zusammenzuarbeiten.[24] Wegen seiner Ehe mit einer Jüdin wurde Meyer immer wieder von der NSDAP angegriffen. Bei der Wehrmacht und der Marine war er dagegen angesehen. Wegen der kriegswirtschaftlichen Bedeutung der M.A.N. wurde er zum «Wehrwirtschaftsführer» ernannt. Meyer hat diese Auszeichnung aber nicht angenommen.[25]

Schon im März 1933 konnte Reusch unmittelbare Erfahrungen mit dem Machtanspruch der Nationalsozialisten sammeln. Bei den *Münchener Neuesten Nachrichten,* der wichtigsten Zeitung des GHH-Konzerns, wurden die maßgebenden Köpfe verhaftet. Die Redaktion hatte sich von den Nationalsozialisten nicht einschüchtern lassen und war ihrer konservativ-monarchistischen Ausrichtung treu geblieben. Als am 5. März 1933 der Reichstag gewählt wurde, schrieb Chefredakteur Fritz Büchner in seinem Leitartikel vom gleichen Tag, die «Vorherrschaft einer Partei [liege] nicht im Interesse einer gesunden deutschen Entwicklung».[26] Vier Tage später wurde die rechtmäßige bayerische Regierung durch einen Reichsstatthalter ersetzt. In Bayern wurde jetzt auch die Presse «gleichgeschaltet». Büchner, sein Kollege von Aretin und einige weitere Mitarbeiter des Verlags wurden am 13. März verhaftet. Obwohl

Tab. 22: Vorstandsmitglieder der GHH Aktienverein und der M.A.N. 1933–1945

		Ord. Vorst.	stellv. Vorst.
GHH Aktienverein	Paul Reusch	1905–1942 (Vorsitzender)	
	Hermann Kellermann	1920–1946 (1942–1946 Vorsitzender)	1918–1920
	Ernst Hilbert	1953–1960	1923–1953
	Otto Holz	1923–1933*	
	Georg Lübsen	1924–1947	
	Hermann Reusch	1937–1942, 1947–1966 (Vorsitzender)	1935–1937
	Hermann Saemann	1937–1939	
	Franz Kirchfeld	1941–1946	
GHH Oberhausen AG	Paul Reusch	1923–1941 (Vorsitzender)	
	Hermann Kellermann	1923–1946 (1941–1946 Vorsitzender)	
	Ernst Hilbert	1953–1960	1923–1953
	Otto Holz*	1923–1933	
	Georg Lübsen	1924–1947	
	Hermann Reusch	1937–1942, 1947–1966 (Vorsitzender)	1935–1937
	Hermann Saemann	1929–1939*	
	Franz Kirchfeld	1941–1946	
	Ernst Garnjost	1943–1966	1942–1943
M.A.N.	Imanuel Lauster	1913–1934 (1932–1934 Vorsitzender)	
	Otto Meyer	1935–1954 (1946–1954 Vorsitzender)	
	Walter Winterle	1935–1938	
	Emil Sörensen	1946–1965	1939–1945
	Hans Wellhausen	1934–1958	1931–1934
	Karl Plochmann	1935–1942	
	Johannes Rathje	1942–1950	
	Richard Reinhardt	1943–1952	1936–1942
	Leonhard Schultz		1927–1936

* stellvertretendes und dann ordentliches Vorstandsmitglied

sie Angestellte des GHH-Konzerns waren, reagierte Reusch ausgesprochen zurückhaltend. Er überließ es Karl Haniel – der auch Vorsitzender des Verwaltungsausschusses des Knorr & Hirth-Verlags war –, in München mit Himmler und Röhm zu verhandeln. Nach einem Bericht des Verlagsdirektors Anton Betz hat sich Haniel bei der Unterredung mit Röhm in geradezu peinlicher Weise angedient.[27] Himmler leitete damals in München eine neue Behörde, die

Politische Polizei. Ebenso wie ihr Berliner Pendant, die von Göring gegründete Gestapo, war sie ein Terrorapparat, den weder die Regierung noch die Justiz kontrollieren konnten.

Am 5. April 1933 teilte Himmler die Beschlagnahmung des Verlags Knorr & Hirth mit. Karl Haniel und Leo Hausleiter, ein Mitarbeiter der Politischen Polizei, wurden von Himmler als Sonderkommissare eingesetzt.[28] Erst jetzt wurde Reusch aktiv, distanzierte sich von Haniels Abmachungen, ließ sich Generalvollmacht geben und traf sich mit Himmler. Bewirken konnte er nichts. Der Verlag Knorr & Hirth musste schließlich im Dezember 1935 an den NSDAP-eigenen Eher-Verlag verkauft werden. Den verhafteten Mitarbeitern war schon im April gekündigt worden. Sie kamen nach und nach frei, weil es das Reichsgericht in Leipzig abgelehnt hatte, auf der Grundlage des von Himmler vorgelegten «Belastungsmaterials» ein Verfahren zu eröffnen. Am härtesten traf es Verlagsleiter Paul Cossmann, der wegen seiner jüdischen Herkunft bis Sommer 1934 im Konzentrationslager Dachau inhaftiert war und dort Misshandlungen erleiden musste.[29]

Der Historiker Peter Langer, der diese Vorgänge erforscht hat, folgert daraus, dass Reusch sich vorbehaltlos den Münchner Nationalsozialisten gebeugt und seine Einflussmöglichkeiten nicht genutzt hätte, um die Rüstungsgeschäfte des GHH-Konzerns nicht zu gefährden.[30] Man kann sicher Reusch vorwerfen, dass er sich für die verhafteten Mitarbeiter nicht eingesetzt hat. Auch erscheint Haniels Rolle als Sonderkommissar der Politischen Polizei dubios. Die Übernahme des Verlags durch die NSDAP hätte Reusch indessen nicht verhindern können. Sie erfolgte nicht wegen Büchners unbequemer Leitkommentare, sondern war Teil der «Machtergreifung» in Bayern. Den Nationalsozialisten ging es darum, die größte Tageszeitung Münchens, der «Hauptstadt der Bewegung», unter ihre Kontrolle zu bringen. Reuschs eingespielte Verbindungen zu Schacht oder zum Militär halfen in diesem Fall nicht weiter. Die späten und halbherzigen Versuche, Reichstatthalter von Epp und Hitlers Wirtschaftsberater Keppler einzuschalten, blieben ohne Ergebnis. In anderen Konflikten hat sich der Konzern später Beschwerde führend an Münchner Ministerien und an das Reichswirtschaftsministerium gewandt. Beides hätte in diesem Fall wenig genutzt, und wirklich hochrangige Kontakte zur NSDAP hatten weder Reusch noch sein gut vernetzter Berliner Repräsentant Martin Blank. Ohne solche Verbindungen war im Dritten Reich auch ein Großindustrieller wie Reusch gegenüber den Willkürakten einzelner NS-Funktionäre ziemlich machtlos. Es ist durchaus möglich, dass sich Reusch zurückgehalten hat, weil er einen Konflikt mit dem neuen Regime vermeiden wollte. Aber er musste damals auch erkennen, dass seine Einflussmöglichkeiten jetzt beschränkter waren als in der Zeit der Weimarer Republik. Diese Erfahrung konnte fast gleichzeitig auch der Reichsverband der Deutschen Industrie machen, dessen geschäftsführendes Präsidialmitglied Ludwig Kastl am 1. April 1933 durch eine illegale Aktion des NSDAP-Funktionärs Otto Wagener abgesetzt wurde.[31]

Dem entlassenen Chefredakteur der *Münchener Neuesten Nachrichten*, Fritz Büchner, hat Reusch später geholfen, den anderen Betroffenen wohl nicht. Büchner stand Reusch von allen Mitarbeitern der Redaktion am nächsten und genoss als hoch dekorierter Frontoffizier und ehemaliger Freikorpskämpfer seinen Respekt. Büchner wurde beauftragt, die Chronik zum 125-jährigen Jubiläum der GHH zu schreiben und dann auch die Festschrift zum 100-jährigen Jubiläum der M.A.N.[32]

Im Sommer 1933 begann bei der M.A.N. in Augsburg ein schwerer Konflikt mit der NSDAP. Zwei Mitarbeiter des Werks, der Prokurist S. und der Maschinenarbeiter M., zeigten den Oberingenieur K., an, weil er sich in der Kantine despektierlich über eine Rede Hitlers geäußert hatte. Nachdem sich der nationalsozialistische Betriebszellenobmann mit der Politischen Polizei in Augsburg verständigt hatte, wurden K. und ein Abteilungsleiter am 18. Juli aus dem Werk heraus verhaftet. Beide kamen bald wieder frei, weil die M.A.N. die Haltlosigkeit der Vorwürfe nachweisen konnte.[33] Die Augsburger Werksleitung griff nun gegen die Denunzianten durch. Wegen schweren Vertrauensbruchs wurden M., S. und der Betriebszellenobmann fristlos entlassen. Der Angestelltenratsvorsitzende Mattfeld, der sich an der Denunziation beteiligt hatte, erhielt einen Verweis.[34] Schon im Juni 1933 hatte Mattfeld zusammen mit einem anderen Betriebszellenmitglied die M.A.N. beim NSDAP-Verbindungsstab in Berlin wegen Landesverrats angezeigt und dem Verbindungsstab einen Bericht über «Lizenzvergaben der Maschinenfabrik Augsburg-Nürnberg an das Ausland und Verkäufe von für die Wehrpolitik bedeutungsvollen Motoren nach Frankreich» zukommen lassen.[35] Die M.A.N. konnte den Vorwurf des Landesverrats leicht entkräften, zumal ihr die Augsburger Polizei Einblick in die Akten gewährte, und beschwerte sich beim Reichswirtschaftsministerium über die beteiligten NSDAP-Stellen. Durch deren «Eingriffe in die Privatwirtschaft» würde das Unternehmen von «notwendiger, brotschaffender Arbeit abgehalten».[36] Mattfeld und sein Mitdenunziant Schmid wurden für einige Monate suspendiert.

Im Februar 1934 wurde Mattfeld dann fristlos gekündigt. Wieder wandte er sich an den NSDAP-Verbindungsstab, und dort war die zuständige Abteilung VI (Wirtschaft) nun fest entschlossen, gegen die M.A.N. vorzugehen. Der Verbindungsstab forderte ultimativ die Rücknahme der Kündigung und griff zwei Direktoren des Augsburger Werks massiv an: «Ihre Herren Direktoren Schultz und Dr. Barth bewegen sich bedauerlicherweise nach wie vor im liberalistischen Fahrwasser und wollen wie es mir auf Grund verschiedener Vorkommnisse scheint, den Nationalsozialismus nicht begreifen».[37] Die M.A.N. wandte sich nun an das bayerische Wirtschaftsministerium und den Ministerpräsidenten Siebert.[38] Da aber der Verbindungsstab der NSDAP größeren Einfluss hatte, stellte das bayerische Innenministerium Haftbefehle gegen das stellvertretende Vorstandsmitglied Schultz und Direktor Barth aus. Als der Unternehmensleitung zugetragen wurde, dass die Verhaftung des gesamten Vorstands bevorstünde und die Einsetzung eines Staatskommissars für die M.A.N. geplant sei, lenkte der Vorstandsvorsitzende Lauster ein. Am 23. Februar 1934 erklärte er sich bereit, den Forderungen des NSDAP-Verbindungsstabs nachzukommen und Mattfeld wieder einzustellen.[39]

Anders als im Fall der *Münchener Neuesten Nachrichten* hatte der Konzern in diesem Konflikt Spielräume und Verbündete. Die Augsburger Werksleitung konnte sich gegen Angriffe der Partei wehren und scheute auch nicht vor einem offenen Konflikt zurück. Allerdings wurden auch die Grenzen deutlich, die dem Unternehmen gesetzt waren. Der Augsburger «Betriebsführer» (Personalchef) Leonhard Schultz schöpfte bis zu seiner Ablösung im Jahr 1936 die vorhandenen Spielräume aus. Als im Werk der «Deutsche Gruß» eingeführt werden sollte, bemerkte er z. B. dazu, «dass ‹Grüss Gott› und ‹Guten Tag› auch schöne Grussformen» seien.[40] Statt in vorauseilenden Gehorsam gegenüber der Partei zu verfallen, demonstrierte die Augsburger Werksleitung in betriebsinternen Angelegenheiten Selbstbewusstsein.

Dass Imanuel Lauster Anfang Juli 1934 als Vorstandsvorsitzender der M.A.N. zurücktreten musste, hatte andere Gründe. Er war nicht mehr zu halten, weil sein Schwiegersohn in Rumänien Geschäfte gemacht hatte, die dort zur Beschlagnahmung von Zahlungen an die M.A.N. und die GHH führten.[41] Allerdings hätten die Behörden wohl eher ein Auge zugedrückt, wenn es sich um den Vorstandsvorsitzenden eines der Partei näher stehenden Unternehmens gehandelt hätte. Als neues Vorstandsmitglied kam Walther Winterle Anfang Oktober 1935 nach Augsburg, der ein halbes Jahr später auch das Amt des Betriebsführers übernahm, aber schon im September 1938 ausschied.[42] Betriebsführer wurde jetzt der Nationalsozialist Heinrich Riehm, ein Oberingenieur aus dem Dieselmotorenbau. Er vertrat die M.A.N. als «Wehrwirtschaftsführer» in den verschiedenen Gremien und Institutionen der Rüstungswirtschaft, wurde aber nicht in den Vorstand berufen.[43]

Heftiger noch als in Augsburg waren die Konflikte zwischen der M.A.N. und der NSDAP in Nürnberg. Hier legte sich das Unternehmen mit dem radikalen Gauleiter Julius Streicher an. Streicher und sein Wochenblatt *Der Stürmer* betrieben eine beispiellose antisemitische Hetze. Nach dem Krieg wurde der «Frankenführer» deshalb wegen Verbrechen gegen die Menschlichkeit hingerichtet. Streicher konnte es nicht ertragen, dass das größte Werk Nürnbergs einen Leiter hatte, der mit einer Jüdin verheiratet war. Angestachelt wurde er noch von einem früheren Angestellten des Nürnberger Werks, Pessler. Er war in der Weltwirtschaftskrise entlassen worden und hatte dann bei der NSDAP Karriere gemacht. Im Dritten Reich stieg Pessler zum Gauobmann der Deutschen

Arbeitsfront auf und war fest entschlossen, sich an seiner früheren Firma zu rächen.[44] Die M.A.N. in Nürnberg war nicht bereit, sich Streicher und seiner Entourage zu fügen. Zum Eklat kam es, als sich das Werk, angeblich auf Weisung Paul Reuschs, weigerte, Streichers Hetzblatt *Der Stürmer* für die Mitarbeiter zu abonnieren und wie andere Nürnberger Unternehmen in mehreren hundert Exemplaren an die Belegschaft zu verteilen. Streicher sah darin eine offene Provokation, die er nicht hinnehmen wollte, zumal er am Verkauf des *Stürmers* auch persönlich verdiente. Als sich der *Stürmer*-Verlag bei der M.A.N. nach den Gründen für die Abonnement-Verweigerung erkundigte, zog sich das Unternehmen mit dem Vorwand aus der Affäre, dass man es sich als Druckmaschinenhersteller nicht leisten könne, eine bestimmte Zeitung zu bevorzugen.[45] Da Streicher die Werksleitung nicht aus solchen Gründen verhaften lassen konnte, musste er sich mit Provokationen und Schikanen begnügen. Mehrfach hielt der Gauleiter ohne Anmeldung im Nürnberger Werk Appelle ab, bei denen er gegen die Werksleitung hetzte.[46] Von außen war dieser Konflikt kaum wahrnehmbar, weil Streichers Presse das politisch gewünschte Bild von den Vorgängen vermittelte. So schrieb die *Fränkische Tageszeitung* am 25. März 1936 über einen Auftritt des Gauleiters im M.A.N.-Werk: «Gen.-Direktor Mayer [sic] hieß im Namen der Gefolgschaft den Gauleiter auf das herzlichste willkommen.»[47] Der zum GHH-Konzern gehörende *Fränkische Kurier* stand in Nürnberg in unmittelbarer Konkurrenz zu Streichers *Fränkischer Tageszeitung*. Er sollte mehrfach verboten werden, konnte jedoch noch bis August 1944 erscheinen.[48]

Reusch hatte Meyer 1935 die Gesamtleitung der M.A.N. übertragen. Damit stärkte er dem von Streicher angefeindeten Werksleiter den Rücken und eröffnete ihm zugleich die Möglichkeit, aus Nürnberg wegzuziehen. Meyer war nun auch für die Werke in Augsburg und Gustavsburg zuständig. 1937 zog er nach Augsburg um und verließ damit den Gau des «Frankenführers». Auch nach Meyers Weggang ging die M.A.N. in Nürnberg nicht mit der Partei konform. Das Werk hielt an dem jüdischen Leiter der Patentabteilung, Max Offenbacher, fest, obwohl die NSDAP darauf drängte, ihn zu entlassen. Offenbacher konnte bis zum 9. November 1938, dem Tag der Pogromnacht, bei der M.A.N. arbeiten. Danach erschien er nicht mehr im Werk.[49] Mit ihrer Haltung gegenüber der Partei unterschied sich die M.A.N. deutlich von anderen Unternehmen in der «Stadt der Reichsparteitage».

Auch bei der GHH und der M.A.N. gab es fanatische Nationalsozialisten und eine große Zahl von Opportunisten, die schon im Frühjahr 1933 in die NSDAP eingetreten waren. Doch insgesamt war der Anteil der Parteimitglieder wohl geringer als in vergleichbaren Großunternehmen. Nach dem Krieg erklärte Paul Reusch, dass in den Oberhausener Konzernbetrieben von 30–40 000 Beschäftigten nur 4,9 % der NSDAP angehört hätten.[50] Selbst wenn man berücksichtigt, dass diese Angabe Reuschs im September 1945 zur Entlastung eines Konzernmitarbeiters gemacht wurde, belegt sie doch, dass der Anteil der Parteimitglieder in den Oberhausener Werksbetrieben nicht allzu hoch gewesen sein kann. Vor 1933 war die nationalsozialistische Betriebszellenorganisation in den Werken der GHH Oberhausen kaum vertreten gewesen. Im M.A.N.-Werk Augsburg entfielen bei den Wahlen zum Vertrauensrat, dem weitgehend einflusslosen Vertretungsorgan der Belegschaft, noch 1935 nur 61 % der Stimmen auf die nationalsozialistische Einheitsliste.[51] Während des Dritten Reichs nahm dann der nationalsozialistische Einfluss in den Betrieben der GHH Oberhausen offenbar stärker zu als bei der M.A.N. Als Ernst Garnjost 1942 von der M.A.N. Nürnberg in das GHH-Werk Sterkrade wechselte, hatte er den Eindruck, dass der Betrieb stärker von aktiven Nationalsozialisten geprägt war als das Werk in Nürnberg.[52] Einer dieser Parteiaktivisten war der Abwehrbeauftragte der GHH Oberhausen AG, Loppnow. Ihm wurde nach dem Krieg bescheinigt, er hätte seinen Ehrgeiz darin gesehen, «ein übereifriger Diener der nationalsoz. Staatsführung, der Gestapo und der totalen Kriegsführung zu sein.» Auch hätte er bei einer Auseinandersetzung mit dem Vorstandsmitglied Georg Lübsen vorgehabt, diesen durch die Gestapo verhaften zu lassen.[53]

Innerhalb des GHH-Konzerns gab es auch Unternehmen, deren Vorstände bereitwilliger mit der NSDAP kooperierten als die Leitungen der GHH und der M.A.N. Dies galt besonders für die Kabel- und Metallwerke Neumeyer (KMN) in Nürnberg, die eine Gegenposition zum Nürnberger Werk ihrer Konzernschwester M.A.N. bezogen. Die KMN wurden von ihrem Vorstandsvorsitzenden Ernst Franke weitgehend auf Rüstungsgeschäfte ausgerichtet und entwickelten im Auftrag des Reichsluftfahrtministeriums und des Heereswaffenamts einige neue Verfahren. Ernst Franke gehörte seit 1933 der NSDAP an und hatte nicht nur zur Luftwaffe gute Kontakte, sondern auch zu Gauleiter Streicher. Entgegen der Weisung Reuschs ließ er den *Stürmer* abonnieren. Warnungen Reuschs, nicht zu einseitig auf das Rüstungsgeschäft zu setzen, schlug Franke in den Wind.[54]

Gewinne und Konflikte: GHH und M.A.N. unter dem Vierjahresplan (1936–1939)

Die GHH Oberhausen AG konnte bei der Herstellung von Eisen, Stahl- und Walzwerkserzeugnissen in den Jahren 1933–1936 außergewöhnlich hohe Zuwächse erzielen. Die Stahlproduktion des Unternehmens nahm sogar stärker zu als bei den Branchenführern Vereinigte Stahlwerke und Krupp, was vermutlich mit der starken Ausrichtung auf den Bedarf des Bergbaus und der Werften zusammenhing.[55] Beide Branchen hatten unter der Weltwirtschaftskrise besonders gelitten und holten nun auf. Das traditionell bedeutende Exportgeschäft der Unternehmensgruppe ging durch die zunehmende Abschottung Deutschlands vom Weltmarkt zurück und erreichte nicht mehr die Bedeutung, die es vor der Weltwirtschaftskrise gehabt hatte. Der Anteil des Exports am Umsatz der GHH Oberhausen AG sank auf weniger als 20 % und lag auch im gesamten Konzern nicht wesentlich höher (1935/36: 23 %).[56]

Tab. 23: Beschäftigte des GHH-Konzerns, Beschäftigte und Produktion der GHH Oberhausen AG 1932/33–1944/45[57]

Geschäfts-jahr*	GHH-Konzern	GHH Oberhausen AG			
	Beschäftigte**	Beschäftigte	Rohstahl-produktion in t	Roheisen-produktion in t	Kohlen-förderung in t
1928/29	61 029	30 733	1 066 340	923 805	4 142 625
1932/33	31 406	16 211	338 538	258 167	2 157 287
1933/34	42 460	17 736	570 117	451 117	2 574 783
1934/35	49 386	21 273	803 272	700 966	2 967 014
1935/36	59 106	23 522	988 272	863 032	3 494 750
1936/37	68 680	26 480	1 078 644	1 011 888	4 183 964
1937/38	75 781	29 559	1 254 414	1 184 431	4 317 805
1938/39	80 844	32 017	1 382 782	1 322 230	4 417 571

* Juni–Juli
** 1928/29: Ende 1929; 1938/39: Ende 1939

Tab. 24: Umsatz der GHH Oberhausen AG 1933–1939[58]

Jahr	Umsatz in RM	Anteil des Exports	Anteil der Konzernwerke
1929	213 158 038	27 %	9,7 %
1933	109 744 543	29 %	11,6 %
1934	138 111 712	22 %	12,1 %
1935	163 499 403	18 %	15,2 %
1936	203 844 409	19 %	15,1 %
1937	223 538 262	17 %	16,8 %
1938	270 004 977	20 %	15,3 %
1939	249 647 227	12 %	16,4 %

Tab. 25: Beschäftigte und Umsatz der M.A.N. 1933–1939[59]

Jahr	Beschäftigte*	Umsatz in RM
1933	7 665	52 390
1934	12 000	75 512
1935	14 251	115 165
1936	16 233	132 829
1937	18 114	156 161
1938	20 075	187 557
1939	21 675	203 382

* Monatsmittel

Durch den Vierjahresplan von 1936 nahmen die Umsätze von GHH und M.A.N. nochmals deutlich zu. Hitlers Programm, das die deutsche Wirtschaft innerhalb von vier Jahren kriegsfähig machen sollte, brachte der Eisen- und Stahlindustrie nun eine Nachfrage ein, der sie nicht mehr nachkommen konnte. 1937 musste die Kontingentierung für Eisen eingeführt werden, um Rüstungsaufträgen und Vierjahresplanprojekten die Belieferung zu sichern. Trotz des gespannten Verhältnisses zur Partei hatte der GHH-Vorstand keine Bedenken, immer weitere Aufträge für die Kriegsrüstung anzunehmen und auf diese Weise der nationalsozialistischen Diktatur zuzuarbeiten. Auch Aufträge für Parteibauten wurden von der GHH ausgeführt. In Nürnberg etwa, wo sich die M.A.N. mit dem Gauleiter überworfen hatte, konstruierten GHH und M.A.N. gemeinsam mit der Firma Haushahn die Fahnenmasten für das Reichsparteitagsgelände.[60]

Bei der GHH Oberhausen AG stieg der in der Steuerbilanz ausgewiesene Gewinn nach Verkündung des Vierjahresplans auf ein Mehrfaches an, von 8,7 Mio. RM im Geschäftsjahr 1935/36 auf 32,5 Mio. RM im Geschäftsjahr 1936/37.[61] Der gesamte Konzern profitierte von den hohen öffentlichen Investitionen dieser Jahre, mit denen die Konjunktur vollends überhitzt wurde. Im Werk Sterkrade der GHH wurden neue Pionier-Brückengeräte für den Krieg entwickelt, Leichtbauhallen für Flugzeuge, Stahlroste für den Bau von Bunkern und Luftschutztürmen sowie Spülluftgebläse für die Kriegsmarine. Das Werk Düsseldorf entwickelte Sonderstähle unter Substitution importierter Legierungen. Die Zechen konnten mit der Nachfrage nicht mehr Schritt halten und bauten zusätzliche Förderkapazitäten auf, nachdem Anfang der dreißiger Jahre noch Zechen geschlossen worden waren.[62] Bei der M.A.N. lief inzwischen die Produktion von U-Bootmotoren auf Hochtouren. Im Panzerbau in Nürnberg stieg der Umsatz zwischen 1936 und 1938 um mehr als 600 % an.[63]

Gleichzeitig bekam der GHH-Konzern zu spüren, dass die Eingriffe des NS-Staats in die Wirtschaft mit dem Vierjahresplan eine neue Qualität erreichten. «Wirtschaftsdiktator» war nun nicht mehr Hjalmar Schacht, der seinen Einfluss verlor, sondern Hermann Göring, der Generalbevollmächtigte für den Vierjahresplan. Während Schacht die Interessen der Privatwirtschaft respektiert hatte, lagen Göring solche Rücksichtnahmen fern. Mit der Gründung der Reichswerke AG für Erzbergbau und Eisenhütten «Hermann Göring» am 15. Juli 1937 forderte er die Ruhrindustrie heraus. Der neue Staatskonzern ging daran, im Gebiet von Salzgitter ein Hüttenwerk zu bauen, das den Planungen nach alle bisherigen Dimensionen sprengen sollte. Darüber hinaus war zunächst vorgesehen, weitere Hüttenwerke in der Oberpfalz und in Südbaden zu errichten. Um den Reichswerken die erforderliche Rohstoffbasis zu verschaffen, zwang Göring die private Montanindustrie, einen Teil ihres Erzbesitzes abzugeben. Zu den betroffenen Unternehmen gehörte auch die GHH. Sie besaß nicht nur in Südbaden und Württemberg Erzvorkommen, sondern auch noch Felder in der Nähe von Salzgitter.[64] GHH-Vorstandsmitglied Kellermann nahm an der denkwürdigen Sitzung vom 23. Juli 1937 teil, bei der Göring den Vertretern der bergbauberechtigten Konzerne mitteilte, dass er zur Enteignung ihrer Erzgruben ermächtigt sei, und eine Karte präsentierte, auf der bereits die abzutretenden Felder markiert waren.[65] Den betroffenen Unternehmen – neben der GHH waren dies vor allem die Vereinigten Stahlwerke, Mannesmann, die Ilseder Hütte und die Maxhütte – blieb nur die Wahl, die von Göring gewünschten Gruben an die Reichswerke zu verkaufen oder es auf eine Enteignung ankommen zu lassen. Während die Ilseder Hütte sich sofort Görings Forderung beugte, war die GHH entschlossen, «bis zum Letzten zu kämpfen», wie Hermann Kellermann am 4. August 1937 Flicks Generalbevollmächtigtem Otto Steinbrinck versicherte. Auch dieser wollte unnachgiebig bleiben.[66] Zwei Wochen später erfuhr Reuschs Berliner Repräsentant Martin Blank, dass Steinbrinck mit dem Chef der Reichswerke «Hermann Göring», Paul Pleiger, eine Sonderlösung für die Maxhütte ausgehandelt hatte.[67] Nun schwenkte auch die GHH um. Hermann Reusch machte Pleiger am 30. August 1937 den Vorschlag, die Eisenerzfelder der GHH bei Salzgitter den Reichswerken zur Verfügung zu stellen und das Vorkommen im südbadischen Gutmadingen gemeinsam mit dem Staatskonzern zu nutzen. Den von Pleiger geplanten Bau eines Hüttenwerks in Südbaden wollte die GHH gemeinsam mit dem Reich durchführen.[68] Das entsprach ziemlich genau der Lösung, die der Flick-Konzern mit den Reichswerken für die Erzfelder der Maxhütte ausgehandelt hatte. Gegenüber der GHH waren Göring und Pleiger aber nicht zu einem ähnlichen Kompromiss bereit wie gegenüber dem Flick-Konzern. Der GHH wurden die Erzfelder bei Salzgitter und Gutmadingen dann per Verwaltungsanordnung entzogen.[69] Für die unterschiedliche Behandlung der beiden Konzerne gibt es eine einfache Erklärung: Reusch hatte in der Zwischenzeit Kritik an den Reichswerken vorgebracht, Flick nicht. Zudem hatten Flick und Steinbrinck ihre guten Beziehungen zu Göring spielen lassen.[70] Die GHH hatte solche Verbindungen nicht.

Die Gründung der Reichswerke «Hermann Göring» und die von Göring erzwungene Abgabe der Erzfelder waren massive Eingriffe des Staats in die Wirtschaft, wie sie Reusch immer entschieden bekämpft hatte. Anlässlich der «Gelsenbergaffäre» von 1932 hatte er die «Auslieferung des größten Montanunternehmens an die öffentliche Hand» angeprangert und ein «unbedingtes Festhalten an der Privatwirtschaft» gefordert.[71] Noch mehr musste dies für Görings Zwangsmaßnahmen gegenüber der privaten Montanindustrie gelten. Reusch gehörte denn auch zu den wenigen Großindustriellen, die konsequent gegen die Reichswerke Stellung bezogen. Das zeigte sich bei der dramatischen Sitzung im Düsseldorfer Stahlhof am 24. August 1937. Damals versuchte Ernst Poensgen, der Vorstandsvorsitzende der Vereinigten Stahlwerke und Vorsitzende der Wirtschaftsgruppe Eisen schaffende Industrie, die privaten Montankonzerne auf eine gemeinsame Denkschrift gegen die Reichswerke festzulegen. Um zu einer einheitlichen Linie zu finden, hatten die Konzernchefs bis zuletzt an Formulierungen gefeilt. Reusch hatte verhindert, dass die von Flick gewünschten Kompromissangebote in den Text aufgenommen wurden. In der Sitzung waren dann die GHH, die Klöckner-Werke und die Dillinger Hüttenwerke die einzigen Unternehmen, die sich hinter die Denkschrift stellten. Die Vertreter der anderen Konzerne hatten sich durch ein wenige Stunden vorher eingetroffenes Telegramm Görings einschüchtern lassen.[72] Im Februar 1938 mussten sich die privaten Montankonzerne dann auf Weisung des Reichswirtschaftsministeriums an der Kapitalerhöhung der Reichswerke beteiligen. Dieser Demütigung konnte sich auch die GHH nicht entziehen.[73]

Dass es nicht vorteilhaft war, Göring zum Gegner zu haben, bekam Reusch auch in einem anderen Zusammenhang zu spüren. Im März 1938, ein halbes Jahr nach dem Konflikt um die Erzfelder, griff Göring bei der Bayerischen Vereinsbank gegen Reusch und die GHH durch. Reusch war Aufsichtsratsvorsitzender der Bank. Er hatte dieses Amt von Fritz Neumeyer, dem Gründer der Nürnberger Neumeyer-Werke, nach dessen Tod im September 1935 übernommen. Neben den Kabel- und Metallwerken Neumeyer wurde damals auch die GHH Großaktionär der Bayerischen Vereinsbank.[74] Reusch wollte das Münchner Geldhaus wohl zur Hausbank seines Konzerns machen und berief dafür den befreundeten Juristen Ludwig Kastl in den Vorstand. Kastl war im März 1933 von den Nationalsozialisten gezwungen worden, von seinem Posten als geschäftsführendes Vorstandsmitglied des Reichsverbandes der Deutschen Industrie zurückzutreten. Zu den Großaktionären der Bayerischen Vereinsbank gehörte damals auch das Bankhaus Mendelssohn & Co. in Berlin. Zwei frühere Bankiers von Mendelssohn waren Vorstandsmitglieder der Vereinsbank. Bei den Nationalsozialisten war die Vereinsbank wegen dieser Verbindung als «Judenbank» verschrien.[75] Mit dem wachsenden Druck auf die jüdische Privatbank Mendelssohn geriet auch die Bayerische Vereinsbank unter Druck. Sie sollte alle Personen aus ihrem Vorstand und Aufsichtsrat entfernen, die jüdischer Herkunft waren oder als politisch missliebig galten. Der Aufsichtsratsvorsitzende Reusch lehnte diese Forderung ab.[76] Anfang 1938 schalteten sich dann der Reichsschatzmeister der NSDAP und das Reichswirtschaftsministerium ein. Nun stellte sich heraus, dass die NSDAP mit der Kampagne gegen die «Judenbank» das Ziel verfolgte, das Unternehmen in ihren eigenen Besitz zu bringen. Göring bestellte Reusch ein und forderte von ihm ultimativ, den Aufsichtsratsvorsitz niederzulegen und die Kapitalbeteiligung der GHH bei der Bayerischen Vereinsbank an die NSDAP abzugeben.[77] Reusch trat daraufhin am 29. März 1938 aus dem Aufsichtsrat aus, ebenso die anderen Vertreter der GHH-Gruppe, Karl Haniel und Hans Wellhausen (M.A.N.).[78] Das Aktienpaket der GHH wurde von der NSDAP übernommen und dann von der Bayerischen Gemeindebank treuhänderisch gehalten.[79]

Bei der «Arisierung» von Firmen, die sich nach nationalsozialistischer Definition in jüdischem Besitz befanden, hielt sich der GHH-Konzern zurück. Paul Reusch war nicht nur kein Antisemit, sondern sah in privatem Eigentum auch ein hohes Gut, das es vor jeder staatlichen Gewalt zu schützen galt. Gleichwohl übernahm auch die GHH vereinzelt Kapitalbeteiligungen aus jüdischem Besitz.[80] Im Fall der Schloemann AG in Düsseldorf engagierte sich Reusch bei einem «Arisierungs»-Geschäft, das er mit seinen Grundsätzen für vereinbar hielt. GHH und M.A.N. waren seit 1931 an der Schloemann AG, einem Konstruktionsbüro von Weltruf, beteiligt. Am Aktienkapital des Unternehmens, das sich auf 1 Mio. RM belief, hatten sie zusammen eine Mehrheitsbeteiligung von 55 %. Dritter Gesellschafter war der jüdische Unternehmer Ludwig Löwy, die führende Persönlichkeit der Schloemann AG. Im Oktober 1935 schrieb Löwy an Reusch: «Die Behandlung der Juden in Deutschland macht es mir als ehrliebendem Manne unmöglich, länger in diesem Lande zu leben.» Löwy wollte weiterhin in leitender Tätigkeit für die Schloemann AG arbeiten und erwartete von Reusch durchaus selbstbewusst eine «Auslandsstellung in einer meiner Persönlichkeit und meinem Ansehen entsprechenden selbständigen Form».[81] Im Dezember 1935 erhielt Löwy die Generalvertretung der Schloemann AG für Großbritannien und Frankreich.[82] Als im GHH-Vorstand Befürchtungen laut wurden, dass Löwy zu britischen Firmen «überlaufen» könnte, stellte sich Otto Meyer, der Aufsichtsratsvorsitzende der Schloemann AG, hinter ihn und erklärte, dass er «an der Ehrlichkeit der Absichten von Herrn Löwy nicht zweifelt».[83] Löwy erhielt von der Schloemann AG ein Darlehen von 25 000 Pfund für den Aufbau eines eigenen Unternehmens in England und vereinbarte den Verkauf seiner Kapitalbeteiligung in Höhe von nom. 450 000 RM an die GHH und die M.A.N. Doch bot Löwy seine Schloemann-Aktien erst zum Kauf an, als er in London in Sicherheit war. Die Schloemann AG beauftragte dann eine Wirtschaftsprüfungsgesellschaft damit, den Wert des Aktienpakets zu ermitteln und einen Kaufpreis festzusetzen. [84]

Die Zeit arbeitete gegen Löwy. Anfang 1938 war der Verkauf noch immer nicht geregelt, weil sich beide Seiten nicht über den Preis verständigen konnten. Wenige Wochen später wurden Löwy und seine neue, in London gegründete Firma auf Anordnung des Reichswirtschaftsministeriums vom Geschäft in Deutschland ausgeschlossen.[85] Bei der GHH war inzwischen Hermann Reusch mit dem «Fall Löwy» betraut, der älteste Sohn des Konzernchefs. Er war in den Vorstand der Schloemann AG entsandt worden und wechselte Anfang 1937 in den Aufsichtsrat.[86] Hermann Reusch wollte sich nicht mit der Wirtschaftsgruppe Maschinenbau anlegen, die den jüdischen Unternehmer vom Geschäft ausgeschlossen hatte, und riet von weiteren Verhandlungen mit Löwy ab.[87] Löwy hatte seinerseits gegen die Schloemann AG Klage erhoben und erreicht, dass das Gericht in Düsseldorf Beschlüsse der Generalversammlung von

Schloemann für nichtig erklärte, darunter auch den Beschluss zur Entlastung Reuschs.[88] Die Schloemann AG hatte nun das Problem, dass sie erst nach einem Verkauf der Löwy-Beteiligung bescheinigt bekam, «endgültig arisiert» zu sein.[89] Die Verwaltungsstelle Berlin der GHH gab deshalb im Februar 1939 zu bedenken, «ob möglicherweise aufgrund der Juden-Gesetzgebung in der Angelegenheit irgendetwas unternommen werden könne.»[90] Am 28. Juni 1939, wenige Monate vor Kriegsbeginn, ging das Aktienpaket Löwys zu dem von der Wirtschaftsprüfungsgesellschaft festgesetzten, aber von Löwy nicht akzeptierten Kaufpreis von 1 287 593 RM an die GHH und die M.A.N. über.[91] Es ist nicht anzunehmen, dass Löwy auch nur einen Teil dieses Geldes erhalten hat. Er starb 1942 in London. Nach dem Krieg klagte sein Bruder Erwin Loewy auf Herausgabe der Kapitalbeteiligung Ludwig Löwys an der Schloemann AG. Die GHH und die M.A.N. mussten diese Aktien daraufhin im Wege der Restitution zurückgeben.[92]

Im März 1938 eröffneten sich der deutschen Wirtschaft durch den «Anschluss» Österreichs Expansionschancen, die auch von der GHH und der M.A.N. genutzt wurden. Die GHH übernahm im Herbst 1938 eine Mehrheitsbeteiligung an der Vergasungsindustrie Wien AG, einem Spezialunternehmen für die Herstellung von Gaserzeugungsanlagen. Bei dem Kauf handelte es sich nicht um eine «Germanisierung», da die beiden bisherigen Inhaber Rosenthal und Osselmann «Reichsdeutsche» aus Berlin waren. Die Vergasungsindustrie AG galt aber als «nichtarisches» Unternehmen, und die Übernahme einer 51 %igen Kapitalbeteiligung durch die GHH war somit eine «Arisierung».[93] Das Geschäft kam vermutlich zustande, weil die jüdischen Eigentümer nach dem «Anschluss» Österreichs zum Verkauf gezwungen waren und ihnen eine Mehrheitsbeteiligung der GHH in dieser Lage noch als die vorteilhafteste Lösung erschien. Beide Unternehmen standen schon seit 1935 miteinander in Verbindung.[94] Für ein gewisses Einvernehmen zwischen Rosenthal, Osselmann und der GHH spricht auch, dass Rosenthal eine Minderheitsbeteiligung an diesem Unternehmen behielt und weiterhin dem Verwaltungsrat angehörte. Ein leitender Mitarbeiter der Vergasungsindustrie Wien AG, Aschermann, musste wegen seiner jüdischen Herkunft 1938 nach Mailand emigrieren. Aschermann sollte die Generalvertretung für das Ausland erhalten, was an der Ablehnung der Wiener Devisenstelle scheiterte. Das Unternehmen schloss daraufhin mit Aschermann einen anderen Vertrag über die «Hereinbringung von Aufträgen». 1941 musste Aschermann endgültig ausscheiden. Er war nun auch in Italien nicht mehr zu halten.[95]

Die M.A.N. profitierte von allen Unternehmen des Konzerns wahrscheinlich am meisten vom «Anschluss» Österreichs. Sie erwarb 1939 die Kapitalmehrheit der Österreichischen Automobil-Fabriks AG, vormals Austro-Fiat (ÖAF). Das 1907 von Fiat gegründete Unternehmen war damals der führende

Lkw-Hersteller Österreichs und seit 1936 mit der M.A.N. durch einen Lizenzvertrag für Dieselmotoren verbunden. In ihrem Werk in Wien-Floridsdorf hatte die ÖAF rund 1000 Beschäftigte.[96] Nach dem «Anschluss» Österreichs hatte es zunächst nicht so ausgesehen, als ob die M.A.N. bei der ÖAF zum Zug kommen würde. Der Mehrheitsaktionär Fiat verhandelte mit den Reichswerken «Hermann Göring», weil sämtliche österreichischen Lkw-Hersteller mit Ausnahme der Österreichischen Saurer-Werke unter dem Dach der Steyr-Daimler-Puch AG zusammengefasst werden sollten, die dem Reichswerke-Konzern zugeschlagen worden war.[97] Nach dem Scheitern dieser Pläne nahm Fiat in Abstimmung mit den italienischen Behörden Verhandlungen mit der M.A.N. auf, die dann die Kapitalmehrheit erwerben konnte. In den folgenden Jahren stockte die M.A.N. ihre Beteiligung an der ÖAF auf 72 % des Aktienkapitals auf.[98] Die Übernahme der ÖAF durch ihren Lizenzgeber M.A.N. kam zwar ausschließlich als Folge des «Anschlusses» Österreichs zustande, dürfte aber bei dem Wiener Unternehmen kaum als feindlicher Akt angesehen worden sein. Zwischen beiden Unternehmen blieben nach dem Krieg so gute Beziehungen bestehen, dass die ÖAF später wieder eine Tochter der M.A.N. wurde.[99]

6 Der Konzern im Zweiten Weltkrieg: Rüstungsproduktion und Zwangsarbeit

Motorenwerk Hamburg und Deutsche Werft: Die Zusammenarbeit mit der Kriegsmarine

Nach Kriegsbeginn wurde der GHH-Konzern nicht nur für die Waffenproduktion benötigt, sondern auch für die Logistik der Kriegsführung und die Wiederherstellung von Verkehrsverbindungen in besetzten Gebieten. Schon der Überfall der Wehrmacht auf Polen wurde von Brückenbauingenieuren aus Sterkrade und Gustavsburg begleitet. Spezialisten aus Gustavsburg bauten die zerstörten Weichselbrücken bei Dirschau wieder auf, ebenso dann die Rheinbrücken zwischen Kehl und Straßburg und andere strategisch wichtige Verbindungen.[1] Nach dem Waffenstillstand im Westen waren die Rheinwerft Walsum der GHH wie auch das M.A.N.-Werk Gustavsburg an der Umrüstung von über 500 Schiffen und Kähnen für die geplante Invasion Englands («Operation Seelöwe») beteiligt. Später baute das Werk Hafenanlagen im besetzten Frankreich aus, und nach dem Angriff auf die Sowjetunion wurden die Brückenbauabteilungen des Konzerns dann auch im Baltikum und in der Ukraine eingesetzt. Im Werk Nürnberg, wo Panzer des Typs II und III hergestellt wurden, stieg die Kampfpanzerproduktion im Jahr 1941 auf 260 Stück. In Nürnberg, Augsburg und Oberhausen wurden in großen Serien Geschosse und Munition hergestellt.[2]

Schon Anfang 1938 hatte die Marine die M.A.N. aufgefordert, mehr Dieselmotoren für Kriegsschiffe zu bauen. Für das Programm der Marine war im Augsburger Werk nicht genug Kapazität vorhanden, und die M.A.N. wollte auch nicht ihren gesamten Schiffsmotorenbau auf die Marine ausrichten. Paul Reusch erklärte sich deshalb in einer Besprechung mit Großadmiral Raeder bereit, auf dem Gelände der Deutschen Werft in Hamburg ein Zweigwerk der M.A.N. zu bauen und dafür 7–8 Mio. RM aufzubringen.[3] Im April 1938 wurde in einer Vereinbarung zwischen der M.A.N. und der Kriegsmarine festgelegt, dass das neue Werk in Hamburg als Betrieb der Marine gebaut und später von einer eigens dafür gegründeten Tochtergesellschaft der M.A.N. gepachtet werden sollte.[4] Den Bau und die Einrichtung des Werks hatte also das Reich zu finanzieren. Das von der Kriegsmarine vorgeschlagene Modell war vom Heereswaffenamt schon seit 1934 mit den so genannten Montan-Betrieben praktiziert worden. Sie gehörten einer heereseigenen Firma, der Verwertungsgesellschaft für Montanindustrie GmbH, wurden aber von den privaten Konzernen der Rüstungsindustrie betrieben.[5] Das neue Motorenwerk in Hamburg wurde dann auf Betreiben des Oberkommandos der Kriegsmarine (OKM) nicht bei der Deutschen Werft angesiedelt, sondern neben den Howaldtswerken auf der Rossinsel, die näher an den marineeigenen Betrieben im Hamburger Hafen (Tollerort) lag.

Auf der Grundlage dieser Vereinbarungen wurde am 15. Mai 1939 ein Betriebsvertrag zwischen der Kriegsmarine, den Howaldtswerken und der M.A.N. geschlossen. Als das Motorenwerk nach dreijähriger Bauzeit und Baukosten von rund 70 Mio. RM am 1. März 1942 in Betrieb genommen wurde, war es das größte Werk für Schiffsdieselmotoren in Europa.[6] Die Leitung übernahmen Friedrich Roethlein und Alfred Geppert aus Augsburg, später waren dann Geppert und Erich Ammenhäuser die Direktoren. Im ersten Monat nach Inbetriebnahme des Motorenwerks Hamburg waren hier 896 Arbeiter und Angestellte beschäftigt. Bis Ende September 1942 stieg die Belegschaft – hauptsächlich durch den Einsatz von Zwangsarbeitern – auf 1446.[7]

Die M.A.N. berief anlässlich der Eröffnung eine Aufsichtsratssitzung nach Hamburg ein. Innerhalb und außerhalb des Unternehmens wurde das Hamburger Motorenwerk vielfach als viertes Werk der M.A.N. angesehen, was es zwar faktisch, aber nicht seinem rechtlichen Status nach war. Denn die Betriebsanlagen gehörten dem Reich, und Betreiber des Werks war nicht die M.A.N., sondern die zu diesem Zweck am 20. Februar 1942 gegründete M.A.N.-Tochtergesellschaft Motorenwerk Hamburg GmbH.[8] Im Unterschied zu den M.A.N.-Werken in Augsburg, Nürnberg und Gustavsburg war das Hamburger Werk ein 100 %iger Rüstungsbetrieb.

Während der Bauzeit hatten sich die Rahmenbedingungen dieses Projekts durch den Kriegsbeginn verändert. 1938 war die Marineleitung um Raeder in völliger Verkennung der Politik Hitlers davon ausgegangen, dass sie für die Aufrüstung noch Zeit hatte. Man wollte eine ganze Flotte von Schlachtschiffen, Zerstörern und Kreuzern bis Kriegsbeginn bauen («Z-Plan»). Das Motorenwerk Hamburg sollte die Motoren dafür liefern. Nach Kriegsbeginn musste die Marine ihre Planungen schlagartig ändern. Da das OKM jetzt ganz auf den U-Bootkrieg setzte, stellte die M.A.N. ab März 1942 in Hamburg – wie schon in Augsburg – U-Bootmotoren her.[9]

Die Konzernschwester Deutsche Werft hatte inzwischen den Bau von U-Booten aufgenommen. Bis Kriegsbeginn hatte sich das Unternehmen weitgehend auf den Bau von Handelsschiffen beschränkt. Ein Spezialgebiet der Werft war der Bau von Öltankern, der ihr lukrative Aufträge aus dem Ausland einbrachte. Noch in den ersten Kriegsjahren wurden mehrere große Tanker für die Texas Company gebaut, die vor dem Kriegseintritt der USA ausgeliefert

Abb. 48 Aufsichtsratssitzung der M.A.N. in Hamburg 1942

werden konnten. Der Werft wurde bei Kriegsbeginn vorgeworfen, sie hätte keinen Beitrag zur deutschen Aufrüstung geleistet. Das sollte sich gründlich ändern. Zunächst wurden Handelsschiffe zu Sperrbrechern und Hilfskreuzern umgerüstet. Dann nahm die Deutsche Werft den Bau von U-Booten auf. Mehr als sechzig U-Boote des großen Typs IX C (1100 t) verließen während des Krieges die Werft. In den letzten Kriegsjahren kamen kleinere U-Boote des neuen Typs XXIII hinzu. Nebenbei wurden Minensuchboote, Torpedo-Fangboote, Kriegstransportschiffe und Hebewerke gebaut.[10] Nach der Besetzung Frankreichs wurde das Unternehmen beauftragt, die französische Marinewerft Toulon zu betreiben und auf den Bedarf der deutschen Kriegsführung auszurichten. In Toulon wurden dann z. B. 40 Transportschiffe für die Belieferung der Front in Nordafrika gebaut. In den letzten Kriegsjahren erhielt die Deutsche Werft auch noch die Regie über sechs italienische Werften übertragen.[11]

Die Expansion in besetzte Gebiete

Bei der Expansion der deutschen Unternehmen in die annektierten und besetzten Länder spielte der GHH-Konzern insgesamt eine vergleichsweise geringe Rolle. Mitunter ist daher auch in der historischen Forschung vermutet worden, die GHH hätte sich bewusst nicht an der «Germanisierung» annektierter Gebiete beteiligen wollen und sich nur «halbherzig» um Werke in diesen Territorien beworben.[12] Tatsächlich war es so, dass die privaten Montankonzerne in den besetzten Ländern den Reichswerken «Hermann Göring» den Vortritt lassen mussten, die sich die größten Unternehmen der österreichischen, tschechischen und polnischen Schwerindustrie sicherten.[13] In Lothringen und in Luxemburg kamen neben den Reichswerken auch private Konzerne zum Zug, und hier hatte die GHH auch durchaus geplant, ein Hüttenwerk zu erwerben. Paul Reusch hatte sich schon Ende Mai 1940 – vierzehn Tage vor dem Fall von Paris – Unterlagen über den früheren, nach dem Ersten Weltkrieg enteigneten Erzbesitz der GHH in Lothringen und in der Normandie zusammenstellen lassen.[14] Die GHH hatte vor 1918 in Lothringen zwar Erzfelder besessen, aber kein Hüttenwerk wie Thyssen, Klöckner oder Röchling.

Nach der Besetzung Frankreichs wurde im Reichswirtschaftsministerium über die Zukunft der lothringischen Montanindustrie verhandelt. Lothringen war nun faktisch dem Deutschen Reich angegliedert worden, auch wenn die formalrechtliche Annexion erst nach einem Friedensvertrag mit Frankreich erfolgen sollte. Verwaltungsmäßig wurden die lothringischen Departements mit dem Saargebiet und der Pfalz zum neu gebildeten Gau Westmark zusammengefasst. Bei den Verhandlungen im Reichswirtschaftsministerium und den Besprechungen innerhalb der Wirtschaftsgruppe Eisen schaffende Industrie machte sich Reusch dafür stark, dass die französischen Eigentümer der lothringischen Hüttenwerke eine Minderheitsbeteiligung von rund 25 % behalten sollten, während Hermann Röchling, der als Generalbeauftragter für Eisen und Stahl für die Gebiete Lothringen und Meurthe et Moselle Sud eingesetzt wurde, auf einer vollständigen «Germanisierung» dieser Unternehmen bestand.[15] Reusch machte seinen Vorschlag allerdings nicht aus Interesse an einer deutsch-französischen Verständigung, ihn trieb die Sorge um, dass eine völlige Enteignung der französischen Unternehmen in Lothringen zum Aufbau eines neuen Zentrums der Schwerindustrie in der Normandie oder einem anderen Teil Frankreichs führen würde. Daraus hätte für die lothringischen Werke eine harte Konkurrenz erwachsen können.[16]

Die lothringischen Unternehmen waren nach der Besetzung deutschen Zivilverwaltern unterstellt worden. Wer sie erwerben oder treuhänderisch verwalten wollte, musste dafür eine Genehmigung der Behörden in Berlin einholen. Dort wurden nun Anträge eingereicht, Landkarten gewälzt und Aufteilungspläne zusammengestellt. Natürlich schickten die Konzerne auch ihre Lobbyisten vor und ließen politische Verbindungen spielen. Reusch vertrat den Standpunkt, dass die lothringische Hüttenindustrie nach den Quoten im deutschen Stahlwerks-Verband aufgeteilt werden sollte – womit er wohl auch einem übermäßigen Ausgreifen der Reichswerke «Hermann Göring» vorbeugen wollte.[17] Nach längerer Suche entschied sich die GHH, einer Empfehlung ihres Experten Georg Bulle folgend, für das Hüttenwerk in Micheville. Das Werk der S.A. des Aciéries de Micheville hatte mit einer Rohstahlkapazität von 500 000 t/Jahr die gewünschte Größe. Am 4. September 1940 teilte Hermann Kellermann dem

Vorsitzenden der Wirtschaftsgruppe Eisen schaffende Industrie, Ernst Poensgen, mit, dass die GHH an Micheville interessiert sei.[18]

In Oberhausen rechnete man jetzt damit, das Hüttenwerk Micheville in Bälde zugeteilt zu bekommen. Umso größer war die Enttäuschung, als sich dann im Mai 1941 herausstellte, dass Micheville gar nicht vergeben werden konnte, weil es nämlich einige Kilometer jenseits der neuen deutsch-französischen Grenze lag. Paul Reusch schickte zwar noch im folgenden Jahr Experten aus Oberhausen dorthin, «um das fortdauernde Interesse an Micheville zu bekunden»,[19] doch hatte dies nur noch symbolische Bedeutung. Die GHH ging bei der Aufteilung der lothringischen Hüttenindustrie leer aus, was in Oberhausen als eine bittere Schlappe angesehen wurde.[20]

Wie war es möglich gewesen, dass sich Paul Reusch so verschätzt hatte? Beim Wettlauf der deutschen Montankonzerne um die lothringischen Hüttenwerke hatte die GHH zunächst abseits gestanden. Neben den Reichswerken «Hermann Göring», die die leistungsfähigsten Hütten zugeteilt bekamen, waren die 1918 enteigneten Alteigentümer am Zug. Mit den Reichswerken konnte die GHH – und auch kein anderer privater Konzern – konkurrieren. Den Alteigentümern wiederum wollte sich Reusch ganz bewusst nicht in den Weg stellen, da die Enteignungen nach 1918 aus seiner Sicht bitteres Unrecht gewesen waren, das es jetzt wiedergutzumachen galt. Reusch und Kellermann hatten daher die Richtlinie aufgestellt, «dass wir uns um den Altbesitz nicht bewerben wollten, um loyal den Altbesitzern gegenüber zu bleiben».[21] Da im annektierten Lothringen kein passendes Werk mehr übrig blieb, nachdem sich Flick durch seine guten Verbindungen die Rombacher Hütte gesichert hatte, entschied sich die GHH-Führung für das Hüttenwerk Micheville.[22] Man wusste in Oberhausen natürlich, dass Micheville jenseits der alten deutsch-französischen Grenze von 1913 lag und schon zum Longwy-Gebiet gehörte. Doch ging Paul Reusch offenbar davon aus, dass Hitler nicht bei der Grenze von 1913 stehen bleiben und auch das Longwy Gebiet annektieren würde – wie es schon die deutschen Planungen im Ersten Weltkrieg vorgesehen hatten. Hermann Reusch erhielt im Oktober 1940 von einem deutschen Offizier aus Paris die Information, es würde «damit gerechnet, dass Meurthe et Moselle deutsch wird».[23] Sieben Monate später wussten die Reuschs, dass sie sich getäuscht hatten. In einer Besprechung mit dem zuständigen Unterstaatssekretär des Reichswirtschaftsministeriums General von Hanneken erklärte Hermann Reusch am 27. Mai 1941; «Es bestünde bei uns der Eindruck, daß die Grenze von 1913 nach Frankreich wiederhergestellt werden soll. Damit würden unsere Pläne bezüglich des Erwerbes von Micheville gegenstandslos.»[24]

Dass die GHH in Lothringen leer ausging, kann freilich nicht allein durch die «Grenzfrage» erklärt werden, sondern auch durch Reuschs Rücksichtnahme gegenüber den Alteigentümern. [25] Und schließlich machte sich hier einmal mehr bemerkbar, dass die GHH nicht über die politischen Verbindungen verfügte, mit denen sie sich – wie Flick – ein lothringisches Hüttenwerk diesseits der neuen Grenze über alle Konkurrenten hinweg hätte sichern können.

Im Osten übernahm die GHH 1941 eine Maschinenfabrik im polnischen Ostoberschlesien, das nach der Besetzung von Deutschland annektiert worden war. Die Schlesische Metall-Industrie GmbH in Tarnowitz, die hauptsächlich Maschinen für den Bergbau herstellte, blieb der einzige Zukauf östlich des alten Reichsgebiets. Wie der gesamte polnische Firmenbesitz in den annektierten Gebieten war auch dieses Unternehmen beschlagnahmt und der Haupttreuhandverwaltung Ost (HTO) unterstellt worden. Wer die rechtmäßigen Eigentümer waren, geht aus den Unterlagen nicht hervor. Anfang 1941 hatte sich der kommissarische Verwalter des Unternehmens an die GHH gewandt, weil er einen Käufer suchte, der bereit war, ihn als Betriebsleiter anzustellen.[26] Für die GHH war die Maschinenfabrik in Tarnowitz nicht nur als Stützpunkt in Oberschlesien interessant, wo der Konzern bislang nicht mit einem eigenen Unternehmen vertreten war. Die Firma konnte auch als Ausweichwerk für die Abteilung Sterkrade dienen. Falls das Werk Sterkrade durch Luftangriffe schwer getroffen würde, konnte ein Teil der Fertigung in Tarnowitz weitergeführt werden.

Tab. 26: Arbeiter und Angestellte der Maschinenfabrik Tarnowitz* 1942–1944[27]

	1. 3. 1942	1. 10. 1942	1. 3. 1943	30. 11. 1944
Arbeiter	195	272	295	386
Angestellte	29	33	33	45
Beschäftigte insg.	224	305	328	441

* einschließlich Lehrlinge

Anfang Juli 1941 wurde der Kaufvertrag mit der HTO abgeschlossen.[28] Das Unternehmen erhielt jetzt die Bezeichnung Maschinenfabrik Tarnowitz. Reusch musste allerdings darauf verzichten, das stellvertretende Vorstandsmitglied Ernst Hilbert mit der oberschlesischen Tochtergesellschaft zu betrauen, da dieser vom Gauwirtschaftsberater in Kattowitz als «für die Partei nicht tragbar» abgelehnt wurde.[29] Die Leitung des Unternehmens übernahm GHH-Direktor Seubert. Die Maschinenfabrik Tarnowitz stellte in den folgenden Jahren hauptsächlich Förderwagen und Grubenstempel für den oberschlesischen Bergbau her. Die Beschäftigtenzahl verdoppelte sich zwischen 1942 und 1944, wobei auch hier auf Zwangsarbeiter zurückgegriffen wurde. Im Januar 1943 hatte die Maschinenfabrik bei den Behörden in Breslau bereits drei Baracken für Zwangsarbeiterinnen aus der Sowjetunion («Ostarbeiterinnen») bestellt, die als Schweißerinnen, Maschinenarbeiterinnen und Helferinnen in der

Schmiede eingesetzt waren.[30] Beim Arbeitsamt Beuthen beantragte das Unternehmen im Juli 1943 die «Zuweisung von 15 Arbeitskräften, nach Möglichkeit Ausländern (Ukrainer, Polen)».[31] Für die Direktion waren also auch polnische Zwangsarbeiter «Ausländer».

Im November 1944 begann die Leitung der Maschinenfabrik Tarnowitz, den Rückzug aus dem Werk vorzubereiten. In einem geheimen Schreiben an Hermann Kellermann wurde die Rückverlagerung der Geräte und Einrichtungen nach Oberhausen vorgeschlagen.[32] Einen Monat später musste die GHH das Unternehmen wegen des Kriegsverlaufs aufgeben.

Im Herbst 1942 hatte sich die GHH auch einen Stützpunkt in der Ukraine verschafft, wo sich die wichtigsten Zentren der sowjetischen Schwerindustrie befanden. Nach der Besetzung der Ukraine sollten die dortigen Montanbetriebe den Reichswerken «Hermann Göring» bzw. der vom Reichswerke-Konzern gegründeten Berg- und Hüttenwerksgesellschaft Ost (BHO) unterstellt und für die deutsche Kriegsrüstung ausgebeutet werden. Reichswerke-Chef Pleiger gelang es aber nicht, aus der unter Kriegsschäden, Arbeitskräftemangel und veralteter Ausrüstung leidenden ukrainischen Schwerindustrie die Produktionsmengen herauszupressen, die er Hitler zugesagt hatte. Deshalb sollten sich private deutsche Unternehmen bei «Patenbetrieben» in der Ukraine engagieren, um unter Oberleitung der BHO dort Rüstungsaufträge durchführen zu lassen. Zur Entlastung der Rüstungsindustrie in Deutschland sollte in der Ukraine auch eine umfangreiche Munitionsfertigung aufgezogen werden («Iwan-Programm»).[33] Rund dreißig Unternehmen gingen Patenschaften oder Unterpatenschaften bei Betrieben im «Reichskommissariat Ukraine» ein, darunter auch die GHH und die meisten anderen Montankonzerne (Vereinigte Stahlwerke, Krupp, Flick, Hoesch, Klöckner, Mannesmann).[34] Die GHH war im August 1942 bereit, die Patenschaft über die Alte Maschinenfabrik Kramatorsk zu übernehmen. Das Werk sollte die Bezeichnung «Gutehoffnungshütte Oberhausen Aktiengesellschaft Werk Kramatorskaja» erhalten.[35] Offiziell wurde die Patenschaft der GHH erst am 13. November 1942 von der BHO übertragen.[36] Praktisch handelte es sich dabei um eine Treuhänderschaft mit der Aussicht auf einen späteren Erwerb. Rechtlich blieb die Fabrik nach den von der BHO aufgestellten Grundsätzen Sondervermögen des Deutschen Reichs.[37]

Die Alte Maschinenfabrik Kramatorsk lag im Osten der Ukraine, im Donezk-Gebiet, und damit östlicher als die meisten anderen von der BHO zugeteilten Patenbetriebe. In der stark zerstörten Maschinenfabrik sollten Bergwerkseinrichtungen hergestellt werden. Die GHH schickte ein Dutzend Mitarbeiter nach Kramatorsk und lieferte mehrere Waggons mit Maschinen aus Deutschland an, die auf Rechnung der BHO beschafft worden waren, vor allem wohl aus dem Werk Sterkrade. Neben der Wiederherstellung der beim Rückzug der sowjetischen Truppen ausgeräumten Fabrik waren die GHH-Ingenieure mit Instandsetzungsarbeiten für die Strom- und Trinkwasserversorgung von Kramatorsk beschäftigt. Werkswohnungen wurden wiederhergestellt, Öfen gebaut. Die Fertigung der Maschinenfabrik beschränkte sich derweil auf die «Herstellung von Ackergeräten in geringem Umfang».[38] Obwohl an eine rentable Produktion in absehbarer Zeit nicht zu denken war, drängte die GHH im November 1942 bei Pleiger darauf, ein Vorkaufsrecht für den Betrieb zu erhalten.[39] Daraus lässt sich schließen, dass man in Oberhausen beabsichtigte, in den Betrieb zu investieren. Eine derartige Entscheidung setzte aber voraus, dass der Vorstand der GHH an einen Sieg über die Sowjetunion glaubte – was offensichtlich im Herbst 1942 noch der Fall war.

Pleiger machte der GHH Hoffnung. In einer Besprechung mit Kellermann und Lübsen am 4. November 1942 empfahl er, in Kramatorsk «heranzugehen». Nach Lübsens Niederschrift stellte er auch ein Vorkaufsrecht in Aussicht: «Wer etwas leiste, habe ein selbstverständliches Anrecht darauf, das Werk auch zu behalten».[40] Von den früheren Konflikten zwischen Pleiger und dem GHH-Vorstand war offenbar nichts mehr zu spüren. Am 19. Juli 1943 übertrug die BHO der GHH auch die Patenschaft für das Hüttenwerk Kramatorsk. Hüttenwerk und Alte Maschinenfabrik zusammen hatten damals etwa 2500 Beschäftigte.[41] Angesichts des Kriegsverlaufs war der Vorstand in Oberhausen aber inzwischen skeptisch geworden. Hilbert und Lübsen teilten der BHO Anfang September 1943 mit, dass sie sich fragen würden, «ob die militärische Lage eine sofortige Inbetriebnahme des Werks überhaupt zulässt».[42] Noch im gleichen Monat musste sich die GHH aus Kramatorsk zurückziehen. Die Maschinen wurden in 33 Waggons ins Werk Sterkrade und in die Maschinenfabrik Tarnowitz transportiert.[43] Mehr als Verluste dürfte der GHH ihr einjähriges Engagement im Reichskommissariat Ukraine nicht eingebracht haben.

Der erzwungene Rücktritt Paul Reuschs

Die dramatischen Vorgänge um den Rücktritt Paul Reuschs als Vorstandsvorsitzender der Gutehoffnungshütte Aktienverein im Februar 1942 sind recht gut dokumentiert. Es ist dennoch nicht leicht, ein umfassendes Bild von den Abläufen zu rekonstruieren, denn an den Konflikten, die zum Sturz Reuschs führten, waren zahlreiche Institutionen und Personen mit eigenen, divergierenden Interessen beteiligt, darunter auch Angehörige des berüchtigten Sicherheitsdienstes der SS (SD).

Ausgangspunkt der damaligen Auseinandersetzungen waren die schon seit längerem bestehenden Spannungen zwischen Paul Reusch und Ernst Franke, dem Vorstandsvorsitzenden der Kabel- und Metallwerke Neumeyer AG (KMN) in Nürnberg. Die KMN war eine Tochtergesellschaft der Hackethal Draht- und

Kabelwerke in Hannover, die sich seit 1936 im alleinigen Besitz der GHH befanden. Der KMN-Vorstandsvorsitzende Franke war schon im Mai 1933 in die NSDAP eingetreten und verfügte über gute Verbindungen zur Nürnberger Gauleitung.[44] Beim Militär hatten sich Franke und die KMN durch die Entwicklung neuer Verfahren für die Herstellung von Geschosshülsen und Flugzeugleitungen einen Namen gemacht. Das 1935 patentierte Neumeyer-Fließ-Verfahren ermöglichte es, Geschosshülsen für Artillerie, Luftwaffe und Marine ausschließlich aus Stahl zu fertigen. Dadurch konnten knappe, nur aus dem Ausland zu beziehende Rohstoffe (Kupfer, Messing) eingespart werden. Auch für die Herstellung von Flugzeugleitungen waren bei der KMN importsubstituierende Verfahren entwickelt worden.[45] Franke baute nicht nur das Rüstungsgeschäft der KMN immer weiter aus, sondern orientierte sich auch mehr an den Interessen des Heeres und der Luftwaffe als an denen des Konzerns.

Reusch war Aufsichtsratsvorsitzender der KMN. Im März 1941 entschied er sich, das Abdriften des Unternehmens aus dem Konzern nicht länger hinzunehmen und Frankes Eigenständigkeiten ein Ende zu setzen. Reusch ließ einen Organvertrag zwischen der KMN und den Hackethal-Werken ausarbeiten, der Franke an Weisungen der Muttergesellschaft in Hannover band. Dort saß Paul Reusch jun., der Sohn des Konzernchefs, im Vorstand. Franke wehrte sich gegen diese Gängelung und lehnte den Organvertrag ab. Reusch ließ den Vertrag dennoch von der Hauptversammlung der KMN am 8. April 1941 beschließen.[46]

Der Vorstandsvorsitzende der KMN wird seinen Nürnberger Parteifreunden schon frühzeitig von der Eskalation des Konflikts berichtet haben. Bald wussten auch die Agenten des SD Bescheid. Reusch wurde bereits seit mehreren Jahren vom SD überwacht. In Nürnberg waren z. B. die Kellner des Grandhotels Fürstenhof als Spitzel auf ihn angesetzt.[47] Anfang April 1941 wurde Franke vom SD in Nürnberg zu einer Vernehmung geladen und zu seinem Konflikt mit Reusch befragt.[48] Zu diesem Zeitpunkt hatte der Sicherheitsdienst der SS wohl schon eine koordinierte Aktion gegen Reusch vorbereitet. Dieser war bereits Ende März in einem anonymen Brief gewarnt worden. Der Absender gab an, «Mitglied der NSDAP in höherer Funktion» zu sein, und teilte mit, dass eine «Aktion gegen die Gutehoffnungshütte» geplant sei, die auf Reusch persönlich zielte: «Dieses richtet sich gegen Sie, Herr Kommerzienrat, als leitender Generaldirektor». Man wolle es nicht mehr länger hinnehmen, dass eines der wichtigsten Rüstungsunternehmen eine Leitung hatte, die gegen die Anschauungen der Regierung eingestellt sei. Der Absender wusste schließlich noch zu berichten, dass der Schlag gegen die GHH vermieden werden könnte, wenn Reusch innerhalb der nächsten drei Monate zurücktreten würde.[49] Reusch nahm die Warnung ernst. Am 30. März 1941, wenige Tage nach Erhalt des anonymen Schreibens, schrieb er vorsorglich einen Rücktrittsbrief an den Aufsichtsratsvorsitzenden Karl Haniel mit der Bitte, Hermann Kellermann zu

Abb. 49 Arbeitszimmer Paul Reuschs in Oberhausen

seinem Nachfolger zu berufen. Diesen Brief schickte er aber nicht ab.[50] Reusch wollte seine Feinde nun offen herausfordern. Nach dem Krieg erklärte er: «Als der Skandal mit Franke im Entstehen war, habe ich ihn bewußt auf die Spitze getrieben. Ich habe den Kampf geführt in dem Gefühl, dass ich dabei zu Fall kommen könne.»[51] Derart motiviert, berief Reusch eine Hauptversammlung der KMN für den 28. Mai 1941 nach Stuttgart ein, die Franke das Vertrauen entzog.[52]

Der Konflikt um den Organvertrag kam dem SD zweifellos gelegen. Er bot einen Vorwand, um die offenbar schon länger geplante Aktion gegen Reusch aufzubauschen. Aus Reuschs Verhalten gegenüber dem Rüstungsunternehmen KMN wurde nun der Vorwurf der Rüstungssabotage konstruiert. Was das bedeutete, war allgemein bekannt. Ein Verfahren wegen des beliebig dehnbaren Begriffs der «Rüstungssabotage» konnte leicht mit KZ-Haft oder gar mit der Todesstrafe enden. Bald waren nicht nur Franke und der SD an dem Komplott beteiligt, sondern auch die Gauleitung, die Kanzlei des Führers und das Reichsluftfahrtministerium. Nach einer späteren Zeugenaussage richtete sich die Verschwörung nicht nur gegen Paul Reusch, sondern auch gegen die GHH. Demnach wäre beabsichtigt gewesen, nach der Entfernung Reuschs aus der Konzernleitung die bayerischen Konzerngesellschaften auf die NSDAP zu übertragen.[53] Unwahrscheinlich ist dies nicht, wenn man bedenkt, dass sich die Partei schon 1938 mit Hilfe Görings die GHH-Beteiligung bei der Bayerischen Vereinsbank angeeignet hatte.[54]

Mitte April 1941 eröffnete das Reichssicherheitshauptamt mit einem Schreiben an die Kanzlei des Führers den Angriff auf Reusch. Die Kanzlei des Führers war eine von vier Kanzleien Hitlers und ebenso wie die Parteikanzlei in München eine Institution der NSDAP. Im Unterschied zur Parteikanzlei war sie eine Privatkanzlei Hitlers für Angelegenheiten der Partei, des Staats und der Wirtschaft. Vom Reichssicherheitshauptamt erfuhr die Wirtschaftsabteilung der Kanzlei des Führers nun, dass zwischen Franke und Reusch «Differenzen entstanden seien, die zur Folge haben könnten, dass die rüstungswirtschaftlichen Aufgaben der Kabel- und Metallwerke Neumeyer nicht genügend berücksichtigt würden».[55] Beigefügt war ein Dossier des SD, das Reuschs regimekritische Einstellung eindrucksvoll belegt haben muss. Eine Ahnung davon vermittelt die Stellungnahme der Kanzlei des Führers zu dem vorgelegten Material: «Reusch ist danach ein ausgesprochener Reaktionär, der mit seiner herabsetzenden und verächtlichen Kritik selbst vor der Person des Führers und des Reichsmarschalls keinen Halt macht. So bezeichnete er in Anlehnung an Spengler den Führer als einen Wahnsinnigen, dem nur noch Selbstmord übrig bleibe.»[56]

Die Kanzlei des Führers untersagte Ernst Franke bis auf weiteres, neue Verträge einzugehen.[57] Das betraf natürlich vor allem den Organvertrag. Franke sollte also nicht mehr den Beschlüssen des Aufsichtsrats und der Hauptversammlung der KMN folgen, sondern nur noch Weisungen, die er von einem Amt der NSDAP erhielt. In einem nächsten Schritt schaltete die Kanzlei des Führers das Reichswirtschaftsministerium ein. Staatssekretär Landfried vom Reichswirtschaftsministerium beraumte für den 20. August 1941 eine Besprechung an, in der sich die beteiligten Behörden und Parteidienststellen über das weitere Vorgehen im Fall Reusch abstimmen sollten. An dieser Besprechung nahm auch der Chef des Reichssicherheitshauptamtes, SS-Gruppenführer Reinhard Heydrich, teil. Nachdem die Parteikanzlei das gegen Reusch zusammengetragene Material präsentiert hatte, war man sich einig, ihn aus der Konzernführung zu entfernen. Weitergehende Maßnahmen gegen Reusch hielt Landfried aber «nicht für zweckmäßig, da diese zu einer wesentlichen Beunruhigung der Wirtschaft beitragen würden». Heydrich schloss sich Landfried an und wollte «infolgedessen von der Anwendung staatspolizeilicher Mittel gegen Reusch absehen».[58]

Anschließend forderte Landfried, auch Ernst Franke zu entlassen, «da er sich disziplinlos benommen hätte, indem er sich gegen seine Konzernleitung an die Kanzlei des Führers gewandt hätte».[59] Die an der Besprechung teilnehmenden Parteivertreter waren fassungslos. So hatten sie sich das Scherbengericht über Reusch nicht vorgestellt. Sie wollten den bewährten Nationalsozialisten Franke natürlich nicht fallen lassen. Das Reichswirtschaftsministerium hatte aber nun den «Fall Reusch» mit dem «Fall Franke» verknüpft. Es würde Reusch erst dann absetzen, wenn auch Franke gehen musste.

Da keine Einigung erzielt werden konnte, kam es am 6. September 1941 zu einer weiteren ressortübergreifenden Besprechung beim Leiter der Kanzlei des

Führers, Philipp Bouhler. Die Kanzlei erklärte sich nun bereit, Franke fallen zu lassen, wenn auch das Militär damit einverstanden sei – wohl wissend, dass dies nicht der Fall sein würde.[60] Für die Kanzlei hatte sich der Fall inzwischen zu einer Frage des eigenen Prestiges entwickelt. In einem Aktenvermerk ihrer Wirtschaftsabteilung vom 26. September 1941 heißt es, «ein Zurückweichen der Kanzlei des Führers» würde «zu einer ganz ungeheuren Schädigung des Ansehens der Partei führen».[61] Inzwischen war – mitten im Krieg – ein halbes Dutzend Behörden mit dem Konflikt beschäftigt.

Im Reichswirtschaftsministerium wurde der Fall Reusch/Franke zur Chefsache. Reichswirtschaftsminister Funk telefonierte am 4. November mit Generalluftzeugmeister Udet und dem Chef des Heereswaffenamts, General Leeb. Beide waren vom Anruf des Ministers wohl zu überrascht, um Funk widersprechen zu können. Jedenfalls rief Funk anschließend den Leiter der Kanzlei des Führers, Bouhler, an und teilte ihm mit, dass Heer und Luftwaffe nicht mehr an Franke festhalten würden. Aufgrund der Absprache vom 6. September musste Bouhler notgedrungen seinen Widerstand gegen eine Entlassung Frankes aufgeben.[62] Udet und Leeb widerriefen schon bald ihre Zustimmung und erklärten, dass sie auf Franke größten Wert legen würden. Doch dazu war es jetzt zu spät. Der Minister hatte bereits dem Aufsichtsrat der KMN freie Hand gegeben.[63]

Am 14. November 1941 kam der Aufsichtsrat der KMN zu einer außerordentlichen Sitzung im Verwaltungsgebäude des Unternehmens in Nürnberg zusammen. Außer dem Vorsitzenden Reusch waren alle Mitglieder des Gremiums anwesend. Die Leitung übernahm der stellvertretende Aufsichtsratsvorsitzende, Reuschs Vertrauter Ludwig Kastl. Nach der Aufsichtsratssitzung teilte Kastl mit, dass Franke entlassen worden sei und stellte auch gleich den Nachfolger vor: Karl Plochmann von der M.A.N. in Nürnberg. Für Franke, der nicht anwesend war, hinterließ Kastl einen verschlossenen Brief mit der schriftlichen Kündigung.[64]

Ein Mitarbeiter der KMN verständigte sofort den Nürnberger SS-Obersturmbannführer Stab, der wiederum das Nachrichtenamt der SS in Berlin informierte. Als Frankes Entlassung in der Kanzlei des Führers bekannt wurde, war man dort außer sich. Der Leiter der Abteilung für Wirtschaftsangelegenheiten, Heinrich Cnyrim, vermerkte in einer Aktennotiz vom 15. November 1941: «Der Aufsichtsrat hat also einen Wehrwirtschaftsführer gegen den Willen der Wehrmacht abgesetzt.»[65] Das Reichsluftfahrtministerium beantragte, die KMN zu beschlagnahmen und Franke wieder einzusetzen. Generalfeldmarschall Milch wollte zudem den Aufsichtsrat der KMN verhaften lassen.[66] Aber nun konnte das Reichswirtschaftsministerium geltend machen, dass eine solche Maßnahme «mit dem Ansehen des Reichswirtschaftsministers unvereinbar sei».[67] Dagegen kamen weder die Parteikanzlei noch das Heereswaffenamt an und auch nicht das Luftfahrtministerium. Franke zog gegen die Kündigung vor Gericht. Da niemand den Reichswirtschaftsminister desavouieren wollte, wurde er massiv bedrängt, sich auf einen Vergleich einzulassen. Der SD drohte sogar damit, ihn zu verhaften, falls er den Prozess weiterführen sollte. Franke willigte schließlich ein und erhielt eine für die damalige Zeit ungewöhnlich hohe Abfindung von insgesamt 575 000 RM.[68]

Es war sicher ein in der Geschichte des Dritten Reichs seltener, vielleicht sogar einmaliger Fall, dass eine Konzernführung ihren Willen gegen eine derart mächtige Allianz aus Partei und Militär durchsetzen konnte. Möglich war dies nur, weil die GHH gewichtige Verbündete hatte. Der zuständige Referent des Reichswirtschaftsministeriums, Günther Syrup, stand nach übereinstimmenden Aussagen ganz auf der Seite der GHH und hat sich in enger Abstimmung mit dem Vorstand für Reusch eingesetzt.[69] Das Ministerium verfolgte dabei natürlich eigene Interessen. Es wollte Spannungen mit der Ruhrindustrie vermeiden, wo Reusch nach wie vor einen großen Namen hatte. Ein unehrenhafter Abgang Reuschs hätte bei vielen Unternehmern, nicht nur an der Ruhr, für Verunsicherung gesorgt. Das konnte dem Ministerium ein Ernst Franke nicht wert sein.

Es gibt Hinweise, dass Frankes Entlassung aber auch noch von anderer Seite unterstützt wurde. Günther Syrup teilte nach dem Krieg mit, dass es ihm damals gelungen sei, Heydrich «von der sachlichen und persönlichen unqualifizierbaren Art» des Angriffs auf Reusch zu überzeugen.[70] Nun ist Syrup ein fragwürdiger Zeuge, weil er Verbindungsmann des SD im Reichswirtschaftsministerium war und somit selbst dem SD angehört hatte.[71] Heydrichs Verhalten in der Besprechung vom 20. August 1941 spricht aber durchaus dafür, dass er sich mit dem Reichswirtschaftsministerium abgestimmt hatte. Nach einem Bericht der Kanzlei des Führers unterstützte Heydrich in dieser Sitzung die Forderung, Franke zu entlassen. Allerdings wird in dieser Quelle ein anderes Motiv genannt als in Syrups später Darstellung. Heydrich hat demnach erklärt, «daß durch die Sache Franke die Weiterbearbeitung eines bei ihm laufenden Komplexes betreffend Reusch, der unbedingt ein staatsfeindliches Verhalten an den Tag gelegt hätte, nicht gestört werden dürfte.»[72] Ob die Version Syrups zutrifft oder die der Kanzlei des Führers, lässt sich nicht mehr klären. Sicher ist aber, dass Paul Reusch Schlimmeres erspart blieb, weil Heydrich im entscheidenden Moment nicht gegen ihn vorgehen wollte.

Mit der Entlassung Frankes war die Bedingung erfüllt, die das Reichswirtschaftsministerium an die Entfernung Paul Reuschs aus dem Vorstand der GHH geknüpft hatte. Reusch hatte sich schon zum 1. November 1941 aus dem Vorstand der GHH Oberhausen AG zurückgezogen.[73] Am 22. Januar 1942 teilte er dem Aufsichtsratsvorsitzenden Karl Haniel mit, dass er Ende März 1943 aus dem Vorstand der Konzernholding GHH Aktienverein ausscheiden wolle. Nach den Vorgängen um Franke forderte die NSDAP nun den sofortigen Rücktritt. Reusch erhielt eine ultimative Aufforderung, die ihm über Syrup zuging und angeblich von Himmler kam. Noch am gleichen Tag, dem 21. Februar 1942, legte Reusch alle Ämter nieder, mit Ausnahme des Aufsichtsratsmandats bei den Schwäbischen Hüttenwerken. Zum 30. Juni 1942, dem Ende des Geschäftsjahres, trat sein Sohn Hermann Reusch als Vorstandsmitglied der GHH zurück.[74]

Neuer Vorstandsvorsitzender des GHH Aktienvereins und der GHH Oberhausen AG wurde Hermann Kellermann. Dies entsprach dem Wunsch Paul Reuschs, war aber trotzdem nicht selbstverständlich. Die Behörden hatten schon seit geraumer Zeit fest damit gerechnet, dass der 1941 in den GHH-Vorstand berufene Ferrostaal-Vorsitzende Franz Kirchfeld Reuschs Nachfolger würde. Kirchfeld besaß durchaus das Vertrauen Reuschs. Im März 1941 hatte Reusch ihm – wie Kirchfeld nach dem Krieg schrieb – «die besten Aussichten gemacht».[75] Doch hat sich der Ferrostaal-Vorsitzende, der Parteimitglied war, vor allem selbst bei den Behörden als Nachfolger des Konzernchefs ins Spiel gebracht.[76] Die Berufung des fast 67-jährigen Kellermann war zweifellos als Interimslösung gedacht. Der Aufsichtsrat demonstrierte damit, dass er einen wirklichen Wechsel an der Spitze der GHH auf die Zeit nach dem Krieg vertagen wollte. Über die beiden Reuschs hinweg wollte man nicht über die zukünftige Leitung des Konzerns entscheiden. Kellermann, der zwei Jahrzehnte lang der zweite Mann hinter Paul Reusch gewesen war, schrieb am 3. März 1942 an Otto Meyer, der nach dem Rücktritt Reuschs zunächst aus dem Vorstand der M.A.N. ausscheiden wollte, dass auch er am liebsten mit Reusch zurückgetreten wäre. Nur um das Lebenswerk Reuschs nicht zu gefährden, hätte er die Nachfolge übernommen.[77]

In der Öffentlichkeit wurden die Umstände des Rücktritts von Paul Reusch damals nicht bekannt. Es wurde nichts Ungewöhnliches darin gesehen, dass ein 74-jähriger Konzernchef in den Ruhestand ging. Reusch selbst war verbittert über die Art, wie sich die Ruhrindustrie gegenüber seinem erzwungenen Rücktritt und dem vorangegangenen Konflikt mit der Partei verhalten hatte. Er zog sich auf sein württembergisches Gut Katharinenhof zurück und hat das Ruhrgebiet bis zu seinem Tod am 21. Dezember 1956 nie wieder betreten.[78]

Hermann Reusch ging zur deutschen Besatzungsverwaltung in Belgrad, wo er zunächst als Inspektor für den Kohlenbergbau arbeitete. Auch bei ihm hinterließ der Konflikt von 1941/42 tiefe Spuren. Er war fest davon überzeugt, dass der Gegenseite damals aus der Konzernleitung zugearbeitet worden war. Sein Verdacht richtete sich gegen Franz Kirchfeld, der sich vom Aufsichtsratsvorsitzenden Karl Haniel im September 1944 eine spätere Berufung zum Vorstandsvorsitzenden der GHH hatte zusichern lassen.[79] Kirchfeld hatte es in den letzten Kriegsjahren zum Staatssekretär im Reichswirtschaftsministerium gebracht, allerdings nicht unter Aufgabe seines Postens im Vorstand der GHH. Er war als Dienstverpflichteter ins Ministerium gekommen, wo man ihn wegen seiner exzellenten Auslandskontakte an die Spitze der außenwirtschaftlichen Abteilung gestellt hatte. Für diese Tätigkeit hatte er den Titel eines Staatssekretärs erhalten. Nach dem Krieg führten die Anschuldigungen Hermann Reuschs gegen Kirchfeld zur Einberufung eines Ehrengerichts aus Otto Meyer und dem Mülheimer Industriellen Walter Voss. Die Untersuchung ergab keinerlei Hinweise auf ein illoyales Verhalten Kirchfelds gegenüber den Reuschs und der GHH. Das Ehrengericht bescheinigte in seinem Urteil beiden Kontrahenten ehrenhafte Motive.[80]

Paul Reusch wurde in den letzten Kriegsjahren vom Leid verfolgt. Nachdem seine Frau im Januar 1944 gestorben war, drohte er in eine tiefe Depression zu versinken. Der von ihm gegründete «Reusch-Kreis» geriet nach dem 20. Juli 1944 ins Visier der Ermittlungen gegen den Widerstand. Diesem Kreis hatten auch Carl Goerdeler und der deutschnationale Gutsbesitzer Zitzewitz angehört. In den Berichten, die Ernst Kaltenbrunner, der Chef des Reichssicherheitshauptamts, damals NSDAP-Reichsleiter Martin Bormann zukommen ließ, wurde der Reusch-Kreis zweimal erwähnt. Im Bericht vom 4. September 1944 wurde der Kreis näher beschrieben: «Die enge Berührung mit Zitzewitz ergab sich für Goerdeler in dem Kreis um Dr. Paul Reusch Stuttgart, der sich zum Ziel gesetzt hatte, wirtschaftliche, industrielle, landwirtschaftliche und technische Probleme durch regelmäßige Aussprachen, Vorträge und Betriebsbesichtigungen zu fördern».[81] Hinweise auf eine Beteiligung Reuschs am Widerstand fanden Kaltenbrunners Schergen nicht. Auch der Spitzelapparat des SD konnte keine Informationen über eine Mitwisserschaft oder gar Konspiration Reuschs liefern. Rüstungsminister Albert Speer wies damals die Anschuldigungen zurück, die gegen Reusch, aber auch gegen Karl Haniel und weitere Großindustrielle, u. a. Albert Vögler (Vereinigte Stahlwerke) und Hermann Bücher (AEG), erhoben worden waren.[82] Selbst wenn er es gewollt hätte, wäre Reusch bis zu seinem Rücktritt im Februar 1942 kaum in der Lage gewesen, sich an einer Verschwörung zu beteiligen. Denn er wusste zweifellos, dass er einer der am besten überwachten Unternehmer Deutschlands war.

Der mit Reusch befreundete M.A.N.-Gesamtleiter Otto Meyer geriet nach dem 20. Juli 1944 ebenfalls in Verdacht. Meyer hatte sich in keiner Weise am Widerstand beteiligt, war aber von den Verschwörern als möglicher Ansprechpartner in der Wirtschaft angesehen worden.[83] Albert Speer stellte sich damals auch vor Meyer, allerdings mit einem Argument, das den Leiter der M.A.N. nicht gerade beruhigen konnte. In einer Stellungnahme zur Vernehmung Goerdelers teilte Speer mit, Meyer würde ohnehin bald abgelöst, weil er mit einer Jüdin verheiratet sei.[84] Tatsächlich begann die Gestapo im September 1944 damit, «Halbjuden» und «jüdisch Versippte» zum Arbeitseinsatz bei der Organisation Todt einzuberufen. Am 26. Januar 1945 schrieb die Augsburger Gestapo eine Gestellungs-Anordnung für Meyer aus. Der Leiter der M.A.N. sollte sich «zur Verwendung in vordringlichem Arbeitseinsatz bei der Organisation Todt» einfinden.[85] Neben Meyer waren noch einige weitere Angestellte der M.A.N. von dieser Aktion betroffen. Dem Unternehmen gelang es mit Unterstützung des Gauleiters und des Rüstungsobmanns, Meyer vor der Einweisung in ein Arbeitslager zu bewahren.[86] Doch schien es klar, dass Meyer nicht mehr lange an der Spitze der M.A.N. gehalten werden könnte. Auf seine Entlassung drängten die Deutsche Arbeitsfront und der jetzt im Speer-Ministerium tätige Nürnberger Oberbürgermeister Liebel, ein alter Gegner Meyers. Offenbar konnten sich Meyers Gegner aber in dem Chaos der letzten Kriegsmonate nicht mehr durchsetzen.[87] Ende Januar 1945 schrieb Meyer an Fregattenkapitän von Georg, ein Aufsichtsratsmitglied des Motorenwerks Hamburg: «Ich habe mir zur Devise gemacht: ‹Ich will mich lieber zu Tode hoffen als im Unglauben zugrundegehen›.»[88]

Die Kriegsrüstung in der Ära Speer

Die Montanbetriebe der GHH in Oberhausen konnten während des Krieges ihre Produktion nicht mehr steigern. Die Erzeugung von Roheisen und Rohstahl lag während des Krieges durchweg unter dem Vorkriegsstand und ging auch ab Mitte 1942, in der Ära Speer, weiter zurück.[89] Ähnlich verlief die Entwicklung in der gesamten Montanindustrie des Ruhrgebiets. Weder die Vereinigten Stahlwerke noch Krupp übertrafen bei der Rohstahlherstellung den Stand von 1938/39. Nur durch die hinzugekommenen Werke in den annektierten Gebieten konnte die deutsche Stahlproduktion noch nennenswert gesteigert werden. Gleiches gilt für die Eisenherstellung und die Fertigung von Walzwerkserzeugnissen.[90] Dass die Produktion im «Altreich» an Grenzen stieß, war vor allem durch Probleme bei der Roh- und Brennstoffversorgung bedingt.[91] Auch die Kohlenförderung nahm nur noch in den angegliederten Gebieten und besetzten Ländern zu. Im «Altreich», d. h. vor allem im Ruhrgebiet, stieg sie nicht mehr über den Vorkriegsstand an. Dies galt auch für die Zechen der GHH.[92]

In den verarbeitenden Konzerngesellschaften führten dagegen die Rüstungsaufträge zu einem beträchtlichen Wachstum während des Krieges. Ein Vergleich zwischen der Umsatzentwicklung der GHH Oberhausen und der M.A.N. zeigt die Unterschiede sehr deutlich. Bei der GHH Oberhausen lag der Umsatz 1943 um rund 20 % über dem Stand von 1939 und ging dann im letzten Kriegsjahr drastisch zurück. Bei der M.A.N. nahm der Umsatz zwischen den Geschäftsjahren 1938/39 und 1943/44 dagegen um 73 % zu und stieg dann im

Geschäftsjahr 1944/45 auf fast das Doppelte des Vorkriegsstands. Bemerkenswert ist auch, dass sich dieses Gefälle bei der Umsatzentwicklung nicht in der Beschäftigtenstatistik widerspiegelte. Die Zahl der Beschäftigten nahm während des Krieges bei der GHH Oberhausen, der M.A.N. und im gesamten GHH-Konzern um jeweils rund 20 % zu.[93]

Für den Konzern bedeutete dies auch, dass sich die Gewichte zwischen den Montanbetrieben und den weiterarbeitenden Werken während des Krieges weiter zugunsten des Maschinen-, Anlagen- und Fahrzeugbaus verschoben. Der Vergleich zwischen der GHH Oberhausen und der M.A.N. zeigt zugleich über den Rahmen des Konzerns hinaus eines der großen Probleme der NS-Kriegswirtschaft. Die Steigerung der Waffenproduktion ging nicht mit einer entsprechenden Ausweitung der Grundstoffindustrie einher. Damit war vorprogrammiert, dass die Rüstungsindustrie unter ständigen Engpässen bei Kohle, Eisen und Stahl litt. Durch die Lieferungen aus den annektierten Gebieten konnte dieses Problem letztlich ebenso wenig gelöst werden wie durch die bereits 1937 eingeführte Kontingentierung von Eisen und Stahl. Auch in der «Ära Speer» gelang es nicht, die Grundstoffproduktion so zu steigern, wie es für den Bedarf der Rüstungsindustrie erforderlich gewesen wäre.[94]

Tab. 27: Beschäftigte des GHH-Konzerns, Beschäftigte und Umsatz der GHH Oberhausen AG 1939–1944[95]

Jahr (Monatsmittel)	Beschäftigte GHH-Konzern	Beschäftigte GHH Oberhausen AG	Umsatz GHH Oberhausen AG in Mio. RM	davon Export
1939	80 844	31 076*	249 647 227	12 %
1940	81 886	32 184	258 329 747	11 %
1941	85 384	33 298	271 476 286	11 %
1942	84 866	32 193	288 977 736	13 %
1943	96 217	36 952	294 074 095	6 %
1944	97 403	38 309	163 782 775	3 %

* 30. 6. 1939

Tab. 28: Kohlenförderung, Roheisenerzeugung und Rohstahlproduktion der GHH Oberhausen AG 1939/40–1944/45[96]

	Kohlenförderung in t	Roheisenerzeugung in t	Rohstahlerzeugung in t
1939/40	4 627 160	1 022 742	1 127 765
1940/41	4 518 836	913 830	1 034 208
1941/42	4 194 405	911 416	1 007 373
1942/43	4 367 655	885 614	940 760
1943/44	4 331 691	851 582	845 866
1944/45	2 152 324	375 552	382 914

Tab. 29: Beschäftigte der M.A.N. nach Werken 1933–1945[97]

Jahr (Monatsmittel)	Augsburg	Nürnberg	Gustavsburg	M.A.N. insgesamt
1939	8 273	8 623	4 779	21 675
1940	8 810	8 637	4 855	22 302
1941	9 227	9 184	5 283	23 694
1942	9 033	9 875	5 541	24 449
1943	9 724	11 072	6 292	27 088
1944	9 540	10 386	6 019	25 945
1945	5 334	5 068	3 539	13 941

Tab. 30: Umsatz der M.A.N. 1938/39 –1944/45[98]

Geschäftsjahr	Mio. RM
1938/39	191,9
1939/40	200,8
1940/41	226,1
1941/42	241,5
1942/43	302,5
1943/44	333,2
1944/45	373,6

Auch die GHH war in beträchtlichem Umfang an der Kriegsrüstung beteiligt, wenn man darunter alle Lieferungen für den mittelbaren und unmittelbaren Bedarf des Militärs versteht. Die vom Werk Sterkrade gebauten Brücken und Hallen dienten jetzt größtenteils militärischen Zwecken. Die Abteilung Düsseldorf war ein Zulieferer für den U-Bootbau und den Panzerbau.[99] Und natürlich ging auch bei den Zechen und Hüttenbetrieben der GHH ein großer Teil der Lieferungen nun direkt oder indirekt in den militärischen Bedarf, was sich schon aus dem Kontingentierungssystem ergab. Der Unterschied zur M.A.N. ergab sich aber daraus, dass die GHH eben keine bedeutende Rüstungsendfertigung hatte. Ihre Zechen konnten natürlich nur mittelbar für die Rüstung arbeiten, ebenso wie die Hüttenbetriebe. Die M.A.N. war dagegen als Produzent von Panzern und Marinemotoren in die direkte Kriegsrüstung eingeschaltet. Wie hoch der Anteil der Rüstungsfertigung am Umsatz des Unternehmens war, lässt sich nur grob schätzen, weil hierzu – anders als für die Rüstungsproduktion im Ersten Weltkrieg – keine exakten Angaben überliefert sind. Nach dem Krieg schrieb der M.A.N.-Vorstand in einem Memorandum an die amerikanische Militärregierung, es wäre dem Unternehmen bis einschließlich 1942 gelungen, «mit mehr als 50 % ihrer Gesamtfertigung für den zivilen Bedarf tätig zu sein»[100]. Dabei dürften unter «zivil» aber alle Fertigungen zusammengefasst worden sein, die nicht unmittelbar der Kriegsrüstung gedient hatten. Einen Anhaltspunkt geben die Daten, die Rolf Wagenführ, der leitende Statistiker des Speer-Ministeriums, nach dem Krieg für einzelne Branchen der deutschen Industrie veröffentlicht hat. Danach entfielen im deutschen Maschinenbau während des 3. Quartals 1943 40 % des Umsatzes auf Kriegsgeräte und 72 % auf mittelbare oder unmittelbare Fertigungen für die Wehrmacht.[101] Für die GHH bieten Wagenführs Daten zur Eisenindustrie eine gewisse Orientierung. In dieser Branche lag der Anteil der Rüstungslieferungen am Gesamtkontingent während des 3. Quartals 1943 bei 53 %.[102] Im weiterverarbeitenden Werk Sterkrade erfolgten nach Angaben der GHH während der beiden ersten Kriegsjahre 50–60 % der Lieferungen für den mittelbaren und unmittelbaren Wehrmachtsbedarf.[103]

Obwohl die GHH in die Rüstungswirtschaft des Dritten Reichs eingebunden war, stand sie nicht in den Brennpunkten der Rüstungsproduktion wie die M.A.N., deren Fertigungen denn auch unmittelbarer von den Vorgaben der Rüstungsplaner abhingen.

Bei der M.A.N. war das Werk Gustavsburg zunächst kaum an Rüstungsaufträgen beteiligt, erst im Laufe des Krieges stieg auch dieser Betrieb in die Waffenproduktion ein. Dafür errichtete das Werk schon frühzeitig Hallen, Brücken und Hafenanlagen in den besetzten Ländern. Auch für das neue Buna-Werk der I.G. Farben in Auschwitz baute die M.A.N. Gustavsburg Hallen, Gerüste und Rohrbrücken.[104] In Gustavsburg wurden auch Druckluftflaschen und Panzertüren für U-Boote hergestellt und U-Bootteile geschweißt.[105] 1943 begann das wichtigste und aufwändigste Rüstungsprogramm des Werks im Zweiten Weltkrieg: der Bau von Abschussrampen für die V 1-Raketen.[106] Die unter der Bezeichnung Fi 103 hergestellte «Flugbombe», die mehr ein Marschflugkörper als eine Rakete war, wurde ab Juni 1944 eingesetzt. Der größte Teil der V 1 («Vergeltungswaffe 1») ging auf London nieder. Ein weiteres Ziel war Antwerpen. Mit der Beteiligung am V 1-Programm arbeitete Gustavsburg jetzt für eines der zentralen Rüstungsprojekte des Dritten Reichs. Dementsprechend erhielt das Werk Arbeitskräfte und Material zugewiesen. Die Fertigung für die V 1 hatte aber auch zur Folge, dass man in Gustavsburg nun ständig mit Luftangriffen rechnen musste. Die Fertigungen für das V 1-Programm gehörten zu den vorrangigen Zielen der alliierten Bomberflotten.

Werksleiter Richard Reinhardt erhielt deshalb den Auftrag, die Fertigung der V 1 (Fi 103) – Startbahnen unter die Erde zu verlegen. Das unterirdische Zweigwerk entstand auf der gegenüberliegenden Rheinseite, in einem Kalksteinbruch auf dem Gelände der Portland-Zementwerke in Mainz-Weisenau. Im Frühsommer 1944 wurde mit den Arbeiten begonnen, für die Reinhardt auch Bergbaufachleute der GHH anforderte. Eingesetzt wurden vor allem Zwangsarbeiter, darunter Häftlinge aus einem Straflager der SS (SS-Sonderlager Hinzert).[107]

Im Augsburger Werk gingen nach Kriegsbeginn die Verschiebungen in der Produktionsstruktur weiter, die sich schon während der vorangegangenen Jahre abgezeichnet hatten. Der Dieselmotorenbau, der 1938 bereits 24 % der gesamten M.A.N.-Produktion bestritt, wurde durch große Aufträge der Marine immer mehr ausgeweitet, während der Druckmaschinenbau zurückfiel.[108] Der Umsatz des renommierten Augsburger Druckmaschinenbaus konnte im Dritten Reich bei weitem nicht mit dem starken Wachstum anderer Fertigungszweige der M.A.N. Schritt halten. 1938 entfielen lediglich 4 % der Produktion des Unternehmens auf diesen Bereich.[109] Nach Kriegsbeginn zählte der Druckmaschinenbau zu den Fertigungsbereichen, die als kriegsunwichtig galten. Am 22. Mai 1942 verfügte schließlich der Bevollmächtigte für die Maschinenproduktion, dass Druckmaschinen in Deutschland für die Dauer des Krieges weder hergestellt noch angeboten werden durften.[110] Es nützte wenig, dass die Druckmaschinenbauer auf den Bedarf der Wehrmacht und ihre Exporte in verbündete Länder hinwiesen.[111] Die Wehrmacht konnte ihre Karten auch auf alten Maschinen drucken lassen. Wirklich gewehrt hat sich die M.A.N. gegen das Verbot vom Mai 1942 nicht. Sie hätte damit sicherlich auch keinen Erfolg gehabt, und da die Verfügung den gesamten deutschen Druckmaschinenbau gleichermaßen betraf, musste das Unternehmen keine Verschlechterung seiner Wettbewerbsposition für die Zeit nach dem Krieg befürchten. Das Augsburger Werk hat es nach dem Produktionsverbot geschafft, den Druckmaschinenbau in kleinem Rahmen aufrechtzuerhalten. Als bald nach Kriegsende Druckmaschinen wieder gefragt waren, konnte die M.A.N. mitteilen, dass ihr Druckmaschinenbau «während des gesamten Krieges nicht geruht hat».[112]

Der Dieselmotorenbau bildete dagegen in Augsburg den Schwerpunkt der Rüstungsproduktion und wurde ab 1938 dementsprechend stark erweitert. Die hier hergestellten U-Bootmotoren bildeten neben der Panzerproduktion in Nürnberg den wichtigsten Beitrag der M.A.N., wenn nicht gar des gesamten GHH-Konzerns, zur Kriegsrüstung des Dritten Reichs.

Der U-Bootmotorenbau der M.A.N.

Die M.A.N. war 1938 weit reichende Vereinbarungen mit der Marineleitung eingegangen, die dem Unternehmen seine Sonderstellung im Marinemotorenbau sicherten, aber auch zu einer starken Abhängigkeit von den Aufträgen des OKM führten. Die M.A.N. Augsburg sollte die Motoren für die große Kriegsflotte liefern, wie sie die Marine damals bauen wollte («Plan Z»). Insgesamt waren 1939 in Augsburg Motoren für 47 Schiffe im Bau und in Auftrag, darunter 20 U-Boote, 2 Schlachtschiffe und 12 Kreuzer.[113]

Zu den 1938 getroffenen Vereinbarungen zwischen der M.A.N. und der Marineleitung gehörte auch die Errichtung eines Versuchszentrums für die Entwicklung von Schiffsdieselmotoren, das in Augsburg unter dem Namen «Forschungsanstalt für Mechanik und Gestaltung» entstand. Die Marine finanzierte den Bau der Einrichtung mit, die 1940 eingeweiht werden konnte.[114] Im In- und Ausland verband sich der Ruf der M.A.N.-Marinemotoren mit dem Namen Gustav Pielsticks, des Chefkonstrukteurs des Augsburger Dieselmotorenbaus. Pielstick hatte schon im Ersten Weltkrieg im U-Bootmotorenbau der M.A.N. gearbeitet und später Motoren für die Panzerschiffe der Deutschland-Klasse und andere Kriegsschiffe gebaut. Dass die Marine 1935 wieder zum Dampfmaschinenantrieb zurückgekehrt war, wollte Pielstick nicht hinnehmen. Er konstruierte leistungsstärkere Schiffsdieselmotoren, den M 9Z 65/95 mit einer Leistung von 13 000 PS und einen Motor in V-Bauart mit 24 Zylindern.[115] 1938 vollzog die Marineleitung dann erneut eine Kehrtwende. Im Rahmen des neuen Flottenausbauprogramms sollten die deutschen Kriegsschiffe nun vollständig auf Motorenantrieb umgestellt werden. In diesem Zusammenhang kamen die Vereinbarungen zwischen der Marine und der M.A.N. vom Frühjahr 1938 zustande. Die Marine setzte jetzt vollständig auf die M.A.N. H. Waas, der als Leiter des Konstruktionsbüros des Oberkommandos der Kriegsmarine bei dieser Entscheidung maßgeblich mitgewirkt hat, schrieb später in einem Nachruf auf Gustav Pielstick: «Noch nie hat sich die Deutsche Marine so auf eine Firma und auf ihren Chefkonstrukteur verlassen, wie damals auf die M.A.N. und auf Pielstick.»[116]

Für die M.A.N. hatte dies einen enormen Kapazitätsausbau des Schiffsdieselmotorenbaus zur Folge. Das Augsburger Werk wurde erweitert und in Hamburg entstand das neue Motorenwerk, dessen Bau die Marine finanzierte. Der Schiffsmotorenbau der M.A.N. war nun – anders als der Schiffbau der Deutschen Werft – ausschließlich auf den militärischen Bedarf ausgerichtet. Der Vorstand der M.A.N. wusste natürlich, dass mit derart umfangreichen Aufträgen der Marine nur für eine gewisse Zeit gerechnet werden konnte. Wenn der zu erwartende Krieg vorbei war, würden die Kapazitäten nicht mehr ausgelastet sein. Die Lehren aus dem Ersten Weltkrieg hätten eigentlich dazu führen müssen, eine derart einseitige Abhängigkeit von militärischen Aufträgen zu vermeiden. Dass der Vorstand der M.A.N. sich dennoch auf so weit reichende Vereinbarungen mit der Marine einließ, hatte wohl mehrere Gründe. Zum einen war absehbar, dass die Nachfrage nach Schiffsdieselmotoren für die zivile Schifffahrt und das ohnehin nicht mehr allzu starke Exportgeschäft nach Kriegsbeginn wegbrechen würde. Vor allem aber ließen die Motoren, die die Marine für Schlachtschiffe und Kreuzer bauen lassen wollte, eine technische Weiterentwicklung erwarten, die nach dem Krieg auch für den Antrieb großer Handelsschiffe genutzt werden konnte. Und schließlich übernahm die Marine ja die

Abb. 50 U-Bootmotor M6V 40/46 (1943)

Kosten für den Bau des Motorenwerks Hamburg, die sich immerhin auf rund 70 Mio. RM beliefen. Dadurch war das wirtschaftliche Risiko für die M.A.N. nicht mehr allzu groß.

Das besondere Interesse der Marine galt damals den Motoren der VZ-Baureihe, mit denen die neuen Schlachtschiffe und Zerstörer angetrieben werden sollten. Anfang 1938 erhielt die M.A.N. den Auftrag, einen neuen VZ-Motor zu konstruieren. Der V3Z 42/58 konnte im April 1939 vorgeführt werden, kam aber erst Mitte 1940 in Betrieb.[117] Durch den Kriegsbeginn wurde das Flottenausbauprogramm des OKM hinfällig. Die Marine hatte keine Zeit mehr, neue Schlachtschiffe und Zerstörer bauen zu lassen, sie musste jetzt auf U-Boote setzen. Die Produktion in Augsburg wurde daraufhin ganz auf U-Bootmotoren umgestellt, die M.A.N. und andere Unternehmen in großen Serien bauten. An erster Stelle stand hier der Viertaktmotor MV 40/46, der durch eine Abgasturboaufladung eine bessere Kraftstoffausnutzung erbringen konnte als die bisherigen U-Bootmotoren und als Vorläufer der Hochaufladungsantriebstechnik angesehen werden kann, wie sie sich dann in der Nachkriegszeit durchsetzte.[118] Da es mit dem Betrieb der MV 40/46-Motoren zunächst Probleme gab, entschied die Kriegsmarine, alle Sechszylinder-Motoren von Krupp und nur die Neunzylinder-Motoren von M.A.N. herstellen zu lassen. Bis Anfang 1943 wurden bei der M.A.N. rund 450 Neunzylinder-Motoren bestellt.[119] Die VZ-Baureihe, die bei Kriegsbeginn noch das Aushängeschild des M.A.N.-Schiffsmotorenbaus gewesen war, wurde dagegen nur noch langsam weiterentwickelt. Für den neuen Motor V12Z 32/44, der in Augsburg seit Ende 1939 im Auftrag der Marine konstruiert wurde, gingen erst Anfang 1943 die ersten Bestellungen ein. Im letzten Kriegsjahr konnten schließlich unter großen Mühen einige wenige V12Z 32/44-Motoren fertig gestellt werden, von denen keiner mehr zur Auslieferung kam.[120] M.A.N.-Marinemotoren der MZ-Baureihe wurden im Übrigen auch von Lizenznehmern in den USA bis 1945 gebaut, waren also auf beiden Seiten des Seekrieges im Einsatz.[121] Kurz vor Kriegsende versuchte Gustav Pielstick vergeblich, den Schiffsmotorenbau der MAN durch den Aufbau einer Fertigung in Schweden zu retten. Zusammen mit dem Leiter der Lizenzabteilung reiste er nach Schweden und führte entsprechende Verhandlungen, wahrscheinlich bei dem seit 1922 zum GHH-Konzern gehörenden Unternehmen Landsverk.[122]

Der Panzerbau und der Konflikt um den Erhalt des Lastwagenbaus

Für das M.A.N.-Werk in Nürnberg hatten die Rüstungsplanungen des Dritten Reichs ganz andere Auswirkungen, als dies in Augsburg der Fall war. Hier musste das Unternehmen seit 1938 um den Erhalt seines Lastwagenbaus kämpfen, den die M.A.N. unter keinen Umständen aufgeben wollte. Wie schon während der Weltwirtschaftskrise galt der Lkw-Bau auch jetzt als die Zukunft des Unternehmens. Mit Blick auf die Nachkriegszeit wollte der Vorstand unbedingt an diesem Produktionszweig festhalten. Anders als der Schiffsmotorenbau in Augsburg und in Hamburg hatte der Lkw-Bau der M.A.N. aber für die Rüstungsplaner in Berlin keine Priorität. Ihnen reichte es, wenn Lastwagen bei Opel oder Daimler-Benz hergestellt wurden. Der Lastwagenbau war für die Kriegswirtschaft des Dritten Reichs insgesamt von nachgeordneter Bedeutung, und die M.A.N. hatte hier – anders als im Schiffsmotorenbau – auch keine Sonderstellung. In den Auseinandersetzungen um den Erhalt des Lkw-Baus zeigte sich deshalb, inwieweit das Unternehmen in der Lage war, eigene Interessen durchzusetzen, die nicht im Einklang mit den Vorgaben der Behörden standen.

Göring hatte als Beauftragter für den Vierjahresplan im November 1938 das Amt eines Generalbevollmächtigten für das Kraftfahrwesen geschaffen und mit Oberst Adolf von Schell besetzt. Auch der Lkw-Bau unterlag nun den Direktiven Schells. Der Generalbevollmächtigte verordnete eine drastische Typenbereinigung («Schell-Programm»). Zunächst wurde die Zahl der Typen durch «freiwillige» Vereinbarungen von 130 auf 50 reduziert.[123] Zwei Wochen nach Kriegsbeginn fand dann bei der Wirtschaftsgruppe Fahrzeugindustrie eine Sitzung statt, auf der ein Kriegsprogramm für die Kraftfahrzeugindustrie vorgelegt wurde. Schell hatte entschieden, dass die bisherigen Typen Ende Januar 1940 auslaufen sollten. Als bei dieser Besprechung die Vertreter des M.A.N.-Lastwagenbaus, Thielen, Wenk und Wiebicke, für ihr Unternehmen «Kriegstypen» in einem dafür vorgesehenen Fragebogen anmelden wollten, erhielten sie den Bescheid, dass sie diese Spalte nicht auszufüllen hätten, weil «die M.A.N. zur Herstellung von Kriegs- bzw. Kriegswirtschaftstypen nicht vorgesehen sei».[124] Auf diese Weise erfuhren die entsetzten Lastwagenbauer, dass die M.A.N. ab Februar 1940 nur noch Lkws für den Export und Ersatzteile für Lkws fertigen sollte. Damit war aber der Lastwagenbau des Nürnberger Werks weder wirtschaftlich zu betreiben noch auf dem Stand der technischen Entwicklung zu halten. Die drei Vertreter der M.A.N. erklärten daher, «dass dieser Beschluss das Ende des Lastwagenbaues bei der M.A.N. bedeuten würde und dass wir deshalb nicht in der Lage wären, der Auflage zuzustimmen».[125] Sie wiesen auch auf den Widerspruch hin, dass die M.A.N. im Ersten Weltkrieg auf Drängen des Militärs den Lastwagenbau aufgenommen hatte und ihn nun aus kriegswirtschaftlichen Gründen einstellen sollte. Doch machte selbst dieses Argument wenig Eindruck. Die Behörden vertraten den Standpunkt, dass sich Firmeninteressen nun den Erfordernissen der Kriegswirtschaft unterzuordnen hätten.[126]

Vom Lkw-Bau hing in Nürnberg ein großer Teil der Beschäftigten und des Umsatzes ab. 1938 entfielen 20 % der gesamten Produktion der M.A.N. auf den Lastwagenbau. Nur der Dieselmotorenbau hatte mit 24 % einen noch höheren Anteil.[127] Auch musste die M.A.N. befürchten, dass sie im Lastwagenbau nach dem Krieg nicht mehr konkurrenzfähig sein würde, wenn sie während des Krieges nur Ersatzteile und Lkws für den – insgesamt bescheidenen – Export fertigen durfte. Der Vorstand setzte deshalb alle Hebel in Bewegung, um den Lastwagenbau zu retten. Über General Thomas, den Chef des Wehrwirtschafts- und Rüstungsamtes im Oberkommando der Wehrmacht, sollte auf Schell eingewirkt werden. Der Nürnberger Oberbürgermeister Liebel verwahrte sich auf Bitte des Unternehmens in einem Schreiben an Staatssekretär Körner gegen eine «empfindliche Schädigung der Nürnberger Wirtschaft».[128] Noch bevor diese Bemühungen Wirkung zeigen konnten, waren die Beschränkungen für den Lkw-Bau der M.A.N. bereits revidiert worden. Das Unternehmen erhielt den Bau von 100 3-t-Lastwagen zugestanden und dann auch die Fertigung eines 4½-Tonners, der gemeinsam mit der Wiener Tochtergesellschaft ÖAF gebaut werden sollte.[129] Offenbar hat Wenk diese Wendung bei den Besprechungen in Berlin mit einem Argument erreicht, das an die nationale Ehre rührte: Wenn die M.A.N. nur noch Lastwagen für den Export bauen dürfte, dann würde «das Ausland den Vorzug haben, deutsche technische Errungenschaften vor uns selbst zu zeigen».[130] Damit war der Erhalt des Nürnberger Lkw-Baus erst einmal gesichert. Auch mit den neuen Regelungen konnte die M.A.N. aber nicht wirklich zufrieden sein. Unzufrieden war damit auch die ÖAF, wo man sich die

Zusammenarbeit mit der neuen Muttergesellschaft anders vorgestellt hatte. Der Vorstand beklagte sich in einer Besprechung vom 28. Oktober 1939 bitter bei der M.A.N. über die geringe Berücksichtigung im Kriegswirtschaftsprogramm. Die ÖAF war vor dem «Anschluss» Marktführer im österreichischen Lastwagenbau gewesen. Inzwischen hatte sie diese Position an die Österreichischen Saurer-Werke abgeben müssen, die besonders gute Beziehungen zur Wehrmacht hatten.[131]

Die Beschränkungen für den Lkw-Bau führten bei der M.A.N. in Nürnberg nicht unmittelbar zu einem entsprechenden Ausbau der Waffen- und insbesondere der Panzerproduktion. Das Werk stellte im Jahr 1940 178 Kampfpanzer her, das waren nicht mehr als im Vorjahr. Ab Frühjahr 1941 wurden dann aber die Kapazitäten aufgestockt. Die M.A.N. hatte mit dem Oberkommando des Heeres (OKH) vereinbart, die monatliche Produktion auf 70 Panzer zu steigern. Dafür mussten die Fertigungen der Abteilung Panzerbau in Nürnberg um rund 60 % erweitert werden.[132] Das OKH hatte bei diesem Ausbauprogramm zweifellos schon den Angriff auf die Sowjetunion im Blick, der am 22. Juni 1941 begann. Einen Tag vorher war im Reichsministerium für Munition und Kriegsrüstung eine Panzerkommission unter dem Vorsitz von Ferdinand Porsche gebildet worden.

Schon eine Woche später, am 1. Juli 1941, wurden Vertreter der M.A.N. und der Firma Henschel zu einer Besprechung ins Heereswaffenamt gebeten. Bei den ersten Panzerschlachten an der Ostfront hatte die Wehrmacht entdecken müssen, dass der Gegner über einen Panzer verfügte, der den deutschen Typen Panzer II und Panzer III weit überlegen war: der T 34 mit einem luftgekühlten 500 PS-Dieselmotor. Noch am gleichen Tag wurde die Panzerentwicklungskommission gegründet. Sie sollte nun die Arbeiten an neuen, schwereren und schnelleren Fahrzeugtypen vorantreiben, die es mit dem T 34 aufnehmen konnten.[133] Im Heereswaffenamt entstanden inzwischen gigantische Pläne zum Ausbau der Panzertruppe. Die monatliche Panzerproduktion sollte dafür von 600 auf 2000 gesteigert werden. Beschlossen wurde schließlich eine 50 %ige Erhöhung von 600 auf 900 Panzer/Monat. Dafür sollten bei der M.A.N. und bei den Deutschen Eisenwerken in Mülheim/Ruhr neue Montagewerke für jeweils 150 Einheiten entstehen.[134]

Bei der Entwicklung eines neuen 35-t-Kampfpanzers lieferte sich die M.A.N. einen Wettlauf mit Daimler-Benz, den sie im Mai 1942 schließlich gewann, weil ihr Modell weniger materialaufwändig war und über einen Frontantrieb verfügte, während Daimler-Benz sich für einen Heckantrieb entschieden hatte.[135] Die M.A.N. erhielt nun den Zuschlag für den Bau des neuen Panzers V, der bald unter dem Namen «Panther» bekannt wurde.

Inzwischen hatten auch die Arbeiten an dem neuen Panzerwerk Gestalt angenommen, das der M.A.N. zugesagt worden war. Dort sollten zunächst 75 Panzer pro Monat, später dann 150 gebaut werden. Ähnlich wie beim Motorenwerk Hamburg war vorgesehen, dass der Bau vom Militär, in diesem Fall dem Heer, finanziert wurde. Nach der Fertigstellung sollte das Werk von der heereseigenen Verwertungsgesellschaft für Montanindustrie an eine eigens dafür gegründete Tochtergesellschaft der M.A.N. verpachtet werden.

Mitte Februar 1942 stand der Standort des neuen Panzerwerks fest. Es sollte in Röthenbach in der Nähe von Feucht bei Nürnberg errichtet werden. Dort konnte von den Grafen Castell zu Castell ein größeres Gelände erworben werden, das direkt an der Autobahn München–Berlin lag. Das Projekt erhielt bei der M.A.N. die Bezeichnung «Schwarzachwerk». Auch für die Betriebsgesellschaft hatte man schon einen Namen: «Fränkische Fahrzeugwerke». Die Leitung des neuen Werks sollte das spätere Vorstandsmitglied Richard Carstanjen übernehmen, ein Sohn des früheren Gustavsburger Werkleiters und M.A.N.-Vorstands Max Carstanjen. Nachdem das OKH am 11. März 1942 den Auftrag auch offiziell erteilt hatte, konnte in Röthenbach mit den Bauarbeiten begonnen werden. Geplant waren drei Hallen mit Nebenbauten. Als Unterkünfte für die Arbeiter des Panzerwerks wurden zwei Barackenlager gebaut: ein «Deutsches Lager für 1000 Mann» mit acht Wohnbaracken und ein «Russenlager für 2000 Mann» mit zwölf Wohnbaracken. Die Baukosten sollten sich auf rund 58 Mio. RM belaufen.[136]

Einige der Gebäude waren bereits fertig gestellt, als das Reichsministerium für Bewaffnung und Munition am 1. Juli 1942 anordnete, das gesamte Bauvorhaben mit sofortiger Wirkung stillzulegen.[137] Bei der M.A.N. wollte man die Nachricht kaum glauben. Die Gründe für den vom Speer-Ministerium verhängten Baustopp sind auch heute nicht bekannt. Immerhin waren zu diesem Zeitpunkt schon vier Mio. RM für das Bauvorhaben ausgegeben worden.[138] Bei der M.A.N. wurde mitunter vermutet, dass die Konkurrenz diese Entscheidung erwirkt hätte, weil sie dem Unternehmen nicht ein neues Werk gegönnt hätte, das nach dem Krieg für den Lastwagenbau genutzt werden konnte.[139] Alle Hinweise sprechen aber dafür, dass die Entscheidung damals allein vom Speer-Ministerium ausging. Speer hatte am 18. April 1942 dem Bau des Panzerwerks in Röthenbach zugestimmt. Schon am 2. Mai war das Projekt dann gestrichen worden.[140] Offenbar gab es Differenzen zwischen dem Oberkommando des Heeres und dem Reichsministerium für Bewaffnung und Munition. Ein Vermerk der M.A.N. über eine Besprechung am 1. Juni 1942 zeigt, dass das OKH sich für den Bau des Panzerwerks in Röthenbach stark machte und dabei auf Hitlers Vorgaben für die Panzerproduktion hinwies, während das Speer-Ministerium skeptisch war und befürchtete, «dass für die vorgesehenen Fertigungen selbst das Eisen fehlen wird». Das Speer-Ministerium war der Ansicht, dass «im Werk Nürnberg für die Fertigung des ‹Panther›-Fahrzeuges genügend Platz freigemacht werden kann, sofern die Abteilungen Kranbau, Panzerreparatur und Kesselwagenbau verlegt werden.»[141] Die M.A.N. hatte die Kehrtwende vermutlich dem Leiter des Technischen Amtes im Speer-Ministerium, Karl Otto Saur, zu verdanken. Saur wollte die sich häufenden Probleme in der Rüstungsproduktion durch ein rigides Durchgreifen gegenüber der Industrie lösen. Hitlers realitätsferne Vorgaben konnte natürlich auch Saur nicht erfüllen. Die Schuld dafür schob er den Unternehmen zu. Auf die M.A.N. hatte sich Saur schon länger eingeschossen. Die Direktoren des Nürnberger Werks griff er bei jeder sich bietenden Gelegenheit an.[142] Als sich Saur nach dem Krieg einmal an Otto Meyer wandte, antwortete ihm dieser: «Sie gehören für mich zu dem Kreis derjenigen Personen, mit denen auch nur das gemeinsame Vaterland zu teilen, mir eine unerträgliche Vorstellung ist.»[143]

Ende 1942 wurden in Nürnberg die ersten Panzer vom Typ Panther (Panzer V) fertig gestellt. Gleichzeitig lief die Fertigung der beiden älteren Typen II und III aus. Mit der Panther-Produktion stieg die Zahl der hergestellten Panzer bei der M.A.N. sprunghaft an, von 328 (1942) auf 549 (1943). Saur war dies noch lange nicht genug. Hitler hatte inzwischen befohlen, die im Adolf-Hitler-Programm vorgesehene Steigerung der Panzerproduktion um ein Mehrfaches zu erhöhen. Da der Bau des neuen Werks in Röthenbach gestoppt worden war, hätte eine weitere Aufstockung der Panther-Produktion bei der M. AN. bedeutet, dass andere Fertigungen des Nürnberger Werks, insbesondere der Lkw-Bau, eingestellt werden mussten. Das wollte die M.A.N. unbedingt vermeiden. Hartmut H. Knittel schreibt dazu in einer Untersuchung über den Panzerbau im Zweiten Weltkrieg, die sich auf die überlieferten Akten der M.A.N. stützt: «Die Unternehmensstrategie der M.A.N. war eindeutig. Wenn schon der Kampfpanzerbau in größerem Umfange eingeführt wurde, so sollten dennoch angestammte Märkte des Maschinen-, Kran- und Lastwagenbaus nicht verloren gehen. Wie Krupp und Henschel wollte man sich nicht nur einem Wehrmachtsauftraggeber verschreiben.»[144] Tatsächlich stieg die Zahl der gebauten Lastwagen bei der M.A.N. Nürnberg 1942 wieder an, von 1085 (1941/42) auf 1719 (1942/43).[145]

Tab. 31: Kampfpanzerproduktion der M.A.N. 1938–1945[146]

Jahr	Panzer II	Panzer III	Panzer V	Insgesamt
1938	142			142
1939	134	47		181
1940	52	126		178
1941	48	212		260
1942	59	267	2	328
1943	24		525	549
1944	42		1385	1427
1945			70	70
1938–1945	501	652	1982	3135

Nachdem der Bau des Werks in Röthenbach gestoppt worden war, konnte die M.A.N. nicht mehr lange nach dieser Strategie handeln. Im Nürnberger Werk waren nur dann genügend Raum und Beschäftigte für die rasch ansteigende Panther-Produktion vorhanden, wenn die anderen Fertigungen dort nach und nach eingestellt wurden. Saur war dazu fest entschlossen. Als ihm der GHH-Vorstandsvorsitzende Kellermann im Januar 1944 schrieb, dass keine weiteren Arbeitskräfte für das Panzerprogramm abgestellt werden könnten, tobte Saur und warf dem ganzen GHH-Konzern vor, «auf einer Insel» zu leben.[147]

Im September 1943 hatte Saur bereits den Waggonbau im Nürnberger M.A.N.-Werk schließen lassen.[148] Wenige Monate später war der Lkw-Bau an der Reihe. Am 21. Januar 1944 ordnete Saur das Auslaufen der Lkw-Fertigung bei der M.A.N. an. Das Nürnberger Werk durfte nur noch Ersatzteile liefern und Reparaturen durchführen.[149] Anfang März 1945 entfielen hier 55 % der Belegschaft auf den Panzerbau.[150] Die M.A.N. hat trotz des Produktionsverbots versucht, den Lkw-Bau – ähnlich wie den Druckmaschinenbau in Augsburg – aufrechtzuerhalten. Im Juni 1944 wurden in Nürnberg noch 63 Lastwagen fertig gestellt. Im Oktober 1944 wurde der Lastwagenbau in Nürnberg durch einen Luftangriff fast vollständig zerstört. Es wurde nun vereinbart, dass die Wiener Tochtergesellschaft ÖAF «mit den vorhandenen noch brauchbaren Materialien die Lastwagenauslauffertigung zu Ende führt». 70 Fahrgestelle waren zu diesem Zeitpunkt noch auszuliefern.[151]

Es ist durchaus möglich, dass die M.A.N. damals ihren Lastwagenbau nicht retten konnte, weil dem GHH-Konzern eben die politischen Verbindungen fehlten, die dafür erforderlich gewesen wären. Ein Vergleich mit Daimler-Benz legt derartige Vermutungen nahe. Dort war die Lkw-Produktion auch 1944 nicht in Gefahr. Das Unternehmen musste sich nur damit begnügen, ein Opel-Modell zu bauen und hatte damit nach Kriegsende im Lkw-Bau eine günstigere Ausgangsposition als die M.A.N.[152] Andererseits war aber auch der gut vernetzte Krupp-Konzern nicht in der Lage, sich gegen Saurs Eingriffe zu wehren.[153]

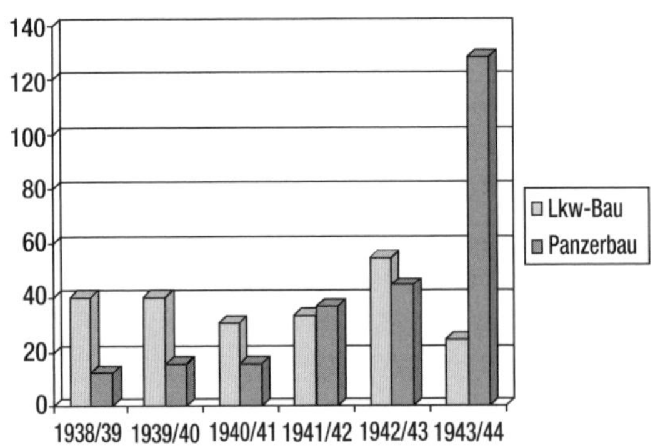

Grafik 22 Umsätze der M.A.N. im Lastwagenbau und im Panzerbau 1938/39–1943/44 in Mio. RM[154]

Abb. 51 Kriegsschäden im M.A.N.-Werk Augsburg

Im Laufe des Jahre 1944 erlitten nicht nur die Werksbetriebe in Oberhausen, sondern auch die süddeutschen Unternehmen des GHH-Konzerns schwere Bombenschäden. Im Augsburger M.A.N.-Werk waren bei Kriegsende rund 30 % der Gebäude und ein Viertel des Werkzeugmaschinenbestands zerstört.[155] Das Nürnberger M.A.N.-Werk wurde besonders durch einen Luftangriff am 3. Oktober 1944 hart getroffen. Insgesamt erlitt das Nürnberger Werk höhere Kriegsschäden als die Schwesterbetriebe in Augsburg und Gustavsburg.[156] In Oberhausen gab es im Winter 1944/45 mehrmals täglich Fliegeralarm. Rund ein Drittel der Arbeitszeit verbrachte die Belegschaft jetzt in Bunkern und Stollen.[157] Am 24. März 1945 erfolgte noch einmal ein schwerer Luftangriff auf Sterkrade. Fünf Tage später war Oberhausen Kriegsgebiet. Die Front verlief jetzt entlang der Emscher und des Rhein-Herne-Kanals. Ein Betriebsdirektor der GHH, der bereits die weiße Fahne gehisst hatte, wurde an diesem Tag noch standrechtlich erschossen. Am 10. April wurde Oberhausen schließlich von der amerikanischen Armee besetzt. Sieben Tage später war der Krieg auch in Nürnberg zu Ende und am 28. April dann in Augsburg.[158]

Umfang und Bedeutung der Zwangsarbeit während des Krieges

Ein besonders verwerfliches Verhalten des GHH-Konzerns im Dritten Reich war der Einsatz von Zwangsarbeitern. Wie alle an der Rüstungsproduktion beteiligten Unternehmen, ließen GHH und M.A.N. während des Krieges eine große Zahl von Kriegsgefangenen und ausländischen Zivilarbeitern für sich arbeiten. Der GHH-Konzern hatte auf dem Höchststand von 1944 rund 31 500 Zwangsarbeiter, davon rund 11 000 bei der GHH Oberhausen AG und rund 8500 bei der M.A.N.[159]

In Deutschland waren in den Jahren 1939–1945 insgesamt 13,5 Mio. Zwangsarbeiter eingesetzt. Dabei ist zwischen Zivilarbeitern, Kriegsgefangenen und KZ-Häftlingen zu unterscheiden. Die ausländischen Zivilarbeiter waren die bei weitem größte Gruppe. Als im Sommer 1944 mit 7,6 Mio. gleichzeitig eingesetzten Zwangsarbeitern der Höchststand erreicht wurde, befanden sich darunter 5 Mio. ausländische Zivilarbeiter und fast 2 Mio. Kriegsgefangene.[160] Die Behandlung der Kriegsgefangenen und der ausländischen Zivilarbeiter richtete sich nach den Vorgaben der nationalsozialistischen Rassenpolitik. Arbeiter aus West- und Nordeuropa waren einem geringeren Maß an Zwang unterworfen und wurden besser verpflegt als die «Ostarbeiter» aus der Sowjetunion. Die Ostarbeiter, die neben den KZ-Häftlingen am unteren Ende der Hierarchie standen, wurden in besonders menschenverachtender Form ausgebeutet. KZ-Häftlinge wurden erst ab 1944 in größerer Zahl in der Rüstungsindustrie eingesetzt. Während die ausländischen Zivilarbeiter vom Werkschutz beaufsichtigt wurden und die Kriegsgefangenen unter der Kontrolle der Wehrmacht standen, blieben die KZ-Häftlinge innerhalb des von der SS beherrschten Systems der Konzentrationslager. Sie arbeiteten in Außenkommandos der Lager und waren in KZ-Außenlagern untergebracht.

Die deutschen Industrieunternehmen hatten ein existentielles wirtschaftliches Interesse am Einsatz der Zwangsarbeiter, da im Laufe des Krieges ein immer größerer Teil ihrer Stammbelegschaft zur Wehrmacht eingezogen wurde. Die mittlerweile umfangreiche Forschung zur Zwangsarbeit im Dritten Reich ist sich darin einig, dass kein deutsches Unternehmen in der Zeit des Zweiten Weltkriegs seine Ziele ohne Zwangsarbeiter erreichen konnte. Wie Ulrich Herbert betont, hatten die Unternehmen spätestens seit 1941 keine Alternative mehr zum Einsatz von «Fremdarbeitern».[161] Ähnlich sieht es der Wirtschaftshistoriker Adam Tooze: «Ab 1942 war der Einsatz von ‹fremdländischen Zivilarbeitern› schlicht und einfach die Eintrittskarte für die Kriegswirtschaft.»[162] Alle größeren deutschen Unternehmen haben aus diesem Grund Zwangsarbeiter beschäftigt. Nur so konnten sie das Produktionsniveau steigern, Marktanteile behaupten und sich Rüstungsaufträge samt der damit verbundenen Rohstoff- und Energiezuteilungen sichern. Es ist daher eigentlich müßig, nach der betriebswirtschaftlichen Rentabilität der Zwangsarbeit zu fragen. Doch hat auch die GHH nach dem Krieg damit argumentiert, dass Zwangsarbeit für die Unternehmen nicht profitabel gewesen sei. Die Lohneinsparungen seien durch die geringere Produktivität der Zwangsarbeiter und die vergleichsweise hohen Nebenkosten mehr als wettgemacht worden.[163] Mehrere Studien zeigen aber, dass die Produktivität der Zwangsarbeiter mit der Dauer ihrer Beschäftigung zunahm und damit auch die Lohneinsparungen.[164] Vor allem aber hätten die Unternehmen ihre Produktion eben ohne Zwangsarbeiter nicht aufrechterhalten und schon gar nicht in rentablen Großserien fertigen können. Für sie war die

Zwangsarbeit daher von unschätzbarem Wert. Ohne Zwangsarbeiter wären nicht nur die deutsche Kriegsrüstung zusammengebrochen, sondern auch die Produktionsstrukturen der Großindustrie.

Das wirtschaftliche Interesse am Zwangsarbeitereinsatz verdrängte alle moralischen und ethischen Bedenken, sofern solche überhaupt bestanden hatten. Das Ausmaß der Zwangsarbeit in den einzelnen Unternehmen hing in der Regel nicht von der politischen Ausrichtung der Vorstände ab, sondern vom jeweiligen Arbeitskräftebedarf, dem Grad der Einbindung in die Kriegswirtschaft und den spezifischen Produktionsbedingungen. Doch gab es selbst in diesem Rahmen immer noch unterschiedliche Handlungsmöglichkeiten. Die Unternehmen konnten bei den Behörden aktiv auf die Zuweisung von Kriegsgefangenen und ausländischen Zivilarbeitern drängen oder nicht, sie konnten Misshandlungen der Zwangsarbeiter durch das Aufsichtspersonal dulden oder dagegen vorgehen, und sie konnten entscheiden, ob sie sich auch KZ-Häftlinge zuteilen ließen.

Bei der GHH und bei der M.A.N. waren bereits im Ersten Weltkrieg Kriegsgefangene eingesetzt gewesen. Das M.A.N.-Werk Gustavsburg hatte sogar schon 1870/71 mit französischen Kriegsgefangenen gearbeitet.[165] Die Zwangsarbeit während des Zweiten Weltkrieges unterschied sich davon jedoch grundsätzlich. Sie hatte eine ganz andere Größenordnung, betraf überwiegend Zivilisten aus besetzten Ländern, deren Arbeitseinsatz gegen das Völkerrecht verstieß, und war ein Bestandteil der nationalsozialistischen Rassen- und Vernichtungspolitik. Unternehmen konnten Zwangsarbeiter nur nach den Vorgaben dieser Politik einsetzen und akzeptierten damit, dass ein menschenverachtender Rassismus zum betrieblichen Alltag werden konnte. Nach den Anordnungen der Behörden waren die von der NS-Ideologie als «Untermenschen» stigmatisierten Gruppen – die sowjetischen Kriegsgefangenen, die Ostarbeiter und die KZ-Häftlinge – eben auch in den Betrieben wie Menschen 2. und 3. Klasse zu behandeln. Vielfach wurden diese Vorgaben in den Unternehmen bereitwillig befolgt oder sogar noch übererfüllt.

Tab. 32: Zwangsarbeiter im GHH-Konzern[166]

	Ausl. Zivilarbeiter	Kriegs-gefangene	KZ-Häftlinge	Zwangsarbeiter insgesamt	Beschäftigte insgesamt
1940	472	1 494	–	1 966	81 886
1941	1 392	2 165	–	3 557	85 384
1942	6 383	2 897	–	9 280	84 866
1943	18 408	5 641	–	24 049	96 217
1944	22 400	8 358	690	31 448	97 403
1945	23 343	7 320	342	31 005	(54 308)*

* Verzerrung durch Monatsmittelwerte

Die Zwangsarbeit von Kriegsgefangenen und ausländischen Zivilarbeitern bei GHH und M.A.N.

Bei der GHH Oberhausen AG begann die Zwangsarbeit schon im November 1939 mit der Zuteilung polnischer Kriegsgefangener an einen landwirtschaftlichen Betrieb des Unternehmens.[167] Einen größeren Umfang hat sie aber erst nach dem Waffenstillstand im Westen erreicht, als den Zechen Belgier und Franzosen zugewiesen wurden. Die Bergbaubetriebe waren besonders auf die Zuteilung von «Fremdarbeitern» angewiesen, weil sie auf einen wachsenden Teil ihrer Stammbelegschaft verzichten mussten und für die Untertagearbeit keine Frauen einstellen konnten.[168] Im Sommer 1940 wandte sich die GHH Oberhausen an Arbeitsämter und militärische Dienststellen, um Kriegsgefangene zugewiesen zu bekommen. Das Unternehmen ging dabei von einem Bedarf von 800 Kriegsgefangenen für die Zechen und Hüttenbetriebe aus.[169] Der Leiter der Oberhausener Hüttenbetriebe erklärte, dass man dieses Ziel «mit allen Mitteln» verfolgen würde.[170] Den Betrieben wurde nun eine größere Zahl französischer Kriegsgefangener zugeteilt. Damit war der Bedarf aber noch lange nicht gedeckt. Nach dem Angriff auf die Sowjetunion drängte die GHH wie der gesamte Ruhrbergbau auf eine rasche Zuweisung sowjetischer Kriegsgefangener. Innerhalb des nationalsozialistischen Regimes gab es dagegen zunächst ideologische Bedenken. Auch sollten Kriegsgefangene grundsätzlich nicht unter Tage eingesetzt werden. Doch die kriegswirtschaftliche Logik setzte sich schließlich durch. Ab Sommer 1942 wurden in den Zechen und Hüttenbetrieb sowjetische Kriegsgefangene in Massen eingesetzt. Allein bei den Zechen der GHH arbeiteten im August 1942 bereits 672 sowjetische Kriegsgefangene.[171] Inzwischen war man in Oberhausen dazu übergegangen, sich auch um Zivilarbeiter aus der Sowjetunion zu bemühen. Seit März 1942 wurden z. B. dem Werk Sterkrade Ostarbeiter zugewiesen. Damit stieg der Anteil der Zwangsarbeiter an der Beschäftigtenzahl der GHH Oberhausen drastisch an. Im Juni 1943 lag dieser Anteil im Steinkohlenbergbau bereits bei 38,6 % und damit deutlich höher als im Durchschnitt des Ruhrbergbaus (28,2 %).[172] In Sterkrade stieg der Zwangsarbeiteranteil auf 21 % im Jahr 1943 an. Ähnliches lässt sich für die GHH-Abteilungen Düsseldorf und Gelsenkirchen feststellen.[173] 1944 erreichte die Zwangsarbeit bei der GHH Oberhausen dann mit rund 11 000 Zivilarbeitern und Kriegsgefangenen (29 % aller Beschäftigten) den Höchststand. Zur Zahl der Ostarbeiter sind nur wenige Daten überliefert. Eine ungefähre Vorstellung geben die von Hinze veröffentlichten Angaben für die Oberhausener Hüttenbetriebe. Hier befanden sich Anfang Juli 1944 unter den 1576 ausländischen Zivilarbeiten 581 Ostarbeiterinnen (37 %).[174]

Nach dem Krieg erklärte ein Mitarbeiter der GHH Oberhausen, das Unternehmen hätte sich bemüht, «solange wie möglich ohne den Einsatz von Ausländern auszukommen».[175] Die überlieferten Dokumente zeigen eindeutig, dass dies nicht der Fall war. Die GHH hat sich der Zwangsarbeit gegenüber ähnlich verhalten wie die anderen Ruhrkonzerne und schon frühzeitig auf die Zuweisung von Kriegsgefangenen gedrängt. Aus der Sicht der GHH war der Zwangsarbeitereinsatz sicher nicht die optimale Lösung. Vor allem die Bergwerksabteilungen klagten bitter über die geringe Leistungsfähigkeit der berufsfremden ausländischen Arbeiter.[176] Zweifellos hätte man es vorgezogen, die zur Wehrmacht einberufenen Stammarbeiter zurückzubekommen. Da dies aber nicht möglich war, setzte man darauf, sich möglichst viele zusätzliche Arbeitskräfte zu verschaffen, und das hieß eben Kriegsgefangene und ausländische Zivilarbeiter. Es gibt keine Hinweise dafür, dass die Geschäftsleitung des Unternehmens und die Leitungen der einzelnen Betriebe Bedenken oder gar Skrupel gehabt hätten.

Auch bei der M.A.N. begann der Zwangsarbeitereinsatz mit Kriegsgefangenen. Ende 1940 waren es in Augsburg rund 200, in Nürnberg 424. Ein massiver Anstieg der Zwangsarbeit erfolgte auch in Augsburg und Nürnberg erst 1942, und zwar sowohl bei Kriegsgefangenen als auch bei ausländischen Zivilarbeitern. Insgesamt lag die Zahl der Zivilarbeiter nun deutlich höher. Vergleicht man die beiden Werke miteinander, dann war der Anteil der Zwangsarbeiter in Nürnberg höher als in Augsburg. Dies dürfte sich aus der unterschiedlichen Qualifikationsstruktur der Beschäftigten erklären. In Nürnberg war die Serienfertigung seit langem ausgeprägter als in Augsburg. Hier bestand ein größerer Bedarf an ungelernten Arbeitskräften. In Augsburg lag der Anteil der Facharbeiter höher. Hier waren auch gut qualifizierte Frauen stärker vertreten als in anderen Rüstungsbetrieben der Region, weil offenbar ein großer Bedarf bestand, der nicht durch Zwangsarbeiter abgedeckt werden konnte.[178] Gleichzeitig lag in Augsburg aber der Anteil der Ostarbeiter(innen) höher als in Nürnberg. Das Werk Gustavsburg hatte in den letzten Kriegsjahren einen ähnlich hohen und mitunter sogar noch höheren Anteil von Zwangsarbeitern als das Nürnberger Werk, was durch das V 1-Programm und den damit zusammenhängenden Bau eines unterirdischen Stollens für das neue Zweigwerk in Mainz-Weisenau bedingt war. Aus diesem Grund wurden in Gustavsburg ab 1942 wohl auch keine Kriegsgefangenen mehr eingesetzt, mit Ausnahme einer Gruppe italienischer Militärinternierter. Für das Motorenwerk Hamburg liegen nur wenige Angaben vor, weil es als eigenes Unternehmen firmierte und in der Regel nicht in den Statistiken der M.A.N. vorkam. Schreiben des Werksleiters Geppert an Otto Meyer vom April 1944 zeigen, dass der Anteil der ausländischen Arbeiter damals bei rund 73 % lag und damit erheblich höher als in allen M.A.N.-Werken.[179] Da das Motorenwerk Hamburg erst im März 1942 in Betrieb genommen wurde, hatte es keine Stammbelegschaft. Es wurde weitgehend mit Zwangs-

Tab. 33: Zwangsarbeit bei der GHH Oberhausen AG 1940–1945[177]

	Jahr (Monatsmittel)	Ausländische Zivilarbeiter	Kriegsgefangene	Zwangsarbeiter insgesamt	Beschäftigte insgesamt	Anteil Zwangarbeiter in %
Gutehoffnungshütte Oberhausen AG	1940	26	538	564	32 184	1,8
	1941	182	704	886	33 298	2,7
	1942	2 093	842	2 935	32 193	9,1
	1943	5 454	3 479	8 933	36 952	24,2
	1944	5 769	5 329	11 098	38 309	29,0
	1945	5 680	4 985	19 665	(23 860)*	
Zechen**	1940	–	–	–	10 010	
	1941	–	–	–	10 454	
	1942	146	411	557	10 525	5,3
	1943	1 424	2 358	3 782	13 042	28,9
	1944	1 358	3 779	5 137	13 775	37,3
	1945	1 224	4 388	5 612	(8 788)*	
Oberhausener Hüttenbetriebe***	1940	26	90	116	8 049	1,4
	1941	40	278	318	8 014	4,0
	1942	592	300	892	7 784	11,5
	1943	1 730	734	2 464	8 891	27,7
	1944	1 938	948	2 886	9 142	31,6
	1945	2 245	575	2 820	(6 174)*	
Werk Sterkrade	1940	–	–	–	5 960	
	1941	–	–	–	6 255	
	1942	591	99	690	6 093	11,3
	1943	1 249	156	1 405	6 686	21,0
	1944	1 317	386	1 703	6 998	24,3
	1945	1 270	55	1 325	(4 065)*	
Abt. Düsseldorf	1940	–	70	70	1 836	3,8
	1941	142	102	244	1 940	12,6
	1942	449	78	527	1 999	26,4
	1943	495	74	569	2 029	28,0
	1944	547	104	651	1 965	33,1
	1945	532	51	583	(1 100)*	

* Monatsmittel
** «GHH AG collieries including by-product plants»
*** «GHH AG Oberhausen works» (Eisenhütte Oberhausen, Neu-Oberhausen, Walzwerk Oberhausen, Walzwerk Altenhundem, Hammer Neu-Essen)

arbeitern betrieben, da andere Arbeitskräfte in Hamburg zu dieser Zeit kaum mehr verfügbar waren.

Unter den Unternehmen des GHH-Konzerns hatte Haniel & Lueg in Düsseldorf den höchsten Anteil von Zwangsarbeitern an der Belegschaft (53 %), ge-

Tab. 34: Zwangsarbeit bei der M.A.N. 1940–1945 [180]

	Jahr/Monat	Ausl. Zivilarbeiter	davon „Ostarbeiter“	Kriegsgefangene**	davon aus der UdSSR	Zwangsarbeiter insg.	Beschäftigte insg.	Anteil der Zwangsarbeiter in %
M.A.N.	1940*	81	k.A	604	k.A	685	22 302	3,1
	1941*	187	k.A	815	k.A	1 002	23 694	4,2
	1942*	777	k.A	1 081	k.A	1 858	24 449	7,6
	1943*	5 285	k.A	1 171	k.A	6 456	27 088	23,8
	1944*	6 904	k.A	1 654	k.A	8 558	25 945	33,0
	1945*	7 602	k.A	1 362	k.A	8 964	(13 941)	
Werk Augsburg	Dez. 1940	200	–	200	–	400	8 810	4,5
	Dez. 1941	246	k.A.	482	k.A.	728	9 227	7,9
	Dez. 1942	917	415	1 130	709	2 047	9 033	22,7
	Dez. 1943	1 691	451	843	574	2 543	9 724	26,1
	31. 1. 1944	1 682	510	850	572	2 532	9 516	26,6
	Juli 1944	1 671	741	1 362	417	3 033	9 550	31,8
	31. 12. 1944	2 323	775	654	644	2 977	9 345	31,9
	31. 3. 1945	2 463	761	628	624	3 091	9 154	33,8
Werk Nürnberg	Dez. 1940	–	–	424	–	424	8 637	4,9
	Dez. 1941	539	k.A.	670	k.A.	1 209	9 184	13,2
	Dez. 1942	2 360	1 084	1 239	539	3 599	9 875	36,4
	Dez. 1943	k.A.	k.A.	1 691	451		11 072	
	Jan. 1944	3 000	765	771	553	3 771	k.A.	
	31. 5. 1944	2 874	741	923	516	3 797	10 395	36,5
	31. 12. 1944	3 198	684	678	573	3 876	10 231	37,9
	31. 3. 1945	3 207	681	716	615	3 923	9 968	39,3
Werk Gustavsburg	Dez. 1940	–	–	150	–	150	k.A.	
	Dez. 1941	450	k.A.	337	–	787	k.A.	
	Dez. 1942	2 090	946	370	121	2 460	k.A.	
	Jan. 1944	2 281	576	–	–	2 281	6 031	37,8
	30. 4. 1944	2 241	592	79	–	2 320	6 154	37,7
	31. 7. 1944	2 357	741	77	–	2 434	6 168	39,5
	Dez. 1944	2 121	771	k.A.	k.A.			
	17. 3. 1945	2 114	721	–	–	2 114	5 686	37,2

* Monatsmittel
** einschließlich italienische Militärinternierte

folgt von den Hackethal Draht- und Kabelwerken in Hannover und der Maschinenfabrik Esslingen. Die großen Unterschiede zwischen diesen Firmen lassen sich nicht durch die Ausrichtung der Produktion erklären. Ausschlaggebend dürften eher die regionalen Arbeitsmärkte und die Verbindungen zu den Arbeitsbehörden gewesen sein. Am niedrigsten lag der Anteil der Zwangsarbeiter mit rund 21 % in der Zahnräderfabrik Augsburg, einem Unternehmen mit überdurchschnittlich gut qualifizierten Beschäftigten.

Es kann kein Zweifel daran bestehen, dass auch die Unternehmen des GHH-Konzerns wissentlich Zwangsarbeiter angefordert haben. Die Anforderungen liefen in den ersten Kriegsjahren über die Arbeitsämter, dann auch über Branchenverbände. Meistens wurde dabei nur die Zahl der benötigten Arbeitskräfte genannt und nicht ausdrücklich die Zuteilung von Kriegsgefangenen

Tab. 35: Beschäftigte und Zwangsarbeit in Unternehmen des GHH-Konzerns 1944 (Monatsmittel)[181]

Unternehmen	Ausl. Zivilarbeiter	Kriegsgefangene	KZ-Häftlinge	Zwangsarbeiter insg.	Beschäftigte insg.	Zwangsarbeiter in % der Beschäftigten
Gutehoffnungshütte Oberhausen	5 769	5 329	–	11 098	38 309	29,0
Haniel & Lueg GmbH	623	110	–	734	1 384	53,0
M.A.N.	6 904	1 654	–	8 558	25 945	33,0
Maschinenfabrik Esslingen	2 016	373	–	2 389	4 834	49,4
Deutsche Werft	1 636	2	290	1 928	8 600	22,4
Hackethal Draht- und Kabelwerke	401	404	–	895	1 721	52,0
Kabel- und Metallwerke Neumeyer	1 777	195	400*	2 372	4 920	48,2
Eisenwerk Nürnberg	536	–	–	536	1 088	49,3
Osnabrücker Kupfer- u. Drahtwerke	1 410	308	–	1 718	5 435	31,6
Zahnräderfabrik Augsburg	317	26	–	343	1 654	20,7
Deggendorfer Werft- und Eisenbau	52	36	–	88	320	27,5
Schwäbische Hüttenwerke	748	147	–	895	2 350	38,1
Konzern Gutehoffnungshütte	22 400	8 358	690	31 448	97 403	32,3

oder «Ostarbeitern» beantragt.[182] Doch war es bei der damaligen Arbeitsmarktlage allen Beteiligten völlig klar, dass die Behörden kaum andere Arbeitskräfte zuweisen konnten als eben Zwangsarbeiter. Aufschlussreich ist in diesem Zusammenhang auch, dass bei der Errichtung neuer Betriebe schon Barackenlager für «Ausländer» in die Planung mit aufgenommen wurden. Bei dem im Juli 1942 gestoppten Bau des Panzerwerks der M.A.N. in Röthenbach sahen die Planungen ein eigenes «Russenlager» für 2000 Arbeiter vor.[183] Im Mai 1944 ging die M.A.N. auf Vorschlag des Rüstungslieferungsamtes daran, rund 400 Arbeiter der Firma Ansaldo aus Genua geschlossen in ihr Nürnberger Werk umsetzen zu lassen. Sie arbeitete dabei eng mit den deutschen Militärbehörden in Mailand zusammen. Die Aktion kam allerdings nicht über einen ersten Transport von 100 Arbeitern hinaus, da ihre Kollegen in Genua es vorzogen, sich vor dem nächsten Transport nach Nürnberg in die Berge abzusetzen.[184]

Zweifellos gab es Unterschiede und Abstufungen in der Behandlung der «Ostarbeiter» und der sowjetischen Kriegsgefangenen. Durchgehend wurden sie aber schlechter behandelt als Zwangsarbeiter aus Westeuropa. Ein Zeitzeuge schildert dies für das M.A.N.-Werk Gustavsburg: «Die Ostarbeiter, die Russen, die haben sie behandelt wie der letzte Dreck. Das waren keine Menschen, das waren offensichtlich Untermenschen, während man die Franzosen noch als zivilisiert anerkannt hat».[185] Bei der KMN sagte nach dem Krieg der Betriebsratsvorsitzende als Zeuge in einem Spruchkammerverfahren aus, dass die Ostarbeiter mitunter nur das «blanke, abgemähte Gras» zu essen bekommen hät-

Abb. 52 Zwangsarbeiterlager in Gustavsburg («Rosengartenlager»), Baracken der «Westarbeiter»

ten.[186] Die Behörden sorgten durch die «Ostarbeiterangabe» und weitere Lohnabzüge dafür, dass die russischen Arbeiter ungleich weniger Lohn erhielten als etwa die Zivilarbeiter aus Frankreich oder den Niederlanden. Nach einer bei Krupp im Herbst 1942 durchgeführten Studie erhielten dort Zivilarbeiter aus Westeuropa 6,61 RM Tageslohn, Kriegsgefangene 4,86 RM, Ostarbeiter dagegen nur 2,93 RM und Ostarbeiterinnen 2,47 RM.[187]

In Augsburg waren etwa 200 holländische Gestapo-Häftlinge im M.A.N.-Werk eingesetzt. Diese Gruppe wurde im Dezember 1944 in ein ziviles Arbeitsverhältnis überführt, was bei Ostarbeitern nicht möglich gewesen wäre.[188] Bei der M.A.N. in Nürnberg gewann Betriebsführer Johannes Rathje im Oktober 1942 den Eindruck, dass dem Werk aus Frankreich «wirklich brauchbare Fachkräfte zugeführt werden». Rathje wollte sich daher um gute Unterkünfte für die französischen Arbeiter bemühen.[189] Ostarbeiter und Westarbeiter hatten in der Regel auch getrennte Lager. Während die russischen Arbeiter in ihrem Lager weitgehend unter sich waren, kamen in den Baracken der Westarbeiter Angehörige aus vielen Nationen zusammen. So hatte z. B. das M.A.N.-Werk Nürnberg im Dezember 1944 Arbeiter aus 25 Ländern.[190]

Bei der GHH kamen viele sowjetische Kriegsgefangene in einem erschreckenden Gesundheitszustand in den Betrieben an. Krank und völlig unterernährt waren sie aus den Lagern der Wehrmacht nach Oberhausen geschickt worden. Von den rund 800 sowjetischen Kriegsgefangenen, die im August bei der GHH eintrafen, starben die ersten schon nach wenigen Tagen an Unterernährung. Fast ein Drittel der Kriegsgefangenen war für die Untertagearbeit untauglich.[191] Die GHH forderte die Bezirksgruppe Ruhr auf, «für sofortige Abhilfe zu sorgen».[192]

Die verordnete Ausgrenzung der Zwangsarbeiter war in den Betrieben nicht durchgehend aufrechtzuerhalten. Es kam zu Arrangements zwischen der Stammbelegschaft und den Zwangsarbeitern, z. B. in Form von Tauschgeschäften. In einer Vertrauensratssitzung bei der M.A.N. wurde im Mai 1944 ausdrücklich beklagt, «dass es deutsche Gefolgschaftsmitglieder zumeist an der wünschenswerten Zurückhaltung gegenüber Ausländern fehlen lassen».[193] Bei der GHH in Oberhausen wurden im September 1943 an die deutsche Belegschaft 27 000 Handzettel mit Verhaltensregeln für den Umgang mit den «Fremdarbeitern» ausgeteilt – ein Vorgang, der auch eine gewisse Hilflosigkeit der Werksleitung belegt, die Vorgaben der Behörden im betrieblichen Alltag durchzusetzen. In diesen Anweisungen hieß es: «Die Ausländer bleiben für Dich Fremde. Bewahre ihnen gegenüber den nötigen Abstand, laß Dich auf keine Vertraulichkeit ein.»[194]

Misshandlungen von Zwangsarbeitern hat es bei der GHH wie bei der M.A.N. gegeben. In den meisten Fällen wurden solche Grausamkeiten in den Lagern begangen. Die Täter gehörten fast durchweg zum Aufsichtspersonal, zum Werkschutz oder zur Lagerleitung. In Gustavsburg wurden Zwangsarbeiter häufiger von Wachleuten misshandelt und Ostarbeiter von ihrem Lagerleiter mit der Hundepeitsche gezüchtigt.[195] Wie die Zwangsarbeiter innerhalb des Betriebs, am Arbeitsplatz behandelt wurden, hing dagegen in hohem Maße von ihren Vorarbeitern und Meistern ab.[196] Das Verhalten der Werksleiter lässt sich gut am Beispiel von Richard Reinhardt in Gustavsburg verdeutlichen. Dass Zwangsarbeiter seines Werks misshandelt wurden, war Reinhardt natürlich bekannt. Er selbst hat sich nicht an Ausschreitungen beteiligt, aber er hat dem Werkschutz und den Lagerleitern freie Hand gelassen. Ob der Lagerleiter im Sinne Reinhards handelte oder nicht, lässt sich nicht mehr feststellen. Die Zeugenaussagen aus der Nachkriegszeit dazu sind widersprüchlich.[197] Zumindest aber hat Reinhardt weggeschaut und sich angepasst. Nach dem Krieg bescheinigte ihm die Spruchkammer Groß-Gerau im Entnazifizierungsverfahren, «Dienst für den Menschen» geleistet zu haben.[198]

Der Einsatz von KZ-Häftlingen bei den Konzernunternehmen KMN und Deutsche Werft

Bei GHH und M.A.N. waren keine KZ-Häftlinge eingesetzt. In Oberhausen war dies wohl auch dadurch bedingt, dass im Ruhrbergbau generell keine KZ-Häftlinge arbeiteten.[199] Eine bewusste Strategie des Unternehmens stand jedenfalls nicht dahinter. Das zeigt ein Vorgang aus dem Sommer 1944, auf den Ingo Hinze hingewiesen hat. Damals bot die Reichsvereinigung Eisen 600–1000 KZ-Häftlinge an. Die GHH ging darauf ein und wollte die Häftlinge geschlossen übernehmen. Schließlich verzichtete das Unternehmen aber darauf, weil es in der Zwischenzeit 250 Ostarbeiter zugewiesen bekommen hatte.[200] Bei der M.A.N. Augsburg könnte die Nähe des Flugzeugbauers Messerschmitt eine Rolle gespielt haben. Dort arbeiteten Häftlinge aus dem Außenlager Haunstetten des KZ Dachau. Möglicherweise hatte Messerschmitt eben Priorität.[201] Denkbar ist freilich auch, dass Otto Meyer in Augsburg wie in Nürnberg bewusst keine Häftlinge anforderte, weil er moralische Bedenken hatte oder die SS von den Werken fernhalten wollte.

Bei zwei anderen Unternehmen des GHH-Konzerns gab es auch Zwangsarbeit von KZ-Häftlingen. Dabei handelte es sich um die KMN in Nürnberg und die Deutsche Werft in Hamburg. Im Fall der KMN sind nur spärliche Belege zu diesem dunklen Kapitel in der Geschichte des Unternehmens überliefert. Sie zeigen, dass die KMN am 13. Juni 1944 beim SS-Wirtschafts- und Verwaltungshauptamt in Oranienburg die Zuteilung von 700 Frauen aus dem KZ Flossenbürg als Hilfsarbeiterinnen beantragt hat. Die Frauen sollten in der «Einsatzstelle Helmbrechts» Patronenhülsen herstellen.[202] Über die Abfolge der Transporte und den Bau von Baracken in Helmbrechts hatte man sich bereits ein Woche vorher mit einem SS-Obersturmbannführer besprochen. Am 21. Juni 1944 rief die KMN bei der Kommandantur des KZ Flossenbürg die ersten «100 KZ-Frauen» zum 1. Juli ab.[203] Am 4. September 1944 wird das Eintreffen eines weiteren Transports mit «100 KZ-Frauen» in Helmbrechts mitgeteilt. Bleistiftnotizen eines Prokuristen der KMN auf diesem Blatt weisen aus, dass am 19. Juli, am 1. September, am 28. Oktober und am 1. November jeweils 100 Frauen aus dem KZ Flossenbürg bei der KMN in Helmbrechts eingetroffen sind.[204]

Bei der Deutschen Werft waren ab Herbst 1944 etwa 300 Häftlinge aus dem Konzentrationslager Neuengamme eingesetzt. Da die großen Werften und Industrieunternehmen Hamburgs kaum noch neue Arbeitskräfte finden konnten, gingen sie ab September 1944 dazu über, Häftlinge aus diesem KZ einzusetzen.[205] Die Deutsche Werft war zunächst für eine Zuweisung von 2500 Häftlingen im Gespräch. Das waren deutlich mehr als für andere Hamburger Unternehmen.

Abb. 53 Sowjetische Zwangsarbeiter («Ostarbeiter») bei der GHH

Die Leitung der Deutschen Werft stand damals unter starkem Druck des Speer-Ministeriums, das dem Vorstand William Scholz Sabotage vorwarf, weil U-Boote nicht fristgemäß ausgeliefert worden seien.[206] Für den Häftlingseinsatz war bei der Deutschen Werft nach übereinstimmenden Aussagen Betriebsführer Wilhelm May zuständig, den die Zwangsarbeiter «Himmler» nannten.[207] May erklärte 1948 im Berufungsverfahren vor dem Hamburger Staatskommissar für die Entnazifizierung: «Gegen die Beschäftigung von Kz.-Häftlingen war man im allgemeinen sehr scharf ablehnend eingestellt, weil man mit ihnen das Arbeitsziel nicht erreichen zu können glaubte. Uns lag es auch weiter nicht, auf der Werft eine politische Gruppe zu haben, die über diese Häftlinge die Aufsicht hatte. Von mir wurde verlangt, dass ich für den Einsatz von 800 Kz-Häftlingen Arbeit vorbereiten sollte, in Wirklichkeit sind höchstens 2 bis 300 beschäftigt worden.»[208] Nach einer Zeugenaussage in diesem Verfahren soll May freilich selbst 500 Häftlinge bei der SS angefordert haben. Er hat auch im KZ Neuengamme Häftlinge für den Einsatz auf der Deutschen Werft ausgesucht.[209]

Für die Häftlinge wurde ein Außenlager Deutsche Werft des KZ Neuengamme errichtet. Von dort wurden sie unter Bewachung in Kolonnen zur Arbeit in der Werft geführt. Das Wachpersonal war offenbar von der Wehrmacht oder der Gestapo abgestellt worden. Auf der Werft hatten die Häftlinge vor allem Aufräumungsarbeiten zu erledigen. Bei Luftangriffen wurden sie in Bunker gebracht, freilich getrennt von den anderen Arbeitern. Misshandelt wurden die Häftlinge bei der Arbeit auf der Werft nicht, wohl aber im Lager und auf dem Weg dorthin. Wie die späteren Zeugenaussagen belegen, erhielten die Beschäftigten der Deutschen Werft durch den Häftlingseinsatz und die Nähe zum KZ-Außenlager Einblick in das Lagersystem und die grausame Realität des SS-Staats. Es sprach sich herum, wenn Häftlinge im Lager zu Tode geprügelt worden waren. Es kam auch vor, dass die SS ihre KZ-Praktiken auf dem Betriebsgelände demonstrierte, indem tote Häftlinge in Säcken eingenäht auf dem Teufelsbrück, bei der Dampferanlegestelle der Werft, abgelegt wurden und dort tagelang liegen blieben.[210]

Zu berücksichtigen ist in diesem Zusammenhang auch, dass die GHH- bzw. MAN-Gruppe später die Lkw-Sparte zweier Unternehmen übernommen hat, die während des Dritten Reichs massiv am Einsatz von KZ-Häftlingen beteiligt waren: Büssing und Steyr-Daimler-Puch. Beide Unternehmen standen zwar zur damaligen Zeit in keinem Zusammenhang mit dem GHH-Konzern, doch wandert bei Übernahmen eben immer auch die Geschichte eines Unternehmens mit. Zur Beteiligung beider Unternehmen am Einsatz von KZ-Häftlingen gibt es ausführlichere Untersuchungen, auf die hier verwiesen werden kann.[211]

Das Braunschweiger Unternehmen Büssing beantragte 1944 beim SS-Wirtschafts- und Verwaltungshauptamt die Zuteilung von KZ-Häftlingen. Mitarbeiter des Unternehmens fuhren nach Auschwitz, um dort geeignete Häftlinge für den Arbeitseinsatz auszuwählen. Zwischen September und November 1944 kamen in mehreren Transporten rund 1200 jüdische KZ-Häftlinge in das Braunschweiger Lager, darunter 350 ehemalige Ghettobewohner aus Lodz. Sie mussten bei Büssing unter grausamen Bedingungen arbeiten. Das Lager in Braunschweig wurde später als eines der schlimmsten seiner Art bezeichnet. Täglich starben hier 8–10 Häftlinge. Die Überlebenden wurden bei Kriegsende in das KZ Ravensbrück gebracht.[212]

Steyr-Daimler-Puch (SDP) gehörte nach dem «Anschluss» Österreichs zum Staatskonzern Reichswerke «Hermann Göring». Im letzten Kriegsjahr übernahm SDP die Durchführung eines der irrsinnigen Bauprojekte des SS-Sonderstabs Kammler, die unterirdische Verlagerung des Rüstungsbetriebs Wälzlagerwerk Steyr. Geleitet wurde das Bauvorhaben von einer Tochtergesellschaft der SDP mit dem Tarnnahmen «Quarz». Für die Verlagerung mussten Tausende KZ-Häftlinge einen gigantischen Stollen bauen. In Melk entstand dafür ein Außenlager des KZ Mauthausen, in dem sich schließlich über 10 000 Häftlinge befanden, darunter mehrere Tausend ungarische Juden. Die meisten von ihnen mussten unter unmenschlichen Bedingungen für das Projekt Quarz arbeiten. Bis Kriegsende sind 4861 Häftlinge dieses Lagers gestorben.[213]

7 Konzernentflechtung und Rückkehr auf den Weltmarkt

Wandel wider Willen: Die GHH und die Neuordnungspläne der Alliierten

Am 16. April 1945 wurde bei der GHH Oberhausen die Arbeit wieder aufgenommen. Zu diesem Zeitpunkt standen Augsburg und Nürnberg noch unter nationalsozialistischer Herrschaft, und die Schlacht um Berlin hatte gerade erst begonnen. In Oberhausen hatten sich an diesem Tag die Arbeiter und Angestellten der GHH wieder in ihren Werken einzufinden. Wer nicht erschien, galt als entlassen.[1] Damit endete die kurze Phase des Übergangs nach der Besetzung Oberhausens, in der es wiederholt zu Plünderungen gekommen war.[2] Die Produktion lief nun langsam und auf einem niedrigen Niveau wieder an. Die meisten Arbeiter waren mit Räumungsarbeiten und Reparaturen an Maschinen, Gebäuden und Verkehrsanlagen beschäftigt. Daneben wurden als Notfertigungen Güter des täglichen Bedarfs hergestellt. Die Oberhausener Hüttenbetriebe, die vor dem Krieg 7200 Beschäftigte hatten, mussten im Juni 1945 mit 1900 Arbeitern und Angestellten auskommen. 1200 weitere Mitarbeiter waren krank oder beurlaubt.[3] Im Juli 1945 nahmen die Hüttenbetriebe der GHH als erste Hütte Westdeutschlands wieder den Betrieb auf.[4] Mit dem Übergang zur britischen Besatzung im Juni 1945 war allerdings ein strenges Bewirtschaftungsregime entstanden, und die Zonengrenzen machten es zunächst unmöglich, die früheren Lieferbeziehungen innerhalb des Konzerns wiederherzustellen.

Trotz der Kriegsschäden schien die GHH noch halbwegs glimpflich davongekommen zu sein. Der Verlust des Auslandsvermögens war schmerzlich, aber insgesamt hielt sich der Rückgang des Betriebsvermögens in Grenzen, weil der Konzern keine Werke in der Sowjetischen Besatzungszone und in den ehemaligen Ostgebieten hatte. Auch war die große Mehrheit der Vorstandsmitglieder und der Belegschaften nicht «politisch belastet», so dass es eigentlich nur eine Frage der Zeit zu sein schien, bis der Konzern wieder in seiner früheren Form, über die Grenzen zwischen den Westzonen hinweg, arbeiten würde.

Umso größer war der Schock, als am 30. November 1945 der Vorstandsvorsitzende Hermann Kellermann von der britischen Militärpolizei verhaftet wurde. Es handelte sich um eine koordinierte Aktion, bei der über 100 Montanindustrielle festgenommen wurden. Neben Kellermann gehörte dazu auch Werner Carp, Paul Reuschs alter Gegner.[5] Wenn man bedenkt, dass allein bei den Vereinigten Stahlwerken 26 Manager von der Aktion betroffen waren und bei Krupp zehn Direktoren samt dem Firmenerben, hatte die Militärregierung die GHH vergleichsweise schonend behandelt.[6] Kellermann war jedoch kein Mitglied der NSDAP gewesen, sondern ein enger Vertrauter des vom NS-Regime abgesetzten Konzernchefs Paul Reusch. Wenn die Militärregierung ihn trotzdem zu den inkriminierten Ruhrindustriellen zählte, dann würde sie auch gegen den GHH-Konzern vorgehen. Wer bei der GHH geglaubt hatte, das Unternehmen würde wegen der früheren Konflikte mit der NSDAP anders behandelt als Krupp oder der Flick-Konzern, wurde nun eines Besseren belehrt.

Bei den amerikanischen und britischen Behörden gab es unterschiedliche Vorstellungen darüber, wie mit den deutschen Konzernen verfahren werden sollte. Einig war man sich nur in dem Ziel, das wirtschaftliche Machtpotential zu schwächen. Für die Militärregierungen spielte es in diesem Zusammenhang keine Rolle, wie sich die einzelnen Vorstände gegenüber dem NS-Regime verhalten hatten. Darüber sollte, abgesehen von wenigen Ausnahmen, in privatrechtlichen Verfahren geurteilt werden. Die Planungen der amerikanischen Militärregierung gingen von der Annahme aus, dass es in Deutschland eine übermäßige Konzentration wirtschaftlicher Macht gab, die es Hitler erleichtert hatte, seine Ziele durchzusetzen. Durch eine Entflechtung der großen Konzerne und eine Beseitigung der Kartelle glaubte man, dieses Potenzial dauerhaft entschärfen zu können. Unter dem Einfluss der amerikanischen Anti-Trust-Prinzipien wurde dabei gerade in den «gemischten» Konzernen der Montanindustrie eine unzulässige wirtschaftliche Konzentration gesehen. Die britische Labour-Regierung unter Clement Attlee favorisierte demgegenüber eine Sozialisierung der Grundstoffindustrie und insbesondere des Steinkohlenbergbaus im Ruhrgebiet. Sie errichtete deshalb Behörden, die ganze Branchen, den Kohlenbergbau und die Eisen- und Stahlindustrie, kontrollieren sollten. Mit der Bildung der Bizone setzte sich 1947 das amerikanische Entflechtungsmodell dann auch in der britischen Zone durch.[7]

Nach den Entflechtungsplänen der Alliierten sollten also nicht nur Trusts wie die I. G. Farben und die Vereinigten Stahlwerke, sondern auch historisch gewachsene Familienunternehmen wie die GHH und Krupp aufgeteilt werden. Keine Rolle spielte dabei, dass die GHH im Unterschied zu Krupp nur einen fiktiven Mehrheitseigentümer hatte, nämlich den Verbund der Familie Haniel. Mit einigem Aufwand fanden die alliierten Ermittler heraus, dass zu den Aktionären des GHH Aktienvereins 88 Mitglieder der Franz-Haniel-Linie und 37 Mitglieder der Gerhard-Haniel-Linie gehörten. Zusammen hielten sie 74,3 % des Aktienkapitals. Kein Familienmitglied besaß eine Beteiligung von mehr als 6 %.[8]

Am 22. Dezember 1945 begann die Entflechtung der GHH. An diesem Tag beschlagnahmte die britische Militärregierung mit der Anordnung Nr. 5 zum Gesetz 52 die Zechen des Ruhrgebiets und unterstellte sie der einige Monate zuvor gebildeten North German Coal Control (NGCC). Der Steinkohlenbergbau der GHH wurde damit aus dem Konzernzusammenhang gelöst, auch wenn die Zechen weiterhin im Besitz des Unternehmens blieben.[9] Mit dieser Maßnahme wollte die Militärregierung den Ruhrbergbau vollständig unter ihre Kontrolle bringen. Die britische Regierung, ein Labour-Kabinett unter Clement Attlee, hatte zwar noch keine konkreten Sozialisierungspläne für den Ruhrbergbau, aber man konnte damit rechnen, dass die Zechen über kurz oder lang in eine andere Eigentumsform überführt würden.[10] Der öffentliche Protest hielt sich in Grenzen, da nicht nur die Gewerkschaften, sondern auch die Parteien bis weit ins bürgerliche Lager hinein für eine Sozialisierung des Ruhrbergbaus eintraten.[11] Für die GHH bedeutete die Herauslösung der Zechen einen massiven Eingriff in ihre historisch gewachsene Struktur. Nicht das von Paul Reusch geschaffene Konzerngebilde fiel nun auseinander, sondern die alte GHH, wie sie schon 1914 bestanden hatte, als Gutehoffnungshütte Aktienverein für Bergbau und Hüttenbetrieb. Natürlich wäre es leichter gewesen, den Konzern in einen Oberhausener und einen süddeutschen Teil aufzuspalten, zumal beide Gebiete ja bereits durch die Zonengrenzen voneinander getrennt waren. Doch dies wäre eben keine Entflechtung gewesen. Die GHH Oberhausen hätte dann als vertikal gegliedertes Unternehmen mit Bergbau, Hüttenbetrieben und Weiterverarbeitung fortbestanden.

Vorstand und Aufsichtsrat der GHH sahen es nun als ihre wichtigste Aufgabe an, sich den Neuordnungsplänen der Alliierten entgegenzustellen und sie so zu beeinflussen, dass eine spätere Revision möglich war. Vor diesem Hintergrund berief der Aufsichtsrat zum 1. Dezember 1945 Hermann Reusch in den Vorstand des GHH Aktienvereins und der GHH Oberhausen AG. Er sollte die Lücke schließen, die durch die Verhaftung des Vorstandsvorsitzenden Kellermann entstanden war. Da Hermann Reusch kein NSDAP-Mitglied gewesen war und den Vorstand 1942 im Zusammenhang mit dem von den Nationalsozialisten erzwungenen Rücktritt seines Vaters verlassen hatte, gab es keine Einwände der Militärregierung gegen seine Berufung. Zwar wurde Reusch nur einfaches Mitglied des Vorstandes, da der verhaftete Kellermann weiterhin Vorsitzender blieb, doch zweifelte niemand daran, dass er der nächste Konzernchef würde. Kellermann blieb sechs Monate lang inhaftiert, kehrte dann noch einmal in den Vorstand zurück und ging Ende September 1946 in den Ruhestand. Wenige Monate später, am 23. Januar 1947, wurde Hermann Reusch auch der Form nach Vorstandsvorsitzender der GHH.

Hermann Reusch (geb. 2. 10. 1896 in Mährisch-Ostrau, gest. 17. 12. 1971 in Oppenweiler), der älteste Sohn Paul Reuschs, hatte nach der Teilnahme am Ersten Weltkrieg Bergbau und Rechtswissenschaften studiert. Nach mehreren Auslandsaufenthalten, u. a. in England, den USA und Südafrika, hatte er von 1927 bis 1935 verschiedene Zechen des Hoesch-Konzerns geleitet. Anschließend war

Abb. 54 Hermann Reusch

er in die GHH eingetreten, wo er dem Vorstand ab 1937 als stellvertretendes und ab 1939 als ordentliches Mitglied angehört hatte. Nach seinem Rücktritt am 30. Juni 1942 war Reusch zur Verwaltung des Generalbevollmächtigten für die Wirtschaft in Serbien gegangen, wo er als Inspekteur für den Kohlenbergbau gearbeitet hatte. Im Dezember 1943 war er zum Hauptgeschäftsführer der Südost-Montan GmbH ernannt worden.[12]

Den meisten Mitgliedern des Vorstands und des Aufsichtsrats kam es im Herbst 1945 sicher nicht ungelegen, dass die GHH nun wieder von einem Reusch geleitet wurde. Hermann Reusch hatte ein anderes Naturell als der zögerliche Kellermann, der sich ja auch nie danach gedrängt hatte, an der Spitze des Konzerns zu stehen und nur als Interimslösung nach dem Rücktritt Paul Reuschs im Februar 1942 eingesprungen war. Hermann Reusch traute man es zu, die Interessen der GHH in den anstehenden Auseinandersetzungen mit den Militärregierungen mit dem nötigen Nachdruck zu vertreten. Durch seine Berufung war die GHH jetzt praktisch der einzige Ruhrkonzern, der nach den Verhaftungen vom November 1946 über einen intakten Vorstand verfügte – ein Vorteil, der dadurch zustande kam, dass Hermann Reusch als einziger namhafter Ruhrindustrieller seiner Generation während des Krieges zurückgetreten war. Das neue Vorstandsmitglied konnte von der Militärregierung nicht verdächtigt werden. Durch diese Sonderstellung wuchs Reusch in den anstehenden Auseinandersetzungen um die Sozialisierung, Dekartellierung, Entflechtung und Entnazifizierung fast zwangsläufig in die Rolle eines Sprechers der Ruhrindustrie hinein. «Die Eisen schaffende Industrie an der Ruhr ist zur Zeit praktisch ohne Leitung», schrieb Reusch im Dezember 1945 an Karl Plochmann in Nürnberg, und er fügte hinzu: «Wir versuchen mühsam, eine Führung neu auf die Beine zu stellen.»[13] Reusch, den der Entnazifizierungsausschuss als «Politisch einwandfrei» eingestuft hatte, war dann auch maßgeblich daran beteiligt, die Verteidigung der vor dem Internationalen Militärgerichtshof in Nürnberg angeklagten Industriellen zu organisieren.[14]

Nach der Berufung Hermann Reuschs schied sein früherer Rivale Franz Kirchfeld zum 31. März 1946 aus dem Vorstand aus. Der Ferrostaal-Chef Kirchfeld hatte sich während des Krieges Hoffnungen auf die Nachfolge Paul Reuschs gemacht und sich vom damaligen Aufsichtsratsvorsitzenden Karl Haniel eine schriftliche Zusage geben lassen.[15] Trotz politischer Protektion hatte er es aber damals nicht geschafft, anstelle des Reusch-Vertrauten Hermann Kellermann Vorstandsvorsitzender zu werden. Nach Kriegsende musste Kirchfeld Hermann Reusch den Vortritt lassen. Als politisch am stärksten belastetes Vorstandsmitglied der GHH war Kirchfeld nun für höhere Aufgaben denkbar ungeeignet. Hermann Reusch, der Kirchfeld – wohl zu Unrecht – beschuldigte, 1942 am Sturz Paul Reuschs mitgewirkt zu haben, drängte den Ferrostaal-Chef aus dem Vorstand.[16] Außer Kellermann und Kirchfeld schied auch noch Georg Lübsen Ende 1946 aus dem Vorstand der GHH aus, so dass dieses Gremium jetzt nur noch aus Hermann Reusch und Ernst Hilbert bestand.

Die Abtrennung der Hüttenbetriebe

Die britische Militärregierung hatte inzwischen auch eine Kontrollbehörde für die Eisen- und Stahlindustrie ihrer Zone geschaffen, die North German Iron and Steel Control (NGISC), die wiederum eine eigene Treuhandverwaltung für die Eisen- und Stahlkonzerne errichtete. Der GHH Aktienverein und die GHH Oberhausen AG wurden am 20. August 1946 durch Anordnung Nr. 7 zum Gesetz Nr. 52 der NGISC unterstellt.[17] Vergeblich beantragte die GHH, die Kontrolle der NGISC über das Unternehmen aufzuheben, weil sich der Sitz der Konzernholding, des GHH Aktienvereins, in Nürnberg und damit in der US-Zone befand. Stattgegeben wurde dem nur für den GHH Aktienverein, nicht aber für das produzierende Unternehmen GHH Oberhausen AG.[18]

Die Treuhandverwaltung wurde von Heinrich Dinkelbach, einem früheren Vorstandsmitglied der Vereinigten Stahlwerke, geleitet, der nun im Auftrag der

Militärregierung bzw. der NGISC Pläne für die Entflechtung der Eisen- und Stahlindustrie ausarbeitete. Dinkelbach wollte bei vier Konzernen, der GHH, den Klöckner-Werken, der Otto Wolff-Gruppe und den Vereinigten Stahlwerken, Eisen produzierende Werke ausgliedern und von neu zu gründenden Auffanggesellschaften mit paritätisch besetzten Aufsichtsräten pachten lassen. Am 18. Dezember 1946 teilte Dinkelbach seinen Plan den Vorständen der vier betroffenen Unternehmen mit. Für die GHH war vorgesehen, das Hüttenwerk Oberhausen abzutrennen und von einer der neuen Gesellschaften betreiben zu lassen.[19] Die betroffenen Unternehmen wehrten sich vehement und lehnten den Dinkelbach-Plan als eine «lebensgefährliche Amputation» ab.[20] Wenn nach dem Bergbau auch noch die Hüttenbetriebe von der GHH abgetrennt würden, bedeutete dies die Zerschlagung der vertikalen Konzernstruktur. Die GHH war dann nur noch ein weiterverarbeitendes Unternehmen mit weiterverarbeitenden Tochtergesellschaften. Eine derartige Schrumpfung war für den Vorstand der GHH unvorstellbar und natürlich nicht hinnehmbar. Hermann Reusch sah zudem in den Kontrollinstitutionen für den Kohlenbergbau und die Eisen- und Stahlindustrie eine große Bedrohung. Sie waren aus seiner Sicht nur die Vorstufe zur Bildung eines horizontalen Konzerns nach Art der Vereinigten Stahlwerke, wenn nicht gar der Auftakt zur Sozialisierung der Montanindustrie. Da Dinkelbach von den Vereinigten Stahlwerken kam und dort die Organisationsabteilung geleitet hatte, sah der GHH-Vorstand in den Neuordnungsplänen einen Versuch, das Modell des Stahlvereins mit Hilfe der Militärregierung auch den Konzernen überzustülpen, die wie die GHH, die Klöckner-Werke und die Otto Wolff-Gruppe schon immer gegen eine solche Trustbildung eingetreten waren. In einer gemeinsamen Eingabe an den Düsseldorfer Oberpräsidenten Lehr vom 3. Januar 1947 beanstandeten diese drei Unternehmen, dass die Leitung der Treuhandverwaltung bei der NGISC fast ausschließlich aus früheren Mitarbeitern der Vereinigten Stahlwerke bestand. Die Treuhandverwaltung Dinkelbachs sei «damit als Fortsetzung einer Organisationsform gekennzeichnet, deren Auswirkung auf die gesamte Entwicklung der deutschen Wirtschaft zum mindesten stark umstritten sein dürfte».[21]

Die GHH und die anderen von der Entflechtung betroffenen Unternehmen hatten freilich kaum Einflussmöglichkeiten auf die Entscheidungen über die zukünftige Struktur ihrer Konzerne. Die Entflechtung war von den Alliierten beschlossen worden und konnte von den Militärregierungen per Anordnung umgesetzt werden. Von den Protesten der Ruhrkonzerne ließ sich die Besatzungsmacht nicht beeindrucken. So konzentrierten sich Reusch und seine Mitstreiter darauf, die Entflechtung zu entschärfen, wenn sie schon nicht zu verhindern war. Dafür versuchten sie, das neu gebildete Verwaltungsamt für Wirtschaft der Bizone in Minden hinter sich zu bringen, das von Viktor Agartz, einem dezidiert linken Sozialdemokraten und Gewerkschafter, geleitet wurde. Eine gemeinsame Eingabe der GHH, der Klöckner-Werke und der Otto Wolff-Gruppe an Agartz vom 21. Januar 1947 war so abgefasst, dass sie praktisch auch ein Bündnisangebot an die Gewerkschaften darstellte. Reusch, Jarres (Klöckner-Werke) und Hehemann (Otto Wolff) schlugen Agartz vor, die Entflechtung entlang der «organisch» gebildeten Strukturen vorzunehmen. Die dabei neu gebildeten Unternehmen sollten in «gemischtwirtschaftlichen Besitz» überführt werden, «gegebenenfalls unter kapitalmäßiger Beteiligung auch der Gewerkschaften».[22] Solche Töne hatten die Gewerkschaften von einem Reusch noch nicht gehört. Zweifellos war dieses Angebot auch nur instrumentell gemeint. Die Gewerkschaften sollten dazu gebracht werden, mit den Unternehmern eine gemeinsame Front gegen Dinkelbachs Treuhandverwaltung zu bilden.[23] Mit ihrer Unterstützung würde es vielleicht auch gelingen, bei der Labour-Regierung in London Gehör zu finden. Agartz ging auf die Vorschläge der drei Konzerne nicht näher ein und verwies darauf, dass seine Behörde keinerlei Einfluss auf die Entflechtungsmaßnahmen hätte. Er ließ aber durchblicken, dass die Entflechtung auch seiner Ansicht nach «organisch gewachsene» Produktionszusammenhänge nicht zerreißen sollte.[24] Am 6. Februar 1947 schlug Reusch in einer Besprechung bei der NGISC vor, dass die betroffenen Unternehmen gemeinsam mit den Gewerkschaften und Betriebsräten einen neuen Entflechtungsplan ausarbeiten sollten. Die Gründung der Auffanggesellschaften sollte so lange zurückgestellt werden. Darauf wollten sich weder die Treuhandverwaltung noch die Gewerkschaften einlassen. Schon zwei Tage später, am 8. Februar 1947, wurde die Auffanggesellschaft Hüttenwerk Oberhausen AG (HOAG) mit einem Stammkapital von 100 000 RM gegründet.[25]

Zum 1. März 1947 musste die GHH ihre Oberhausener Hüttenbetriebe an die HOAG verpachten. Der von der Treuhandverwaltung vorgelegte Betriebsbenutzungsvertrag begünstigte die HOAG nach Ansicht der GHH so sehr, dass Reusch und der Aufsichtsratsvorsitzende Curt Berthold Haniel sich weigerten, den Vertrag zu unterschreiben. An Stelle der GHH-Vertreter unterzeichnete daraufhin Dinkelbach im Auftrag der NGISC für die GHH.[26] Nach den Zechen waren nun auch die Hüttenbetriebe aus dem Konzernzusammenhang ausgeschieden. Dazu zählten vor allem die Eisenwerke Oberhausen I und II und die Stahl- und Walzwerke Neu-Oberhausen. Eigentumsrechtlich gesehen bestand die GHH in ihrer alten Form noch fort, wirtschaftlich zerfiel sie aber in drei Teile: die GHH, die HOAG und die Zechenbetriebe. Die Betriebsagglomeration in Oberhausen war jetzt auch räumlich in drei Sektoren aufgeteilt. Südlich des Rhein-Herne-Kanals dominierte die HOAG mit dem Eisenwerk Oberhausen und dem Stahl- und Walzwerk Neu-Oberhausen. Der Nordosten der Stadt war von den Zechen geprägt, die der NGCC unterstanden. Westlich davon befand sich das Werk Sterkrade der GHH.

Indem die GHH nur noch das Werk Sterkrade mit der Rheinwerft Walsum und den Werken Düsseldorf und Schwerte betreiben konnte, war sie jetzt ausschließlich ein Unternehmen der verarbeitenden Industrie. Mit der erzwungenen Überlassung der Oberhausener Hüttenbetriebe an die HOAG zerbrach nicht nur der vertikale Konzern, sondern auch der vertikale Aufbau der GHH, der schon vom Vorgängerunternehmen JHH begründet worden war und eine mehr als 100-jährige Tradition hatte.

Bei der Aufteilung der Betriebsanlagen zwischen GHH und HOAG kam es zu weiteren Auseinandersetzungen. Es musste entschieden werden, welches Unternehmen nun das Werksgasthaus der alten GHH nutzen konnte, welchem die Gärtnerei zugeschlagen wurde und wie mit der Werksfeuerwehr verfahren werden sollte. Schon in den Wochen vor der Betriebsüberlassung hatten Verhandlungen über die Verteilung der Beschäftigten, der Büroräume und der Maschinen stattgefunden. Von Seiten der GHH wurde Martin Blank, der frühere Leiter der Verwaltungsstelle Berlin, als Verbindungsmann zur HOAG benannt. Die Hauptverwaltung der GHH musste aufgeteilt werden, wobei die HOAG die Hauptverwaltung III erhielt. Es wurde u. a. vereinbart, dass jeder Angestellter seinen Bürostuhl behalten und gegebenenfalls mit diesem Möbel umziehen sollte. Feuerwehr und Wasserwerk sollten als überbetriebliche Einrichtungen bestehen bleiben. Erst im April 1947 konnte man sich auf eine Aufteilung der Werkswohnungen, des Werksgasthauses, der Werksküche, der Fahrbereitschaft und des Fuhrparks einigen. Die GHH verzichtete auf das Gästehaus Essener Str. 62, durfte aber bei Bedarf dort Gäste unterbringen. Keine Einigung konnte vorerst über die Aufteilung der Vorräte und die zukünftige Nutzung des Zementwerkes, der Blechbearbeitung, der Schlackensteinfabrik, der Thomasmühle, der Gärtnerei sowie des Gutshofs Ripshorst erzielt werden. Längere Auseinandersetzungen gab es auch um die Fernschreiber und die Druckerei.[27]

Die HOAG wies die mit Abstand höchste Stahlproduktion von allen neu gegründeten «Dinkelbach-Gesellschaften» auf.[28] Im Vorstand der HOAG hatte sich eine eigentümliche Konstellation zusammengefunden. Nur eines der drei Vorstandsmitglieder hatte zuvor bei der GHH gearbeitet, nämlich der technische Leiter der HOAG, Rudolf Graef. Der kaufmännische Vorstand Gerhard Bruns kam aus dem Flick-Konzern und hatte dort vor 1945 die Sächsischen Gussstahlwerke Döhlen geleitet. Der ehemalige Wehrwirtschaftsführer war von der Spruchkammer Oberhausen als Entlasteter eingestuft worden. Auch nachdem Bruns' Rolle während der NS-Zeit in Oberhausen publik geworden war, blieb er im Amt. Vermutlich sah man in den Angriffen auf Bruns ein kommunistisches Komplott, denn attackiert wurde er hauptsächlich von der KPD, die belastende Dokumente über das HOAG-Vorstandsmitglied aus der SBZ zugespielt bekommen hatte und in ihrem Oberhausener Büro aushängte.[29] Maßgebendes Vorstandsmitglied der HOAG war entgegen der üblichen Gepflogenheiten nicht der kaufmännische Direktor Bruns, sondern der Arbeitsdirektor Karl Strohmenger. Damit wurde unterstrichen, dass die Auffanggesellschaften auch eine neue, paritätische Betriebsverfassung in der Montanindustrie des Ruhrgebiets einführten. Der Aufsichtsrat war mit jeweils fünf Vertretern der Arbeitgeber- und der Arbeitnehmerseite besetzt. Erstmals waren nicht nur Betriebsräte in diesem Gremium vertreten – wie schon während der Weimarer Republik –, sondern auch die Gewerkschaften, in diesem Fall die IG Metall. Strohmenger, ein ehemaliger Betriebsratsvorsitzender der Klöckner-Werke, war auf Vorschlag der IG Metall in den Vorstand berufen worden. Mit Unterstützung der Gewerkschaft ging er daran, die HOAG zu einem Musterunternehmen für die Mitbestimmung zu machen.[30] In den Konflikten mit der GHH wurde Strohmenger rasch zum Gegenspieler Hermann Reuschs. Zwischen beiden entstand eine persönliche Feindschaft, die sich zwar an den Rangeleien um die Aufteilung der Werksanlagen entzündete, letztlich aber durch die völlig gegensätzlichen Vorstellungen von der Betriebsverfassung und der Rolle der Gewerkschaften bedingt war. Strohmenger sah in Reusch den Vertreter der reaktionären Schlotbarone, deren Einfluss es auszuschalten galt. Für Reusch war Strohmenger wiederum der Totengräber der GHH, der das ehemals so erfolgreiche Traditionsunternehmen den Gewerkschaften auslieferte. Schon im März 1947 beschwerte sich Reusch bei Dinkelbach über den Arbeitsdirektor der HOAG: «Strohmenger läßt es an den primitivsten Formen des geschäftlichen Anstandes fehlen.»[31] Trotz dieser Spannungen bestanden natürlich enge Geschäftsverbindungen zwischen GHH und HOAG. Dafür war bei der GHH aber weniger Reusch zuständig als Ernst Garnjost, der im Januar 1946 nach längerer Suspendierung durch die Alliierten in den Vorstand der GHH Oberhausen AG zurückgekommen war.

Reusch galt inzwischen weit über das Ruhrgebiet hinaus als der vehementeste Vorkämpfer gegen die Konzernentflechtung durch die Militärregierungen. Als sich die Haltung der Militärregierungen gegenüber der deutschen Industrie durch den Beginn des Kalten Krieges und die sich abzeichnende Entstehung eines eigenen Westzonen-Staats wandelte, schöpfte Reusch Hoffnung. Er verschärfte den Ton und reichte im August 1947 bei der Militärregierung neue Vorschläge zur Entflechtung der GHH ein. Im April 1948 forderte er das Joint Special Financial Detachment in Düsseldorf erneut auf, die Maßnahmen der Treuhandverwaltung rückgängig zu machen. Die Treuhandverwaltung hätte «einen Überkonzern entstehen lassen, der nur in der Sowjet-Union seinesgleichen hat».[32] Die Vorschläge der GHH vom August 1947 liefen im Kern darauf hinaus, die Oberhausener Werke wiederzuvereinigen und dafür den Konzernausbau der Ära Paul Reusch rückgängig zu machen. Nach Ansicht des Vorstands ließ sich die von der Militärregierung angestrebte Dekartellierung am reibungslosesten durchführen, «wenn bei der Aufgliederung der gleiche Weg zurückgeschritten wird, der bei der Bildung des Konzerns begangen worden ist».[33] Nach diesem Modell wären die M.A.N. und die anderen süddeutschen Konzerngesellschaften ebenso wie die Deutsche Werft und das Osnabrücker Kupfer- und Drahtwerk wieder von der GHH getrennt worden. Die GHH wäre wieder in den Stand von 1914 versetzt worden, mit Zechen, Hüttenbetrieben und weiterverarbeitender Fertigung in Oberhausen, ergänzt noch um die Firmen Haniel & Lueg, Ferrostaal und Schloemann.[34] Offenbar war Hermann Reusch also die Wiederherstellung einer vertikalen Struktur der GHH wichtiger als die Verbindung mit der M.A.N. und den anderen weiterverarbeitenden Konzerngesellschaften. Vermutlich rechnete er aber auch damit, dass es später leichter möglich wäre, die M.A.N. wieder in den Konzern einzugliedern als die widerspenstige HOAG.

Die Vorschläge der GHH vom August 1947 blieben ebenso wirkungslos wie alle weiteren Versuche, die Konzernentflechtung zu beeinflussen. Reusch musste feststellen, dass sein Kampf gegen die Zerschlagung der GHH gänzlich erfolglos blieb. Die GHH gehörte auch nach dem von den Militärregierungen der Bizone am 10. November 1948 erlassenen Gesetz Nr. 75 zu den Unternehmen, die als «übermäßige Konzentration von Wirtschaftskraft» entflochten werden. sollten[35]. Die Entflechtung bezog sich ausschließlich auf die Oberhausener Betriebe und betraf nicht die Tochtergesellschaften der GHH, die dem Konzern ohne Einschränkung erhalten blieben.

Der Abschluss der Entflechtung und das Ausbleiben einer Rückverflechtung

Auch nach Gründung der Bundesrepublik im Mai 1949 blieb die Montanindustrie unter alliierter Kontrolle. Das Gesetz Nr. 75 der Militärregierungen wurde durch das Gesetz Nr. 27 der Alliierten Hohen Kommission vom 16. Mai 1950 abgelöst. Die Zechen unterstanden jetzt der Deutschen Kohlenbergbauleitung bei der Combined Coal Group – einer von den drei früheren Besatzungsmächten gemeinsam gebildeten Kontrollinstitution –, die GHH und die HOAG der Stahltreuhändervereinigung bei der Combined Steel Group.[36]

Auf der Grundlage des Gesetzes Nr. 27 wurde in den folgenden Jahren die Entflechtung abgeschlossen. Die Oberhausener Zechen und Hüttenbetriebe wurden nun auch eigentumsrechtlich von der GHH getrennt. Die Bundesregierung und die Stahltreuhändervereinigung planten zunächst, das Werk Sterkrade der HOAG zuzuschlagen, was das Ende des GHH-Konzerns bedeutet hätte. Sie konnten sich damit aber nicht gegen die Alliierte Hohe Kommission durchsetzen.[37] Ab September 1950 befanden sich GHH Aktienverein und GHH Oberhausen AG aufgrund von Durchführungsverordnungen zum Gesetz Nr. 27 in Liquidation, wobei die Geschäfte weiterliefen, da dieses Verfahren nicht der Abwicklung, sondern der Neuordnung dienen sollte.[38]

Die HOAG wurde am 7. August 1951 – wenige Monate nach Einführung der Montanmitbestimmung – zu einer Einheitsgesellschaft erklärt, wie sie das Gesetz Nr. 27 vorsah. Durch eine Anordnung der Combined Steel Group vom 21. August erhielt dieses Unternehmen dann den gesamten Hüttenbesitz der GHH und das bisher bei der GHH verbliebene Drahtwerk Gelsenkirchen übertragen. Für die Zechen der GHH wurde am 28. Mai 1952 eine Einheitsgesellschaft gegründet. Das neue Unternehmen sollte den Namen «Bergbau AG Gute Hoffnung» erhalten, wogegen sich die GHH wehrte, weil sie ihren Namen dem Werk Sterkrade vorbehalten wollte.[39] So erhielt das Bergbauunternehmen schließlich die Bezeichnung Bergbau-AG Neue Hoffnung. Der Neuen Hoffnung wurde von der Combined Coal Group der gesamte Zechenbesitz der GHH mit Ausnahme der seit 1949 an die Gewerkschaft Langenbrehm verpachteten Zeche Ludwig übertragen.[40] Auf Empfehlung von Viktor Agartz und Hermann Josef Abs, der den Finanzausschuss der Deutschen Kohlenbergbauleitung leitete, sollte die Neue Hoffnung mit einem Grundkapital von 80 Mio. RM ausgestattet werden. Tatsächlich wurde das Aktienkapital aber schon bald auf 104 Mio. RM erhöht. Auch bei der HOAG wurde – gegen den Protest des GHH-Vorstands – das Aktienkapital auf 104 Mio. DM festgesetzt.[41]

Am 12. September 1952 legte die Alliierte Hohe Kommission einen Neuordnungsplan für die GHH vor, der die Entflechtung abschließend regeln sollte.[42] Darin war nun auch vorgesehen, die 42 %ige Kapitalbeteiligung des GHH Aktienvereins an der Handelsgesellschaft Franz Haniel & Cie. GmbH auf ein Nachfolgeunternehmen zu überführen. Zu diesem Zweck wurde auf Veranlassung der Combined Steel Group die Beteiligungs-AG Ruhrort gegründet. Die Erzgruben sollten vorläufig noch bei der GHH bleiben, aber nach der geplanten Neuordnung des Erzbergbaus abgegeben werden. Entsprechend dem Neuordnungsplan der Alliierten Hohen Kommission änderte der GHH Aktienverein für Bergbau und Hüttenbetrieb, der jetzt keinen Bergbau und keine Hüttenbetriebe mehr besaß, durch Beschluss der Hauptversammlung vom 28. Juli 1953 seinen Namen in Gutehoffnungshütte Aktienverein. Einen Tag vorher hatte die Hauptversammlung der Gutehoffnungshütte Oberhausen AG ebenfalls eine Namensänderung beschlossen. Das Unternehmen, das seit 1947 nur noch das Werk Sterkrade und einige kleine Abteilungen betrieb, hieß jetzt Gutehoffnungshütte Sterkrade AG. Die beiden neu benannten Unternehmen wurden dann aus der Liquidation entlassen. Nach der Umsetzung des Neuordnungsplans wurde die alliierte Kontrolle über die GHH, ihre Tochtergesellschaften und Nachfolgesellschaften durch eine Anordnung vom 1. November 1953 aufgehoben.[43]

Das Aktienkapital der Nachfolgegesellschaften wurde bei der Neuordnung an die Aktionäre des GHH Aktienvereins im Verhältnis ihres Besitzes an diesem Unternehmen ausgegeben. Für eine GHH-Aktie im Nominalwert von 1000 RM erhielt der Anteilseigner eine Aktie des GHH-Aktienvereins im Wert von nom. 800 DM sowie Aktien der HOAG, der Neuen Hoffnung und der Beteiligungs-AG Ruhrort im Wert von nom. 1000, 900 und 50 DM.[45] Die Eigentümerfamilie Haniel hatte dadurch bei allen Nachfolgeunternehmen eine ähnlich hohe Mehrheitsbeteiligung wie bei dem früheren GHH Aktienverein für Bergbau und Hüttenbetrieb. Dementsprechend waren die neuen Unternehmen ebenso wie die GHH Gesellschaften des Haniel-Konzerns. Um zu verhindern, dass die Haniels die Entflechtung unterlaufen konnten, waren ihre Rechte als Aktionäre der HOAG, der Neuen Hoffnung und der Beteiligungs-AG Ruhrort eingeschränkt worden. Bei diesen Unternehmen hatten die Haniels nur Aktien mit einfachem Stimmrecht erhalten, so genannte B-Aktien. Die anderen Aktionäre hatten dagegen A-Aktien mit zehnfachem Stimmrecht oder C-Aktien mit zwei- oder fünffachem Stimmrecht.[46]

Die Aktionäre der GHH kam die Entflechtung teuer zu stehen. Für die Eigentümerfamilie Haniel wirkte sie sich wie eine Kapitalerhöhung aus. Sie hatte nur die Wahl, ihre GHH-Aktien abzustoßen oder auch die Aktien der Nachfolgeunternehmen HOAG, Neue Hoffnung und Beteiligungs-AG Ruhrort zu übernehmen, bei denen sie hinsichtlich des Stimmrechts diskriminiert wurde. Viele Mitglieder der Familie hatten es schon in den ersten Nachkriegsjahren

Tab. 36: Die Entflechtung der GHH (1953)[44]

Unternehmen vor 1953	Unternehmen nach 1953	Bemerkung	Aktienkapital in DM
Gutehoffnungshütte Aktienverein für Bergbau und Hüttenindustrie	Gutehoffnungshütte Aktienverein		83 000 000
Gutehoffnungshütte Oberhausen AG	Gutehoffnungshütte Sterkrade AG	100 % im Besitz des GHH AV	25 000 000
	Hüttenwerk Oberhausen AG (HOAG)	ehem. Hüttenbetriebe der GHH Oberhausen AG	104 000 000*
	Bergbau-AG Neue Hoffnung	ehem. Zechen der GHH Oberhausen AG	104 000 000
	Beteiligungs-AG Ruhrort	ehem. Beteiligung des GHH AV an der Franz Haniel & Cie.	5 200 000

* urspr. 93,6 Mio. DM

vorgezogen, ihre GHH-Aktien zu verkaufen, um Erbschafts- und Vermögenssteuern zu bezahlen oder auch nur den Lebensunterhalt besser bestreiten zu können. Allein die Erben Werner Carps, der 1950 gestorben war, mussten mehr als die Hälfte seiner Aktien zur Begleichung von Steuerschulden und anderen Verpflichtungen verkaufen.[47] Weitere Verkäufe dürfte es im Zuge der Entflechtungsmaßnahmen von 1952/53 gegeben haben. Hatten nach dem Krieg noch 125 Mitglieder der Familie Haniel rund 74 % des Aktienkapitals der GHH besessen, so waren es im April 1952 noch 98 Mitglieder, die eine Kapitalbeteiligung von rund 45 % hielten.[48] Nur mit Hilfe anderer, befreundeter Aktionäre konnte die Familie Haniel noch die Mehrheit des Aktienkapitals kontrollieren.[49] Schon jetzt war die GHH genau genommen kein Familienunternehmen mehr. Die Haniels wandten sich nun verstärkt der Franz Haniel & Cie. zu. Durch eine Kapitalerhöhung von 10 auf 15 Mio. DM konnte dieses Unternehmen 1955 die Mehrheit des Aktienkapitals der Beteiligungs-AG Ruhrort erwerben, die seit der Entflechtung der GHH die Holdinggesellschaft der Franz Haniel & Cie. gewesen war.[50]

Hermann Reusch begann sich mit dem Scheitern seines Kampfs gegen die Entflechtung in eine Wagenburgmentalität hineinzusteigern. Die Alliierten, die Gewerkschaften und selbst die Regierung Adenauer überzog er mit maßlosen Vorwürfen. Reusch verstieg sich sogar dazu, die Entflechtungsmaßnahmen mit den «Arisierungen» im Dritten Reich zu vergleichen.[51] Ebenso wenig wie die Entflechtung wollte er die 1951 eingeführte paritätische Mitbestimmung in der Montanindustrie akzeptieren. Auf der Hauptversammlung der GHH im Januar 1955 bezeichnete Reusch das Montanmitbestimmungsgesetz als «das Ergebnis einer brutalen Erpressung durch die Gewerkschaften». Über 800 000 Metall- und Bergarbeiter traten daraufhin in einen eintägigen Proteststreik. Der Kanzler und die Wirtschaftsverbände gingen zu Reusch auf Distanz.[52] Der «Bergassessor» Reusch war nicht mehr die Führungsfigur der Ruhrindustrie wie noch in den Jahren 1947/48. Wie schon sein Vater in der Zeit der Weimarer Republik galt Hermann Reusch jetzt im Ruhrgebiet als «Scharfmacher». Zusammen mit Fritz Berg und Hans-Günther Sohl wird er heute als einer der letzten Schwerindustriellen alten Schlags gesehen, über deren Vorstellungen die Entwicklung in der Bundesrepublik hinweggegangen ist.[53] Ein Außenseiter war Hermann Reusch freilich nicht, wie seine Teilnahme an den regelmäßigen Treffen der führenden Ruhrindustriellen und auch die Zusammenkünfte des so genannten Gustavsburger Kreises zeigen.[54]

Das Netzwerk des Konzerns war auch in der Politik der Bundesrepublik gut verankert. Martin Blank, der frühere Leiter der Berliner Verwaltungsstelle, gehörte jetzt als FDP-Abgeordneter dem Deutschen Bundestag an. Mit Hans Wellhausen, dem früheren Vorstandsmitglied der M.A.N. und Direktor des Nürnberger Werks, kam noch ein weiterer bekannter FDP-Abgeordneter aus dem GHH-Konzern.[55] Aber Hermann Reusch hatte eben innerhalb der Wirtschaft und der Politik der Bundesrepublik bei weitem nicht den Einfluss, den sein Vater in der Weimarer Republik gehabt hatte. Er erlangte auch nie eine vergleichbare Stellung innerhalb der Wirtschaftsverbände. Seine Ansichten waren durch die wachsende Sozialpartnerschaft zwischen Arbeitgeberverbänden und Gewerkschaften immer weniger gefragt. Wenn Hermann Reusch die Hauptversammlungen des GHH Aktienvereins nun jedes Jahr an «Kaisers Geburtstag», dem 27. Januar, abhalten ließ, wurde das in der Bonner Republik nur noch als Skurrilität empfunden.[56]

Nachdem die Bundesrepublik 1955 die volle Souveränität erlangt hatte und die Alliierte Hohe Kommission aufgelöst worden war, wurden manche der entflochtenen Konzerne wieder rückverflochten. Das Großbankengesetz vom Dezember 1956 ermöglichte es, dass die Deutsche Bank, die Dresdner Bank und die Commerzbank in ihrer alten, von den Alliierten dezentralisierten Form neu gegründet werden konnten.[57] Bei Krupp betrieb Berthold Beitz Ende der fünfziger Jahre zielstrebig die Wiederherstellung des entflochtenen Konzerns.[58] Auch bei der GHH ging man nach der Entflechtung fast selbstverständlich davon aus, dass das Unternehmen eines Tages «wiedervereinigt» werden könnte. Deutlich zeigte sich dies z. B. bei den Konzerntagungen, an denen auch Vorstandsmitglieder der «ausgegliederten Werke» als Gäste teilnahmen. In seiner Rede zur Eröffnung der Konzernsitzung von 1954 erklärte Hermann Reusch: «Wir hoffen, und wir sind überzeugt davon, daß die Zeit nicht fern ist, in der wir unsere Gäste wieder als Konzernmitglieder in unserem Kreise sehen werden.»[59]

Eine «Wiedervereinigung» schien näher zu rücken, als die HOAG im August 1957 beschloss, mit der Bergbau-AG Neue Hoffnung zu fusionieren. Auch Karl Strohmenger und seine Mitstreiter in den Gewerkschaften waren schon frühzeitig an einer Rückverflechtung interessiert gewesen. Nachdem sich die HOAG im Boom der fünfziger Jahre erfolgreich entwickelt hatte, konnte sie mit der Fusion im Herbst 1959 die Neue Hoffnung praktisch übernehmen. Ein Motiv war dabei auch, sich das Selbstverbrauchsrecht für Kohle und Koks aus den Zechen der Neuen Hoffnung zu sichern.[60] Eine «Wiedervereinigung» der GHH kam aber nicht zustande. Die Gründe dafür sind wohl weniger in den Spannungen zwischen Strohmenger und Reusch zu sehen als in den Interessen der Familie Haniel. Den Haniels galt die GHH immer noch als wichtigster Aktienbesitz ihrer Familie. Sie hatten zusammen mit befreundeten Aktionären noch eine Majorität der Stimmen, besaßen aber auch bei der HOAG eine Beteiligung von über 40 %. Als im Herbst 1956 Überlegungen aufkamen, eine Kapitalerhöhung beim GHH Aktienverein durchzuführen, beschloss der «Neumühl-Kreis» – eine Art oberster Familienrat der Haniels – einen Teil der Aktien von HOAG und Neuer Hoffnung abzugeben. Aus dem Erlös sollte dann «die Kapitalerhöhung beim Aktienverein in der Weise bestritten werden, dass die Familie Haniel

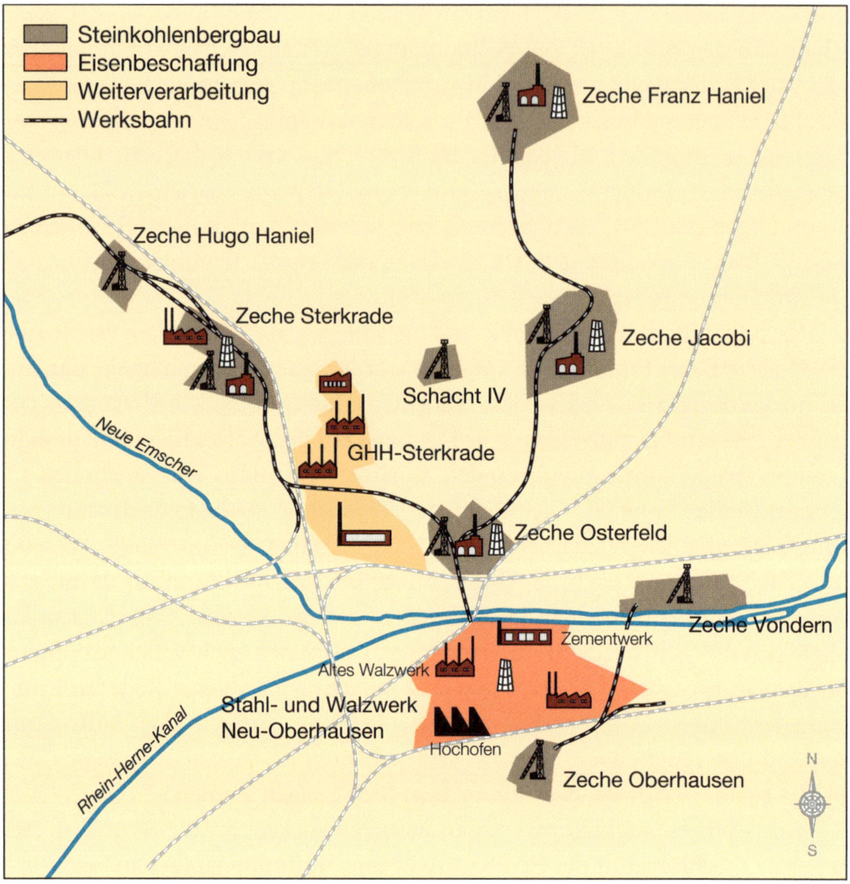

Abb. 55 Oberhausen nach der Entflechtung der GHH

möglichst mit 50 % oder mehr am Aktienverein beteiligt bleibt».[61] Da die Haniels nicht die Mittel aufbringen konnten, die erforderlich gewesen wären, ihnen sowohl bei der GHH als auch bei der HOAG die Kapitalmehrheit zu verschaffen, wollten sie wenigstens ihre Kontrolle über die GHH festigen.[62] Anfang der sechziger Jahre verfügte die Familie Haniel bei der GHH zusammen mit befreundeten Aktionären über rund 54 % des Aktienkapitals. Bei der HOAG hatte sie eine Kapitalbeteiligung von 43 %. Im Falle einer Rückverflechtung hätte die Familie die ohnehin fragile Kontrolle über die Kapitalmehrheit beim GHH Aktienverein verloren, zumal das Aktienkapital der HOAG nach der Fusion mit der Neuen Hoffnung erheblich größer war als das der GHH.[63] An einer Rückverflechtung konnten die Haniels also kein Interesse haben, wenn sie ihre Majorität bei der GHH behalten oder gar festigen wollten.

Grafik 23 GHH vor und nach der Entflechtung

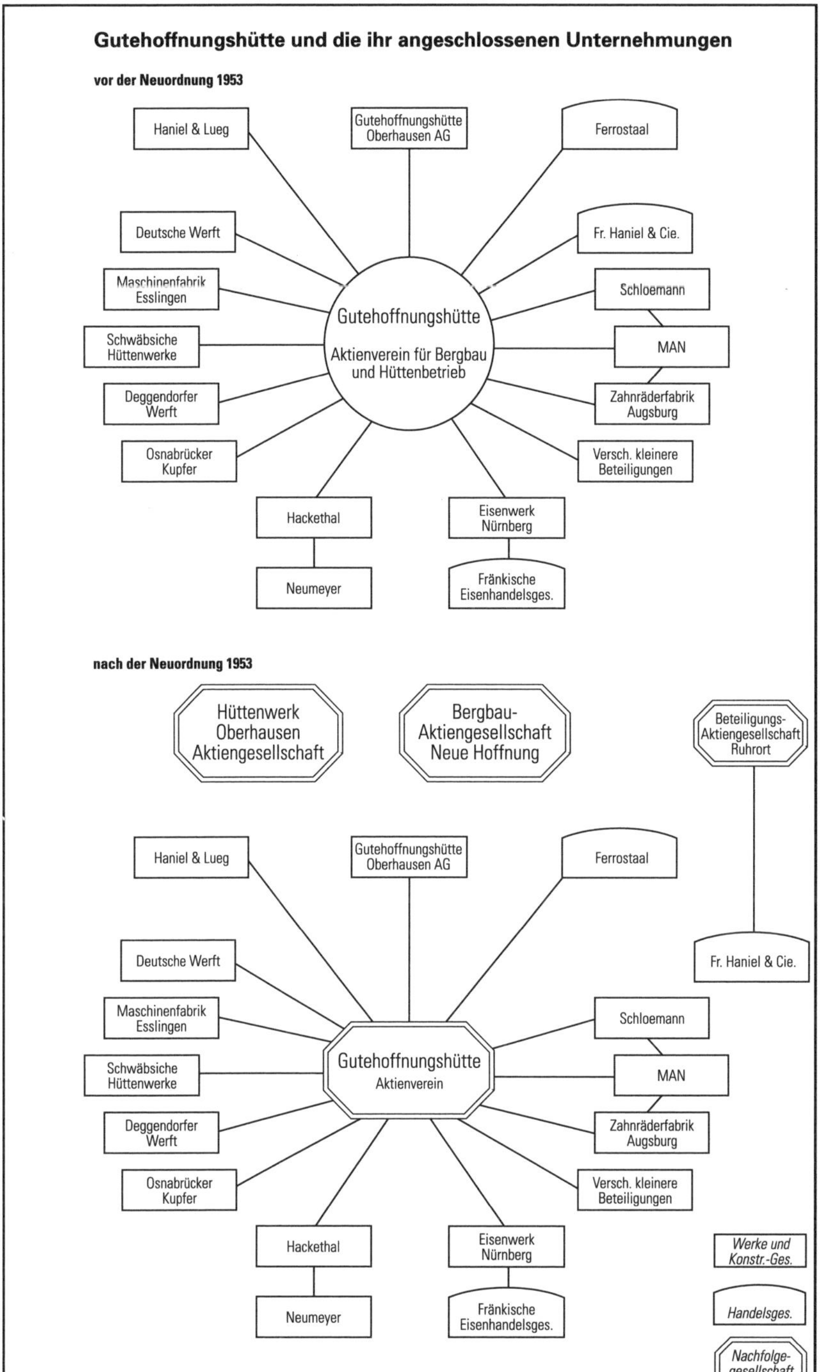

Aus: Die Neuordnung der Gutehoffnungshütte, Hauptversammlung vom 28. Juli 1953

Für Hermann Reusch stand fest, dass die Entflechtungsmaßnahmen der Alliierten «diktiert waren von Haß, Konkurrenzneid und einer Dogmatik, die gerade für deutsche Verhältnisse unanwendbar ist».[64] Ähnlich sahen es damals die meisten Industriellen. Die Autoren einer wirtschaftsnahen Publikation über die Entflechtung schrieben zum Fall GHH: «Was Generationen in kluger Voraussicht planten und schufen, ist unter den politischen Gesichtspunkten einer Nachkriegspsychose gewaltsam zergliedert».[65] Es ist durchaus nachvollziehbar, dass man bei der GHH damals das Gefühl hatte, Unrecht und Willkür ausgesetzt zu sein. Schließlich hatte der Konzern dem NS-Regime ja nicht näher gestanden als die Unternehmen, die von den Maßnahmen der Alliierten unbehelligt blieben. Die GHH musste sich widerstrebend den Anordnungen fügen. Die Folge war eine grundlegende Veränderung des Produktionsprofils. Die GHH musste mit ihrer fast 200-jährigen Tradition als Montanunternehmen brechen. Sie verlor ihre gesamte schwerindustrielle Basis und gehörte nur noch der verarbeitenden Industrie an. Der GHH-Konzern bestand jetzt – abgesehen vom Eisenwerk Nürnberg und den Schwäbischen Hüttenwerken – durchweg aus Unternehmen der verarbeitenden Industrie und hatte seine Schwerpunkte besonders im Maschinen-, Anlagen- und Fahrzeugbau sowie im Handel (Ferrostaal). Diese von den Alliierten erzwungene Weichenstellung erwies sich langfristig aber als durchaus günstig für das Unternehmen und den Konzern. So gesehen war es ein Vorteil, dass die Rückverflechtung bei der GHH, anders als bei Krupp, nicht zustande kam. Die Alliierten hatten dem Konzern nämlich die Werke abgenommen, die später unter der Krise der Montanindustrie litten. Als Ende der fünfziger Jahre im Ruhrgebiet die Kohlenkrise begann und in den siebziger Jahren die Stahlkrise folgte, war die GHH davon nur indirekt betroffen.[66]

Die M.A.N. unter alliierter Kontrolle (1945–1948)

Die Werke der M.A.N. in Augsburg, Nürnberg und Gustavsburg gehörten nach Kriegsende zum amerikanischen Besatzungsgebiet. Sie blieben zunächst militärisch besetzt. Am 3. Oktober 1945 stellte die Militärregierung die M.A.N. unter Vermögenskontrolle (Property Control) nach Gesetz Nr. 53, aus der das Unternehmen erst drei Jahre später, am 29 Oktober 1948, entlassen wurde. In dieser Zeit waren die Betriebe und alle anderen Vermögenswerte der M.A.N. beschlagnahmt. Immerhin konnte aber am 22. Oktober 1945 erstmals seit dreizehn Jahren wieder ein Betriebsrat gewählt werden. In den folgenden Monaten wurden auf der Grundlage des Gesetzes Nr. 53 drei leitende Angestellte, darunter der ehemalige Betriebsführer Heinrich Riehm, und 70 weitere Mitarbeiter des Unternehmens wegen ihrer früheren NSDAP-Mitgliedschaft entlassen.[67]

Vor den drei Werken der M.A.N. hatte der Betrieb in Nürnberg die höchsten

Kriegsschäden erlitten. Nach Angaben des Vorstands beliefen sich die Schäden in Nürnberg auf rund 75 Mio. RM, in Augsburg auf 32 Mio. RM und in Gustavsburg auf rund 10 Mio. RM.[68] Das 1942 eröffnete Motorenwerk Hamburg war auf absehbare Zeit verloren. Doch hielt sich der dadurch erlittene Schaden für das Unternehmen in Grenzen, weil das Werk ja von der Marine gebaut worden war. Das Augsburger Werk arbeitete zunächst vor allem als Reparaturwerkstätte für Dampflokomotiven und Güterwagen der Reichsbahn. Auch amerikanische Diesellokomotiven wurden hier repariert. Zusätzlich gab es Notfertigungen wie die Herstellung von Küchenherden und Wurstfüllmaschinen. Allmählich wurden auch wieder Dieselmotoren verkauft.[69] Trotz der Kriegsschäden konnte sich die M.A.N. gute Chancen auf einen raschen Wiederaufbau ausrechnen. Sie war das größte Maschinenbauunternehmen der amerikanischen Besatzungszone und als solches nicht nur für die Wirtschaft dieses Gebiets unentbehrlich, sondern auch für die Militärregierung und die Besatzungstruppen. Bis in die letzten Kriegsmonate hinein war die M.A.N. noch ein großer Rüstungsproduzent gewesen. Jetzt hatte das Unternehmen Konstruktionen und Produkte zu bieten, die für den Wiederaufbau dringend benötigt wurden: Brücken, Lastwagen und Druckmaschinen. Das war natürlich auch der Militärregierung bekannt. Zwischen der M.A.N. und den für sie zuständigen Offizieren der amerikanischen Militärbehörden in München entstand mit der Zeit ein gutes Einvernehmen.[70] Überlegungen, die M.A.N. durch eine Trennung ihrer drei Werke zu «entflechten», wurden von der Militärregierung nicht ernsthaft verfolgt und bald aufgegeben.

Konflikte gab es freilich wegen der Eingriffe der Militärregierung in die Führungsebene des Unternehmens. Am 1. Juli 1945 wurde Otto Meyer, der Gesamtleiter der M.A.N., verhaftet. In Augsburg und auch in München war hinreichend bekannt, wie Meyer zum Nationalsozialismus gestanden hatte. Dennoch kam er im Rahmen einer Welle von Verhaftungen bayerischer Industrieller auf Weisung aus Washington in «automatischen Arrest». Ende Oktober 1945 wurde er wieder frei gelassen.[71] Die Militärregierung gestand den Irrtum ein. Doch dauerte es noch mehrere Monate, bis Meyer wieder die Leitung der M.A.N. übernehmen konnte. Nachdem sich der damalige bayerische Wirtschaftsminister Ludwig Erhard massiv dafür eingesetzt hatte, wurde Meyer am 17. Mai 1946 von der Property Control der amerikanischen Militärregierung für Bayern zum Generaldirektor der M.A.N. ernannt – eine höhere Position, als er sie bis dahin gehabt hatte. Der Aufsichtsrat berief ihn wenige Wochen später zum Vorstandsvorsitzenden.[72]

Durch die Verhaftung Meyers war die wichtigste Position bei der M.A.N. fast ein Jahr lang unbesetzt. In Augsburg lag die Leitung solange ausschließlich in der Hand des stellvertretenden Vorstandsmitglieds Emil Sörensen. Er war vor dem Krieg Professor an der Technischen Hochschule Dresden gewesen und hatte 1939 zur M.A.N. gewechselt, die seine Kenntnisse für die Entwicklung aufgeladener Motoren nutzen wollte.[73] Sörensen war ein hervorragender Experte auf dem Gebiet der Strömungstechnik, konnte aber Otto Meyer in der Leitung des Unternehmens nicht ersetzen. Auch in Nürnberg musste die M.A.N. mit einer Ersatzlösung auskommen. Statt der Werksdirektoren Wellhausen und Rathje, die der NSDAP angehört hatten, leitete der politisch unbelastete Ludwig Kastl das Unternehmen. Er war vom Aufsichtsrat in den Vorstand delegiert worden. Kastl hatte noch nie einen Betrieb geleitet, besaß aber großes Verhandlungsgeschick. Er war entscheidend am Wiederaufbau der M.A.N. beteiligt, baute gute Beziehungen zur Militärregierung auf und hielt die Verbindung mit der GHH, die ja durch die Zonengrenze von ihren süddeutschen Tochtergesellschaften abgeschnitten war.

Nachdem die Militärregierung die M.A.N. Anfang Oktober 1946 der Property Control unterstellt hatte, sollte ein Treuhänder für das Unternehmen eingesetzt werden. Die Suche nach einem geeigneten Kandidaten erwies sich als schwierig. Die M.A.N. schlug vergeblich die Leiter ihrer Werke in Nürnberg und in Augsburg vor. Aber auch die Property Control konnte sich mit ihrem Kandidaten, einem früheren Ingenieur von Messerschmidt, nicht durchsetzen. Schließlich wurde am 23. Januar 1946 der weitgehend unbekannte Ingenieur Georg Fink zum Treuhänder ernannt. Er war seit 1907 bei der M.A.N. tätig und hatte sich offenbar als Verbindungsmann zur Militärregierung in München für dieses Amt empfohlen.[74] Der Vorgang zeigt, dass sich die amerikanische Militärregierung gegenüber dem M.A.N.-Vorstand um einvernehmliche Lösungen bemühte und ihrerseits mit der Kooperation des Unternehmens rechnen konnte. Anders als in Oberhausen war die Atmosphäre hier nicht durch die Frage der Konzernentflechtung vergiftet. Der Treuhänder Fink machte seine Arbeit weitgehend reibungslos. Nachdem die Vermögensverwaltung am 29. Oktober 1948 aufgehoben worden war, wurde er in den Vorstand der M.A.N. berufen, dem er bis Ende 1953 angehörte.

Tab. 37: Hergestellte Fahrzeuge des M.A.N.-Lastwagenbaus 1945–1950[75]

Jahr	1945	1946	1947	1948	1949	1950
Stückzahl	9	303	622	748	1060	1440

Während die GHH durch die Entflechtung zunehmend in Konflikt mit der britischen Militärregierung geriet, konnte die M.A.N. bei den Amerikanern mit Unterstützung rechnen. Im November 1945 wurden die Produktionsbeschränkungen für den Druckmaschinenbau aufgehoben. Für den Neuaufbau der Presse in Deutschland wurden Druckmaschinen aus Augsburg dringend gebraucht. 1948 lieferte die M.A.N. die erste große Rotationsdruckmaschine für die *Neue Zeitung* in München.[76] Im Dieselmotorenbau konnten allzu strenge Beschränkungen vermieden werden. Die amerikanische Militärregierung war zunächst stillschweigend damit einverstanden, dass Ersatzteile geliefert wurden. Für den Bau von Motoren musste zunächst eine Einzelerlaubnis eingeholt werden, bis die Militärregierung auf dieses Verfahren verzichtete. Major Fullmer von der Industry Branch in München wies die M.A.N. lediglich noch an, keine Motoren mit einer Leistung von über 6000 KW herzustellen.[77]

Im Nürnberger Werk konnte Ende 1945 die Lkw-Produktion wieder anlaufen, allerdings nur in bescheidenen Stückzahlen. Die M.A.N. hatte die Erlaubnis zum Bau des 4,5-Tonners erhalten, den sie schon während des Krieges hergestellt hatte. Die während des Krieges aufgestaute Nachfrage konnte bei weitem nicht gedeckt werden. Bei Kriegsende lagen über 5000 Vormerkungen vor, bis Ende 1948 konnte das Werk aber nur rund 1500 Fahrzeuge ausliefern.[78]

Die Beschäftigtenzahl der M.A.N. stieg in den ersten Nachkriegsjahren rasch an und erreichte schon bald wieder 70–75 % des Stands von 1938.

Tab. 38: Beschäftigte der M.A.N. 1945–1950[79]

Jahr*	Beschäftigte
1938	20 320
1945	5 268
1946	14 436
1947	15 484
1948	15 853
1949	17 905
1950	18 046

* Stand jeweils 1. 7.

Tab. 39: Umsatz der M.A.N.[80] 1945/46–1949/50 in RM/DM

Geschäftsjahr	Umsatz
1944/45	373,6
1945/46	51,0
1946/47	75,4
1947/48	112.3
1948/49	154,3
1949/50	195,6

Die guten Verbindungen zur Militärregierung bewahrten die M.A.N. nicht vor Reparationsforderungen und Demontagen. Dass sie als eines der großen Rüstungsunternehmen auf der Demontageliste der Alliierten stand, konnte nicht überraschen. Schon nach dem Ersten Weltkrieg hatte die M.A.N. U-Bootmotoren als Reparationsgüter abliefern und um die Zukunft ihres Dieselmotorenbaus bangen müssen. Die Frage war eigentlich nur, welchen Umfang die Reparationsverpflichtungen haben würden und welche Fertigungsbereiche davon betroffen sein würden. Als die Leitung des Augsburger Werks Ende August 1947 von Major Fullmer über die Demontagepläne informiert wurde, war klar, dass die Reparationen nur dieses Werk und vor allem den Dieselmotorenbau treffen würden. Nach den Vorgaben der Militärregierung sollte die Abteilung nur noch 60 % der Werkzeugmaschinenbestand von 1938 behalten und nur noch 50 % des Umsatzes von 1938 fertigen dürfen. Durch Verhandlungen konnte schließlich erreicht werden, dass nur 20 % der Werkzeugmaschinen demontiert wurden. Für das Unternehmen bedeutete dies den Verlust von 426 Maschinen. 136

dieser Maschinen gingen als Restitution in Länder, aus denen während des Krieges Maschinen entwendet worden waren.[81]

In der Presse und im bayerischen Landtag gab es prompt vehemente Proteste gegen die «Demontage der M.A.N.».[82] Implizit enthielt der Demontagebefehl aber auch eine gute Nachricht für das Unternehmen, die weit schwerer wog als der Verlust von einigen hundert Maschinen. Die Militärregierung hatte davon abgesehen, den Bau von Dieselmotoren zu verbieten. Zwar durfte die M.A.N. im Dieselmotorenbau nur noch die Hälfte des Umsatzes von 1938 erwirtschaften, doch ließ sich damit der Anschluss in der Dieseltechnik halten, bis die Produktionsbeschränkungen dann eines Tages aufgehoben würden.

Die während des Krieges 1942 in Augsburg eröffnete Forschungsanstalt für Marinemotoren («Forschungsanstalt für Mechanik und Gestaltung») musste vollständig demontiert werden. Die gesamte Einrichtung und die Unterlagen der Mitarbeiter wurden als Reparationsgut in die USA gebracht. Die M.A.N. bezifferte den dadurch erlittenen materiellen Schaden auf rund 4,8 Mio. RM.[83] Die Arbeiten der Forschungsanstalt hatten weitgehend geruht, seit im März 1945 der damalige Leiter Professor Lehr bei einem Luftangriff auf Berlin umgekommen war. In das ausgeräumte Gebäude der Forschungsanstalt zog 1953 das Museum der M.A.N. samt dem Historischen Archiv ein.[84]

Weitaus interessanter als die Maschinen des Augsburger Werks war für die Alliierten das technische Wissen der dortigen Ingenieure. In den ersten Nachkriegsjahren wurden über 100 Besichtigungen und Begehungen durch amerikanische oder britische Stellen gezählt. Häufig mussten Auskünfte über ein bestimmtes Arbeitsgebiet erteilt werden. Nach Ansicht der M.A.N. handelte es sich dabei in den meisten Fällen um «reine Industriespionage». Die Besucher kamen von Konkurrenzfirmen und waren nur für den Auftritt bei der M.A.N. in Uniformen gesteckt worden. Das Unternehmen hatte deshalb schon frühzeitig Direktiven ausgegeben, wie sich die Mitarbeiter gegenüber Besuchern verhalten sollten, die auf Auskünfte drängten. Unter anderem sollten sie «nicht lügen» und «viel schweigen».[85] Ein später im Augsburger Werk erstellter Bericht kam zu dem Ergebnis, «dass wir keinerlei Forschungs- und Fabrikationsgeheimnisse preisgeben mussten, die unserer Weiterarbeit abträglich gewesen wären».[86]

Kein Verständnis hatte man in Augsburg dafür, dass sich Ingenieure von den Alliierten abwerben ließen. Der prominenteste Fall dieser Art war der Weggang des Chefkonstrukteurs Gustav Pielstick, der im Herbst 1947 zu einem Eklat führte. Pielstick hatte 36 Jahre lang bei der M.A.N. Motoren für Kriegs- und Handelsschiffe konstruiert. Er war das Aushängeschild und das Rückgrat des Augsburger Marinemotorenbaus im Zweiten Weltkrieg gewesen. Eben deshalb wurde er im Dezember 1945 von einem Prüfungsausschuss in Augsburg als aktiver Nationalsozialist eingestuft. Dass Pielstick 1940 in die NSDAP eingetreten war, dürfte für ein Betätigungsverbot nicht gereicht haben, wohl aber seine

Rolle als Wehrwirtschaftsführer.[87] Der berühmte Konstrukteur empfand das Urteil des Ausschusses als kränkend und fühlte sich von der M.A.N. nicht genügend unterstützt.[88]

Pielsticks Fähigkeiten waren nicht nur in Deutschland bekannt, sondern auch in den USA, in Großbritannien und in Frankreich. Die Alliierten hatten im Krieg die Leistungsfähigkeit der von Pielstick entwickelten U-Bootmotoren bitter genug zu spüren bekommen. Sie hielten den entlassenen Chefkonstrukteur der M.A.N. keineswegs für «beschäftigungsunwürdig». Bis zum Herbst 1946 hatte Pielstick nach eigenen Angaben schon sechs Angebote aus dem Ausland abgelehnt, darunter drei aus den USA.[89] Im Juli 1947 erhielt er dann ein weiteres Angebot, dieses Mal aus Frankreich, und nun mochte Pielstick nicht mehr ablehnen. Auf Einladung eines Agenten der französischen Marine fuhr er nach Paris und wurde dort sofort vom Chef des Marinekonstruktionsbüros empfangen. Das Marineministerium und das Ministerium für industrielle Produktion boten ihm eine interessante Position an. Pielstick sollte Chefingenieur der Société d'Etudes des Machines Thermiques (S.E.M.T.) werden, eines von mehreren Unternehmen gegründeten Konstruktionsbüros für Dieselmotoren. Er bat sich Bedenkzeit aus, unterschrieb aber zwei Monate später den Anstellungsvertrag und zog am 19. November 1947 mit seiner Familie aus Augsburg weg. Mit Pielstick ging ein halbes Dutzend seiner früheren Mitarbeiter nach Frankreich.[90]

Pielsticks Entscheidung ist aus seiner Sicht nur allzu verständlich. Bei der M.A.N. wurde der Weggang der Gruppe Pielstick aber als Verrat empfunden. Der Betriebsrat hängte eine Bekanntmachung mit den Namen der Abtrünnigen im Werk aus, in der es hieß: «Für Männer dieser Gesinnung gibt es in der M.A.N. keinen Platz mehr».[91] Sicherlich war es für die M.A.N. ein schwerer Verlust, dass ihr Dieselmotorenbau den Chefkonstrukteur, fünf Oberingenieure und einen weiteren Konstrukteur verloren hatte. Fatal war auch, dass die Konkurrenz nun das Gerücht verbreitete, die M.A.N. hätte ihre besten Leute verloren. Doch waren die weggezogenen Motorenfachleute mit einer Ausnahme durchweg NSDAP-Mitglieder gewesen und hatten deswegen wahrscheinlich vor ähnlichen Problemen gestanden wie ihr früherer Chef. Pielstick verwahrte sich von Paris aus gegen die Erklärung des Augsburger Betriebsrats, machte ein «Recht auf Arbeit» geltend und verwies auch auf die «Aussichtslosigkeit einer ersprießlichen Zusammenarbeit zwischen Herrn O. Meyer und mir».[92]

Als Chefingenieur der S.E.M.T. in Villepinte bei Paris konnte Pielstick einige Entwicklungen aus seiner Augsburger Zeit weiterführen. Er trug dazu bei, dass sich der mittelschnellaufende Viertakt-Dieselmotor als Schiffsantrieb neben dem langsamlaufenden Zweitakter durchsetzen konnte. Nach seinem Tod im Jahr 1961 benannte sich das Unternehmen in S.E.M.T. Pielstick S.A. um.

Die alte Verbindung zu Augsburg wurde später in einer ganz neuen Form wieder begründet. 1988 übernahm die MAN B & W Diesel AG gemeinsam mit der MTU die S.E.M.T. Pielstick. Seit 2006 befindet sich das Unternehmen vollständig im Besitz der MAN Diesel SE, Augsburg.

Neue Verfahren für den Weltmarkt: Die GHH und die GHH Sterkrade AG nach der Entflechtung

Das außergewöhnlich hohe Wachstum der bundesdeutschen Wirtschaft in den fünfziger Jahren führte auch bei der GHH und der M.A.N. zu sprunghaften Umsatzsteigerungen und einem starken Anstieg der Beschäftigtenzahlen. Innerhalb von zehn Jahren stieg bei der M.A.N. der Umsatz um rund 400 % an (in laufenden Preisen), die Beschäftigtenzahl um rund 80 %. Im gesamten Konzern nahm allein im Jahr 1951, bedingt durch den Korea-Krieg, die Beschäftigtenzahl um rund 10 % zu. Der in der Nachkriegszeit dezimierte GHH-Konzern wurde nun zu einem Ausrüster des «Wirtschaftswunders». Die GHH Sterkrade lieferte Anlagen für Stahlwerke und Kraftwerke, die M.A.N. Motoren, Lastwagen und Druckmaschinen, die Deutsche Werft Tanker- und Handelsschiffe. Wie in kaum einer anderen Zeit ging das hohe Wachstum damals sowohl von der Nachfrage des Binnenmarkts als auch vom Exportgeschäft aus.

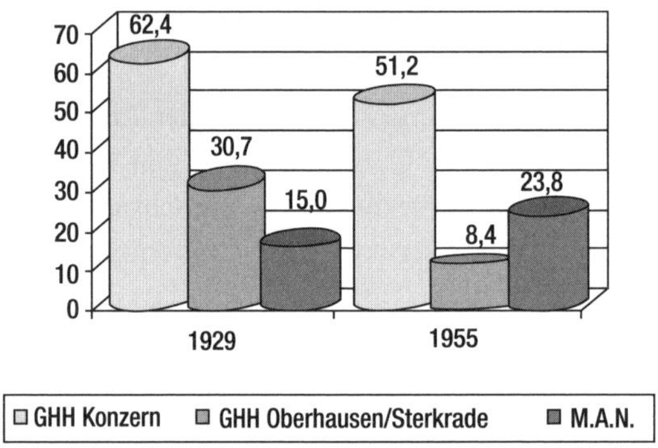

Grafik 24 Beschäftigte des GHH-Konzerns, der GHH Oberhausen/Sterkrade und der M.A.N. 1929–1955 in Tsd.

Form und Aufbau des Konzerns blieben während dieses Wachstumsschubs weitgehend konstant. Anders als in der Zeit nach dem Ersten Weltkrieg fanden praktisch keine Übernahmen statt. Da die GHH auch keine Unternehmen abgab, blieb der von Paul Reusch geschaffene Kranz ihrer Tochtergesellschaften fast unverändert bestehen. Doch stellte sich die Relation zwischen der GHH und ihren Tochtergesellschaften nun ganz anders dar als in der Ära Paul Reuschs, weil sich das Gewicht der Konzernholding GHH Aktienverein und der GHH Oberhausen AG bzw. GHH Sterkrade AG drastisch verringert hatte. Während 1929 noch fast die Hälfte aller Beschäftigten des Konzerns in den Oberhausener Werksbetrieben gearbeitet hatte, lag dieser Anteil 1955 nur noch bei 16 %. Allein die M.A.N. hatte jetzt fast dreimal so viele Beschäftigte wie die GHH in Oberhausen (GHH Sterkrade AG).

Bei der GHH Sterkrade gewann im Laufe der fünfziger Jahre der Anlagenbau an Gewicht gegenüber dem Brückenbau und anderen Fertigungsbereichen. Das Unternehmen stieg frühzeitig in den Bau von Anlagen für die neue Sauerstofftechnologie (LD-Verfahren) in der Stahlindustrie ein, die sich dann in den sechziger Jahren weltweit durchsetzte. Bei der Stahlerzeugung nach dem LD (Linz-Donawitz)-Verfahren wurde Sauerstoff statt Luft in den Konverter geblasen. Dadurch konnte qualitativ höherwertiger Stahl hergestellt werden als mit den bisherigen Thomas- und Siemens-Martin-Verfahren.[93] Das Werk Sterkrade baute 1952 den ersten LD-Konverter der Welt für die VÖEST in Linz. Dabei konnte die GHH auf Erfahrungen aus der Zeit vor 1939 zurückgreifen, die während des Krieges nicht hatten weiterentwickelt werden können. Die Aufträge für LD-Konverter kamen in Sterkrade bald aus vielen Ländern herein, u. a. aus Spanien, Rumänien, Argentinien und Brasilien. Die GHH Sterkrade baute damals auch den ersten in den USA arbeitenden LD-Konverter und das erste Sauerstoffaufblas-Stahlwerk Südamerikas.[94] Die LD-Technik war besonders in Schwellenländern gefragt, die damals eine eigene Schwerindustrie aufbauten.

Ein weiterer neuer Schwerpunkt war der Bau von Anlagen für die Erdölindustrie. Neben Kohle wurde Öl nun zu einem wichtigen Energieträger für die Industrie und die privaten Haushalte. Mit der Motorisierung nahm zugleich der Bedarf an Mineralöl zu. Von größter Bedeutung war Öl jetzt für die Chemische Industrie der Bundesrepublik, wo sich in den fünfziger Jahren die Petrochemie durchsetzte. Die GHH entwickelte sich vor diesem Hintergrund zu einem Lieferanten für die Erdölindustrie. 1957 wurde die erste schwimmende Ölplattform gebaut. Große Crackanlagen wurden für Raffinerien der Deutsche Vacuum Oel AG und des Esso-Konzerns errichtet.[95] Ab 1957 baute die GHH Sterkrade auch Komponenten für die Kerntechnik, die damals allgemein als die Energietechnik der Zukunft galt.

Einige der größten Anlagen, an denen Ingenieure der GHH arbeiteten, befanden sich in Asien und Lateinamerika. So war das Unternehmen am Konsortium für den Bau des Hüttenwerks im indischen Rourkela (Indiengemeinschaft) beteiligt. Die GHH gehörte hier neben Krupp und der Demag zu den Lieferwerken.[96] In eigener Regie baute die GHH das Stahlwerk Chimbote in Peru. An diesem Projekt waren gleich mehrere Unternehmen des Konzerns beteiligt. Der Auftrag war über Ferrostaal hereingeholt worden. Die GHH Sterkrade baute hier ein LD-Stahlwerk, die Konzernschwester Schloemann AG lieferte eine Stranggussanlage, die M.A.N. errichtete einen Gasometer und die Maschinenfabrik Esslingen zwei Abgaskühlkamine.[97] Obwohl die Weltbank und auch einige Regierungsstellen in Bonn dem Projekt skeptisch gegenüberstanden, konnte der Bau des Stahlwerks in den sechziger Jahren fristgemäß abgeschlossen werden. Die zahlreichen Schwierigkeiten, die es hier zu bewältigen galt, beschrieb der spätere GHH-Vorstandsvorsitzende Dietrich Wilhelm von Menges in seinen Erinnerungen: «Drei Regierungswechsel mit beträchtlichen politischen Konsequenzen, Zahlungsbilanz- und Transferschwierigkeiten in Peru mussten ebenso überbrückt werden wie Streiks und Erdbeben auf der Baustelle sowie Veränderungen des DM-Kurses und Unzulänglichkeiten einzelner deutscher Lieferanten, vor allem in der Planung dieses Objekts.»[98]

Insgesamt erreichte das Auslands- und speziell das Überseegeschäft beim traditionell exportorientierten GHH-Konzern in diesen Jahren eine neue Dimension. Bei der GHH Oberhausen/Sterkrade entfielen 1950 bereits 22,2 % des Umsatzes auf den Export, 1953 dann 35,7 %.[99] Im gesamten GHH-Konzern stieg der Anteil des Exports am Umsatz bis Mitte 1959 auf 42 % an.[100] Ein auffallend großer Anteil der Ausfuhren ging wiederum nach Asien und Südamerika, während das USA-Geschäft vergleichsweise gering war. 1960 entfielen 47,4 % des Konzern-Exports auf Europa, 20,7 % auf Asien, 14,8 % auf Lateinamerika, 7,8 % auf Afrika und nur 2,8 % auf Nordamerika.[101] Auf den Märkten in Asien und Lateinamerika konnte die GHH-Gruppe den amerikanischen und britischen Unternehmen erfolgreich Konkurrenz machen. Den Schwerpunkt des umfangreichen Überseegeschäfts bildeten eindeutig die Exporte in Länder der Dritten Welt, zu deren Industrialisierung der GHH-Konzern vielfach beitrug.[102]

Tab. 40: Beschäftigte des GHH-Konzerns, der GHH Oberhausen AG und der GHH Sterkrade AG 1948–1960[103]

Jahr*	GHH-Konzern 1948–1953 (mit ausgegliederten Betrieben	GHH-Konzern (1948–1953 auf Neuordnung umgerechnet)	GHH Oberhausen AG**	Werk Sterkrade/ GHH Sterkrade AG***
1948	49 086	37 705	18 490	6 957
1949	55 752	42 397	19 946	7 126
1950	58 625	44 098	21 735	7 255
1951	64 631	48 800	22 555	7 988
1952	51 915	51 323		8 225
1953	53 002	52 841		8 542
1954		56 145		7 964
1955		61 200		8 384
1956		68 300		9 406
1957		71 697		9 671
1958		70 932		9 922
1959		73 834		9 131
1960		74 930		8 993

* Stand 30. 6./1. 7.
** mit ausgegliederten Betrieben
*** GHH Sterkrade, GHH Gelsenkirchen, GHH Düsseldorf

Tab. 41: Umsatz des GHH-Konzerns und der GHH Sterkrade 1951–1957 in Mio. RM[104]

Jahr	GHH-Konzern	GHH Sterkrade
1951	985	101
1953	1344	210
1955	2376	233
1957	2517	320

Tab. 42: Umsatz des GHH-Konzerns nach Wirtschaftszweigen in Mio. DM 1958/59[105]

Weiterverarbeitung	1243	41,8 %
NE-Metallwerke	402	13,5 %
Schiffbau	312	10,5 %
Handelsgesellschaften	734	24,7 %
Sonstige	280	9,5 %
Zusammen	2971	100,0 %

Zu den besonders bemerkenswerten Erfolgen des Konzerns in den fünfziger Jahren gehörte der steile Aufstieg der Deutschen Werft. Nach dem Krieg hatte die Werft unter Kontrolle der NGISC gestanden.[106] Ähnlich wie die anderen Hamburger Werften war sie nur knapp der völligen Demontage entgangen. Bis zum Herbst 1949 durfte der Hauptbetrieb in Finkenwerder nur Reparaturen an Schiffen durchführen und Ersatzteile fertigen. Nachdem das Produktionsverbot für den Schiffbau aufgehoben worden war, wurde die Deutsche Werft in den fünfziger Jahren das größte deutsche Schiffbauunternehmen. Gemessen an dem vom Stapel gelassenen Schiffsraum war sie 1953 mit 147 000 BRT sogar die größte Handelsschiffswerft der Welt. An der Spitze des Unternehmens stand einer der dienstältesten Vorstände des Konzerns, William Scholz. Er leitete die Werft seit ihrer Gründung im Jahr 1920, war auch während des Krieges in dieser Position geblieben und zog sich erst 1962 aus dem Vorstand zurück. In den fünfziger Jahren betrieb das Unternehmen sehr erfolgreich eine Strategie, die technische Neuerungen (geschweißte Konstruktionen, Übergang zum Sektionsbau und Neukonstruktionen von Tankern und Frachtschifftypen) mit der Beschränkung auf wenige, hoch entwickelte Schiffstypen verband.[107] Der Nachholbedarf nach dem Krieg bescherte dem Schiffbau damals einen Boom, den die Deutsche Werft durch ihre Geschäftsstrategie noch besser nutzen konnte als die Konkurrenz. Ihr Schwerpunkt lag auf dem Bau von Tankern und Frachtschiffen, das Unternehmen führte aber auch größere Aufträge im Rahmen des Londoner Wiedergutmachungsabkommens aus. Die Deutsche Werft baute eine kleine Handelsflotte und vier Fahrgastschiffe für Israel. Die Schiffe «Israel», «Zion», «Theodor Herzl» und «Jerusalem» waren die ersten Fahrgastschiffe, die in Deutschland seit Beginn des Zweiten Weltkrieges gebaut wurden.[108] Die

Suez-Krise vom Juli 1956 führte weltweit zu einer starken Nachfrage nach Großtankern, wie sie dann auch von der Deutschen Werft gebaut wurden. 1957 kamen 75 % aller eingegangenen Aufträge aus dem Ausland.[109] Ende der fünfziger Jahre beteiligte sich die Deutsche Werft an Plänen, riesige Schiffe für die Nordatlantikroute zu bauen, die 6000 Passagiere befördern sollten («Superliner») – ein Projekt, das schon bald durch den Beginn des Jet-Zeitalters im Luftverkehr überholt war.[110]

Tab. 43: Kapitalbeteilungen des GHH Aktienvereins, Stand 30. 6. 1961

Unternehmen	Grundkapital in DM	GHH-Beteiligung am stimmberechtigten Kapital
Gutehoffnungshütte Sterkrade AG	25 000 000	100 %
Haniel & Lueg GmbH, Düsseldorf	6 000 000	100 %
Erzbergbau Staufenstollen GmbH, Oberhausen	1 200 000	100 %
Ferrostaal AG, Essen	15 000 000	100 %
Deggendorfer Werft und Eisenbau GmbH	1 000 000	100 %
Nürnberger Schraubenfabrik GmbH	20 000	100 %
Eisenwerk Nürnberg AG vorm. J. Tafel	2 000 000	98,32 %
Osnabrücker Kupfer- und Drahtwerk AG	12 000 000	94,15 %
M.A.N.	75 000 000	62,93 %
Zahnräderfabrik Renk	4 000 000	60,24 %
Hackethal Draht- und Kabelwerke AG, Hannover	18 000 000	58,35 %
Kabel- und Metallwerke Neumeyer AG	5 000 000	(100 %)*
Maschinenfabrik Esslingen	12 800 000	57,40 %
Deutsche Werft AG, Hamburg	16 000 000	53,28 %
Schloemann AG, Düsseldorf	10 000 000	50,0 %
Schwäbische Hüttenwerke, Wasseralfingen	7 500 000	50,0 %
Gutehoffnungshütte Schwerte GmbH	10 000 000	50,0 %
23 weitere Gesellschaften mit einem Buchwert von rd. 1,9 Mio. DM		

* zu 100 % im Besitz der Hackethal Draht- und Kabelwerke AG

Wachstum, Innovationen und neue Werke: Die M.A.N. im «Wirtschaftswunder»

Auch bei der M.A.N. erreichte das Auslandsgeschäft während der fünfziger Jahre immer neue Höchststände. Bis 1954 nahm der Export sogar stärker zu als der Absatz im Inland. Der Anteil der Ausfuhr am Umsatz des Unternehmens hatte im Geschäftsjahr 1950/51 schon bei 27,4 % gelegen. Drei Jahre später entfielen 40,9 % des Umsatzes auf den Export, dann trat ein leichter Rückgang ein, bedingt durch die boomende Konjunktur im Inland (1958/59: 37,8 %). Im Ausland waren damals besonders Großdieselmotoren, Dampfkraftwerke, Schie-

Abb. 56 Emaille-Werbetafel für den F 8 (1950)

nenfahrzeuge und Gasbehälter gefragt. Etwa die Hälfte des Exports der M.A.N. ging nach Übersee und davon wiederum der größte Teil nach Asien, ähnlich wie bei der GHH. Im Geschäftsjahr 1956/57 entfielen 32,3 % der Ausfuhr auf Asien und rund 15,1 % auf Amerika.[111]

Die hohen Umsatzsteigerungen der M.A.N. gingen mit wichtigen technischen Innovationen einher. Die meisten dieser neuen Verfahren waren schon länger bekannt und erprobt, konnten aber wegen des Krieges erst jetzt eingeführt werden bzw. sich am Markt durchsetzen. Im Druckmaschinenbau knüpfte die M.A.N. sehr erfolgreich an ihre Pionierleistungen auf dem Gebiet der Offsettechnik an. 1951 wurde in Augsburg der Bau von Bogenoffsetmaschinen wieder aufgenommen. Die neue, in Serienproduktion hergestellte Offsetdruckmaschine ULTRA-M.A.N. wurde schon bald zu einem Verkaufserfolg, der alle Erwartungen übertraf. Obwohl in Augsburg neue Hallen für die Fertigung und Montage der ULTRA-M.A.N. errichtet worden waren, kam das Werk mit der Produktion kaum nach. Die ULTRA-M.A.N. setzte sich auch auf dem Weltmarkt durch. Zeitweise gingen 80 % der verkauften Maschinen ins Ausland.[112]

Mit Innovationen im Motorenbau und im Lkw-Bau erzielte die M.A.N. ebenfalls beachtliche Erfolge. 1950 konnte sie als erster deutscher Hersteller einen Turbolader-Dieselmotor für Nutzfahrzeuge präsentieren. Der Motor war gemeinsam mit dem Strömungsmaschinenbau in Augsburg entwickelt worden und hatte einen Wirkungsgrad von 46 %.[113] Unter Nutzung der Abgase konnten mit der Turboaufladung größere Mengen an Kraftstoff eingespritzt und die eingesetzte Energie noch besser ausgenutzt werden. Die Leistung des von der M.A.N. gebauten Turbomotors lag durch die Aufladung um 35 % über der Normalleistung.[114] Aufgrund dieser Vorteile wurden bald alle M.A.N.-Motoren mit Turbolader ausgerüstet. Als erster Lastwagen mit einem Turbolader kam 1954 der 750 TL der M.A.N. auf den Markt, der den Schriftzug «Turbo» auf der Kühlermaske trug.[115]

Die Aufladetechnik hatte sich auch bei Großdieselmotoren durchgesetzt. Die im Zweiten Weltkrieg entwickelte U-Boot-Dieselmotorentechnik bildete die Ausgangsbasis für die Konstruktion des Turboladers. Da Motoren mit Abgasturboladung in den ersten Nachkriegsjahren unter die alliierten Produktionsbeschränkungen fielen, konnte der neue Motor aber erst 1950 fertig gestellt werden.[116]

Auf der Internationalen Automobilausstellung in Frankfurt konnte die M.A.N. neben dem ersten deutschen Turbolader-Dieselmotor auch einen neuen Lkw-Typ vorstellen: den F 8, der einen Achtzylinder-Motor mit 180 PS und 8,3 t Tragkraft (als Exportmodell 10 t) hatte. Dieser schwere Lastwagen war speziell für den Fernverkehr gebaut worden und hatte eine Höchstgeschwindigkeit von 60 km/h.[117]

1952 entwickelte Prof. Siegfried Meurer im Augsburger Dieselmotorenbau das nach ihm benannte M-Verfahren, das eine weiche und geräuscharme Verbrennung im Kugelbrennraum ermöglichte. M-Motoren «nagelten» nicht mehr. Seit 1954 wurden alle M.A.N.-Motoren nach dem neuen Verfahren gebaut.[118]

Für den Nutzfahrzeugbau der M.A.N. waren es Jahre des Aufbruchs in eine viel versprechende Zukunft. Die Zeit der bescheidenen Anfänge, in der die Existenz des Lkw-Baus wiederholt auf dem Spiel stand, war vorbei. Auch in Deutschland begann jetzt das Zeitalter der Massenmotorisierung. Auffälligstes Zeichen dieses Wandels war bei der M.A.N. die Errichtung des Lastwagenwerks in München, das 1955 eröffnet wurde. Das Werk, auf dessen Bau an anderer Stelle noch ausführlicher einzugehen sein wird, hatte die vierfache Kapazität des bisherigen Lastwagenbaus in Nürnberg. 8000 Fahrzeuge sollten hier pro Jahr hergestellt werden. Nach einem schwierigen Start wurde das von Richard Carstanjen und Dr. Kries geleitete M.A.N.-Nutzfahrzeugwerk in München schon 1959 das umsatzstärkste Werk des Unternehmens. M.A.N.-Lastwagen gehörten jetzt auch zur Erstausstattung der Bundeswehr.[119]

Im gleichen Jahr, in dem das Münchner Werk eröffnet wurde, konnte die M.A.N. mit dem Wiederaufbau des früheren Motorenwerks in Hamburg beginnen, das erst 1952 aus der Beschlagnahme entlassen worden war. Am 1. Oktober 1955 verpachteten das Bundesfinanzministerium und der Senat der Hansestadt die Werkshallen im Hamburger Freihafen an die M.A.N. 1958 wurde hier das fünfte M.A.N.-Werk eröffnet. Es war damals das modernste Motorenwerk Europas.[120]

Tab. 44: Umsatz der M.A.N. nach Werken 1956–1960 in DM[121]

Jahr	Augsburg	Nürnberg	München	Hamburg	Gustavsburg	M.A.N. insg.
1956	226 646	216 745	82 519	7 155	106 771	639 776
1957	258 412	182 560	250 521	16 465	99 137	807 095
1958	286 417	152 826	233 079	33 526	108 447	814 295
1959	305 865	244 700	363 377	55 742	104 592	1 074 276
1960	282 895	251 352	456 351	49 999	120 786	1 171 363

Die neuen M.A.N.-Werke wiesen über den Wiederaufbau hinaus, der etwa um 1954 abgeschlossen war. Zu diesem Zeitpunkt hatte das Unternehmen den technologischen Rückstand aufgeholt, der durch den Krieg und die Kriegsfolgen eingetreten war. Die neuen Werke in München und Hamburg gaben auch die zukünftigen Produktionsschwerpunkte vor. Die M.A.N. verstand sich jetzt vor allem als ein Unternehmen für Antriebstechnik und Nutzfahrzeugbau. Dazu passte auch die Gründung der M.A.N.-Turbomotoren GmbH am 16. Oktober 1958, mit der das Unternehmen in den Bau von Flugzeugtriebwerken einstieg.[122] Sie war zunächst eine reine Entwicklungsfirma und sollte der M.A.N. die Beherrschung der Gasturbinentechnik sichern, die «als Nachfolge oder Alternative des Dieselmotors» angesehen wurde.[123] Ein Jahr zuvor hatte sich der GHH-Konzern mit der Auslieferung der letzten Dampflokomotive der Maschinenfabrik Esslingen am 12. Dezember 1957 endgültig aus der Vorgängertechnik des Dieselantriebs verabschiedet.[124]

Mitte der fünfziger Jahre kam es aber auch deshalb zu einem Einschnitt in der Geschichte der M.A.N., weil Generaldirektor Otto Meyer nun den Vorstand verließ. «O.M.», wie er sich gerne nennen ließ, hatte die Entwicklung des Unternehmens dreißig Jahre lang mitgeprägt, zunächst als Vorstandsmitglied und technischer Leiter des Werks Nürnberg, ab 1935 als Gesamtleiter und seit 1946 schließlich als Generaldirektor und Vorstandsvorsitzender. In dieser Position hatte er eine Machtfülle, die anderen Vorstandsmitgliedern mitunter zu groß erschien. Unter den Arbeitern der M.A.N. war Meyer beliebt, weil er nicht den Generaldirektor herauskehrte. Wie die zahlreichen Anekdoten um ihn beweisen, war er ein offenherziger Typ mit großer Ausstrahlung und einer ungewöhnlichen Schlagfertigkeit.[125] Meyer verehrte Paul Reusch und wurde von diesem sehr geschätzt. Dem Charakter nach glich er aber wohl eher seinem Freund Theodor Heuss. Der volkstümliche Vorstandsvorsitzende, der als persönliches

Abb. 57 Otto Meyer

Markenzeichen gerne eine weiße Nelke im Knopfloch trug, war ein begabter Organisator mit großem Durchsetzungsvermögen. Beides bewies «O. M.» nicht nur bei der M.A.N., sondern auch als Vorstandsvorsitzender des Deutschen Museums, als Vorstandsvorsitzender des Verbands der Bayerischen Metallindustrie, den er 1947 mitbegründete und 15 Jahre lang leitete, sowie als langjähriger Vorstandsvorsitzender der Vereinigung der Arbeitgeberverbände in Bayern. Die Gewerkschaften lernten Meyer als einen Befürworter der Sozialpartnerschaft, aber auch als einen hartnäckigen Kontrahenten kennen, besonders während des Streiks von 1954.[126] Charakteristisch für Meyer war, dass er selbst in diesem Konflikt seinen Humor einzusetzen wusste. Als sich in Augsburg streikende Arbeiter vor ihm aufstellten und lautstark die Forderung «8 Pfennige» skandierten, soll Meyer sein Portemonnaie gezückt und mit den Worten «Da habt ihr eure 8 Pfennige» acht Pfennigstücke überreicht haben.[127]

Das neue Nutzfahrzeugwerk in München-Karlsfeld war eine Art «Abschiedsgeschenk» Meyers an das Unternehmen. Er hatte die Verhandlungen über den Kauf des Werksgeländes eingefädelt und machte sich dann für das neue Werk stark, als der Absatz zunächst hinter den Erwartungen zurückblieb und erwogen wurde, den Lastwagenbau nach Nürnberg zurückzuverlegen. Um den Nutzfahrzeugbau der M.A.N. hat er sich wie kein anderer verdient gemacht. Meyer hatte den Lastwagenbau in Nürnberg aufgebaut, modernisiert und in der Weltwirtschaftskrise vor der Schließung bewahrt. Mit der Eröffnung des neuen Werks in München stellte «O.M.» zum Abschluss seines Lebenswerks noch die Weichen für die Zukunft des M.A.N.-Nutzfahrzeugbaus. Zum 1. Januar 1955 wechselte der Generaldirektor in den Aufsichtsrat der M.A.N., dem er zehn Jahre lang angehörte. Vielfach geehrt, unter anderem als Ehrenbürger der Stadt Augsburg und seiner Geburtsstadt Regensburg, starb Otto Meyer am 25. Juni 1969 in Augsburg.

Vierter Teil

Der Weg zur heutigen MAN Gruppe (1960–2008)

von Thomas Flemming

1 Konzernumbau und Fokussierung: Die GHH in den sechziger Jahren

Generationswechsel an der Konzern-Spitze: Von Hermann Reusch zu Dietrich Wilhelm von Menges

Im Dezember 1960 begann der damals 64-jährige Hermann Reusch, seinen schrittweisen Rückzug aus der Führungsspitze des GHH-Konzerns vorzubereiten, dessen Leitung er 1945 (offiziell 1947) übernommen hatte. Dazu bat er den Vorstandsvorsitzenden der Essener Konzerntochter Ferrostaal, Dr. Dietrich Wilhelm von Menges, zu einer Besprechung unter vier Augen nach Oberhausen, bei der er ihm eröffnete, dass er – Reusch – mit Vollendung seines 70. Lebensjahrs ganz aus dem Vorstand des Gutehoffnungshütte Aktienvereins ausscheiden wolle. Auch einen Wechsel in den Aufsichtsrat strebe er nicht an. Ob von Menges bereit sei, seine Nachfolge als Vorstandsvorsitzender der Konzernzentrale anzutreten? Reusch erklärte zudem seine Absicht, im Interesse eines reibungslosen Übergangs bereits jetzt zentrale Teile seiner Weisungsbefugnisse im GHH-Aktienverein auf von Menges als seinen designierten Nachfolger zu übertragen. Franz Haniel, der Chef des Aufsichtsrats, sei informiert und mit diesem Verfahren einverstanden.

Für den 52-jährigen von Menges war das ein ebenso überraschendes wie verlockendes Angebot. Vor einer verbindlichen Zusage wollte er jedoch zwei Fragen geklärt wissen. Zum einen verlangte er, für eine Übergangszeit neben seiner Arbeit im Vorstand des Aktienvereins auch Chef bei Ferrostaal bleiben zu können, was Reusch ihm sogleich zubilligte. Schwieriger gestaltete sich der zweite Punkt, der unmittelbar die Stellung und den Einfluss der Familie Haniel im Gesamtkonzern betraf. Von Menges wollte wissen, ob die Haniels bereit seien, im Falle notwendiger Kapitalerhöhungen des Aktienvereins unternehmerischen Erwägungen zum Nutzen der GHH Vorrang gegenüber dem Erhalt ihrer derzeitigen Anteilsmehrheit zu geben. Als dies von Franz Haniel persönlich zugesagt wurde, nahm von Menges das Angebot an.

In einem Brief vom 3. Januar 1961 begrüßte Hermann Reusch von Menges als neues Vorstandsmitglied und seinen designierten Nachfolger. «Wir stehen in dieser Sache keineswegs unter Zeitdruck. Sie werden aber verstehen, daß ich das Feld bestellen muß. Die Zustimmung des Aufsichtsrats wird m. E. keine Schwierigkeiten machen. … Im übrigen baue ich auf das gute persönliche Verhältnis, das Sie mit der Familie Haniel verbindet. Hier liegt … der Schlüssel für die Zukunft des Konzerns.»[1]

Es spricht für die Weitsicht von Hermann Reusch, dass er personelle Veränderungen an der Konzernspitze beizeiten einleitete, wenngleich ihm der Abschied von der Kommando-Brücke der GHH nicht leicht fiel. Hermann Reusch schien um 1960 zu der Einsicht gelangt zu sein, dass die im Konzern anstehenden Entscheidungen seinen traditionellen Vorstellungen von der Führung eines Unternehmens wie der GHH und dessen auf Absatzsicherung gerichteten Erscheinungsbildes nicht mehr ganz entsprachen. Auch war das Verhältnis zwischen Reusch und Teilen der Haniel-Familie seit Jahren nicht frei von Spannungen, da einige Familienmitglieder ihre Interessen durch das Management, insbesondere den mitunter als selbstherrlich wahrgenommenen Vorstandsvorsitzenden Reusch, nicht ausreichend berücksichtigt sahen.[2]

Darüber hinaus mochte den Firmenpatriarchen die zunehmende öffentliche Kritik an vielen seiner Äußerungen – darunter temperamentvolle Brandreden gegen den Einfluss der Gewerkschaften innerhalb des Unternehmens oder die schroffe Rechtfertigung hoher Vorstandseinkünfte – stärker beeindrucken, als Hermann Reusch zugeben wollte, und ihn in der Einsicht bestärken, dass in naher Zukunft ein Generationswechsel nötig sei.[3] Über Zeitpunkt und Form des Übergangs wollte er allerdings noch selbst bestimmen.

Der GHH-Konzern hatte zu diesem Zeitpunkt – Anfang der sechziger Jahre – nach Entflechtung und rasantem Aufschwung in den fünfziger Jahren auf nationalen und internationalen Märkten wieder eine starke Position erreicht. Im Geschäftsjahr 1959/60 war der Umsatz mit 3,16 Mrd. DM auf einen neuen Höchststand gestiegen. Der Exportanteil belief sich auf rund 38 %. Die Gesamt-Belegschaft war Mitte 1960 auf 74 928 angewachsen (57 348 Arbeiter, 17 580 Angestellte), wobei der Anteil der Arbeiter infolge von Rationalisierungen und Mechanisierung der Fertigung seit einigen Jahren langsam aber stetig zurückging. In den Jahren 1957 bis 1960 hatte der Konzern insgesamt rund 338 Mio. DM für Investitionen aufgewendet.[4] Nach einer Aufstellung der US-Zeitschrift *Fortune* belegte die GHH 1960 unter allen nicht-amerikanischen Unternehmen weltweit einen sehr beachtlichen 16. Platz.

Dass mit den personellen Veränderungen an der Spitze der GHH ab 1961 auch eine strategische Neuausrichtung verbunden sein würde, wurde den Mitarbeitern in der Firmenzentrale, dem GHH-Aktienverein, rasch bewusst. Es war «zweifellos ein großer Schritt von Hermann Reusch zu von Menges, denn von Menges hat Ideen mitgebracht, die mehr darauf ausgerichtet waren, einen Konzern zu bilden, der in sich schlagkräftig sein sollte, und nicht allein darauf ausgerichtet, die Absatzwege zu sichern. So gesehen war von Menges sicher der modernere Unternehmer», erinnert sich beispielsweise Manfred Plath, damals führender Mitarbeiter der volkswirtschaftlichen Abteilung beim GHH-Aktien-

Abb. 58 GHH-Vorstandschef von Menges (erste Reihe, 3. v. l.) mit Bundeskanzler Willy Brandt (2. v. l.) bei einer Werksbesichtigung in Augsburg 1970

verein.[5] Damit war das traditionelle Unternehmensprinzip der horizontalen Diversifikation auf den Prüfstand gestellt.

Bereits ab Mitte 1961 zog sich Hermann Reusch mehr und mehr aus dem Tagesgeschäft bei der GHH zurück – quasi auf die Rolle eines «elder statesman» – und überließ von Menges bei den anstehenden Weichenstellungen weitgehend freie Hand. Dieser bestimmte schon vor seiner offiziellen Ernennung zum Vorstandsvorsitzenden Mitte 1966 den Kurs der GHH entscheidend mit.

Als der 52-jährige von Menges 1961 in den Vorstand des GHH Aktienvereins eintrat, war er bereits seit mehr als zwei Jahrzehnten im Unternehmen tätig. Der promovierte Jurist war 1938 in das Tochterunternehmen Ferrostaal eingetreten, bei dem er im Bereich «internationale Geschäftsbeziehungen» arbeitete.

Von Menges stammte aus Ostpreußen, wo er 1909 im Kreis Bartenstein als Sohn eines Gutsbesitzers geboren wurde. Nach einer landwirtschaftlichen Ausbildung studierte er in Berlin, Königsberg und Göttingen Jura. Nach seinem Assessorexamen 1935 begann er im Reichswirtschaftsministerium als Sachbearbeiter für Exportkreditsicherung in der Abteilung «Geld- und Kreditwesen». Im April 1938 wechselte er zu Ferrostaal, einem Unternehmen, mit dem er bereits als Mitarbeiter des Wirtschaftsministeriums zu tun gehabt hatte.

Unmittelbar nach Beginn des Zweiten Weltkriegs am 1. September 1939 wurde von Menges im Offiziersrang zur Wehrmacht eingezogen und kämpfte als Kompanie-, später Bataillonschef und Mitglied eines Armee-Generalstabs in Frankreich, an der Ostfront und in Italien. Im April 1945 geriet er in Norditalien in US-amerikanische Gefangenschaft.

1942 war von Menges über einen Studienfreund in losen Kontakt zu den führenden Männern des militärischen Widerstands gegen Hitler um Oberst Friedrich Olbricht und Claus Graf Schenk von Stauffenberg gekommen. Nachdem sich aber Ende 1942 erste Umsturzpläne zerschlagen hatten, nahm von Menges im Widerstand keine aktive Rolle mehr ein.[6]

Im August 1945 wurde von Menges aus amerikanischer Kriegsgefangenschaft ins Ruhrgebiet entlassen, wo er sogleich Kontakt zu den wenigen noch bzw. wieder aktiven Führungsleuten der GHH aufnahm. Von Menges wurde bei Ferrostaal die Leitung eines Außenbüros in Hannover übertragen, von wo aus er abgerissene Geschäftskontakte wieder aufzunehmen suchte und dabei nach eigenem Bekunden unter anderem lernte, «wie man Verkaufsgespräche selbst dann führen kann, wenn man … nichts zu verkaufen hat».[7]

Dies blieb ein Zwischenspiel, denn im Herbst 1946 bot Hermann Reusch, der im Dezember 1945 mit Billigung der Alliierten an die Spitze des GHH-Konzerns getreten war, von Menges einen Vorstandsposten bei Ferrostaal an. Dieser ergriff die Chance und wurde zwei Jahre später, 1948, in einem weiteren Karriereschritt Vorstandsvorsitzender der Ferrostaal AG in Essen.

Als von Menges 1961 Mitglied der Konzernführung der GHH und fünf Jahre später deren Vorstandsvorsitzender wurde, «erbte» er von Hermann Reusch auch das nicht immer spannungsfreie Verhältnis zur Eigentümer-Familie Haniel. In deren Entscheidungszirkeln vollzog sich um diese Zeit ein Generationswechsel. Der 78-jährige Franz Haniel übergab den Vorsitz im Aufsichtsrat des GHH Aktienvereins an den 33 Jahre jüngeren Klaus Haniel, der fortan mit Carl-Eduard Carp, Wolfgang Curtius, Thuisko von Metzsch und Rainer Horstmann einen informellen Familienausschuss bildete, welcher über die Wahrung der Familieninteressen bei allen unternehmerischen Entscheidungen wachte. Dabei gestaltete sich die Entscheidungsfindung nicht immer leicht, zumal die Zahl der Familiengesellschafter rasch zunahm. 1965 waren es 150 Anteilseigner, die konsultiert werden mussten, im Jahr 1971 knapp 200 und 1981 bereits mehr als 220.[8] Vor allem in Fragen der strategischen Neuausrichtung der GHH (Verkauf oder Zuerwerb von Firmenteilen) wie auch um die Höhe der Dividenden-Ausschüttung und Kapitalerhöhungen gab es nach 1960 zwischen dem Management und der Eigentümerfamilie wiederholt Meinungsverschiedenheiten.

Zudem machte der 1966 angetretene neue Vorstandsvorsitzende von Menges keinen Hehl daraus, dass er bei seinen Entscheidungen nicht mehr von einer unbedingten Interessen-Identität zwischen der GHH und der Eigentümerfamilie Haniel ausgehen würde. Unter Hermann Reusch war das noch nahezu uneingeschränkt der Fall, da dieser sich stets als eine Art «Hausmeier» der Familie Haniel gefühlt hat, wie er es selbst bei seinem Abschied von der Konzernspitze 1966 im Aufsichtsrat formulierte.

Von Menges hat dagegen nach eigener Darstellung seine «Stellung gegenüber dem Unternehmen und dem Großaktionär von vornherein anders aufgefasst. Schon die sich seit langem vergrößernde Zahl der freien Aktionäre verbot eine Identifizierung mit einer Gruppe. Es war auch nicht zu erwarten, dass die Interessen des Unternehmens und die Interessen der … Familienmitglieder stets die gleichen sein würden.»[9] In dieser Äußerung schwang der Vorwurf an Hermann Reusch mit, dieser habe in allzu großer Loyalität zur Eigentümerfamilie notwendige Schritte zur Neuausrichtung und Modernisierung der GHH vernachlässigt. Umso energischer wollte von Menges das Versäumte nun nachholen.

Eine derart entschiedene Haltung des teilweise verjüngten Managements musste zu Konflikten führen, wenn auch nicht im Sinne einer Dauer-Konfrontation von Management und Mehrheitsaktionären, die ein angestellter Vorstandschef auch gar nicht durchgehalten hätte.

Doch Streitpunkte gab es genug, die intensive Gespräche zwischen GHH-Vorstand und Vertretern der Familie Haniel nötig machten – ob es sich um das Verhältnis zu den Banken handelte, den Verkauf einzelner Unternehmensteile oder um anstehende Kapitalerhöhungen. Der neue GHH-Chef von Menges bewies in diesen Konfliktfällen oft großes Verhandlungsgeschick und Stehvermögen, was unter anderem dazu führte, dass der Einfluss der Familie Haniel, die 1961 noch über rund 54 % der Anteile des GHH-Aktienvereins verfügte, ab Mitte der sechziger Jahre schrittweise zurückgedrängt wurde, bis die GHH schließlich Mitte der achtziger Jahre mit der Übernahme eines großen Aktienpaketes durch die Allianz kein Familienunternehmen mehr war.[10] Aber auch von Menges musste im zähen Ringen um Macht und Einfluss im Konzern Federn lassen. Vor allem scheint sein Ausscheiden als Vorstandsvorsitzender 1975 nicht ganz freiwillig, sondern auf Druck maßgeblicher Anteilseigner um Wolfgang Curtius erfolgt zu sein.[11]

Verstärkte Fokussierung auf Maschinen- und Fahrzeugbau

Zurück zum Stabwechsel von Hermann Reusch zu Dietrich Wilhelm von Menges Anfang der sechziger Jahre. Zu diesem Zeitpunkt standen im GHH-Konzern zwei strategische Grundsatzentscheidungen auf der Tagesordnung. Hinzu kamen mehrere Detailprobleme bei einzelnen Unternehmen, die mit den fälligen Strategie-Entscheidungen eng zusammenhingen.

Eine Grundsatzfrage betraf Stellung und Einfluss der Eigentümerfamilie, die zweite den zukünftigen unternehmerischen Schwerpunkt der GHH. Konkreter Handlungsbedarf bestand vor allem bei einzelnen Unternehmensteilen der M.A.N., bei der Deutschen Werft, der Maschinenfabrik Esslingen und der M.A.N. Turbomotoren (ab 1969 MTU). Zudem stand ab Mitte der sechziger Jahre eine Stärkung des Bereichs Nutzfahrzeuge an, der sich insbesondere seit Eröffnung des neuen Lkw-Werks in München 1955 zu einem immer wichtigeren Konzernteil entwickelte.

Bei Amtsantritt im Juli 1966 übernahm der neue Konzernchef ein leistungsstarkes Unternehmen, das mit seiner breiten Produktpalette, die u. a. Dieselmotoren, Turbinen, Kompressoren, Lkw, Druckmaschinen, Kraftwerkskomponenten, Industrieanlagen, Schiffe, Schwimmdocks und Getriebe umfasste, auf den nationalen und internationalen Märkten gut positioniert war. Der Konzernumsatz lag bei rund 4,62 Mrd. DM (1966), bei einem Exportanteil von rund 35 %. Insgesamt waren in den mehr als 60 Teil-Unternehmen der GHH-Gruppe rund 74 200 Mitarbeiter beschäftigt (1966), davon allein 35 081 (Juli 1967) bei der M.A.N. AG.[12] Für das Geschäftsjahr 1966/67 konnte eine Dividende von 18 % ausgeschüttet werden.

Der Schwerpunkt der Unternehmensaktivitäten lag eindeutig im Bereich Weiterverarbeitung, Maschinenbau und Anlagengeschäft, der 1967 rund 70 % des Konzernumsatzes ausmachte. Die Grundstoffindustrie trug lediglich 1 %, der Bereich Handel und Dienstleistungen 29 % zum Umsatz bei. Größte Handelsgesellschaft der GHH war die in Essen ansässige Ferrostaal, deren Hauptbetätigungsfeld im Verkauf von Eisen und Stahl sowie Stahlerzeugnissen und Industrieanlagen bestand.[13]

Mit dieser Gewichtsverteilung unterschied sich die GHH grundlegend von anderen Traditionsunternehmen wie etwa Krupp und Mannesmann, bei denen Mitte der sechziger Jahre der Bereich Weiterverarbeitung und Maschinenbau lediglich 40 % (Mannesmann) bzw. 41 % (Krupp) zum Umsatz beisteuerte, während der Anteil der Grundstoffindustrie noch 23 % (Mannesmann) und 26 % (Krupp) ausmachte.[14]

Seit 1960 hatte sich dabei im GHH-Konzern der Umsatzanteil von Produkten mit hoher Fertigungstiefe (z. B. Lkw) von 28 auf 32 % und der von Einzelaggregaten (z. B. Turbinen, Kompressoren) von 10 auf 12 % erhöht. Demgegenüber sank in diesem Zeitraum der Umsatzanteil von Produkten geringerer Fertigungstiefe (Komponenten, Zulieferteile) von 15 auf 11 %.[15]

Die durch von Menges betriebene Fokussierung auf den Maschinenbau bedeutete somit für die GHH keine Kehrtwende, sondern die Beschleunigung und Intensivierung bereits eingeleiteter Prozesse. In diesem Zusammenhang wurde von Seiten der Konzernführung immer wieder betont, dass es seinerzeit eine gute, zukunftsweisende Entscheidung gewesen sei, auf eine Rückverflechtung der GHH zu verzichten. Die sich Mitte der sechziger Jahre weiter verschärfende

Kohlenkrise sowie Überkapazitäten und sinkende Margen auf den Stahlmärkten bestätigten diese Einschätzung immer wieder aufs Neue.

Dass sich 1967 bei der GHH das Gesamtbild wegen des ersten Konjunktureinbruchs der Nachkriegszeit etwas verdüsterte – so gab es beispielsweise bei der GHH AG (Sterkrade) einen Auftragsrückgang von 30 % im Vergleich zum Vorjahr, der Inlandsumsatz des Gesamtkonzerns sank um 8 % –, bestärkte die Führungsspitze in Oberhausen darin, die Neustrukturierung des Konzerns voranzutreiben. [16]

Stärkung der Sparte Nutzfahrzeuge

Der neubesetzte Vorstand war Mitte der sechziger Jahre angetreten, den GHH-Konzern verstärkt zu einem «maschinenbauenden Unternehmen» weiterzuentwickeln. Der M.A.N. als dem traditionellen Maschinen- und Fahrzeugbauer innerhalb der GHH kam im Zuge dieser Neuausrichtung naturgemäß eine Schlüsselrolle zu.

Die M.A.N. war zu jener Zeit ein sehr breit gefächerter Konzernteil, der unter anderem das Nutzfahrzeugwerk und den Turbo-Bereich in München, das Dieselmotorenwerk und den Druckmaschinenbau in Augsburg sowie die Werke in Nürnberg und Gustavsburg umfasste, die eine breite Produktpalette im Stahl- und Anlagenbau, in der Kran-, Brücken- und Schienenfahrzeug-Produktion etc. boten. Dass auch zwei landwirtschaftliche Güter dazu gehörten – die «Obstgüter Bleiau und Langenau der M.A.N., Gustavsburg bei Mainz» –, mag eine Reminiszenz an die Frühzeit des Konzerns im 19. Jahrhundert gewesen sein, als die Unternehmensführung offenkundig auch direkt für eine gesunde Ernährung der Belegschaft Sorge trug.[17]

Der Bereich Nutzfahrzeuge entwickelte sich dabei immer mehr zu einem Kernstück der M.A.N., sowohl im Hinblick auf Umsatz und Ertrag als auch was Belegschaftszahlen, Investitionsvolumen und Innovationskraft betraf.

Das Jahr 1955 bedeutete für die Sparte Nutzfahrzeuge der M.A.N. in zweierlei Hinsicht einen wichtigen Einschnitt. Zum einen konnte M.A.N. auf der Internationalen Automobilausstellung (IAA) in Frankfurt a. M. den ersten völlig neu konstruierten Lkw der Nachkriegszeit vorstellen, den Typ 400. Zum anderen nahm im Herbst dieses Jahres das neu gegründete Nutzfahrzeugwerk in München seinen Betrieb auf.

Bei jenem Lkw Typ 400 handelte es sich um ein mittelschweres Fahrzeug mit 4,5 t Nutzlast, angetrieben von einem Sechszylinder-Diesel-Reihenmotor mit dem seinerzeit sehr innovativen M-Einspritzverfahren (M = Mittenkugel-Verfahren). Bei dieser von Siegfried Meurer bei M.A.N. entwickelten Technik verbrennt der Kraftstoff nicht mehr schlagartig, sondern quasi «in Wellen»

Abb. 59 Die mittelschweren Lkws Typ 400/415 wurden ein großer Erfolg

unter ständiger Drucksteigerung, was einen ruhigeren Lauf und deutlich verringerten Verbrauch bewirkt. Der Kraftstoff wird im M-Motor durch eine Zweilochdüse mit einem Druck von 175 at als Film auf die Innenwand des Verbrennungsraums gespritzt, wobei sich eine Art Feuerwirbel bildet, der den Kraftstofffilm schichtweise und sehr effektiv verbrennt.[18] 1963 wurde dieses Verfahren auch für Schwerlastwagen mit 230 PS zum «Hochleistungs-Mittenkugelverfahren» (HM-Verfahren) weiterentwickelt und von der Fachwelt wiederum als technische Meisterleistung gefeiert. M.A.N. «kommt das Verdienst zu, das verbrauchsärmste Verbrennungsprinzip für Dieselmotoren, die Direkteinspritzung, zu einer Vollkommenheit geführt zu haben, die in der Welt einmalig ist».[19] Beim HM-Motor wurde zudem durch spezielle Anordnung der Ansaugkanäle, bessere Zylinderfüllung und stärkere Luftanreicherung der Kraftstoff noch effektiver verbrannt und die Leistung beträchtlich gesteigert. Auf diese Weise erhöhte sich die Leistung des 115-PS-Motors auf bis zu 126 PS, die des 135-PS-Motors auf 150 bzw. 156 PS.[20] Nicht zuletzt diese M- bzw. MH-Motor-Konstruktionen festigten auf Jahre den Ruf der M.A.N.-Nutzfahrzeuge als Vorreiter innovativer Motorentechnik. Bis Mitte der siebziger Jahre wurden Lizenzen an insgesamt 15 Unternehmen in aller Welt verkauft, darunter Continental Motors, Detroit/USA, Citroën und Renault in Frankreich, VEB Automobilbau in der DDR und auch an BMW in München.[21]

Der neu entwickelte 5,2-Liter-Motor des Typ 400 leistete 100 PS, in der vergrößerten Version 415 dann 115 PS. Mit seiner verkürzten Haube und fließenden Übergängen zu den Kotflügeln sowie einer durchgängigen, also nicht mehr unterteilten Frontscheibe wies die Typenreihe 400/415 auch äußerlich neue, moderne Wege im Nutzfahrzeug-Bau. Es hatte entweder ein Fünfgang-Leichtschaltgetriebe oder ein Achtgang-Synchromatgetriebe.[22] Noch Ende der fünfziger Jahre folgten die Weiterentwicklungen 520 und 620 mit fünf bzw. sechs Tonnen Nutzlast und 120 PS Motorleistung. 1960 wurde die Baureihe

Abb. 60 1955 eröffnete M.A.N. eine neue Produktionsstätte in München

nach oben um den 635 erweitert, erkennbar unter anderem an zwei Lufteinlässen neben der Kühlermaske und einem flacher geneigten Lenkrad.

Neues M.A.N.-Werk in München

Wie erwähnt, fiel die Vorstellung des innovativen Lkw 400 im Jahr 1955 zeitlich mit der Eröffnung einer neuen Produktionsstätte in München zusammen. Zu Beginn der fünfziger Jahre stießen die M.A.N.-Werke in Nürnberg allmählich an ihre Kapazitätsgrenze. Die Unternehmensführung plante darum die Errichtung eines völlig neuen Werks auf einem firmeneigenen, bislang ungenutzten Waldgelände im Süden von Nürnberg. Erst kurz zuvor hatte die Konzernleitung entschieden, angesichts des wachsenden Transportbedarfs der boomenden westdeutschen Wirtschaft die Nutzfahrzeug-Sparte stark auszubauen.

Doch vor dem ersten Spatenstich in Nürnberg brachte der bayerische Ministerpräsident Hanns Seidel gegenüber M.A.N.-Vertretern einen alternativen Standort ins Gespräch: das Gelände der ehemaligen Flugmotorenwerke der

Bayerischen-Motoren-Werke (BMW) in München-Allach. Seit Juli 1945 unterhielten die US-amerikanischen Streitkräfte dort in den im Krieg kaum zerstörten Hallen ihre zentralen Instandsetzungswerkstätten für Militär-Lastwagen, Kettenfahrzeuge und Flugzeugmotoren. In diesem «Karlsfeld Ordnance Depot» (KOD), dem seinerzeit bestausgestatteten Metallbetrieb in ganz Bayern, waren 1954 rund 5000 Menschen beschäftigt. Als die Amerikaner bekannt gaben, dass sie den Standort binnen kurzem aufgeben würden, griff die M.A.N.-Führung um Otto Meyer zu. Mit BMW und den Amerikanern wurde man rasch einig, sodass am 28. April 1955 in dem auf dem Areal gelegenen «Hauser Schloss» die Verträge unterzeichnet werden konnten. Der Kaufpreis für Grundstück und Gebäude belief sich auf 28 Mio. DM.[23]

Allerdings hatte es im Vorfeld erhebliche Auseinandersetzungen zwischen der M.A.N.-Leitung in Augsburg und dem Nürnberger Werk gegeben, das um seine herausgehobene Position innerhalb der M.A.N. fürchtete. Doch Otto Meyer sah in einer Münchner Produktionsstätte die Möglichkeit, die M.A.N.-Nutzfahrzeugsparte strategisch zu erweitern. Sein Votum gab den Ausschlag.

Es war eine logistische Meisterleistung, die Produktionsanlagen für den Fahrzeugbau innerhalb weniger Monate von Nürnberg nach München zu transportieren. In Nürnberg verblieb der gesamte Lkw-Dieselmotorenbau. Zahlreiche Mitarbeiter der Allacher Werkstätten konnten übernommen werden und wurden in Nürnberg auf ihre neuen Aufgaben vorbereitet. Bereits am 11. November 1955 verließ der erste in München gebaute M.A.N.-Lkw die Werkshalle.[24]

Seinerzeit gab es in der Bundesrepublik Deutschland eine ganze Reihe von Lkw-Produzenten bzw. Großunternehmen, die auch Lkw herstellten, unter ihnen neben der M.A.N. etwa Magirus, Henschel, Büssing, Daimler-Benz, Krupp oder Krauss-Maffei. Allerdings war auch der Bedarf an Transportfahrzeugen in der Zeit rasanten Wirtschaftsaufschwungs – häufig als «Wirtschaftswunder» bezeichnet – enorm und versprach auf lange Sicht gute Absatzchancen.[25] Trotzdem musste sich natürlich jeder Hersteller bemühen, durch technische Neuerungen, Verbesserungen im Komfort und günstige Preise seine Position auf dem deutschen und internationalen Markt zu behaupten bzw. auszubauen. Dass längst nicht alle Hersteller das auf Dauer schafften, zeigte die Marktbereinigung ab Mitte der sechziger Jahre, als eine Reihe namhafter Unternehmen das Lkw-Geschäft aufgaben, darunter Henschel, Krupp und Magirus-Deutz (1980 von IVECO übernommen). Die M.A.N. jedoch behauptete sich.

Das 1955 eröffnete Münchner Lkw-Werk der M.A.N. war auf das Vierfache der Nürnberger Kapazitäten ausgelegt, d. h. auf eine Produktion von 8000 Fahrzeugen pro Jahr. Es gab allerdings Anlaufschwierigkeiten. Eine akute Absatzkrise bei mittelschweren Lkw – verursacht vor allem durch die gesetzliche Herabsetzung des zulässigen Gesamtgewichts für Zwei-Achs-Lkw von 16 auf 12 t – brachte das gerade in Betrieb genommene Werk mit seinen 3340 Mitarbeitern in Bedrängnis. Im Winter 1956 wurde Kurzarbeit angesetzt und man erwog bereits die Rückverlagerung nach Nürnberg, der sich aber Otto Meyer vehement widersetzte. Sein leidenschaftliches Plädoyer im M.A.N.-Vorstand für den Verbleib in München schloss er mit den Worten: «Ihr werdet mir hier in München noch ein Denkmal errichten, dass ich Euch gezwungen habe, hier zu bleiben.»[26] Die weitere Entwicklung sollte ihm recht geben. Innerhalb weniger Jahre wurde mit den drei Produktsparten Lkw, Traktoren und Omnibusse die Vollauslastung erreicht.

1960 lief der 30 000. Lkw in München vom Band. Im Geschäftsjahr 1960/61 wuchs der Umsatz des Bereichs Nutzfahrzeuge (Werk München) auf rund 440 Mio. DM, das waren fast 40 % des Gesamtumsatzes der M.A.N., der 1961 mit 1,13 Mrd. DM erstmals die Mrd.-Marke überstieg. Die Zahl der Beschäftigten im Münchner Werk war bis Dezember 1960 auf rund 6270 gestiegen, in Nürnberg auf 9170. Die M.A.N. AG insgesamt beschäftigte zu diesem Zeitpunkt in ihren fünf Werken in Augsburg, Nürnberg, München, Gustavsburg und Hamburg rund 32 470 Mitarbeiter.[27]

Inzwischen hatte in der Führungsspitze der M.A.N. AG in Augsburg ein Generationenwechsel stattgefunden. Nach über 20 Jahren als Chef der M.A.N. AG hatte Otto Meyer Anfang 1955 den Vorstandsvorsitz an Ulrich Neumann übergeben. Das Unternehmen umfasste zu dieser Zeit die Bereiche Nutzfahrzeuge, Druckmaschinen, Diesel-Motoren und Maschinenbau mit Produktionsstätten in Augsburg, Nürnberg, München, Gustavsburg und Hamburg. Die Belegschaft zählte Mitte 1955 rund 23 200 Mitarbeiter, von denen rund 10 000 dem Unternehmen bereits länger als 10 Jahre, 3000 sogar länger als 25 Jahre angehörten.[28]

Mit dem 51-jährigen Maschinenbau-Ingenieur Neumann als M.A.N.-Chef, der schon seit 20 Jahren in dem Unternehmen tätig war, hielt auch ein neuer Führungsstil bei M.A.N. Einzug. Hatte Otto Meyer das Unternehmen noch autoritär-patriarchalisch geleitet – stets um das Wohl sowohl des Betriebes als auch seiner Mitarbeiter bemüht, aber auch mit der Neigung zu «einsamen Entscheidungen» –, setzte Neumann stärker auf Absprachen, Machtteilung und Überzeugungsarbeit. Er stellte diesen veränderten Führungsstil in Zusammenhang mit einem gesamtgesellschaftlichen Wandel, der sich in der Bundesrepublik vollziehe. «Heute ist ein Delegieren von Verantwortung, somit das Dezentralisieren von Entscheidungen unumgänglich. Nur ein kooperativer Führungsstil schafft die Voraussetzungen für die Nutzung der Fähigkeiten unserer Mitarbeiter …».[29]

Anfang der sechziger Jahre kam es zu einer Reihe strategischer Entscheidungen. So beschloss der Vorstand 1963, die Traktoren- (Schlepper-)Produktion – neben Lkw und Omnibussen die dritte Sparte des Bereichs Nutzfahr-

Abb. 61 Der Frontlenker 10.212 FK mit dem Spitznamen «Pausbacke»

zeuge – an Mannesmann-Porsche abzugeben. Der Grund war neben erheblichen Ertragsproblemen bei den Schleppern auch die Absicht, im Münchner Werk zusätzliche Kapazitäten für die Lkw-Herstellung freizumachen.[30] Denn auf dem in der Bundesrepublik wie in ganz (West-)Europa expandierenden Lkw-Markt sah die Unternehmensführung die größten Wachstumschancen. In den Jahren zuvor war das Traktor-Programm der M.A.N. noch laufend modernisiert worden, unter anderem durch die Ausstattung mit dem modernen M-Motor. Von den drei Traktor-Grundtypen mit jeweils 28, 35 und 45 PS wurden im letzten Produktionsjahr rund 6300 Fahrzeuge in München hergestellt.

EDV hält Einzug

Unter der Ägide von Vorstandschef Neumann erlebte das Unternehmen einige Modernisierungsschübe. So wurde die M.A.N. innerhalb des Gesamtkonzerns Vorreiter bei der Einführung der elektronischen Datenverarbeitung. Auch im Vergleich mit anderen europäischen Unternehmen dieser Größenordnung nahm M.A.N. auf diesem Gebiet seinerzeit eine Spitzenposition ein. Ab Mitte der sechziger Jahre wurden durch EDV nicht nur die Lohnbuchhaltung stark vereinfacht, sondern insbesondere bei Lagerhaltung, Materialfluss und Produktionssteuerung große Rationalisierungseffekte und damit Kosteneinsparungen erzielt. In der GHH-Zentrale in Oberhausen war man von diesen Rationalisierungssprüngen stark beeindruckt und wollte sie für den gesamten Konzern

Abb. 62 Ein Ergebnis der Kooperation von M.A.N. mit SAVIEM: der Typ 7126 F

nutzen. «Eine enge Fühlungnahme zwischen Oberhausen und MAN in dieser Frage ... halte ich für dringend erforderlich. Dabei sollte das Primat der MAN in allen diesen Fragen [der EDV, d. Verf.] innerhalb des Konzerns vorbehaltlos anerkannt werden», so Konzernchef von Menges in einem Rundschreiben an leitende Manager der einzelnen Konzernteile im Januar 1967.[31] Allerdings war in der Abteilung Kerntechnik der GHH-Sterkrade – sie wurde 1969 Teil der M.A.N. – bereits 1964 die elektronische Datenverarbeitung (Anlage Siemens 2002) für komplexe Konstruktionsberechnungen und Kostenkalkulationen eingeführt worden.[32]

Etwa im selben Zeitraum – 1967/68 – begann die M.A.N.-Führung, auch den Bereichen Werbung, Marketing und Öffentlichkeitsarbeit größere Aufmerksamkeit zu widmen. Diesmal kam der Anstoß von der Konzernleitung in Oberhausen, vom Vorstandsvorsitzenden von Menges persönlich. Dieser hatte «die Öffentlichkeitsarbeit stets als ein Instrument empfunden, das von der Unternehmensleitung für das Durchsetzen ihrer Ziele offensiv nutzbar gemacht werden sollte».[33] Er drängte darum auf eine verstärkte und besser abgestimmte Pressearbeit. Ein familiengeführtes Unternehmen wie die GHH hatte darauf in der Vergangenheit wenig Wert gelegt. Die Haniels waren mehr für Diskretion. Insofern stand der Ausbau der PR-Abteilungen im Konzern auch im Zusammenhang mit von Menges' Bestrebungen, die GHH stärker dem Kapitalmarkt zu öffnen. Die Konzernleitung war zur Überzeugung gelangt, dass Werbung und Ausstellungspräsenz auch für ein Nutzfahrzeug- und Maschinenbauunternehmen – das also Investitions-, keine Konsumgüter herstellte – aufgrund gesamtgesellschaftlicher Entwicklungen (wachsender Einfluss der Medien, Rolle des «Image» einer Firma und ihrer Produkte) zunehmend an Bedeutung gewannen. Entsprechend diesen Vorgaben aus Oberhausen wurden bei M.A.N. ab 1967/68 die Bereiche Werbung und Öffentlichkeit ausgebaut.[34]

Die M.A.N. war mittlerweile zum stärksten Konzernteil der GHH geworden. 1967/68 erzielte sie mit einer Belegschaft von rund 35 200 Mitarbeitern einen Umsatz von 1,48 Mrd. DM.[35]

Kooperation mit der französischen Saviem

Ins Jahr 1963 fiel die Entscheidung der M.A.N. für eine strategische Zusammenarbeit mit dem französischen Lkw-Hersteller Saviem (Société Anonyme de Véhicules Industriels et d'Equipements Mécaniques), einer Tochterfirma von Renault, in Suresnes bei Paris. Vorangegangen waren mehrmonatige vertrauliche Gespräche über das Für und Wider einer Kooperation.[36] M.A.N. war auf den Straßen Deutschlands und der Welt bislang vor allem mit schweren Lkw präsent und wollte mit dieser Kooperation ihre Angebotspalette auch im unteren Segment bis 7,5 t bzw. bis 9 t Gesamtgewicht komplettieren. Die Franzosen wiederum bauten ausschließlich leichte und mittlere Fahrzeuge und waren an den schweren Lkw von M.A.N., aber auch an leistungsstarken Komponenten wie dem M-Motor interessiert. Hinzu kam die Kalkulation beider Unternehmen, durch höhere Stückzahlen günstigere Preise bei Zulieferungen sowie höhere Effektivität bei der Fertigung erzielen zu können.[37] Dass die Nachfrage nach Kleinlastern und Transportern im Zuge des anhaltenden Wirtschaftswachstums zunahm, hatte auch die Konkurrenz – etwa Hanomag und Magirus-Deutz – erkannt und sich in diesem Bereich stärker engagiert. Der deutsche Marktführer Daimler-Benz verfügte schon seit langem über ein komplettes Programm vom Kleintransporter bis zum Schwerlastwagen. Durch die 1966 geschlossene Kooperation mit Saviem wollte M.A.N. nun auch im kleinen und mittleren Segment zum Stuttgarter Konkurrenten aufschließen.

Im Rahmen der Zusammenarbeit von M.A.N. und Saviem wurden von den jeweiligen Partnern sowohl einzelne Baugruppen und Einzelteile als auch komplette Fahrzeuge geliefert. Dabei legte M.A.N. größten Wert darauf, dass Kostenersparnisse nicht mit Abstrichen bei der Qualität erkauft werden durften. So betonten die M.A.N.-Vertreter im Zusammenhang mit einer von Saviem zu liefernden Achse, dass diese «Banjo-Achse technisch und qualitätsmäßig der M.A.N.-Achse ebenbürtig sein, der Preis dafür jedoch um mindestens DM 500 unter dem unserer Achse liegen muss».[38] Um sich auf Drittmärkten nicht ins Gehege zu kommen, trafen die Partnerfirmen für bestimmte Länder und Regionen Exportabsprachen. 1967 präsentierte M.A.N. erstmals ein umfassendes

Programm von mittleren Lkw und Transportern, darunter der 4-Tonner Typ 475 und der Transporter 270 F, seinerzeit mit 1,7 t der kleinste M.A.N.-Lkw überhaupt. Dieser war mit einem Saviem-Vierzylinder-Motor mit 70 PS ausgestattet.[39] Während die kleinen und mittleren Lkw in München aus Lieferteilen montiert wurden, waren die M.A.N.-Transporter reine Importfahrzeuge von Saviem. Die Motoren wurden von den Franzosen mit M.A.N.-Lizenz gefertigt und verfügten somit über das moderne M-Direkteinspritzverfahren.[40]

Allerdings verlief die deutsch-französische Kooperation nicht ohne Probleme, die in Abstimmungsmängeln bei der Konstruktion von Aggregaten und einzelnen Bauteilen, in logistischen Schwierigkeiten und in rechtlichen Fragen ihre Ursache hatten. So gab es beispielsweise Anfang 1968 im Münchner Werk erhebliche Produktionsausfälle, weil der deutsche TÜV größere Änderungen am Bremssystem der von Saviem konstruierten Fahrzeuge verlangte. Es kamen erboste Briefe von Kunden, die übermäßig lange auf ihre Fahrzeuge warten mussten. M.A.N.-Chef Neumann ließ das offiziell mit verzögerten Zulieferungen erklären. Intern sprach er die Brisanz derartiger sicherheitstechnischer bzw. rechtlicher Probleme offen aus: «Wir mussten das Bremssystem ändern, was … zusätzliche Kosten und Zeit beanspruchte. Den wahren Grund können wir unseren Kunden nicht nennen, weil wir damit das ganze Geschäft der ‹Mittleren Reihe› … verderben würden.»[41]

Ob es an derartigen Problemen bei Konstruktion und Abstimmung lag, an gelegentlichen Lieferverzögerungen oder doch stärker an einem für deutsche Augen etwas fremden Aussehen der «französischen» M.A.N.-Lkw – insgesamt blieb der Absatz der «mittleren» M.A.N.-Klasse mit rund 7100 leichten Lkw und rund 5600 Transportern (bis 1977) hinter den Erwartungen zurück. Im Jahr 1973 beschloss der M.A.N.-Vorstand daher, die Kooperation mit Saviem auslaufen zu lassen. Die letzten Fahrzeuge dieses deutsch-französischen Gemeinschaftsprojekts wurden 1977 ausgeliefert. Die Kooperation wurde im Dezember 1981 endgültig beendet.

«Gemeinschafts-Lkw» von M.A.N. und Volkswagen

Auf das Geschäft mit mittleren Lkw aber wollte M.A.N. auch nach der Trennung von Saviem nicht verzichten. Als neuer Partner bot sich der Volkswagen-Konzern an, der zum einen über lange Erfahrungen im Transporter-Bau und zweitens über ein eng geknüpftes Vertriebsnetz verfügte. Im August 1977 vereinbarten M.A.N. und VW vertraglich die arbeitsteilige Entwicklung und Herstellung einer gemeinsamen Lkw-Reihe mit einem zulässigen Gesamtgewicht von 6 bis 9 t. VW war dabei zuständig für die Konstruktion u. a. der Fahrerkabine, der Hinterachse mit Getriebe und Federung und für die Elektrik,

Abb. 63 Lkw der G-Reihe, ein Gemeinschaftsprojekt von M.A.N. und VW

während bei M.A.N. u. a. die Konstruktion des Motors, der Vorderachse einschließlich Federung und Lenkung, der Bremsen und der Räder lag. Die Endmontage dieser G-Reihe («Gemeinschaftsbaureihe») fand zunächst zu einem Viertel im M.A.N.-Werk Salzgitter und zu drei Vierteln bei VW in Hannover statt. Bereits 1979 konnten die ersten Fahrzeuge der G-Reihe ausgeliefert werden. An der Vorderfront waren gleichberechtigt die Signets von VW und M.A.N. zu erkennen.

Das kantig-moderne Design des – kippbaren – Fahrerhauses war stark am VW-Transporter LT orientiert. Die von M.A.N. gelieferten Motoren leisteten aus vier Zylindern 90 PS bzw. 136 PS (Reihen-Sechszylinder). Zum Standard der G-Reihe gehörte ein Fünfgang-Getriebe.

Zum positiven Image der G-Reihe-Lkw trugen nicht zuletzt allradgetriebene Versionen für besondere Anforderungen bei, die seit Anfang der achtziger Jahre in der Bundesrepublik Deutschland u. a. beim Technischen Hilfswerk, der Feuerwehr, als Militärfahrzeuge oder auch als sehr robuste Expeditionsfahrzeuge zum Einsatz kamen.

Allerdings blieben die Verkaufszahlen der gemeinsam mit VW produzierten Kleinlastwagen zunächst hinter den kalkulierten ca. 10 000 Stück pro Jahr zurück. Tatsächlich fanden in den ersten drei Jahren – 1979 bis 1982 – bei stark rückläufigem Gesamtmarkt durchschnittlich rund 3300 Stück einen Abnehmer, woraufhin ab 1982 die Produktion ganz in das M.A.N.-Werk verlegt wurde. Der

Marktanteil bei mittleren Lkw stieg dabei auf 12 %. Erst im Laufe der achtziger Jahre zogen die Verkaufszahlen auf jährlich über 8000 Stück an. Als im Herbst 1993 die Produktion der G-Reihe auslief, waren von dem gemeinschaftlichen M.A.N./VW-Fahrzeug rund 72 000 Stück verkauft worden.[42]

Problemfall Maschinenfabrik Esslingen

Die Straffung des GHH-Konzerns erfolgte ab Mitte der sechziger Jahre zwar vor allem unter Produktgesichtspunkten, also im Sinne einer Fokussierung auf den Bereich Maschinen- und Fahrzeugbau. Aber auch Fragen der Ertragskraft einzelner Konzernteile spielten bei den Überlegungen des Vorstands durchaus eine Rolle, ob die GHH sich von dem einen oder anderen Unternehmen trennen sollte.

So meldete die Maschinenfabrik Esslingen seit 1962 hohe Verluste, 1963 fast 9 Mio. DM, 1964 rund 0,8 Mio. DM. Der Umsatz war 1963 im Vergleich zum Vorjahr um 10,9 Mio. DM auf 119,1 Mio. DM gefallen.[43]

Der GHH-Vorstand in Oberhausen kam angesichts dieser Zahlen zu der Einschätzung, dass man es in Esslingen seit Jahren versäumt hatte, die Produktpalette zu modernisieren und notwendige Investitionen zur Steigerung der Produktivität zu tätigen. Das allzu lange Festhalten am althergebrachten Produktionsprogramm aus Schienenfahrzeugen, Stahl- und Brückenbau hatte in Verbindung mit einer unzureichenden Größe des Betriebs und starren Lieferbeziehungen zur Deutschen Bundesbahn bereits seit Jahren die Erträge minimiert.[44]

Zudem war bei dem schwäbischen Traditionsunternehmen eine Bereinigung der Finanzstruktur überfällig, da wegen des «außergewöhnlich hohen Anteils an Fremdmitteln» die Ertragslage erheblich belastet wurde.[45] Dass dieses Problem über Jahre nahezu unbeachtet blieb, verwies zugleich auf einen mitunter fragwürdigen Aspekt des gesamten Konzernaufbaus bei der GHH. Denn im Vertrauen auf die Zugehörigkeit der Maschinenfabrik Esslingen zum GHH-Konzern – im Bedarfsfall würde dieser ja für das Tochterunternehmen finanziell einstehen – waren die Banken bei der Kreditvergabe immer sehr großzügig verfahren, geradezu unbekümmert um die produktive Investition der Gelder. Aber genau daran hatte es in Esslingen häufig gefehlt. Es war darum abzusehen, dass der GHH-Konzern in den nächsten Jahren weitere Verluste von der Maschinenfabrik Esslingen übernehmen oder aber erhebliche Investitionsmittel für neue Produkte und Verfahren bereitstellen müsste. In Oberhausen verlor man allmählich die Geduld.

Es war der designierte Reusch-Nachfolger Dietrich Wilhelm von Menges, der im Juni 1964 die Initiative ergriff und in einem Gespräch mit dem Vorstandssprecher der Daimler-Benz AG, Joachim Zahn, die Maschinenfabrik Esslingen zum Kauf anbot.[46] Im Daimler-Vorstand bestand durchaus Interesse an dem 1846 gegründeten Traditionsunternehmen, das mit dem Bau von Lokomotiven und Waggons groß geworden war. Seine aktuelle Produktionspalette umfasste u. a. Kolbenmaschinen, Trockeneisanlagen, Gabelstapler, Stahlbrücken, Schleusentore und Gießereiprodukte. Besonderes Interesse hatten die Stuttgarter an der Gießerei (Schwerpunkt Motorenguss) und dem «Flurfördermittel»-Bau (Gabelstapler u. a.), v. a. aber an frei werdenden Teilen des Firmengeländes, um dort ein Ersatzteillager einzurichten.[47] Darüber hinaus war für Daimler-Benz auch die Übernahme der Belegschaft – rund 3700 Beschäftigte, davon 2600 Arbeiter – in Zeiten akuten Arbeitskräftemangels in der Bundesrepublik von großem Interesse. In einem Schreiben vom 18. Dezember 1964, in dem Zahn die maßgeblichen Mitglieder des Daimler-Aufsichtsrats – Hermann J. Abs (Deutsche Bank), Friedrich Flick und Herbert Quandt (BMW) – um ihre Zustimmung zum geplanten Erwerb der Maschinenfabrik Esslingen bat, wurde dieser Aspekt ausdrücklich hervorgehoben: «Hinsichtlich der Belegschaft sind wir einmal an der Übernahme selbst interessiert … Zum anderen aber wäre die im Falle einer echten betrieblichen Reorganisation des Unternehmens durch den bisherigen Eigentümer [die GHH, d. Verf.] zwangsläufig zu erwartende Erhöhung der Arbeitskräftenachfrage seitens der ME für unsere eigene Arbeitskräfte-Situation in Untertürkheim von erheblichem Nachteil.»[48] Mitte der sechziger Jahre konkurrierten in Westdeutschland große Industrieunternehmen regelrecht um Arbeitskräfte, um ihren Expansionskurs fortsetzen zu können.

Bei der GHH als Verkäufer wiederum spielte nicht zuletzt der Wunsch eine Rolle, durch die Veräußerung der Maschinenfabrik Esslingen Kapitalmittel für die angestrebte vollständige Übernahme des bisherigen Gemeinschaftsunternehmen von M.A.N. und BMW für Turbomotoren (M.A.N. Turbomotoren/BMW-Triebwerksbau) in die Hand zu bekommen.

Allerdings bedurfte es von Seiten des GHH-Vorstands von Menges einiger Überzeugungsarbeit, um den noch amtierenden GHH-Chef Hermann Reusch für das Geschäft zu gewinnen, da mit der Maschinenfabrik Esslingen ein Kernstück der süddeutschen Unternehmenstradition betroffen war.

Naturgemäß gestalteten sich die Verhandlungen über den Verkaufspreis schwierig, zumal zum Aktionärskreis von Daimler-Benz ein so kostenbewusster Unternehmer wie Friedrich Flick zählte. Als Daimler-Vorstand Joachim Zahn seinem Großaktionär Flick berichtete, er habe die Möglichkeit, die Maschinenfabrik Esslingen zu erwerben, sagte dieser trocken: «Von der habe ich noch nie etwas gehört. Was wird das kosten?» Darauf Zahn: «Nun, ich schätze, so etwa 30 Millionen, Herr Flick.» Antwort Flick: «Herr Zahn, auch die Hälfte ist dafür noch zu viel.»[49] Friedrich Flick verfügte offensichtlich über die – zweifellos seltene – Gabe, den Wert von Unternehmen einzuschätzen, die er gar nicht kannte.

Da jedoch auf beiden Seiten von Beginn an der Einigungswille überwog, konnte der Kaufvertrag am 9. Januar 1965 unterschrieben werden. Für 10,08 Mio. DM verkaufte der GHH AV die Aktienmehrheit an die zu Daimler-Benz gehörende Kraftfahrzeug- und Industriemotoren-Bau GmbH. Daimler-Benz verfügte damit bei der Maschinenfabrik Esslingen über einen Aktienanteil von 66,2 %, den die Stuttgarter noch 1965 durch Zukäufe von freien Aktionären auf 71 % erhöhten.

Die Belegschaft der Maschinenfabrik erfuhr von dem Besitzerwechsel erst aus der Zeitung, was zu erheblichem Unmut führte. Hinzu kam die Sorge um die Arbeitsplätze. In gleichlautenden Schreiben an Hermann Reusch und Hermann J. Abs machte der Esslinger Betriebsrat seinem Ärger über dieses Vorgehen Luft, das zudem den Bestimmungen des Betriebsverfassungsgesetzes widerspreche. Nach § 72 BVG müsse «der Betriebsrat schon im Stadium der herangereiften Planung über die Absichten einer Betriebsänderung unterrichtet werden».[50] Hermann Reusch bemühte sich umgehend, die Wogen zu glätten. In einem Schreiben an die Arbeitnehmervertreter rechtfertigte er die Geheimhaltung der Verkaufsgespräche insbesondere mit «Rücksicht auf die Interessen der Daimler-Benz A.G. …, Börsenspekulationen zu verhindern». Besorgnisse bezüglich der Arbeitsplätze suchte Reusch durch Hinweis auf die ökonomische Potenz des neuen Mehrheitseigners zu zerstreuen. «Gerade die Partnerschaft mit einem Weltunternehmen vom Range der Daimler-Benz A. G., die für ihre ausgezeichneten sozialen Leistungen bekannt ist, verbürgt … die Aufrechterhaltung des sozialen Status der Mitarbeiter der Maschinenfabrik Esslingen und die Sicherheit der Arbeitsplätze …»[51]

Tatsächlich kam die Maschinenfabrik Esslingen nach dem Besitzerwechsel relativ rasch aus den roten Zahlen. Nachdem 1966 noch ein Fehlbetrag von 0,25 Mio. DM entstanden war, konnte 1967 erstmals seit 1962 wieder ein Überschuss in Höhe von 1,46 Mio. DM erzielt werden.

GHH-Vorstand von Menges, stets die treibende Kraft des Geschäfts, bewertete rückblickend die Veräußerung der Maschinenfabrik Esslingen überaus positiv. Nicht nur war man einen Verlustbringer günstig losgeworden, für dessen Sanierung die GHH erhebliche Summen hätte einsetzen müssen. Der Kaufvertrag bedeutete auch «den Beginn einer Zusammenarbeit zwischen Daimler-Benz und M.A.N., die sich im Lauf der Jahre (u. a.) über … den gemeinsamen Komponentenbau immer intensiver gestaltete.»[52]

Erweiterung des Triebwerkbaus: Gründung von MTU

Zu den positiven Effekten des Verkaufs der Maschinenfabrik Esslingen gehörte auch, dass dem GHH-Konzern zusätzliche Kapitalmittel für ein seit Langem verfolgtes Projekt zuflossen, nämlich die Stärkung des Bereichs Triebwerkbau. Bei M.A.N. und auch in der Oberhausener GHH-Konzernzentrale sah man in der Entwicklung und Fertigung von Flugzeugmotoren eine Zukunftsbranche, von der langfristig hohe Umsatzzuwächse und Erträge zu erwarten seien. Man war darum bestrebt, sämtliche Anteile der BMW-Triebwerkebau in München zu übernehmen, an der M.A.N. über die M.A.N. Turbomotoren GmbH bislang einen 50 %-Anteil hielt. Entsprechende Gespräche hatte man bereits 1962 aufgenommen, die jedoch – u. a. wegen unterschiedlicher Preisvorstellungen – lange Zeit nicht von der Stelle kamen.

M.A.N. war im Oktober 1958 mit der Gründung der M.A.N. Turbomotoren GmbH, München, wieder in den Bau von Flugzeugmotoren eingestiegen. Bereits 1916 hatte M.A.N. in Augsburg mit der Entwicklung und Produktion von Flugmotoren begonnen, doch waren diese Aktivitäten seit den zwanziger Jahren in den Hintergrund getreten. Nahezu zeitgleich mit Gründung von M.A.N. Turbomotoren 1958 eröffnete die US-amerikanische Fluggesellschaft Pan Am zwischen New York und Paris mit einer Boeing 707 den regelmäßigen Passagierverkehr mittels Düsenmaschinen. Damit war abzusehen, dass auch in der Zivilluftfahrt dem Strahltriebwerk die Zukunft gehören und hier ein gewaltiger Markt entstehen würde.

Die Ingenieure von M.A.N. Turbomotoren standen nach Gründung des neuen Konzernzweigs vor enormen Herausforderungen, denn die extreme Leichtbauweise im Flugmotorenbau, die Beherrschung hoher Temperaturen, die Verwendung neuartiger Materialien sowie spezielle Fertigungsverfahren gehörten nicht unbedingt zum klassischen Maschinenbau. Entsprechendes Know-how konnte u. a. durch eine 1960 geschlossene Kooperation mit dem führenden britischen Triebwerke-Hersteller Rolls-Royce Ltd., Derby, eingeholt werden. 1960 begann auch die Zusammenarbeit mit der BMW Triebwerkebau GmbH, München, an der M.A.N. Turbomotoren sich mit 50 % beteiligte. Dieses Engagement der M.A.N. hatte auch einen Aspekt von «Nachbarschaftshilfe», denn BMW steckte 1959/60 in einer tiefen Krise, sodass der Geldzufluss von Seiten der M.A.N. hoch willkommen war. M.A.N. wiederum war – neben den ingenieurtechnischen und geschäftlichen Perspektiven der Zusammenarbeit mit BMW – auch sehr daran gelegen, dass es nicht zu der im Raum stehenden Quasi-Übernahme von BMW durch Daimler-Benz kam.[53]

BMW konnte bereits auf jahrzehntelange Erfahrung und zahlreiche Pionierleistungen in der Entwicklung und Fertigung von Flugzeugmotoren zurückblicken. So wurden von der 1934 gegründeten «BMW Flugmotorenbau GmbH» u. a. die Motoren für die berühmte Junkers Ju 52 (BMW 132) und die Focke-Wulf FW 190 (BMW 801) gebaut. Auf dem Firmengelände in München-Allach entwickelte und produzierte BMW ab 1942 mit dem BMW 109-003 auch eines der ersten Serien-Strahltriebwerke der Welt, dessen Technik nach dem Zweiten Weltkrieg richtungweisend wurde für die meisten Neuentwicklungen auf dem Gebiet der Düsenantriebe. Das BMW-Triebwerk 003 wurde ab August 1944 in Serie produziert und kam vor allem bei der Heinkel He 162, einem der ersten Jagdflugzeuge mit Strahltriebwerk, zum Einsatz.

Das Gemeinschaftsunternehmen von M.A.N. und BMW entwickelte sich sehr dynamisch und erzielte 1964 mit zusammen rund 3600 Beschäftigten am Standort München-Allach bereits einen Umsatz von mehr als 350 Mio. DM, wovon über 300 Mio. DM auf den Triebwerkebau entfielen. Der größte und wichtigste Auftrag in diesen Anfangsjahren war die Produktion des Triebwerks J 79 – in Lizenz des US-Konzerns General Electric – für die F 104 G Starfighter. Dieser hochmoderne Mehrzweck-Militärjet der US-Firma Lockheed war 1962 bei der westdeutschen Luftwaffe mit hohen Erwartungen eingeführt worden. Die F 104 G Starfighter sollte sowohl als Jagd- und Aufklärungsflugzeug wie auch als Jagdbomber mit der Fähigkeit zu atomarer Bewaffnung einsetzbar sein. Das Einwellen-Triebwerk J 79-11 A in axialer Bauart verfügte über eine Ring-Brennkammer mit 10 Einzelkammerrohren und konnte bei einer Volllastdrehzahl von 7460 U/min einen Schub von 7180 kp (mit Nachbrenner) leisten.[54]

Wegen ihrer außerordentlichen Flugeigenschaften und Leistungsstärke zeigten sich Piloten und Luftwaffenführung von der neuen Maschine zunächst begeistert. Der 17 m lange Militärjet erreichte mehr als doppelte Schallgeschwindigkeit bei einer maximalen Steigleistung von 208 Metern pro Sekunde. Auch Luftwaffeninspekteur Generalleutnant Werner Panitzki lobte den Starfighter in höchsten Tönen: «Wir haben uns bei der Auswahl eines neuen Systems nicht für die nächste Generation im technischen Sinne, sondern für die übernächste entschieden.»[55]

Dieser Euphorie folgte jedoch bald eine schmerzhafte Ernüchterung. Es kam zu zahlreichen Abstürzen von F 104 G Starfightern, bei denen allein 1965/66 mehr als 35 Piloten den Tod fanden. Als Absturzursachen wurden neben Pilotenfehlern technische Fehlfunktionen insbesondere bei der Steuerung und der Elektronik sowie bei den Schleudersitzen festgestellt. Auch zu Triebwerksausfällen war es mehrfach gekommen. Bei M.A.N.-Turbomaschinen wurden daraufhin sofort interne Untersuchungen vorgenommen, die jedoch keine Schwachstellen bei der Montage und Prüfung der Triebwerke ergaben. Die Produktion lief mit Einverständnis des Auftraggebers Bundeswehr ungeschmälert weiter. Vom Triebwerk J 79 für die F 104 G wurden zwischen 1961 und 1965 bei M.A.N. Turbomotoren 624 Stück produziert.

Allerdings riss die Absturzserie bei der F 104 G nicht ab und führte zu einem politischen Skandal. Der Generalinspekteur der Bundeswehr General Heinz Trettner und Luftwaffeninspekteur Panitzki mussten ihren Hut nehmen. Unter dem neuen Luftwaffeninspekteur Generalleutnant Johannes Steinhoff gelang es dann, die Zahl der Starfighter-Abstürze deutlich zu senken, wenngleich man die Probleme mit dem Starfighter nie völlig in den Griff bekam. Von den 916 von der Bundeswehr angeschafften F 104 G Starfighter stürzten zwischen 1961 und 1989 insgesamt 292 Maschinen ab, wobei 116 Piloten ums Leben kamen.

Das Desaster um den Starfighter führte jedoch bei der M.A.N. Turbomotoren zu keinem Rückschlag bei der Entwicklung und Produktion von Flugzeugmotoren, zumal die Hauptursachen für die hohe Absturzzahl nicht im Bereich der Triebwerke, sondern in Fehlfunktionen der Elektronik, Steuerungsproblemen, aber auch in Pilotenfehlern lagen.

Bereits 1965 begann bei M.A.N. Turbomotoren die Lizenz-Fertigung des von Rolls-Royce entwickelten Propellerturbinentriebwerks «Tyne» Mk 22, mit dem das 1967 eingeführte europäische Militärtransportflugzeug Transall C-160 ausgerüstet wurde. Bei diesem Flugzeugmotor handelte es sich im Unterschied zu den herkömmlichen Kolbenmotoren um ein neuartiges Zweiwellen-Gasturbinentriebwerk von 5750 PS (beim Start) bzw. 5260 PS Dauer-Leistung, welches fertigungstechnisch u. a. wegen sehr geringer Toleranzen und der unterschiedlichen Temperaturbedingungen einzelner Bauteile höchste Anforderungen stellte.[56] Von dem Triebwerk wurden in Gemeinschaftsfertigung mit französischen, belgischen und britischen Unternehmen rund 470 hergestellt. Der Auftrag hatte ein Volumen von rund 300 Mio. DM. Der Fertigungsanteil von M.A.N. Turbomotoren lag bei 28 %.

Übernahme des BMW-Anteils an den Turbomotoren

Das Interesse des M.A.N.-Vorstands an einem größeren Engagement im Bereich Triebwerkebau war also gut nachvollziehbar. Doch die Gespräche über den Erwerb einer Mehrheitsbeteiligung bzw. Fusion mit mindestens 51 %-M.A.N.-Anteil an der Turbomotorenproduktion gestalteten sich schwierig. «Die Herren Quandt wünschen die Verschmelzung nicht», musste Konzern-Chef Hermann Reusch nach einem «Spitzentreffen» mit den Haupteigentümern der BMW AG am 7. Juli 1962 dem M.A.N.-Vorstand mitteilen.[57] Dieser berief sich bei seinen Bemühungen um eine Mehrheitsbeteiligung der M.A.N. auf eine entsprechende Option im 1960 zwischen BMW und M.A.N. geschlossenen Vertrag, wobei die BMW-Seite allerdings bestritt, dass die seinerzeit festgelegten Bedingungen erfüllt seien.[58] Sogar das Bundesverteidigungsministerium versuchte nunmehr auf BMW einzuwirken, den Widerstand gegen eine Fusion der beiden Triebwerkehersteller unter Führung der M.A.N. aufzugeben. Offenbar hoffte man in Bonn, dass ein großer Hersteller mit zentralen Entscheidungsbefugnissen die deutsche Position im expandierenden Triebwerkgeschäft stärken würde.[59] Schließlich brachte ein Treffen der Vorstandsvorsitzenden von BMW und M.A.N., Karl-Heinz Sonne und Ulrich Neumann, am 11. Januar 1965 den Durchbruch. Man einigte sich auf einen Gesamtkaufpreis von 54,05 Mio. DM (abzüglich 24,05 Mio. DM für bei BMW verbleibende Vermögenswerte, darunter das Werk in Berlin-Spandau), der von M.A.N. in neun Monatsraten beglichen wurde.[60] Der neue Name des Unternehmens lautete «M.A.N. Turbo GmbH».

Dass der Gesamt-Konzern Mitte 1965 durch den Verkauf der Maschinenfabrik Esslingen an Daimler-Benz über erhebliche Liquidität verfügte, erleichterte die angestrebte Erweiterung des Triebwerke-Bereichs. GHH-Vorstand von Menges bot dem M.A.N.-Chef Ulrich Neumann ganz ausdrücklich den Erlös für die Übernahme von BWM-Triebwerkbau an, wofür dieser sich umgehend bedankte. «Das Wissen, auf jeden Fall finanziell gerüstet zu sein, war mir für die Verhandlungen ... mit BMW sehr wertvoll.»[61]

Bei BMW-Triebwerkbau hatten die freiwilligen sozialen Leistungen wie Weihnachtsvergütungen und Fahrgeldzuschüsse höher gelegen als bei M.A.N. Im Vorstand war man sich einig darüber, dass diese höheren Leistungen für die Gesamtbelegschaft von «M.A.N. Turbo» übernommen werden mussten, wollte man nicht qualifizierte Leute sogleich wieder verlieren, nicht aber bei der M.A.N. insgesamt. Gleichzeitig wurde dem Vorstand bewusst, dass die freiwilligen Leistungen bei M.A.N. im Vergleich zu anderen Unternehmen dieser Größenordnung (Siemens, Kraus-Maffei) recht niedrig waren. Für die Beschäftigten der Gesamt-M.A.N. hatte der Ausbau des Triebwerk-Geschäfts den positiven Nebeneffekt, dass u. a. das Weihnachtsgeld spürbar angehoben wurde.[62] Zu Weihnachten 1968 erhielten Arbeiter und Angestellte (Monatsverdienst unter 1000 DM) 150 DM Weihnachtsgeld (plus Kinderzulage bis zu 60 DM), «gehobene Angestellte» (Monatsverdienst über 1200 DM) durchschnittlich 620 DM.[63]

2 Etappenweiser Konzernumbau 1965–1969

Als designierter Nachfolger von Herrmann Reusch an der Spitze des GHH Aktienvereins machte sich Dietrich Wilhelm von Menges 1964/65 intensive Gedanken über die Zukunftsperspektiven des Konzerns. Dabei entdeckte er eine ganz Reihe von Problemen, die ihm Anlass zu einer deutlichen Warnung gaben: «Die Möglichkeit, dass der Konzern insgesamt, sowohl was Umsatz als auch Rentabilität anlangt, in dem derzeitigen Wettlauf vergleichbarer Unternehmen nicht mithalten kann, muss ... in Betracht gezogen werden.»[1] Zudem habe sich durch die DM-Aufwertung von 1961 der Wettbewerb auf den Weltmärkten für ein stark exportorientiertes Unternehmen wie die GHH deutlich verschärft. Es galt Mittel und Wege zu finden, um den Konzern in einem sich verändernden Umfeld (technologisch, ökonomisch, politisch) auf Kurs zu halten bzw. ihm neue Perspektiven zu erschließen.

Allen Überlegungen lag dabei die Zielsetzung zugrunde, zum einen die Ertragskraft der einzelnen Unternehmensteile innerhalb der GHH zu stärken. Vor allem aber sollte der gesamte GHH-Konzern noch stärker auf den Maschinenbau ausgerichtet werden, möglichst im Sinne einer höherwertigen Fertigung, d. h. weg von reinen Zulieferprodukten. Immer wieder betonte von Menges, wohin die weitere Entwicklung der GHH gehen sollte: zu einem innovativen, weltweit agierenden Maschinenbau-Konzern, der sein Geschäft mit neu entwickelten, technologisch immer anspruchsvolleren Produkten machen sollte.

Das alles erforderte nach Menges' Überzeugung umfassende Strukturänderungen und Akzentverschiebungen innerhalb des Konzerns, einschließlich des Verkaufs bzw. Zuerwerbs von Unternehmen.

Aber auch über die Schwierigkeiten und Probleme dieses «aus technologischen und organisatorischen Gründen notwendige[n] Umbaus des Konzerns»[2] war sich der neue Vorstandsvorsitzende durchaus im Klaren. «Derartige Reorganisations- und gegebenenfalls Liquidationsmaßnahmen gehören zu den schwierigsten unternehmerischen Aufgaben», zumal dabei Umsatz- und Ertragsgrößen auf dem Spiel stünden, die bei einem Scheitern an die Substanz des Unternehmens rührten.[3]

Erleichtert – und sogar ein wenig überrascht – war von Menges über das rasche Einverständnis von Hermann Reusch, bedeuteten die geplanten Veränderungen doch auch eine gewisse Kritik an der bisherigen Unternehmenspolitik der GHH. Reusch schien jedoch akzeptiert zu haben, dass der bevorstehende

Generationswechsel an der GHH-Spitze auch mit Kurskorrekturen verbunden sein würde. Und schließlich, so Hermann Reusch zu von Menges, sei es ja dessen Aufgabe, «neuen Wind in die GHH zu bringen».[4] Auch der Aufsichtsrat der GHH gab am 13. Mai 1964 grünes Licht. Der nunmehr in Angriff genommene Umstrukturierungsprozess erfolgte in mehreren Etappen bis etwa 1969.

Handlungsbedarf bestand vor allem bei der Maschinenfabrik Esslingen, bei der GHH Sterkrade, der Deutschen Werft, den Kabel- und (NE-)Nichteisen-Werken, der Schwerte GmbH sowie bei der Nürnberger Schraubenfabrik. Bezogen auf den Gesamtkonzern sollten die Strukturen straffer und effizienter werden.

Mit den genannten Unternehmensbereichen waren von Menges und seine Mitstreiter, unter denen Manfred Lennings als Leiter der neu geschaffenen Strategieabteilung «Planung und Investitionen» bald eine besondere Vertrauensstellung gewann, aus unterschiedlichen Gründen nicht zufrieden. Sie bemängelten u. a. schwache Erträge und veraltete Produktlinien (z. B. Maschinenfabrik Esslingen), Zersplitterung der Aktivitäten in mehrere Teil-Unternehmen (Schraubenfabrik Nürnberg, Schwerte GmbH), ineffektive Parallelstrukturen (z. B. Kabel- und NE-Bereich) oder eine nicht mehr ausreichende Größenordnung, um sich auf dem Weltmarkt langfristig zu behaupten (Deutsche Werft).

Damit war eine Agenda aufgestellt, die nun schrittweise «abgearbeitet» werden sollte – immer mit Blick auf Stärkung der Ertragskraft, innovative Produkte, Erschließung neuer Märkte, effizientere Strukturen. Naturgemäß waren dabei Aufwand und zeitlicher Rahmen je nach Unternehmen ganz unterschiedlich. Manche Veränderungen zogen sich über Jahre hin, andere waren kurzfristiger zu bewerkstelligen, nicht zuletzt, weil man mal mehr, mal weniger widerstreitende Interessen zu berücksichtigen hatte.

Eines stellte von Menges aber nicht in Frage: «… das föderative Prinzip, das bei der Gutehoffnungshütte in der Vergangenheit gegolten hat und heute noch gilt … [soll] auch unter modernen Voraussetzungen für die Zukunft erhalten» bleiben, so der Vorstandsvorsitzende auf der Konzerntagung vom 19. April 1967 in Oberhausen.[5] Bei diesen Konzerntagungen handelte es sich um Zusammenkünfte von rund 60 bis 70 Führungskräften, die sämtliche Bereiche und Tochterunternehmen der GHH vertraten. Auf den in unregelmäßigen Abständen einberufenen Sitzungen wurden insbesondere strategische Fragen erörtert.

kabelmetal

Mitte der sechziger Jahre gab es innerhalb des GHH-Konzerns gleich zwei Bereiche (und vier Werke), die sich mit der Herstellung von Kabel- und NE-(Nichteisen-)Produkten befassten – Hackethal Draht- und Kabelwerke, Hannover (ihr zugeordnet Neumeyer in Nürnberg), und die Osnabrücker Kupfer- und Drahtwerke (OKD). Während Hackethal seinen Schwerpunkt auf hochwertige Kabel-Produkte legte, konzentrierte sich OKD auf das Halbzeuggeschäft.

Trotzdem überschnitten sich ihre Aktivitäten an vielen Punkten – vor allem im Kabelbereich – und erfolgten zudem meist unkoordiniert, was häufig zu Konkurrenzsituationen innerhalb des Konzerns selbst führte. Zwar hatte Hermann Reusch – wie seinerzeit schon Firmenpatron Paul Reusch – die Ansicht vertreten, dass «ein bisschen Konkurrenz» zwischen einzelnen Konzerntöchtern gar nicht schaden könne, doch für von Menges überwogen eindeutig die Nachteile dieser Parallelstrukturen. So hatte beispielsweise die OKD im Alleingang Anteile an einem Siegener Kupferrohr-Produzenten erworben, wodurch der GHH-Konzern ungewollt zum größten Kupferrohrproduzenten in Westeuropa wurde, ohne dass dem strategische Überlegungen zugrunde lagen. Da beide Unternehmen Mitte der sechziger Jahre aber Gewinne machten, kostete es von Menges einige Mühe, die Vorstände von den Nachteilen und Gefahren «einer unkoordinierten Geschäftspolitik verhältnismäßig kleiner Einheiten» zu überzeugen. Schließlich gelang es, im August 1966 Hackethal und OKD zur «Kabel- und Metallwerke Gutehoffnungshütte AG (kabelmetal)» zu fusionieren, an welcher der GHH AV mit 82 % beteiligt war.[6]

Tatsächlich führte die Schaffung von kabelmetal dazu, dass dieser GHH-Bereich mittelfristig seine Position als Zulieferer der deutschen und internationalen Elektroindustrie – Hauptabnehmer seiner Produkte – stärken konnte.

Ebenfalls durch Fusion regelte die Oberhausener Konzernzentrale die Problemfälle Nürnberger Schraubenfabrik und GHH Schwerte. 1967 wurde die Nürnberger Schraubenfabrik auf die GHH Schwerte verschmolzen und die gesamte Fertigung nach Schwerte verlagert. Das lief allerdings nicht ohne Querelen ab, da sich sowohl Teile des Nürnberger Managements wie auch der Belegschaft gegen einen Umzug sperrten.

Zusammenschluss von Schloemann und Siemag

Auch bei der zur GHH gehörenden Schloemann AG in Düsseldorf, spezialisiert auf Planung und Bau von Walzwerk-, Press- und Strangguss-Anlagen, sah die Oberhausener Konzernführung Handlungsbedarf. Schloemann war auf den internationalen Märkten um 1970 zwar gut positioniert, doch wuchsen nicht zuletzt die Kosten- und Währungsrisiken, sodass GHH-Chef von Menges nach einem Partner zur langfristigen Stärkung des Unternehmens Ausschau hielt. Wunschkandidat wurde bald die Siemag, Siegener Maschinenbau, Hilchenbach, ein von Bernhard Weiss aufgebautes Familienunternehmen, das nach 1945 insbesondere mit US-amerikanischen Lizenzen im Walzwerk-Sektor gut ins Geschäft gekommen war und über technisch hervorragend qualifizierte Mitarbeiter verfügte. Beide Unternehmen würden sich nach Überzeugung des GHH-Vorstands sehr gut ergänzen, nicht zuletzt weil Schloemann keine eigenen Werkstätten besaß, dafür der M.A.N. viele (Binnen-)Aufträge verschaffte. Siemag hingegen hatte eigene Werkstätten, arbeitete allerdings großenteils mit US-Lizenzen, während Schloemann traditionell eine aktive Lizenzbilanz aufwies. Siemag-Chef Weiss befürchtete zwar, im Verbund mit Schloemann allzu stark vom größeren Partner – hinter dem letztlich die GHH stand – dominiert zu werden. Doch gelang es dem GHH-Vorstand schließlich, diese Bedenken auszuräumen, sodass im Januar 1972 der Zusammenschluss von Schloemann und Siemag vereinbart wurde. Vorstandsvorsitzender der Schloemann-Siemag AG, an der die GHH eine Beteiligung von 50 % plus 1 % stimmrechtsloser Vorzugsaktien hielt, wurde Heinrich Weiss, der Sohn des Firmen-Patriarchen Bernhard Weiss. Zum ersten – erfolgreichen – Testfall für das fusionierte Unternehmen wurde die Lieferung eines Kaltwalzwerks in die Volksrepublik China.[7]

Ausstieg aus dem Werften-Geschäft

Zu den Konzernbereichen der GHH, die Mitte der sechziger Jahre akute Probleme bereiteten, zählte auch die Deutsche Werft AG in Hamburg. Die Lösung des Werften-Problems gestaltete sich allerdings komplizierter als etwa der Fall kabelmetal, da hier Interessen gewichtiger Partner zu berücksichtigen waren, darunter die AEG, Blohm & Voss, die Howaldtswerke und nicht zuletzt der Bund als deren Eigentümer. Paul Reusch hatte die Deutsche Werft Anfang 1918 als Gemeinschaftsunternehmen mit Walther Rathenau von der AEG und Albert Ballin (Hapag Lloyd AG) gegründet, um nach dem absehbaren Kriegsende die Friedensproduktion der GHH durch den Bau von Handelsschiffen zu erweitern. Hinzu kam der Wunsch von Reusch, gemäß seiner spezifischen Unternehmensstrategie der Absatzsicherung innerhalb des GHH-Konzerns einen sicheren Abnehmer für die in Oberhausen produzierten Grobbleche zu haben.

Nach dem Zweiten Weltkrieg hatte die Deutsche Werft (DW) bis Ende der fünfziger Jahre wieder eine internationale Spitzenposition beim Bau von Handelsschiffen erreicht. Die aber war seit 1960/61 zusehends gefährdet, da insbesondere japanische Konkurrenten immer stärker auf den Markt drängten. Vor allem beim Schiffsneubau verlor die DW – wie andere westdeutsche Werften auch – immer mehr Aufträge an die Japaner, wobei das um rund 50 % niedrigere Lohn-Niveau nicht die einzige, aber eine wichtige Ursache war. So betrug 1964 der durchschnittliche Stundenlohn für einen Industriearbeiter in Japan

1,61 DM, in der Bundesrepublik 3,80 DM.[8] Die von der Industrie heftig kritisierte DM-Aufwertung von 1961 tat ein Übriges, die Probleme der Deutschen Werft AG auf dem Weltmarkt zu verschärfen. Die GHH-Führung kam deshalb zu der Überzeugung, dass nur durch die Verbindung mit einem Partnerunternehmen die Werft sich langfristig am Markt würde behaupten können. Am 14. Juni 1965 traf sich Vorstandsmitglied von Menges mit Adolf Westphal, dem Chef der überwiegend in Bundesbesitz befindlichen Kieler Howaldts Werft. Auch Westphal hielt die «Vergrößerung der vorhandenen Einheiten» für notwendig, um gegen die japanische Konkurrenz zu bestehen. Ausschlaggebend seien dabei die Rationalisierung und Typisierung der einzelnen Bauteile, denn «hier, nicht bei den Löhnen liegt … der gewichtigste Vorsprung der Japaner». Auch gemeinsame Auftragsakquisition und Einkauf würden die Marktposition eines Verbund-Unternehmens entscheidend verbessern.[9]

Die GHH verfolgte bei der Partnersuche für die Deutsche Werft nicht zuletzt das Ziel, durch den Ausbau des profitablen Reparaturgeschäfts dem Preisverfall beim Schiffsneubau aufgrund weltweiter Überkapazitäten zu begegnen. Deshalb waren auch die Howaldtswerke der Wunschpartner, während ein Zusammengehen etwa mit Blohm & Voss wegen deren geringen Reparaturaufkommens von der GHH-Spitze abgelehnt wurde.[10]

Am 16. Dezember 1965 kam es in Bonn zu einem Treffen von Vertretern des GHH AV und der Deutschen Werft – deren Vorstandsvorsitzender war Paul Voltz – sowie Managern der Howaldtswerke Hamburg beim Bundesschatzminister Werner Dollinger (CSU)[11]. Bei dieser Unterredung kristallisierte sich als Lösung das Zusammengehen der Deutschen Werft mit den Howaldtswerken in Kiel und in Hamburg heraus. Bei einem erneuten Treffen zwischen von Menges und Dollinger wurden am 20. April 1966 die Eckpfeiler für dieses Modell gesetzt: Fusion der Deutschen Werft mit Howaldtswerke-Kiel und Howaldtswerke-Hamburg auf der Basis 50:50. Den Vorstandsvorsitz sollte der bisherige Chef von Howaldt-Kiel, Adolf Westphal, übernehmen. Die entsprechenden Verträge wurden am 16. Mai 1966 in Bonn unterzeichnet. In einem Schreiben an den Vorstand der AEG, die an der Deutschen Werft AG seit ihrer Gründung 1918 zu rund einem Drittel beteiligt war, zeigte von Menges sich von der Konkurrenzfähigkeit der neuen Werften-Gruppe überzeugt, da die «Aktionäre der Werften, wie AEG und GHH, das technische Niveau» garantierten, und rief darum zu einer harmonischen Zusammenarbeit auf.[12]

Bis die Werften-Fusion jedoch vollzogen werden konnte, mussten noch mehrere Hindernisse beseitigt werden. Da die CDU-geführte Landesregierung von Schleswig-Holstein eine Austrocknung des Standorts Kiel und den Verlust von Steuereinnahmen befürchtete, erklärte sich die GHH bereit, den Verwaltungssitz der fusionierten Werften nach Kiel zu verlegen. Dass es sich bei den beiden Fusionspartnern der Deutschen Werft um ehemalige «Staatsbetriebe» handelte, gab in Oberhausen zwar zu mancherlei Befürchtungen Anlass, erwies sich aber letztlich nicht als schwerwiegendes Problem, zumal die zuständigen Minister Dollinger und Kurt Schmücker (ab Dezember 1966) hinter dem Projekt standen. So erklärte Bundesschatzminister Schmücker auf einer Pressekonferenz zur Werften-Fusion, die Bundesregierung strebe an, Bundesunternehmen «mit der Privatwirtschaft zu verzahnen, um [sie] dadurch ... aktiver und wettbewerbsbewusster zu machen, zum anderen aber auch dabei mitzuhelfen, in gewissen Branchen – siehe Werften – zu wünschenswerten Unternehmensgrößen zu gelangen.»[13]

Für die GHH hatte die Werften-Fusion vor allem drei unmittelbare Vorteile: die Möglichkeit zum Bau von Großschiffen und damit Anschluss an einen expandierenden Markt, und zwar «ohne zusätzliche Investitionen», die Ausweitung des einträglichen Reparaturgeschäfts sowie Rationalisierungen, die allein an den Hamburger Standorten Einsparungen von 10 bis 15 Mio. DM pro Jahr erbrachten.[14]

Allerdings bestand bei der Howaldtswerke Deutsche Werft (HDW) erheblicher Sanierungsbedarf. Auch entwickelte sich die nunmehr größte deutsche Werft in den folgenden Jahren nicht wie erhofft. 1970 übernahm Manfred Lennings die Führung bei HDW und krempelte das Unternehmen gründlich um, indem er den Schiffsneubau in Kiel konzentrierte, während Hamburg sich auf Reparaturen spezialisierte. Im Zuge dieser Maßnahmen wurde 1972 der traditionelle Werft-Standort in Hamburg-Finkenwerder gegen den heftigen Protest der Gewerkschaften und der Stadt Hamburg geschlossen.[15]

Trotz verbesserter Umsätze und Erträge – befördert durch einen weltweiten Nachfrageschub im Schiffbau – entschloss sich die GHH 1973 zum Verkauf ihres 50-%-Anteils bei der HDW an den bundeseigenen Salzgitter-Konzern und das Land Schleswig-Holstein und gab damit nach über fünf Jahrzehnten ein ganzes Geschäftsfeld auf. Verbunden war dies mit einer strategischen Stärkung des Nutzfahrzeugbaus, kam doch im «Tausch» der Braunschweiger Nutzfahrzeug-Hersteller Büssing zu M.A.N. (s. S. 414 ff.).

3 Konflikte um Kapitalerhöhungen

Der GHH-Vorstand hatte Mitte der sechziger Jahre die Signale für die weitere Entwicklung der GHH gestellt: hin zu einem innovativen, weltweit agierenden Maschinenbau-Konzern. Es war klar, dass zu diesem Zweck die Bereiche Forschung und Entwicklung in sämtlichen Konzern-Teilen erweitert werden mussten. Auch galt es, passende Kooperationspartner und/oder Expansionsmöglichkeiten durch Firmenübernahmen zu finden.

Das alles kostete Geld, und so drängte ab 1966 die Frage der Kapitalbeschaffung auf die Tagesordnung. Allerdings barg gerade dieses Thema erhebliches Konfliktpotential im Verhältnis zwischen Eigentümer-Familie und GHH-Management, zumal die Haniels ein traditionelles Misstrauen gegen «die Banken» hegten. So war es seit den Zeiten von Paul Reusch ein ungeschriebenes Gesetz, dass im Aufsichtsrat der Holding (GHH Aktienverein) kein Bankenvertreter saß. In dieser tief verwurzelten Abneigung gegen den Einfluss der Banken auf das Unternehmen – an dem die Haniels Mitte der sechziger Jahre immerhin noch 44 % hielten – sah wiederum der neue GHH-Vorstand um Dietrich Wilhelm von Menges ein Hemmnis für den angestrebten Expansionskurs. Mit dieser Ansicht hielt er nicht hinter dem Berg: Die «Entwicklung unserer Industrie führt, technologisch und organisatorisch bedingt, zu größeren Einheiten, [wobei] eines Tages zwangsläufig der Zwiespalt zwischen Interessen und Vermögen des Einzelaktionärs und dem Finanzbedarf der Unternehmen» entsteht.[1]

Dieser Interessengegensatz zeigte sich besonders deutlich im Fall einer für 1967 geplanten Kapitalerhöhung bei der GHH. «Die per 30. 6. 1967 fällige Veröffentlichung der Konzern-Bilanz wird die schlechte Kapitaldecke des Konzerns sichtbar machen. Der Konsolidierungsbedarf besteht bekanntlich schon seit vielen Jahren», so der Vorstandsvorsitzende von Menges in alarmierendem Ton.[2] Die konsolidierte Bilanzsumme des GHH-Konzerns betrug per 30. Juni 1966 3,74 Mrd. DM, das Eigenkapital 487 Mio. DM oder 13 %. Um aber weiterhin ein attraktiver Kreditnehmer mit günstigen Konditionen zu bleiben, wurde eine Eigenkapitaldeckung von etwa 30 % für unabdingbar gehalten. Das seien rund 700 Mio. DM.[3]

Für die vom Vorstand vorgeschlagene Kapitalerhöhung im Verhältnis 5:1 fehlten der Familie jedoch die nötigen Finanzmittel. Sie konnte lediglich 20 Mio. DM aufbringen, was – bei Wahrung ihres rund 44 %-Anteils an der

GHH – nur eine Kapitalerhöhung von insgesamt 40 Mio. DM ermöglicht hätte. Viel zu wenig, um die Unterkapitalisierung der GHH zu überwinden. Für den Vorstand der GHH war klar, dass in dieser Situation die unmittelbaren Interessen der Familie zurückstehen müssten. «Auch die Familie muß sich … entscheiden: Eine geringere Kapitalerhöhung unter Aufrechterhaltung der sicheren Hauptversammlungsmehrheit birgt das Risiko eines Verschuldungsstopps durch die Banken in sich. Sollte das eintreten, wäre eine zu kleine Kapitalerhöhung im Sinne der Wahrung des Familienvermögens ein vollendetes Eigentor», so Vorstandsassistent Manfred Lennings in einem internen Strategiepapier.[4]

Da die Haniels die anstehenden Investitionen und eine dazu notwendige Kapitalerhöhung aber nicht blockieren wollten, zahlten sie rund 20 Mio. DM in bar ein und überschrieben Aktien der Hüttenwerke Oberhausen (HOAG) im Umfang von weiteren 20 Mio. DM auf die GHH. Diese Aktien wurden nach der Verschmelzung von HOAG und Thyssen-Hütte (ATH) in ATH-Aktien umgewandelt.

Einstieg der Allianz als Großaktionär

An dieser Stelle kam die Allianz ins Spiel. Zwar hatte Hermann Reusch die traditionelle Abneigung der GHH gegen den Einfluss der Banken auch auf Versicherungen erweitert, doch ließen sich davon Mitte der sechziger Jahre weder eine neue Manager-Generation noch die Eigentümerfamilie irritieren. Die Kontakte zur Allianz liefen über einen ehemaligen Schulkameraden von Menges', den Allianz-Vorstand Ernst Meyer. Mit ihm erörterte von Menges die Frage, wie die nötigen Investitionen zur Sicherung der technologischen Spitzenstellung des Konzerns finanziert werden konnten.

Die Familie Haniel in Person von Wolfgang Curtius und Klaus Haniel nahm Mitte 1969 ihrerseits Kontakt zu einem Mitglied des Allianz-Vorstands, Alfred Haase, auf, und zwar am Rande eines internationalen Reitturniers in Aachen. Für die Familie ging es darum, aus einem Dilemma herauszukommen: Wegen fehlender Finanzmittel konnte sie größere Kapitalerhöhungen nicht mitmachen; ihren bestimmenden Einfluss in der GHH wollte sie aber doch behalten.

Das Münchner Versicherungsunternehmen erschien deshalb als geeigneter Partner, weil es kein Industriekonzern war, der aus eigenem Antrieb eine Umstrukturierung der GHH versuchen könnte, und bei ihm auch keine undurchschaubaren Absichten zu befürchten waren, die bei Banken – so die traditionelle Haltung der Familie – doch nie auszuschließen waren. Die entscheidende Gesprächsrunde fand am 2. Oktober 1969 in München statt. Von der Eigentümerfamilie nahmen Klaus Haniel und Curtius teil, von Seiten der Allianz mehrere Vorstandsmitglieder, darunter Ernst Meyer, Gerd Müller und Alfred Haase, dazu von der GHH deren Vorstandsvorsitzender von Menges. Letzterer setzte große Erwartungen in das Engagement der Allianz, weil die GHH damit «aus der Klemme, in die wir durch eine gewisse Begrenztheit des Haniel'schen Finanzierungsvermögens geraten sind, zu einem guten Teil herauskommen», wie er dem neuen M.A.N.-Chef Karl Schott vertraulich mitteilte.[5]

Gleich zu Beginn der Verhandlungen stellte Klaus Haniel klar, dass «die beabsichtigte Transaktion nur den Sinn hätte, der Familie Haniel eine Sperrminorität und damit ihren Einfluss bei der GHH möglichst lange … zu sichern und ihr zu diesem Zweck die Mittel zu verschaffen, um kommende Kapitalerhöhungen mitmachen zu können.»[6] Das mochte mit den Intentionen eines von Menges, der die Interessen der von ihm auf Expansion getrimmten GHH nach eigenem Bekunden im Zweifelsfall über die der Eigentümerfamilie stellte, nicht unbedingt übereinstimmen. Mit dem Ergebnis konnte – und musste – er sich aber arrangieren.

Die Haniels verkauften rund 10 % der GHH-Aktien an eine von der Allianz und der Münchener Rück gegründete Tochtergesellschaft mit Namen «Regina», die weitere 15 % an der Börse erwarb. Die Familie machte dabei zur Bedingung, dass Regina und die Haniels jeweils mindestens 25 % der GHH-Aktien halten und ihre Stimmrechte nur nach vorheriger Absprache ausüben würden.

Zuvor hatten 165 Familienmitglieder zur Sicherung des Aktienbestandes einen Pool-Vertrag unterzeichnet, demzufolge sie Aktien im Wert von 56,25 Mio. DM, also etwas mehr als ein Viertel des Grundkapitals der GHH, hielten. Familienmitglieder, die dieser Vereinbarung nicht beitreten wollten, wurden abgefunden. Franz Breitenstein, damals in leitender Position in der Finanzabteilung der GHH AV, erinnert sich: «In den Anfangsjahren war die Allianz sehr bereitwillig, mit der Familie ein gutes Verhältnis aufzubauen. Als die Familie dann immer wieder Schwierigkeiten hatte, Kapitalerhöhungen mitzumachen, wurde das Verhältnis belastet.»[7]

Bekannt gegeben wurde der Einstieg der Allianz auf der GHH-Hauptversammlung am 27. Januar 1970 – zugleich mit positiven Zahlen der GHH für das Geschäftsjahr 1968/69. Die geplante Kapitalerhöhung von 50 Mio. DM verlief problemlos und erbrachte für den GHH Aktienverein einen Kapitalzufluss von insgesamt 108,4 Mio. DM. Dieses Geld wurde vor allem zur finanziellen Stärkung von Ferrostaal und M.A.N. verwendet. Das Problem mangelnder Finanzstärke für notwendiges Wachstum und Investitionen war damit aber insbesondere bei der M.A.N. noch nicht beseitigt. Gegenüber Mitgliedern des Regina-Kreises (Vertreter von Allianz, Commerzbank und der Eigentümerfamilie Haniel) äußerte von Menges wiederholt, dass GHH und M.A.N. nicht angemessen wachsen könnten, solange die Kapitalzufuhr nicht geregelt werde. Die

Abb. 64 Container-Krane, von GHH Sterkrade 1976 ausgeliefert

innere Ertragskraft etwa der M.A.N. war dazu zu schwach und die Kapitalzufuhr vom Finanzmarkt eingeschränkt, wenn die Eigentümerfamilie die bestehenden Beteiligungsverhältnisse beibehalten wollte.[8] Die überkommene Struktur eines Familienunternehmens erwies sich zunehmend als Hemmnis für notwendige Investitionen. Und nicht nur GHH-Chef von Menges sann auf einen Ausweg aus dieser Zwangslage.

Anfang der siebziger Jahre standen erneut Kapitalerhöhungen an, welche die Familie Haniel überfordert hätten. Um aber dennoch frisches Kapital zu bekommen und dabei den Einfluss der Eigentümerfamilie zu wahren, verfiel man 1973 auf die Möglichkeit der Ausgabe von stimmrechtslosen Vorzugsaktien. Aber auf Dauer war das grundsätzliche Problem der Kapitalbeschaffung auf diese Weise nicht zu lösen.

Tab. 45: Aktienanteile am GHH Aktienverein, 1979

30 %	Regina (Allianz, Münchener Rück, Commerzbank)
20 %	Familie Haniel
50 %	Streubesitz

Dass der Einstieg der Allianz als langfristiges Engagement geplant war, soll Allianz-Vorstand Haase am Rande der Verhandlungen in eher scherzhaftem Ton so ausgedrückt haben: «Herr Haniel, wir sind uns beim Eingehen dieser Verbindung klar, dass wir eines Tages auch den zweiten Teil Ihres Paketes werden übernehmen müssen.»[9] Die Vertreter der Haniel-Familie, die nunmehr noch 27 % am Aktienkapital der GHH hielt, mochten nicht gerade zum Scherzen aufgelegt sein. Allein, Allianz-Vorstand Haase sollte recht behalten. Im Zuge von weiteren fünf Kapitalerhöhungen verringerte sich der Haniel-Anteil am Stammkapital der GHH bis 1983 auf 9,6 %. Insofern kann das Engagement der Allianz im Jahr 1969/70 tatsächlich als «Einstieg in den Ausstieg» der Haniels bei der GHH gesehen werden. Dieser wurde bis Mitte der achtziger Jahre vollzogen, als die Eigentümerfamilie ihre letzten Anteile an der GHH abgab. Damit war der Konzern endgültig zur Publikumsgesellschaft geworden.

Fortführung des Konzernumbaus: GHH Sterkrade zu M.A.N.

Zurück in die Umbauphase der sechziger Jahre. Anfang 1968 zog GHH-Chef von Menges eine positive Zwischenbilanz: Die Vorteile des GHH-Konzerns gegenüber vergleichbaren Großunternehmen wie Thyssen oder Krupp – abzulesen an der höheren Dividende von GHH – seien insbesondere dadurch entstanden, dass GHH «die Spezialisierung in Richtung auf den qualifizierten Maschinenbau am konsequentesten betrieben hat. Als Marksteine … sind in dieser Richtung anzusehen:

(1) die Stilllegung der Erzgruben;
(2) der Verkauf der Maschinenfabrik Esslingen, um … das Triebwerksproblem lösen zu können;
(3) die Konzentration und der Ausbau bei kabelmetal;
(4) die Werftenfusion;
(5) die Einbringung von Haniel & Lueg in die Kombination mit Deilmann …»[10]

Was nun anstand, war unter anderem die Neuordnung des Bereichs GHH-Sterkrade, den die Konjunkturkrise 1966/67 – die erste in der Geschichte der Bundesrepublik Deutschland – stark in Mitleidenschaft gezogen hatte. Zudem war an dem Oberhausener Standort mit seinen damals rund 5000 Mitarbeitern – eine der Keimzellen des GHH-Konzerns – das Verhältnis zwischen Management und Belegschaft seit einiger Zeit belastet. So hatte es dort im September 1967 einen Streik gegeben, mit dem die Belegschaft gegen ein geplantes neues Lohngruppensystem protestierte, das Mitarbeiter etwa bei einem Arbeitsplatzwechsel innerhalb des Betriebs schlechter gestellt hätte. Das Management wollte damit angesichts schwacher Ertragszahlen bei der GHH Sterkrade AG die Lohnkosten senken. Der Streik dauerte sieben Tage und führte zur Rücknahme der geplanten Maßnahmen. An dem Arbeitskampf hatten sich die gewerblich Tätigen (Arbeiter) zu nahezu 100 %, die Angestellten fast zur Hälfte beteiligt.[11] Überhaupt war der Organisierungsgrad bei der GHH Sterkrade wie auch bei der M.A.N. insgesamt Ende der sechziger Jahre vor allem bei den Gewerblichen (Arbeitern) mit fast 90 % sehr hoch. Von den Angestellten waren zu jener Zeit im Durchschnitt rund 35 % gewerkschaftlich organisiert. (Allerdings ist der Organisierungsgrad im Gesamtkonzern seither deutlich zurückgegangen und betrug im Jahr 2007 rund 50 % insgesamt. (Bei den Gewerblichen liegt der Anteil etwas höher, bei den Angestellten etwas niedriger. Es gibt aber nach wie vor Bereiche innerhalb der MAN-Gruppe, in denen der Organisierungsgrad außerordentlich hoch ist, beispielsweise MAN Turbo mit 90 % Gewerkschaftsmitgliedern unter den Gewerblichen.)

Trotz aller Probleme bei der GHH Sterkrade AG stand für die Konzernspitze um von Menges jedoch außer Frage, dass dieser Unternehmensbereich «ein wesentlicher Bestandteil der von mir vertretenen Maschinenbau- und Engineering-Konzeption sein musste».[12] Dafür schien sie im Hinblick auf technische Innovationskraft und Produktpalette ja auch beste Voraussetzungen mitzubringen.

Die GHH-Sterkrade gehörte seit je zu den tragenden Säulen des Konzernverbundes, die mit einer ganzen Reihe bahnbrechender Entwicklungen immer wieder zum Ruf des GHH-Konzerns als eines besonders innovativen Unternehmens beigetragen hat. 1965 waren an den vier Standorten in Oberhausen, Düsseldorf, Walsum und Blexen/Unterweser rund 8300 Mitarbeiter beschäftigt. Die GHH-Sterkrade AG stand für eine breite Produktskala im Maschinenbau, die vom Dock- und Spezialschiffbau, Anlagen und Ausrüstungen für Bergbau und Eisenhütten-Industrie über Turboverdichter bis zu Druckbehältern für Kernkraftwerke reichte.

Lange Zeit war GHH Sterkrade eng mit Bergbau und Hüttenwesen verbunden. So lieferte sie bis in die neunziger Jahre die seinerzeit modernsten Mehrseil-Förderanlagen wie auch Untertage-Fördersysteme (schienen- und nicht schienengebunden) in alle Welt. Ganze Hochofen-Anlagen und integrierte Hüttenwerke wurden – oft in Zusammenarbeit mit der GHH-Tochter Ferrostaal – exportiert. Zusammen mit Ferrostaal realisierte GHH Sterkrade 1975 das seinerzeit größte Elektrostahlwerk der Welt in Venezuela.[13]

Die zu GHH-Sterkrade gehörende Schiffswerft Walsum/Duisburg tat sich unter anderem mit dem Bau von Spezialschiffen hervor. So lief hier 1979 das weltweit erste Schiff zur Verbrennung von Chemikalien auf hoher See vom Stapel. Kleinere und mittlere Tankschiffe mit besonders gesicherten Außenwänden für den Öl- oder Chemikalientransport wurden ebenfalls in Walsum gebaut und in zahlreiche Länder exportiert. 1968 baute die Rheinwerft mit der «Käthe H» das weltweit erste seegängige Spezialschiff für Chemikalientransporte, an dessen bauliche Stabilität und Zuverlässigkeit höchste Anforderungen gestellt wurden. Um 1970 war GHH-Sterkrade zudem der größte Produzent von Schwimmdocks, die vom Produktionsort Blexen bei Nordenham/Unterweser in alle Welt gingen.

Auch spektakuläre Brückenbauten sind mit dem Namen GHH-Sterkrade verbunden, darunter die 1963 eröffnete Fehmarnsund-Brücke mit ihrer eleganten Stahlbogen-Konstruktion oder die 1970 fertiggestellte weltweit größte Schrägseilbrücke über den Rhein bei Duisburg.

Bereits Ende der fünfziger Jahre war GHH-Sterkrade in den Komponentenbau für Kernkraftwerke eingestiegen, eine Technologie zur Energiegewinnung, der seinerzeit eine große Zukunft vorhergesagt wurde.

Für das erste deutsche Kernkraftwerk in Kahl am Main – noch eine Versuchsanlage – fertigte GHH Sterkrade 1958/59 den Dampfumformer. 1973 wurde für das KKW Biblis A der Reaktordruckbehälter geliefert. Der Sicherheitsbehälter für das Kernkraftwerk Brunsbüttel bei Hamburg wurde von M.A.N. Gustavsburg hergestellt.[14] Mitte der sechziger Jahre schien die zivile Nutzung der Kernkraft weltweit den Durchbruch geschafft zu haben, sodass immer mehr Kraftwerksanlagen in Auftrag gegeben wurden, insbesondere in den USA, Frankreich und Großbritannien, aber auch in der Bundesrepublik Deutschland. GHH Sterkrade lieferte für alle Druckwasseranlagen in der Bundesrepublik die Reaktordruckbehälter und Dampferzeuger. Diese zentralen Komponenten fertigte das Oberhausener Unternehmen auch für Kernkraftwerke in Brasilien, Indien und Schweden. Als leistungsstarker Komponenten-Hersteller rechnete auch GHH Sterkrade «in den nächsten Jahren … mit einem starken Auftragsanstieg», so ein führender Manager im April 1967 vor dem versammelten Führungspersonal des GHH-Konzerns.[15]

Ab Ende der siebziger Jahre wuchs jedoch insbesondere in der Bundesrepublik Deutschland der gesellschaftliche und politische Widerstand gegen Atomkraftwerke, sodass auch dem Komponentenbau für die friedliche Nutzung der Kernenergie auf Dauer keine Zukunft beschieden war.

Die Tradition von Turbo- und Antriebsmaschinen reicht in Sterkrade weit zurück. Die erste GHH-Dampfturbine mit 2000 PS Leistung wurde 1904, der erste Turboverdichter im darauf folgenden Jahr produziert. Zahlreiche Innovationen und Entwicklungssprünge auf diesem ingenieur- und fertigungstechnisch sehr anspruchsvollen Gebiet gingen von der GHH aus. Seit den fünfziger Jahren bildeten Turbomaschinen, die von GHH-Sterkrade für die verschiedensten Anwendungen konstruiert und gefertigt wurden, einen immer wichtigeren Produktionszweig. Sie kamen und kommen weiterhin unter anderem in chemischen Anlagen, bei der Düngemittelherstellung, in Gaspipelines, in der Öl- und Gasindustrie, der Grundstoffindustrie und bei der Stromerzeugung zum Einsatz.[16] GHH Sterkrade verfügt in diesem Bereich über eine der umfangreichsten Produktpaletten der Welt.

Abb. 65 Axialverdichter, hergestellt von MAN Turbo in Oberhausen

GHH-Sterkrade leistete Ende der sechziger Jahre mithin einen gewichtigen Beitrag zum Gesamtumsatz des GHH-Konzerns. Ihre Maschinenbau-Produkte waren ingenieur- und fertigungstechnisch sehr anspruchsvoll und auf dem Weltmarkt gut positioniert. Immer wieder kamen technologische Innovationen aus den Entwicklungsbüros des Unternehmens, und mit der Komponentenfertigung für Kernkraftwerke schien man über eine zusätzliche Zukunftstechnologie zu verfügen.

Dennoch sah die Konzernführung diesen Unternehmensteil nicht mehr angemessen in die Gesamt-GHH eingebunden. So hatte Vorstandschef von Menges gewisse Zweifel, ob die GHH-Sterkrade AG die anstehenden Investitionsleistungen, u. a. im konventionellen und nuklearen Kraftwerksgeschäft, allein würde aufbringen können. Zudem hatte es bei internationalen Wettbewerben Zusammenschlüsse gegeben, die wachsenden technologischen und wirtschaftlichen Konkurrenzdruck erwarten ließen. Da sich zudem zwischen GHH-Sterkrade und dem anderen Maschinenbau-Bereich der GHH – der M.A.N. – eine Reihe von Überschneidungen ergaben, lag es für von Menges nahe, beide Teilunternehmen zusammenzuführen, um im Maschinenbau als dem «Kernbereich des GHH-Konzerns zu festen und klaren Organisationsformen zu kommen.» Zugleich sollten diese «elastisch genug [sein], die gewachsene Bedeutung der GHH-Sterkrade und der M.A.N. zu sichern und zu erhalten».[17]

Im Klartext hieß das, dass der Bereich Maschinenbau innerhalb der GHH durch diesen Zusammenschluss weiter aufgewertet werden sollte. Die Verbindung erfolgte in der Weise, dass die GHH Sterkrade AG zum 30. Juni 1969 durch Aktientausch der M.A.N. AG mit dem Aktienverein Teil der M.A.N. AG wurde. M.A.N. übernahm rund 99 % der GHH-Sterkrade-Aktien und schloss mit dem Unternehmen einen Beherrschungs- und Gewinnabführungsvertrag. Dieses Verfahren hatte u. a. den Vorteil, dass das Oberhausener Unternehmen seine Produkte weiter unter dem eingeführten Namen «GHH» vertreiben konnte.[18]

Mit der Übernahme von GHH Sterkrade durch die M.A.N. waren auch personelle Veränderungen an der Spitze der beteiligten Unternehmen verbunden. Von Menges übergab den Vorstandsvorsitz bei der Gutehoffnungshütte Sterkrade AG, den er 1966 zugleich mit der Führungsposition im Gesamtkonzern (GHH Aktienverein) übernommen hatte, an Hans Fischer. Bei der M.A.N. zog sich Ulrich Neumann nach mehr als zehn Jahren aus dem Vorstand zurück. Zu seinem Nachfolger als Vorstandsvorsitzender der M.A.N. AG in Augsburg – die dabei war, sich immer mehr zum Kernbereich des gesamten Konzerns zu entwickeln – wurde Karl Schott bestellt. In Oberhausen rückte Manfred Lennings als Leiter der Abteilung Planung und Investitionen in den dreiköpfigen Vorstand der Konzernzentrale GHH Aktienverein auf.

Von den Mitarbeitern der traditionsreichen GHH Sterkrade konnten sich einige nur langsam daran gewöhnen, künftig lediglich ein Bereich unter vielen innerhalb der M.A.N. zu sein.[19] Emotionen spielen eben auch in Großbetrieben eine Rolle, zumal in einem mit der Stellung und Tradition der Gutehoffnungshütte Sterkrade AG.

1980 wurde der Standort Sterkrade unter der Bezeichnung «Unternehmensbereich Sterkrade» (USt) voll in die M.A.N. eingegliedert. In einem Brief an die Belegschaft von GHH Sterkrade betonte von Menges, dass die Übertragung von Sterkrade auf die M.A.N. einzig und allein dazu diene, «im Interesse einer … dynamischen Entwicklung das technische Potential [zu stärken] und damit auch zur nachhaltigen Sicherung der Arbeitsplätze» beizutragen.[20] Letztgenanntes Ziel konnte jedoch in den folgenden Jahren nicht für alle Standorte der früheren GHH Sterkrade AG, nun Tochter von M.A.N., erreicht werden. So wurde Mitte der siebziger Jahre der Standort Düsseldorf, der u. a. Hackzerkleinerungsmaschinen und Anlagen für die Zucker- und Zementindustrie herstellte, geschlossen. Anfang der achtziger Jahre folgte das Werk Blexen an der Unterweser, in dem Schwimmdocks gebaut wurden. Auch die Rheinwerft Walsum wurde geschlossen.

Die Verbindung von GHH Sterkrade und M.A.N. setzte quasi den Schlussstein in den Konzern-Umbau seit Ende der sechziger Jahre. 1971 zog von Menges auf der Hauptversammlung des GHH Aktienvereins eine positive Bilanz. Es sei die «Zusammenfassung sich ergänzender Produktionsprogramme in ... international wettbewerbsfähige Einheiten [gelungen], dabei Erhalt des Risikoausgleichs zwischen den Gruppen, ... Konzentration der Mittel für Forschung und Entwicklung [u. a. durch Gründung von M.A.N. Technologie, d. Verf.]; Vermeidung von Doppelinvestitionen; Erweiterung der Rationalisierungsmöglichkeiten.»[21] Nach Ansicht des damaligen Vorstandsvorsitzenden hatte der Konzern aufgrund dieser Veränderungen geradezu einen Sprung nach vorn getan: «Die Umorganisation des GHH-Konzerns begann sich angesichts einer sich bessernden Konjunktur rasch und fühlbar in steigenden Umsätzen auszuwirken. Mit der ... Zusammenführung von Maschinenbau, Nutzfahrzeugbau und Werften zu großen Einheiten stieg die GHH international in eine neue Kategorie auf. Wir hatten es plötzlich mit Partnern ganz anderer Dimensionen zu tun.»[22]

4 Wachstum und Übernahmen in den siebziger Jahren

Büssing-Löwe kommt zu M.A.N.

Die Stärkung des Bereichs Nutzfahrzeuge war ein Kernstück der Neuausrichtung des Konzerns, da man sich hier angesichts des zunehmenden Transportbedarfs langfristig steigende Umsätze und Erträge versprach. GHH-Chef von Menges unterstrich diese Strategie immer wieder, so auch in einem Schreiben an den neuen Vorsitzenden des M.A.N.-Vorstands, Karl Schott. «Es unterliegt für mich keinem Zweifel, dass der Lkw- und Motorenbau inklusive der Gasturbine Nr. 1 der MAN sein muss.»[1] Dazu mussten allerdings bestimmte Voraussetzungen etwa in Bezug auf Größenordnung, Innovationskraft und Produktivität dieser favorisierten Bereiche erfüllt sein.

Ende der sechziger Jahre ergab sich für die M.A.N. die Möglichkeit, durch die Übernahme eines traditionsreichen Lkw-Herstellers die eigene Position deutlich zu stärken. Die Konjunkturabschwächung der Jahre 1966/67 hatte bei den bundesdeutschen Lkw-Herstellern zu Absatzrückgängen und erheblichen Überkapazitäten geführt. Besonders das Management von Daimler-Benz redete in dieser Situation einer «Marktbereinigung» offen das Wort. So beklagte Daimler-Vorstand Joachim Zahn in einem Gespräch mit M.A.N.-Chef Neumann im Juni 1967, dass «an sich überflüssige und unrentable Kapazitäten bei Henschel, Krupp und Büssing den Markt verderben», und plädierte unverhohlen für die Liquidierung bzw. Übernahme von Lkw-Herstellern, um auf diese Weise größere Einheiten mit höherer Produktivität zu schaffen.[2] Auch die Bundesregierung befürwortete im Grundsatz die Konzentration des deutschen Lastwagen-Geschäfts auf einige große Hersteller, wie Schatzminister Schmücker in einem vertraulichen Gespräch mit GHH-Chef von Menges deutlich machte.[3] Kartellrechtliche Bedenken bestanden offenkundig nicht.

Die GHH- bzw. M.A.N.-Führung indes musste von der Notwendigkeit einer strategischen Neupositionierung nicht erst überzeugt werden. Sie hatte bereits Anfang der sechziger Jahre ihre Fühler zum Lkw- und Omnibus-Hersteller Büssing ausgestreckt.

Das Braunschweiger Traditionsunternehmen – 1903 von Heinrich Büssing gegründet – war Ende der fünfziger Jahre technologisch und wirtschaftlich in eine Krise geraten. Nicht zuletzt fehlte es dem familiengeführten Unternehmen an Kapital für notwendige Investitionen in neue Modelle und Produktions-

Abb. 66 Der «Büssing-Löwe» ergänzt das Markenzeichen M.A.N.

anlagen. Seit 1965 befand Büssing sich zu rund 75 % in Bundesbesitz, nachdem die Familie Büssing ihren Mehrheitsanteil schrittweise an die bundeseigene Salzgitter AG veräußert hatte. Nach mehreren Kapitalerhöhungen hielt Salzgitter 1967 über 83 % und seit Juli 1968 fast 100 % des Aktienkapitals.[4]

Das Bestreben der M.A.N.-Führung nach Expansion traf sich Mitte der sechziger Jahre mit der Absicht der Bundesregierung, größere Teile ihres Industrie-Besitzes zu reprivatisieren. So kam es im Februar 1966 zu einer ersten Unterredung zwischen dem damaligen Bundesschatzminister Werner Dollinger und dem Vorstandsmitglied der M.A.N. Richard Carstanjen. Der Minister gab dabei zu verstehen, dass die Bundesregierung sich einen Einstieg von M.A.N. bei Büssing sehr gut vorstellen könne, zumal sie es begrüßen würde, wenn das angeschlagene Unternehmen in deutscher Hand verbliebe.

Nach intensiven Verhandlungen wurde am 17. Januar 1967 ein umfassender Kooperationsvertrag zwischen der M.A.N. AG und Büssing geschlossen. Als Hauptzweck wurde genannt, die «Ertragsverhältnisse der Büssing Automobil AG auf der Kosten- und Erlösseite zu verbessern und dafür zu sorgen, dass … Büssing und M.A.N. auf den Gebieten der Produktion, des Vertriebs und des

Kundendienstes … gleichermaßen nachhaltig gestärkt werden.»[5] Vereinbart wurden u. a. die gegenseitige Lieferung von Aggregaten und ein Erfahrungsaustausch im technischen und kaufmännischen Bereich. Die Zusammenarbeit lief jedoch etwas zäh an, was sich erst Ende 1967 zu ändern begann. Büssing «beabsichtigt, M.A.N.-Baugruppen in größerem Umfang zu beziehen, sodass eine langsame Angleichung der Typenausführungen möglich wird», konnte M.A.N.-Chef Neumann im November 1967 an die Konzernzentrale in Oberhausen berichten.[6] Tatsächlich gab es in Teilen des Büssing-Managements erheblichen Widerstand gegen den Vertrag mit M.A.N., zumal sich bald abzeichnete, dass die Kooperation zwischen den ungleichen Partnern über kurz oder lang auf eine Übernahme von Büssing hinauslaufen würde.

Die Vorstände von GHH AV und M.A.N. waren sich über die Vorteile einer vollständigen Büssing-Übernahme mit dem Braunschweiger Stammwerk und dem 1964 gebauten Standort Salzgitter-Watenstedt weitgehend einig. «Der Trend gehe in der Nutzfahrzeugindustrie zu größeren Einheiten, wahrscheinlich würden in Zukunft nur noch drei Anbieter [in der Bundesrepublik, d. Verf.] am Markt sein.» M.A.N. müsse sich in diesem Kreis den gebührenden Platz wahren, so Konzernchef von Menges im Gespräch mit Neumann, der diese Einschätzung teilte.[7]

Zu jenem Zeitpunkt lag M.A.N. bei den Lkws mit über 8 t zulässigem Gesamtgewicht (ohne Omnibusse) in der Bundesrepublik mit einem Marktanteil von 18,7 % an zweiter Stelle hinter Daimler-Benz mit 47,1 % und vor Klöckner-Humboldt-Deutz (KHD) mit 13,9 % der Zulassungen. Auf dem zentraleuropäischen Markt (umfassend die EWG-Staaten Frankreich, Italien, Bundesrepublik Deutschland, Belgien, Niederlande, Luxemburg) führte die Firmengruppe Fiat/Unic/Citroën mit einem (Produktions-)Anteil von 43,4 % (1967) vor Daimler-Benz mit 25,9 %. M.A.N./Saviem erreichte 1967 in den EWG-Staaten bei den Lkw über 6 t zulässiges Gesamtgewicht einen Anteil von 13,4 %.[8]

Im Juni 1968 wurden auf einer Vorstandssitzung von M.A.N. die möglichen positiven Effekte einer Eingliederung von Büssing und das weitere Vorgehen erörtert. Nach Einschätzung des Vorstandsvorsitzenden Neumann würde M.A.N. mit Büssing zusammen seine Marktposition bei Omnibussen insbesondere für öffentliche Verkehrsbetriebe deutlich stärken, auf dann 29 % (M.A.N. seinerzeit 15 %, Büssing 14 %). Auch könne die Zonenrandlage der Büssing-Werke, d. h. nahe der innerdeutschen Grenze, gewisse Vorteile bei der Bewerbung im Rahmen öffentlicher Ausschreibungen mit sich bringen, etwa bei Aufträgen für die Bundeswehr oder die Post.[9] Im Lkw-Bereich ließe sich darüber hinaus eine deutliche Produktivitätssteigerung erreichen. «… ein Zuwachs von Büssing zu den M.A.N.-Zahlen [würde] die Marktstellung von M.A.N. in den Klassen von 14 t an aufwärts erheblich stärken, sodass M.A.N. … in der Aggregate-Fertigung etwa die Fertigung von Daimler-Benz erreichen würde und damit in der Fertigungsrationalität gegenüber dem größten Wettbewerber nicht mehr zurückstehen müsste.»[10]

Aber auch Daimler-Benz hatte durchaus Interesse an Büssing, um seine führende Marktposition weiter auszubauen. Dies galt es für die M.A.N. unbedingt zu verhindern, wie Neumann in einem Schreiben an den Konzern-Chef von Menges betonte: «Büssing soll nicht in andere Hände geraten, z. B. Daimler-Benz, und die Position dieser Gruppe im Markt verstärken helfen.»[11] Auf der anderen Seite war man in Stuttgart wenig erbaut von der Aussicht, dass M.A.N. zusammen mit Büssing im Geschäft mit kommunalen Omnibussen eine fast marktbeherrschende Position erlangen würde und trug diese Bedenken auch im Bundeswirtschaftsministerium vor.[12]

Bei dem «Gerangel» um Büssing schlug sich der Bund – über die bundeseigene Salzgitter AG dessen Haupteigentümer – jedoch bald auf die Seite der M.A.N. Bereits im November 1967 hatte Bundesschatzminister Kurt Schmücker in einem vertraulichen Gespräch mit GHH-Chef von Menges «den Wunsch auf Durchführung der M.A.N.-Büssing-Transaktion unterstrichen.»[13] Dabei mochte eine Rolle gespielt haben, dass die Bundesregierung eine Übermacht von Daimler-Benz im Lkw- und Busgeschäft verhindern wollte, wie auch das gute persönliche Verhältnis zwischen von Menges und dem Vorstandsvorsitzenden der Salzgitter AG, Hans Birnbaum.[14] Zudem bestanden durch die Fusion von Deutscher Werft und den Howaldtswerken bereits enge Beziehungen zwischen dem GHH-Konzern und Salzgitter.

«Tauschgeschäft» Büssing-Nutzfahrzeuge gegen Werft

Mit Vertrag vom 31. Januar 1969 übernahm M.A.N. zunächst eine 50 %-Beteiligung an Büssing. Im Oktober 1971 erwarb sie ein weiteres Aktienpaket zum Preis von rund 30 Mio. DM. Mitte 1972 befanden sich sämtliche Büssing-Aktien je zur Hälfte im Besitz des GHH AV und der M.A.N. Die Büssing-Werke wurden dem Bereich Nutzfahrzeuge der M.A.N. eingegliedert. Die vollständige Übernahme von Büssing durch M.A.N. erfolgte dann zeitgleich mit dem Ausstieg des GHH-Konzerns aus der Howaldtswerke Deutsche Werft, seit 1969 ein Gemeinschaftsunternehmen mit der Salzgitter AG. Dieses «Tauschgeschäft» Büssing-Nutzfahrzeuge gegen Werften hatten die Vorstandschefs von GHH und Salzgitter, von Menges und Birnbaum, Anfang 1971 auf einer Reise westdeutscher Politiker und Unternehmer in der Sowjetunion vereinbart. Während die GHH ihr Werftengagement aufgab und ihren 50-%-Anteil an Salzgitter übertrug – Anteile gingen auch in Besitz der Länder Niedersachen und Schleswig-Holstein –, übernahm GHH bzw. die M.A.N. von Salzgitter die Büssing-Nutzfahrzeuge nunmehr vollständig.

Zum Zeichen der Wertschätzung der Lkw-und Omnibus-Tradition von Büssing wurde das Firmen-Logo, der Braunschweiger Löwe – Wappentier des Welfenherzogs Heinrich der Löwe –, zusammen mit dem M.A.N.-Schriftzug neues Markenzeichen der M.A.N.-Nutzfahrzeuge und Omnibusse. Lkw und Omnibusse von M.A.N. wurden nunmehr in München, Penzberg/Oberbayern, Braunschweig, Salzgitter und in Istanbul/Türkei produziert. Während das Werk Braunschweig Mitte der achtziger Jahre aufgegeben wurde, konzentrierte M.A.N. ab 1980 im Werk Salzgitter die deutsche Omnibus-Produktion. 1989 fertigten dort rund 3600 Mitarbeiter etwa 50 Nutzfahrzeuge pro Tag.

1972 allerdings rutschten die M.A.N.-Nutzfahrzeuge, kaum dass die Büssing-Werke integriert waren, in eine schwere Absatzkrise, die durch die erste Ölkrise von 1973 noch verstärkt wurde. Zusammen mit den früheren Büssing-Produktionsstätten hatte M.A.N. plötzlich erhebliche Überkapazitäten. Doch gelang es relativ rasch, die negativen Folgen des Umsatzeinbruchs in Grenzen zu halten, zumal ab 1974 die Nachfrage nach Lkw vor dem Hintergrund einer sich aufhellenden Konjunktur wieder stieg.

Mit Büssing übernahm M.A.N. 1971 ein technologisch leistungsstarkes Traditionsunternehmen, das einst zu den weltweit führenden Lkw- und Autobus-Herstellern zählte und auf diesem Gebiet zahlreiche Pionierleistungen vorzuweisen hatte.

Die Firma wurde 1903 von dem sechzigjährigen Ingenieur Heinrich Büssing und seinen Söhnen Ernst und Max unter dem Firmennamen «H. Büssing, Specialfabrik für Motorlastwagen, Motoromnibusse und Motoren» in Braunschweig gegründet. Es war nicht die erste Firmengründung des erfindungsreichen und rührigen Niedersachsen. Zuvor hatte Büssing mit Erfolg ein Signalbau-Unternehmen und – weniger erfolgreich – eine Maschinenbau-Firma betrieben. 1904 brachte Büssing seinen ersten Omnibus für zwölf Fahrgäste auf die Straße, mit der sodann die erste Omnibuslinie Deutschlands – zwischen Wendeburg und Braunschweig – regelmäßig bedient wurde. 1929 wurde ein vom Chefingenieur Paul Arendt entwickelter Büssing-Bus ohne vorstehende Motorhaube präsentiert, bei dem der Motor längs zur Fahrtrichtung zwischen Vorder- und Hinterachse platziert war (Typenbezeichnung «HAWA-Trambus»). Dieses Unterflur-Prinzip wurde in den folgenden Jahren verfeinert, bis Büssing 1936 auf der IAMA (Internationale Automobil- und Motorradausstellung) in Berlin den ersten Lkw mit Unterflurmotor vorstellen konnte. Da der Motor bei diesem Konstruktionsprinzip hinter dem Fahrerhaus, d. h. unter der Ladefläche angeordnet ist, ermöglicht es u. a. eine geräumigere, geräuscharme Fahrerkabine, sehr gute Straßenlage sowie eine für die Wartung leicht zugängliche Motorposition und wurde bald zu einer Art Markenzeichen von Büssing.[15] Allerdings waren Unterflurmotoren bei Omnibussen bald weiter verbreitet als in Lkw, da sich bei Letzteren auch größere Nachteile, beispielsweise bei der

Konstruktion von Sattelschleppern und Baufahrzeugen, ergaben. Dennoch behielt Büssing Unterflur-Lkw im Programm. Auch M.A.N. baute sie nach der Übernahme von Büssing noch einige Jahre weiter, ließ die Produktion dann aber auslaufen.

Bei Entwicklung und Produktion von Omnibussen erreichte Büssing schon in den zwanziger Jahren eine führende Position und wurde für eine ganze Reihe kommunaler Verkehrsbetriebe zum wichtigsten Lieferanten, darunter die Berliner BVG, die Büssing insbesondere mit Doppeldecker-Bussen ausstattete. Mitte der sechziger Jahre hatte Büssing bei Eindecker- und Gelenkbussen einen Marktanteil in der Bundesrepublik von jeweils rund 45 % und bei Doppeldeckern von nahezu 100 %.[16]

1954 brachte Büssing den ersten Bus in Verbundbauweise heraus, welche die schweren Rahmenfahrgestelle bald ablösen sollte. Ab 1959 erhielten die Busse mit dem Braunschweiger Löwen eine selbsttragende Röhrenbauform. Etwa zeitgleich mit Auwärter brachte Büssing auch die ersten Omnibusse mit Luftfederung auf den Markt.

Dunkle Flecken in der Büssing-Geschichte

Mit Büssing kam aber auch – von M.A.N. und der bundesdeutschen Öffentlichkeit zunächst kaum bemerkt – eine historische Hypothek zur M.A.N. Denn während der nationalsozialistischen Herrschaft hatte die Firma Büssing bei der Ausbeutung von Zwangsarbeitern und KZ-Häftlingen eine besonders negative Rolle gespielt. Anders als eine Reihe anderer deutscher Unternehmen hatte die Firmenleitung von Büssing aktiv und direkt beim SS-Wirtschaftsverwaltungshauptamt (WVHA) die Zuweisung von Zwangsarbeitern und KZ-Häftlingen als billige Arbeitskräfte beantragt. Nachdem das WVHA die Beschäftigung von KZ-Häftlingen bewilligt hatte, reisten im September 1944 zwei führende Mitarbeiter von Büssing ins KZ Auschwitz, um geeignete Häftlinge auszusuchen. Insgesamt wurden rund 1200 KZ-Häftlinge, überwiegend polnische Juden, nach Braunschweig transportiert und im Lager Schillstraße (damals Wörthstraße), einem Außenlager des KZ Neuengamme, untergebracht.[17] Infolge unmenschlicher Arbeitsbedingungen, unzureichender Ernährung und Misshandlungen kam annähernd die Hälfte der Häftlinge zu Tode.

Nach Kriegsende wurde keines der verantwortlichen Mitglieder der Unternehmensleitung von Büssing wegen der brutalen Ausbeutung von Zwangsarbeitern und KZ-Häftlingen zur Verantwortung gezogen.[18]

Die Stadt Braunschweig tat sich jahrzehntelang schwer, an dieses düstere Kapitel zu erinnern. Das änderte sich erst Mitte der neunziger Jahre, als das Thema Zwangsarbeiter und KZ-Häftlinge in der deutschen Industrie in der breiten Öffentlichkeit heftig diskutiert wurde. Als ihren Beitrag zur Aufarbeitung dieser dunklen Vergangenheit zahlte die MAN AG einen erheblichen Betrag in den 2001 im Rahmen der Stiftung «Erinnerung, Verantwortung und Zukunft» gegründeten Entschädigungsfonds für Zwangsarbeiter. (vgl. zum Thema Zwangsarbeiter auch Kap. III, 6)

Übernahme von ÖAF Gräf & Stift

Etwa zeitgleich mit der Übernahme von Büssing verschaffte sich M.A.N. Nutzfahrzeuge ein weiteres Standbein im Nachbarland Österreich, wo sie die Mehrheit an der Österreichischen Automobilfabrik ÖAF in Wien übernahm. Diese hatte kurz zuvor mit dem österreichischen Nutzfahrzeug-Hersteller Gräf & Stift fusioniert und produzierte in den 1960er und 70er Jahren mit dem «Tornado» einen der in Österreich meistverkauften Lkw.

Die Wurzeln der ÖAF liegen bei der 1907 in Wien gegründeten Fiat Austria, die zunächst Fiat-Autos für den österreichisch-ungarischen Markt produzierte. Doch schon vor dem Ersten Weltkrieg nahm man die Fertigung eigener Pkw, Lkw, Omnibusse und Bootsmotoren auf. Nachdem die Österreichische Kreditanstalt die Aktienmehrheit übernommen hatte, wurde das Unternehmen 1921 in Österreichische Automobil Fabriks AG (ÖAF) umbenannt. 1936 begann die Zusammenarbeit von M.A.N. und ÖAF mit dem Lizenzbau von M.A.N.-Dieselmotoren mit Direkteinspritzung, welche der ÖAF die Markführerschaft bei Lkw in Österreich sicherte. Nach dem «Anschluss» Österreichs an das nationalsozialistische Deutschland im März 1938 übernahm M.A.N. die Aktienmehrheit der ÖAF. In der Folgezeit ließ M.A.N. im Wiener ÖAF-Werk eigene Lkw produzieren – eine sehr willkommene Ausweichmöglichkeit, da im Nürnberger M.A.N.-Werk wegen der anlaufenden Panzer-Produktion die Lkw-Kapazitäten stark eingeschränkt waren.

Nach Ende des Zweiten Weltkriegs wurde sämtliches deutsches Vermögen, das nach dem Anschluss 1938 in Österreich erworben worden war, von der sowjetischen Besatzungsmacht beschlagnahmt, darunter auch das Werk in Wien-Florisdorf. Als Österreich 1955 die Souveränität wiedererlangte, kam die ÖAF in Staatsbesitz. Die Verbindungen zur M.A.N. bestanden in diesen Jahren fort, da die meisten Lkw und Busse der ÖAF mit M.A.N.-Motoren ausgestattet wurden. Nachdem die ÖAF 1969 reprivatisiert wurde, führten wirtschaftliche Probleme dazu, dass M.A.N. sein Engagement bei der Österreichischen Automobilfabrik intensivierte und sie ab 1971 vollständig übernahm.

Der zusammen mit ÖAF zu M.A.N. Nutzfahrzeuge gekommene Lkw-Hersteller Gräf & Stift ging auf eine 1896 gegründete Maschinenfabrik in Wien zurück. Diese brachte 1898 einen vierrädrigen Motorwagen mit 2¼ PS-Motor heraus, der als weltweit erstes Fahrzeug mit Frontantrieb gilt.[19] Später hatte die Gräf & Stift AG vor allem mit Omnibussen Erfolg, produzierte aber auch schwere Lkw und Spezialfahrzeuge. So kamen auf der 1908 eröffneten ersten (Motor)-Omnibuslinie Österreichs in den Dolomiten 15 Gräf & Stift-Busse mit 30-PS-Benzinmotor zum Einsatz.

Gegenwärtig stellen ÖAF Gräf & Stift als Teil der 2004 gegründeten MAN Nutzfahrzeuge Österreich AG (zu der auch die 1990 übernommene Traditionsfirma Steyr gehört) insbesondere Spezial-Lkw und Sondermodelle her, darunter schwere Baufahrzeuge, Feuerwehrzüge, Schwerlastzugmaschinen bis zu 250 t Zuggewicht sowie Fahrgestelle für Militärfahrzeuge. Zu den spektakulären Schwerlastfahrzeugen von ÖAF gehörte auch das Zugfahrzeug für die Startanlage ELA 3 der europäischen Trägerrakete Ariane 5, für die auch M.A.N. Technologie zentrale Bauteile, darunter die Feststoff-Booster, lieferte.

Neues Nutzfahrzeug-Werk in Penzberg

Mitte der sechziger Jahre lief bei M.A.N. das Geschäft mit Lkw und Omnibussen ausgesprochen gut, und das Werk München arbeitete häufig an der Kapazitätsgrenze. Zudem bereitete es in Zeiten der Vollbeschäftigung Schwierigkeiten, in München und Umgebung ausreichend Arbeitskräfte zu finden. Da kam Anfang 1965 die Anfrage des bayerischen Wirtschaftsministers Otto Schedl gerade recht, ob M.A.N. nicht an der Errichtung einer zusätzlichen Produktionsstätte im oberbayerischen Penzberg interessiert sei. Dort stand die Schließung eines jahrhundertealten Kohlebergwerks kurz bevor, nachdem die bayerische Staatsregierung sämtliche Subventionen gestrichen hatte. In ersten Berechnungen kam der M.A.N.-Vorstand zwar zu dem Ergebnis, dass bei einer Verlagerung nach Penzberg die Fertigung eines Omnibusses sich um rund 1500 DM verteuern würde, doch sei u. a. eine Kompensation durch höhere Stückzahlen in der angestrebten Kooperation mit dem französischen Hersteller Saviem denkbar. Hinzu kam, dass die Landesregierung direkte und indirekte Zuschüsse, etwa in Form zinsgünstiger Darlehen, in Aussicht stellte. Vor allem gab es in Penzberg qualifizierte Arbeitskräfte, nämlich über 500 Bergleute, die nach Schließung der Zeche im August 1965 arbeitslos waren. «Der … ausschlaggebende Aktivposten bei einer derartigen Verlagerung sind die in Penzberg vorhandenen … deutschen Arbeitskräfte», befand der M.A.N.-Vorstand in seiner Sitzung vom 31. August 1965.[20] Für das Projekt «Penzberg» wurde ein Investitionsvolumen von 20 Mio. DM veranschlagt. Da die Landesregierung sich bei den anschließenden Gesprächen in Finanzierungsfragen sehr entgegenkommend zeigte und auch ein Grundstück zu günstigen Bedingungen zur Verfügung stand, gab der M.A.N.-Vorstand bald grünes Licht.[21]

Abb. 67 M.A.N.-Standardlinienbus SL 200, Mitte der siebziger Jahre

In einer Rekord-Bauzeit von nur elf Monaten wurde in Penzberg ein komplettes Montagewerk für Omnibusse errichtet. Bei der offiziellen Einweihungsfeier des neuen M.A.N.-Werks Penzberg am 13. März 1967 konnten bereits die ersten acht dort gefertigten Busse an ihren Abnehmer, die Straßenbahngesellschaft Herne-Castrop-Rauxel, übergeben werden. Noch während der Bauarbeiten am Penzberger Werk wurden knapp 500 ehemalige Bergleute im Münchner Lkw-Werk für ihre neue Tätigkeit geschult. Die Zahl der Mitarbeiter im M.A.N.-Werk Penzberg stieg von anfangs 490 auf mehr als 770 im Jahr 1970, die vor allem Omnibusse fertigten. Ende der siebziger Jahre wurde die Omnibusproduktion jedoch schrittweise nach Salzgitter verlagert. Der letzte von insgesamt rund 13 500 in Penzberg gefertigten Omnibussen ging im April 1981 vom Band. Seither werden im oberbayerischen M.A.N.-Werk Bauteile für die Lkw-Fertigung in München produziert.

Lkw- und Omnibusproduktion im Ausland

Als am 29. Mai 1967 in der türkischen Stadt Istanbul unter dem Jubel der Belegschaft der erste M.A.N.-Lkw vom Band lief, bedeutete das für M.A.N. eine Premiere. Erstmals ließ das Unternehmen Nutzfahrzeuge komplett außerhalb Deutschlands fertigen. In der Türkei waren M.A.N.-Lkw damals seit Jahren gut vertreten, importiert durch eine türkische Vertriebsfirma. 1964 erließ die türkische Regierung jedoch ein Gesetz, das den Import kompletter Fahrzeuge zukünftig untersagte bzw. vorschrieb, dass ausländische Lkw-Hersteller mit Exportabsichten im Land über ein Montagewerk verfügen mussten. Um auf dem interessanten türkischen und vorderasiatischen Markt nicht ins Hintertreffen zu geraten, entschloss sich der M.A.N.-Vorstand im Mai 1964 zur Gründung eines deutsch-türkischen Gemeinschaftsunternehmens.[22] Nach Klärung zahlreicher finanzieller und rechtlicher Fragen – u. a. über die staatliche Genehmigung der erforderlichen Importquoten für Zulieferteile aus Deutschland – wurde dieses Gemeinschaftsunternehmen 1966 unter dem Namen «MAN Kamyon ve Orobus Sanayi A.S.» (MANAS) gegründet. M.A.N. war an MANAS mit 30 % beteiligt.[23] Das in Istanbul errichtete Werk war zunächst auf eine Jahresproduktion von 300 Lkw ausgelegt, wurde aber in den Folgejahren kontinuierlich ausgebaut, da es zunehmend auch für Staaten des Nahen und Mittleren Ostens produzierte. 1982 wurde in der türkischen Hauptstadt Ankara ein zweites M.A.N.- bzw. MANAS-Werk errichtet, in dem die Lkw-Produktion konzentriert wurde, während das Werk Istanbul überwiegend Omnibusse herstellte. Mitte der neunziger Jahre verstärkte MAN sein Engagement in der Türkei und übernahm 1997 die Aktienmehrheit an dem Gemeinschaftsunternehmen. Mittlerweile war das Werk Istanbul verkauft und die gesamte Lkw-und Busfertigung nach Ankara verlegt worden.

Das aktuelle Produktionsprogramm des M.A.N.-Werks in Ankara orientiert sich am Bedarf des türkischen Marktes sowie an der Nachfrage im Nahen und Mittleren Osten, wozu auch die Kaukasusstaaten Georgien, Armenien und Aserbaidschan gehören. Es werden stets aktuelle M.A.N.-Modelle gefertigt, die als «Heavy Duty Fahrzeuge» den gesteigerten Anforderungen in Bezug auf Straßenverhältnisse und extreme Klimabedingungen gewachsen sind. Inzwischen hat sich das Werk Ankara mit seinen mehr als 2500 Beschäftigten neben Poznan/Polen zum wichtigsten Produktionsort für Reise- und Linienbusse von M.A.N. entwickelt, das inzwischen auch den europäischen Markt mit Bussen beliefert.[24]

M.A.N.-Werk in Südafrika

Seit Anfang der siebziger Jahre lässt MAN auch auf dem afrikanischen Kontinent Nutzfahrzeuge in einer eigenen Fabrik montieren, und zwar im südafrikanischen Pinetown bei Durban (Natal). Wie die Fabrik in Ankara ging auch das südafrikanische M.A.N.-Werk aus einer Importfirma hervor, die seit Anfang der sechziger Jahre M.A.N.-Nutzfahrzeuge in wachsendem Umfang nach Südafrika einführte. Anfang der achtziger Jahre waren in Pinetown rund 400 Mitarbeiter beschäftigt, die rund 1400 Fahrzeuge pro Jahr fertigten. M.A.N.-Chef Otto Voisard zählte Südafrika seinerzeit ausdrücklich «zu unseren wichtigsten Exportländern, [dem wir] auch für die Zukunft größte Bedeutung zumessen».[25]

Zwar ist in Südafrika seit Mitte der neunziger Jahre das repressive Apartheid-System überwunden, doch hat das Land weiterhin mit großen wirtschaftlichen Problemen zu kämpfen. Umso willkommener sind dort die wirtschaftlichen Aktivitäten und Investitionen ausländischer Unternehmen wie M.A.N. Zudem konnte das südafrikanische M.A.N.-Werk in den letzten Jahren große Produktivitätsfortschritte vorweisen. Der Markteinteil von M.A.N.-Nutzfahrzeugen – Lkw und Omnibusse – ist in der Republik Südafrika auf rund 20 % (2002) gewachsen.

Südafrika gehörte seit den sechziger Jahren zu den wichtigsten Abnehmer-Staaten für Produkte des GHH- bzw. M.A.N.-Konzerns. 1974 und 1977 lag das Land – damals noch von einem weißen Apartheid-Regime regiert – sogar an der Spitze aller Exportländer der GHH/M.A.N. mit einem Importvolumen von 323 bzw. 320,4 Mio. DM. Speziell bei Nutzfahrzeugen gehörte Südafrika ab den siebziger Jahren meist zu den zehn größten Importländern, beispielsweise 1978/79 hinter Österreich an zweiter Stelle mit einem Importvolumen (Nutzfahrzeuge) von 70,7 Mio. DM. Im Berichtsjahr 1978/79 wurden M.A.N.-Nutzfahrzeuge in insgesamt 86 Staaten exportiert, in einem Gesamtvolumen von 848 Mio. DM.[26]

Von M.A.N.-Turbomaschinen zu MTU

Ingenieurtechnische Kompetenz und Prozesssicherheit bei der Herstellung, verbunden mit Kostenbewusstsein, gewährleisteten, dass der Triebwerksbereich von M.A.N. (seit 1969 unter dem Namen MTU) auch in den siebziger Jahren gut im Geschäft blieb. Die Konzernspitze zeigte sich darum mit der vollständigen Übernahme dieses Hightech-basierten Geschäftsfeldes rundum zufrieden. «Der Triebwerkebau der M.A.N. hat sich durchgesetzt und zum zweitgrößten Unternehmen dieser Art in Europa entwickelt. … Der technische Anschluss an dieses moderne Antriebselement ist für die Zukunft ein entscheidender Faktor», so Manfred Lennings in einem Schreiben an GHH-Chef von Menges vom Oktober 1967.[27] Die Entwicklung der Auftragseingänge bestätigte vorerst diesen Optimismus. Im September 1971 erhielt das Unternehmen den Auftrag für die Herstellung von rund 440 Triebwerken für das neu entwickelte Kampflugzeug Phantom F-4 F. Dabei handelte es sich wiederum um die Lizenzfertigung eines von General Electric entwickelten Strahltriebwerks mit der Typenbezeichnung J 79-17. Der Auftrag hatte ein Volumen von rund 520 Mio. DM. Die ersten Triebwerke dieser Baureihe wurden 1973 ausgeliefert. Der Bauanteil von MTU betrug rund 40 % und umfasste u. a. Verdichtereintrittsgehäuse, Brennkammereintrittsgehäuse, Turbinenlaufscheiben, Zahnräder und Leitungen sowie vorderes und hinteres Getriebegehäuse.[28] Bei dem Starfighter-Triebwerk J 79 11 A – auch das eine europäische Gemeinschaftsproduktion – hatte der M.A.N.-Anteil noch 32 % ausgemacht.[29] Die ersten Maschinen des Kampfjets Phantom F-4 F wurden 1973 an die Bundesluftwaffe ausgeliefert.

Kooperation mit Daimler-Benz

Zu diesem Zeitpunkt firmierte der Bereich Flugzeugmotoren- und Turbinenbau schon seit Jahren unter der Bezeichnung «MTU Motoren und Turbinenunion, München». Die Umbenennung erfolgte 1969 nach Gründung eines Gemeinschaftsunternehmens mit der Daimler-Benz AG, das die Aktivitäten und Interessen beider Unternehmen bei der Entwicklung und Fertigung von Luftfahrtgasturbinen (Triebwerke) und schnelllaufenden Dieselmotoren für Schiffe, Schienenfahrzeuge und Kraftwerke bündeln sollte. Nachdem Daimler-Benz im Januar 1970 die Mehrheit der Maybach Mercedes-Benz Motoren GmbH, Friedrichshafen, in die MTU München eingebracht hatte, verfügten M.A.N. und Daimler-Benz über jeweils 50 % der MTU-Anteile. Das Stammkapital betrug seinerzeit 63,26 Mio. DM und wurde 1972 auf 100 Mio. DM erhöht. MTU hatte 1970 insgesamt rund 9800 Beschäftigte und erzielte einen Umsatz von 430 Mio. DM.[30]

Vor allem das bei MTU München konzentrierte Triebwerkgeschäft entwickelte sich weiter sehr positiv. Mitte 1973 beschäftigte MTU an den verschiedenen Standorten bereits knapp 12 000 Mitarbeiter, die einen Umsatz von 959 Mio. DM erwirtschafteten, gegenüber dem Vorjahr ein Zuwachs von 12,8 %. 1983 waren es 2,2 Mrd. DM Umsatz und eine Stammbelegschaft von 14 600 Mitarbeitern. Dabei entwickelte sich der in München angesiedelte Bereich Triebwerkebau und Reparatur dynamischer als das Dieselmotorengeschäft von MTU Friedrichshafen, wobei der Anteil von Bundeswehr-Aufträgen am Gesamtumsatz bei MTU München Mitte der siebziger Jahre bei annähernd 70 % lag.

Nach einem deutlichen Umsatzrückgang 1974/75 bei MTU München sorgte ein weiterer Großauftrag für neue «Schubkraft». 1976 erhielt MTU auch beim Projekt des europäischen Kampfflugzeugs Tornado Panavia MRCA zusammen mit Rolls Royce und Fiat den Zuschlag für die Herstellung des Strahltriebwerks RB 199-34 R. 1978 begann in München die Serienproduktion. Im August 1979 absolvierte der Tornado, ein zweisitziger Mehrzweck-Kampfjet für den Einsatz als Jagdbomber, Abfangjäger oder Aufklärer, seinen Erstflug.

Im Zusammenhang mit dem Tornado-Projekt wurde bei MTU ein spektakulärer Spionagefall aufgedeckt. Die DDR-Staatssicherheit hatte sich nämlich über einen angeworbenen Entwicklungsingenieur wichtige Informationen über das Triebwerk verschafft. 1982 wurde der Ingenieur vom Bayerischen Obersten Landesgericht zu sechseinhalb Jahren Haft verurteilt.

Anfang der achtziger Jahre unternahm MTU verstärkte Anstrengungen, um den Anteil der zivilen Flugzeugmotoren, der zu diesem Zeitpunkt unter 20 % lag, auszubauen. Zur Finanzierung der dabei anfallenden Entwicklungs- und Fertigungskosten wurde 1982 das Stammkapital von MTU München auf 156,6 Mio. DM erhöht. MTU München war mittlerweile zum drittgrößten Flugzeugmotoren-Hersteller in Europa und zum sechsgrößten in der Welt (nicht eingerechnet die Sowjetunion) aufgestiegen. Allerdings gab es gerade bei Passagierflugzeugen 1983/84 einen drastischen Rückgang der Nachfrage und somit erhebliche Überkapazitäten auch im Triebwerkbereich, was auf Umsatz und Erträge drückte. Im Rahmen des radikalen Konzernumbaus ab 1984 trennte sich die M.A.N. von ihren Anteilen an MTU (s. dazu S. 449).

M.A.N. Neue Technologie

Ende 1965 – die Fusion von M.A.N. Turbomotoren und BMW-Triebwerkebau war gerade vollzogen – sprachen sich die Geschäftsführer der neu entstandenen M.A.N. Turbo dafür aus, die Aktivitäten im Bereich Raumfahrt zu verstärken, um die technologischen Entwicklungspotentiale und wirtschaftlichen Perspektiven dieses Hightech-Bereichs zu nutzen. Aus diesen Planungen ging zunächst die Abteilung «Festigkeit und Raumfahrt» hervor, die 1969 unter der Leitung von Friedrich Laußermair zum Bereich «M.A.N. Neue Technologie» innerhalb der M.A.N. AG wurde. Dessen Hauptaufgabe bestand anfangs in der Entwicklung von neuen Technologien und Produkten für die Teilbereiche der M.A.N. AG.[31] Es waren zunächst zwei Produktfelder, auf denen «Neue Technologie» aktiv wurde: Gas-Ultra-Zentrifugen zur Anreicherung von Uran, das dann zu Brennstäben für Leichtwasserreaktoren verarbeitet werden konnte, sowie die Beteiligung an der Entwicklung und dem Bau von Trägerraketen. Dabei ergaben sich vielfältige Innovationen, die – wie geplant – auch für andere

Abb. 68 Trägerrakete Ariane 5

M.A.N.-Bereiche von großem Interesse waren, beispielsweise neuartige Stahl-Keramik- und Verbundwerkstoffe. Die erste europäische Anreicherungsanlage mit M.A.N.-Gasultrazentrifugen wurde 1975 in Almelo/Niederlande in Betrieb genommen.[32] Zu dieser Zeit war M.A.N. Neue Technologie der am stärksten wachsende Unternehmensteil. So stieg die Zahl der Mitarbeiter von anfangs 64 über 850 im Jahr 1975 auf 1260 Mitte 1986.

Ab 1971 beteiligte sich M.A.N. Neue Technologie maßgeblich am europäischen Raumfahrtprogramm «Ariane». Mehrere europäische Staaten arbeiteten unter Federführung Frankreichs zusammen, um bei dem sowohl technologisch als auch ökonomisch überaus interessanten Bau von Trägerraketen und Weltraumsatelliten den US-Amerikanern und Sowjets Paroli bieten zu können. Der deutsche Anteil am gesamten Ariane-Projekt betrug rund 20 %, finanziert mit öffentlichen und privatwirtschaftlichen Geldern. Von allen deutschen Firmen, die an dem Programm beteiligt waren (und sind), hatte M.A.N. Neue Technologie (ab 1986 MAN Technologie) von Beginn an mit 7,9 % vom Gesamtumfang den mit Abstand größten Anteil.

Bei den Trägerraketen Ariane 1–4 zeichnete M.A.N. Neue Technologie vor allem für die Turbopumpen, Wassertanks, den Gasgenerator und das Schubgerüst verantwortlich. Dabei konnten die M.A.N.-Ingenieure auf Erfahrungen zurückgreifen, die man u. a. bei der Entwicklung von Gaszentrifugen gemacht hatte. Technologie-Vorstandsmitglied Horst Rauck: «In der Fertigung waren wir gewohnt, sehr enge Toleranzen einzuhalten, wozu auch ein einwandfrei funktionierendes Qualitätssicherungssystem gehörte.»[33] Im Verlauf des Programms wurde für Ariane 3 und 4 von M.A.N. u. a. ein extrem leichter Wassertank aus GFK-Struktur (Verbundmaterial) als Ersatz für den zunächst eingesetzten Stahltank entwickelt und produziert. Der erste Start einer Ariane-Rakete erfolgte am 24. 12. 1979 in Kourou/Französisch-Guyana.

Hatte der Produktionsanteil von M.A.N. bei der Ariane 4 noch bei 10 % gelegen, konnte dieser beim Nachfolge-Projekt Ariane 5 auf 13 % gesteigert werden. Bei der Ariane 5 handelte es sich um eine völlig neue Raketengeneration mit hochenergetischer Grundstufe (Wasserstoff/Sauerstoff). Am 30. Oktober 1997 startete erstmals eine Ariane 5 vom Weltraum-Bahnhof Kourou aus erfolgreich in den Weltraum. Für die Ingenieure und Techniker an den Standorten München-Karlsfeld und Augsburg war das ein großes Ereignis, das mit Spannung erwartet und nach erfolgreichem Verlauf gebührend gefeiert wurde. MAN Technologie lieferte für die Ariane 5 insbesondere die Gehäuse der beiden Feststoff-Booster (Zusatzraketen), Tanks für Treibstoffe und Drucköl, Teile des Kardangelenks des Vulcain-Triebwerks sowie das «Frontskirt» genannte Bauteil, welches den Schub der Booster in die Zentralstufe der Rakete einleitet. Dabei waren ingenieurtechnische Pionierleistungen sowohl bei der Entwicklung als auch in der Produktion gefordert. So haben die beiden 25 m hohen Booster bei einem Durchmesser von 3 m lediglich eine Wandstärke von 8 mm, müssen aber den Schub eines Großraum-Flugzeugs entwickeln, was enorme Ansprüche an die Festigkeit des Materials und die Verarbeitung stellt.[34]

Mit dem erfolgreichen Start der Ariane 5 konnten die Europäer ihre starke Stellung auf dem Weltmarkt für Satelliten-Transport behaupten. Ariane-Trägerraketen transportierten Ende der neunziger Jahre mehr als 50 % aller kommerziellen und wissenschaftlichen Satelliten.[35] Hatte 1985/86 der Umsatzanteil des Raumfahrtgeschäfts bei M.A.N. Technologie (Gesamt-Umsatz 229 Mio. DM, rund 1260 Mitarbeiter) noch bei etwas über 30 % gelegen, stieg er in den Folgejahren auf mehr als 50 % (Stand 1991).

Technologische Meilensteine MAN Technologie

Ab 1971	Beteiligung am europäischen Raumfahrtprogramm «Ariane»
1972	erste Serie von Gasultrazentrifugen für Uran-Anreicherungsanlagen gefertigt
1973	nach der ersten Ölkrise startet M.A.N. Neue Technologie ein Ent-

wicklungsprogramm für energiesparende Produkte; es werden in den Folgejahren u. a. Wärmepumpen, Blockheizkraftwerke, Windkraft- und Solaranlagen entwickelt und produziert.

1975 erste europäische Anreicherungsanlage mit M.A.N.-Zentrifugen wird in Almelo/Niederlande in Betrieb genommen

1977 Inbetriebnahme des ersten Blockheizkraftwerks mit Dieselmotoren in Heidenheim

1981 Inbetriebnahme der Solarfarm Almeria/Spanien mit 84 HELIOMAN-Kollektoren

1984 GROWIAN, die weltweit größte Windenergieanlage, geht ans Netz.

1989 Startanlage ELA für Trägerrakete Ariane 5

2002 neuartige Flüssigwasserstoff-Tanks für Ariane 5

Ursprünglich war M.A.N. Technologie größtenteils in Karlsfeld bei München angesiedelt. Ab Ende der achtziger Jahre verlagerte sich der Schwerpunkt jedoch immer mehr nach Augsburg, wo bereits im September 1988 im Beisein des damaligen bayerischen Ministerpräsidenten Franz Josef Strauß eine Produktionshalle für die Booster-Fertigung eingeweiht worden war. (Es war die letzte öffentliche Amtshandlung von Strauß, der wenige Tage später plötzlich verstarb.) Die Investition umfasste 135 Mio. DM, davon allein 110 Mio. DM für die völlig neuartigen, rechnergestützten Fertigungsmaschinen. 1994 wurde der Unternehmenssitz offiziell nach Augsburg verlegt.

Zwischenzeitlich hatte es im Bereich Technologie gravierende Veränderungen gegeben. Die entscheidende bestand darin, dass seit Mitte 1986 der in «MAN Technologie» umbenannte und als AG (zunächst GmbH) verselbstständigte Bereich nicht länger eine Forschungs- und Entwicklungsabteilung, sondern auch Produktionsstätte mit entsprechender Gewinn- und Verlustrechnung war.[36]

Die Raumfahrttechnik war zwar das größte Aktionsfeld von M.A.N. Technologie, aber längst nicht das einzige. So kamen innovative Ideen und Produkte immer wieder auch aus dem Bereich Energie- und Umwelttechnik. Dieser war seit 1974 stark ausgebaut worden, nachdem die erste Ölkrise – im Gefolge des Jom-Kippur-Krieges zwischen Israel und den arabischen Staaten – zu sprunghaft steigenden Energiepreisen geführt hatte. So wurde mit der AEROMAN von M.A.N. Technologie eine Windkraftanlage mit besonders hohem Wirkungsgrad entwickelt. 1984 ging in der Bundesrepublik unter maßgeblicher Beteiligung von M.A.N. Technologie GROWIAN, die seinerzeit größte Windenergieanlage zu Forschungszwecken, in Betrieb. Sie erreichte eine Nennleistung von 3 Megawatt. Viele dieser Zukunftsprojekte von MAN wurden mit öffentlichen Forschungsgeldern, darunter von der europäischen Raumfahrtbehörde ESA, gefördert. 1985 lieferte im US-Bundesstaat Kalifornien ein mit 330 Windkraftanlagen von M.A.N. bestückter Windpark erstmals Strom und stellte neben der ingenieurtechnischen auch die ökonomisch sinnvolle Nutzbarkeit der Windkraft unter Beweis.

Ebenso führend war M.A.N. Technologie u. a. in der Entwicklung und Fertigung von Solaranlagen und Wärmepumpen.

Weitere Schwerpunkte von M.A.N. Technologie bildeten seit den achtziger Jahren die bereits erwähnte Zentrifugen- und Apparatetechnik, elektronische und optische Messtechnik sowie Steuerungsverfahren. Welche Synergien sich dabei immer wieder mit anderen Unternehmensbereichen ergaben, zeigte sich beispielsweise bei der Entwicklung neuer Fahrerhäuser für die Lkw-Baureihe L 2000, deren aerodynamische Gestaltung auf Berechnungen der Raumfahrt-Ingenieure von MAN Technologie beruhten.

5 Expansion und Krisenmanagement

Führungswechsel beim GHH-Konzern

1975 gab es einen Wechsel an der Spitze des GHH-Konzerns. Der langjährige Vorstandsvorsitzende Dietrich Wilhelm von Menges, der seit Mitte der sechziger Jahre die GHH verstärkt auf den Maschinenbau ausgerichtet und weiter für den Kapitalmarkt geöffnet hatte, legte mit Erreichen der Altersgrenze nach neun Jahren sein Amt nieder.[1] Nachfolger wurde im Februar 1975 der erst 41-jährige Dr. Manfred Lennings, den von Menges mit Einverständnis der Eigentümerfamilie Haniel seit einiger Zeit auf den Posten des Vorstandsvorsitzenden beim GHH Aktienverein vorbereitet hatte. Von Menges selbst übernahm den Vorsitz im Aufsichtsrat.

Der neue Vorstandsvorsitzende kannte den GHH-Konzern seit Jahren von innen und wurde bei seinem Amtsantritt mit einigen Vorschusslorbeeren bedacht. So war es ihm gelungen, die Howaldtswerke Deutsche Werft (HDW), an der die GHH mit 50 % beteiligt war, aus den roten Zahlen zu holen. Dabei war er nicht davor zurück gescheut, 1972 das Hamburger Traditionswerk Finkenwerder gegen den wütenden Protest von Belegschaft und Politikern aufzugeben.

Manfred Lennings (1934–2008) hatte an der Bergakademie Clausthal studiert (Fachrichtung Bergbaukunde und Bergwirtschaftslehre) und mit einer Arbeit über «Investitionsplanung» zum Dr.-Ing. promoviert. 1964 begann er als Assistent des Vorstands seine Tätigkeit beim GHH Aktienverein in Oberhausen. Er übernahm 1968 die Leitung der neu geschaffenen Abteilung K «Planung und Volkswirtschaft», die dem Vorstand direkt zuarbeitete. 1969 wurde Lennings zum stellvertretenden Vorstandsmitglied beim GHH Aktienverein ernannt.

Die GHH war 1975, im Jahr der Stabübergabe von von Menges zu Lennings, zu einem der größten Maschinenbau-Konzerne Europas aufgestiegen. Knapp 90 000 Beschäftigte erwirtschafteten in den mehr als 70 zugehörigen Unternehmen (einschließlich Minderheitsbeteiligungen) einen Umsatz von 9,877 Mrd. DM, wovon allein auf die Tochter M.A.N. 4,007 Mrd. DM entfielen (1974/75).[2] Damit hatte sich der Jahresumsatz der GHH innerhalb von zehn Jahren nahezu verdreifacht. Anfang 1975 besaß der Gesamt-Konzern einen Auftragsbestand von rund 10 Mrd. DM, über 16 % mehr als ein Jahr zuvor. Der Konzern-Vorstand konnte der Hauptversammlung eine unveränderte Dividende von 14 %

Abb. 69 Manfred Lennings (l.) auf der Hannover Messe

vorschlagen. Die Sparte Nutzfahrzeuge hatte die schwere Absatzkrise 1973/74, die noch verschärft wurde durch erhebliche Überkapazitäten nach der Übernahme von Büssing, weitgehend überwunden. Seit Monaten zeigten die Verkaufszahlen von Lkw und Bussen – nicht zuletzt dank einer von der sozialliberalen Bundesregierung eingeführten Investitionsprämie – steil nach oben.

Im ersten vom neuen Vorstandsvorsitzenden Lennings zu verantwortenden Geschäftsjahr 1975/76 setzte sich der insgesamt positive Trend bei der GHH fort. Der Konzernumsatz stieg auf 11,073 Mrd. DM, wovon die M.A.N. 4,945 Mrd. DM erwirtschaftete. Allerdings konnten die Gewinne bei dieser Aufwärtsentwicklung nicht mithalten, eine Tendenz, die seit 1971 die gesamte westdeutsche Industrie erfasste, nicht zuletzt infolge stark gestiegener Lohnstückkosten. Gleichzeitig stieg aber die Wertschöpfung pro Mitarbeiter, allein von 1976 auf 1977 von 46 000 auf 53 500 DM.[3] Die Exportquote lag 1975/76 bei rund 45 %, ein deutliches Zeichen dafür, dass die GHH einen wachsenden Anteil ihres Geschäfts im Ausland machte.

Einen bemerkenswert großen Teil seiner Exportgeschäfte machte der GHH-Konzern dabei mit Staaten in Südamerika, Afrika und Asien – eine Entwicklung, die bereits von Menges in seiner Zeit als GHH-Chef bewusst forciert hatte. Als Beispiele seien das bereits in den fünfziger Jahren begonnene Hütten-

Tab. 46: Exportanteil am Umsatz des GHH-Konzerns

1965/66	30 %
1966/67	38 %
1969/70	36,5 %
1970/71	31,4 %
1971/72	30,1 %
1973/74	40 %
1974/75	39 %
1975/76	45 %
1976/77	46 %
1977/78	47 %

werk-Projekt im peruanischen Chimbote oder ein Raffinerie-Bau in Kolumbien genannt. 1977/78 war der Exportanteil, den der Konzern mit Staaten in Übersee erzielte, auf rund 55 % gestiegen. Demgegenüber nahm der Anteil der

Grafik 25 Konzernstruktur 1975

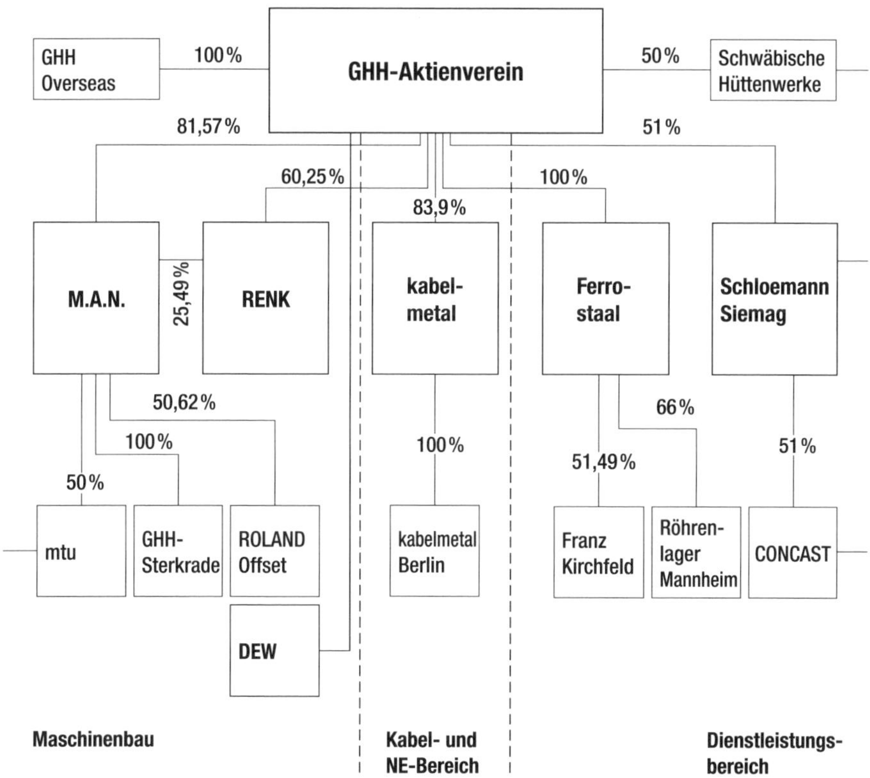

Ausfuhren in europäische Länder, insbesondere in die (seinerzeit neun) Staaten der Europäischen Gemeinschaft, seit Jahren ab. So entfielen 1977/78 auf Europa 34,1 % aller Exporte (davon EG-Länder 12,6 %, Ostblock-Staaten (RGW) 9,3 %), auf Afrika 15,6 %, Asien 25 %, Australien/Ozeanien 0,5 und auf Nord- und Südamerika zusammen 24,8 %, wovon mehr als die Hälfte nach Lateinamerika geliefert wurde.[4]

Mit dieser starken Ausrichtung nach Übersee nahm der GHH-Konzern zugleich eine Sonderstellung unter den vergleichbaren westdeutschen Unternehmen ein. Während der Anteil des GHH-Konzerns an den gesamten Exporten der westdeutschen Industrie 1977 rund 2 % ausmachte, lag er für Europa lediglich bei 1,3 %, für Asien dafür bei 3,7 %, für Afrika bei 4,6 und im Südamerika-Geschäft sogar bei 8,8 %.[5] Auch den Geschäftsbeziehungen zu den Staatshandelsländern des Ostblocks widmete die GHH seit Anfang der sechziger Jahre besondere Aufmerksamkeit. GHH-Chef von Menges hatte sich seinerzeit intensiv um den Ausbau der Lieferungen in die Sowjetunion und nach Rumänien bemüht.

Ausbau des Bereichs Druckmaschinen

Die Entwicklung und Herstellung von Druckmaschinen gehörte seit jeher zum Kernbereich der M.A.N. und damit auch des GHH-Konzerns. Liegt doch eine der Wurzeln der M.A.N. in der C. Reichenbach'schen Maschinenfabrik in Augsburg, die 1845 ihre erste Druckmaschine auslieferte. Traditionell waren die deutschen Druckmaschinen weltweit führend, und so nahm auch der Druckmaschinenbereich der M.A.N. auf dem Weltmarkt stets eine Spitzenposition ein. Die weitere Stärkung der Druckmaschinen gehörte denn auch Ende der sechziger Jahre zum Konzept der Konzernführung um von Menges, die GHH stärker auf den Bau hochwertiger Maschinen und Anlagen auszurichten. Eine allzu starke Konzentration auf die Nutzfahrzeuge sollte dabei vermieden werden. In diesem Sinne äußerte sich von Menges in einem Strategie-Papier vom August 1969: «Der Lkw-Bereich der MAN wird zusammen mit dem Triebwerkebau sicherlich weiterhin gut 50 % des MAN-Bereichs ausmachen … Für die Zukunftsplanung wird es darauf ankommen, dass innerhalb der MAN die Proportionen gewahrt bleiben, d. h. dass die anderen Bereiche entsprechend mitwachsen – das dürfte vor allen Dingen für die Druckmaschinen Geltung haben …»[6]

Passenderweise ergab sich zu jenem Zeitpunkt gerade die Möglichkeit, die Druckmaschinen bei M.A.N. durch die Übernahme eines Wettbewerbers zu stärken. Auf das Offenbacher Traditionsunternehmen Roland Offsetmaschinenfabrik Faber & Schleicher war GHH-Chef von Menges im Oktober 1968 am

Abb. 70 Ein Spitzenprodukt von MAN Roland: Rollendruckmaschine LITHOMAN

Rande eines gesellschaftlichen Ereignisses aufmerksam geworden. «Bei meinem Aufenthalt in Frankfurt habe ich beim Rotarier-Essen Herrn Thiels kennen gelernt, der sich als Geschäftsführer von Faber & Schleicher dekuvrierte und ein großes Interesse bekundete, mit mir näher ins Gespräch zu kommen.»[7] Zwar hielt M.A.N. an Faber & Schleicher bereits eine Minderheitsbeteiligung, doch war es in der Vergangenheit nicht gelungen, daraus eine technisch und ökonomisch fruchtbare Zusammenarbeit zu entwickeln.[8] Sowohl bei M.A.N. in Augsburg als auch in der Oberhausener Konzernzentrale war man sich über die Vorteile einer vollständigen Übernahme von Faber & Schleicher rasch im Klaren. So wäre man nach Einschätzung des M.A.N.-Vorstands dann «in der Lage, ein komplettes Programm von kleinen Rotations- und Offsetmaschinen bis hin zu großen Zeitungs-Rotationsmaschinen anzubieten, insoweit also (unsere) Marktstellung wesentlich zu verbessern». Hinzu kämen große Rationalisierungspotentiale durch Abstimmung der jeweiligen Fertigungsprogramme.[9] Darum sollten GHH und M.A.N. auch «alles daran setzen ..., die Mehrheit von F & S in die Hand zu bekommen».[10] Das war im Juli 1970 bewerkstelligt, als M.A.N. – gegen den Willen eines anderen Großaktionärs bei dem Offenbacher Unternehmen, der Gruppe Bankhaus Hengst & Co. – durch Erwerb zweier Aktienpakete im Austausch gegen M.A.N.-Vorzugsaktien eine

50,62-%-Mehrheit an der Roland Offsetmaschinenfabrik Faber & Schleicher übernehmen konnte. Der mit annähernd 40 Mio. DM ungewöhnlich hohe Preis wurde vom M.A.N.-Vorstand mit der großen Attraktivität der Firma gerechtfertigt.[11]

In der Tat kam mit dem 1871 von Louis Faber und Adolf Schleicher gegründeten Druckmaschinen-Hersteller ein sehr leistungsstarkes Unternehmen zu M.A.N., dessen Umsatz in den vergangenen Jahren rasant gestiegen war und 1969 mit rund 232 Mio. DM mehr als doppelt so hoch lag wie der des M.A.N.-Druckmaschinenbaus.[12] Die Produkte von Faber & Schleicher genossen auf dem Weltmarkt einen hervorragenden Ruf – ebenso wie die M.A.N.-Druckmaschinen aus Augsburg –, sodass hier zwei absolute Spitzen-Unternehmen eine enge Verbindung eingingen.

Anfang der zwanziger Jahre hatten sich die Offenbacher auf den Bau von Offsetmaschinen spezialisiert und 1925 mit der Roland-Schnellläufer-Offsetmaschine, die bis zu 4500 Bogen pro Stunde drucken konnte, neue Maßstäbe gesetzt. 1928 wurde die richtungweisende Zweifarben Roland RZS mit 5-Zylinder-Prinzip vorgestellt. Die 1964 herausgebrachte «Favorit» war mit einer Leistung von 10 000 Bogen/Stunde die seinerzeit modernste Offsetmaschine der Welt. Ein weiterer Meilenstein war die 1972 auf der DRUPA (Druckmaschinenmesse) vorgestellte Roland 800, die als weltweit erste Maschine 10 000 Bogen pro Stunde vierfarbig im Großformat drucken konnte.[13] Als eine Spitzenversion dieser Roland 800 1977 mit einem computergestützten Farb-Steuerungssystem ausgestattet wurde, war das elektronische Zeitalter im Druckmaschinenbau angebrochen und sollte sich bald zum bestimmenden Faktor der Entwicklung neuer Druckmaschinen entwickeln.

M.A.N.-Druckmaschinen hatten traditionell im Bereich Rollendruck immer wieder Maßstäbe gesetzt. So war die 1974 vorgestellte COLORMAN mit 62 Druckwerken die seinerzeit größte Rotationsdruckmaschine der Welt.[14]

Im Lauf der siebziger Jahre erhöhte M.A.N. seinen Aktienanteil an Faber & Schleicher, sodass es am 1. Juli 1979 zum vollständigen Zusammenschluss kam. Das fusionierte Unternehmen firmierte fortan als M.A.N. Roland Druckmaschinen AG mit Sitz in Offenbach. Es beschäftigte zum damaligen Zeitpunkt rund 4600 Mitarbeiter (3000 bei Roland in Offenbach, rund 1600 in Augsburg) und belegte mit einem Umsatzvolumen von zusammen rund 620 Mio. DM (1979) unter den weltweit führenden Druckmaschinen-Herstellern den zweiten Rang hinter der Heidelberger Druckmaschinen AG. Während in Augsburg der Schwerpunkt auf Rollenmaschinen lag, konzentrierte man sich in Offenbach (Gesamtumsatz 1978/79 rund 460 Mio. DM) traditionell auf Bogenmaschinen, insbesondere für größere Formate.[15] Mehr als 70 % der Produkte gingen in den Export.

Die Integration von Faber & Schleicher in die M.A.N. gestaltete sich allerdings aus verschiedenen Gründen nicht immer reibungslos. So gab es anfangs erhebliche Abstimmungsprobleme zwischen den Standorten Augsburg und Offenbach, unter anderem in Bezug auf Produktpalette und Fertigungstechnik. Es bestanden zahlreiche Überschneidungen bei den Produkten, bevor sich in Augsburg der eindeutige Schwerpunkt Rollendruck herausbildete, während man sich in Offenbach voll auf den dort seit jeher starken Bogendruck konzentrierte. In Augsburg wurde die letzte Bogenmaschine Ende der achtziger Jahre produziert.

Es kam hinzu, dass man in Offenbach – vom Markt verwöhnt – einige technische Entwicklungen längere Zeit unbeachtet gelassen hatte. Das betraf beispielsweise das neue 3-Zylinder-System bei Bogendruckmaschinen, das gegenüber dem in Offenbach bewährten 5-Zylinder-System für die Kunden nicht zuletzt Kostenvorteile beim Bedienungspersonal brachte. Die Einführung des 3-Zylinder-Systems beanspruchte dann erheblichen personellen und auch finanziellen Aufwand und führte zu gelegentlichen Spannungen zwischen den Mitarbeitern der beiden Standorte. Zudem stellte sich heraus, dass Offenbach insgesamt weniger rentabel produzierte, als ursprünglich kalkuliert. Auch ließen sich die angestrebten Synergie-Effekte nicht in dem Ausmaß und nicht so schnell realisieren, wie beim Zusammenschluss mit Faber & Schleicher erhofft. Die Probleme am Standort Offenbach wurden unter anderem dadurch verschärft, dass sich die dortigen Gewerkschaften bei tief greifenden Veränderungen, die auch den Abbau von Arbeitsplätzen einschlossen, einige Male querstellten. Diese – für den M.A.N.-Konzern eher untypischen – Dauerkonflikte zwischen Gewerkschaften und Management in Offenbach trugen dazu bei, dass bei der Integration von Faber & Schleicher erhebliche Reibungsverluste entstanden. Dass es auch ganz anders laufen kann, zeigte die 1990/91 erfolgte Übernahme des Plauener Druckmaschinenherstellers Plamag, eines ehemaligen DDR-Betriebs, die ohne größere Probleme – sieht man vom seinerzeit unausweichlichen Abbau von Arbeitsplätzen ab – vonstatten ging und sich zu einer ausgesprochenen Erfolgsgeschichte entwickelte (s. S. 457).

Gleichwohl konnten auch die Probleme zwischen Offenbach und Augsburg gemeistert werden, wenn es auch länger dauerte und mehr Geld kostete als ursprünglich geplant. M.A.N. Roland war und blieb eine der Säulen der M.A.N. und erzielte 1980/81 bei einem Umsatz von 689 Mio. DM (plus 106 Mio. DM im Vergleich zum Vorjahr) ein Ergebnis nach Steuern in Höhe von 12,4 Mio. DM. 1982 und 1983/84 kam es jedoch zu einem Ergebnisrückgang auf 2,8 bzw. 6,3 Mio. DM, der nicht zuletzt auf Auftragsrückgänge – vor allem bei Auslandsaufträgen – und Rentabilitätsprobleme beim Offenbacher Bogendruck zurückzuführen war. 1983 wurde deshalb in Offenbach über mehrere Monate Kurzarbeit gefahren.[16]

Nachdem der Umsatz bei M.A.N. Roland 1984/85 erstmals die Milliarden-

DM-Grenze überschritten hatte und der Gewinn auf 13,2 Mio. DM gestiegen war, setzte sich diese Aufwärtsentwicklung in den folgenden Jahren fort. 1989/90 betrug der Umsatz rund 2,1 Mrd. DM, der Jahresüberschuss 84,6 Mio. DM, wovon im Rahmen des Beherrschungs- und Gewinnabführungsvertrags rund 54 Mio. DM an die MAN AG abgeführt wurden. Der Exportanteil lag am Ende des Jahrzehnts bei mehr als 80 %.[17] Die Zahl der Mitarbeiter stieg bis Mitte 1989 auf rund 7100, davon rund 3100 in Augsburg und ca. 4000 in Offenbach.

Technologische Meilensteine bei MAN Roland

1962	M.A.N. Druckmaschinen stellt eine neue Generation von Rollenoffsetmaschinen für den Illustrationsdruck mit Heatset-Farben vor.
1974	Die COLORMAN ist mit 17 Rollenwechslern und 62 Druckwerken die größte Rotationsdruckmaschine Europas.
1977	Mit der Roland CCI wird die weltweit erste rechnerkontrollierte Farbregelungsanlage präsentiert.
1990	Die Roland 700 mit elektronischer PECOM-Leitstandtechnik begründet eine neue Generation von Bogenoffset-Druckmaschinen.
1995	Die 1965 erstmals vorgestellte LITHOMAN setzt u. a. mit frei programmierbarer Leitstandtechnik und einer Bahngeschwindigkeit von 15 m/sec neue Maßstäbe im Illustrations-Rollenoffset-Druck.
1996	Die Roland 900 verbessert mit zahlreichen elektronischen Elementen Druckgeschwindigkeit und Wirtschaftlichkeit.
1996	Die längste Zeitungsdruckanlage mit 250 Meter Länge wird von MAN Roland in Brasilien für die Zeitung «O Globo» gebaut.
2000	Vorstellung der ersten plattenlosen, digitalen Offset-Druckmaschine DICOWEO.

Zum Wachstum der achtziger Jahren trugen bei MAN Roland unter anderem mehrere Großaufträge internationaler Zeitungsverlage bei, so von Rupert Murdoch (Auftragsvolumen rund 850 Mio.), vom britischen Verleger Robert Maxwell sowie von Zeitungsverlagen in der Sowjetunion.

Rückblickend auf die sechziger und siebziger Jahre lässt sich feststellen, dass die in dieser Zeitspanne vorgenommenen Veränderungen innerhalb der GHH eine Abkehr von der bisherigen Konzernstrategie bedeuteten. Es ging nicht mehr wie unter Paul Reusch und auch noch in der Ära Hermann Reusch vor allem um innere Absatzsicherung, sondern um die Bildung schlagkräftiger, innovativer und ertragsstarker Einheiten für den Weltmarkt. Dies ging einher mit einer verstärkten Ausrichtung auf höherwertige, komplexere Produkte (Maschinen und Anlagen). Unabdingbar war dabei der Ausbau von Forschung und Entwicklung, da ein deutsches bzw. (west-)europäisches Unternehmen nur mit technologischen Spitzenprodukten auf dem Weltmarkt dauerhaft Erfolg haben konnte. Diese Entwicklung spiegelte sich auch in der Veränderung der Belegschaftsstruktur wider. Kamen Ende der sechziger Jahre im GHH-Konzern noch 256 Arbeiter auf 100 Angestellte, so waren es ein Jahrzehnt später nurmehr noch 185 auf 100.[18]

Übernahme der dänischen B & W Diesel

Anfang der achtziger Jahre erfolgte auch im Unternehmensbereich Diesel-Motoren in Augsburg, einer traditionellen Kern-Aktivität der M.A.N., eine strategisch bedeutsame Weichenstellung: die Übernahme des dänischen Schiffsmotoren-Herstellers B & W Diesel A/S, Kopenhagen. Für beide Partner war es eine sehr willkommene Verbindung, da sie half, ihre je eigenen aktuellen Probleme zu lösen. Etwas salopp gesagt – die dänische Burmeister & Wain brauchte Geld und die Diesel-Sparte von M.A.N. brauchte technologische Impulse, vor allem bei den Zweitaktmotoren.

Den ersten Kontakt hatte der Mehrheitsaktionär von Burmeister & Wain, Bonde Nielsen, im September 1979 durch einen Besuch beim damaligen Vorstandsvorsitzenden der M.A.N., Otto Voisard, hergestellt. Unumwunden schilderte Nielsen die prekäre Lage seines Unternehmens, das wegen der anhaltenden Krise des europäischen Schiffbaus in finanziellen Nöten steckte. Der Aufsichtsrat von Burmeister & Wain bot der M.A.N. darum an, die Aktienmehrheit zu übernehmen, «weil dies die einzige Möglichkeit ist, die A/S zu retten».[19]

Burmeister & Wain war nicht das erste und einzige Opfer einer Krise, die seit Beginn der siebziger Jahre zum rasanten Verfall der europäischen Schiffbau-Industrie geführt hatte. Noch Mitte der fünfziger Jahre wurden rund 80 % aller Schiffe auf westeuropäischen Werften gebaut (gerechnet nach BRT). Bis Anfang der achtziger Jahre sank dieser Anteil auf knapp 20 % und verringerte sich in den folgenden Dekaden weiter auf nur noch rund 10 % der Weltproduktion.[20] Der weitaus größte Teil aller Schiffe wurde nunmehr in Asien, vor allem in Japan und Südkorea produziert, was insbesondere an niedrigeren Kosten (u. a. geringere Löhne und Stahlpreise), aber auch am technologischen Gleichziehen dieser Industriestandorte lag. Die Folge waren Auftragseinbrüche und gewaltige Überkapazitäten bei den europäischen Werften, von denen viele in Konkurs gingen.

In Augsburg stieß das Angebot aus Kopenhagen auf offene Ohren, zumal M.A.N. über die benötigte Liquidität verfügte. Bedenken gab es allerdings wegen möglicher Widerstände der dänischen Regierung sowie in der Belegschaft von B & W Diesel gegen den Verkauf an ein ausländisches, und noch dazu ein deutsches, Unternehmen.[21] Tatsächlich erhoben dänische Gewerkschaften lautstarken Protest gegen den angeblichen Ausverkauf dänischer Interessen, sekundiert von Teilen der dänischen Presse, in der die M.A.N. unter anderem als diese «Stahlherren aus Süddeutschland» (so das Boulevardblatt *Ekstrabladet*) tituliert wurde.

Auch die dänische Regierung hatte starke Vorbehalte gegen die Veräußerung eines Stücks «Tafelsilber» der dänischen Industrie an ausländische Investoren und versuchte, heimische Interessenten zu finden; allerdings vergeblich. Von dieser etwas schrillen Begleitmusik ließen sich die Verhandlungspartner in Augsburg und Kopenhagen aber nicht beirren, da beide vom unternehmerischen Sinn einer engen Verbindung von M.A.N. und B & W Diesel überzeugt waren.

Am 22. Dezember 1979 wurde der Vertrag zur Neugründung eines Gemeinschaftsunternehmens mit dem Namen B & W Diesel A/S unterzeichnet, an dem M.A.N. und Burmeister & Wain jeweils 49,5 % der Aktien hielten. Schon wenige Monate später veräußerte Burmeister & Wain seinen Anteil an die M.A.N., die nun – nach Ausstieg eines Minderheitseigners – den dänischen Dieselmotorenhersteller vollständig übernahm.[22] Im März 1981 wurde eine gemeinsame Gesellschaft mit Namen M.A.N. B & W Diesel GmbH gegründet, aus der 1986 im Zuge der völligen Umstrukturierung des Konzerns das eigenständige Unternehmen MAN B & W Diesel AG wurde (ab 2006 MAN Diesel SE).[23] Erster Präsident, später Vorstandsvorsitzender von M.A.N. B & W Diesel wurde Gerrit Körte, ein gebürtiger Hamburger, dessen dänische Sprachkenntnisse und Vertrautheit mit der Mentalität des Landes sich in der nicht spannungsfreien Zusammenführungsphase, insbesondere in Gesprächen mit Belegschaftsvertretern, als großer Vorteil erwiesen.

Es war – wie erwähnt – eine Verbindung in gegenseitigem Interesse. M.A.N. profitierte dabei nicht zuletzt von der Kompetenz der Dänen auf dem Sektor der Zweitaktmotoren, auf dem Augsburg sowohl geschäftlich als auch technologisch ins Hintertreffen geraten war. Während B & W bei Lizenzen für Zweitakter einen Weltmarktanteil von rund 30 % hatte, lag der von M.A.N. lediglich bei rund 7 %. Die Dänen setzten dabei auf die zukunftsträchtigen Zweitakter mit Längsspülung, während M.A.N. in Augsburg weiterhin Zweitaktmotoren mit Umkehrspülung baute. Der Unterschied besteht im Verfahren, wie die Abgase mittels zugeführter Frischluft aus dem Zylinder «gespült» werden. Bei der Umkehrspülung macht das Luft-Abgas-Gemisch einen längeren Weg als bei der Längsspülung, bei der das Luft-Abgas-Gemisch an einem oben angebrachten Ventil austritt. Auch beim Kraftstoffverbrauch, ein nach den beiden Ölkrisen von 1973 und 1979/80 entscheidendes Kaufkriterium für die Kunden, zeigte sich

Abb. 71 Dieselmotor für das Passagierschiff «Queen Elizabeth II.»

der längsgespülte Motor überlegen. Somit schien der M.A.N.-Zweitaktmotor keine Zukunft mehr zu haben.[24]

Gemäß dem Prinzip «die Stärken stärken» wurde daher beschlossen, den Zweitaktmotor ganz auf den dänischen Standort zu konzentrieren, während Viertaktmotoren vornehmlich in Augsburg konstruiert und gefertigt wurden. Darüber hinaus sollte Augsburg auch bei Wärmepumpen und Blockheizkraftwerken federführend sein.

Ungeachtet anfänglicher Schwierigkeiten zeigten sich bald die positiven Effekte der Übernahme von B & W Diesel durch die M.A.N. in puncto Fertigungskapazität, technologische Kompetenz und Vertriebsstrukturen. Forschung und Entwicklung waren bald koordiniert und Parallelstrukturen bereinigt, wodurch die Effektivität deutlich gesteigert wurde. 1981 hatte M.A.N. B & W Diesel einschließlich der Lizenznehmer bei Zweitakt-Schiffsmotoren einen weltweiten Marktanteil von 51 %, bei Viertaktmotoren von 17 %, und wurde zum weltweit führenden Produzenten großer Zweitakt- und Viertakt-Schiffsmotoren.

Tab. 47: Umsatz des GHH-Konzerns (1969–1980, in Mrd. DM)

1969/70	6,344
1970/71	7,145 (davon M.A.N. 2,657)
1971/72	7,618 (davon M.A.N. 3,413)
1972/73	8,823
1973/74	10,450 (davon M.A.N. 3,633)
1974/75	9,877 (davon M.A.N. 4,007)
1975/76	11,073 (davon M.A.N. 4,945)
1976/77	12,070
1977/78	12,400
1978/79	13,600
1979/80	15,417

Absatzkrise und Neustrukturierung von M.A.N. Diesel

Anfang der achtziger Jahre verschlechterte sich jedoch die weltwirtschaftliche Gesamtlage, was die Krise in der Schiffbau-Industrie und damit auch die Probleme der Motorenhersteller weiter verschärfte. Aufgrund eines dramatischen Rückgangs der Absatzzahlen, der einherging mit einem rasanten Preisverfall, entstanden an den Standorten von M.A.N. B & W Diesel enorme Überkapazitäten. Auch der Markt für stationäre Dieselmotoren für Kraftwerke war rückläufig, sodass dieses Produktsegment die Einbrüche beim Schiffsdiesel nicht kompensieren konnte.

Um in dieser bedrohlichen Lage den Bereich Dieselmotoren der M.A.N. zu sichern und wieder auf Kurs zu bringen, waren ab 1983 einschneidende Maßnahmen notwendig. Für den Standort Augsburg wurde ein neues Strukturkonzept mit der Bezeichnung «Augsburg 90» ausgearbeitet und ab 1985 schrittweise umgesetzt. Es führte auf der einen Seite zu einer Verringerung der Betriebsfläche um nahezu 40 %, andererseits zu einem Rationalisierungs- und Modernisierungsschub, da mit hohem Investitionsaufwand der Fertigungsablauf optimiert, der Maschinenpark großenteils erneuert und computergestützte Verfahren in sämtlichen Bereichen, von der Konstruktion und Produktionssteuerung bis zur Verwaltung, ausgebaut bzw. neu eingeführt wurden. Parallel dazu erfolgte eine Straffung des (Viertakt-)Motorenprogramms von acht auf fünf Typen. Die Sanierungsmaßnahmen führten in Augsburg aber auch zum Abbau von insgesamt mehr als 1500 Arbeitsplätzen, wobei der größte Teil der Personalmaßnahmen durch Vorruhestand und Abfindungsverträge geregelt wurde. Die Zahl der Mitarbeiter von M.A.N. B & W Diesel sank von 1982/83 bis 1986/87 von rund 7900 auf rund 5300, an den deutschen Standorten von 5160 auf rund 3200.[25]

Einschneidender noch als in Augsburg waren die Sanierungsmaßnahmen am Standort Hamburg. Dort wurde die Fertigung von Dieselmotoren und Ersatzteilen Ende 1983 ganz eingestellt, wovon rund 650 der insgesamt 1100 Arbeitsplätze betroffen waren. In Hamburg verblieben auf einer um fast drei Viertel reduzierten Betriebsfläche das Reparaturgeschäft, das Regenerieren von Motorteilen sowie der Brennerbau.

Um diese Sanierungsmaßnahmen gab es heftige Auseinandersetzungen mit den Gewerkschaften, in deren Verlauf im Juni 1993 mehrere Hundert Beschäftigte von Hamburg nach Augsburg kamen, um vor der M.A.N.-Zentrale in Augsburg gegen die Schließungspläne zu protestieren.[26] Die Unternehmensleitung hielt jedoch an ihren Plänen fest. Auch die dänischen Standorte blieben von Sanierungsschnitten nicht verschont. So wurden etwa 1986 die Herstellung großer Zweitaktmotoren in Kopenhagen eingestellt, dafür aber die Komponenten- und Ersatzteilfertigung erweitert und modernisiert sowie mit erheblichem Finanzaufwand Entwicklungs- und Versuchsanlagen für Zweitaktmotoren errichtet.[27]

So einschneidend und für die Betroffenen oft schmerzhaft die Sanierungsmaßnahmen waren, für den Bestand der M.A.N.-Dieselmotorensparte in der weltweiten Schiffbau-Krise der achtziger Jahre waren sie wohl unumgänglich. 1988/89 konnte erstmals wieder ein bescheidener Gewinn von 800 000 DM erwirtschaftet werden. In diesem Jahr erwarb B & W Diesel zusammen mit MTU Friedrichshafen vom französischen Alstom-Konzern eine Mehrheit des französischen Dieselmotorenherstellers S.E.M.T. Pielstick, der an den Standorten St. Nazaire, St. Denis und Jouet vornehmlich schnelllaufende und mittelschnelllaufende Dieselmotoren zwischen 1000 und 30 000 PS Leistung herstellte. Damit kehrte quasi ein Stück Geschichte nach Augsburg zurück, hatte doch der Gründer des Unternehmens, der deutsche Ingenieur Gustav Pielstick, zwischen 1911 und 1945 bei M.A.N. gewirkt und dort einige bahnbrechende Entwicklungen, insbesondere beim Bau von Zweitakt-Motoren für große Marineschiffe, verantwortet.[28]

Technologische Meilensteine von MAN Diesel

1975	Präsentation des weltweit leistungsstärksten Viertaktmotors V 65/65
1982	Vorstellung des ersten Zweitaktmotors mit einem Wirkungsgrad von mehr als 50 %
1987	Lieferung von neun Viertakt-Dieselmotoren vom Typ L 58/64 mit einer Gesamtleistung von 96 615 KW (130 000 PS) für das Passagierschiff «Queen Elizabeth 2». Es handelt sich um den weltweit größten diesel-elektrischen Antrieb für ein ziviles Schiff.
1992/93	In China baut MAN B & W Diesel die größte Dieselkraftstation der Welt mit 15 Viertaktmotoren L 58/64 und einer Leistung von 179 MW.

1999 Bau des weltweit größten Zweitakt-Dieselmotors mit 93 350 PS (68 640 KW)

2005 MAN Diesel präsentiert den ersten Viertakt-Großdieselmotor 32/44 CR mit Common Rail-Technik. (Direkteinspritzung mit gemeinsamer Hochdruckleitung («common rail»). Einspritzvorgang erfolgt elektronisch gesteuert versetzt, mehrmals hintereinander. Dadurch werden u. a. eine optimale Verbrennung und ein ruhigerer Motorlauf erzielt.)

Der Geschäftsbericht 1989/90 wies bereits einen Überschuss von rund 25 Mio. DM aus. Die 1984 aus dem «Unternehmensbereich Diesel» in ein eigenständiges Unternehmen umgewandelte MAN B & W Diesel AG führte davon 22 Mio. DM an die Konzernmutter MAN AG ab. 1990/91 betrug der Überschuss 55,7 Mio. DM. Das Unternehmen zählte nunmehr insgesamt rund 6500 Mitarbeiter, die einen Umsatz von 1,68 Mrd. DM erwirtschafteten.

6 Von der GHH zur MAN AG: Krise und Umstrukturierung (1983–1986)

1982/83 geriet der GHH-Konzern in eine tief greifende Krise. Der Schwerpunkt der Probleme lag dabei offenkundig im Bereich der M.A.N. AG und bei kabelmetal, wo sich erhebliche Verluste angehäuft hatten. Auf der Hauptversammlung des GHH Aktienvereins im Februar 1983 musste zum Ärger der Aktionäre eine Dividendenkürzung beschlossen werden. Der Aktienkurs der GHH war von Mitte 1982 bis Mitte 1983 von 210 auf 150 DM gefallen, das M.A.N.-Papier gegen den positiven Trend der deutschen Börsen um rund 30 % abgesackt. Zwar hatte sich das wirtschaftliche Umfeld nach der zweiten Ölkrise 1979/80 aufgrund einer Rezession in den USA, erheblichen Zahlungsproblemen der Staaten der Dritten Welt und einer deutlichen Eintrübung der westdeutschen Binnenkonjunktur insgesamt verschlechtert. Doch die meisten Probleme des GHH-Konzerns waren nach Überzeugung von Beobachtern hausgemacht.

In den Zeitungen erschienen alarmierende Berichte, die nicht nur die aktuellen Schwierigkeiten der GHH darstellten, sondern die Zukunft des gesamten Konzerns in düsteren Farben malten. So schrieb das *Manager-Magazin* im März 1983, dass der GHH-Konzern «renovierungsbedürftig (ist). In wichtigen Konzernteilen fehlt es an unternehmerischer Führung, an einer klaren Strategie.»[1]

Die Kritik richtete sich vor allem gegen verkrustete, ineffiziente Konzern-Strukturen und den Mangel an hochmodernen Produkten im Bereich der Mikroelektronik. Im Zentrum der Kritik stand dabei die M.A.N. AG, die Mitte 1982 tief in die roten Zahlen gerutscht war und in den Geschäftsjahren 1982/83 und 1983/84 rund 550 Mio. DM Verluste angehäuft hatte. Diese wurden teilweise ausgeglichen durch Rückgriff auf stille Reserven und die Entnahme aus freien Rücklagen, was jedoch zu Lasten der Unternehmenssubstanz ging.[2] Besondere Probleme zeigten sich im Bereich Nutzfahrzeuge. Bereits im Juni 1982 musste GHH-Chef Lennings dem Aufsichtsrat des GHH AV mitteilen, dass beim «Omnibusgeschäft sich … die Absatzlage so verschlechtert [hat], dass Rationalisierungsmaßnahmen nicht mehr ausreichen, den Erlösverfall abzufangen».[3]

In den folgenden Monaten verschärften sich insbesondere in der Lkw-Sparte, die seinerzeit bei M.A.N. immerhin für fast die Hälfte des Gesamtumsatzes stand, die Schwierigkeiten. So erwies sich ein Großauftrag des Irak als großes Verlustgeschäft. Ein anderes Nahost-Geschäft war ganz geplatzt, sodass rund 6000 Lkw «auf Halde lagen». Auch hatte der Markteinstieg in Frankreich viel Geld gekostet, ohne die erhofften Absatzzahlen zu erbringen. Zudem brach in der Bundesrepublik infolge einer Konjunkturkrise die Nachfrage nach Nutzfahrzeugen ein. Von 1982 auf 1983 musste die Produktion von Lkw über 9 t Gesamtgewicht von rund 22 000 auf knapp 13 500 zurückgefahren werden.[4]

Eine Krise bei M.A.N. aber musste schwerwiegende Auswirkungen auf den Gesamtkonzern haben, war M.A.N. doch mit damals rund 75 % der Mitarbeiter und mehr als 40 % des Gesamtumsatzes das absolute Schwergewicht innerhalb der GHH. Anfang der fünfziger Jahre hatte der Umsatzanteil der M.A.N. noch rund 25 % betragen. Dies zeigt, wie stark sich seither der Schwerpunkt der GHH auf den Maschinen- und Fahrzeugbau und damit auf den Konzernteil M.A.N. verlagert hatte.

Im Verlauf der Krise wuchsen bei einem der Hauptanteilseigner, der «Regina», in die Allianz, Münchener Rück und Commerzbank ihre mehr als 30 % Anteile an der GHH eingebracht hatten, die Zweifel, ob die bisherige Konzernspitze um Manfred Lennings in der Lage sein würde, die notwendigen Maßnahmen zu ergreifen.[5] Ein von Lennings ausgearbeitetes Sanierungskonzept stieß vor allem bei den Vertretern der Regina – und dort insbesondere beim früheren Commerzbank-Chef Paul Lichtenberg – auf Ablehnung.

Auf einer dramatischen Sitzung am 8. November 1983 entschied sich der GHH-Aufsichtsrat für einen personellen Neuanfang. Neuer Vorstandsvorsitzender des GHH AV wurde insbesondere auf Wunsch der Vertreter von Allianz und Commerzbank der 51-jährige Jurist Dr. Klaus Götte. Als Vertreter der Allianz saß Götte bereits seit einiger Zeit im Aufsichtsrat von M.A.N. und war deshalb mit den schwierigen Verhältnissen bestens vertraut. Zudem hatte er in den vergangenen Monaten auf Bitten der Allianz bereits mögliche Sanierungskonzepte für M.A.N. erarbeitet.

Auch im Aufsichtsrat gab es in diesem Zusammenhang wichtige Veränderungen. Klaus Haniel, Sprecher der Eigentümerfamilie, legte sein Amt als Vorsitzender des Aufsichtsrats nieder, entgegen dem ausdrücklichen Wunsch des neuen Konzernchefs. Neuer Aufsichtsratsvorsitzender wurde Matthias Seefelder, Vorstandsvorsitzender der BASF.

Der neue Mann an der GHH-Spitze war ein ausgewiesener Finanzexperte, der aber auch den industriellen Bereich aus seiner bisherigen Berufserfahrung sehr gut kannte. Klaus Götte, Jahrgang 1932, hatte in Göttingen Rechtswissenschaften studiert und 1955 mit einer Arbeit über «Die völkerrechtliche Stellung der UNO» promoviert. Es drängte ihn aber in die Wirtschaft, und so trat er 1955 in das renommierte Düsseldorfer Bankhaus C. G. Trinkaus ein, wo er zum Leiter der Auslandsabteilung aufstieg. Anfang 1968 wechselte Götte als Chef der Finanzabteilung zu Friedr. Krupp nach Essen. Vier Jahre später folgte er einem Angebot, Finanzvorstand bei der in München ansässigen Allianz zu werden. Als Mitglied des Regina-Kreises, dem führende Vertreter von Allianz und Commerzbank sowie Mitglieder der Eigentümerfamilie Haniel angehörten, und Aufsichtsratsmitglied bei M.A.N. erhielt Götte fortan genaue Einblicke in die Entwicklung des GHH-Konzerns und seines größten Tochterunternehmens. 1980 wechselte er das Wirkungsfeld und wurde stellvertretender Vorsitzender der Geschäftsführung der Friedrich Flick Industrieverwaltung in Düsseldorf. 1982 verließ er dieses Unternehmen wieder und arbeitete als freier Berater und Mitglied in zahlreichen Aufsichtsräten, wobei der enge Kontakt zur Allianz stets erhalten blieb. Diese Fähigkeit von Klaus Götte, als Finanzfachmann und erfahrener Industriemanager in «beiden Sätteln zu reiten», mochte bei seiner Berufung zum neuen GHH-Chef eine wesentliche Rolle gespielt haben. Denn beide Kompetenzen waren bei der anstehenden Sanierung der GHH in hohem Maße gefragt.

Die Problemanalyse ergab, dass es mit einzelnen Sanierungsschritten innerhalb der bestehenden Strukturen nicht getan sein würde. Notwendig war ein grundsätzliches Umsteuern und die Neustrukturierung des Traditionskonzerns. Mit der Krise von 1982/83 wurde nämlich unübersehbar, dass sich die GHH im Laufe der Jahrzehnte zu einem kaum mehr steuerbaren Unternehmenskonglomerat entwickelt hatte. In diesem bloß «faktischen Konzern» lag die unternehmerische Verantwortung nahezu vollständig bei den Vorständen der Einzelunternehmen. Sie führten das operative Geschäft und trafen auch

Grafik 26 Konzernstruktur 1982

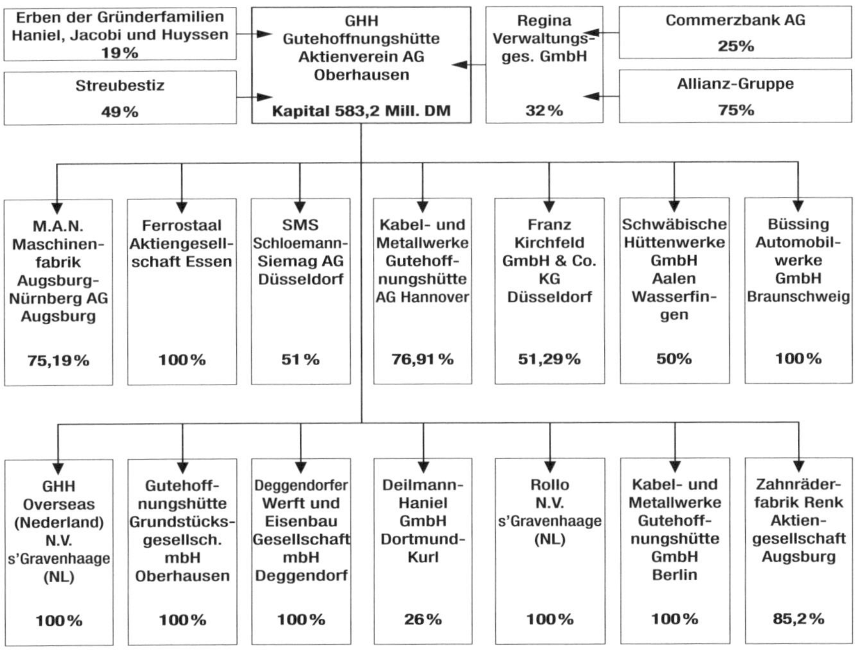

strategische Entscheidungen weitgehend selbstständig, etwa über die Entwicklung der Produktpalette oder den Zu- bzw. Verkauf von Tochtergesellschaften.

Die Obergesellschaft GHH Aktienverein verfügte bei den Konzerngesellschaften nur über qualifizierte Mehrheiten (Ausnahme u. a. die 100-%-Tochter Ferrostaal), sodass ihre Einflussmöglichkeit dementsprechend eingeschränkt war und zumeist nur über die Wahrnehmung von Aufsichtsratsmandaten realisiert wurde. So waren die Vorstände der Einzelgesellschaften in der Regel nicht weisungsgebunden, ungeachtet bestehender Beherrschungs- und Gewinnabführungsverträge mit der GHH AV. Als weitere Folge dieser dezentralen Konzernorganisation verfügte die Holding GHH Aktienverein über keine eigenen Ressourcen, um Investitionen in den Konzernteilen strategisch zu lenken.

Von der GHH-Spitze ging also keine strategische Führung in dem Sinne aus, dass beispielsweise Entwicklungs- und Synergiepotentiale zwischen Teilunternehmen erkannt und generiert werden konnten. Hinzu kam, dass die Kommunikation innerhalb des Konzerns überaus schwerfällig war, sodass die Oberhausener Zentrale von negativen Entwicklungen bei Teilunternehmen erst mit Verspätung und oft unvollständig erfuhr. Zudem war mit der immer gewichtigeren M.A.N. einschließlich ihrer Tochterunternehmen faktisch ein «Konzern im Konzern» entstanden, mit teils rechtlich selbstständigen Bereichen wie beispielsweise M.A.N. Roland und Betriebsabteilungen, z. B. Nutzfahrzeuge, und mit einem eigenen Aktionärskreis. Dies alles hatte zur Herausbildung eines doppelstufigen Konzernaufbaus geführt.[6] Eben diese «föderale Struktur» des GHH-Konzerns,[7] die seinerzeit weder GHH-Chef von Menges noch sein Nachfolger Lennings angetastet hatten, offenbarte sich nun als Hemmnis für eine flexible, den Erfordernissen eines sich zunehmend internationalisierenden Marktes angepasste Konzernpolitik.

Es galt also, einen Weltkonzern mit über 200-jähriger Tradition neu aufzustellen – eine nicht eben kleine Aufgabe, an deren schrittweise Bewältigung sich Klaus Götte ab Ende 1983 nach gründlichen Vorarbeiten machte.

Vordringlich war die Sanierung der angeschlagenen M.A.N., vor allem ihre Ausrichtung auf veränderte Marktbedingungen. Dies ging nicht ohne schmerzliche Einschnitte ab, die innerhalb von zwei Jahren u. a. zur Streichung von rund 11 000 Arbeitsplätzen führten. Jedes Geschäftsfeld wurde auf den Prüfstand gestellt. Dr. Götte im Rückblick: «Das war nicht bei jedem Feld gleich. Beim Lkw sah ich die geringsten Probleme. In diesem Bereich ging es mir darum, ob wir in Größenordnungen kommen können, in denen wir das Geschäft nachhaltig kostendeckend und gewinnbringend tragen können bei der Wettbewerbssituation, die es nun mal gab. Bei den Schiffsmotoren hatte ich auch keine Zweifel, dass wir es schaffen können, wenn wir das Entwicklungstempo beschleunigen. Für meine positive Entscheidung kam hinzu, dass es überhaupt nur zwei Großmotorenhersteller von Weltrang gab, nämlich M.A.N. und Sulzer mit damals je 45 % Marktanteil.»[8] Bei den Druckmaschinen erkannte Götte schon größere Probleme, nicht zuletzt wegen des technologischen Nachholbedarfs im Bereich Bogenmaschine. Letztlich hielten er und seine Mitarbeiter diese Schwierigkeiten bei den Druckmaschinen aber in einem akzeptablen Zeitrahmen für überwindbar. Auch der Bereich Turbomaschinen erfüllte jene Kriterien, auf die es Götte ankam: nachhaltige Gewinnchancen über einen Zeitraum von mindestens 20 Jahren sowie technologische Spitzenstellung und Systemkompetenz. Das bedeutete: Konzentration der Aktivitäten auf Geschäftsfelder, in denen die M.A.N. System- und Marktführerschaft (unter den ersten drei) bereits hatte oder in absehbarer Zeit erlangen konnte.

Andere Bereiche hingegen passten nicht mehr ins Konzept eines von Grund auf erneuerten GHH-Konzerns. So war MTU genau betrachtet gar kein Triebwerkhersteller, sondern Komponentenzulieferer für Triebwerke, dessen Fertigungsanteil kaum über 10 % lag. Götte: «Ich habe damals gefragt, wie viel Geld ich in die Hand nehmen muss, um daraus einen richtigen Triebwerkebauer zu machen. Es kam dabei ein Milliardenvolumen heraus.» Das war ein zu hoher Betrag, um auf diesem Feld tatsächlich Systemkompetenz zu erlangen, und so entschloss sich Götte 1985 zum Verkauf des 50-%-Anteils der M.A.N. für rund 470 Mio. DM an Daimler-Benz.[9]

Überschattet war die Transaktion von einem tragischen Ereignis. Kurz bevor der Verkauf an Daimler-Benz realisiert wurde, wurde der Vorstandsvorsitzende von MTU, Ernst Zimmermann, am 1. Februar 1985 von Terroristen ermordet. Die Hintergründe des Mordanschlags konnten nie geklärt werden.

Zu den weiteren in den folgenden Jahren aufgrund der genannten Kriterien veräußerten Unternehmensbereichen gehörten kabelmetal (an ein italienisches Unternehmen verkauft) sowie die Sparten Kraftwerke (an Alstom), Aufzüge (an Thyssen) und Schienenfahrzeuge (an die AEG). Interessanterweise ging der Trend bei den großen deutschen Industrieunternehmen seinerzeit – Mitte der achtziger Jahre – gerade in die entgegengesetzte Richtung, nämlich zur Ausweitung der Geschäftsfelder. So begann man beispielsweise bei Daimler-Benz gerade den Traum vom «integrierten Technologiekonzern» zu träumen. Götte: «Ich schwamm mit meinem Programm glatt gegen den Strom – in Richtung Kernkompetenzen und Abschneiden der Diversifikationsfelder.»

Die – zum Teil schmerzhaften – Sanierungsschnitte zeigten bald Erfolg. Bereits für das Geschäftsjahr 1984/85 verbuchte die GHH nach zwei Verlustjahren (1982/83: –83,9 Mio. DM; 1983/84: –58,8 Mio. DM) wieder einen bereinigten Gewinn von 128 Mio. DM. Der Hauptversammlung konnte für 1984/85 eine auf 5,50 DM (11 %) erhöhte Dividende vorgeschlagen werden, nachdem die Dividenden in den vorangegangenen zwei Jahren größtenteils aus Rücklagen gezahlt worden waren.[10]

Vom «faktischen Konzern» zum Vertragskonzern: Aus GHH wird MAN AG

Was nun anstand, war die vollständige Umstrukturierung des Konzerns, der einen neuen Aufbau und auch einen neuen Namen – MAN statt GHH – erhielt. Die Veränderungen waren so gravierend, dass man mit einigem Recht von einer «zweiten Konzerngründung nach der durch Paul Reusch» sprechen kann.[11]

In einem ersten Schritt wurden zum 1. Juli 1985 die M.A.N.-Unternehmensbereiche Nutzfahrzeuge, Maschinen und Anlagen sowie Neue Technologie in rechtlich selbstständige Gesellschaften ausgegliedert. Dies waren die M.A.N. Nutzfahrzeuge GmbH, die M.A.N. Gutehoffnungshütte GmbH und die M.A.N. Technologie GmbH. Diese Gesellschaften wurden ebenso wie die bereits selbstständigen Bereiche M.A.N.-Roland AG und M.A.N. B & W Diesel GmbH durch Beherrschungs- und Gewinnabführungsverträge mit der Obergesellschaft M.A.N. AG verbunden.

Damit war in einer ersten Zwischenstufe aus der M.A.N. eine reine Holding geworden.

Der Weg war nun frei für eine Umstrukturierung des Konzerns, die vier Hauptziele verfolgte:

- die Doppelstufigkeit in der Führungsstruktur zu beseitigen
- die Verantwortung für Beschaffung und den Einsatz von Kapital in die Hände einer zentralen Leitung zu legen
- den bislang «faktischen Konzern» in einen Vertragskonzern umzuwandeln
- strategische und operative Verantwortung (bei den Einzelunternehmen) zu trennen.

Auf diese Weise sollte ein «Durchgriffsrecht» der Konzernzentrale geschaffen werden, das es dieser ermöglichte, nach innen strategische Entscheidungen – über Investitionen, Produktprogramme etc. – durchzusetzen und nach außen – gegenüber den Kapitalgebern – als verantwortliche Instanz für die Verwendung der eingebrachten Gelder aufzutreten.[12]

Im weiteren Verlauf dieses Umstrukturierungsprozesses wurden zunächst sämtliche Beteiligungen der GHH daraufhin untersucht, ob sie sich unter einer einheitlichen Leitung zusammenfassen ließen. Bejaht wurde dies für die ausgegliederten und verselbstständigten Unternehmen der M.A.N., sowie für Ferrostaal, die Zahnräderfabrik RENK wie auch für die Deggendorfer Werft und Eisenbau (DWE). Diese acht Unternehmen wurden im sog. Kernkonzern zusammengefasst.

Die weiteren wesentlichen Beteiligungen der GHH – kabelmetal, Schloemann-Siemag (SMS) und Schwäbische Hüttenwerke (SHW) – zeigten sich wegen ihrer anders gearteten Produkte und der geringen Einflussmöglichkeiten

Abb. 72 Klaus Götte (stehend) auf einer Bilanz-Pressekonferenz mit den engen Mitarbeitern Franz Breitenstein (l.) und Manfred Plath (r.)

als nicht geeignet, in die Gesamtleitung einbezogen zu werden. Sie blieben darum in der bisherigen Weise mit dem Konzern verbunden.

Als nächster Schritt zur Herstellung eines einheitlichen Leitungsverbundes verblieb die Zusammenführung der Holding GHH Aktienverein AG mit der bisherigen Zwischenholding M.A.N. – Maschinenfabrik Augsburg-Nürnberg AG.

Nach reiflicher Überlegung und Beratung mit Vertretern der Hauptaktionäre, darunter vor allem die Allianz, erfolgte die entscheidende Maßnahme: Zum 1. Januar 1986 wurde die M.A.N. auf den GHH Aktienverein verschmolzen. Die neu entstandene Holding erhielt sodann den Namen MAN Aktiengesellschaft, was ganz der inneren Logik entsprach. Die «Pünktchen» wurden aus dem Firmennamen gestrichen. Der Sitz dieser neuen Obergesellschaft wurde von Oberhausen nach München verlegt.

In seiner Sitzung vom 20. September 1985 stimmte der Aufsichtsrat des GHH AV dem von Klaus Götte vorgelegten Verschmelzungskonzept zu.[13] Die konkrete Ausführung der Verschmelzung erfolgte durch Erhöhung des Grundkapitals der neuen Obergesellschaft um 91,3 Mio. DM auf 674,5 Mio. DM. Die MAN-Aktionäre erhielten neue Aktien im Umtauschverhältnis 7:6.

Nunmehr hatte die MAN AG einen einheitlichen, den Konzern leitenden Vorstand, der dem Aufsichtsrat und einem Aktionärskreis verantwortlich ist, aus dem sich die ursprüngliche Eigentümerfamilie Haniel 1985 endgültig zurückzog. Die einzelnen Konzernunternehmen behielten die Verantwortung im operativen Geschäft, während die Konzernzentrale sich fortan auf strategische Planung, Investitionsentscheidungen, Finanzmanagement und Controlling konzentrierte. Die Konzerngesellschaften (zunächst als GmbH, ab 1988 als AGs) wurden eigenständige Einheiten, zwischen denen es keine Querfinanzierungen mehr gab. Götte: «Mit dieser Finanzhoheit konnte die Zentrale Geld dahin steuern, wo es für eine sinnvolle und beschleunigte Entwicklung notwendig war, und nicht in falsche Ecken.»[14]

Mit einem Umsatz von rund 15 Mrd. DM lag die neue MAN AG zwei Jahre nach der Verschmelzung bei den deutschen Maschinen- und Anlagenbauern

Grafik 27 Der GHH-Konzern 1984/85, vor der Neustrukturierung

auf dem dritten Rang, hinter Thyssen und Mannesmann, vor Krupp und dem Salzgitter-Konzern.[15] Die Verteilung des Umsatzes zeigt dabei deutlich, wie stark sich das Schwergewicht innerhalb der MAN AG auf die Nutzfahrzeugsparte verlagert hatte.

Tab. 48: Umsatz 1987/88 (in Mrd. DM)[16]

Nutzfahrzeuge	4,2
Großdieselmotoren	0,7
Maschinen	3,7
Industrieanlagengeschäft	2,9
NE-Metallverarbeitung	1,0
Eisen-Stahl-NE-Metallhandel, Stahlverformung	2,5
Gesamt	15,0

Im Zuge dieser Neuordnung wurde auch die Konzernzentrale im Juni 1986 von Oberhausen nach München verlegt. Das war insofern folgerichtig, als mittlerweile rund 75 % der Mitarbeiter mehr als die Hälfte des Konzernumsatzes an Standorten in Süddeutschland erwirtschafteten. Bei der Wahl Münchens als neuer Unternehmenssitz – und nicht einer der traditionellen Standorte Augsburg oder Nürnberg – spielte u. a. eine Rolle, dass die bayerische Landeshauptstadt ein Finanzplatz, Zentrum technologischer Entwicklung und nicht zuletzt verkehrsgünstig gelegen war.

Für Oberhausen bedeutete der Umzug der Unternehmenszentrale das Ende einer Epoche, stand doch hier die Wiege der alten Gutehoffnungshütte und damit der gesamten Ruhrindustrie. Oberhausen blieb jedoch als Standort der MAN Gutehoffnungshütte AG (später MAN TURBO) erhalten, und damit verblieb auch ein Stück GHH- bzw. MAN-Tradition im Ruhrgebiet.[17]

Nicht alle Führungskräfte der «alten» M.A.N. AG waren mit den neuen Konzepten und Strukturen völlig einverstanden, wobei mitunter auch persönliche Spannungen und Eifersüchteleien eine Rolle spielen mochten. So verließen etwa der Vorstandsvorsitzende der M.A.N. in Augsburg, Otto Voisard, und sein Vorstandskollege Gerd Wollburg das Unternehmen. Die große Mehrheit der Mitarbeiter in Leitungspositionen stand jedoch hinter den von Götte konzipierten und umgesetzten Neuerungen, deren betriebswirtschaftlicher wie strategischer Nutzen sich auch bald an steigenden Umsatz- und Ertragszahlen ablesen ließ.

Die Sanierung und Neuaufstellung des Konzerns ab 1983/84 erforderten allerdings auch tief greifende Anpassungsmaßnahmen, die unter anderem zum Abbau von insgesamt rund 11 000 Arbeitsplätzen innerhalb von zwei Jahren führten. Dagegen erhoben die Gewerkschaften zum Teil scharfen Protest. An mehreren Standorten kam es zu Arbeitsniederlegungen, die am Umfang der

Grafik 28 Konzernstruktur 1986

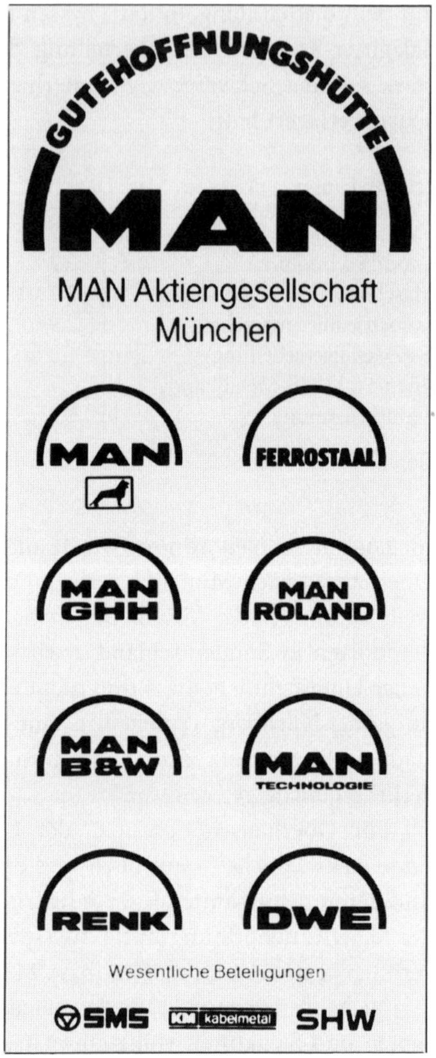

Anpassungen jedoch wenig änderten. Die Kosten der Maßnahmen – Sozialpläne, Abfindungen etc. – beliefen sich auf insgesamt rund 270 Mio. DM.[18]

Erfolgsmodelle F 90 und F 2000

Am raschen Wiederaufstieg des völlig neu strukturierten, nunmehr unter MAN AG firmierenden Maschinenbau-Konzerns ab Mitte der achtziger Jahre hatten die Nutzfahrzeuge einen wesentlichen Anteil. Eine Kombination aus Rationali-

Tab. 49: Belegschaft Gesamt-Konzern GHH AV/ab 1986 MAN AG[19]

1969/70	95 810
1970/71	94 969
1971/72	93 122
1972/73	90 445
1973/74	90 290
1974/75	88 857
1975/76	85 771
1976/77	84 900
1977/78	84 350
1978/79	84 590
1979/80	86 000
1980/81	86 900
1981/82	86 980
1982/83*	62 670
1983/84	57 385
1984/85	54 887
1985/86	55 999
1987	52 229

* Bei den Zahlenangaben ist zu beachten, dass bis 1981/82 auch sämtliche Beteiligungen der GHH – einschließlich 50-%-Beteiligungen und darunter – in die Berechnung eingingen. Ab 1983 basierte die Statistik auf den konsolidierten Gesellschaften. Die Zahlen vor und nach 1983 sind also nur bedingt vergleichbar.

sierungen der Betriebsabläufe, Kostensenkungen und vor allem neue Modellreihen mit zukunftsweisenden Technologien sorgten dafür, dass die Sparte Nutzfahrzeuge bald wieder sehr gute Ergebnisse erzielte. Eine entscheidende Rolle spielte dabei der Schwerlastwagen F 90, der 1986 in Garmisch-Partenkirchen in einer aufwendigen Inszenierung der Öffentlichkeit vorgestellt wurde. Das unter Federführung von Technik-Chef Dr. Klaus Schubert neu entwickelte Fahrzeug wies eine Reihe technischer Neuerungen auf, die Fachjournalisten, Kunden und Fahrer gleichermaßen überzeugten. Ein Jahr nach seiner Premiere wurde der F 90 zum «Truck of the Year» gewählt.

Im Jahr 1988 wurde auch die Reihe der mittelschweren Lkw durch den M 90 erneuert. 1994 kam die weiterentwickelte Reihe F 2000 heraus, deren Motoren bereits mit elektronisch geregelter Einspritzung ausgestattet waren, wodurch die Abgaswerte – ein immer wichtigeres Thema im Lkw-Bau – deutlich gesenkt werden konnten. Damit erfüllte der F 2000 die strenge Abgasnorm Euro II. Ab 1998 genügte die neueste Motorengeneration (elektronische Einspritzung und Abgasrückführung) bereits der strengeren Norm Euro III.[20] Auch der F 2000 wurde als «Truck of the Year» (1995) ausgezeichnet.

Mit dem 1998 im F 2000 «Evolution» erstmals eingebauten Motor D 28 beschritten die MAN-Ingenieure einen neuen Weg, um den klassischen Zielkonflikt zwischen Verbrauch und Abgaswerten zu überwinden. Bisher bedeutete ein höherer Wirkungsgrad des Motors, also höhere Leistung, immer auch größere Mengen Stickoxide. Die aus Gründen des Umweltschutzes gewünschte

Abb. 73 Der MAN F 90 wurde 1987 zum «Truck of the Year» gewählt

Reduzierung der Abgaswerte führte zu geringerem Wirkungsgrad und damit zu höherem Kraftstoffverbrauch. Mittels elektronisch geregelter Direkteinspritzung konnten nunmehr sowohl Wirkungsgrad und Leistung gesteigert, als auch die Abgaswerte gesenkt werden, indem hohe Leistung in einem verbrauchsgünstigen Drehzahlbereich erzielt wurde.[21]

Die Entwicklung der Produktionszahlen verdeutlicht den Erfolg der neuen Schwerlastkraftwagen F 90 und F 2000 sowie der leichten und mittleren Reihen L 2000 und M 2000. Von 20 500 Stück im Jahr 1987 stieg die Lkw-Produktion bei MAN auf rund 53 400 Stück im Jahr 1999, von denen rund 38 000 von MAN selbst und etwa 15 000 von Tochtergesellschaften in Österreich (ÖAF und Steyr) und der Türkei gefertigt wurden.[22]

Der Nutzfahrzeugbereich von MAN – bei den Omnibussen stieg die Jahresproduktion von 2400 (1987) auf 4400 (1999) – hatte damit nach dem Einbruch von 1982/83 seine Innovations- und Ertragskraft eindrücklich unter Beweis gestellt. Insbesondere die Lkw-Produktion steuerte Größenordnungen an, die dem MAN-Lkw auf den internationalen Märkten, insbesondere in Europa, dauerhaft eine führende Position sicherten. Im Jahr 2003 wurden bereits rund 55 400 Lkw produziert, davon 33 700 der Schweren Reihe. In dieser Klasse über 16 t Gesamtgewicht war MAN damit zum viertgrößten Lkw-Produzenten der Welt aufgestiegen.

7 Die MAN nach dem Epochenjahr 1989/90

Expansion und Übernahmen

Der Zusammenbruch der kommunistischen Herrschaft in Osteuropa und die deutsche Vereinigung brachten 1989/90 für die MAN AG – wie für die westdeutsche Industrie insgesamt – ganz neue Geschäftsperspektiven, erweiterte Absatzmärkte, aber auch Expansionsmöglichkeiten durch neue Produktionsstandorte.

Die MAN war schon seit Langem in den Staaten Osteuropas präsent, vor allem in der Sowjetunion, Rumänien und Ungarn, wobei die Geschäfte der MAN-Tochter Ferrostaal immer eine zentrale Rolle gespielt hatten. So unterhielt Ferrostaal noch aus der Zeit des GHH-Chefs von Menges ein eigenes Büro in Moskau. Mit dem Sturz der kommunistischen Regime und Einführung der Marktwirtschaft veränderten sich die ökonomischen Verhältnisse in Osteuropa und damit die Geschäftsgrundlagen grundlegend. Hier galt es für die MAN AG, Chancen zu nutzen. Allerdings wurden die Geschäftsbeziehungen beispielsweise mit Russland und anderen GUS-Staaten anfangs durch unsicherere Rechtsverhältnisse beeinträchtigt.

Übernahme des Druckmaschinenherstellers Plamag in Plauen

Für MAN brachte die deutsche Vereinigung nicht zuletzt die Übernahme des DDR-Druckmaschinenherstellers Plamag in Plauen. Erste Kontakte mit der dortigen Unternehmensleitung sowie Betriebsbesichtigungen durch Vertreter von MAN Roland ergaben im Frühjahr 1990 ein erstaunlich positives Bild des vogtländischen Traditionsbetriebes. Offensichtlich waren Druckmaschinen eine der ganz wenigen Industriesparten der DDR, die sich internationale Konkurrenzfähigkeit hatten bewahren können. Hier gab es also ein DDR-Unternehmen, dessen Erwerb für die MAN AG durchaus vielversprechend schien.

Im Dezember 1990 wurde der Kaufvertrag für den Druckmaschinenhersteller Plamag zwischen der Treuhand-Anstalt und MAN Roland unterzeichnet. Im Unterschied zur Übernahme von Faber & Schleicher elf Jahre zuvor, die anfangs erhebliche Schwierigkeiten und Reibungsverluste gebracht hatte, entwickelte sich die Integration der Plamag rasch zu einer Erfolgsgeschichte. Die

Plauener Maschinenbau-Gesellschaft (Plamag), 1881 als Vogtländische Maschinenfabrik gegründet und 1946 umbenannt, zählte einst zu den Vorzeigeunternehmen der DDR, das seine Rollendruckmaschinen auch auf westlichen Märkten absetzen konnte. Der größte Teil der Produktion wurde allerdings an Zeitungsverlage in der Sowjetunion und anderen Ostblockstaaten geliefert.

Zwar gab es zum Zeitpunkt der Übernahme erhebliche Rationalisierungsdefizite bei der Plamag, die auch den Abbau von Arbeitsplätzen notwendig machte. «Aber das technische Wissen um die Druckmaschinen war vorhanden. Die Konstrukteure konnte man sofort zwischen Augsburg und Plauen austauschen», erinnert sich Paul Steidle, Vorstandsmitglied von MAN Roland.[1] Bereits 1992 konnte die erste gemeinsam entwickelte Druckmaschine, die 8-Seiten-Baureihe UNISET, vorgestellt werden. Ihre Druckeinheiten sind modular aufgebaut und sowohl für Coldset als auch für Heatset einsetzbar. 1995 wurde mit der ILLUMAN eine Illustrationsdruckmaschine herausgebracht, die bei einer Druckgeschwindigkeit von 40 000 Zylinderdrehungen pro Stunde ein sehr günstiges Preis-Leistungs-Verhältnis bot und darum insbesondere auf außereuropäischen Märkten erfolgreich war.

Realisierte und verworfene Übernahmen 1990/91

Die Übernahme eines anderen DDR-Unternehmens, des Nutzfahrzeugproduzenten IFA, lehnte Konzernchef Götte dagegen ab. Sehr zur Enttäuschung des Vorstands von MAN Nutzfahrzeuge, der an IFA starkes Interesse hatte. Götte kannte jedoch den insgesamt desolaten Zustand der DDR-Industrie aus eigener Anschauung, da er zu jener Gruppe westdeutscher Spitzen-Manager gehört hatte, die sich im Frühjahr 1990, also noch vor der Wiedervereinigung, mehrere DDR-Betriebe angesehen hatten.

1994 kam mit der TAKRAF Lauchhammer GmbH Leipzig doch noch ein weiteres ehemaliges DDR-Unternehmen aus Treuhand-Besitz zur MAN AG, wobei im Falle dieses Kran- und Förderanlagenherstellers von Seiten der Politik sanfter Druck ausgeübt wurde. Denn ohne das Drängen des Beauftragten der Treuhandanstalt für die ostdeutsche Wirtschaft, Klaus von Dohnanyi, hätte der MAN-Vorstand TAKRAF kaum übernommen. Das Unternehmen mit Standorten in Leipzig, Lauchhammer und Nürnberg firmierte als MAN TAKRAF Fördertechnik und wurde später der MAN Ferrostaal AG zugeordnet. 2006 wurde es im Zuge der weiteren Fokussierung auf Kernaktivitäten verkauft, ebenso wie im Jahr zuvor ein anderes Kranbau-Unternehmen innerhalb der MAN AG – Wolffkran, Heilbronn –, das seit 1975 vollständig zur MAN gehört hatte.

Probleme bei MAN Roland nach 1991

Bei MAN Roland konnte auch die erfolgreiche Übernahme der Plamag nicht verhindern, dass der Bereich Druckmaschinen Anfang der neunziger Jahre in eine schwere Ertragskrise geriet. 1991/92 verzeichnete man einen Verlust von 30 Mio. DM, der von der Muttergesellschaft MAN AG ausgeglichen werden musste. 1994 beliefen sich die Verluste bereits auf mehr als 150 Mio. DM, und auch in den folgenden beiden Jahren kam MAN Roland trotz steigender Umsätze nicht aus den roten Zahlen. Bis 1997 summierten sich die Verluste auf annähernd 800 Mio. DM.

Probleme bereiteten vor allem das Geschäft mit den in Offenbach angesiedelten Bogenmaschinen, das mit stark rückläufiger Nachfrage zu kämpfen hatte, sowie der seit 1990 zu MAN Roland gehörende Druckmaschinenhersteller Miller Johannisberg. Letzterer war im Zuge der Übernahme des bundeseigenen Maschinen- und Anlagenbauers DIAG (Deutsche Industrieanlagen GmbH) mit rund 3000 Mitarbeitern zu MAN Roland gekommen. Dagegen war der Standort Augsburg mit der Produktion von Rollendruckmaschinen weitaus besser ausgelastet. So waren denn auch von strukturellen Anpassungen und damit verbundenem Arbeitsplatzabbau bzw. Kurzarbeit vor allem die Standorte Offenbach und Geisenheim (Miller) betroffen. Insgesamt wurden bei MAN Roland bis 1997 rund 1500 Stellen abgebaut, ein Großteil davon durch Vorruhestandsregelungen, eine ganze Reihe aber auch in Form von Aufhebungsverträgen und betriebsbedingten Kündigungen.

Ende 1997 begannen die bei MAN Roland vollzogenen Maßnahmen zu greifen, zumal die weltweite Nachfrage für Druckmaschinen wieder deutlich anzog. 1998 war der Turn around geschafft. Der neue Vorstandsvorsitzende von MAN Roland, Gerd Finkbeiner – seit 1996 hatte Rudolf Rupprecht diesen Konzernteil zusätzlich zu seinen Aufgaben als Vorstandschef der Muttergesellschaft MAN geleitet –, übernahm im Juli 1999 einen gestärkten Druckmaschinenhersteller, dessen Hightech-Produkte – Bogen- wie Rollendruckmaschinen – sich auf den Weltmärkten wieder sehr gut verkauften. Es konnten auch wieder Neueinstellungen vorgenommen werden, insbesondere im Bereich Digitaldruckmaschinen.

Doch die nächste Krise ließ nicht lange auf sich warten. Sie kam 2001/02 und traf weltweit die gesamte Verlags- und Druckbranche mit großer Härte. Ursachen waren die tiefe politische und wirtschaftliche Verunsicherung nach den Terroranschlägen vom 11. September 2001 in den USA sowie die schwere Krise im Zeitungs- und Anzeigengeschäft, u. a. weil viele Anzeigenkunden von den Printmedien ins Internet abwanderten. Verlagshäuser und Druckereien hielten sich mit der Neuanschaffung von Druckmaschinen entsprechend zu-

Abb. 74 Rudolf Rupprecht (l.) im Gespräch mit Bundesverkehrsminister Matthias Wissmann, 1994

rück. Bei MAN Roland kam noch hinzu, dass sich die internen Probleme beim Neuzugang Miller Geisenheim als nur schwer lösbar erwiesen. Hingegen zahlte sich der Erwerb von Omnigraph, Amsterdam (1999), der Brüder Henn Graphische Systeme AG, Wien (2000) sowie Wood Industries, USA, die alle über funktionierende Vertriebsnetze verfügten, insgesamt aus, da MAN Roland auf diese Weise seine Position im Service und Vertrieb vor allem in Europa und im asiatischen Raum verbessern konnte.[2]

Die schwere Krise ab 2002 erzwang bei MAN Roland Kostenreduzierungen und damit verbunden auch den Abbau von Arbeitsplätzen. Dieser konnte weitgehend durch Kurzarbeit, Vorruhestandsregelungen oder durch das Ausleihen von Arbeitskräften bewerkstelligt werden, sodass betriebsbedingte Kündigungen vermieden wurden. Ab 2004 erholte sich das Druckgeschäft weltweit wieder und auch bei MAN Roland zeigten die Indikatoren Auftrag, Umsatz und Ergebnis wieder nach oben.

Weitere Stärkung der Nutzfahrzeuge: Übernahme von Steyr 1989/90

1989/90 kam mit Steyr nach der ÖAF ein weiterer österreichischer Lkw-Hersteller mit langer Tradition zu MAN. Die Übernahme der Lkw-Sparte der Steyr-Daimler-Puch AG durch die MAN Nutzfahrzeuge AG wurde im September 1989 im Rahmen der Internationalen Automobilausstellung in Frankfurt a. M. bekannt gegeben.[3] MAN war Ende der achtziger Jahre aufgrund steigender Lkw-Nachfrage an einer Ausweitung seiner Produktionskapazitäten sowie im Speziellen an dem bewährten Steyr-Fahrerhaus 152 für mittlere Lkw interessiert, das sich auch für den Einbau in MAN-Lkw eignete. Hinzu kam die gute Marktposition von Steyr Trucks in Österreich sowie Südosteuropa und einigen Übersee-Regionen, darunter Kanada und China.

Im Oktober 1989 wurde die Steyr Nutzfahrzeuge AG gegründet, deren Aktienkapital in den folgenden Jahren zu 100 % von der MAN Nutzfahrzeuge AG übernommen wurde. Die Firma Steyr konnte wie seinerzeit ÖAF Gräf & Stift bei ihrer Übernahme durch die MAN Nutzfahrzeuge AG auf eine lange Tradition im Lkw-Bau zurückblicken, sodass auch in diesem Fall zusätzliche Kompetenz zu MAN gelangte.

Der erste Steyr-Lastkraftwagen wurde 1919, unmittelbar nach Ende des Ersten Weltkriegs, produziert. Zeitweise arbeiteten in der Entwicklungsabteilung von Steyr so fähige Ingenieure wie Hans Ledwinka, später bei dem österreichischen, ab 1918 tschechischen Automobil-Pionier Tatra (1917–1921 bei Steyr), und Ferdinand Porsche, der Erfinder des legendären «Käfer» (1929/30 bei Steyr). Die 1929/30 ausgebrochene Weltwirtschaftskrise führte die Steyr AG an den Rand des Ruins, was u. a. die Entlassung von mehreren Tausend Beschäftigten zur Folge hatte. Durch die 1934 erfolgte Fusion mit der Austro-Daimler-Puch AG konnte die wirtschaftliche Lage der Steyr-Werke stabilisiert werden, die sich nun auf den Bau von Lkw konzentrierte. Nach dem «Anschluss» Österreichs an das Deutsche Reich im Jahr 1938 wurde Steyr-Daimler-Puch den «Reichswerken Hermann Göring» angeschlossen und der Vorstand mit Parteigängern der Nationalsozialisten teilweise neu besetzt. Fortan produzierte das Unternehmen verstärkt Rüstungsgüter.[4] So lieferte Steyr an die Wehrmacht im Zweiten Weltkrieg u. a. die Militärfahrzeuge Type 640 (Geländewagen) und 1500 A, ein 1,5-t-Lkw, von dem rund 12 500 Stück produziert wurden, sowie den ab 1944 in einer Stückzahl von 6400 gefertigten Typ A 2000.[5] Auch Wälzlager für Flugzeuge, Panzer und Militär-Lkw wurden in hoher Stückzahl produziert. Bis 1943 stieg der Umsatzanteil der Wehrmachtslieferungen bei Steyr-Daimler-Puch insgesamt auf mehr als 90 %.

Auch bei Steyr-Daimler-Puch gab es dunkle Flecken in der Firmengeschichte. Als eines der ersten österreichischen Unternehmen setzte Steyr-Daimler-Puch ab Ende 1941 auch KZ-Häftlinge ein, zunächst beim Bau von Produktionshallen für Flugzeugmotoren in Steyr. Die Häftlinge wurden aus dem KZ Mauthausen nach Steyr überstellt, wo sie in einem KZ-Außenlager untergebracht wurden.[6] Unmenschliche Arbeitsbedingungen, unzureichende Ernährung sowie schlechte hygienische Bedingungen im Lager und Misshandlungen durch SS-Wachmannschaften führten dazu, dass ein Großteil der KZ-Häftlinge nicht überlebte.

Nach Ende des Zweiten Weltkriegs und Wiederaufbau des stark kriegszerstörten Steyr-Werks konnte die Produktion relativ rasch wieder angefahren werden. Dabei erwies sich der neu entwickelte 3,5-t-Lkw Typ 380 als besonders erfolgreich. Steyr hatte dann nicht zuletzt als Lieferant von Militärfahrzeugen Erfolg. Die Militärtransporter «Haflinger» und «Pinzgauer» wurden in großer Stückzahl vor allem an das österreichische Bundesheer und die schweizerische Armee verkauft.

Steyr ist heute neben der 1971 übernommenen ÖAF Gräf & Stift Teil der 2004 gegründeten MAN Nutzfahrzeuge Österreich AG. An seinen Produktionsstätten in Wien und Steyr fertigte das Unternehmen 2006 mehr als 26 800 Lkw, wovon 22 640 auf die leichte und mittlere Reihe und ca. 4160 auf das Geschäftsfeld Spezialfahrzeuge entfielen. Zusammen mit der MAN Nutzfahrzeuge Vertrieb Süd AG Österreich erzielte es 2006 mit insgesamt 4600 Mitarbeitern einen Umsatz von rund 1,86 Mrd. Euro.

Stabwechsel an der Spitze der MAN AG

Im Juli 1996 übernahm Rudolf Rupprecht bei der MAN AG das Ruder von seinem Vorgänger Klaus Götte. Dieser wechselte nach 13 erfolgreichen Jahren als Vorstandsvorsitzender des Traditionskonzerns, dem er ein völlig neues Erscheinungsbild gegeben hatte, an die Spitze des Aufsichtsrates. Nach dem gelernten Juristen und Finanzexperten Götte, der 1983 «von außen» gekommen war, leitete nun wieder ein ausgebildeter Ingenieur die MAN AG, der im Unternehmen selbst groß geworden war.

Rudolf Rupprecht, Jahrgang 1940, trat nach seinem Studium an der Technischen Hochschule in München 1966 bei der M.A.N. in Augsburg als Vertriebsingenieur ein. Nach Stationen in Heilbronn bei M.A.N.-Wolffkran und Buenos Aires (I.A.M.) wurde er 1979 Direktor des Bereichs Aufzugbau im M.A.N.-Werk Gustavsburg. 1981 wechselte er zum Unternehmensbereich Dieselmotoren in Augsburg und wurde 1989 Vorstandsvorsitzender der MAN B & W Diesel. 1993 übernahm er den Vorstandsvorsitz bei MAN Nutzfahrzeuge, bevor er drei Jahre später Vorstandsvorsitzender der gesamten MAN Gruppe wurde.

Rupprecht trat 1996 an die Spitze eines nach wie vor breit aufgestellten, dynamischen Unternehmens, das im Geschäftsjahr 1996/97 einen Gesamtumsatz von 21,4 Mrd. DM erzielte, wovon allein 7,9 Mrd. DM auf die Nutzfahrzeuge, den mit Abstand größten Teilbereich, entfielen. 68 % des Umsatzes wurden im Ausland erwirtschaftet. Nachdem das vorläufige Ende des «Vereinigungsbooms» auch der MAN AG 1993/94 einen empfindlichen Rückgang bei Umsatz und Ergebnis gebracht hatte, fand das Unternehmen Mitte der neunziger Jahre zu alter Wachstumsdynamik zurück. 1997/98 konnten der Umsatz auf 24,8 Mrd. DM und der Konzernüberschuss von 349 Mio. DM (1996/97) auf 612 Mio. DM gesteigert werden. Die Zahl der Mitarbeiter betrug 1998 rund 64 050 Personen, ein Zuwachs gegenüber dem Vorjahr von knapp 1500 Mitarbeitern.

Weitere Stärkung der Nutzfahrzeug-Sparte

In den Jahren 2000/01 übernahm MAN gleich drei Lkw- bzw. Bushersteller, um die Position auf dem europäischen Nutzfahrzeug-Markt nachhaltig zu stärken. Dabei handelte es sich um den Stuttgarter Reisebusproduzenten Gottlob Auwärter GmbH, um den britischen Lkw-Hersteller ERF und die STAR-Lkw-Werke im polnischen Starachowice.

Das 1935 gegründete Familienunternehmen Auwärter genoss insbesondere mit seinen Reisebussen der Marke «NEOPLAN» in puncto Technik und Komfort hohes Ansehen. Mit dem 1967 vorgestellten «Skyliner» wurde es Vorreiter bei Doppeldecker-Reisebussen. Trotz anerkannt hoher Qualität – der NEOPLAN «Starliner» wurde gleich mehrmals zum «Bus des Jahres» gewählt – und einer auf rund 2000 Stück gewachsenen Jahresproduktion (2000) war Auwärter in wirtschaftliche Schwierigkeiten geraten. Diese hingen auch mit der langfristig zu geringen Größenordnung des Unternehmens zusammen, sodass die Eigentümer schließlich der Übernahme durch MAN zustimmten, zumal es sich dabei nicht um einen branchenfremden Investor, sondern um ein traditionsreiches Schwergewicht in der Nutzfahrzeugbranche handelte. Nach dem Zusammenschluss blieb der Markenname NEOPLAN nicht zuletzt wegen seines ausgezeichneten Klanges bei Busreisenden wie Unternehmern erhalten. Zusammen hatten MAN und Auwärter bei Linien- und Reisebussen in Deutschland einen Marktanteil von 15 %, in Europa von rund 5 %.

Ende 1999 erwarb MAN den polnischen Lkw-Produzenten STAR, der seit 1946 leichte und mittlere Lkw für den osteuropäischen Markt produzierte. Zwar waren Anlagen und Lkw-Produkte stark veraltet, doch konnte die Produktion mittels Motoren von MAN und Fahrerhäusern von Steyr relativ schnell modernisiert werden.[7] Es war die zweite große Investition der MAN in Polen nach der Eröffnung eines Omnibuswerkes 1997 in Poznan/Posen. 2007 wurde zudem in Krakau ein völlig neues Lkw-Montagewerk eröffnet. Die polnischen Werke spielen nicht zuletzt bei der Erschließung von Zukunftsmärkten in Osteuropa und Russland eine wichtige Rolle.

Auf den britischen Inseln lag der Marktanteil von MAN bei schweren Lkw seit den achtziger Jahren bei rund 8 %. Durch den vollständigen Erwerb des britischen Herstellers ERF konnte der Marktanteil in etwa verdoppelt werden. Auch hier blieb der Markenname erhalten. Wie sehr die Position von MAN in Großbritannien durch den Kauf von ERF gestärkt wurde, zeigte sich auch an einem Großauftrag des britischen Verteidigungsministeriums vom März 2005. Über einen mehrjährigen Zeitraum wird MAN rund 5200 Militärfahrzeuge der geländegängigen Baureihen HX und SX an die britischen Streitkräfte liefern. Das Gesamtvolumen des Auftrags beläuft sich auf rund 1,5 Mrd. Euro.[8]

Abb. 75 Reisebus NEOPLAN «Starliner»

Allerdings war die Integration sowohl von Auwärter als auch von ERF in den MAN-Konzern mit unerwarteten Schwierigkeiten verbunden. Im Busgeschäft ließen die Absatzzahlen infolge des Konjunktureinbruchs 2001/02 deutlich nach, was zusammen mit anderen Problemen zu Ertragsrückgängen in der Bussparte von MAN führte. Diese konnten u. a. durch die Verlagerung von arbeitsintensiver Fertigung nach Polen und in die Türkei, durch eine konsequente Plattform-Strategie und Komponenten-Reduzierung vorübergehend zwar aufgefangen werden.[9] Aber auch 2007 schloss die Bussparte mit Verlusten ab. Zu den Gegenmaßnahmen zählte 2007 die Verlagerung der Busfertigung von Salzgitter ins polnische MAN-Werk in Posen, wo die Arbeitsstunde nach Unternehmensangaben deutlich günstiger als in Deutschland ist. In Salzgitter wurde dafür die Lkw-Produktion erhöht und die Produktion von Bus-Chassis beibehalten, wodurch rund 900 der betroffenen Arbeitsplätze erhalten werden konnten.[10]

Auch die Integration von ERF bereitete größere Probleme, allerdings handelte es hier eindeutig um einen Fall von Betrug. Denn kurz nachdem MAN den britischen Lkw-Bauer von der kanadischen Firma Western Star erworben hatte, stellte sich heraus, dass die Bilanzen von ERF teilweise gefälscht waren und das Unternehmen nicht werthaltig war.[11] MAN erhob daraufhin Schadenersatzklage gegen Freightliner als den Rechtsnachfolger von Western Star und bekam vor britischen und US-amerikanischen Gerichten recht. Zur Abkürzung des Verfahrens schlossen MAN und Freightliner im Mai 2007 einen Vergleich, der die Zahlung von 370 Mio. Euro an MAN beinhaltet.[12]

Entschädigungsfonds für ehemalige Zwangsarbeiter

Ende der 1990er Jahre wurde MAN wie andere deutsche Unternehmen auch mit den dunklen Seiten seiner Vergangenheit konfrontiert, d. h. mit der Beschäftigung von Zwangsarbeitern und KZ-Häftlingen während der nationalsozialistischen Herrschaft. Innerhalb der MAN-Gruppe betraf das neben der Deutschen Werft insbesondere die Büssing-Werke und Steyr, die allerdings erst 1971 bzw. 1990 zu MAN gekommen waren. Gleichwohl stellte die Führung von MAN sich der historischen Verantwortung und trat 1999 der Stiftungsinitiative der Deutschen Wirtschaft «Erinnerung, Verantwortung und Zukunft» bei. Bereits im September 1998 hatte der MAN-Vorstand beschlossen, den Komplex «Zwangsarbeiter» sowohl intern als auch durch einen externen Fachmann untersuchen zu lassen.[13] Im Unterschied zu einigen anderen Großunternehmen zögerte die MAN AG auch nicht, einen erheblichen Betrag in den im August 2000 gegründeten Stiftungsfonds zur Entschädigung von ehemaligen Zwangsarbeitern einzuzahlen. Das Stiftungsvermögen von 10,1 Mrd. DM (rund 5 Mrd. Euro) wurde je zur Hälfte von der Stiftungsinitiative der Deutschen Wirtschaft und dem Bund aufgebracht. Bis zum offiziellen Abschluss der Zahlungen im Juni 2007 wurden insgesamt rund 4,4 Mrd. Euro an mehr als 1,66 Mio. Menschen in fast 100 Ländern ausgezahlt.

«Trucknology Generation» sichert Führungsposition im Lkw-Bau

Einen weiteren Meilenstein in der Geschichte des Lkw-Baus setzte MAN mit der Entwicklung der neuen Baureihe TG («Trucknology Generation»), die im März 2000 im Rahmen einer aufwändigen Veranstaltung gleichzeitig in München und mehreren europäischen Städten erstmals der Öffentlichkeit präsentiert wurde. Die Lkw dieser Baureihe setzten mit zahlreichen Innovationen und Verbesserungen, in deren Entwicklung mehr als 1,1 Mrd. Euro investiert worden waren, neue Standards. Die neu entwickelten Reihen-Sechszylinder-Motoren mit Aufladung und elektronisch gesteuerter 7-Strahl-Direkteinspritzung sind besonders sparsam und umweltfreundlich. Die TG-Lkw sind mit Motoren von 310 bis 460 PS ausgestattet. Im Januar 2008 wurde dann mit dem weiter entwickelten Modell TGX eine neue Generation vorgestellt. Mit seinem 680 PS-Common-Rail-Motor ist der TGX der bislang stärkste Lkw der Welt.

Großen Wert legten die MAN-Entwicklungsingenieure bei den «Trucknology»-Lkw auf die Gestaltung der Fahrerkabine, deren großzügiges Platzangebot, das bedienungsfreundliche Armaturenbrett und die leichtgängige Schaltung, neuesten ergonomischen Erkenntnissen entsprechen. Vernetzte Bordelektronik steuert zahlreiche Abläufe und Funktionen und entlastet den Fahrer, der sich verstärkt auf seine eigentlichen Aufgaben, Verkehrsbeobachtung und sicheres Steuern, konzentrieren kann. Mit hohem Aufwand wurde auch die aktive und passive Sicherheit des Lkw verbessert.[14]

Im Bereich der Fertigung erzielte MAN durch konsequent modulare Bauweise und eine Teilereduzierung um annähernd 20 % erhebliche Einsparungen.

Ein erster Lohn für die jahrelange Arbeit am Projekt «Trucknology» war die Wahl des TGA zum «Truck of the Year 2001». Auch bei den Kunden kam die neue Lkw-Generation von MAN sehr gut an. Rund ein Jahr nach seiner Präsentation waren bereits 10 000 TGA-Lkw ausgeliefert. Allerdings drückten einige Anlaufprobleme in der Einführungsphase das Ergebnis. Im Jahr 2000 sank das Ergebnis bei MAN Nutzfahrzeuge gegenüber dem Vorjahr von 121 Mio. Euro auf 85 Mio. Euro. Insbesondere mit einigen Zulieferern gab es beim Modellwechsel Schwierigkeiten, die zu erheblichen Nacharbeiten, damit verbundenen Verzögerungen in der Auslieferung und höheren Kosten führten.[15] Ungeachtet dessen wurden die neuen Lkws der «Trucknology Generation» nicht nur technologisch, sondern auch ökonomisch ein voller Erfolg und hatten wesentlichen Anteil an der deutlichen Ergebnisverbesserung der MAN AG ab 2003.

Auch das weiterentwickelte Modell TGX wurde sogleich nach seiner Präsentation zum «Truck of the Year 2008» gewählt. Damit gewann MAN die begehrte Trophäe als erster Lkw-Hersteller überhaupt bereits zum siebten Mal.

Zu den aktuellen Neu- und Weiterentwicklungen für die Lkw von MAN zählen u. a. die Abgasrückführung AGR, mit der die Abgasnorm Euro 5 erreicht wird, sowie die intensive Arbeit an alternativen Antriebstechniken, z. B. Hybridantriebe für Stadtbusse und Verteiler-Lkw. Einige MAN-Hybridbusse sind bereits im Einsatz, etwa bei den Verkehrsbetrieben Nürnberg.

Die MAN in Zeiten beschleunigter Globalisierung

Im Januar 2005 gab es nach neun Jahren wieder einen Wechsel an der Führungsspitze der MAN AG. Als Nachfolger von Rudolf Rupprecht, der die Altersgrenze erreicht hatte, übernahm Håkan Samuelsson den Posten des Vorstandsvorsitzenden der MAN-Gruppe. Rupprecht wechselte in den Aufsichtsrat der MAN AG. Mit dem Schweden Håkan Samuelsson führt erstmals ein Ausländer den traditionsreichen Maschinenbau- und Nutzfahrzeugkonzern.

Samuelsson, Jahrgang 1951, studierte in Stockholm Maschinenbau und kannte das Lkw-Geschäft bei seinem Amtsantritt als MAN-Chef seit mehr als 20 Jahren. 1977 begann er als Trainee beim schwedischen Lkw-Bauer Scania in Södertälje. 1984 stieg er dort zum Leiter der Strategieplanung auf und übernahm 1987 die Leitung der Motorenentwicklung und -produktion. Nach dreijähriger Arbeit als technischer Direktor bei Scania do Brasil wurde Samuelsson Vorstandsmitglied von Scania. Im Juli 2000 wechselte er nach München, wo er zunächst den Vorstandsvorsitz bei MAN Nutzfahrzeuge AG übernahm.

Bei Amtsantritt von Samuelsson als Vorstandschef hatte die MAN Gruppe die negativen Folgen des weltweiten Konjunktureinbruchs nach dem Platzen der Internetblase, den Terroranschlägen in New York und Washington vom 11. September 2001, dem Beginn des Irak-Krieges 2003 (sowie der SARS-Krise 2003) weitgehend überwunden. Nach empfindlichen Rückgängen in den Jahren 2002 und 2003 wiesen Umsatz und Ergebnis wieder deutlich nach oben.

Über die künftige Strategie der MAN Gruppe ließ die Führungsmannschaft um den neuen Vorstandsvorsitzenden Samuelsson kein langes Rätselraten aufkommen. Angesichts beschleunigter Globalisierung und sich verändernder Marktbedingungen sollte die Konzentration auf Kernbereiche konsequent fortgeführt werden. Zudem setzte der neue Vorstandschef für jeden MAN-Bereich ehrgeizige Renditeziele. Bereits Samuelssons Vorgänger Rupprecht hatte klare Kriterien für das Portfolio formuliert. Für jeden Konzernbereich, galten demnach die Forderungen nach

- Systemkompetenz,
- Marktführerschaft, zumindest aber Platz 2 oder 3 auf den Weltmärkten,
- klare Führungsstrukturen, d. h. auch, dass die MAN AG über die Mehrheit verfügen muss,
- sowie das Potential für hohe Renditen.[17]

Samuelsson fasste diese Kriterien für die MAN-Gruppe sodann noch stärker. Jeder Bereich müsse zu den Besten auf seinem jeweiligen Markt gehören und sich innerhalb der Gruppe dynamisch weiterentwickeln können. Quersubventionen sind ausgeschlossen. Für jeden Unternehmensbereich wurden ehrgeizige Renditeziele definiert.

Gemäß dieser strategischen Grundentscheidung trennte sich die MAN AG im Jahr 2005 von mehreren Randaktivitäten. So wurden die MAN Wolffkran GmbH, Heilbronn, die MAN Logistics GmbH sowie der MAN-Anteil an den Schwäbischen Hüttenwerken veräußert. Die 50 %-Beteiligung an Schloemann-Siemag war bereits ab 2003 schrittweise an die Eigentümerfamilie Weiß verkauft worden. Ebenfalls verkauft wurde die MAN Technologie AG, und zwar an die OHB Technology in Bremen. Damit trennte sich MAN von einem Bereich, der 1969 als selbstständige Einheit gegründet worden war und lange Zeit für das Engagement der MAN in Zukunftstechnologien wie Raumfahrt, Energiegewinnung aus Windkraft und Sonne oder Radioteleskopie stand. Allerdings war das europäische Raumfahrt-Programm «Ariane», inzwischen Hauptbetätigungsfeld von MAN Technologie mit seinen rund 450 Mitarbeitern, 2002 in eine schwere Krise geraten, wodurch auch Umsatz und Ergebnis der MAN-Raumfahrttochter nach unten gezogen wurden. Zudem wurde Luft- und Raumfahrt nicht mehr zu den Kernbereichen der MAN AG gezählt.

Anfang 2005 gab es auch im Eigentümerkreis der MAN AG eine bedeutsame Veränderung: die Großaktionäre Allianz, Münchener Rück und Commerzbank trennten sich von ihren über die Verwaltungsgesellschaft Regina gehaltenen Anteilen an der MAN AG. Der Einstieg der Regina bei MAN – damals noch GHH Aktienverein – hatte Ende der sechziger Jahre einen wichtigen Einschnitt in der Konzerngeschichte bedeutet, weil damit die Öffnung zum Kapitalmarkt konsequent vollzogen wurde und der GHH/MAN dringend benötigtes Kapital für Investitionen zufloss. Allianz und Commerzbank gewannen in der Folgezeit starken Einfluss auf die Entwicklung des Konzerns, während der Einfluss der Eigentümerfamilie Haniel immer weiter zurückging.

Wie seinerzeit der Beginn ihres Engagements bedeutete auch der Ausstieg der Regina nach drei Jahrzehnten den Anfang einer neuen Ära. Erstmals lag der Streubesitz der MAN AG bei 100 %. Der Vorstandsvorsitzende Samuelsson begrüßte diese Entwicklung ausdrücklich: «Die Position der MAN als eigenständige börsennotierte Gesellschaft am Kapitalmarkt wird eindeutig gestärkt.»[18] Andererseits war der Weg frei für den Einstieg neuer Großaktionäre, was zwei

Tab. 50: MAN AG Umsatz und Jahresüberschuss 1991/92–2007[16]

MAN AG Umsatz (in Mrd. DM, ab 1998/99 in Euro)		MAN AG Jahresüberschuss (in Mio. DM, ab 1998/99 in Euro)	
1991/92	19,2	1991/92	418
1992/93	18,9	1992/93	230
1993/94	18,1	1993/94	160
1994/95	18,6	1994/95	272
1995/96	20,3	1995/96	330
1996/97	21,4	1996/97	349
1997/98	24,8	1997/98	612
1998/99	13,3	1998/99	371
1999/2000	14,6	1999/2000	424
2001	16,3	2001	151
2002	16,0	2002	147
2003	13,5	2003	235
2004	14,0	2004	318
2005*	11,4	2005*	472
2006	13,0	2006	925
2007	15,5	2007	1225

* ohne aufgegeb. Bereiche Druckmaschinen, Stahlhandel

Abb. 76 Die im Jahr 2000 vorgestellte «Trucknology Generation» eröffnete neue Dimensionen im Lkw-Bau

Jahre später im Zusammenhang mit der versuchten Übernahme von Scania relevant werden sollte.

Der Verkauf kleinerer MAN-Unternehmen wie Wolffkran oder Schwäbische Hüttenwerke hatte 2005 kaum Emotionen geweckt, entsprachen sie doch ganz dem Konzept, sich von Randaktivitäten zu trennen. Als viel einschneidender hingegen wurde von Mitarbeitern und Außenstehenden die Trennung von MAN Roland empfunden, die im März 2006 offiziell bekannt gegeben wurde. Handelte es sich doch bei dem zweitgrößten Druckmaschinenhersteller der Welt quasi um ein Stück «Urgestein» der MAN-Gruppe, dessen Augsburger Wurzeln bis ins Jahr 1840 zurückreichen. 2005 hatte das Unternehmen mit rund 8800 Mitarbeitern 1,7 Mrd. Euro umgesetzt und ein operatives Ergebnis von 65 Mio. Euro erzielt.

Käufer von MAN Roland war eine neu gegründete Beteiligungsgesellschaft der Allianz Capital Partners (ACP), an der die MAN AG einen 35 %-Anteil hielt. Der Kaufpreis betrug 624 Mio. Euro. Der neue Eigentümer erklärte, MAN Roland als führenden Druckmaschinenhersteller weiterentwickeln und mittelfristig auch an die Börse bringen zu wollen.

Die Trennung von MAN Roland war nicht zuletzt darum so einschneidend, weil mit ihr auch eine Neudefinition der «Kernaktivitäten» der MAN AG verbunden war. Zukünftig soll sie sich nach den Worten von Samuelsson voll «auf die Wachstumsgebiete Transport, Antrieb und Energie» konzentrieren.[19]

Unter der Formel «Transport-related Engineering» konzentriert sich MAN seit 2006 voll auf die Bereiche Nutzfahrzeuge, Dieselmotoren, Turbomaschinen und Industriedienstleistungen. Dem Bereich Nutzfahrzeuge kommt in diesem Konzept naturgemäß eine zentrale Rolle zu.

Neues Lkw-Werk in Polen

2006 arbeiteten die Lkw-Werke von MAN bereits hart an der Kapazitätsgrenze, da der internationale Nachfrage-Boom für Lkw ungebrochen anhielt. Im Oktober 2007 eröffnete MAN darum im polnischen Niepolomice bei Krakau ein neu errichtetes Lkw-Montagewerk, in dem seither überwiegend TGA-Modelle über 16 t Gesamtgewicht vor allem für die Wachstumsmärkte in Osteuropa und Russland gefertigt werden. Die Komponenten – Achsen, Motoren, Fahrerhäuser etc. – werden aus MAN-Werken in Deutschland und Österreich zugeliefert. Das Werk ist auf eine Produktion von 15 000 bis zu 30 000 Stück pro Jahr ausgelegt. Krakau ist neben den Omnibus-Werken in Starachowice und Posen der dritte MAN-Produktionsstandort in Polen.

Um in Zukunft auch auf dem indischen und südostasiatischen Markt stärker präsent zu sein, gründete MAN ein Joint Venture mit dem indischen Unternehmen Force Motors, das im Oktober 2006 die Produktion von schweren Lkw aufgenommen hat.

Die MAN Gruppe im Jubiläumsjahr 2008

Im Zeichen der Fokussierung auf Kernaktivitäten und nach dem Verkauf von MAN Roland besteht die MAN-Gruppe nunmehr aus vier Bereichen, die gleichzeitig 100 %-ige Tochtergesellschaften sind: MAN Nutzfahrzeuge, MAN Diesel, MAN TURBO und MAN Ferrostaal. Hinzu kommt der Augsburger Getriebespezialist RENK AG.

Von diesen Bereichen ist MAN Nutzfahrzeuge mit 36 590 Mitarbeitern (Dezember 2007) und einem Umsatz von 10,41 Mrd. Euro (2007) der mit Abstand größte. Produziert werden Lkw von 7,5 bis 50 t Gesamtgewicht für jeden Einsatz sowie Busse für den Stadt- und Reisebusverkehr. Hinzu kommen komplette Dienstleistungen rund um das Nutzfahrzeug und die Motorenfertigung für Fahrzeuge und Schiffe.

MAN Diesel ist Weltmarktführer bei Zweitakt-Schiffsmotoren und einer der führenden Produzenten von Viertakt-Dieselmotoren. Neben der Schifffahrt kommen MAN Diesel-Motoren auch in stationären Kraftwerken zum Einsatz. Zur Produktpalette gehören darüber hinaus Diesel-Gas- und Gas-Otto-Motoren sowie Abgas-Turbolader. 2007 erwirtschafteten rund 7380 Mitarbeiter einen Umsatz von rund 2,18 Mrd. Euro.

MAN TURBO ist mit seinen rund 4000 Mitarbeitern an Standorten in Deutschland, der Schweiz und Italien einer der weltweit führenden Hersteller von thermischen Turbomaschinen. Das Produktprogramm umfasst insbesondere Kompressoren, Turbinen, chemische Reaktoren. Ein weiteres Tätigkeitsfeld besteht in der Entwicklung, Fertigung und Montage von kompletten Maschinensträngen für die Öl- und Gas- sowie Grundstoffindustrie. 2007 hatte MAN Turbo einen Jahresumsatz von 1,1 Mrd. Euro.

Mit der MAN Ferrostaal gehört auch ein weltweit tätiger Anbieter von Industriedienstleistungen zur MAN Gruppe. Das Unternehmen ist ein international führender Generalunternehmer im Anlagenbau für die Öl-, Gas-, Kraftstoff- sowie petrochemische Industrie. Zudem ist Ferrostaal Vertriebs- und Servicepartner für Produzenten von Maschinen und Systemen für die Automobilindustrie und fungiert auch als Vertriebs- und Service-Plattform für die gesamte MAN Gruppe. Die weltweit rund 4 300 Mitarbeiter von Ferrostaal («Industriedienstleistungen») erwirtschafteten 2007 einen Umsatz von 1,4 Mrd. Euro.

Im Oktober 2008 gab MAN den Verkauf der Mehrheit von MAN Ferrostaal an die International Petroleum Investment Company (IPIC), einen Staatsfonds mit Sitz in Abu Dhabi, bekannt. IPIC übernahm im Januar 2009 einen Anteil von 70 Prozent der Aktien von MAN Ferrostaal, 30 Prozent verblieben zunächst bei MAN. Damit ist nach den Worten des MAN-Vorstandsvorsitzenden Håkan Samuelsson der im Jahr 2005 eingeleitete Fokussierungsprozess der MAN Gruppe beendet. Das Unternehmen konzentriert sich somit ganz auf seine Geschäftsfelder im Bereich Transport-Related Engineering.

Ebenfalls zur MAN-Gruppe gehört die RENK AG, ein weltweit führender Hersteller von Spezialgetrieben, Komponenten der Antriebstechnik und Prüfsystemen mit Hauptsitz in Augsburg. Zum Produktprogramm gehören unter anderem Großgetriebe für Schiffe und stationäre Anlagen, Gleitlager, Kupplungen sowie Prüfstände für die Fahrzeug- und Luftfahrtindustrie. Weltmarktführer ist RENK bei Getrieben für militärische Kettenfahrzeuge. Die Renk AG, an der die MAN mit 76 % beteiligt ist, erzielte 2006 mit rund 1550 Mitarbeitern einen Umsatz von 356 Mio. Euro.

Insgesamt hatte die MAN Gruppe im Dezember 2007 rund 55 080 Mitarbeiter (einschließlich rund 4030 Leiharbeiter), 1370 mehr als im Vorjahr. Von der Gesamtbelegschaft arbeiteten knapp 23 480 (42 %) bei MAN-Gesellschaften im Ausland. Der Jahresumsatz der gesamten MAN-Gruppe betrug 2007 15,5 Mrd. Euro, gegenüber dem Vorjahr ein Plus von 19 %.

Versuch der Übernahme von Scania

Für erhebliches Aufsehen sorgte die Führung von MAN im September 2006 durch die Mitteilung, den schwedischen Wettbewerber Scania übernehmen zu wollen. Als Kaufpreis boten die Münchner 9,6 Mrd. Euro. MAN-Vorstandsvorsitzender Håkan Samuelsson begründete die geplante Übernahme damit, dass im weltweit wachsenden Lkw-Markt die «kritische Größe» für Lkw-Hersteller gewachsen sei. MAN und Scania zusammen würden eine nahezu ideale Größenordnung erlangen, um die technologischen und ökonomischen Herausforderungen der Zukunft zu meistern. Doch sowohl beim Management von Scania als auch bei den beiden Großaktionären, der schwedischen Industriellenfamilie Wallenberg (Anteil über die Investor AB rund 20 %) und dem Wolfsburger Volkswagen-Konzern (Anteil damals 38 %), stießen die Übernahmepläne von MAN auf unerwartet starken Widerstand, der auch nach Erhöhung des Angebots auf 10,3 Mrd. Euro nicht nachließ. Auch Gewerkschaftsvertreter von Scania äußerten sich skeptisch zu den Übernahmeplänen, da sie den Verlust von Arbeitsplätzen bei Scania befürchteten.[20]

Es begann ein wochenlanger Übernahme-Poker. Als Sondierungsgespräche mit den Scania-Großaktionären ergebnislos blieben, zog MAN Ende Januar 2007 sein Angebot zurück, betonte aber gleichzeitig sein anhaltendes Interesse an dem schwedischen Lkw-Hersteller im Rahmen einer einvernehmlichen Lösung. Inzwischen hatte VW sein Interesse an einer Dreier-Allianz bekundet, zu der neben MAN und Scania auch der Lastwagensektor von Volkswagen gehören sollte. Durch den Kauf größerer Aktienpakete änderten sich unterdessen die Besitzverhältnisse in den beteiligten Unternehmen. So erwarb VW bis Ende Oktober 2006 mehr als 20 % der MAN-Anteile und erhöhte seinen Anteil wenig später auf 29,9 %. MAN seinerseits erwarb gut 17 % der Stimmrechte bei Scania. Im März 2008 gab Volkswagen zudem den Erwerb aller Scania-Anteile der schwedischen Wallenberg Gruppe bekannt, womit ihr Stimmrechtsanteil an Scania von 38 % auf 68,6 % stieg.

Der gewachsene Einfluss von VW bei MAN kam nicht zuletzt dadurch zum Ausdruck, dass auf der MAN-Hauptversammlung im Mai 2007 der Aufsichtsratsvorsitzende von VW, Ferdinand K. Piëch, als Nachfolger von Ekkehard D. Schulz zum neuen Aufsichtsratsvorsitzenden der MAN AG gewählt wurde. Neben Piëch gehören mit Stephan Schaller (VW Nutzfahrzeuge) und Rupert Stadler (Audi) zwei weitere Vertreter des VW-Konzerns dem MAN-Aufsichtsrat an.

2007 bislang erfolgreichstes Jahr der Unternehmensgeschichte

Im 250. Jahr ihres Bestehens – und das heißt auch nach zahlreichen Wandlungen, Krisen und Neuanfängen – steht die MAN-Gruppe insgesamt sehr gut da. Das Geschäftsjahr 2007 war – wie auch schon 2006 – das bislang erfolgreichste der Unternehmensgeschichte. Der Umsatz der Gesamt-Gruppe stieg um 19 % auf 15,5 Mrd. Euro. Das operative Ergebnis verbesserte sich sogar um 57 % auf 1,73 Mrd. Euro. Auch die Umsatzrendite kletterte von 8,5 auf 11,2 %. Erstmals

Abb. 77 Håkan Samuelsson ist seit 2005 Vorstandsvorsitzender der MAN AG

setzte MAN Nutzfahrzeuge – der bei einem Umsatzanteil von rund 67 % mit Abstand größte Einzelbereich der MAN-Gruppe – im Zeitraum eines Jahres mehr als 100 000 Fahrzeuge ab.[21] Weiterhin unbefriedigend waren 2007 allerdings die Zahlen im Bereich Omnibusse. Insgesamt aber scheinen sich die Maßnahmen der vergangenen Jahre, insbesondere die Fokussierung auf «Transport-related Engineering» im Hinblick auf Umsatz und Ergebnis auszuzahlen.

Auch die ehrgeizigen Rendite- und Wachstumsziele, die der MAN-Vorstand um Håkan Samuelsson jedem Bereich der MAN-Gruppe für die Zukunft gesetzt hat, scheinen vor dem Hintergrund dieser Geschäftsentwicklung durchaus realistisch.

Im März 2008 gab VW die Übernahme von Scania bekannt, wodurch in der Frage einer europäischen Lkw-Allianz die Position des Wolfsburger Automobilkonzerns deutlich gestärkt wurde. Zwar begrüßten sowohl Management und Arbeitnehmervertreter von MAN in ersten Reaktionen ausdrücklich die Scania-Übernahme durch VW, doch ist durch diese Entwicklung die Zukunft der MAN-Gruppe im Jahr ihres 250-jährigen Bestehens offener geworden. Der Vorsitzende des MAN-Gesamtbetriebsrates, Lothar Pohlmann, drückte es in einem Zeitungsgespräch so aus: «Der Beginn einer Lkw-Allianz ist im Grunde ein gutes Zeichen, solange keine Zerschlagung von MAN geschieht.»[22] Und auch MAN-Chef Håkan Samuelsson betonte, dass MAN als Maschinen- und Nutzfahrzeughersteller «eigenständig und börsennotiert» bleiben solle. Die erreichte Struktur des Unternehmens biete dafür beste Voraussetzungen und solle auf jeden Fall erhalten bleiben.[23]

Im Januar 2009 übernahm die MAN AG das Unternehmen VW Truck & Bus in Resende/Brasilien. Durch den Erwerb der Schwerlastwagen-Sparte von VW stärkt MAN aber nicht nur ihre Position auf den zukunftsträchtigen Märkten in Südamerika und dem südlichen Afrika. Das Münchner Unternehmen verschaffte sich zugleich eine verbesserte Ausgangsposition in der seit 2007 heftig diskutierten Frage einer Dreier-Allianz von MAN, Scania und VW im Nutzfahrzeug-Geschäft. Die Chancen sind gestiegen, dass MAN bei dieser möglichen Dreier-Allianz die Führungsrolle übernehmen kann.

Die Entwicklungen der Jahre 2007/08 mit dem Erwerb von knapp 30-Prozent der MAN-Anteile und der späteren Übernahme von Scania durch VW können möglichweise dazu führen, dass über die Zukunft von MAN nicht nur in München, sondern auch in anderen Konzernzentralen (mit)entschieden wird. Doch hat die MAN Gruppe in ihrer nunmehr 250-jährigen Geschichte immer wieder besondere Wandlungsfähigkeit und Innovationskraft – verbunden mit großem Stehvermögen – bewiesen und damit ein bedeutendes Kapitel deutscher und europäischer Industriegeschichte geschrieben.

Schlussbemerkung

In der 250-jährigen Geschichte der MAN und ihrer Vorgängerunternehmen spiegeln sich alle Phasen der deutschen Industriegeschichte wider. Es zeigen sich aber auch Besonderheiten, die diesen Konzern von anderen unterscheiden. Die lange historische Entwicklung der MAN und der GHH lässt keine festen Regeln oder gar Gesetzmäßigkeiten erkennen. Sie verlief, wie bei anderen Unternehmen auch, nach einem eigenen Muster. Das herausragende Merkmal bilden zweifellos die wiederholten Wandlungen. Aufbau und Name des Unternehmens sind bei der MAN, der GHH und ihren Vorgängerinnen nie über ein Jahrhundert hinweg gleich geblieben. Die Geschichte des Konzerns verlief weniger konstant als dies etwa bei Krupp, Siemens oder Daimler-Benz der Fall war. Immer wieder fanden grundlegende Veränderungen in Form von Umwandlungen, Fusionen und Neuordnungen statt, wobei sich die Abstände zwischen diesen Einschnitten im Laufe der Zeit verkürzten, von 50–65 Jahren im 19. Jahrhundert auf 23–35 Jahre im 20. Jahrhundert. Ein derartiges Muster stellte hohe Anforderungen an die Handelnden, weil bei Fusionen, Übernahmen oder Neuordnungen stets die Zukunft des Unternehmens auf dem Spiel stand und trotz unsicherer Bedingungen die «richtige» Entscheidung getroffen werden musste. Auch für die Belegschaft ergaben sich aus dem Wandel immer wieder neue Herausforderungen und die Notwendigkeit, sich neu zu orientieren und entsprechende Anpassungsleistungen zu erbringen. Dass sich die MAN über Jahrhunderte hinweg erfolgreich entwickelte, ist vor allem durch die hohe Wandlungsfähigkeit des Unternehmens und seiner Vorgänger zu erklären. Ein weiterer Faktor war die technologische Wettbewerbsfähigkeit. Denn im Maschinen-, Motoren- und Fahrzeugbau konnten sich nur solche Unternehmen über lange Zeiträume hinweg erfolgreich entwickeln, die zu den Schrittmachern des technologischen Fortschritts gehörten.

Der Gründer der St. Antony Hütte in Osterfeld, der ältesten Vorgängerin der MAN AG, hatte ein vergleichsweise bescheidenes Ziel, das aber viel Pioniergeist erforderte. Der Münsteraner Domherr Franz Ferdinand von Wenge hatte die Hütte errichtet, weil er die Rasensteinerzvorkommen in der Gegend der heutigen Stadt Oberhausen wirtschaftlich nutzen wollte. Wenge hatte erkannt, dass das daraus gewonnene Gusseisen gefragt war, vor allem bei den Händlern am Niederrhein. Als der Werksleiter Randebrock am 18. Oktober 1758 die Inbetriebnahme der St. Antony Hütte als erstes Eisenwerk im Gebiet des späteren rheinisch-westfälischen Industriereviers melden konnte, war nicht abzusehen, dass sich daraus einmal ein Unternehmen entwickeln würde und schon gar nicht ließ sich damals erahnen, dass mit der Hütte die Geschichte der später so bedeutenden Ruhreisenindustrie begonnen hatte.

Bei der nächsten Weichenstellung, dem Zusammenschluss zwischen der St. Antony Hütte und den benachbarten Hütten Gute Hoffnung und Neu-Essen im Jahr 1808, entstand ein Unternehmen, das schon weitergehende Ziele im Blick hatte: die Hüttengewerkschaft und Handlung Jacobi, Haniel und Huyssen (JHH). Kompetenzen und Kapitalverteilung wurden durch einen Vertrag zwischen den Gesellschaftern geregelt. Die Hüttengewerkschaft war gut aufgestellt, weil sich in dem Unternehmen das technische Können des Hütteninspektors Gottlieb Jacobi mit dem finanziellen und kaufmännischen Hintergrund der Familie Haniel verband. Die Haniels hatten bereits ein Handelshaus in Ruhrort aufgebaut und gründeten die JHH nun als ein weiteres Familienunternehmen. Fast 150 Jahre lang blieb die Familie im Besitz der Kapitalmehrheit.

Die von England ausgehende Industrialisierung stellte die deutsche Wirtschaft damals vor völlig neue Herausforderungen. Die Hüttengewerkschaft Jacobi, Haniel und Huyssen reagierte darauf, indem sie ihre Produktion auf neue, in England eingeführte Technologien ausweitete. Neben der Eisenherstellung begann sie als eine der ersten Firmen in Deutschland mit dem Bau von Dampfmaschinen. Bald folgten der Bau von Dampfschiffen sowie die Herstellung von Puddeleisen und Schienen. Später kamen der Brückenbau (1849) und der Kohlenbergbau (1853) hinzu. JHH leistete damit einen wichtigen Beitrag zur deutschen Industrialisierung und war bis 1860 fast immer der Konkurrenz an Rhein und Ruhr voraus. Zum Markenzeichen des Unternehmens wurden seine Fertigungstiefe und die Aufgeschlossenheit gegenüber neuen Technologien. Nur wenige deutsche Firmen verbanden damals die Eisenherstellung mit der Förderung von Steinkohle und dem Bau von Maschinen, Schiffen und Eisenkonstruktionen.

Nachdem die Ausweitung der Fertigungsbereiche 1850 abgeschlossen war, wuchs die Hüttengewerkschaft unter der Leitung von Wilhelm Lueg zu einem Großunternehmen heran. Um mit dem damaligen Ausbau der Großindustrie Schritt halten zu können, wurde die Gesellschaftsform den veränderten Anforderungen angepasst. Mit einiger Verspätung erfolgte dies 1873 durch die Umwandlung in eine Aktiengesellschaft. Das Unternehmen erhielt nun den Namen Gutehoffnungshütte Actienverein für Bergbau und Hüttenindustrie (GHH). Mit dem Wachstum der Ruhrindustrie errichtete die GHH in den folgenden Jahrzehnten einige der größten Zechen, Hütten- und Stahlwerke der Region. Im Unterschied zu den meisten anderen Ruhrkonzernen stellte sie zugleich auch Maschinen und Eisenkonstruktionen her. Die Haniels zogen sich aus dem operativen Geschäft zurück, so dass die GHH jetzt endgültig ein von Managern geführtes Unternehmen wurde. Der Vorstand hatte in der Eigentümerfamilie aber einen sicheren Rückhalt, der es ihm ermöglichte, eine auf langfristige Ziele ausgerichtete Geschäftspolitik zu betreiben. Die wachsende Zahl von Arbeitern wurde durch eine vorbildliche innerbetriebliche Sozialpolitik an das Unternehmen gebunden, wie sie hier schon frühzeitig begründet worden war. 1844/46 hatte die JHH die erste Arbeitersiedlung errichtet. 1878 entstand bei der GHH bereits ein Betriebskindergarten. Neben den Werkbetrieben entwickelten sich die stark auf das Unternehmen ausgerichteten Orte Oberhausen, Osterfeld und Sterkrade zu einer großstädtischen Agglomeration.

Unabhängig von der Entwicklung des Oberhausener Unternehmens waren in Bayern zwei Maschinenfabriken entstanden, die eine weitere, eigenständige Wurzel der Konzerngeschichte bilden. Die 1840 von Ludwig Sander in Augsburg gegründete Maschinenfabrik und die ein Jahr später entstandene Fabrik Johann Friedrich Kletts in Nürnberg wurden von ortsansässigen Unternehmern aus kaufmännischem Kalkül und mit Hilfe ausländischer Techniker gegründet. Sie sollten zunächst für örtliche Abnehmer produzieren, nämlich für die Augsburger Textilindustrie bzw. die neue Eisenbahn zwischen Nürnberg und Fürth. Beide Unternehmen nahmen schon bald auch andere Fertigungen auf und gehörten dann auf einigen Gebieten zu den führenden Herstellern in Deutschland. In Augsburg entstand neben dem Dampfmaschinenbau ein bedeutender Druckmaschinenbau. Ausschlaggebend dafür waren vor allem die Fähigkeiten von Carl August Reichenbach und Gustav Bissinger, zwei der bekanntesten Druckmaschinenbauer ihrer Zeit. Die Eisengießerei und Maschinenfabrik Klett & Co. in Nürnberg nahm neben dem Waggonbau den Bau von Eisenkonstruktionen und Brücken auf. Unter der Leitung von Theodor von Cramer-Klett und Ludwig Werder erlangte Klett & Co. in diesem Bereich u. a. durch die Errichtung des Münchner Glaspalastes einen hervorragenden Ruf. Für den Brückenbau entstand in Gustavsburg ein eigenes Werk. Anders als die Maschinenfabrik Augsburg blieb das Unternehmen auch nach der Umwandlung in eine Aktiengesellschaft 1873 im Besitz der Familie Cramer-Klett, nun unter dem Namen Maschinenbau-Actien-Gesellschaft Nürnberg.

Die Maschinenfabrik Augsburg erlebte in der Zeit des Kaiserreichs einen steilen Aufstieg. Ihr Direktor Heinrich von Buz, der «Bismarck der deutschen Maschinenindustrie», erkannte die Bedeutung einiger bahnbrechender Erfindungen früher als andere Unternehmer. Mit einer auf Innovationen und langfristige Investitionen ausgerichteten Strategie sicherte Buz dem Unternehmen einen Vorsprung im technologischen Wandel. Bei der Maschinenbau-Actien-Gesellschaft Nürnberg waren die Eigentümer nicht bereit, derartige unternehmerische Risiken einzugehen. Die Werke in Nürnberg und Gustavsburg gerieten dadurch in eine längere Krise, die erst in den 1890er Jahren unter dem tatkräftigen Vorstandsvorsitzenden Anton von Rieppel überwunden werden konnte. Zu

Rieppels technischen Leistungen gehörten u. a. die Konstruktionen der Müngstener Brücke und des Tragwerks der Wuppertaler Schwebebahn.

Heinrich von Buz war als erster Unternehmer bereit, den von Rudolf Diesel erfundenen Motor bauen zu lassen. Der Motor konnte in der Maschinenfabrik Augsburg nach mehrjährigen Versuchen hergestellt werden. Anschließend entwickelten ihn Augsburger Ingenieure bis zur Marktreife weiter. Der Anteil des Unternehmens an der Entstehung des Dieselmotors war insgesamt noch größer als bislang angenommen worden ist. Für die Maschinenfabrik Augsburg ergab sich daraus ein Entwicklungssprung. Ihr gelang auf diese Weise ein rascher und überaus erfolgreicher Übergang vom Dampfmaschinenbau zum Motorenbau. War sie im Dampfmaschinenbau nur einer unter vielen Herstellern gewesen, so galt sie im Motorenbau jetzt als das führende Unternehmen für Dieselantrieb.

Die Maschinenbau-Actien-Gesellschaft Nürnberg schloss nun einen Lizenzvertrag mit der Augsburger Konkurrentin, um ebenfalls Dieselmotoren bauen zu können. Als ihr Eigentümer Theodor von Cramer-Klett ein Jahr später beschloss, das Unternehmen zu verkaufen, war es nur nahe liegend, dass der Vorstand eine Fusion mit der Maschinenfabrik Augsburg anstrebte. 1898 schlossen sich beide Unternehmen zur Vereinigten Maschinenfabrik Augsburg und Maschinenbaugesellschaft Nürnberg zusammen, die sich zehn Jahre später in Maschinenfabrik Augsburg Nürnberg (M.A.N.) umbenannte. Die M.A.N. war damals das mit Abstand größte Unternehmen Süddeutschlands. Während des Ersten Weltkrieges wurde ein großer Teil der Produktion auf die Fertigung von Rüstungsgütern umgestellt. Um für die Nachkriegszeit gewappnet zu sein, nahm die M.A.N. während des Krieges aber auch den Bau von Lastwagen auf, was sich langfristig als eine der wichtigsten Weichenstellungen in der Geschichte des Unternehmens erwies. Der erste M.A.N.-Lkw wurde 1915 von der gemeinsam mit der Schweizer Firma Saurer gegründeten Tochtergesellschaft M.A.N.-Saurer hergestellt.

Als die GHH in den Jahren 1920/21 schrittweise die M.A.N. übernahm, wurden der rheinische und der bayerische Strang der Konzerngeschichte zusammengeführt. Die Übernahme erfolgte im Rahmen einer langfristig angelegten Strategie, mit der Paul Reusch die GHH nach dem Ersten Weltkrieg zu einem vertikalen Konzern ausbaute, der vom Bergbau bis zum Fahrzeugbau alle Fertigungsstufen abdeckte und auch Handelsgesellschaften im In- und Ausland wie die Ferrostaal AG umfasste. Die M.A.N. hatte nach dem Ende des Ersten Weltkrieges hohe Schulden – bedingt auch durch den Wegfall der Rüstungsaufträge – und musste sich an einen finanzkräftigen Konzern anlehnen. Durch die Übernahmen, vor allem von Unternehmen der süddeutschen Metallindustrie, verdoppelte sich die Beschäftigtenzahl des GHH-Konzerns innerhalb weniger Jahre auf rund 75 000. Reusch knüpfte mit der Bildung eines vertikalen Konzerns an die schon vor dem Ersten Weltkrieg verfolgte Strategie an, die auch in einer gewissen Tradition des Unternehmens stand. Er wollte mit der Expansion in die verarbeitende Industrie den Absatz der Zechen und Hüttenwerke der GHH sichern. Konzentration und Konzernbildung waren damals allgemein ein Kennzeichen der deutschen Industrie. Durch Paul Reusch erhielt dieser Prozess bei der GHH aber seine spezifische Form, nämlich die vertikale Ausrichtung. Horizontale «Trusts» wie die 1926 entstandenen Vereinigten Stahlwerke lehnte Reusch ab. Die Form der damaligen Konzernbildung erwies sich später als Voraussetzung für den erfolgreichen Wandel der GHH zu einer Unternehmensgruppe der verarbeitenden Industrie.

Die M.A.N. war nun 65 Jahre lang ein Tochterunternehmen der GHH. Diese Verbindung erwies sich für beide Seiten als vorteilhaft. Die M.A.N. profitierte zunächst stärker davon, weil ihr der finanzielle Rückhalt der GHH das Überleben in einer schwierigen Zeit sicherte. Die GHH hatte von der Verbindung vor allem langfristig Vorteile. Ihr eröffnete sich dadurch eine Perspektive, die über die Montanindustrie des Ruhrgebiets hinausführte. Dabei hielten beide Unternehmen an ihrem Fertigungsprogramm fest. Als Reusch den defizitären Lkw-Bau der M.A.N. 1932 wegen der Weltwirtschaftskrise einstellen wollte, konnte dies allerdings nur durch den persönlichen Einsatz des M.A.N.-Vorstands Otto Meyer verhindert werden. Auf technischem Gebiet erfolgten in den Zwanziger Jahren zukunftsweisende Innovationen (erster Diesel-Lkw mit Direkteinspritzung, Offset-Druckmaschinen).

Im Dritten Reich konnten GHH und M.A.N. hohe Produktionssteigerungen und Gewinne erzielen. Der Konzern wurde zu einem bedeutenden Rüstungsproduzenten, doch blieben die Vorstände von GHH und M.A.N. auf Distanz zur NSDAP, was vor allem durch den prägenden Einfluss des Konzernchefs Paul Reusch bedingt war. Reusch hatte zwar zu den antidemokratischen Gegnern der Weimarer Republik gehört und 1932 eine Verständigung mit Hitler gesucht. Nach 1933 lehnte er aber die Einmischungen der Partei in die Betriebe der GHH-Gruppe wie in die gesamte private Wirtschaft entschieden ab. GHH und M.A.N. folgten im Unterschied zu vielen anderen Unternehmen nicht allen Vorgaben des NS-Regimes. Bei der M.A.N. kam es zu heftigen Konflikten mit der NSDAP, zumal ihr Leiter Otto Meyer mit einer Jüdin verheiratet war. GHH-Chef Paul Reusch musste 1942 schließlich auf politischen Druck hin zurücktreten. In der Rüstungswirtschaft des Dritten Reichs spielten M.A.N. und GHH aber eine wichtige Rolle, als Hersteller von Panzern, U-Bootmotoren und Geschossen. Im letzten Kriegsjahr musste die M.A.N. ihre Lkw-Produktion zugunsten der Panzerfertigung einstellen. Bei der «Arisierung» jüdischer Unternehmen und auch bei der Expansion der deutschen Industrie in die annektierten und besetzten Länder stand der GHH-Konzern nicht in der ersten Reihe. In begrenztem Umfang profitierte allerdings auch die GHH von der

«Arisierung» jüdischen Firmenvermögens. Die Annexion Österreichs nutzte die M.A.N. zur Übernahme des Wiener Unternehmens ÖAF. In Polen und in der Ukraine entstanden während des Krieges Konzernstützpunkte und eine Expansion der GHH in das besetzte Lothringen war durchaus geplant. Keine Skrupel hatten die Vorstände und die Werksleitungen beim Einsatz von Zwangsarbeitern während des Krieges. Aus wirtschaftlichen Interessen wurden zunehmend mehr Kriegsgefangene und ausländische Zivilarbeiter eingesetzt. Bis 1944 stieg die Zahl der Zwangsarbeiter im GHH-Konzern auf rund 31 500. KZ-Häftlinge kamen bei GHH und M.A.N. nicht zum Einsatz, wohl aber in zwei anderen Unternehmen des Konzerns, der Deutschen Werft und den Kabel- und Metallwerken Neumeyer.

Während sich die Struktur des Konzerns in der NS-Zeit nur geringfügig verändert hatte, führte nach dem Krieg die Politik der Siegermächte zu einem weiteren Wendepunkt in der Geschichte der Unternehmensgruppe. Die GHH verlor durch die von den Militärregierungen angeordnete Konzernentflechtung den größten Teil ihrer Oberhausener Werksbetriebe. Die Zechen und die Hüttenwerke wurden abgetrennt und in jeweils eigene Nachfolgegesellschaften überführt. Nach dem Abschluss der Entflechtung im Jahr 1953 war die GHH kein Unternehmen der Montanindustrie mehr. In Oberhausen gehörte neben der Holdinggesellschaft nur noch das weiterverarbeitende Werk Sterkrade zum GHH-Konzern (GHH Sterkrade AG). Die M.A.N. war jetzt bedeutend größer als die GHH, wodurch sich der Schwerpunkt der Konzerntätigkeit nach Süddeutschland und in den Maschinen- und Fahrzeugbau verschob. Die von der GHH heftig bekämpfte Entflechtung erwies sich auf lange Sicht als vorteilhaft, weil der Konzern später von den Krisen des Kohlenbergbaus und der Stahlindustrie verschont blieb.

Nach der erzwungenen Entflechtung entwickelte die GHH kein strategisches Konzept, das den Aufbau und die Organisation des Konzerns an die veränderten Bedingungen angepasst hätte. Im Wirtschaftsboom der fünfziger und frühen sechziger Jahre war die Unternehmensgruppe allerdings auch ohne eine derartige Reorganisation sehr erfolgreich.

Zu einem wachsenden Problem entwickelte sich ab Mitte der sechziger Jahre der Umstand, dass das Kapital der Holdinggesellschaft GHH Aktienverein nicht im erforderlichen Umfang erhöht werden konnte, so lange das Unternehmen in Familienbesitz blieb. Größere Investitionen und strategische Firmenübernahmen konnten darum nicht im gewünschten Umfang oder nur mit Verzögerung realisiert werden. In dieser Hinsicht bedeutete der Einstieg der Allianz und der Commerzbank 1970 einen wichtigen Einschnitt. Das Unternehmen öffnete sich zunehmend dem Kapitalmarkt. Im Zuge mehrerer Kapitalerhöhungen verringerte sich seither der Aktienanteil der Eigentümerfamilie kontinuierlich, bis die Haniels 1985 ihre letzten Anteile veräußerten.

Die M.A.N. gewann in den sechziger Jahren innerhalb des Konzerns weiter an Gewicht, besonders durch ihren Nutzfahrzeug- und Motorenbau. Mit mehreren Übernahmen (Büssing 1971, ÖAF 1973) wurde dieser Bereich gezielt ausgebaut. Die Krisen der siebziger Jahre schufen dann die Voraussetzung für die überfällige Neuordnung des Konzerns. Die M.A.N. wurde von den Ölkrisen der Jahre 1973/74 und 1980/81 besonders hart getroffen, da das Unternehmen auf eine derartige Entwicklung nicht genügend vorbereitet war. Erstmals seit dem Zweiten Weltkrieg brach der Lkw-Markt ein. Dies gab den Anstoß zu einem völligen Umbau des gesamten Konzerns, bei dem der neue Großaktionär, die Allianz Versicherung, federführend war.

1986 wandelte der Vorstandsvorsitzende Klaus Götte die Unternehmensgruppe in einen Vertragskonzern um. Die M.A.N. wurde auf die GHH fusioniert, die sich dann in MAN AG umbenannte. Der neue Konzern fokussierte seine Produktion auf die Bereiche, in denen er technologisch führend war und als Systemanbieter auftreten konnte. Mit dieser Konzentration auf Kernbereiche unterschied sich die MAN Gruppe von Konzernen wie Daimler-Benz, die seinerzeit gerade verstärkt auf Übernahmen und weitere Diversifizierung setzten. An Stelle des alten, von Paul Reusch nach dem Prinzip der Absatzsicherung aufgebauten, «Mischkonzerns» trat ein neuer, an Kostenstrukturen und technologischer Wettbewerbsfähigkeit orientierter Aufbau. Der Sitz der Holding wurde von Oberhausen nach München verlegt.

Die Entwicklung der MAN Gruppe nach 1990 war durch das starke Wachstum des Auslandsgeschäfts und eine weitere Fokussierung der Produktion gekennzeichnet. Die Konzernführung folgte damit dem Trend der meisten börsennotierten Großunternehmen. Der Nutzfahrzeugbau und der Dieselmotorenbau – insbesondere der Schiffsdieselmotorenbau – wurden jetzt als das Kerngeschäft angesehen, das sich auch sehr erfolgreich entwickelte. Der traditionsreiche und ebenfalls erfolgreiche Druckmaschinenbau, die MAN Roland Druckmaschinen AG, wurde 2006 verkauft. Im Jahr zuvor, 2005, hatte es in der Eigentümerstruktur eine einschneidende Veränderung gegeben, als Allianz und Commerzbank nach mehr als drei Jahrzehnten ihre rund 30 %ige Beteiligung veräußerten. Neuer Großaktionär mit einem Anteil von 29,9 % ist seit 2007 VW.

Die Wandlungen der MAN und ihrer Vorgängerunternehmen in den vergangenen 250 Jahren erfolgten nicht nach einem einheitlichen Muster oder einer bestimmten Logik. Die Unternehmensgruppe hätte es sonst nicht vermocht, sich immer wieder veränderten Gegebenheiten anzupassen. Stärke und Eigenart ihrer historischen Entwicklung lagen vielmehr in der ausgeprägten Wandlungsfähigkeit. Sie hat dadurch die großen Herausforderungen erfolgreich bewältigen können, von der Industrialisierung über die Folgen der beiden Weltkriege bis zur Globalisierung der jüngsten Zeit. Damit ist nicht gesagt, dass die M.A.N. und die GHH immer alles richtig gemacht haben. Wiederholt gab es auch Krisen und Zeiten der Stagnation. Aber in den entscheidenden Phasen wie etwa der Umbruchszeit nach dem Ersten Weltkrieg wurden eben tragfähige, zukunftsweisende Lösungen gefunden. Diese Entscheidungen waren nicht immer geplant und mitunter auch gar nicht von Anfang an beabsichtigt. Auch eine gewisse «Fortune» gehört zuweilen zu den Voraussetzungen erfolgreicher Unternehmensführung. Bei der Entflechtung nach dem Zweiten Weltkrieg erfolgte der Wandel wiederum gegen massiven Widerstand der Konzernführung. Er wurde der GHH von den Besatzungsmächten aufgezwungen. In den meisten Fällen gingen die Weichenstellungen aber auf unternehmerische Strategien zurück. Das war 1808 so, bei der Gründung der Hüttengewerkschaft und Handlung Jacobi, Haniel & Huyssen, und auch 1898, bei der Fusion zwischen den Maschinenfabriken in Augsburg und in Nürnberg, dann bei der Übernahme der M.A.N. durch die GHH (1920/21) und auch wieder bei der Bildung des Vertragskonzerns im Jahr 1986. Die Geschichte der M.A.N. zeigt dabei auch ein Handlungsmuster, das im Maschinenbau durchaus verbreitet war. Die starke konjunkturelle Abhängigkeit und die unzureichende finanzielle Ausstattung der Maschinenbauunternehmen führten stärker als in anderen Branchen zu der Neigung, Krisen durch Anlehnung an ein stärkeres Unternehmen zu überwinden – wie es 1898 bei der Maschinenbau-Actien-Gesellschaft Nürnberg und 1920 bei der M.A.N. der Fall war. Nur selten wurde diese Strategie mit so nachhaltigem Erfolg praktiziert wie bei der M.A.N. Die Geschichte des Konzerns zeigt damit auch, dass Fusionen entgegen mancher Erfahrungen aus der letzten Zeit recht erfolgreich sein können.

Die Entwicklung der GHH profitierte immer wieder davon, dass die Geschäftsstrategie des Unternehmens auf langfristige Stabilität ausgerichtet war und nicht auf kurzfristige Rendite. Gerade der Einstieg in neue Technologien erforderte in der Regel einen langen Atem. Die GHH hatte hier als Familienunternehmen einen Vorteil. Eine ähnliche Strategie verfolgte auch die M.A.N. in der Ära von Buz und dann natürlich als Unternehmen des GHH-Konzerns.

Schon frühzeitig waren GHH und M.A.N. auf das Auslandsgeschäft ausgerichtet. Der Anstoß dazu ging von den technischen Leistungen aus. Bereits vor dem Ersten Weltkrieg waren viele Produkte beider Unternehmen, besonders die Eisen- und Stahlkonstruktionen, aber auch Industrieausrüstungen, Waggons und Motoren, in allen Kontinenten gefragt. Später wurde der Export durch eigene Handelsgesellschaften des Konzerns gefördert. Hinzu kamen Kapitalbeteiligungen in mehreren Ländern. Erst in den letzten Jahrzehnten entstanden dann auch eigene Werke der MAN im Ausland.

Der Konzern war mit seinen Innovationen stets in High-Tech-Branchen der einzelnen Epochen vertreten, vom Dampfmaschinenbau über die Stahlproduktion zum Motoren- und Fahrzeugbau. Lange Zeit hat er sein Fertigungsprogramm zugleich in die Breite ausgeweitet, in immer neue Produktionszweige und Branchen. Diese Diversifizierung ergab sich oft aus dem Drang der Techniker, neue Lösungen zu finden wie z. B. beim Gasometerbau, oder neue Werkstoffe anzuwenden wie bei den frühen Eisenkonstruktionen. Eine derartige Breite in der Produktion minderte die unternehmerischen Risiken. Ein Nachfragerückgang in einem Bereich konnte durch die anderen Fertigungszweige aufgefangen werden. Nach dem Zweiten Weltkrieg wurde dieses Muster nach und nach durch eine Fokussierung der Produktion auf Kernbereiche abgelöst. Die Unternehmen konnten sich nur noch dort erfolgreich behaupten, wo sie auf dem Weltmarkt zur Spitze gehörten.

Meist haben GHH und MAN mit ihren Innovationen technische Trends aufgegriffen und neue Lösungen in dem jeweiligen Bereich entwickelt. Seltener wurden – wie beim Dieselmotor – externe Erfindungen ausgeführt und weiterentwickelt. Beides bedingte nicht nur eine Aufgeschlossenheit für den technischen Wandel, sondern auch eine genaue Kenntnis der technischen Entwicklung und der Märkte. Die technische Entwicklung war für das Unternehmen allerdings nie Selbstzweck. MAN und GHH hatten in der Regel auch die Parameter des Marktes im Blick und sie konnten neue Märkte auch mit Technologien erobern, die sie nicht selbst entwickelt hatten.

Für die lange Geschichte der MAN waren herausragende technische Leistungen und eine hohe technologische Wettbewerbsfähigkeit unabdingbare Voraussetzungen. Technische Erfolge allein hätten aber nicht genügt. Ausschlaggebend waren letztlich unternehmerische Entscheidungen.

Im Laufe des Jahres 2007 kamen Mutmaßungen über neue, tief greifende Veränderungen bei der MAN auf, was angesichts der vielen Wandlungen in der 250-jährigen Geschichte dieser Unternehmensgruppe kaum verwundern kann. Die MAN und ihre Vorgängerunternehmen haben sich stets als wandlungsfähig erwiesen. Der Wandel gehörte geradezu zur Logik ihrer Entwicklung und war immer wieder ein wichtiger Faktor ihres Erfolgs. So erscheint die zukünftige Form des Unternehmens heute als offen, aber sicher ist, dass der Wandel weitergehen wird.

Anhang

Anmerkungen

Einleitung

1 Arie de Geus, Jenseits der Ökonomie. Die Verantwortung der Unternehmen. Warum sterben Unternehmen und wie können sie überleben?, Stuttgart 1998. Aus unternehmenshistorischer Sicht vgl. Werner Plumpe, Die Unwahrscheinlichkeit des Jubiläums – oder: warum Unternehmen nur historisch erklärt werden können, in: Jahrbuch für Wirtschaftsgeschichte 2003/I, S. 143–156.

2 Herzog, 40 Jahre; Wittmann, Archiv. Das Archiv der Gutehoffnungshütte befand sich bis 1986 bei der Konzernzentrale in Oberhausen und wurde dann im Zusammenhang mit deren Verlagerung nach München an das Haniel-Archiv der Franz Haniel & Cie. GmbH in Duisburg-Ruhrort abgegeben. 1994 ging der Bestand an das Rheinisch-Westfälische Archiv in Köln über. 1986 wie 1994 kamen Befürchtungen auf, dass das Archiv der Gutehoffnungshütte, eines der bedeutendsten Unternehmensarchive der Ruhrindustrie, geschlossen werden könnte. Vgl. Andreas Rossmann, Das Gedächtnis des Ruhrgebiets, in: Frankfurter Allgemeine Zeitung vom 7. 4. 1994.

3 Die Gutehoffnungshütte; Büchner, 125 Jahre; ders., Hundert Jahre. Zur Person Büchners siehe Kap. III/5, S. 285 u. S. 288.

4 Zur Geschichte der Gutehoffnungshütte und der MAN lag bisher nur der knappe, publizistische Darstellung von Joest, Pionier, vor. Zur Geschichte der Gutehoffnungshütte vor 1945 vgl. Büchner, 125 Jahre; Maschke, Konzern. Zur Vorgeschichte der Gutehoffnungshütte: Ballestrem, Dreiländereck. Die MAN-Geschichte beschreiben Büchner, Hundert Jahre (bis 1940) und die unveröffentlichte Chronik von Droscha, M.A.N. (1985).

5 Hetzer, Reusch; Langer, «Machtergreifung»; ders., Reusch; Hinze, Fremdarbeiter und Kriegsgefangene.

6 Pütz-Majer, Betriebspolitik; Joest, Pionier; Hilger, Sozialpolitik; Rupieper, Arbeiter; Eibert, Unternehmenspolitik.

Erster Teil
Die Gutehoffnungshütte:
Vom Eisenwerk zum Konzern (1758–1918)

1 Gründung und Entwicklung in vorindustrieller Zeit: Die Eisenhütten St. Antony, Gutehoffnung und Neu-Essen 1758–1808

1 Zitiert nach Joest, S. 6.

2 Siehe etwa Böhme, S. 36–43; O. V., Isselburg und seine Hütte, S. 14.

3 Ausführlich zum Rasensteinerz im Oberhausener Raum siehe: Döbling, S. 80–87.

4 Die Ausführungen zur Gründung der St. Antony Hütte beruhen, sofern nicht anders angegeben, im Folgenden auf: Ballestrem, Dreiländereck, S. 47–87.

5 Zu Wenge siehe: Ballestrem, Dreiländereck, S. 49–52 und Dickhoff, S. 75–84.
6 Ballestrem, Dreiländereck, S. 54.
7 Ebd., S. 54 f.
8 1752 verhandelte Wenge auch mit dem preußischen Bergamt über die Anlage einer Eisenhütte bei Sterkrade, entschied sich jedoch für einen Standort im Vest Recklinghausen. Aus diesem Grund erhielt Wenge trotz intensiver Bemühungen bis 1755 aber keine Erlaubnis mehr zum Schürfen und zur Gewinnung von Erzen auf preußischem Gebiet. Ballestrem, Dreiländereck, S. 59–63.
9 Ballestrem, Dreiländereck, S. 65–83; Reif, Der Unternehmer, S. 13–21.
10 Zudem befürchtete die Klosterleitung die Beschädigung ihrer bachabwärts gelegenen Wassermühlen im Falle eines Dammbruches. Reif, Der Unternehmer, S. 13–21.
11 O. V., Urkunden aus der Entstehungsgeschichte der Gutehoffnungshütte, Dokument Nr. 5.
12 Laut der Firmenfestschrift der GHH von 1898 sollen für den Bau der Eisenhütte wallonische Arbeiter engagiert worden sein. Gutehoffnungshütte Aktienverein, Bericht aus Anlaß ihres 25jährigen Bestehens, S. 4.
13 Ballestrem, Dreiländereck, S. 86.
14 Erst spät suchte Wenge 1770 mit Johann Peter Sternenberg den Rat eines erfahrenen Kaufmanns. Ebd., S. 106–108.
15 Zum frühindustriellen Unternehmer siehe: Kocka, Unternehmer, S. 19–41; Gorissen, S. 28–31.
16 Zu den beiden Betreibern Schwarz und Hundt ist nur bekannt, dass sie aus Bocholt stammten.
17 Wenge erhielt nachträglich aufgrund einer Klage vor dem Bocholter Gericht immerhin 6887 Taler von der Familie Hundt. Ballestrem, Dreiländereck, S. 113.
18 Die vermögenden und miteinander verwandten Familien Diepenbrock und Reigers gehörten als Bürgermeister, Amtsrentmeister, Amtsmänner, Apotheker und Ärzte zu den angesehenen Bürgern Bocholts und besaßen Anteile an der Liederner Hütte. Zudem pachteten sie 1774 auch die Hütte im niederländischen Ulft. Gerhard Doeinck (1740–1802) war Weinhändler und mit den Diepenbrocks verwandt. Freundliche Auskunft des Stadtarchivs Bocholt vom 8. 11. 2007. Siehe auch Wörffel, S. 4–18.
19 Zur Gründung der Gutehoffnungshütte siehe: Herzog, Eberhard Pfandhöfer, S. 55–81.
20 Probst, Krupp, S. 33–52 und 62–66. Zur Einigung Pfandhöfers mit dem Kloster Sterkrade siehe deren Vereinbarung vom 6. Januar 1781 in RWWA Köln 130 Nr. 101/25. Informationen über die Konzessionierung und weitere Entwicklung der Gutehoffnungshütte finden sich in RWWA 130-101/1, 101/5, 101/6 und 101/35. Spethmann, Franz Haniel, S. 79. Nach Grevel war auch ein Kommerzienrat Hellmann im Konsortium von Noot und Müser beteiligt. Grevel, S. 7.
21 Pfandhöfer haftete für diese Summe gegenüber der Essener Unternehmerin als Sicherheit mit seinem Anteil an der Sterkrader Hütte und dem Rödinghauser Hammer. Probst, Krupp, S. 35.
22 Spethmann, Eberhard Pfandhöfer, S. 103–111.
23 Herzog, Pfandhöfer, S. 68 f.
24 Eversmann, S. 314–319. Gehne, Gründungsgeschichte; Hinz, Wocklumer Eisenhütte, S. 126. Zur Koksherstellung siehe: Schulz, Vorgeschichte, S. 35–42.
25 Wilsdorf, Einführung.
26 Ballestrem, Dreiländereck, S. 59–63.

27 RWWA 130-102/16.

28 Das Schreiben der Fürstäbtissin vom 1. April 1789 findet sich als Abschrift in: RWWA 130-102/16.

29 Woltmann, S. 6.

30 Werner wurde wie Jacobi als Sachverständiger herangezogen und bot sich dann an, die Hütte zu betreiben. Grevel, S. 10–15. Vgl. auch RWWA 130-102/16.

31 Siehe das Gutachten Jacobis vom 18.4 1789 in RWWA 130-102/14. Zu Heinrich Jacobi siehe auch: Serlo, S. 76.

32 Siehe die Berechtigungsurkunde 1791 in RWWA 130-102/3. Zu den Schwierigkeiten beim Bau, u. a. durch preußische Einsprüche gegen eine Stauung der Emscher und der ersatzweise Bau eines Wassergrabens siehe: Pothmann, S. 171.

33 RWWA 130-102/7 und 102/2.

34 Zuerst erwarb die Fürstäbtissin die Anteile des Kanzleidirektors Schmitz. Grevel, S. 10–15. Vgl. auch RWWA 130-102/15 und 102/16.

35 Eversmann, Eisen- und Stahlerzeugung, S. 319. Es ist sehr wahrscheinlich, dass diese Auffassung Eversmanns auch denen der Hüttenbetreiber entsprach, pflegte der preußische Bergbeamte doch sowohl zu Pfandhöfer als auch zu Jacobi gute Kontakte.

36 Ballestrem, Dreiländereck, S. 141–169.

37 Zudem erhielt er seine Anzahlungen an Drüge zurück. Siehe zur Bestätigung des Kölner Fürstbischofs für die Übertragung der Hütte von Hövel auf die Essener Äbtissin 1795 auch Grevel, S. 7.

38 Die Schulden erhöhten sich u. a., weil Pfandhöfer weder Tilgungsraten noch Zinsen zahlte. Der Sohn der Witwe Krupp, Peter Friedrich, überlegte bereits zu diesem Zeitpunkt, Pfandhöfer vor Gericht verklagen und die Hütte verkaufen zu lassen. Probst, Krupp, S. 36.

39 Spethmann Franz Haniel, S. 103–111. Auch Franz Haniel erwähnt in seiner Autobiographie, dass Pfandhöfer trank: Herzog, Mattheier, S. 34.

40 Herzog, Mattheier, S. 34; Spethmann Franz Haniel, S. 79 ff. und 89.

41 Herzog, Pfandhöfer, S. 73 ff.

42 Probst, Krupp, S. 36.

43 Herzog, Pfandhöfer, S. 73 ff.

44 Probst, Krupp, S. 36.

45 Herzog, Pfandhöfer, S. 74 f.

46 Siehe zum Konkurs Pfandhöfers mit der Sundwiger Hütte 1777 und den Auseinandersetzungen mit den dortigen adeligen Hüttenbesitzern: Hinz Wocklumer Eisenhütte, S. 37, 80 f., 95 f., 125 ff. und 195 ff. Vgl. RWWA 130-101/24.

47 Eversmann, Eisen- und Stahlerzeugung, S. 312.

48 Ebd., S. 39. Ohne Zweifel diente der Ankauf mit diesem hohen Preis auch dazu, die Forderungen von mehr als 24 000 Talern gegenüber Pfandhöfer wenigstens teilweise wieder hereinzuholen.

49 Ebd., S. 38 f.

50 RWWA 130-4001/23.

51 Zu den auch im hohen Alter erfolgreichen Geschäften der energischen Helena Amalie Krupp siehe auch: Gall, Krupp, S. 12–18.

52 Von den abgesetzten Waren im Zeitraum 1800 bis 1808 in Höhe von 72 626 klevischen Talern gingen 34 541 Taler, d. h. 47,6 % nach Holland. Woltmann, S. 10 f. Vgl. auch Kraft, S. 101–115.

53 Berdrow, Friedrich Krupp der Erfinder, S. 78; ders., Friedrich Krupp der Gründer, S. 48.
54 Woltmann, S. 11.
55 Ebd.
56 1806 ließ Friedrich Krupp erstmals Maschinenteile auf der Gutehoffnungshütte für Dinnendahl gießen. RWWA 130-4001/23. Vgl. Probst, Krupp, S. 45.
57 Berdrow, Krupp der Erfinder, S. 78.
58 Ballestrem, Dreiländereck, S. 176.
59 Geschichtliche Daten aus der Pionierarbeit der GHH. Siehe zur Entwicklung Neu-Essens im einzelnen auch: RWWA 130-101/29.
60 Behrens, Franz Dinnendahl, S. 36 f.
61 Herzog, Jacobi, S. 181.
62 Die Bedeutung der ständigen Präsenz auf der Hütte zeigt sich auch in einer Äußerung Jacobis über den Hüttenverwalter der Witwe Krupp, der nur alle acht Tage auf die Hütte käme. Linnhof müsse dem Personal vertrauen und verstünde nichts vom Hüttenwerk. Ballestrem, Dreiländereck, S. 180 f.
63 Probst, Krupp, S. 46; Ballestrem, Dreiländereck, S. 178–186.
64 Die Streitereien über das Wasser zogen sich ab der Übernahme der Gutehoffnungshütte durch die Witwe Krupp mehrere Jahre lang hin und beschäftigten auch die staatlichen Behörden. Probst, Krupp, S. 46; Ballestrem, Dreiländereck, S. 178–186.
65 Jacobi bekam zudem ein Vorkaufsrecht für beide Hütten und erhielt 600 Reichstaler Gehalt sowie Naturaldeputate. Von dem ihm jährlich zufallenden Gewinnanteil wurden 50 % für die Bezahlung des Kaufpreises von 5000 Talern verwandt. Bis 1805 war Jacobi noch nicht seinen Zahlungsverpflichtungen gegenüber der Fürstäbtissin nachgekommen. Herzog, Jacobi, S. 180; Ballestrem, Dreiländereck, S. 173–178. Siehe zum Vertrag zwischen der Fürstäbtissin und Jacobi vom 16.11 1790: RWWA 130-102/3.
66 Ballestrem, Dreiländereck, S. 193–198. Vgl. auch RWWA 130-102/7 und 102/18; Woltmann, S. 9 ff.
67 Weitere Verhandlungen mit einer holländischen Gesellschaft schlugen fehl und auch die Witwe Krupp zeigte kein Interesse. Ballestrem, Dreiländereck, S. 194 ff.
68 Franz Haniel stellte vor dem Kauf Berechnungen über die Kosten für den Transport der Eisenerze, die Beschaffung von Holzkohlen sowie die Höhe der Gehälter und Zinsen an und kam zu einem vorteilhaften Ergebnis, weshalb er seinen zweifelnden Bruder umstimmte. Spethmann, Franz Haniel, S. 92.
69 Spethmann Franz Haniel, S. 86–98, hier S. 92.
70 Ebd.
71 Spethmann, Franz Haniel, S. 92; Ballestrem, Dreiländereck, S. 193–201. Eine Abschrift des Verkaufsvertrages vom 10. Mai 1805 findet sich in: RWWA 130-102/9.
72 Spethmann, Franz Haniel, S. 92 f.; Ballestrem, Dreiländereck, S. 201.
73 Herzog, Mattheier, Haniel, S. 41 und 48–59. Daneben betrieben Franz und Gerhard Haniel jeweils ihr eigenes Handelsgeschäft in Ruhrort.
74 Ballestrem, Dreiländereck, S. 199.
75 Da Friedrich Krupp keinerlei Vermögen besaß und das Betriebskapital von seiner Großmutter bekam, mußte er sich fügen und die Hütte aufgeben, obgleich er schon die nächste Kampagne vorbereitet hatte. Probst, Krupp, S. 48; Berdrow, Krupp Der Erfinder, S. 78; RWWA 130-4001/23, 130 Nr. 101/17 und 101/18; Beyer, Tiegelstahl, S. 594–601; Gehne, Gründungsgeschichte, S. 10 f.; Behrens, Franz Dinnendahl, S. 141–146.

76 RWWA 130-4001/23.
77 Herzog, Mattheier, Haniel, S. 53; Spethmann, Franz Haniel, S. 86–98.
78 Herzog, Mattheier, Haniel, S. 53, hier S. 52; Spethmann, Franz Haniel, S. 86–98.
79 Spethmann, Franz Haniel, S. 86–98; Herzog, Mattheier, Haniel, S. 48–59, hier S. 52.
80 Spethmann, Franz Haniel, S. 86–98.
81 Herzog, Mattheier, Haniel, S. 48–59, hier S. 52.
82 Siehe die Abschrift des Kaufvertrages sowie das Protokoll der gerichtlichen Verhandlung und die Eintragung ins Berghypothekenbuch für den Kauf der Gutehoffnungshütte von Krupp an Huyssen 1808 in: RWWA 130-101/21 und 101/18. Vgl. auch: Spethmann, Franz Haniel, S. 96.
83 Spethmann, Franz Haniel, S. 86–98.
84 Spethmann, Franz Haniel, S. 86–98; Herzog, Mattheier, Haniel, S. 48–59, hier S. 52. Siehe auch die Niederschrift von Franz Haniel über das Zustandekommen der Beteiligung von Heinrich Huyssen von 1847 in RWWA 130-20000/0.

2 Schrittmacher der Industrialisierung 1808–1872

1 Herzog, Mattheier, S. 56; Spethmann, Franz Haniel, S. 96.
2 Herzog, Mattheier, S. 56; Spethmann, Franz Haniel, S. 96.
3 Herzog, Mattheier, S. 56. Franz Haniel rechnete noch in den 1840er Jahren verbittert aus, welche Ausbeute Huyssen nur mit einer Einlage von 3000 Kronthaler erzielt hatte. Trotzdem verzichtete er aus familiären Gründen auf eine gerichtliche Auseinandersetzung. Spethmann Franz Haniel, S. 98.
4 Zum Gesellschaftsvertrag siehe: RWWA 130-20016/0; Woltmann, S. 50–54; Spethmann, Franz Haniel, S. 97 f.
5 Woltmann, S. 52–54.
6 RWWA 130-20016/0. Siehe auch: Scholl, Ingenieure, S. 303–306; Woltmann, S. 53. Zudem wurde Jacobi zugestanden, dass im Falle seines Todes, seine Frau auf der Hütte wohnen bleiben durfte und bis zur Volljährigkeit ihres ältesten Sohnes jährlich 400 Taler erhalten sollte.
7 Woltmann, S. 50 f.
8 Blanski, Verwaltung, S. 5; Remke, Betriebsorganisation, S. 52.
9 Blanski, Verwaltung, S. 5 f.
10 O. V., Jahresweise Zusammenstellung, o. S.
11 Woltmann, S. 15.
12 O. V., Jahresweise Zusammenstellung, o. S.
13 O. V., Jahresweise Zusammenstellung, o. S.
14 Bei Dampfmaschinen dieses Prinzips nutzte man eine Wassereinspritzung, um den Wasserdampf im Zylinder zu kühlen und kondensieren zu lassen. Hierdurch entstand im Zylinder Unterdruck und der von außen auf den Kolben wirkende Luftdruck schob diesen wieder in den Zylinder hinein. Newcomen-Dampfmaschinen wurden aufgrund ihres großen Energieverbrauches gegen Ende des 18. Jahrhunderts durch die Dampfmaschinen von James Watt verdrängt. Zum Bau der ersten Dampfmaschine in Sterkrade durch Johann Dinnendahl und deren Einsatz in St. Antony siehe: Franz Haniel & Cie GmbH, Haniel 1756–2006, S. 74; Lange-Kothe, Johann Dinnendahl, S. 37; Gottwald, S. 11 f. Vgl. auch einen Bericht Luegs von 1836 in: RWWA 130-200001/11.
15 O. V., Jahresweise Zusammenstellung o. S.; Franz Haniel & Cie GmbH, Haniel 1756–2006, S. 78; Herzog, Jacobi, S. 185.

16 Nach Mittel- und Ostdeutschland konnte man aufgrund der hohen Transportkosten über Land kaum Waren absetzen, einem Erfolg auf dem süddeutschen Markt standen die Konkurrenten rheinaufwärts entgegen. O. V., Jahresweise Zusammenstellung o. S.

17 Behrens, Franz Dinnendahl, S. 154–157. Zu Johann Dinnendahl siehe: Behrens, Johann Dinnendahl, S. 19–33.

18 Außerdem produzierte man auch Rohre, Büchsen, Schwungräder Kolben, Ventile und Klappen für die Dinnendahls. Lange-Kothe, Johann Dinnendahl, S. 195; O. V., Jahresweise Zusammenstellung o. S.

19 Weiterhin lieferte die Gutehoffnungshütte Maschinenteile für die Ruhrzechen Rosendelle, Mark, Röttger, Herrenbank, Wiesche, Wasserschneppe, Caroline und Kleflappe sowie für Dampfmaschinen in Aachen und Büderich. Lange-Kothe, Johann Dinnendahl, S. 195; O. V., Jahresweise Zusammenstellung o. S.; Behrens, Franz Dinnendahl, S. 154–157, 318 und 387; Behrens, Johann Dinnendahl, S. 106–111.

20 Siehe zu den häufigen Klagen Franz Dinnendahls: Behrens, Franz Dinnendahl, S. 36 f., 41, 201, 268 ff., 334, 341, 337, 409 und 456. Bestätigt werden diese Verzögerungen auch durch Aussagen von Johann Dinnendahl: Behrens, Johann Dinnendahl, S. 135 und 225 f.

21 Behrens, Franz Dinnendahl, S. 141–146, 154–157, 191, 223, 302 und 307; Behrens, Johann Dinnendahl, S. 109.

22 RWWA 4001 Nr. 23.

23 Blanski, Bergbauerzeugnisse, S. 15–30; Lange-Kothe, Johann Dinnendahl, S. 183; Behrens, Franz Dinnendahl, S. 48; Behrens, Johann Dinnendahl, S. 107, 162, 173 und 229; Koch, Erinnerungsschrift, S. 13.

24 Dinnendahl hatte diese konstruiert und in Sterkrade mit Jacobi und den dortigen Hüttenarbeitern angefertigt.

25 RWWA 130-2034/6; Lange-Kothe, Johann Dinnendahl, S. 43; Behrens, Franz Dinnendahl, S. 154–157 und 447; Behrens, Johann Dinnendahl S. 109 f.

26 Die Anzeige erschien sowohl in den Allgemeinen Politischen Nachrichten vom 23. Juli 1820 sowie im Rheinisch-Westfälischen Anzeiger vom 17. Dezember 1822. O. V., Jahresweise Zusammenstellung o. S.; Behrens, Franz Dinnendahl, S. 54 f.; Woltmann, S. 40; RWWA 130-20002/52.

27 Merker leitete die Maschinenwerkstatt bis zu seinem Tod am 13. Juni 1833. Behrens Franz Dinnendahl, S. 345; Wagenbreth, Düntsch, Gieseler, S. 110; Koch, Erinnerungsschrift, S. 9.

28 So hieß es bereits in einen Bericht vom 17. Dezember 1822 im rheinisch-westfälischen Anzeiger: «… nicht weniger beschäftigt sich auch in hiesiger Gegend seit drei bis vier Jahren der Jacobie zu Sterkrade bei Essen mit Anfertigung von Landmaschinen, die den englischen füglich an die Seite gestellt werden können, indem sie ebenfalls nach dem neuesten Prinzip konstruiert werden, ja sogar (si fabula) zu Windmühlen gebraucht werden können.» Herzog, Jacobi, S. 190.

29 Behrens, Franz Dinnendahl, S. 280 und 347; Behrens, Johann Dinnendahl, S. 89.

30 Behrens, Johann Dinnendahl, S. 133; Behrens, Franz Dinnendahl, S. 26.

31 Siehe zu den ersten Dampfmaschinen der Sterkrader Maschinenwerkstätte: Lange, Einführung der Dampfmaschine, S. 73–90; Koch, Erinnerungsschrift, S. 9 und 13 f.; Severin, S. 320 f.; Behrens, Franz Dinnendahl, S. 247 und 385; RWWA 130-20330/63 und 20330/62.

32 Bekannt sind auch der Bau eines Koch-, Wasch- und Badeapparates für das Arrest-

haus Kleve sowie die Fertigung von Dampfapparaten und hydraulische Pressen. O. V., Jahresweise Zusammenstellung S. 31; Franz Haniel & Cie GmbH, Haniel 1756–2006, S. 78.

33 O. V., Jahresweise Zusammenstellung o. S.; Blanski, Bergbauerzeugnisse, S. 49 ff.; Spethmann, Koksindustrie, S. 40, 43–45.

34 Siehe zu den Daten Tabelle 1 im Anhang.

35 Ein Vergleich mit der Produktion der drei Hütten vor 1808 ist schwierig, da nur wenige Daten bekannt sind und diese sich z. T. auf die Dauer der Hochofenkampagnen beziehen und nicht auf Kalenderjahre. Rechnet man dennoch die Roheisenerzeugung der Gutehoffnungshütte für zwei Kampagnen (16. August 1801–25. Januar 1802 und 5. Oktober 1802–22. April 1803) mit der Jahresproduktion der St. Antony Hütte 1802 zusammen, so lag die Gesamterzeugung beider Hütten zwischen 956 004 und 1022 788 Pfund, was in etwa dem Niveau der Jahre 1808 bis 1814 entspricht. Vgl. Tab. 1 im Anhang.

36 Bericht Luegs an den Bürgermeister von Holten 1836. RWWA 130-200001/11.

37 Woltmann, S. 55–58. In einer Ausarbeitung des Werksarchivs finden sich abweichende Werte, die jedoch keinen anderen Trend aufweisen. O. V., Jahresweise Zusammenstellung o. S.

38 Wie auch im 18. Jahrhundert bildete das Umlaufvermögen und hier ebenfalls die Forderungen, d. h. die ausstehenden Kundenzahlungen, in der Frühindustrialisierung einen erheblichen Teil des Firmenvermögens. 1810 betrugen diese z. B. 35 594 Taler und damit knapp 28 % der Aktiva. Sie waren damit genauso groß waren wie der Wert der Erzeugnisse. Einzig der Wert der drei Hütten besaßen zusammen 34 %, während die auf den Werken lagernden Rohmaterialien nur 5,4 % der Aktiva darstellten. Woltmann, S. 55.

39 Siehe etwa für die frühe Zeit: Nemnich, S. 500–503.

40 Ausführlich zu den Versuchen Jacobis: Herzog, Jacobi, S. 186.

41 Siehe zu Jacobi ausführlich: Herzog, Jacobi, S. 191; Scholl, Jacobi, S. 77–80; RWWA 130-20002/52.

42 Rheinisch-Westfälischen Anzeiger 1821, zitiert nach: Herzog, Jacobi, S. 191.

43 Herzog, Wilhelm Lueg, S. 51 f.; Franz Haniel & Cie GmbH, Haniel 1756–2006, S. 79; Scholl, Ingenieure, S. 311 ff.

44 Neben seinem Interesse und dem Studium hüttentechnischer Literatur übernahm Lueg vor 1817 bereits kleinere Aufgaben. Herzog, Wilhelm Lueg, S. 52.

45 Siehe den Bericht über die Reise zum Zweifallshammer von Hoesch und der Besuch mehrerer Eisenhütten in der Lütticher Region in: RWWA 130-20004/10. Dort findet sich auch ein weiterer Bericht über eine Reise Luegs ins Märkische und ins Sauerland sowie durchs Siegerland und bis Sayn, auf der er mit den Kindern von Jacobi 1815 auch zahlreiche Hütten und Bergwerke besuchte. Vgl. auch Schuhmacher, Auslandsreisen, S. 262–268; Herzog, Wilhelm Lueg, S. 53.

46 Franz Haniel & Cie GmbH, Haniel 1756–2006, S. 77 und 79.

47 Siehe zur Forderung Luegs die zeitgenössischen Ausführungen des Osterfelder Pfarrers Johann Terlunen in RWWA 130-FG 3/149 oder Nr. 20002/52. Laut Terlunen drohte Lueg mit einem Kompagnon ein ähnliches Werk in Elberfeld aufmachen. Vgl. auch Herzog, Wilhelm Lueg, S. 53; Franz Haniel & Cie GmbH, Haniel 1756–2006, S. 79.

48 Für einen Umsatz von mehr als 5000 Talern wurde eine Gratifikation von 130 Talern

klevisch vereinbart. Ferner sollte Lueg 2 % von den Ausschüttungen erhalten, die sich die Anteilseigner jährlich genehmigten. Schließlich wurde Lueg auch eine Pension und eine Witwenrente garantiert. RWWA 130-20002/1.

49 RWWA 130-20002/1. Vgl. Herzog Wilhelm Lueg, S. 54 f.; Mittelstaedt, Wilhelm Luegs, o. S.; Blanski, Verwaltung, S. 5 und 6.

50 Franz Haniel & Cie GmbH, Haniel 1756–2006, S. 79.

51 Woltmann, S. 52 f.

52 Franz Haniel & Cie GmbH, Haniel 1756–2006, S. 80.

53 RWWA 130-20002/1.

54 Mittelstaedt, Lueg, S. 3.

55 RWWA 130-20002/1; Herzog, Wilhelm Lueg, S. 54.

56 Bericht Luegs vom 31. August 1824 über die Entwicklung des Geschäfts. Mittelstaedt, Lueg, S. 4.

57 Siehe die Liste von JHH gebauter Dampfmaschinen in: O. V., Jahresweise Zusammenstellung o. S. Vgl. Woltmann, S. 42 f.

58 Betrachtet man das in den Maschinen verbaute Eisen, das zwischen 7,04 und 29,5 t betrug, so wird deutlich, dass eine einzige Maschine 1,8 bis 2,9 % der Gesamtgussproduktion darstellte. Eigene Berechnungen nach Woltmann, S. 42 f.

59 Ein Balancier diente zur Kraftübertragung von den Kolben auf ein Pumpengestänge, eine Kurbel oder ein Schwungrad. Siehe zu einer ausführlichen Schilderung Watts vom 31. Oktober 1817 und seine Ausführungen über Jacobi und die JHH-Betriebe sowie den Brief Gottlob Jacobis an Watt Junior vom 1. November 1818: Behrens, Franz Dinnendahl, S. 77–81.

60 Spethmann, erste deutsche Werft, S. 41–43; Spethmann, Franz Haniel, S. 138. Zur allgemeinen Geschichte der Rheindampfschifffahrt siehe: Böcking, S. 185–190 und 190–196; Jolmes, S. 11–16 und 23–26.

61 Gottwald, S. 57.

62 Zur Vorgeschichte der Ruhrorter Werft, deren Gründung auf Franz Haniel, aber auch auf Wilhelm Lueg zurückgeht, siehe: Franz Haniel & Cie GmbH, Haniel 1756–2006, S. 70 f. und 76 f., Herzog, Wilhelm Lueg, S. 55 f. Zur Geschichte der Kölner Dampfschifffahrtsgesellschaft von 1826, aus der später durch Fusion die heutige Köln-Düsseldorfer hervorging, siehe: Napp-Zinn, Anfänge Rheindampfschiffsbaus, S. 7 f.; Ders., 100 Jahre Köln-Düsseldorfer Rheindampfschiffahrt, S. 7 f.; Jolmes, S. 13.

63 Napp-Zinn, Anfänge Rheindampfschiffsbau, S. 8; Spethmann, Werft, S. 41 ff.

64 Zuvor hatte sich JHH 1828 um eine Konzession für einen Dampfschifffahrtbetrieb zwischen Köln und Antwerpen beworben und von Preußen auch erhalten. Da allerdings die niederländische Regierung sich lange weigerte, verfolgte das Sterkrader Unternehmen dieses Vorhaben, das vornehmlich auf Franz und Gerhard Haniel zurückging, mehr dilatorisch. Napp-Zinn, Anfänge Rheindampfschiffsbau, S. 10 und 109–115; Spethmann, Franz Haniel, S. 143 und 148.

65 Napp-Zinn, Anfänge Rheindampfschiffsbau, S. 11; Spethmann, Franz Haniel, S. 143.

66 Siehe die Berichte Luegs von 1825 und 1829 in: RWWA 130-20004/2; Schuhmacher, Auslandsreisen, S. 155 f., 262–268, 312, 320, 330 f. und 334–338. Vgl. auch die Ausführungen von Franz Haniel: Herzog, Mattheier, S. 72.

67 Ebenda.

68 Gottwald, S. 53.

69 Neben Harvey und Strack, der ein Sohn des Oldenburger Hoflandschaftsmalers Lud-

wig Philipp Strack war und nach seinem Ausscheiden bei JHH mit Partnern die Werft Westphal, Strack & Comp. in Duisburg gründete, engagierte JHH auch den Architekten Heinrich Johann Freyse für den Innenausbau der Schiffe, der jedoch ebenfalls 1831/1832 ausschied. Zu Harvey und Strack siehe: Scholl Ingenieure, S. 317–336; Scholl, Harvey, S. 89–100; Scholl, Veränderungen, S. 156–180; Herzog, Harvey, S. 120 f.; RWWA 130-20001/56. Vgl. auch Gottwald, S. 51 f.

70 Tatsächlich waren die ersten Schiffe der JHH genaue Kopien der schon auf dem Rhein fahrenden Dampfer der Kölner Schifffahrtsgesellschaft. Gottwald, S. 57.

71 Ähnlich äußerte sich Lueg über die in die «Stadt Mainz» eingebaute Dampfmaschine bzw. den Dampfkessel. RWWA 130-20004/2; Schuhmacher, Auslandsreisen, S. 337.

72 Beschreibungen der Werft finden sich in: RWWA 130-20001/56; Scholl Veränderungen, S. 156–180; Spethmann, Franz Haniel, S. 144; Gottwald, S. 221–227.

73 Zur Kesselschmiede siehe ausführlich: Gottwald, S. 121, 123, 149 und 221–227. Vgl. Christ, S. 13, RWWA 130-FG 3/115 sowie RWWA 130-20001/53 und 20004/26.

74 Gottwald, S. 221–227.

75 Zeitgenössische Zeitungsberichte über dieses Ereignis finden sich in: Napp-Zinn, Anfänge Rheindampfschiffsbau, S. 12; RWWA 130-4001/23 und 2003/14.

76 Gottwald, S. 73.

77 Die Kölner Dampfschiffgesellschaft hielt trotz der Mängel der «Stadt Mainz» an der Ruhrorter Werft fest, weil die noch teuren Schiffe der Rotterdamer Fijnoordwerft ebenfalls Mängel aufwiesen, die JHH Garantien abgab und man das im Inland gelegene Sterkrader Unternehmen im Zweifelsfall auch juristisch belangen konnte. Gottwald, S. 56; Napp-Zinn, Anfänge Rheindampfschiffsbau, S. 14.

78 Herzog, Wilhelm Lueg, S. 56; RWWA 130-20004/38.

79 Zum Bau der «Stadt Coblenz» siehe: Napp-Zinn, Anfänge Rheindampfschiffsbau, S. 16–19; Woltmann, S. 237–340.

80 Lueg hatte für den Bau des ersten Schiffs seine besten Zimmerleute und Schmiede ausgewählt, so dass man bei dem Bau des zweiten Schiffes die englischen Arbeiter nicht mehr benötigte. Gottwald, S. 62 f.; Herzog, Wilhelm Lueg, S. 56.

81 Kesten erhielt 1827 einen Anstellungsvertrag über sieben Jahre, der später auf Lebenszeit umgewandelt wurde. Er heiratete die Tochter von Franz Haniels Bruder Wilhelm, Wilhelmine Haniel und konstruierte als Hauptingenieur der Firma neben Dampfmaschinen auch Maschinen für Zechenanlagen, Textilfabriken, Schiffe oder Lokomotiven sowie Hochöfen oder Tabakschneidemaschinen. Zu Kesten (1808–1891), der als Sohn eines Obersteigers aus Heven geboren und 1825 in die Dienste der JHH eingetreten war, siehe: Scholl, Ingenieure, S. 317–320; Gottwald, S. 58; RWWA 130-20002/59.

82 Die Zusammenarbeit mit Roentgen, von dem man nicht nur Tipps sondern auch Konstruktionszeichnungen erhielt, hielt trotz der Abwerbung von Ingenieuren bis Ende der 1830er Jahre an. Siehe: Scholl, Veränderungen, S. 156–180, Napp-Zinn, Gutehoffnungshütte und die Niederlande, S. 106–109; Franz Haniel & Cie GmbH, Haniel 1756–2006, S. 83.

83 Zum Umstieg auf Eisen inklusive einer Liste der in Ruhrort erbauten Schiffe siehe: Napp-Zinn Anfänge Rheindampfschiffsbau, S. 265; Scholl, Innovationen, S. 239–252.

84 Vor dem Bau des reinen Eisenschiffes orientierte sich Kesten über diese Technik auf einer Auslandsreise nach Holland, Belgien, Frankreich und England. RWWA 130-20002/59; Gottwald, S. 69 und 82.

85 Siehe die ausführliche Beschreibung der «Graf von Paris» bei Napp-Zinn, Anfänge

Rheindampfschiffsbau, S. 26–27 sowie bei Gottwald, S. 70 f. und 79 f. Vgl. zur wachsenden Tragfähigkeit der Rheinschiffe: Böcking, Geschichte, S. 186.

86 Gottwald, S. 78; Napp-Zinn, Anfänge Rheindampfschiffsbau, S. 19–20; Scholl, Innovationen, S. 239–252.

87 Gottwald, S. 77.

88 1844 konnte allein die Werft beim Bau eines Schleppers einen Gewinn von 10 % erzielen, zu dem noch die Gewinne in Sterkrade hinzuzuzählen waren. Der Preis eines Schleppers lag etwa bei 48 000 bis 87 000 Taler. Gottwald, S. 83, 85 und 104 f.

89 Gottwald, S. 79. Den Bau weiterer Dampfer beschreibt Napp-Zinn, Anfänge, S. 22–24 ausführlich.

90 Zum Bau eiserner Kähne für beiden Eisenhüttenfirmen Remy in Alf und Gebr. Krämer in Quint 1841 siehe: Gottwald, S. 107–109; Napp-Zinn, eiserne Kähne, S. 7 f. Zum Bau des Rhein-See-Schiffes «Die Hoffnung» finden sich zahlreiche Beiträge. Vgl.: Gottwald, S. 112, 119, und 237 f.; Böcking, Geschichte, S. 252–255; Napp-Zinn, Rhein-See-Schiff, S. 5 f.

91 Zu Seydell und seine Tätigkeit für JHH siehe: Gottwald, S. 98 und 112; Scholl, Innovationen, S. 239–252; Schuhmacher, Seydell, S. 43–57; Lange, Briefe, S. 244–250. Interessanterweise hatte Franz Haniel sich beim Bau der beiden Rhein-See-Schiffe von Harkort bereits finanziell engagiert. Spethmann, Franz Haniel, S. 258.

92 Herzog, Mattheier, S. 79 f.; Napp-Zinn, Rhein-See-Schiff, S. 5 f.

93 Allgemein zur Dampfschleppschifffahrt siehe: Böcking Geschichte, S. 196 ff.; Jolmes, S. 16 ff.

94 Zur aufkommenden Differenzierung der Schiffsbautypen sowie die Spezialisierung ihrer Funktionen als Personen-, Schlepp- und Frachtschiffe siehe: Gottwald, S. 95 und 117.

95 Herzog, Mattheier, S. 97. Vgl. auch Gottwald, S. 96 f. und 100; Spethmann, Franz Haniel, S. 256 f.

96 So erwarb z. B. die Ruhrorter Dampfschifffahrtsgesellschaft sieben und Franz Haniel vier Schlepper. Spethmann, Franz Haniel, S. 325.

97 Zur Politik stetiger Verbesserungen siehe etwa die To-Do-Liste Noots für das nächste Schiff nach dem Bau des ersten Schleppers 1844. Gottwald, S. 102.

98 Gottwald, S. 221–227.

99 Die Zahl der auf der Werft beschäftigten Personen wuchs von 50 1829/1830 50 auf 194 1842, um dann 1844 wegen fehlender Aufträge auf 109 zu sinken. Gottwald, S. 221–227.

100 Gottwald, S. 221–229.

101 Gottwald, S. 119 und 221–227. Siehe auch den zeitgenössischen Bericht über die Schiffswerft 1843 in: RWWA 130-20001/17.

102 Gottwald, S. 85 und 237–240.

103 Siehe zu den zeitgenössischen Berichten über die Ruhrorter Schiffe: RWWA 130-2041/45.

104 Woltmann, S. 44–47. Herzog, Mattheier, S. 95.

105 Woltmann, S. 46; RWWA 130-20002/59. Vgl. auch die Aufstellung für 1880 bei Gottwald, S. 96, 114, 118 f. und 207 sowie die Zahl der insgesamt auf dem Rhein fahrenden Dampfer bei Jolmes, S. 10. Eine Liste der gebauten Dampfer findet sich zudem bei Spethmann Franz Haniel, S. 147. Einen Ausblick auf die Entwicklung der Werft nach 1855 gibt Napp-Zinn, Anfänge, S. 28 ff. Wiederum eine Liste der ersten acht Schiffe,

aber auch eine Aufstellung über die Schiffe von Franz Haniel bis 1858, enthält: Franz Haniel & Cie GmbH, Haniel 1756–2006, S. 90 und 191.

106 Gottwald, S. 96, 114, 118 f. und 207.

107 Zum Trajekt siehe Gottwald, S. 158–162; Spethmann, Franz Haniel, S. 320 ff.; Herzog, Synoptik, S. 20 f. RWWA 130-FG 3/148; Franz Haniel & Cie GmbH, Haniel 1756–2006, S. 130.

108 Gottwald, S. 65; Scholl, Innovationen, S. 239–252; Scholl, Veränderungen, S. 156–180.

109 Harvey heiratete 1830 Clementine Jacobi, die Tochter Gottlob Jacobis und in 2. Ehe 1848 Julie Lueg.

110 Zum Ausscheiden von Kesten und seinem Patentstreit mit Lueg, siehe RWWA 130-20002/59.

111 Gottwald, S. 65.

112 RWWA 130-20002/59.

113 Insgesamt arbeiteten mindestens 14 Ingenieure aus der Verwandtschaft der Anteilseigner zwischen 1815 und 1870 im Unternehmen mit. Scholl, Ingenieure, S. 317–336.

114 Eigene Zusammenstellung auf Basis einer Zusammenstellung der in Sterkrade gefertigten Dampfmaschinen von 1822–1860 in: RWWA 130-20330/62, 20330/63 und 200001/11 (Bericht Luegs an Bürgermeister von Holten 1836). Vgl. auch die Aufstellungen bzw. Ausführungen in: Gottwald, S. 227; RWWA 130-20330/17; Woltmann, S. 42 f.; Lange, Duisburg, S. 87 ff.; Christ, S. 30. Die für den Eigenbedarf gebauten Maschinen sind in der Tabelle nicht erfasst.

115 Siehe die Aufstellung von Paul Blanski über die ausgelieferten Förder- und Wasserhaltungsmaschinen der JHH sowie die Aufstellung von Woltmann, S. 42 f. Blanski, Bergbauerzeugnisse, S. 25–30.

116 Für Hüttenwerke produzierte Sterkrade vornehmlich Gebläse- und Walzwerksantriebsmaschinen. Woltmann, S. 41.

117 RWWA 130-20330/62 und /63.

118 Koch, S. 18–26; Woltmann, S. 41.

119 Ausführlich zu einzelnen Maschinen mit detaillierter Beschreibung siehe: Koch, S. 18–26.

120 Die letzte stehende Einzylindermaschine mit Balancier baute JHH 1861, die letzte liegende Einzylindermaschine 1865 für die Zeche Hercules in Essen. Koch, S. 18–26.

121 Lubinski, S. 289 f.

122 Das preußische Finanzministerium stimmte im September 1841 dem Kauf zu, und 1845 bestätigte das Bergamt Wettin die gute Beschaffenheit und Leistungsfähigkeit der Maschine. Blanski, Bergbauerzeugnisse, S. 29 f.

123 Im Schnitt verkaufte JHH ab 1822 etwa zwei große Dampfmaschinen pro Jahr. Die kleinste Maschine mit einem Zylinderdurchmesser von etwa zwölf Zoll kostete 1625 Taler, für eine große Maschine mit 26,5 Zoll verlangte Sterkrade 10 500 Taler. Franz Haniel & Cie GmbH, Haniel 1756–2006, S. 78.

124 Blanski, Bergbauerzeugnisse, S. 7 f. und 15–23.

125 So produzierte die Maschinenwerkstätte Dampfkessel für den Bergbau, z. B. 74 Stück zwischen 1820 bis 1860, oder Bergwerksschienen, wo das Unternehmen zwischen von 1827 bis 1860 60 Aufträge erhielt. Blanski, Bergbauerzeugnisse, S. 53–56; Christ, S. 30 f.; RWWA 130-20002/59.

126 Blanski, Bergbauerzeugnisse, S. 61 f.

127 Woltmann, S. 41.

128 Zum Engagement Franz Haniels bei Zollverein siehe: Franz Haniel & Cie GmbH, Haniel 1756–2006, S. 123; Spethmann, Franz Haniel, S. 280–285.

129 Von 1847 bis 1852 übernahm JHH die Planung und Erstellung des ersten Zwillingsschachtes der Zeche Zollverein, ab 1850 erfolgte die Planung und Errichtung der ersten vollständigen Schachtanlage für die Zeche Concordia in Oberhausen mitsamt der ersten Zwillingsfördermaschine 1852. 1854 folgte der Bau der unternehmenseigenen Zeche Oberhausen. In den 1850er Jahren errichtete man allein acht Zechen oder Schächte. Herzog, Synoptik, S. 19 f.; Blanski, Bergbauerzeugnisse, S. 24.

130 Spethmann, Franz Haniel, S. 294–303; Blanski, Bergbauerzeugnisse, S. 35 f.; O. V., Übersicht über bemerkenswerte GHH-Erzeugnisse, Ms. o. S.

131 Zu den Anfängen des deutschen Lokomotivbaus siehe: Wagenbreth, Düntsch, Gieseler, S. 329–335; Wagenblass, S. 37–40.

132 Wagenblaß, S. 37–40; Woltmann, S. 17 ff. und 41.

133 Wagenblaß, S. 37–40.

134 Wagenblaß, S. 37–40; Scholl, Ingenieure, S. 320.

135 RWWA 130-4001/23. Zur Lokomotive Mars vgl. auch Reden, Eisenbahnen, II. Abschnitt, II. Bef., S. 746 und Scholl Ingenieure, S. 320.

136 Wagenblaß, S. 104.

137 JHH musste beim Verkauf der Loks «Deutz» und «Mülheim» an die Köln-Mindener-Eisenbahn 1845 allerdings die Verpflichtung eingehen, alle Fehler auf eigene Kosten zu beseitigen. Wagenblaß, S. 104.

138 Zum Streit zwischen Kesten und Lueg sowie der Aufgabe des Lokomotivbaus siehe: RWWA 130-20002/59; Heike, S. 217; Herzog, Wilhelm Lueg, S. 59; Scholl, Ingenieure, S. 320; Wagenblaß, S. 88–110.

139 Wagenblaß, S. 104.

140 Zur Bedeutung der Auslandsreisen für die technische Entwicklung des Unternehmens siehe: Scholl, S. 213–223; Ders., Veränderungen, S. 156–180. Selbst noch 1862 reisten die JHH-Ingenieure über Rotterdam nach England, um sich dort Krane, Wasserwerke, Docks, Schiffswerften, Dampfmaschinen, Panzerschiffe, Walzwerke, Kohlenverladestationen oder Dampfhämmer anzusehen. RWWA 130-20004/7.

141 So schwankten die Gehälter insgesamt zwischen 180–1600 Taler. Eine Beamtenpension zahlte das Unternehmen ungeachtet derartiger Passi in Anstellungsverträgen generell ab Mitte der 1860er Jahre, Scholl, Ingenieure, S. 334.

142 Engstfeld als Zögling des Berliner Gewerbeinstituts war seit 1829 auf der Werft tätig und weigerte sich aber sein Wissen an Ferdinand Noot weiter zu geben, da er sich als technischer Experte unersetzlich machen wollte. Scholl, Ingenieure, S. 326–327; Gottwald, S. 65, 69 f., 76 und 122.

143 RWWA 130-20002/59.

144 Scholl, Ingenieure, S. 329 f. Vgl. auch: Harney, S. 15 und 38.

145 Scholl, Ingenieure, S. 317–336.

146 Die erste (guss)eiserne Brücke der Welt war diejenige über den Severn bei Coalbroakdale 1776–1779. Stein, S. 22.

147 Woltmann, S. 41.

148 Stein, S. 28 f. und 33 f. Siehe auch: Übersicht über bemerkenswerte GHH-Erzeugnisse und sonstige nennenswerte Daten, Ms. o. S, RWWA 130-FG 3/112; Herzog, Synoptik, S. 19 ff.

149 Stein, S. 37–39.

150 Siehe detailliert zur Gittertechnik im Brückenbau: Stein, S. 25–37.

151 Die erste deutsche Brücke mit Gitterträgern war 1846 eine Eisenbahnbrücke über die Neiße bei Guben. Stein, S. 34.

152 1864 errichtete JHH die letzte engmaschige Gitterträgerbrücke. Stein, S. 37.

153 In Sterkrade wurden seit 1857 Brücken mit Ständerfachwerk gebaut, wobei man in den 1860er Jahren von gekreuzten Streben in den Mittelfeldern zu mehrteiligem Ständerfachwerk mit parallelartigen Trägern oder gekrümmten Gurtungen überging. Stein, S. 34–40.

154 Den Auftrag für die Brücke über den Lek, die als weitgespannteste Brücke in Europa und größte Balkenbrücke der Welt damals galt, hatte J. C. Harkort zu Harkorten bzw. Duisburg-Hochfeld als Generalunternehmer übernommen und JHH daran beteiligt. Der Sterkrader Brückenbau lieferte eine Öffnung von 80 Meter und drei Öffnungen zu je 57 Metern für insgesamt 320 000 Taler. Dies war einer der ersten Aufträge des Unternehmens in die Niederlande seit 1815. Stein, S. 57; O. V., Übersicht über bemerkenswerte GHH-Erzeugnisse und sonstige nennenswerte Daten, Ms., RWWA 130-FG 3/112; Napp-Zinn, Niederlande, S. 104 f.

155 Ein Schedlerträger war ein Fachwerkträger, bei dem der Obergurt bogenförmig gekrümmt war.

156 O. V., Übersicht über bemerkenswerte GHH-Erzeugnisse und sonstige nennenswerte Daten, Ms., RWWA 130-FG 3/112; Herzog, Synoptik, S. 22.

157 Woltmann, S. 41; Stein, S. 71 f.

158 Woltmann, S. 41; Stein, S. 80 f.

159 RWWA 130-20001/55 und 20001/13.

160 Woltmann, S. 41.

161 Zur Mühle und dem Bau des Walzwerks siehe: RWWA 130-20002/76 und 20012/0. Vgl. Woltmann, S. 16 und Grevel, S. 13.

162 Auslöser für den Bau des Walzwerkes war, dass die für den Schiffs- und Maschinenbau verwandten Schiffs- und Kesselbleche nicht mehr in ausreichender Größe, Qualität und Quantität auf den Neu-Essener Hammer hergestellt werden konnten. Büchner, S. 11; RWWA 130-20002/59 (Aufzeichnung über Friedrich Kesten).

163 Siehe den Bericht Luegs vom 27. Februar 1830 in RWWA 130-20001/56 oder die Aufzeichnungen des Osterfelder Pfarrers Terlunen aus den dreißiger und vierziger Jahren in: RWWA 130-20002/52.

164 RWWA 130-20001/56 (Bericht Luegs vom 27. Februar 1830).

165 Herzog, Jacobi, S. 187.

166 Siehe den Reisebericht Lueg von 1825, bei der man ein Puddel- und Hochofenwerk besichtigt hatte, in: RWWA 130-20004/11.

167 Das Puddeln erwähnte Lueg in seinem Bericht für die Regierung im Schlusssatz fast beiläufig. Schuhmacher Auslandsreisen, S. 263 und 337–338. Vgl. auch Stahlschmidt, S. 595.

168 RWWA 130-20001/56 (Bericht Lueg vom 27. Februar 1830).

169 RWWA 130-20012/0; O. V., Jahresweise Zusammenstellung o. S.

170 Siehe zum Bau und der Ausstattung des Puddel- und Stabeisenwerks: RWWA 130-20002/52, 20001/11 (Bericht Luegs von 1836), 20001/12 (Beschreibung Regierungsassessor Buschhausen 1838), 20012/0 und 20001/17 (Brief Franz Haniel von Juni 1835). Vgl. auch Herzog, Lueg, S. 56 ff.

171 RWWA 130-20002/52.

172 Zum weiteren Ausbau des Werkes nach 1836 vgl.: Wagenblaß, S. 31 und 35; RWWA 130-20001/12, 200001/15 und 20001/6.

173 Zur Produktion gusseiserner Schienen und dem Glauben mit dem Stabeisenwalzwerk Schienen erzeugen zu können, siehe: RWWA 130-2010/10, 101/29, 2034/3, 2034/2 und 2010/10. Vgl. auch Dickmann, S. 1509–1512.

174 Früher als JHH nahmen in Westdeutschland nur drei andere Eisenwerke die Schienenfabrikation auf, nämlich das Rasselsteiner Eisenwerk, Remy in Alf und Hoesch in Lendersdorf.

175 Fremdling, S. 117–175.

176 So lieferte bzw. verhandelte JHH 1839–1842 mit folgenden Bahnen: Rheinische, Köln-Düsseldorfer, Rhein-Weser, Düsseldorf-Elberfelder, München-Augsburger, Leipzig-Dresdner, Berlin-Frankfurter, Magdeburg-Köthen-Halle-Leipziger und Taunus-Eisenbahn sowie der Badischen Eisenbahndirektion. Diesen Gesellschaften lieferte man neben Wagenrädern und Achsen auch Achsenhalter, Schienenstühle, Wagenräder, Drehscheiben oder Wagenbüchsen. Um die Chancen für den Erhalt von Aufträgen zu verbessern, erwarb JHH Aktien der Eisenbahngesellschaften. Woltmann, S. 18; Wagenblaß, S. 31, 33 und 35.

177 Woltmann, S. 17; Wagenblaß, S. 63.

178 Tatsächlich lieferte JHH bis Oktober 1843 nur 4000 Ztr. Wagenblaß, S. 63.

179 Wagenblaß, S. 64; RWWA 130-20002/52.

180 Woltmann, S. 18; Bosak, S. 137–140 und 165 f.

181 Woltmann, S. 18; Wagenblaß, S. 66.

182 Wagenblaß, S. 125 und 137; Woltmann, S. 17 f.

183 Franz Haniel & Cie GmbH, Haniel 1756–2006, S. 122.

184 Wagenblaß, S. 67; O. V., Übersicht über bemerkenswerte GHH-Erzeugnisse und sonstige nennenswerte Daten, Ms, S. 6; Herzog, GHH-Synoptik, S. 19; RWWA 130-20002/52.

185 Wagenblaß, S. 68.

186 Bosak, S. 137–140 und 165 f.; Herzog Wilhem Lueg, S. 56 ff.

187 Hierfür traf sich Lueg nach einer Familienlegende mit der Mätresse des bayrischen Königs, Lola Montez, um einen Schienenauftrag zu erhalten. Franz Haniel & Cie GmbH, Haniel 1756–2006, S. 117; Herzog Wilhelm Lueg, S. 56 ff.

188 Wagenblaß, S. 66 f.

189 1849 hatten die Schienen nur einen Anteil von 23,9 % und 1850 46,6 %. Wagenblaß, S. 68.

190 Zu den Daten siehe Tabelle 1 im Anhang.

191 RWWA 130-20001/41 und 20002/52.; Woltmann, S. 18, 22 und 44.

192 Woltmann, S. 18 und 22.

193 Woltmann, S. 18 und 22.

194 Siehe die Notiz Kestens aus den 1820er Jahren über Erzabbau und Erze bei: Gottwald, S. 13.

195 Büchner, S. 13; Woltmann, S. 13; Wiel, S. 194.

196 Franz Haniel & Cie GmbH, Haniel 1756–2006, S. 126; Woltmann, S. 15.

197 Woltmann, S. 13; RWWA 130-20002/52.

198 O. V., Jahresweise Zusammenstellung, S. 41; Woltmann, S. 42.

199 Das deutsche Holzkohlenroheisen stammte dabei zumeist von deutschen Eisenhütten (Stachelauerhütte, Olpe, Gebr. Lossen Concordiahütte, Hohensteinerhütte Ko-

blenz, Saynerhütte, Gebr. Grisar Nievernerhütte, Buderushütte u. a.), das zunächst per Schiff über den Rhein bis Ruhrort und dann per Pferdefuhre nach Oberhausen verbracht wurde. RWWA 130-20001/12; Woltmann, S. 17 und 34. Banken, Frühindustrialisierung, S. 309.

200 Woltmann, S. 13.

201 RWWA 130-200202/5, 20001/13 und 200202/4; O. V., Jahresweise Zusammenstellung o. S.; Woltmann, S. 14.

202 Schulz, Vorgeschichte, S. 43.

203 1842 legte die Firma einen neuen gemauerten Hochofen schlesischer Art an. Nach der Aufgabe der Hochofenproduktion 1873 betrieb man auf diesem Werk nur noch die dortigen Kupolöfen. Siehe hierzu und zu den früheren Versuchen auf den JHH-Werken mit Koks Roheisen zu erzeugen: Woltmann, S. 13 und 43; Lange-Kothe, S. 1053–1061; RWWA 130-200202/15, 20001/16 und 20002/52.

204 Zu den Eingaben von JHH für Eisenzölle – aber auch für Zölle auf Maschinen und Schiffe – siehe: RWWA 130-200202/18, 200202/13, 200202/7, 200202/6 und 200202/12; Büchner, S. 12. Zur allgemeinen Zolldiskussion vgl.: Fremdling, S. 135–138 und 307 f.; Bosak, S. 175–178.

205 Woltmann, S. 20, 22 und 44.

206 Das Roheisen bezog JHH von der Société de Sclessin bei Lüttich, der Société de l'Espérance bei Seraing und vom Werk in Ougrée. Woltmann, S. 17.

207 Welskopp, S. 75.

208 Weiteres Koksroheisen bezog JHH auch von der Niederrheinischen Hütte, Duisburg. Büchner, S. 15; Woltmann, S. 17 und 25; Wagenblaß, S. 125; Bosak, S. 196 ff. Siehe zur Einführung des Kokshochofens im Ruhrgebiet: Behrens, Kokshochofen, S. 121–128.

209 Siehe zur Korrespondenz Franz Haniels: RWWA 130-20000/5 und 20004/38 sowie Herzog, Mattheier, S. 71 und 108.

210 Woltmann, S. 25.

211 Nachdem Franz Haniel es mit durchsetzen konnte, dass die 1846 errichtete Köln-Mindener Eisenbahn von Duisburg nach Dortmund über die Lippern-Liricher Heide geführt und dort ein kleiner Bahnhof mit Namen Oberhausen errichtet wurde, lag dieser Standort transporttechnisch günstiger als Sterkrade. Bauert-Keetmann, S. 48; Woltmann, S. 34.

212 Bauert-Keetmann, S. 48; Sauerland, S. 99 f.; Woltmann, S. 26.

213 Bis 1864 wurde das Schienenwalzwerk nach und nach durch die Errichtung von weiteren Dampfmaschinen, Dampfhämmern und einer Universalstraße erweitert. 1864 arbeiteten dort 1225 Arbeiter an 53 Puddel-, 38 Schweiß- und 7 Wärmeöfen sowie 4 Luppen-, 2 Blech-, einer Schienen- und einer Feineisenstraßen. Das Werk besaß 24 Dampfmaschinen mit insgesamt 1300 PS. Zwischen 1868 und 1872 erfolgte abermals eine Erweiterung des Walzwerks Neu-Oberhausen um 34 Puddelöfen. Herzog Wilhelm Lueg, S. 56 ff.; Woltmann, S. 26.

214 Woltmann, S. 26.

215 Woltmann, S. 26.

216 Döbling, S. 80–87; Woltmann, S. 13, 17 und 33.

217 Häufig wird der Kohleneisenstein auch «Blackband» genannt. Siehe hierzu: Wickeren, S. 25–28; O. V., Aus der Geschichte des Hammers Neu-Essen, o. S.; Woltmann, S. 33.

218 Ausführlich hierzu: Büchner, S. 16; Woltmann, S. 33.

219 Woltmann, S. 33.

220 Die Rasenerzförderung in Hüttennähe wurde 1864 eingestellt. Die Aufgabe der übrigen Förderstellen von deutschen Rasensteinerzen folgte bis 1878, einen Ausgleich bot die Vergrößerung des Grubenbesitzes am Mittelrhein. Woltmann, S. 34; Vgl. auch RWWA 130-20001/23.

221 Seit 1812 goss man bereits rheinisches Holzkohlenroheisen im Kupolofen um, ab 1833 verarbeitete man englisches bzw. schottisches Gießereiroheisen. 1834 plante JHH sogar, in Köln eine Gießerei zu errichten, die rheinisches und britisches Roheisen verarbeiten sollte, wofür man im Januar 1834 bereits eine Immobilie erwarb. Woltmann, S. 10, 15–18, 20 und 29.

222 Woltmann, S. 42.

223 Büchner, S. 15.

224 Woltmann, S. 28

225 Tatsächlich besaß die Herstellung von Eisenbahnmaterial selbst noch zwischen 1868 und 1872 immer deutlich über 50 % der gesamten Walzwerkserzeugung, die wiederum die Erzeugung von Gießereierzeugnissen um das Zehnfache überstieg. Woltmann, S. 26 ff. und Tafel IV und V.

226 Zu den Daten siehe Tabelle 1 im Anhang

227 Bauert-Keetmann, S. 48. Bereits zuvor hatte der Kohlenverbrauch eine beachtliche Größenordnung angenommen. So verbrauchte JHH 1844 schon 46 000 t und 1852 dann 42 033 Kohle auch ohne eine eigene Koksroheisenproduktion. Den größten Teil benötigte 1852 das Puddel- und Walzwerk Oberhausen (35 436 t), während die anderen Betriebe einen deutlich kleineren Verbrauch aufwiesen (Sterkrade 5345 t, St. Antony 853 t, Neu-Essen 401 t). Woltmann, S. 36–39.

228 Schulz, Vorgeschichte, S. 65; Woltmann, S. 36–39.

229 Den Vorsitz der AG hatte sogar Carl Haniel inne. Schulz, Vorgeschichte, S. 54 und 56; Bauert-Keetmann, S. 51; Gebhardt, S. 100–106.

230 Bauert-Keetmann, S. 53. Vgl. auch RWWA 130-20004/38.

231 Wirklicher Initiator war wohl weniger der 73-jährige Franz Haniel, sondern sein Sohn Hugo, der auch die Erbohrung des Felderbesitzes vornahm. Woltmann, S. 36–39; RWWA 130-20004/38; Bauert-Keetmann, S. 51.

232 Spethmann, Franz Haniel, S. 291; Schulz, Vorgeschichte, S. 55 und 57 f.; Bauert-Keetmann, S. 51.

233 RWWA 130-20004/38.

234 RWWA 130-20004/38.

235 Herzog, Synoptik, S. 20; Woltmann, S. 36–39.

236 Schulz, Vorgeschichte, S. 60 f. und 75 f.; Woltmann, S. 36–39. Außerdem ausführlich: Gebhardt, Ruhrbergbau, S. 440–449.

237 Zum weiteren Feldererwerb ausführlich: Schulz, Vorgeschichte, S. 64, 74 und 76 ff.

238 Schulz, Vorgeschichte, S. 75–78. Eine Beteiligung am Grubenfeld Neu-Duisburg in den 1860er Jahren erwies sich wegen starker Wasserzuflüsse und der Einstellung der Aufschlussarbeiten als wenig erfolgreich.

239 Zum Erwerb dieser Gruben siehe: Woltmann, S. 36–39.

240 Schulz, Vorgeschichte, S. 50.

241 Büchner, S. 14; Heike, S. 48–85; Schulz, Vorgeschichte, S. 119 ff.

242 Siehe Tabelle 1 im Anhang.

243 Harney, S. 23.

244 Schücking, S. 149 f.

245 BKK M. A. N-GHH-Sterkrade, S. 24 und 31; Joest, S. 30 und 120; Herzog, Wilhelm Lueg, S. 64; Adelmann, S. 450.

246 Pütz-Majer, S. 303; Hilger, S. 247; Adelmann, S. 527–530; Joest, S. 125.

247 1869 wird eine weitere Konsumanstalt in Oberhausen errichtet. Franz Haniel & Cie GmbH, Haniel 1756–2006, S. 146; BKK M.A.N-GHH-Sterkrade, S. 32; Joest, S. 80 und 121; Adelmann, S. 526; Herzog, Wilhelm Lueg, S. 62. Zur Geschichte der Stadt Oberhausen siehe vor allem: Reif, verspätete Stadt, S. 55–248.

248 Zu den Anfängen des JHH-Werkswohnungsbau siehe: Franz Haniel & Cie GmbH, Haniel 1756–2006, S. 110; Joest, S. 74 und 76; Pütz-Majer, S. 284; BKK M.A.N-GHH-Sterkrade, S. 26 f.; Herzog, Wilhelm Lueg, S. 62; Puppke, S. 181–194. Zur Datierung: Mitteilung des RIM Oberhausen vom 27. 2. 2008.

249 Joest, S. 74.

250 Pütz-Majer, S. 283 und 287; Woltmann, S. 61; Hilger, S. 193.

251 Joest, S. 81; Puppke, S. 192; Hilger, S. 194; Pütz-Majer, S. 277 f.

252 Pütz-Majer, S. 282.

253 Woltmann, S. 60; Adelmann, S. 522.

254 Pütz-Majer, S. 297.

255 BKK M.A.N-GHH-Sterkrade, S. 13 f. und 27 ff.; Pütz-Majer, S. 211; Hilger, S. 109; Herzog, Wilhelm Lueg, S. 61; Adelmann, S. 530–533.

256 BKK M.A.N-GHH-Sterkrade, S. 27–28. 1847 wurde auch in Ruhrort eine Speiseanstalt eingerichtet. Herzog, Wilhelm Lueg, S. 63; Adelmann, S. 456–458; Pütz-Majer, S. 206.

257 So schlug Lueg 1848 dem Bürgermeister von Holten eine Art Sozialversicherung vor, in der Arbeitgeber und Arbeiternehmer jeweils 1 % des Lohnes einzahlen sollten. Siehe hierzu und zu Luegs Einstellung zur betrieblichen Sozialpolitik: Franz Haniel & Cie GmbH, Haniel 1756–2006, S. 113 und 120; Hilger, S. 110; Adelmann, S. 449, 453 ff. und 458 ff.; Herzog, Wilhelm Lueg, S. 63 ff.

258 Hilger, S. 140. Zu den Verträgen siehe Schubert, S. 30–39.

259 Adelmann, S. 533–542.

260 BKK M.A.N-GHH-Sterkrade, S. 15; Joest, S. 34.

261 Franz Haniel & Cie GmbH, Haniel 1756–2006, S. 140; Hilger, S. 110; Joest, S. 37 f.; Adelmann, S. 533–542.

262 Siehe hierzu und den Statuten der Kasse: BKK M.A.N-GHH-Sterkrade, S. 19–21, Adelmann, S. 532–542.

263 Adelmann, S. 533–542.

264 Puppke, S. 115; Adelmann, S. 461.

265 BKK M.A.N-GHH-Sterkrade, S. 30; Joest, S. 36 f.

266 BKK M.A.N-GHH-Sterkrade, S. 30; Joest, S. 36 f.

267 Adelmann, S. 546 und 553–557.

268 Siehe zu den Leistungen und den Statuten der Kasse 1867: Joest, S. 39; BKK M.A.N-GHH-Sterkrade, S. 22 ff. und 32–36; Hilger, S. 128.

269 Adelmann, S. 549; Joest, S. 42; Hilger, S. 151; Pütz-Majer, S. 250.

270 Schubert, S. 53.

271 Die Schwankungen betrugen zwischen 66–100 %. Lubinski, S. 292–295. Vgl. auch: Schubert, S. 21.

272 Schubert, S. 10 ff., 43 f. und 48 f.

273 Die Lohnsenkungen betrugen 1859 z. B. 25 %. Schubert, S. 44 und 65.

274 Schubert, S. 60 und 65.

275 Welskopp, S. 205 und 206. Vgl. zur Lohnpolitik von JHH und den geringen Löhnen im Vergleich zum Phönix: Lubinski, S. 292 f.

276 Ausführlich hierzu: Lubinski, S. 297.

277 Zum Subcontracting siehe Lubinski, S. 291–292 und 296. In der Eisenindustrie wurde dieses Lohnsystem nicht angewendet. Welskopp, S. 194. Die normalen Arbeitszeiten bei JHH lagen bei ca. 12 bis 13 Stunden Montags bis Samstags, inklusive Pausen. Schubert, S. 10 ff. und 63.

278 Lubinski, S. 297 und 289 f.

279 Lubinski, S. 289 ff. und 299 ff.

280 Lubinski, S. 290 f. und 306.

281 Zur Geschichte der Unternehmensverwaltung liegt ein ausführliches Manuskript des Werksarchivs vor, auf das die folgende Darstellung beruht, sofern nicht andere Quellen zitiert sind: Blanski, Verwaltung, S. 7 f., 18, 21 und 52.

282 Blanski, Verwaltung, S. 42 f.

283 Vom Verfasser erweitertes Organigramm auf Basis von: Scholl, Ingenieure, S. 59. Carl Beindorf war ebenfalls ein verdienter JHH-Ingenieur, der von 1830 bis 1862 im Dienst des Unternehmens stand und als Maschinen- und Bergwerksingenieur in Diensten von JHH ein Spezialist für Förderanlagen war. Herzog, Mattheier, S. 82.

284 August Jacobi (1801–1842) arbeitete nach einer universitären Ausbildung als Hütteninspektor im Unternehmen mit und verstarb plötzlich 1842. Herzog, Jacobi, S. 194; RWWA 130-20002/52.

285 Hugo Jacobi (1834–1918) war nach der Provinzialgewerbeschule in Hagen und einem Maschinenbaustudium an der Polytechnischen Schule in Karlsruhe 1856 in die Dienste von JHH eingetreten. 1860 wurde er Ingenieur und 1866 Oberingenieur. Herzog, Jacobi, S. 195 f. RWWA 130-20002/52.

286 Carl Lueg (1833–1905) trat nach der Gewerbeschule Hagen und seiner Ausbildung zum Ingenieur an der TH Karlsruhe 1855 in die Sterkrader Firma ein und wurde 1858 mit der Leitung der Eisenhütte Oberhausen betraut. 1864 übernahm er nach dem Tod seines Vaters die technische Leitung sämtlicher Oberhausener Betriebe. Zu Carl Luegs Entwicklung bis 1872: Herzog, Carl Lueg, S. 33 ff.; Matschoß Männer der Technik, S. 162; Franz Haniel & Cie GmbH, Haniel 1756–2006, S. 126; RWWA 130-3001036/12 und 20002/52.

287 Heinrich Lueg (1840–1917) wurde 1864 als Ingenieur bei JHH eingestellt. Schniewind, S. 73–76; Matschoß Männer der Technik, S. 162.

288 Louis Haniel besaß ebenfalls eine technische Ausbildung. Franz Haniel & Cie GmbH, Haniel 1756–2006, S. 138; Dienemann, S. 10.

289 Hugo Haniel (1810–1893) sollte zunächst eine juristische Laufbahn einschlagen, wurde jedoch 1826 nach dem Tod eines älteren Bruders die rechte Hand seines Vaters Franz Haniel. Er führte schon zu deren Lebzeiten zahlreiche Geschäfte für dessen Handelshaus durch, insbesondere vertrat er Franz Haniels Interessen im Steinkohlenbergbau. Er heiratete 1837 seine Cousine Bertha Friederieke, die Tochter von Gerhard Haniel, und besaß deshalb Anteile an JHH. Nach dem Tod von Franz Haniel übernahm er die Leitung des Ruhrorter Handelshauses und auch die Funktion als Repräsentant für diesen Familienstamm. Hugo Haniel war in zahlreichen Verbänden engagiert, z. T. auch an deren Gründung beteiligt, wie im Fall des Essener Bergbauvereins 1858. Er war 1848 auch als Sachverständiger in einer Regierungskommission

für die Ausarbeitung einer neuen Gewerbeordnung tätig. Woltmann, S. 36; Franz Haniel & Cie GmbH, Haniel 1756–2006, S. 63 f. und 105; Spethmann, Franz Haniel, S. 169 und 173; Herzog, Hugo Haniel, S. 92–93; RWWA 130-3001036/20.

290 Die Gesellschaftsform als eigenständige Gewerkschaft war nötig, weil vor 1865 Handelsgesellschaften wie JHH keinen Bergbaubetrieb als Eigentum und keine Mutungen und Verleihung von Bergrechten besitzen durften, sondern nur natürliche Personen. Franz Haniel & Cie GmbH, Haniel 1756–2006, S. 123; Bauert-Keetmann, S. 60; Schulz, Vorgeschichte, S. 49 und 64; Spethmann, Franz Haniel, S. 196 und 359; Herzog, Mattheier, S. 142; James, S. 97.

291 Zur Beurteilung Luegs und seiner Leistungen, siehe: Herzog, Wilhelm Lueg, S. 55–59; Franz Haniel & Cie GmbH, Haniel 1756–2006, S. 64; RWWA 130-20002/52.

292 RWWA 130-20002/52.

293 Franz Haniel & Cie GmbH, Haniel 1756–2006, S. 79; Herzog, Wilhelm Lueg, S. 55–60.

294 Brief von Wilhelm Lueg an Franz Haniel vom 28. Dezember 1856. Hanielarchiv Haa 231.

295 Hanielarchiv Haa 231.

296 Franz Haniel & Cie GmbH, Haniel 1756–2006, S. 79; Gut ist das Interesse Luegs an moderner Technik und deren ökonomischer Bedeutung an seinen nüchternen Reiseberichten zu erkennen: Siehe RWWA 130-20004/2 (Berichte Lueg über eine Reise durch England vom 11. November 1829). Vgl. Schuhmacher, Auslandsreisen, S. 262–268.

297 Siehe zu Luegs Anstellungsverträgen und seinen Gehaltserhöhungen: RWWA 130-20002/1. Vgl. auch RWWA 130-20016/2, Herzog, Wilhelm Lueg, S. 54; Woltmann, S. 52 ff. O. V., Urkunden aus der Entstehungsgeschichte der Gutehoffnungshütte, Nr. B 3.

298 RWWA 130-20000/3.

299 Zur Schienengemeinschaft und den frühen Industrieverbänden (Zollvereinländischer Eisenhütten- und Bergwerksverein, Rheinisch-westfälischer Gewerbeverein, Volkswirtschaftlicher Verein für den deutschen Zollverband) siehe: Herzog, Wilhelm Lueg, S. 57 und 66; Salewski, S. 16 und 21 f.

300 Überliefert sind vor allem die Briefe und Briefentwürfe Franz Haniels. Siehe als Beispiel: RWWA 130-20004/38.

301 Franz Haniel war bereits 1842 an 23 Zechen beteiligt und besaß 98 Mutungen bzw. Schürfscheine. Den Gesamtwert einschließlich aller Zechen, Schiffe, Immobilien usw. bezifferte er auf 873 737 Reichstaler. Mit 410 000 Talern machte der Bergbau fast die Hälfte seines Besitzes aus. Franz Haniel & Cie GmbH, Haniel 1756–2006, S. 109. Huyssen dagegen war an mehreren Zechen beteiligt, besaß jedoch kein Handels- und Speditionsgeschäft. Nach dem Tod seines Vaters 1834 war er sicher an der Zeche Sälzer-Neuack und später auch an der Zeche Concordia beteiligt. Mews, S. 232 und 236.

302 Nach dem Tode von Gottlob Jacobi zerfiel der Jacobische Anteil in fünf Anteile für seine fünf Kinder. Deshalb wurde das Firmenkapital in 20 Teile geteilt, so dass die verbleibenden Erben von Gottlob Jacobi jeweils ein Fünftel besaßen. Durch den Verkauf ihrer Anteile an die anderen Anteilseigner, wurden die Anteile am Unternehmen neu verteilt, so dass die Erben Gerhard Haniel 5/16, Franz Haniel 5/16, Heinrich Huyssen 5/16 und Friedrich Jacobi 1/16 Anteile besaßen. Woltmann, S. 40. Zu den Verträgen siehe RWWA 130-20016/21.

303 Siehe zum Verkauf der Harvey-Anteile 1847 und die sich daraus ergebenden Streitig-

keiten (zumeist aus dem Schriftwechsel von Franz Haniel): RWWA 130-20000/13, 20000/2, 20002/1und 20004/38; James, S. 102 und 106.

304 Woltmann, S. 52 ff.

305 So bestand das Unternehmen weiterhin in der Form als Handelsgesellschaft, obgleich es namentlich von Beginn an als Hüttengewerkschaft firmierte: eine bergrechtliche Gewerkschaft war es jedoch nie. 1864 wurde das Unternehmen dann als Handelsgesellschaft ins Handelsregister eingetragen. Woltmann, S. 52 ff.; Franz Haniel & Cie GmbH, Haniel 1756–2006, S. 135; RWWA 130-20016/7.

306 Herzog, Mattheier, S. 109.

307 So schrieb Franz Haniel über diesen Vorgang 1858/1860: «... im Verfolg begehrten meine Mitbetheiligte H. Huyssen und Carl Haniel in Übereinkunft und Unterstützung unsers Procuristen W. Lueg dass aus unsere Firma J. H. & H. und alles was diese gehört in ein Actien Geschäft verwandelt werden solle, da ich diese Etablissements hauptsächlich in unsere Familie gebracht, vergrößert und behauptet hatte so konnte ich meine langjährige große uneigennützige Anstrengung nicht verschmertzen, verweigerte auf alle Fälle, daß ihrerseits mit Justizrath Goecke bereits besprochene Aktien Geschäft; schlug Verlosung der Werke in 3 Theilen mit Ausgleichung in Gelde wie beiliegenden Brief vom 1. nacherweißt vor, wodurch der Aktienschwindel unterblieb und die Werke und Firma wie vorstehend bemerkt noch bestehen;». Herzog/ Mattheier, S. 108. James u. a. interpretiert diese Passage allein als Aversion gegen Aktiengesellschaften. James, S. 102.

308 Zum Streit um Hugo Haniels Prokura: RWWA 130-20000/0, 20004/38 und 20000/7; Spethmann, Franz Haniel, S. 349.

309 Siehe die zahlreichen Schreiben und Konzepte von Franz Haniel, noch in den 1850er Jahren, in: RWWA 130-20000/0 und 20004/38.

310 Herzog, Mattheier, S. 108.

311 Zum Vertrag vom 7. November 1840 siehe O. V., Urkunden aus der Entstehungsgeschichte, B 3; RWWA 130-20016/0 und 20016/1.

312 Zum Vertrag von 1840 und zu den Statuten der Gesellschaft siehe: RWWA 130-20016/ 0 und 20016/3; O. V., Urkunden aus der Entstehungsgeschichte, B 3. Vgl. auch Woltmann, S. 52 ff.

313 Zum Verkauf der Anteile der Familie Jacobi: RWWA 130-20016/21.

314 Als Repräsentanten waren für die einzelnen Stämme bis 1872 tätig: 1) Jacobi: August 1823–1842, Friedrich 1842–1873; 2) Gerhard Haniel: Gerhard 1823–1834, Carl 1834–1861, Alphons 1861–1873; 3) Franz Haniel: Franz 1823–1868, Hugo 1868–1873; 4) Huyssen: Heinrich Huyssen 1823–1870, Friedrich Kesten 1868–1873. Woltmann, S. 52–54 und 69–70; Spethmann, Franz Haniel, S. 355; RWWA 130-20016/16.

315 Brief Firma Gerhard Haniel an Franz Haniel vom Januar 1837 über die Übergabe der Werftaufsicht: Hanielarchiv HAA 943.

316 Herzog, Mattheier, S. 58 und 63; Spethmann, Franz Haniel, S. 98, 102 und 114; Franz Haniel & Cie GmbH, Haniel 1756–2006, S. 73.

317 Die Erze wurden von den Kohlenschiffen von Franz, aber auch von Gerhard Haniel auf der Rückfahrt nach Ruhrort transportiert. Woltmann, S. 13–14.

318 Siehe die zahlreichen Beispiele in: Franz Haniel & Cie GmbH, Haniel 1756–2006, S. 110–112; Spethmann, Franz Haniel, S. 188, 218, 239, 261 und 264 ff.

319 Spethmann, Franz Haniel, S. 218 f. und 226 f.

320 Spethmann, Franz Haniel, S. 126 ff.

321 Herzog, Mattheier, S. 72 und 74 sowie 97; Spethmann, Franz Haniel, S. 98, 118, 165, 258 und 326.

322 Herzog, Mattheier, S. 138; Spethmann, Franz Haniel; S. 146; RWWA 130-20002/52.

323 Siehe zu Franz Haniels stetigen Forderungen und den Auseinandersetzungen zwischen den Anteilseignern sowie dem Widerstand der Jacobis gegen große Investitionen: RWWA 130-20016/21, 20016/21 und 20002/52; Herzog, Mattheier, S. 70, 76 und 140; Spethmann, Franz Haniel, S. 175, 209, 290 und 293; Büchner, S. 11; Franz Haniel & Cie GmbH, Haniel 1756–2006, S. 125; James, S. 79, 90 und 96.

324 Die große Bedeutung Franz Haniels für die Entwicklung von JHH wurde dabei auch schon von seinen Zeitgenossen erkannt, wie z. B. vom englischen Nationalökonomen Thomas Banfield, der 1848 die Rheinlande bereiste. Vgl. Franz Haniel & Cie GmbH, Haniel 1756–2006, S. 119. Einzig für die Entwicklung der Eisenproduktion von JHH war die Rolle Franz Haniels eher von geringer Bedeutung. Bezeichnenderweise schrieb er in seiner Autobiographie auffällig wenig über den Aufbau der Puddel- und Walzwerke. Keinesfalls sollte man ihn aber als Eisenfabrikanten bezeichnen, wie dies James tut: James, S. 85.

325 RWWA 130-20002/52. So kritisierte Franz Haniel auch seinen Bruder Gerhard, dessen Sohn Carl sowie Wilhelm Lueg namentlich, die anderen Anteilseigner aber meist indirekt. Herzog, Mattheier, S. 70 und 107–108. Seine Sichtweise wurde dabei nicht nur von seinem Biographen Spethmann in den fünfziger Jahren, sondern auch von neueren Studien unkritisch übernommen. Vgl.: Spethmann, Franz Haniel, S. 94; James, S. 85–90.

326 Die Rolle Huyssens genau zu beurteilen ist äußerst schwierig, weil kaum Korrespondenz oder andere Quellen von ihm überliefert sind und Franz Haniel ein sehr negatives Bild zeichnet. So gelang es auch Karl Mews in einer biographischen Skizze nicht, die Leistungen von Huyssen genauer zu bestimmen. Sicher ist auf jeden Fall, dass Huyssen auch jahrelang in der Unternehmensleitung mitarbeitete. Mews, S. 227; Herzog, Mattheier, S. 108 und 148; Spethmann, Franz Haniel, S. 96; Franz Haniel & Cie GmbH, Haniel 1756–2006, S. 133.

327 Sicher falsch ist auf jeden Fall, dass – wie James anmerkt – man jeglichen persönlichen Kontakt vermied. Belegt ist z. B. eine gemeinsame Konferenz 1848, auf der auch Huyssen und Franz Haniel zusammen teilnahmen. Erst in den fünfziger Jahren scheint das Verhältnis dann so schlecht gewesen zu sein, dass man sich persönlich aus dem Weg ging. James, S. 89. Siehe ansonsten zu diesen zwei einvernehmlichen Unternehmensentscheidungen: Bauert-Keetmann, S. 51; BKK M.A.N-GHH-Sterkrade, S. 19.

328 Welskopp, S. 75.

329 Siehe Tabelle 1 im Anhang. Die Finanzierung der JHH-Unternehmensexpansion erfolgte vor allem durch einbehaltene Gewinne und Zuschüsse der Eigentümer. In geringerem Ausmaß wurden Bankkredite und Privatdarlehen in Anspruch genommen, auf die Nutzung des Kapitalmarkts ansonsten verzichtet, was letztlich dem typischen Muster der Kapitalmobilisierung im Ruhrgebiet bis in die 1870er Jahre entsprach. Tilly, S. 3–16.

330 Woltmann, S. 55 ff. und Tabelle 1 im Anhang.

331 Siehe zum Antwortschreiben der Firma Gerhard Haniel vom 4. April 1853 und sonstige Korrespondenz über die Entscheidung für den Aufbau eines Steinkohlenbergbaus. Bauert-Keetmann, S. 52–55.

332 Woltmann, S. 55 ff. Dagegen betont James vor allem die finanziellen Leistungen von Franz Haniel und teilweise Gerhard Haniel, doch schossen nachweislich auch die anderen Anteilseigner Geld ins Unternehmen ein. Belegt sind hier Zahlungen von Huyssen und Friedrich Jacobi für den Aufbau des Steinkohlenbergwerks Oberhausen 1853–1854. Siehe hierfür: RWWA Köln 130-20004/38. James, S. 89.

333 Bekannt ist z. B., dass für das Steinkohlenbergwerk Oberhausen mindestens 275 000 Taler von den Anteilseignern ins Unternehmen eingeschossen wurden. RWWA 130-20004/38. Vgl. ansonsten Woltmann, S. 55–58.

334 Seraing war das belgische Eisen- und Maschinenbauwerk der Familie Cockerill nahe Lüttich. Siehe zu dieser Beurteilung des preußischen Regierungsassessors Buschhausen aus dem Jahre 1838: Franz Haniel & Cie GmbH, Haniel 1756–2006, S. 101.

3 Ausbau zum gemischten Großunternehmen 1872–1908

1 Woltmann, S. 51. Schon lange hatten dabei einige Anteilseigner, insbesondere Friedrich Jacobi, Alphons Haniel und Friedrich Kesten auf eine Umwandlung in eine AG gedrängt. RWWA 130-20000/10.

2 Woltmann, S. 51.

3 So weigerte sich z. B. Max Haniel nach dem Tod von Franz Haniel die auf seinen Namen in Berghypothekenbuch eingetragene Zeche Oberhausen auf JHH übertragen zu lassen und forderte 1869 seinen Anteil am formellen Kuxenbesitz des Vaters. RWWA 130-20010/37.

4 Woltmann, S. 51.

5 Woltmann, S. 57 f.; O. V., Urkunden aus der Entstehungsgeschichte, C (Notarielle Verhandlung vom 7. Oktober 1872 über die Umwandlung der offenen Handelgesellschaft Jacobi, Haniel & Huyssen in einen Aktienverein).

6 RWWA 130-20016/15.

7 Franz Haniel junior (1842–1916), Sohn von Hugo Haniel, übernahm nach kaufmännischer Ausbildung zunächst verschiedene Tätigkeiten bei JHH und der OHG Franz Haniel. 1870 wurde er Gesellschafter bei JHH und erhielt ein Jahr später Prokura. Dem Aufsichtsrat der GHH gehörte er von 1873–1882 und 1888–1916 an und von 1895 bis 1916 war er auch Aufsichtsratsvorsitzender. 1873 gründete er zusammen mit seinem Enkel Ludwig Haniel und seinem Schwager Heinrich Lueg die Firma Haniel & Lueg in Düsseldorf, einem Bergbauzulieferer. Dort leitete er die kaufmännische Verwaltung. Franz Haniel & Cie GmbH, Haniel 1756–2006, S. 190; Matschoß Männer der Technik, S. 102.

8 Die 10 000 Aktien verteilten sich nach der Gründung der AG wie folgt (in Klammern die alten Anteile): Friedrich Jacobi 625 (1/16), Witwe Carl Haniel, dem Sohn von Gerhard Haniel 1041 (5/48), Alphons Haniel 1041 (5/48), Hugo Haniel 781 (5/64), Franz Haniel junior 781 (5/64), Max Haniel 520 (5/96), Julius Haniel 520 (5/96), Louis Haniel 520 (5/96), Friedrich Wilhelm Haniel 520 (5/96), Thusnelda Cockerill 520 (5/96), die 37 Erben Huyssens zusammen 3131 (6/16). Errechnet aufgrund der Angaben von James, S. 62, 102 und 121, der allerdings fälschlicherweise schreibt, dass die Erben Huyssens keine Aktien mehr besessen hätten, und Franz Haniel & Cie GmbH, Haniel 1756–2006, S. 146. Hugo Haniel besaß bereits vor 1873 einen größeren Anteil an JHH als die übrigen Kinder von Franz Haniel, weil seine Frau Berta als Tochter von Gerhard Haniel auch Anteile geerbt hatte. Er übertrug jedoch seinem Sohn Franz Haniel bereits 1871 die Hälfte seiner Anteile. RWWA 130-20000/8. Nach dieser Aufstellung

besaßen die Erben von Franz Haniel allein 41,6 % der neuen AG, alle Haniels, d. h. die Nachfahren von Franz und Gerhard Haniel, zusammen sogar 62,4 %.

9 Louis Haniel (1817–1889) studierte nach einem einjährigen Aufenthalt im Gewerbeinstitut in Berlin 1837 bis 1839 an der sächsischen Bergakademie Freiberg in Sachsen und begann im Herbst 1839 bei JHH in Sterkrade, wo er auch für die Konstruktion von Dampf- und Schiffsmaschinen oder Belehnungen von Kohlenzechen verantwortlich war. Er unternahm in den 1840er und 1850er Jahren mehrere Reisen innerhalb Europas. Angaben aufgrund der freundlichen Auskunft des Hanielarchives.

10 Der Ingenieur Friedrich Kesten (1808–1891) hatte nach seinem Austritt aus JHH 1846 die Direktion der Maschinenfabrik Wever in Barmen übernommen. 1858 siedelte er nach Düsseldorf über, wo er als Zivilingenieur arbeitete. Nach dem Tod seiner Frau, Wilhelmine Haniel, trat er durch die Heirat mit einer Nichte von Heinrich Huyssen abermals in Verwandtschaft mit den JHH-Eigentümern und übernahm nach Huyssens Tod 1870 dessen Position als Repräsentant dieses Familienstammes. 1873 wählte ihn die Generalversammlung auch in den Aufsichtsrat, dem er bis zu seinem Tod 1891 angehörte. Scholl, S. 320–321; Franz Haniel & Cie GmbH, Haniel 1756–2006, S. 93.

11 Woltmann, S. 53 f.

12 Hugo Jacobi, der keine Anteile am Unternehmen besaß, war auch im Vorstand vor allem für die Mechanischen Werkstätten verantwortlich, deren Oberdirektion er innehatte. Außerdem unterstanden ihm der Brückenbau und die Ruhrorter Werft. Zudem wurde unter seiner Leitung die Kettenfabrikation aufgenommen sowie das Hammer- und Presswerk neu eingerichtet. Nach der Pensionierung von Carl Lueg 1904 übernahm Jacobi für kurze Zeit auch die Aufgabe des Vorstandsvorsitzenden. Außerdem war er stark im technischen Verbandswesen aktiv, wo er mehrere Verbände gründete bzw. leitete. (Vereinigung deutscher Maschinenbau Anstalten etc.). RWWA 130/130/20002/52; Herzog Jacobi, S. 194–198; Matschoß Männer der Technik, S. 129.

13 Gottfried Ziegler (1840–1922), der als kaufmännischer Direktor die finanziellen Schwierigkeiten in den siebziger Jahren beheben sollte, kam als einziges Vorstandsmitglied von außerhalb. Zuvor war Ziegler beim Eisenunternehmen Neu-Schottland in Horst bei Steele tätig sowie Direktor der Berliner AG für Eisengießerei und Maschinenfabrikation. Als Letzter des ersten Vorstandes trat Ziegler 1909 in den Ruhestand. Bongartz, Unternehmensleitung, S. 50; O. V., Nachruf Gottfried Ziegler, S. 1927; RWWA 130-20002/52.

14 Carl Lueg (1833–1905) war neben seiner Aufgabe als Vorstandsvorsitzender auch im Verbandswesen sehr aktiv. So war er Mitgründer des Vereins Deutscher Ingenieure sowie des Vereins deutscher Eisenhüttenleute, den er auch lange Jahre leitete. Auch an der Gründung des Grobblech- und Halbzeug- bzw. des Stahlwerkverbandes war er maßgeblich beteiligt. RWWA 130-20002/52 und 3001036/12; Franz Haniel & Cie GmbH, Haniel 1756–2006, S. 149; Herzog, Carl Lueg, S. 33 ff.; James, S. 121; Matschoß Männer der Technik, S. 162.

15 Zum Verhältnis zwischen Aufsichtsrat und Vorstand 1873 siehe ausführlich: Bongartz, Unternehmensleitung, S. 48 ff. Zu den Statuten der GHH siehe: RWWA 130/130/3001090/19.

16 Zu Hugo Haniel (1810–1893) und seinem Engagement als Aufsichtsratsvorsitzender, aber auch als Nachfolger in der Leitung der Familienunternehmungen von Franz Ha-

niel siehe: Herzog, Hugo Haniel, S. 92 f.; Matschoß, Männer der Technik, S. 102; Woltmann, S. 36; Franz Haniel & Cie GmbH, Haniel 1756–2006, S. 63 f., 71 und 105; RWWA 130-3001036/20.

17 Woltmann, S. 57 f.

18 Nach einer Vermögensaufstellung für den 1. Januar 1865 hatte JHH nur im begrenzten Umfang Schulden. RWWA 130-20021/3.

19 Beim 1855 erfundenen Bessemerverfahren wurde Roheisen in einem birnenförmigen Konverter durch die Einleitung von Sauerstoff gefrischt. RWWA 130/130/20001/36, 20001/32 und 20001/37.

20 Mittelstaedt, Finanzgebahrung, S. 2–13; RWWA 130-3600812; James, S. 368.

21 Woltmann, S. 57 f.

22 Wellhöner, S. 97.

23 Franz Haniel & Cie GmbH, Haniel 1756–2006, S. 150. 1875/1876 wurde im Deutschen Reich die Währung von Taler bzw. Gulden einheitlich auf Mark umgestellt, wobei ein Taler drei Mark entsprach.

24 Feldenkirchen, S. 130.

25 Die Gewinndaten stehen nicht für alle Jahre zur Verfügung. Zu den Daten siehe Tabelle 1 im Anhang sowie Woltmann, Tafel XV–XVII.

26 Woltmann, S. 57 f.

27 Mittelstaedt, Finanzgebahrung, S. 2.

28 Insgesamt gelangten aber nur 10 Mio. Mark zur Ausgabe. Mittelstaedt, Finanzgebahrung, S. 13; Wellhöner, S. 97.

29 Woltmann, S. 57 f.

30 Bereits 1874 hatte der Vorstand dafür plädiert, das Aktienkapital herunter zu setzen und die hohen Bewertungen der Betriebsanlagen, insbesondere der Erzgruben bemängelt. RWWA 130-3001092/7; Mittelstaedt, Finanzgebahrung, S. 3.

31 Wellhöner, S. 99; RWWA 130-3001092/13.

32 Woltmann, S. 57 f. Siehe auch die verschiedenen Denkschriften von Kesten und dem Vorstand 1875–1877 und die Korrespondenz in: RWWA 130-3001092/7. Insgesamt betrugen die Schulden der AG knapp fünf Mio. Mark, denen jedoch auch hohe Außenstände von ca. vier Mio. gegenüberstanden. Den Investitionsbedarf schätzte man auf zwei Mio. Mark in nächsten Jahren.

33 Ein Rest von 127 000 Mark wurde zusammen mit den noch nicht ausgegebenen Prioritätsaktien von 1 873 500 Mark hinterlegt und 1895 dann als Prioritätsaktien Litera B von den Gesellschaftern übernommen. Mittelstaedt, Finanzgebahrung, S. 2 und 4 f.; Woltmann, S. 57 f.

34 Junkers, S. 295; Wellhöner, S. 91–106, insbes. S. 97; James, S. 129.

35 Eduard James Haniel (1844–1904) war der zweite Sohn von Max Haniel und hatte in England studiert. Da er zudem Henriette Haniel, eine Cousine zweiten Grades und Tochter von Carl Haniel geheiratet hatte, besaß er durch seinen Aktienbesitz auch einen größeren Einfluss. Einem angenehmen Lebensstil nicht abgeneigt, plädierte er im Streit mit Hugo Haniel als Vertreter einer größeren Aktionärsgruppe dafür, dass die Neubautätigkeit eingestellt, die Schulden abgebaut und höhere Dividendenzahlungen gezahlt werden sollten. 1888 schied Eduard James freiwillig aus dem Aufsichtsrat aus. Junkers, S. 52, 54, 85, 88 und 297; James, S. 128.

36 Die beiden forderten in einem Schreiben 1880 die Einstellung der Neubauten, die Abstoßung der Kapitalschulden und die Zahlung höherer Dividenden. Alphons Haniel

(1814–1891) schrieb in einem Brief am 4. Mai 1880: «Die Majorität des Aufsichtsrates hält … die Lage der Gutehoffnungshütte für so gefährdet, dass bei eventueller plötzlicher Kündigung seitens der Capital-Darleher oder Bankiers von Capital-Credit, & diese Eventualität steht uns immer bevor, das ganze Unternehmen plötzlich zum Zusammenbruch gebracht werden kann, …» Junkers, S. 85, 88 und 297; James, S. 128; Wellhöner, S. 98.

37 Der Vorstand verwies auf die mangelnde Auslastung, veraltete oder zu kleine Anlagen (Bessemerstahlwerk) hin, wollte auch Aufträge unter den Gestehungskosten annehmen, um die enormen Fixkosten abzudecken und in neue Produktionszweige (Drahtwalzwerke) investieren. Zur Begleichung der Altschulden und zur Finanzierung der Investitionen sollte auf Ausschüttungen an die Aktionäre verzichtet und Kredite auf dem Kapitalmarkt aufgenommen werden. Junkers, S. 37, 51, 85, 88, 179 und 297; James, S. 126.

38 Statt einer Gewinnausschüttung in Höhe von einer Mio. Mark wurde nur eine halbe Million Mark ausgeschüttet und im Folgenden eine vorsichtige Erweiterung und Rationalisierung der Produktionskapazitäten vorgenommen. Mit keiner der Forderungen von 1880 setzte sich Eduard James Haniel durch, stattdessen wurde Anfang der achtziger Jahre vielmehr eine Drahtstraße gebaut sowie das Stahlwerk vergrößert. Junkers, S. 88; James, S. 127 und 130.

39 Siehe zu Eduard James Haniels Haltung zu Investitionen: James, S. 132.

40 Zum rechtlichen Verhältnis von Aufsichtsrat und Vorstand siehe das Statut der GHH: O. V., Urkunden aus der Entstehungsgeschichte, C.

41 Siehe zu den Instruktionen für den Vorstand von 1872, bei der die Aufgabenbereiche der beiden technischen Ressorts nach territorialen und fachlichen Gesichtspunkten abgegrenzt waren, aber noch die operative Leitung der Abteilungen vorsah, sowie zu der Abteilungseinteilung 1878: Bongartz, Unternehmensleitung, S. 50, 83 und 85.

42 Bongartz, Unternehmensleitung, S. 83; Remke, Anhang: Instruktion für den Vorstand vom 26. September 1878.

43 Blanski, allgemeine Verwaltung, S. 8–31

44 Blanski, allgemeine Verwaltung, S. 8–31; Bongartz, Unternehmensleitung, S. 98–110.

45 Remke, S. 60.

46 Siehe zu Beispielen: James, S. 127 und 130.

47 Eduard James Haniel plädierte mehrere Male für die aktive Bearbeitung des US-amerikanischen Marktes, was der Vorstand ablehnte. Junkers, S. 30, 41 f., 44, 52, 54, 58 und 63.

48 Junkers, S. 246.

49 Junkers, S. 30, 41 f., 44, 52, 54, 58 und 63.

50 Bongartz, Unternehmensleitung, S. 98; Junkers, S. 286.

51 Mittelstaedt, Finanzgebahrung, S. 7 und 15 f.; Feldenkirchen, S. 280; Wellhöner, S. 100.

52 1885 wandelte sich Eduard James Haniel abermals zum Verfechter der Aktionärsinteressen und forderte höhere Dividenden, konnte sich aber nur in geringem Umfang durchsetzen, da Lueg und die Minderheitsfraktion im Aufsichtsrat wieder dafür plädierten, von den Kapitalbesitzern Opfer zu fordern. Junkers, S. 85, 88, 297 und 327.

53 Junkers, S. 186 und 205.

54 Junkers, S. 292 und 295.

55 Junkers, S. 287, 325 und 327; James, S. 126.

56 Den Aufsichtsratsvorsitz hatten von 1873 bis 1921 folgenden Personen inne: Hugo Haniel 1873–1880, Eduard James Haniel 1880–1888, Julius Liebrecht 1888–1895, Franz Haniel junior 1895–1916, August Haniel 1916–1921.

57 Peter Scheidtweiler (1857–1912) war 1903 in den GHH-Vorstand berufen worden. Er hatte nach seinem Studium an den TH Berlin und München und seiner Prüfung als Bauführer zahlreiche Positionen im staatlichen Eisenbahndienst inne. Zudem fungierte er als Regierungsvertreter und technischer Berater in China und war einige Jahre Direktionsmitglied der Rheinischen Metallwaren- und Maschinenfabrik Düsseldorf bzw. technischer Beigeordneter der Stadt Köln, bevor er 1903 in den Vorstand der GHH eintrat. Zu Scheidtweiler siehe: RWWA 130-35000/33 und 130-3001036/4; O. V., Nachruf Peter Scheidtweiler, S. 1207.

58 Siehe zu den Ausschüttungen: Woltmann, S. 57 f.

59 Siehe zu den Daten Tabelle 1 im Anhang und Woltmann Tafel XV–XVII. Zur steigenden Kapitalrentabilität ab 1880 siehe auch Wellhöner, S. 94.

60 Woltmann, S. 57 f.

61 Woltmann, S. 51; Junkers, S. 247 und 278. Siehe etwa das Teilnehmerverzeichnis zur ordentlichen Generalversammlung am 27. Mai 1921 in: RWWA 130-4001112/8.

62 Noch 1922 betrug die Zahl der Aktionäre des Unternehmens insgesamt nur 185 und 1925 besaßen nur die Aktionäre mit dem Namen Haniel noch 33,6 % der Aktien. Mittelstaedt, Finanzgebahrung, S. 10; RWWA 130-4001033/0.

63 Siehe zum Kohlenbergbau allgemein: Woltmann, S. 37 f.; Fröhlich, S. 76 und 98; Gebhardt, S. 443 ff.; Wiel, S. 180; Feldenkirchen, S. 130.

64 Zu den Felderwerbungen und Konsolidationen siehe ausführlich: Schulz, Vorgeschichte, S. 76–79.

65 1883/1884 stellte der Vorstand am Ende des Geschäftsjahres mit «Befriedigung» fest, dass das Baukonto der Zeche Osterfeld im folgenden Jahr geschlossen werden könne und dadurch disponible Mittel für die übrigen Werke frei würden. Junkers, S. 140, 173 und 176.

66 Auf der Zeche Osterfeld wurde eine Kokerei mit 120 Koksöfen errichtet. Büchner, S. 18 und 28 ff.; Woltmann, S. 37 ff.; Schulz, Vorgeschichte, S. 79 und 87.

67 Woltmann, S. 37 ff.; Büchner, S. 28 ff.

68 Woltmann, S. 37 ff.

69 Siehe zu den Daten die Tabelle 1 im Anhang sowie Woltmann, S. 37 ff.; Fröhlich, S. 65–80.

70 Woltmann, S. 37 ff.

71 Woltmann, S. 33 ff.; Feldenkirchen, S. 53.

72 Woltmann, S. 33 ff.

73 Woltmann, S. 33 ff.

74 Zu den Erzgruben der GHH im lothringisch-luxemburgischen Minetterevier und ihrer Beschaffenheit siehe: Woltmann, S. 33 ff.; Döring, S. 10–21; Banken, Take-Off, S. 351–361; Feldenkirchen, S. 139 und 165; Haus, S. 21–32.

75 Nievelstein, S. 77 und 166–172. Döring, S. 100, 120–123, 146–150, 167 ff., 175 f., 195 und 197; Woltmann, S. 33 ff.; Fröhlich, S. 81–85.

76 Zur besseren Verwertung der lothringischen Erzvorkommen plante die GHH kurz vor dem Ersten Weltkrieg sogar ein Hüttenwerk in Lothringen zu errichten und hatte hierfür bereits Grundstücke in der Nähe von Monthofen erworben. Kohlmann, Jahns, S. 53–85; Schlenker, S. 201 ff.

77 Weitere Erze bezog man aus Griechenland, Russland, Italien, der Türkei und Nordafrika. Zu den Daten siehe Tabelle 1 im Anhang sowie Woltmann, S. 33 ff. und Tafel VI, VII und VIII. Vgl. auch: Nievelstein, S. 210 ff.; Feldenkirchen, S. 139.
78 Büchner, S. 18; Woltmann, S. 26 und Tafel I; Feldenkirchen, S. 40.
79 Büchner, S. 18; Woltmann, S. 29.
80 Büchner, S. 31–33; Woltmann, S. 26; Fröhlich, S. 72.
81 1895 wurde ein Hochofen abgebrochen, um die Winderhitzer aufstellen zu können. Kleinschmidt, S. 49 und 52; Büchner, S. 31 ff.
82 Zur technischen Entwicklung der Hochöfen siehe: Osann, S. 437–446 und 507; Büchner, S. 31 ff.; Kleinschmidt, S. 37; Feldenkirchen, S. 185.
83 Fröhlich, S. 89–100; Büchner, S. 31 ff.
84 Zu den Daten siehe Tabelle 1 im Anhang.
85 Welskopp, S. 68 f. und 252; Feldenkirchen, S. 44.
86 Büchner, S. 19; Woltmann, S. 26–29; Fröhlich, S. 68–72; Junkers, S. 49 f.
87 Wengenroth, S. 52 f. und 70; Welskopp, S. 78.
88 Büchner, S. 19; Woltmann, S. 26–29.
89 Wengenroth, S. 196–197, 199 f. und 212 ff.
90 Zum Siemens-Martinwerk der GHH siehe: Osann, S. 507; Welskopp, S. 104; Herzog Synoptik, S. 27. Zu dieser Verhüttungstechnik vgl. Wengenroth, S. 37–44 und 265–270.
91 Herzog Synoptik, S. 29 f.; Woltmann, S. 26–29.
92 Woltmann, S. 26–29; Feldenkirchen, S. 209 und 233.
93 Zur Arbeitsteilung der beiden Walzwerke Oberhausen und Neu-Oberhausen sowie zu Ausbauplänen 1872 siehe: Osann, S. 437–446; RWWA 130-20001/36.
94 Junkers, S. 88; Feldenkirchen, S. 144; Franz Haniel & Cie GmbH, Haniel 1756–2006, S. 156.
95 Woltmann, S. 28; Fröhlich, S. 88 und 101–123; Osann, S. 501–507; Herzog Synoptik, S. 30–33.
96 Büchner, S. 19; Woltmann, S. 28.
97 Welskopp, S. 254 f.; Junkers, S. 37.
98 Ausführlich zu den Koordinationsprobleme der verschiedenen Betriebsteile und deren ökonomischen Folgen mit Beispielen auch zur GHH: Kleinschmidt, S. 40 f.
99 Wengenroth, S. 101 f. und 148; Kleinschmidt, S. 40 f.; Junkers, S. 291.
100 Feldenkirchen, S. 51.
101 Zum Werksverkehr, den Hafenanlagen, den Nebenbetrieben (Kalkgruben, Steinfabriken etc.) sowie der Wasser- und Energieversorgung siehe ausführlich: Woltmann, S. 35 und 48; Fröhlich, S. 88 und 146–164; Büchner, S. 21; Heike, S, 217 f.
102 Feldenkirchen, S. 50, 210 und 212.
103 Büchner, S. 19.
104 Junkers, S. 179.
105 Kleinschmidt, S. 46.
106 Zum Engagement der GHH in der Zolldiskussion der 1870er Jahre siehe: Woltmann, S. 30 ff. Zur englischen Konkurrenz bei Bessemerroheisen vgl. Wengenroth, S. 111–115.
107 Zu den frühen Absprachen, z. B. mit der Friedrich-Wilhelm-Hütte Mülheim seit den 1830 und 1840er Jahren, siehe: Woltmann, S. 14, 17 und 23.
108 Zu den einzelnen Kartellen mit GHH-Beteiligung bzw. den Verbänden, denen das

Oberhausener Unternehmen angehörte, siehe James, S. 129–130; Wengenroth, S. 115, 138, 143 und 162.

109 Siehe z. B. den Vergleich der Selbstkosten bei der Schienenproduktion mit den Rheinischen Stahlwerken 1876. RWWA 130-3001090/4.

110 Vgl. Kleinschmidt, S. 44 f.

111 So sank durch das Aufkommen neuer Konkurrenzwerke der JHH-Anteil an der Roheisenproduktion des Oberbergamtsbezirks Dortmund von 20,8 % 1858 auf 12,9 % 1870 und der Anteil an der Stabeisenerzeugung von 14,2 % 1861 auf 10,8 % 1870. Feldenkirchen, S. 28, 30, 33 und 47.

112 Siehe Woltmann, S. 46–47; Franz Haniel & Cie GmbH, Haniel 1756–2006, S. 171.

113 RWWA 130/20001/37.

114 Fröhlich, S. 124–140.

115 1908 existierten sechs eigenständige Abteilungen in Sterkrade: Eisengießerei, Stahlformgießerei, Hammerschmiede mit Presswerk, Kesselschmiede, Mechanische Werkstätten und Brückenbau. Zu diesen Betriebsstätten siehe: Fröhlich, S. 124–140; O. V., Chronik Brückenbau, S. 1–14; Osann, S. 437–446.

116 Fröhlich, S. 124–140.

117 Fröhlich, S. 124–140.

118 Zu den zahlreichen technischen Einzelverbesserungen siehe Fröhlich, S. 124–140; Herzog Synoptik, S. 29, 32, 33, und 34; Koch, S. 26–46.

119 Stein, S. 135.

120 Stein, S. 43, 52 f., 57 und 60. Herzog Synoptik, S., 27–30 und 35.

121 Stein, S. 85.

122 Stein, S. 90, 97, 117 und 136; Herzog Synoptik, S. 27–30 und 35.

123 Stein, S. 100.

124 Weitere Aufträge gingen nach Holland, Rumänien, Griechenland, China und die Schweiz. Stein, S. 118.

125 Zu weiteren Brückenbauaufträgen siehe: O. V., Chronik Brückenbau, S. 10 f.; Stein, S. 126–135.

126 Fröhlich, S. 124–145; Stein, S. 135; Franz Haniel & Cie GmbH, Haniel 1756–2006, S. 153; O. V., Chronik Brückenbau S. 10 f.; Herzog Synoptik, S. 27–30; Feldenkirchen, S. 220.

127 Die GHH lieferte Hochbauten bis nach Übersee (China, Südafrika, Argentinien, Japan und a.). O. V., Chronik Brückenbau, S. 10 f.

128 Woltmann, S. 41; Fröhlich, S. 124–145; Büchner, S. 19 und 22; O. V., Chronik Brückenbau, S. 10 ff.; Herzog Synoptik, S. 27–30.

129 Nur wenige Eisenunternehmen an der Ruhr (u. a. Dortmunder Union, Bochumer Verein) hatten sich wie die GHH vor 1900 Maschinenbau oder andere eisenverbrauchende Weiterverarbeiter angegliedert. Feldenkirchen, S. 214 und 219. Zu den Daten siehe: Tabelle 1 im Anhang; Stein, S. 80 ff.; Woltmann, Tafel XXX.

130 Zur Einführung der Lehrlingsausbildung ab den 1890er Jahren als Teil der Arbeiterpolitik siehe: Adelmann, S. 507 und 508 ff.; Kleinschmidt, S. 87; Harney, S. 18 f. Siehe ansonsten zur Rekrutierung von Facharbeitern und Technikern: Bongartz, Berufsqualifikation, S. 29–63.

131 Woltmann, S. 60 und Tafel XXIII; Welskopp, S. 364 ff.

132 Zur GHH-Krankenversicherung und ihren Leistungen sowie zur Pensions- und Unterstützungskasse, die 1885 von der Krankenversicherung getrennt wurde, siehe ausführlich: Adelmann, S. 550–559; Woltmann, S. 60 und Tafel XXIII sowie S. 166–174;

BKK M.A.N-GHH-Sterkrade, S. 39–46; Hilger, S. 138, 145, 150 und 251; Pütz-Majer, S. 183 f., 225, 241 f., 244 ff. und 250 ff.; Franz Haniel & Cie GmbH, Haniel 1756–2006, S. 152 und 378.

133 Zu diesen verschiedenen Sozialleistungen existiert eine ausführliche Literatur: Adelmann, S. 512, 526 und 529; Joest, S. 122, 124 und 126; Woltmann, S. 60 und Tafel XXIII; Fröhlich, S. 166–174; Franz Haniel & Cie GmbH, Haniel 1756–2006, S. 152; Hilger, S. 168 ff. und 210–212; Pütz-Majer, S. 186, 190, 206, 211–214, 219, 256–259 und 307.

134 Zur Kinderförderung vgl.: Adelmann, S. 560–566; Joest, S. 128; Woltmann, S. 60; Fröhlich, S. 166–174; Franz Haniel & Cie GmbH, Haniel 1756–2006, S. 152–153 und 177; Hilger, S. 230–247 und 255; Pütz-Majer, S. 152–157, 165–175, 197 und 228.

135 Adelmann, S. 565; Joest, S. 128; Woltmann, S. 60; Fröhlich, S. 166–174; Hilger, S. 243 ff.; Pütz-Majer, S. 191 f. und 148.

136 Adelmann, S. 521 ff.

137 Adelmann, S. 521 ff.; Woltmann, S. 60; Fröhlich, S. 166–174 sowie Tafel XXI; Pütz-Majer, S. 278.

138 Adelmann, S. 216 und 521 ff.; Hilger, S. 192 und 199 ff.; Pütz-Majer, S. 282 und 297 ff.; Joest, S. 82 und 84.

139 Adelmann, S. 521 ff.

140 Adelmann, S. 521–525; Hilger, S. 186.

141 Joest, S. 81 und 83.

142 Dem Unternehmen dienten die Werkswohnungen aber auch dazu, die starke Fluktuation unter den Mitarbeitern zu senken und sich – besonders auf den neuen Zechen – eine Stammbelegschaft heranzubilden. Zu den hohen Fluktuationen von bis zu 300 %, die im Durchschnitt meist um 100 % schwankten, siehe Pütz-Majer, S. 289–292; Adelmann, S. 219.

143 Joest, S. 85; Hilger, S. 187; Adelmann, S. 265.

144 Zum Verhältnis zwischen GHH und Belegschaft sowie den Streiks und den Disziplinierungsversuchen des Unternehmens, u. a. durch die Gründung des Werksvereins 1912, siehe: Adelmann, S. 474–492; Harney, S. 15; Welskopp, S. 322; Hilger, S. 258 und 266–271; Adelmann, S. 240, 241, 251 und 514–518; Joest, S. 118; Deutscher Metallarbeiter-Verband, S. 470, 489, 502 und 519; Schulz, Vorgeschichte, S. 165–180; Mogs, S. 128–137 und 151–158.

145 Der durchschnittliche Jahreslohn wurde errechnet aufgrund der Angaben in Tabelle 1 im Anhang und Woltmann, Tafel XXII. Zum Vergleich der GHH-Löhne siehe: Feldenkirchen, S. 53; Kleinschmidt, S. 82; Deutscher Metallarbeiterverband, S. 306 und 334–384.

146 Wellhöner, S. 93.

147 Kleinschmidt, S. 40 f.

148 Kleinschmidt, S. 40 f.

149 Wellhöner, S. 91, 97 und 105–106.

4 Anfänge des Konzerns 1908–1921

1 Irreführend sind die Ausführungen von James, S. 198, nach denen die Amtsführung von Luegs Nachfolger Jacobi und Ziegler als Vorstandsvorsitzende Perioden des Stillstands waren.

2 Zu Mehner, der bis 1920 den GHH-Bergbau leitete, siehe Schulz, Vorgeschichte, S. 91 und 99.

3 Dem Vorstand gehörten bis 1918 weiter an: Wilhelm Häbisch (1909–1912), Arnold Woltmann (1910–1925), Hermann Boecker (1912–1927) und Otto Wedemeyer (1913–1932). Woltmann war für die Arbeiterpolitik und allgemeine Angelegenheiten, Boecker für die 1912 erworbene Werksabteilung Gelsenkirchen und Wedemeyer für die Sterkrader Betriebe zuständig. Büchner, S. 166–167; Maschke, S. 188 und 09.

4 Nach dem Tod von Franz Haniel junior 1916 übernahm August Haniel, ein Sohn von Alphons Haniel den Aufsichtsratsvorsitz. Reusch kooperierte mit August Haniel ebenfalls gut.

5 Der Sohn des Hüttendirektors Hermann Reusch hatte nach dem Studium bei den Jenbacher Berg- und Hüttenwerken, bei der Firma Ganz & Co Elektrizitäts-Maschinen-, Waggon- und Schiffs AG in Budapest und bei den Witkowitzer Bergbau- und Eisenhüttengewerkschaft in mährischen Ostrau gearbeitet, bevor er als Direktor bei der Friedrich-Wilhelms Hütte in Mülheim an der Ruhr eintrat. Zu den beruflichen Stationen Paul Reusch (1868–1956) siehe ausführlich: Maschke, Konzern, S. 32–59; Joest, S. 134–139. Zu Reusch siehe auch: Marx, Netzwerkhandeln, S. 17–23.

6 1917 wurde das Aktienkapital um zehn Mio. auf 40 Mio. Mark erhöht, wobei die Aktionäre Ausschüttungen sofort wieder als Barauszahlungen ins Unternehmen einbrachten. Außerdem wurde 1907 eine weitere fünfprozentige Anleihe in Höhe von 16 Mio. Mark aufgelegt, von der zunächst nur acht Mio. den Aktionären zur Zeichnung vorgelegt wurden. 1912 folgten die restlichen acht Mio. Mark und 1913 wurde abermals eine Anleihe über zwölf Mio. Mark herausgebracht, die wiederum nur von den Aktionären und einigen Werksdirektoren gezeichnet werden durfte. Mittelstaedt, Finanzgebahrung, S. 8 und 15 ff.

7 Die Hauptverwaltung wuchs bis 1914 auf 23 Abteilungen mit über 200 Mitarbeitern an. Bongartz, Unternehmensleitung, S. 109 f.

8 Anders als beim Bessemer- und Thomasverfahren wurde das Roheisen beim Siemens-Martin-Verfahren in einem Herd gefrischt. Die dafür nötige Hitze wurde durch ein Gas-Luft-Gemisch erreicht, das das Roheisen – anders als im Puddelprozess – flüssig werden ließ. Durch den genauen Einsatz bestimmter Roheisensorten und Zusätze ließ sich das Verfahren gut steuern und so auch gewünschte Stahlsorten gezielt herstellen. Büchner, S. 31; Banken Take-Off, S. 391.

9 Schulz, Vorgeschichte, S. 91; Büchner, S. 27.

10 Büchner, S. 33; O. V., Chronik Brückenbau, S. 1–13.

11 Stein, S. 123–127; Büchner, S. 36–40.

12 Allgemein zum Erwerb der Erzfelder durch die GHH und auch deren erfolglose Kaufbestrebungen in Schweden, im Kaukasus und in Brasilien, siehe Szymanski, S. 6; Maschke, S. 75–82; Büchner, S. 27 f.; Feldmann, Stinnes, S. 357; van de Kerkhof, S. 153 f. und 157.

13 Speziell zum GHH-Vorhaben ein Roheisen- und Stahlwerk in Lothringen zu errichten sowie dem Ausbau der dortigen Erzförderung siehe: Nievelstein, S. 186 ff.

14 Szymanski T. I, S. 9 f.; Nievelstein, S. 186 ff.

15 Szymanski, T. I, S. 3–17. Vgl. auch van de Kerkhof, S. 143.

16 Siehe zur Herkunft der verhütteten Erze: Szymanski T. I, S. 29 ff.

17 Maschke, S. 76.

18 Einen Überblick über die Kartelle der Ruhrindustrie bis zum Ersten Weltkrieg bietet: Feldenkirchen, S. 110–124.

19 Zum Stahlwerksverband und den Daten siehe: Feldenkirchen, S. 120–121; van de Kerkhof, S. 179 und 180; Banken Take off, S. 471.

20 Zum Erwerb des Drahtwerks Boecker & Comp. vgl: Szymanski T. III, S. 12–19; Büchner, S. 35; Maschke, S. 83–90.

21 Zum Kauf des Altenhundemer Walz- und Hammerwerk GmbH ausführlich: Szymanski T. III, S. 44 ff.; Büchner, S. 54; Maschke, S. 90–96.

22 Anders als erwartet lieferte Oberhausen keinen Rohdraht nach Gelsenkirchen, das aus GHH-Rohstahlhalbzeug der GHH selbst groben Walzdraht herstellte, so dass für die Belieferung von Osnabrück genügend Kapazitäten frei waren. Zum Erwerb der Osnabrücker Kupfer- und Drahtwerks AG: Szymanski T. III, S. 18–29; Büchner, S. 93 f.; Maschke, S. 96–99.

23 Zu den Daten siehe Szymanski, T. III, S. 12–29 und 44 ff. sowie Tabelle 1 im Anhang.

24 Zu dieser impliziten Legendenbildung über Reuschs frühe Vorstellung eines diversifizierten Konzerns siehe: Maschke, S. 59–78 und 75–121. Sowohl James, S. 197–203, als auch Joest, S. 134–139, folgen Maschkes Beschreibung.

25 Zum Geschichte des RWKS siehe den Überblick bei: Feldenkirchen, S. 112–117.

26 Da die Hütten die überschüssigen Kohlen vor allem bei schlechter Konjunktur mit niedrigen Preisen abverkauften, drängte das RWKS die Hüttenzechen zum Beitritt ins RWKS. Szymanski T. II, S. 9–19; Schulz, Vorgeschichte, S. 130–135; Büchner, S. 29 f.; Maschke, S. 99.

27 Die harte Verhandlungsstrategie Scheidtweilers, der eine hohe Kohlenförderquote für die GHH als zweitgrößtem Bergwerksbesitzer im Ruhrgebiet erzwang, führte fast dazu, dass die Erneuerung des RWKS 1903 beinahe scheiterte. Feldmann, Stinnes, S. 57; Feldenkirchen, S. 115–116; Schulz, Vorgeschichte, S. 133.

28 Büchner, S. 29 f.; Maschke, S. 99–106; RWWA 130-30002/1.

29 Das Konzessionsfeld wurde abermals geteilt, um für abermalige Verhandlungen mit dem RWKS ein weiteres Kohlenfeld in Reserve zu haben, wo die GHH die Förderung syndikatsfreier Kohle aufnehmen konnte. Maschke, S. 100 f.

30 Zu den Überlegungen siehe: RWWA 130-30002/1.

31 Maschke, S. 101.

32 Maschke, S. 103–105; James, S. 214 f.; Szymanski T. II, S. 19–33; O. V., Franz Haniel & Cie GmbH, Haniel 1756–2006, S. 194–196; Büchner, S. 49 f.

33 Szymanski T. II, S. 22; O. V., Franz Haniel & Cie GmbH, Haniel 1756–2006, S. 195. Zu den Beteiligungen der Familie Haniel an den drei Kohlenzechen Zollverein, Rheinpreußen und Neumühl, siehe O. V.,: Franz Haniel & Cie GmbH, Haniel 1756–2006, S. 194–203.

34 Die Pacht des Unternehmens wurde 1917 wegen der hohen Kriegssteuern einem Kauf vorgezogen. Maschke, S. 102; O. V., Franz Haniel & Cie GmbH, Haniel 1756–2006, S. 195.

35 Johann W. Welker (1870–1962) wurde nach einer Kaufmannslehre in einer Bochumer Kohlengroßhandlung 1894 Mitarbeiter der Kohlengroßhandlung und Reederei Piepmeyer & Oppenhorst in Frankfurt am Main, für die er eine Zweigniederlassung in Duisburg aufbaute. Als deren Leiter wurde er Teilhaber von Piepmeyer & Oppenhorst und übernahm 1917 als Generaldirektor die Leitung der neu gegründeten Franz Haniel & Cie GmbH. O. V., Franz Haniel & Cie GmbH, Haniel 1756–2006, S. 198.

36 Das Anlagevermögen der neuen Firma umfasste 24,3 Mio. Mark. Maschke, S. 103–106; Szymanski T. II, S. 17–22.

37 Den Schiffspark der Firma T. Schürmann Söhne veräußerte man allerdings sofort an die Vereinigungs-Gesellschaft Rheinischer Braunkohlenwerke weiter. Maschke, S. 105.
38 Zwar wurden einige Stahlunterunternehmen, darunter auch die GHH, vor dem Krieg von der Regierung über den Fall einer Mobilmachung befragt, doch waren die Unternehmen nicht wirklich vorbereitet. Siehe hierzu und zur Mobilmachung sowie zur kriegswirtschaftlichen Organisation: van der Kerkhof, S. 211 und 213.
39 Schulz, Vorgeschichte, S. 92.
40 Zu den Daten siehe Tabelle 1 im Anhang.
41 Büchner, S. 57.
42 Als Hindenburgprogramm wurde das Rüstungsprogramm der dritten Obersten Heeresleitung während des Ersten Weltkriegs aus dem Jahre 1916 genannt. Zur daraufhin erfolgten Umstellung auf die Geschossproduktion und die Lieferungsverträge der GHH mit dem preußischen Kriegsministerium siehe: Büchner, S. 56.
43 Büchner, S. 56 ff.
44 O. V., Chronik Brückenbau, S. 14–41; Büchner, S. 44 und 52 f.
45 O. V., Chronik Brückenbau, S. 38–41; Büchner, S. 56.
46 Zu den Daten für die Roheisen- und Stahlproduktion siehe Tabelle 1 im Anhang. Vgl. auch Büchner, S. 53.
47 Stein, S. 140–148; O. V., Aus den Kriegserinnerungen des Brückenbaus, S. 3; Büchner, S. 52 und 55.
48 O. V., Chronik Brückenbau, S. 38–41; Büchner, S. 52.
49 Zum Minettebezug der GHH, die auch aus dem besetzten Französisch-Lothringen Erze bezog, siehe: van de Kerkhof, S. 301 f.; Büchner, S. 44, 47 f. und 51; Nievelstein, S. 239–248.
50 Als Ersatz für die ausländischen Manganerze wurden die Erze aus den Gruben Vahlbergerzug und Reichensteinerberg sowie aus bereits stillgelegten Gruben in Hessen, an der Wied und im Lahn-Dill-Revier bezogen. Aufgrund des Manganmangels in der deutschen Eisenindustrie veräußerte die GHH manganhaltiges Roheisen auch an andere Werke. Büchner, S. 47 und 51.
51 Zu den Anordnungen des Reichskohlenkommissars und Einschränkungen des Industrieverbrauches siehe: Büchner, S. 44.
52 So wurden z. B. bei der Förderung unter Tage Pferde durch Druckluftloks ersetzt. Büchner, S. 48.
53 Büchner, S. 19, 48 und 51.
54 Deshalb verbrauchte die GHH trotz einer niedrigeren Produktion 1917/1918 sogar mehr Kohlen als vor Kriegsausbruch. Büchner, S. 50 und 59.
55 Nachdem die Roheisenproduktion im Februar 1915 nur noch 50 % der Friedenserzeugung betragen hatte, ermöglichte die vermehrte Nachfrage der Heeresleitung das schrittweise Anblasen aller Hochöfen bis 1917. Büchner, S. 44 f. und 51.
56 Da die Heeresleitung nur Martinstahlgranaten orderte, steigerte das Unternehmen allein die Produktion von Martinstahl und vergrößert 1917 das Martinwerk II, während die Erzeugung von Thomasstahl sank. Büchner, S. 45 und 52.
57 Büchner, S. 58.
58 Einzig im Werk Gelsenkirchen wurden bereits 1914 Frauen in der Seilerei eingestellt. Büchner, S. 61.
59 Zahlen nach Büchner, S. 63. In den Zahlen für die Belgier im Walzwerk Oberhausen

sind auch 32 weibliche Belgier enthalten. Gleiches gilt zudem für die 2025 Kriegsgefangenen der Sterkrader Betriebe bzw. den 89 Griechen der Eisenhütte Oberhausen, unter denen sich auch zwangsrekrutierte Belgier bzw. Arbeiter russischer Nationalität befanden. Die Kriegsgefangenen im Walzwerk Oberhausen stammten aus Frankreich (142 Arbeiter), Ukraine (21), Russland (102), England (41), Belgien (9), Italien (13) und Portugal (32).

60 Die schlechte Verpflegungslage ist – anders als im Zweiten Weltkrieg – weniger auf eine von den Behörden vorgegebene Diskriminierungspolitik denn auf die insgesamt schlechte Versorgungslage der arbeitenden Bevölkerung zurückzuführen. Bezeichnenderweise hieß es in einer GHH-Mitteilung an die deutsche Belegschaft vom 13. März 1915: «Wir haben das Vertrauen zu unseren Angestellten und Arbeitern, dass sie gegen über den gefangenen Feinden die einem Deutschen geziemende Haltung beobachten, sich also einerseits jeder Vertraulichkeit, andererseits aber auch jeder Verhöhnung und Beleidigung enthalten. Jeder Verkehr, der nicht streng dienstlich ist, ist zu vermeiden …» Vgl.: Büchner, S. 62 und 65.

61 Büchner, S. 61–64.

62 Obgleich die Gesamtbeschäftigung sogar auf 42 842 1917 anstieg, gelang es in den meisten Werken trotzdem nicht, die Produktion auf die Höhe von 1913/1914 zu steigern. Siehe zu den Daten Tabelle 1 im Anhang.

63 Büchner, S. 62 und 65.

64 So erhielten z. B. die Familien der Kriegsteilnehmer weiterhin Krankenkassenleistungen, Unterstützungen bei Arbeitsunfähigkeit und Tod der Soldaten sowie Schulgeld, Mietermäßigungen oder die Abgabe von Kohlen zu ermäßigten Preisen. Pütz-Majer, S. 269; Hilger, S. 245 ff.; Büchner, S. 65 f.; RWWA 130/3001/000/0.

65 Pütz-Majer, S. 207; Büchner, S. 67.

66 Büchner, S. 66 ff.

67 Die Unternehmensausgaben für die betriebliche Sozialpolitik vervierfachten sich bis auf 12,4 Mio. Mark 1917/1918. Büchner, S. 68. Zu den Streiks vgl.: Schulz, Vorgeschichte, S. 176–180.

68 Bis dahin hatte sich die GHH in Fragen der Kriegsziele oder der Rüstungspreise stets auf Regierungslinie bewegt. Wie die Regierung befürwortete Reusch als Kriegsziel 1916 eine Absicherung der in der Normandie und in Lothringen erworbenen Besitzungen der GHH. Darüber hinaus vertrat er, die Ansicht, dass im Osten, in Polen und in Russland, keine Gebietserweiterungen erfolgen sollten, da diese auf den Widerstand der dortigen Bevölkerung stoßen würden. Da England, Frankreich und Belgien die Deutschen von vornherein «hassen» würden, könnte man ruhig das französische Elsass-Lothringen annektieren, solle sich mit Russland aber verständigen. Siehe hierzu: van de Kerkhof, S. 66. Auch bei Preisfragen stand Reusch eher auf Regierungslinie und in Gegensatz zu anderen Eisenindustriellen, da er große Bedenken über die steigenden Preise für Industrieprodukte hegte und einen «Eingriff der Regierung», d. h. die Festsetzung von Höchstpreisen für Eisen- und Stahlprodukte fürchtete. So schrieb er im Mai 1916: «Ich habe in der letzten Stahlwerks-Verbands-Sitzung vergeblich gegen die beschlossene Preiserhöhung gekämpft, weil ich voraussah, dass eine solche Erhöhung sofort zur Folge haben würde. … Ich habe keine Lust, die Verantwortung für die Folgen einer Preispolitik wie sie in der letzten Zeit unsere kurzsichtigen Industriellen treiben, mit zu übernehmen.» Feldman, Armee, S. 65 f.; Feldman, Homburg, S. 200 ff. Siehe zur GHH-Beteiligung an drei Kriegsgesellschaften, die 1916

zum Zwecke der wirtschaftlichen Durchdringung Belgiens errichtet wurden: Hatke, S. 67, 72, 82, 87, 107 ff., 131 und 158.

69 Zur Denkschrift vom 17. März 1918 siehe Maschke, S. 110.

70 Zur Zusammenarbeit von Reusch, z. B. als Mitglied im Beirat des Kriegsernährungsamtes bzw. im Beirat für Eisen- und Manganerze, Schlacken, Abbrände und Schwefelkiese vgl.: van de Kerkhof, S. 41, 378 und 420.

71 Maschke, S. 110.

72 Zur Denkschrift vom 17. März 1918 siehe Maschke, S. 93. Vgl. auch die ähnlichen Überlegungen des Vorstandsmitglied Wedemeyer zur Auslastung der Brückenbauabteilung durch Schiffswerftaufträge in: Maschke, S. 109 f.

Zweiter Teil
Die M.A.N.: Vorgeschichte, Entstehung und Aufstieg (1840–1920)

1 Die Anfänge in Augsburg: Die Sander'sche und die C. Reichenbach'sche Maschinenfabrik

1 Konzessionsurkunde für Ludwig Sander, 13. 11. 1840, MAN-HA A 1.2.1.

2 Zu den Anfängen der Industrialisierung in Augsburg siehe Fassl, Konfession, S. 213–306; ders., Wirtschaftsgeschichte, S. 592 ff.; Grassmann, Entwicklung; Roeck, Geschichte, S. 161 ff.; Zorn, Augsburg, S. 333 ff.

3 Vgl. Fassl, Konfession, S. 247 ff., S 262 ff. u. S. 437.

4 Johann Friedrich von Cotta, der u. a. Goethes Faust verlegte und mit Schiller befreundet war, hatte die Zeitung 1798 in Tübingen gegründet. Nachdem sie in Württemberg verboten worden war, erschien die *Allgemeine Zeitung* seit 1810 in Augsburg. 1882 wurde die Redaktion nach München verlegt. 1959 entstand in Augsburg wieder eine Zeitung mit diesem Namen, die heutige *Augsburger Allgemeine*.

5 Fassl, Konfession, S. 229 f.

6 Die Maschinenfabrik sollte an den ältesten Sohn Julius übergehen, die Baumwollspinnerei am Stadtbach an den zweiten Sohn Theodor. Beide Söhne überlebten ihren Vater nicht.

7 Schmiz, Entwicklung, S. 12.

8 Zur Biografie Sanders: Ludwig Sander, MAN-HA A 1.2.1; Laufbahn und Leistungen Ludwig Sander's, ebd.; Familienbogen Ludwig Sander, MAN-HA A 1.2. Vgl. ferner Fassl, Konfession, v. a. S. 232 u. S. 259; Schmiz, Entwicklung, S. 13 ff. Originalunterlagen Sanders sind nicht überliefert. Die Aussagen stützen sich daher weitgehend auf zeitgenössische Veröffentlichungen und auf spätere Manuskripte, deren Angaben nicht mehr nachprüfbar sind. Aus Anfragen des Historischen Archivs der MAN beim Stadtarchiv Augsburg und beim Augsburger Standesamt geht hervor, dass der Geburtsort Ludwig Sanders Bad Kreuznach war und nicht, wie früher vermutet, das in der Nähe von Bad Kreuznach gelegene Sprendlingen. Notiz Hist. Archiv, Wittmann, betr. Geburtsort Ludwig Sanders vom 27. 6. 1990, MAN-HA A 1.2.1.

9 Fassl, Konfession, S. 232.

10 Schmiz, Entwicklung, S. 16 f. Als 1848 das bayerische Handelsministerium neu besetzt wurde, erkundigte sich König Maximilian II. u. a. nach Ludwig Sander. Handelsminister wurde dann aber Graf Bray von Steinberg. Mit List war Sander befreundet. List schrieb damals in Augsburg den ersten Band seines Hauptwerks «Das nationale System der politischen Ökonomie». Schmiz, Entwicklung, S. 16 f.

11 Vgl. Fassl, Konfession, S. 232. Nach einem Gästebuch Sanders, das Fassl auswerten konnte, hatte die Familie einmal im Jahr die gesamte Führungsschicht Augsburgs, etwa 200–280 Personen bei sich zu Gast.

12 Oswald, Dollfus; Ms. Jean Gaspard Dollfus (Johann Kaspar Dollfus), 8. 3. 1941, MAN-HA A 1.2.1.; Schmiz, Entwicklung, S. 18 ff. Ein Verwandter von Gaspard Dollfus, Daniel Dollfus, hatte 1800 in Mülhausen die Textilfabrik Dollfus, Mieg & Co. gegründet. Daniel Dollfus' Tochter war mit dem Unternehmer André Koechlin verheiratet.

13 Brandt an Oswald, 26. 11. 1966, Staatsarchiv Basel, Nachlass Gaspard Dollfus, P A 765 III. Ein Exemplar der von Koechlin an die SWA gelieferten mechanischen Webstühle befindet sich heute im Deutschen Museum in München (Inv.-Nr. 1907/12315).

14 Laufbahn und Leistungen Ludwig Sander's, MAN-HA 1.2.1.

15 Konzessionsurkunde für Ludwig Sander, 13. 11. 1840, ebd.

16 Jean Gaspard Dollfus – Laufbahn und Leistungen, S. 6 f., ebd.

17 Schmiz, Entwicklung, S. 39 (unter Verweis auf: MAN-HA A 1.1 Dokumentensammlung).

18 Empfehlung der Maschinenfabrik in Augsburg, gez. G. Dollfus, 8. 3. 1941 (Kopie), MAN-HA A 1.1.1.

19 Schmiz, Entwicklung, S. 41.

20 Arbeiterzahlen Werk Augsburg, MAN-HA A 2.2.1.1–4a.

21 Vgl. Hesse, Karl (August) Reichenbach, S. 232. Zur Beschäftigtenentwicklung: Rupieper, Arbeiter, S. 257.

22 Circular von G. Dollfus, 7. 2. 1844, MAN-HA, A 1.1.1.

23 Oswald, Dollfus, S. 26 f.

24 Ebd., S. 27. Riedinger war mit Dollfus gut bekannt, da er 1838 bei der Firma Koechlin in Mülhausen ein halbes Jahr lang für seine Tätigkeit bei der SWA eingearbeitet worden war. Fassl, Konfession, S. 253.

25 Basler Nachrichten vom 27. 4. 1889, Staatsarchiv Basel, Nachlass Gaspard Dollfus, PA 765 I. Zu Dollfus Tätigkeit nach 1844 vgl. auch Jean Gaspard Dollfus, Laufbahn und Leistungen, S. 3, MAN-HA A 1.2.1.

26 Zum Verkauf des Unternehmens an Buz und Reichenbach siehe unten. Zur Gründung der Baumwollspinnerei: Sander an Mechanische Baumwollspinnerei und Weberei Augsburg, 11. 7. 1846 (Abschrift), MAN-HA 1.1.1.

27 Fischer an Foth vom 6. 1. 1940, MAN-HA A 1.2.1. Die beiden Söhne Sanders lebten zu dieser Zeit nicht mehr.

28 Zur Biografie Carl Reichenbachs vgl. Hesse, Karl (August) Reichenbach; ders., Carl August Reichenbach und der Beginn des Druckmaschinenbaus in Augsburg, in: Helmut Gier/Johannes Janota (Hg.), Augsburger Buchdruck und Verlagswesen, Wiesbaden 1997, S. 1081–1100; Karl August Reichenbach, MAN-HA A 1.2.1. Zu Friedrich Koenig (1774–1833) und den Anfängen von Koenig & Bauer: Friedrich Kaschichke, Friedrich Koenig. Erfinder der Druckmaschine und Vollender der Gutenbergschen Druckkunst, Würzburg 1999; 175 Jahre Koenig & Bauer, Würzburg 1992.

29 Hesse, Karl (August) Reichenbach, S. 223 ff. u. S. 226 ff. Das Augsburger Tagblatt war ein eher kleines Lokalblatt, das nicht mit der berühmten Allgemeinen Zeitung des Cotta-Verlags konkurrierte. Vermutlich konnte Reichenbach deshalb auch als Besitzer dieser Zeitung noch bei Cotta tätig sein.

30 Zur Biografie von Carl Buz: Buz, Carl (Lebenslauf), MAN-HA A 1.2.; Zum 150. Geburtstag von Carl Buz, 17. 3. 1953 (Darstellung des MAN-Archivs für die Werkzei-

tung), ebd.; Erich von Kurzel-Runtscheiner, Heinrich Ritter von Buz. Ein Führer der süddeutschen Industrie, S. 2 ff. (Ms. o. J.), ebd.

31 Conceßsions-Urkunde für Carl Reichenbach vom 18. 9. 1844, MAN-HA 1.1. Dokumente.

32 Rupieper, Arbeiter, S. 257.

33 Geschäftsempfehlung der Reichenbachschen Maschinenfabrik vom Oktober 1844. Schmiz, Entwicklung, Anlage 5. Vgl. hierzu auch Hesse, Carl August Reichenbach, S. 1090.

34 Hesse, Carl August Reichenbach, S. 1091.

35 150 Jahre Druckmaschinenbau, S. 10. Die Buchdruckerei Hartmann kaufte damals die erste Schnellpresse der Reichenbach'schen Maschinenfabrik für 2800 fl. Die Druckmaschine überlebte die Buchdruckerei und wurde 1955, 110 Jahre nach ihrem Bau, vom Nachfolgeunternehmen Buchdruckerei Himmer in Unkenntnis des historischen Werts verschrottet. MAN-Werkarchiv Augsburg, Kurzgeschichte der Buchdruckerei Hartmann, an die wir 1845 unsere erste Schnellpresse verkauften, 15. 4. 1970, MAN-HA A 3.35.1.2/8.

36 Schmiz, Entwicklung, Anlage 6 (Lieferung von Schnellpressen 1845–1850).

37 Auszug aus dem Katalog der Weltausstellung London 1851, S. 1103, MAN-Archiv, 1.3.9.3

38 150 Jahre Druckmaschinenbau, S. 10 f.

39 Lieferungen von 1844–31. 12. 1860 lt. Verkaufsbüchern, MAN-HA A 1.5.0.

40 Christian Fischer, Dampfmaschinenbau, Ms. 4. 7. 1940, S. 4 ff., MAN-HA A 3.32; Schmitz, Entwicklung, S. 63 ff.

41 Brücken, 22. 8. 1939 (mit Auszügen aus Ausschussprotokollen der Jahre 1858/59), MAN-HA A 3.32; Aktennotiz Besprechung mit Herrn Bauamtmann Wittenzeller am 26. 8. 1938 betr. 100 Jahre Werkgeschichte, ebd. Schon 1848 hatte die Reichenbach'sche Maschinenfabrik innerhalb der Stadt Augsburg eine kleine gusseiserne Brücke zur Überführung des Brunnenbaches über den Stadtbach gebaut.

42 Kaufbrief ad 70 000 fl. vom 31. 12. 1855, MAN-HA A 1.1.1; Zum 150. Geburtstag von Carl Buz, 17. 3. 1953, ebd. 1.2. Nach Einführung der Mark (1871) entsprach 1 süddeutscher Gulden (fl.) 1,73 Mark. Strößner, Fusion, S. 98.

43 Kaufs-Vertrag, 1. 12. 1857, MAN-HA A 1.1., Dokumentensammlung, Handakt 2 (auch in: ebd., A 1.1.2); Karl August Reichenbach (Ms. o. D.), S. 6, MAN-HA A 1.2.1.

44 Die ersten Aktionäre der Maschinenfabrik Augsburg waren (mit Höhe der nom. Beteiligung in fl.): Samuel Bachmann (5000), Robert Bonnet (15 000), Wilhelm Butz (20 000), Carl Buz (122 000), Heinrich Buz (10 000), Friedrich Betzendörfer (10 000), Carl Engert (5000), Gustav Frommel (10 000), Hugo Frommel (5000), Johann Haag (10 000), Gustav Heim (5000), Albert Hertel (35 000), Georg Kees (20 000), J. Kollmann (1000), Clemens Martini (25 000), J. J. Obermayer (45 000), Max Obermayer (10 000), Daniel Osswald (10 000), Dr. Paur (10 000), Carl Reichenbach (100 000), H. Reichenbach (2000), L. A. Riedinger (90 000), Paul von Stetten (20 000), A. Vogel (5000), Ferdinand Wagenstiel (10 000). Subscriptions-Liste der Herren, welche sich bei der Aktiengesellschaft zur Uebernahme der C. Reichenbach'schen Maschinenfabrik beteiligen., 6. 11. 1857, MAN-HA A 1.1 Dokumentensammlung, Handakt 2; ebd., 1.5.0. Ludwig August Riedinger war von 1844–1852 technischer Direktor der SWA gewesen. Er gründete dann mehrere Spinnwebereien und errichtete in ganz Europa Gasanstalten. 1878 erwarb er auch das bekannte Augsburger Hotel «Drei Mohren»,

das später der M. A. N. gehörte. Fassl, Riedinger. Zu Albert Hertel: Kurzel-Runtscheiner, Heinrich Ritter von Buz, S. 12, MAN-HA A 1.2.

45 Statuten der Aktiengesellschaft Maschinenfabrik Augsburg, MAN-HA A 1.1.2.

46 Mitteilung von Carl Reichenbach und Carl Buz an die Meister, Monteure und Arbeiter der C. Reichenbach'schen Maschinenfabrik vom 10. 10. 1857, MAN-HA A 1.1 Dokumentensammlung, Handakt 2.

47 So die These von Hesse, Karl (August) Reichenbach, S. 242.

48 Erst 1863 hatte Buz für seine Kinder aus zweiter Ehe die Zündhölzchenfabrik Augsburg gekauft. Ein Jahr später beteiligte er sich an der Gründung einer Gesellschaft für Gasindustrie. Kurzel-Runtscheiner, Heinrich von Buz, S. 12, MAN-HA A 1.2.

49 Rupieper, Arbeiter, S. 257.

50 Friedrich Betzendörfer, MAN-HA A 1.2.2.; Rupieper, Arbeiter, S. 36 f.

51 Gustav Bissinger, MAN-HA A 1.2.2; Chr. Fischer, Dampfmaschinenbau, Ms. 4. 7. 1940, S. 10, MAN-HA A 3.32; Rupieper, Arbeiter, S. 36 ff.

52 Rupieper, Arbeiter, S. 72 u. S. 265.

53 Ebd., S. 67 ff.

54 Ebd., S. 36 u. S. 260.

55 Ebd., S. 36 ff.

56 Fassl, Konfession, S. 291 f.

57 Rupieper, Arbeiter, S. 117 f.

58 Weitergehende Vorstellungen der Direktion, die eine Unterstützungskasse für alle arbeitsunfähigen Arbeiter einführen wollte, wurden von der Belegschaft abgelehnt. Die Arbeiter wollten die Versorgung dieser Menschen den Familien und der städtischen Armenfürsorge überlassen, die im Unterschied zu einer betrieblichen Unterstützungskasse zwischen ortsansässigen und nichtsortsansässigen Bedürftigen unterschied. Ebd., S. 131.

59 Fassl, Wirtschaftsgeschichte, S. 603.

2 Der Aufstieg der Maschinenfabrik Augsburg unter Heinrich von Buz

1 Eine Biografie über Heinrich von Buz liegt bislang nicht vor. Einen knappen Überblick gibt Luther, Buz. Vgl. ferner die ältere unveröffentlichte Darstellung von Kurzel-Runtscheiner, Heinrich von Buz, S. 12, MAN-Archiv 1.2.

2 Foth, Chronik, Anlage 8 (MAN-HA).

3 Diese Formulierung stammt angeblich von Werner von Siemens. Sie wurde durch Franz Reuleux Bericht von der Weltausstellung in Philadelphia im Jahr 1877 berühmt. Fischer, Siemens, S. 58.

4 Heinrich Buz war ein Sohn aus der ersten Ehe von Carl Buz mit, Zur Biografie vgl. Luther, Buz; Kurzel-Runtscheiner, Heinrich Ritter von Buz, S. 12, MAN-Archiv 1.2.

5 Zu Ferdinand Redtenbacher vgl. König, Künstler, S. 16 ff.

6 Zitiert nach Büchner, Hundert Jahre, S. 46; vgl auch Kurzel-Runtscheiner, Heinrich Ritter von Buz, S. 12, MAN-HA A 1.2.

7 Büchner, Hundert Jahre, S. 44.

8 Zitiert nach: Kurzel-Runtscheiner, Heinrich Ritter von Buz, S. 23.

9 Droscha, M.A.N., S. 17.

10 150 Jahre Druckmaschinenbau; Vor 100 Jahren. Erste deutsche Rotationsdruckmaschine gebaut von der Maschinenfabrik Augsburg, MAN-HA A 3.35.1.2; Fritz Becker, Ein Jubiläum: 1879 wurde in Augsburg die erste Rotationsmaschine für Illustrations-

druck gebaut, in: Deutscher Drucker vom 22.3.1979 (MAN-HA A 3.35.1.2); The Augsburg Web Press, in: Engineering, Vol. XIV, 11.7.1873, p. 400 (MAN-HA. A 3.35.1.2).

11 Vor 100 Jahren. Erste deutsche Rotationsdruckmaschine gebaut von der Maschinenfabrik Augsburg, MAN-HA A 3.35.1.2.

12 150 Jahre Druckmaschinenbau; 1873–1973. Vor 100 Jahren. Erste deutsche Rotationsdruckmaschine gebaut von der Maschinenfabrik Augsburg, MAN-HA A 3.35.1.2; Fritz Becker, Ein Jubiläum: 1879 wurde in Augsburg die erste Rotationsmaschine für Illustrationsdruck gebaut, in: Deutscher Drucker vom 22.3.1979 (MAN-HA A 3.35.1.2)

13 Zur Biografie Carl von Lindes: Dienel, Linde, S. 35–60; ders., Ingenieure, S. 104 ff. u. S. 141 ff.

14 Dienel, Ingenieure, S. 58 f.

15 Ebd., S. 98 u. S. 105; Dienel, Linde, S. 49 f. Vgl. auch Lindes eigene Darstellung in: Linde, Leben, S. 36. Zu Gabriel Sedlmayr vgl. die Chronik seines Enkels: Sedlmayr, Spatenbrauerei.

16 Buz und Linde hatten sich im Rahmen der Gutachtertätigkeit Lindes kennen gelernt. Dienel, Linde, S. 83.

17 Ebd.

18 Ebd., S. 51 ff.; Dienel, Ingenieure, S. 107 ff.

19 M.A.N., Werk Augsburg, an Technisches Museum für Industrie und Gewerbe Wien, 4.11.1960, MAN-HA A 3.37. Diese Maschine war bis 1908 an ihrem Aufstellungsort in Betrieb und kam dann in das Technische Museum Wien.

20 Aufstellung «Aus Geschäftsbericht» mit den Angaben über die Gesamtverkaufssumme der Maschinenfabrik Augsburg, die Verkaufssumme der Eismaschinen und die Zahl der verkauften Eismaschinen aus den Geschäftsberichten 1876/77–1881/82, o. D., MAN-HA A 3.37; M.A.N., Werk Augsburg, an Technisches Museum für Industrie und Gewerbe Wien, 4.11.1960, ebd. Vgl. hierzu Dienel, Linde, S. 83 ff. In ihrem Geschäftsbericht vom September 1877 gab die Maschinenfabrik Augsburg an, dass für das laufende Geschäftsjahr Bestellungen für Eismaschinen über 208 000 M vorlägen, was etwa einem Viertel aller damaligen Bestellungen entsprach. Büchner, Hundert Jahre, S. 48.

21 Aufstellung «Aus Geschäftsbericht» mit den Angaben über die Gesamtverkaufssumme der Maschinenfabrik Augsburg, die Verkaufssumme der Eismaschinen und die Zahl der verkauften Eismaschinen aus den Geschäftsberichten 1876/77–1881/82, o. D., MAN-HA A 3.37; M.A.N., Werk Augsburg, an Technisches Museum für Industrie und Gewerbe Wien, 4.11.1960, ebd.; Maschinenfabrik Augsburg, Kälte-Erzeugungs-Maschinen System «Linde», Liste der bis Dezember 1894 gelieferten 1000 Maschinen, ebd.

22 Dienel, Linde, S. 83 ff.; ders., Ingenieure, S, 150 ff.

23 Dienel, Linde, S. 60 ff.

24 Ebd., S. 60 u. S. 64. Die Gesellschaft für Lindes Eismaschinen hatte zunächst ein Aktienkapital von 200 000 M. Heinrich von Buz hielt zusammen mit der Maschinenfabrik Augsburg, seinem Schwiegersohn Lucian Vogel und dem Kaufmann Albert Hertel, dem Aufsichtsratsvorsitzenden der Maschinenfabrik Augsburg, eine Beteiligung von 30 000 M.

25 Dienel, Linde, S. 85.

26 Umsätze Werk Augsburg 1898/99–1933/40, MAN-HA A 1.5.0.; Tab. 13 (S. 216).

27 Maschke, Konzern, S. 196 f.

28 Die Linde AG hat im Jahr 2004 ihre Kältetechnik-Sparte an den US-Konzern Carrier verkauft.

29 Rupieper, Arbeiter, S. 257 f.

30 Ebd., S. 257.

31 Bierlein, Finanzgeschichte, S. 2, MAN-HA. Obwohl in Deutschland schon 1873 die Mark als nationale Währung eingeführt worden war, blieb das Aktienkapital noch bis 1911 in der alten süddeutschen Währung, dem Gulden, notiert.

32 Rupieper, Arbeiter, S. 94, S. 112 u. S. 264 f.

33 Foth, Chronik, Anlage 8.

34 Luther, Buz; Soziale Leistungen der MAN, MAN-HA.

35 Die Arbeiter-Hilfskasse zahlte im Krankheitsfall ab dem 56. Tag 20–40 Wochen lang Unterstützungsleistungen aus. Rupieper, Arbeiter, S. 119; Soziale Leistungen der MAN, MAN-HA.

36 Zum Formerstreik von 1869 vgl. Rupieper, Arbeiter, S. 154 f. Mit diesem Streik wurde die Entlassung eines Angestellten erreicht, durch den sich die Gießer ungerecht behandelt fühlten.

37 Meldung der Augsburger Abendzeitung vom 17. 6. 1878, MAN-HA A 2.2.8; Rupieper, Arbeiter, S. 155.

38 Rupieper, Arbeiter, S. 140. Erst 1905 entstand im Augsburger Werk ein so genannter Arbeiterausschuss.

3 Die Maschinenfabrik Augsburg und die Entstehung des Dieselmotors

1 Diesel an Maschinenfabrik Augsburg, 7. 3. 1892, DMA, NL 94, Nr. 13/1.

2 Zur Entstehung des Dieselmotors und zur Biografie Rudolf Diesels vgl. Thomas, Diesel; Schnauffer, Erfindung; ders., Triumpf; Sass, Geschichte; E. Diesel, Diesel (verfasst von einem Sohn des Erfinders). Vgl. ferner Cummins, Engine.

3 Josef Krumper, Einige Lebens-Erinnerungen mit Bezug auf die «Maschinenfabrik Augsburg» in Augsburg und «Werk Augsburg» der Maschinenfabrik Augsburg-Nürnberg A.G., Ms. 1916, S. 59, MAN-HA.

4 Schnauffer, Erfindung, S. 12.

5 Maschinenfabrik Augsburg an Diesel, 2. 4. 1892. Zitiert nach: Schnauffer, Entwicklung, S. 12

6 Buz an Diesel. 2. 4. 1892, DMA, NL 94, Nr. 13/1; Sass, Geschichte, S. 425.

7 Linde an Diesel, 30. 3. 1892, DMA, NL 94, Nr. 13/4. Vgl. Dienel, Linde, S. 72; Sass, Geschichte, S. 392.

8 Diesel, Entstehung [Nachdruck], S. 89.

9 Schnauffer, Erfindung, S. 12 f.

10 Maschinenfabrik Augsburg, Buz, an Diesel vom 20. 4. 1892, DMA, BN 08451; Sass, Geschichte, S. 427; Schnauffer, Erfindung, S. 15.

11 DMA, BN 08451.

12 Diesel, Theorie. Zu Auslieferung und Versendung vgl. Sass, Geschichte, S. 394; Schnauffer, Erfindung, S. 11.

13 Patent-Urkunde No. 67207, 23. 2. 1893 (Kopie in MAN-HA).

14 Sass, Geschichte, S. 427 f.; Maschinenfabrik Augsburg an Diesel, 27. 12. 1892, DMA, NL 94, Nr. 13/1.

15 Zu Buz' Einschätzung des Dieselmotors siehe E. Diesel, Diesel, S. 247; Zu Diesels Prophezeiung: Diesel an Buz, 9. 4. 1892, DMA, NL 94, Nr. 13/1.

16 Diesel, Entstehung, S. 6.

17 Zitiert nach Sass, Geschichte, S. 429.

18 Schnauffer, Erfindung, S. 14.

19 Vertrag zwischen der Aktiengesellschaft «Maschinenfabrik Augsburg in Augsburg» einerseits und Herrn Rudolf Diesel Ingenieur in Berlin andererseits, 21. 2. 1893, MAN-HA A 3.36.2. Der Vertrag ist abgedruckt in: Schnauffer, Erfindung, S. 15

20 Schnauffer, Erfindung, S. 14. Krupp musste in diesem Vertrag eine Lizenzgebühr von 37½ % des Kaufpreises zusagen, da Diesel sich in dem vorangegangenen Vertrag mit der Maschinenfabrik Augsburg verpflichtet hatte, mit jedem weiteren Lizenznehmer diesen höheren Satz zu vereinbaren.

21 Nach Eugen Diesels Version hätte sich die Maschinenfabrik Augsburg erst aufgrund von Verhandlungen, die zwischen Rudolf Diesel, Buz und Krumper im September 1892 geführt worden seien, zum Bau eines Versuchsmotors entschlossen. Zu diesen Verhandlungen sei es gekommen, weil Diesel nach der Absage nicht lockergelassen und die Unterstützung seines Studienfreunds Lucian Vogel, eines Schwiegersohns von Buz, gehabt hätte. E. Diesel, Diesel, S. 168 f.

22 Maschinenfabrik Augsburg-Nürnberg AG, Fünfzig Jahre Dieselmotor, Augsburg 1947, S. 15 f. Die Verfasser stützten sich wohl auf eine unveröffentlichte Abhandlung über die Entstehung des Dieselmotors, die von Paul Meyer, einem ehemaligen Mitarbeiter Diesels, in den Jahren 1941–1945 verfasst worden war. Meyer hatte erstmals die im Diesel-Nachlass überlieferten Schriftwechsel mit Buz ausgewertet. Paul Meyer, Die Geschichte des Dieselmotors, Ms. 1945, MAN-HA N 3.36.9.5. Paul Meyer hatte von 1898 bis 1900 in Diesels Ingenieurbüro in München und bei der Allgemeinen Dieselmotorengesellschaft gearbeitet. Er wurde später Professor an der Technischen Hochschule Delft. 1941 beauftragte ihn der VDI, die Geschichte des Dieselmotors zu untersuchen. Offenbar wollte der VDI damals den Gehalt der 1937 erschienenen Diesel-Biografie von Eugen Diesel überprüfen lassen.

23 Schnauffer, Triumph; ders., Erfindung; ders., Die Motorenentwicklung im Werk Augsburg der M.A.N. 1898–1918, Ms. 1956, S. 11 (zitiert nach Sonderdruck in MAN-HA). Als frühester Beitrag von Schnauffer: ders., Diesels erste Verträge, Teil I, Ms. 1953/54, MAN-HA. Vgl. auch Sass, Geschichte, S. 425 ff. Kurt Schnauffer (1899–1981) hatte zunächst bei der Deutschen Versuchsanstalt für Luftfahrt in Berlin-Adlershof gearbeitet und war von 1936–1945 Inhaber des Lehrstuhls für Verbrennungskraftmaschinen und Kraftfahrzeuge an der Technischen Hochschule München. Wegen seiner Beteiligung an der Rüstungsforschung des Dritten Reichs – Schnauffer hatte in München ein Forschungsinstitut für Flug- und Kraftwagenmotoren aufgebaut – wurde er nach dem Krieg entlassen. Er beschäftigte sich dann im Auftrag der Arbeitsgemeinschaft für die Geschichte des Deutschen Verbrennungsmotorenbaus ausführlich mit der Geschichte des Motorenbaus. Die Ergebnisse seiner Untersuchungen wurden in dem 1962 erschienenen Werk von Friedrich Sass über die Geschichte des deutschen Verbrennungsmotorenbaus veröffentlicht. Manuskripte Schnauffers finden sich in seinem Nachlass im Deutschen Museum und im Historischen Archiv der MAN.

24 Deutsches Museum, NL 94 Nachlass Diesel, Nr. 13/1; Schnauffer, Triumph, S. 314 f. Der Brief vom 13. April war nicht an Buz, sondern an Professor Moritz Schröter in München gerichtet, aber Diesel hatte Buz einen Durchschlag geschickt und zweifellos war

er der eigentliche Adressat. Nachdem Buz seine Briefe vom 6. und 9. April nicht beantwortet hatte, war Diesel auf diese Lösung verfallen, um ihm sozusagen indirekt einen weiteren Brief zukommen zu lassen. Ebd.

25 Schnauffer, Triumph, S. 314; ders., Verträge, S. 14 f. Anders als es später dargestellt wurde, hat Diesels Studienfreund Lucian Vogel die Entscheidung seines Schwiegervaters Buz damals nicht beeinflussen können. Er war zur fraglichen Zeit in Italien und hat sich erst ab Juni 1892 mit Diesels Erfindung befasst. Schnauffer, Triumph, S. 315.

26 Josef Krumper, Einige Lebens-Erinnerungen mit Bezug auf die «Maschinenfabrik Augsburg» in Augsburg und «Werk Augsburg» der Maschinenfabrik Augsburg-Nürnberg A. G., Ms. 1916, S. 59, MAN-HA. Vgl. Thomas, Diesel, S. 128. Diese Passage aus Krumpers Erinnerungen findet sich auch in: Büchner, Hundert Jahre, S. 53.

27 Thomas, Diesel, S. 128. Zuvor hatte Krumper Buz gebeten, seine Verdienste um den Dieselmotor zu würdigen, nachdem Diesel ihn in der 1913 veröffentlichten Schrift über die Entstehung des Dieselmotors als Gegner dieser Erfindung dargestellt hatte. Krumper an Buz, 12. 11. 1913, MAN-HA, A 1.2.2.

28 Vgl. Thomas, Diesel, S. 129.

29 Diesel an Buz, 6. 4. 1892 und 9. 4. 1892, DMA, NL 94, Nr. 13/1.

30 Buz an Diesel, 20. 4. 1892, DMA, BN 08451.

31 Diesel, Entstehung, S. 1 f. Zur Biografie Rudolf Diesels siehe E. Diesel, Diesel.

32 Sass, Geschichte, S. 385 ff.

33 Schnauffer, Erfindung, S. 6.

34 Zitiert nach: Schnauffer, Triumph, S. 313.

35 Zitiert nach E. Diesel, Diesel, S. 180.

36 Zitiert nach Schnauffer, Erfindung, S. 18.

37 Seine neuen Berechnungen und die sich daraus ergebenden Schlussfolgerungen zeichnete Diesel damals als «Nachträge zur Theorie des Motors Diesel» auf. Auf das Titelblatt des im Diesel-Nachlass überlieferten Manuskripts schrieb der Erfinder: «Diese Untersuchungen wurden niemals veröffentlicht, da kein Interesse bestand, der Außenwelt zu verraten, auf welchem Wege die rein theoretischen Untersuchungen meiner Broschüre in die Wirklichkeit umgesetzt wurden.» Nachträge zur Theorie des Motors Diesel, Deutsches Museum, NL 94, Nr. 18/2. Vgl. Schnauffer, Erfindung, S. 14.

38 Sass, Geschichte, S. 383 f.; Schnauffer, Erfindung, S. 17 f.; Braun, Lebensbild, in: Diesel, Entstehung, S. III f.

39 P. Meyer, Aus der Entstehungsgeschichte des Dieselmotors, S. 5, MAN-HA N 3.36.9.

40 Diesel hat die einzelnen Versuchsreihen in seiner Schrift über die Entstehung des Dieselmotors genau protokolliert. Diesel, Entstehung, S. 8–79. Vgl. auch Schnauffer, Erfindung, S. 16 f.

41 Zitiert nach E. Diesel, Diesel, S. 246.

42 Ebd., S. 247; Angaben zu den Ingenieuren und Monteuren des Dieselversuchsstands in der Maschinenfabrik Augsburg finden sich in: Die ersten Mitarbeiter von Rudolf Diesel, MAN-HA 3.3.6.2.

43 Diesel, Entstehung, S. 74 ff.; E. Diesel, Diesel, S. 232 ff.; Sass, Geschichte, S. 480 f.

44 Zitiert nach E. Diesel, Diesel, S. 233.

45 Schnauffer, Motorenentwicklung, S. 11. Zum Kemptener Motor vgl. Sass, Geschichte, S. 505 ff.; zum Rugendas-Motor: ebd., S. 511 ff.

46 Krug, Geschäfte, S. 10; Sass, Geschichte, S. 505. Lauster schrieb später, Buz hätte der Kemptener Zündholzfabrik versprochen, den Dieselmotor gegen eine gleichstarke

Dampfmaschine umzutauschen, falls er nicht funktionieren würde. Imanuel Lauster, Der Dieselmotor, Ms., S. 277, MAN-HA.

47 Krug, Geschäfte, S. 11.

48 Schnauffer, Motorenentwicklung, S. 20.

49 Zitiert nach ebd., S. 247.

50 Zum Zerwürfnis zwischen Buz und Vogel kam es, weil Buz eine Vorlage seines Schwiegersohns ohne Absprache mit diesem umgearbeitet hatte. Lucian Vogel und seine Mitarbeit am Dieselmotor, 12. 8. 1940, S. 3 f., MAN-HA A 1.2.2.

51 Diesel, Entstehung, S. 80.

52 Imanuel Lauster (1873–1948) trat 1896 in die Maschinenfabrik Augsburg ein, wurde 1902 Prokurist und Oberingenieur, 1913 Vorstandsmitglied der M.A.N. Er hatte maßgeblichen Anteil an der Entwicklung der U-Boot-Dieselmotoren. Von 1932–1934 war Lauster Vorstandsvorsitzender der M.A.N.

53 Diesel, Entstehung, S. 93. Die Versuchsprotokolle ließ Diesel von Karl Dieterichs führen, später von Paul Meyer.

54 Aufzeichnungen von Professor Ludwig Noé über die Arbeiten am Dieselmotor, 1946, MAN-HA A 3.36.1.0. Noé arbeitete ab 1897 in Diesels Münchner Ingenieurbüro. Später wurde er Generaldirektor der Danziger Werft.

55 Gründung der Allgemeinen Gesellschaft für Dieselmotoren AG, Ms., DMA, NL 94, Nr. 12/3; Sass, Geschichte, S. 492 f.

56 Zur Dieselmotoren-Fabrik AG vgl. Sass, Geschichte, S. 484 ff.; E. Diesel, Diesel, S. 259 f. u. S. 281 f. Der Vorschlag zur Gründung der Fabrik stammte von den Augsburger Bankhäusern P. C. Bonnet und August Gerstle.

57 E. Diesel, Diesel, S. 258 f.

58 Ebd., S. 281.

59 Zitiert nach ebd., S. 282.

60 Ausdrücklich bestätigte dies später auch die vom VDI in Auftrag gegebene Expertise von Paul Meyer, Die Geschichte des Dieselmotors, Ms. 194, MAN-HA N 3.36.9. 5; ders., Aus der Entstehungsgeschichte des Dieselmotors, MAN-HA N 3.36.9 [veröffentlicht in der Schweizerischen Bauzeitung 1948].

61 Sass, Geschichte, S. 482 f.

62 Schnauffer, Motorenentwicklung, S. 11. Der Rugendas-Motor blieb schließlich vierzig Jahre lang in Betrieb und befindet sich heute im Museum der MAN in Augsburg.

63 Note über den Besuch des Herrn Prof. Dr. Schröter, München, im «Werk Augsburg» am 28. 6. 1915 [vertrauliche Notiz Lausters für den Vorstandsvorsitzenden Rieppel], 19. 7. 1915, MAN-HA N 122 II.

64 Schnauffer, Motorenentwicklung, Einführung, S. 15 f.; Sass, Geschichte, S. 512 ff.

65 Ebd., S. 16. Das Prinzip des Plattenzerstäubers war im Dieselkonstruktionsbüro schon 1896/97 bekannt. Der Monteur Johann Linder teilte später mit, dass sein Kollege Schmucker ihm schon damals einen Plattenstäuber gezeigt und von guten Erfahrungen damit berichtet hätte. Lauster, Dieselmotor, S. 106, MAN-HA.

66 Zitiert nach: Paul Meyer, 3. 2. 1941, MAN-HA A 3.3.6.2.

67 Sass, Geschichte, S. 502.

68 Schnauffer, Motorenentwicklung, S. 17.

69 Ebd., S. 19.; Sass, Geschichte, S. 523 ff.

70 Quelle: Schnauffer, Motorenentwicklung, S. 2 f.

71 Krug, Geschäfte, S. 12.

72 Allgemeine Gesellschaft für Dieselmotoren i. L., Abtretungs-Urkunde, 12. 10. 1910, ebd.

73 E. Diesel, Diesel, S. 392 ff.; Schnauffer, Erfindung, S. 20.

74 Diesel an Buz, 1. 7. 1913, MAN-HA A 3.3.6.1.1

75 Auszug aus Manuskript Schnauffer, S. 13 (Tätigkeit von Imanuel Lauster), MAN-HA A 1.2.1

76 Der Umsatz des Werks Augsburg belief sich im Geschäftsjahr 1903/04 auf 10,17 Mio. M. Davon entfielen 43,3 % auf Dieselmotoren, 21,1 % auf Druckmaschinen, 18,7 % auf Kältemaschinen und 14,6 % auf den Allgemeinen Maschinenbau (mit Dampfmaschinenbau). MAN Werk Augsburg, Umsätze in den Jahren 1898/99 bis 1939/40. MAN-HA A 1.5.0

77 Quelle: Zeittafel über M.A.N.-Erstausführungen (Werkarchiv, 13. 5. 1964), MAN-HA A 1.1.0

4 Die Anfänge in Nürnberg: Die Eisengießerei und Maschinenfabrik Klett & Comp.

1 Zorn, Liberalisierung, S. 399 f. Die Ludwigsbahn wurde nach dem damaligen bayerischen König Ludwig I. benannt.

2 Zur Biografie von Johann Friedrich Klett vgl. Biensfeldt, Cramer-Klett, S. 20ff.; Matschoß, Geschichte, S. 245 ff.; ferner: Kaltenhäuser, Maschinenfabrik; Johann Friedrich Klett um 1842 (1952), MAN-HA N 121.1; F. Gresbeck, Johann Friedrich Klett zum Gedenken (Vortrag, 23. 4. 1947), ebd.

3 Kletts Gattin Magdalena Dorothea geb. Lotzbeck stammte aus der Weißenburger Linie der Familie Lotzbeck. Ihr Urgroßvater Johann Lotzbeck der Ältere (1607–1688) war auch der Ahnherr von Henriette Sophie Lotzbeck, der Mutter von Ludwig Sander. Stammbaum Lotzbeck, MAN-HA N 121.1.

4 Eibert, Unternehmenspolitik, S. 58 f.; Kaltenhäuser, Maschinenfabrik, S. 10.

5 Matschoß, Geschichte, S. 245 f.

6 German Killinger, Georg Zacharias Platner in Nürnberg und die Freiherrn Theodor von Cramer-Klett. Familiengeschichtliche Studie, Ms, o. D., MAN-HA N 121.1.

7 Noch bis zum 100-jährigen Jubiläum der M.A.N. galt 1837 als das Gründungsjahr des Nürnberger Vorgängerunternehmens. Niederschrift über die Vorstandssitzung am 1. 8. 1935, 2. 8. 1935, MAN-HA Vorstand 1924–1935. In seiner Chronik zum 100-jährigen Jubiläum datierte Fritz Büchner die Gründung in Nürnberg dann auf 1841. Büchner, Hundert Jahre, S. 61 ff. Dafür spricht, dass Klett erst 1841 die Konzession für ein Unternehmen beantragt und dafür die Zustimmung des Magistrat erhalten hat.

8 Matschoß, Geschichte, S. 246; Eibert, Unternehmenspolitik, S. 58 f.

9 Matschoß, Geschichte, S. 247 f.; Eibert, Unternehmenspolitik, S. 61 f.

10 Zitiert nach Biensfeldt, Cramer-Klett, S. 21.

11 Abriß der Geschichte des M.A.N. Werkes Nürnberg, S. 1, MAN-HA N 1.1.9.2; Biensfeldt, Cramer-Klett, S. 22; Matschoß, Geschichte, S. 248

12 Eibert, Unternehmenspolitik, S. 331.

13 Matschoß, Geschichte, S. 249.

14 Anzeige und Empfehlung, gez. Johann Friedrich Klett, vom 1. 2. 1842, in: Fränkischer Kurier vom 22. 2. 1842 (Abschrift), MAN-HA N 121.1 (abgedruckt in: Matschoß, Geschichte, S. 248).

15 Büchner, Hundert Jahre, S. 75.

16 Biensfeldt, Cramer-Klett, S. 30.

17 Rupieper, Arbeiter, S. 34; Matschoß, Geschichte, S. 254.

18 Die Darstellung des Lebenslaufs stützt sich auf die im Auftrag des gleichnamigen Sohns von Theodor von Cramer-Klett erstellte Biografie: Biensfeldt, Cramer-Klett. Vgl. ferner Ruppert, Cramer-Klett, sowie die knappe Darstellung von Graindl, Cramer-Klett. Weitere Hinweise finden sich in: Freiherr Dr. Theodor von Cramer-Klett, MAN-HA N 121.1; G. Gresbeck, Theodor Cramer-Klett, ebd. Wie sich Klett und Cramer kennen lernten, ist nicht eindeutig belegt. Einige Schilderungen gehen davon aus, dass sie sich im Komitee zur Unterstützung der Witwe von Friedrich List erstmals begegnet seien. So z. B. Kaltenhäuser, Maschinenfabrik, S. 28. Nach anderen Darstellungen waren die beiden Familien seit langem befreundet. Nach Rupieper, Arbeiter, S. 34, hatte Klett schon 1824 Cramers Vater Albert Johann Cramer zum Vormund-Stellvertreter für seine Tochter Emilie bestellt und die Werkstatt einem noch zu bestimmenden Mitglied der Familie Cramer vermacht. Einer familiengeschichtlichen Untersuchung zufolge war Kletts Gattin eine Tante Cramers. German Killinger, Georg Zacharias Platner in Nürnberg und die Freiherrn Theodor von Cramer-Klett. Familiengeschichtliche Studie, Ms, o. D., S. 38, MAN-HA N 121.1.

19 Nach Matschoß, Geschichte, S. 255, war Cramer-Klett seit 15. 7. 1848 alleiniger Inhaber der Firma. Eine andere Datierung findet sich bei Kaltenhäuser, Maschinenfabrik, S. 31. Demnach wurde Cramer-Klett erst 1851 alleiniger Eigentümer des Unternehmens, weil er über Rye's Beteiligung bis dahin nur treuhänderisch hätte verfügen können. Erst nach der fristlosen Entlassung Rye's, der alkoholabhängig geworden war, seien dessen Anteile in den Besitz Cramer-Kletts übergegangen.

20 Biensfeldt, Cramer-Klett, S. 39ff.; Robert Dietrich, Ludwig Werder. Einer der großen Ingenieure des neunzehnten Jahrhunderts, Ms., MAN-HA N 121.3; Ludwig Werder, ebd.

21 Dietrich, Werder, S. 2, MAN-HA N 121.3.

22 Abriß der Geschichte des MAN Werkes Nürnberg, S. 4, MAN-HA N 1.1.9.2.

23 Rupieper, Arbeiter, S. 23; Büchner, Hundert Jahre, S. 87.

24 Rupieper, Arbeiter, S. 23.

25 Büchner, Hundert Jahre, S. 80.

26 Die Nürnberger Fabrik im Wandel der Zeiten, in: M.A.N.-Werkzeitung, März 1957, S. 8 f.

27 Schrannenhalle München, in: M.A.N.-Werkzeitung Jg. 1958, Nr. 8, S. 15; Büchner, Hundert Jahre, S. 84; Matschoß, Geschichte, S. 264; Biensfeldt; Cramer-Klett, S. 61; Dietrich, Werder, S. 4, MAN-HA N 121.3. Als der Wintergarten der Residenz später abgebaut wurde, kam er nach Nürnberg, wo ihn das Unternehmen in seinem Werk aufstellte.

28 Der Bau des Münchener Glaspalastes 1853/54, MAN-HA N 314.

29 Dietrich, Werder, S. 4 f., MAN-HA N 121.3; Biensfeldt, Cramer-Klett, S. 61; Hölzl, Glaspalast; Hütsch, Glaspalast.

30 Biensfeldt, Cramer-Klett, S. 62.

31 Hütsch, Glaspalast; Brantl, Haus.

32 Ferd. Schleicher, Heinrich Gerber 18. 11. 1832–3. 1. 1912. Leben und Wirken des Altmeisters der deutschen Eisenbaukunst. Vortragsmanuskript, Gustavsburg 1932, S. 7, MAN-HA N 122/I.

33 Ein Grossbrückenbau vor 100 Jahren, MAN-HA N 352/a/1.

34 Den Bau der Ludwigsbahn nach Mainz hatte eine private Bank, die 1853 in Darmstadt

gegründete Bank für Handel und Industrie (später Darmstädter Bank) finanziert. Als Gegenleistung hatte sie von dem unter Finanznot leidenden Kleinstaat die Konzession für eine hessische Notenbank erhalten. Vgl. Ziegler, Eisenbahnen, S. 102 f.

35 Eine Frachtkostenermäßigung wurde in München abgelehnt, weil Klett & Comp. für den Brückenbau nicht in Bayern erzeugtes Eisen verwandte, sondern Eisen aus dem Rheinland. Bis zu dieser Entscheidung hatte Werder Nürnberg oder das ebenfalls zu Bayern gehörende Ludwigshafen als Standort der Werkstätten favorisiert. Anhand der Tagebuchaufzeichnungen Heinrich Gerbers belegt dies eine Ausarbeitung des Historischen Archivs der MAN: Zur Gründung des Werkes Gustavsburg, MAN-HA N 113.1.

36 Entstehung und historische Entwicklung der Brückenbau-Anstalt Gustavsburg, MAN-HA N 113.1/2; 100 Jahre M.A.N.-Werk Gustavsburg, in: M.A.N. Werkzeitung Jg. 1960, Nr. 5.

37 Heinrich Gerber (1832–1912) studierte ab 1849 in München Ingenieurswissenschaften und Seeschifffahrtskunde. Seit 1852 arbeitete er bei der bayerischen Eisenbahnbau-Kommission. 1858 wechselte Gerber zu Klett & Comp. nach Nürnberg, wo er die Leitung des Eisen- und Brückenbaus übernahm. Gerber baute die Werkstätten und Gustavsburg auf und leitete von 1873–1884 die Tochtergesellschaft Süddeutsche Brückenbau AG. Durch zahlreiche Brückenbauten und die Erfindung des Gerber-Trägers erlangte er einen internationalen Ruf. Gerber gilt als einer der bedeutendsten deutschen Brückenbauer. Vgl. Albrecht, Gerber; Ferd. Schleicher, Heinrich Gerber 18. 11. 1832–3. 1. 1912. Leben und Wirken des Altmeisters der deutschen Eisenbaukunst. Vortragsmanuskript, Gustavsburg 1932, MAN-HA N 122/I.

38 Fischer, Entstehung und historische Entwicklung der Brückenbau-Anstalt Gustavsburg (Ms., 1895), MAN-HA N 113.1/2; M.A.N.-Werkzeitung Jg. 1960, Nr. 5 (100 Jahre M.A.N.-Werk Gustavsburg); Neliba, Gustavsburg, S. 9 ff.

39 Ferd. Schleicher, Heinrich Gerber 18. 11. 1832–3. 1. 1912. Leben und Wirken des Altmeisters der deutschen Eisenbaukunst. Vortragsmanuskript, Gustavsburg 1932, S. 29; MAN-HA N 122/I. S. 129; Kurt Klöppel, Hundert Jahre Gustavsburger Schule im Stahlbau, MAN-HA N 113.1/2.

40 Eibert, Unternehmenspolitik, S. 331.

41 Chr. Fischer, Fertigung wehrtechnischer Geräte, MAN-HA A 3.34; Biensfeldt, Cramer-Klett, S. 63.

42 Ziegler, Eisenbahnen, S. 97 ff. u. S. 535 f.; Biensfeldt, Cramer-Klett, S. 80 f. u. S. 82 ff. Die Ostbahn baute vor allem die Linien Nürnberg–Regensburg, Regensburg–Passau, München–Landshut und Schwandorf-Furth i. W. (mit Übergang zum böhmischen Eisenbahnnetz).

43 Biensfeldt, Cramer-Klett, S. 114 ff.; Eibert, Unternehmenspolitik, S. 78.

44 Biensfeldt, Cramer-Klett, S. 151; Matschoß, Geschichte, S. 259; Abriß der Geschichte des M.A.N. Werkes Nürnberg, S. 4, MAN-HA N. 1.1.9.2.

45 Bitterauf, Maschinenfabrik; Eibert, Unternehmenspolitik, S. 342.

46 Rupieper, Arbeiter, S. 202 f.; Eibert, Unternehmenspolitik, S. 95 f.; Soziale Leistungen der MAN, MAN-HA.

5 Die Maschinenbau-Actien-Gesellschaft Nürnberg: Krise und Erneuerung des Cramer-Klett'schen Unternehmens

1 Biensfeldt, Cramer-Klett, S. 97 ff. Johannes (Jean) Kempf (1820–1888) war zunächst als Kaufmann in Leipzig tätig, übernahm dann das elterliche Geschäft und wurde 1853

Direktor der Hessischen Ludwigsbahn AG in Mainz. Dort führte er erstmals in Deutschland Zeitkarten und Arbeiterfahrkarten ein. 1865 wechselte er zur Maschinenbau-Gesellschaft Nürnberg Klett & Comp., wo er die kaufmännische Leitung übernahm und Teilhaber wurde. Kempf war u. a. Aufsichtsratsmitglied der Bank für Handel und Industrie (Darmstädter Bank). Später wurde er Aufsichtsratsvorsitzender der Maschinenbau Actien-Gesellschaft Nürnberg.

2 Matschoß, Geschichte, S. 279.

3 Eibert, Unternehmenspolitik, S. 76 f.; Büchner, Hundert Jahre, S. 103. Hensolt, Hilpert und Reuschlein hatten durchweg eine Hauskarriere gemacht. Sie waren damals schon mehr als zwanzig Jahre lang in der Klett'schen Fabrik tätig. Rupieper sieht in ihnen die erste Generation leitender Angestellter des Cramer-Klettschen Unternehmens. Rupieper, Arbeiter, S. 43.

4 Direktor Fischer, Entstehung und historische Entwicklung des Brückenbau-Anstalt Gustavsburg (1895, Abschrift), HA-MAN, N 113,1/2; Süddeutsche Brückenbau-Actiengesellschaft, Auszug aus einem Beschluß des Königl. Handelsgerichts München vom 26. April 1873, Gesellschaftsvertrag vom 26. 4. 1873, MAN-HA N 113, 1/2.

5 Biensfeldt, Cramer-Klett, S. 116 ff. u. S. 179 ff. Cramer-Klett und Thieme hatten sich im Sommer 1879 bei einem Kuraufenthalt kennen gelernt.

6 Eibert, Unternehmenspolitik, S. 332; Rupieper, Arbeiter, S. 258.

7 Biensfeldt, Cramer-Klett, S. 150; Büchner, Hundert Jahre, S. 103; Matschoß, Geschichte, S. 279; Direktor Fischer, Entstehung und historische Entwicklung des Brückenbau-Anstalt Gustavsburg (1895, Abschrift), HA-MAN, N 113.1/2.

8 Biensfeldt, Cramer-Klett, S. 159; Matschoß, Geschichte, S. 279 u. S. 288.

9 Direktor Fischer, Entstehung und historische Entwicklung des Brückenbau-Anstalt Gustavsburg (1895, Abschrift), HA-MAN, N 113.1/2, S. 17.

10 M.A.N.-Werkzeitung Jg. 1960, Nr. 5, S. 49,

11 Büchner, Hundert Jahre, S. 104.

12 Gerber an Vorsitzenden Aufsichtsrath der Süddeutschen Brückenbau-Actien Gesellschaft, 26. 9. 1884, MAN-HA N 113. I. Vgl. Biensfeldt, Cramer-Klett, S. 170; Büchner, Hundert Jahre, S. 106; Direktor Fischer, Entstehung und historische Entwicklung des Brückenbau-Anstalt Gustavsburg (1895, Abschrift), S. 13 f., HA- MAN, N 113.1/2.

13 Eibert, Unternehmenspolitik, S. 332.

14 Matschoß, Geschichte, S. 280. Zur Umsatzentwicklung siehe Tabelle 10 (S. 193).

15 Bierlein, Finanzgeschichte, S. 6; Matschoß, Geschichte, S. 280.

16 Zitiert nach Eibert, Unternehmenspolitik, S. 77. Eibert hat diese kontraproduktive Geschäftsstrategie Cramer-Kletts erstmals umfassend herausgearbeitet. Seine Befunde decken sich mit der Kritik, die Anton von Rieppel schon in den 1890er Jahren als Vorstand des Nürnberger Unternehmens vorbrachte.

17 Zu den Dividenden beider Unternehmen vgl. Eibert, Unternehmenspolitik, S. 334. Zu den Anfängen des Kältemaschinenbaus in Augsburg siehe Kapitel II/2, S. 154 ff.

18 Bierlein, Finanzgeschichte, S. 6.

19 Rieppel an Buz, 12. 4. 1898, MAN-HA 1.1.3. Vgl. Strößner, Fusion, S. 107.

20 Quelle: Bierlein, Finanzgeschichte, S. 2–6.

21 Rupieper, Arbeiter, S. 155 ff.

22 Ebd., S. 119 ff.

23 Rieppel an Cramer-Klett, 21. 9. 1898 (Abschrift), MAN-HA, N 114.2.

24 Eibert, Unternehmenspolitik, S. 100 f. Rupieper, Arbeiter, S. 120 ff. u. S. 135 ff.

25 Zur Biografie Rieppels: Bosl, Ein Jahrhundert; Walbrach, Schöpfer; ders., Erinnerung; H. Brühl, Anton von Rieppel, Lebensgeschichte, Ms., HA-MAN, N 121.5.
26 Bierlein, Finanzgeschichte, S. 6; Matschoß, Geschichte, S. 280.
27 Bosl, Jahrhundert, S. 218.
28 Rieppel an Buz, 12. 4. 1898, MAN-HA 1.1.3.
29 Ereignisse und Gestalten, in: 100 Jahre M.A.N.-Werk Gustavsburg, M.A.N.-Werkzeitung Jg. 1960, Nr. 5, S. 49.
30 Rieppel an Buz, 12. 4. 1898, MAN-HA 1.1.3; Strößner, Fusion, S. 117.
31 Direktor Fischer, Entstehung und historische Entwicklung des Brückenbau-Anstalt Gustavsburg (1895, Abschrift), HA-MAN, N 113, 1/2.
32 Foth, Chronik, Anlage 8. Vgl. MAN-Werk Gustavsburg, S. 11.
33 Abriß der Geschichte des M.A.N. Werkes Nürnberg, S. 8 f., MAN-HA N 1.1.9.2; Matschoß, Geschichte, S. 281.
34 Vgl. Berg, Thalbrücke; Schmorleiz/Tappert, Müngstener Brücke; Werner, Eisenbahnbrücke. Rieppel selbst hat den Bau der Brücke ausführlich beschrieben: Rieppel, Thalbrücke.
35 Berg, Thalbrücke, S. 37 u. S. 124; Werner, Eisenbahnbrücke, S. 13.
36 Später kam die unsinnige Legende auf, Rieppel sei aus Gram über die nicht passenden Bogenhälften von der Müngstener Brücke gesprungen. Berg, Thalbrücke, S. 143.
37 Strößner, Früh-Entwicklung, S. 61; Klein, 50 Jahre, S. 115.

6 Fusion unter Partnern: Aus den Maschinenfabriken in Augsburg und Nürnberg wird M.A.N.

1 Rieppel an Buz, 3. 4. 1898, MAN-HA A 1.1.3.
2 Ebd.
3 Buz an Rieppel, 5. 4. 1898, ebd. Vgl. Büchner, Hundert Jahre, S. 115 f.; Strößner, Fusion, S. 105 f.
4 Zur Fusion zwischen der Maschinenfabrik Augsburg und der Maschinenbau-Actien-Gesellschaft Nürnberg siehe Büchner, Hundert Jahre, S. 115–126; Strößner, Fusion, S. 105–113; Luther, Entstehung, S. 280–287.
5 Rieppel an Buz, 3. 4. 1898, MAN-HA A 1.1.3.
6 Ebd.
7 MAN-HA A 1.1.3
8 Klein, 50 Jahre, S. 115.
9 Strößner, Früh-Entwicklung, S. 62; Lucian Vogel und seine Mitarbeit am Dieselmotor, 12. 8. 1940, S. 3 f., MAN-HA A.1.2.2.
10 Strößner, Früh-Entwicklung, S. 62 (zitiert nach Sonderdruck, S. 4).
11 Es gibt keinen Beleg dafür, dass die Fusion bereits bei Abschluss des Lizenzvertrages vom Juli 1897 geplant war. Imanuel Lauster schrieb zwar später in einem unveröffentlichten Manuskript über den Dieselmotor, dass die Fusion zwischen Augsburg und Nürnberg «im Zusammenhang mit den ersten Lizenzverhandlungen im Jahre 1897 entstanden war». Dabei dürfte es sich aber um eine bloße Vermutung handeln, zumal Lausters Manuskript auch an anderen Stellen eine verzerrte Sicht bietet. Imanuel Lauster, Der Dieselmotor. Ms. o. J., S. 318, MAN-HA.
12 Strößner, Fusion, S. 108.
13 Ebd.
14 Büchner, Hundert Jahre, S. 120; Strößner, Fusion, S. 108.

15 Bierlein, Finanzgeschichte, S. 7.
16 Büchner, Hundert Jahre S. 124f; Bierlein, Finanzgeschichte, S. 3 f. u. S. 12.
17 Büchner, Hundert Jahre, S. 121 f.
18 Vertrag zwischen der Vorstandschaft und dem Aufsichtsrate der Aktiengesellschaft Maschinenfabrik Augsburg und der Vorstandschaft und dem Aufsichtsrate der Maschinenbau-Aktiengesellschaft Nürnberg, 24./31. 10. 1898 (Abschrift), MAN-HA N 114.2.
19 Büchner, Hundert Jahre, S. 124 f.
20 Fusion Maschinenfabrik Augsburg, Maschinenbau Aktiengesellschaft Nürnberg, in: Münchener Zeitung vom 15. 11. 1898, MAN-HA A 1.1.3.
21 So teilte Rieppel beispielsweise in einem Brief an Buz mit, dass er seine Berechnungen «in jeder Hinsicht eher zu Ungunsten Nürnbergs aufstellte». Zitiert nach: Strößner, Fusion, S. 109.
22 Anzeige der Vereinigten Maschinenfabrik Augsburg und Maschinenbaugesellschaft Nürnberg AG, Dezember 1898 [Bekanntmachung der Fusion], MAN-HA N 114.2.
23 Siehe Kapitel II/7, Tabelle 12 (S. 215).
24 Büchner, Hundert Jahre, S. 129 ff.
25 Niederschrift über die 34. Vorstandssitzung am 2. 3. 1910 in Nürnberg, MAN-HA N 131.3.
26 Droscha, M.A.N., S. 79.
27 Büchner, Hundert Jahre, S. 138.

7 Innovationen, Wachstum und Arbeitskämpfe: Die Expansionsphase vor dem Ersten Weltkrieg

1 Schierk/Schmidt, Schwebebahn; Becker, Schwebebahn.
2 Schierk/Schmidt, Schwebebahn, S. 19 ff.
3 Ebd., S. 20 ff.; Die Schwebebahn Barmen-Elberfeld-Vohwinkel, in: Zeitschrift des VDI Bd. 44 (Sonderdruck in MAN-HA N 1.1.93)
4 E. A. Ziffer, Die erste Bergschwebebahn der Welt (1902), MAN-HA N 352c. Die Bergschwebebahn Loschwitz wurde am 6. 5. 1901 in Anwesenheit des sächsischen Prinzen Friedrich August eröffnet.
5 Vgl. Kurt Klöppel, Hundert Jahre Gustavsburger Schule im Stahlbau, MAN-HA N 113.1/2.
6 Für diese Brücke wurden mehrere Wettbewerbe ausgeschrieben, Das Werk Gustavsburg reichte beim zweiten Wettbewerb einen Entwurf «Freie Bahn» ein, der im März 1913 einstimmig vom Preisgericht zur Ausführung empfohlen wurde. Der Entwurf sah eine verankerte Hängebrücke mit vollwandigem Versteifungsträger und freiem Blick auf den Strom und das Ufer vor. Die Dortmunder Union machte Ansprüche auf diese Idee geltend, konnte sich damit aber nicht durchsetzen. Geheimrat Prof. Mehrtens, Zum Streit um das geistige Eigentum an dem preisgekrönten Entwurf im zweiten engeren Wettbewerb um eine Rhein-Straßenbrücke in Köln, in: Deutsche Bauzeitung 47. Jg. (1913), Nr. 36/37 (MAN-HA N 252.c).
7 Max Carstanjen (1856–1934) stammte aus einer Duisburger Kaufmannsfamilie, studierte in Zürich und Berlin und wurde 1887 zum Regierungsbaumeister ernannt. 1895 wechselte er in die Brückenbauabteilung der Maschinenbau Actien-Gesellschaft Nürnberg. Von 1901 war er Leiter des Werks Gustavsburg, von 1907–1923 Vorstandsmitlied der M.A.N. (bis 1911 stellv.). Zur Biografie Carstanjens siehe Walbrach, Carstanjen.

8 Landschaftsverband Rheinland, Gasometer, S. 15 ff.; Droscha, M.A.N., S. 88 ff. Vgl. auch Körting, Geschichte.
9 Der bekannte Gasometer in Oberhausen wurde 1927–1929 vom M.A.N.-Werk Gustavsburg gebaut. Siehe Kapitel III/3, S. 255.
10 Droscha, M.A.N., S. 79 f.
11 Ebd., S. 69; Köhler, Dieselkraftwerk.
12 Lange Zeit galt die 1912 fertig gestellte MS «Selandia» mit ihren Motoren von Burmeister & Wain als das erste seegehende Dieselmotorenschiff. Vor ihr waren aber bereits drei andere Schiffe mit Dieselmotor in Betrieb genommen worden (MT «Russ», MT «Vulcanus», MS «Romagna»). Erste seegehende Schiffe mit Dieselmotorenantrieb, 10. 12. 1976, MAN-HA.
13 Klaus Luther, Entstehung und Entwicklung des Schiffsdieselmotors, vor allem gesehen am Beispiel M.A.N., MAN-HA N 3.36.1.4; Schnauffer, Motorenentwicklung; Das Porträt: MAN B & W Diesel, in: MAN Forum 2/1991; Rieppel an Blohm, Blohm & Voss Hamburg, 15. 3. 1910, MAN-HA N 306 II.
14 Klein, 50 Jahre, S 116 f.
15 Allgemeine Gesellschaft für Dieselmotoren AG, Liste der gebauten bezw. in Bau befindlichen Dieselmotoren, September 1901, DMA, NL 94, Nr. 12/3.
16 Berechnet nach den Angaben in: Barth, Entwicklungslinien, S. 39.
17 In der Vorstandssitzung vom 18. Juni 1912 betonte Rieppel, «dass es zweckdienlich sei, für die Dieselmotoren eine Stütze in Russland zu finden, um das erworbene Feld zu behaupten». Um sich nicht weitere Konkurrenz auf dem russischen Markt zu verschaffen, hatte die M.A.N. darauf bestanden, bei Felser & Co. eine Mehrheitsbeteiligung zu erhalten. Niederschrift über die Vorstands-Sitzung am 18. 6. 1912, MAN-HA N 131.I. Vgl. auch Büchner, Hundert Jahre, S. 143 (dort wird die Übernahme von Felser & Co. auf 1911 datiert).
18 Droscha, M.A.N., S. 86. Die Schiffsbrücke über das Goldene Horn und die Brücke über den Huang Ho waren von Hans Herrmann, dem späteren Leiter des Werks Gustavsburg, entworfen worden.
19 Bieler, Tsingtau, S. 171.
20 Fiedler, Unternehmen, S. 44 ff.
21 Bierlein, Finanzgeschichte, S. 10 ff.
22 Droscha, M.A.N., S. 78 f.
23 Werk Duisburg 1910–1921, MAN-HA N 115. I.
24 Feldenkirchen, Siemens, S. 467.
25 Eckart, Industrie, S. 116 u. S. 171.
26 Eibert, Unternehmenspolitik, S. 358; Foth, Sozialchronik, Anlage 8; Bitterauf, Maschinenfabrik, Tafel 8.
27 Eibert, Unternehmenspolitik, S. 332 f.
28 Rupieper, Arbeiter, S. 166.
29 Ebd., S. 165.
30 Lippart an Rieppel, 20. 5. 1905, MAN-HA N 221.5.
31 M.A.N. Nürnberg – Streik und Aussperrung 1905, ebd.
32 Rupieper, Arbeiter, S. 168.
33 Kammerdebatten über die Augsburger Maschinenfabrik, 28. 2. 1906, in: Angriffe auf den Arbeiter-Verein von Werk Augsburg (E.V.), MAN-HA N 221.1.; Rupieper, Arbeiter, S. 166 f.

34 Schnorbus, Arbeit, S. 206.
35 Rupieper, Arbeiter, S. 181 ff.; Angriffe auf den Arbeiter-Verein von Werk Augsburg (E. V.), MAN-HA N 221.1. Der Werkverein löste sich während der Revolution von 1918/19 auf.
36 Foth, Chronik, S. 187 ff.; Zusammenfassung aus Dr. Foth «Soziale Chronik aus 100 Jahren M.A.N.» mit Ergänzungen des Werksarchivs Augsburg, MAN-HA; Soziale Leistungen der MAN, ebd.

8 Rüstungsproduktion und Anfänge des Lastwagenbaus: Die M.A.N. im Ersten Weltkrieg

1 Foth, Chronik, S. 380a.
2 Bitterauf, Maschinenfabrik, S. 177.
3 Liste der Kriegserzeugnisse (Fragebogen, ca. 1919), MAN-HA A 3.3.4. Vgl. auch Christian Fischer, Werk Augsburg im Weltkrieg 1914–1918, ebd.
4 Liste der Kriegserzeugnisse (Fragebogen, ca. 1919), ebd.
5 Nach der 1924 veröffentlichten M.A.N.-Geschichte von Otto Bitterauf lag der Umsatzanteil des «Heeresbedarfs» im Geschäftsjahr 1917/18 in Augsburg bei 54,1 %, in Nürnberg bei 53,9 % und in Gustavsburg bei 8.9 %. Bitterauf, Maschinenfabrik, S. 177.
6 Für die Fertigung der Prothesen gründete die M.A.N. in Nürnberg später ein eigenes Unternehmen, die Feinmechanische Anstalt GmbH. Geschäftsordnung der Übungsstätte für Kriegsinvalide, August 1916, MAN-HA N 170 I; Herstellung künstlicher Glieder, 12. 10. 1921, MAN-HA N 172; M.A.N. an Hörnlimann betr. FAN, 28. 1. 1922, ebd.; Beschreibungen und Zeichnungen von Kunstgliedern und anderen Körperhilfen, ebd.
7 Bitterauf, Maschinenfabrik, S. 175.
8 Ebd., S. 177.
9 Weibliche Arbeiterinnen im Werk Nürnberg ab 1915, MAN-HA N 221.3; Foth, Chronik, S. 13 u S. 15; Bitterauf, Maschinenfabrik, S. 175.
10 Frauenarbeit, 14. 3. 1917, MAN-HA N 221.3; Arbeiterinnen 1914–1940 (Frauenarbeit, Anlage 3), ebd.; Frauenarbeit im Werk Nürnberg (Bericht Bader), ebd.
11 Foth, Chronik, S. 13. Zur Verwendung der Arbeiterinnen im Werk Nürnberg und zur Beurteilung der Leistungsfähigkeit: Frauenarbeit, 12. 3. 1917, MAN-HA N 221.3.
12 Arbeiterinnen 1914–1940 (Frauenarbeit, Anlage 3), MAN-HA N 221.3.
13 Foth, Chronik, S. 17. Angaben zu den Nationalitäten der Kriegsgefangenen liegen nur für das Werk Nürnberg vor. Dort wurden bis 1917 insgesamt 513 Kriegsgefangene eingesetzt. 321 von ihnen waren Franzosen, 130 Russen, 56 Belgier und 5 Engländer. Werner Foth, ein Mitarbeiter der M.A.N., stellte diese Angaben in den Jahren 1937–1943 zusammen. Nach Foth erfolgte die Entlohnung der Kriegsgefangenen in den M.A.N.-Werken während des Ersten Weltkrieges «nach den gleichen Gesichtspunkten, wie bei den deutschen Arbeitern». Die russischen Kriegsgefangenen hätten sich damals als «volle Arbeitskräfte» erwiesen, die französischen Kriegsgefangenen weniger. Ebd.
14 Sass, Geschichte, S. 534; Schnauffer, Werk Augsburg, S. 38 ff.
15 Schnauffer, Werk Augsburg, S. 39 ff.; Schmidt, Die Entwicklung, S. 41, MAN-HA; Christian Fischer, Fertigung wehrtechnische Geräte (1939), MAN-HA A 3.3.4.
16 Note über den Besuch des Herrn Prof. Dr. Schröter, München, im «Werk Augsburg» am 28. 6. 1915 [vertrauliche Notiz Lausters für den Vorstandsvorsitzenden Rieppel], 19. 7. 1915, MAN-HA N 122 II.; Möller/Brack, Einhundert Jahre.

17 Christian Fischer, Werk Augsburg im Weltkrieg 1914–1918, MAN-HA, 3.34; Schnauffer, Werk Augsburg, S. 41.

18 Tenfelde, Krupp, S. 43.

19 Note über den Besuch des Herrn Prof. Dr. Schröter, München, im «Werk Augsburg» am 28. 6. 1915 [vertrauliche Notiz Lausters für den Vorstandsvorsitzenden Rieppel], 19. 7. 1915, MAN-HA N 122 II.

20 Fragebogen, Liste der Kriegserzeugnisse 1. 8. 1914–31. 10. 1918, MAN-HA A 3.3.4; Christian Fischer, Fertigung wehrtechnische Geräte (1939), ebd. Nach anderen Angaben wurden während des Krieges 484 U-Bootmotoren bei der M.A.N. in Auftrag gegeben, von denen aber nur 470 zur Auslieferung kamen und nur 320 in U-Boote eingebaut wurden. Schmidt, Entwicklung, S. 15.

21 Bericht [Lauster] über Motoren für Flugzeuge und Lastautos, 8. 12. 1914, MAN-HA A 315.1–1 (Zitat); Note [Lauster] zum Briefe von Generaldirektion vom 17. 11. 1914, ebd.

22 Schnauffer, Werk Augsburg, S 71 ff.; Als der Diesel fliegen lernte, in: Diesel Intern Herbst/Winter 2006, S. 18 ff.

23 Reise-Bericht Lippart, Besuch bei der K. Inspektion für Luft- und Kraftfahrzeuge am 11. 11. 1914, 16. 11. 1914, MAN-HA N 315.1.

24 Bericht [Endres] über die Gründung der Bayerischen Flugzeugwerke AG, München, 18.-20. 11. 1916. MAN-HA A 1.3.7. Die Albatros-Gruppe war über den Ingenieur Herrmann Bechstein vertreten, die Darmstädter Bank in Verbindung mit Gustav Otto, dem Besitzer der Otto Flugmaschinenwerke. Die Bayerischen Flugzeugwerke AG ging 1916 aus den Gustav Otto Flugmaschinenwerken in München hervor. 1922 erfolgte die Umbenennung in Bayerische Motoren Werke AG. Da die Luftfahrtindustrie in Deutschland durch den Versailler Vertrag verboten worden war, stellte das Unternehmen jetzt Motoren her. Vgl. Grunert/Triebel, Unternehmen.

25 Aktennotiz über die Besprechung zwischen den Herren Selzer, R. Buz und v. Rieppel am 1. 11. 1917, MAN-HA N 171. VIII.

26 Ebd.; Bayerische Flugzeugwerke, 12. 12. 1921, MAN-HA N 171. VIII; Schreiben an R. Buz, 8. 6. 1922, ebd.

27 Rieppel schrieb am 11. 12. 1914 an die Direktion der Automobilwerke Adolph Saurer, die M.A.N. hätte sich aufgrund einer «Anregung von behördlicher Seite» zum Bau von Lastwagen entschlossen. Zitiert nach: Hausen, Wurzel, S. 80. Nach Beginn des Ersten Weltkrieges nahmen auch die Motorenfabrik Deutz und Hansa-Lloyd eine Lkw-Produktion auf.

28 Zitiert nach: Droscha, Gang, S. 13. Wann Rieppel dieses ihm zugeschriebene Motto formuliert hat, ist nicht belegt.

29 Zitiert nach: Hausen, Wurzel, S. 78 f.

30 Ebd., S. 77.

31 Protokoll der Vorstandssitzung am 30. 3. 1915 in Nürnberg, MAN-HA N 131.3 I

32 Zitiert nach Hausen, Wurzel, S. 79.

33 Niederschrift über die Vorstandssitzung am 7. 7. 1916 in Nürnberg, MAN-HA N 131.3 I

34 Zu Büssing siehe Hausen, Diesel, S. 295 ff.

35 Wipf/König/Knoepfli, Saurer.

36 Zitiert nach: ebd., S. 126.

37 Hausen, Wurzel, S. 89 ff. (Auszug aus dem Gesellschafts-Register des Amtsgerichts Nürnberg. Eintragung vom 12. 7. 1915).

38 Wipf/König/Knoepfli, Saurer, S. 126; Jahn, Unternehmenspolitik, S. 33 f.
39 MAN Nutzfahrzeuge Gruppe (Hg.), Seit 90 Jahren, S. 12 ff.; Hausen, Wurzel, S. 98; Jahn, Unternehmenspolitik, S. 37 ff.
40 Droscha, M.A.N., S. 14.
41 Jahn, Unternehmenspolitik, S. 40.
42 Im Geschäftsjahr 1915/16 wurden 123 Lastwagen hergestellt (Werke Lindau und Nürnberg), 1916/17 174 und 1917/18 358. Hausen, Wurzel, S. 100 f.
43 Lastwagenwerke M.A.N.-Saurer Nürnberg, Unsere Kriegswagen. Auszüge aus Feldpostbriefen von Führern unserer Wagen, mit Abbildungen aus dem Felde, o. J. (1916), MAN-HA A 3.36.1.5.
44 Hausen, Wurzel, S. 106 f.
45 Rieppel berichtete auf der Aufsichtsratssitzung der M.A.N. am 23. 7. 1918, dass die Verbindung mit Saurer «aus militärischen Gründen» hätte gelöst werden müssen. Ebd., S. 108.
46 M.A.N. an Saurer, 27. 5. 1918, zitiert nach ebd.
47 Ebd., S. 108.

Dritter Teil
GHH und M.A.N. in der Weimarer Repulik, im Nationalsozialismus und in der Nachkriegszeit (1920–1960)

1 Vom Bergbau bis zum Fahrzeugbau: Die Konzernbildung der GHH unter Paul Reusch

1 Reusch gehörte seit 1905 dem Vorstand der GHH an und hatte am 1. 4. 1909 den Vorsitz des Vorstands übernommen. Siehe hierzu Kapitel I/4, S. 117 ff. Zur Charakteristik seiner Person vgl. auch Maschke, Konzern, S. 34 f.
2 Die wirtschaftliche Sicherheit der GHH. Ein Interview mit Paul Reusch, in: Ruhrwacht 37. Jg., 20. 1. 1927, RWWA 130-40010128/6.
3 Denkschrift zu dem Erwerb des Feinblechwalzwerks Altenhundem, 22. 4. 1918, RWWA 130-300193007/2. Zitiert nach Maschke, Konzern, S. 93.
4 Feldman/Homburg, Industrie, S. 28 ff.; Reckendrees, Konzernbildung, S. 24 ff.; Feldman, Iron; Troß, Aufbau.
5 Feldman, Stinnes.
6 Die wirtschaftliche Sicherheit der GHH. Ein Interview mit Paul Reusch, in: Ruhrwacht 37. Jg., 20. 1. 1927, RWWA 130-40010128/6.
7 Zu Entstehung und Ausbau des GHH-Konzerns vgl. auch die ausführliche Darstellung in Maschke, Konzern, und das zeitgenössische Werk von Szymanski, Entwicklung.
8 HAPAG-Generaldirektor Albert Ballin, ein Freund Kaiser Wilhelms II., wollte damit einen Beitrag zum Wiederaufbau der deutschen Flottenbestands nach dem Ersten Weltkrieg leisten. Die Hamburger Werft ging daran, Motorschiffe in Serie bauen und schloss einen Vertrag mit dem Schiffsdieselhersteller Burmeister & Wain ab. Claviez, 50 Jahre, S. 9 ff.
9 Konsortialvertrag betreffend 10 000 000 Aktien der Deutsche Werft Aktiengesellschaft, 29.8./13. 9. 1916, RWWA 130-300193012/2; Claviez, 50 Jahre, S. 15 ff.
10 Bei der 1917 gegründeten Handelsgesellschaft Franz Haniel & Cie. hatte die GHH nicht die Kapitalmehrheit.
11 Die Schachtbauabteilung wurde nach 1928 als Haniel & Lueg GmbH weitergeführt.

Franz Haniel & Cie. GmbH (Hg,), Haniel, S. 151 f.; Maschke, Konzern, S. 117 ff. Haniel & Lueg war 1873 von den GHH-Aktionären Louis und Franz Haniel jr. gegründet worden.

12 Maschke, Konzern, S. 71.

13 Zitat aus dem Geschäftsbericht 1918/19, zitiert nach ebd., S. 134. Hinweise zur Geschichte des Eisenwerks finden sich in: Der Zug, S. 27 f.

14 Maschke, Konzern, S. 135; James, Familienunternehmen, S. 204. Lambert Jessen (1877–1922) hatte Eisenhüttenkunde studiert und trat 1903 in das Eisenwerk Nürnberg ein. Er starb am 2. 9. 1922 in Oberhausen nach einer Blinddarmoperation. Gertung an R. Buz, 2. 9. 1922, MAN-HA N 173 I.

15 Maschke, Konzern, S. 134 ff.

16 Ebd., S. 138. Zur Geschichte der Maschinenfabrik Esslingen siehe Hentschel, Wirtschaftsgeschichte.

17 Bericht über die Besprechung mit Herrn Kommerzienrat Dr. Paul Reusch in Mettingen am 27. 5. 1920, Daimler AG, HIC, Bestand Maschinenfabrik Esslingen, II/53.

18 Vereinbarung zwischen der Gutehoffnungshütte und der Maschinenfabrik Esslingen vom 2. 7. 1920, ebd.

19 Maschke, Konzern, S. 139.

20 Maschinenfabrik Esslingen, Vorlage für den Aufsichtsrat, Zusammenarbeit mit der Gutehoffnungshütte, Anlage zum Protokoll der Sitzung am 16. 11. 1920, Daimler AG, HIC, Bestand Maschinenfabrik Esslingen, II/53.

21 Anders als die Vorgängerfirmen der M.A.N. in Augsburg und Nürnberg hatte die Maschinenfabrik Esslingen nach der Krise der 1870er Jahre nicht mehr an ihre früheren Erfolge anknüpfen können. Am Beginn des Ersten Weltkrieges war sie nur noch ein Unternehmen von regionaler Bedeutung. Während des Krieges hatte die Maschinenfabrik Esslingen durch Rüstungsgeschäfte hohe Gewinne erzielt, so dass sie bei der Übernahme durch die GHH schuldenfrei war. Hentschel, Wirtschaftsgeschichte, S. 146ff.; Maschke, Konzern, S. 136 ff.; Szymanski, Entwicklung, Teil III, S. 71 ff.; Bericht des Vorstandes zur 73. ordentlichen Hauptversammlung der Maschinenfabrik Esslingen, 21. 4. 1921, Daimler AG, HIC, Bestand Maschinenfabrik Esslingen, II/53.

22 Maschke, Konzern, S. 96 ff.

23 Siehe Kapitel III/2, S. 240 ff.

24 Maschke, Konzern, S. 167 f.; Kabel- und Metallwerke Neumeyer AG, 50 Jahre.

25 Maschke, Konzern, S. 168 f. Eine 12,5 %ige Kapitalbeteiligung an der Fritz Neumeyer AG gab die GHH an die M.A.N. weiter.

26 Dieses Aktienpaket konnte wenig später von der Firma Wm. H. Müller & Co., einem der GHH nahe stehenden Unternehmen in Amsterdam, erworben werden.

27 Später verkaufte die Fritz Neumayer AG auch ihre Werke in München-Freimann und in Gotha. Ab 1925 war das Unternehmen eine reine Holdinggesellschaft. Maschke, Konzern, S. 168 ff. u. S. 193.

28 Zur Geschichte der Schwäbischen Hüttenwerke vgl. Fliegauf, Hüttenwerke. Speziell zur Gründung der Schwäbische Hüttenwerke GmbHim Jahr 1921: ebd., S. 261 ff. Vgl. ferner Maschke, Konzern, S. 172 ff.

29 Die Eisenhütte Oberhausen bezog im Geschäftsjahr 1921/22 33 % der verbrauchten Erze aus Schweden, 25 % aus Frankreich und 22 % aus deutschen Vorkommen. Büchner, 125 Jahre, S. 80.

30 Fliegauf, Hüttenwerke, S. 261 ff.
31 Ebd., S. 175 ff.
32 Maschke, Konzern, S. 174 f.
33 Ebd., S. 178 ff.
34 Ebd., S. 177 f. An diesem Unternehmen war die GHH mit 72 % des Grundkapitals beteiligt, der Bayerische Lloyd mit 28 %. Bezahlt wurden die Anteile der GHH, indem die M.A.N. Dieselmotoren für fünf Kähne des Bayerischen Lloyds lieferte. Ebd., S. 178.
35 Ebd., S. 137, S. 180 ff. u. S. 199 ff.
36 Das Unternehmen wurde in N. V. Goederentransport en Handel Maatschappij Rollo umbenannt, ebd., S. 163 f.
37 Ebd., S. 182 ff.; 70 Jahre Ferrostaal, in: Das Echo 42. Jg. (2000), H. 2, S. 20 ff., MAN-HA A 1.1.8.6.
38 James, Familienunternehmen, S. 214.
39 Gutehoffnungshütte Complex (Haniel Family). Presented to James S. Martin, Chief Decartelization Branch, Economics Division, OMGUS, Berlin Vol. I, Introduction, S. 101, IfZ OMGUS 11/19–1/20 ED.
40 James, Familienunternehmen, S. 216.
41 Reusch erteilte den Konzerngesellschaften z. B. die Anweisung, bei Geschäftsbriefen keine Begrüßungsformeln zu benutzen und nur den Firmenstempel aufzudrücken. Reusch an Wellhausen, 5. 3. 1934, MAN-HA N 122 III. Die M.A.N. musste 1925 ihre Firmenwagen der Marke Steyr verkaufen, weil es «Herrn Reusch nicht recht war, dass ein ausländisches Fabrikat angeschafft wurde.» Buz an Endres, 4. 4. 1925, MAN-HA N 325.8.
42 Protokolle dieser Besprechungen finden sich in: MAN-HA Vorstandssitzungen 1924–1935.
43 Zitiert nach Joest, Pionier, S. 148.
44 Maschke, Konzern, S. 139 f.
45 Koszyk, Reusch, S. 75 f. Bei Knorr & Hirth hatte die GHH eine Kapitalbeteiligung von 52,52 %. Weitere 16 % besaß die GBAG der Vereinigten Stahlwerke. Der Fränkische Kurier war damals die zweitgrößte Tageszeitung Nürnbergs. Er hatte in den 1840er Jahren einmal dem älteren Theodor von Cramer-Klett gehört. Am Verlag dieser Zeitung, der W. Thümmels Buchdruckerei, war die GHH-Gruppe seit 1923 mit 49 % des Kapitals beteiligt. Ebd., S. 76; Dittrich, Aspekte, S. 30 u. S. 53 f.

2 Die Übernahme der M.A.N. durch die GHH

1 Die M.A.N. hatte deshalb 1910 mit dem Bau eines neuen Werks in Duisburg begonnen. Siehe Kapitel II/7, S. 214 f. Damals war offenbar auch schon überlegt worden, sich einem Ruhrkonzern anzuschließen. In der Vorstandssitzung vom 7./8. 6. 1920 sagte Max Carstanjen: «Die Notwendigkeit des Anschlusses sei gegeben, wir planten diesen schon seit 20 Jahren». MAN-HA Vorstandsprotokolle 1913–1920.
2 Beschluss des Vorstands vom 26. 4. 1918, MAN-HA Vorstandsprotokolle 1913–1920.
3 Nach dieser «stillen» Vereinbarung verzichtete Maffei darauf, Waggons zu bauen, solange die M.A.N. keine Lokomotiven herstellte. Protokoll der Vorstandssitzung vom 7. 7. 1916, MAN-HA N 131.3.; Biensfeld, Cramer-Klett, S. 86.
4 Niederschrift der Vorstandssitzung am 23. 7. 1919, MAN-HA Vorstandsprotokolle 1913–1920; Bemerkungen zur Frage der Aufnahme des Lokomotivbaues durch die

M.A.N., MAN-HA N 116 I/II; Protokoll der Besprechung am 5.7.1920, MAN-HA N 116.2.

5 Finanzstand der M.A.N. (streng vertraulich), 7.7.1920, MAN-HA Vorstandsprotokolle 1913–1920. Das Aktienkapital betrug am 30.6.1920 54 Mio. M, die Rücklagen beliefen sich auf 36 Mio. M. Bierlein, Finanzgeschichte, S. 19.

6 Bierlein, Finanzgeschichte, S. 19.

7 Niederschrift der Vorstandssitzung am 22.7.1919 in Augsburg, MAN-HA Vorstandsprotokolle 1913–1920. Schon 1905 hatte sich Rieppel in einem Brief bitter über Reuschs «schroffes Verhalten» beklagt. Rieppel an Müller, 11.1.1905, MAN-HA N 121.4.

8 Zur Interessengemeinschaft (Siemens-Rheinelbe-Schuckert-Union) vgl. Feldman, Iron, S. 213 ff.; Feldman/Homburg, Industrie; Reckendrees, «Stahltrust»-Projekt, S. 100 ff. u. S. 239 ff.; Feldenkirchen, Siemens, S. 118 ff.

9 Rieppel an Gäßler, 11.12.1920, MAN-HA N 116 I/II.

10 Niederschrift über die Vorstandssitzung am 7./8.7.1920 in Nürnberg, MAN-HA Vorstandsprotokolle 1913–1920.

11 Ebd.

12 Zur Geschichte der Rheinischen Stahlwerke vgl. Reckendrees, «Stahltrust»-Projekt, S. 108 ff.; Wixforth, Banken, S. 306 ff.

13 Augen auf!, in: Münchener Neueste Nachrichten vom 15.7.1920, BayHStA MWi 2447.

14 So die Darstellung Jessens in seinem Brief an Reusch vom 27.8.1920. RWWA 130-300193017/2.

15 Ebd.

16 Jessen an Reusch, 14.9.1920, ebd.

17 Rieppel an von Braun, 3.1.1921, MAN-HA N 121.

18 Jessen an Reusch, 14.9.1920, RWWA 130-300193017/2. Zu Cramer-Klett's Misstrauen gegenüber Stinnes vgl. Feldman, Stinnes, S. 661.

19 Reusch an Cramer-Klett 21.10.1920 [richtiges Datum 21.9.1920], RWWA 130-300193017/2.

20 Szymanski, Entwicklung, Teil III, S. 87; Maschke, Konzern, S. 150 f.

21 Vorstand an Aufsichtsrat der M.A.N. zu Händen des Vorsitzenden Baron v. Cramer-Klett, 2.11.1920, MAN-HA N 116.2.

22 Ebd.

23 Reusch an Jessen, 27.11.1920, RWWA 130-300193017/2; Maschke, Konzern, S. 151.

24 Rundschreiben der Maschinenfabrik Augsburg-Nürnberg A.G., Generaldirektion, vom 16.11.1920, MAN-HA N 173 I.

25 Jessen an Reusch, 24.11.1920, RWWA 130-300193017/2.

26 Maschke, Konzern, S. 151 f.; Feldman, Stinnes, S. 662.

27 Jessen an Reusch, 17.1.1921, RWWA 130-300193017/2.

28 Reusch an Jessen, 30.4.1921, RWWA 130-300193017/3; Maschke, Konzern, S. 154.

29 Feldman, Stinnes, S. 662.

30 Zusammengehen der M.A.N. mit Rhein Elbe Union, 8.7.1921 (Vermerk über eine Besprechung mit Vögler in Augsburg am 6.7.1921), MAN-HA A 173 I.

31 Reusch an Jessen, 27.5.1921, RWWA 130-300193017/3.

32 Reusch an Jessen, 16.6.1921, ebd.

33 Reusch an Jessen, 8.6.1921, ebd.; Reusch an Cramer-Klett, 27.7.1921, ebd.; Maschke, Konzern S. 156.

34 Reusch an Jessen, 8. 6. 1921, RWWA 130-300193017/3.

35 Reusch, Sekr. Wagner, an Jessen, 13. 7. 1921, ebd.; Reusch an Jessen, 15. 7. 1921, ebd.

36 Die industrielle Mainlinie, in: Münchener Zeitung vom 23. 12. 1921.

37 Nachdem Adolf Eberbach Anfang Juni 1921 dem Stinnes-Konzern ein großes Paket M.A.N.-Aktien angeboten hatte, ging Reusch juristisch gegen die Gruppe Winkler-Eberbach vor. Cramer-Klett, der mit Eberbach gut bekannt war, wollte eine rechtliche Auseinandersetzung vermeiden. Da Reusch nicht bereit war, einzulenken, reichte Cramer-Klett seinen Rücktritt ein. Jessen an Reusch, 4. 11. 1921, RWWA 130-300193017/3; Jessen an Reusch, 20. 11. 1921, ebd. Nach einem langwierigen, mit Haken und Ösen geführten Rechtsstreit kam schließlich ein Vergleich zustande. Die Beklagten mussten ihre M.A.N.-Aktien dann der GHH aushändigen. Maschke, Konzern, S. 156 ff.

38 Maschke, Konzern, S. 153 (Zitat) u. S. 156.

39 Bericht über die Besprechung mit Herrn Kommerzienrat Dr. Paul in Mettingen am 27. 5. 1920, Daimler AG, HIC, Bestand Maschinenfabrik Esslingen, II/53.

3 Die Gutehoffnungshütte, Paul Reusch und die Krisen der Weimarer Republik

1 Szymanski, Entwicklung, Anlagen.

2 Büchner, 125 Jahre, S. 133

3 James, Familienunternehmen, S. 261.

4 Ebd., S. 213,

5 Dies zeigt der Konflikt zwischen Paul Reusch und Werner Carp, der 1930 zu einem offenen Machtkampf eskalierte. Siehe Kapitel III/3, S. 256. Zu deutlichen Differenzen zwischen Karl Haniel und Paul Reusch kam es nur 1933 bei den Münchener Neuesten Nachrichten. Siehe Kapitel III/5, S. 287.

6 Im Frühjahr 1941 teilte Reusch Karl Haniel mit, dass Lübsen nicht länger bei der GHH bleiben wollte, nachdem Franz Kirchfeld in den Vorstand berufen worden war. Reusch an K. Haniel, 28. 4. 1941, RWWA 130-40010120006b. Offenbar hatte sich Lübsen Chancen auf die Nachfolge Reuschs ausgerechnet.

7 Diesing, Reusch, S. 24 ff.

8 Amtsgericht Nürnberg an GHH, 13. 1. 1923, RWWA 130-4001112/8; Beschlussfassung über die Änderung des § 1 des Gesellschaftsvertrages, Notarielle Beglaubigung vom 27. 5. 1821, ebd. Der Beschluss war am 30. 4. 1921 von der Generalversammlung der GHH in Hamburg gefasst worden.

9 Maschke, Konzern, S. 188.

10 Die Auswirkungen der Ruhrbesetzung auf die Betriebe der Gutehoffnungshütte, RWWA 130-300120/14; GHH Geschäftsbericht für das Jahr 1922/23, S. 7 f.

11 Winkler, Revolution, S. 609.

12 Mogs, Entwicklung, S. 211; Sensen, Klassenkämpfe, S. 157.

13 Lindenlaub, Maschinenbauunternehmen, S. 182 f. u. S. 194, Anm. 194.

14 James, Familienunternehmen, S. 203 (Zitat); Weisbrod, Schwerindustrie, S. 189, Anm. 207.

15 Tenfelde, Krupp, S. 132; Abelshauser, Rüstungsschmiede, S. 288.

16 Reckendrees, «Stahltrust»-Projekt, S. 122 ff.

17 Zu dieser Einschätzung gelangte der Ende 1930 vorgelegte Bericht des Enquete-Ausschusses über die Produktions- und Absatzbedingungen der deutschen Industrie. Vgl. Berliner Börsen-Courier, 16.12.30, BA R 2501/2255. Zum Problem der Überkapa-

zitäten der deutschen Eisen- und Stahlindustrie vgl. v. a. Kleinschmidt, Rationalisierung, S. 347 ff. Zur Produktionsstatistik: Wirtschaftsgruppe Eisen schaffende Industrie, Deutschlands Gewinnung an Roheisen, Rohstahl und Walzwerkserzeugnissen im Jahre 1935, BA R 13 I/524, Bl. 4.

18 Statistiken Konzernstelle, 6. 9. 1945, RWWA 130-400101305/7, Bl. 1–22; Gutehoffnungshütte, Beschäftigte Arbeiter und Beamte 1872/73–1933/34, MAN-HA A 116; Spoerer, Rüstungsboom, S. 194 (Gewinne/Verluste nach Steuerbilanz).

19 GHH, Verrechnete Lieferungen 1924/25–1944, RWWA 130-400101305/7.

20 Erzeugungszahlen, 5. 9. 1945, RWWA 130-400101305/7; Reckendrees, «Stahltrust», S. 125.

21 Kleinschmidt, Rationalisierung, S. 233.

22 Maschke, Konzern, S. 192.

23 Ebd., S. 175.

24 Die wirtschaftliche Sicherheit der GHH. Ein Interview mit Paul Reusch, in: Ruhrwacht 37. Jg., 20. 1. 1927, RWWA 130-40010128/6. Ähnlich argumentierte schon die Denkschrift der GHH zum Erwerb des Feinblechwalzwerks Altenhundem vom 22. 4. 1918, RWWA 130-300193007/2; Maschke, Konzern, S. 93.

25 Siehe Tabelle 17 (S. 254).

26 Maschke, Konzern, S. 194. Zur M.A.N. siehe Kapitel III/4, S. 267 ff.

27 In einem Brief an den M.A.N.-Vorstand Richard Buz schrieb Reusch im Juni 1922: «Ich bin in der letzten Zeit von allen Seiten angepumpt worden: Esslingen, Schwäbische Hüttenwerke, Osnabrück, Deutsche Werft usw. Alle Unternehmungen brauchen Geld und haben ihre Nährmutter in Anspruch genommen.» Zitiert nach Maschke, Konzern, S. 215.

28 Spoerer, Rüstungsboom, S. 194. Zur Bilanzierung der Verluste des GHH AV vgl. Wixforth, Banken, S. 133.

29 Maschke, Konzern, S. 190.

30 Joest, Pionier, S. 205; Philipp Stein, 100 Jahre GHH-Brückenbau, Oberhausen 1951.

31 Stein, 100 Jahre, Ebd., S. 174 u. S. 179 f.

32 200 Jahre «Gute Hoffnung», S. 20 f.

33 Landschaftsverband Rheinland/Rheinisches Industriemuseum, Gasometer, S. 6 ff.; Steiner, Gasometer, S. 15 f.

34 Michael Gaigalat/Joachim Schaier, Die Macht der Konzerne, in: Landschaftsverband Rheinland/Rheinisches Industriemuseum Oberhausen, Schwer. Industrie, S. 135 f.; Kleinschmidt, Rationalisierung, S. 144 ff.

35 Reckendrees, «Stahltrust»-Projekt, S. 149–275.

36 Ebd., S. 343; Gehlen, Silverberg, S. 410 f. Die wirtschaftliche Sicherheit der GHH. Ein Interview mit Paul Reusch, in: Ruhrwacht 37. Jg., 20. 1. 1927, RWWA 130-40010128/6.

37 Werner Carp (1886–1950) war Eigentümer des Düsseldorfer Stahlunternehmens Carp & Hones und hatte bei der GHH eine Kapitalbeteiligung von 2 %. 1923 wurde er Vorstandsvorsitzender der Gewerkschaften Rheinpreußen und Neumühl, 1930 Vorsitzender des Verwaltungsrats der Franz Haniel & Cie. Seine Mutter Alma Carp geb. Haniel war eine Enkelin Franz Haniels.

38 Reckendrees, «Stahltrust»-Projekt, S. 351.

39 James, Familienunternehmen, S. 218 f.; Reckendrees, «Stahltrust»-Projekt, S. 351 ff. («Die versuchte Übernahme der Gutehoffnungshütte»). Zunächst hatte Carp einen Aktientausch im Verhältnis 1:2 geplant. Schließlich bot er dann für eine GHH-Aktie

eine Aktie der Vereinigten Stahlwerke und den Gegenwert einer weiteren Aktie in Form von Bargeld und Obligationen an.

40 Stichworte Reuschs zur Rede vor der Ordentlichen Hauptversammlung der Gutehoffnungshütte Aktienverein für Bergbau und Hüttenbetrieb am 29. 11. 1930, RWWA 130-4001012000/19. Zu Flicks Kontrolle über die GBAG: Reckendrees «Stahltrust»-Projekt., S. 283 f.

41 Streit unter den Ruhrindustriekapitänen, in: Westfälische Allgemeine Volkszeitung vom 12. 11. 1930, RWWA 130-44001032/3; Gehlen, Silverberg, S. 412 f.; Reckendrees, «Stahltrust»-Projekt, S. 351 ff. (dort auch zu den Plänen, die M.A.N. zu verkaufen). Zu den Transaktionen bei der Phoenix AG: ebd. S. 287 ff. Als sich Reusch bei der GBAG erkundigte, erfuhr er, dass «Herr Carp nicht berechtigt sei, im Namen von Gelsenkirchen irgendwelche Erklärungen abzugeben.» Stichworte Reuschs zur Rede vor der Ordentlichen Hauptversammlung der Gutehoffnungshütte Aktienverein für Bergbau und Hüttenbetrieb am 29. 11. 1930, RWWA 130-4001012000/19. Zu Flicks finanzieller Lage Anfang der dreißiger Jahre vgl. Priemel, Flick, S. 220 ff.

42 Gehlen, Silverberg, S. 411 f.

43 Gutehoffnungshütte, in: Frankfurter Zeitung vom 20. 8. 1930.

44 Stichworte Reuschs zur Rede vor der Ordentlichen Hauptversammlung der Gutehoffnungshütte Aktienverein für Bergbau und Hüttenbetrieb am 29. 11. 1930, RWWA 130-4001012000/19.

45 Weisbrod, Schwerindustrie, S. 169 ff. Der Langnamverein war 1871 als Verein zur Wahrung der gemeinsamen wirtschaftlichen Interessen in Rheinland und Westfalen gegründet worden. Die inoffizielle, aber allgemein geläufige Bezeichnung Langnamverein erhielt er von Otto von Bismarck, dem der Name des Vereins zu lang war. Vgl. Winschuh, Verein.

46 Die Zahl der Mitglieder war von Anfang an auf zwölf begrenzt. Die Zusammensetzung dieses Kreises blieb bis Ende 1932 unverändert. Die zwölf Mitglieder waren: Erich Fickler (Harpener Bergbau AG), Karl Haniel (Haniel-Konzern), Peter Klöckner (Klöckner-Werke), Arthur Klotzbach (Krupp), Gustav Krupp von Bohlen und Halbach (Krupp), Ernst Poensgen (Vereinigte Stahlwerke), Paul Reusch (GHH), Paul Silverberg (Aufsichtsratsvorsitzender Rheinische AG für Braunkohlenbergbau und Brikettfabrikation), Fritz Springorum (Hoesch), Fritz Thyssen (Aufsichtsratsvorsitzender Vereinigte Stahlwerke), Albert Vögler (Vereinigte Stahlwerke), Fritz Winkhaus (Hoesch/Köln-Neuessen). Turner, ‹Ruhrlade›, S. 115 f.

47 Ebd., S. 114–156.

48 Vgl. Weisbrod, Schwerindustrie; Neebe, Großindustrie.

49 Paul Reusch, Laßt die Wirtschaft dich endlich einmal in Ruhe!, in: Deutsche Wirtschafts-Zeitung vom 18. 11. 1926.

50 Das geschäftsführende Präsidialmitglied des RDI Ludwig Kastl schrieb damals an den Braunkohlenindustriellen Paul Silverberg: «Der Reichspräsident meinte … zustimmend zu den Ausführungen des Herrn Reusch, daß die Not der Zeit eine stärkere Anwendung des Artikel 48 auf der Grundlage eines Ermächtigungsgesetzes notwendig mache». Zitiert nach Neebe, Großindustrie, S. 33.

51 Martin Blank (1897–1972) leitete von 1922 bis 1945 die Verwaltungsstelle Berlin der GHH. Nach dem Krieg war er zunächst Direktor der Hauptverwaltung der GHH in Oberhausen. Von 1949 bis 1957 gehörte Blank dann dem Deutschen Bundestag an, bis 1952 als Abgeordneter der FDP – von 1953 bis 1956 auch als deren parlamentarischer

Geschäftsführer – und ab 1956 als Abgeordneter der von ihm mitbegründeten Freien Volkspartei.

52 Weisbrod, Schwerindustrie, S. 415–456; Bähr, Schlichtung, S. 250–274.

53 Simplicissimus, Ausgabe vom 3. 12. 1928. Das Titelbild findet sich abgedruckt in: Landschaftsverband Rheinland/Rheinisches Industriemuseum, Schwer.Industrie, S. 139. Allein bei der GHH Oberhausen AG wurden fast 12 000 Arbeiter ausgesperrt, von denen nur 40 % gewerkschaftlich organisiert waren. Mogs, Entwicklung, S. 219.

54 Bähr, Schlichtung, S. 266 ff. Anfang Dezember 1928 fügte sich Arbeit Nordwest einem neuen Schiedsspruch des sozialdemokratischen Reichsinnenministers Carl Severing.

55 Vorsitzender des Bundes war der frühere Reichskanzler Hans Luther (1930–1933 Reichsbankpräsident). Zu den Mitgliedern gehörten Karl Haniel, Gustav Krupp von Bohlen und Halbach, Paul Silverberg, Friedrich Springorum und Tilo von Wilmowsky. Luntowski, Hitler, S. 27.

56 Felken, Spengler, S. 143 f. u. S. 149; Herzog, Freundschaft. Vgl. auch Maschke, Konzern, S. 31 ff.

57 Bosch an Reusch, 19. 8. 1919, RBA 14/101.

58 Zur Beziehung zwischen Bosch und Reusch vgl. Scholtyseck, Bosch; Briefwechsel zwischen Bosch und Reusch sind veröffentlicht in: Bosch und die deutsch-französische Verständigung.

59 Herzog, Reusch.

60 1931 hatte die Deutsche Werft noch einen Umsatz von 33 Mio. M, 1932 dagegen nur noch einen Umsatz von 8 Mio. M. Büchner, 125 Jahre, S. 152. Zur M.A.N.: Verrechnete Lieferungen 1924/25–1937/38, MAN-HA A 1.5.0.

61 GHH, Produktionsstatistik 1924/25–1944/45, RWWA 130-400101305/7.

62 Siehe Tabelle 18 (S. 260).

63 Anlässlich des Konflikts zwischen Reusch und Carp im Jahr 1930 war auch in der Presse kolportiert worden, «daß ein größerer Teil der Hüttenanlagen der Gute-Hoffnungshütte demnächst eine Auffrischung erfahren muß.» Streit unter den Ruhrindustriekapitänen, in: Westfälische Allgemeine Volkszeitung vom 12. 11. 1930, RWWA 130-44001032/3.

64 Vereinigte Stahlwerke, Monatsberichte Sept. 1937, TKKA; Pierenkemper, Krise, S. 255; GHH, Rohstahlerzeugung 1924/25–1944/45, RWWA 130-400101305/7.

65 Bericht über die 13. Konzernsitzung in Oberhausen am 16. 3. 1931, S. 11, BBA 30/52.

66 Jahresbericht des Steinkohlenbergbaues für das Geschäftsjahr 1930/31, S. 2, BBA 30/16; Huske, Steinkohlenzechen.

67 Yano, Hüttenarbeiter, S. 16.

68 Reif, Stadt, S. 518. Die Angaben beziehen sich auf die Reichstagswahl vom 31. 7. 1932. Damals entfielen in Oberhausen auf die NSDAP 24,0 % der gültigen Stimmen. Bei der Landtagswahl vom 24. 4. 1932 lag dieser Anteil sogar bei 27,9 %. Mogs, Entwicklung, S. 235.

69 Siehe Tabelle 16 (S. 253).

70 Neebe, Großindustrie, S. 99 ff.

71 Paul Reusch, «Gelsenkirchen», in: Fränkischer Kurier 99. Jg. Nr. 185 vom 6. 7. 1932.

72 Reusch an Glaser, 8. 5. 1921, zitiert nach Turner, Großunternehmer, S. 72. Die Anfrage der NSDAP erfolgte damals über einen Mitarbeiter des Konzerns, der Reusch auch das Wirtschaftsprogramm der NSDAP zukommen ließ. Das im Februar 1920 verabschiedete Programm der NSDAP forderte u. a. die Verstaatlichung von Großunternehmen und die «Brechung der Zinsknechtschaft». Ebd. S. 67.

73 Reusch an Schacht, 29. 9. 1932, RWWA 130-400101290/33a.

74 Außer Blank nahmen an der Harzburger Versammlung vom 11. 10. 1931 auch der DVP-Reichstagsabgeordnete und GHH-Lobbyist Erich von Gilsa sowie die Syndici des Langnamvereins und des Arbeitgeberverbandes Nordwest, Max Schlenker und Ludwig Grauert, teil. Neebe, Großindustrie, S. 107.

75 Neben Reusch und Wilmowsky trat auch der Bankier Paul Kempner für dieses völlig realitätsfremde Projekt ein. Als Vorsitzenden der neuen Rechtspartei hatte Reusch den Leipziger Oberbürgermeister Carl Goerdeler im Blick. Wilmowsky an Reusch, 16. 3. 1932, RWWA 130-400101290/39; Diesing, Reusch, S. 93.

76 Reusch gehörte seit dem Frühjahr 1931 dem Verwaltungsausschuss des Verlags Knorr & Hirth an. Koszyk, Reusch, S. 76.

77 Reusch an Dörge, 25. 2. 1933, RWWA 130-4001012007/13.

78 Reusch an Kötter, 20. 3. 1932, RWWA 130-4001012007/15a/b.

79 Koszyk und Luntowski gehen davon aus, dass sich Reusch schon im Februar 1932 mit Hitler getroffen hätte. Vgl. Koszyk, Reusch, S. 79 (datiert das Treffen auf den 23. 2. 1932); Luntowski, Hitler, S. 51 (mit dem Datum 21. 2. 1932). Für ein Treffen vor dem 19. 3. 1932 gibt es aber keinerlei Beleg (siehe Turner, Großunternehmer, S. 493). Die Angaben beziehen sich auf Informationen von Bodo Herzog, des langjährigen Archivleiters der GHH, der sich dabei auf Martin Blank berief. Luntowski, Hitler, S. 262, Anm. 154. Reusch sagte im Spruchkammerverfahren gegen Hjalmar Schacht aus, er hätte «im Jahre 1932 zwei Unterredungen mit Hitler gehabt». Spruchkammer Stuttgart, Der öffentliche Kläger, Vernehmung des Zeugen Paul Reusch, 11. 11. 1946, RWWA 130-400101290/143, Bl. 103. Im Spruchkammerverfahren gegen Karl Plochmann hatte Reusch zuvor erklärt, er sei «nur in der zweiten Hälfte des Jahres 1932 zweimal mit ihm [Hitler] zusammengetroffen». Paul Reusch, Erklärung vom 22. 9. 1945, StA Nürnberg, Spruchkammer IV, P 82 Karl Plochmann.

80 Reusch an Wilmowsky 20. 3. 1932, RWWA 130-400101290/39. Turner vermutet, Reusch hätte Hitler dazu bewegen wollen, seine Kandidatur im zweiten Wahlgang der Reichspräsidentenwahl zurückzuziehen. Tatsächlich hat sich Reusch in der Besprechung mit Hitler wohl nur kritisch über die Kandidatur geäußert. Turner, Großunternehmer, S. 291; Reusch an Kötter, 20. 3. 1932, RWWA 130-4001912007/15a/b.

81 Reusch an Cossmann, 16. 6. 1932, RWWA 130-4001012007/4 (abgedruckt in: Koszyk, Reusch, S. 100 f.)

82 Schreiben Betz an Reusch, 8. 4. 1932, abgedruckt in: Koszyk, Reusch, S. 94 f.

83 Zitiert nach: ebd.

84 Luntowski, Hitler, S. 54 (Zitat aus einer späteren Darstellung des Verlagsleiters Betz).

85 Schreiben Betz an Reusch, 8. 4. 1932, abgedruckt in: Koszyk, Reusch, S. 94 f.

86 Turner, Großunternehmer, S. 292.

87 Neebe, Großindustrie, S. 122 ff.; Langer, «Machtergreifung», S. 22 f.

88 Reusch an Schacht, 29. 9. 1932, 130-400101290/33a. Zum Sofortprogramm und zu Reuschs Reaktion: Neebe, Großindustrie, S. 132 f.; Turner, Großunternehmer, S. 308; Langer, «Machtergreifung», S. 34.

89 Neebe, Großindustrie, S. 136 ff. u. S. 152; Langer, «Machtergreifung», S. 25 f.; Luntowski, Hitler, S. 66 ff.; Diesing, Reusch, S. 112 ff.

90 Turner, Großunternehmer, S. 365; Gehlen, Silverberg S. 497 f.

91 Langer, «Machtergreifung», S. 32 ff. belegt dies u. a. anhand des Terminkalenders von Paul Reusch.

92 Turner, Großunternehmer, S. 385.
93 Wie Turner zeigt, war Reusch über die Intrigen in Berlin, die Hitler am 30. 1. 1933 an die Macht brachten, nicht einmal informiert, Ebd., S. 389.
94 Die GHH beteiligte sich nur an der von Schacht eingetriebenen «Sammelspende» der deutschen Industrie für die NSDAP vor der Reichstagswahl vom 5. 3. 1933. Der Gesamtbetrag dieser Spende lag bei 3 Mio. RM. Davon entfielen 34 271 RM auf die GHH. Gutehoffnungshütte Complex (Haniel Family), Introduction, Vol. I, S. 179, IfZ, OMGUS, 11/19–1/20 ED.
95 Richtlinien für die Haltung der Münchener Neuesten Nachrichten auf politischem, wirtschaftlichem und kulturellem Gebiet (II. Fassung des Entwurfs), RWWA 130-4001012007/6 (abgedruckt in: Koszyk, Reusch, S. 90 ff.).
96 Reusch an Kötter, 3. 2. 1933, RWWA 130-4001012007/16. Zu Reuschs Terminkalender im Januar/Februar 1933: Langer, «Machtergreifung», S. 48 f.

4 Weichenstellungen für die Zukunft: Die M.A.N. und die schwierigen Lehrjahre des Nutzfahrzeugbaus

1 Der Anteil der GHH an den Stahl- und Walzwerksbezügen der M.A.N. stieg von 21 % im Jahr 1921 auf 32 % im Jahr 1925 und 46 % um Jahr 1928. Dass er nicht höher lag, ergab sich wohl daraus, dass die GHH viele von der M.A.N. benötigte Erzeugnisse nicht herstellte und die M.A.N. die günstigen Bezüge aus Oberhausen auch für Austauschgeschäfte mit anderen Unternehmen nutzte. Die Angliederung der Maschinenfabrik Augsburg-Nürnberg A.G., S. 58 f., MAN-HA A 1.1.6/1.
2 Lindenlaub, Maschinenbauunternehmen, S. 226.
3 M.A.N. AG, An unsere Arbeiterschaft!, 21. 3. 1922, MAN-HA N 221.4.
4 Lauster an Endres, 16. 11. 1923, MAN-HA A 116.3.
5 Der Abschluss der Maschinenfabrik Augsburg-Nürnberg, in: Berliner Tageblatt Nr. 537 vom 12. 11. 1925, Abendblatt, MAN-HA N 116 I; Maschinenfabrik Augsburg-Nürnberg, in: Nürnberger Nachrichten, Nordbayerische Zeitung vom 26. 11. 1925, ebd.
6 Die Angliederung der Maschinenfabrik Augsburg-Nürnberg A. G., S. 60, MAN-HA A 1.1.6/1.
7 Zur Biografie Otto Meyers vgl. Ein dynamisches Leben; Bosl, Jahrhundert, S. 226 ff.; Seherr-Thoß, Meyer.
8 Belegschaftszahlen der Gesamt-M.A.N. 1898–1965 (aus den Geschäftsberichten), 16. 9. 1965, MAN-HA A 2.2.1.1.
9 Verrechnete Lieferungen 1913/14–1935, MAN-HA A 1.5.0.
10 M.A.N., Geschäftsbericht 1925/26, MAN-HA; Belegschaftszahlen der Gesamt-M.A.N. 1898–1965, 16. 9. 1965, MAN-HA A 2.2.1.1.
11 F. Becker, Rückblick auf den Druckmaschinenbau, in: Der Druckspiegel Nr. 12, Dezember 1965.
12 Vgl. Roland Offset.
13 Droscha, M.A.N., S. 136a.
14 Ebd., S. 144 f.
15 MAN Werk Augsburg, Umsätze in den Jahren 1898/99 bis 1939/40, MAN-HA A 1.5.0.
16 Nachdem zunächst verbreitet worden war, dass alle Dieselmotoren der M.A.N. zerstört werden sollten, wurde die bayerische Regierung in dieser Frage bei den Siegermächten vorstellig. Schließlich mussten nur die U-Boot-Dieselmotoren abgeliefert

werden. Die umfangreiche Presseberichterstattung über diese Vorgänge findet sich dokumentiert in BA, R 8127/654.

17 Schmidt, Entwicklung, S. 15 ff. u. S. 24 ff.; Gustav E. Pielstick (1890–1961), MAN-HA A 1.1.8.1.

18 Uebel/Richter (Hg.), 150 Jahre.

19 Dieselloks für Russland, 2. 10. 1933, MAN. HA, A 3.36.1.5.; Messerschmidt, Einführung; Lomonossoff, Diesellokomotiven.

20 Das Gutachten «Über die Verwendung des Dieselmotors zum Antrieb von Lastkraftwagen» (19. 2. 1916) war von Marinebaurat Laudahn verfasst worden, einem der damals führenden Sachverständigen auf dem Gebiet des Dieselmotorenbaus. Fr. Gresbeck, Zur Entstehungsgeschichte des Lastwagen-Dieselmotors der M.A.N., Juli 1953, S. 2, MAN-HA A 3.36.15.

21 Maschinenfabrik Augsburg-Nürnberg AG, Bekanntmachung vom 1. 7. 1921, Hausen, Wurzel, S. 111.

22 Jahn, Unternehmenspolitik, S. 82.

23 Droscha, Gang, S. 25; ders., M.A.N., S. 116 f.

24 Droscha, Gang, S. 26 f.; Seherr-Thoß, Technik, S. 370 f.

25 Klein, 50 Jahre, S. 117; Erste Diesel-Nutzfahrzeuge und die Entwicklung der Direkteinspritzung für Dieselmotoren, 21. 7. 1998, MAN-HA.

26 Am 26. 7. 1919 wurde der M.A.N. ein Patent für «Verfahren und Vorrichtung zur unmittelbaren Einspritzung bei Verbrennungskraftmaschinen» erteilt. Klein, 50 Jahre, S. 117.

27 Kirchberg, Technik, S. 27 f.; Erste Diesel-Nutzfahrzeuge und die Entwicklung der Direkteinspritzung für Dieselmotoren, 21. 7. 1998, MAN-HA.

28 Zitat aus dem Bericht Mahlers über die Automobilausstellung in Berlin 1923, zitiert nach: Entwicklung des Fahrzeugdieselmotors bei der M.A.N. in den ersten Jahren, MAN-HA A 3.36.1.5; ähnlich: Fr. Gresbeck, Zur Entstehungsgeschichte des Lastwagen-Dieselmotors der M.A.N., Juli 1953, S. 5, MAN-HA A 3.36.15.

29 Klein, 50 Jahre, S. 118; Fr. Gresbeck, Zur Entstehungsgeschichte des Lastwagen-Dieselmotors der M.A.N., Juli 1953, S. 4 ff., MAN-HA A 3.36.15.

30 Klein, S. 118; Fr. Gresbeck, Zur Entstehungsgeschichte des Lastwagen-Dieselmotors der M.A.N., Juli 1953, S. 6 f., MAN-HA A 3.36.15.; Erste Diesel-Nutzfahrzeuge und die Entwicklung der Direkteinspritzung für Dieselmotoren, 21. 7. 1998, MAN-HA.

31 Zitiert nach: Fr. Gresbeck, Zur Entstehungsgeschichte des Lastwagen-Dieselmotors der M.A.N., Juli 1953, S. 7 f., MAN-HA A 3.36.15.

32 Ebd., S. 7 f.

33 Ebd., S. 6 ff.

34 Ebd., S. 14; Klein, 50 Jahre, S. 119.

35 Werkarchiv an Direktion der Aktienbrauerei «Zum Hasen», 10. 12. 1952, MAN-HA A 3.36.1.5; Seherr-Thoß, Technik, S. 326.

36 Seherr-Thoß, Technik, S. 326.

37 Auszug aus dem Bericht von Wilhelm Riehm, Schnellaufende Fahrzeugdieselmotoren, in: Der Motorwagen, 29. 2. 1928, MAN-HA A 3.36.1.5.

38 M.A.N., Diesel-Lastwagen, Urteil der Aktienbrauerei zum Hasen, Augsburg [Anzeige], MAN-HA A 3.36.1.5.

39 Zitiert nach: Werkarchiv an Direktion der Aktienbrauerei «Zum Hasen», 10. 12. 1952, ebd.

40 Otto Meyer, Neuere Entwicklungen des M.A.N.-Lastwagens, in: Bericht über die 14. Konzernsitzung zu Oberhausen am 19. 6. 1933, S. 28, BBA 30/53.
41 Hausen, Wurzel, S. 112.
42 Otto Meyer, Neuere Entwicklungen des M.A.N.-Lastwagens, in: Bericht über die 14. Konzernsitzung zu Oberhausen am 19. Juni 1933, S. 27, BBA 30/53.
43 Kirchberg, Technik, S. 28.
44 Diesel-Lastkraftwagen, 5. 2. 1931 (Bericht Wiebicke auf der 13. Konzernsitzung in Oberhausen, 16. 3. 1931), MAN-NF HA 1.1. Firmengeschichte VI/1 1929–1933. Zu den Typen der frühen MAN-Diesellastwagen: Gebhardt, Geschichte, Bd. 2b, S. 106.
45 Jahn, Unternehmenspolitik, S. 76.
46 Ebd.
47 Droscha, Gang, S. 30.
48 Otto Meyer, Neuere Entwicklungen des M.A.N.-Lastwagens, in: Bericht über die 14. Konzernsitzung zu Oberhausen am 19. 6. 1933, S. 27, BBA 30/53.
49 Seherr-Thoß, Technik, S. 376.
50 Jahn, Unternehmenspolitik, S. 82.
51 Umsätze (verrechnete Lieferungen) der M.A.N.-Werke Nürnberg, Augsburg und Gustavsburg unterteilt nach Erzeugnisgruppen für die Geschäftsjahre 1924/25 bis 1938/39, MAN-HA A 1.5.0.
52 Endres an Buz, 21. 6. 1926, MAN-NF HA 1.1. Firmengeschichte VI/1 1929–1933.
53 Entwicklung des Lastwagenbaues, 3. 7. 1930, ebd.
54 Edelmann, Luxusgut; Rohde, Transportmodernisierung.
55 Otto Meyer, Neuere Entwicklungen des M.A.N.-Lastwagens, in: Bericht über die 14. Konzernsitzung zu Oberhausen am 19. 6. 1933, S. 27, BBA 30/53.
56 Jahn, Unternehmenspolitik, S. 82.
57 Ebd., S. 81; Lastwagenbau, 21. 10. 1930, MAN-NF HA 1.1. Firmengeschichte VI/1 1929–1933.
58 Siehe Grafik 21 (S. 277).
59 Endres an Buz, 21. 6. 1928, MAN-NF HA 1.1. Firmengeschichte VI/1 1929–1933.
60 Stellungnahme vom 6. 3. 1931, ebd. Zu der in einer Notverordnung vom 6. 10. 1931 eingeführten Bindung an die Reichsbahntarife vgl. Rohde, Transportmodernisierung, S. 62.
61 Bericht über die Vorstandssitzung vom 8. 2. 1932 in Augsburg, S. 14, MAN-HA Vorstandsprotokolle 1924–1935.
62 Enders/Meyer an Reusch, 28. 8. 1931, MAN-NF HA 1.1. Firmengeschichte VI/1 1929–1933.
63 Jahn, Unternehmenspolitik, S. 82; Lindenlaub, Anpassung, S. 298.
64 Niederschrift über die Vorstandssitzung am 15. 12. 1932 in Augsburg, MAN-HA Vorstandsprotokolle 1924–1935.
65 Droscha, Gang, S. 30; ähnlich, aber ohne Hinweis auf die «Wette»: Bosl, Jahrhundert, S. 228; Seherr-Thoß, Meyer, S. 366.
66 Bericht über die 13. Konzernsitzung in Oberhausen am 16. März 1931, BBA 30/51.
67 Lindenlaub, Anpassung, S. 284 f.
68 In Nürnberg waren im Februar 1932 37,5 % der Erwerbspersonen arbeitslos. In Augsburg war bereits 1930 jeder dritte Erwerbsfähige ohne Beschäftigung. Geer, Wirtschaft, S. 504; Gotto, Kommunalpolitik, S. 31.
69 Lindenlaub, Anpassung.

70 Buz starb am 13. 6. 1932 an den Folgen eines Autounfalls. Im März 1932 war bereits Ludwig Endres gestorben. Im November 1932 verschied der Gustavsburger Werkleiter Hans Herrmann.

71 Foth, Chronik, Anlage 8.

5 Zusammenarbeit und Konflikte mit dem nationalsozialistischen Regime (1933–1939)

1 Bericht über die 14. Konzernsitzung zu Oberhausen am 19. Juni 1933, S. 40, BBA 30/53.

2 Erzeugungszahlen, 6. 9. 1945, RWWA 130-400101305/7; Büchner, 125 Jahre, S. 138. Zur konjunkturellen Wende von 1932/33 und dem anschließenden Wirtschaftsaufschwung im Dritten Reich vgl. Buchheim, Natur, sowie Jahrbuch für Wirtschaftsgeschichte 2003/1 (Neue Ergebnisse zum NS-Aufschwung).

3 Notiz betr. Besuch Aschka, 4. 9. 1933, MAN-HA A 2.2.1.3 (M.A.N.); Claviez, 50 Jahre, S. 65 (Deutsche Werft); Gutehoffnungshütte Aktienverein, Geschäftsbericht 1935/36,BAR 907/709; Handbuch der deutschen Aktiengesellschaften jew. Jg.

4 Reusch an Schacht, 2. 1. 1933, RWWA 130-400101290/33a, Bl. 86.

5 Gutehoffnungshütte Complex (Haniel Family), Presented to James S. Martin, Chief Decartelization Branch, Economics Division, OMGUS, Berlin, Vol. I Introduction, S. 240, IfZ 11/19–1/20 ED.

6 Niederschrift der Vorstandssitzung am 22. 11. 1932 in Nürnberg, MAN-HA Vorstandssitzungen 1924–1935.

7 Gustav Pielstick 70 Jahre alt, MAN-HA A 1.2.2.

8 Übersichtsliste gemäß Besprechung bei Amtschef A am 9. 9. 1933 (Geheim! Kommandosache!), IfZ MA 1555, C 32.

9 Saemann an Meyer, 28. 9. 1933, IfZ MA 1555/15, NI 1470.

10 Werk Nürnberg, Verrechnete Lieferungen 1932/33–1938, MAN-HA A 1.5.0.

11 Christian Fischer, Fertigung wehrtechnischer Geräte, MAN-HA A 3.3.4.

12 Niederschrift über die Besprechung mit Herrn Reusch am 15. 8. 1933 in Nürnberg, MAN-HA Vorstandssitzungen 1924–1935.

13 Niederschrift über die Besprechungen mit Herrn Reusch am 14./15. 9. 1933 in Augsburg, ebd.

14 Im Ersten Weltkrieg hatte es zwischen der M.A.N. und Junkers Patentstreitigkeiten gegeben. Budraß, Flugzeugindustrie, S. 90.

15 Anlage zu Schreiben W. A. an H. L., M. L, RLM, 10. 4. 1935, Liste 3: Wesentlich erweiterte Betriebe: BA-MA, RH 8/I, Nr. 941; Gutehoffnungshütte A.V., Denkschrift über die Aufwendungen der GHH im Zuge des Vierjahresplanes, 11. 6. 1941, RWWA Bibliothek. Unzutreffend ist Hisahi Yano's Feststellung, die GHH hätte «mit der Rüstung nicht zu tun» gehabt. Yano, Hüttenarbeiter, S. 4.

16 Gutehoffnungshütte A.V., Denkschrift über die Aufwendungen der GHH im Zuge des Vierjahresplanes, 11. 6. 1941, S. 1–5, RWWA Bibliothek; Nutzbarmachung der süddeutschen Doggererze durch die Gutehoffnungshütte, RWWA 130-400101304/7; Entwicklung und Stand der Doggererzverhüttung auf der Gutehoffnungshütte A.G. Oberhausen, ebd.; Bericht [Hermann Reusch] über die Aufschließung deutscher Eisenerzvorkommen vor und nach dem Weltkriege durch die Gutehoffnungshütte, Aktienverein für Bergbau- und Hüttenbetrieb, August 1937, BA R 13 I/597, Bl. 14–39.

17 Im August 1937 legte Hermann Reusch einen ausführlichen Bericht über die Aktivitäten der GHH im Erzbergbau vor, auf den sich das Unternehmen im damaligen Kon-

flikt mit den Reichswerken «Hermann Göring» um die Erzgruben bei Salzgitter und in Südbaden stützte. Siehe Anm. 16 dieses Kapitels.

18 Die GHH Oberhausen AG übernahm bei der am 24. 7. 1933 gegründeten Metallurgischen Forschungsgesellschaft eine Kapitalbeteiligung von 200 000 RM und zahlte davon 50 000 RM ein. Abteilung R an Hauptbuchhaltung, 31. 7. 1933, RWWA 130-400076/79. Zur Mefo vgl. Feldenkirchen, Siemens, S. 497 f., Anm. 166; Abelshauser, Rüstungsschmiede, S. 273.

19 Dies zeigen die Unterlagen des Entnazifizierungsverfahrens (Spruchkammerakte Georg Lübsen). Military Government of Germany, Fragebogen, Georg Wilhelm Dietrich Lübsen, 21. 6. 1945; HStA Düsseldorf, NW 1005-I/62, Nr. 807; Fragebogen Work Sheet, ebd. In der Zentralkartei des NSDAP (Bundesarchiv, Bestand 31XX, ehem. Berlin Document Center) findet sich keine Mitgliedskarte von Lübsen.

20 Ebenso wie im Fall Lübsen (siehe Anm. 19) gibt es in der Zentralkartei der NSDAP (Bundesarchiv, Bestand 31XX) auch von Franz Kirchfeld keine NSDAP-Mitgliedskarte. Dass Kirchfeld der NSDAP angehörte, ist aber durch Stellungnahmen aus der Nachkriegszeit eindeutig belegt. Hermann Reusch erklärte Anfang 1949 zu Kirchfelds Parteimitgliedschaft: «Herr Kirchfeld hat während der Herrschaft der Nationalsozialisten bei jeder Gelegenheit darauf hingewiesen, dass er einer der ersten Parteigenossen und Mitgründer der Ortsgruppe Hamburg gewesen sei. Auf Grund von Differenzen persönlicher Art wäre er aus der Partei ausgeschieden, 1933 mit neuer Parteinummer aber wieder eingetreten.» H. Reusch an das Ehrengericht in der Ehrengerichtssache Franz Kirchfeld gegen Hermann Reusch, 3. 1. 1949, MAN-HA A 1.3.3.5/52. Kirchfeld versuchte in der damaligen Auseinandersetzung mit Hermann Reusch, alle Hinweise zu entkräften, die ihn politisch belasten konnten. Seine Mitgliedschaft in der NSDAP stritt er nicht ab. Kirchfeld entgegnete auf Reuschs Darstellung nur, dass er «nie ein prominenter und einflussreicher Nationalsozialist» gewesen sei und «auch keine Ämter in der Partei» bekleidet hätte. Kirchfeld an das Ehrengericht, 10. 5. 1949, ebd.

21 Military Government of Germany, Fragebogen, Ernst August Garnjost, 1. 7. 1946, HStA Düsseldorf, NW 1015, Nr. 8196.

22 BA 31XX (BDC, NSDAP-Mitgliederkartei), Filme M 0040 (Plochmann), M 0118 (Rathje), T0088 (Wellhausen); HessHStA Abt. 520/GG, Spruchkammerakte Richard Reinhardt, Bl. 1 (Meldebogen).

23 Bosl schreibt über Frau Reichenberger, die «jüdischer Abstammung und rumänischer Herkunft» war: «Sie lebte in Budapest und von 1892 bis 1910 in Wien, beherrschte vier Sprachen und verbrachte einige Zeit im englischen Colchester und im amerikanischen Philadelphia. Als bedeutende Pianistin genoß sie internationales Ansehen und war seit 1910 nach Berlin orientiert.» Bosl, Jahrhundert, S. 235 f.

24 Aktenvermerk [zum Antrag auf Wiedereinstellung Meyers], 11. 12. 1945, MAN-HA N 122 III.

25 Ebd.

26 Peter Langer, Paul Reusch und die Gleichschaltung der Münchner Neuesten Nachrichten» 1933, in: Vierteljahrshefte für Zeitgeschichte 53. Jg. (2005), H. 2, S. 209. Zum Folgenden ebd., S. 210 ff.

27 Ebd., S. 216.

28 Ebd., S. 220. Zum Folgenden ebd., S. 222 ff.

29 Ebd., S. 235 ff.

30 Ebd., S. 238 f.

31 Neebe, Großindustrie, S. 182 ff.

32 Büchner, 125 Jahre; ders., Hundert Jahre. Vgl. dagegen Langer, Reusch, S. 232. Anders als Langer vermutet, wurde Büchners Geschichte der GHH von ihm abgeschlossen und veröffentlicht. Wenige Monate vor Fertigstellung seiner M. A. N.-Chronik starb Büchner im August 1940 als Bataillonskommandeur in Südmähren an einem Herzschlag. Fernschreiben H. Reusch an P. Reusch, 13. 8. 1940, MAN-HA A 101.4 I.

33 M.A.N. Werk Augsburg an Reichswirtschaftsminister, 19. 10. 1933, MAN-HA A 2.2.1.3.

34 Ebd; M.A.N. Werk Augsburg an Verbindungsstab der NSDAP, Abt. VI, 2. 3. 1934, ebd.

35 M.A.N. Werk Augsburg an Reichswirtschaftsminister, 19. 10. 1933, ebd.; NSDAP, Stellvertreter des Führers, Wirtschaftsberater, an das Bayerische Staatsministerium für Wirtschaft, Staatssekretär Esser, 22. 3. 1934, BayHStA, MWi 6879. Vgl. Hetzer, Augsburg, S. 109.

36 M.A.N. Werk Augsburg an Reichswirtschaftsminister, 19. 10. 1933, MAN-HA A 2.2.1.3.

37 Verbindungsstab der NSDAP, Abt. VI, an die Direktion der M.A.N., 10. 2. 1934, ebd.

38 Vormerkung, 23. 2. 1934, BayHStA, M Wi 6879; Dinglreiter an Ministerpräsident Siebert, 27. 2. 1934, ebd. Bezeichnenderweise musste das Unternehmen dabei auf einen Prokuristen zurückgreifen, weil dieser Parteimitglied war und den Ministerpräsidenten kannte.

39 Dinglreiter an Ministerpräsident Siebert, 27. 2. 1934, BayHStA, MWi 6879, Schreiben Dinglreiter vom 29. 3. 1934 (Adressat unbekannt), MAN-HA A.2.2.1.3; Hetzer, Augsburg, S. 110.

40 Diese Äußerung Schultz' wurde vom Treuhänder der Arbeit, Kurt Frey, aus einem Protokoll zitiert. Aktenvermerk über Vertrauensratssitzung am 7. 6. 1935, MAN-HA A 2.2.8.

41 Schreiben an Reusch betr. Niederschrift über die 144. Aufsichtsratssitzung der M.A.N. am 18. 9. 1944 in Nürnberg, 28. 9. 1934, HA-MAN, A 122 II.

42 Winterle hatte sich offenbar nicht nur bei der Belegschaft unbeliebt gemacht, sondern auch bei Gesamtleiter Meyer und Chefkonstrukteur Pielstick. M.A.N. Winterle/Schultz an das Amtsgericht Registergericht Gustavsburg, 1. 10. 1935, MAN-HA 1.2.1.; M.A.N., Werk Augsburg, Bekanntmachung, 30. 9. 1938, ebd.; F. Möller, Berufserinnerungen (Auszug), ebd.; Protokoll der Vertrauensratssitzung am 30. 4. 1936, MAN-HA A 2.2.8. Winterle wechselte in das Berliner Maschinenbauunternehmen Schwartzkopff. Wenige Tage nach Kriegsende beging er zusammen mit seiner Frau Selbstmord.

43 Hetzer, Rüstungseinsatz, S. 561.

44 Die M.A.N. Nürnberg in der Nazizeit, S. 1 ff., HA-MAN, N 116.5.

45 Ebd., S. 7.

46 Ebd., S. 4.

47 Julius Streicher in der MAN, in: Fränkische Tageszeitung, 23. 3. 1936, MAN-HA N 101.4/II.

48 Die M.A.N. Nürnberg in der Nazizeit, HA-MAN, N 116.5.; Dittrich, Aufstieg, S. 38 f.

49 Die M.A.N. Nürnberg in der Nazizeit, S. 7, MAN-HA N 116.5. Zum Verbleib Offenbachers gibt es keine Hinweise.

50 Paul Reusch, Erklärung vom 22. 9. 1945, StA Nürnberg, Spruchkammer IV P 82 Karl Plochmann.

51 Hachtmann, Arbeiter, S. 131; Hetzer, Augsburg, S. 112.

52 Ernst Garnjost to the Military Government in Düsseldorf, 3. 1. 1945, HStA Düsseldorf, NW 1015, Nr. 8196.

53 Schreiben Abteilung G., 11. 4. 1946, RWWA 130-4001016/55.

54 BA 31XX Film G 0019 Ernst Franke (Eintritt in die NSDAP 1. 5. 1933); Reusch an Franke, 20. 12. 1936, RWWA 130-4001012016/6; Schreiben an Franke, 23. 3. 1936 betr. «Der Stürmer», ebd.; Reichsminister der Luftfahrt an Oberkommando der Wehrmacht, 19. 11. 1941, BA R 26 I/51. Zum Konflikt zwischen Reusch und Franke siehe Kapitel III/6, S. 306 ff.

55 Rohstahlproduktion der GHH, des Krupp-Konzerns und der Vereinigten Stahlwerke 1932/33–1937/38 in 1000 t:

Unternehmen/ Konzern	1932/33	1935/36	1937/38	1932/33 = 100
GHH*	339	988	1254	371
Krupp**	838	1828	2030	240
Ver. Stahlwerke	2697	6398	7458	276

* GHH Oberhausen AG, Geschäftsjahr jeweils Juli–Juni
** einschl. Krupp-Gruson

Quelle: Erzeugungszahlen, RWWA 130-400101305/7; Fried. Krupp, Statist. Handbuch, Sept. 1944 (NJ 13037), IfZ MA 1555/106; Monatsberichte der Vereinigte Stahlwerke AG, September 1942, TKKA.

56 Zu den Angaben für die GHH Oberhausen AG siehe Tabelle 24 (S. 292). Der Warenumschlag der GHH-Konzerns mit dem Ausland betrug 1928/29 144 Mio. RM (= 31 % des gesamten Warenumschlags). 1934/35 lag er bei 315 Mio RM (21 %), 1935/36 bei 98 Mio. RM (23 %). GHH Aktienverein, Geschäftsbericht 1935/36, BA R 907/709, Bl. 175.

57 Erzeugungszahlen, Allgemeines, 6. 9. 1945, RWWA 130-400101305/7; Handbuch der deutschen Aktiengesellschaften Jg. 1933–1938.

58 GHH, Verrechnete Lieferungen 1924/25–1944, RWWA 130-400101305/7; Gutehoffnungshütte Complex (Haniel Family), Vol. IV Statistics, Labour Statistics, RWWA 130-4090/21, Bl. 189.

59 M.A.N., Verrechnete Lieferungen 1924/25–1938/29, MAN-HA A 1.5.0.; Gutehoffnungshütte Complex (Haniel Family), Vol. IV Statistics, Labour Statistics, RWWA 130-4090/21, Bl. 207.

60 Aktenvermerk Bohny betr. Fahnenmaste Reichsparteitaggelände, 24. 3. 1941, RWWA 130-404124/41.

61 Spoerer, Rüstungsboom, S. 194 f.

62 Gutehoffnungshütte A.V., Denkschrift über die Aufwendungen der GHH im Zuge des Vierjahresplans, Ms. Oberhausen 1941, RWWA GHH-Bibliothek.

63 Der Umsatz der Abteilung Panzerbau (Tu) lag nach der Werksstatistik 1936 bei 3,65 Mio. RM, 1938 bei 24,86 Mio. RM. M.A.N. Werk Nürnberg Verrechnete Lieferungen 1935/36–1938, MAN-HA A 1.5.0.

64 Die Felder im Vorharz bei Salzgitter waren nicht aufgeschlossen worden waren, weil sich die GHH auf die ergiebigeren Vorkommen in Württemberg und Baden konzentrieren und die Felder im Salzgitter-Gebiet den Vereinigten Stahlwerken überlassen wollte. Bericht [Hermann Reusch] über die Aufschließung deutscher Eisenerzvorkommen vor und nach dem Weltkriege durch die Gutehoffnungshütte, Aktienverein für Bergbau- und Hüttenbetrieb, August 1937, BA R 13 I/597, Bl. 26 f.

65 Mollin, Montankonzerne, S. 103 f.

66 Aufzeichnung Kellermann über eine Besprechung mit Herrn Direktor Steinbrinck am 4. 8. 1937, 9. 8. 1937, RWWA 130-400101303/4a.

67 Aufzeichnung Blank betr. Reichswerke A. G. Hermann Göring vom 19. 8. 1937, ebd.; vgl. Bähr/Drecoll/Gotto, Flick-Konzern, S. 104 ff.

68 H. Reusch an Reichswerke «Hermann Göring» AG z. Hd. Herrn Paul Pleiger, 30. 8. 1937, BA R 13 I/597, Bl. 41 ff.

69 Delius an GHH, 15. 7. 1940, RWWA 130-400101303/5.

70 Bähr/Drecoll/Gotto, Flick-Konzern, S. 104 ff.

71 Paul Reusch, «Gelsenkirchen», in: Fränkischer Kurier. Nürnberg-Fürther Neueste Nachrichten, 99. Jg. Nr. 185 vom 6. 7. 1932.

72 Priemel, Flick, S. 364 f.; Mollin, Montankonzerne, S. 105 f. Unzutreffend: Meyer, Holding, S. 87. Eine Abschrift der Denkschrift findet sich in: RWWA 130-40010145/165.

73 Mollin, Montankonzerne, S. 150.

74 Bayerische Vereinsbank, S. 284 ff.

75 Ebd., S. 203 ff.; Aktenvermerk Oechmann betr. B.V.B., München. Ergänzung des Aufsichtsrates, 22. 1. 1936, RWWA 130-40010121/6; Jörg Kastl, Ein verlässlicher Mann in verworrener Zeit. Ludwig Kastl, der «Geheimrat» 1878–1969 zu seinem 125. Geburtstag, Ms. Berlin 2003, S. 111, MAN-HA A 1.2.1.

76 Bayerische Vereinsbank, S. 286.

77 Ebd.; Kastl, Mann, S. 111, MAN-HA A 1.2.1.

78 Reusch an Ministerpräsident Generalfeldmarschall Hermann Göring, 30. 3. 1938, RWWA 130-40010121/6.

79 Bayerische Vereinsbank, S. 286 f.

80 Neben dem Erwerb der Beteiligung von Ludwig Löwy an der Schloemann AG in Düsseldorf war dies auch bei der 1938 übernommenen Vergasungs-Industrie AG in Wien der Fall. Siehe unten Kapitel III/5, S. 297.

81 Löwy an Reusch (streng vertraulich!), 17. 10. 1935, RWWA 130-40010131/13.

82 Meyer an Reusch, 16. 12. 1935, ebd.

83 Zitiert nach Vermerk 2. 2. 1936, ebd. Zuvor hatte es noch Auseinandersetzung um die Höhe der Provisionen gegeben: Oppenheimer an H. Reusch, 6. 1. 1936, ebd.

84 Löwy an GHH AV, 21. 7. 1936, ebd.; Niederschrift über die Besprechung vom 1. 2. 1936 im Hotel Bristol in Berlin, ebd.; Schreiben an H. Reusch vom 9. 6. 1937, RWWA 130-400101410/70.

85 Prüfungsstelle für den Bereich der Wirtschaftsgruppe Gießerei-Industrie an die exportierenden Mitglieder der Wirtschaftsgruppe Gießerei-Industrie, 2. 2. 1938 (streng vertraulich), RWWA 130-400101410/70; H. Reusch an P. Reusch, 9. 8. 1938, ebd.; Löwy an Stiehl o. D. [Sept. 1938], ebd.; H. Reusch, 7. 6. 1938, ebd.; Hentschel an H. Reusch, 10. 6. 1937, ebd. Ludwig Löwy hatte in London die Loewy Engeneering Ltd. gegründet.

86 Schreiben an die Gutehoffnungshütte, 3. 4. 1937, ebd.

87 H. Reusch, 7. 6. 1938; H. Reusch an P. Reusch, 9. 8. 1938, ebd.

88 Schreiben an die Gutehoffnungshütte, 3. 4. 1937, ebd.

89 Hentschel an Reusch, 24. 2. 1939, ebd.

90 Verwaltungsstelle Berlin an Hentschel, 8. 2. 1939, ebd.

91 Schreiben an H. Reusch, 28. 6. 1939, ebd.

92 Gutehoffnungshütte Complex (Haniel Family), Presented to James S. Martin, Chief Decartelization Branch, Economics Division, OMGUS, Berlin, Vol. I Introduction, S. 234, IfZ 11/19–1/20 ED; GHH Aktienverein, Geschäftsbericht für die Jahre 1945/46–1951/52, S. 28. Ludwig Löwys Brüder Erwin und Alfred waren 1939 in die USA emigriert und hatten in New York die Hydropress Ltd. gegründet.

93 Entwurf einer Übernahme-Vereinbarung, 5. 7. 1938, RWWA 130-400101410/91.
94 Antrag auf Genehmigung des Aktienerwerbs an den Reichstatthalter, 19. 7. 1938, ebd.
95 Vermerk 6. 10. 1938, ebd.; H. Reusch an Schwarz, 19. 8. 1941, RWWA 130-400101410/04.
96 Gutehoffnungshütte Complex (Haniel Family), Presented to James S. Martin, Chief Decartelization Branch, Economics Division, OMGUS, Berlin, Vol. I Introduction, S. 237, IfZ 11/19–1/20 ED. Der Firmennamen wurde durch Beschluss der Hauptversammlung vom 22. 5. 1939 in Österreichische Automobil-Fabriks AG (ÖAG) geändert. Seper, Entwicklung, S. 152. Vgl. auch MAN Nutzfahrzeuge Gruppe (Hg.), Seit 90 Jahren, S. 114. Zur Geschichte der ÖAF: Mathis, Business, S. 209 f. Mathis geht davon aus, dass Fiat nur eine 40 %ige Beteiligung an der ÖAF hatte und der Verkauf an die M.A.N. erst 1940 erfolgte. Nach der Beschäftigtenstatistik der M.A.N. hatte die ÖAF am 31. 7. 1939 968 Arbeiter und Angestellte. Gefolgschaftsgliederung der Werke 1939–1942, MAN-HA A 2.2.1.1.
97 Gutehoffnungshütte Complex (Haniel Family), Presented to James S. Martin, Chief Decartelization Branch, Economics Division, OMGUS, Berlin, Vol. I Introduction, S. 237, IfZ 11/19–1/20 ED;Rauscher/Kogler, LKW, S. 84. Steyr-Daimler-Puch wurde unmittelbar nach dem «Anschluss» von der Creditanstalt an den Reichswerke-Konzern verkauft. Mathis, Business, S. 298.
98 Gutehoffnungshütte Complex (Haniel Family), Presented to James S. Martin, Chief Decartelization Branch, Economics Division, OMGUS, Berlin, Vol. I Introduction, S. 237, IfZ 11/19–1/20 ED
99 Seper, Entwicklung, S. 152 f.

6 Der Konzern im Zweiten Weltkrieg: Rüstungsproduktion und Zwangsarbeit

1 Stein, 100 Jahre, S. 182 f.; Neliba, Gustavsburg, S. 100.
2 Denkschrift über die Aufwendungen der GHH im Zuge des Vierjahresplanes, 11. 6. 1941, RWWA Bibliothek. Neliba, Gustavsburg, S. 100 f. Zur Entwicklung des Panzerbaus siehe unten Kapitel III/6, S. 323 ff.
3 Der Bau des Motorenwerks Hamburg G.m.b.H. durch die M.A.N. Maschinenfabrik Augsburg-Nürnberg A.G. Werk Augsburg im Auftrag des Oberkommandos der Kriegsmarine. Nach Berichten und Tagebuchaufzeichnungen verfasst von Friedrich Roethlein, 1944 [im Folgenden: Roethlein, Hamburg], MAN-HA A 1.1.9.4.
4 Mohn, Motorenwerk Hamburg (Moha), 4. 12. 1963, MAN-HA A 1.1.9.4; Fritz Schmidt, Die Entwicklung der langsam- und mittelschnellaufenden Dieselmotoren im Werk Augsburg der M.A.N. 1918–1945, S. 106 f., MAN-HA [im Folgenden: Schmidt, Entwicklung].
5 Hopmann, MONTAN.
6 Roethlein, Hamburg, MAN-HA A 1.1.9.4.; Ihlenfeldt an Petersen, 9. 4. 1957, MAN-HA A 1.1.9.4.; M.A.N. Werk Hamburg, Ein neues Werk für die Hamburger Schiffahrt, 11. 7. 1958, ebd.
7 Stand 31. 3. 1942 und 30. 9. 1942, einschließlich 25 bzw. 20 einberufener Arbeiter. Gefolgschaftsgliederung der Werke 1939–1942, MAN-HA A 2.2.1.1.
8 GmbH-Vertrag, 20. 2. 1942, MAN-HA A 1.1.9.4. Bis zur Gründung der Motorenwerk Hamburg GmbH trug das Werk den Namen Howaldts Motorenwerke Hamburg.
9 Mohn, Motorenwerk Hamburg (Moha), 4. 12. 1963, MAN-HA A 1.1.9.4.
10 William Scholz, Schiffbau auf der Deutschen Werft in den Nachkriegsjahren 1945–1954 (Konzept zu den Ausführungen auf der 22. Konzernsitzung der GHH am

25.5.1954), StA Hamburg, Bestand Deutsche Werft 621–1/78; Claviez, 50 Jahre, S. 65 ff. u. S. 93 ff.

11 Scholz, Schiffbau auf der Deutschen Werft (wie Anm. 10).

12 Françoise Berger, Die Beziehung zwischen der französischen und der deutschen Eisen- und Stahlindustrie während des Krieges, in: ZUG 50. Jg. (2005), Nr. 2, S. 173; Mollin. Montankonzerne, S. 242.

13 Mollin, Montankonzerne, S. 183ff.; Wixforth/Bähr, Expansion, v. a. S. 465 ff.

14 Schreiben an Reusch, 2. 6. 1940, RWWA 130-400101306/27.

15 Reusch an Reichert, 9. 9. 1940, RWWA 130-400101402–5.

16 Ebd.; H. Reusch an Rittmeister H. Zimmermann, 23. 10. 1940, ebd.

17 Aktenvermerk Kellermann über eine Besprechung mit Poensgen am 4. 9. 1940, ebd.

18 Ebd.

19 Bericht vom 7. 1. 1942 über die Besichtigung von Micheville durch Lennings, Hofmann, Bulle am 17. 12. 1941, RWWA 130-400101306/27.

20 Kellermann an Lübsen, 11. 11. 1941, RWWA 130-400101306/27.

21 Aktenvermerk Kellermann über eine Besprechung mit Poensgen am 4. 9. 1940, ebd.

22 Zur Entscheidung um das Rombacher Hüttenwerk vgl. Priemel, Flick, S. 438 ff.: Wixforth/Bähr, Expansion, S. 441 ff.

23 Hermann Reusch an Paul Reusch/Kellermann (Vertraulich!), 23. 10. 1940, RAAW, 130-400101402–5.

24 Niederschrift über eine Besprechung mit General von Hanneken am 27. Mai 1941, RWWA 130-400101402–5.

25 Vorstandsmitglied Georg Lübsen führte den Misserfolg im Westen denn auch durchaus zu recht auf die «vornehme Zurückhaltung» der GHH zurück. Zitiert nach: Kellermann an Lübsen, 11. 11. 1941, RWWA 130-400101306/27.

26 GHH Oberhausen AG, Werk Sterkrade, an Haupttreuhandstelle Ost, Kattowitz, 3. 2. 1041, RWWA 130-40010131119.

27 Zusammengestellt nach den Monatsberichten der Maschinenfabrik Tarnowitz in: RWWA 130-40010131119

28 Besitzveränderungen in der oberschlesischen Montanindustrie, in: Deutsche Bergwerkszeitung vom 11. 7. 1941, ebd.

29 Zitiert nach: H. Reusch an Kellermann, 31. 7. 1941, ebd.

30 Maschinenfabrik Tarnowitz, Bericht für Januar 1943, 3. 2. 1943, ebd.

31 Maschinenfabrik Tarnowitz, Bericht für Juni 1943, ebd.

32 Schäfer an Kellermann 7. 11. 1944, ebd.

33 Matthias Riedel, Bergbau und Eisenhüttenindustrie in der Ukraine unter deutscher Besatzung (1941–1944), in: Vierteljahrshefte für Zeitgeschichte 21. Jg. (1973), S. 245–284.

34 Liste der deutschen Patenfirmen und der von ihnen betreuten Werke in der Ukraine, 31. 3. 1943, IfZ MA 1555/41, NI 5579. Vgl. Mollin, Montankonzerne, S. 202 ff.; Wixforth/Bähr, Expansion, S. 431 ff.

35 Aktenvermerk über Besprechung mit Krieger und Wolff am 26. 8. 1942, RWWA 130-4001162/7.

36 Berg- und Hüttenwerksgesellschaft Ost an GHH Oberhausen AG, 13. 11. 1942, ebd. Patenunternehmen war demnach die GHH Oberhausen AG und nicht der GHH Aktienverein. Die GHH hatte dagegen ausdrücklich eine Übertragung auf den Aktienverein gewünscht. Lübsen/Hilbert an Hauptgeschäftsführer Berg- und Hüttenwerksgesellschaft Ost, 19. 10. 1942, ebd.

37 Grundsätze für die Führung von Patenschaftsbetrieben der Berg- und Hüttenwerksgesellschaft Ost mbH (BHO), 3. 11. 1942, IfZ MA 1555/27, NI-3682–2. Vgl. Mollin, Montankonzerne, S. 202.

38 Bericht über die Tätigkeit der Gutehoffnungshütte in der Alten Maschinenfabrik Kramatorsk (Ukraine), 6. 8. 1946, RWWA 130-4001162/7.

39 Niederschrift [Lübsen] über Besprechung Kellermann und Lübsen mit Pleiger am 4. 11. 1942, RWWA 130-4001162/7.

40 Zitiert nach ebd.

41 Berg- und Hüttenwerksgesellschaft Ost an GHH Oberhausen AG, 19. 7. 1943, ebd.; Bericht über die Tätigkeit der Gutehoffnungshütte in der Alten Maschinenfabrik Kramatorsk (Ukraine), 6. 8. 1946, ebd.

42 Lübsen/Hilbert an Berg- und Hüttenwerksgesellschaft Ost, 3. 9. 1943, ebd.

43 Bericht über die Tätigkeit der Gutehoffnungshütte in der Alten Maschinenfabrik Kramatorsk (Ukraine), 6. 8. 1946, ebd.; Vermerk betr. Kramatorsk, ebd.

44 Siehe hierzu Kapitel III/5, S. 291.

45 Ernst Franke, Kurze Beschreibung der Entstehung und Bedeutung des Neumeyer-Fließ-Verfahrens, 8. 11. 1941, BA R 26 I/51; Oberkommando des Heeres, Befehlshaber des Ersatzheeres, an die Kanzlei des Führers, Amtschef Dr. Wittig, 11. 9. 1941, ebd.; Aktenvermerk (Kanzlei des Führers) Hauptamt IV, Wirtschaftsamt, 26. 9. 1941, ebd.; Reichsminister der Luftfahrt an Oberkommando der Wehrmacht (W Stb W Rü), 19. 11. 1941, RWWA 130-4001012016/6.

46 Biemüller an Landgericht Nürnberg-Fürth, Klage namens Ernst Franke gegen Kabel- und Metallwerke Nürnberg, 2. 12. 1941, StA Nürnberg, Spruchkammer IV P 82 Karl Plochmann.

47 Karl Thorwart, Erklärung, 3. 9. 1945, ebd.; Biemüller an Landgericht Nürnberg-Fürth, Klage namens Ernst Franke gegen Kabel- und Metallwerke Nürnberg, 2. 12. 1941, ebd.

48 Biemüller an Landgericht Nürnberg, 2. 12. 1941, ebd.

49 Schreiben an Reusch, 25. 3. 1941, RWWA 130-400101293/28; Gutehoffnungshütte Complex (Haniel Family), Vol. I Introduction, S. 192, IfZ 11/19–1/20 ED; James, Familienunternehmen, S. 232. Der anonyme Absender wollte Reusch warnen, weil er einmal von einem Mitglied der Familie Haniel vor dem Ruin gerettet worden sei.

50 Reusch an Karl Haniel, 30. 3. 1941, Gutehoffnungshütte Complex (Haniel Family), Vol. I Introduction, S. 193, IfZ 11/19–1/20 ED.

51 Paul Reusch, Erklärung, 22. 9. 1946, StA Nürnberg, Spruchkammer IV P 82 Karl Plochmann.

52 Notarielle Beglaubigung der außerordentlichen Hauptversammlung der Kabel- und Metallwerke Neumeyer in Nürnberg am 28. 5. 1941, ebd.

53 Vermerk Syrup betr. Auseinandersetzung im Konzern Gutehoffnungshütte um die Konzernleitung unter besonderer Berücksichtigung der Stellungnahme der Parteikanzlei und des SD, 9. 12. 1947 (Abschrift), MAN-HA A 1.3.3.5/52 [im Folgenden: Vermerk Syrup, 9. 12. 1947]

54 Siehe Kapitel III/5, S. 295.

55 Zitiert nach: Aktenvermerk (Kanzlei des Führers) Hauptamt IV, Wirtschaftsamt, 26. 9. 1941, BA R 26I/51.

56 Ebd.

57 Telegramm Wittig an Franke, 15. 4. 1941, StA Nürnberg, Spruchkammer IV P 82 Karl Plochmann.

58 Aktenvermerk (Kanzlei des Führers) Hauptamt IV, Wirtschaftsamt, 26. 9. 1941, BA R 26 I/51.

59 Ebd.

60 Ebd.

61 Ebd.

62 Aktennotiz (Kanzlei des Führers) Hauptamt IV, 15. 11. 1941, BA R 26 I/51.

63 Ebd.; Generalluftzeugmeister an Reichswirtschaftsminister Funk, 6. 11. 1941, ebd; Bouhler an Reichswirtschaftsminister Funk, 14. 11. 1941, ebd.

64 Fernspr. Mitteilung von Dr. Versen, 14. 11. 1941 (Abschrift), ebd.

65 Aktennotiz Hauptamt IV, 15. 11. 1941, ebd.; zur Benachrichtigung der SS: Fernspr. Mitteilung von Dr. Versen, 14. 11. 1941 (Abschrift), ebd.

66 Aktennotiz Hauptamt IV, 15. 11. 1941, ebd; Karl Thorwart an die Spruchkammer des Stadtkreises Nürnberg, Erklärung und Beweisantrag in Sachen Karl Plochmann, 10. 1. 1947, StA Nürnberg, Spruchkammer IV P 82 Karl Plochmann, S. 26.

67 Zitiert nach: Aktennotiz Hauptamt IV, 15. 11. 1941, BA R 26 I/51.

68 Ebd.; Vereinbarung zwischen der Kabel- und Metallwerke Neumeyer AG und Direktor Ernst Franke vom 11. 1. 1942 (Abschrift), ebd.

69 Kirchfeld an Kellermann, 1. 12. 1947, MAN-HA A 1.3.3.5/52.

70 Vermerk Syrup, 9. 12. 1947, MAN-HA A 1.3.3.5/52. Nach Syrups Bericht hätte sich damals auch herausgestellt, dass der zuständige Referent der Parteikanzlei «von der Nürnberger Gruppe für die parteiamtlichen Gutachten über die Unhaltbarkeit der ‹Dynastie Reusch› gekauft worden war.» Ebd.

71 Kirchfeld an Kellermann, 1. 12. 1947, MAN-HA A 1.3.3.5/52. Nach Angaben Kirchfelds war Syrup «Verbindungsmann SD/RWiM» und Walter Schellenberg, dem Leiter des aus dem Auslandsnachrichtendienst der SS hervorgegangenen Amts VI im Reichssicherheitshauptamt, unterstellt.

72 Vermerk [Cnyrim]15. 1. 1942, BA R 26 I/51.

73 Reusch an Karl Haniel, 20. 10. 1941, RWWA 130-40010120006b.

74 Reusch an Karl Haniel, 21. 2. 1942, RWWA 130-40010128/35; Maschke, Konzern, S. 204 f.; Hetzer, Reusch, S. 474. Nach Joest, Pionier, S. 155 f., war der Berliner GHH-Repräsentant Hans Vygen am 20. 2. 1942 ins Reichswirtschaftsministerium zitiert worden, wo man ihm mitteilte, niemand könne mehr für die Sicherheit von Paul und Hermann Reusch bürgen, falls nicht beide am nächsten Tag ihre Schreibtische in Oberhausen geräumt hätten.

75 Kirchfeld an Kellermann, 1. 12. 1947, MAN-HA A. 1.3.3.5/52.

76 Zur NSDAP-Mitgliedschaft Kirchfelds siehe oben Anm. 20 (S. 551).

Kellermann an Meyer, 3. 3. 1942, RWWA 130-40010128/35. Nach Hetzer, Reusch, S. 473, trug die Ablösung Reuschs durch Kellermann Züge eines «Modernisierungsschubs innerhalb des GHH-Konzerns». Tatsächlich war eher das Gegenteil der Fall. Indem Kellermann zum Nachfolger berufen wurde, blieb die Kontinuität gerade in einer Zeit gewahrt, in der die Reuschs den Konzern nicht selbst leiten konnten.

78 Maschke, Konzern, S. 205; Hetzer, Reusch, S. 478.

79 Kirchfeld an das Ehrengericht in der Ehrengerichtssache Kirchfeld gegen H. Reusch, 10. 5. 1949, MAN-HA A 1.3.3.5/52.

80 Vgl. die Unterlagen des Ehrengerichts in: ebd.

81 Kaltenbrunner an Bormann, 4. 9. 1944, betr. 20. Juli 1944, IfZ MA 146/2; Kaltenbrun-

ner an Bormann, 13. 11. 1944, Anlage: Bericht Zur Haltung und Einstellung der Verschwörerclique, ebd.

82 Janssen, Ministerium, S. 270.

83 Hetzer, Rüstungseinsatz, S. 563.

84 Janssen, Ministerium, S. 401, Anm. 20.

85 Geheime Staatspolizei, Staatspolizeileitstelle Augsburg, Gestellungs-Anordnung Georg Otto Meyer, 26. 1. 1945, MAN-HA N 122 III. Vgl. hierzu Hetzer, Rüstungseinsatz, S. 563 f.

86 Hetzer, Rüstungseinsatz, S. 564.

87 Ebd.

88 Meyer an von Georg, 30. 1. 1945, ebd.

89 Siehe Tab. 28 (S. 315).

90 Deutschlands Gewinnung an Rohstahl, Roheisen und Walzwerkserzeugnissen im Jahre 1942, hg. von der Abteilung Statistik der RVE, Berlin 1943, BA 13 I/524; Entwicklung der Erzeugung nach Werken bzw. Konzernen 1943/44, erstellt von der Hauptabteilung Statistik der RVE, BA 13 I/550.

91 Eisenwirtschaft seit Kriegsausbruch (Ausarbeitung der Wirtschaftsgruppe Eisen schaffende Industrie, Bezirksgruppe Nordwest, o. D., Entwurf), S. 62, IfZ MA 1555/13, NI 1231.

92 Tooze, Ökonomie, S. 912.

93 Siehe Tabellen 27 u. 29 (S. 315 f.).

94 Vgl. Tooze, Ökonomie, S. 654 ff.

95 Gutehoffnungshütte Complex (Haniel Family), Vol. IV Statistics, Labour Statistics, RWWA 130-4090/21, Bl. 189 f.; GHH, Verrechnete Lieferungen 1924/25–1944, RWWA 130-400101305/7.

96 Erzeugungszahlen 1924/25–1944/45, RWWA 130-400101305/7.

97 Gutehoffnungshütte Complex (Haniel Family), Vol. IV Statistics, Labour Statistics, RWWA 130-4090/21, Bl. 207.

98 Umsatz der Gesamt-M.A.N. 1924/25–1967/68, MAN-HA A 1,5.0.

99 Denkschrift über die Aufwendungen der GHH im Zuge des Vierjahresplanes, 11. 6. 1941, RWWA Bibliothek.

100 Maschinenfabrik Augsburg-Nürnberg A.G., Vorstand (Kastl), an Chief of the Decartelization Branch, Economics Division, OMGUS, Berlin, o. D., S. 17, MAN-HA A 1.1.7.1.

101 Wagenführ, Industrie, S. 164.

102 Ebd., S. 169.

103 Denkschrift über die Aufwendungen der GHH im Zuge des Vierjahresplanes, 11. 6. 1941, S. 26, RWWA Bibliothek.

104 Neliba, Gustavsburg, S. 110.

105 Ebd., S. 102–111.

106 Ebd., S. 118 ff.

107 Ebd., S. 125 ff.; Maschinenfabrik-Augsburg-Nürnberg. Das M.A.N.-Werk Gustavsburg, in: Hartwig-Thürmer (Hg.), Ginsheim, S. 193 f.; Schreiben an Kellermann, 1. 7. 1944, RWWA 130-4001012010. Zur Zwangsarbeit im Werk Gustavsburg siehe Kapitel II/6, S. 331 u. 334 ff.

108 Maschinenfabrik Augsburg-Nürnberg A.G., Vorstand (Kastl), an Chief of the Decartelization Branch, Economics Division, OMGUS, Berlin, o. D., S. 8, MAN-HA A 1.1.7.1.

109 Ebd.; Zur Umsatzentwicklung: Werk Augsburg, Umsätze 1898/99 bis 1939/40, MAN-HA A 1.5.0;
110 Von den Kriegsaufgaben des Druckmaschinenbaus (M.A.N.-Druckmaschinen-Nachrichten 1942), MAN-HA A 3.35.9/26.
111 Ebd.
112 Memorandum der Maschinenfabrik Augsburg-Nürnberg AG (M.A.N.) über ihre derzeitige Tätigkeit im Werk Augsburg, 5. 10. 1945, MAN-HA A 1.1.7.1.
113 Schmidt, Entwicklung, S. 106 f.
114 Ebd., S. 106; Luther, Neubeginn, S. 285.
115 H. Waas, Gustav E. Pielstick †, in: Schiff und Hafen, Jg. 13 (1961) H. 4.
116 Ebd.
117 Schmidt, Entwicklung, S. 103.
118 Droscha, M.A.N., S. 162.
119 Schmidt, Entwicklung, S. 41.
120 Ebd., S. 106.
121 Droscha, M.A.N., S 162.
122 Luther, Neubeginn, S. 285 f.
123 Typenbegrenzung in der Kraftfahrzeugindustrie, 2. 10. 1939, MAN-NF HA 1.1 Firmengeschichte Werksentwicklung VII 1939–1941. Zum Schell-Programm vgl. Gregor, Stern, S. 77 ff.
124 M.A.N. Werk Nürnberg, Reise-Bericht Besprechung am 14. 9. 1939 in Berlin, MAN-NF HA 1.1 Firmengeschichte Werksentwicklung VII 1939–1941.
125 Ebd.
126 Ebd.
127 Maschinenfabrik Augsburg-Nürnberg A.G., Vorstand (Kastl), an Chief of the Decartelization Branch, Economics Division, OMGUS, Berlin, o. D., MAN-HA A 1.1.7.1.
128 Liebel an Körner, 20. 9. 1939, MAN-NF HA 1.1 Firmengeschichte Werksentwicklung VII 1939–1941.
129 Wellhausen an Meyer, 2. 9. 1939, ebd.; Blank an Reusch, 21. 9. 1939, ebd.
130 Zitiert nach: Wellhausen an Meyer, 2. 9. 1939, ebd.
131 M.A.N. Werk Nürnberg, Reisebericht Tl, Besprechung am 11. 11. 1939 in Wien mit ÖAF betr. Geschäftsbeziehungen, 1. 12. 1939, ebd.
132 Knittel, Panzerfertigung, S. 48.
133 Ebd., S. 84.
134 Ebd., S. 48 ff.
135 Ebd., S. 87; Droscha, M.A.N., S. 160.
136 MAN Nutzfahrzeuge Gruppe (Hg.), Seit 90 Jahren S. 44; M.A.N. Werk Nürnberg, Abt. Wu, Programm: 100 VK 4501 pro Monat, betr. Neues P-Werk in Nürnberg, 14. 1. 1941, MAN-NF HA 1.1 Firmengeschichte Werksentwicklung VIII/1 1941–1945; Notiz Mohn über Besprechung im Nibelungenwerk, 13. 2. 1942, MAN-NF HA, 1.8 Liegenschaften I; Meyer an Wellhausen/Plochmann, 1831942, ebd.; Übersicht über den Stand der Baustelle, 15. 7. 1942., ebd.; Vermerk Mohn betr. Panzerfertigung, 26. 11. 1963, ebd.; M.A.N. Werk Nürnberg an das Oberkommando des Heeres Wa Chef Ing 4, Min.-Dirigent Brommer, 3. 7. 1942, ebd.
137 Gebietsbeauftragter des Generalbevollmächtigten für die Regelung der Bauwirtschaft Nürnberg an M.A.N., Nürnberg, 2. 7. 1943, ebd.

138 MAN Nutzfahrzeuge Gruppe (Hg.), Seit 90 Jahren, S. 44.

139 Ebd., S. 44 ff.

140 Vermerk über Besprechung im OKH, 1. 6. 1942, MAN-NF HA, 1.8 Liegenschaften I.

141 Ebd.

142 Belege dafür finden sich u. a. in Knittel, Panzerfertigung, S. 89 f.; Meyer an von Radlmaier, 8. 11. 1941, MAN-NF HA, Firmengeschichte VIII/1 1941–1944.

143 Zitiert nach: Heinrich Wollstädter, Das S-Werk. Geschichte der Fried. Krupp Berthawerk AG Markstädt bei Breslau, S. 171, Historisches Archiv Krupp WA 68/83.

144 Knittel, Panzerfertigung, S. 87.

145 Geschichte der M.A.N. Lastwagenbau 1945–1953, S. 30, MAN-NF HA, 1.1 Firmengeschichte IX 1945–1953.

146 Quelle: Knittel, Panzerfertigung, S. 90.

147 Zitiert nach: ebd.

148 Reisebericht, Besprechung am 1. 9. 1943 beim Munitions-Ministerium betr. Panther-Ausstoss, 2. 9. 1943 (Streng vertraulich), MAN-HA N 117.1; M.A.N. an Reichsministerium für Rüstung und Kriegsproduktion, 13. 9. 1943, ebd

149 Knittel, Panzerfertigung, S. 89; Interner Monatsbericht Werk Nürnberg, Januar 1944, MAN-HA N 117 I.1.

150 Knittel, Panzerfertigung, S. 91.

151 Interner Monatsbericht Werk Nürnberg, Oktober 1944, S. 4 (Zitat), MAN-HA N 117 I.1; Interner Monatsbericht Werk Nürnberg, Juni 1944, ebd.

152 Gregor, Stern, S. 214 ff. u. S. 223 f.

153 Dies zeigte sich besonders in den in den Konflikten um das neue Bertha-Werk bei Breslau. Abelshauser, Rüstungsschmiede, S. 392ff.; Heinrich Wollstädter, Das S-Werk. Geschichte der Fried. Krupp Berthawerk AG Markstädt bei Breslau, Historisches Archiv Krupp WA 68/83.

154 Quelle: Werk Nürnberg, Verrechnete Lieferungen 1938/39–1943/44 (Abteilungen Tl u. Tu), MAN-HA A 1.5.0.

155 Luther, Neubeginn, S. 278.

156 Maschinenfabrik Augsburg-Nürnberg A.G., Vorstand (Kastl), an Chief of the Decartelization Branch, Economics Division, OMGUS, Berlin, o. D., S. 18, MAN-HA A 1.1.7.1.

157 A. F. Napp-Zinn, Während der Luftoffensive und des Kampfes um Oberhausen im Winter 1944/45 und Frühjahr 1945 bei der Gutehoffnungshütte, RWWA 130-4001016/3

158 Interne Monatsberichte der Werke Augsburg, Gustavsburg und Nürnberg April 1945, MAN-HA N 117 I.1.

159 Siehe unten Tab. 32 (S. 329) u. Tab. 35 (S. 334).

160 Herbert, Zwangsarbeit, S. 14. Zur Zwangsarbeit im Dritten Reich vgl. v. a. ders., Fremdarbeiter; Spoerer, Zwangsarbeit.

161 Herbert, Zwangsarbeit, S. 16.

162 Tooze, Ökonomie, S. 618.

163 Abteilung A, Wegmann, an Werk Sterkrade betr. Lohnkosten für ausländische Arbeiter während des Krieges, 951947, RWWA 130-4001482/14b. Das Schreiben stützt sich auf eine Studie, die im Herbst 1942 bei Krupp erstellt worden ist. Zu Ergebnissen und Problematik der Krupp-Studie vgl. Tooze, Ökonomie, S. 617 f. Als Überblick zur Frage der Rentabilität von KZ-Arbeit: Spoerer, Unternehmen.

164 Tooze, Ökonomie, S. 618.

165 Direktor Fischer, Entstehung und historische Entwicklung der Brückenbau-Anstalt Gustavsburg (1895, Abschrift), MAN-HA N 113, 1/2.

166 Quelle: Gutehoffnungshütte Complex (Haniel Family). Presented to James S. Martin, Chief, Decartelization Branch, Economics Division, OMGUS, Berlin, Vol. IV Statistics, Labour Statistics, RWWA 130-4090/21, Bl. 189. Zusätzlich miteinbezogen wurden 400 weibliche KZ-Häftlinge, die bei den Kabel- und Metallwerken Neumeyer in Nürnberg eingesetzt waren. Sie sind in der OMGUS-Statistik nicht enthalten. Zu diesen Zwangsarbeiterinnen siehe Kapitel III/6, S. 337.

167 Hinze, Fremdarbeiter und Kriegsgefangene, S. 189. Zur Zwangsarbeit bei der GHH vgl. ferner: ders., Fremdarbeiter.

168 Vgl. hierzu die Untersuchungen von Seidel zur Zwangsarbeit im Ruhrbergbau: Seidel, Ausländereinsatz; ders., Ausländerbeschäftigung.

169 Hinze, Fremdarbeiter und Kriegsgefangene, S. 190 ff.

170 Zitiert nach: ebd., S. 192.

171 Ebd., S. 195 f.

172 Ebd., S. 196; Seidel, Ausländereinsatz, S. 84.

173 Hinze, Fremdarbeiter und Kriegsgefangene, S. 198 f.

174 Ebd., S. 199.

175 Eidesstattliche Erklärung Wilhelm Oberfohren, 28. 4. 1947, RWWA 130-4001482/14b.

176 Hinze, Fremdarbeiter und Kriegsgefangene, S. 194.

177 Quelle: Gutehoffnungshütte Complex (Haniel Family). Presented to James S. Martin, Chief, Decartelization Branch, Economics Division, OMGUS, Berlin, Vol. IV Statistics, Labour Statistics, RWWA 130-4090/21, Bl. 190 ff.

178 Jeffrey Fear schreibt dazu: «Auch wenn der Prozentsatz der bei der MAN angestellten Frauen Ende 1944 mit 19,4 % um 11,4 % niedriger lag als in der Rüstungsindustrie insgesamt, war ihre Haltung Frauen gegenüber die liberalste aller Rüstungsfirmen; 52 % der Frauen bei der MAN waren ausgebildet oder angelernt.» Fear, Rüstungsindustrie, S. 213.

179 Geppert an Meyer, 24. 4. 1944, MAN-HA A 1.3.3.5.

180 Interne Monatsberichte der Werke Augsburg, Gustavsburg, Nürnberg 1944–1945, MAN-HA N 117. I; Beschäftigtenmeldungen Werk Augsburg 1944, MAN-HA A 2.2.1.3; Historisches Archiv der MAN (Krug/Simon), Statistik Kriegsgefangene, zivile Ausländer bei der M.A.N. 1940–1945 nach Werken, 7. 9. 1998, MAN-HA; Gutehoffnungshütte Complex (Haniel Family). Presented to James S. Martin, Chief, Decartelization Branch, Economics Division, OMGUS, Berlin, Vol. IV Statistics, Labour Statistics, RWWA 130-4090/21, Bl. 207.

181 Quelle: Gutehoffnungshütte Complex (Haniel Family). Presented to James S. Martin, Chief, Decartelization Branch, Economics Division, OMGUS, Berlin, Vol. IV Statistics, Labour Statistics, RWWA 130-4090/21, Bl. 189–218.

182 Eidesstattliche Erklärung Wilhelm Oberfohren, 28. 4. 1947, RWWA 130-4001482/14b.

183 Übersicht über den Stand der Baustelle am 15. 7. 1942, MAN-NF HA, 1.8 Liegenschaften I.

184 Umfassend dokumentiert ist der Vorgang in: Dirk Appelbaum, Arbeitseinsatz von KZ-Häftlingen im Gesamtverband der früheren Gutehoffnungshütte, ihrer Tochter M.A.N. und solcher Firmen, die nach 1945 in den heutigen Konzern MAN AG integriert worden sind, Ms. o. D., MAN-HA A 2.2.1.3. Die Besprechung des Rüstungslieferungsamtes mit dem Vorstand der M.A.N. am 25. 4. 1944 ist belegt in: RWWA 130-40010131/45.

185 Zitiert nach: Riedt, «Fremdarbeiter», S. 210 (aus einem Interview mit G. B., Oktober 1986).

186 Aussage Zeuge Michael B., in: Zeugenaussagen zu Protokoll vom 16. 1. 1947, StA Nürnberg, Spruchkammer IV P 82 Karl Plochmann.

187 Abteilung A an Werk Sterkrade, 9. 5. 1947 betr. Lohnkosten für ausländische Arbeiter während des Krieges, RWWA 130-4001482/14b. Siehe hierzu Anm. 163 dieses Kapitels.

188 Aktenvermerk Historisches Archiv der MAN. Luther, über ein Telefongespräch mit Herrn Dr. Fetzer am 23. 1. 1986, 23. 1. 1986, MAN-HA A 2.2.1.3.

189 Rathje an Schäffer, 27. 10. 1942, MAN-HA N 122. III.

190 Interner Monatsbericht Werk Nürnberg, Dezember 1944, MAN-HA N 117 I.1.

191 Schreiben der Gutehoffnungshütte Oberhausen an die Bezirksgruppe Ruhr über den Gesundheitszustand der sowjetischen Kriegsgefangenen vom 6. 8. 1942 und 18. 8. 1942, in: Seidel/Tenfelde (Hg.), Zwangsarbeit, Teil 2: Dokumente, S. 703 ff. (Dokumente 280 u. 281); Seidel, Ausländereinsatz, S. 124.

192 Schreiben der Gutehoffnungshütte Oberhausen an die Bezirksgruppe Ruhr über den Gesundheitszustand der sowjetischen Kriegsgefangenen vom 6. 8. 1942, in: Seidel/Tenfelde (Hg.), Zwangsarbeit, Teil 2, S. 704. Vgl. auch Heinrich Spickenbaum, Bericht betreffend das russische Kriegsgefangenen-Lager der Zeche Osterfeld, 10. 4. 1947, RWWA 4001482/14b.

193 Niederschrift über die 18. Sitzung des Beirates des Vertrauensrates der M.A.N. in Nürnberg am 26. 5. 1944, MAN-HA 2.2.8.

194 Zitiert nach Hinze, Fremdarbeiter, S. 129.

195 Angaben zu den Misshandlungen wurden in mehren Zeugenaussagen im Spruchkammerverfahren gegen den Werksleiter Reinhardt gemacht. HessHStA Wiesbaden, Abt 520/GG, Spruchkammerakte Richard Reinhardt, Nr. 1, Bl. 18a-18e.

196 Vgl. hierzu auch die spätere Schilderung eines Betriebsrats der Maschinenfabrik Esslingen in: «Räder», S. 112:

197 Spruchkammer Groß-Gerau, Protokoll der öffentlichen Sitzung am 29. 5. 1947 u. 6. 6. 1947 gegen Reinhardt, Richard, HessHStA Wiesbaden, Abt 520/GG, Spruchkammerakte Richard Reinhardt, Nr. 1. Bl 59; Aktennotiz Binder an Hecker, 15. 1. 1946, ebd. Bl. 3.

198 Grosshessisches Staatsministerium, Spruch der Spruchkammer Gross-Gerau gegen Richard Reinhardt vom 6. 6. 1947, RWWA 130-4001012010. Reinhardt wurde als Entlasteter (Gruppe V) eingestuft. Er hat sich später von der M.A.N. getrennt und Ende der siebziger Jahre der Anti-Atom-Bewegung angeschlossen. Zur seiner Biografie vgl. Hartwig-Thürmer, Ginsheim, S. 185 f.

199 Seidel, Arbeitseinsatz, S. 86.

200 Hinze, Fremdarbeiter und Kriegsgefangene, S. 199.

201 Kucera, Fremdarbeiter.

202 Kabel- und Metallwerke Neumeyer AG an SS-Wirtschafts-Verwaltungshauptamt, Amt D II, Oranienburg bei Berlin, 13. 6. 1941, NI-1341, IfZ MA 1555/14.

203 Kabel- und Metallwerke Neumeyer AG an Konzentrationslager Flossenbürg/Bayer. Ostmark, 5. 6. 1944, NI-1342, ebd.; Kabel- und Metallwerke Neumeyer AG an Waffen-SS Kommandantur-Arbeitseinsatz Konzentrationslager Flossenbürg, 21. 6. 1944, NI-1343, ebd.

204 Mitteilung an Firma Josef Witt, Abteilung K, Helmbrechts/Ofr., 4. 89. 1944, NI-1339, ebd.

205 Littmann, Zwangsarbeiter, S. 600.

206 Ebd., S. 603.

207 Zeugenaussage Wilhelm J, Protokoll über die Berufungsangelegenheit Dr. May o. D., StA Hamburg, 221–11 Staatskommissar für die Entnazifizierung und Kategorisierung, I (SH) 1449.

208 Protokoll vom 19. 10. 1948, Vernehmung Dr. May, ebd.

209 Aussage Zeuge G., ebd.; Zeugenaussage Dr. Scholz, Protokoll über die Berufungsangelegenheit Dr. May o. D., ebd.; Vgl. auch Littmann, Zwangsarbeiter, S. 605.

210 Schreiben von Meleschkewitsch Anton F., 25. 1. 2003, Finkenwerder Arbeitskreis Außenlager Deutsche Werft des KZ Neuengamme, Zeitzeugenaussagen, Nr. 14; Zusammenfassung eines mündlichen Berichts von Heinz S., ebd., Nr. 19; Zeugenaussage Wilhelm J, Protokoll über die Berufungsangelegenheit Dr. May o. D., StA Hamburg, 221–11 Staatskommissar für die Entnazifizierung und Kategorisierung, I (SH) 1449; Zeugenaussage Carl H., ebd.; Zeugenaussage Bernhard L., ebd.

211 Liedke, Vernichtung; Perz, Projekt Quarz.

212 Liedke, Vernichtung.

213 Perz, Projekt Quarz.

7 Konzernentflechtung und Rückkehr auf den Weltmarkt

1 A. F. Napp-Zinn, Während der Luftoffensive und des Kampfes um Oberhausen im Winter 1944/45 und Frühjahr 1945 bei der Gutehoffnungshütte. Erinnerungen, RWWA 130-4001015.

2 Unter anderem hatten damals ehemalige Zwangsarbeiter aus der Sowjetunion gemeinsam mit deutschen Arbeitern die Keller des Werksgasthauses geleert. A. F. Napp-Zinn, Kampftage und Besetzung von Oberhausen, ebd.

3 GHH Oberhausen AG, Geschäftsbericht für die Jahre 1945/46–1951/52, Bericht des Vorstandes, S. 102; Schreiben an den Leitenden Regierungsdirektor des Landwirtschaftsamtes Düsseldorf Herrn Soergel, 11. 6. 1945, RIM 1.3.2.1.0.1.

4 GHH Oberhausen AG, Geschäftsbericht für die Jahre 1945/46–1951/52, Bericht des Vorstandes, S. 102.

5 Abelshauser, Ruhrkohlenbergbau, S. 20; Verhaftungen in der Schwerindustrie, in: Rheinische Post, 5. 12. 1945 (RWWA 130-4001016/5).

6 Liste der verhafteten rheinisch-westfälischen Eisen- und Stahlindustriellen, 5. 12. 1946, RWWA 130-400128/7

7 Vgl. hierzu Abelshauser, Wirtschaftsgeschichte; Euchner/Petzina (Hg.), Wirtschaftspolitik; Mausbach, Morgenthau; Wiesen, Industry.

8 Vom Aktienkapital des GHH AV in Höhe von insg. 104 000 000 RM entfiel damals auf die 88 Aktionäre aus der Franz Haniel-Linie eine Beteiligung von insgesamt 62 564 00 RM (60,2 %) und auf die 37 Aktionäre aus der Gerhard Haniel-Linie eine Beteiligung von insgesamt 14 672 000 RM (14,1 %). Gutehoffnungshütte Complex (Haniel Family), Vol. I Introduction, S. 95 f., IfZ 11/19–1/20 ED. Das größte Aktienpaket hielt Werner Carp mit einer Beteiligung von 6,05 %. Ebd., S. 95 ff.; James, Familienunternehmen, S. 261.

9 GHH Aktienverein, Geschäftsbericht für die Jahre 1945/46–1951/52, Bericht des Vorstandes, S. 16; Abelshauser, Ruhrkohlenbergbau, S. 15 u. S. 20 ff. Als Überblick zur Entflechtung der GHH vgl. Neuordnung der Gutehoffnungshütte.

10 Abelshauser, Ruhrkohlenbergbau, S. 22 ff.

11 Ebd., S. 24 ff.

12 Zur Biografie Hermann Reuschs: Hetzer, Reusch, S. 468 ff.; Obermüller, Reusch.

13 H. Reusch an Plochmann, 10. 12. 1945, RWWA 130-400101413/57.

14 Fragebogen – Work Sheet Dr. Hermann Reusch, 3. 6. 1946, HStA Düsseldorf, NW 1015, Nr. 351; Priemel, Flick, S. 632 ff.

15 Siehe Kapitel III/6, S. 312.

16 Nach seiner Trennung von der GHH gründete Kirchfeld die Außenhandelsgesellschaft Franz Kirchfeld GmbH KG, Düsseldorf. Zum Konflikt zwischen Hermann Reusch und Franz Kirchfeld siehe Kapitel III/6, S. 312 f.

17 GHH Aktienverein, Geschäftsbericht für die Jahre 1945/46–1951/52, S. 16.

18 Denkschrift Ausgliederung der Oberhausener Hüttenbetriebe aus der Gutehoffnungshütte Oberhausen AG 1947, S. 1, RWWA 130-4001017/1.

19 Außer den Hüttenwerken der GHH Oberhausen sollten die Eisen- und Hüttenwerke Bochum (Otto Wolff-Gruppe), das Werke Hörde des Dortmund-Hörder Hüttenvereins (Vereinigte Stahlwerke) und das Werk Haspe (Klöckner) von Auffanggesellschaften betrieben werden. Ebd., S. 3. Vgl. auch Ackermann, Wiederaufbau, S. 300 f.

20 Schreiben Reusch/Jarres/Hehemann an den Leiter des Verwaltungsamts für Wirtschaft für das amerikanische und britische Besatzungsgebiet, Agartz, 21. 1. 1947, Anlage 1 zu Denkschrift Ausgliederung der Oberhausener Hüttenbetriebe aus der Gutehoffnungshütte Oberhausen AG 1947, RWWA 130-4001017/1.

21 Zitiert nach: Denkschrift Ausgliederung der Oberhausener Hüttenbetriebe aus der Gutehoffnungshütte Oberhausen AG 1947, S. 4, ebd.

22 Schreiben Reusch/Jarres/Hehemann an den Leiter des Verwaltungsamts für Wirtschaft für das amerikanische und britische Besatzungsgebiet, Agartz, 21. 1. 1947, Anlage 1 zu Denkschrift Ausgliederung der Oberhausener Hüttenbetriebe aus der Gutehoffnungshütte Oberhausen AG 1947, ebd.

23 Vgl. hierzu Berghahn, Unternehmer, S. 212 f.; Hetzer, Reusch, S 486 f.

24 Denkschrift Ausgliederung der Oberhausener Hüttenbetriebe aus der Gutehoffnungshütte Oberhausen AG 1947, S. 7, ebd.

25 Ebd.; Schubert, Eisen- und Stahlindustrie, S. 18.

26 Betriebsbenutzungsvertrag zwischen der Gutehoffnungshütte Oberhausen Aktiengesellschaft und der Hüttenwerk Oberhausen Aktiengesellschaft 4. 4./4. 5. 1948, RWWA 130-4001034/27; GHH Aktienverein, Geschäftsbericht für die Jahre 1945/46–1951/52, S. 16.

27 Denkschrift Ausgliederung der Oberhausener Hüttenbetriebe aus der Gutehoffnungshütte Oberhausen AG 1947, S. 12 ff. u. S. 46 f., RWWA 130-4001017/1.

28 Ackermann, Wiederaufbau, S. 301. Auf die HOAG (Stahlproduktion 1946: 385 000 t) folgten die Hüttenwerke Hörde AG (270 000 t), die Hüttenwerke Ruhrort-Meiderich AG (231 000 t), die Georgsmarienhütte (81 000t) und die Stahlwerke Bochum AG (71 000 t). Ebd.

29 Bericht der KPD-Kreisleitung Oberhausen zum Vorgang Bruns, BA R 8122/1046, Bl. 160 f.; Eingabe an den Alliierten Kontrollrat, 27. 10. 1947, ebd., Bl. 207 f.; Bruns war während des Krieges auch Vorsitzender de Munitionsausschusses für den Bereich der Rüstungsinspektion IV gewesen. 1944 hatte er mit der SS über den Einsatz von KZ-Häftlingen verhandelt. Priemel, Flick, S. 493.

30 Schubert, Eisen- und Stahlindustrie, S. 42 ff.

31 Zitiert nach: ebd., S. 43.

32 GHH Aktienverein (Reusch/Hilbert) an Richard M. Kirby, Joint Special Financial Detachment, Düsseldorf, 21. 4. 1948, RWWA 130-4091/37.

33 Ebd.

34 Ebd.

35 GHH Aktienverein, Geschäftsbericht für die Jahre 1945/46–1951/52, S. 16 ff.; Neuordnung der Gutehoffnungshütte.

36 GHH Aktienverein, Geschäftsbericht für die Jahre 1945/46–1951/52, S. 17; Schubert, Eisen- und Stahlindustrie, S. 26 ff.

37 Schubert, Eisen- und Stahlindustrie, S. 28.

38 GHH Aktienverein, Geschäftsbericht für die Jahre 1945/46–1951/52, S. 17.

39 Bergemann an Schirmer, BBA 12/677.

40 GHH Aktienverein, Geschäftsbericht für die Jahre 1945/46–1951/52, S. 18.

41 Aktenvermerk Nebelung, 6. 5. 1952, BBA 12/677; GHH Aktienverein, Geschäftsbericht für die Jahre 1945/46–1951/52, S. 18.

42 Reorganisationsplan für Gutehoffnungshütte Aktienverein für Bergbau und Hüttenbetrieb und Gutehoffnungshütte Oberhausen Aktiengesellschaft, Entwurf vom 12. 9. 1952, BAK Z 8/2115. Der Plan war bereits im August 1952 der Bundesregierung zur Prüfung übergeben worden. Die zuständigen Ministerien hatten dann Abänderungsvorschläge eingereicht, die mit der GHH abgestimmt und in Oberhausen ausgearbeitet worden waren. Vermerk BMWi (Thiesing) betr. Neuordnungsplan für die Gutehoffnungshütte, 1. 9. 1952, ebd.

43 Kontinentale Treuhandgesellschaft mbH an den Vorstand GHH AV, 3. 11. 1954, mit Anlage (Bericht Reusch/Hilbert über die Durchführung des Reorganisationsplanes, 12. 1. 1954), ebd.

44 Quelle: GHH Aktienverein, Geschäftsbericht für die Jahre 1945/46–1951/52; Kontinentale Treuhandgesellschaft mbH an Vorstand GHH AV, 3. 11. 1954, mit Anlage (Bericht Reusch/Hilbert über die Durchführung des Reorganisationsplanes, 12. 1. 1954), BAK Z 8/2115.

45 GHH AV an Finanzminister des Landes Nordrhein-Westfalen, 6. 9. 1952, ebd.; GHH Aktienverein, Geschäftsbericht für die Jahre 1945/46–1951/52, S. 19.

46 Reorganisationsplan, Entwurf vom 12. 9. 1952, Anlagen 2a und 2b. BAK Z 8/2115; Schreiben BMWi (Thiesing) an Bundesminister der Finanzen, 27. 8. 1952, ebd. Vgl. auch Pritzkoleit, Männer, S. 158. Die Regelung wird dort als «eine Art ‹Sippenhaft›» bezeichnet.

47 James, Familienunternehmen, S. 261.

48 Von Menges, Unternehmens-Entscheide, S. 61(Angaben von Hermann Reusch vor der Hauptversammlung der GHH am 22. 4. 1952). Zum Stand nach 1945: Gutehoffnungshütte Complex (Haniel Family), Vol. I Introduction, S. 95 f., IfZ 11/19–1/20 ED. Andere Angaben finden sich bei James, Familienunternehmen, S. 261. Dort wird, freilich ohne Beleg, die Kapitalbeteiligung der Haniels im Jahr 1945 mit 64 % des Aktienkapitals angegeben. Bis August 1951 sei die Beteiligung auf 35 % zurückgegangen.

49 Von Menges, Unternehmens-Entscheide, S. 189.

50 James, Familienunternehmen, S. 263.

51 Wiesen, Industry, S. 57.

52 Berghahn, Unternehmer, S. 243.

53 Vgl. Berghahn, Unternehmer, S. 225 ff.; Grunenberg, Wundertäter, S. 132 ff.; ähnlich: Hetzer, Reusch; Bührer, Ruhrstahl.

54 Vgl. hierzu die Unterlagen in RWWA 130-400101402/105.

55 Blank war von 1949 bis 1957 Mitglied des Deutschen Bundestages, als Abgeordneter und von 1953 bis 1956 auch als parlamentarischer Geschäftsführer der FDP, dann als Abgeordneter der von ihm mitbegründeten Freien Volkspartei. Wellhausen hatte bereits dem Frankfurter Wirtschaftsrat angehört. Von 1949 bis 1958 war er Mitglied des Deutschen Bundestages. Als langjähriger Vorsitzender des Finanz- und Steuerausschusses nahm er hier eine wichtige Position ein.

56 Die letzte Hauptversammlung der GHH, die «traditionsgemäß» am Geburtstag Wilhelms II. abgehalten wurde – eine Tradition, die erst Hermann Reusch begründet hatte –, fand am 27. 1. 1967 in der Meistersingerhalle in Nürnberg statt. Die Tradition Notiz Historisches Archiv der MAN, 13. 10. 1992, MAN-HA A 1.1.6.

57 Horstmann, Großbanken.

58 Gall, Entlassung, S. 500 ff. u. S. 507 ff.

59 Bericht über die 22. Konzernsitzung am 25. 5. 1954 in Oberhausen-Sterkrade, RIM 1.1.9.0.1/1.

60 Schubert, Eisen- und Stahlindustrie, S. 79 f.; Ergebnis-Protokoll der Besprechung im Neumühl-Kreis am 29. 10. 1956 in Düsseldorf, RWWA 130-400101402/105.

61 Ergebnis-Protokoll der Besprechung im Neumühl-Kreis am 29. 10. 1956 im Industrieclub Düsseldorf, RWWA 130-400101402/105. Namensgeber des Kreises war das Haniel-Unternehmen Gewerkschaft Neumühl.

62 Dass sich die Haniels einen gleichzeitigen Ausbau ihrer Beteiligungen bei GHH und HOAG nicht leisten konnten, bescheinigte ein 1958 erstellter Bericht einer Wirtschaftsprüfungsgesellschaft: Kontinentale Treuhandgesellschaft mbH, Untersuchung über die Auswirkungen von Kapitalerhöhungen beim GHH-Aktienverein und beim Hüttenwerk Oberhausen, o. D. (1958), RWWA 130-400101402/98.

63 Menges, Unternehmens-Entscheide, S. 189 f.

64 Bericht über die 22. Konzernsitzung am 25. 5. 1954 in Oberhausen-Sterkrade, RIM 1.1.9.0.1/1.

65 Herchenröder/Schäfer/Zapp, Nachfolger, S. 140.

66 1968 entfielen bei der GHH nur 1 % des Umsatzes auf die Grundstoffindustrie, bei Krupp dagegen 26 % und beu Mannesmann 23 %. M. Lennings, Die Struktur des GHH-Konzerns, 27. 6. 1968, RIM 1.1.9.0.1/5.

67 Luther, Neubeginn, S. 278 f.; Hetzer, Unternehmer, S. 564 ff.

68 Maschinenfabrik Augsburg-Nürnberg A. G., Vorstand (Kastl), an Chief of the Decartelization Branch, Economics Division, OMGUS, Berlin, o. D., S. 18, MAN-HA A 1.1.7.1.

69 Die Abt. D1 bis D4 und DA im ersten Jahr nach der Besetzung, 22. 5. 1946, MAN-HA A 1.1.7.1.; Luther, Neubeginn, S. 286.

70 Petersen, Die Zeit der Treuhänderschaft bei der M.A.N.-Augsburg, MAN-HA A 1.1.7.1.

71 Aktenvermerk, 11. 12. 1945, MAN-HA N 122 III.(Wellhausen). Erhard schrieb am 28. 12. 1945 an Ludwig Kastl, er hätte Gelegenheit gehabt, «die Aktion zur Wiedereinsetzung von Herrn Otto Meyer in seine alten Funktionen in die Wege zu leiten». Ebd.

72 Office of Military Government for Bavaria, Bestätigung vom 17. 5. 1946, ebd.; Auszug aus der Niederschrift über die Aufsichtsratssitzung am 2. 7. 1946 in Augsburg, ebd.

73 Emil Sörensen (1900–1977) hatte zunächst bei der Deschimag in Bremen gearbeitet und war 1932 als Professor an die TH Dresden berufen worden. Zum 1. 4. 1939 trat er

als stellvertretendes Vorstandsmitglied bei der M.A.N. ein. Von 1946 bis 1965 war er ordentliches Vorstandsmitglied.

74 Petersen, Die Zeit der Treuhänderschaft bei der M.A.N.-Augsburg, MAN-HA A 1.1.7.1.; Luther, Neubeginn, S. 279.

75 Quelle: Geschichte der M.A.N., Lastwagenbau 1945–1953, MAN-N HA, 1.1. Werksgeschichte IX 1945–1950.

76 Luther, Neubeginn, S. 288 f.

77 Reparation Dieselmotorenbau, 27. 11. 1951, MAN-HA A 1.1.7.1.; Wolfgang H. Gebhardt, Geschichte des deutschen Lkw-Baus, Bd. 3b, Stuttgart 1994, S. 162 f.

78 Geschichte der M.A.N., Lastwagenbau 1945–1953), MAN-N HA, 1.1. Werksgeschichte IX 1945–1950.

79 Belegschaftszahlen der Gesamt-M.A.N. 1898–1965, 16. 9. 1963, MAN-HA A 1.5.0.

80 Umsatz der Gesamt-M.A.N. 1924/25–1967/68, 9. 11. 1962, ebd.

81 Reparation Dieselmotorenbau, 27. 11. 1951, MAN-HA A 1.1.7.1.; Restitutionen 1945/1948, 12 101951, ebd.

82 Reparation Dieselmotorenbau, 27. 11. 1951, ebd.

83 Schicksal der M.A.N.-Forschungsanstalt für Mechanik und Gestaltung nach dem Kriege, 17. 10. 1951, ebd.

84 Ebd.

85 Auskunftserteilung an Militärregierung und technische Befragungen durch alliierte Personen, 28. 3. 1952, MAN-HA A 1.1.7.1.

86 Ebd.

87 Der Oberbürgermeister der Stadt Augsburg, Prüfungsausschuss, Entscheidung betr. Gustav Pielstick, 19. 12. 1945, MAN-HA A 1.2.2.

88 Pielstick an Oberbürgermeister der Stadt Augsburg, Prüfungsausschuss, 24. 12. 1945, ebd.

89 Pielstick an Meyer, 23. 10. 1946, MAN-HA A.1.2.2.

90 Information, 22. 9. 1947, ebd. [Bericht über eine Darstellung der Vorgänge durch Pielstick]; Aktenvermerk Sörensen betr. Abwanderung nach Frankreich, 19. 11. 1947, ebd.

91 Betriebsrat der M.A.N. Werk Augsburg, Bekanntmachung!, 5. 12. 1947 (Entwurf), ebd.

92 Schreiben G. Pielstick an den Betriebsrat der MAN vom 8. 4. 1948, ebd.

93 Vgl. Unger, Innovationen.

94 «GHH baut Stahlwerke nach den Sauerstoff-Blasverfahren»; RWWA 130-4245153.

95 «GHH Lieferant für die Erdölindustrie!», ebd.

96 Aktenvermerk GHH Sterkrade AG betr. Hochofenanlage Rourkela, 13. 1. 1958, RIM 1.3.2.1.10.

97 Vgl. RWWA 130-4521/156–162.

98 Menges, Unternehmens-Entscheide, S. 188.

99 Bericht über die 22. Konzernsitzung am 25. 5. 1954 in Oberhausen-Sterkrade, S. 9, RIM 1.1.9.0.1/1.

100 GHH Aktienverein, Geschäftsbericht für 1958/59, BBA 30/1.

101 GHH Aktienverein, Geschäftsbericht für 1960/61, S. 20, RWWA 130-4201000/44.

102 Ebd.

103 Jahresübersichten des GHH-Konzerns, MAN-HA; GHH, Jahesübersichten 1945–1955, RWWA 130-4001380/0 u. 130-4080/40; Belegschaftsstand 1950–1955, RWWA 130-4001360/0; Bericht über die 22. Konzernsitzung am 25. 5. 1954, RIM 1.1.9.0.1/1; GHH, Geschäftsberichte 1948/49–1950/60.

104 Gutehoffnungshütte Aktienverein/Gutehoffnungshütte Sterkrade AG, Geschäftsberichte, jew. Jg.; Konzernsitzungen 1954, 1956 und 1958, RIM 1.1.9.0.1, RWWA 130-40810/13–14.
105 Gutehoffnungshütte Aktienverein, Geschäftsbericht 1958/59.
106 BAK B 109/3580, Bl. 1 f.
107 W. Scholz, Entwicklung des Schiffbaus auf der Deutschen Werft in den Nachkriegsjahren 1945–1954, Bericht über die 22. Konzernsitzung am 25. 5. 1954 in Oberhausen-Sterkrade, RIM 1.1.9.0.1/1; ders., Entwurf zu einer kurzen Geschichte der Deutschen Werft, 13. 8. 1964, StA Hamburg, 621–1/78 Deutsche Werft/17.
108 Claviez, 50 Jahre, S. 114.
109 Ebd., S. 120.
110 Vgl. die Presseausschnitte in StA Hamburg, 621–1/78 Deutsche Werft/3.
111 M.A.N., Geschäftsberichte für die Jahre 1953/4, 1956/57 und 1958/59, MAN-HA.
112 150 Jahre Druckmaschinenbau, S. 4 u. 15 f.
113 Luther, Neubeginn, S. 291.
114 Droscha, Gang, S. 41 f.
115 Ebd., S. 40 f.
116 Luther, Neubeginn, S. 291.
117 Gebhardt, Geschichte, Bd. 3b, S. 163.
118 Ebd., S. 167 f.; Droscha, Gang, S. 44.
119 MAN Nutzfahrzeuge Gruppe (Hg.), Seit 90 Jahren, S. 66–78. Zur Entstehung des Münchner Werks siehe Kapitel IV/1, S. 383 ff.
120 M.A.N. Werk Hamburg, Hamburg. Die Stadt und unser Werk, Nürnberg 1970, S. 87 ff.; Ein neues Werk für die Hamburger Schiffahrt, 11. 7. 1958, MAN-HA A 1.1.9.4: Das MAN-Jahr 1956, in: M.A.N.-Werkzeitung, Dezember 1956.
121 Quelle: Verrechnete Lieferungen 1956–1972, MAN-HA A 1.5.0.
122 Die Geschichte der Triebwerke bei M.A.N.-Turbomotoren und M.A.N.-Turbo, MAN-HA A 1.4.2.
123 Karl Adolf Müller, Die MAN-Turbomotoren GmbH (1) München 16. 10. 1958 bis 19. 08. 1965, März 1978, MAN-HA A 118 1./2.
124 Unsere letzte Dampflokomotive. Ein Nachruf, in: Unsere Welt, April 1962, S 11, Wirtschaftsarchiv Baden-Württemberg, N 6/187.
125 Anekdoten um Otto Meyer, zusammengestellt von Karl Zinner, Ms. Augsburg 1992 (MAN-HA).
126 Ein dynamisches Leben; Moser, Arbeitgeberverbände, S. 110 ff.; Die Lehren des schädlichen Streiks. Dr. Otto Meyer schlägt vor: Friedensplan ohne Streiks und Aussperrungen, in: Nürnberger Zeitung vom 16. 9. 1954 (MAN-HA N 221.5).
127 Anekdoten um Otto Meyer, S. 23 f., MAN-HA.

Vierter Teil
Der Weg zur heutigen MAN Gruppe (1960–2008)

1 Konzernumbau und Fokussierung: Die GHH in den sechziger Jahren

1 Hermann Reusch an von Menges, 3. 1. 1961, zit. n. von Menges, Unternehmensentscheide, 1976, S. 175.
2 Harold James, Familienunternehmen, 2005, S. 262.
3 Der Spiegel, 4/1962, S. 34 ff. Der Spiegel bezifferte Reuschs Bezüge allein aus Direkto-

ren- und Aufsichtsratsposten mit rund 1,5 Mio. DM im Jahr. Hermann Reusch sei damit der «mit Abstand höchstbezahlte Manager des Ruhrreviers.»

4 Bericht von Hermann Reusch auf der Konzernsitzung vom 14. 11. 1960 in Oberhausen-Sterkrade, Rheinisches Industriemuseum Oberhausen (RIM) 1.1.9.0.1/7.

5 Interview Manfred Plath, 27. 2. 2007.

6 Menges, Unternehmensentscheide, S. 34 f.

7 Menges, Unternehmensentscheide, S. 16.

8 James, Familienunternehmen, S. 269.

9 Menges, Unternehmensentscheide, S. 177.

10 Ob die Verdrängung der Haniels aus der GHH ein vom damaligen Vorstandsvorsitzenden von Menges konsequent verfolgtes Ziel darstellte, wie Harold James behauptet, sei dahingestellt. Unstreitig ist, dass zahlreiche Vorstandsentscheidungen aus den sechziger Jahren den Weg bereiteten für die Umwandlung des GHH bzw. MAN Konzerns von einem Familienunternehmen zu einer Publikumsgesellschaft. Vgl. James, Familienunternehmen, S. 274.

11 James, Familienunternehmen, S. 275.

12 Belegschaftszahlen der Gesamt-M.A.N. 1898–1968, MAN HA A 2.2.1.1. «Belegschaft».

13 Vgl. Konzernsitzung der GHH vom 9. 7. 1968 in Augsburg, RIM 1.1.9.0.1/5.

14 M. Lennings, Die Struktur des GHH-Konzerns, Vorstandsvorlage, 27. 6. 1968, Bl. 5, RIM 1.1.9.0.1/5.

15 Ebd. Bl. 8.

16 Von Menges auf der Konzerntagung vom 19. 4. 1967 in Oberhausen-Sterkrade, RIM 1.1.9.0.1/4.

17 Zu den bis in die siebziger Jahre bei der GHH gepflegten Ritualen gehörte auch die Lieferung von Honig und Obst an die Konzernführung in Oberhausen. «Von unserem Gut Langenau geht Ihnen heute eine Kostprobe der diesjährigen Honigernte zu. … Die Gutsverwaltung berechnet das Glas mit DM 3.30.» K. Grissmer an von Menges, Gustavsburg, 6. 7. 1966, RWWA 130-400 10 1506/180.

18 Röcke, Lastwagen, 2001, S. 64 f.

19 Zum M-Verfahren: von Seherr-Thoß, Technik des MAN-Nutzfahrzeugbaus, in: Leistung und Weg. Zur Geschichte des MAN Nutzfahrzeugbaus, 1991, s. S. 312–536, S. 504f, Zitat Süddeutsche Zeitung, ebd., S. 505.

20 Gebhardt, Lkw-Bau, Bd. 3b, 1994, S. 179.

21 Seherr-Thoß, Technik, S. 506.

22 Gebhardt, Lkw-Bau, S. 173.

23 Protokoll der Sitzung von Vorstand und Aufsichtsrat von M.A.N., 24. 5. 1965, MAN-HA A «Vorstandssitzungen», Bl. 1.

24 Droscha, Geschichte des MAN Nutzfahrzeugs, in: Leistung und Weg. 1991, S. 46 f.

25 Vgl. Gebhardt, Geschichte des deutschen Lkw-Baus, S. 5.

26 Zit. n. Droscha, Geschichte, S. 48 f.

27 MAN-HA A 2.2.1.1. «Belegschaft».

28 MAN-HA A 2.2.1.1. «Belegschaft».

29 Zit. n. Droscha, Geschichte, S. 49.

30 Protokoll M.A.N.-Vorstandssitzung, 18. 2. 1965, MAN-HA A «Vorstandssitzungen».

31 Von Menges, Rundschreiben an führende Manager der GHH, Oberhausen, 30. 1. 1967, RWWA 130-400 10 1506/180.

32 GHH Sterkrade AG, Geschäftsbericht 1964/65, S. 34, RIM, 1.3.3.3./32.

33 Menges, Unternehmensentscheidungen, S. 187.
34 U. Neumann, Schreiben an die Werksleitungen in Augsburg, Nürnberg, München, Gustavsburg, 30. 11. 1967.
35 MAN-HA A 1.5.0.
36 Aktenvermerk über Besprechung mit Renault/Saviem am 11. 12. 1962, MAN-HA A 2.4.2.
37 Aktenvermerk über Besprechung mit Renault/Saviem am 12. 6. 1963, MAN-HA A 2.4.2.
38 Aktenvermerk über Besprechung mit Renault/Saviem am 11. 12. 1962, MAN-HA A 2.4.2.
39 Gebhardt, Geschichte des deutschen Lkw-Baus, S. 180.
40 Aktenvermerk über Besprechung mit Renault/Saviem am 11. 12. 1962, MAN-HA A 2.4.2.
41 U. Neumann in einem Schreiben an v. Menges, 3. 2. 1968, RWWA 130-400 10 1506/181.
42 Röcke, Lastwagen, S. 98 ff.
43 Maschinenfabrik Esslingen, Geschäftsbericht 1965, S. 6 Daimler AG, Heritage Information Center (HIC), Bestand Maschinenfabrik Esslingen.
44 Von Menges, Unternehmensentscheide, S. 160.
45 Daimler-Vorstandssprecher Joachim Zahn an die Aufsichtsratsmitglieder der Daimler-Benz AG, Hermann J. Abs, Friedrich Flick, Herbert Quandt, Schreiben vom 29. 10. 1966, Daimler AG, HIC, Bestand Maschinenfabrik Esslingen.
46 Aktennotiz Edzard Reuter, 2. 12. 1964, Bl. 1, Daimler AG, HIC, Bestand Maschinenfabrik Esslingen.
47 Ebd. Bl. 6.
48 Daimler-Vorstandssprecher Joachim Zahn an Hermann J. Abs, Friedrich Flick, Herbert Quandt, 18. 12. 1964, Daimler AG, HIC, Bestand Maschinenfabrik Esslingen.
49 Zit. n. von Menges, Unternehmensentscheide, S. 205.
50 Schreiben des Betriebsrats der Maschinenfabrik Esslingen an Hermann Reusch und Hermann J. Abs, 18. 1. 1965, Daimler AG, HIC, Bestand Maschinenfabrik Esslingen Archiv.
51 Schreiben Hermann Reuschs an die Arbeitnehmervertreter im Aufsichtsrat der Maschinenfabrik Esslingen, 22. 1. 1965, Daimler AG, HIC, Bestand Maschinenfabrik Esslingen.
52 Von Menges, Unternehmensentscheide, S. 205.
53 Vgl. Protokoll der Sitzung von Vorstand und Aufsichtsrat von M.A.N., 24. 5. 1965, MAN-HA A «Vorstandssitzungen», Bl. 2.
54 M.A.N. Turbo GmbH (Hg.), Technische Unterlagen. Entwicklung, Fertigung, Betreuung von Haupt- und Hilfstriebwerken. München 1967, S. IV.
55 Zit. n. Schmidt, Starfighter/Lockheed, in: Skandale in Deutschland nach 1945, 2007, S. 78.
56 M.A.N. Turbo GmbH (Hg.), Technische Unterlagen, München 1967, S. IV.
57 Protokoll der Vorstandssitzung von M.A.N., 10. 7. 1962, MAN-HA A «Vorstandssitzungen», Bl. 6.
58 Protokoll der Vorstandssitzung von M.A.N., 11. 5. 1964, MAN-HA A «Vorstandssitzungen». Bl. 9.
59 Ministerialdirektor Dr. Knieper gegenüber M.A.N.-Vorstandsmitglied Choinowski

am 18. 2. 1964, Protokoll der Vorstandssitzung von M.A.N., 21. 2. 1964, MAN-HA A «Vorstandssitzungen», Bl. 13.

60 Verhandlungsniederschrift, Karoli (Vorsitzender des Aufsichtsrats der BMW AG) und Ulrich Neumann (Vorstandsvorsitzender der M.A.N.), 28. 4. 1965, MAN-HA A «Vorstandsprotokolle».

61 Brief Neumann an von Menges, 14. 4. 1965, zit. n. von Menges, Unternehmensentscheide, 1976, S. 206.

62 Protokoll der Vorstandssitzung von M.A.N., 14. 7. 1965, MAN-HA A «Vorstandssitzungen», Bl. 9 f.

63 Neumann an v. Menges, Augsburg, 4. 11. 1968, RWWA 130-400 10 1506/182.

2 Etappenweiser Konzernumbau 1965–1969

1 Vorlage für Aufsichtsratssitzung am 13. 5. 1964, zit. n.: von Menges, Unternehmensentscheide, S. 194.

2 Von Menges auf der Konzerntagung vom 19. 4. 1967, RIM 1.1.9.0.1/4, Bl. 3.

3 Von Menges, Unternehmensentscheide, S. 207 f.

4 Zit. n. von Menges, Unternehmensentscheide, S. 199.

5 Konzerntagung der GHH AV vom 19. 4. 1967, RIM 1.1.9.0.1/4, Bl. 6.

6 Von Menges, Unternehmensentscheide, S. 213.

7 Von Menges, Unternehmensentscheide, S. 380.

8 Vermerk Lennings für v. Menges, 21. 1. 1966, RWWA 130-400 10 1506/166.

9 Notizen von Menges' über ein Gespräch mit A. Westphal, 14. 6. 1965, RWWA 130-400 10 1506/166.

10 Vorlage von M. Lennings für den Vorstand der GHH, 28. 10. 1965, RWWA 130-400 10 1506/166.

11 Von 1957 bis 1969 gab es in der Bundesrepublik Deutschland ein «Bundesschatzministerium», das die Unternehmen und Unternehmensbeteiligungen des Bundes verwaltete. (Bis 1961 lautete die Bezeichnung «Bundesministerium für wirtschaftlichen Besitz des Bundes»). Nach seiner Auflösung durch die sozialliberale Koalition im Oktober 1969 wurden die Aufgaben auf das Wirtschafts- und das Finanzministerium aufgeteilt.

12 Brief v. Menges an die Vorstandsmitglieder der AEG, 15. 6. 1966, RWWA 130-400 10 1506/166.

13 Bundesschatzminister Schmücker auf einer gemeinsamen Pressekonferenz mit GHH-Chef von Menges am 9. 11. 1967, zit. n. Brief von Menges an U. Neumann, 10. 11. 1967, RWWA 130-400 10 1506/180.

14 Lennings, «Aufstellung über strukturell wichtige Maßnahmen des GHH-Konzerns», Vermerk für v. Menges, 20. 10. 1967, RWWA 130-400 10 1506/24.

15 Die Zeit, 14. 2. 1975.

3 Konflikte um Kapitalerhöhungen

1 Menges, Unternehmensentscheide, S. 327.

2 Akten-Vermerk von Menges, 31. 5. 1967, RWWA 130-400 10 1506/41.

3 Mitteilung von M. Lennings an v. Menges, 30. 5. 1967, RWWA 130-400 10 1506/41.

4 Ebd.

5 Brief v. Menges' an K. Schott, 11. 8. 1969, RWWA 130-400 10 1506/182.

6 Notiz über Besprechung bei der ALLIANZ München, 2. 10. 1969, zit. n. James, Familienunternehmen, S. 274.
7 Interview Franz Breitenstein, 24. 10. 2007.
8 Interview Dr. Klaus Götte, 21. 8. 2007.
9 Zit. n. Menges, Unternehmensentscheide, S. 331.
10 Von Menges, Strategie-Papier vom 29. 2. 1968, zit. n. von Menges, Unternehmensentscheide, S. 302 f.
11 Interview Lothar Pohlmann, 6. 11. 2007.
12 Von Menges, Unternehmensentscheide, S. 259.
13 Vgl. Droscha, MAN – Geschichte und Leistung, S. 323 und S. 329.
14 GHH-Sterkrade, Meilensteine/Produkte, MAN-HA A 1.1.83.
15 Konzernsitzung vom 19. 4. 1967, RIM 1.1.9.0.1/4.
16 Droscha, MAN-Geschichte und Leistung, S. 331.
17 Absichtserklärung des Aufsichtsrats des GHH AV, Dezember 1968, zit. n. von Menges, Unternehmensentscheide, S. 309 f.
18 Protokoll der Vorstandssitzung der M.A.N., 20. 1. 1969, MAN-HA A «Vorstandssitzungen».
19 Interview Lothar Pohlmann, Oberhausen, 6. 11. 2007.
20 Von Menges, Rundschreiben vom 30. 6. 1969, zit. n. von Menges, Unternehmensentscheide, S. 311.
21 Rede von Menges' auf der Hauptversammlung des GHH AV, zit. n. Droscha, 1981 (Ms), S. 317.
22 Von Menges, Unternehmensentscheide, S. 323.

4 Wachstum und Übernahmen in den siebziger Jahren

1 Von Menges an Karl Schott, 11. 8. 1969, RWWA, 130-400 10 1506/ 182.
2 Neumann, Vermerk über ein Gespräch mit Joachim Zahn (Daimler-Benz), 9. 6. 1967, RWWA 130-400 10 1506/180.
3 Schreiben von v. Menges an Neumann, 10. 11. 1967, RWWA 130-400 10 1506/180.
4 Treue, wirtschaftliche Entwicklung, in: H. Büssing, 1989, S. 189.
5 Vertrag zwischen Büssing/Salzgitter AG und MAN vom 17. 1. 1967, zit. n. Treue, Entwicklung, S. 190.
6 Neumann an von Menges, 18. 11. 1967, RWWA 130-400 10 1506/180.
7 Protokoll der MAN-Vorstandssitzung, 27. 6. 1968, MAN-HA A «Vorstandssitzungen».
8 Nach einer Aufstellung des M.A.N.-Vorstands für den AR-Vorsitzenden Franz Haniel, Augsburg 16. 11. 1968, RWWA 130-400 10 1506/182.
9 Aktenvermerk über Gespräch beim pers. Referenten des bayerischen Wirtschaftsminister Schedl, Dr. Wimmer, 7. 6. 1968, MAN-HA A «Vorstandssitzungen».
10 Protokoll der M.A.N.-Vorstandssitzung, 27. 6. 1967, MAN-HA A «Vorstandssitzungen».
11 Schreiben Neumanns an von Menges, 8. 4. 1968, MAN-HA A «Vorstandssitzungen».
12 Vgl. die vertrauliche Mitteilung von Neumann an seine M.A.N.-Vorstandskollegen über den Stand der Angelegenheit «Büssing», 30. 5. 1968. «Unser Stuttgarter Freund hat in Bonn gesagt: «Wenn diese beiden Firmen zusammengehen, bedeutet das, dass 70 % der Kommunalfahrzeugproduktion in einer Hand ist. Wir können nicht einverstanden sein, dass M.A.N. dieses anstrebt und dafür nicht einmal bezahlen will»; MAN-HA A «Vorstandssitzungen».

13 Von Menges in einem Schreiben an den M.A.N.-Vorstandsvorsitzenden Neumann, RWWA 130-400 10 1506/180. Vgl. auch Aktennotiz vom 27. 5. 1968 über einen Anruf aus dem Bundeswirtschaftsministerium beim M.A.N.-Vorstand. Nach Auskunft des zuständigen Referatsleiters sei man in Bonn der Ansicht, dass für die gewünschte Übernahme von Büssing «eigentlich nur Daimler-Benz und wir … in Frage kämen, wobei M.A.N. vorrangig sei.»

14 Von Menges, Unternehmensentscheide, S. 352.

15 Von Seherr-Thoß, Entwicklung, in: H. Büssing, 1986, S. 236.

16 Seherr-Thoß, Entwicklung, S. 185.

17 Liedke, Karl, Vernichtung durch Arbeit: Juden aus Lodz bei der Büssing-NAG, in: Fiedler, Gudrun/ Ludewig, Hans-Ulrich (Hg.), Zwangsarbeit, 2003, S. 225.

18 Ebd., S. 234.

19 Forum 1/1989, S. 23.

20 Protokoll M.A.N.-Vorstandssitzung, 31. 8. 1965, MAN-HA A «Vorstandssitzungen».

21 Protokoll M.A.N.-Vorstandsitzung, 13./14. 10. 1965, MAN-HA A «Vorstandssitzungen».

22 Protokoll M.A.N.-Vorstandssitzung, 11. 5. 1964, MAN-HA A «Vorstandssitzungen».

23 Protokoll M.A.N.-Vorstandssitzung, 14. 10. 1964, MAN-HA A «Vorstandssitzungen».

24 Seit 90 Jahren auf Achse, München 2005, S. 88.

25 Schreiben von M.A.N.-Vorstand Voisard an den bayerischen Finanzminister Max Streibl, 1. 2. 1982, MAN-HA A 1.5.1.

26 Liste der 10 wichtigsten Abnehmerländer UB Nutzfahrzeuge, MAN-HA A 1.5.1.

27 M. Lennings an v. Menges, Vorlage für ein Treffen mit Vertretern der Eigentümerfamilie Haniel, 20. 10. 1967, RWWA 130-400 10 1506/24.

28 mtu heute, Nr. 6, Februar 1973, S. 1 f.

29 Soldat und Technik, 3/ 1973, S. 122.

30 M.A.N. Pressedienst, 11. 7. 1969, MAN-HA A 1.4.2. «Turbomotoren/MTU».

31 Aktenvermerk zu «Neue Technologie, 13. 5. 1976, MAN-HA A 1.1.9.8. «MAN Technologie».

32 Vgl. Aufstellung «Meilensteine und Höhepunkte», MAN-HA A 1.1.9.8. «MAN Technologie», dazu auch Droscha, Hellmut, M.A.N. – Geschichte und Leistung, 1981 (Ms), S. 366.

33 Interview mit Horst Rauck, in: forum 2/1989, S. 4.

34 Produktbeschreibung «Booster», MAN-HA A 1.1.8.5. «MAN Technologie».

35 forum 1/1998, 19.

36 MAN-Technologie AG 1986–2005 (Ms.), MAN-HA A 1.1.8.5.

5 Expansion und Krisenmanagement

1 Später gab es Vermutungen, dass beim Rückzug von Menges' auch Vertreter der Eigentümerfamilie eine Rolle gespielt haben sollen, die sich für die Verkleinerung des Familieneinflusses qua Kapitalerhöhungen «rächen» wollten. Doch sind eindeutige Belege für diese Version bislang nicht aufgetaucht. Vgl. James, Familienunternehmen, S. 275.

2 Unter den Vorstandsvorsitzenden von Menges und Lennings war es Praxis, sämtliche Beteiligungen der GHH – auch unterhalb von 50 % – in die Konzernzahlen einzurechnen. Dadurch ergaben sich höhere Zahlen als es nach einer strengeren Berechnungsart der Fall gewesen wäre. Ab 1983/84 legte der neue Vorstandsvorsitzende Klaus Götte konsolidierte Zahlen vor, so dass die Größenordnung der GHH (ab 1986

MAN AG) zwar kleiner erschien, aber nun den tatsächlichen Verhältnissen entsprach..

3 Lennings auf der Hauptversammlung des GHH Aktienverein, 17. 2. 1978, MAN-HA A 1.1.6, vgl. GHH-Geschäfstsberichte 1965/66 tt.

4 Lennings auf der Bilanzpressekonferenz des GHH Aktienverein, 18. 1. 1980, MAN-HA A 1.1.6.

5 Lennings auf der Bilanzpressekonferenz des GHH Aktienverein, 16. 1. 1979. MAN-HA A 1.1.6.

6 Von Menges an den M.A.N.-Vorstandsvorsitzenden Karl Schott, 11. 8. 1969, RWWA. 130-400 10 1506/182.

7 Von Menges an den M.A.N.-Vorstandsvorsitzenden Neumann, 29. 10. 1968, RWWA, 130-400 10 1506/182.

8 Von Menges, Unternehmensentscheide, S. 153.

9 Protokoll M.A.N.-Vorstandssitzung, 24. 2. 1970, MAN-HA A «Vorstandssitzungen».

10 Protokoll M.A.N.-Vorstandssitzung, 3. 2. 1970, MAN-HA A «Vorstandssitzungen».

11 Protokoll M.A.N.-Vorstandssitzung, 2./3. 6. 1970, MAN-HA A «Vorstandssitzungen».

12 Protokoll M.A.N.-Vorstandssitzung, 2./3. 6. 1970, MAN-HA A «Vorstandssitzungen».

13 125 Jahre Druckmaschinen aus Offenbach, hrsg. von MAN Roland Druckmaschinen AG, Offenbach 1996, S. 17.

14 150 Jahre Druckmaschinenbau im MAN Konzern, Augsburg 1995, S. 7.

15 Rede des Vorstandssprechers von MAN Roland, Rudolf Thiels, 27. 10. 1979, MAN-HA A 1.1.8.2.

16 Frankfurter Allgemeine Zeitung, 31. 1. 1983.

17 Pressemitteilung über Aufsichtsratssitzung der MAN Roland, 9. 10. 1990, MAN-HA A 1.1.8.2.

18 Joest, Pionier im Ruhrrevier, 1982, S. 216.

19 Der B & W Aufsichtsratsvorsitzende Nielsen gegenüber dem M.A.N.-Vorstandsmitglied Wollburg. Aktennotiz von Gerd Wollburg, 29. 2. 1980, MAN-HA A 1.1.8.1.

20 Forum 2/1991, S. 16.

21 Aktennotiz von Wollburg, 29. 2. 1980, MAN-HA A 1.1.8.1.

22 Hansa. Schiffahrt, Schiffbau, Hafen, Nr. 14/ 1984, S. 1261.

23 Rundschreiben der MAN B & W Diesel – Geschäftsführung, 24. 3. 1981, MAN-HA A 1.1.8.1.

24 Interview Dr. Rudolf Rupprecht, 26. 2. 2007, vgl. GHH-Geschäfstsberichte 1965/66 tt.

25 Geschäftsbericht der MAN AG, 1986/87.

26 Augsburger Allgemeine, 11./12. 6. 1983.

27 Interview mit Rudolf Rupprecht, Vorstandsvorsitzender der MAN B & W Diesel AG, in: Forum 2/1991, S. 19.

28 Zu Gustav Pielstick s. biographischer Abriss, MAN-HA A 1.1.8.1.

6 Von der GHH zur MAN AG: Krise und Umstrukturierung (1983–1986)

1 Manager Magazin 4/1983, S. 31.

2 Götte, Verschmelzung, in: Führung und Organisation, 4/1989, S. 238.

3 Aufsichtsratssitzung des GHH AV, 4. 6. 1982 MAN-HA A 1.1.6.

4 Röcke, Lastwagen, S. 76.

5 FAZ, 4. 11. 1983.

6 Götte, Verschmelzung GHH-MAN, S. 238.

7 Von Menges auf der Konzerntagung des GHH AV, 19. 4. 1967, RIM 1.1.9.0.1/4, Bl. 6.
8 Interview Dr. Klaus Götte, 21. 8. 2007.
9 Handelsblatt, 25. 2. 1985; Die Zeit, 1. 3. 1985.
10 Geschäftsbericht GHH-Aktienverein 1984/85.
11 Interview Manfred Plath, 27. 2. 2007.
12 Interview Dr. Klaus Götte, 21. 8. 2007.
13 Presseerklärung zur GHH AV Aufsichtsratssitzung, 28. 9. 1985, MAN-HA A 1.1.8.3.
14 Interview Dr. Klaus Götte, 21. 8. 2007.
15 Frankfurter Allgemeine Zeitung, 23. 7. 1988.
16 Götte, Verschmelzung GHH-MAN, S. 243.
17 Handelsblatt, 14./15. 2. 1986, mit einem Rückblick auf mehr als 220 Jahre Unternehmensgeschichte der GHH.
18 Götte, Verschmelzung GHH-MAN, S. 238.
19 MAN-HA A 1.3.2.
20 Röcke, Lastwagen und Omnibusse von MAN, S. 79.
21 Röcke, Trucknology Generation, 2000, S. 80.
22 Röcke, Lastwagen, S. 49.

7 Die MAN nach dem Epochenjahr 1989/90

1 Interview Paul Steidle, 3. 5. 2007.
2 Interview Paul Steidle, 3. 5. 2007.
3 Rauscher/Kogler, Lkw aus Steyr, S. 176.
4 Perz, Projekt Quarz, 1991, S. 41.
5 Ebd., S. 71.
6 Ebd., S. 85.
7 Röcke, Lastwagen und Omnibusse von MAN, S. 150.
8 Pressemitteilung der MAN AG, 1. 4. 2005.
9 MAN-Vorstandsvorsitzender Rupprecht auf der Hauptversammlung der MAN AG, 4. 6. 2003.
10 Süddeutsche Zeitung, 15./16. 9. 2007.
11 Der damalige MAN-Vorstandsvorsitzende Rupprecht stand dem ERF-Geschäft von Anfang an skeptisch gegenüber, ließ sich dann aber umstimmen. Interview Dr. Rudolf Rupprecht, 26. 2. 2007.
12 MAN, Pressemitteilung, 27. 5. 2007.
13 Pressemitteilung zur Vorstandssitzung der MAN AG vom 4. 9. 1998, MAN-HA A 2.2.1.3.
14 Rede von Dr. Klaus Schubert, Vorstandsvorsitzender der MAN Nutzfahrzeuge, bei der Präsentation der Baureihe «Trucknology Generation» am 14. 3. 2000, MAN-HA A 1.1.8.4.
15 Håkan Samuelsson, Vorstandsvorsitzender von MAN Nutzfahrzeuge, auf der Bilanzpressekonferenz, 29. 3. 2001, MAN-HA A 1.1.8.4.
16 MAN AG Geschäftsbericht 1997/98 (mit Siebenjahresübersicht), Geschäftsberichte 2002–2007.
17 Rudolf Rupprecht auf der Hauptversammlung der MAN AG, 9. 6. 2004.
18 Håkan Samuelsson, Erklärung zum Rückzug der Regina als Großaktionär der MAN AG, Presseinformation, 14. 1. 2005.
19 Handelsblatt, 17./18. 3. 2006, Interview mit Håkan Samuelsson.

20 Süddeutsche Zeitung, 9. 10. 2006.
21 Bilanzpressekonferenz der MAN AG, 5. 2. 2008.
22 Süddeutsche Zeitung, 4. 3. 2008.
23 Süddeutsche Zeitung, 8./9. 3. 2008.

Tabellenanhang

Tabelle 1a: Die Entwicklung der Produktion von JHH 1809–1861

	Produktion												
	Erzförderung	Gutehoffnung + Anthony Gußwarenverkauf		Sterkrade Masseln + Gußeisen		St. Antony Produktion Gußwaren u. Maschinenteile		Walzwerke	Blechplatten		Stabeisen/ Brammen/Schienen		Neu-Essen Stabeisen + Brammen
	in t	in t	in Taler	in t	in Taler	in t	in Taler	in t	in t	in Taler	in t	in Taler	in t
1809		503	47 518	318									
1810	1 657	608	58 811	318									
1811		538	51 712										
1812		865	64 760										36
1813		549	47 831	394	23 476	248	15 221						61
1814		545	46 184	227	13 531	177	10 817						37
1815		813	68 995										77
1816		878	70 000										79
1817		750	72 620										116
1818		812	82 150	491	30 530								84
1819		1 007	105 231	710	44 799								75
1820	2 804	878	87 645	612	38 760								77
1821		845	82 286	940	59 480								71
1822		796	80 487	325	22 580								78
1823		968	98 918	949	59 930								92
1824		1 018	85 625	523	34 830								151
1825		1 190	98 432	727	46 780								146
1826		1 313	102 045	789	56 654								167
1827		1 451	122 206		76 000								192
1828		1 545	128 116		75000–80000								222
1829		1 648	130 162		80 000								138
1830	6 270	1 655	146 783		80000–85000								191
1831					85 000								191
1832					95 000								228
1833					86 000								
1834					90 000								
1835				1 519	91 125	453							
1836				2 359	141 560			254	254	40 570			
1837				1 768	120 229			1 447	435	69 568	907	94 276	
1838				2 805	184 333	875		1 556	491	78 558	1 015	41 722	
1839				2 498	164 051	875	50 000	1 110	544	86 976	561	56 100	
1840				2 409	168 644			1 598	656	102 398	935	91 630	
1841				1 915	134 015			2 592	641	96 622	1 946	182 900	137
1842				2 322				2 664	868	125 035	1 796	158 004	152
1843				2 653	143 391			3 437	962	132 750	2 475	207 900	
1844				3 052	155 773			4 387	1 051	134 464	3 336	260 208	
1845				2 990	155 431			7 679	1 251	165 147	6 429	514 344	
1846				3 057	162 921			11 090	1 328	185 869	9 763	859 215	
1847				3 117	165 193	466	26 999	10 891	1 507	210 989	13 068	1 149 962	
1848				2 757	135 282	555	32 165	9 337	1 147	149 110	8 190	655 160	
1849				2 621	117 573	455	26 374	5 102	1 317	158 100	4 285	321 564	
1850				3 021	143 542	399	23 113	9 164	2 428	281 648	6 741	465 599	
1851				3 017	142 179	486	27 188	10 143	2 222	226 445	7 921	500 352	
1852				3 485	178 814	608	34 048	9 840	2 044	208 532	9 714	614 624	132
1853				3 368	183 780	839	46 961	14 178	2 836	300 629	12 759	903 825	
1854				975		861	53 361	15 383	2 885	305 807	12 661	924 225	
1855				2 651	185 751	903	61 574	15 197	2 757	363 970	12 440	1 149 465	
1856				2 967	205 502	1 087	78 937	17 103	2 904	383 341	14 199	1 312 015	
1857				2 907	201 807	1 016	73 772	17 989	2 757	363 970	15 233	1 340 469	
1858				2 978	184 347	1 108	80 405	20 519	2 249	260 861	18 270	1 425 064	
1859				3 005	90 020	1 239	81 744	15 795	1 883	188 250	13 912	950 677	
1860				2 716	133 939	976	62 457	17 218	2 241	201 721	14 977	998 473	
1861						961	59 560	18 300					

Tabelle 1b: Die Entwicklung der Produktion von JHH und GHH 1855–1922

	Produktion								
	Erz-förderung	Erz Verbrauch	Kohle-förderung	Koks-erzeugung	Roheisen Hochofenwerk Oberhausen		Rohstahl	Rohluppen + Stahlblöcke	Walz-werke
	in t	in t	in t	in t	in t	in Taler	in t	in t	in t
1855					5 000	179 819			15 197
1856					14 000	532 062			17 103
1857					19 000				17 989
1858					18 000	589 195			20 519
1859		47 811	84 000	32 000	19 134	535 757			15 795
1860		62 294	154 000	40 000	25 222	651 253			17 218
1861		71 672	198 000	49 000	28 302				18 300
1862		101 325	224 000	64 000	39 622				22 002
1863		102 179	239 000	62 000	41 548				20 337
1864		100 852	148 000	63 000	41 184				
1865		136 518	262 000	75 000	53 651				21 551
1866		129 203	260 000	74 000	49 598				
1867		136 117	281 000	78 000	54 768				27 000
1868		180 774	293 000	107 000	73 374				31 000
1869		226 047	285 000	116 000	89 082				37 000
1870		226 917	243 000	122 000	90 377				33 000
1871		236 818	251 000	124 000	93 801				39 000
1872		126 363	241 000	135 000	50 204				54 000
1873	202 000	251 824			99 996		10 000	69 900	54 000
1874	136 000	238 327	282 000	143 000	94 458		16 000	78 900	48 000
1875	89 000	218 671	326 000	128 000	92 842		17 000	64 400	41 000
1876	91 000	169 560	340 000	121 000	74 422		26 000	52 900	47 000
1877	91 000	178 971	358 000	120 000	77 082		32 000	61 600	53 000
1878	60 000	203 906	359 000	147 000	90 865		36 000	64 900	57 000
1879	63 000	236 865	374 000	155 000	105 922		36 000	67 700	74 000
1880	75 000	256 054	459 000	167 000	115 522		45 000	89 100	78 000
1881	79 000	280 768	525 000	175 000	123 501		60 000	93 700	107 000
1882	81 000	306 498	535 000	176 000	140 793		86 000	126 900	94 000
1883	69 000	333 328	586 000	202 000	148 955		76 000	114 700	80 000
1884	81 000	360 622	612 000	224 000	160 144		63 000	98 300	92 000
1885	125 000	370 628	644 000	217 000	164 984		73 000	107 500	84 000
1886	83 000	358 023	696 000	209 000	166 541		72 000	100 400	94 000
1887	56 000	332 002	716 000	191 000	151 865		71 000	105 700	124 000
1888	107 000	445 052	795 000	233 000	201 009		95 000	140 100	138 000
1889	135 000	473 573	830 000	243 000	216 860		105 000	154 900	147 000
1890	121 000	497 975	895 000	276 000	228 226		119 000	165 900	142 000
1891	84 000	510 346	938 000	276 000	233 263		121 000	161 300	149 000
1892	136 000	528 488	1 026 000	294 000	251 203		141 000	171 500	152 000
1893	140 000	535 435	1 094 000	302 000	259 171		151 000	176 300	173 000
1894	145 000	540 476	1 176 000	319 000	258 089		169 000	184 700	190 000
1895	168 000	572 150	1 294 000	357 000	276 773		192 000	207 700	238 000
1896	181 000	684 990	1 352 000	379 000	326 348		241 000	256 200	271 000
1897	193 000	737 326	1 370 000	419 000	353 969		281 000	296 800	273 000
1898	207 000	776 255	1 386 000	460 000	369 899		289 000	304 100	298 000
1899	248 000	796 967	1 383 000	494 000	387 711		325 000	333 900	309 000
1900	306 000	801 863	1 372 000	511 000	397 953		343 000	208 700	267 000
1901	322 000	807 977	1 413 000	477 000	370 548		305 000	333 500	290 000
1902	371 000	819 029	1 539 000	482 000	348 411		332 000	384 400	326 000
1903	399 000	934 508	1 613 000	543 000	419 874		384 000	421 600	361 000
1904	389 000	1 008 175	1 881 000	604 000	452 075		425 000	403 100	341 000
1905	360 000	978 204	2 047 000	568 000	431 543		406 000	480 100	401 000
1906	377 000	1 070 341	2 748 000	582 000	482 979		521 000	501 300	422 000
1907	439 000	1 094 048	2 850 000	604 000	464 318		543 000	500 900	421 000
1908	425 000	1 060 422	2 949 000	669 000	480 607		545 000	468 900	394 000
1909	425 000	1 124 887	3 011 000	703 000	509 690		517 000		451 354
1910	459 602	1 428 521	3 241 532	777 971	639 000		610 000		491 143
1911	544 951	1 646 323	3 473 874	846 139	717 000		636 000		552 295
1912	561 150	1 693 070	3 501 456	829 186	727 000		684 000		635 327
1913	520 687	1 809 370	3 723 769	832 475	787 000		801 000		
1914	605 904	1 249 438	3 844 000	856 511	814 000		818 000		
1915	327 940	1 217 148	2 942 000	714 370	508 000		522 000		
1916	419 144	1 373 675	3 278 000	689 927	597 000		626 000		
1917	518 912	1 396 292	3 417 000	669 002	606 000		687 000		
1918	535 298	934 218	3 653 000	726 893	599 000		689 000		
1919	279 874	1 037 922	2 454 000	586 646	423 000		480 000		
1920	131 859	1 074 158	2 464 000		432 000		539 000		
1921	142 305	1 334 853	2 983 000		525 000		617 000		
1922	184 391	1 141 602	3 095 000		641 000		772 000		

Tabelle 1c: Umsatz und Gewinn sowie Beschäftigtenzahlen der JHH 1809–1871

	Umsatz u. Gewinn			Beschäftigte						
	Warenumschlag in Mark	Dividenden in Taler	Kapital	Gesamtunternehmen	Maschinenbau u. Eisenwerke	Sterkrader Werke	Walzwerk Oberhausen	Hochofenwerk Oberhausen	St. Antony Arbeiterzahl	Hammer Neu-Essen Arbeiterzahl
1809			234 501			56				
1810	147 000			162		56			72	7
1811	129 000									
1812	162 000					60				
1813	120 000				162	83			72	7
1814	115 000					59			47	7
1815	173 000									
1816	175 000									
1817	182 000									
1818	205 000	13 790		176		160				16
1819	263 000	10 000				168				16
1820	219 000	8 500				172				16
1821	205 000	10 000				165				7
1822	201 000	10 000				169				7
1823	297 000	16 000				177				8
1824	257 000	12 000				182				6
1825	295 000	12 000				193				7
1826	306 000	8 000				251				8
1827	367 000	12 000				200				
1828	384 000	20 000		279		200–250				
1829	390 000	16 000		220		220–250				
1830	445 000	10 000		300		250–300				
1831	555 000	16 000		320		300				
1832	633 000	16 000		340		320				
1833	689 000	12 000				340				
1834	646 000	14 000				400				
1835	840 000	14 000		710		470	85			
1836	856 000	16 000				542				
1837	1 020 000	16 000				606	110			
1838		16 000			901	640	176		85	
1839		16 000				610	240			
1840	1 896 000	16 000				530	265			
1841	1 852 000	16 000				543	235		90	24
1842	1 903 000	16 000				540	284			
1843	1 935 000	16 000				525	375			
1844	1 578 000	16 000			1 130	550	580			
1845	2 764 000	16 000				556	800			
1846	3 718 000	38 000		1 607		575	962		45	25
1847	4 858 000	38 000				530	561		51	
1848	3 577 000	8 500				529	436		45	20
1849	2 043 000	21 500			1 228	581	561		43	18
1850	2 949 000	34 000			1 363	596	674		36	19
1851	2 844 000	34 000			1 549	598	864		41	20
1852	3 778 000	16 000			1 727	626	1 000		40	23
1853	4 506 000	20 000		1 878		636	1 165		41	36
1854	5 371 000	40 000			2 243	714	1 124	310	42	
1855	5 042 000	40 000	3 000 000		2 487	773	1 233	360	64	26
1856	7 475 000	40 000				811	1 308		70	26
1857	7 103 000	40 000			2 186	669	1 132	305	80	
1858	7 249 000	40 000		3 558	1 838	604	874	290	70	
1859	5 373 000	40 000			2 040	598	1 047	326	69	
1860	4 542 000	40 000							67	
1861	5 276 000	40 000								
1862	6 186 000	40 000								
1863	6 878 000	40 000								
1864	6 653 000	40 000		4500–5000	2 815		1 225	650		
1865	8 021 000	40 000								
1866	7 034 000	0								
1867	7 736 000	0								
1868	9 308 000	0								
1869	10 595 000	0								
1870	10 337 000	0				1 100	1 100	1 100		
1871	12 146 000	0						1 247		

Tabelle 1d: Umsatz und Gewinn sowie Beschäftigtenzahlen der GHH 1872–1922

	Umsatz u. Gewinn				Beschäftigte				
	Waren-umschlag in Mark	Dividenden in % (A und B-Aktien)	Gewinn	Kapital	Gesamt-unter-nehmen	Maschinenbau u. Eisenwerke	Kohlen-zechen	Erzgruben	Sterkrader Werke
1872	20 952 000				8 455	5 731	940	1 784	
1873	20 605 000	4			7 651	5 306	1 378	967	
1874	15 928 000	5		30 000 000	6 498	4 184	1 369	945	
1875	12 930 000	1	–1 489 000		6 287	3 986	1 511	849	
1876	10 921 000	0	–1 147 000		5 775	3 491	1 522	762	
1877	11 815 000	0	–1 130 000		5 750	3 589	1 558	603	
1878	12 928 000	0	–887 000	18 000 000	5 908	3 821	1 475	612	
1879	13 989 000	0			6 900	4 524	1 702	674	
1880	16 126 000	–	501 000		7 543	5 035	1 775	733	
1881	24 337 000	–		16 029 000	7 822	5 345	1 820	657	
1882	20 045 000	2 und 7,5	872 000		7 702	5 261	1 974	467	
1883	17 120 000	–	741 000		7 420	5 022	2 034	364	
1884	19 615 000	4 und 5	501 000		7 751	5 224	2 170	357	
1885	16 856 000	0 und 5			7 553	4 798	2 459	296	
1886	18 590 000	0 und 5			7 691	5 263	2 270	158	
01887	20 540 000	0 und 0	251 000		8 467	5 334	2 320	263	
1888	24 918 000	0 und 2,5	752 000		8 726	5 830	2 616	280	
1889	29 951 000	0 und 7,5	1 243 000		9 294	6 226	2 834	234	
1890	31 258 000	4 und 10	741 000		9 573	6 153	3 031	339	
1891	29 887 000	4 und 5	741 000		10 209	6 600	3 230	379	
1892	29 699 000	4 und 5	741 000		10 017	6 188	3 319	510	
1893	31 865 000	4 und 5	741 000		10 799	6 506	3 778	515	
1894	30 327 000	4 und 5	741 000		11 166	6 652	4 067	447	
1895	35 904 000	4 und 5	741 000		11 776	6 937	4 404	435	
1896	41 419 000	5	3 158 000		12 520	7 467	4 670	383	
1897	46 007 000	5	4 850 000	18 000 000	13 259	8 230	4 650	379	
1898	51 901 000	5	5 034 000		13 225	8 074	4 824	327	
1899	55 742 000	–	5 835 000		13 884	8 690	4 797	347	
1900	53 816 000	–	6 409 000		13 733	7 955	5 446	332	
1901	51 753 000	–	3 335 000		14 458	8 338	5 743	377	
1902	53 995 000	20	3 600 000		15 433	8 684	6 376	373	
1903	54 565 000	20	3 622 000		17 283	9 036	7 835	362	
1904	57 107 000	20,25	3 622 000		19 338	9 277	9 746	315	
1905	75 468 000	20,75	3 510 000		20 665	9 509	10 880	326	
1906	86 509 000	21,25	5 816 000		21 594	10 253	10 978	363	
1907	90 925 000	24	6 075 000		22 276	10 314	11 571	388	3 107
1908	77 019 000	30	6 504 000	24 000 000	22 274	9 878	12 003	393	3 358
1909	89 000 000	30	6 725 000		24 306				3 239
1910	101 000 000	–	7 002 000	30 000 000	24 888				3 349
1911	118 000 000	20	6 874 000		25 521				
1912	139 000 000	20	8 319 000		27 720				
1913	138 000 000	20			30 188		14 988		3 583
1914		10			19 918		11 461		2 886
1915		15			28 201		11 994		4 672
1916		20			40 095		14 871		8 125
1917		20		40 000 000	42 842		14 828		12 461
1918		20			31 905				
1919		6			44 489				
1920		20		80 000 000	74 740				
1921		30			80 311				
1922		80			80 425				

Anmerkungen zum Tabellenanhang:

1.) Z. T. wurden Datenwerten von Geschäftsjahren (z. B. 1901/1902) als Kalenderjahre verwendet, um eine Datenreihe zu erhalten und die Datenreihen vergleichbar zu machen.

2.) Für Frühzeit des Unternehmens bis ca. 1850/1860 existiert eine schlechte Datenlage. Z. T. stellen die aus den Quellen gewonnenen Werte daher nur Annäherungen an die tatsächliche Produktion dar. Ein Problem ist z. B., daß aus den Quellenangaben nicht immer hervorgeht, welche Produktion der einzelnen Werke in den Gesamtproduktion eingegangen ist.

Quellen:

BKK M.A N.-GHH-Sterkrade (Hg.): Begegnungen; Fritz Büchner: 120 Jahre Geschichte der Gutehoffnungshütte, Oberhausen 1935; Wolfram Fischer: Herz des Reviers. 125 Jahre Wirtschaftsgeschichte des Industrie- und Handelskammerbezirks Essen, Mülheim, Oberhausen, Essen 1965; Franz Haniel & Cie GmbH (Hg.): Haniel; Herzog: GHH-Synoptik; Herzog: Jacobi; Kerkhof: Kriegswirtschaft; Mittelstaedt: Finanzgebarung; RWWA Köln 130 Nr. 200001/11; Schubert: Lage; Schulz: Vorgeschichte; Szymanski: Entwicklung; Vorstand des Deutschen Metallarbeiter-Verbandes (Hg.): Schwereisenindustrie im deutschen Zollgebiet, ihre Entwicklung und ihre Arbeiter, Stuttgart 1912; Wagenblass: Eisenbahnbau; Woltmann: Gutehoffnungshütte.

Abbildungsverzeichnis und -nachweis

Abbildungsverzeichnis

Abbildungsnachweis

DBM Bochum S. 76
Haniel Archiv S. 51, 53, 55, 59
Hessisches Hauptstaatsarchiv, Wiesbaden S. 335
Historisches Archiv der MAN AG, Augsburg S. 135, 143, 149, 152, 167, 168, 176, 183, 197, 198, 209, 218, 320, 327, 370, 377
Historisches Archiv der MAN Nutzfahrzeuge AG, München S. 226, 274, 367, 382, 383, 386, 387, 390, 415, 422, 456, 464, 469
Landesarchiv NRW – Hauptstaatsarchiv Düsseldorf – AA 059, Kleve, Kammer, Nr. 2658, fol. 19 S. 23
MAN AG S. 473
MAN Turbo, Oberhausen S. 411
MAN-Archiv S. 407, 427, 432, 435, 441, 460
Museen der Stadt Nürnberg, Gemälde- und Skulpturensammlung S. 191
Privatarchiv Manfred Plath S. 451
Rheinisches Industriemuseum Oberhausen S. 57, 62, 65, 67, 79, 84, 250, 258, 338, 354
Rheinisch-Westfälisches Wirtschaftsarchiv S. 234, 301, 308, 343
Rheinisch-Westfälisches Wirtschaftsarchiv, Köln S. 17, 31, 34, 39, 41, 46, 72, 98, 107, 113, 118, 120, 126, 184
Stadtarchiv Augsburg/Historisches Archiv der MAN AG S. 137
Verlag C. H. Beck S. 26
Westfälisches Archivamt Bestand Archiv Molsheim, Best. Portendiek Nr. II D. 1 S. 19

Abkürzungsverzeichnis

AG	Aktiengesellschaft
AV	Aktienverein
ATZ	Automobiltechnische Zeitschrift
BA	Bundesarchiv
BayHstA	Bayerisches Hauptstaatsarchiv
BBA	Bergbau-Archiv im Deutschen Bergbau-Museum
CDU	Christlich-Demokratische Union
DM	Deutsche Mark
DMA	Deutsches Museum, Archiv
DNVP	Deutschnationale Volkspartei
DVP	Deutsche Volkspartei
FDP	Freie Demokratische Partei
fl.	Gulden
GHH	Gutehoffnungshütte
GmbH	Gesellschaft mit beschränkter Haftung
HAA	Franz Haniel & Cie., Corporate Communications – Archiv
HOAG	Hüttenwerk Oberhausen AG
IfZ	Institut für Zeitgeschichte
JHH	Hüttengewerkschaft und Handlung Jacobi, Haniel & Huyssen
KG	Kommanditgesellschaft
KPD	Kommunistische Partei Deutschlands
kW	Kilowatt
Ltd.	Limited
MAN/M.A.N.	Maschinenfabrik Augsburg-Nürnberg
MAN-HA	Historisches Archiv der MAN AG
MAN-NF HA	Historisches Archiv der MAN Nutzfahrzeuge AG
NSDAP	Nationalsozialistische Deutsche Arbeiterpartei
N. V.	Naamloze Vennootschap [Aktiengesellschaft]
PS	Pferdestärke(n)
RIM	Rheinisches Industriemuseum
RM	Reichsmark
RWWA	Rheinisch-Westfälisches Wirtschaftsarchiv
S. A.	Société Anonyme
SPD	Sozialdemokratische Partei Deutschlands
SS	Schutzstaffel
Stahlverein	Vereinigte Stahlwerke AG
VDI	Verein Deutscher Ingenieure
VSWG	Vierteljahrschrift für Sozial- und Wirtschaftsgeschichte
ZUG	Zeitschrift für Unternehmensgeschichte

Quellen- und Literaturverzeichnis

Archivbestände

Bayerisches Hauptstaatsarchiv, München (BayHStA)
MWi Bayerisches Staatsministerium für Wirtschaft
Bergbau-Archiv im Deutschen Bergbau-Museum, Bochum (BBA)
12 Deutsche Kohlenbergbauleitung
30 Bergbau AG Neue Hoffnung, Oberhausen
Bundesarchiv, Berlin (BA)
R 13 I Wirtschaftsgruppe Eisen schaffende Industrie
R 26 I Beauftragter für den Vierjahresplan
R 2501 Deutsche Reichsbank
R 3101 Reichswirtschaftsministerium
R 8127 Berliner Handels-Gesellschaft
31XX Zentralkartei der NSDAP (ehem. Berlin Document Center)
Bundesarchiv, Koblenz (BAK)
B 109 Stahltreuhändervereinigung
Z 8 Verwaltung für Wirtschaft des Vereinigten Wirtschaftsgebietes
Bundesarchiv, Abt. Militärarchiv, Freiburg i. Br. (BA-MA)
RH 8/I Heereswaffenamt
Daimler AG, Heritage Information Center (HIC), Stuttgart
Maschinenfabrik Esslingen, II/53
Deutsches Museum, Archiv, München (DMA)
Bildarchiv
NL 94 Nachlass Rudolf Diesel
Finkenwerder Arbeitskreis Außenlager Deutsche Werft des KZ Neuengamme
Zeitzeugenaussagen
Franz Haniel & Cie. GmbH, Corporate Communications-Archiv, Duisburg-Ruhrort (HAA)
HAA 231
HAA 943
HAA 1492
Hessisches Hauptstaatsarchiv, Wiesbaden (HessHStA)
Abt. 520/GG Spruchkammerakten
Historisches Archiv Krupp, Essen (HAK)
WA 68 Berthawerk
Historisches Archiv der MAN AG, Augsburg (MAN-HA)
Archivplan Augsburg (A)
Hg 1 Das Unternehmen
Hg 2 Der Betrieb
Hg 3 Die Erzeugnisse

Archivplan Nürnberg (N)
Hg 1 Das Unternehmen
Hg 2 Der Betrieb
Hg 3 Die Erzeugnisse
Vorstandsprotokolle

Historisches Archiv der MAN Nutzfahrzeuge AG, München (MAN-NF HA)
1.1 Firmengeschichte Werksentwicklung
1.8 Liegenschaften

Institut für Zeitgeschichte, München
MA 1555 Nürnberger Prozessdokumente
OMGUS, 11/19–1/20 ED

Landesarchiv Nordrhein-Westfalen, Hauptstaatsarchiv Düsseldorf (HStA Düsseldorf)
NW 1005/1015 Sonderbeauftragter für Entnazifizierung

LWL-Archivamt für Westfalen, Münster/W.
Archiv Dr. jur. von und zur Mühlen
Bestand Portendiek

Rheinisches Industriemuseum, Oberhausen (RIM)
Aktenbestand Gutehoffnungshütte
1.1.9.0.1 GHH-Gruppe
1.3.2.1 Nachlass Ernst Garnjost
Fotosammlung

Rheinisch-Westfälisches Wirtschaftsarchiv, Köln (RWWA)
Abt. 130 Gutehoffnungshütte Aktienverein, Oberhausen
Eisenhütten St. Antony, Neu-Essen und Gutehoffnung 1741–1808
Hüttengewerkschaft und Handlung Jacobi, Haniel & Huyssen 1808–1872
Gutehoffnungshütte Aktienverein für Bergbau und Hüttenbetrieb 1872–1923
Gutehoffnungshütte Oberhausen AG 1924–1986 (mit Nachlässen Paul Reusch, Hermann Kellermann, Hermann Reusch und Dietrich Wilhelm von Menges)
Bildarchiv

Robert-Bosch-Archiv, Stuttgart (RBA)
14/101

Staatsarchiv Basel
Nachlass J. Gaspard Dollfus P A 765

Staatsarchiv Hamburg (StA Hamburg)
Deutsche Werft 621–1/78
221–11 Staatskommissar für die Entnazifizierung und Kategorisierung, I (SH) 1449

Staatsarchiv Nürnberg (StA Nürnberg)
Spruchkammer IV P 82, Karl Plochmann.

ThyssenKrupp, Konzernarchiv, Duisburg (TKKA)
Vereinigte Stahlwerke AG, Monatsberichte

Wirtschaftsarchiv Baden-Württemberg, Stuttgart-Hohenheim
N 6/187

Handbücher

Handbuch der deutschen Aktiengesellschaften [diverse Jahrgänge]

Geschäftsberichte

Gutehoffnungshütte Aktienverein für Bergbau und Hüttenbetrieb, Geschäftsberichte1920/21–1952/53

Gutehoffnungshütte Aktienverein, Geschäftsberichte 1920/21–1952/53, 1960–1969

M.A.N., Geschäftsberichte 1908/09–1959/60

MAN AG Geschäftsbericht 1987–2007

Zeitgenössische Zeitungen

Berliner Börsen-Courier

Deutsche Bergwerks-Zeitung

Deutsche Wirtschafts-Zeitung

Frankfurter Zeitung

Fränkischer Kurier/Nürnberger Nachrichten

Werkszeitschriften

Diesel Intern

Der Druckspiegel

GHH Werkszeitschrift der Gutehoffnungshütte

M.A.N.-Werkszeitung

MAN Forum

Bogen & Rolle

Literatur

Abelshauser, Werner: Der Ruhrkohlenbergbau seit 1945. Wiederaufbau, Krise, Anpassung, München 1984.

Abelshauser, Werner: Rüstungsschmiede der Nation? Der Kruppkonzern im Dritten Reich und in der Nachkriegszeit 1933 bis 1951, in: Gall (Hg.): Krupp, S. 267–472.

Abelshauser, Werner: Wirtschaftsgeschichte der Bundesrepublik Deutschland, 6. Aufl., Frankfurt am Main 1991.

Ackermann, Volker: Wiederaufbau, Wirtschaftswunder und die Entwicklung im Konzern 1945 bis 1990, in: Danylow, Peter/Soénius, Ulrich S. (Hg.): Otto Wolff. Ein Unternehmen zwischen Wirtschaft und Politik, München 2005, S. 297–383.

Adelmann, Gerhard (Bearb.): Quellensammlung zur Geschichte der sozialen Betriebsversammlung. Ruhrindustrie unter besonderer Berücksichtigung des Industrie- und Handelskammerbezirks Essen. 2. Bd.: Soziale Betriebsverfassung einzelner Unternehmen der Ruhrindustrie. Bonn 1965.

Albrecht, Rudolf: Heinrich Gerber (Deutsches Museum, Abhandlungen und Berichte, Jg. 31, H. 3), München 1963.

Anekdoten um Otto Meyer, zusammengestellt von Karl Zinner, Ms. Augsburg 1992.

Bähr, Johannes: Staatliche Schlichtung in der Weimarer Republik. Tarifpolitik, Korporatismus und industrieller Konflikt zwischen Inflation und Deflation 1919–1932, Berlin 1989.

Bähr, Johannes/Drecoll, Axel/Gotto, Bernhard/Priemel, Kim Christian/Wixforth, Harald: Der Flick-Konzern im Dritten Reich, München 2008.

Ballestrem, Andreas-Marco Graf von: Es begann im Dreiländereck. Das Stammwerk der GHH – Die Wiege der Ruhrindustrie. Tübingen 1970.

Banken, Ralf: Die Industrialisierung der Saarregion 1815–1914. Bd. 1: Die Frühindustrialisierung 1815–1850. Stuttgart 2000. Bd. 2: Take-Off und Hochindustrialisierung 1850–1914. Stuttgart 2003.

Barth, Ernst: Entwicklungslinien der deutschen Maschinenbauindustrie von 1870 bis 1914, Berlin (Ost) 1973.

Bauert-Keetmann, Ingrid: Geschichte des Steinkohlenbergbaus der GHH. Ms 1956. (Werksarchiv GHH im RWWA 130-B Abt. 13 a/b.).

Bayerische Vereinsbank 1869–1969. Eine Regionalbank im Wandel eines Jahrhunderts, München 1969.

Becker, Horst: Die Wuppertaler Schwebebahn in der Bau-, Wirtschafts- und Sozialgeschichte des 19. Jahrhunderts insbesondere die Hochbauten der Anlage, Diss. TH Aachen, Aachen 1980.

Behrens, Hedwig: Der erste Kokshochofen des rheinisch-westfälischen Industriegebietes auf der Friedrich Wilhelmshütte in Mülheim an der Ruhr, in: Rheinische Vierteljahresblätter 25 1960, S. 121–128.

Behrens, Hedwig: Mechanikus Franz Dinnendahl (1775–1826). Köln 1970.

Behrens, Hedwig: Mechanikus Johann Dinnendahl (1780–1849). Neustadt a. d. Aisch 1974.

Berdrow, Wilhelm: Friedrich Krupp der Erfinder und Gründer. Leben und Briefe. Berlin 1929.

Berdrow, Wilhelm: Friedrich Krupp der Gründer der Gussstahlfabrik in Briefen und Urkunden. Essen 1915.

Berg, Adolf von: Die Thalbrücke bei Müngsten und die Strecke Remscheid-Solingen, Remscheid 1997.

Berger, Françoise: Die Beziehung zwischen der französischen und der deutschen Eisen- und Stahlindustrie während des Krieges, in: ZUG 2005, Nr. 2, S. 159–180.

Berghahn, Volker: Unternehmer und Politik in der Bundesrepublik, Frankfurt am Main 1985.

Beyer, Burkhard: Vom Tiegelstahl zum Kruppstahl. Technik- und Unternehmensgeschichte der Gußstahlfabrik von Friedrich Krupp in der ersten Hälfte des 19. Jahrhunderts. Essen 2006.

Bieler, Annette S.: Das deutsche Pachtgebiet Tsingtau in Schantung, 1897–1914. Institutioneller Wandel durch Kolonialisierung, Bonn 2001.

Biensfeldt, Johannes: Freiherr Dr. Th. von Cramer-Klett erblicher Reichsrat der Krone Bayern. Sein Leben und Werk, ein Beitrag zur bayrischen Wirtschaftsgeschichte des 19. Jahrhunderts, Leipzig/Erlangen 1922.

Bierlein, W.: Finanzgeschichte der Maschinenfabrik Augsburg-Nürnberg A. G. unter besonderer Berücksichtigung des Verhältnisses zu den Banken, Ms. Augsburg 1955 (MAN-Archiv).

Bitterauf, Otto: Maschinenfabrik Augsburg-Nürnberg AG (M.A.N.). Ihre Begründung und Entwicklung bis zum Anschluß an den Konzern der Gutehoffnungshütte. Ein Abriß ihrer Geschichte mit besonderer Berücksichtigung des Krieges und seiner Folgen, Diss. Erlangen-Nürnberg 1924.

BKK M. A. N-GHH-Sterkrade: «… errichtet worden 1832». Begegnungen in anderthalb Jahrhunderten 1832–1982, Essen 1982.

Blanski, Paul, Geschichtliche Entwicklung der kaufmännischen und allgemeinen Verwaltung der GHH. Ms. o. O. 1958 (Werksarchiv GHH im RWWA 130-FG 3/123).

Böcking, Werner: Die Geschichte der Rheinschiffahrt. Schiffe auf dem Rhein in drei Jahrtausenden. Moers 1980/1981.

Böhme, Friedrich: Zur Geschichte der frühen Eisenindustrie im deutsch-holländischen Grenzraum. in: Unser Bocholt 14 1963, S. 36–43.
Bösch, Hans: Geschichte der Maschinenbau-Aktiengesellschaft Nürnberg mit Filiale Gustavsburg und der Nürnberger Drahtstiftenfabrik Klett & Co. Nürnberg 1895.
Bongartz, Wolfram: Großindustrie und Berufsqualifikation des mittleren technischen Personals des Beispiels Gutehoffnungshütte (1882–1914), in: ZUG 1979, S. 29–63.
Bongartz, Wolfram: Unternehmensleitung und Kostenkontrolle in der rheinischen Montanindustrie vor 1914 dargestellt am Beispiel der Firmen Krupp und Gutehoffnungshütte, in: ZUG 1984, S. 33–55 u. 73–113.
Bosak, Klaus Werner: Die Geschichte der Walzwerktechnik und die Entwicklung der Walzwerkindustrie im 19. Jahrhundert in Deutschland bis zur Wirtschaftskrise 1873. Diss. Hannover 1970.
Bosl, Karl: Ein halbes Jahrhundert MAN-Geschichte unter Anton von Rieppel und Otto Meyer, in: MAN Nutzfahrzeuge AG (Hg.): Leistung, S. 201–240.
Brantl, Sabine: Haus der Kunst, München. Ein Ort und seine Geschichte im Nationalsozialismus, München 2007.
Buchheim, Christoph: Zur Natur des Wirtschaftsaufschwungs in der NS-Zeit, in: ders./Michael Hutter/Harold James (Hg.): Zerrissene Zwischenkriegszeit. Wirtschaftshistorische Beiträge. Knut Borchardt zum 65. Geburtstag, Baden-Baden 1994, S. 97–119.
Budraß, Lutz: Flugzeugindustrie und Luftrüstung in Deutschland 1918–1945, Düsseldorf 1998.
Büchner, Fritz: Hundert Jahre Geschichte der Maschinenfabrik Augsburg-Nürnberg 1840–1940, Frankfurt am Main 1940.
Büchner, Fritz: 125 Jahre Geschichte der Gutehoffnungshütte 1810–1935, Oberhausen 1935.
Bührer, Werner: Ruhrstahl in Europa. Die Wirtschaftsvereinigung Eisen- und Stahlindustrie und die Anfänge der europäischen Integration, 1945–1952, München 1986.
Christ, Ludwig: Geschichte der Hüttengewerkschaft Jacobi, Haniel & Huyssen von 1808 bis 1830, zusammengestellt nach den Akten und Geschäftsbüchern im historischen Archiv der Gutehoffnungshütte, Ms. O. J., S. 13 (Werksarchiv GHH im RWWA 130-FG 3/115 sowie RWWA 130–20001/53 und 20004/26).
Claviez, Wolfram: 50 Jahre Deutsche Werft 1918–1968, Hamburg 1968.
Cummins, Lyle: Diesel's Engine. Wilsonville 1993.
Deutscher Metallarbeiter-Verband (Hg.): Die Schwerindustrie im deutschen Zollgebiet, ihre Entwicklung und ihre Arbeiter. Stuttgart 1912.
Deutschlands Gewinnung an Rohstahl, Roheisen und Walzwerkserzeugnissen im Jahre 1942, hg. von der Abteilung Statistik der RVE, Berlin 1943.
Dickhoff, Erwin: Franz Ferdinand Freiherr von Wenge. Ein Domkapitular als Industriepionier, in: Das Münster am Hellweg. 21 (1968), S. 75–84.
Dickmann, Herbert: Die erste deutsche Eisenbahnschiene, in: Stahl und Eisen 1935, S. 1509–1512.
Dienel, Hans-Liudger: Ingenieure zwischen Hochschule und Industrie. Kältetechnik in Deutschland und Amerika, 1870–1930 (Schriftenreihe der Historischen Kommission bei der Bayerischen Akademie der Wissenschaften, Bd. 54), Göttingen 1995.
Dienel, Hans-Liudger: Die Linde AG. Geschichte eines Technologiekonzerns 1879–2004, München 2004.
Dienemann, Gunther: Unternehmerverhalten und Unternehmer. Entscheidungen in der

Geschichte der Gutehoffnungshütte, S. 10. Ms. 1966/1967 (Werksarchiv GHH im RWWA Köln 130 Nr. FG 3/37).
Diesel, Eugen: Diesel. Der Mensch, das Werk, das Schicksal, Hamburg 1983 (Nachdruck der ersten Auflage von 1937).
Diesel, Rudolf: Die Entstehung des Dieselmotors, Berlin 1913 (Nachdruck: Rudolf Diesel, Die Entstehung des Dieselmotors. Mit einer technikhistorischen Einführung und einem Lebensbild von Rudolf Diesel von Prof. Dr. Hans-Joachim Braun, Moers 1984).
Diesel, Rudolf: Theorie und Konstruktion eines rationellen Wärmemotors, Berlin 1893.
Diesing, Norbert: Paul Reusch und das politische System der Weimarer Republik, Magisterarbeit Universität Duisburg-Essen, Ms. 2006.
Dittrich, Christina: Pressegeschichtliche Aspekte zum Aufstieg der NSDAP in Franken, aufgezeigt am Beispiel Nürnberger Zeitungen unter besonderer Berücksichtigung industrieller Einflussnahme, Phil. Diss. Erlangen-Nürnberg 1983.
Döbling, Hugo: Rasensteinerz für die Sterkrader Hütten, in: Heimatkalender Kreis Dinslaken 25 (1968), S. 80–87.
Döring, Dieter: Die deutschen schwerindustriellen Interessen in Lothringen bis 1914. Diss. Frankfurt am Main 1971.
Droscha, Hellmut: M.A.N. Geschichte und Leistung. Ms. Augsburg 1981 (MAN-Archiv).
Droscha, Hellmut: Ein Gang durch die Geschichte des MAN Nutzfahrzeugs, in: MAN Nutzfahrzeuge AG (Hg.): Leistung, S. 1–74.
Eckart, Günther: Industrie und Politik in Bayern 1900–1919. Der Bayerische Industriellen-Verband als Modell des Einflusses von Wirtschaftsverbänden, Berlin 1976.
Edelmann, Heidrun: Vom Luxusgut zum Gebrauchsgegenstand. Die Geschichte der Verbreitung von Personenkraftwagen in Deutschland, Frankfurt am Main 1989.
Eibert, Georg: Unternehmenspolitik Nürnberger Maschinenbauer (1835–1914), Stuttgart 1979.
Ein dynamisches Leben. Otto Meyer zum 75. Geburtstag, hg. von der Vereinigung der Arbeitgeberverbände in Bayern, dem Landesverband der Bayerischen Industrie und dem Verein der Bayerischen Metallindustrie, o. O. 1957.
Euchner, Walter/Petzina, Dietmar (Hg.): Wirtschaftspolitik im britischen Besatzungsgebiet, Düsseldorf 1984.
Eversmann, Friedrich August Alexander: Die Eisen- und Stahlerzeugung auf den Wasserwerken zwischen Lahn und Lippe und in den vorliegenden französischen Departements, Dortmund 1804.
Fassl, Peter: Konfession, Wirtschaft und Politik. Von der Reichsstadt zur Industriestadt, Augsburg 1750–1850, Sigmaringen 1988.
Fassl, Peter: Ludwig August Riedinger (1809–1879) – Techniker, Industriegründer und sozialer Unternehmer, in: Müller (Hg.): Unternehmer, S. 195–199.
Fassl, Peter: Wirtschaftsgeschichte 1800–1914, in: Gottlieb, Gunther u. a. (Hg.): Geschichte der Stadt Augsburg von der Römerzeit bis zur Gegenwart, Stuttgart 1984, S. 592–607.
Fear, Jeffrey: Die Rüstungsindustrie im Gau Schwaben 1939–1945, in: Vierteljahrshefte für Zeitgeschichte 35. Jg. (1987), S. 193–216.
Feldenkirchen, Wilfried: Die Eisen- und Stahlindustrie des Ruhrgebiets 1879–1914. Wiesbaden 1982.
Feldenkirchen, Wilfried: Siemens 1918–1945, München 1995.
Feldman, Gerald D.: Armee, Industrie und Arbeiterschaft in Deutschland 1914 bis 1918. Berlin, Bonn 1985.

Feldman, Gerald D.: Hugo Stinnes. Biographie eines Industriellen 1870–1924, München 1998.
Feldman, Gerald D.: Iron and Steel in the German Inflation 1916–1923, Princeton 1977.
Feldman, Gerald D./Homburg, Heidrun: Industrie und Inflation. Studien und Dokumente zur Politik der deutschen Unternehmer 1916–1923, Hamburg 1977.
Felken, Detlef: Oswald Spengler. Konservativer Denker zwischen Kaiserreich und Diktatur, München 1988.
Feuer und Flamme. 200 Jahre Ruhrgebiet. Die Ausstellung im Gasometer Oberhausen. 19. Mai bis 15. Oktober 1995, Essen 1995.
Fiedler, Martin: Die 100 größten Unternehmen in Deutschland – nach der Zahl der Beschäftigten –1907, 1938, 1973 und 1995, in: ZUG 1999, Nr. 1, S. 32–66.
Fischer, Ludwig: Werner Siemens und der Schutz der Erfindungen, Berlin 1922.
Fliegauf, Otto: Die Schwäbischen Hüttenwerke zwischen Staats- und Privatwirtschaft, Zur Geschichte der Eisenverarbeitung in Württemberg (1903–1945), Ostfildern 2007.
Foth, Werner: Soziale Chronik aus 100 Jahren M.A.N., Ms. Nürnberg 1943 (MAN-Archiv).
Franz Haniel & Cie. GmbH (Hg.): Haniel 1756–2006. Eine Chronik in Daten und Fakten, Duisburg 2006.
Fremdling, Rainer: Technologischer Wandel und internationaler Handel im 18. und 19. Jahrhundert. Die Eisenindustrien in Großbritannien, Belgien, Frankreich und Deutschland. Berlin 1986.
Fröhlich, Fr.: Die Werke der Gutehoffnungshütte nach dem Stande des Jahres 1910, in: Die Gutehoffnungshütte Oberhausen, Rheinland. Zur Erinnerung an das 100jährige Bestehen 1810–1910. Düsseldorf 1910, S. 63–175.
Gaigalat, Michael/Schaier, Joachim: Die Macht der Konzerne, in: Landschaftsverband Rheinland/ Rheinisches Industriemuseum Oberhausen, Schwer. Industrie, S. 132–139.
Gall, Lothar: Von der Entlassung Alfried Krupp von Bohlen und Halbachs bis zur Errichtung seiner Stiftung 951 bis 1967/68, in: ders. (Hg.): Krupp, S. 473–589.
Gall, Lothar: Krupp. Der Aufstieg eines Industrieimperiums. Berlin 2000.
Gall, Lothar (Hg.): Krupp im 20. Jahrhundert. Die Geschichte des Unternehmens vom Ersten Weltkrieg bis zur Gründung der Stiftung, Berlin 2002.
Gebhardt, Gerhard: Ruhrbergbau. Geschichte, Aufbau und Verflechtung seiner Gesellschaften und Organisationen. Essen 1957.
Gebhardt, Wolfgang H.: Geschichte des deutschen Lkw-Baus, Bd. 2b, He-Z 1918–1945 u. Bd. 3b, He-W 1945–1989, Stuttgart 1990.
Geer, Johann Sebastian: Nürnbergs Wirtschaft nach den beiden Weltkriegen, in: Pfeiffer, Gerhard (Hg.): Nürnberg – Geschichte einer europäischen Stadt, München 1971, S. 502–509.
Gehlen, Boris: Paul Silverberg (1876–1959). Ein Unternehmer (VSWG, Beiheft 194), Stuttgart 2007.
Gehne, Fritz: Gründungsgeschichte der Eisenhütte in Sterkrade. Manuskript ca. 1930–1940 (Werksarchiv GHH im RWWA Köln 130 Nr. FG 3/141).
Gorissen, Stefan: Vom Handelshaus zum Unternehmen. Sozialgeschichte der Firma Harkort im Zeitalter der Protoindustrie (1720–1820), Göttingen 2002.
Götte, Klaus: Verschmelzung GHH-MAN. Umbau eines Traditionskonzerns. Gründe, Maßnahmen und Ergebnis einer Umstrukturierung, in: Zeitschrift Führung und Organisation, 58. Jg., 4/1989, S. 236–243.
Gotto, Bernhard: Nationalsozialistische Kommunalpolitik. Administrative Normalität

und Systemstabilisierung durch die Augsburger Stadtverwaltung 1933–1945, München 2006.

Gottwald, Vicente Colom: Der Ruhrorter Hafen. Technik und Innovation 1800–1870. Duisburg 1991.

Graindl, Gabriele: Theodor von Cramer-Klett – Der bayerische Eisenkonstrukteur, in: Müller (Hg.): Unternehmer, S. 138–142.

Grassmann, Joseph: Die Entwicklung der Augsburger Industrie im neunzehnten Jahrhundert, Augsburg 1896.

Gregor, Neil: Stern und Hakenkreuz. Daimler-Benz im Dritten Reich, Berlin 1997.

Grevel, Wilhelm: Die Gutehoffnungshütte Aktien-Verein für Bergbau und Hüttenbetrieb zu Oberhausen a. d. Ruhr. Geschichte der Gründung und ersten Entwicklung derselben. Essen 1881.

Grunenberg, Nina: Die Wundertäter. Netzwerke der deutschen Wirtschaft 1942–1966, München 2006.

Grunert, Manfred/Triebel, Florian: Das Unternehmen BMW seit 1916, München 2006.

Gutehoffnungshütte Aktienverein für Bergbau und Hüttenbetrieb (Hg.): Gutehoffnungshütte, Aktienverein für Bergbau und Hüttenbetrieb Oberhausen. Bericht aus Anlaß ihres 25jährigen Bestehens 1873–1898. Düsseldorf 1898.

Gutehoffnungshütte A. V.: Denkschrift über die Aufwendungen der GHH im Zuge des Vierjahresplans, 11. 6. 1941, Ms. Oberhausen 1941 (RWWA).

Gutehoffnungshütte Complex (Haniel Family), Presented to James S. Martin, Chief Decartelization Branch, Economics Division, OMGUS, Berlin, Vol. I–IV, Ms. Berlin o. J.

Die Gutehoffnungshütte Oberhausen, Rheinland. Zur Erinnerung an das 100jährige Bestehen 1810–1910. Düsseldorf 1910.

Hachtmann, Rüdiger: Die Arbeiter der Gutehoffnungshütte 1933 bis 1939, in: Tenfelde, Klaus (Hg.): Arbeiter im 20. Jahrhundert, Stuttgart 1991, S. 105–141.

Harney, Klaus: Historische Berufsbildungs- und Qualifikationsforschung am Beispiel der GHH Oberhausen. Arbeitskräftebeschaffung, Wanderung, Belegschaftsorganisation und Ausbildung im Hinblick auf die Entstehung schulischen Angebots, in: ZUG 1983, S. 1–38.

Hartwig-Thürmer, Christine (Hg.): Ginsheim-Gustavsburg-Bischofsheim 1933–1945. Die Mainspitze unterm Hakenkreuz, Frankfurt am Main 1989.

Haus, Rainer: Lothringen und Salzgitter in der Eisenerzpolitik der deutschen Schwerindustrie von 1871–1940, Salzgitter 1991.

Hausen, Horst: Die alemannische Wurzel des MAN-Nutzfahrzeugbaus, in: MAN Nutzfahrzeuge AG (Hg.): Leistung, S. 75–118.

Hausen, Horst: Rudolf Diesel und Heinrich Büssing – ein Vergleich, in: MAN Nutzfahrzeuge AG (Hg.): Leistung, S. 287–309.

Heike, H.: Die Werksbahn der Gutehoffnungshütte in Vergangenheit und Gegenwart. Oberhausen 1931.

Hentschel, Volker: Wirtschaftsgeschichte der Maschinenfabrik Esslingen AG 1846–1918. Eine historisch-betriebswirtschaftliche Analyse, Stuttgart 1977.

Herbert, Ulrich: Fremdarbeiter. Politik und Praxis des «Ausländer-Einsatzes» in der Kriegswirtschaft des Dritten Reiches, 3. Aufl., Bonn 1999.

Herbert, Ulrich: Zwangsarbeit im «Dritten Reich». Kenntnisstand, offene Fragen Forschungsprobleme, in: Gabriella Hauch (Hg.): Industrie und Zwangsarbeit im Nationalsozialismus. Mercedes-Benz – VW – Reichswerke Hermann Göring in Linz und Salzgitter, Innsbruck 2003, S. 11–35.

Herchenröder, Karl Heinrich/Schäfer, Johann/ Zapp, Manfred: Die Nachfolger der Ruhrkonzerne. Die «Neuordnung» der Montanindustrie, 2. Aufl., Düsseldorf 1954.

Herzog, Bodo/Mattheier, Klaus J.: Franz Haniel 1779–1868. Materialien, Dokumente und Untersuchungen zu Leben und Werk des Industriepioniers Franz Haniel. Bonn 1979.

Herzog, Bodo: GHH-Synoptik. Ms. O. J. (Werksarchiv GHH im RWWA Köln 130 Nr. FG 3/148).

Herzog, Bodo: Carl Lueg 1833–1905, in: Peter Conze (Hg.): Wilhelm Lueg 1792–1864 und die Familien seiner Söhne Carl und Heinrich. Velbert 1996, S. 33–35.

Herzog, Bodo: Eberhard Pfandhöfer. Zu seinem 225. Geburtstag am 15. September 1968, in: Beiträge zur Geschichte von Stadt und Stift Essen 83 (1968), S. 55–81.

Herzog, Bodo: Die Freundschaft zwischen Oswald Spengler und Paul Reusch, in: Koktanek, Anton Mirko (Hg.): Spengler-Studien. Festgabe für Manfred Schröter zum 85. Geburtstag, München 1965, S. 77–97.

Herzog, Bodo: Gottlob Jacobi (1770–1823), in: Rheinische Vierteljahrsblätter 1976, S. 176–198.

Herzog, Bodo: Hugo Haniel, in: Wolfgang Burghard, Niederrheinische Unternehmer. 111 Persönlichkeiten und ihr Werk. Duisburg 1990, S. 92–93.

Herzog, Bodo: Nicholas Oliver Harvey, in: Wolfgang Burghard (Hg.): Niederrheinische Unternehmer. 111 Persönlichkeiten und ihr Werk. Duisburg 1990, S. 120–121.

Herzog, Bodo: Paul Reusch und das Deutsche Museum in München, München/Düsseldorf 1967.

Herzog, Bodo: 40 Jahre (1937–1977) Historisches Archiv der Gutehoffnungshütte Aktienverein (GHH-AV), in: ZUG 1980, S. 28–44.

Herzog, Bodo: Wilhelm Lueg 1792 bis 1864, in: Tradition 2 1971, S. 49–71.

Hesse, Horst: Carl August Reichenbach und der Beginn des Druckmaschinenbaus in Augsburg, in: Gier, Helmut/Janota, Johannes (Hg.): Augsburger Buchdruck und Verlagswesen, Wiesbaden 1997, S. 1081–1100.

Hesse, Horst: Karl (August) Reichenbach. Handwerker und Maschinenbauer im Dienste der Schwarzen Kunst, in: Bellot, Josef (Hg.): Lebensbilder aus dem bayerischen Schwaben, Bd. 13, zusammengestellt und für den Druck vorbereitet von Adolf Layer, Weißenhorn 1986, S. 218–249.

Hetzer, Gerhard: Die Industriestadt Augsburg. Eine Sozialgeschichte der Arbeiteropposition, in: Broszat, Martin/Fröhlich, Elke/Grossmann, Anton (Hg.): Bayern in der NS-Zeit III. Herrschaft und Gesellschaft im Konflikt Teil B, München/Wien 1981, S. 1–233.

Hetzer, Gerhard: Unternehmer in Umbruchszeiten: Paul und Hermann Reusch, in: Hoser, Paul/Baumann, Reinhard (Hg.): Kriegsende und Neubeginn. Die Besatzungszeit im schwäbisch-alemannischen Raum, Konstanz 2003, S. 463–496.

Hetzer, Gerhard: Unternehmer und leitende Angestellte zwischen Rüstungseinsatz und politischer Säuberung, in: Broszat, Martin/Henke, Klaus-Dietmar/Woller, Hans (Hg.): Von Stalingrad zur Währungsreform. Zur Sozialgeschichte des Umbruchs in Deutschland, 3. Aufl., München 1990, S. 551–591.

Hilger, Susanne: Sozialpolitik und Organisation. Formen betrieblicher Sozialpolitik in der rheinisch-westfälischen Eisen- und Stahlindustrie seit der Mitte des 19. Jahrhunderts bis 1933. Stuttgart 1996.

Hinz, Frank-Lothar: Die Geschichte der Wocklumer Eisenhütte 1758–1864 als Beispiel westfälischen adeligen Unternehmertums. Altena 1977.

Hinze, Ingo: Fremdarbeiter bei der Gutehoffnungshütte Oberhausen 1939–1945, Magisterarbeit Ruhr-Universität Bochum, Ms. Bochum 1992 (RWWA).

Hinze, Ingo: Fremdarbeiter und Kriegsgefangene bei der Gutehoffnungshütte Oberhausen 1939–1945, in: Ursprünge und Entwicklungen der Stadt Oberhausen. Quellen und Forschungen zu ihrer Geschichte, Bd. 2 (1992), S. 176–234.

Hölzl, Christoph: Glaspalast, in: Winfried Nerdinger (Hg.): Zwischen Glaspalast und Maximilianeum. Architektur Bayerns zur Zeit Maximilians II 1848–1864, München 1997, S. 120–125.

Holl, Klaus: Die MAN und ihre Marken, Stuttgart 2000.

Hopmann, Barbara: Von der MONTAN zur Industrieverwaltungsgesellschaft (IVG) 1916–1951, Stuttgart 1996.

Horstmann, Theo: Die Alliierten und die deutschen Großbanken. Bankenpolitik nach dem Zweiten Weltkrieg in Westdeutschland, Bonn 1991.

Huske, Joachim: Die Steinkohlenzechen im Ruhrrevier. Daten und Fakten von den Anfängen bis 2005, 2. Aufl., Bochum 2006.

Hütsch, Volker: Der Münchner Glaspalast 1854–1931. Geschichte und Bedeutung, 2. Aufl., Berlin 1985.

Jahn, Robert: Die Unternehmenspolitik der Maschinenfabrik Augsburg-Nürnberg (MAN). Der Beginn des Nutzfahrzeugs im Unternehmen 1915–1933, Diplomarbeit, Wirtschaftswissenschaftliche Fakultät der Friedrich-Schiller-Universität Jena, Ms. Jena 1999 (Historisches Archiv der MAN Nutzfahrzeuge AG).

James, Harold: Familienunternehmen in Europa. Haniel, Wendel und Falck, München 2005.

Janssen, Gregor: Das Ministerium Speer. Deutschlands Rüstung im Krieg, Berlin 1968.

Joest, Hans-Josef: Pionier im Ruhrrevier. Gutehoffnungshütte – Vom ältesten Montan-Unternehmen Deutschlands zum größten Maschinenbau-Konzern Europas, Stuttgart 1982.

Jolmes, Lothar: Geschichte der Unternehmungen in der deutschen Rheinschiffahrt. Köln 1960.

Jung, Stefan/Müller, Michael: MAN Schwerlast-Zugmaschinen, Brilon 2002.

Junkers, Helga: Entwicklung und Wachstum der Stahl- und Walzwerke Oberhausen und Neu-Oberhausen 1880–1890. Diss. Heidelberg 1970.

Kabel- und Metallwerke Neumeyer AG, 50 Jahre Neumeyer 1903–1953, Nürnberg 1953.

Kaltenhäuser, Brigitte: Die Maschinenfabrik Klett & Co. unter Leitung von Johann Friedrich Klett und Theodor von Cramer-Klett, Dipl. Arbeit Universität Erlangen-Nürnberg 1972 (MAN-Archiv).

Kaschichke, Friedrich: Friedrich Koenig. Erfinder der Druckmaschine und Vollender der Gutenbergschen Druckkunst, Würzburg 1999.

Kerkhof, Stefanie van de: Von der Friedens- zur Kriegswirtschaft. Unternehmensstrategien der deutschen Eisen- und Stahlindustrie vom Kaiserreich bis zum Ende des Ersten Weltkriegs. Bochum 2006.

Kirchberg, Peter: Technik und Verkehrswirksamkeit der Lastkraftwagen in Deutschland bis zum Ende der 30er Jahre, in: Niemann, Harry/Hermann, Armin (Hg.): 100 Jahre LKW. Geschichte und Zukunft des Nutzfahrzeuges, Stuttgart 1997, S. 16–40.

Klein, Eduard: 50 Jahre M.A.N.-Fahrzeug-Dieselmotoren. Ein historischer Rückblick von der Geburtsstätte des Dieselmotors anlässlich des 50jährigen Jubiläums des kompressorlosen Fahrzeug-Dieselmotors, in: ATZ Automobiltechnische Zeitschrift 75. Jg. (1973), Nr. 4, S. 115–117.

Kleinschmidt, Christian: Rationalisierung als Unternehmensstrategie. Die Eisen- und Stahlindustrie des Ruhrgebiets zwischen Jahrhundertwende und Weltwirtschaftskrise, Essen 1993.

Knittel, Hartmut H.: Panzerfertigung im Zweiten Weltkrieg. Industrieproduktion für die deutsche Wehrmacht, Herford/Bonn 1988.

Koch, Heinrich: Erinnerungsschrift zum 125jährigen Bestehen des GHH Dampffördermaschinenbaues. Dortmund 1949.

Kocka, Jürgen: Unternehmer in der deutschen Industrialisierung. Göttingen 1975.

Köhler, Horst: Vor 100 Jahren. Das erste große Dieselkraftwerk geht in Betrieb, in: Diesel intern, Frühjahr 2004, S. 4–8.

Kohlmann, Wilhelm/ Jahns, Heinrich: Der Eisenerzbergbau, in: Max Schlenker: Die wirtschaftliche Entwicklung Elsass-Lothringens 1871 bis 1918. Frankfurt am Main 1931, S. 53–85.

König, Wolfgang: Künstler und Strichezieher. Konstruktions- und Technikkulturen im deutschen, britischen, amerikanischen und französischen Maschinenbau zwischen 1880 und 1930, Frankfurt am Main 1999.

Körting, Johannes: Geschichte der deutschen Gasindustrie, Essen 1963.

Koszyk, Kurt: Paul Reusch und die «Münchner Neuesten Nachrichten». Zum Problem Industrie und Presse in der Endphase der Weimarer Republik, in: Vierteljahrshefte für Zeitgeschichte 20. Jg. (1972), S. 75–103.

Kraft, Fritz Gerhard: Die Kruppsche Zeit der Gutehoffnungshütte 1799 bis 1808, in: O. V., Essen und die Niederlande – Wirtschaftliche und Familiengeschichtliche Beziehungen. Berlin 1944, S. 101–115.

Krug, Gerda: Geschäfte unter (Stief-) Brüdern. Das Schicksal des ersten verkauften Dieselmotors, in: Diesel intern, Sommer 1998, S. 10–12.

Kucera, Wolfgang: Fremdarbeiter und KZ-Häftlinge in der Augsburger Rüstungsindustrie, Augsburg 1996.

Lange, Irmgard: Briefe des Schiffsbaumeisters Alexander Seydell, in: Duisburger Forschungen 1970, S. 244–250.

Lange, Irmgard: Die Einführung der Dampfmaschine im ehemaligen Kreis Duisburg, in: Duisburger Forschungen 1970, S. 73–90.

Lange-Kothe, Irmgard: Die ersten Kokshochöfen in Deutschland, besonders im Rheinland und in Westfalen, in: Stahl und Eisen 85 1965, S. 1053–1061.

Lange-Kothe, Irmgard: Johann Dinnendahl, in: Tradition 1/1962, S. 32–47 und 4/1962, S. 175–196.

Langer, Peter: Paul Reusch und die Gleichschaltung der Münchner Neuesten Nachrichten» 1933, in: Vierteljahrshefte für Zeitgeschichte 53. Jg. (2005), S. 203–240.

Langer, Peter: Paul Reusch und die «Machtergreifung», in: Ursprünge und Entwicklungen der Stadt Oberhausen. Quellen und Forschungen zu ihrer Geschichte, Bd. 7 (2003), S. 9–67.

Landschaftsverband Rheinland/Rheinisches Industriemuseum (Hg.): Gasometer Oberhausen. Geschichte – Technik – Arbeit, Essen 2007.

Landschaftsverband Rheinland/ Rheinisches Industriemuseum Oberhausen: Schwer. Industrie, Essen 1997.

Lauschke, Karl: Vom Schlotbaron zum Krisenmanager. Der Wandel der Wirtschaftselite in der Eisen- und Stahlindustrie. Eine Skizze, in: Berghahn, Volker R./Unger, Stefan/ Ziegler, Dieter (Hg.): Die deutsche Wirtschaftselite im 20. Jahrhundert. Kontinuität und Mentalität (Bochumer Schriften zur Unternehmens- und Industriegeschichte, Bd. 11, Essen, 2003, S. 115–128.

Liedke, Karl: Vernichtung durch Arbeit: Juden aus Lodz bei der Büssing-NAG in Braunschweig 1944–1945, in: Fiedler, Gudrun/Ludewig, Hans-Ulrich: Zwangsarbeit und Kriegswirtschaft im Lande Braunschweig 1939–1945, Braunschweig 2003, S. 217–236.

Linde, Carl von: Aus meinem Leben und von meiner Arbeit. Aufzeichnung für meine Kinder und meine Mitarbeiter, München 1979 (Neudruck der Aufzeichnungen von 1916).

Lindenlaub, Dieter: Die Anpassung der Kosten an die Beschäftigtenentwicklung bei deutschen Maschinenbauunternehmen in der Weltwirtschaftskrise 1928–1932 – Unternehmenshistorische Untersuchungen zu Schmalenbachs Theorie der Fixkostenwirkungen, in: Kellenbenz, Hermann (Hg.): Wachstumsschwankungen. Wirtschaftliche und soziale Auswirkungen (Spätmittelalter bis 20. Jahrhundert), Stuttgart 1981, S. 273–311.

Lindenlaub, Dieter: Maschinenbauunternehmen in der deutschen Inflation 1919–1923. Unternehmenshistorische Untersuchungen zu einigen Inflationstheorien, Berlin/New York 1985.

Littmann, Friederike: Ausländische Zwangsarbeiter in der Hamburger Kriegswirtschaft 1939–1945, Hamburg 2006.

Lomonossoff, Georg von: Diesellokomotiven (Reprint), Düsseldorf 1985.

Lubinski, Christina: Im Labyrinth der Löhne. Betriebsmanagement durch Lohngestaltung im Kontext flexibler Spezialisierung: Der Maschinenbaubetrieb der Handelsgesellschaft Jacobi, Haniel & Huyssen 1869–1872, in: VSWG 2007, S. 285–308.

Luntowski, Gustav: Hitler und die Herren an der Ruhr. Wirtschaftsmacht und Staatsmacht im Dritten Reich, Frankfurt am Main 2000.

Luther, Klaus: Die Entstehung der M.A.N., in: Müller, Rainer A. (Hg.): Aufbruch ins Industriezeitalter, Bd. 2: Aufsätze zur Wirtschafts- und Sozialgeschichte Bayerns 1750–1850, München 1985, S. 280–287.

Luther, Klaus: Heinrich von Buz – Zeitgenossen nannten ihn den «Bismarck der deutschen Maschinenindustrie», in: Müller (Hg.): Unternehmer, S. 133–137.

Luther, Klaus: Technischer Neubeginn bei der M.A.N. in Augsburg nach 1945, in: Technikgeschichte Bd. 53 (1986), Nr. 4, S. 277–291

MAN Nutzfahrzeuge AG (Hg.): Leistung und Weg. Zur Geschichte des MAN Nutzfahrzeugbaus, Berlin/Heidelberg 1991.

MAN Nutzfahrzeuge GmbH (Hg.): Heinrich Büssing. Mensch-Werk-Erbe. Mit Beiträgen von Helmuth Albrecht u. a., Göttingen 1989.

MAN Nutzfahrzeuge Gruppe (Hg.): Seit 90 Jahren auf Achse. MAN Nutzfahrzeuge und ihre Geschichte 1915 bis 2005, München 2005.

MAN-Werk Gustavsburg, in: Kontakte. Vierteljahreshefte Ginsheim-Gustavsburg Frühjahr/Sommer 2005, S. 11.

Marx, Christian: Netzwerkhandeln: Paul Reusch und die «Corporate Governance» der Gutehoffnungshütte (1905–1947). Ein Projektentwurf, in: Akkumulation Nr. 2006, S. 17–23.

Maschke, Erich: Es entsteht ein Konzern. Paul Reusch und die GHH, Tübingen 1969.

Mathis, Franz: Big Business in Österreich, Wien 1987.

Matschoß, Conrad: Geschichte der Maschinenfabrik Nürnberg. Die Begründung und Entwicklung der Werke Nürnberg und Gustavsburg der Maschinenfabrik Augsburg-Nürnberg A. G. (M.A.N.), in: Jahrbuch des VDI Bd. 5 (1913), S. 244–297.

Matschoß, Conrad: Männer der Technik, Berlin 1925.
Mausbach, Wilfried: Zwischen Morgenthau und Marshall. Das wirtschaftspolitische Deutschlandkonzept der USA 1944–1947, Düsseldorf 1996.
Menges, Dietrich Wilhelm von: Unternehmens-Entscheide. Ein Leben für die Wirtschaft, Düsseldorf/Wien 1976.
Messerschmidt, Wolfgang: Einführung, in: Lomonossoff, Diesellokomotiven.
Mews, Karl: Heinrich Arnold Huyssen (1779–1870), in: Beiträge zur Geschichte von Stadt und Stift Essen 85 1970, S. 221–236.
Meyer, August: Hitlers Holding. Die Reichswerke «Hermann Göring», München/Wien 1999.
Meyer, Paul: Die Geschichte des Dieselmotors, Ms. 1944 (MAN-Archiv).
Mittelstaedt, Kurt: Aus der Arbeit Wilhelm Luegs, in: GHH-Werkszeitschrift 3,4/1938 und 6,8/1942.
Mittelstaedt, Kurt: Zur Finanzgebahrung der Gutehoffnungshütte Entwicklung des Aktien- und Anleihewesens 1872–1946. Ms. (Werksarchiv GHH im RWWA Köln 130 Nr. FG 3/117).
Möller, Eberhard/Brack, Werner: Einhundert Jahre Dieselmotoren für fünf deutsche Marinen, Hamburg 1998.
Mogs, Fritz: Die sozialgeschichtliche Entwicklung der Stadt Oberhausen (Rhld.) zwischen 1850 und 1933, Rer. pol. Diss. Universität Köln, Köln 1956.
Mollin, Gerhard Th.: Montankonzerne und «Drittes Reich». Der Gegensatz zwischen Monopolindustrie und Befehlswirtschaft in der deutschen Rüstung und Expansion 1936–1944, Göttingen 1988.
Moser, Eva: Bayerns Arbeitgeberverbände im Wiederaufbau. Der Verein der Bayerischen Metallindustrie 1947–1962, Stuttgart 1990.
Müller, Rainer A. (Hg.): Unternehmer – Arbeitnehmer. Lebensbilder aus der Frühzeit der Industrialisierung in Bayern, München 1985.
Napp-Zinn, Anton-Felix: 100 Jahre Köln-Düsseldorfer Rheindampfschiffahrt insbesondere Zerstörung und Wiederaufbau 1939–1953. Köln 1953.
Napp-Zinn, Anton-Felix: Das erste von der GHH erbaute Rhein-See-Schiff «Die Hoffnung», in: Werkszeitschrift der Gutehoffnungshütte 1940 Nr. 6, S. 5–6.
Napp-Zinn, Anton-Felix: Die Anfänge des deutschen Rheindampfschiffsbaus. Düsseldorf 1939, S. 7–8.
Napp-Zinn, Anton-Felix: Die Gutehoffnungshütte und die Niederlande, in: Essen und die Niederlande – wirtschaftliche und familiengeschichtliche Beziehungen Amsterdam u. a. 1944, S. 101–115.
Napp-Zinn, Anton-Felix: Vor hundert Jahren. Der Bau der ersten eisernen Kähne durch die Werft Ruhrort der Gutehoffnungshütte, in: GHH Werkzeitschrift der Gutehoffnungshütte 1941 Nr. 5, S. 7–8.
Neebe, Reinhard: Großindustrie, Staat und NSDAP 1930–1933. Paul Silverberg und der Reichsverband der Deutschen Industrie in der Krise der Weimarer Republik, Göttingen 1981.
Neebe, Reinhard: Überseemärkte und Exportstrategien in der westdeutschen Wirtschaft 1945 bis 1966. Aus den Reiseberichten von Dietrich Wilhelm von Menges (Zeitschrift für Unternehmensgeschichte, Beiheft 68), Stuttgart 1991.
Neliba, Günter: M.A.N.-Werk Gustavsburg bei Mainz. 100 Jahre zivile und militärische Produktion (1860–1960), Frankfurt am Main 2002.

Nemnich, Philipp Andreas: Tagebuch einer der Kultur und Industrie gewidmeten Reise. 2. Bd. Tübingen 1809.

Die Neuordnung der Gutehoffnungshütte, hg. vom Vorstand der Gutehoffnungshütte im Anschluss an die Hauptversammlung vom 28. Juli 1953, Oberhausen 1953.

Niemann, Harry/Hermann, Armin (Hg.): 100 Jahre LKW, Geschichte und Zukunft des Nutzfahrzeuges, Stuttgart 1997.

Nievelstein, Markus: Der Zug nach der Minette: deutsche Unternehmen in Lothringen 1871–1918. Handlungsspielräume und Strategien im Spannungsfeld des deutsch-französischen Grenzgebietes. Bochum 1993.

O. V.: Aus den Kriegserinnerungen des Brückenbaus, in: GHH Werkzeitung 1934, Nr. 20, S. 3.

O. V.: Aus der Geschichte des Hammers Neu-Essen, in: GHH Werkszeitschrift 13/1935, o. S.

O. V.: Chronik der Abteilung Brückenbau. Ms. (Werksarchiv GHH im RWWA Köln 130 Nr. FG 3/12).

O. V.: Geschichtliche Daten aus der Pionierarbeit der GHH auf dem Gebiete der Industrie, Technik und Forschung 1795–1801. o. O, o. D. (Werksarchiv GHH im RWWA Köln 130 Nr. FG 3/112 oder FG 3/147).

O. V.: Isselburg und seine Hütte. Chronik einer Eisengießerei und Maschinenfabrik am Niederrhein. Isselburg 1972.

O. V.: Jahresweise Zusammenstellung der wichtigsten Betriebsvorkommen bei der Firma Jacobi, Haniel und Huyssen in der Zeit von 1809–1873, Ms., o. S. (Werksarchiv GHH im RWWA Köln FG 3/104).

O. V.: Nachruf Peter Scheidtweiler, in: Stahl und Eisen 1912, S. 1207.

O. V.: Übersicht über bemerkenswerte GHH-Erzeugnisse und sonstige nennenswerte Daten, Ms. (Werksarchiv GHH im RWWA 130-FG 3/112).

O. V.: Urkunden aus der Entstehungsgeschichte der Gutehoffnungshütte, Aktienverein für Bergbau und Hüttenbetrieb 1741 bis 1872. Oberhausen 1938.

Obermüller, Benjamin: Hermann Reusch und die Gutehoffnungshütte Oberhausen 1945–1966. Ein Beitrag zur Corporate Governance, in: Akkumulation Nr. 25/2007, S. 1–8.

Osann, B.: Die GHH bei Oberhausen, in: Stahl und Eisen 1904, S. 437–446 und 507.

Oswald, Carl: Gaspard Dollfus, 1812–1889, Basel 1968.

Oswald, Werner,: Deutsche Last- und Lieferwagen, Bd.2 (1945–1969), Bd. 3 (1970–1989), Stuttgart 2004.

Perz, Bertrand: Projekt Quarz. Steyr-Daimler-Puch und das Konzentrationslager Melk, Wien 1991.

Pierenkemper, Toni: Von Krise zu Krise. Die Fried. Krupp AG von der Währungsstabilisierung bis zum Ende der Weimarer Republik 1924 bis 1933, in: Gall, Lothar (Hg.): Krupp, S. 167–265.

Plumpe, Werner: Die Unwahrscheinlichkeit des Jubiläums oder: warum Unternehmen nur historisch erklärt werden können, in: Jahrbuch für Wirtschaftsgeschichte 2003/I, S. 143–156.

Pothmann, Alfed: Die Eisenhütte «Neu-Essen», in: Alfred Pothmann (Hg.): Bischof Alfried. Leben Werk. Essen 1974, S. 163–174.

Priemel, Kim Christian: Flick. Eine Konzerngeschichte vom Kaiserreich bis zur Bundesrepublik, Göttingen 2007.

Pritzkoleit, Kurt: Männer, Mächte, Monopole. Hinter den Türen der westdeutschen Wirtschaft, Düsseldorf 1953.

Probst, Anke: Helene Amalie Krupp. Eine Essener Unternehmerin um 1800. Stuttgart 1985.
Puppke, Ludwig: Sozialpolitik und soziale Anschauungen frühindustrieller Unternehmer in Rheinland-Westfalen. Köln 1966.
Pütz-Majer, Ursula Gabriele: Einrichtungen sozialer Betriebspolitik der Gutehoffnungshütte von den Anfängen bis zum Zweiten Weltkrieg. Diss. Bremen 1970.
«Räder müssen rollen für den Sieg». Zwangsarbeit im «Dritten Reich», Stuttgart 2000.
Rauscher, Karl-Heinz/Kogler, Franz: LKW aus Steyr, Gnas 1999.
Reckendrees, Alfred: Konzernbildung in der Eisen- und Stahlindustrie des rheinisch-westfälischen Industriegebiets zwischen 1871 und 1936, Ms. Oberhausen 1992.
Reckendrees, Alfred: Das «Stahltrust»-Projekt. Die Gründung der Vereinigte Stahlwerke A. G. und ihre Unternehmensentwicklung 1926–1933/34, München 2000.
Reden, Friedrich Wilhelm von: Die Eisenbahnen Deutschlands. Berlin u. a. 1844.
Reif, Heinz: Der Unternehmer, die Äbtissin, das Wasser und der Staat. Zu den Anfängen der Eisenindustrie im Ruhrgebiet, in: Journal für Geschichte 2/1986, S. 13–21.
Reif, Heinz: Die verspätete Stadt. Industrialisierung, städtischer Raum und Politik in Oberhausen 1846–1929, Textband, Köln 1993.
Remke, Anton: Betriebsorganisation und Arbeitsvollzüge in eisenerzeugenden und eisenverarbeitenden Betrieben des Ruhrgebietes 1840 bis 1814. Eine Untersuchung zur innerbetrieblichen Sozialstruktur des 19. Jahrhunderts. Münster 1964 Ms. (Werksarchiv GHH im RWWA Köln 130 Nr. H Abt. 22).
Riedel, Matthias: Bergbau und Eisenhüttenindustrie in der Ukraine unter deutscher Besatzung (1941–1944), in: Vierteljahrshefte für Zeitgeschichte 21. Jg. (1973), S. 245–284.
Riedt, Bernhardt: «Fremdarbeiter» in der Mainspitze. Zur Geschichte des Arbeitseinsatzes im NS-Staat, in: Hartwig-Thürmer (Hg.): Ginsheim, S. 197–242.
Rieppel, Anton: Die Thalbrücke bei Müngsten, Düsseldorf 1986 (Reprint der Originalausgabe von 1897).
Robert Bosch und die deutsch-französische Verständigung. Politisches Denken und Handeln im Spiegel der Briefwechsel, Stuttgart o. J.
Roeck, Bernd: Geschichte Augsburgs, München 2005.
Röcke, Matthias: Lastwagen und Omnibusse von MAN, Chronik-Geschichte-Hintergründe, Königswinter 2001.
Röcke, Matthias: Trucknology Generation. Die neuen Lastwagen von MAN, Königswinter 2000.
Röcke, Matthias: MAN Sonderfahrzeuge, Spezialkonstruktionen im Einsatz, Königswinter 2006.
Rohde, Heidi: Transportmodernisierung oder Verkehrsbewirtschaftung? Die verkehrspolitische Auseinandersetzung um die Expansion des Lkw-Verkehrs in den 30er Jahren, in: Niemann/Hermann (Hg.): 100 Jahre, S. 55–71.
Roland Offset. Ein Unternehmen mit Weltruf. Geschichten, Betrachtungen, Fakten, Tatsachen, Streiflichter Bilder, Nachrichten, Erfahrungen aus 100 Jahren, hrsg. von der Roland Offsetmaschinenfabrik Faber & Schleicher AG, Offenbach 1971.
Rupieper, Hermann-Josef: Arbeiter und Angestellte im Zeitalter der Industrialisierung. Eine sozialgeschichtliche Studie am Beispiel der Maschinenfabriken Augsburg und Nürnberg (MAN) 1837–1914, Frankfurt am Main/ New York 1982.
Ruppert, Wolfgang: Theodor Cramer-Klett, Industrieherr, in: ders. (Hg.): Lebensgeschichten. Zur deutschen Sozialgeschichte 1850–1950, Opladen 1980, S. 13–27.

Salewski, Wilhelm: Personalien und Dokumente zur Vorgeschichte der deutschen Eisenverbände. Düsseldorf 1974.

Sass, Friedrich: Geschichte des deutschen Verbrennungsmotorenbaues von 1860 bis 1918, Berlin/Göttingen 1962.

Sauerland 1855– Der erste Kokshochofen in Oberhausen, in: Echo der Arbeit 1955, S. 99–100.

Schierk, Hans Fried/Schmidt, Norbert: Die Schwebebahn in Wuppertal (Landeskonservator Rheinland, Arbeitsheft 19), Köln 1976.

Schlenker, Max: Das Eisenhüttenwesen in Elsaß-Lothringen, in: Max Schlenker: Die wirtschaftliche Entwicklung Elsaß-Lothringens 1871 bis 1918. Frankfurt am Main 1931, S. 169–231.

Schmidt, Fritz: Die Entwicklung der langsam- und mittelschnellaufenden Dieselmotoren im Werk Augsburg der M.A.N. 1918–1945, Ms. Augsburg 1972 (MAN-Archiv).

Schmidt, Wolfgang: Starfighter/ Lockheed, in: Skandale in Deutschland nach 1945, hrsg. vom Haus der Geschichte der Bundesrepublik Deutschland, Bielefeld 2007, S. 76–85.

Schmiz, Gerhard: Die Entwicklung der Maschinenbauindustrie in Augsburg um die Mitte des 19. Jahrhunderts. Dargestellt an der Maschinenfabrik von Ludwig Sander und der Reichenbachschen Maschinenfabrik, dem späteren Werk Augsburg der Maschinenfabrik Augsburg-Nürnberg AG (M.A.N.) 1840–1857. Dipl. Arbeit Universität Erlangen-Nürnberg. Ms. 1973 (MAN-Archiv).

Schmorleiz, Josef/Tappert, Franz-Josef: 100 Jahre Müngstener Brücke. «Die Verbindung» zwischen den beiden Städten Solingen und Remscheid. Remscheid/Solingen 1997.

Schnauffer, Kurt: Die Erfindung des Dieselmotors, Triumph einer Theorie, in: M.A.N.-Dieselmotoren-Nachrichten Jg. 1958, Nr. 36, S. 7–22.

Schnauffer, Kurt: Die Erfindung Rudolf Diesels – Triumpf einer Theorie, in: VDI-Zeitschrift Bd. 100 (1958), Nr. 8, S. 305–320.

Schnauffer, Kurt: Motorenentwicklung; Der Weg zum Fahrzeugdiesel. Ein Beitrag zur Geschichte des Fahrzeug-Dieselmotors. Mitteilung aus dem Archiv der M.A.N., Werk Augsburg, in: Automobiltechnische Zeitschrift Jg. 1941, H. 1, S. 7–9.

Schnauffer, Kurt: Die Motorenentwicklung im Werk Augsburg der M.A.N. 1898–1918, Teil I, Ms. München 1956 (MAN-Archiv).

Schniewind, Gisela: Heinrich Lueg 1840 bis 1917, in: Peter Conze (Hg.): Wilhelm Lueg 1792–1864 und die Familien seiner Söhne Carl und Heinrich. Velbert 1995, S. 73–76.

Schnorbus, Axel: Arbeit und Sozialordnung in Bayern vor dem Ersten Weltkrieg (1890–1914), München 1969.

Scholl, Lars Ulrich: Gottlob Jacobi 1770–1823, in: Peter Conze (Hg.): Wilhelm Lueg 1792–1864 und die Familien seiner Söhne Carl und Heinrich. Velbert 1995, S. 77–80.

Scholl, Lars Ulrich: Im Schlepptau Großbritanniens. Abhängigkeit und Befreiung des deutschen Schiffsbaus vom britischen Know-how im 19. Jahrhundert, in: Technikgeschichte 1983, S. 213–223.

Scholl, Lars Ulrich: Ingenieure in der Frühindustrialisierung. Staatliche und private Techniker im Königreich Hannover und an der Ruhr (1815–1873). Göttingen 1979, S. 303–306.

Scholl, Lars Ulrich: Innovationen im frühindustriellen Schiffsbau am Beispiel des ersten eisernen Rhein-Seeschiffes Die Hoffnung, in: Jahrbuch der Wittheit zu Bremen 1980, S. 239–252.

Scholl, Lars Ulrich: Nicholas Harvey (1801 bis 1861). Ein englischer Schiffsbauingenieur am Niederrhein um 1830, in: Technikgeschichte 45 1978, S. 89–100.
Scholl, Lars Ulrich: Technische, ökonomische und soziale Veränderungen in der Rheinschifffahrt nach 1816, in: Economisch-en-sociaal-historisch Jaarboek. 'S-Gravenhage 1979, S. 156–180.
Scholtyseck, Joachim: Robert Bosch und der liberale Widerstand gegen Hitler 1933 bis 1945, München 1999.
Schubert, Gerhard: Die soziale Lage der Meister und Arbeiter in der Frühindustrialisierung – Fallbeispiele aus dem Ruhrgebiet. Bochum 1984.
Schubert, Gerhard: Die Eisen- und Stahlindustrie in Oberhausen innerhalb des Zeitraums zwischen 1947 bis 1986, Düsseldorf 1986.
Schücking, Levin: Eine Eisenbahnfahrt von Minden nach Köln. Reprint Minden 1987.
Schuhmacher, Martin: Alexander Seydell – ein vergessener Pionier. Ein Beitrag zur Rheinschiffahrt in der ersten Hälfte des 19. Jahrhunderts, in: Duisburger Forschungen 1970, S. 43–57.
Schuhmacher, Martin: Auslandsreisen deutscher Unternehmer 1750–1851 unter besonderer Berücksichtigung von Rheinland und Westfalen. Köln 1968.
Schulz, Gottfried: Vorgeschichte, Voraussetzungen und Entwicklung des Steinkohlenbergbaus der Gutehoffnungshütte (GHH) bis zum Ende des Ersten Weltkriegs. Diplomarbeit Uni Köln 1966/1967 (Werksarchiv GHH im RWWA Köln 130 Nr. B Abt. 12).
Sedlmayr, Fritz: Die Geschichte der Spatenbrauerei unter Gabriel Sedlmayr dem Älteren und dem Jüngeren 1807–1874 sowie Beiträge zur Bayerischen Brauereigeschichte dieser Zeit, 2 Bde., Nürnberg 1951.
Seherr-Thoß, Hans-Christoph Graf von: Otto Meyer, in: Neue Deutsche Biographie, hg. von der Historischen Kommission bei der Bayerischen Akademie der Wissenschaften, Bd. 17, Berlin 1994, S. 366.
Seherr-Thoß, Hans-Christoph Graf von: Die Technik des MAN-Nutzfahrzeugbaus, in: MAN Nutzfahrzeuge AG (Hg.): Leistung, S. 311–536.
Seherr-Thoß, Hans Christoph Graf von, Die historische und technische Entwicklung der Nutzfahrzeuge von Büssing, in: H. Büssing. Mensch – Werk – Erbe, hrsg. von MAN Nutzfahrzeuge, Göttingen 1986.
Seidel, Hans Christoph: «Ein buntes Völkergemisch hat eine Wanderung durch unsere Gruben gemacht». Ausländereinsatz und Zwangsarbeit im Ruhrbergbau 1940 bis 1945, in Klaus Tenfelde/Hans-Christoph Seidel (Hg.): Zwangsarbeit im Bergwerk. Der Arbeitseinsatz im Kohlenbergbau des Deutschen Reiches und der besetzten Gebiete im Ersten und Zweiten Weltkrieg, Bd. 1: Forschungen, Essen 2005, S. 75–159.
Seidel, Hans Christoph: Ausländerbeschäftigung und Zwangsarbeit im Ruhrbergbau während des Zweiten Weltkrieges, in: Westfälische Zeitschrift Bd. 153 (2003), S. 85–120.
Sensen, Stephan: Klassenkämpfe, in: Feuer und Flamme, S. 146–197.
Seper, Hans: Die Entwicklung in Österreich, in: MAN Nutzfahrzeuge AG (Hg.): Leistung, S. 119–164.
Serlo, Walter: Männer des Bergbaus, Berlin 1973.
Spethmann, Hans: Die Anfänge der ruhrländischen Koksindustrie, in: Beiträge zur Geschichte von Stadt und Stift Essen 62 (1947), S. 31–85.
Spethmann, Hans: Die erste deutsche Werft für Dampfschiffe auf deutschen Flüssen – eine Schöpfung Franz Haniels, in: Zeitschrift für Binnenschiffahrt 1940 H. 3/4, S. 41–43.

Spethmann, Hans: Eberhard Pfandhöfer inmitten der Hanielschen Unternehmungen 1780–1800, in: ders.: Die Haniels in Ruhrort bis zu den Befreiungskriegen. Essen 1942, S. 103–111.

Spethmann, Hans: Franz Haniel. Sein Leben und seine Werke. Duisburg-Ruhrort 1956.

Spoerer, Mark: Profitierten Unternehmen von KZ-Arbeit? Eine kritische Analyse der Literatur, in: Historische Zeitschrift Bd. 268 (1999), H. 1, S. 61–91.

Spoerer, Mark: Von Scheingewinnen zum Rüstungsboom. Die Eigenkapitalrentabilität der deutschen Industrieaktiengesellschaften 1925–1941, Stuttgart 1996.

Stahlschmidt, Rainer: Preußen lernt puddeln. Zur Aneignung moderner Eisenhüttentechnik zwischen 1810 und 1830, in: Manfred Rasch/Dietmar Bleidick (Hg.): Technikgeschichte im Ruhrgebiet. Technikgeschichte für das Ruhrgebiet. Essen 2004, S. 578–600.

Spoerer, Mark: Zwangsarbeit unter dem Hakenkreuz. Ausländische Zivilarbeiter, Kriegsgefangene und Häftlinge im Deutschen Reich und im besetzten Europa 1939–1945, Stuttgart/München 2001.

Stahlschmidt, Rainer: Preußen lernt puddeln. Zur Aneignung moderner Eisenhüttentechnik zwischen 1810 und 1830, in: Manfred Rasch/Dietmar Bleidick (Hg.): Technikgeschichte im Ruhrgebiet. Technikgeschichte für das Ruhrgebiet. Essen 2004, S. 578–600.

Stein, Philipp: 100 GHH-Brückenbau. Hg. von der Gutehoffnungshütte Oberhausen Aktiengesellschaft Werk Sterkrade. Oberhausen 1951.

Steiner, Jürg: Gasometer, in: Feuer und Flamme, S. 14–16.

Strößner, Georg: Die Fusion der Aktiengesellschaft Maschinenfabrik Augsburg und der Maschinenbau-Actien-Gesellschaft Nürnberg im Jahr 1898, in: Tradition 5. Jg. (1960), H. 3., S. 97–116.

Strößner, Georg: Zur Früh-Entwicklung des Fahrzeug- Dieselmotors. Ein historischer Rückblick – aus teilweise unveröffentlichtem Quellenmaterial – zum Gedenken des 100. Geburtstages Rudolf Diesels am 18. März 1958, in: ATZ Automobiltechnische Zeitschrift 60. Jg. (1958), Nr. 3, S. 61–63.

Szymanski, Paul Rudolf: Die Entwicklung der GHH zum Konzern 1908–1929. Ms. Oberhausen 1930, T. I. (Werksarchiv GHH im RWWA Köln 130 Nr. FJ 5).

Tenfelde, Klaus: Krupp in Krieg und Krisen. Unternehmensgeschichte der Fried. Krupp AG 1914 bis 1924/25, in: Gall (Hg.): Krupp, S. 15–165.

Thomas, Donald E. jr.: Diesel. Technology and Society in Industrial Germany, Tuscaloosa 1987.

Tilly, Richard H.: Die Industrialisierung des Ruhrgebiets und das Problem der Kapitalmobilisierung. Dortmund 1969.

Tooze, Adam: Ökonomie der Zerstörung. Die Geschichte der Wirtschaft im Nationalsozialismus, München 2007.

Treue, Wilhelm: Die wirtschaftliche Entwicklung, in: H. Büssing – Mensch. Werk. Erbe, hrsg. von der MAN Nutzfahrzeuge GmbH, Göttingen 1989.

Troß, Arnold: Der Aufbau der Eisen- und eisenverarbeitenden Industrie-Konzerne Deutschlands. Ursachen, Formen und Wirkungen des Zusammenschlusses unter besonderer Berücksichtigung der Maschinen-Industrie, Berlin 1923.

Turner, Henry A.: Die Großunternehmer und der Aufstieg Hitlers, Berlin 1985.

Turner, Henry A.: Die ‹Ruhrlade›. Geheimes Kabinett der Schwerindustrie in der Weimarer Republik, in: ders. (Hg.): Faschismus und Kapitalismus in Deutschland. Studien zum Verhältnis von Nationalsozialismus und Wirtschaft, Göttingen 1972, S. 114–156.

Uebel, Lutz/Richter, Wolfgang-D. (Hg.): 150 Jahre Schienenfahrzeuge aus Nürnberg. Beiträge zur Geschichte des Waggonbaues, Freiburg i. Br. 1994.
Unger, Stefan: Technische Innovationen in einer alten Branche»: Die Einführung der Sauerstofftechnologie in der Stahlindustrie der Bundesrepublik und der DDR, in: Johannes Bähr/Dietmar Petzina (Hg.): Innovationsverhalten und Entscheidungsstrukturen. Vergleichende Studien zur wirtschaftlichen Entwicklung im geteilten Deutschland 1945–1990, Berlin 1996, S. 49–78.
Wagenblass, Horst: Der Eisenbahnbau und das Wachstum der deutschen Eisen- und Maschinenbauindustrie 1835 bis 1860. Stuttgart 1973.
Wagenbreth, Otfried/Düntsch, Helmut/Gieseler, Albert: Die Geschichte der Dampfmaschine. Münster 2002.
Wagenführ, Rolf: Die deutsche Industrie im Kriege 1939–1945, Berlin 1954.
Walbrach, Karl Friedrich: Erinnerung an Anton von Rieppel (1852–1926). Vom Brückenbauer zum Firmenchef, in: Bautechnik 79. Jg. (2002), H. 4, S. 257–267.
Walbrach, Karl Friedrich: Erinnerung an Max Carstanjen (1856–1934). Brückenbauer, Werksleiter, Begründer des Großwehrbaues in Gustavsburg, in: Bautechnik 83 (2006), H. 12, S. 854–867.
Walbrach, Karl Friedrich: Der Schöpfer der Müngstener Brücke – Anton von Rieppel vor 150 Jahren geboren, in: Jahrbuch für Eisenbahngeschichte, Bd. 34 (2002), S. 77–84.
Weisbrod, Bernd: Schwerindustrie in der Weimarer Republik. Interessenpolitik zwischen Stabilisierung und Krise, Wuppertal 1978.
Wellhöner, Volker: Großbanken und Großindustrie im Kaiserreich Göttingen 1989.
Welskopp, Thomas: Arbeit und Macht im Hüttenwerk. Bonn 1994.
Wengenroth, Ulrich: Unternehmensstrategien und technischer Fortschritt. Die deutsche und die britische Stahlindustrie 1865–1895, Göttingen 1986.
Werner, Ernst: Die Eisenbahnbrücke über die Wupper bei Müngsten 1893–1897 (Landeskonservator Rheinland, Technische Denkmäler, Arbeitsheft 53), Köln 1997.
Wickeren, Kurt von: Der Erzbergbau im Ruhrrevier, in: Der Anschnitt 5 1957, S. 25–28.
Wiesen, Jonathan S.: West German Industry and the Challenge of Nazi Past, 1945–1955, Chapel Hill/London 2001.
Willhaus, Werner: Maschinenfabrik Esslingen, Freiburg 1999.
Wilsdorf, Helmut: Die Einführung eiserner Schienenwege im Ruhrbergbau. (Werksarchiv GHH im RWWA 130 Nr. M Abt. 8 B 2/38).
Winschuh, Josef: Der Verein mit dem langen Namen. Geschichte eines Wirtschaftsverbandes, Berlin 1932.
Winkler, Heinrich August: Von der Revolution zur Stabilisierung. Arbeiter und Arbeiterbewegung in der Weimarer Republik 1918 bis 1924, Berlin/Bonn 1984.
Wipf, Hans Ulrich/König, Mario/Knoepfli, Adrian: Saurer. Vom Ostschweizer Kleinbetrieb zum internationalen Technologiekonzern, Baden 2003.
Wittmann, Josef: Das Historische Archiv der MAN, in: Forum 1/1993, S. 20–25.
Wixforth, Harald: Banken und Schwerindustrie in der Weimarer Republik, Köln 1995.
Wixforth, Harald/Bähr, Johannes: Die Expansion im besetzten Europa, in: Bähr/Drecoll/Gotto u. a.: Flick-Konzern, S. 379–469.
Woltmann, Arnold: Geschichte der Gutehoffnungshütte, in: Die Gutehoffnungshütte Oberhausen, Rheinland. Zur Erinnerung an das 100jährige Bestehen 1810–1910. Düsseldorf 1910, S. 6–52.

Wörffel, Udo: Die Eisenhütte von Diepenbrock & Reigers in Ulft (DRU), in: Unser Bocholt H. 4 2007, S. 4–18.

Yano, Hisahi: Hüttenarbeiter im Dritten Reich. Die Betriebsverhältnisse und soziale Lage bei der Gutehoffnungshütte Aktienverein und der Fried. Krupp AG 1936 bis 1939 (Zeitschrift für Unternehmensgeschichte, Beiheft 34), Stuttgart 1986.

Ziegler, Dieter: Eisenbahnen und Staat im Zeitalter der Industrialisierung. Die Eisenbahnpolitik der deutschen Staaten im Vergleich, Stuttgart 1996.

Zorn, Wolfgang: Augsburg – Geschichte einer europäischen Stadt. Von den Anfängen bis zur Gegenwart, 4. überarb. und erg. Auflage, Augsburg 2001.

Zorn, Wolfgang: Liberalisierung der Wirtschaft und Frühindustrialisierung, in: Pfeiffer, Gerhard (Hg.): Nürnberg – Geschichte einer europäischen Stadt, München 1971, S. 397–401.

Der Zug in Raum und Zeit. Eine Dokumentation, Nürnberg 1985.

125 Jahre Druckmaschinen aus Offenbach, hrsg. von MAN Roland Druckmaschinen AG, Offenbach 1996.

150 Jahre Druckmaschinenbau im MAN-Konzern 1845–1995. Magazin einer Epoche für Freunde und Mitarbeiter des MAN Roland Teilkonzerns, Augsburg 1995.

175 Jahre Koenig & Bauer, Würzburg 1992.

200 Jahre «Gutehoffnungshütte» in Sterkrade: 1782–1982. Ein Blick in die Geschichte, Oberhausen 1982.

Personenregister

Fette Seitenzahlen verweisen auf Abbildungen, kursive auf Erwähungen in Tabellen und Grafiken.

Firmenregister

Fette Seitenzahlen verweisen auf Abbildungen, kursive auf Erwähungen in Tabellen und Grafiken.
Nicht aufgenommen wurden die Unternehmen Gutehoffnungshütte Aktienverein für Bergbau und Hüttenbetriebe, Gutehoffnungshütte Oberhausen AGund Maschinenfabrik Augsburg-Nürnberg AG.